KB068873

한글번역판

· 보정판 ·

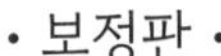

순수이성비판

칸트 저 | 최재희 역

박영사

칸트의 대리석 흉상

일 러 두 기

1. 이 책은 R. Schmidt가 간행한 칸트(1724–1804)의 「순수이성비판」(F. Meiner사 철학 총서 37a. 1962년 판)을 대본으로 해서 그 초판(1781)을 완역한 것이다.
2. 순수이성비판의 간행에 있어 초판의 면을 가령 A. 94로, 재판의 면을 가령 B. 225로 표시함이 통례인데, 이 책에서는 B자는 기입하지 않고 재판의 면을 좌우의 난 외에 표시하였고, 초판 표시를 위해 필요할 때만 A자를 넣었다.
3. 역자가 원서의 각 토막마다 ①, ②, ③ 등 번호를 붙였고 긴 내용은 쪼개기도 했으나 새 번호는 붙이지 않았다. 그러나 저자가 붙인 번호는 그대로 옮겼다.
4. ※은 원 저자의 주이다. [ ]은 역자가 넣은 글의 괄호요, 본문 중 1), 2), 3) 등은 역주의 번호다. 또 두 점(방점)을 찍은 것은 원문이나 원어가 간격체(間隔體)로 되었거나 혹은 라틴어로 된 것을 표시한다. 원문의 고딕체는 역문에도 고딕으로 했다.

차 례

Ⅱ. 선험적 방법론

부 록

[모토]

베르람의 베이컨

「대혁신」[1]의 머리말

우리는 우리 자신에 관해서는 말하지 않는다. 그러나 여기서 다루는 것에 관해서는 그것이 단지 사견(私見)의 표시로 보아지지 않고 정대(正大)한 일로 보아지기를 바란다. 이런 일에 있어서는 한 학파(學派)의 창립이나 우연의 착상을 변호함이 문제인 것이 아니라, 인류의 「복리와 존엄」 일반의 확립이 문제인 것을 세인(世人)이 믿어줄 수 있다. 다음에 각인이 그 자신의 최상 이익 중에서 공동의 복지를 돌보며, 이런 고려에 참여하기를 바란다. 끝으로 각인이 우리의 「혁신」에 대해서 믿어서 좋은 것은 그것이 무한한 것, 초인간적인 것을 전시하지 않는다는 것이다. 왜냐하면 「혁신」이야말로 한없는 착오를 종결(終結) 짓는 동시에 그러한 착오의 의당한 한계를 지시하는 것이기 때문이다.[2]

---

1) 「대혁신」(Instauratio magna)은 베이컨(1561–1626)의 미완성 작품이다. 이것은 모두 여섯 부로 되어 있는 것인데, 그 제2부가 새 기관(Novum Organum, 1620)이라는 널리 알려진 책이다. 제4·5·6부에 관해서는 실지 저작이 없다. 베이컨은 1618년에 베르람[중부 영국 옛 도시]의 남작으로 서임(敍任)되었기에 그 후부터 「베르람의 베이컨」이라고 불렸다.

2) 원문이 라틴어인 이 모토는 「새 기관」의 「들어가는 말」에도 나온 것이요, 「순수이성비판」의 재판에서 처음으로 실은 것이다. Schmidt의 독역(獨譯)을 참고로 적었다. 피히테도 그의 「전 지식학의 기초, 1794」의 맨앞에 이 모토를 실었다.

Baco von Verulam

Instauratio magna. Vorwort.

Von unserer Person schweigen wir. Was aber die Sache angeht, um die es sichhier handelt, so wünschen wir, daß sie nicht als eine bloße Meinungsäußerung, sondern als ein rechtschaffenes Werk angesehen werde, bei dem man überzeugt seinkann davon, daß es sich nicht etwa bloß um die Gründung einer Sekte oder um die Rechtfertigung eines gelegentlichen Einfalles handelt, sondern um die Grundlegung der menschlichen Wohlfahrt und Würde überhaupt. Es möge also jeder einzelne imeigensten Interesse... auf das allgemeine Wohl bedacht sein... und dafür eintreten. Schließlich möge jeder unserer Instauratio den guten Glauben entgegenbringen, daß sie nichts Endloses und Übermenschliches darstelle, denn in Wahrheit bedeutet sie das Ende und die gehörige Grenze endlosen Irrtums.

[드리는 말]

왕국 국무대신 폰 체틀리츠[1] 남작 각하에게 드림

각하!

사람이 각자의 부문에서 학문의 육성을 촉진하는 일은 곧 각하 자신의 관심거리에 진력하는 것이 됩니다. 왜냐하면 단지 학문의 보호자라는 각하의 고귀한 지위에 의해서 뿐만이 아니라 학문 애호가이며 명철하신 식자라는 자못 친숙(親熟)한 관계에 의해서도 각하의 관심은 학문과 밀접하게 결합해 있기에 말입니다. 그러므로 제가 마치 학문 촉진의 의도에 무슨 기여라도 할 수 있는 듯이, 저의 힘이 자라는 유일한 수단[저작]을 이용하여, 각하가 저에게 명예롭게도 자애로운 신뢰를 보였음에 대해서 감사하는 마음을 피력하고자 합니다.

이 책의 초판에 각하가 보내주신 자애로운 주목에 보답해서 지금 이 재판도 드리옵고, 이로써 동시에 저의 저작가적 본분에 연유된 그 외의 모든 소관사에도 각하의 비호를 바랍니다. 지극한 경의를 표하면서.

쾨니히스베르크에서
1787년 4월 23일 시생(侍生) 임마누엘 칸트

초판의 「드리는 말」은 위의 글 중에서 둘째 토막 대신에 아래와 같이 되어 있다.

총명하고 권위있는 판정자(判定者)의 찬동은, 사변(思辨)생활에 만족해 있는 사람에게, 분수를 지키면서 분발하는 데 대한 힘센 격려가 되는 것입니다. 학문에 분발함의 효용은 대단한 것이나, 그것은 일조일석에 나타나는 것이 아니요, 따라서 세간에서는 간과(看過)되는 것입니다.

---

1) Zedlitz, Karl A.(1731–1793)는 프리드리히 2세 대왕 치하의 문교장관(1771–1788)으로서, 「프러시아」국의 교육에 전력했고, 쾨니히스베르크 대학교의 교육에 혹평을 가하면서 철학을 다른 전문적 연구보다도 상위에 두게 했으며, 칸트를 지극히 존경했다.

권위있는 판정자인 각하의 자애로운 주목에 저는 이제 이 책을 드리옵고, 저의 저작가적 본분에 연유된 그 외의 모든 소관사에도 각하의 비호를 바랍니다. 지극한 경의를 표하면서.

쾨니히스베르크에서
1787년 4월 23일 시생(侍生) 임마누엘 칸트

[초판의] 머리말[1] A VII

[Ⅰ. 재래 형이상학의 형편] 2) [Ⅰ]

① 인간의 이성은 어떤 종류[3]의 인식에 있어서는 특수한 운명을 지니고 있다. 즉 이성은 자신이 거부할 수도 없고, 그렇다고 해서 대답할 수도 없는 문제로 괴로워하는 운명이다. 거부할 수 없음은 문제가 이성 자체의 본성에 의해서 이성에 과해져 있기 때문이요, 대답할 수 없음은 그 문제가 인간 이성의 모든 능력 바깥에 있기 때문이다.

② 인간의 이성이 이러한 곤경에 빠지기는 하되 그 책임은 인간의 이성에
있지 않다. 이성은 원칙[4]들에서 출발하고 이 원칙들은 경험의 진행 과정에 있
어서 반드시 사용되는 동시에, 경험이 원칙들의 사용을 충분히 실증(實證)하고
있다. 이성은 이런 원칙들에 의거해서 보다 더 기원적인 제약들에 이르기까지
항상 소급(遡及)하여 간다(이처럼 소급하는 것은 이성의 본성의 소치이다). 그러나
문제가 종식하지는 않기 때문에, 이래서는 이성의 탐구적 활동이 언제까지나 A VIII
완성되지 않음을 이성은 깨닫는다. 하기에 이성은 모든 가능한 경험적 사용을 [Ⅱ]
넘었으면서도 보통의 상식과도 일치할 만큼 확실한 듯한[5] 원칙들에 도피하지
않을 수 없음을 안다. 그러나 이로 인해서 이성은 혼미(昏迷)와 모순에 빠진다.
이 혼미와 모순에 기인해서 그것의 밑바닥에 오류가 숨겨져 있음을 간파할 수
있기는 하나, 그러나 그런 오류가 무엇인가 하는 것을 발견하지는 못한다. 왜

1) 이 초판의 머리말을 재판에서는 삭제하고 새로 썼다. 그 내용의 표제(標題)적 구분은 역자가 참고로 해본 것이다. 재판 머리말에도 역자가 마찬가지로 구분했다.

2) 이 머리말 면(面) 표시가 Valentiner 판은 Schmidt 판과는 다르기에, 전자 판의 면을 [ ] 안에 넣어 역시 표시해두기로 했다.

3) 내적 영혼의 불멸·세계의 최후본질에 관한 이율배반·하나님의 실재 여부 등에 관한 인식들을 말한다.

4) 직관의 공리·지각의 예료(豫料)·경험의 유추·경험적 사고(思考) 일반의 요청 등의 원칙들을 말한다. 선험적 분석론, 제2편 참조.

5) 내부의 나에 관해서는 필경 「불멸의 영혼이 있다」고 하는 원칙, 외부의 세계에 관해서는 유한하다거나 무한하다거나 하는 원칙, 또 내외 전체가 하나님의 지배 아래 있을 것이라는 원칙 등등을 말한다. 바로 몇 줄 아래의 「원칙」도 이와 같은 것이다.

냐하면 이성이 이용하는 원칙들은 모두 경험의 한계를 넘어서 있는 고로, 그것들은 경험에 의한 시금석을 이미 승인하지 않기 때문이다. 이처럼 한(限)이 없는 논란(論難)들을 벌이는 싸움터가 형이상학이라고 불려지는 것이다.

③ 형이상학이 만학(萬學)의 여왕이라고 불려진 때가 있었다. 의욕을 곧 행동과 같은 것으로 본다면, 형이상학은 그 대상이 특히 중요하기 때문에 여왕이라는 존칭이 마땅할 것이다. 그러나 형이상학에 갖은 모욕을 표시하는 것이 이제야 시대의 유행이 되어서, 형이상학의 노녀(老女)는 추방되고 버림을 받아
A IX 헤쿠바[1])처럼 탄식하고 있는 중이다. 즉 「나는 최근까지지도 만인 중에서 제일 가
[III] 는 권력자였고 매우 많은 아들과 사위에 떠받친 지배자였건만, 이제는 나라에서 추방되어 의탁할 곳 없이 버려졌다」고—(오비드[시인]의 「전신보」(轉身譜)에서)

④ 시초에 형이상학의 통치는 독단론자의 지배 아래서 전제적이었다. 그러나 그의 입법에는 아직도 옛날 야만성의 흔적이 있었기 때문에, 입법은 내란으로 인해서 점차로 완전한 무정부상태로 타락하였다. 회의론자는 정착적인 개간을 싫어하는 유목민과도 같아서 가끔 시민적 단합을 파괴하였다. 다행히 회의론자의 수가 적었기에, 이들은 「독단론자들이 일치한 계획에 따른 것은 아니나 항상 새롭게 형이상학을 개척하려고 했던 것」을 방해할 수는 없었다.

근대에 와서 (유명한 로크의) 인간 오성에 관한 일종의 생리학[2])은 일단 전래의 모든 분쟁에 종말을 고해서, 형이상학이 하는 주장의 합법성 여부를 단연 결말짓는 듯 싶었다. 그러나 밝혀진 결과라는 것은 자칭 여왕의 본 출신은 보
A X 통의 경험이라고 하는 천민이었다는 것이요, 따라서 여왕이라는 참칭(僭稱)은
[IV] 당연히 의심스럽다는 것이었다. 그럼에도 로크가 형이상학에 경험론의 계보를 덮어씌운 것은 사실은 잘못이었다. 이 때문에 형이상학의 주장들은 여전히 유지되어 왔고, 이런 유지를 통해서 만사가 또다시 보잘것 없는 독단론 속으로

1) Hecuba는 희랍신화에 나오는 Troy왕의 아내다. 그녀는 19명의 자녀를 낳았으나, 트로이 함락 후에, 노예로 전락되었다. Euripides의 작품 「트로이의 자녀들과 헤쿠바」의 중요한 주인공이다.

2) Locke의 인간오성론(人間悟性論, 1689)을 지시한다. 원어는 「생리학」이나, 경험적인 심리학을 생리학(산 자연의 이설)으로 보았던 당시의 용어법에 칸트는 따랐다. 오늘날의 심리학에 해당한다. 또 이 대목의 무관심주의는 Mendelssohn, Garve, Feder 등이 대표하는 1750–1780년간에 유행한 통속 철학[비학적(非學的) 철학]을 말한다.

들어갔으며, 그런 까닭에 학적(學的) 형이상학이 모면하려고 했던 멸시에 부딪혔다. (세인이 믿었듯이) 모든 방도를 시험해 본 셈이었으나 허사였던 당대에 있어서는, 형이상학에 있어서 권태와 극단의 무관심주의가 지배적이다. 이것은 모든 학문에 있어서의 「혼돈과 암흑」의 모체이기는 하되, 부당한 열성이 학문을 불명하게 하고 혼란케 하며 무용하게 했을 즈음에는, 동시에 장차 학문을 개조하고 계몽하는 원천이 되는 것이요, 적어도 그것의 서곡이기도 하다.

[Ⅱ. 순수이성비판의 필연성]

⑤ 인간의 본성이 무관심일 수 없는 대상의 연구에 관해서 억지로 무관심인 척 하더라도, 그것은 무익한 일이다. 형이상학에 대한 자칭 무관심주의자들이 학술 용어를 통속적인 어조(語調)로 변경함에 의해서 아무리 자기네의 정체를 변장하려고 해도, 그네들이 일반적으로 무엇을 생각하기만 하는 동안 자못 경멸한다고 외쳤던 형이상학을 다시 주장하는 데에 그들은 귀착하지 않을 수 없었다. 그러나 온갖 학문들이 번창하는 그 한마당에서 생긴 무관심, 모든 학문 중에서 가장 그 지식을 되도록 포기하지 않았던 그런 학문에 관한 무관심도,
주목하고 반성해 볼 만한 현상이다. A XI

무관심은 명백히 경솔에서 생긴 것이 아니라, 이제는 사이비의 지식이 속일 [V]
수 없는 당대의 성숙한 판단력※에서 생긴 것이다. 무관심은 사실은 이성에 다음과 같이 호소함을 의미한다. 즉, 이성이 하는 모든 일 중에서도 가장 어려운 「자기 인식」의 일에 새로이 착수하여 하나의 재판소를 설립해야 한다는 것을 의미한다. 이 재판소는 정당한 요구를 하는 이성을 보호하는 것이요, 반대로 모든 부당을 강권의 명령에 의해서가 아니라 이성의 영구불변적 법칙에 의해서
제거할 수가 있다. 이런 재판소가 다름 아님 순수이성의 비판 그것인 것이다. A XII [VI]

※ 현대 사고방식의 천박성과 근원적 학문의 쇠퇴에 관한 탄식을 우리는 가끔 듣는다. 그러나 수학과 자연학[물리학]처럼 그 기초가 튼튼하게 확립되어 있는 학문이, 이러한 비난을 조금이라도 들을 만하다고 보지는 않는다. 이러한 학문들은 도리어 견고하다는 고래의 명성을 유지하는 것을 나는 본다. 자연학에 있어서 이 점은 이전보다도 더구나 더 탁월하다고 본다. 그 외 종류의 인식[형이상학]에 있어서도, 애써서 우선 그 인식의 원리들이 수정된다면, 같은 견고한

정신의 활동이 증명되겠다. 이러한 수정이 없을 무렵에는 무관심과 회의와 최후의 엄밀한 비판이 도리어 근본적인 사고방식을 증명하는 것이 되겠다. 현대는 진정으로 비판적 시대요, 만사는 이런 비판에 붙여져야 한다. 종교는 그 신성성에 의해서, 입법은 그 위엄에 의해서 보통 비판을 면하려고 한다. 그러나 이때에 종교와 입법은 당연히 의혹을 일으키는 것이요, 거짓없는 존경을 요구하지는 못하는 것이다. 이에 대해서 이성은 그의 공명정대(公明正大)한 검토에 배겨 낸 내용에 대해서만 거짓 없는 존경을 허용하는 것이다.

⑥ 그러나 「비판」이란 책들과 체계들의 비판을 의미하는 것이 아니라 「이성의 능력 일반」의 비판을 의미한다. 그러면서도 이런 비판은, 이성이 모든 경험에서 독립하여 추구할 수 있는 모든 인식에 관해서이다. 따라서 형이상학 일반의 가능여부에 대한 결정·가능할 수 있는 형이상학의 원천·범위·한계 등의 규정을 의미한다. 그러나 이런 모든 일을 나는 [가설이나 억측이 아닌] 원리들에 기본해서 수행한다.

⑦ 나는 남겨진 이 유일한 비판의 길을 채택하였다. 이 유일한 길에 의해서, 재래에 경험을 떠난 사용 때문에 이성에 모순을 일으켰던 모든 과오를 잘 제거했다고 나는 믿고 싶다. 인간 이성의 무력을 구실삼아 이성의 물음들을 회피하는 일을 나는 하지 않았다. 도리어 이성의 물음들을 「원리들」에 따라서 완전히 분류하였고, 이성이 자신에 대해서 오해한 점을 발견한 뒤에 이성이 완전히 납득할 만큼 문제들을 해결하였다.

A XIII 문제들을 해결한 결과는 독단적으로 망상하는 호기심이 기대할 수 있는 그
[VII] 런 것이 아님이 확실하다. 호기심을 만족시키는 것은 마술에 의하는 수밖에 없고, 나는 마술 같은 것을 알지 못하는 사람이다. 그러나 마술을 사용하는 것은 인간 이성의 자연적 사명의 의도도 아니었다. 그리고 철학의 의무는 곡해에서 생긴 속임수를 없애는 데에 있었다. 비록 이 때문에 매우 찬미되고 애호(愛好)된 환상이 멸망하기에 이르더라도 개의하지 않았다. 나는 이런 일에 종사함에 있어서 면밀한을 가장 노렸다. 그래서 형이상학의 과제이면서 여기서 해결되어 있지 않거나 적어도 해결의 열쇠가 주어져 있지 않은 과제는, 하나도 없을 것이라고 감히 말한다. 순수이성은 사실상 하나의 완전한 통일체다. 그러므로 이성의 원리가 이성의 본성에 의해서 이성에게 과해진 모든 문제들 중의 어느

하나에 대해서라도 불충분하다면, 이런 원리는 언제라도 내던져 버려서 좋을 것이다. 왜냐하면, 만약 그러하다면 그런 원리는 그 외의 다른 어느 문제에 대해서도 전적인 확실성을 가지고 해결할 만한 힘이 못미치겠기에 말이다.

⑧ 이러한 말을 하는 중에 얼른 보아서 자못 과장되고 불손한 나의 주장에 A XIV
관해서, 경멸이 섞인 불쾌한 표정을 짓는 독자가 있으리라고 생각한다. 그러나 [VIII]
내가 하는 주장은, 마음[영혼]의 단순성이나 세계의 맨 시초의 필연성 같은 것을 증명한다고 자칭하는 통속적 계획을 세운 모든 저자들의 주장과는 비교될 수 없을 만큼 온당한 주장이다. 무릇 보통의 저자들은 가능한 경험의 모든 한계를 넘어서 인간의 인식을 확장하는 것을 약속하는 데 반해서, 나는 이런 일에 대해서는 전혀 능력이 미치지 못하는 바요, 그 대신에 오로지 이성 자신과 이성의 순수한 사고를 다룬다는 것을 겸허하게 고백한다. 이성과 그 순수한 사고는 내 자신 안에서 발견하기 때문에 그런 것들의 주도(周到)한 지식은 먼 데서 구할 필요가 없다. 그리고 이성의 모든 단순한 작용들이 완전히 또 체계적으로 연결된다는 것에 관한 실례를, 일반논리학[형식논리학]이 이미 보여주고 있다. 그러나 이 책에서는 일반논리학과는 달리 아래와 같은 문제가 던져졌을 뿐이다. 즉, 나로부터 경험의 모든 재료와 조력이 제거되었을 때에, 「내가 이성에 의해서 얼마만한 일을 수행한다고 기대해서 좋은가」하는 문제이다.

⑨ 하나 하나의 목적을 달성하는 것의 완전성과 모든 목적을 개괄해서 달성하는 면밀성, 이 두 가지는 임의의 기획이 우리에게 과하는 일이 아니라 인식 자체의 본성이 우리에게 과하는 일이요, 이것에 관한 진술은 이만 정도로 한다. 이상은 우리의 「비판적 연구」의 실질[중요 문제]에 관한 것이다.

[Ⅲ. 비판적 연구 형식의 확실성과 명석성]

⑩ 게다가 비판적 연구의 형식에 관한 것으로의 확실성과 명석성, 이 두 가 A XV
지는 파악하기 어려운 기획을 감행하는 나에게 세인이 마땅히 할 수 있는 본 [IX]
질적 요구라고 간주되는 것이다.

⑪ 그런데 확실성에 관해서 나는 내 자신에게 다음과 같이 언도(言渡)하였다. 즉, 「이런 종류의 고찰에 있어서는 사견을 내세우는 것은 절대로 허락되지 않는다. 이런 고찰 중에서는 가설 비슷한 모든 것은 금매품(禁賣品)이다. 금매

품은 아무리 헐한 값이라도 팔려서는 안 되고 그것이 발견되자마자 몰수되어야 한다」고. 왜냐하면 선천적으로 확립할 모든 인식은 절대로 필연적이라고 간주되어야 한다는 것을 그 자신이 선언하기 때문이다. 뿐더러 이런 일이 모든 「선천적인 순수인식」의 특색이다. 선천적인 순수인식이야말로 모든 절대필연적(철학적) 확실성의 기준일 것이요, 따라서 그런 확실성의 실례(實例)가 되기도 해야 할 것이다.

그런데 확실성에 관해서 스스로 약속한 바를 내가 과연 수행했느냐 하는 것은, 전혀 독자의 판단에 맡긴다. 근거들을 제시하고 이런 제시가 판관[독자]에게 미치는 결과에 관해서는 스스로 입을 벌리지 않는 것이 나에게 참으로 적합하기에 말이다. 그러나 부지불식 중에 저 결과를 약화하는 원인이 되는 것을 없애기 위해서, 약간의 불신을 일으킬 수 있는 장절(章節)을 스스로 지적—이
A XVI 것은 대단치 않은 목적에 속하지만—하여, 이런 점에 있어서 독자가 조금이라
[X] 도 갖는 의혹이 중요한 목적에 관한 독자의 「판단」에 미치는 영향을 미리 막는 일을 허용될 것으로 생각한다.

⑫ 우리가 오성이라고 부르는 능력을 천명하기 위해서, 그와 동시에 또 오성 사용의 규칙과 한계를 규정하기 위해서, 가장 중요한 것은 오성의 순수한 개념들에 대한 연역[1]이라는 표제 아래서 내가 선험적 분석론 제2장에서 행한 연구 밖에 없다는 것을 나는 안다. 이 연구에서 나는 가장 많은 노고를 치렀고, 생각건대 무익하지도 않은 노고였던 것이다. 상당히 깊은 지반 위에 섰던 그 연구는 두 가지 측면을 가진다. 하나는 순수한 오성의 「대상」에 관계해서, 오성의 순수한 선천적 개념들의 객관적 타당성을 증시(證示)하며 이해하도록 하려는 것이었다. 바로 이 까닭에 이 측면의 고찰은 나에게 중요한 목적이 되는 것이다. 또 하나는, 순수한 오성 자체를 그것의 가능성과 오성 자신이 의거
A XVII 해 있는 인식능력들에 좇아서 고찰할 것을 노린 것이다. 따라서 순수한 오성
[XI] 자체를 주관의 관계에서 고찰하는 것이었다. 그리고 이러한 토구(討究)가 나의

1) 연역이란 「권리의 증명」을 의미한다. 즉, 범주가 인상에서 독립한 선천적인 것임에도 그것이 어떻게 대상에 상관할 수 있으며, 대상에 대해서 타당할 수 있는가를 증시(證示)하는 것을 말한다. B. 116 이하, 특히 A. 115 제3절 참조.

중요 목적에 대해서 의의가 있기는 하되, 중요 목적의 본질이 되는 것은 아니다. 왜냐하면, 중요 문제는 언제나 「오성과 이성이 경험을 떠나서 무엇을 또 어느 정도까지 인식을 할 수 있느냐?」하는 것이요, 「사고하는 능력 자체가 주관적으로 어떻게 가능하냐?」하는 것은 아니기 때문이다. 후자는 이를테면 주어진 결과를 생기게 한 원인을 탐구하는 것이요, 그런 한에서 가설에 유사한 것을 지니고 있다(내가 다른 곳에서 지시하듯이 사실은 그런 것이 아니지마는), 그렇기에 여기에 마치 내가 사견을 세우는 것을 허락하는 경우가 있는 성싶고, 독자에게는 또 나의 것과는 다른 사견을 허락하는 성싶다. 이 점을 고려해서 내가 미리 주의해 두어야 할 것은, 주관적 연역이 내가 기대하는 전적(全的)인 확신을 독자에게 일으키지 않았더라도, 내가 이 책에서 특별히 다룬 객관적 연역은 완전한 효력을 보존하고 있는 것이다. 이런 방면에 대해서는 아무튼 26면에서 27면[재판 124면에서 126면 범주가 선험적 연역으로 건너감]까지에 걸쳐서 내가 진술한 것만으로 충분하겠다.

⑬ 끝으로 명석성에 관해서는, 독자는 첫째로 개념들에 의한 추리적(논리적)인 명석성을 요구할 권리가 있고, 그 다음에 직관—즉 예증이거나 다른 구체적 주석—에 의한 직관적(감성적) 명석성을 요구할 권리가 있다. 전자에 대해서 나는 충분한 사려를 했다. 그것은 내 기획의 본질에 속하는 것이었다. 그러나 이것이 우연적 원인이 되어서 후자의 그다지 엄밀하지는 않되 정당한 요구를 나는 만족시키지 못했다. 나는 내 노력의 도중에서 거의 늘 이 후자를 어떻게 할 것인가에 관해서 망설였다. 예증과 주석은 항상 필요하다고 생각했던 것이요, 그러므로 처음의 초고(草稿)에는 적당한 장소에 그것들을 사실로 집어넣었다. 그러나 이윽고, 내가 다루어야 하는 숙제가 장대하고, 연구 대상들이 다양함을 알았다. 이런 숙제와 연구 대상들을 건조무미하게 스코라적으로 강술하는 것만으로도 벌써 책의 부피가 너무 방대해지리라는 것을 알았기에, 통속적 목적만이 필요로 하는 예증과 주석 때문에 책을 또다시 부풀게 하는 것을 나는 부적당하다고 생각했다. 더구나 이 노작은 통속적 사용에는 부적합한 것이고, 또 학문에 참으로 정통한 사람은 이러한 통속화를 그다지 필요로 하지도 않는다. 이러한 통속화는 항상 확실히 유쾌한 일이기는 하나, 여기서는 오

A XVIII [XII]

히려 효과를 거두지 못하는 결과를 초래할 수도 있겠다.

A XIX [XIII] 테라슨[1] 수도원장은 책의 위대성을 그 부피에 의해서 측정하지 않고 그것을 이해하는 데 소요하는 시간에 의해서 측정한다면, 많은 책들에 관해서 「그렇게 짧지 않다면 훨씬 더 짧을 터인데[사실은 글이 너무 짧기 때문에 그것을 이해하는 시간이 더 길다]라고 말할 수 있다」고 했다. 그러나 타방 복잡하기는 하되 원리로써 통일할 「전사변적 인식[2]」을 잘 파악하도록 하는 것이 목적일 경우에는, 「테라슨」이 했던 말과 마찬가지의 권리로써 「많은 책들이[3] 그다지도 명석하게 되려고 하지 않았더라면, 훨씬 더 명석하게 되었을 것인데」라고 말할 수 있다. 무릇 명석성을 돕는 수단들은 부분적으로는 유효하되 전체적으로는 가끔 정신을 산란하게 하는 것이다. 왜냐하면 그것들은 전체의 개관을 충분히 빠르게 하지 못하도록 하고, 도리어 「모든 밝은 색칠」은 전 체계의 맥락 혹은 구조를—(이것이 전 체계의 통일성과 유능성을 판단하는 데 가장 중요하지만)—더럽히고 알지 못하게 하기 때문이다.

[Ⅳ. 정돈된 재산목록 및 자연철학의 예고]

⑭ 이 책에서 제시된 기획에 따라 하나의 위대하고도 중요한 일을 완전하게
A XX [XIV] 또 영구적으로 이룩하는 것을 독자가 기대한다면, 독자와 저자와의 공동 노력은 독자에게 적지 않게 흥미를 일으킬 것으로 나는 생각한다. 이 책에서 우리가 지시하는 의미의 형이상학은, 모든 학문 중에서도 가장 짧은 시간에서 또 미약하나마 공동적인 노력에 의해서 완성이 약속될 수 있는 유일한 학문이다. 그러므로 후세인에게 남는 것은 교수상(教授上) 방법에 있어서 각자의 의도대로 일체 내용을 안배하는 일이요, 그것으로 인해서 내용을 조금이라도 더 많게 하는 수는 없다. 무릇 남는 것은 순수한 이성에 의해서 얻어진 우리의 진정한 소유물의 재산목록, 체계적으로 정돈되어 있는 재산목록 이외의 아무런 것도

---

1) 프랑스인 Terrason(1676－1750)은 정치소설 Sethos를 내었고 파리 학술원 회원이기도 했다.

2) 칸트는 주어진 대상을 파악하는 이론적 인식의 아종(亞種)으로서 「사변적 인식」이란 말을 쓴다. 이것은 경험 중에서 도달할 수 없는 대상(무제약자)들로 나아가는 것이다. 그러나 칸트는 「사변적」과 「이론적」을 혼동해서 쓰기도 했다. 여기서는 이론적 인식과 같은 뜻이다.

3) 「많은 책들」은 지나치게 풀이한 책들이요, Wolf의 저서도 그 속에 들어간다.

아니다. 이 경우에 누락된 것은 하나도 없다. 왜냐하면 이성이 자기 자신에서 산출하는 그런 것은, 적어도 그것의 공통적 원리가 발견되자마자, 감추어져 있을 수 없고 그 자신을 이성에 의해서 드러내기 때문이다. 이런 종류의 인식의 완전한 통일에 의해서, 무조건적 완전성이 가능할 뿐만 아니라 필연적이기도 하다. 이런 종류의 인식은 자세히 말하면 전혀 순수한 개념들에서 생긴 것이요, 어떤 경험도 혹은 일정한 경험에 도달한다고 하는 특수한[지성적] 직관도 그런 인식을 더 확장하고 증가시킬 영향을 미칠 수가 없다. 「너 자신의 집안에 머물러 있어라. 그러면 너는 너의 소유물이 여하히 자족(自足)한가 하는 것을 인식할 것이다[1]」.

⑮ 자연의 형이상학[2]이라는 제목 아래서 순수한(사변적) 이성의 이러한 완전한 체계를 내어놓기를 나는 생각하고 있다. 이 일은 이 「비판」과 비교하면 분량이 반도 되지 않되, 「비판」에 견줄 수 없을 만큼 풍부한 내용을 가질 것이다. 「비판」은 무엇보다도 그런 자연의 형이상학의 원천과 조건을 제시해야 했고, 말하자면 잡초가 매우 무성한 하나의 지면을 깨끗이 또 평탄하게 하는 것을 필요로 하였다. 이 책에서 나는 독자에게 판관의 인내와 무사(無私)를 기대하며, 자연의 형이상학의 체계에서는 협조자의 호의와 도움을 기대한다. 체계에 대한 모든 원리들이 비록 아무리 완전하게 진술되었더라도, 체계 자체의 주도한 전개를 위해서는 파생적 개념들도 결해서는 안 된다. 이 파생적 개념들은 선천적으로 개산(開山)될 수 없고 낱낱이 찾아내져야 한다. 마찬가지로 「비판」은 「개념들의 전 종합」을 빠짐없이 다 했기 때문에, 자연의 형이상학의 체계에 있어서는 그 외에 개념들의 분석에 관해 역시 완전을 기함이 요구된다. 그러나 이러한 분석은 모두가 용이한 일이라, 노력이기보다는 오락일 것이다. A XXI [XV]

⑯ 나는 또 인쇄에 관해서 몇 가지의 주의만을 해 두어야 하겠다. 인쇄의 A XXII [XVI]

1) 로마의 시인 Persius(A.D. 34－62)의 풍자시 iv, 52 중의 한 귀절

2) 「자연의 형이상학」의 이름 아래서 칸트는 순수한 이론이성의 체계를 의미했고, 이것을 위해서 「자연과학의 형이상학적 제일근거」(Metaphysische Anfangsgründe der Natuwissenschaft, 1786)를 저술했다. 이 책은 운동학·역학·기계학·현상학의 4부로 되어 있다. 「비판」에서는, 인식의 선천적인 근본개념과 원칙들을 총망라해서 그것들의 경험에 타당하는 과정(전 종합)을 다루었으나, 「자연의 형이상학」에서는 그것들에서 파생한 운동·힘 등의 개념마저 다루었고, 여기서는 사실에서 출발하여 규칙에 따르면서 원리로 도달하는 분석적 배진의 완전성이 요구된다.

시작이 좀 늦었기 때문에 나는 교정(校正) 인쇄의 반 정도만을 볼 수 있었다. 그 중에는 사실상 약간의 오식이 있되 의미를 혼란케 하는 것은 아니었다. 단지 379면의 아래로부터 4행이[이 책 288면]에 있어서 spezifisch[특성적, 特性的]이라고 할 것을 skeptisch[회의적]이라고 한 것만은 별문제이다. 427면에서 469면[B. 454면—B. 489면]에 이르기까지의 「순수한 이성의 이율배반」론은, 표에 좇아서 정립에 속하는 것은 모두 왼편으로, 반정립에 속하는 것은 오른편으로 진행하도록 배치되어 있다. 이렇게 한 까닭은 정립과 비정립이 한층 더 용이하게 비교되기 위한 것이다.

[1781년 3월]

[재판의] 머리말 VII

[Ⅰ. 논리학·수학·물리학의 성질]

① 인식은 이성의 소임에 속하거니와, 이런 「인식의 연구」가 학(學)[1]의 안전한 길을 걸어 왔느냐의 여부는, 그 성과를 보아 곧 판정될 수가 있다. 인식의 연구가 많은 예비와 용의를 한 뒤에 그 목적에 도달했다고 생각하자마자 곤경에 빠지는 경우거나, 그것의 목적을 달성하고자 가끔 되돌아가서 다른 길을 택해야 할 경우거나, 혹은 여러 공동 탐구자들 사이에서 공동의 의도를 추구하는 방법에 관해서 일치를 볼 수 없는 경우가 있다면, 이러한 상황은 아직도 학(學)으로서의 안전한 길에서 무척 멀어져 있으며 어둠 가운데서 헤매고 있을 뿐이라고 확신할 수가 있다. 그리고 되도록 하나의 학(學)의 안전한 길을 밝혀내는 것만이라도 벌써 이성을 위한 한 공적이 된다. 이때에 「많은 것」이 이제는 헛된 것으로서 포기되어야 하지만, 그런 많은 것은 원래 숙려함이 없이 세워진 목적 중에 포함되었던 것이다.

② 논리학이 학(學)의 안전한 길을 아주 먼 고대로부터 걸어왔다는 것은, 아 VIII
리스토텔레스 이후로 일보의 후퇴도 아니한 사정에서도 명백하다. 약간의 없어도 좋은 번폐(煩弊)스런 점을 제거하거나, 다루어 온 내용의 보다 더 판명한 규정 같은 것을 논리학의 개선이라고 보지 않는 한에서, 이런 것들은 논리학의 안전성에 속하기보다도 오히려 그것의 우미(優美)에 속하는 일이다. 또 논리학에서 주목할 만한 것은 그것이 지금에 이르기까지 일보의 전진도 할 수 없었고, 따라서 어느 모로 보나 완결되고 완성되어 있는 듯이 여겨진다는 것이다. 근세의 몇몇 사람이 각종의 인식 능력(구상력·기지 등)에 관한 심리학[2]장을, 혹은 인식의 기원이거나 객관의 차이성으로 인한 각종 확실성(관념론·회의론 등)의 기원에 관한 형이상학의 장을, 혹은 선입견(그것의 원인과 대책)에 관한

1) 「학의 안전한 길」이라는 말이 재판 머리말에서 17번이나 쓰였음을 보아 그 중요성이 짐작된다.
2) 심리학의 장은 로크가 인식의 기원을 감각과 반성의 두 창(窓)에 둔 것을, 형이상학의 장은 버클리가 「존재는, 즉 지각」이라고 한 관념론의 입장을, 인간학의 장은 베이컨의 네 가지 우상을 각각 지시하겠다.

인간학의 장들을 삽입함에 의해서 논리학을 확장할 것을 생각하였다. 그러나 이런 짓은 논리학의 특성에 무지한 탓에서 생겼다.

학문들 간의 한계를 뒤섞는 일은 학문을 확대하는 것이 아니라 학문을 기형
IX 화하는 것이 된다. 논리학의 한계는 아주 엄밀히 규정되어 있다. 그러나 이것은 논리학이 다름 아닌 모든 사고(이것이 선천적이건 경험적이건, 어떠한 기원이나 객관을 가지건, 우리의 심성이 부딪히는 장애가 우연적이건 또는 자연적이건 간에)의 형식적 규칙[1]들을 엄밀히 증명하는 성질의 학문이기 때문이다.

③ 논리학은 이상과 같은 성공을 거두었고, 이런 이익은 순전히 논리학 자신의 제한성의 덕택이다. 이 제한성 때문에 논리학은 인식의 모든 객관과 「객관들 서로의 차이」를 도외시하는 권리를 가진다. 아니 의무를 가진다. 따라서 논리학에 있어서의 오성은 오직 자기 자신과 자기 자신에만 관여하지 않고 그것이 객관과 교섭할 경우에는, 그것은 「학(學)으로서의 안전한 길」을 택하기가 자연히 훨씬 더 어려웠을 것이다. 이에, [형식] 논리학은 동시에 예비학으로서 이를테면 학문의 현관을 형성했을 뿐이다. 그리고 지식이 문제인 경우에는 논리학은 주어진 지식을 평가하기 위해서 물론 전제되지만, 지식의 새로운 획득은 진정하게, 즉 객관적으로 학이라고 할 그런 학에서 구해져야 한다.

X ④ 그런데 이런 의미의 학은 이성을 내포해 있을 것이요, 그런 한에서 이런 학 중에는 어떤 선천적인 인식이 들어 있지 않을 수 없다. 그리고 이성의 인식은 두 가지 방식에서 그 대상과 상관할 수 있다. 즉 대상(이것은 외부에서 주어져야 하지만)과 그 개념을 단지 규정하거나 혹은 그 이상으로 대상을 실현하는 방식에서이다. 전자는 이성의 이론적 인식이요, 후자는 이성의 실천적인 인식이다. 이 두 인식에 관해서 그것의 분량의 다소는 막론하고 그것의 순수한 부분만을 먼저 논술하여야 한다. 또 선천적이 아닌 원천에서 유래한 것을 선천적인 부분과 뒤섞어서는 안 된다. 왜냐하면 수입을 함부로 지출해서 나중에 경제가 궁지에 빠졌을 때에, 수입의 어느 부분이 지출을 지탱하고 그 어느 부분을 절약해야 하는 것을 식별할 수 없게 된다면, 병든 경제가 되기 때문이다.

---

1) A는 A이다(동일률). A는 비A가 아니다(모순율). 각 사물은 A이거나 비A이거나 어느 것이요, A도 아니요, 비A도 아닌 제3자일 수 없다(배중률) 등을 말한다. 그 외에 삼단논법의 규칙들도 들어갈 것이다.

⑤ 수학과 물리학은 이성의 두 가지 이론적인 인식이요, 어느 것이나 그 객관들을 선천적으로 규정할 터이다. 전자는 전혀 순수하되 후자는 적어도 부분적으로 순수하다. 부분적으로 순수할 경우에는 이성의 원천과는 다른 인식 원천에도 준거해 있는 것이다.

⑥ 수학은 인간 이성의 역사가 미치는 한의 가장 옛 시대부터 희랍인이라는
경탄할 만한 민족에 의해서 학의 안전한 길을 걸어왔다. 그러나 이성이 자신만 XI
을 다루는 논리학처럼 쉽게 수학이 탄탄한 길을 발견했거나 개척했다고 생각
해서는 안 된다. 반대로 수학은 (특히 애급인에 있어서) 오랜 동안 암중모색(暗中
摸索)의 상태에 있었다. 그리고 이러한 상태의 개혁은 한 개인이 기도(企圖)한
행운스러운 착상이 이룩한 혁명에 돌려보내져야 한다. 이런 일이 있은 이후로
우리가 취해야 할 궤도를 벗어나지 않았고, 학의 안전한 길이 모든 시대와 무
한히 먼 곳에 걸쳐 잡혀졌으며 미리 지시되었다. 저 유명한 산겻가리(岬)[희망
봉]를 돌아가는 항로의 발견보다도 훨씬 더 중대했던 이런 사고방식의 혁명의
역사와 이런 혁명을 수행한 행운자의 역사는 우리에게 전해져 있지 않다. 그러
나 기하학적 논증의 가장 간단한 「요소」, 보통의 판단에 의하면 아무런 증명
도 필요로 하지 않는 「요소」를 발견했다는 사람의 이름을 든(擧) 라에르트[1]
출신의 디오게네스가 전해준 전설은, 이 새 길 발견의 첫걸음이 가져온 변화에
대한 상기(想起)를 수학자들은 매우 중요한 것으로 생각했고, 따라서 잊지 않
았던 것을 증시하고 있다. 처음으로 이등변 삼각형을 증명한 사람(이가 탈레스
라고 하건 다른 사람이라고 하건 간에)에게 광명이 나타났다. 왜냐하면 그는 도형 XII
에서 보는 것[직관]을 탐구하거나 도형의 개념만을 탐구함에서 이를테면 도형
의 성질을 알아보는 것이 아니라, 개념에 좇아서 자신이 선천적으로 「생각해
넣어서」 표시하는 것에 의해서, 즉 구성(Konstruktion)에—[개념이 대응하는 직
관을 선천적으로 표시함에]— 의해서 도형을 산출해야 한다는 것을 발견했기 때

1) 희랍 Laert지방 출신의 Diogenes는 기원 전 3세기 전반의 철학사가, 열전(列傳)식으로 서술한 그의 철학사는, 고대 철학자들의 생활 자료를 알려주는 현존의 최고 문헌이다. 여기서 기하학의 간단한 진리를 최초로 발견한 사람은 「팜피라」라고도 하고 혹은 「피타고라스」라고도 했다. 이 디오게네스는 걸식 방랑의 「시노페」 출신의 디오게네스 또는 「아폴로니아」 출신의 디오게네스와 구별해야 한다.

문이다. 이리하여 그 무엇을 선천적으로 알자면, 자기의 개념에 합치하도록 자신이 사물 안에 집어 넣은 일에서 필연적으로 생기는 귀결 외에, 그 사물에 아무것도 보태지 않아야 한다는 것을 발견했다.

⑦ 자연과학은 수학보다는 훨씬 느린 보조로써 학의 대로를 발견하기에 이르렀다. 명민한 베르람의 베이컨의 제안이 일면 이런 발견을 하게 한 것이, 또 타면 그가 이미 발견의 도상(途上)에 있었던 발견을 촉진한 것이, 겨우 1세기 반 이전의 일이기에 말이다. 그리고 자연과학상의 발견도 수학의 경우와 마찬가지로, 신속히 수행된 사고방식의 혁명에 의해서 설명될 수 있다. 여기서 나는 경험적 원리에 기본한 한의 자연과학만을 고려해보고자 한다.

⑧ 갈릴레오[1]가 자신이 먼저 측정한 무게의 공을 비탈진 면에서 굴려내렸
XIII 을 때에, 토리첼리[2]가 미리 측정한 수주(水柱)의 무게와 같다고 생각했던 무게를 공기에서 확인했을 때에, 혹은 이들보다도 훨씬 뒤에 슈탈[3]이 금속을 금속

1) 낙체(落體) 운동에 있어서 물체의 중량에 따라 낙하속도가 다르다는 종래의 과학사상에 반대하여 Galileo(이탈리아인, 1564~1642)는 낙하속도의 차이가 물체 자신의 중량에 기인되는 것이 아니라, 공기의 저항 때문일 것이고, 만일 공기의 저항이 없다면, 즉 진공 중에서는 어떤 물체도 동일한 낙하 법칙에 따를 것이라고 생각했다. 그는 낙하 거리가 시간의 자승(自乘)에 비례함을 표시하는 식을 유도하고, 이것의 검증을 위해서 비탈진 면 상단으로부터 공을 굴리는 실험을 수백 번 반복하였다. 일정한 거리까지 공이 굴러 내려가는 데 필요한 시간을 측정한 결과, 그의 식이 맞는다는 확증을 얻어 진공 속이면 어떤 물체도 동일한 가속도로 낙하한다는 법칙을 발견하게 되었다.

2) 아리스토텔레스 시대에서 16세기까지 「진공」은 절대로 있을 수 없다고 생각되었다. 그러나 갈릴레오는 우물에 관(管)을 넣어 물을 빨아 올릴 때, 흡관(吸管)의 길이가 10cm보다 더 길어지면, 그 이상은 물이 올라가지 않음을 발견했다. 이것은 진공을 만드는 것에 대한 저항에 한도가 있음을 나타내는 것으로서, 그 크기는 10m의 수주(水柱)의 무게로부터 계산될 수 있으리라고 생각했다. Torricelli(독일인, 갈릴레오의 제자, 1608~1647)는 진공을 만들려 할 때에, 「자연」이 거기에 대하여 저항하려는 원인이 대기의 무게에 있다는 것을 알아내고, 갈릴레오의 말을 듣고, 물 대신에 그것보다도 비중이 약 14배인 「수은」을 쓰면 빨려 올라가는 수은주의 최대의 높이가 10m의 1/4이 될 것이라 생각해서 실험으로 확인하고, 수은주가 수은조 표면에 작용하는 공기의 무게와 맞먹는다고 함으로써, 이 현상을 설명했다. 공기가 무게를 가짐은 그 전에도 알려졌으나 Torricelli는 이것과 진공의 저항의 크기를 결부시켜, 우리를 둘러싸고 있는 공기가 압력을 미치고 있음을 생각해서 처음으로 그 압력의 크기를 측정하려고 했다.

3) 슈탈의 연소설(燕巢設)에 의하면 금속은 금속회[金屬酸化物]와 연소(phlogiston)의 합성물이다. 금속을 태워 연소가 빠져나가면 회(灰)가 된다. 반대로 금속회를 목탄과 함께 공기 접촉을 막고 태우면 목탄 속에 있던 연소가 금속회와 화합하여 금속이 자생된다고 생각했다. 이 대목은 금속

회(金屬灰)로 변하게 했고 반대로 금속회를 다시 금속으로, 무엇을 보태기도 하고 덜기도 함에 의해※ 변하게 했을 때에, 그 모든 자연 탐구자에게 한 가닥의 광명이 나타났던 것이다. 즉 그들이 [공통적으로] 파악한 것은, 이성 자신이 자기의 계획에 따라서 산출한 것만을 이성은 통찰한다는 것이다. 항구적 법칙에 따라 판단하는 원리들을 먼저 가지고서 이성 자신의 물음에 자연이 대답하도록 하고, 마치 걸음을 처음 배울 적의 아기가 줄에 끌려 걷듯이 이성은 자연의 인도만을 받지 않는다는 것이었다. 왜냐하면, 그렇지 않고 예정된 계획 없이 우연적으로 하는 관찰들은 하나의 필연적 법칙에 연결됨이 없으나, 그럼에도 이성은 하나의 필연적 법칙을 추구하며 요구하기 때문이다. 이성은 한쪽 손에 원리들을 갖고 있고, 이 원리들에 의해서만 일치하는 현상들은 [자연]법칙으로서 타당할 수 있다. 이성은 다른 쪽 손에 그 원리들에 좇아 고안된 실험을 가지고 자연으로 향한다. 이것은 물론 자연으로부터 배우기 위한 것이나, 교사가 제 마음대로 모든 것을 진술시키는 학생의 자격에서가 아니라, 판관이 제출하는 물음에 답하도록 증인에게 강제하는 「임명된 판관」의 자격에서 배우기 위한 것이다. 따라서 물리학조차 수행한 자못 유익한 그 사고방식의 혁명은 다음 XIV
과 같은 착상의 혜택이었다. 즉 이성 자신이 자연 중에 「생각해 넣은 것」에 좇아서 이성이 자연에서 배울 것을, 즉 이성 자신만으로써 앎이 없는 것을,(자연에서 사실을 날조함이 없이) 자연 중에서 추구하려는 착상(著想)의 혜택이었다. 이런 사정을 통해서 비로소 자연과학은 학의 안전한 길로 들어간 것이다. 이것은, 자연과학이 여러 세기 동안 암중모색(暗中摸索) 이상의 아무것도 안 한 나머지의 일이었다.

※ 나는 이 실험적 방법의 역사적 과정을 자세히 더듬지 않는다. 실험적 방법의 맨 시초는 사실 잘 알려져 있다.

의 산화와 환원을 다루었다. 슈탈의 연소설은 그 이후 전복되었다. N.K. Smith는 Kalk(灰)를 oxide(酸化物)로 영역했다.

[Ⅱ. 수학과 자연과학을 모방한 철학적 사색의 혁명]

⑨ 직관에서 완전히 고립된 사변이성의 인식인 형이상학은 경험적 지식을 전혀 무시하는 것이요, 자세히는(수학처럼 개념을 직관에 적용함에 의해서가 아니라) 순 개념들에 의해서 무시하는 것이다. 따라서 이런 형이상학에서는 이성 그것이 자신의 생도와 같은 셈이다. 이런 형이상학의 운명은 학으로서의 안전한 길을 잡을 수 있었을 만큼 이때까지 행운하지는 않았다. 그것이 존재한지는 다른 어떤 학문보다도 더 오래였지만 사실 그렇다. 그러나, 일체를 전멸케 하는 야만주의의 심연(深淵)에서 다른 학문은 모두가 뒤죽박죽이 되더라도, 형이상학은 앞으로도 남겠다. 아주 보통의 경험조차 확인하는 그런 법칙들을 (자칭하듯이) 선천적으로 통찰하려고 할 즈음에도, 대저(大抵) 이성은 형이상학에서는 부단히 궁지에 빠지고 있다. 사람은 형이상학에서 몇 번인지 모를 만큼 걸어온 길을 다시 더듬어야 한다. 사람은 가려고 했던 곳에 길이 통해 있지 않음을 알기 때문이다.

XV 그리고 형이상학에 종사하는 학도들의 주장에 있어서의 일치에 관해서는, 지금도 자못 일치하지 않아서, 형이상학은 하나의 싸움터인 처지이다. 이 싸움터에서 사람의 힘은 승리를 다투는 싸움에 활용되도록 정해져 있는 듯하되, 최소의 땅이라도 차지한 전사가 없었고, 아무도 승리로 인한 영구적인 점유를 확립하지 못하고 있다. 따라서 종래 형이상학의 방법이 암중모색이었다는 것, 그러면서도 가장 좋지 못한 일이거니와, 한갓 개념들 간의 암중모색이었다는 것은, 의심할 여지가 없다.

⑩ 그런데 형이상학에서 이때까지 학(學)의 안전한 길이 발견되지 못한 까닭은 무엇인가? 학의 안전한 길은 아마도 불가능한 것인가? 그러하다면, 왜 자연은 이성의 가장 중요한 일의 하나로서 그런 길을 탐구하도록 하는 「부단한 노력」을 이성에게 과(課)해왔던 것인가? 그뿐만이랴. 이성이 우리에게 지식욕의 가장 중요한 부문들 중의 한 부문에 있어서 우리를 구제하지 않는 데다가, 현혹(眩惑)으로써 사람을 꾀여 놓고서 종국에는 속이기만 하는 것이라면, 인간의 이성을 신뢰할 까닭을 우리는 가지지 않을 것이 아닌가! 혹은 학의 안전한 길을 놓쳤던 것은 과거의 일일 따름인가? 그렇다면 탐구를 갱신할 적에 선인들보

다도 더한 행복을 바라서 우리는 장차 어떠한 지시를 이용할 수 있는가?

⑪ 생각건대, 갑자기 이룩한 혁명을 통해서 오늘의 것과 같은 것이 되어 있
는 「수학과 자연과학」의 실례는, 유익하게 된 「사고 방식의 전향」의 본질적인 XVI
점을 살피기 위해서 십분 주목할 만한 것이다. 또 이성의 인식[지식]들로서의
두 학문이 형이상학과 유사(類似)함을 허락하는 한에서, 형이상학에 있어서 두
학문의 실례는 적어도 시험적으로 이 두 학문을 「모방」하기 위해서 십분 주목
할 만한 것이다. 우리의 모든 인식이 재래에는 대상에 준거한다고 가정되었다.
그러나 개념에 의해서 선천적으로 대상에 관해서 우리의 인식을 확장하게 하
는 그 어떤 것을 만들어 내려는 모든 기도는, 대상에 준거한다는 전제 아래서
는 무너지고 말았다. 그러므로 대상이 우리의 인식에 준거해야 한다고 하는 가
정이 형이상학의 과제[의 해결]에 대해서 더 효력이 있지나 않나 하는 기도를
우리는 해볼지어다. 이런 일은 어느 사이에 이미, 대상을 선천적으로 인식할
수 있는, [형이상학에 의해서] 요구된 가능성과 한층 더 잘 합치하는 것이다. 대
상의 선천적 인식이란, 대상이 우리에게 주어지기 전에 대상에 관한 어떤 확정
을 하는 것이다.

코페르니쿠스[1]의 최초 사상에 관해서도 사정은 같다. 그는 모든 성군(星群)
이 관찰자의 주위를 돈다고 가정했을 때에 천체운동의 설명이 성공 못한 이후
로, 이제야 관찰자를 돌도록 하고 도리어 별들을 고정시켰을 때에 설명이 더
잘 성공할 것이라는 기도를 하였다. 대상의 직관에 대한 한 형이상학에 있어서 XVII
도 우리는 코페르니쿠스와 같은 방식의 기도를 할 수 있다. 직관이 대상의 성
질에 준거해야 한다면, 어떻게 해서 대상의 성질에 관한 내용을 선천적으로 알
수 있느냐 하는 것을 나는 아는 바가 없다. 그러나 감관(感官)의 객체인 대상
이 인간의 직관능력의 성질에 준거한다면, 대상의 성질을 선천적으로 알 가능
성을 아주 잘 깨달을 수 있다. 그러나 직관이 인식이 되어야 한다면 나는 직관
에 머물러 있을 수 없다. 나는 도리어 표상으로서의 직관을 「대상으로서의 어
떤 내용」과 관계를 짓게 하고, 대상을 표상에 의해서 규정해야 한다. 이러하기
에, 나는 이러한 규정을 수행하도록 하는 개념에 관해서 두 가지 중의 어느 가

1) 천구(天球)의 회전론(모두6권, 1543)이 그의 대표작이다.

정을 할 수 있다. 첫째는 개념이 대상에 준거한다고 하는 가정이다. 이 경우에 나는, 어떻게 대상에 관한 것을 선천적으로 알 수 있느냐 하는 방식 때문에 이전과 마찬가지로 다시 당황(唐慌)한다. 둘째는 대상이, 혹은 같은 말이 되나 경험이—이것에 있어서만 대상은 (주어진 대상으로서) 인식되거니와—개념들에 준거한다고 하는 가정이다. 이 경우에 나는 문득 전자보다도 용이한 결말을 본다. 왜냐하면 경험은 그 자신 일종의 인식 방식으로서 오성(悟性)을 요구하는 것이요, 대상이 나한테 주어지기 이전에 선천적으로 나는 오성의 규칙을 전제(前提)해야 하며, 오성의 규칙은 선천적인 개념 중에 드러나고 이런 개념에 경험의 모든 대상이 반드시 준거해야 하며, 이런 개념과 경험의 모든 대상이 합
XVIII 치해야 하기 때문이다.

대상들 중에는 그것들을 이성[1]만이 사고할 뿐더러 필연적으로 사고하되(적어도 이성이 그것들을 사고하는 그대로) 경험 중에서 주어질 수 없는 그런 대상이 있다. 이런 대상에 관해서 말한다면 그것을 사고하려는 기도는 (아무튼 이런 대상을 우리는 사고할 수 있기 때문에)「사고 방식의 변혁된 방법」이라고 우리가 인정하는 것, 즉 우리 자신이 사물(事物) 중에 집어 넣은 것만을 우리는 그 사물에 관해서 선천적으로 인식한다※고 인정하는 것에 대한 하나의 훌륭한 시금석(試金石)을 나중에 제공할 것이다.

※ 자연 연구자의 방법을 모방한 이 사고방식은, 실험이 확증하고 혹은 부인하는 것 중에서 순수이성의 요소들을 추구하는 점에서 성립한다. 그런데 특히 순수이성의 명제들이 가능한 경험의 모든 한계를 넘어서 모험할 때에는, 순수이성의 명제들을 음미하고자 (자연과학에 있어서와 같이) 그 객체들에 관해서 실험할 수가 없다. 그러므로 우리는 선천적으로 가정하는 개념들과 원칙들에 관해서만 다음과 같은 고안에 의해서 실험해 보려고 하겠다. 즉 우리가 동일한 대상들을 일방에서는 감관들과 오성과의—경험에 대한—대상들로서 고찰하고, 타방에서는 「단지 생각되기만 하고 드디어는 경험의 한계를 넘으려고 애쓰는 고립적 이성」의 대상들로서 고찰하는 고안이다. 다시 말하면 동일한 대상들을

1) 보통 감성과 오성(즉 사고)을 대립시키되, 양자가 다 광의(廣義)의 이성(인식능력)에 들어간다. 오성은 개념작용, 판단력, 추리로 세분되기도 하나 칸트는 추리능력만을 이성이라고 규정해서 협의의 오성에서 구별하기도 했다. 또 이론이성을 실천이성과 구별하기도 했다.

서로 다른 두 방면에서 고찰하는 것이다. 그런데 사물들을 이처럼 이중적 견지에서 볼 때에 사물들과 순수이성 원리의 일치가 생기되, 일원적 견지에 있어서는 이성의 자기 당착(撞着)이 반드시 생긴다. 우리가 이러한 사정을 안다면, 실험은 대상들의 저 두 가지 구별이 정당했음을 결정할 것이다.

⑫ 이런 기도는 소원대로 성공해서 첫째 부문의 형이상학[선험적 분석론]에 XIX
대해서 학의 안전한 길을 약속하고 있다. 첫째 부문의 형이상학은 선천적 개념
[범주]들을 다루는 것이요, 이런 개념들에 대응하는 대상들은 선천적 개념들에
적합해서 경험 중에 주어질 수 있다. 왜냐하면 사고방식의 이러한 변혁이 선천
적 인식의 가능성을 유감없이 설명할 뿐더러 그것 이상으로 경험(經驗)의 「대
상들의 총괄로서의 자연」의 밑바닥에 선천적으로 있는 법칙들이 만족스러운
자기증명도 갖추기 때문이다. 이 두 가지 일은 재래의 연구 방식으로서는 불가
능했던 것이다. 그러나 첫째 부문의 형이상학에서 인식하는 선천적 능력을 연
역하는 것에서 괴이한 결과가 생긴다. 즉 둘째 부문의 형이상학[선험적 변증론]
의 문제인 형이상학의 전(全)목적에 대해서 얼른 보아서 매우 불리한 결과가
생긴다. 그것은, 한계를 넘어서려는 것이 형이상학의 본질적인 관심이긴 하지
마는, 인식하는 선천적 능력으로써는 가능한 경험의 한계를 넘어설 수 없다는
것이다. 이 둘째 부문의 형이상학에는 반증(反證)하는 실험이 포함되어 있다.
즉 선천적인 이성[실은 오성(悟性)]의 인식은 현상에만 상관하고, 이와 반대로 XX
물자체 그것(Sache an sich selbst)을 확실히 그것만으로 실재시키기는 하되 우
리한테 인식되지는 않는 것으로서 실재시킨다고 하는 것이 선천적인 이성의
인식에 관한 첫째[부문의 형이상학이 내린] 평가의 결과였는데, 이런 결과가 진
리였음을 반증하는[간접적으로 증명하는] 실험이 포함되어 있다. 무릇 우리를 몰
아서 필연적으로 경험을 따라서 모든 현상의 한계를 넘도록 하는 것은 무제약
자(無制約者)이다. 이성은 필연적으로 또 충분한 권리로써 「제약된 것」에 대립
하는 무제약자를 물자체 그것(Dinge an sich selbst) 중에서 구하고, 이것으로
인해서 「제약들의 계열」이 완결되어야 한다고 한다[전체성이 주어져야 된다고 한
다]. 그런데 우리의 경험 인식이 물자체로서의 대상에 준거한다고 가정하면,
무제약자를 모순 없이는 생각할 수는 없다[무제약자는 인식의 한계 바깥에 있는

것이기 때문이다]. 이와 반대로 우리에게 주어지는 사물에 관한 인간의 표상이 「물자체 그것」으로서의 사물에 준거하는 것이 아니라, 현상으로서의 대상이 도리어 우리의 표상방식에 준거한다고 가정한다면 모순은 해소되고 마는 것이 알려진다. 따라서 무제약자는, 우리가 아는 (즉 우리에게 주어지는) 한의 사물에는 발견되지 않으나, 우리가 아는 바 없는 사물, 즉 물자체에서 발견된다. 이
XXI 상과 같고 보면, 우리가 처음에 시험적으로 가정한 것이 이제야 확증된 것이 명백하다.※

※ 순수한 이성의 이러한 실험은 화학자들의 실험과 매우 비슷하다. 화학자는 그것을 환원법(還元法)이라고 말하나 일반적으로는 종합적 방법이라고 한다. 형이상학자의 분석론은 선천적인 순수한 인식을 자못 서로 다른 두 가지 요소로 구별한다. 현상으로서의 사물의 인식과 「물자체 그것」으로서의 사물의 인식이 즉 그것이다. 변증론은 양자를 다시 결합해서 무제약자라는 필연적인 이성관념[이념]과 조화시키려고 한다. 그리고 변증론은 이러한 조화[종합]가 저러한 분석을 통하지 않고서는 생기지 않는 것을 발견한다. 그러므로 이러한 구별은 참된 것이다.

사변적 이성이 초감성적(超感性的)인 분야에서 하는 모든 활약이 거부된 뒤에 역시 해볼 만한 기도(企圖)가 우리에게 남아 있다. 그것은 이성의 실천적 인식 중에서 무제약자라는 초험적(超驗的)인 「이성의 개념」을 규정하는 자료를 발견하려는 것이다. 이리하여 형이상학의 소망대로 실천적 견지에서만 가능한 우리의 선천적인 인식에 의해서 가능한 경험의 한계를 넘어서는 데 성공하려는 것이다. 이러한 조치를 취할 즈음에 사변적 이성은 이러한 확장에 대한 여지를 비록 이 여지에 채워진 것이 없기는 했으나, 적어도 마련해 두었던 터이
XXII 다. 그러므로 되도록 이제야 이 여지를 이성의 실천적인 자료에 의해서 채우는 것은 우리의 자유에 맡겨져 있다. 사실은 사변적 이성이 우리에게 절실히 바라는 일이다.※

※ 마찬가지로 천체(天體)들의 운동의 중심법칙[즉 중력법칙]들은, 코페르니쿠스가 처음에는 단지 가설로 생각했던 것에 결정적 확실성이 있음을 알렸다. 천체 운동의 중심법칙들은 동시에 우주의 불가견(不可見)의 결합력(뉴톤의 만유인

력)을 증명하였다. 이 결합력은, 코페르니쿠스가 감관에는 위반되나 진리인 방식[가설]에 의해서, 관찰된 운동들을 천체 중에서가 아니라 천체의 관찰자 중에 구하는 모험을 하지 않았더라면, 언제까지나 발견되지 않았을 것이다. 내가 「비판」에서 진술한 코페르니쿠스의 가설에 비슷한, 사고방식의 전향은, 이 「머리말」에서는 오직 하나의 가설로서 제시된다. 허나 이 가설은 비판의 본문에서는 시공에 관한 우리 표상의 성질과 오성의 근원적 개념[범주]에 의해서 가설로서가 아니라 확연(確然)인 것으로 증명된다. 사고방식의 전향에 대한 모든 최초의 기도—(이것은 언제나 가설적이지만)—들을 주목하기를 바라서 나는 가설로서 제기한 바이다.

⑬ 순수한 사변이성 비판이 할 일은 형이상학에 관한 재래 방식을 개변하려 XXIII
고 기도하는 점에 있다. 그러면서도 기하학자와 자연과학자를 모범으로 해서 우리가 형이상학의 전 혁명에 착수함으로써 기도하는 점에 있다. 「순수이성비판」이란 책은 하나의 방법론이요, 학의 체계 자신은 아니다. 그러나 그것은 학(學)의 전 개략도(概略圖)를 그 한계와 내적 구조 전부에 관해서 그려낸 것이다. 무릇 순수한 사변이성이 갖는 특성 자체는, 첫째, 사변이성이 사고할 수 있는 객관을 택하는 「방식의 차이」에 따라[1] 자기 자신의 능력을 측정하는 것이요, 둘째, 과제들을 제출하는 여러 방식을 완전히 열거하여 형이상학의 체계의 전 윤곽을 그려낼 수 있고 또 그려내야 하는 것이다. 왜냐하면, 첫째에 관해서는 사고하는 주관이 자신의 내부에서 집어내는 것 외에는 객관이 부여하는 것이, 선천적 인식에는 도무지 없기 때문이다. 또 둘째에 관해서는 이성은 그것이 인식 원리들에 관한 한에서 객관에서 전혀 독립한 자존적인 통일체요, 여기서는 하나의 유기체에 있어서와 같이 말하자면 부분은 다른 모든 부분들을 위해서 있고 또 다른 모든 부분들은 하나의 부분을 위해서 있어서, 인식의 어느 한 원리도 그것이 동시에 순수이성의 사용 전체에 대해 전통적[이론적·실천적]인 관계를 정사(精査)함이 없고서는, 하나의 관계에도 확실하게 채용될 수 없기 때문이다. 이 때문에 형이상학은, 객관을 다루는 어떠한 이성의 학(논리학은 사고 일반의 형

1) 택하는 방식이 경험적이냐 개념적이냐 추리적이냐, 추리적이라 해도 정언적 추리냐 가언적 추리냐 선언적 추리냐, 또 이론적이냐 실천적(의지규정적)이냐 등의 차이가 있다. 또 몇 줄의 방법론의 「방법」은 사상이 통과해야 할 길이라는 뜻이다.

식만을 다루는 것이므로, 그것은 객관을 다루는 학문이 아니다)에도 주어질 수 없는
다음과 같은 드문 행운을 가진다. 즉 만약 이 「비판」이 형이상학을 학으로서의
안전한 길 위에 서게 한다면, 자신이 소유하는 인식의 전 분야를 완전히 포괄
하고, 따라서 그것이 할 일을 완성하여, 늘지 않는 자본으로서 후세(後世)가 사
XXIV 용하게끔 남길 수 있다는 행운이다. 왜냐하면 형이상학은 오직 원리들과 원리
사용의 한계들—이것들을 원리들 자신이 규정하지만—만을 다루기 때문이다.
그러므로 형이상학은 기본과학으로서 완전해야 하는 책임을 지고 있으며, 형이
상학에 관해서 다음과 같이 말해져야 하는 것이다. 즉 「아직도 해야 할 무슨
일이 남아 있다면, 아무런 것도 했다고 생각되지 않는다」고.

[Ⅲ. 새로운 비판적 형이상학의 성과]

⑭ 도대체 「비판」에 의해서 세련되어 영속적 상태를 보존케 된 [우리의] 형
이상학에 의해서 후세에 남기고자 하는 보물은 어떤 종류의 보물인가?라고 질
문하는 사람이 있을 것이다. 이 책을 졸독한 사람은, 그것의 효용이 단지 소극
적인 것, 즉 사변이성에 의해서 우리로 하여금 경험의 한계를 넘지 않도록 경
고하는 것임을 알았다고 생각하겠다. 이 점이 사실상 우리의 [비판적] 형이상학
의 기본적 효용이다. 그러나 사변이성이 그것의 한계를 감히 넘으려고 할 때에
쓰는 원칙들이 사실은 이성의 사용을 넓히는 것이 아니라, 우리가 정밀한 고찰
을 할 때에, 이성의 사용을 좁히는 결과에 반드시 도달하는 것을 알게 되자,
저 기본적 효용은 곧 적극적인 것이 된다. 왜냐하면 원칙들은 원래 [이성에 속
하지 않고] 감성에 속해 있건마는, 감성의 한계를 무한히 넓혀서 이성의 순수한
XXV (실천적)사용에 대신하고자 하기 때문이다. 그러므로 우리의 비판이 사변이성
에 제한을 가하는 한에서 그것은 실로 소극적이다. 그러나 그것으로 인해서 동
시에 우리의 비판이 이성의 실천적 사용을 제한하거나 전혀 없애버리려고 하
는 방해를 제거하는 까닭에 순수이성의 절대 필연적인 실천적(도덕적) 사용이
있는 것을 믿게 되자마자, 우리의 비판은 사실은 적극적이고 또 매우 중요한
효용을 가지고 있다. 이성은 그 실천적 사용에 있어서는 반드시 감성의 한계를
넘어서 넓혀지고, 이것을 위해서 이성은 확실히 사변이성에서 아무런 도움도
필요로 하지 않되 이성이 자기 모순에 빠지지 않고자 사변이성의 반대에서 안

전하게 되어 있어야 한다. 「비판」의 이러한 봉사가 적극적인 효용인 것을 거부함은, 경찰의 주요 업무가 서민들이 위협받는 폭력행동을 금지—이것은 시민이 자기의 업무를 평안하게 영위할 수 있기 위해서지만—하는 데 있기 때문에 경찰은 아무런 적극적 효용도 없다고 말하는 것과 꼭 같을 것이다.

공간과 시간은 감성적 직관의 형식이다. 즉 현상으로서의 사물이 존재하는 조건일 뿐이다. 또 개념들에 대응하는 직관이 주어지지 않는 한에서 우리는 오 XXVI
성의 개념들을 도무지 가지지 않으며 따라서 사물을 인식하게 되는 아무런 요소도 가지지 않는다. 그렇기에 우리는 「물자체 그것」으로서의 대상에 관한 인식이 아니라, 감성적 직관의 객관인 한의 대상, 즉 현상으로서의 대상에 관한 인식을 할 수가 있다. 이러한 것이 「비판」의 분석적 부문에서 증명되었다. 이것에서 실은 이성의 모든 가능한 사변적 인식을 경험의 대상에만 국한하는 일이 생긴다. 그러나 십분 주목해 두어야 할 것으로서 이 즈음에 역시 보류된 것이 있다. 그것은 우리가 동일한 대상을 「물자체 그것」으로서는 비록 인식(erkennen)할 수는 없으나 적어도 생각(denken)할 수는 있어야 한다는 것이다.※ 왜냐하면 만약 그렇지 않다면 현상하고 있는 무엇이 없이 현상이 있다는 모순된 명제가 생길 것이기에 말이다.

※ 하나의 대상을 인식하자면 나는 그 대상의 가능성을(경험이 보증하는 바에 의해서 대상이 현존함에서거나 혹은 선천적으로 이성에 의해서거나) 증명할 수 있다는 것이 필요하다. 그러나 만약 내가 자기 모순에만 빠지지 않는다면, 즉 나의 개념이 가능한 사고이기만 하다면, (이때에 모든 가능적인 것의 통괄에 있어서 나의 개념에 하나의 객관이 대응하나 안 하나 하는 것은 대답할 수 없겠으되) 나는 의욕하는 것을 사고할 수 있다. 허나 이런 개념에 객관적 타당성(이것은 실재 가능성을 말한다. 앞의 자기 모순에 빠지지 않을 수 있는 가능성은 논리적 가능성이지마는)을 부여하자면, [개념]보다 더 이상의 어떤 것이 요구된다. 이 「보다 더 이상의 어떤 것」이란 이론적 인식의 원천 중에서 구해질 필요가 없다. 그것은 실천적 인식의 원천 중에 있을 수도 있다.

그런데 우리의 「비판」이 필연적으로 행한 「경험의 대상으로서의 사물」과 XXVII
「물자체 그것으로서의 대상」의 구별을 우리가 하지 않았다고 가정한다면, 인과성의 원칙이, 따라서 이 원칙이 규정되어 있는 자연의 기계성이, 원인으로 작용하는 것으로서의 모든 사물 일반에 완전히 타당하겠다. 그러므로 동일한 실재체, 가령 사람의 마음에 관해서 「그의 의지가 자유인 동시에 필연성에 종속한다, 즉 자유가 아니다」라고 말하는 것은 명백히 모순에 빠지는 것이겠다. 왜냐하면 이 두 명제에 있어서 나는 인간의 마음을 전혀 동일한 의미로, 즉 물(物) 일반(사물 자체)으로 해석하였다. 비판이 선행하지 않았다면 그런 해석과 달리 생각할 수도 없었기에 말이다. 그러나 객관을 「현상과 물자체 그것」과의 두 가지 의미로 해석할 것을 가르친 점에서 비판에 잘못이 없었다면, 또 비판의 「오성의 [순수한]개념의 연역」이 정당하고 따라서 인과성의 원칙이 오직 첫째 의미의 사물, 즉 경험의 대상인 한의 사물에만 적용되고, 둘째 의미의 사물은 인과성의 원칙에 종속해 있지 않다면, 동일한 의지가 현상(눈으로 볼 수 있는 행위)에 있어서는 반드시 자연법칙에 적종해 있는 것이요, 그런 한에서 자유가
XXVIII 아니지마는, 타면 「물자체 그것」에 속하는 것으로서는 자연법칙에 종속해 있지 않고 따라서 자유라고 생각되며, 이러한 생각에는 아무런 모순도 없다. 둘째 방면[물자체 그것]에서 본 내 마음을 나는 사변이성에 의해서(더구나 경험적 관찰에 의해서도) 인식할 수가 없다. 그러므로 내가 감성계에서의 결과들을 귀속시키는바, 한 실재체의 성질로서의 「자유」도 인식할 수가 없다. 왜냐하면 만약 인식할 수 있다면 나는 실존하면서도 시간상의 규정이 없는 실재체를 확실히 인식해야 하겠기에 말이다(시간의 규정이 없는 인식은 불가능하다. 나는 나의 개념[자유]의 근저에 아무런 직관도 가질 수가 없기 때문이다). 그러나마 나는 자유를 생각할 수가 있고 따라서 자유의 표상은 적어도 아무런 모순도 내포하지 않는다. 이러한 무모순성(無矛盾性)은 우리의 비판이 두 표상방식(감성적인 그것과 지성적인 그것)을 구별하고, 이런 구별에 기인하여 오성의 순수한 개념과 이 개념에서 흘러나오는 원칙을 [현상계에] 제한함이 있는 때의 일이다.

그런데 도덕은 필연적으로 (가장 엄밀한 의미의) 자유를 인간 의지의 성질로서 전제한다. 이것은 자유의 전제가 없고서는 절대로 불가능한 근원적 원칙들, 우리의 이성 중에 있는 실천적인 근원적 원칙들을 도덕이 성립하기 위한 선천적인 여건으로서 도덕이 인증함에 의해서이다. 그러나 사변이성이 자유는 전
XXIX 혀 생각될 수 없음을 증명한다고 가정하자. 이때에 전자의 전제, 즉 도덕의 전

제는 후자[자유]의 가정에—이것에 대한 반대는 명백히 불합리를 포함하기 때문에—반드시 굴복해야 하고, 따라서 자유와 동시에 도덕은(이것에 반대하는 것은 자유가 먼저 전제되지 않으면 아무런 불합리도 포함하지 않기 때문에) 자연의 기계성을 위해 자리를 내주어야 한다. 그러나 내가 도덕을 위해서 필요로 하는 것은, 다름이 아니라 비록 자유라 해도 거기에는 자기 모순이 없다는 것이요, 따라서 설혹 자유가 통찰[인식]될 필요는 없어도 그것은 적어도 생각되기는 한다는 것이며, 그러므로 자유는(자연적 기계성과는 다른 의미에서 이해된다면) 동일한 행위의 자연적 기계성에 아무런 방해도 하지 않는다는 것이다. 그렇기에 도덕론도 자기의 자리를 지키고 과학론도 자기의 자리를 지키는 것이다. 그러나 이런 일은 비판이 미리 「물자체 그것」에 관한 필연적 무지를 가르쳐 주었을 때에, 우리가 이론적으로 인식할 수 있는 모든 것을 오직 현상에만 제한했을 때에 성립하는 것이다.

순수이성의 비판적 원칙에서 생기는 적극적 효용에 관한 이러한 천명은, 하나님의 개념과 마음[영혼]의 단일성의 개념에 관해서도 나타날 수 있다. 그러나 간결을 위해서 이 양자의 천명은 생략한다. 그러므로 나는 이성의 필연적인 실천적 사용을 위해서 만약 내가 동시에 사변이성에 대해서 그 초험적인 통찰의 월권을 빼앗지 않는다면, 하나님·자유·마음의 불멸성을 가정해 볼 수도 없 XXX
다. 왜냐하면 사변이성은, 그것이 진정한 통찰을 얻기 위해서 사실은 가능한 경험의 대상에만 도달하는 그런 원칙을 이용해야 하기 때문이다. 그럼에도 경험의 대상일 수 없는 대상[물자체]에 적용된다면, 저 원칙은 이런 대상을 언제나 현상으로 변하게 하며, 그래서 순수 이성의 모든 실천적 확장을 불가능한 것이라고 선언하는 바이다. 그러므로 나는 [도덕적] 신앙에 양보하기 위해서 지식을 버려야[제한해야] 하였다. 왜냐하면 형이상학의 독단론, 즉 순수이성의 비판 없이 형이상학에서 성공을 거두려 하는 편견은, 도덕성에 어긋나는 모든 불신의 진정한 원천이기에 말이다. 불신은 항상 지극히 독단적인 것이다. 이리하여 순수이성의 비판에 준거해서 형성된 체계적 형이상학에 의해서 유산을 후세에 남기는 일은 그다지 어려운 일이 아니지마는, 이 유산은 결코 경시될 선사품이 아니다.

비판을 결한 이성의 「근거 없는 모색과 경솔한 방황」에 비(比)해서 사람은

[우선]학(學)일반의 안전한 길에 의해서 얻는 이성의 계발이라는 점만에도 주목
XXXI 할지어다. 혹은 지식욕에 불타는 청년이 [학의 안전한 길에 의해서 시간을 허비하지 않고 이제야] 시간을 유용하게 활용하게 되는 점을 주목할지어다. 이 청년은 [이때까지는] 유행의 독단론에서 매우 일찍부터 많이 고무를 받았기에, 그가 도무지 이해하지도 못하고 또 모든 세간인과 마찬가지로 그도 통찰함이 없는 사물에 관해서 안이한 궤변을 일삼았고, 새로운 사상과 의견의 발명을 노렸으며, 그래서 건전한 학문의 학습을 등한하게 했던 처지였다. 그러나 소크라테스적 방법, 즉 상대자의 무지를 가장 명석하게 증명함에 의해서 도덕과 종교에 대한 모든 비난을 미래에 영구토록 없애는 [이 비판이 주는] 불가측의 이익을 세상 사람이 고려한다면, 이 유산은 지극히 존중되어야 할[1] 선사품인 것이다.

어떠한 종류의 것이건 간에 세상에는 항상 형이상학이 있었고 또 미래에도 아마 있을 것이다. 형이상학과 더불어 순수한 이성의 변증론도—이 변증론은 순수이성에 대해서 자연적[불가피]이기 때문에—그 형이상학 중에 발견될 것이다. 이에 과오(過誤)의 원천을 막아버림에 의해서 형이상학에서 그 모든 해로운 영향을 한꺼번에 제거하는 것이 철학의 최초의 과업이며 또 가장 중대한 과업이다.

⑮ 여러 학문[수학·물리학]의 분야에서 이러한 중요한 변혁이 있었음에도 불구하고 또 사변이성이 이때까지의 그 공상적 소유에서 입은 손실에도 불구하
XXXII 고 보편적인 인간 관심사[도덕]와 세상이 이제까지 순수이성의 학들에 구해 얻은 효용은 다 이전과 마찬가지로 유리한 상태대로 있다. 손실을 입은 것은 오직 [독단적] 학파의 독점권뿐이요, 결코 인류전체의 관심사가 아니다. 나는 완강한 독단론자에게 물을 것이 있다. 즉 [첫째] 실체의 단일성에서 나온 사후(死後)의 영혼 존속의 증명, [둘째] 주관적인 필연성과 객관적·실천적인 필연성을, 세밀하기는 하되 결국 무력하게 구별함에 의해서 보편적 기계성에 반대되는 의지 자유의 증명, [셋째] 최고 실재자의 개념(가변자의 우연성의 개념과 최초 기동자[2]의 필연성의 개념)에서 나온 「하나님의 존재」의 증명 등등은, 그런 증명을

1) 「지극히 존중되어야 할 선사품」의 원문의 영역(英譯)은 구구하다.

2) Aristoteles의 Metaphysics(12권 7장 1072a)에 나오는, 자신은 움직이지 않고 그 외의 타자를 움직이게 하는 자, to kinoun akineton, 즉 궁극 원인이다. 이것은 곧 절대적 하나님을 지시하는

각 학파가 하기 시작한 후로 대중에 도달해서 대중의 확신에 최소의 영향이라도 일찍이 끼친 일이 있었던가? 하는 물음이다. 그러나 대중의 영향이 없고, 또 [대중의] 상식이 세밀한 세변에는 부적당하기 때문에 그런 일을 우리는 기대할 수도 없다. 이렇게 보면 오히려 첫째에 관해서는 시간적[유한적]인 것에 의해서(인간의 전 사명의 소질을 수행하기에 불충분하기 때문에) 우리가 만족할 수 없는바, 만인에게 인정되는 인간성[인격성]의 소질만이 영생에 대한 희망을 낳은 것이다. 둘째에 관해서는 애착의 모든 요구에 대립하는 「의무」만을 명백히 XXXIII
제시함이 자유 의식을 낳은 것이다. 끝으로 셋째에 관해서는 자연 중에 편재하는 아름다운 질서·미(美)·섭리만이 현명하고 위대한 세계 창조자의 존재에 대한 신앙을, 즉 대중에게 퍼져 있는 확신을 그것이 이성 위에 정초된 한에서 낳은 것이다. 사실 이러한 것이라면 하나님에 대한 확신의 소유는 여전히 무방할 뿐만 아니라 그 권위까지도 얻는 것이다. 왜냐하면 [비판에 의해서] 전래 철학의 학파들도 보편적 인간관심사[도덕]에 관한 일점(一點)에 있어서는, (우리가 가장 존경할 만한) 대중이 쉽게 도달할 수 있는 통찰보다도 더 고상하고 더 완전한 통찰을 자부하지 않을 것을 이제야 계몽받기 때문이다. 뿐더러 만인이 이해할 수 있고 또 도덕적 견지에서 충분한 증명 근거들의 개발에만, 국한하는 활동을 하도록 철학의 학파들도 계몽받기 때문이다. 그러므로 학문의 변혁에 의해서 타격은 학파들의 교만한 요구에만 미치는 것이 된다. [소위] 학파들은 이 점에 있어서 (일반적으로 다른 많은 점에서도 그렇듯이) 그 사용만을 대중에게 알리되 열쇠는 스스로 비장하려고 하는 그런 진리의 유일한 정통자·보관자로 인정받고 싶어한다(나와 마찬가지로 모르는 일을 그만이 아는 것처럼 보이고 싶어한다). XXXIV

그러하되 사변철학자의 비교적 정당한 요구에도 나는 주목했다. 사변철학자는 여전히 대중이 아는 바 없되 대중에게 유익한 학, 즉 이성 비판의 독점적인 보관자이다. 무릇 「이성 비판」은 통속적이 될 수 없고 또 될 필요도 없다. 왜냐하면 유용한 진리를 위해서 치밀하게 짜인 주장이 대중에게 이해될 수 없듯이 그런 주장에 대한 자세한 반대도 대중은 착상(着想)하지 못하기 때문이다. 이에 대해서 학파와 사변을 일삼는 사람들은, 반드시 주장과 반대 주장에 빠지

말이다. 표 B. 479 참조.

는 법이다. 그리고 [각]학파는 사변적 이성의 권리를 철저히 연구함으로써 논쟁에서 조만간 대중 사이에도 생기는 다음의 추태를 단연 예방할 의무가 있다. 즉 형이상학자들이(드디어 형이상학자로서의 중(僧侶)까지) 비판이 없는 한에서 불가피하게 논쟁에 휩쓸려 들어가서 나중에는 그들의 교설(敎說)까지 거짓이 되는 추태이다.

「비판」만이 유물론·운명론·무신론·자유사상적 무신앙·광신·미신(이것들은 일반에게 유해하다) 최후로 관념론·회의론(이것들은 오히려 철학의 학파에게 위험한 것이요 대중 속에 스미기 어렵지만)들을 근절할 수가 있다. 정부가 사실 학자들의 소업에 관여함이 적당하다고 생각한다면, 학술과학자의 현명한 보호를 위해서는 학파의 가소로운 전제를 지지하기보다도 이성의 활동을 확립할 수 있는 「
XXXV 비판의 자유」만을 옹호하는 것이 훨씬 더 적절할 것이다. 학파는 그들의 거미줄이[학설의 체계가] 찢어진 때에는 사회가 위험에 빠진다고 부르짖지마는, 대중은 그런 거미줄에 아무런 주목도 하지 않았던 것이요, 따라서 거미줄의 상실감도 없다.

⑯ 우리의 「비판」은 순수한 인식의 학으로서의 「이성의 주장적 태도」에 대립하고 있지는 않다(학은 항상 주장적이기에 말이다. 즉 안전한 선천적 원리에 의해서 엄밀한 증명을 하여 있기에 말이다). 우리의 「비판」은 독단론에 대립하고 있다. 즉 오로지 개념에서의 순수한 인식(소위 철학적 인식)에 의해서만 또 이성이 오랫동안 사용해온 원리에 좇아서만—이성으로 하여금 그런 원리에 도달하게 한 방식과 권리를 물음이 없이—성공한다고 하는 월권(越權)에 대립하고 있다. 독단론은, 자기의 능력을 먼저 비판함이 없이 순수이성이 하는 독단적 처리인 것
XXXVI 이다. 그러므로 독단론의 반대는 통속성이라는 외람된 이름 아래서 떠들어대는 천박성을 변호하는 것이 아니요, 혹은 전(全)형이상학을 간단히 처리하는 회의론을 변호하는 것도 아니다. 도리어 우리의 「비판」은 학으로서의 「근원적인 형이상학」의 출현을 촉진하는 데에 필요한 예비적인 마련이다. 이런 형이상학은 반드시 주장적으로 논술되고 가장 엄밀한 요구에 좇아서 체계적으로 논술되며, 따라서 (통속적이 아니라) 학적으로 논술된다. 무릇 형이상학에 대한 이러한 요구는 등한히 할 수가 없다. 왜냐하면 형이상학은 전혀 선천적으로, 따라서 사변이성을 전적(全的)으로 만족시킬 만큼 그 소임을 수행하는 것을 의

무로 삼기 때문이다.

그러므로 「비판」이 지시하는 계획의 수행에 있어서, 다시 말하면 미래 형이상학의 체계에 있어서 우리가 앞으로 모든 독단적[1]인 철학자 중에서도 가장 위대한 철학자인 유명한 볼프의 엄밀한 방법에 따라야 한다. 이는 원리들의 법칙적 확립·개념들의 명석한 규정·증명들의 엄밀성의 기도·추리에서의 대담한 비약의 방지 등에 의해서 학의 안전한 길이 잡힐 수 있는 실례를 최초로 보여준 사람이다(그리고 이런 실례에 의해서 그는 독일에서 금일까지도 사라지지 않은 철저성의 정신을 수창(首唱)한 사람으로 되었다). 바로 이 때문에 형이상학이라는 「학」을 안전한 위치에 집어넣기에 특히 적합했던 사람이다. 이것은 기관[도구]의 비판, 즉 순수한 이성 자체의 비판에 의해서 먼저 형이상학의 분야를 준비하는 것을 그가 착상했을 경우의 말이다. 그러나 [순수이성의 비판까지는 가지 못한] 결함은 단지 그에게만 돌릴 것이 아니라 오히려 그 시대의 독단적인 사고방식에 돌릴 것이요, 이 점에 관해서 당대의 철학자도 모든 전대(前代)의 철학자도 서로 비난할 것이 못된다. 그러나 「볼프」의 학적 방식과 동시에 나의 「순수이성비판」의 방식을 내던지는 사람이 노리는 것은 다름 아닌 학(學)의 구속을 전혀 벗어나려는 것이요, 노력을 유희로, 확실성을 사견으로, 애지(愛智)를 한갓 애설(愛設)로 각각 변하게 하려는 것이다. XXXVII

[Ⅳ. 재판의 서술법]

⑰ 이 재판에 관해서 말한다면 당연한 일이나, 나는 난해와 모호를 되도록 없애고자 이 기회를 놓치지 않으려고 했다. 명민한 사람들이 이 책의 평가에 있어서 맞부딪힌 많은 오해는 아마 나에게도 책임이 있겠지만, 난해와 모호에 유래했을 것이다. 명제들 자체와 그 증명 근거들, 마찬가지로 계획의 형식과 완전성, 이런 것들에 관해서 나는 아무런 고쳐야 할 것도 발견하지 않았다. 이런 사실의 일부는 그것들을 대중 앞에 내놓기 전에 내가 그것들에 치른 오래

1) 원어 dogmatisch는 두 가지 뜻이 있다. 첫째는 이성의 능력을 비판함이 없다는 뜻이다. 또 하나는 확실한 선천적 개념 혹은 원칙에서 증명해 간다는 뜻이다. 이때에는, 전자처럼 독단적이 아니라 주장적·교설적이다. Wolf는 독단적이기보다도 주장적이었다고 칸트는 보고 있다. 또 이 토막 끝의 「애설」은 한갓 명성욕의 뜻이다.

된 음미에 귀인(歸因)하는 것이요, 다른 일부는 문제[사태] 자신의 성질에, 즉 순수한 사변 이성의 본성에 기인하는 것이다. 사변이성은 참으로 유기적 조직
XXXVIII 을 내포한다. 그 안에서는 모두가 기관이다. 유기적 조직 안에서는 전체는 부분을 위해서 있고 모든 부분은 전체를 위해서 있다. 그러므로 아무리 조그마한 결점이라도 그것이 과오(오류)이건 결함이건 간에 사용될 즈음에는 반드시 드러나고 만다. 이 체계가 유기적 조직의 불변성 중에서 앞으로도 견지될 것을 나는 기대하는 바이다. 이처럼 이 체계를 신뢰하는 권리를 나에게 주는 것은 헛된 자부가 아니라 오로지 명증(明證) 때문이다. 가장 작은 부분만이라도 그것을 변경하려고 기도하는 것은 체계에서 모순을 일으킬 뿐만이 아니라, 보편적인 인간이성[일반 상식]에 있어서도 곧 모순을 일으킨다. 이 때문에 순수이성의 사소한 요소[부분]들에서 출발하여 전체에 이르기까지 전진하는 경우에도, 전체에서(이 전체 자신은 실은 순수이성의 실천적인 절대의도에 의해 주어지는 것이지만) 그 각 부분에 되돌아가는 경우에도 결과는 동일하고, 이런 동일한 결과라는 실험적 사실이 명증을 주는 바이다.

그러나 서술에 관해서는 아직도 해야 할 일이 많다. 이 점에 관해서 나는 이 재판에 의해서 수정하기를 기도하였다. 그것은 [첫째]감성론, 특히 시간의 개념[관념]에 대한 오해를 풀어야 했다. [둘째]「오성의 개념들의 연역」에 있는 모호를 없애야 했다. [셋째]순수한 오성의 원칙[명제]들을 증명함에 있어서 충분한 증명이 없는 성싶은 오점을 없애야 했다. [넷째]이성적 심리학을 논란한 오류추리(誤謬推理)에 대한 잘못된 해석을 없애야 했다. 이런 것(즉 선험적 변증론 제1절까지)에만 나의 수정이 미쳤고 그 이상에 미치지는 않고※ 있다. 왜냐하
XXXIX 면, 시간이 너무나 짧았기 때문이요, 그 외의 부문에 관해서는 정통한 또 공평
XL 한 검토자의 오해는 없었기 때문이다. 이런 검토자에 합당한 칭찬을 보내면서 그들의 이름을 들지는 않았으되, 그들이 한 경고에 대해서 내가 치른 고려를
XLI 그들은 해당 면에서 볼 수 있을 것이다.

※ 심리학적 관념론의 새로운 반박과 외적 직관의 객관적 실재성에 관한 엄밀한 (내가 믿기에는 유일의 가능한) 증명(B. 275면)에 의해서 보탠 것만이 참으로 내가 보탠 것이요, 이것도 단지 증명 방식에 있어서 보탠 것이라고 말할 수 있

다. 관념론은, 형이상학의 본질적 목적에 관해서는 전혀 무해한 것이라고 생각될지 모른다(사실은 그렇지 않되). 그러나 외적 사물(이런 사물에서 우리는 심지어 내적 감관에 대한 인식의 전 재료도 얻어 온다)의 실재를 단지 신앙에 의해서만 가정해야 하는 것, 또 누구나 만일 그것을 의심하기에 이르는 경우에 그에게 아무런 만족할 만한 증명을 제시할 수 없다는 것, 이런 것들은 철학과 일반의 인간이성에 대해서 모욕을 일으키는 일이다.[B. 275면 증명 중의]제3행에서 6행에 이르는 증명의 표시는 약간 모호함이 있기 때문에, 이 절을 다음과 같이 변경하기를 바란다.

그러나 이 지속체(持續體)는 내 안에 있는 직관일 수는 없다. 왜냐하면 나의 실재를 규정하는 모든 근거들은, 그것이 내 안에서 발견될 수 있는 한에서 표상들이요, 한갓 표상들인 동안 표상들과는 다른 지속체를 요구하기에 말이다. 이 지속체와 상관해서 표상들의 변역(變易)이 규정될 수 있고, 따라서 표상이 변역하는 시간[의식] 중에서의 나의 존재가 규정될 수 있다[변역과 변화의 구별, 194면].

이런 증명에 대해서 추측컨대 다음과 같이 말하는 사람이 있겠다. 「내가 요컨대 직접 의식하는 것은, 나 안에 있는 것, 즉 외적 사물에 대한 나의 표상뿐이다. 그러므로 나의 바깥에 내 표상에 대립하는 것이 있나 없나 하는 것은 여전히 미결이다」라고.

그러나 나는 내적 경험을 통해서 시간 중에 있는 나의 실재(따라서 내 실재
의 시간 중에 있는 피(被)규정성)를 나는 의식하고 있다. 그리고 이런 일은 나 XL
의 표상만이 나에게 의식되어 있다는 것보다도 이상의 일이로되, 그것은 내 실재의 경험적 의식과 같은 것이다. 경험적 의식은 나의 실재와 결합해 있고 나의 바깥에 있을 그 무엇에 대한 「관계의 의식」과—동일한 것으로서—결합하고 있다. 이리하여 외적인 것과 나의 내감을 불가분적으로 결합하는 것은 경험이요, 허구가 아니며, 감관이요, 구상력이 아니다. 왜냐하면 외감은 그 자체가 벌써 내 바깥에 있는 「어떤 현실적인 것」에 대한 직관의 관계요, 구상력과 달리 하는 현실적인 것의 실재성은 내적 경험을 가능하게 하는 조건으로서 내적 경험 자신과 필연적으로 결합해 있는 사실에만 기인하는 것인데, 이런 결합이 여기에 성립하기 때문이다.

만약 내가—나의 모든 판단과 오성의 활동과에 수반하는—내가 존재한다

(Ichbin)라는 표상 속에 있는 내 실재의 지성적 의식에 동시에 지성적 직관에 의한 내 실재의 규정을 결합할 수 있다면, 이런 규정은 내 바깥에 있는 그 무엇에 대한 관계의 의식을 가지지 않을 것이다. 그러나 저 지성적 의식이 확실히 선행하기는 하되, 내적 직관—이 안에서만 나의 실재가 규정될 수 있거니와—은 감성적이요, 시간의 조건에 의존해 있다. 그리고 이런 규정은, 따라서 내적 경험 자신은, 내 안에 있지 않고 바깥에 있는 어떤 것—이런 것에 대한 관
XLI 계 중에서 나는 내 자신을 고찰해야 하지만—중에 있는 지속체에 의존한다. 그러므로 외감의 실재성은 경험 일반을 가능하게 하고자 필연적으로 내감의 실재성과 결합하고 있다. 다시 말하면 내 바깥에 사물이 있어서 그것이 나의 감관과 상관해 있다는 내 의식은 내 자신이 시간 중에 규정되어서 실재한다는 내 의식과 똑같이 확실하다.

그런데 어떠한 주어진 직관에 현실로 내 바깥의 객관들이 대응해 있느냐, 따라서 그런 객관들이 외감에 속하느냐, 즉 객관들은 외감에 귀속해 있고 구상력에 귀속하지는 않느냐 하는 것은, 규칙들—이것들에 의해서 경험 일반이 (내적경험까지도) 구상력과 구별되지만—에 좇아서 하나하나의 경우에서 결정되어야 한다. 이 즈음에 현실적으로 외적 경험이 존재한다는 명제가 항상 밑바닥을 이루고 있다.

또 첨가할 주의가 있는데, 그것은 실재하는 어떤 지속체에 관한 표상과 지속적인 [주관의] 표상과는 동일하지 않다는 것이다. 왜냐하면 [어떤 지속체에 관한] 표상은—모든 주관적 표상과 질료의 표상들까지도 그러하지마는—자못 변천적이요 변역적(變易的)이로되, 그러면서도 어떤 지속체에 상관하고 있기에 말이다. 이러한 지속체는 나의 [주관적] 표상과는 다른 것이요, 외적 사물이 아닐 수 없으며, 그것의 실재는 내 자신의 실재라는 규정 중에 반드시 동시에 들어가서 이러한 규정과 함께 유일의 경험을 형성하고 있다. 경험은 (그 일부분이) 동시에 외적인 것이 아니라면 내적인 것으로도 성립하지 않을 것이다. 「어떻게 그러냐」는 것은 여기서 이 이상 더 설명할 수가 없다. 그것은 시간 중에서의 항존하는 것—이 항존하는 것과 변역(變易)하는 것과의 동시존재(同時存在)가 변화의 개념을 낳지만—을 우리가 일반적으로 어떻게 생각하는가 하는 것을 설명 못하는 것과 마찬가지다.

XLII 그러나 이번 수정에는 독자에게 대한 작은 손실이 연결하고 있다. 이 손실

을 이 책의 부피를 아주 크게 하는 일이 없이는 막을 수 없었다. 즉 전체의 완전성에 본질적으로 속하지는 않되 그 외의[알기 쉽게 할] 다른 목적에 유용할 수 있기 때문에, 독자가 상실하기를 원하지 않는 여러 가지를 나는 삭제하고 혹은 줄이지 않을 수 없었다. 그 결과로 이제야 알기 쉽게 된 서술에의 길을 터 주었다고 나는 기대한다. 이 서술은 필경 명제들과 심지어 그 증명 근거들에 관해서 절대로 아무런 변경도 하지 않았으되, 논술 방법에 있어서는 삽입만으로는 완수할 수 없는 그만한 정도로 여기저기에서 초판의 것과는 다르다. 그렇지 않더라도 임의로 초판을 참조해서 보충할 수 있는 작은 손실을 이 재판이 훨씬 알기 쉽다는 점이 압도적으로 보상한다고 나는 기대한다.

나는 각종의 공간서(公刊書)에서(일부는 많은 책의 평론의 기회에서, 또 일부는 특수한 논문에서) 감사에 찬 만족으로써 안 사실이 있다. 그것은 [첫째] 독일에서 철저성의 정신이 소멸하지 않고 있으며, 오직 천재인 척 하는 자유 사사의 유행이 잠시 동안 그런 정신을 덮어 있었을 뿐이라는 사실이다. [둘째] 「비판의 가시 많은 좁은 길」은 학적(學的)이고 또 학적인 한에서만 영속적이며 그러므로 극히 필연적인 「순수이성의 학」에 도달하는 길이나, 이런 길에 담대하고 명민한 사람들이 통달하는 데에 방해가 되지 않았다는 것이다. 자못 행복스럽게도 통찰의 철저성과 명쾌한 서술의 재능(이런 재능을 나는 의식하지 않지만)을 XLIII
갖는 훌륭한 인사들에게 나는 명쾌한 서술이라는 점에 관해서 아마 아직도 결함이 있을 이 저작의 완성을 맡기는 바이다. 반박 받을 위험은 없으나 옳게 이해되지 않을 위험은 있기에 하는 말이다. 앞으로 나로서는 논쟁에 들어갈 수는 없다. 그러나 친구이건 적이건 간에 그들이 보내주는 모든 시사(示唆)에 대해서는 이 「예비학」에 좇아서 후일 체계를 완성하는 데에 이용하고자 정신차려 주목은 하겠다. 나는 이런 노작(勞作)을 할 동안에 벌써 상당히 노령에 들어갔다(이 달로 64세가 되었다). 그러므로 「사변이성과 실천이성의 비판」의 정당성을
확증하는 것으로서 「자연의 형이상학」과 「도덕의 형이상학」을 제시하려는 나 XLIV
의 계획을 수행하려면 나는 시간을 절약해야 한다. 그리고 이 책에서 최초에는 거의 피할 수 없었던 모호한 점의 해명과 전체의 변호는 이 책을 자기의 것으로 소화한 인사들에게 나는 기대한다.

어떤 철학적 논술이라도 개개의 장면에 있어서 공격을 받을 수 있다(철학적

논술은 수학의 그것처럼 장비되어서 나타날 수는 없기 때문이다). 그러나마 통일체로서의 체계의 유기적 조직은 그 때문에 조금도 위태로울 것이 없다. 체계가 새로울 때에 오직 소수 사람만이 그런 체계를 개관하는 정신적인 민활(敏活)을 갖는다. 더구나 그보다도 더 작은 수의 사람만이 그런 체계를 개관하려는 흥미를 갖는다. 이들에게는 혁신이라면 모두가 불편한 것이기 때문이다. 또 전후의 관련에서 절단된 개개의 장면들을 서로 비교하면 모든 책에서, 특히 자유로운 담화식으로 쓰인 책에서, 사람은 표면상의 모순을 캐낼 수가 있다. 이런 모순들은 타인의 비평에 의존하는 사람이 보아서는 저서에 불리한 빛을 던지는 것이나 전체의 이념을 잡아쥔 사람에게 대해서는 아주 쉽게 해결될 수가 있다. 그러하되 하나의 이론이 자기 안에서 안정된 것이라면, 처음에는 그 이론에 매우 위험스러웠던 훼예(毁譽)의 「작용과 반작용」도 시간이 지남과 더불어 이론의 부적합을 탁마(琢磨)하기에 도움이 되고, 또 무사(無私)하고 달식(達識)이며 참다운 대중성을 가진 인사가 그런 이론을 연구한다면, 이것에 필요한 화려까지도 짧은 시간에 부여하는 데에 도움이 될 뿐이다.

1787년 4월, 쾨니히스베르크에서

[초판의] 들어가는 말

1. 선험철학(先驗哲學)의 이념[구상]

① 경험[1]은 확실히 우리의 오성이 감성적 감각[인상]이라는 재료에 손질하 A1
여 만들어 낸 최초의 소산이다. 이 때문에 경험은 우리에게 최초의 가르침이
된다. 경험의 진전에 따라 신기한 것은 끝이 없다. 그러므로 장차 온갖 지식을
산출하는 연속적 생활은 경험이라는 지반에서 모일 수 있는 새 지식에 결핍을
느끼지는 않을 것이다. 그러나마 경험은 그 안에 우리의 오성이 닫혀있게 되는 A2
유일한 분야는 아니다. 경험은 확실히 무엇이 있다는 것을 고하되, 무엇이 필
연적으로 있어서 그것 외의 다른 것이어서는 안 된다는 것을 우리에게 고하지
는 않는다. 하기에 경험은 진정한 보편성을 주지 않는다. 그러나 「이성」은 진
정한 보편성을 인식하기를 갈망하고, 이런 이성은 경험에서 만족을 얻기보다
도 경험에서 자극을 받는다. 그런데 동시에 내적[자체적] 필연성이라는 특성을
가지는 이성의 보편적 인식[인식방식]은 경험에서 독립해야 하고 그 자신에 있
어서 명석하고 확실해야 한다. 그러므로 보편적 인식은 선천적 인식이라고 칭
한다. 왜냐하면 반대로, 경험에서 얻어진 것은 보통 말하듯이 오직 후천적으로
만, 즉 경험적으로만 인식되기 때문이다.

② 우리의 경험들 중에서도 그 근원이 선천적이면서 우리 감관의 [사물에 관한] 표상들을 결합하는 데에 쓰이는 인식이 섞여 있음은 명백하고, 이것은 자못 주목할 만하다. 대저 우리가 경험으로부터 감관에 속하는 모든 것을 제거할 때에도, 어떤 근원적 개념과 이런 개념에서 산출된 판단은 여전히 남고야 만다. 이런 개념과 판단은 전혀 선천적으로, 즉 경험에서 독립하여 생긴 것임에 틀림이 없다. 이런 개념과 판단은 감관에 나타나는 대상들에 관해서 한갓 「경

1) 「경험」(Erfahrung)이라는 말은 여기서 뿐만 아니라 「들어가는 말」 전채를 통해서, 간혹 같은 한 문장, 같은 한 토막에 있어서도 두 가지의 다른 의미를 가진다. 감관의 인상이라는 뜻과 「감관과 오성(개념)」이 합동해서 산출한 것이라는 뜻이 즉 그것이다. 전자의 뜻으로 경험적(empirisch)이라는 말을 쓰기도 한다. 또 이 토막 중의 오성과 이성은 같은 뜻으로 쓰였다.

험」이 가르치는 것보다도 이상의 것을 주장할 수 있도록 하기 때문이요, 적어도 주장할 수 있다고 믿도록 하기 때문이다. 다시 말하면 경험적인[1] 인식이 줄 수 없는, 진정한 보편성과 엄밀한 필연성을 주장하도록 하기 때문이다.

A3 ③ 그러나 더 말하고자 하는 것은 어떤 인식(인식 방식)은 모든 가능한 경험 분야마저 버리고, 경험 중에서 대응하는 대상이 주어질 수 없는 개념에 의해서 우리 판단의 범위를 경험의 모든 한계를 넘어서 확대하려는 것으로 여겨진다는 것이다.

④ 인간의 이성은 이러한 인식을, 즉 감성계를 초월해 있어서 거기서는 경험의 지도도 경험의 수정도 있을 수 없는 인식을 탐구하는 바이다. 우리는 이런 탐구를 오성이 현상 분야에서 배울 수 있는 일체보다도 훨씬 더 중요하다고 생각하고, 그런 탐구의 궁극의도를 훨씬 더 숭고하다고 생각한다. 이 즈음에 우리는 어떠한 어리벙벙한 근거에서 혹은 멸시와 무관심에 의해서 그러한 중요 연구를 포기하기보다도 잘못에 빠질 위험이 있을망정, 오히려 모든 것을 걸고서 모험하는 바이다.

⑤ 그런데 사람이 경험의 지반을 떠나자마자, 유래를 모르면서 소유하는 인식을 가져서 또 근원을 아는 바 없는 원칙을 믿어서, 주도한 연구를 통해서 아예 건축의 기초를 확보하는 일 없이, 당장에 건축[철학체계]을 세우기보다는, 먼저 어떻게 오성이 도대체 이러한 선천적 인식에 도달할 수 있느냐, 또 이 선천적 인식은 어떠한 범위·타당성·가치를 가지겠느냐 하는 물음부터 던졌더라면, 이것은 참으로 자연스럽다고 여겨진다. 자연스럽다는 말 아래서 당연하게
A4 생길 일·합리적으로 생길 일을 의미한다면, 사실 이만큼 자연스러운 일은 없다. 그러나 자연스럽다는 말 아래서 보통 흔히 있는 일을 의미한다면, 이 [비판적] 연구가 오래도록 나오지 않은 일만큼 자연스럽고 명백한 일도 없다. 왜냐하면, 이런 [선천적] 인식의 한 부분, 즉 수학적 인식은 고래(古來)로 신뢰되어 온 재산이요, 따라서 다른 부문[형이상학]의 인식에 대해서도, 이것이 수학적 인식과는 비록 전혀 다른 성질이더라도, 비슷한 좋은 기대를 하도록 하기 때문

1) 경험적 인식은 감관의 인상과 같은 것이다. 다음 ③ 토막 이하의 재판의 들어가는 말과 글이 같다. 단 재판에서는 부분적 교정과 추가가 있다. 또 이하의 본문 중에서 간혹 활자가 적은 귀절은 모두 같은 대목의 재판과 **대조**시키기 위한 것이다.

이다. 게다가 우리의 경험의 권외(圈外)로 나서기만 하면 경험에 의해서 부정될 걱정이 없다.

우리의 인식을 [초험계로] 넓히려고 하는 자극은 자못 크기 때문에, 직접 부딪히는 명백한 모순만이 우리의 행진을 제지(制止)할 수가 있다. 그러나 명백한 모순은 인간이 그의 허구를 신중하게 작성한다면 그것이 허구임에는 변함이 없지만 회피될 수가 있다. 수학은 경험에서 독립하여 우리가 선천적 인식에 있어서 얼마나 많은 성과를 거둘 수 있는가 하는 훌륭한 실례를 우리에게 보여준다. 그런데 수학은 확실히 대상과 인식을, 그것들이 직관에 있어서 나타나게 되는 한에서 다루고 있다. 그러나 이런 사정은 봐넘겨(看過)지기가 쉽다. 왜냐하면 이른바 직관 자신이 선천적으로 주어질 수 있고 따라서 한갓 「순수한 개념」과 거의 구별되기 어렵기 때문이다. [수학이] 이성의 힘을 이렇게 증명해 준데서 용기를 얻어서 [초험계로] 인식을 넓히려고 하는 충동은 한정이 없는 터이다.

경쾌한 비둘기는 공중을 자유롭게 헤치고 날아서 공기의 저항을 느끼는 사
이에 진공중에서는 더 잘 날 줄로 생각하겠다. 이와 마찬가지로 플라톤은, 감 A5
성계가 오성에 대해서 그다지도 많은 방해를 하기 때문에, 이념의 날개에 의탁하여 감성계를 떠난 피안에, 즉 순수오성의 진공 중에 감히 뛰어 들어갔다. 그러나 자기의 이러한 노력이 아무런 전진(轉進)도 이루지 않은 것을 깨닫지 못했다. 그는 오성을 움직이기 위해서 그 기초가 되는 지점, 즉 자기의 힘을 쓸 수 있도록 하는 지점인 저항을 가지지 않았기 때문이다. 사실 사변적 인식을 되도록 빨리 완성하여 나중에야 그 기초가 잘 마련되었느냐 하는 것을 연구하는 것이, 사변(思辨)할 무렵의 인간이성의 흔한 운명이다. 이렇게 되면 건축 기초의 견고성에 관해서 우리를 안심시키려 해서 혹은 뒤에 오는 위험한 검토를 배척하고자 해서, 우리는 각종의 분식(粉飾)을 찾게 된다. 그러나 이런 건축의 진행 중에 우리로부터 모든 근심과 의심을 없애서 그것이 마치 근본적이었듯이 아양 떠는 까닭은, 인간이성의 활동의 큰 부문, 아마 최대 부문이, 우리가 대상에 관해서 이미 갖고 있는 개념을 분석한 데에 있었던 것이다. 이런 분석은 우리에게 많은 인식을 주기는 하되, 그것은 우리의 개념들 중에(아직 불투명
한 상태에서이거니와) 이미 생각되어 있는 것의 천명 혹은 해명 이외의 아무것 A6

도 아니요, 그럼에도 적어도 형식상으로는 새로운 통찰과 동등하게 여겨진다. 그러나 그런 인식들은 질료상, 즉 내용상으로는 우리가 가지는 개념들을 확장하지 않고 분해(分解)할 뿐이다.

그런데 이런 [분석적] 방식이 확실·유용한 진행을 하는 「선천적 인식」을 실지로 주기 때문에, 부지중에 이것에 현혹되어 이성은 전혀 다른 종류의 주장을 사취(詐取)한다. 즉 이성이 주어진 개념들에 그것들과 무연(無緣)인 선천적 개념들을 보태는 것을 한다. 그러나 우리는 이성이 어떻게 그러한 일을 하게 되는지 아는 바 없다. 뿐더러 우리는 이러한 문제의 착상(着想)조차 할 수가 없다. 그러므로 나는 우선 처음에 [분석적과 종합적의]두 가지 인식 종류의 구별부터 논하기로 한다.

분석적 판단과 종합적 판단의 구별

① 모든 판단에 있어서 주어(主語)와 객어(客語)의 관계가 생각되는데(부정판단에는 쉽게 적용되기 때문에, 여기서 긍정판단만을 고려하기로 한다), 이 관계는 두 가지가 가능하다. 객어 B가 A라는 주어 중에(암암리에) 포함되어 있는 것으로서 A개념에 속하거나, 혹은 B는 A와 결합해 있기는 하나 B는 A라는 개념의 전혀 바깥에 있거나 두 가지 중의 어느 것이다. 첫째 경우의 판단을 나는 분석적이라고 하고 또 한 경우의 판단을 나는 종합적이라고 한다. 즉 분석적 판단(긍정판단)은 주어와 객어의 결합이 동일성에 의해서 생각되는 것이요, 양자의
A7 결합이 동일성 없이 생각되는 판단은 종합적인 판단이라고 칭해야 한다. 전자는 설명적 판단이라고도 말할 수 있고, 후자는 확장적 판단이라고도 말할 수 있다. 왜냐하면, 전자는 객어에 의해서 주어(主語)의 개념에 아무런 것도 [새롭게] 보태지 않고, 오직 주어의 개념을 분석하여 이것을 그것 자신 안에서(비록 불투명하지마는) 이미 생각되어 있었던 부분적 개념으로 분해할 뿐이기에 말이다. 이와 반대로 후자는 주어의 개념에서 그것 안에서 전혀 생각되지 않았던 객어를, 따라서 그것을 분석해도 이끌어내질 수 없었던 객어를 보태는 것이다. 가령 「모든 물체는 연장되어 있다」라고 내가 말한다면 이것은 분석적 판단이다. 왜냐하면, 연장성(延長性)을 물체와 결합해 있는 것으로서 발견하기 위해서 나는 내가 물체라는 단어에 연결시킨 개념 바깥에 나설 필요가 없고 「물체」

개념을 분석하기만 하면 좋기 때문이다. 다시 말하면 이 객어를 「물체」 개념 중에서 발견하기 위해서 「물체」라는 개념에서 항상 생각되는 다양한 것을 내가 의식하기만 하면 좋기 때문이다. 이에, 이것은 분석적 판단이다. 이에 대해서 「모든 물체는 무겁다」라고 내가 말한다면 「무겁다」의 객어는 「물체 일반」이라는 한갓 개념 중에서 내가 생각하는 것과는 전혀 다른 것이다. 즉 이러한 객어를 [경험을 통해서] 보태야만 종합적 판단이 성립한다.

② 이상의 진술로부터 명백한 것은 다음과 같다. 1. 분석적 판단에 의해서 A8
우리의 인식은 확장되지 않고 내가 이미 갖고 있는 개념이 분해되어서, 내 자신이 이해하기 쉽게 된다는 것이다[즉 개념에 대한 판단]. 2. 종합적 판단에 있어서는 나는 주어개념(主語槪念) 이외에 다른 어떤 것(X)을 가져야 하고 [즉 대상에 관한 판단이고], 주어개념 안에 있지 않은 객어를 주어개념에 속하는 것으로 인식하고자 오성은 이 X에 의거(依據)하고 있다.

③ 경험적(empirisch) 판단 혹은[1] 경험(Erfahrung) 판단의 경우에는 이 점에 있어서 아무런 곤란도 없다. 무릇 이 X는 A라는 개념에 의해서 내가 생각하는 대상을 완전히 경험함이요, 개념 A는 완전한 경험의 일부로 되어 있을 뿐이다. 무릇 「물체 일반」이라는 개념에 내가 「무게」의 객어를 포함시키지 않되, 물체의 개념은 경험의 일부임을 통해서 완전한 경험을 표시하고, 따라서 나는 이 일부에 속하는 것으로서 이 동일한 경험의 다른 부분들을 그 일부에 보탤 수 있다. 나는 물체라는 개념을 이 개념 중에서 생각되는 연장성·불가침입성·형태 등의 모든 표징을 통해서 미리 분석적으로 인식할 수 있다. 그러나 이제야 나는 나의 인식을 확장한다. 이에, 내가 물체라는 개념을 끌어내게 했던 전(全) 경험을 되돌아봄으로써 상술한 표징들에 「무게」도 항상 결합되어 있음을 나는 발견한다. 즉 경험이 저 X요, 이런 X는 A라는 개념의 바깥에 있고, 이런 X에

1) 여기서는 같은 뜻으로 쓰였지만 엄밀하게는 양자의 구별에 주의해야 한다. 「경험적 판단은 그것이 객관적 타당성을 갖는 한에서, 경험판단이다. 그러나 주관적으로 타당할 뿐이라면 지각판단이다」(Prolegomena, 18절). 「태양이 돌을 비치면, 돌이 따스해진다.」이것은 지각[경험적]판단이다. 그러나 태양이 돌을 따스하게 한다고 말한다면, 지각 이상으로 인과성이라는 범주가 참가해 있고, 이 범주는 햇빛과 열을 필연적으로 결합해 있어서, 이 종합적 판단은 보편 타당하며, 따라서 객관적이고, 지각에서 경험으로 변해진다(Prolegomena 20절 주). 또 B. 794 참조.

기본해서 A라는 개념과 무게라는 B객어와의 종합[결합]이 가능하다.

A9 ④ 허나 「선천적 종합판단」의 경우에는 [경험이라는] 보조수단이 전혀 결핍하여 있다. B개념을 A개념과 결합해 있는 것으로서 인식하고자, 내가 A개념의 외부로 나가야 할 때에, 내가 의지하는 것이 무엇이며, 종합을 가능하게 하는 것은 무엇일 것인가? 이 경우에 나는 경험의 분야에서 그런 것을 탐구하는 편의를 가지지 않는다[그것은 경험적일 수 없다]. 「발생하는 일체는 그 원인을 가진다」고 하는 명제를 취해보자. 발생하는 것이란 개념 중에서, 나는 그것에 앞선 시간 같은 것도 있었던 하나의 존재를 확실히 생각하고 이것으로부터 분석적 판단들이 이끌어내진다. 그러나 원인의 개념은 발생하는 것과는 다른 어떤 것을 표시하고, 발생의 표상 안에는 전혀 포함되어 있지 않다. 그렇다면 어떻게 해서 나는 일반적으로 발생하는 것으로부터 그것과는 다른 어떤 것[원인]을 말하기에 이르며, 원인이라는 개념이 「발생」개념에 비록 포함되어 있지 않지마는, 그것을 「발생」개념에 귀속하는 것으로서 인식하기에 이르는가? 오성이 「발생」이라는 A개념의 바깥에서 이것과는 다르면서도 이것에 연결해 있는 객어를 발견한다고 믿을 때에, 그런 오성이 의지해 있는 X는 이 경우에 무엇인가? 그것은 경험일 수가 없다. 왜냐하면 위에서 든 원칙[명제]은 경험이 줄 수 있는 것보다도 더 대단한 보편성뿐만이 아니라 필연성의 표현에 의해서 따라서 전혀 선천적으로, 즉 순 개념에서 둘째 관념[원인]을 첫째의 [발생]관념에 보태기 때문이다.

그런데 우리의 사변적인 선천적 인식의 전 궁극의도는 이러한 종합적인 원칙, 즉 확장의 원칙에 기본하고 있다. 무릇 분석적 원칙[판단]은 물론 가장 중
A10 대하고 유용하기는 하되, 그것은 오직 참으로 새로운 개척으로서의 「확실하고도 확장된 종합」에 필요한 개념의 판명성에 도달하기 위한 것일 따름이다.

⑤ 그러므로 여기에 어떤 비밀이 감추어져 있다.※ 이 비밀의 해결만이 오성의 순수인식의 무한한 분야에 있어서의 진보를 안전하게 할 수 있고 확실하게 할 수 있다. 즉 [내가 해야 할 것은] 모든 적절한 보편성으로써 선천적 종합판단들의 가능근거(可能根據)를 밝히는 데 있고, 이런 판단들의 모든 종류를 가능하게 하는 조건들을 통찰하는 데 있으며, 또 이런 인식 전체(이것은 그 고유의 종(種)을 형성하거니와)를 그것의 시초적 근원·구분·범위·한계에 일치한 하나의

체계에 있어서, 조잡하게 소묘하는 것이 아니라 완전하게 또 어떤 사용에 대해서도 충분하도록 규정하는 데에 있다. [선천적] 종합판단 자체가 지니는 독특한 점에 관해서는 우선 이 정도의 말로 그친다.

※ 고대 철인(哲人) 중의 한 사람이라도 이런 [선천적 종합판단의 가능성의] 문제제시를 착상(著想)했더라면, 이 물음만으로 현대에 이르기까지 순수이성의 모든 [독단적]체계에 힘세게 대항했을 것이다. 그리고 참으로 문제 삼을 것을 아는 일이 없이, 사람이 맹목적으로 착수했던 매우 많았던 헛된 기도(企圖)를 덜었을 것이다.

⑥ 상술한 모든 것에서 순수이성의 비판일 수 있는 「하나의 특별한 학문」의 이념[구상]이 생긴다. 외래적(外來的)인 것이 섞여 있지 않은 모든 인식은 순수
하다고 말한다. 그러나 일반적으로 어떠한 경험도 감각도 섞어 넣어지지 않고, A11
따라서 전혀 선천적으로 가능한 인식은 절대로 순수하다고 불려진다. 그런데 이성은 선천적인 인식의 원리들을 주는 능력이다. 그러므로 순수한 이성은 절대로 선천적인 어떤 것을 인식하는 원리들을[1] 포함하는 그러한 것이다. 순수이성의 기관이란 모든 선천적인 순수인식을 얻도록 하고 현실로 성립시키는 「원리들의 총괄」일 것이다. 또 이러한 기관의 주도한 적용이 순수이성의 체계를 주겠다. 그러나 이런 일은 많은 수고를 요구하는 것이기 때문에 또 우리 인식의 이러한 확장이 일반적으로 과연 가능한 것이며, 가능하다면 어떠한 경우에 가능하냐는 것은 아직 미결이기 때문에 우리는 순수이성과 이런 이성의 원천과 한계를 판정하기만 하는 학문을 순수이성의 체계에 대한 예비학이라고 볼 수 있다. 이러한 학문은 순수이성의 이설(理說)이 아니라 단지 순수이성의 비판이라고만 불러야 하겠다. 이런 비판의 효용은 실지로 소극적일 뿐이겠고, 우리 이성의 확장을 위해서가 아니라 우리 이성의 정화(淨化)를 위한 것이요, 이성을 그 과오에서 해방하는 것이겠다. 그리고 이런 일이 벌써 대단한 수확이다.

대상들을 다루는 것이 아니라 「대상들 일반」에 관한 우리의 선천적인 개념 A12
들을 다루는 모든 인식을 나는 선험적(transzendental)이라고 한다. 그리고 이

1) 원리는 규칙과 구별된다. 전자는 이성의 추리에서 산출되는 무제약자이나, 후자는 오성을 통해서 선천적으로 인식되는 것이요 현상에 관여한다.

러한 개념들의 체계가 선험적 철학이라고 불릴 것이다. 그러나 선험적 철학이란 시초에는 역시 너무나 벅찬 일이다. 왜냐하면 이러한 학문은 분석적 인식과 마찬가지로 선천적인 종합인식을 완전히 포함해야 하기 때문에, 우리의 의도에 관한 한 그것은 너무나 넓은 범위를 가지기 때문이다. 즉 우리는 선천적인 종합의 원리들—이것만이 우리의 연구 대상이지만—을 그 전(全) 범위에 걸쳐서 통찰하기에 반드시 필요한 한에서만 분석을 행해야 하기에 말이다. 인식 자체의 확장이 아니라 인식의 시정(是正)을 노리고 따라서 모든 선천적 인식의 가치 유무(價値有無)의 시금석을 줄 터이기 때문에, 원래 이설이라고 할 것이 아니라 선험적 비판이라고 부를 수 있는 연구가 우리가 이제 종사하고 있는 연구이다. 따라서 이러한 비판은 하나의 예비요, 아마도 한 기관을 위한 예비일 것이다. 만약 기관이 성립하지 않는다면, 이 비판은 적어도 순수이성의 규준(規準)[1]에 대한 예비이다. 이 규준에 좇아서 필경은 후일(後日)에 「순수이성 철학의 완전한 체계」가—이것이 순수이성의 인식을 확장하는 데 존립하건 제한하는 데 존립하건 간에—분석적으로 또 종합적으로 제시될 수 있겠다.

왜냐하면 이런 완전한 체계가 가능하다는 것은, 뿐더러 이런 완전한 체계는
A13 그것의 완성을 기대할 수 없을 그만큼 커다란 범위를 가지지 않는다는 것은, 다음과 같은 사정에서 미리 추측되기 때문이다. 즉 여기서 주제로 삼는 것은, 무한한 바 사물의 성질이 아니라 사물의 성질을 판단하는 바 오성이요, 그러면서도 선천적 인식에 관계할 뿐인 오성이라는 사정이다. 그리고 이러한 오성의 저장품은 우리가 그것을 외부에서 구할 것이 아니기 때문에, 우리로부터 감추어져 있을 수 없고 또 매우 적은 분량이라고 추측되기 때문에, 그 전부를 취해보더라도 그것의 가치 유무가 충분히 판정되고 또 정당히 평가될 수 있을 것이다[이 ⑥을 재판의 들어가는 말 7절과 대조해보는 것이 좋다].

---

1) 규준을 앞 토막에 나온 기관과 대조해볼 만하다. 규준[표준]은 인식능력을 바르게 사용하기 위한 원칙들을 총괄해서 한 말이다(B. 824). 그것은 형식논리학에서는 동일률·모순율 등에 해당하고, 선험[인식] 논리학에서는 범주와 원칙(B. 200참조)같은 것에 해당한다. 규준은 감성적 직과에 적응되어 비로소 기관이라고 할 수 있다.

2. 선험철학의 구분[B. 27 ②와 대조할 것]

① 선험철학(先驗哲學)이란 여기서는 단지 하나의 이념일 뿐이다. 그리고 순수이성의 비판은 이런 이념에 대한 전설계(全設計)를 건축술적으로 그려야 한다. 다시 말하면 원리들로부터 그려야 한다. 이런 일의 결과로 이 건축이 형성하는 모든 부분들의 완전과 안전이 충분히 보증된다. 이 「비판」 자신이 이미 선험적 철학이라고 말하지 않는 까닭은, 그것이 완전한 체계가 되자면 인간의 선천적 인식 전부를 상세하게 분석하는 것도 포함해야 하는 점에 기인할 뿐이다. 물론 우리의 비판은 상술한 순수한 인식을 형성하는바, 모든 근간 개념들의 완전한 열거도 명시해야 한다. 그러나 「비판」이 이런 개념들 자체의 주도한 [개별적] 분석과 이것에서 도출되는 개념[파생 개념]들의 완전한 검토를 하지 않는 것은 정당하다. 왜냐하면 첫째로 이런 분석은 우리의 목적에 적합하지 않겠기 때문이다. 원래 전 비판이 존재하는 목적인 종합에서 발견될 불확실성이
[개별적] 분석에서는 없다. 둘째로 이러한 분석과 도출의 완전성에 대한 책임에 A14
관여하는 것은 우리 계획의 통일성에 어긋나겠기 때문이다. 이런 분석과 도출은 우리의 의도에서 지금은 면할 수 있다. [개별적] 분석의 완전성과 뒤에[분석론에서] 주어질 선천적 개념들에서의 도출의 완전성은 선천적 개념들이 종합의 원리들을 두루 말한 것으로서 우선 존재하는 것이라면 즉 그런 개념들에 이 본질적인 의도에 관해서 아무런 결함도 없기만 하면, 용이하게 보충될 수도 있다.

② 따라서 「순수이성의 비판」은 선험철학의 본질적인 것이 되어 있는 일체를 소유한다. 그래서 이 비판은 선험철학의 완전한 이념이기는 하되, 그것의 학문[체계] 자체는 아니다. 왜냐하면, 이 비판은 선천적 종합 인식을 완전하게 판정하는 데에 필요한 한에서만 분석을 행하기 때문이다.

③ 이러한 학문[순수이성의 비판]의 구분에 있어서 가장 유의할 것은 어떤 경험적인 것을 내포하는 개념이 그 안에 들어가서는 안 된다는 것이다. 즉 선천적 인식은 전혀 순수하다는 것이다. 그러므로 도덕의 최고원칙과 그 기본개념이 비록 선천적이기는 하나, 그런 것들은 선험철학에 들어가지는 않는다. 왜냐하면, 모두 경험에 근원을 갖고 있는 쾌(快)와 불쾌(不快)·욕망과 애착·자의

A15 (恣意) 등등의 개념이 그 [비판적 도덕의] 무렵에 전제되어야 하겠기에 말이다. 이에, 선험철학은 순수한 한갓 사변이성에 의한 세계지(世界知)다. 왜냐하면, 모든 실천적인 것은 그것이 동인을 포함하는 한에서 감정에 상관하고 이 감정은 인식의 경험적인 원천에 속하기 때문이다.

④ 「체계 일반」이라는 보편적인 견지에서 이 학문을 구분하자면, 우리가 이제 [아래서] 진술하는 구분은 첫째로 순수이성의 원리론을, 둘째로 순수이성의 방법론을 포함해야 한다. 이런 중요 구분의 어느 것이나 각각 세분(細分)을 갖겠으되, 이런 세분의 근거들은 여기서 설명할 처지가 아니다. 오직 다음의 것만은 「들어가는 말」로서나 예고로서 필요할 성싶다. 즉 인간의 인식에는 두 개의 줄기(幹)가 있고, 이 두 줄기는 하나의 공통적인, 그러나 우리에게 알려지지 않은 뿌리에서 발생한다는 것이다. 감성과 오성이 바로 그것이다. 전자에 의해서 대상들이 우리에게 주어지되, 후자에 의해서 대상들은 우리에게 생각된다. 그런데 감성이, 대상이 우리에게 주어지는 조건들인바, 선천적 표상들을
A16 포함할 것인 한에서, 감성은 선험철학에 속하겠다. 그리고 선험적인 감성론은 원리론의 제1부에 속해야 할 것이다. 왜냐하면, 인간 인식의 대상들이 주어지도록만 하는 조건들은 인식의 대상들을 생각하도록 하는 조건들보다도 앞서 있기 때문이다.

[재판의] 들어가는 말

1. 순수인식과 경험적 인식의 구별

① 우리의 모든 인식이 경험과 함께 출발한다는 것은 전혀 의심할 여지가 1
없다. 왜냐하면 우리의 인식능력이 대상에 의해 깨우쳐지지 않으면 그 외의 무
엇에 의해서 활동하게끔 깨우쳐지느냐 말이다. 대상[물자체]이 우리의 감관을
자극하여, 한편으로는 스스로 표상을 낳고, 다른 한편으로는 우리의 오성[제4
판에는 「오성능력」이라고 했음.]을 활동하도록 한다. 오성의 능력이야말로 표상들
을 비교도 하고 결합도 하며 혹은 분리시키기도 해서, 감성적 인상이라는 원재
료에 손질을 해서 그것을 「대상의 인식」이도록 하는 것이다. 대상의 인식[객관
적 인식]이 경험이다. 따라서 시간상으로 본다면 우리에게는 경험보다도 앞서
는 인식이 전혀 없고 모든 인식은 경험과 함께 출발한다.

② 우리의 모든 인식이 경험[감각적 인상]과 함께 생기기는 하더라도 그렇다
고 해서 모든 인식이 바로 경험에서 발현하지는 않는다. 왜냐하면, 우리의 「경
험－인식」이더라도, 우리가 인상[감각]을 통해서 받아들이는 것과 (감성적 인상
이 한갓 기연(機緣)이 되어) 우리 자신의 인식능력이[오성]이 자신에서 주는 것[개
념]이 합한 것이겠기에 말이다. 오랜 훈련에 의해서 인식능력이 준 것을 우리
가 깨달아, 이것을 원소재(原素材)에서 분리하는 데에 숙달하지 않았으면, 우리 2
는 인식능력이 보태준 것과 원소재를 서로 구별하지 못한다.

③ 그러므로 경험에서뿐만 아니라 감관의 모든 인상에서도 독립한 인식이 과연 존재하느냐 하는 문제는 적어도 정밀한 연구를 요구하는 문제요, 한번 보고 당장에 해결될 문제가 아니다. 우리는 이러한 인식을 선천적이라고 부르고 경험적 인식에서 구별한다. 경험적 인식의 근원은 후천적인 경험 중에 있는 것이다.

④ 그러나 선천적이라는 표현은 여기에 제시된 문제에 적합한 의미를 완전하게 표시하기에는 아직도 충분히 명확하지는 않다. 왜냐하면 세인은 경험적인 원천에서 이끌어내진 많은 인식에 관해서 흔히 다음과 같이 말하기 때문이

다. 즉 우리는 그런 인식을 직접 경험에서 얻어오지 않고 보편적 규칙—이것 자신 사실은 경험에서 빌려온 것이지마는—에서 얻어오기 때문에, 우리는 선천적인 인식을 할 수 있거나 혹은 선천적인 인식을 가진다고 말한다. 가령 자기 집의 토대(土臺) 밑을 파서 집을 무너뜨릴 사람에 관해서, 그는 자기 집이 무너질 것을 선천적으로 알 수 있었다고 말한다. 즉 그는 집이 현실로 무너지는 경험을 기다릴 필요가 없다고 흔히들 말한다. 그러나 그도 이러한 일을 실은 전혀 선천적으로 알 수는 없었던 바이다. 왜냐하면 「물체가 무겁다」는 것, 그러므로 물체를 밑받침하는 것이 없어지면 물체가 떨어진다는 것은 경험을 통해서 알려져 있어야 했기 때문이다.

3 ⑤ 이에 우리는 아래서 「선천적 인식」이란 말에 의해서 이것 혹은 저것의 경험에서 독립하여 있는 인식을 의미하지 않고, 모든 경험에서 단적으로 독립하여 있는 인식을 의미할 것이다. 이런 인식에 대립해 있는 것이, 경험적인 인식, 즉 후천적으로만—경험을 통해서만—가능한 인식이다. 선천적인 인식들 중에서 「경험적인 것」이 전혀 섞여 있지 않은 인식을 「순수」하다고 한다. 이리하여 가령 「모든 변화는 그 원인을 가진다」고 하는 명제는 선천적인[1] 명제이기는 하되 순수한 것은 아니다. 변화는 경험에서만 끌어내질 수 있는 개념이기 때문이다.

2. 우리는 어떤 종류의 선천적 인식「방식」을 소유하고, 상식이라도 이런 인식을 결(缺)해 있지 않다.

① 여기서 다루는 것은 우리가 순수한 인식과 경험적 인식을 서로 구별할 수 있도록 하는 표징[즉 특징 혹은 기준]이다. 경험은 어떤 사물이 현재 이러이러한 상태라고 하는 것을 우리에게 가르쳐 주지만, 그것이 현재 외의 다른 상태일 수는 없다[필연적이다]는 것을 가르쳐 주지는 않는다. 따라서 첫째로 필연적이라고 생각되는 명제가 있다고 한다면, 그런 명제는 선천적 판단이다. 그 외에 이런 명제가, 그 자신 또한 필연적인 명제로서 타당하는 명제로부터 나오지 않았다면, 이런 명제는 「절대로」 선천적이다. 둘째로 경험은 그 판단들의 진

1) 여기에 선천적과 순수를 구별하고 있다. 순수는 절대적(비상대적)으로 선천적인 것이다.

정한 혹은 엄밀한 보편성이 아니라, 오직 가정된, 즉 상대적인 보편성만을 (귀
납을 통해서)준다. 그러므로 「우리가 이때까지 지각(知覺)해 온 한에서는 이런
규칙과 저런 규칙에 관해서 예외가 없었다」고 원래는 말해야 할 것이다. 이에, 4
한 판단이 엄밀한 보편서을 지닌다고 생각된다면, 즉 어떠한 예외도 가능하다고 인정되지 않는다면, 그것은 경험에서 이끌어내져 있지 않고 절대로 선천적인 타당성을 가진다. 그러므로 경험적인 보편성은 대다수 경우에 통하는 타당성을 모든 경우에 통하는 타당성으로, 타당성의 정도를 임의(任意)로 끌어올려 놓은 것이다. 가령 「모든 물체들은 무겁다」는 명제에 있어서[의 타당성]과 같다.

이와 반대로 어떤 판단이 본질적으로 엄밀한 보편성을 지니고 있다면, 이런 보편성은 판단의 특수한 인식 근원을, 즉 선천적 인식의 능력을 지시하는 것이다. 따라서 필연성과 엄밀한 보편성이 선천적 인식의 확실한 특징이요, 또 이 양자는 서로 불가분의 관계에 있다. 이 두 특징을 사용할 적에, 판단의 경험적인 피제한성(被制限性)보다도 그것의 우연성[1]을 지적하기가 가끔 더 용이하고, 혹은 판단의 「필연성」보다도 우리가 판단에 부여하는 무제한의 「보편성」을 지적하는 것이 우리의 납득을 쉽게 하는 경우가 많기도 하다. 이 때문에 이제 말한 두 기준[보편성과 필연성]을 그 어느 것이나 자체적으로 확실한 것이지만 서로 따로 사용하는 것이 적당하다.[2]

② 이제 말한 필연적이고 또 엄밀한 의미에서 보편적인, 따라서 선천적으로 순수한[3] 판단들이 있다는 것은 용이하게 지적된다. 우리가 학문에서 그 실례를 구하려고 하면, 우리는 수학의 모든 명제를 내다보기만 하면 좋다. 이러한 실례를 보통의 오성 사용[일상생활의 상식]에 구하려고 한다면 「모든 변화는 그 원인을 가져야 한다」는 명제라도 좋다. 게다가 후자의 경우에는 「원인의 개념」

---

1) 이 토막 원문의 독법은 구구하나, Vaihinger의 교정과 Smith의 영역에 좇았다.

2) 선천적 판단은 질적으로 필연성을, 양적으로는 보편성을 지니는 것이고, 그렇지 못한 경험적 판단은 질적으로 우연성이요, 양적으로는 제한성을 가진다. 여기서 양적 면에 치중한 기준과 질적 면에 치중한 기준을 구별하였다. 또 필연성은 협의에서는 분석적 판단에만 포함되어 있고, 광의에서는 모든 선천적 판단 중에(따라서 선천적 종합판단 중에도) 포함되어 있다.

3) 「모든 변화는 원인을 가져야 한다」는 판단을 앞 1절 B. 3에서는 선천적이기는 하나, 순수하지는 않은 명제라고 했고, 여기서는 선천적으로 순수한 명제의 예로 들고 있다. 이 순수는 내용상으로가 아니라 기원상으로 순수하다는 설명이다.

부터가 결과와 필연적으로 결합한다는 개념을 명백히 포함하고 또 규칙의 엄
5 밀한 보편성의 개념을 자못 명백히 포함한다. 그러므로 사람이 흄처럼, 일어나
는 현상이 그것에 선행하는 현상과 잦게 수반하는 일로부터, 또 이런 일로 생
기는 두 표상[현상]을 결합하는 습관(따라서 순 주관적인 필연성)으로부터 원인
개념을 도출하려고 한다면, [필연적·보편적]원인 개념은 완전히 상실되고 말 것
이다. 우리의 인식에 있어서 「순수한 선천적」 원칙들이 실재한다는 증명에 대
한 실례를 들 필요도 없이 경험 자신의 가능성을 위해서 그러한 원칙들이 불
가결하다는 것을 우리는 명시할 수 있겠고, 따라서 선천적으로 명시할 수 있겠
다. 왜냐하면 경험이 의거해서 진행하는 바 규칙들이 항상 경험적이고, 그러므
로 우연적이라면 경험이라도 자신의 확실성을 어디서 얻겠느냐 말이다. [경험
적] 규칙들은 「제일 원칙」으로 보아지기는 어려울 것이다. 그러나 여기서는 인
간 인식능력의 순수한 사용이 그것의 특징과 함께 사실이라고 진술했기에, 그
것으로써 우리는 족할 수 있겠다.

판단에 있어서 뿐만 아니라 개념에 있어서도 그것들의 약간의 것은 기원이
선천적임이 드러난다. 가령 물체라는 경험적 개념에서 모든 경험적인 것을 차차
6 여러분이 제거한다고 해도, 즉 빛(色)·굳기(硬度) 혹은 부드럽기·무게·불가침
입성까지 제거한다고 해서 (이제야 전혀 사라져버릴) 물체가 차지했던 공간은 여
전히 남아서 여러분은 공간을 없앨 수가 없다. 마찬가지로 객체가 물체적이건
비물체적이건 간에 이런 모든 객체의 경험적 개념에서 경험이 가르쳐주는 모
든 성질을 여러분이 제거한다 하더라도, 그것으로 인해서 그 객체가 실체라고
생각되고 혹은 실체에 속한 것으로 생각되는 성질들을 여러분은 객체에서 빼
앗을 수는 없다(이 실체라는 개념은 객체 일반이라는 개념보다도 더 많은 규정을 포
함하는 것이다). 따라서 「실체」 개념이 여러분께 강요하는 바 필연성에 꼼짝 못
해서 「실체」 개념이 여러분의 선천적인 인식능력[오성] 중에 자리잡고 있음을,
여러분은 자백하지 않을 수 없을 것이다.

[이상의 1, 2절은 초판 들어가는 말 1절의 ① ②를 부연한 것이요, 이성이라는 말이 전혀 없음이 주목할 만하다.]

3. 철학은 모든 선천적 인식의 가능·원리·범위 등을 규정하는 학문을 필요로 한다.

① 상술한 모든 것보다도 더 중요한 의미를 갖는 것이 있다. 그것은 즉 혹종의 인식 방식들은 모든 가능한 경험의 범위마저 버리고, 경험 중에서 자신에 대응하는 대상이 주어질 수 없는 개념에 의해서, 우리 판단의 범위를 경험의 모든 한계를 넘어서 확대하려는 것으로 여겨진다는 것이다.

② 우리의 이성은 이러한 인식을, 즉 감성계를 초월해 있어서 거기서는 경험의 지도도 경험의 수정도 있을 수 없는 인식을 탐구하는 바이다. 우리는 이
러한 탐구를, 오성이 현상의 분야에서 배울 수 있는 일체보다도 훨씬 더 중요 7
하다고 생각하고, 그런 탐구의 궁극의도를 훨씬 더 숭고하다고 생각한다. 이즈음에 우리는, 어떠한 어리벙벙한 근거에서 혹은 멸시와 무관심에 의해서 그러한 중요 연구를 포기하기보다도, 잘못에 빠질 위험이 있을지라도, 오히려 모든 것을 걸고서 모험하는 바이다.

순수이성 자신의 이 불가피한 과제는 **하나님**·[의지의] **자유**·**영혼의 불멸**이다. 온갖 태세를 갖추고 있는 학문의 궁극목적은 본래 오로지 이 세 과제의 해결을 노리고 있거니와, 이것에 관한 학문을 형이상학이라고 한다. 형이상학의 방법은 처음에는 독단론적이다. 즉 이성이 이러한 대사업(大事業)—[세 과제의 해결]—을 성취하는 능력의 유무를 미리 검토함이 없이 함부로 확신을 갖고 그 성취를 도모하는 것이다[이 토막은 재판에서의 삽입].

③ 그런데 사람이 경험의 지반을 떠나자마자, 유래를 모르면서 소유하는 인식을 가져서 또 근원을 아는 바 없는 원칙을 믿어서, 주도한 연구를 통해서 아예 건축의 기초를 확보함이 없이 당장(當場)에 건축[형이상학]을 세우기보다는 오히려 어떻게 오성이 이러한 선천적 인식들에 도달할 수 있느냐, 또 이 선천적 인식은 어떠한 범위·타당성·가치를 가지겠느냐 하는 문제부터 던졌더라면, 이것은 참으로 자연스럽다고 여겨진다. 자연스럽다는 말에서 당연하게 생
길 일·합리적으로 생길 일을 의미한다면, 사실 이만큼 자연스러운 일은 없다. 8
그러나 자연스럽다는 말에서 보통 흔히 있는 일을 의미한다면, 이 [비판적] 연

구가 오래도록 나오지 않은 일만큼 자연스럽고 명백한 일은 없다. 왜냐하면 이런 [선천적]인식의 한 부분, 즉 수학적 인식은 고래(古來)로 신뢰되어 온 재산이요, 따라서 다른 부문[형이상학]의 인식에 대해서도, 이것이 수학적 지식과는 비록 전혀 다른 성질이더라도, 비슷한 좋은 기대를 하도록 하기 때문이다. 게다가, 우리의 경험의 권외(圈外)로 나서기만 하면, 경험에 의해서 반박받을 걱정이 없다.

우리의 인식을 [초험계로] 넓히려고 하는 자극은 자못 크기 때문에, 직접 부닻치는 명백한 모순만이 우리의 행진을 제지할 수 있다. 그러나 명백한 모순은, 인간이 자기의 허구를 신중하게 생각한다면 그것이 허구임에는 변함이 없지만 회피될 수가 있다. 수학은 경험에서 독립하여 우리가 선천적 인식에 있어서 얼마나 많은 성과를 거둘 수 있는가 하는 빛나는 실례를 우리에게 보여준다. 그런데 수학은 확실히 대상과 인식을 그것들이 직관에 있어서 나타나게 되는 한에서 다루고 있되, 이런 사정이 봐넘겨지기가 쉽다. 왜냐하면 이른바 직관 자신이 선천적으로 주어질 수 있기 때문이요, 따라서 한갓 「순수한 개념」과 거의 구별되기 어렵기 때문이다. 이성의 힘에 의한 수학의 이러한 증명에
9 매혹되어서 [초험계로] 인식을 넓히려고 하는 충동은 한정이 없는 터이다.

경쾌한 비둘기는 공중을 자유롭게 헤치고 날아서 공기의 저항을 느끼는 사이에, 진공 중에서는 더 잘 날 줄로 생각한다. 이와 마찬가지로 플라톤은, 감성계가 오성에 대해서 답답한 제안을 하기 때문에, 이념의 날개에 의탁하여 감성계를 떠나 피안에, 즉 순수오성의 진공 중에 감히 뛰어들어갔다. 그러나 자기의 이러한 노력이 아무런 전진도 이루지 않은 것을 깨닫지 못했다. 그는 오성을 움직이기 위해서 그 기초가 되는 지점, 즉 자기의 힘을 쓸 수 있도록 하는 지점인 저항을 가지지 않았기 때문이다. 사실 사변적 건축을 되도록 빨리 완성하여 나중에야 그 기초가 잘 마련되었느냐 하는 것을 연구하는 것이 사변할 무렵의 인간이성의 흔한 운명이다. 이렇게 되면 건축 기초의 견고성에 관해서 우리를 안심시키려 해서 혹은 또 뒤에 오는 위험한 검토를 「오히려 배척」하고자 해서, 우리는 각종의 분식(粉飾)을 찾게 된다. 그러나 이 건축의 진행 중에 우리로부터 모든 근심과 의심을 없애서, 그것이 마치 근본적이었듯이 아양떤 까닭은 인간성의 활동의 큰 부문, 아마 최대 부문이, 우리가 대상에 관해

서 이미 갖고 있는 개념을 분석한 데에 있었던 것이다. 이런 분석은 우리에게 많은 인식을 주기는 하되, 그것은 우리의 개념들 중에(아직 불투명한 상태이거니와) 이미 생각되어 있는 것의 천명이나 설명 이외의 아무것도 아니요, 그럼에도 적어도 형식상으로는 새로운 통찰과 동등하게 여겨진다. 그러나 그런 많은 인식들은 질료상, 즉 내용상으로는 우리가 가지는 개념들을 확장하지 않고 분해할 뿐이다.

그런데 이런 [분석적] 방식이 확실히 유용한 진행을 하는 「선천적 인식」을 10
실지로 주기 때문에, 부지중에 이것에 현혹되어 이성은 전혀 다른 종류의 주장
을 사취(詐取)한다. 즉 이성이 주어진 개념에 그것들과 무연(無緣)인 개념, 사실
은 선천적인 개념들을 보태는 바다. 그러나 우리는 이성이 어떻게 그러한 일에
도달하게 되는지 아는 바 없다. 뿐더러 우리는 이러한 한 문제의 착상(著想)조
차 할 수가 없다. 그러므로 나는 우선 처음에 [분석적과 종합적의] 두 가지 인식
종류의 구별부터 논하기로 한다.

4. 분석적 판단과 종합적 판단의 구별

① 모든 판단에 있어서 주어와 객어의 관계가 생각되는데(부정판단에는 뒤에
쉽게 적용되기 때문에 여기서는 긍정판단만을 고려하기로 한다), 이 관계에는 두 가
지가 가능하다. 객어 B가 A라는 주어 중에(암암리에) 포함되어 있는 것으로서
A개념에 속하거나, 혹은 B는 A와 결합해 있기는 하나, B는 A라는 개념의 전
혀 바깥에 있거나 두 가지 중의 어느 것이다. 첫째 경우의 판단을 나는 분석적
이라고 하고, 또 한 경우의 판단을 나는 종합적이라고 한다. 즉 분석적 판단
(긍정 판단)은 주어와 객어의 결합이 동일성에 의해서 생각되는 것이요, 양자의
결합이 동일성 없이는 생각되는 판단은 종합적 판단이라고 칭해야 한다. 전자 11
는 설명적 판단이라고도 말할 수 있고, 후자는 확장적 판단이라고도 말할 수
있다. 왜냐하면, 전자는 객어에 의해서 주어의 개념에 아무런 것도 [새롭게] 보
태지 않고, 오직 주어의 개념을 분석하여 이것을 그것 자신 안에서 (설혹 불투
명한 상태에서이지만) 이미 생각되어 있었던 부분적 개념으로 분해할 뿐이기에
말이다. 이와 반대로 후자는 주어의 개념에 그것 안에서 생각되지 않았던 객어

를, 따라서 그것을 분석해도 이끌어내질 수 없었던 객어를 보태는 것이다. 가령 「모든 물체는 연장되어 있다」라고 내가 말한다면, 이것은 분석적 판단이다. 왜냐하면, 연장성을 물체와 결합해 있는 것으로서 발견하기 위해서, 나는 내가 물체에 연결시킨 그 개념 이상으로 넘어갈 필요가 없고, 「물체」개념을 분석하기만 하면 좋기 때문이다. 다시 말하면 이 객어를 물체 개념 중에서 발견하기 위해서, 물체 개념 중에서 항상 생각하는 다양한 것을 내가 의식하기만 하면 좋기 때문이다. 이에 대해서 「모든 물체는 무겁다」라고 내가 말한다면 「무겁다」의 객어는 「물체 일반」이라는 한갓 개념 중에서 내가 생각하는 것과는 전혀 다른 것이다. 즉 이러한 객어를 [경험을 통해서] 보태야만 종합적 판단이 성립한다.

② **경험판단들은 본래 모두가 종합적이다**. 무릇 분석적 판단을 경험에 기본시킨다는 것은 불합리하다. 왜냐하면 분석적 판단을 내리기 위해서 나는 나의 개념[주어]을 넘어갈 필요가 없기 때문이요, 따라서 경험의 증명이 필요치 않기 때문이다. 물체가 연장되어 있다고 하는 것은 선천적으로 확실한 명제요,
12 「경험판단」이 아니다. 즉 내가 경험으로 나아가기 이전에 내 [분석적] 판단에 대한 모든 조건을 벌써 개념 중에 갖고 있어서, 이 개념으로부터 모순율에 의해서 나는 연장적이라는 객어를 이끌어내기만 하고, 이 때문에 동시에 나는 그 판단의 필연성을 의식할 수 있고 이런 필연성을 경험은 결코 가르쳐주지 않을 것이다[프로레고메나 2절 참조].

이와 반대로 내가 「물체일반」의 개념 안에 「무겁다」라는 객어를 내포시키지 않더라도 「물체」개념은 많은 경험 중의 일부임에 의해서 경험의 한 대상임을 표시하고, 나는 이 일부에 동일한 경험의 다른 부분들을 저 경험의 대상에 속하는 것으로서 보탤 수가 있다. 나는 물체라는 개념을 이 개념 안에서 「생각」되는 연장성·불가침입성·형태 등의 모든 표징을 통해서 미리 「분석적」으로 인식할 수 있다. 그러나 나는 이제야 나의 인식을 확장한다. 이에, 내가 물체라는 개념을 끌어내게 했던 전(全)경험을 되돌아봄으로써 나는 상술한 표징들에 무게도 항상 결합되어 있음을 발견하고, 따라서 이것을 객어로서 「물체」개념에 종합적으로 보태는 바다. 그러므로 무겁다는 객어와 물체라는 개념과의 종합[결합] 가능성은 경험에 의거하고 있다. 왜냐하면 이 두 개념은 서로 타자

(他者) 안에 포함되어 있지 않으나, 그러나 그 자신 직관들의 종합적 결합인 「경험이라는 전체」의 부분들로서 비록 우연적이기는 하되 서로 의존하고 있기 때문이다[이 토막 전체가 재판의 추가다. 다음 ③ 토막은 A. 9와 같다].

③ 허나 「선천적 종합판단」의 경우에는 [경험이라는]보조수단이 전혀 결핍되어 있다. B개념을 A개념과 결합해 있는 것으로서 인식하고자 내가 A개념을 넘어가야 할 때에, 내가 의지하는 것이 무엇이며 종합을 가능하게 하는 것은 13
무엇일 것인가? 이 경우에 나는 경험의 분야에서 그런 것을 탐구하는 편의를 가지지 않는다. 발생하는 일체는 원인을 가진다고 하는 명제를 취해보자. 발생하는 것이란 개념 중에서, 나는 그것에 앞선 시간 같은 것도 있었던 하나의 존재를 확실히 생각하고, 이것에서 분석적 판단들이 이끌어내진다. 그러나 원인의 개념은 발생하는 것이라는 개념의 외부에 있고, 이것과는 다른 어떤 것을 표시하고, 따라서 발생의 표상 안에는 전혀 포함되어 있지 않다. 그렇다면 어떻게 해서 나는 일반적으로 발생한 것으로부터 그것과는 다른 어떤 것[원인]을 말하기에 이르며, 원인이라는 개념이 비록 「발생」개념에 포함되어 있지 않지만 그것을 발생개념에 귀속하는 것으로, 그러면서도 「필연적」으로 귀속하는 것으로서 인식하기에 이르는가? 오성이 「발생」이라는 A개념의 바깥에서, 이것과는 다르다면서도 이것에 연결해 있다고 생각되는 객어를 발견한다고 믿을 때에, 그런 오성이 의지해 있는 불가지의 X는 이 경우에 무엇인가? 그것은 경험일 수가 없다. 왜냐하면 위에서 든 원칙은 아주 대단한 보편성뿐만이 아니라, 필연성의 표현에 의해서 따라서 전혀 선천적으로, 즉 순 개념에서, 둘째 관념[원인]을 첫째의 [발생]관념에 보태기 때문이다.

그런데 우리의 사변적인 선천적 인식의 전 궁극의도는, 이러한 「종합적인 14
원칙 즉 확장의 원칙」에 기본하고 있다. 무릇 분석적 원칙[판단]은 물론 가장 중대하고 유용하기는 하되, 그것은 참으로 새로운 획득으로서의 확실하고도 확장된 종합에 필요한 개념의 판명성에 도달하기 위한 것일 따름이다.

5. 이성에 기본한 전(全)이론과학 중에는 선천적 종합판단이 원리로서 포함되어 있다.

1. **수학의 판단들은 전부가 종합적이다.** ① 수학의 명제는 누구도 반대할 수 없을 만큼 확실하고 따라서 자못 중대하건마는, 이때까지 인간 이성의 분석자들에게 주목되지 않았다. 아니 수학의 명제가 종합적이라고 함은 이들의 예상에 어긋났던 것 같다. 즉 이들은 수학자의 추리가 모두 모순율에 의해서 진행하는 것을(이것을 모든 절대 필연적인 확실성의 본성이 요구하거니와) 발견했기 때문에, 추리의 원칙들도 모순율에 의해서 인식되는 것이라고 생각했다. 그러나 이 점은 착오였던 것이다. 왜냐하면 종합적 명제는 모순율에 좇아서 물론 이해될 수 있으나, 그러나 이런 일은 그런 종합적 명제를 추리할 수 있게 하는 또 하나의 종합적 명제를 전제해서만 있는 것이요, [처음의] 종합적 명제가 그 자체에서 모순율에 좇아서 이해될 수 있는 것은 아니다[B. 17 참조].

② 맨 처음에 주의해야 할 것은 진정한 수학명제는 항상 선천적 판단이요, 경험에서 온 것이 아니라는 것이다. 그러나 세인(世人)이 나의 이런 소론(所論)을 용납하지 않으려고 한다면 좋다. 나는 나의 명제를 순수 **수학**에만 국한한다. 순수 수학이 경험적 인식을 포함하지 않고, 순수한 선천적 인식만을 포함한다는 것은 순수 수학의 개념에 이미 수반되어 있다.

③ 7+5=12라는 명제가 분석적 명제요, 이 명제는 7과 5와의 화(和)라는 개념에서 모순율에 좇아서 결과한다는 것이, 처음에는 확실히 생각될 것이다. 그러나 그 명제를 숙고할 때에 알려지는 것은 「7과 5의 화」라는 개념이 두 수를 한 가지 수로 결합했다는 것 이외에 아무것도 포함하지 않고, 이 때문에 두 수를 합치는 이 한 가지 수가 무슨 수냐 하는 것은 전혀 생각되어 있지 않다는 것이다. 12라는 개념은, 내가 7과 5의 결합을 생각하기만 함으로써 벌써 생각되어 있는 것은 아니다. 나는 이러한 가능적 화(和)라는 개념을 오래도록 분석할지 모르나, 그러나 나는 그런 분석에 있어서도 12라는 수를 발견하지 못할 것이다. [12를 얻자면] 두 가지 수 중의 어느 한 수에 대응하는바, 직관을—가령 다섯 **손가락**이거나(제그너가 그의 산수 책에서 했듯이) 다섯 점을—보조로

삼아서 직관 중에 주어진 5란 단위를 순차로 7이란 개념에 보탬에 의해서 [5와 7의] 두 개념 바깥으로 우리는 나가야 한다[프로레고메나 2절 참조]. 즉 나는 처 16
음에 7이란 수를 잡는다. 그 다음에 5라는 개념 대신에 내 손의 [다섯]손가락을 직관으로서 보조로 삼음에 의해서, 5라는 수를 형성하고자 미리 모은 단위들을 이제야 나의 손가락에 의한 저 형상에 기본해서 7이란 수에 나는 차례로 보탠다. 이래서 나는 12의 수가 나타나는 것을 본다. 5가 7에 보태져야 한다는 것은 화(和), 즉 7+5라는 개념 중에서 확실히 생각한 일이나, 그러나 이 화(和)가 12와 같다는 것을 나는 생각하지는 않았다. 따라서 이 산수의 명제는 언제나 종합적이다. 우리가 비교적 「큰 수」를 취해볼 때에, 이런 사정은 더욱 더 판명(判明)하게 알려진다. 왜냐하면 이때에는 우리가 아무리 개념들을 뒤적거리더라도, 직관의 도움이 없이 개념들을 분석하기만 해서는 결코 총화(總和)를 우리가 발견할 수 없음이 명백하게 드러나기 때문이다.

④ 마찬가지로 「순수 기하학의」 어떤 원칙도 분석적이 아니다. 직선은 두 점 사이의 최단거리다라는 것은 종합적 명제이다. 직선에서 곧다는 개념은 양에 관한 것을 포함하지 않고, 오직 질만을 포함하기 때문이다. 따라서 「최단」이라는 [양적] 개념은 보태진 것이요, 직선이라는 개념에서 분석을 통해서 이끌어 내질 수가 없다. 즉 직관이 빌려와져야 하고, 이런 직관을 매개로 해서만 종합이 가능하다.

⑤ 기하학의 절대필연적 판단의 객어는 이미 우리의 [주어]개념 중에 포함되어 있고 따라서 기하학의 판단이 분석적이라고 보통 믿게 된 것은 단지 표현의 모호성 때문이다. 이 때문에 우리는 주어진 개념에 어떠한 객어를 생각해 보태야만 하고, 이러한 필연성은 이미 [주어와 객어의] 개념에 고착해 있다[고 한다]. 그러나 문제는, 우리가 주어진 개념에 무엇을 생각해 보태야 하느냐 하는 것이 아니라, 실제로 개념 중에서 무엇을, 비록 막연하게나마, 생각하고 있느냐 하는 것이다. 이때에 객어는 필연적으로 [주어]개념에 종속하되, [주어]개념 자신 안에서 생각되는 것으로서가 아니라 [주어]개념에 보태져야 하는 직관에 의해서 종속하는 것이 알려진다.

기하학자가 전제하는 소수의 원칙은 확실히 사실상 분석적이요, 모순율에 의거하고 있다. 그러나 그런 원칙은 동일명제(同一命題)들과 마찬가지로 오직 방법상의 연쇄(連鎖)의 한 고리로서만 쓰여 있고 원리로서 쓰여 있지는 않다.
17 가령, a=a(전체는 그 자신과 동등하다) 혹은 (a+b)>a(즉 전체는 부분보다도 크
다) 등의 명제가 바로 그것이다. 그리고 이러한 명제들 자신도 그것들이 비록
순수 개념에 좇아서 타당하다 하더라도, 그 명제들이 직관에 표시될 수 있기
때문에만 허용된다.[1)]

2. 자연과학(물리학)은 선천적 종합판단을 원리로서 내포하고 있다.

나는 실례로서 다음과 같은 몇 개의 명제만을 들려고 한다. 즉, 「물질계의
18 모든 변화에 있어서 물질의 양은 불변이다.」 혹은 「운동의 모든 전달에 있어
서 작용과 반작용은 항상 서로 같아야 한다」는 명제이다. 이 두 명제는 필연성
을 가지며 따라서 근원이 선천적일 뿐만이 아니라 종합적인 것도 명백하다. 왜
냐하면 내가 물질의 개념에 의해서 지속성[시간상의 불변성]을 생각하지 않고,
오직 물질이 공간을 채움에 의해서 공간 중에서의 현존만을 생각하기 때문이
다. 따라서 내가 물질이라는 개념에서 생각하지 않았던 어떤 것을 선천적으로
이 개념에 생각해 보태기 위해서는 나는 실로 물질 개념의 바깥으로 나가야
한다. 이에 이 명제는 분석적이 아니라 종합적이요, 그럼에도 선천적으로 생각
되어 있다. 그리고 자연과학의 순수한 부문의 다른 명제들도 마찬가지이다.

3. 형이상학은 종래에 헛되게 기도되었으나, 그럼에도 인간이성의 본성에 의해서 불가결의 학문이라고 보아진다면, 이런 형이상학에 있어서도 선천적인 종합판단이 포함되어 있어야 할 것이다. 형이상학이 다룰 문제는 우리가 사물에 관해서 형성하는 개념을 분석하기만 하고, 그로 인해서 분석적으로 설명하는 일이 아니다. 도리어 우리는 우리의 인식을 선천적으로 확장하려는 것이다. 이런 일을 위해서 우리는 주어진 개념에 포함되어 있지 않은 그 무엇을 보태는 그런 원칙을 사용해야 한다. 또 우리는 선천적 종합판단을 통해서 경험 자신이 뒤따를 수 없는 정도까지 주어진 개념을 넘어서야 한다. 가령 「세계는 처음의 시초를 가져야 한다」 등등의 명제에서와 같다. 그러므로 형이상학은 적어도 그 목적에서 보아 오로지 선천적 종합판단에서만 성립하는 것이다.

1) 이 ⑤ 중의 두 토막의 순서는 Vaihinger의 타당한 지시에 따라 원서의 순서와 바꾸었다.

6. 순수이성의 일반적 과제

① 많은 연구들을 유일한 과제의 표식으로 표현할 수 있다면, 그것만으로써 19
벌써 우리는 얻음이 자못 많다. 왜냐하면, 표식으로 인해서 우리는 자기의 할 일을 정확히 규정하여, 자기 자신의 할 일을 가볍게 할 뿐만이 아니라, 자기가 한 일을 검토하려고 하는 타인이 그 기도를 충분히 이행했느냐 안 했느냐 하는 판단도 용이하게 내려지기 때문이다. 이렇게 보면 순수 이성의 「진정한 과제」는 **어떻게 선천적 종합판단이 가능하냐?** 하는 물음 중에 포함되어 있다[프로레고메나 5절 참조].

② 형이상학은 이때까지 불확실과 모순이라는 자못 동요된 상태에 있었는데, 그 원인은 전적으로 형이상학의 과제를 착상하지 못했던 탓이다. 뿐만 아니라 **분석적** 판단과 **종합적** 판단의 구별을 착상하지 못했던 탓도 있었을 것이다. 형이상학의 존망은, 그 과제가 해결되느냐 혹은 그 과제가 설명되기를 요구하는바, 선천적 종합판단의 가능성이 사실은 전혀 성립하지 않음이 충분히 증명되느냐에 달렸다.

데이비드 흄은 모든 철학자 중에서도 이 과제에 가장 가까이 접근했으나 그 과제를 십분 명확하게 또 그것의 보편적 형식에서 생각하지는 않았고, 오히려 단지 인과적 결합(인과성의 원리)의 종합적 명제에만 머물러 있어서, 그 종합적 명제가 선천적으로는 전혀 불가능하다는 것을 천명했다고 믿었다. 그의 추리 20
에 의하면, 우리가 형이상학이라고 말하는 모든 것은 사실은 단지 경험에서 빌려와진 것을, 또 [반복적] 습관에 의해서 필연성의 외관을 띤 것을, 이성의 통찰이라고 잘못 생각하는 망상에 귀착하는 것이다. 만약 그가 우리 과제의 보편적 형식에 착안했더라면, 「모든」 순수철학을 파괴하는 주장에 도달하지는 않았을 것이다. 순수수학은 확실히 선천적 종합명제를 포함하기에, 그의 논의에 따르면 순수수학도 존재할 수 없겠음을 그는 통찰했을 것이나, 이렇게 되고 보면 그의 뛰어난 오성이 이러한 주장을 방지했을 것이다.

③ 상술한 과제를 해결하는 것 중에, 대상에 관한 선천적인 이론적 인식을 포함하는 모든 학문을 창립하고 완성하는 순수이성을 사용할 수 있는 가능성

[의 문제]도 동시에 함께 포함되어 있다. 즉 다음과 같은 문제들에 대한 답이 포함되어 있다.

어떻게 순수수학은 가능한가?

어떻게 순수한 자연과학은 가능한가?

④ 이 [두]학문은 현실로 주어져 있기 때문에, 이 두 학문에 관해서 정말 적절하게 그것들이 어떻게 가능하냐 하는 것을 우리는 물을 수 있다. 그것들이 반드시 가능하다는 것은, 두 학문의 실재가 증명하기 때문이다.※

※ 순수한 자연과학에 관해서 많은 사람들이 이 학문의 실재성을 의심할지 모른다. 그러나 징정한 (즉 경험적) 물리학의 시초에 나타나는 여러 명제—동일량인 물질의 지속성·타성·작용과 반작용의 동등성 등의 명제—를 돌보기만 한다면, 우리는 이런 명제들이 순수(혹은 이성적) 자연과학을 형성하고, 그 범위가 넓건 좁건 간에 전(全) 범위에 걸쳐서 독립하여, 고유의 한 학문으로 설정될 만한 충분한 값어치가 있다는 것을, 우리는 믿게 될 것이다.

21 그러나 형이상학에 관해서는 이때까지 이 학문의 전진이 실패했던 사정과 재래에 진술된 형이상학에 대해서는, 형이상학의 본질적 목적에 입각해서 보면 형이상학이 참으로 있었다고 말할 수 없는 사정이, 모든 사람으로 하여금 형이상학의 가능성을 의심하도록 한 것은 당연했던 바이다.

⑤ 그러하되 [형이상학적] 종류의 인식도 어떤 의미에 있어서는 주어져 있다고 보아질 수 있다. 즉 형이상학은 학(學)으로서는 아니로되, 자연적 소질(소질적 형이상학)로서는 현실로 있는 것이다. 왜냐하면 인간의 이성은 박식에 대한 한갓 허영심에 움직여서가 아니라, 이성 고유의 요구에 쫓기어서 드디어 「이성의 경험적 사용과 이런 사용에서 이끌어내진 원리가 대답할 수 없는 문제」로 부단히 진출하기 때문이다. 이리하여 모든 인간에 있어서의 이성이 사변(思辨)하게 될 정도로 성숙하자마자, 어느 시대에든지 어떤 형이상학이 현실로 만인에게 존재하였고 또 존속할 것이다. 그래서 형이상학에 관해서도 다음과 같은 문제를 우리는 갖는다.

22 자연적 소질로서의 형이상학은 어떻게 가능한가? 즉 순수이성이 자신에게 제시하는 문제가 또 되도록 잘 대답할 것을 이성 자신이 요구하지 않을 수 없

는 문제가 어떻게 보편적인 인간이성의 천성에서 발생하느냐 하는 것이다.

⑥ 그러나 이 자연스러운 문제들—가령 세계는 시초를 갖느냐 혹은 영원에서 존재하는 것이냐 등등—에 대한 답을 재래(在來)에 기도했을 무렵에 그 어느 것이나 항상 불가피하게 모순이 있었다. 그러나 그 때문에 우리는 형이상학에 대한 순 자연적 소질에 만족해서 가만히 있을 수가 없다. 즉(어떤 형이상학이건 간에) 형이상학이 사실 항상 발생하는 근원인 순수이성의 능력에만 만족해서 가만히 있을 수가 없다. 오히려 형이상학의 대상을 우리가 아느냐 모르느냐에 관해서, 즉 형이상학의 문제 대상의 결정에 관해서거나, 혹은 이 대상들을 어떤 것이라고 판단하는 이성 능력의 유무의 결정에 관해서, 어떤 확실성에 달하는 것이 이성에게 가능해야 한다. 따라서 우리의 순수이성을 확실하게 넓히거나, 반대로 순수이성에 일정하고도 확실한 제한을 두거나 하는 일이 [이성에게] 가능해야 한다. 이상에서 말한 일반적 과제에서 생기는 최후의 문제가, 다음의 문제로 되는 것은 정당하다. **어떻게 학으로서의** [엄밀한] **형이상학은 가능한가?**

⑦ 이리하여 순수이성의 비판은 결국 우리를 반드시 학적 인식으로 인도한 23
다. 이와 반대로 비판이 없는 이성의 독단론적 사용은, 우리를 근거없는 주장에 접속시키고, 이런 근거 없는 주장에 마찬가지로 사이비 주장이 대립할 수 있다. 따라서 이성의 독단론적 사용은 **회의론**에 우리를 인도한다.

⑧ 또 이 학문[순수이성의 비판]은 사람을 놀라게 할 만큼 광범한 것일 수 없다. 왜냐하면 그것이 다루어야 하는 것은 이성의 객관들이—이것들은 한 없이 다종다양하거니와—아니라 이성 자신뿐이기 때문이다. 이성 자신이 가지는 과제들은 이성의 내부에서 발생하고, 이성과는 다른 사물들의 성질에 의해서가 아니라 이성 자신의 성질에 의해서 이성에 제출되어 있다. 무릇 이성이 경험 중에서 마주치는 대상들에 관해서 자신들의 능력을 미리 완전하게 알았다면, 경험의 경계를 넘어서서 이성을 시용(試用)하는 범위와 한계를 완전하고도 확실하게 정하는 일은 쉽지 않을 수 없다.

⑨ 이리하여 형이상학을 **독단론적으로** 세우려는 종래의 시도(試圖)는 일어나지 않았을 것으로 보아질 수 있고, 또 보아져야 한다. 왜냐하면 어느 독단론이건 거기서 시도된 분석적 부분, 즉 우리의 이성에 선천적으로 내재하는 개념

들의 한갓 분석은 결코 진정한 형이상학의 목적이 되지 않고, 진정한 형이상학
에 대한, 즉 우리의 「선천적인 종합」인식의 확장에 대한 준비에 불과하다. 개
념의 한갓 분석은 「선천적 종합」인식의 확장에 대해서는 무용하다. 소위 분석
은 개념 속에 포함되어 있는 것을 지시할 따름이요, 어떻게 우리가 이러한 개
념에 선천적으로 도달하느냐를 지시하는 것이 아니기 때문이다. 이런 지시를
한 후에, 「모든 인식 일반」의 대상에 관한 개념의 정당한 사용도 정해질 수
24 있는 터이다.

또 재래의 주장들을 포기하는 데는 그다지 괴로운 자제(自制)를 요하지 않는다. 왜냐하면 거부할 수 없는 독단록적 방법에서도 불가피했던 이성의 자기모순이 재래 모든 형이상학의 권위를 옛날에 벌써 상실하게 했기 때문이다. 독단론의 포기보다도 더 인내를 필요로 하는 것이 있겠다. 그것은 즉 인간이성에게 불가결한 학문—이 학문에서 생기는 모든 지엽(枝葉)을 벨 수는 있으나 그 뿌리는 절멸할 수가 없거니와—을 재래와는 다르고 재래의 것에 대립하는 논구(論究)를 통해서, 드디어는 무성하고 결실있는 성장에 달하도록 촉진하는 일을 위해서 내면적 곤란과 외면적 반대 때문에 활동을 중지하지 않는 일이다.

7. 순수이성비판이라는 이름을 갖는 특수한 학문의 이념과 구분

① 상술한 일체에서 「순수이성의 비판」이라고 할 수 있는 「하나의 특별한
25 학문」의 이념[구상]이 생긴다. 왜냐하면 이성이란 선천적 인식의 원리들을 주
는 능력이기 때문이다. 그러므로 순수한 이성은 사물을 오로지 선천적으로만 인식하는 원리들을 내포하는 그러한 이성이다. 순수이성의 기관이란 모든 선천적인 순수인식을 얻도록 하고 실지로 성립시킬 수 있는 「원리들의 총괄」일 것이다. 또 이러한 기관의 주도한 적용이 순수이성의 체계를 주겠다. 그러나 이런 일은 많은 수고를 요구하는 일이기 때문에, 또 우리 인식의 확장이 「이 경우에」 일반적으로 과연 가능한 것이며, 가능하다면 어떠한 경우에 가능하냐 하는 것은 아직 미결이기 때문에, 우리는 순수이성과 이런 이성의 「원천과 한계」를 판정하기만 하는 학문을 순수이성의 체계에 대한 예비학이라고 볼 수

있다. 이러한 학문은 순수이성의 이설(理說)이 아니라, 단지 순수한 이성의 비판이라고만 불러야 하겠다. 이런 학문의 효용은 사변에 관해서는 사실상 소극적일 뿐이겠고, 이성의 확장을 위해서 쓰이지 않고 이성의 정화를 위해서 쓰이며, 순수한 이성을 그 과오에서 벗어나게 하는 것이겠다. 이런 일이 벌써 대단한 수확이다.

대상들을 다루는 것이 아니라 「대상들 일반」을 우리가 인식하는 방식을—이
것이 선천적으로 가능한 한에서—일반적으로 다루는 모든 인식을 나는 선험적 26
(transzendental)이라고 한다. 그리고 이러한 개념들의 체계가 선험철학이라고 불릴 것이다. 그러나 선험철학도 시초에는 아직 너무나 벅찬 일이다. 왜냐하면 이런 학문은 분석적 인식과 선천적인 종합인식을 완전히 포함해야 하기 때문에, 우리의 의도에 관한 한 그것의 범위가 넓기에 말이다. 즉 우리는 선천적인 종합의 원리들—이것만이 우리의 연구 대상이지만—을 그 전(全)범위에 걸쳐서 통찰하기에 불가결적으로 필연인 한에서만 분석을 행하기에 말이다. 인식 자체의 확장이 아니라 인식의 시정(是正)을 노리고, 따라서 모든 선천적 인식의 가치 유무의 시금석을 줄 터이기 때문에, 원래 이설이라고 할 것이 아니라, 선험적 비판이라 부를 수 있는 연구가, 우리가 이제 종사하고 있는 연구이다. 따라서 이러한 비판은 하나의 예비요, 아마도 한 기관을 위한 예비일 것이다. 만약 기관이 성립하지 않는다면, 이 비판은 적어도 순수이성의 규준[1]에 대한 예비이다. 이 규준에 좇아서 필경은 후일에 「순수이성 철학의 완전한 체계」가—이것이 이성의 인식을 확장하는 데 존립하건 제한하는 데에 존립하건 간에—분석적으로 또 종합적으로 제시될 수 있겠다.

왜냐하면 이런 완전한 체계가 가능하다는 것은, 뿐더러 이런 완전한 체계는 그것의 완성을 기대할 수 없을 만큼 커다란 범위를 가지지 않는다는 것은 다음과 같은 사정에서 미리 추측되기 때문이다. 즉 여기서 주제로 삼는 것은 무한한 사물의 성질이 아니라, 사물의 성질을 판단하는 오성이요, 그러면서도 선천적 인식에 관계할 뿐인 오성이라는 사정이다. 그리고 이러한 오성의 저장품은,

1) 규준과 기관의 대조에 관해서는 lii면 주 1 참조. 또 「선험적」의 규정에 관해서 A. 12의 그것과 대조해 볼만하다.

우리가 그것을 외부에서 구할 것이 아니기 때문에 우리로부터 감추어져 있을 수 없고, 또 매우 적은 분량이라고 추측되기 때문에 그 전부를 취해보더라도
27 그것의 가치 유무가 충분히 판정되고 또 정당히 평가될 수 있을 것이다.

더군다나 여기서 책의 비판과 순수이성의 체계들의 비판을 기대해서는 안 된다. 사람이 기대해서 좋은 것은, 순수 이성 능력 자신의 비판일 것이다. 이런 비판이 밑바닥에 있을 때에만, 우리는 이 분야의 고금(古今) 작품의 철학적 가치내용을 평가하는 믿을 만한 시금석을 가진다. 그렇지 않을 적에는 자격이 없는 역사가와 판정자가 타인의 근거 없는 주장을, 마찬가지로 근거 없는 자기 자신의 주장으로써 비판하는 것이 된다[이 토막은 재판의 추가다].

② 선험철학이란 여기서는 단지 한 학문의 이념[구상]이다. 그리고 순수이성의 비판은 이런 이념에 대한 전설계를 건축술적으로 그려야 한다. 다시 말하면 원리들로부터 그려야 한다. 이런 일의 결과로 이 건축을 형성하는 모든 부분들의 완전과 안전이 충분히 보증된다. 「비판」은 순수이성의 전 원리의 체계이다. 이 「비판」자신을 이미 선험철학이라고 말하지 않는 까닭은, 그것이 완전한 체계가 되자면 인간의 선천적 인식 전부를 상세하게 분석하는 것도 포함해야 하는 점에 기인할 뿐이다. 물론 우리의 비판은 상술한 순수한 인식을 형성하는 바, 모든 근간 개념들의 완전한 열거도 명시해야 한다. 그러나 「비판」이 이런 개념들 자체의 주도한[개별적] 분석과 이것에서 도출되는 개념[파생 개념]들의 완전한 검토를 하지 않는 것은 정당하다. 왜냐하면, 첫째로 이런 분석은 우리의 목적에 적합하지 않겠기 때문이다. 원래 전 비판이 존재하는 목적인 종합에
28 서 발견될 불확실성이 [개별적] 분석에서는 없다. 둘째로 이러한 분석과 도출의 완전성에 대한 책임에 관여하는 것은 우리 계획의 통일성에 어긋나겠기 때문이다. 이런 분석과 도출은 우리의 의도에서 지금은 면할 수 있다. [개별적] 분석의 완전성과 뒤에[분석론에서] 주어질 선천적 개념들에서의 도출의 완전성은 선천적 개념들이 종합의 원리들을 두루 말한 것으로서 우선 존재하는 것이라면, 즉 이 본질적인 의도에 아무런 결함이 없기만 하면, 용이하게 보충될 수도 있다.

③ 따라서 「순수이성의 비판」은 선험철학의 본질적인 것이 되어 있는 일체를 소유한다. 그래서 이 비판은 선험철학의 완전한 이념이기는 하되 선험철학의 학문[체계] 자체는 아니다. 왜냐하면, 이 비판은 선천적 종합인식을 완전하

게 판정하는 데에 필요한 한에서만 분석을 행하기 때문이다.

④ 이러한 학문[순수이성의 비판]의 구분에 있어서 가장 유의할 것은, 어떤
경험적인 것을 내포하는 개념이 그 안에 들어가서는 안 된다는 것이다. 즉 선
천적 인식은 전혀 순수하다는 것이다. 그러므로 도덕의 최고원칙과 그 기본개
념이 비록 선천적이기는 하나, 그런 것들은 선험철학에 들어가지는 않는다. 왜
냐하면 도덕의 최고 원칙과 그 기본 개념은, 모두 경험에 근원을 갖고 있는 쾌 29
(快)와 불쾌(不快)·욕망과 애착·자의(恣意) 등등의 개념들을 그 명령의 근저에
두지는 않으나, 의무의 개념에 있어서는 극복되어야 할 장애로서, 혹은 동인으
로 되어서는 안 되는 자극으로서, 순수한 [비판적] 도덕의 체계의 형성 속에 들
어가지 않을 수 없기 때문이다. 이에, 선험철학은 순수한 한갓 사변이성에 의
한 세계지(世界知)다. 왜냐하면, 모든 실천적인 것은, 그것이[1] 동기를 포함하는
한에서 감정에 상관하고, 이 감정은 인식의 경험적인 원칙에 속하기 때문이다.

⑤ 「체계 일반」이라는 보편적 견지에서 이 학문을 구분하자면, 우리가 이제 행하는 구분은 첫째로 순수이성의 *원리론*을, 둘째로 순수이성의 *방법론*을 포함해야 한다. 이런 중요 구분의 어느 것이나 각각 세분을 갖겠으되, 이런 세분의 근거들은 여기서 설명할 처지가 아니다. 오직 다음의 것만은 「들어가는 말」로서나 예고로서 필요할 성싶다. 즉 인간의 인식에는 두 개의 줄기가 있고, 이 두 줄기는 아마도 하나의 공통적인, 그러나 우리에게 알려지지 않은 뿌리에서 발생한다는 것이며, *감성*과 *오성*이 바로 그것이다. 전자에 의해서 대상들이 우리에게 주어지되, 후자에 의해서 대상들은 우리에게 생각된다. 그런데 감성이, 대상이 우리에게 주어지는 조건인바, 선천적 표상들을 포함할 것인 한에서, 감성은 선험철학에 속하겠다. 그리고 선험적인 감성론은 원리론의 제1부에 속해야 할 것이다. 왜냐하면 인간인식의 대상들이 주어지도록 하는 조건들은 인식의 대상들을 생각하도록 하는 조건들보다고 앞서 있기 때문이다.

1) 동기는 욕망의 주관적 근거요, 동인은 원래는 의욕의 객관적 근거다. 그러나 lxxiii면에서는 동인을 동기의 뜻으로 사용했다.

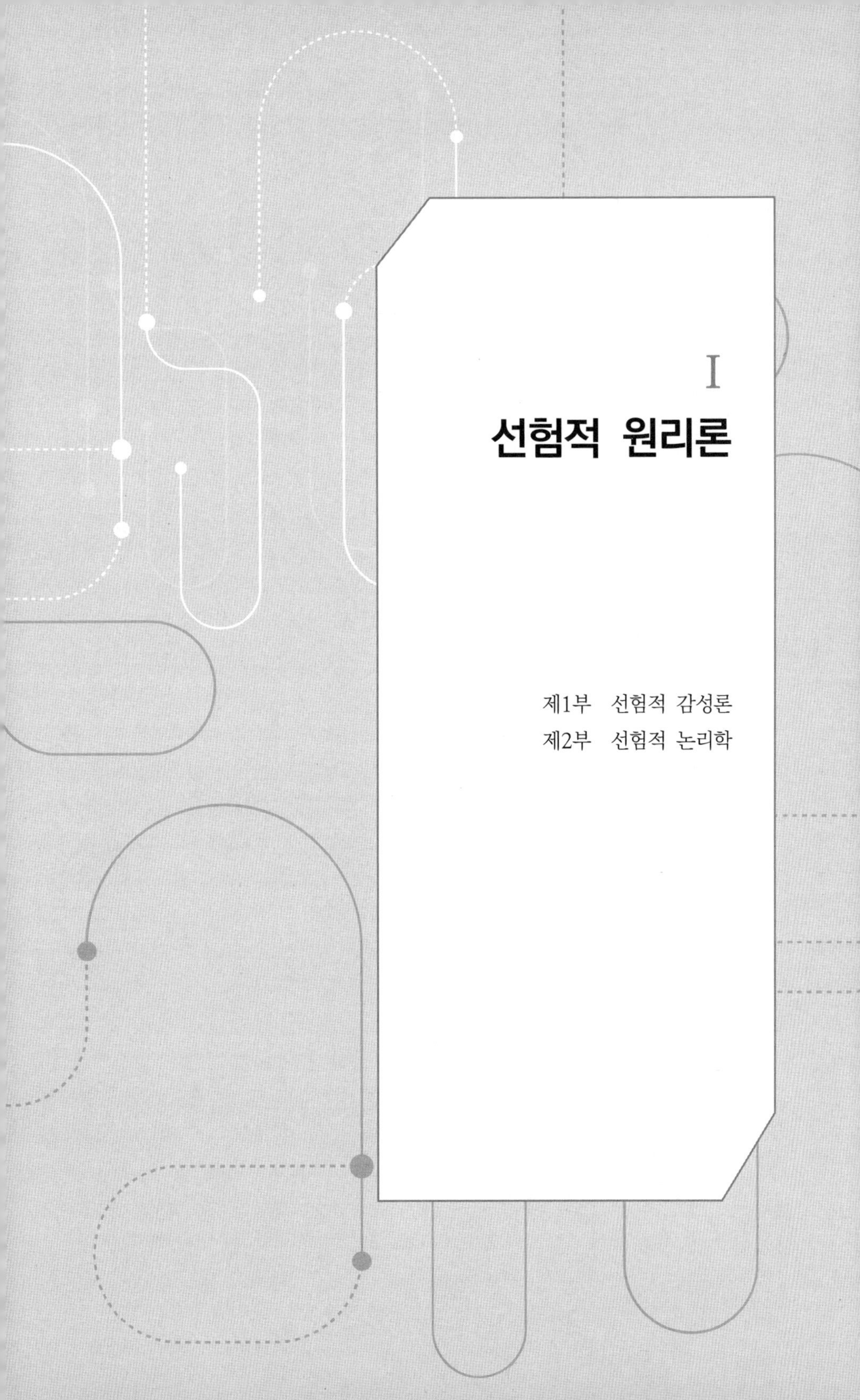

I
선험적 원리론

제1부 선험적 감성론
제2부 선험적 논리학

Ⅰ. 선험적 원리론

제1부 선험적 감성론

1. 들어가는 말

① 인식이 대상에 관계하는 방식과 수단이 어떠하든 간에, 인식이 대상에 33
직접 관계하고 또 모든 사고가 그 수단으로서 구하고 있는 것은 직관이다. 직관은 대상[현상]이 우리에게 주어지는 한에서만 존재한다. 그러나 이런 일은 적어도 우리 인간에게는 대상[물자체]이 어떤 방식에서 심성[1]을 촉발함에 의해서만 가능하다. 대상에 의해서 우리가 촉발[자극]되는 방식을 통해서 표상을 얻는 능력, 즉 수용성을 감성이라고 한다. 따라서 감성에 의해서 대상이 우리에게 주어지고, 감성만이 직관을 우리에게 준다. 이에 반해서 오성을 통해서 직관들은 [다시] 사고되고 오성에서 개념들이 발생한다. 그러나 모든 사고작용은 단적으로(직접적으로) 직관에 관계하거나 어떤 표징을 통해서 돌음길로(간접적으로) 결국은 직관에 관계한다. 따라서 모든 사고작용은 우리 [인간]에 있어서는 감성에 관계하게 된다. 왜냐하면, 직관 이외의 다른 방식에서 대상이 우리에게 주어질 수는 없기 때문이다.

② 우리가 대상에 의해서 촉발되는 한에서 대상이 인간의 표상능력에 미치 34
는 결과가 감각이다. 감각을 통해서 대상에 관계하는 직관을 경험적이라고 한다. 경험적 직관의 무규정적[2] 대상을 현상이라고 한다.

③ 현상 중에서 감각에 대응하는 것을 나는 현상의 질료라고 하고 현상의

1) 원어 Gemüt는 영혼이라는 형이상학적 실체의 함의를 피하고자 쓰인 것이요, 정신이라고 할 수도 있다. 이 토막의 수용성은 인상을 받아들임을 말한다. 이 토막의 「적어도 우리 인간에게는」, 「어떤 표징을 통해서」, 표제 번호 1.등은 재판에서 추가한 것이다. 「적어도 우리 안간」이란 감성적 직관 능력만을 가지는 인간을 말한다.

2) 아직 판단되지 않았다는 의미에서 무규정적이다. 왼편에서 들려오고 또 되풀이되는 어떤 잡음을 감각할 때에 그것이 아직 무슨 잡음인지 내가 판단[사고]하지 않는 한에서, 그것은 단지 현상일 뿐이다. 개가 짖는 소리라고 판단했을 때에, 그것은 규정된 대상이다.

다양이 일정한 관계에 의해서 정돈되도록 하는 것을 현상의 형식[1]이라고 한다. 감각을 정리하고 감각을 어떤 형식 속에 넣을 수 있게 하는 것 자신이 감각[2]일 수는 없다. 그러므로 모든 현상의 질료는 확실히 오직 후천적으로 주어져 있으나, 그러나 현상들의 형식은 모든 감각에 대해서 심성 속에 선천적으로 이미[3] 있어야 하고, 따라서 모든 감각에서 분리되어 고찰될 수 있어야 한다.

④ 나는 감각에 귀속하는 것을 전혀 내표하지 않는 모든 표상들을 (선험적
35 의미에서) 순수하다고 한다. 따라서 감성적 직관들 일반의 순수한 형식은 심성
속에 선천적으로 발견되겠고, 이런 형식에 있어서 현상들의 모든 다양은 일정
한 관계 중에서 직관된다. 감성의 이러한 순수형식은 그 자신 순수 직관이라고
도 하겠다. 이래서 내가 한 물체의 표상으로부터, 오성이 그것에 관해서 사고하
는 것, 즉 실체·힘·가분성(可分性) 등을 분리하고, 그와 동시에 감각에 귀속하
는 것, 즉 불가침입성·굳기(硬直)·색 등을 분리할 때에도, 이 경험적 직관 이
외에 역시 무엇이 남는다. 즉 연장(延長)과 형태(形態)[4]가 남는다. 이런 [공간적
인] 것은 순수직관에 속하고, 순수직관은 감관의 대상이나 감각의 대상이 현실
로 없더라도 감성의 한갓 형식으로서 심성 속에 선천적으로 존재한다.

36 ⑤ 선천적 감성의 모든 원리에 관한 학문을 나는 선험적 감성론(Aesthetik)※ 이라고 한다. 이래서 선험적 원리론의 제1부가 되는 학문이 있어야 한다. 이 학문에서 구별되는 것이 순수한 사고의 원리들을 포함하는 학문이요, 선험적 논리학이라고 불린다.

---

1) 현상의 질료란, 앞 주에서 말한 「잡음」 같은 것이다. 현상의 형식은 「감각된 것」이 정돈되는바, 공간과 시간이다. 공간 형식에 의해서 잡음이 어는 방향에서 온다는 방향이 알려지고, 시간 형식에 의해서 그 잡음이 어느 시간부터 되풀이되는 현상임이 알려진다. 시공의 형식작용을 받은 대상이 「경험의 대상」이다. 지각대상이건 경험의 대상이건, 「물자체」로서의 대상이다. 따라서 「잡음 자체」는 아니다. 정돈되도록이라는 말 다음에 초판에는 「직관되도록」이라는 말이 들어 있다.

2) 원어 Empfiindung는 감각된 것(das Empfindere)의 뜻이다. 이 토막 첫 줄의 감각은 오히려 「감각 작용」(das Empfinden)의 뜻이다. 언어는 같으나, 내용상으로 이런 차이가 있다.

3) 이미 있다(bereit liegen)고 하는 것은, 시간적으로 선행(先行)해 있다는 뜻이 아니다. 경험을 분석할 때에, 구조상으로 또는 작용상으로 먼저 있어야 한다는 뜻이다.

4) 연장과 형태와는 「공간적인 것」이다. 공간적인 것은 심성에 이미 있기는 하나, 무엇이 감각되기 이전에 그런 공간적 표상이 단독으로 작용하는 것도 아님을 주의할 것이다.

※ 독일인은 다른 국민이 취미 비판이라고 하는 것을 표시하고자, 에스테틱(Aesthetik)이라는 말을 현재 사용하는 유일한 국민이다. 이 말을 사용하게 된 근거는, 탁월한 분석학자 바움가르텐이 [그의 저서 Aesthetica, 1750에서] 지녔던 잘못된 희망에 있었다. 그는 미(美)의 비판적 평가를 이성적 원리 중에 포함시키려 했고, 「미」의 규칙을 학(學)으로 높이려고 했으나, 헛된 노력이었다. 왜냐하면 미의 규칙이니 미의 표준이니 하는 것은 그것의 주요한 원천으로 보아서 경험에서 오고 따라서 우리의 「취미 판단」이 의거해야 하는 명확한 선천적 법칙이 될 수 없고, 도리어 「취미 판단」이 저런 규칙의 정당성에 대한 진정한 시금석[기준]이 되기 때문이다. 그러므로 [취미 비판이라는 의미의] 에스테틱이란 명칭을 다시 사용하지 않고 그 말을 진정한 학(學)인 [감성]론을 위해서 보류함이 좋다(보류함으로써 고대 철인이 사용한 그 말과 그 말의 뜻에 접근하게 되겠다. 고대인이 인식을 지각된 것, aistheta과 생각된 것. noeta으로 구분한 것은 유명하다). [여기까지가 초판의 주].[1] 그렇지 않으면, 그 명칭을 사변철학도 사용해서, 「때로는」 선험적 의미로 「때로는」 심리적인 의미로 취하는 것이 좋다.

⑥ 이래서 우리는 선험적 감성론에서 우선 감성을 고립시키겠다. 이런 일은 오성이 그 개념을 통해서 사고하는 일체를 분리하는 데서 성립한다. 이런 조치를 취하는 것은 경험적 직관 외에는 아무런 것도 남기지 않기 위해서이다. 둘째로 우리는 경험적 직관 중에서 감각 내용에 속하는 모든 것을 다시 분리한다. 이것은 순수직관,[2] 즉 현상의 형식만을 남기기 위해서이다. 현상의 형식만을 남기는 것이 감성이 선천적으로 제시할 수 있는 유일한 일이다. 이 연구가 앞으로 밝힐 일은 선천적 인식의 두 원리, 즉 감성적 직관의 두 순수형식이—

1) (보류함으로써…유명하다)에 괄호를 한 것과 그 다음의 두점(頭點)을 붙인 문장은 재판의 추가다. Aesthetik은 어원으로 보아 「감성론」보다도 「지각론」이라고 옮겨야 하겠다. 처음의 「때로는」이라는 말은 현상의 형식을, 나중의 그것은 현상의 질료를 지적한다. 이 부분을 제거한 초판 글만 보아서는 칸트가 취미 판단을 가능하게 하는 선천적 원리. 즉 비판적 미학을 그때까지 아직 착상하지 못한 인상을 준다. 「취미 판단은 감관의 취미요, 개별적이다. 이에 대해, 반성적 취미는 미(美)에 관한 취미, 즉 보편타당할 취미요, 그러므로 취미 판단도 그 안에 들어 있을 수 있다. 그러나 양자가 다 대상에 관해서 직감적(ästhetisch)인 것이요, 실천적인 것이 아니다」라고 했다(판단력 비판, 8절 S. 52 Vorländer판).

2) 순수직관은 선천적이나, 그런 말은 순수직관이 일체 경험에 시간적으로 앞서 있다는 뜻이 아니라, 오히려 모든 경험 중에 편재(偏在)해야 한다는 뜻이다.

공간과 시간－존재한다는 것이다. 우리는 이제부터 공간과 시간을 고려하는 일에 종사하기로 한다.

제1절 공간론

37 ### 2. 「공간」관념의[1] 형이상학적인 구명(究明)

① 외감(인간 심성의 한 성질)을 매개로 해서 우리는 대상을 우리의 외부에 있는 것으로서 표상하고, 대상들 전부를 공간 중에서 표상한다. 공간 중에서 대상들의 형태·크기·상호관계가 결정되어 있고 혹은 결정될 수 있다. 내감에 의해서 심성은 자기 자신이거나 자기의 내적[심리적] 상태를 직관하거니와, 이러한 내감이 물론 하나의 객체로서의 영혼 자신을 직관하게 하지 않는다. 그러나 일정한 시간이라는 형식이 있고, 이런 형식 아래서만 내적 상태의 직관이 가능하다. 그러므로 내적 규정 [심리상태]에 속하는 모든 것은 시간의 여러 관계 중에서 표상된다. 시간은 외적으로는 직관될 수가 없다. 이것은 공간이 내적인 어떤 것으로 직관될 수 없는 것과 같다.

그러면 공간과 시간이란 무엇인가? 그것들은 현실로 존재하는 것[실체]인가? 그것들은 사물의 한갓 규정[속성]이거나 사물들의 관계일 뿐이로되, 직관되지
38 는 않는 물자체에도 속하는 규정 혹은 관계일 것인가? 그러지 않고 공간과 시간은 오직 직관작용의 형식에만 속하고, 따라서 인간 심성의 주관적 성질일 뿐이라서 이런 성질 없이는 [어느] 공간이니 [어느] 시간이니 하는 객어가 사물에 도무지 부여될 수 없는 것인가?[2] 이런 문제들을 천명하고자 우리는 「공간」 관념을 구명하려고 한다.

나는 구명이라는 말 아래서 관념이 갖고 있는 어떤 것의 충분하지는 않더라도 판

---

1) 「공간관념의 형이상학적 구명」이란, 공간의 정의에 해당한다. 원서에는 공간 「개념」으로 되어 있으나, 오성의 순수한 개념과 구별하고자 이 절의 본문에서도 공간관념이라고 옮겼다. 마찬가지로 4절 이하에서도 「시간」 관념이라고 옮겼다. 「2. 공간관념의 형이상학적 구명」이란 표제는 재판의 추가다.

2) 공간과 시간이 각각 실체·속성·관계·주관적 성질 중의 어느 것이 될 가능성을 표시했다. 「공간관념을 구명하려고 한다」 대신에 초판에서는 「공간을 고찰하려 한다」로 되어 있다.

명한 표상을 의미한다. 그러나 구명이 선천적으로 주어진 관념을 표시하는 것을 포함할 적에는 형이상학적이다[재판의 추가].

1. 공간은 외적 경험에서 추상된 경험적[후천적] 개념이 아니다.[1)] 왜냐하면, 어떤 감각이 내 바깥에 있는 어떤 것(즉 내가 있는 장소와는 다른 장소에 있는 어떤 것)에 관계하기 위해서, 즉 내가 감각들이 서로 분리해 있고 또 나란히 있는 것으로 표상하기 위해서, 따라서 감각들이 서로 다를 뿐만 아니라 다른 장소에 있는 것으로 내가 표상할 수 있기 위해서는 그 근저에 공간의 표상이 먼저 있어야 하기 때문이다. 이렇기에 공간의 표상은 외적 현상의 관계들로부터 경험적으로 얻어질 수 없고, 도리어 외적 경험 자신이 공간의 표상에 의해서 비로소 가능한 것이다.

2. 공간은 모든 외적 직관작용의 근저에 있는 필연적인 선천적 표상이다.
공간 안에 대상이 없는 일은 넉넉히 생각될 수 있으나, 우리는 공간이 전혀 없 39
다는 생각을 가질 수는 없다. 따라서 공간은 외적 현상에 의존하는 규정으로
보아지지 않고, 외적 현상을 가능하게 하는 조건으로 보아진다. 즉 그것은 외
적 현상의 근저에 반드시 있어야 하는 선천적 표상이다.

3. 공간은 추리된[2)] 개념이 아니다. 혹은 흔히 말하듯이 물(物) 일반의 관계에 관한 일반개념이 아니다. 그것은 순수직관이다. 왜냐하면 첫째로 우리는 단지 하나의 공간만을 표상할 수 있기 때문이다. 많은 공간이라는 말은 하나의 동일한 공간의 부분들을 의미한다. 또 이런 부분들은 유일의 포괄적인 공간에

---

1) 심리학은 외계 사물을 경험한 뒤에 「사물들 서로의 관계」(상하·좌우)를 비교함으로써, 공간 관념이 생긴다고 한다. 사실 개개 공간을 의식하자면, 시각(視覺)·운동 감각이 필요하다. 그러나 칸트는 사물의 감각과 관념이 「발생하는 과정」의 사실을 설명하려는 것이 아니라, 직관 일반이 성립하는 인식논리적 조건을 천명하려고 한 것이다. 이런 의도에서 공간 관념이 먼저 주어져야만 외계 경험이 가능하다고 했다. 즉 형식이 내용에 선행한다고 했다. 여기의 1과 그 다음의 2는 공간이 선천적 조건임을 밝혔다.

2) 개념은 많은 개체에서 공통적인 것을 추출하여 만들어지기 때문에, 개체는 추상적 개념의 한 예요, 추상적 개념은 전 개체를 대표한다. 여기서는 개체가 선행한다. 개개 나무에서 나무라는 일반개념이 성립하는 것과 같다. 그러나 공간은 단일표상으로서 전체가 선행해 있기 때문에, 개개공간은 전체적 공간의 구획에 불과하다. 그러므로 공간은 일반개념이 아니라, 순수한 직관이다. 이 3과 다음의 4는 공간이 오성의 개념작용이 아니라 감성의 직관작용인 것을 밝혔다.

대해서, 이를테면 그것의 조직요소로서 (이런 요소들이 집합에서 포괄적인 공간의 성립이 가능하지만) 선행할 수 없고, 도리어 유일의 포괄적인 공간 안에서만 생각될 수가 있다. 공간은 본질적으로 하나다. 공간에서의 다양한 것과 따라서 보통 공간들 일반이라는 일반개념은 전혀 전체적인 하나를 구획지움에 기본하고 있다. 그러므로 공간에 관하여 (경험적이 아닌) 선천적인 직관이 모든 공간의 「관념」들의 근저에 먼저 있다. 이에 모든 기하학적 원칙, 가령 삼각형의 두 변의 화(和)는 나머지 한 변보다도 크다는 원칙도 선과 삼각형이라는 일반 개념에서 끌어내지는 것이 아니라, 직관에서 그러면서도 선천적 직관에서 필연적 확실성을 가지고서 끌어내진 것이다.

[이상의 3이 초판에서는 4로 되었고 3으로 다음이 한 토막이 있다.]

3. 모든 기하학적 원칙[명제]들의 절대필연적인 확실성과 그것들의 선천적인 구성가능성은 공간의 이 선천적인 필연성에 기인해 있다. 만약 공간-표상이 후천적으로 얻어진 관념이요, 보편적인 외적 경험에서 이끌어내진 관념이라면, 수학적 규정의 제일(第一) 원칙들은 지각들 외의 아무런 것도 아닐 것이다. 즉 그것들은 지각의 모든 우연성을 지니는 것이겠다. 그리고 두 점 사이에는 하나의 직선만이 있다는 것은 필연적이 아니라, 단지 경험이 그렇다고 가르쳐 주는 바의 것이 되겠다. 경험에서 이끌어내진 것은 오직 상대적 보편성을 가지는 것이요, 귀납을 통해서 얻어져 있는 것이다. 그러므로 우리가 이때까지 관찰한 한에서는 3차원 이상의 공간은 발견되지 않았다고 말할 수 있을 따름이다.

40 4. 공간은 주어진 무한한 크기라고 표상된다. 그런데 무릇 개념이란 무한하게 다를 수 있는 표상 군(群) 안에(이런 여러 표상들 간의 공통된 표징으로서) 포함되어 있는 표상이라고 생각되어야 한다. 따라서 그런 표상 군(群)들을 자기 아래에 포괄하는 표상이라고 생각되어야 한다. 허나 어떠한 「개념」도 그 자신 무한히 많은 표상군을 자기 속에 포괄하는 것처럼 생각될 수는 없다. 그러나 개념과는 달리 공간은 표상의 군을 [무한하게] 자기 속에 포괄한다고 생각된다 (유일한 공간의 [분할된] 모든 부분들은 동시에 무한이기에 말이다). 그러므로 공간이라는 근원적 표상은 개념이 아니라 선천적인 직관이다.[1]

1) 무한한 크기의 공간은 구획을 지움으로써 자기 속에 무수한 부분적 공간-표상을 지닌다. 그러나

5. 공간은 주어진 무한한 크기라고 표상된다. 공간의 일반적 관념(이런 일반적 관념은 한 피트에 있어서나 한 에레[옛날 척도의 이름, 약 3분의 2미터]에 있어서나 마찬가지지만)은 양적으로 아무런 한정도 할 수 없다. 만약 직관의 진행에 있어서 한계가 있다고 한다면, [공간]관계들을 표시하는 개념은 이런 관계들이 무한할 것이라는 원리를 도무지 가지지 않을 것이다[이것은 위의 4 대신의 초판의 글].

3. 「공간」 관념의 선험적 구명[1)]

① 내가 선험적 구명이라고 하는 것은, 어떤 개념[관념]을 그것이 다른 선천적인 종합인식의 가능성을 통찰할 수 있도록 하는 원리로서 설명하는 것을 의미한다. 이런 구명을 위해서 다음의 두 가지가 필요하다. [1] 주어진 개념[공간관념]에서 선천적 종합인식이 실지로 나온다는 것이다. [2] 선천적 종합인식은 이 개념을 내가 설명하는 방식을 전제하고서만 가능하다는 것이다.

② 기하학은 공간의 성질들을 종합적이면서 선천적으로 규정하는 학문이다. 공간에 관해서 이런 인식[선천적 종합인식]이 가능하고자 「공간」 표상은 도대체 어떠한 것인가? 그것은 원래가 직관이 아닐 수 없다. 왜냐하면, 한갓 개념으로부터는 개념 바깥에 나가는 종합 명제가 나오지 않지만, 기하학에서는 그런 일 41
이 생기기 때문이다(들어가는 말 V 참조). 그러나 공간적 직관은 선천적으로, 즉 대상의 모든 지각에 앞서서 우리 안에서 발견되어야 한다. 따라서 순수직관이요, 경험적 직관이 아니다. 기하학의 명제들은 예외 없이 절대 필연적이기

개념은 무수한 부분관념을 가질 수 없다. 단지 많은 표상을 실례로서 자기 아래 포함한다. 나무라는 일반개념이 그 아래에 감나무·밤나무를 포함하는 것과 같다. 이것들은 부분들이 아니라 실례들이다. 전체적 공간 속에 있는 무수한 부분이란 것과 실례라는 것과는 다르다. 직관은 대상에 직접 상관하고 개별적이되, 개념은 여러 개체에 공통된 표징을 통해서 간접으로 대상에 상관한다. 그러므로 공간 표상은 직관이기도 하다. 개별공간은 공간이라는 유(類)의 종(種)이 아니라 전체 공간의 부분인 것이다. 어느 나무의 종은 나무 일반의 유(類) 아래에 있다. 칸트는 Euklid에 좇아서 공간을 이처럼 생각했다.

Prolegemena 13절에 공간이 감성적 직관이요, 개념작용이 아님을 다음과 같이 설명했다: 「거울 속의 왼손과 실물의 바른손은 두 쪽이 모두 같고 또 비슷하면서도, 같은 경계 속에 들어갈 수 없다. 한손의 장갑은 다른 손에 사용될 수 없다. 왼편으로 감긴 나사와 바른편으로 감긴 나사와를 서로 바꿀 수 없다. 이런 사정들을 개념은 판별하기 어려우나 공간적 직관은 당장에 판별한다.」

1) 이 제3절 전체가 재판의 추가다.

때문이요. 「공간은 삼차원만을 갖는다」는 명제처럼 필연성의 의식과 결합해 있기 때문이다. 기하학의 명제는 경험적 판단 혹은 「경험 판단」일 수 없고 이런 판단들에서 추리될 수도 없다(들어가는 말 Ⅱ 참조).

③ 그런데 「객관 그것」에 선행하고 또 객관의 개념이 선천적으로 규정될 수 있게 하는 외적 직관이 어떻게 심성에 존재할 수 있는가? 이것에 대해서 외적 직관이 단지 주관에만 자리잡고 있기 때문이라고 밖에 말할 수 없음은 명백하다. 외적 직관은 객관에 촉발되어서 객관의 직접적 표상, 즉 경험적 직관을 얻어 갖는 「주관의 형식적 성질」이요, 따라서 오로지 외감 일반의 형식이다.

④ 이리하여 우리[칸트]의 설명만이 선천적 종합인식으로서의 기하학의 가능성을 이해하도록 한다. 이러한 이해를 주지 않는 설명 방식은 비록 외관상으로는 우리의 설명과 어느 정도 유사하더라도, 바로 우리 설명의 특징에 의해서 우리의 설명방식과 단연 구별될 수 있다.

이상의 [공간]관념에서 생기는 결론

42 **a.** 공간은 어떤 물자체의 성질을 표시하지도 않고, 서로 관계하는 물자체들도 표시하지 않는다. 즉 공간은 「대상 그것」에 고착해 있는, 또 직관의 모든 주관적 조건들이 제외되었을 때에도 남는 「물자체의 규정」을 표시하지 않는다. 왜냐하면 사물의 규정은 그것의 절대적 규정이건 상대적인 규정이건 간에 규정이 귀속하는 물의 실재에 앞서서 직관될 수 없고, 따라서 선천적으로 직관될 수 없기 때문이다.

b. 공간은 오로지 외감 전(全)현상의 형식 이외의 어떤 것도 아니다. 즉 감성의 주관적 조건임에 틀림없고, 이 조건 아래서만 외적 직관이 우리에게 가능하다. 그런데 대상에 의해서 촉발되는 「주관의 수용성」은 객체의 모든 직관에 반드시 선행하기 때문에, 모든 현상의 형식은 모든 현실적 지각 이전에 따라서 선천적으로 심성에 주어져 있을 수 있다는 것이 알려진다. 또 이런 형식은 모든 대상이 그 안에서 규정되어야 하는 순수한 직관으로서, 대상의 관계들을 규정하는 원리를 모든 경험 이전에 포함할 수 있다는 것도 알려진다.

① 그러므로 [감성적] 인간의 입장에서만 우리는 공간이니 연장물이니 하는 말을 할 수가 있다. 만약 우리가 외적 직관을 가질 수 있도록 하는 주관적 조건,

즉 우리가 대상에 의해서 촉발되겠는 한의 주관적 조건을 무시한다면, 「공간」표상이란 무의미한 것이다. 어느 공간이라는 객어는 사물이 우리에게 현상하는 한에서, 즉 감성의 대상인 한에서, 사물에 부여된다. 우리가 감성이라고 말하는바, 43
수용성의 항구적 형식은 그 안에서 대상이 우리의 바깥에 있는 것으로서 직관되는 관계들의 필연적 조건이요, 이러한 대상이 도외시되는 경우에는 그런 형식은 공간이라는 이름을 갖는 순수한 직관이다.

우리의 감성이 특유하는 [직관]조건을 사물 [일반]을 가능하게 하는 조건으로 삼지 않고 사물의 현상만을 가능하게 하는 조건으로 삼을 수 있다. 이 때문에 공간이 우리에게 외적으로 현상하는 모든 사물을 포함한다고 말할 수 있으나, 공간이 「모든 물자체 그것」을 포함한다고 말할 수는 없다. 물자체 그것이 직관되건 안 되건 혹은 어떤 [신적] 주관에 의해서 직관되건 안 되건 간에 그렇다. 왜냐하면 우리의 직관을 제한하고 인간에게 보편적으로 타당하는바, 그 동일한 조건에, 인간 외의 다른 사고적 존재의 직관이 과연 구속되어 있는 것인지, 이 다른 사고적 존재의 직관에 관해서 우리는 판단할 수가 없기 때문이다.

우리가 한 판단의 제한을 주어 개념에 부가[해서 현상이라고]한다면 그런 판단은 무조건 타당하다. 모든 사물은 공간 중에서 병존해 있다고 하는 명제는 이 모든 사물이 감성적 직관의 대항이라고 보아지는 제한 아래서만 타당하다. 이 경우에 주어 개념에 조건을 붙여서 외적 현상으로서의 모든 사물은 공간 중에서 병존해 있다고 말한다면, 이러한 규칙은 보편적으로 타당하고 또 제한 없이 타당하다.

따라서 우리의 구명은, 대상으로서 외적으로 우리에게 현상하는 일체에 관해서는 공간이 실재성(즉 객관적 타당성)임을 가르쳐 준다. 그러나 우리의 구명 44
은 동시에 이성이 물자체 그것을 고려할 때에는, 즉 인간 감성의 성질을 돌보는 일이 없다고 한다면, 이러한 물자체 그것에 관해서는 공간이 관념성임을 가르쳐 준다. 그러므로 우리는 (가능한 전 외적 경험에 관해서는) 공간의 경험적 실재성(die empirische Realität)을 주장한다. 그러나 동시에 우리는 공간의 선험적 관념성[1](die transaendentale Idealitaät)을 주장한다. 즉 우리가 모든 경험을 가

1) 여기의 transzendental은 transaendent의 뜻이요, 관념성은 주관성의 뜻이다. 즉 초험적 견지,

능케 하는 조건이라는 [의미를] 내어 버리고 공간을 물자체 그것의 근저에 있는 그 어떤 것으로 가정하자마자, 공간은 없는 것이다.

② 그러나 공간을 제외하고는 외적인 것에 상관하는 어떤 주관적 표상도 선천적·객관적이라고 할 수 있는 것이 없다.

왜냐하면 공간 이외의 어느 주관적 표상으로부터서도, 공간 중의 직관에서 도출될 수 있는 바와 같은 선천적 종합판단을 우리가 도출할 수 없기에 말이다(3. 공간관념의 선험적 구명). 따라서 엄밀히 말해서[1] [이하의] 감각들은 [선험적] 관념성[2]을 가지지 않는다. 감각들이 가령 색·소리·온도의 감각들에 의해서 시각·청각·촉각 같은 감각방식의 주관적 성질에 속하는 점에 있어서 공간 표상과 일치한다고 하더라도, 감각들은 한갓 감각이요, 직관은 아니기 때문에 그것들은 원래가 객관을 적어도 선천적으로는 인식시키지 않는다.

[이상의 한 토막은 재판의 추가요, 그 대신에 초판에서는 다음과 같이 서술했다].

그러므로 모든 외적 현상의 이 주관적 조건[공간]은 다른 표상과 비교될 수 없다. 술의 단맛은 술의 객관적 규정에 속하지 않는다. 따라서 객체의—이것이 현상으로 보아지더라도—규정[성질]에 속하지 않는다. 도리어 술을 맛보는 주관의 감각이 특유하는 성질에 속한다. 색(色)은 물체의 직관에 속하나, 그것은 물체의 성질이 아니라 빛(光)에 의해서 어떤 식으로 촉발되는바, 시각 감관의 변양(變樣)임에 불과하다. 이에 대해서 공간은 외적 객체들의 조건으로서 반드
A29 시 객체의 현상에 혹은 객체의 직관에 속한다. 맛과 색은 대상이 우리에게 감관의 객체가 될 수 있는 필연적 조건들이 아니다. 그것들은 감관 기관의 특수한 조직이 우연히 기여한 결과로서 현상과 결합하고 있을 뿐이다. 따라서 그것들은 또한 선천적 표상이 아니라 감각에 의존해 있는 것이요, 단맛 같은 것은 감각의 한 결과로서의 (쾌·불쾌의) 감정에도 의존해 있다. 또 누구라도 선천적

즉 물자체의 견지에서 판단한다면, 공간은 단순히 주관적 실재(Smith pP. 116~117)요, 따라서 관념적이라고 하는 말이 된다.

1) Empfindung은 감각질(感覺質)을 말한다. 감각질과 선천적 직관은 다르다. 선천적인 직관작용이 참여해서 경험적인 직관이 감각될 수도 있다.

2) Lass는 관념성이 아니라 「실재성」을 가지지 않는다고 읽으려 했으나, Vaihinger는 Lass에 반대했다(Vaihinger, 순수이성비판 주석서, 357면).

으로 색의 표상을 가질 수 없고, 어떤 맛의 표상도 가질 수 없다. 그러나 공간은 직관의 형식에만 관계하고, 따라서 자신 안에 감각(경험적인 것)을 포함하지 않는다. 또 만약 형태와 [상호]관계와의 개념이 성립해야 한다면, 공간의 모든 종류와 규정과는 선천적으로 표상될 수 있고, 심지어 표상될 수 있어야 한다. 공간을 통해서만 사물은 우리에 대한 외적 대상이라고 함이 가능하다.

③ 이상과 같은 주의가 노리는 것은 상술한 공간의 관념성을 도저히 불충분 45
한 실례에 의해서 설명하려는 생각을 막으려는 데 있다. 즉 색·맛 등은 사물의 성질로 보아지지 않고, 십인십색(十人十色)일 수 있는 우리 주관의 변화로 보아지는 것이 정당하기 때문이다. 이 경우에 있어서 그 자신이 원래 현상임에 불과한 것, 가령 장미 같은 것이, 경험적 의미에서 물자체 그것으로 보아지지만, 이런 일은 색이 각인의 눈에 각양으로 비치기 때문이다. 이에 대해 공간 안 현상들의 선험적 개념은 이런 견해에 대한 하나의 비판적인 경고가 된다. 즉 공간 중에서 직관되는 것은 일반적으로 물자체 그것도 아니요, 공간은 물자체 그것이 고유하는 사물의 형식도 아니며, 대상 자체는 우리에게 전혀 미지이고 우리가 외적 대상이라고 하는 것은 우리 감성의 한갓 표상임에 틀림이 없으며 우리 감성의 형식이 공간이라고 우리는 경고한다. 감성의 진정한 대응자,
즉 「물자체 그것」은 공간을 통해서 전혀 인식되지도 않고 인식될 수도 없다. 46
우리는 물자체 그것을 경험에 있어서는 문제로 삼지도 않는다.

선험적 감성론

제2절 시간론

4. 「시간」 관념의 형이상학적 구명[1)]

1. 시간은 어느 경험에서 유도된 경험적 개념이 아니다. 왜냐하면 시간의 표상이 선천적으로 밑바닥에 없다면, 동시존재니 계기니 하는 것이 지각되지도 않기에 말이다. 약간의 사물이 동일한 시간에(동시적으로) 있다거나, 다른 시간에 (계기적으로) 있다거나 하는 것은 시간을 전제해서만 표상될 수 있다.

---

1) 「4. 시간관념의 형이상학적 구명」이라는 번호와 표제는 재판의 추가다.

2. 시간은 모든 직관의 기초에 있는 필연적 표상이다. 우리는 「현상 일반」[1]에 관해서 시간 자신을 없앨 수가 없다.――비록 시간으로부터 현상을 없앨 수는 있지만, 그러므로 시간은 선천적으로 주어져 있다. 현상이 실재하는 것은 모두 시간 중에서만 가능하다. 현상들은 예외 없이 제거될 수 있으나 (현상들을 가능하게 하는 보편적 조건으로서의) 시간 자신은 없앨 수가 없다.

3. 시간 관계에 관한 절대당연한 원칙들의 가능성 혹은 시간 일반의 공리들의
47 가능성도 시간 자신의 선천적 필연성에 기인하고 있다. 시간은 일차원만을 갖는
다. 즉 서로 다른 시간들은 동시적으로 있지 않고 계기적으로 있다(서로 다른 공
간들이 계기적으로 있지 않고 동시적으로 있듯이). 그러한 시간의 원칙들은 경험에서
이끌어내질 수 없다. 경험은 엄밀한 보편성도 절대필연적인 확실성도 주지 않기
에 말이다. 우리가 할 수 있겠는 말은 보통의 지각[경험]이 「이때까지는」 그렇다
고 가르친다는 것뿐이요, 「반드시」 그러한 상태여야 한다는 것을 가르쳐 주지는
않는다는 것이다. 시간의 원칙들은 규칙들로서 타당하고 이러한 규칙들 아래서
일반적으로 경험들이 가능하다. 따라서 시간의 원칙들은 경험들 이전에 우리에게
가르침이 있고 경험들을 통해서 가르침이 있는 것이 아니다.

4. 시간은 추리된 개념이 아니다. 흔히 말하듯이 일반개념도 아니다. 그것은
감성적 직관의 「순수 형식」이다. 각종 시간들은 바로 동일한 시간[전체 시간]의
부분들일 뿐이다. 단지 유일한 대상에 의해서만 주어질 수 있는 표상[시간형식]
은 직관이다. 또 서로 다른 시간들은 동시적으로 존재할 수 없다는 명제는 일
반개념에서 이끌어내질 수는 없을 것이다. 이 명제는 종합적이요, 개념에서만
48 발생할 수는 없다. 그러므로 이 명제는 시간의 직관과 시간의 표상 중에 직접
포함되어 있다.

5. 모든 한정된 시간량은 그 기초에 있는 유일한 시간을 제한하여서만 가능하다는 것, 이것이 「시간의 무한성」의 의미이다. 따라서 시간이라는 근원적 표상은 무제한의 것으로 주어져 있어야 한다. [시간의] 부분들 자신과, 한 대상의 각 시간량은 제한을 통해서만 규정된 것으로 표상될 수 있고 보면, 전체적 [시간] 표상은 개념에 의해서 주어져 있지 않고(개념은 부분표상만을 포함할 뿐이기

---

1) 현상 일반이란 외적 현상과 내적 현상을 합해서 한 말이다.

에[1] 말이다), 그것의 근저에는 직관이 직접 있어야 한다.

5. 시간 관념의 선험적 구명[2]

① 나는 여기서 [시간의 형이상학적 구명 중의] 3.을 원용할 수가 있다. 거기서 나는 간결을 위해서 원래는 선험적 [구명]인 것을 형이상학적 구명의 항목에 넣었다. 여기서 나는 조금 더 부연해 둔다. 즉 [1] 변화 개념과 동시에(장소의 변화로서의) 운동의 개념은 [시간]표상에 의해서 또 [시간]표상 안에 있어서만 가능하다. [2] 시간 표상이 선천적 (내적) 직관이 아니었다고 하면, 어떠한 개념이든 간에 그것은 동일한 객관에서의 변화 가능성을 이해시킬 수 없다. 즉 모순대당(矛盾對當)의 [두] 객어가(가령 동일한 사물이 한 장소에 있고 또 그 동일한 장소에 있지 않다고 하듯이) 동일한 객관에 결합함을 이해시킬 수 없다. 서로 모순대당인 두 규정은 오직 시간 중에서만 같은 한 사물에서 발견될 수 있다. 즉
계시적으로 발견될 수 있다. 이리하여 우리의 시간관념은 정말 효용이 많은 일 49
반역학(즉 운동론)이 표시하는 한의 많은 선천적 종합인식이 가능한 까닭을 설명하는 것이다.

6. 이상의 [시간]관념에서 생기는 결론

a. 시간은 자기 자신만으로 있는 것이 아니요, 사물[3]의 객관적 특성으로서

1) 개념은 시간 모양으로 부분들을 가지지 않고, 부분표상, 즉 표징(Merkmal)을 갖는다는 뜻이다. 이 삽입구에서 칸트는 시간이 부분표상들을 가질 뿐더러 실재적인 부분도 가짐을 주장하려고 한 것이다(Vaihinger, 주석서, 380면). 또 초판에는 「개념에 있어서는 부분표상들이 선행해 있기에 말이다」라고 하였다. 개념에 있어서는 부분표상들이 전체에 선행하되, 시간표상에 있어서는 부분은 전체를 구획지어 있는 것이다. 칸트는 5.와 4.에서 선천적 시간직관에 의지해서 산수(算數)의 선천적인 종합 명제를 설명하려고 했다.

2) 이 5절 전문이 재판의 추가다.

3) 시간이 자기 자신만으로 있다는 견해는 뉴톤의 공간의 절대적 실체설에, 시간이 사물의 객관적 특성이라는 말은 공간을 물리적 객체의 공간적 관계라고 한 라이프니쯔 설에 각각 대응한 것이다. 라이프니쯔는 사실은 공간적 관계가 우리에서 독립해서 객체에 있다고 한 것이 아니라 독립적 객체인 「모나드」 간에 관계가 있고 이런 관계가 우리에게는 공간적 관계인 듯하되, 실재하는 것은 아니라고 했다. 이러한 라이프니쯔 설은 칸트 설에 유사하나, 전자가 「칸트처럼 사고와 감성이 이종(異種)의 인식 원천이라고 하지 않고, 감성적 현상들의 적어도 일부가 물자체에 달하는 실마리가 된다」고 한 점에서 칸트와 다르다.

서물에 속해 있는 것도 아니다. 따라서 사물을 직관하는 모든 주관적 조건[직관형식]을 무시할 때에도 남아 있는 것이 아니다. 왜냐하면 시간이 자기 자신만으로 있는 경우에는 그것은 현실의 대상이 없음에도 불구하고 실재하는 것이 되겠기에 말이다. 시간이 사물의 객관적 특성으로서 사물에 속해 있다는 경우에 관해서는 시간은 사물을 자신에 속하는 규정 혹은 질서가 되기 때문에, 대상을 직관하는 조건인 시간이 대상에 선행하지 않을 수도 있겠고, 따라서 종합적 명제를 통해서 선천적으로 인식되지 않을 수도 있겠으며 직관되지도 않을 수 있겠다. 그러나 반대로 시간이 모든 직관을 우리 심내에 성립시킬 수 있는 주관적 조건임에 틀림이 없다면, 시간이 사물의 객관적 규정이란 것은 충분히 가능한 일이다. 이때에는 내적 직관의 이 형식[시간]은 대상에 앞서서 표상될 수 있고 따라서 선천적으로 표상될 수 있기 때문이다.

b. 시간은 내감의 형식, 즉 우리 자신과 우리의 내적 상태를 직관하는 형식임에 틀림이 없다. 시간은 외적 현상에 관한 어떤 규정일 수 없기 때문이다. 시간은 [외적인] 형태에도 혹은 위치에도 속하지 않고 우리의 내적 상태에 있어서의 표상들의 관계를 규정하는 것이다. 이 내적 직관은 아무런 형태도 주지 않는 바로 그 까닭에서, 우리는 이런 결합을 유추로써 다음과 같이 보충하고자
50 한다. 즉 우리는 시간의 계속을 무한히 진행하는 선(線)이라고 표상한다. 이 선에 있어서 다양한 것[심리현상들]은 일차원[과거에서 현재로 흘러오는 방향]만을 갖는 계열을 형성한다. 그리고 이런 선의 성질로부터 시간의 모든 성질을 우리는 추리한다. 그러나 단지 「선」의 부분들은 동시적으로 존재하되 시간의 부분들은 항상 계기적으로 있다는 한 성질만 제외한다. 이상에서 시간 자신의 표상이 직관이라는 것도 명백하다. 시간의 모든 관계는 외적 직관에 의해서 표시될 수 있기에 말이다.

c. 시간은 모든 「현상 일반」의 선천적인 형식적 조건이다. 공간은 모든 외적 직관의 순수 형식이요, 선천적 조건으로서는 외적 현상에만 [그 타당성이] 제한되어 있다. 이와 반대로 모든 표상은 그것이 외적 사물을 대상으로서 가지건 안 가지건 간에, 그 자신 심성의 규정으로서 내적 상태에 속하고, 이 내적 상태는 내적 직관의 형식적 조건에 속하며, 따라서 시간에 속하기 때문에 시간은 모든 현상 일반[내외의 현상 전반]의 선천적 조건이다. 자세히 말하면 (우리

마음의) 내적 현상의 직접적 조건인 동시에 바로 그런 까닭에 간접적으로 외적 현상의 조건이기도 하다. 「모든 외적 현상은 공간 중에 있고, 또 공간의 관계 51
들에 합치해서 선천적으로 규정되어 있다」고 선천적으로 말할 수 있다고 하면, 나는 내감의 원리로부터 일반적으로 다음과 같이 말할 수 있다. 즉 「모든 현상 일반은, 즉 감관의 모든 대상은 시간 중에 있고, 필연적으로 시간관계 중에 있다」고. [공간론에는 이 C에 해당하는 내용이 없다. B. 42].

① 우리가 우리 자신을 내면적으로 직관하는 우리의 방식과 이 내적 직관에 의해서 모든 외적 직관의 표상력을 포착하는 우리의 직관방식을 도외시한다면, 따라서 「대상자체 그것」을 대상으로서 받아들인다고 한다면, 시간은 없는 것이다. 시간은 현상에 관해서만 객관적 타당성을 갖는다. 현상이 벌써 우리 감관의 대상이라고 간주되는 그런 사물이기 때문이다. 그러나 우리가 직관하는 우리의 감성을 무시하고, 따라서 인간이 특유하는 표상방식을 무시하여, 현상과 물자체의 구별이 없는 물(物) 일반을 논한다면, 시간은 이미 객관적[실재적]이 아니다.

따라서 시간은 우리(인간)가 직관하는 주관적 조건이다(인간의 직관은 항상 감성적이다. 우리가 대상에 의해서 촉발되는 한에서 그러하다). 또 시간은 주관을 떠난 자체에 있어서는 없는 것이다. 그럼에도 불구하고 시간은 모든 현상에 관해서는 따라서 우리의 경험에 나타날 수 있는 모든 사물에 관해서는 객관적이 아 52
닐 수 없다. 우리는 모든 사물이 시간중에 있다고 말할 수는 없다. 왜냐하면 「사물일반」이라는 개념에 있어서는 사물을 직관하는 방식이 모두 무시되기 때문이다. 그러나 직관이야말로 대상의 표상이 시간을 갖게 되는 주관적 조건이다. 시간의 조건이 사물의 개념에 보태져서, 현상(즉 감성적 직관의 대상)으로서의 만물은 시간 중에 있다고 말한다면, 이러한 원칙[명제]은 충분히 객관적 정당성과 선천적 보편성을 갖는다.

② 이에 우리의 주장은 시간의 경험적인 실재성을 가르쳐 주는 것이다. 즉 언제나 우리의 「감관」에 주어질 수 있는 만상(萬象)에 관한 시간의 객관적 타당성을 가르쳐 준다. 그리고 우리의 직관은 항상 감성적이기 때문에 시간의 조건에 일치하지 않는 대상은 경험 중에 주어질 수가 없다. 타방 우리는 시간의 절대적 실재성에 대한 모든 요구를 거부한다. 즉 우리의 감성적 직관의 형식을 돌봄이 없이, 시간이 절대적으로 조건이나 혹은 성질로서 물자체에 속한다고

하는 것을 거부한다. 「물자체」에 속하는 성질을 우리의 감관이 우리에게 줄
수가 없다. 시간의 선험적 관념성[주관성]은 이 점에 존립한다. 이 관념성에 의
하면 만약 우리가 감성적 직관의 주관적 조건들을 무시한다면 시간은 전혀 없
는 것이요, 실체로서든 속성으로서든 간에 우리의 직관에 대하는 관계가 없는
「대상 자체 그것」에 우리는 시간을 귀속시킬 수가 없다. 그러나 시간의 관념
53 성을 공간의 관념성이 그래서 안 되듯이, 감각과 뒤바꾸어[1] 양자가 같은 것으
로 보아져서는 안 된다. 왜냐하면 감각이 [사기하는] 경우에는 [무슨 색이라는]
감각적 객어가 내속해 있는 현상 자신에 관해서 그것이 객관적 실재성을 가짐
을 전제하고 있지마는, [주관적 형식으로서의] 시간의 경우에는 [사기적 감각의]
객관적 실재성은 전혀 소실되기 때문이다. 단지 감각이 순 경험적인 한에서,
다시 말하면 대상 자신을 한갓 현상으로 보는 한에서는 별문제이다[즉 객관적
실재성을 갖는다]. 이 점에 관해서 독자는 상술한 제1절의 주의 [공간관념에서 생
기는 결론 B. 44]를 참조하기 바란다.

7. 해 명[증명과 구별된]

① 시간에 경험적 실재성을 승인하되 절대적, 선험적인 실재성을 부인하는
[나의] 설(說)에 대한 일치된 비난을 총명한 사람들[2]로부터 나는 들어왔지만,
그런 비난이 나의 고찰방식에 친숙하지 않은 모든 독자에게 당연히 있을 것을
나는 생각하고 있다. 즉 비난은 「변화는 실재하는 것이다(우리 자신의 표상들의
변역이 변화의 실재를 증명한다. 비록 외적 현상과 그것의 변화를 부정하려고 해도 그
러하다). 그런데 변화는 오직 시간 안에서만 가능하다. 따라서 시간은 어떤 실
재적인 것이라」 했다. 이런 비난에 대한 답은 어려울 것이 없다. 나는 그러한
54 논의를 승인한다. 시간은 확실히 실재적인 것이요, 그것은 내적 직관이 실재하
는 형식이다. 따라서 그것은 내적 경험에 관해서는 주관적 실재성을 갖는다.

---

1) 원어 Subreption(뒤바꿈)은 사기(Täuschung)를 말한다. 감각의 사기는 색 같은 것이 객관적인 것, 어떤 절대적 실재로 나타난다고 하는 데 존립한다. 감각의 주관성은 선천적 인식을 가능하게 할 수 없고, 따라서 선험적 고찰에 대해서는 무의미하다.

2) Schulxe, Lambert, Mendelssohn 등을 말한다(Smith, 순수이성비판 주석서, P. 138 참조). 이들은 데카르트의 개연적 관념론, 버클리의 독단적 관념론에도 반대했다(B. 55, B. 274의 관념론 반박, 프로레고메나, 49절 등 참조).

즉 나는 시간표상과 내가 시간에 규정되어 있다는 표상을 현실로 갖고 있다. 하기에 시간은 객체로서 실재한다고 보아지지 않고, 객체로서의 「내 자신의 표상방식으로서 실재한다」고 보아져야 할 것이다. 그러나 내 자신이나 어떤 다른 존재가 감성이라는[주관적] 조건 없이 나를 직관할 수 있다고 가정한다면, 우리가 지금 변화라고 표상하는 그 규정이 바로 시간이라는 표상을, 따라서 변화의 표상을 전혀 내포하지 않는 그러한 인식을 줄 것이다. 이에 시간의 경험적 실재성은 항상 우리의 모든 경험을 가능케 하는 조건이다. 상술한 것에 의해서 시간의 절대적 실재성만은 승인될 수가 없다. 시간은 우리의 내적[※] 직관의 형식임이 틀림없다. 만약 시간에서 인간의 감성이라는 특수 조건이 제거된다면, 시간 관념도 사라진다. 시간은 대상 자신에 속해 있지 않고 대상을 직관하는 주관에만 속해 있는 것이다.

※ 나는 확실히 「나의 표상들은 계기한다)」고 말할 수 있다. 그러나 이 말은 우리는 표상들을 「시간의 계기」 중에 있는 것으로 의식한다는 것, 즉 내감의 형식에 의해서 의식한다는 것을 의미할 뿐이다. 이에 시간은 「어떤 것 자체 그것」이 아니요, 사물이 객관적으로 지니는 성질도 아니다.

② [시간에 관한 선험적 관념성을] 세인이 그처럼 일치해서 비난해도 [나의] 공 55
간의 [선험적] 관념설에 대해서는 명확한 항의를 할 줄 모르거니와, 이렇게 되는 원인은 다음과 같다. 즉 「그들은 공간의 절대적 실재성을 아주 명백히 증명할 수 있다고 생각하지는 않았다. 왜냐하면 그들에 맞서 있는 [버클리의 독단적] 관념론에 의하면, 외적 대상의 실재성은 엄밀히 증명될 수는 없으나, 내감 대상의 실재성(내 자신과 나의 심리상태와의 실재성)은 의식을 통해서 직접 명백하기 때문이다.」 외적 대상은 가상에 불과할 수 있되 내감의 대상은 거부될 수 없는 실재라고 하는 것이 그들의 의견이다. 하지만 그들의 생각이 미치지 못한 점은 외적 대상과 내적 대상의 양자가 표상으로서 실재함이 거부될 수 없지만, 양자가 다 현상에만 속한다는 것이다. 그리고 현상은 항상 두 면을 갖는다. 즉 「객관 자체 그것」이 고찰되는 면(이것을 직관하는 방식을 나는 도외시한다. 하기에 객관 자체의 성질은 항상 알 수 없는 문제적인 것이다)과 이 대상을 직관하는 형식이 고찰되는 면이다. 이 직관형식은 대상 자체 그것에 구하지 않고 대상이 현

상되는 주관에서 구하되 대상의 현상에 현실적·필연적으로 귀속하고 있는 것이다.

③ 따라서 시공은 두 개의 인식[직관] 원천이요, 이 원천에서 각종의 선천적인 종합인식이 길어내질 수 있다. 특히 순수수학이 공간과 공간관계와의 인식
56 에 관해서 훌륭한 실례를 주고 있다. 즉 시공은 합해져서 모든 감성적 직관의 순수형식이요 그런 까닭에 선천적 종합명제를 가능하게 한다. 그러나 이 선천적인 인식원천들은 (그것들이 바로 감성의 조건[형식]일 뿐이라)는 점을 통해서 한계가 지어진다. 즉 시공은 현상으로 보아지는 한의 대상에 상관하고 「물자체 그것」을 표시하지는 않는다. 현상만이 시공이 타당하는 분야요, 현상 바깥으로 나아가면 시공의 객관적인 사용은 성립하지 않는다.

뿐더러 시공[1]의 **관념성**은 「경험인식」의 확실성에 저촉함이 없다. 시공형식이 「물자체 그것」에 속하든 혹은 우리가 직관하는 사물에만 필연적으로 속하든 간에, 경험인식은 우리에게 확실하기에 말이다. 이와 반대로 시공의 절대적 실재성을 주장하는 사람들은 이들이 시공을 물자체로서 실체적이라고 생각하든 그렇지 않고 실체의 속성이라고 생각하든 간에 경험 자신의 [선천적 직관이라는 시공의] 원리에 모순될 것이다. 왜냐하면 그들이 시공이 실체적이라는 첫째 설을(보통 수학적 자연과학도가[2] 이 설을 취하고 있지만) 채택한다면 그들은 영원·무한·자립인 두 가지 불가해한 것(공간과 시간)을 상정해야 하는 것이요, 이런 불가해한 것은(그 자신 현실적인 것이 아니면서) 모든 현실적인 것을 단지 포괄하기 위해서 있는 것이 되기 때문이다. 만일 그들이 시공을 실체의 속성이라는 둘째 설(즉 약간의 형이상학적[3] 자연론자의 설)을 취해서, 시공이 경험에서 추상된 관계이기는 하되 경험에서의 이런 추상에 있어서 불명석하게 표상된

1) 원문의 Realität를 Idealität의 오식이라고 본 Lass와 Vaihinger의 주장에 따랐다.

2) 뉴톤은 시공을 실체적이라고 했지만, 시공의 절대적 실재론이 제일의적(第一義的)으로 영원·무한한 실체인 하나님과 병립해서 어떻게 서로 조화할 수 있는지 알 수 없다. 그러나 칸트도 1768년까지는 시공을 절대적 실재라고 보았다.

3) 라이프니쯔는 각종의 단자(모나드)들만이, 그것들이 물자체들이라는 의미에서 실재적이요, 시공 중의 경험적 사물은 단자들의 고저관계(오히려 고저 질서)에 있어서 낮은 것이요, 불명석한 표상력을 지닌 단자라고 했다. 사실 이러하다면 칸트의 입장에서는 시공 중의 경험적 사물은 선천적인 직관형식에 제약된 엄연한 경험적 실재가 아닌 것이 된다.

현상들의 관계·([공간적으로는] 병립하고 [시간적으로] 계기하는) 관계라고 본다면, 그들은(가령 공간 안의) 실재물에 관한 수학[기하학]의 선천적 이론의 타당성을 57
거부하는 것이 되고, 적어도 수학의 절대 필연적 확실성을 거부하는 것이 된다. 왜냐하면 수학의 절대 필연적 확실성은 후천적으로 성립하지 않기 때문이다. 즉 둘째 설에 좇으면 시공이라는 선천적 개념[관념]은 결국 상상력의 산물로 된다. 그리고 그런 상상력의 원천은 사실은 [감각의] 경험에 구해져야 하고, 경험을 추상하게 된 관계들로 인해서 상상이 그 어떤 것[시공]을 만들어 낸 것이며, 이 어떤 것은 관계들의 보편성을 포함하기는 하되, 자연이 그런 [경험적] 관계들에 결합시킨 제한[불명석한 인식]을 무시하고서는 성립할 수 없는 것이 된다.

첫째 설을 취하는 사람들은 그들이 현상의 분야를 수학적 주장을 위해 해방하는 정도의 이점이 있다. 그러나 오성[1)]이 현상의 분야를 넘어서려고 할 경우에는, [실체라는 시공] 조건에 의해서 난처하게 된다. [시공을 실체의 속성이라고 보는] 둘째 설을 취하는 사람들은 오성의 분야에 관해서는 확실히 이점이 있다. 즉 그들이 대상을 현상으로서가 아니라 단지 오성과의 관계에서 대상을 판단하려 할 경우에 시공의 표상이 방해가 되지 않는다[2)]는 이점이 있다. 그러나 (그들에게는 참으로 타당하고 객관적으로 타당한 선천적 직관이 없기 때문에) 그들은
선천적인 수학적 인식의 가능성에 관한 근거를 줄 수도 없고, 경험적 명제들을 58
수학의 [선천적인] 주장과 필연적으로 일치시킬 수도 없다. 그러나 감성의 이 두 근본 형식[시공]의 참 성질에 관한 우리의 이론에 있어서는 앞 양설의 곤란점이 모두 제거되어 있다.

④ 끝으로 선험적 감성론은 시공이라는 두 요소 이상의 것을 포함할 수가 없다. 이 점은 감성에 속하는 그 외의 모든 개념이, 따라서 시간과 공간을 결합하는 운동개념까지도, 어떤 경험적인 것을 전제한다는 것에 의해서도 명백

---

1) 현상의 분야를 넘어서 하나님 같은 무제약자로 들어가면, 「실체적인 하나님 = 실체적 시공」으로 되기 때문에 난처하게 된다.

2) 오성과의 관계에서 대상을 판단한다는 말은, 라이프니쯔에 의하면 명석한 표상력을 지닌 고등한 모나드(하나님도 이런 것이다)를 인식한다는 뜻이 되고, 이때에는 시공이라는 표상도 그런 모나드를 명석하게 인식하게 되겠기에, 방해가 되지 않는다고 했다.

하다. 무릇 운동은 「어떤 움직이는 것」의 지각을 전제한다. 그러나 자체로 보아진 「공간」 안에는 움직이는 것이 도무지 없다. 그러므로 「움직이는 것」은 공간 안에서 경험함에 의해서만 발견되는 일이요, 따라서 「경험적으로 주어진 것」이다. 이와 마찬가지로 선험적 감성론은 「변화」개념이 선천적으로 주어진 것으로 볼 수 없다. 시간 자신은 변화하지 않고 변하는 것은 시간 안에 있는 어떤 것이기에 말이다. 이에 변화의 개념을 위해서는 어떤 존재와 이것의 성질의 계기와의 지각이 필요하다. 즉 경험이 필요하다.

8. 선험적 감성론의 일반적 주석

59 Ⅰ. 모든 오해를 일소하기 위해서 「감성적 인식 일반」의 근본 성질에 관한 우리의 견해가 무엇인가를 되도록 명백하게 설명하는 것이 우선 필요한 일이겠다.

① 우리가 말하고자 했던 것은 아래와 같다. [첫째] 우리의 모든 직관은 현상의 표상일 뿐이다. 즉 우리가 직관하는 「사물 자체」는 우리가 직관하는 그러한 것이 아니요, 사물의 관계들도 「그 자체」에 있어서는 우리에게 현상되는 것과 같은 성질이 아니다. [둘째] 우리가 우리의 주관을 제거하거나 혹은 「감관 일반」의 주관적 성질만을 제거한다면, 시공 안에 있는 객관들의 모든 성질과 모든 관계가, 아니 시공까지도 사라질 것이다. 현상으로서의 이런 것들은 자체적으로 있을 수 없고, 오직 우리 [감정적 주관] 안에서만 있을 수 있다.

대상이 우리 감성의 모든 수용성에서 분리되어 자체상 어떠한 성질인가 하는 것을 우리는 전혀 아는 바 없다. 우리는 대상을 지각하는 우리 특유의 방식만을 알 뿐이다. 모든 인간이 이런 방식를 가지되 인간 외의 모든 존재자가 이런 방식을 반드시 가지는 것은 아니다. 우리는 이런[우리 특유의] 방식만을 다루고 있다. 시공은 이런 방식의 순수 형식[작용]이요, 감각일반은 질료이다. 우리는 단지 전자만을 선천적으로 인식할 수 있다. 즉 현실적 모든 지각에 앞서서 인식할 수 있다. 그러므로 시공을 순수한 직관이라고 한다. 그러나 후자[질료]는 우리의 인식에 있어서 「후천적」 인식, 즉 경험적 직관이라는 것을 형성
60 한다. 우리의 감각이 어떠한 종류이든 간에, 시공의 형식은 단적·필연적으로 우리의 감성에 속해 있다. 그리고 감각은 가지각색이다. 우리가 이 우리의 직

관을 최고도로 명백하게 할 수 있다 하더라도 그 때문에 우리는 「대상 자체」의 성질에 접근하는 것은 아니겠다. 우리는 필경 우리의 직관 방식을, 즉 우리의 감성만을 인식하겠기 때문이요, 이 직관 방식도 원래는 주관에 속하는 「시공의 조건」 아래서만 인식하겠기 때문이다. 「대상 자체」가 어떠한 것이든 간에, 대상 자체의 현상만이 우리에게 주어져 있기 때문에, 그 현상을 아무리 명백히 인식할지라도 대상 자체는 우리에게 알려지지 않을 것이다.

② [라이프니쯔와 볼프처럼] 우리의 전 감성이 사물에 대한 불명석한 표상일 뿐이요, 이러한 표상은 단적으로 물자체에 속하는 성질을 포함하기는 하되 우리가 의식해서 검토하지는 않는 「표징과 부분 표상」의 잡연(雜然)한 모임이라고 한다면, 그것은 감성과 현상의 의미를 잘못 파악한 것이요, 이러한 잘못은 감성과 현상에 관한 우리의 전 이론을 무용하게 하고 공허하게 하는 것이다.

판명한 표상과 판명치 않은 표상의 구별은 한갓 논리적인 것이요, 내용에 61
관한 것은 아니다. 의심할 여지도 없이 상식에서 쓰이는 법의 개념은 치밀한 사변이 그 법의 개념에서 전개할 수 있는 바로 그러한 것을 포함한다. 단지 보통의 실지 사용에 있어서는 「법」의 사상 안에 있는 다양한 표상들이 의식되어 있지 않을 뿐이다.[1] 그렇다고 해서 [법의] 통속 개념이 감성적이요, 한갓 현상만을 포함한다고 말할 수는 없다. 대저, 법이란 현상할 수 있는 것이 아니고, 그것의 개념은 오성 속에 있으며, 행위 자체가 가지는 (도덕적) 성질을 나타내는 것이기에 말이다.

이에 대해서 직관 중의 물체라는 표상은 「대상 자체 그것」에 속할 수 있는 아무런 것도 포함하지 않고, 오직 그 어떤 것의 현상을 포함할 뿐이요, 우리가 그 어떤 것에 의해서 촉발되는 방식을 포함할 뿐이다. 우리 인식능력의 이 수용성을 감성이라고 한다. 우리가 비록 전자(현상)의 근저까지 달관한다 하더라

1) 라이프니쯔와 볼프는 오성과 감성이 물자체를 인식할 수 있으나, 오성은 명석하게 감성은 불명석하게 인식한다고 한 것은, 무교양인은 법의 개념을 불명하게 의식하고 법철학자는 그것을 명시한다고 하는 말과 같다. 라이프니쯔와 볼프의 이런 논조에 따르면, 법의 통속개념은 불명하고 법의 개념은 명석한 것이라고 하는 말이 될 것이라고 칸트는 보았다. 그러나 법에 관해서는 그 현상과 물자체를 구별할 것이 아니라 인식문제와는 다른 도덕적 행위의 성질을 따져야 한다는 것이 칸트의 논지다.

도, 수용성은 「대상 자체 그것」의 인식과는 천양지차가 있다.

③ 그러므로 라이프니쯔-볼프 철학은 감성과 지성의 구별을 그저 [형식]논리적인 구별로 보아서, 우리 인식의 본성과 원칙에 관한 모든 연구에 대해서
62 전혀 부당한 입장을 표시하였다. 왜냐하면 감성과 지성의 구별은 명백히 선험적 구별이기 때문이다. 양자의 구별은 단순히 판명하니 혹은 불판명하니 하는 형식에 관한 것이 아니라, 인식의 원천과 내용에 관한 것이다. 그러므로 우리는 감성에 의해서 「물자체 그것」의 성질을 불명하게 인식하기는커녕, 전혀 인식하지 않는다. 그리고 우리가 우리의 주관적 성절을 폐기하자마자, 표상된 객관은 감성적 성질이 그것에 부여한 특성과 함께 아무데서도 발견되지 않고 또 발견될 수도 없다. [인간 감성의] 바로 주관적 성질이 객관의 형식을 현상이라고 규정하고 있기 때문이다.

④ 현상들 가운데서 현상의 직관에 본질적으로 귀속해서 만인의 감관 일반에 타당한 것과, 현상의 직관에 우연적으로만 속해서 「감성 일반」의 관계에서 타당한 것이 아니라 어느 감관의 특수한 입장 혹은 특수한 구조에 대해서만 타당한[1] 것을, 구별하는 것이 보통이다. 이때에 전자의 인식은 「대상 자체 그것」을 표상하는 것이라고 불려지고, 후자의 인식은 대상의 현상일 따름이라고 불려진다.

그러나 이러한 구별은 경험적임에 불과하다. 만약 (보통 그렇듯이) 그런 구별에 만족하여 저 경험적 직관을 또다시 현상으로만 보지(당연히 그러해야 하겠지만) 않고, 따라서 사물자체 그것(Sache an sich selbst)에 속하는 것은 현상 중에
63 는 없다고 하지 않는다면, 우리의 선험적 구별은 소멸하고 만다. 이때에 우리는 물자체를 인식한다고 잘못 믿는다. 그러하되 감성계에서는 어느 곳에서나 감성계의 대상을 아무리 깊게 탐구하더라도 우리는 오직 현상만의 사실을 다루고 있다. 가령 우리는 무지개는 「여우 비」가 내릴 적의 순 현상이로되 「여우 비」는 「물자체 그것」이라고 말할 것이다. 우리는 「물자체 그것」의 개념을 오직 물리적으로만 이해하는 한에서 이런 말은 정당하다. 즉 비가 그 일반적

1) 로크가 불가침입성·연장성·사물의 형태·그 동정(動靜)·그 수를 의미한 제1성질과, 색·소리·맛·온도·경연(硬軟)을 의미한 제2성질을 구별한 것을 지시한다.

경험에 있어서 그것이 감관에 대해 아무리 다종한 사정이더라도, 우리의 직관 중에서는 이러이러하다고 규정되고, 그 외의 다른 것으로 규정되지 않는 것으로 이해하는 한에서 정당하다. 그러나 우리가 경험적인 것 일반[경험적 객관의 일반적 성질]을 취해서, 그것과 모든 인간 감관과의 일치를 고려하는 일이 없이, 경험적인 것이 대상 자체 그것(빗방울이 아니다. 이것은 이미 현상으로서 경험적인 객관이기에 말이다)을 과연 표시하느냐 하는 것을 묻는다면, 그것은 표상과 대상과의 관계에 관한 물음이요, 이런 물음은 선험적인 것이다. [이 선험적 입장에서 보면] 빗방울은 그저 현상일 뿐만 아니라 빗방울의 둥근 형태와 아니 빗방울이 떨어지게 되는 공간까지도 「자체 그것」으로 있는 것이 아니라 우리의 감성적 직관의 한갓 변양(變樣)이거나 토대인 것이며, 선험적 객관은 여전히 우리에게 알려져 있지 않다.

⑤ 우리의 선험적 감성론의 둘째의 중요건은, 그것이 그저 그럴듯한 가설로서 약간의 찬동을 얻어야 할 것이 아니라, 기관[방법론 혹은 수단]으로서 쓰일 이론에 관해서 요구될 만한 확실성과 무의심성(無疑心性)을 가진다는 것이다. 이 확실성을 완전히 납득시키기 위해서 한 사례를 택하기로 한다. 이것은 우리 이론의 타당성을 명백하게 하고 또 3[B. 41]에서 진술한 내용을 더 천명하는 것이다[재판의 추가].

⑥ 시공이 그 자체로서 객관적이요, 「물자체」의 가능 조건이라고 가정하자. 64
이렇게 하면, 첫째로 드러나는 사정은 시공에 관해서 선천적으로 필연이며, 또 종합적인 명제가 다수 있다는 것이다. 이런 일은 특히 공간에 관해서 많기에, 우리는 여기서 특히 공간을 실례로서 연구하고자 한다. 기하학의 명제는 선천적 종합 명제요, 그러므로 절대적 확실성으로서 인식된다. 이 때문에 여러분은 어디서 이러한 명제를 이끌어내며, 그처럼 단적으로 필연적 보편타당적인 진리에 도달하고자, 우리의 오성은 무엇에 의거하느냐 하는 질문을 나는 제기한다. 이에 대한 답은, 개념에 의거하거나 혹은 직관에 의거하는 외에 다른 길이 없다. 그러나 이 양자는 선천적으로 주어졌거나 후천적으로 주어진 것이다. 그런데 후자, 즉 경험적 개념과 동시에 이런 개념의 기초인 경험적 직관과는, 순경험적인 명제, 즉 경험명제인 종합적 명제만을 줄 수가 있다. 따라서 필연성과 절대 보편성을 포함할 수가 없다. 그러나 필연성과 절대 보편성이 기하학의

모든 명제의 특색이다.

그러면 그러한 인식에 도달하려고 하는 첫째의 유일한 길, 즉 순 개념에 의
하거나 선천적 직관에 의하는 길은 어떠하겠느냐 하면, 순 개념으로부터는 우
리가 종합적 인식에 도달하지 않는다는 것은 여백하다. 두 직선에 의해서 아무
65 런 공간도 둘러질 수 없고 따라서 어떠한 도형도 불가능하다는 명제 정도를
여러분이 취택해서, 이 명제를 「직선과 둘이라는 수」의 개념에서 이끌어내려
고 시험하여 보라. 혹은 세 직선에 의해서 하나의 도형이 가능하다는 명제를
취택해서 마찬가지로 이러한 개념들에서만 명제를 이끌어내려고 시험하여 보
라. 여러분의 모든 노력은 헛되게 되고, 여러분은 결국 직관을 원용하지 않을
수 없는 자신을 발견한다. 사실 기하학은 항상 직관을 원용하고 있다. 즉 여러
분은 하나의 대상을 직관 중에서 얻는다. 그러나 그 직관은 어떤 종류의 것인
가? 그것은 선천적인 순수직관인가 혹은 경험적인 직관인가. 만약 후자라면 보
편타당한 명제가 그것에서 생길 수 없겠고, 더구나 필연적인 명제는 생길 수
없겠다. 경험은 결코 이러한 명제를 제공하지 않기에 말이다. 따라서 여러분의
대상을 선천적 직관 중에 주어서, 이러한 대상에 여러분의 종합적 명제를 의존
시킬 것이다.

그런데 선천적으로 직관하는 능력이 여러분 속에 없다고 한다면 또 이 주관
적 조건이 형식상 동시에, 이 (외적) 직관의 객체 자신을 가능하게 하는바, 선
천적·보편적 조건이 아니라고 한다면 혹은 (삼각형이라는)대상이 여러분의 주
관과는 관계없이 「자체상 어떤 것」이라고 한다면, 여러분은 삼각형을 「구성」
하고자 여러분의 주관적 조건 안에 반드시 존재하는 것이 그대로 「삼각형 자
체 그것」에도 필연적으로 귀속한다는 것을 어떻게 말할 수 있는가? 왜냐하면
66 여러분은 (세 직선이라는) 여러분의 개념에 아무런 새 것(도형)도 보탤 수 없겠
기에 말이다. 새 것은 반드시 대상에서 발견되는 것이다. 대상은 여러분의 인
식 이전에 주어져 있고, 인식에 의해서 주어진 것이 아니다. 그러므로 공간이
또 시간이 여러분의 「직관 형식」이 아니라면, 여러분의 외적 객관에 관해서
도저히 선천적·종합적인 결정을 할 수가 없을 것이다. 직관 형식은 사물이 여
러분에 대해서 외적 대상이 될 수 있는 선천적 조건을 포함한다. 이 주관적[선
천적] 조건이 없고서는 외적 대상은 자체상 없는 것이다.

이에 시공은 모든(외적 또 내적) 경험의 필연적 조건으로서, 우리의 모든 직관의 순 주관적 조건이라는 것, 이 조건과 상관해서 모든 대상은 한갓 현상일 뿐이요, 대상 자신은 이러한 방식에서 주어진 사물이 아니라는 것, 그러므로 현상의 형식에 관해서는 많은 선천적 주장을 할 수 있으나 현상의 근저에 있겠다는 「물자체 그것」에 관해서는 사소한 주장도 할 수 없다는 것 등은 의심할 여지없이 확실하고, 단지 가능한 것도 아니요, 또 그럴싸한 것도 아니다.

[이하로부터 31면의 「맺는 말」까지 재판의 추가다].

Ⅱ. 외감(外感)과 내감(內感)의 관념성, 그러므로 현상으로서의 감관의 모든 객체의 관념성에 관한 우리의 이론[감성론]을 확증하기 위해서 특히 아래와 같은 주의가 유용하다. 우리의 인식에 있어서 직관에 속하는 모든 것은 (쾌·불쾌의 감정과 의지를 제외한다. 이런 것들은 인식이 아니다) 관계만을 포함한다. 즉 직 67
관에 있어서의 장소(즉 연장), 장소의 변화(즉 운동), 이 변화를 규정하는 법칙(운동력)들의 관계이다. 장소에 무엇이 지금 존재하느냐, 혹은 장소의 변화와는 관계없이 물(物) 자신이 무슨 작용을 하느냐 하는 것은 직관을 통해서 주어지지 않는다. 그런데 한갓 관계에 의해서 「물자체 그것」은 인식되지 않는다. 그러므로 우리는 아래와 같이 판단해야 할 것이다. 즉 「외감(外感)이 우리에게 주는 것은 단지 관계－표상임에 틀림없기 때문에, 외감은 그 표상에 있어서 대상의 주관에 대한 관계만을 포함할 수 있고, 객관 자체 그것에 속하는 내적인 것을 포함할 수 없다」고.

내적 직관[시간]에 있어서도 사정은 외적 직관의 경우와 마찬가지이다. 내적 직관에 있어서 외감의 [공간적] 표상이 우리의 심성을 채우는 원소재일 뿐만이 아니다. 우리가 이 [공간적] 표상을 그 속에 집어넣은 시간은 경험 중에서의 [공간]표상의 의식에도 선행하고, 우리가 이 표상을 심중에 정립하는 방식의 형식적 조건으로서 근저에 두는 것이며, 이런 시간은 이미 계기의 관계, 공존의 관계, 계기와 공존이 합한 것(즉 지속)의 관계 등을 포함한다.

그런데 표상으로서 그 무엇을 사고하는 작용에 선행할 수 있는 것은 직관이다. 그리고 직관이 관계 외의 아무런 것도 포함하지 않을 때에는 그것은 「직관의 형식」이다. 직관의 이런 형식은 심성 중에 무엇이 정립되는 경우 외에는 아무런 것도 표상하지 않기 때문에, 이런 형식은 심성 자신의 활동에 의해서, 즉

그 표상의 정립에 의해서 따라서 자기 자신에 의해서 촉발되는 방식임에 틀림
없다. 다시 말하면, 직관의 형식은 형식상으로는 내감 이외의 아무런 것도 아니
68 다. 감관이 표상하는 일체는 그런 한에서 항상 현상이요. 그러므로 내감이 용납
되어서는 안 되거나 그렇지 않으면 내감의 대상인 주관[객관]은 내감에 의해서
현상으로서만 표상될 수가 있겠다. 주관의 직관이 만약 전혀 자발적 활동이요,
즉 지성적이라면, 그런 주관[내감]은 자기 자신에 관해서 「판단」하는 것이 되겠
지만, 사실은 이럴 수가 없다. [주관, 즉 내감은 현상으로서만, 표상된다].[1] 이 즈음
의 모든 곤란은 오로지, 주관이 어떻게 내면적으로 자기 자신을 직관할 수 있
느냐 하는 점에 의존하고 있지만, 이런 곤란은 어느 이론에도 공통적이다.

자기의식(통각)은 자아라는 단순한 표상이다. 만약 이 표상에 의해서만 주관
속의 모든 다양이 *자기활동적*으로 주어져 있다면 내적 직관은 지성적이겠다.
[그러나] 인간에 있어서의 자기의식은 주관에 이미 주어진 「다양」의 내적지각
(內的知覺)을 요구한다. 그리고 「다양」이 자발성 없이 심성에 주어지는 방식은,
자발성이 있는 것과 구별되기 때문에 감성이라고 한다. 자기의식의 능력이 심
성 속에 있는 것을 찾아야(각지해야) 할 경우에는 심성 속에 있는 것이 자기의
식의 능력을 촉발해야 하며, 이런 방식에 의해서만 자기자신의 직관을 산출할
수가 있다. 그러나 이 직관의 형식은 미리 심성의 근저에 있어서, 다양이 심성
중에서 공존하는 방식을 시간 표상 중에서 규정한다. 왜냐하면 그 무렵에 자기
69 의식의 능력은 자기 자신을 직관하되, 직접 자발적으로 자신을 표상하는 그대
로 직관하는 것이 아니라, 그것이 내부에서 촉발되는 방식에 좇아서 직관하는
것이요, 따라서 그것이 현상하는 그대로 직관하고 자체로 있는 그대로 직관하
지는 않는다.

Ⅲ. 외적 객관의 직관이든 심성의 자기 직관이든 시공에서의 직관은 다 그것들이 우리의 감관을 촉발하는 그대로 표상한다. 다시 말하면 그것이 현상하는 그대로 표상한다. 내가 이렇게 말할 때에 대상들이 한갓 *가상*이라고 말하는 뜻이 아니다. 왜냐하면 현상에 있어서는 객관은, 아니 객관에 우리가 부여하는

1) 칸트는 인간은 지성적 직관을 할 수 없다고 한다. 하기에 내감에 의한 직관도 자기를 현상으로서만 직관한다. 이것은 외감에 의한 직관이 현상으로서 대상을 직관하는 것과 같다. 필경 자아 자체는 물자체와 마찬가지로 인식될 수 없다.

성질들까지도, 항상 「실지로 주어진 어떤 것」으로 보아지기 때문이다. 단지 주
어진 대상의 주관에 대한 관계에 있어서 이러한 성질이 주관의 직관방식에만
의존하는 한에서, 현상으로서의 대상은 객관 자체 그것으로서의 대상에서 구
별되는 것이다. 가령 물체나 나의 마음[영혼]이 존재하는 조건으로서 내가 이
양자를 정립하는바 시공의 성질이, 나의 직관방식 중에 있고 「객관 자체 그것」
중에 있지 않다고 내가 주장할 때에, 물체가 내 바깥의 한갓 가상이라는 말이
아니요, 혹은 내 마음이 나의 자기의식 안에만 주어져 있는 가상이라는 말도
아니다. 만일 내가 현상으로 단정해야 할 것에서 한갓 가상을 만들어 낸다면,※ 70
그것은 내 자신에 책임이 있을 것이다.

※ 현상과 우리의 감관과의 관계에 있어서 객어들은 객관 자신에 부여될 수가 있다. 가령 붉은 색이나 향기를 장미에 부여하는 것과 같다. 「그러나 가상은 결코 객어로서 대상에 부여될 수 없다. 왜냐하면 객관에 대한 혹은 일반적으로 주관에 대한 관계에 있어서만 대상에 속하는 것을 객관 자체(Objekt für sich)에 부여하기 때문이다. 가령 옛날에 토성에 두 개의 손잡이를 부여한 것과 같다.」[1] 토성의 둘레가 마치 별이 좌우에 각각 하나의 손잡이를 가진 듯이 보였기에, 옛적 사람은 토성이 두 개의 손잡이를 가진 것으로 생각했던 모양이다.

「객관 자체 그것」에는 전혀 속하지 않되, 객관과 주관의 관계에 있어서 항상 마주치는 것, 객관의 표상과 불가분적인 것이 현상이다. 그러므로 시공이라는 객어가 감관들의 대상 자신에 부여되는 것은 정당하다. 여기서는 아무런 가상도 없다. 이와 반대로, 만약 내가 장미 자체에 붉은 색을, 토성에 손잡이를, 혹은 모든 외적 대상 자체에 연장성을 [각각] 부여하여, 이런 것들의 주관에 대한 일정한 관계를 돌봄이 없으며 내 판단을 이런 관계에만 제한함이 없다면, 여기에 비로소 가상이 생긴다.

그러나 이런 책임은, 우리의 모든 감성적 직관이 관념성을 가진다는 원리에 의해서 생기지 않는다. 우리가 [감성적 직관의] 표상형식에 객관적 실재성을 부여한다면, 그 때문에 일체가 한갓 가상으로 변하는 일을 우리는 회피할 수가

1) 원주 중의 「그러나 같다」까지의 글은 본 논지와 모순되어서 나중에 용의 없이 집어넣은 것 같다고 했다(Smith의 주석서, P. 89).

없다. 왜냐하면 만약 우리가 시공을 「물자체」에서 발견될 수 있는 성질이라고
71 본다면, 그래서 우리가 휩쓸려드는 불합리를—「실체도 아니고 실체의 현실적
인 속성도 아니면서 존재하며 뿐더러 만물 존재의 필연적 조건이어야 하는바」
두 가지의 무한한 사물[시간과 공간]이 모든 현존적 사물이 제거된 뒤에도 존속
하는 불합리를—숙려한다면 선량한 버클리가 물체를 한갓 가상이라고 격하한
것을 우리는 책망할 수가 없겠다. 뿐더러 우리 자신의 존재도 이런 식으로 시
간과 같은 불가해한 것의 자립적인 실재에 의존하게 되기 때문에 우리 자신의
존재조차 순전한 가상으로 변해져야 하겠다. 그러나 나는 이러한 불합리를 이
때까지 범하지는 않았다.

Ⅳ. 소질적 신학(素質的神學)은 우리에게 직관의 대상이 될 수 없을 뿐만 아
니라 대상 자신에 대해서도 결코 감성적 직관의 대상이 될 수 없는 대상[하나
님]을 생각하거니와, 이런 소질적 신학은 시공의 조건을 [하나님의 피조물에 관
한] 직관에서 없앨 것을 세심하게 노리고 있다(왜냐하면 대상의 모든 인식은 직관
이어야 하고 항상 제한을 표시하는 사고여서는 안 되기 때문이다). 허나 시공이 미리
「물자체 그것」의 형식으로 되었다면, 자세히 말해서 시공이 물자체가 없어졌
더라도 사물이 선천적으로 존재하는 조건으로서 남아 있는 형식으로 되었다면,
사람은 어떠한 권리로서 그와 같은 일(시공의 조건을 하나님의 직관에서 없애는)
일을 할 수 있는가? 시공이 모든 존재 일반의 조건이라면, 그것은 또한 하나님
존재의 조건이기도 해야 하겠기에 말이다. 우리가 시공을 일체 사물의 객관적
72 형식으로 삼으려고 하지 않는다면, 우리가 그것을 외내(外內)의 직관방식에 관
한 주관적인 형식으로 삼는 일만이 남는다. 외내의 직관방식은 「감성적」이다.
왜냐하면 [외내의] 직관방식은 근원적이 아니기 때문이다. 다시 말하면 직관방
식 자신이 직관되는 객관의 존재를 주는 [지성적] 직관방식이 아니기 때문이다.
(이러한 직관방식은 우리가 통찰하는 한에서 근원적 존재에만 귀속할 수가 있다). 외내
의 직관방식은 객관의 존재에 의존하고, 따라서 주관의 표상능력이 객관에 의
해서 촉발됨을 통해서만 가능한 직관방식이기 때문이다.

뿐더러 우리는 시공에서의 직관방식을 인간의 감성에게만 한정할 필요가 없다. 아마 모든 유한한 사고존재가 이 점에 있어서 인간과 반드시 일치해야 할 것이다(사실 그런지의 여부를 판단할 처지에 우리는 있지는 않다). 그러나 시공의 직

관방식이 이처럼 보편타당성을 가진다고 하더라도 그것이 감성인 것을 중지하지는 않는다. 왜냐하면 그것은 파생적 직관이요, 근원적 직관이 아니며, 따라서 지성적 직관이 아니기에 말이다. 지성적 직관은 상술한 근거에서 근원적 존재[하나님]에게만 귀속하고, 존재 면에서와 직관 면에 있어서 (직관은 주어진 객관에 관해서 유한자의 존재를 규정하는 것이지만) 의존적인 존재[인간]에는 귀속하지 않는 것으로 여겨진다. 그러나 이 최후의 주석[8]은 우리의 감성론에 대해서 해명으로만 보아져야 하고 논거로 보아져서는 안 된다.

선험적 감성론을 맺는 말 73

그런데 이상에서 순수한 선천적 직관, 즉 시공을 통해서 우리는 선험철학의 일반과제—어떻게 선천적인 종합판단이 가능하냐?—의 해결을 위해서 필요한 부분들의 하나를 논술한 셈이다. 우리가 선천적 판단에 있어서 주어진 개념의 외부로 넘어가려고 할 때에, 개념에 있어서가 아니라, 개념에 대응하는 직관에 있어서 선천적으로 발견될 수 있고, 또 개념과 종합적으로 연결될 수 있는 것을 공간과 시간 중에서 우리는 발견한다. [순수한 직관들은 우리 감성의 조건들로서 모든 경험 이전의 선천적 판단에서 객관의 성질을 규정하는 것을 가능하게[1] 한다]. 허나 이러한 판단들은 [종합적 연결의] 이유에서 감관의 대상 이상에 달할 수가 없고 가능한 경험의 객체에만 타당할 수 있다.

1) Vaihinger의 주석서 Ⅱ S. 517에 따라서 이런 글을 삽입했다.

제2부 선험적 논리학

74 들어가는 말: 선험적 논리학의 이념

1. 논리학 일반

① 우리의 인식은 심성의 두 기본 원천에서 발생한다. 하나의 원천은 표상을 받아들이는 능력(인상의 수용성)이다. 또 하나의 원천은 이런 표상을 통해서 대상을 인식하는 능력(개념의 자발성)이다. 전자에 의해서 대상이 우리에게 주어지고,[1] 후자에 의해서 (심성의 규정으로서의) 대상의 표상에 관계해서 생각된다. 그러므로 직관과 개념은 우리의 전(全)인식의 지반이다. 이에 어떤 방식에서이건 대응하는 직관이 없는 개념은 인식이 될 수가 없고, 개념이 없는 직관도 인식이 될 수가 없다.

이 양자는 순수하거나 경험적이거나다. 양자가 (대상의 현실적인 존재를 전제하는) 감각을 포함해 있으면 양자는 경험적이요, 만약 감각이 표상에 조금도
75 섞여 있지 않으면, 양자는 순수하다. 감각은 감성적 인식의 질료라고 할 수 있다. 그러므로 순수한 직관은 형식만을 포함하고 이 형식 아래서 무엇이 직관된다. 순수한 개념은 대상 일반을 생각하는 형식만을 포함한다. 순수한 직관이나 순수한 개념만이 선천적으로 가능하고, 경험적 직관이나 경험적인 개념은 후천적으로만 가능하다.

② 우리의 심성이 그 어떠한 방식에서 「촉발」되는 한에서 표상을 받아들이는 심성의 수용성을 감성이라고 한다면, 이와 반대로 표상 자신을 산출하는 능력, 즉 인식의 자발성이 오성이다. 직관이 감성적일 수밖에 없다는 것, 즉 우리가 대상에 의해서 촉발되는 방식만을 포함한다는 것은 우리 본성의 필연적

---

1) 「인상은 실은 감각기관에서의 한갓 감각일 뿐이요, 우리의 지성(unser Intellekt)은 오성(인과법칙)과 시공이라는 직관형식을 적용함에서 비로소 이 감각을 표상으로 변하게 하고, 이런 표상이 이제야 [경험적] 시공 중의 대상으로서 존재하며, 표상과 대상과는 우리가 물자체를 추구하지 않는 한에서는 아무런 차이 없이 동일한 것이다」(쇼펜하우어의 칸트철학 비판 S. 29, S. 34. Hendel社 참조). 쇼펜하우어에 의하면, 개념은 직관에서 추상된 것이요(ibid. S. 39), 그런 한에서 직관적 인식이 근원적이게 된다.

결과이다. 이와 반대로 감성적 직관의 대상을 생각하는 능력이 오성이다.

이 두 가지 성질은 우열이 없다. 감성이 없으면 대상은 주어지지 않을 것이다. 오성이 없으면 대상은 도무지 생각되지 않을 것이다.

내용[직관]이 없는 사고는 공허하고,[1] 개념이 없는 직관은 맹목적이다.

그러므로 개념을 감성화하는 일(개념의 대상을 직관 중에서 부여하는 일)이 필연적인 것과 마찬가지로, 직관을 오성화하는 일(직관을 개념 안에 포섭하는 일)도
필연적이다. 이 두 능력 혹은 힘은 그 기능을 교환할 수 없다. 오성은 아무런 76
것도 직관할 수가 없고, 감관은 아무런 것도 「생각」할 수가 없다. 오직 양자가 결합함으로써만 인식이 생길 수 있다. 그러나 그렇다하여 우리는 각자의 역할을 혼동해서는 안 되고, 양자를 조심성 있게 분리·구별해야 할 필요가 충분히 있다. 이 때문에 우리는 「감성일반」의 규칙들에 관한 학문, 즉 감성론과 「오성일반」의 규칙들에 관한 학문, 즉 논리학을 구별한다.

③ 그런데 논리학은 또다시 두 가지 의도에서 착수될 수 있다. 즉 일반적인 오성사용의 논리학과 특수한 오성사용의 논리학이다. 전자는 사고의 절대필연적인 규칙들을 내포하고 이런 규칙들이 없으면 오성의 사용이 생기지 않는다. 그러므로 전자는 오성의 사용이 어떠한 대상에 향하건 간에 대상들의 차이를 돌봄이 없이, 오성을 사용할 것을 노린다. 특수한 오성사용의 논리학은 어떤 종류의 「대상」에 관해서 바르게 생각하는 규칙들을 포함한다. 전자를 기본논리학[일반논리학]이라고 하고, 후자를 어느 학문이든 그 학문에 대한 기관이라고 한다. 학교에서는 학문의 예비로서 「기관」을 먼저 가르치는 것이 보통이다. 그러나 인간이성의 행로에서 보면 그것은 맨 나중에 생긴 것이다. 즉 학문이 이미 오래전에 성립했고, 그것의 시정과 완성을 위해서 최후의 손질을 필요로 하는 때에 비로소 「기관」에 도달하는 것이다. 대상에 관한 학문을 성립시키는

1) 내용이 없는 사고 대신에 「직관이 없는 개념」이라고 해도 좋다. 이때의 직관은 경험적 직관, 즉 감각적 인상을 말한다. 공허하다는 말이 무의미하다는 뜻은 아니다. 개념이 없는 경험적 직관의 예로 소음을 들 수 있다. 한갓 소음은, 아직 개념이 그것에 참가하지 않는 한에서, 무엇이라고 판단한 것이 아니고, 그러므로 맹목적이다. 그러나 맹목적임이 공허함을 의미하지는 않는다. 일정한 대상으로 아직 판단되어 있지 않다는 의미다. 소음을 듣고서 그 다음에 판단(개념)이 참가함에서 일정한 대상으로 인식된 것이다.

77 규칙을 우리가 들자면, 그 대상이 이미 상당히 높은 정도에서 알려져 있어야 하기 때문이다.

④ 일반논리학은 순수논리학이거나 응용논리학이다. 전자에 있어서는 우리의 오성이 적용되는바, 모든 경험적인 제약을 우리는 무시한다. 가령 감관의 영향, 상상의 관여, 기억의 법칙, 습관의 힘, 애착 등등 또 선입견의 원천, 뿐더러 혹종(惑種)의 인식을 낳게 하고 혹은 이런 인식을 잘못 우리의 인식 안에 밀어넣는 모든 원인도 일반적으로 무시한다. 이런 제약들은 오성 적용의 어떤 사정 아래서만 오성과 상관하고, 이런 사정을 알자면 경험이 요구되기에 말이다. 즉 일반적이면서도 순수한 논리학은 선천적인 원리만을 다루고, 오성과 이성[추리]의 규준이다. 그러나 그것은 내용은 어떻든 간에 (경험적이건 선험적이건 간에) 오성과 이성을 사용하는 형식에 관계해 있을 뿐이다. 다음에 일반논리학이 주관적인 경험적 제약—이것을 심리학이 가르쳐 주거니와—아래서의 오성 사용의 규칙들을 다룰 때에 그것을 응용논리학이라고 한다. 즉 응용논리학은 대상들을 구별함이 없이 오성의 사용을 노리는 한에서는 일반적이지만 경험적인 원리들을 갖는 것이다. 이렇기에 그것은 「오성 일반」의 규준도 아니요, 특
78 수과학의 기관도 아니며, 오직 상식의 세척제이다.

⑤ 그러므로 일반논리학에서 순수한 이성의 학(學)을 형성하는 부분과 응용논리학(이것도 일반논리학이기는 하다)을 형성하는 부문을 온전히 구별해야 한다. 전자만이 진정으로는 「학」이다. 그것은 비록 간단하고 건조한 것이기는 하되, 오성의 원리론을 학술적으로 전개함을 필요로 하는 것이다. 따라서 [순수한 일반]논리학에 있어서 논리학자는 항상 두 가지 규칙을 명심해야 한다.

1. 일반논리학으로서의 이 학문은 오성적 인식의 모든 내용과 그 대상의 차이를 도외시하고 사고의 순 형식만을 다루어야 한다.

2. 순수논리학으로서의 이 학은 어떠한 경험적 원리도 가지지 않는다. 따라서 (왕왕 세간인이 믿었듯이) 심리학에서 아무것도 빌려오지 않는다. 심리학은 오성의 규준에 대해서 아무런 영향도 미치지 않는 것이다. 순수논리학은 논증된 정설이요, 그 안의 모든 것은 전혀 선천적으로 확실한 것이 아닐 수 없다.[1)]

1) 칸트에 의하면, 논리학은 다음과 같이 분류된다.

⑥ (순수논리학이 주는 규칙의 어떤 운용을 포함하는 보통의 의미와는 다르게) 내 79
가 응용논리학이라고 말하는 것은, 오성의 표상을 의미하고 또 오성을 구체적
으로 사용하는 필연적 규칙을 의미한다. 구체적이란 주관이 우연적인 조건들
아래 있다는 뜻이다. 주관의 우연적 조건들은 오성의 사용을 방해할 수도 있고
촉진할 수도 있으나 모두가 경험적으로만 주어진다. [나의] 응용논리학은 주의
(注意), 주의 장애 및 결과, 오류의 근원, 의심·주저·확신의 상태 등을 다룬다.
그리고 일반적 순수논리학이 응용논리학에 대한 관계는 순수윤리학이 본래의
덕론(德論)에 대한 관계와 같다. 순수윤리학은 「자유의지 일반」의 필연적인 도
덕법만을 포함하되, 덕률은 감정·애착·정욕—누구라도 많건 적건 간에 이런
것의 지배 아래 있지만—등의 장애 아래 있는 도덕법을 고찰하고, 참된 즉 논
증된 「학」을 공급할 수는 없다. 왜냐하면 덕론은 응용논리학과 마찬가지로 경
험적인 또 심리적인 원리를 필요로 하기 때문이다.

2. 선험적 논리학

① 우리가 위에서 지적했듯이 일반논리학은 인식의 모든 내용을 무시한다.
즉 인식과 객체와의 모든 관계를 도외시한다. 그래서 한 인식이 다른 인식에
관계할 무렵의 논리적 형식만을 다룬다. 즉 「사고 일반」의 형식만을 다룬다.
그러나 (선험적 감성론이 증시했듯이) 순수 직관이 있는 동시에 경험적 직관이
있기 때문에, 대상의 사고에도 순수한 사고와 경험적인 사고가 구별될 수 있 80
다. 이런 경우에 인식의 모든 내용을 무시하지 않는, 논리학이 존재하겠다. 왜
냐하면 대상의 순수한 사고에 관한 규칙만을 포함하는 일반 논리학은, 경험적

---

a. 일반논리학 (기본) { 순수논리학(오성과 이성의 규준) … 순수윤리학에 대조됨.
응용논리학(상식의 세척제) … 덕론에 대조됨. 경험적·심리적 원리를 내포함. }

b. 특수논리학 … 수학적 사고와 생물학적 사고가 각각 특수한 종류의 대상을 다룰 적에 사고를 바르게 하는 기관을 말한다. 이런 논리학은 수학·생물학 등이 생긴 뒤에 비로소 성립하였다고 한다.

Adickes는 a, b로 분류하지 않고, 「보통 논리학」 중에 일반논리학과 특수논리학을 구별하고, 전자를 다시 순수논리학과 응용논리학으로 나눔이 옳다고 했다.

c. 선험적 논리학 … 오성을 경험적으로 사용하는 데 대한 규준으로서의 선험적 논리학과 가상을 비판하는 선험적 변증론으로 나누어진다.

내용을 소유하는 모든 인식을 배척하겠기에 말이다. 선험적 논리학은 우리가 대상을 인식하는 기원을 다루기도 하겠으나, 이런 기원이 대상에 귀속될 수 없는 한에서 다루겠다. 이에 대해서 일반논리학은 인식의 기원을 다루지 않고, 표상들이 애초에 선천적으로 우리 자신 안에 주어져 있거나 경험적으로만 주어져 있거나 간에, 오성의 사고에 있어서 표상들을 서로 상관시키면서[1] 사용할 때 준거하는 법칙에 좇아서만 표상들을 고찰하는 것이다. 따라서 일반논리학은 표상의 기원이 어떠하던 간에 표상에 주어질 수 있는 오성의 형식만을 논한다.

② 나는 여기서 이하의 모든 고찰에 영향을 미치고, 따라서 독자가 십분 명념하도록 주의를 한다. 즉 모든 선천적 인식을 선험적(transzendental)이라고 말한 것이 아니라, 어떤[2] 표상들이(직관들이건 개념들이건 간에) 선천적으로만 사용되고 혹은 선천적으로만 가능하다는 것과 또 어떻게 그러하냐 하는 것을 우리가 인식하도록 하는 선천적 인식만을 선험적이라고 말해야 한다는 것이다(선험적이라는 말은 인식의 선천적 가능성 혹은 인식에 관한 선천적 사용을 의미한다). 그러므로 공간도 공간의 어떠한 선천적 기하학적 규정도 선험적 표상이 아니다. 이
81 런 표상들[공간의 표상과 기하학적 규정의 표상]의 기원이 경험이 아니라는 것과, 이럼에도 그러한 표상들이 「선천적」으로 경험의 대상과 상관할 수 있는 가능성을 선험적이라고 말할 수 있다. 「대상들 일반」에 대한 공간의 사용도 마찬가지고 선험적이겠으나, 그러나 공간의 사용이 감관의 대상들에만 국한되어 있다면 그것은 경험적[현상적]이라고 말한다. 이에 선험적과 경험적의 구별은 인식의 비판에만 속하는 것이요, 인식과 그 대상의 관계에 관한 것이 아니다.

③ 이리하여 우리는 순수한 직관도 아니요 감성적 직관도 아닌, 순수한 사고의 작용인 개념들이 있어서, 따라서 경험에서도 감성에서도 유래하지 않은 개념들이 있어서, 선천적으로 대상에 관계할 것을 기대한다. 이처럼 기대해서 순수한 오성의 인식과 순수한 이성의 인식에—이런 인식을 통해서 우리는 대상을 전혀 선천적으로 사고 [또 추리]하거니와—관한 학문의 이념을 우리는 미

---

1) 표상들을 상관시킨다 함은, 일반논리학에서 개념과 개념 간의 관계, 명제와 명제와의 관계(가령 대당관계)를 논의한다는 뜻이다.

2) 여기의 **선험적**을 A. 12와 B. 25에 나온 선험적에 연결시켜 보라.

리 형성한다. 이러한 인식들의 [원리적] 근원·범위·객관적 타당성을 정하는 학문[비판적 인식론]을 선험적 논리학이라고 불러야 하겠다. 왜냐하면 선험적 논리학은 오성과 이성과의 법칙들만을 다루되, 이 법칙들을 그것들이 오로지 선 82
천적 대상에 관계맺는 한에서만 다루기 때문이다. 그러므로 선험적 논리학은 일반논리학처럼 이성의 경험적인 인식에건 이성의 순수한 인식에건 무차별적으로 관계맺는 것이 아니다.

3. 「일반」 논리학의 구분: 분석론과 변증론

① 고래(古來)의 유명한 문제는 진리란 무엇이냐? 하는 문제이다. 이 문제로써 사람은 논리학자들을 궁지에 몰아 넣는다고 추측하였다. 이 문제로써 사람은 논리학자들이 반드시 가련한 궤변[1]에 의뢰하게 되거나 혹은 그들의 무지를, 따라서 그들의 전 기술의 공허를, 고백해야 하는 지경에 빠지기를 도모하였다.

이 무렵에 「진리란 인식과 그 대상과의 일치다」는 진리의 명목상의 정의는 주어진 당연한 것이 되어 있고 전제되어 있다. 그러나 우리가 알고자 하는 것은, 개개의 모든 인식의 진리에 관한 보편적이요, 확실한 기준이[2] 무엇인가 하는 것이다.

② 합리적인 질문을 할 줄 아는 것은 그것만으로써 총명이나 달식(達識)을 훌륭하게 또 필연적으로 증명하기에 족한 것이다. 왜냐하면 질문 자신이 불합리해서 불필요한 답을 요구한다면, 그런 질문을 하는 사람의 수치는 고사하고라도, 그런 질문은 질문을 받는 경솔한 청중을 유혹해서 조리 없는 답을 하도록 유혹해서 (옛 사람이 말했듯이) 한 사람이 숫염소의 젖을 짜면 다른 사람은 83
그 밑에 체(篩)를 대는 식의 웃을 만한 광경을 보이는 폐단이 가끔 있기 때문이다.

---

1) 진리의 보편적·형식적인 기준이 문제될 적에, 사람은 재래 논리학자가 아직 확답이 없었다고 본다. 궤변의 원어 Dialexe 혹은 Diallele는 순환론법을 의미한다. A가 어디에 사느냐? B가 사는 곳이다. B는 어디에 사느냐? A가 사는 곳이라고 하는 말과 같다. Dialexe와 유사한 말이 Dialektik이다.

2) 원어 Kriterium은 표징(Merkmal), 특징(Kennzeichnen) 등과 같은 뜻이요, 규준(Kanon)과도 관계가 깊다.

③ 진리가 인식과 그 대상과의 일치에 존립한다면, 이런 대상은 다른 전대상과 구별되어야 한다. 인식이 그것이 상관하는 대상과 일치하지 않는다면, 비록 인식이 다른 대상에는 타당할 수 있는 것을 포함하더라도, 그런 인식은 거짓이기에 말이다.

그런데 진리의 일반적 기준이란 인식의 대상들을 구별함이 없이 모든 인식의 경우에 타당한 것이겠다. 이러한 기준에 있어서는 인식의 모든 내용이(인식의 객관에 대한 관계가) 무시되지만, 진리는 바로 이러한 내용에 상관하는 것이기 때문에, 인식 내용의 진위를 가름하는 표징을 묻는 일은 불가능하고 또 불합리하며, 따라서 진리의 충분하고도 동시에 일반적인 특징은 지적될 수가 없다는 것은 명백한 바다[모든 말은 갈색이다. 이것은 말이다. ∴ 그것은 갈색이라고 함은 형식상의 정(正)이다]. 우리는 위에서 이미 인식의 내용을 인식의 질료라고 불렀으므로 우리는 다음과 같이 말해야 하겠다. 즉 「질료상으로는 인식의 진리에 관한 아무런 보편적인 특징도 요구할 수가 없다. 그런 요구는 자기모순이기 때문이다」라고.

84 ④ 그러나 (모든 내용을 제외한) 순 형식상의 인식에 관해서 말한다면, 논리학이 오성의 보편적·필연적인 규칙을 진술하는 한에서 그것이 이런 규칙에 있어서 진리의 기준을 제시해야 할 것은 역시 명백하다. 규칙에 위반함은 잘못이다. 이때에 오성은 사고의 일반규칙에 어긋나기 때문이요, 따라서 오성 자신에 어긋나기 때문이다. 진리의 기준은 오직 진리의 형식에만, 즉 「사고 일반」의 형식에만 관계하고, 그런 한에서 전혀 정당하다. 그러나 그런 기준은 불충분하다. 왜냐하면 어떤 인식이 논리적 형식에 완전히 적합하더라도, 즉 자기모순이 없더라도, 그것이 그 대상과 모순될 수가 여전히 있기 때문이다. 따라서 진리의 순 [일반] 논리상의 기준, 즉 「오성 및 이성의 보편적·형식적 법칙과 인식과의 일치」는, 확실히 불가결의 조건이요, 따라서 진리의 소극적 조건이기는 하나, 그러나 [일반] 논리학은 그것 이상으로 진출할 수가 없다. 일반논리학은 형식에서가 아니라 내용에 관한 오류를 시금석에 의해서 발견할 수가 없다(발견할 시금석을 가지지 않는다).

⑤ 그런데 일반논리학은 오성과 이성과의 전 형식적 [사고] 활동을 그 요소들로 분해하여, 이런 요소들을 인간 인식의 모든 논리적 판정의 원리로서 제시

한다. 논리학의 이런 부문은 따라서 분석론[1]이라고 할 수 있고, 바로 이 까닭에 적어도 진리의 소극적인 시금석이다. 왜냐하면, 인식이 대상에 관해서 적극적 진리를 포함하나 안 하나를 결정하기 위해서 사람이 인식 자신을 내용상으 85
로 탐구하기 이전에, 먼저 모든 인식을 형식상으로 저 규칙에 의해서 음미하고 평가해야 하기 때문이다. 인식의 순 형식은 비록 그것이 아무리 일반논리학의 법칙에 합치하더라도, 아직 인식의 질료적(객관적)인 진리를 확정하기에는 불충분하다. 이에 누구라도 일반논리학에 의해서만, 대상들을 판정하려 하고 또 무슨 주장을 하려 하는 모험을 할 수는 없다. 먼저 일반논리학 바깥에서 대상에 관한 확립된 조사를 얻어 있어야 하고, 그 다음에 이런 조사를 일반논리학의 법칙에 좇아서 단지 이용하려고 하고, 연락있는 전체 중에 조사된 것을 결합하려고 해야 한다. 아니 조사된 것을 오로지 [일반]논리학의 법칙에 좇아서 음미해야 한다고 하는 말이 더 좋을 것이다. 허나 모든 우리의 인식에 오성의 형식을 주려고 하는—이런 인식의 내용은 자못 공허하고 빈약하지마는—그럴듯한 기술을 소유하고 싶어하는 매혹 때문에, 인식을 판정하는 한갓 규준인 일반논리학이, 객관적 주장을 현실로 산출하기 위한, 적어도 마치 객관적 주장인 듯한 환영을 위한, 기관인 거처럼 사용되어 왔고, 이런 사정으로 해서 사실로 오용되어 왔다. 이처럼 잘못되게 「기관」이라고 생각된 일반논리학을 변증론이라고 한다.

⑥ 고대인이 한 학문의 혹은 한 기술의 명칭[변증론]을 사용한 의미는 가지
각색이었으나, 그 명칭이 가상의 논리학(Logik des Scheins)임에는 틀림이 없었 86
다는 것은, 그 명칭의 실지사용에서 확실한 추정을 내릴 수가 있다. 가상의 논리학이란, 논리학이 일반적으로 지시하는 바 철저성의 방법을 모방함에 의해서 또 모든 공허한 가장(假裝)을 변명하고자 논리적 장소론[217면 참조]을 이용함에 의해서, 사람이 그의 무지에 아니 그의 계획적인 사기에 진리의 외관만을 주려고 하는 궤변술이었다.

이에 우리는 확실하고도 유용한 경고로서 다음과 같은 주의를 해둘 수 있

1) 일반논리학의 분석론은 진리의 소극적 시금석으로서 사고의 형식적 「법칙과 원리」를 다루는 것이다. 이런 규준을 대상을 인식하는 기관으로 오용하는 데서 일반논리학의 변증론이 생긴다.

다. 즉 「기관으로 보아진 일반논리학은 항상 가상의 논리학이다. 즉 변증적이다」라고. 무릇 일반논리학은 인식의 내용에 관해서는 우리에게 아무런 가르침도 없고 오직 오성과 합치하는 형식적 조건[사고의 규칙], 대상과는 전혀 관계가 없는 형식적 조건만을 가르쳐 주기 때문에, 일반논리학을—적어도 장담하듯이 지식을 확장·확대하기 위해서—도구(기관)로 사용하려는 모든 기도는 공담 외의 아무런 것에도 귀착하지 않는다는 것이다. 이런 공담은 약간의 가식을 붙여 주장을 내세우고 혹은 제멋대로 상대를 논박하는 것이다.

⑦ 이러한 가르침은 철학의 존엄성에 합당한 것이 아니다. 그러므로 변증론이라는 명칭을 우리는 오히려 변증적 가상의 비판으로서 일반논리학의 한 부문에 넣었다. 이 책에서의 변증론의 명칭도 이런 의미로 이해해 주기 바란다.

87 **4. 「선험적」 논리학의 구분: 선험적 분석론과 선험적 변증론**

① 선험적 논리학에서 우리는 오성을 고립시키고 (상술한 선험적 감성론에서 감성을 고립시킨 것처럼), 우리의 [전] 인식 중에서 오로지 오성에 유래해 있는 사고의 부문만을 집어 낸다. 이 순수한 인식의 사용은 대상이 직관 중에서 우리에게 주어져 있고, 이러한 대상에 적용될 수 있는 조건에 의존한다. 무릇 직관이 없으면 우리의 모든 인식은 객관을 결하고 있고, 따라서 전혀 공허하다. 그러므로 선험적 논리학에서 오성의 순수한 인식의 요소들을 다루는 부문이, 대상을 언제나 사고할 수 있도록 하는 원리들을 다루는 부문이 선험적 분석론이요 동시에 「진리의 논리학」(Logik der Wahrheit)이다. 무릇, 인식이 동시에 그 모든 내용을, 즉 어떤 객관과의 관계를, 따라서 모든 진리성을 상실할 때에, 그런 인식은 진리의 논리학(선험적 분석론)에 모순되지 않을 수 없다.

그러나 오성의 순수한 인식과 원칙을 단독으로 또 경험의 한계를 넘어 서서까지 사용하려는 것은, 우리를 자못 매혹—경험만이 「오성의 순수한 개념」이
88 적용될 수 있는 질료(객관)를 줄 수 있는 것이건마는—하기 때문에 오성은 공허한 궤변으로써 순수한 오성의 순 형식적 원리를 질료적으로 사용하려는 위험에 빠지고, 우리에게 주어져 있지도 않고 아마 주어질 수도 없는 대상이 무차별적으로 있다고 판단하는 위험에 빠진다.

이 선험적 분석론은 원래 오성의 경험적 사용을 비판하는 데 대한 규준일 것

이다. 이렇기 때문에, 우리가 그것을 일반적·무제한적으로 사용되는 기관으로 인정하고, 순수한 오성만을 통해서 「대상들 일반」에 관해서 종합적으로 판단하려 하고 주장하려 하는 모험을 한다면, 선험적 분석론은 요용되는 것이다. 즉 이때에는 순수한 오성의 사용은 변증적이다. 따라서 선험적 논리학의 둘째 부문은 이런 변증적 가상의 비판이 아닐 수 없고, 그것은 「선험적 변증론」이라고 칭한다. 선험적 변증론은 저 가상을 독단적으로 환기하는 기술(여러 가지 형이상학적인 요술에서 오는, 유감스럽게도 자못 유행하는 기술)이 아니다. 그것은 초자연적으로 쓰이는 「오성과 이성」의 비판인 것이다. 이런 비판은 그것들의 근거 없는 자부(自負)의 잘못된 환상을 적발하려는 것이요, 근거 없는 자부가 선험적[초험적] 원칙에 의해서만 달성하는 줄로 오상하는 발명과 확장에 대한 요구를 각하해서, 궤변적인 환영에 대해서 순수한 오성을 비판하고 보호하려고만 하는 것이다.

선험적 논리학

제1문 선험적 분석론 89

① 이 분석론은 우리의 선천적 전인식을 순수한 오성의 [자발성에 기본한] 인식 요소들로 분해하는 데에 존립한다. 이 무렵에 다음의 네 가지 점이 중대하다. 1. 개념은 순수한 개념이요, 경험적 개념이 아니라는 것. 2. 개념은 직관과 감성에 속하지 않고, 사고와 오성에 속한다는 것. 3. 개념은 기본적 개념이요, 파생적 개념에서 구별되고 혹은 이것에서 합성된 개념에서 구별되어야 한다는 것. 4. 개념에 관한 우리의 표(表)는 완전하고, 순수한 오성의 전범위와 완전히 합치해야 한다는 것이다.

그런데 한 학문의 이러한 완전성은 그저 시험적으로 모아본 개념들을 개산(概算)함에 의해서는 확실하게 승인될 수가 없다. 한 학문의 완전성은 오성의 선천적 인식의 전체라는 이념과, 이 「전체를 형성하는 개념들」의 일정한 분류와, 따라서 개념들을 하나의 체계로 조직하는 것, 이런 [세 가지] 일에 의해서만 가능하다. 순수한 오성은 모든 경험적인 것에서뿐만 아니라 전 감성에서도 구별된다.

이에 순수한 오성은 자립적·자족적인 통일체요, 외부로부터 부가함에 의해
90 서 불어나는 통일체가 아니다. 이 까닭에 오성의 순수한 인식[요소]의 합계는 하나의 이념 아래 파악되고 규정되는 체계를 형성하겠다. 그리고 이 체계의 완전성과 유기적 조직성이 동시에 그 안에 포괄되는 모든 개개 인식의 정당성과 진정성의 표준이 될 수가 있다. 선험적 논리학의 이런 전 부문은, 순수한 오성의 개념들[의 분석]을 포함하는 편과 순수한 오성의 원칙들[의 분석]을 포함하는 편에서 성립한다.

선험적 분석론

제1편 개념의 분석론

① 내가 「개념의 분석」이라고 하는 것은 제시된 개념들의 내용을 분해하여 판명하게 하는, 소위 개념들의 분석을 의미하지 않는다. 이런 분석은 철학 연구에 있어서 보통 하는 절차다. 내가 의미하는 개념의 분석은 이때까지 기도한 바 없었던 오성 능력 자신[1])의 분해다.

이래서 선천적 개념들의 출생지인 오성 중에서만 그런 개념들을 탐구함에 의해서 또 오성능력의 순수한 사용을 일반적으로 분석함에 의해서, 우리는 선천적 개념들의 가능성을 발견하려는 것이다. 이런 일이 선험철학의 진정한 과
91 업이다. 그 외의 일은, 철학 일반에 있는 개념들을 논리적으로 처리하는 것뿐이다. 그러므로 우리는 순수한 개념들의—인간 오성에 있어서의—원초적 싹과 소질을 더듬어 보겠다. 이런 싹과 소질 중에 순수한 개념들은 이미 준비되어 있고, 이러한 개념들은 드디어 경험을 기연으로 해서 발전한다. 그리고 바로 동일한 오성을 통해서 순수한 개념들은 자신에 붙어 있는 경험적 조건에서 해방되어 그 순수한 모습 중에서 전시된다.

---

1) 오성이 직관에서 「주어진 것」을 대상으로서 사고하는 능력인 한에서 오성은 대상의식(Gegenstandesbewusstsein)이다. 그런데 여기서 오성 능력 자신의 분해라는 말은 이런 대상의식을 가능하게 하는 오성의 선천적인 작용 요소들을 밝혀본다는 뜻이요, 그래서 칸트는 결국 범주들을 발견한 것이다.

개념의 분석론

제1장 「오성의 모든 순수한 개념」을 발견하는 실마리

① 우리가 인식능력을 활동시킬 경우에, 그 기연이 다름에 따라서 각종의 개념이 나타나서, 이런 개념들이 [우리의 인식] 능력을 알도록 한다. 개념들의 고찰이 아주 오래이거나 아주 날카로우면, 그것들은 다소간 안전하게 수집될 수 있다. 그러나 이러한 기계적[수집적] 방식에 의해서 언제 우리의 연구가 끝장을 맺게 될지 확정할 수가 없다. 또 이처럼 우연적으로만 발견되는 개념들은
질서와 체계적 통일을 보이지 않고 필경 유사성에 좇아서만 서로 결합되고, 내 92
포량을 좇아서 (단순한 개념에서 복잡한 개념에 이르는 식으로) 정돈될 뿐이요, 이런 정돈은 어느 정도까지 방법적으로 성취된다 하더라도 도저히 체계적인 것이 못된다.

② 선험철학은 개념들을 원리에 따라 탐구하는 장점을 갖고 의무도 갖는다. 왜냐하면, 개념들은 절대적 통일체로서의 오성에서 순수하게 또 무구하게 발생하며, 따라서 그 자신 하나의 개념, 즉 이념에 의해서 서로 연결하는 것이기 때문이다. 그러나 이러한 연결은 오성의 각 「순수개념」[범주]에 대해서 그 위치를 정하게 하고 순수 개념 전부에 완전성을 선천적으로 정하게 하는 하나의 규칙을 준다. 만약 이러하지 못하다면 만사가 임의나 혹은 우연에 의거한 것이 되겠다.

오성의 순수한 개념을 발견하는 「선험적」인 실마리[1)]

제1절 오성의 논리적 사용 일반

① 위에서 우리는 오성을 한갓 소극적으로 설명하였다. 즉 비감성적인 인식 93
능력이라고 설명하였다. 그런데 감성을 떠나서는 우리는 어떠한 직관도 가질 수가 없고 따라서 오성은 직관의 능력이 아니다. 허나 직관 외에는 개념에 의

1) 실마리가 내포한 1, 2, 3절은 공간·시간에 관한 형이상학적 구명의 설명 방식과 통한다.

한 「인식 방식」 밖에 없다. 따라서 전 오성의 인식, 적어도 인간오성의 인식은 「개념」에 의한 인식이요, 직관적이 아니고 논증적이다. 모든 직관은 감성적인 것으로서 촉발에 의존하지만, 개념은 기능에 의해서 생긴다. 나는 「기능」을 서로 다른 표상들을 하나의 공통적 표상[1)]아래로 귀착시키는 통일작용으로 이해한다. 그러므로 개념은 사고의 자발성에 기본한다. 이것은 감성적인 직관이 인상의 수용성에 기본하는 것과 같다.

그런데 오성은 개념들을 「판단」하는 데에 사용할 수 있을 뿐이다. 직관 이외의 어떤 표상도 대상에 직접 관계하지 않기 때문에, 개념[가능적 객어]은 대상에 직접적으로 상관하지 않고, 대상에 관한 어떤 다른 표상에 상관한다(이 표상이 직관이건 혹은 그것 자신이 이미 개념이건 간에). 이에 판단은 대상의 간접적인 인식이요, 따라서 대상에 관한 「표상[직관]의 표상」[개념]이다.

모든 판단에는 하나의 개념[범주 혹은 모형]이 들어 있다. 이것은 많은 표상들에 타당하고, 이런 많은 표상 중에서 대상에 직접 관계하는 표상, 즉 주어진 표상[주어]도 포함한다. 가령 모든 물체는 가분적[가변적 수정]이다는 판단에 있어서 가분적이라는 개념은 그 외의 다른 여러 개념[주어]에 타당하나, 이런 개념들 중에서 그 개념이 여기서는 특히 「물체 개념」에 상관되어 있으며, 이 물
94 체 개념은 우리에게 나타나는 어떤 현상들과 관계 맺어진다. 즉 현상인 대상들은 가분성의 개념을 통해서 간접적으로 표상된다. 따라서 모든 판단들은 우리의 표상들 간의 통일 기능이다. 왜냐하면 하나의 직접적 표상 대신에 이런 표상과 그 외의 여러 표상을 포괄하는 하나의 보다 더 높은 표상[2)][개념]이 대상

1) 저 바위는 개(犬)와 같다고 말한다면, 나는 내가 지각하는 바위와 개 간의 유사성을 표시할 뿐이다. 그러므로 바위가 살아있거나 짖는다고 하는 것을 의미하지 않는다. 나는 그 바위의 외모 이상으로 더 전진함이 없다. 그러나 「저 대상은 한 개(犬)이다」라고 말한다면 나는 한 개로 되는 것 안에 포함된 일체가 저 대상에 타당할 것을 주장한다. 즉, 저 대상의 현상과 행동을 주장한다. 따라서 나는 대상이 일정한 환경 아래 어떻게 동작하고, 보이며 짖을 것이라는 것을 예상할 수 있다. 이런 모든 지각내용들은, 그것들이 비록 다른 공간·다른 시간 중에 있다 하더라도, 「그것은 한 개이다」라는 판단 중에 포괄되어 있다. 이런 관점에서 칸트는 「기능에 의해서 서로 다른 표상들을 하나의 공통적 표상 아래로 귀착시키는 통일작용을 의미한다」고 했다(Lindsay, Ph. of 1. Kant, p. 72).

2) 보다 더 높은 표상은 오성에게 유래하는 순수개념이면서도, 종합적인 개념임이 알려지거니와, 다음 토막의 사상 경로를 표시하면:

a. 오성은 개념에 의한 인식능력이다(B. 93)

을 인식하고자 사용되고 이 때문에 많은 가능한 인식이 하나의 인식(類概念)으로 집약되기 때문이다.

우리는 오성의 모든 작용을 판단들로 환원할 수 있다. 그 때문에 「오성은 일반적으로 판단하는 능력이다」고 생각될 수 있다. 무릇 오성은 앞서 말한 바에 의하면 사고하는 능력이었기 때문이다. 그런데 사고는 개념에 의한 인식이다. 그러나 개념은 가능한 판단의 객어로서 아직 미규정인 대상의 어떤 표상[주어]에 상관한다. 이리하여 물체의 개념은 바로 그것을 통해서 「그 무엇」이 인식될 수 있는 것을, 가령 금속을 의미한다. 그러므로 물체의 개념은 그것 아래에 다른 표상[금, 돌, 나무의 여러 표상]이 포함되어 있어서 이런 표상을 매개로 해서 대상[현상]들과 상관할 수 있기 때문에 개념이다. 따라서 개념은 한 가능적 판단의 객어이다. 가령 「금속은 어느 것이나 물체이다」라는 판단의 객어인 것과 같다. 이에 판단들에 있어서의 통일의 기능[종류]을 우리가 완전히 표시할 수 있다면, 오성의 기능들은 전부 알려질 수 있다. 그러나 이런 통일 기능의 표시는 아주 쉽사리 수행될 수 있음을 다음 절이 명시할 것이다.

오성의 모든 순수한 개념을 발견하는 실마리

제2절 9. 판단에서의 오성의 논리적 기능[여기의 9는 B. 59의 8에 연결] 95

만약 우리가 「판단 일반」의 전 내용을 무시하고, 판단에 있어서의 「오성의 형식」만을 주목한다며, 판단에 있어서의 사고 기능은 각각 세 다리를 포함하는 네 항목 아래 개괄될 수 있음을 발견한다. 그리고 네 항목은 다음의 표로 적당히 나타낼 수 있다.

b. 개념에 의한 인식은 판단하는 작용이다(B. 94)
c. 판단 작용은 표상들 간의 통일[결합]기능이다(B. 94).
d. 각종의 통일 작용은 일반논리학의 「판단의 형식들」이다.
e. 판단의 형식들은 일반논리학의 「판단 표」에 나와 있고, 이것은 오성이 표상들을 결합하는 각종 방식이다. 즉 「판단 표」는 결국 「오성의 기능표」요(B. 94), 그리고 오성의 기능표가 바로 「범주 표」다(cf. Paton, Kan't Metaphysic of Experience, Ⅰ. p. 248~9)라고 말하는 것이 된다.

판단들[1)]

1. 분량	2. 성질	3. 관계	4. 양상
전칭(全稱)판단	긍정(肯定)판단	정언(定言)판단	개연(蓋然)판단
특칭(特稱)판단	부정(否定)판단	가언(假言)판단	실연(實然)판단
단칭(單稱)판단	무한(無限)판단	선언(選言)판단	필연(必然)판단

이 분류는 중요한 점에 있어서 다를 것이 없으나, 몇몇 점에 있어서는 [일
96 반]논리학자들이 상용하는 분류 방식과는 다를 듯하다. 그러므로 일어날 수 있는 오해를 미리 다음과 같이 막아 두는 것은 불필요하지 않을 것이다.

1. [일반]논리학자들이, 삼단논법에 있어서 판단들을 사용할 즈음에 단칭판단은 전칭판단과 같은 것으로 다룰 수 있다고 말하는 것은 정당하다. 즉 단칭판단은 외연(外延)을 가지지 않기 때문에, 그 객어는 주어-개념 중에 포함되어 있는 것의 일부분에만 상관하고 그 외의 부분에서는 제외되는 일이 있을 수 없다. 이에 그 객어는 주어-개념에 대해서 예외 없이 타당하다. 그것은 마치 주어개념이 전칭 개념이라서 외연을 가지며 그 외연 전체에 대해서 객어가 적용되는 것과 같다. 그러나 분량의 견지에서 우리가 인식으로서의 단칭판단과 전칭판단을 비교한다면, 단칭판단의 전칭판단은 외연을 갖지 않는다고 해서, 그 객어는 주어-개념이고, 따라서 단칭판단은 그 자신 전칭판단과는 본질적으로 다르다. 그러므로 만약 내가 **단칭판단**을 그것의 내적 타당성에 따라 평가할 뿐만 아니라, 인식일반으로서 다른 인식과 비교해서 갖는 「분량」에 따라서도 평가한다면, **전칭판단**에서 물론 구별된다. 그리고 「사고 일반」의 계기들의 전표에 있어서 단칭판단은 당연히 독립적 지위를 차지할 만하다(판단들의 사용이 판단들 서로의 관계에만 제한된 [일반]논리학에 있어서는 이러한 특수 지위를 따질 필요가 없지만).

1) 전칭판단(모든 A는 B다), 특칭판단(약간의 A는 B다), 단칭판단(이 A는 B다), 긍정판단(A는 B다), 부정판단(A는 B가 아니다), 무한판단(A는 非 B다), 정언판단(A는 B다), 가언판단(만약 A가 B면, C는 D다), 선언판단(A는 B이거나 C이거나 D이거나다), 개연판단(A는 B일 수 있다), 실연판단(A는 B다), [절대]필연(apodiktisch)판단(A는 B이어야 한다). 인식은 필경 이 12개 판단 중의 어느 한 형식에 적합하다는 말이 된다.

2. 마찬가지로 일반논리학에 있어서는 무한판단을 긍정판단과 정당하게도
같은 것으로 보고, 분류상 독립적 한 부분을 차지하지 않더라도, 선험적 논리 97
학에 있어서는 무한판단은 긍정판단에서 구별되어야 한다. 즉 일반논리학은
객어의 모든 내용을 (객어가 부정적이더라도) 무시하고, 객어가 주어를 긍정하느
냐 부정하느냐 하는 것만을 탐구한다. 그러나 선험적 논리학은 부정적 객어에
의한 논리적 긍정의 「가치, 즉 내용」에 관해서도 판단을 고찰한다. 그리고 이
런 논리적 긍정[무한판단]이 전 인식에 대해서 어떠한 종류의 기여를 하는가
하는 것도 고찰한다.

영혼에 관해서 내가 만약 「그것은 죽는 것이 아니다」라고 말했다면, 이 부
정적 판단에 의해서 나는 적어도 하나의 오류를 방지한 것이 되겠다. 그런데
「영혼은 불멸이다」라는 명제에 의해서 나는 논리적 형식으로 보아서 확실히
긍정하고 있다. 이 명제에 의해서 나는 영혼을 불멸적 존재의 무한정인 외연
속에 집어 넣고 있기에 말이다. 무릇 가능한 존재들의 전 외연 중에서 가멸적
인 것이 그 일부요 불멸적인 것이 나머지 부분이다. 그러므로 [영혼은 불멸적이
라는] 나의 명제에 의해서, 내가 말한 것은 영혼은 내가 가멸적인 것을 모두
제거한 뒤에 남는바 무한한 사물 중의 하나라는 의미임에 틀림이 없다. 그러나
그것으로 인해서 모든[1] 가능적인 것의 무한한 분야에서 가멸적인 것이 제거
되고, 공간의 그 나머지 분야 중에 영혼이 들어가는 한에서, 모든 가능적인 것 98
의 무한한 분야라도 제한을 받는 셈이다. 그렇지만 가멸인 것을 제외한 나머지
의 공간도 여전히 무한하다. 그리고 이러한 공간의 많은 부분들이 또한 제거될
수 있으나, 그 때문에 영혼의 개념은 조금도 늘지 않고 긍정적으로[가멸적이라
고] 규정되는 일도 없다. 즉 논리적 외연에 관한 이 무한판단은 「인식일반의
내용」에 관해서는 사실상 제한적일 뿐이요, 그런 한에서 판단할 적의 사고의
모든 계기[방식]에 관한 선험적 표에 있어서 무한판단이 간과해서는 안 된다.
왜냐하면 이 즈음에 작용하는 오성의 기능은 오성의 순수한 선천적 인식 분야
에 있어서 아마도 중대한 것일 수 있겠기 때문이다.

---

1) 모든 가능적인 것의 무한한 분야가 아니라, 특수한 문제에 대해서 가능적인 것의 무한한 분야일 것이다.

3. 판단에 있어서의 「사고의 모든 관계」는 A. 주어에 대한 객어의 관계, B. 귀결에 대한 근거의 관계, C. 구분된[구분의 대상으로 된] 인식과 구분된 전 선언지(選言肢)와의 상호관계 등이다.

A 종류의 판단에 있어서는 두 가지 개념만이 고찰되고 B 종류에 있어서는 두 가지 판단이 고찰되며, C 종류에 있어서는 서로 관계해 있는 많은 판단들이 고찰된다. 만약 「완전한 정의가 있다면 부정한 악인은 벌 받는다」라고 하는 가언명제는 원래 다음과 같은 두 가지 명제의 관계를 포함하는 것이다. 즉 「완전한 정의가 있다」는 명제와 「부정한 악인은 벌 받는다」는 명제이다. 이 두 명제가 자체적으로 과연 참이냐 하는 것은 여기서는 미결인 것이다. 이 [가언] 판단에 있어서 문제되는 것은 오직 논리적 귀결뿐이다. 끝으로 선언판단은
99 둘 혹은 그 이상의 「명제들 서로의 관계」를 내포한다. 그것은 이유와 귀결의 관계가 아니라 한쪽 판단의 분야를 배제하는 것인 한에서, 논리적 대당의 관계이다. 그러나 그것은 동시에 명제들이 서로 합해서 진정한 인식의 전 범위를 메꾸는 한에서 상호성의 관계이다. 즉 선언판단은 인식 분야 속의 부분들 사이의 관계를 포함한다. 왜냐하면 구분된 인식의 전 개괄에 대해서 각 부분의 분야는 다른 부분의 분야를 보충하는 것이기에 말이다. 가령 「세계[우주]는 맹목적인 우연으로 인해서 존재하거나, 혹은 내면적 필연성에 의해서 존재하거나 혹은 외적 원인을 통해서 존재한다」라고 하는 명제들과 같다. 이런 각 명제는 세계의 존재 일반에 관해서 할 수 있는 인식 전 분야의 부분을 차지하고, 서로 합해져서 인식의 전 분야를 이룬다. 전 분야 속의 한 분야에서 인식을 공제한다는 것은 그 외 분야의 한 분야 속에 인식을 정한다는 것을 의미한다. 반대로 인식을 한 분야에 정한다는 것은 그 인식을 다른 분야에서는 공제한다는 것을 의미한다. 이에 선언판단에는 인식들의 어떤 상호성이 있게 된다. 이 상호성은 인식들이 서로 배제하면서도 그 때문에 전체로 참인식을 규정하는 점에 존립한다. 왜냐하면 각 인식은 서로 합동해서 한 주어진 인식의 전 내용을 형성하기 때문이다. 이상의 논술은 이하에서 [범주에 관한] 진술을 위해서 미리 주의해 두는 것이 필요하다고 보는 것에 불과하다.

4. 판단의 양상은 판단의 전혀 특수한 기능이다. 판단들의 양상은, 판단의
100 내용에는 아무런 기여도 하지 않고 (분량·성질·관계 이외에는 판단의 내용으로 되

어 있는 것이 없기 때문에), 오직 「사고 일반」에 관계해 있는 연어(連語)의 가치만을 다루는, 특이한 성질을 자신 가지고 있다. [아마 당선할 것이라고 하는] 개연판단은 긍정하건 부정하건 간에 그것이 가능한 것으로(임의적인 것으로) 생각되는 판단이다. [당선한다고 하는] 실연판단은 [긍정하건 부정하건 간에] 그것이 현실인 것으로(참인 것으로) 보아지는 판단이다. [반드시 당선한다고 하는] 필연판단은 그것이 필연적인 것으로 승인되는 판단이다.※

※ 사고가 개연판단의 경우에는 오성의 기능인 것 같고, 실연판단의 경우에는 판단력의 기능인 것 같으며, 필연판단의 경우에는 이성의 기능인 것 같다. 이러한 주의는 이하에 가서 비로소 해명되겠다.

두 판단의 관계가 가언판단을 형성할 때—전건과 후건을 형성할 때—에, 또 두 판단의 상호작용 중에서 선언판단이 성립할 때—선언지가 성립할 때—에, 그러한 두 판단은 어느 것이나 「개연적」임에 불과하다. 상술한 예에 있어서 「완전한 정의가 존재한다」고 하는 명제는 실연적으로 말해진 것이 아니라, 누구든지 가정할 수가 있는 「임의의 판단으로 생각되었다. 그리고 오직 귀결[벌을 받는다]만이 실연적이다. 그러므로 이러한 판단은 명백히 거짓일 수도 있으나 그러나 그것은 개연판단으로 본다면, 그것은 진리를 인식하는 조건일 수가
있다. 마찬가지로 상술한 선언적 명제에 있어서, 세계는 맹목적인 우연에 의해 101
서 존재한다고 하는 판단은 개연적이라는 의미를 가질 뿐이다. 즉 어떤 사람이 그런 명제를 일순간 가정할 것이라는 의미이다. 그러나 그것은 (사람이 취할 수 있는 모든 길 중에서 잘못된 길을 지시하는 것과 마찬가지로) 참다운 명제를 발견하는 데에 유용하다.

이에 개연적 명제는 단지 논리적인(객관적이 아닌) 가능성만을 표시할 뿐이다. 즉 그런 명제를 승인하고 안 하는 것의 「자유 선택」을 표시하며, 이런 명제를 오성 속에 받아들이고 안 받아들이는 것의 임의성을 표시한다. 실연적 명제는 논리적인 「현실성 혹은 진리성」을 말하고 있다. 즉 가언삼단논법[1]에 있

1) 죄를 범하면, 그는 벌을 받는다(대전제). 절도를 하면, 죄를 범한 것이다(소전제). 그러므로 절도를 하면, 그는 벌을 받는다(결론). 이런 것이 가언적 삼단논법이다.

어서의 전건이 대전제에 있어서 개연적으로 등장하고, 소전제에 있어서 실연적으로 등장하여, 그 명제[소전제의 전건]가 오성의 법칙에 좇아서 오성과 결합되어 있음을 지적한다. [절대] 필연적 명제는 실연적 명제를 오성의 법칙 자신에 의해서 규정되는 것으로 생각하고, 따라서 선천적인 주장인 것으로 생각한다. 이렇게 해서 그것은 논리적인 필연성을 표현한다. 그런데 이상의 세 가지 명제[판단]는 다 순차로 오성과 합치한다. 즉 우리는 먼저 「그 무엇」을 개연적으로 판단하고, 그 다음에 그 무엇을 참인 것으로서 실연적으로 가정하며, 최후에 그 무엇을 오성과 불가분으로 결합한 것으로 주장한다. 즉 필연한 것·절대 당연한 것으로 주장한다. 이렇기에 양상의 이 세 기능을 우리는 「사고 일반의 세 요소」라고 말할 수 있다.

오성의 모든 순수한 개념을 발견하는 실마리

102 **제3절 10. 「오성의 순수한 개념」 즉 범주**

① 일반논리학은 이미 여러 번 말했듯이 인식의 전 내용을 무시한다. 그리고 외부의 어디서건 외부로부터 표상이 주어지기를 기다리고, 이런 표상을 우선 개념으로 변하게 하되, 이런 일은 분석적으로 행하여진다. 이에 반해서 선험적 논리학은 선험적 감성론이 「오성의 순수한 개념」에 질료를 주고자 제시한바, 선천적 감성의 다양을 눈 앞에 가지고 있다. 질료가 없어서는 오성의 순수한 개념은 아무런 내용도 없겠고, 따라서 전혀 공허한 것이겠다. 그런데 시공은 순수한 선천적 직관의 다양을 내포하지만, 그러한 데도 우리 심성의 수용성의 조건에 귀속한다. 이 조건 아래서만 심성은 대상의 표상을 받아들일 수 있고, 따라서 이 조건은 「대상의 개념」도 항상 촉발해야 하는 것이다. 그러나 우리 사고의 자발성은 다양에서 인식이 발생하자면, 다양이 먼저 어떤 방식에 있어서 통관되고 받아들여지며 결합될 것을 요구한다. 이러한 작용을 나는 종합(Synthesis)이라고 말한다.

103 ② 가장 일반적인 의미의 종합 아래서, 나는 서로 다른 표상들을 모아서, 표상 그것의 다양성을 하나의 인식에 개괄하는 작용을 이해한다.

만약 표상의 다양성이 경험적이 아니고, (시공 중의 그것처럼) 선천적으로 주어져 있다면, 이러한 종합은 순수하다. 우리의 표상을 모두 분석할 수 있기 이전에 표상들은 먼저 주어져 있어야 한다. 그리고 개념들은 내용상으로는 결코 분석적으로 발생할 수가 없으나, 다양성(그것이 경험적으로 주어져 있건, 선천적으로 주어져 있건 간에)의 종합에 이르러서 비로소 인식을 산출하게 된다. 이런 인식은 처음에는 확실히 조잡하고 판명하지 않겠고, 그러므로 분석을 필요로 하는 것이다. 그러하니 인식의 요소들을 모아서, 그것들을 어떤 내용으로 결합하는 것이야말로 종합이 하는 일이다. 따라서 우리가 인식의 최초 기원을 규정하려고 하면, 우리가 제일 먼저 주목해야 할 것이 종합이다.

③ 우리가 뒤에 알겠듯이, 「종합 일반」은 전혀 구상력의 작용이다. 구상력은 마음[1]의 불가결이면서도 맹목적[무의식적]인 기능이다. 이런 기능 없이는 어떠한 인식도 가지지 않을 것이로되, 이러한 기능을 우리는 드물게만 의식하고 있다. 그러나 이러한 종합을 개념화함은 오성이 소유하는 기능이다. 오성의 기능을 통해서 우리는 비로소 진정한 의미의 인식을 획득한다[이하의 ④, ⑤, ⑥은 뒤에 나오는 범주의 선험적 연역을 이해하는 데에 예비적으로 중대한 대목이다].

④ 그런데 일반적으로 표상된 순수한 종합이 「오성의 순수한 개념」을 준다. 104
그러나 순수한 종합 아래서, 나는 선천적인 종합적 통일에 기본한 종합을 이해한다. 따라서 우리가 하는 계산은 (그것이 특히 비교적 큰 숫자일 때에는 더욱 더 명백하거니와) 개념들에 일치한 종합이다. 왜냐하면 계산은 단위의 공통적인 기초(가령 십진법)에 의해서 생기기 때문이다. 그러므로 다양의 종합을 [다시] 통일함은 순수한 종합이라는 개념 아래서 필연적이게 된다.

⑤ 각종의 표상은 분석에 의해서 하나의 개념[2] 아래 귀속[포섭]시키게 된다(이것은 일반논리학이 다루고 있는 일이다). 허나 표상들의 개념화가 아니라, 표상들의 순수한 종합을 개념화하는 것을 선험적 논리학은 가르쳐 준다. 모든 대상

1) 칸트의 수본(手本)에는 마음(Seele)의 기능 대신에 「오성의 기능」이라고 했다.

2) 희고 부드러운 신문지가 먼저 있어서 그것이 희다 부드럽다라고 하는 말은 분석적 통일에 속하는 것이다. 그러나, 희다 부드럽다 등등의 속성을 가진 한 사물(신문지)이라는 개념은, 실체와 속성의 범주에 의거한 「종합적 통일」을 전제하고 있다. 분석적 통일은 사고 활동이요 종합적 통일은 인식 활동이다. 「하나의 개념 아래 귀속됨은 대상들에 관한 일이고, 개념화함은 선험적 구상력의 순수 종합에 관한 일이다. 이 두 가지 간에는 본질적인 차이가 있다」(하이데거, 칸트와 형이상학의 문제, 1965, 103면).

의 선천적 인식을 위해서, 첫째로 우리에게 주어져 있어야 하는 것은 「순수한 직관」의 다양이다. 둘째는 구상력에 의한 이 다양의 조합이다. 그러하되, 다양의 종합은 아직 인식을 주지는 않는다. 개념들이 이 순수한 종합에 통일을 주고, 이러한 필연적인 「종합적 통일」이라는 표상 중에만 개념[화 작용]들은 존재한다. 이러한 개념들이 당면한 대상[현상]의 인식을 위해서 셋째의 작용을 하며, 그것들은 본래 오성에 의존하고 있다.

⑥ 판단이 포함하는 각종 표상들에 통일을 주는 [개념의] 동일한 기능이, 직
105 관이 포함하는 각종 표상들의 단순한 종합에도 통일을 주고 있다.

이런 통일이 보편적으로 말해서 「오성의 순수한 개념」이라는 것이다. 즉 오성은 분석적 통일에 의해서 개념들에서 판단이라는 논리적 형식을 산출했지마는, 이 동일한 오성이 [이제야] 그 동일한 작용을 통해서 직관 일반 중의 다양을 종합적으로 통일함에서 자신의 표상들에 [대상성을 구성하기 위한] 선험적 내용을 만들어 넣기도 한다. 이에, 오성의 표상 [작용]들을 「오성한」 선험적 내용을 만들어 내기도 한다. 이 때문에, 오성의 표상들을 「오성의 순수한 개념들」이라고 한다. 하기에 이러한 개념들은 객관[의 직관]에 선천적으로 상관하되, 일반논리학은 이러한 상관을 할 수가 없다.

⑦ 이래서 「직관 일반」의 대상에 선천적으로 관계하는 「오성의 순수한 개념」의 수효는 모든 가능한 판단의 [일반]논리적인 기능들이 상술한 표에서 보였던 그 수효만큼 생긴다. 왜냐하면 상술한 판단의 [일반]논리적인 기능들은 오성의 작용을 세목(細目)으로 완전히 들었고, 그것으로 인해서 오성의 능력을 주도(周到)하게 조사했기 때문이다. 우리는 이러한 순수한 개념들을 아리스토텔레스에 따라 범주(範疇)라고 부르고자 한다. 왜냐하면 의도를 성취한 결과에 있어서는 아리스토텔레스에서 자못 멀어져 있지마는, 우리의 애초 의도는 아리스토텔레스의 의도와 같기에 말이다.

범주표 106

1. **분량** { 단일성(單一性) / 수다성(數多性) / 전체성(全體性)[1] }

2. **성질** { 실재성(實在性) / 부정성(否定性) / 제한성(制限性) }

3. **관계** { 속성과 자존성(실체와 우유성) / 인과성과 의존성(원인과 결과) / 상호성(작용자와 수동자간의 상호작용) }

4. **양상** { 가능성—불가능성 / 현존성—비존재성 / 필연성—우연성 }

⑧ 이상이 종합에 관한 모든 근원적인 「순수 개념」의 표다. 오성은 이러한 개념들을 선천적으로 내포한다. 그리고 선천적으로 내포하는 까닭에 오성은 한갓 「순수한 오성」이라고도 불린다. 오성은 이러한 「순수한 개념」에 의해서만 직관의 다양 중에 있는 「그 무엇」을 이해할 수가 있기 때문이다.

즉 직관되는 객관을 사고할 수가 있기 때문이다. 이상의 분류는 하나의 공통적인 원리에서, 즉 판단하는 능력(이것은 사고하는 능력과 같은 것이거니와)에서 체계적으로 전개된 것이요, 순수한 개념들을 방침 없이 탐구한 결과로 광시적 107
으로 생긴 것이 아니다. 만약 그 분류가 귀납적으로만 추리된 것이라면 순수한 개념들을 완전하게 매거(枚擧)했다고 우리가 보증할 수 없을 것이다. 또 바로 이상의 개념들이 순수한 오성에 내재하고, 그 외의 개념들이 내재하지 않는 까닭도 발견할 수가 없을 것이다. 이러한 기본개념들을 탐구하는 것은 아리스토텔레스와 같은 총명한 사람에게 적절한 기도(企圖)였으나, 그러나 원리를 가지지 않았기 때문에 그는 마주치는 대로 주어 모았고, 우선 열 개를 손에 넣어서

1) 범주의 절은 천지의 대법이라고 할 적의 「법」을, 주는 일반적 분류의 「유」를 뜻한다. 쉽게 말하면 부문의 뜻이다.

판단표(B. 95)	이 책의 범주표	프로레고메나의 범주표
전칭[보편적]	단일성	단일성(표준)
특칭[특수적]	수다성	수다성(양)
단칭[개별적]	전체성	전체성(전체)

위 표로 보아 전칭에 대응하는 범주가 전체성이어야 할듯하되 단일성이 대응해 있다. 그러나 단일성이 문자 그대로 단일인 것이 아니라, 표준 또는 단위의 의미로 이해하고, 단칭에 대응하는 전체성의 범주를 「구체적인 전체」의 의미로 이해한다면 이상할 것이 없다.

범주라고 불렀다. 그리고 다음에 또 따로 다섯 개를 발견했다고 믿었고, 이것을 후범주(後範疇)[1]라는 이름 아래서 첨가하였다. 허나 아리스토텔레스의 표는 여전히 불완전하다. 뿐더러 그 중[범주와 후범주]에는 「순수한 감성」의 약간의 양식(樣式)—즉 시간, 공간, 위치와 전시(前時), 동시—과 하나의 경험적인 개념(즉 운동)이 들어 있으되, 이런 것들은 오성의 기원을 더듬는 개념표(概念表) 속에 원래는 들어가지 않을 것이다. 아리스토텔레스의 표는 또 근원적 개념들 중에 파생적 개념들(즉 능동·수동)도 들었으며, 근원적 개념들 중의 약간의 것을 결핍하고 있기도 하였다.

⑨ 파생 개념에 관해서는 주의해 두어야 할 것이 있다. 그것은 순수한 오성의 진정한 기본개념으로서의 범주가, 마찬가지로 순수한 자신의 파생개념을 갖는다는 것이다. 이 순수한 파생 개념은 선험적 철학의 완전한 체계에 있어서는 결코 봐넘겨질 수 없거니와, 이 순 비판적[체계에의 예비적인] 논고(論考)에 있어서는 단지 그런 사정의 언급으로써 나는 만족할 것이다.

108 ⑩ 이 순수하되 파생된 「오성의 개념」들을 (범주들과 구별해서) 순수 오성의 언표 양식들[2]이라고 명명하는 것을 나에게 허락하기를 바란다.

우리가 만일 근원적·기본적 개념을 가진다면, 파생적·종속적 개념을 첨가하기는 쉬운 일이요, 그러므로 순수한 오성의 계통도(系統圖)는 완전히 그려질 수가 있다. 내가 현재 이 책에서 다루는 것은 체계의 완성이 아니라, 체계에 대한 원리들을 완성하는 것뿐이다. 이렇기에 [파생 개념을] 추가하는 일을 나는 다른 기회에 하기로 보류한다. 그러나 파생 개념을 추가하려는 의도가 달성될 수 있는 때가 있다. 그것은 「존재론」의 교본을 가지고서, 가령 인과성의 범주 밑에다가 힘·동작·수동이라는 「언표 양식」을, 상호성의 범주 밑에다가 현존[반동], 즉 저항이라는 언표 양식을, 양상의 범주 밑에다가 발생·소멸·변화 등

1) 아리스토텔레스의 열 개 범주(즉 빈위어, Prädicament)는 실체·분량·성질·관계·장소·시간·위치(앉아 있다)·부속(옷을 입고 있다)·능동·수동이다. 대체로 문법의 품사에 상응한 것이요, 맨 끝의 네 개는 특히 동사에 상응해 있다. 또 후범주(Postprädicament)는 대립·전시(前時)·동시·운동·태도이다. kategoria(범주)라는 희랍어는 어떤 범죄를 원칙적 법률에 준해서 판정한다는 뜻이다. 이것에서 특수한 사건을 일반적으로 진술하는 의미로 되었다.

2) 「언표 양식」은 서술어·객어(客語)의 뜻이요, 결국 파생적 범주에 해당하겠다.

의 언표 양식을 각각 종속시키는 때이다. 범주를 순수한 감성의 양식과 결합시키거나 혹은 범주들을 서로 결합시킨다면, 범주들은 많은 수의 선천적인 파생개념을 준다. 이러한 파생개념에 주의하고 되도록이면 이러한 파생개념을 완전하게 기재함은 필요하고도 불쾌하지 않은 노력이 되겠으니, 이런 노력을 여기서는 생략하기로 한다.

⑪ 범주들을 정의하고 싶지마는, 이러한 정의를 나는 이 분석론에서 고의로 109
생략한다. 나는 내가 손대는 「방법론」에 연관해서 필요한 한에서만, 이하에서 이러한 개념[범주]들을 해명하겠다. 순수 이성의 체계에 있어서 범주들의 정의를 요구함은 정당하겠지마는, 이 분석론에서 그러한 정의를 전개하는 것은 당면한 연구의 중점을 일탈하는 것이 될 것이다. 왜냐하면 여기서 정의를 전개함은 의혹과 공격만을 자아내겠기 때문이다. 이런 것들은 우리의 본질적 목적을 조금이라도 손상함이 없이 다른 기회에 하도록 지시될 수가 있을 것이다.

그러나 내가 앞에서 진술한 약간의 것에 의해서도 모든 필요한 설명이 들어있는 완전한 사전(辭典)이 가능할 뿐만 아니라, 쉽사리 완성될 수도 있다는 것이 밝혀졌을 것이다.

구분은 이미 되어져 있다. 필요한 것은 구분[1]을 메꾸는 일 뿐이다. 그리고 여기에 제시된 체계적인 장소론은 각 개념이 본래 귀속하는바, 위치를 쉽사리 잘못 알게 하지도 않는 것이요, 동시에 어떤 위치[구분]가 공허한가 하는 것도 쉽사리 지적하는 것이다[이하의 11과 12는 재판의 추가].

11. [수학적 범주와 역학적 범주]

① 이 「범주표」에 관해서 사람은 적절한 고찰을 할 수 있다. 이 고찰은 모든 이성적인 인식이 포함하는 학적(學的)인 형식에 관해서 중대한 결과를 가질 수 있는 것이다. 왜냐하면 하나의 학이, 선천적인 개념들에 의존하는 한에서, 그런 학의 전체에 대한 완전한 설계를 세우고 또 이런 학을 일정한 원리에 좇아서 체계적으로 분류하기 위해서 이 「범주표」가 철학의 이론적 부문에 있어

1) 구분을 메꾼다는 것은 각 범주가 네 항목에의 구분 중의 어느 것에 들어가느냐를 배정한다는 뜻이다. B. 86에도 장소론(Topik)에 관해서는 217면의 주 1 참조.

서 비상하게 유용하고 불가결하다는 것은 그 표가 오성의 모든 기초 개념을 완전히 포함할 뿐더러 이런 개념들의 인간 오성에 있어서의 「체계의 형식」까지도 포함하며, 따라서 기획된 사변적 학문의 모든 계기[요건]와 계기들의 순
110 서까지도 지시한다는 등의 사실에 의해서 자명하기 때문이다. 이 점에 관한 예증을 나는 다른 책※에서도 들었다. 그러므로 여기서 나는 약간의 주석을 진술한다.

※ 자연과학의 형이상적 제일근거(Metaphysische Anfangsgründe der Naturwissenschaft 1786.) 이 책 xix면, 주 2 참조.

② 첫째 주석—오성의 개념들에 관한 네 가지 항목을 포함하는 이 범주표는 첫째로 크게 두 부문으로 나누어진다. 한 부문은 직관(경험적 직관과 순수한 직관)의 대상에 상관하고 있다. 나머지 한 부문은 이러한 대상들(대상들이 서로 관계하건 대상이 오성에 관계하건)의 실재(實在)에 상관하고 있다.

③ 첫째 부문의 범주들을 나는 수학적 범주들이라고 하고, 둘째 부문의 범주들을 역학적 범주들이라고 칭한다. 「표」에서 보듯이 전자는 상관관계를 가지지 않고, 후자만이[1] 상관관계들을 갖는다. 이러한 차이는 필경 오성의 본성에 그 근거를 갖는 것임에 틀림이 없다.

④ 둘째 주석—각 항목에 있어서 범주의 수가 동일하다는 것, 즉 셋이라는 것은 마찬가지로 우리의 숙고를 요구하는 것이다. 왜냐하면, 개념에 의한 선천적인 분류는 보통 이분법이기에 말이다. 그 외에 각 항목의 셋째 범주는 어느 것이거나 그 항목의 첫째 범주와 둘째 범주의 결합에서 발생한다는 것도 주목
111 해야 하겠다.

⑤ 이래서 전체성(총체성)은 단일성으로 보아진 수다성임에 틀림이 없다. 제한성은 부정성과 결합한 실재성임에 틀림이 없다. 상호성은 [전체 안에서] 서로 작용하는 실체 간의 인과성이다. 끝으로 필연성은 가능성 자신에 의해서 주어진 현존성[2]임에 틀림이 없다. 그러나 그렇다고 해서 셋째 범주를 순수한 오성

1) 수학적 범주들은 각각 단독으로 있고, 역학적 범주들은 「원인성과 의존성」, 「가능성－불가능성」이라고 하듯이 상관관계를 가진다.

2) 여기에 헤겔의 변증법적인 사고방식이 칸트에 이미 보인다.

의 기초개념이 아니라 파생개념이라고 생각해서는 안 된다. 왜냐하면, 셋째 개념을 얻고자 첫째 개념과 둘째 개념을 결합함은 오성의 특수한 작용을 요구하는 것이요, 이런 작용은 첫째와 둘째의 개념에서 하는 작용과는 같지 않기에 말이다. 가령 (전체성의 범주에 속하는) 수 개념은 수다성 개념과 단일[단위]성 개념이 있더라도, [이런 개념들만으로] 반드시 가능한 것은 아니다(예를 들면 무한한 것이라는 표상이 있음과 같다). 또 원인 개념과 실체 개념을 단순히 결합하는 데서 곧 영향의 개념이 이해되지는 않는다. 즉 어떻게 한 실체가 다른 실체 중의 어떤 것의 원인일 수가 있는가 하는 것이 이해되지는 않는다. 이것에서 상호성의 범주에 대해서는 오성의 한 특수 작용을 필요로 한다는 것이 명백하다. 그 외의 범주에 있어서도 사정은 같다.

⑥ 셋째 주석—범주들 중의 단 한 가지 범주, 즉 셋째 항목 중에 있는 상호
성의 범주와 [일반]논리적 기능의 [판단표]에 있는 그것에 대응하는바, 「선언적 112
인 판단 형식」과의 일치는 다른 범주와 그것에 대응하는 판단과의 일치만큼 명백하지는 않다.

⑦ 이런 일치를 확인하기 위해서 주의할 점은 다음과 같다. 즉 모든 선언(選言) 판단에 있어서 그 범위(판단 중에 포함되는 것의 전체 분량)는 부분(하위개념)들로 나누인 전체로 생각된다는 것이다. 그리고 어느 부분[한 선언적 판단]도 다른 부분 아래 포섭될 수가 없기 때문에, 서로 종속적이 아니고 서로 병립적인 것으로 생각된다. 따라서 부분들은 하나의 계열에 있어서와 같이 일방적으로만 규정하는 것이 아니라, 하나의 집합체 안에 있듯이 상호적으로 규정하는 것으로 생각된다(선언지(選言肢)의 하나가 정립되면 다른 선언지는 배척된다. 반대도 마찬가지다).

⑧ 그런데 이것과 유사한 연결이 사물들의 전체에 있어서도 생각된다. 왜냐하면 결과로서의 어떤 것은 그것을 존재케 하는 원인인 것에 종속되지 않고, 오히려 다른 것을 규정하는 원인으로서, 동시적으로 또 상호적으로 병립하기에 말이다(가령 한 물체에 있어서 그 부분들이 서로 흡인하고 또 서로 반발하는 예와 같다. 이러한 연결은 원인과 결과(근거와 귀결)의 관계에서만 발견되는 것과는 전혀 별종의 것이다. 후자에서는 귀결이 또 근거를 상호적으로 규정하는 일이 없고, 따라서 이것과 합해서 (세계와 세계창조자와의 관계처럼) 하나의

전체를 형성하는 일도 없다. 오성이 구분된 개념의 전 범위를 의식할 때에 취
하는 방식은 오성이 「한 사물」을 가분적(可分的)이라고 생각할 때에 취하는 방
식과 같다. 전자[개념구분]에 있어서는 선언지들은 서로 배척하면서도 하나의
전 범위 속에서 서로 결합하고 있지만, 이와 마찬가지로 오성은 후자[한 사물]
113 의 각 부분이[실체로서] 각각 타 부분에서 독립하여 존재하는 것이로되, 필경
하나의 전체에 결합하고 있는 것이라고 표상한다.

12. [각 존재는 하나요, 차이며 선하다는 명제]

① 고대인의 선험[초험]적 철학에도 「오성의 순수한 개념」을 포함하는 장이 있었다. 이런 개념은 범주로 간주될 것이 아니로되 옛 사람은 대상에 관한 선천적인 개념으로 인정되어야 한다고 했다. 이러한 경우에는 범주의 수효가 더 늘겠으나, 이런 일은 불가능한 것이다. 가령 스코라학도들 간에 유명했던 「각 존재는 하나요 참이며 선[완전]하다」는 명제가 그런 순수한 개념을 거시(擧示)하는 것이다.

그런데 이런 원리[명제]를 사용하여 결론을 얻으려 했으나 (결론은 전혀 동어반복의 명제로 되어) 그것의 성과가 매우 빈약했기 때문에, 그 원리는 근세에는 단지 [역사적] 명예를 위해서만 형이상학 안에 넣어 놓은 형편이다. 그리고 오랫동안 보존해 온 사상은 그것이 아무리 공허한 것처럼 보이더라도 그것의 근원을 연구해 볼 만한 값이 있고, 또 그것은 오성의 어떠한 규칙에 근거해 있지만, 흔히 있는 일로서 오성의 근거 해석이 잘못 되었을 것이라는 추측을 정당하게 하도록 하는 것이다.

114 하나·참·선을 각 사물의 선험적 술어라고 잘못 생각하였지만, 이러한 객어
는 사물 일반의 모든 인식을 위한 [일반]논리적인 요구요, 기준임에 틀림이 없다. 그것은 분량의 범주, 즉 단일성·수다성·전체성의 범주를 인식의 기초에 둔 것이기는 하다. 그러나 이런 것들은 본래의 질료적이라고 생각되어야 하는 것, 즉 [현상적] 사물 그것을 가능케 하는 것[범주]으로 생각되어야 할 것을 사실은 모든 인식의 [일반]논리적 요구에 속하는 것으로서 형식적인 의미에서만 사용했고, 거기다가 사고의 이 기준을 부주의하게도 「물자체 그것」의 성질이라고 하였다. 객관의 모든 인식에는 첫째로 개념의 단일성[하나]이 있다. 이것

은, 가령 희곡·연설·이야기 등의 주제가 갖는 통일처럼, 자신이 인식의 다양을 종합하게 하는 통일을 의미하는 한에서, 성질적인 단일성이라고 할 수가 있다. 둘째로 귀결에 관한 진리성이 있다. 주어진 개념에서 참된 귀결이 많이 생기면 그럴수록 그런 개념의 객관적[1] 실재성의 특징은 더욱더 많고, 이것을 표징의 성질적 수다성(數多性)이라고 말할 수가 있다. 이런 표징은 공통적인 근거로서의 한 개념에 귀속하는 것이다(그것은 한 개념이 포함하는 분량으로 생각되지는 않는 것이다). 드디어 셋째로 개념을 인식하는 완전성이 있다. 이것은 수다성이 합해져서 거꾸로 개념의 단일성에 돌아간 점에 존립하고, 단일성의 개념에 합치하되 그 외의 개념에는 합치하지 않는 점에 존립한다. 이러한 완전성을 우리는 성질적인 완전성(총제성)이라고 말할 수가 있다[즉 선(善)을 말한다].

이상의 논술에서 밝혀진 것은, 인식 일반이 가능하기 위한 논리적 기준들이 115
분량의 세 범주를 원리[범주]로서의 「인식의 성질」로써 변경하고 있다는 점이다. 이것은 분량을 산출하는 데 있어서의 단일성은 전혀 동질적이라고 생각되어야 하되, 스코라학도는 분량의 세 범주에 하나의 의식에 있어서의 이질적인 개개인식도 결합하려고 했던 때문에 생긴 일이다. 이래서 한 개념(개념의 객관이 아니라)을 가능하게 하는 기준(基準)이 정의(定義)이지만 이런 정의에 있어서는 개념의 단일성과 이런 개념에서 직접 생기는 모든 것의 진리성과 최후로 이런 개념에 유래한 것의 완전성이 전(全)개념의 천명을 위해서 개념이 필요로 하는 것이나. 마찬가지로 한 가설의 기준은 전제된 설명근거가 이해될 수 있다는 것이다. 즉 그 설명근거의 단일성(보조적 가설이 없다는 점)이다. [다음에 한 가설의 기준은] 가설에서 생길 수 있는 귀결들의 진리성(귀결들이 서로 합치하고 또 경험과 합치하는 점)이요, 최후로 이러한 귀결들에 대한 설명근거의 완전성이다. 그리고 이 귀결들은 가설 중에서 가설된 것보다 더한 것도 덜한 것에도 우리가 귀착하지 않도록 하는 것이다. 또 이 귀결들은 우리가 이때까지 선천적·종합적으로 생각했던 것을, 후천적·분석적으로 다시 주어서 전자(前者)와 합치[해야]하는 것이다.――그러므로 단일성·진리성·완전성의 개념은 범주의 선험적인

1) 객관적 실재성이란, 개념 자신과의 일치 및 경험과의 일치를 의미한다. 또 12항 전체가 중세 철학에 대립한 근세 칸트의 인식론적 도전을 드러낸 것이다.

116 표를 그것이 마치 불완전한 듯이 보충하는 것이 아니다. 오히려 그 세 개념에 대한 조치는, 세 개념의 객관에 대한 관계가 도외시됨으로 해서 인식이 자기 자신과 합치하기 위해 따르는 일반적인 논리의 규칙으로 되는 일일 뿐이다.

선험적 분석론

제2장 오성의 순수한 개념의 연역

제1절 13. 선험적 연역 일반의 원리

① 법학자가 권한과 월권을 논할 적에, 그는 한 소송 사건에 있어서 무엇이 합법적인가의 권리 문제(quid juris)와 사실에 관한 이른바 사실 문제(quid facti)를 구별하고 이 양자의 증명을 요구하면서, 권한 혹은 권리주장을 명시하는 전자의 증명을 연역이라고 한다. [그런데] 우리는 많은 경험적 개념들을 사람의 항의를 받음이 없이 사용하고, 그런 개념들의 연역[권리 증명]이 없어도 그런 개념들에 의미와 추측된 의의를 인정해서 좋다고 생각한다. 왜냐하면, 경험적 개념들에 관해서는 그것들의 객관적 실재성을 증명하는 경험을 우리는 언제나 직접 가지고 있기 때문이다.

117 그러나 행운이나 운명 같은 비합법적인 개념도 있다. 이런 개념들은 사실상 거의 일반적으로 관용되어서 통용하고 있지만, 가끔 그런 개념들의 권리가 무엇인가 하는 권리문제에 의해서 도전을 받고 있으며, 이때에 그런 개념들의 연역에 관해서 우리는 적지 않게 당황한다. 왜냐하면 그런 개념들의 사용 권한을 밝힐 명백한 법적근거가 경험에 의해서도 이성에 의해서도 지적될 수가 없기 때문이다.

② 그러나 인간 인식의 자못 착잡한 조직을 이루고 있는 많은 개념들 중에는 선천적으로 사용되기로 정해져 있는 (모든 경험에서 전혀 독립인) 약간의 개념이 있다. 그리고 이런 개념의 권한은 항상 연역을 필요로 한다. 왜냐하면 그러한 사용의 합법성을 위해서 경험에서 얻은 증명은 불충분하지마는, 이런 개념이 어떻게 경험에서 얻어지지 않은 객관[인식의 대상]에 관계할 수 있느냐 하는 것을 우리는 알아봐야 하기 때문이다.

그렇기에, 나는 이런 개념이 선천적으로 대상과 상관할 수 있는 「방식의 설명」을 개념의 선험적인 연역이라고 해서, 경험적인 연역과 구별한다. 후자는 개념이 경험과 그것에 대한 반성을 통해서 [후천적으로] 얻어진 방식을 지시하는 것이요, 따라서 합법성에 관한 것이 아니라, 개념을 소유하게 된 유래인 경험적 사실에 관한 것이다.

③ 우리는 이미 아주 서로 대립된 [다른] 두 종류의 개념을 가지고 있되, 그 118
런 두 종류의 개념도 전혀 선천적으로 대상[또 대상의 선천적 직관]에 상관하는 점에서는 서로 일치하고 있다. 즉 감성의 형식으로서의 시공 개념[관념]과 오성의 개념으로서의 범주이다. 이런 두 종류의 개념에 관해서 경험적인 연역을 시험해 보는 것은 전혀 헛된 짓이다. 그런 개념들은 자신의 표상을 위해서 경험에서 빌려온 것이 없이, 자신의 대상에 상관하는 점에 뚜렷한 특성이 있기에 말이다. 따라서 이런 개념들의 연역이 필요하다면, 그것은 항상 선험적 연역이 아닐 수 없겠다.

④ 그리하되, 우리는 이러한 개념들에 관해서 모든 인식에 관해서와 마찬가지로, 그것을 가능하게 하는 원리가 아니라 그것들을 산출하는 기인을 경험 중에서 탐구할 수는 있다. 이때에 감관의 인상이 그런 개념들에 관해서 그 전 인식능력을 환기하고 또 경험을 성립시키는 최초의 기회를 준다. 경험은 자못 서로 다른 두 가지의 요소를 포함한다. 즉 감관의 인식을 위한 질료와 이 질료를 정돈하는 그 어떤 내면적 형식을 포함한다. 이런 형식은 순수한 직관과 순수한 사고라는 [주관적] 원천에서 생긴다. 이 두 형식이 질료와 마주쳐서 비로소 활동하게 되고, 개념[판단]을 산출한다.

개개의 지각에서 출발하여 일반개념에 도달하려는 우리 인식력의 최초 활동 119
을 더듬어 보는 것은 의심할 나위 없이 자못 유익하다. 그리고 이러한 탐구의 길을 최초로 개척한 것은 유명한 로크의 힘입었다. 그러나 선천적 순수 개념의 연역은 로크의 길을 통해서는 이룩되지 않는다. 참된 연역은 로크의 길에서 찾아지지는 않는다. 왜냐하면, 순수한 선천적 개념은 경험에서 전혀 독립해서 장차 사용되는 점으로 보아서, 경험에서 출생을 증명하는 증서와는 전연 다른 출생증서를 제시해야 하기 때문이다. 「로크」가 생리학적[심리학적] 유도를 시험한 것은, 그것이 사실의 문제에 관한 것이었기 때문에 원래는 연역이라고 부를 수가 없고, 그러므로 나는 그것을 순수한 인식의 [결과적] 소유에 관한 설명이라고 부르고자 한다. 따라서, 순수한 개념에 관해서는 선험적 연역만이 있을 수 있고, 경험적인 연역이 있을 수가 없음은 명백하다. 후자는 선천적 순수 개념에 관해서는 전혀 공허한 시도임에 틀림이 없고, 인식의 특이한 본성을 이해하지 않은 사람만이 그러한 공허한 시도에 종사할 수 있다.

⑤ 선천적 순수 인식의 연역을 할 수 있게 하는 유일한 방식, 즉 선험적 [연역의] 방식이 인정된다 하더라도, 그것만으로써 그런 [연역] 방식이 절대로 필요하다는 것을 아직 천명한 것은 아니다.

120 우리는 이전에 선험적 연역[구명]에 의해서 시공의 개념[관념]을 그 원천에 이르기까지 추구한 일이 있었고, 그 즈음에 그것의 선천적인 객관적 타당성을 설명하였고 규정했다. 그러나 기하학은 순 선천적인 인식[방식]에 의해서만 확실한 걸음을 걷는 것이요, 그것의 기본개념인 공간의 순수하고도 합법적 출생에 관해서 새삼스레 철학에서 신임장(信任狀)을 받을 필요가 없었다. 그러하되 공간 개념[관념]의 사용은 기하학에 있어서 오직 외적 감성계에만 상관하고, 공간은 외적 감성계에 관한 「직관의 순수한 형식」이었다. 따라서 모든 기하학적 인식은, 그것이 선천적인 직관에 기인하기 때문에, [외적 직관에서] 직접적인 명증을 소유하고, [기하학적 인식의] 대상은 (그것들의 형식에 관한 한에서) 인식 자신에 의해서 선천적으로 직관 중에 주어지는 바이다.

이와 반대로 오성의 순수한 개념의 경우에 있어서는 그런 개념 자신의 선험적 연역뿐만 아니라 공간의 선험적 연역조차 추구하려는 불가피한 필요가 우선 생긴다. 왜냐하면, 오성의 순수한 개념은 직관과 감성과의 객어를 통해서 대상을 선천적으로 입언(立言)하는 것이 아니라, 선천적인 순수 사고의 객어를 통해서 대상을 입언하는 것이기 때문에, 그런 개념은 감성의 모든 조건이 없이 보편적으로 대상과 상관하기에 말이다. 또 그런 개념은 경험에 기인해 있지 않기 때문에, 선천적인 직관 중에서 아무런 「객관」도 제시할 수가 없다. 여기서 객관이란, 모든 경험에 앞서 있어서, 「개념들의 종합」의 시초가 되는 것을 말한다. 이러한 근거에서 「오성의 순수한 개념」은 그 사용의 객관적인 타당성과
121 제한에 관해서 의혹을 일으킬 뿐더러, 공간 개념[관념]을 감성적인 직관의 조건을 넘어서서 사용하려는 경향인 까닭에, 공간 개념[관념]을 모호하게 하기도

한다. 이렇기에 우리는 전(前)에 공간 개념[관념]의 선험적 연역을 필요로 했던 터이다.

이에 독자는 그가 「순수이성」의 분야[무제약자의 세계]에 첫걸음을 디디기 이전에, 먼저 이 선험적 연역의 불가피한 필요성을 확신하지 않을 수 없다. 그러하지 않다면, 독자는 맹목적으로 발걸음을 옮기어서, 팔방으로 헤맨 뒤에 또다시 처음에 출발했던 무지로 되돌아가지 않을 수 없을 것이다. 그러나 동시에 독자는 불가피한 난점도 미리 명백하게 통찰해야 한다. 이것은, 문제 자신(Sache selbst)이 깊이 숨겨져 있을 경우에, 알기 어렵다고 해서 독자가 불평을 토하거나 혹은 장애를 제거하는 데에 성급하게 싫증을 내거나 하지 않기 위해서이다. 왜냐하면, 모든 분야 중에서도 사람이 가장 좋아하는 [형이상학의] 분야에 있어서의 순수이성의 통찰에 대한 전 요구를, 즉 가능한 전(全)경험의 한계를 넘어서서 있는 분야를, 포기하거나, 혹은 이 「비판적」인 연구를 완성하는 것이, 우리에게 중대한 일이기 때문이다.

⑥ 시공의 개념[관념]에 관해서는, 역시 선천적인 인식[형식]으로서의 시공 개념[관념]이 어떻게 필연적으로 대상과 관계해야 하는가 또 모든 경험에 의존하지 않고 대상과의 종합적 인식을 가능하게 하는가 하는 것을, 우리는 이전에 [감성론에서] 용이하게 파악할 수가 있었다. 즉, 대상은 감성의 이 순수한 형식에 의해서만 우리에게 나타날 수 있었기 때문에, 다시 말하면, 경험적인 직관의 객체일 수 있었기 때문에, 시공은 「현상으로서의 대상」을 가능하게 하는 선천적인 조건을 포함하는 「순수한 직관」이었고, 시공 중에서의 종합은 객관 122
적 타당성을 가지고 있었다.

⑦ 이에 반해서, 오성의 범주[순수한 개념]는 대상이 직관에서 주어지기 위한 조건을 우리에게 제시하지 않는다. 따라서 대상이 반드시 오성의 기능과 관계해야 하는 것이 없어도, 하기에 오성이 대상의 선천적인 조건을 포함함이 없어도, 대상은 우리에게 확실히 현상할 수 있다.

이래서 감성의 분야에서는 우리가 마주치지 않았던 곤란이 여기에 나타난다. 즉, 어떻게 사고의 주관적 조건이 객관적인 타당성을 갖느냐, 다시 말하면 대상의 모든 인식을 가능하게 하는 조건을 주느냐 하는 곤란이다. 왜냐하면, 현상은 오성의 기능이 없더라도 당연히 직관에 주어질 수 있기에 말이다.

가령 내가 「원인의 개념」을 잡아 본다면 이 개념은 어떤 A에 대해서 그것과는 전혀 다른 B가 하나의 규칙에 따라 정립된다는 「특수한 종합」을 의미한다. 현상이 왜 그러한 것[B]을 포함해야 하느냐 하는 것은 선천적으로는 명백하지 않다(경험들은 논거가 될 수 없다. 선천적인 [원인]개념의 객관적 타당성이 증시될 수 있어야 하기 때문에). 따라서 이러한 개념은 이를테면 전혀 공허하지 않느냐, 또 현상들 중의 어느 것에도 [그런 개념에 대응하는] 대상을 가지지 않는 것이 아니냐 하는 의심이 선천적으로 생긴다. 왜냐하면, 감성의 직관의 대상이 선천적으로 심성에 있는 「감성의 형식적인 조건」에 적합해야 한다는 것은 명백하고, 그
123 렇지 않다면 대상은 우리에 대한 대상이 아니 되겠기에 말이다. 그러나 대상이, 그 외에 사고의 종합적인 통일을 위해서 필요로 하는 오성의 조건에도 따라야 한다는 것, 이것의 단정은 그다지 쉽게 내려질 수가 없다. 왜냐하면, 현상들은 오성의 [종합적] 통일의 조건에 따르지 않을 성질일 수도 있기 때문이다. 즉 모든 것이 자못 혼돈 속에 빠져서, 가령 현상들의 계열 중에는 종합의 규칙을 주는 것이 없는 것도 있겠고, 따라서 인과개념에 일치하지 않는 것도 있겠으며, 이 때문에 인과개념은 전혀 공허하고, 영(零)이며, 무의미하겠기 때문이다. 그럼에도 불구하고, 현상들은 우리의 직관에 대상들을 제공하겠다. 직관은 사고의 기능을 전혀 필요로 하지 않기에 말이다.

⑧ 「경험은 현상들의 합규칙성에 대한 예증을 부단히 정시(呈示)하고, 이러한 예증은 원인의 개념을 현상에서 분리하는 기회와 동시에, 이러한 개념의 객관적인 타당성을 실증하는 기회를 넉넉하게 준다」고 말함에 의해서 [연역적] 연구의 노고를 면하려고 생각하는 사람이 있을지 모른다. 허나 이런 사람은, 그런 방식으로는 원인 개념이 결코 발현할 수 없다는 것을 모르고 있다. 원인 개념
124 은 전혀 선천적으로 오성 중에 뿌리박고 있거나, 그렇지 않다면 원인 개념은 순 공상으로서 완전히 포기해야 하거나, 둘 중의 어느 것이다. 원인 개념은, 어떤 A에서 그것과는 전혀 다른 B가 *필연적으로* 생기고 *또 단적으로 보편적인 규칙에 따라* 생긴다는 성질을 A가 가지는 것임을 요구하는 것이기에 말이다.

어떤 현상을 습관적으로 생기게 하는 규칙을 가능하게 하는 경우를, 현상들이 많이 제시해 주는 것이 사실이다. 그러나 그런 결과가 필연적인 것, 그러므로 원인과 결과와의 종합이 결코 경험적으로만 표현될 수 없는 존엄성을 가진

다는 것, 즉 결과는 그저 원인에 보태어질 뿐만 아니라 원인을 통해서 설정되어 있고, 원인에서 발생한다는 것을, 현상들은 제시해 주지 않는다. 경험에서 귀납된 규칙은 엄밀한 보편성을 소유하지는 않는다. 경험적인 규칙은 귀납을 통해서 오직 비교적[상대적]인 보편성, 즉 광범한 유효성만을 가질 수 있다. 우리가 만약 「오성의 순수한 개념」을 오직 경험적인 [경험에서 귀납된] 산물로 다룬다면 우리는 「오성의 순수한 개념」의 사용의 특성을 완전히 변경[상실]하는 것이 될 것이다.

14. 범주가 선험적 연역으로 건너감 A92

① 종합적인 표상이 그 대상과 일치하고, 양자가 반드시 서로 관계맺으며, 이를테면 서로 마주칠 수 있는 경우는, 두 가지만이 가능하다. 대상만이 표상을 가능하게 하는 때와, 표상만이 대상을 가능하게 하는 때가 그것이다. 전자의 경우에 관계는 경험적인 따름이요, 표상은 선천적으로 가능하지 않다. 그리 125
고 현상에 있어서 감각에 속하는 것에 관해서 말한다면, 현상은 사실 선천적으로 가능하지 않다. 후자의 경우에는 「표상 자진 그것」은 (여기서는 의지를 통한 인과성은 문제로 삼지 않기 때문에) 존재에 관한[1] 대상을 산출하지는 않으나, 만약 우리가 표상을 통해서만 그 무엇을 하나의 대상으로서 인식할 수 있다면, 이때의 표상은 대상을 선천적으로 규정하고 있는 것이다.

대상의 「인식」을 가능하게 하는 소선은 두 가지반이 있다. 첫째는 직관이요, 이것을 통해서 대상은 오직 현상으로서만 주어진다. 둘째는 개념이요, 이것을 통해서 직관에 대응하는 대상은 생각된다. 그러나 이미 진술한 것에 의해서 다 A93
음과 같은 것이 명백하다. 첫째 조건, 즉 오직 대상이 직관될 수 있게 하는 조건은, 객체의 형식상의 근거로서, 선천적으로 심성 속에 있다. 따라서 모든 현상은 감성의 이 형식적 조건과 반드시 일치한다. 현상은 이 형식을 통해서만 나타나기 때문이다. 다시 말하면, 경험적으로 직관되고 주어질 수 있기 때문이다. 그러나 여기[연역]에서 문제되는 것은, 그 무엇을 직관하도록 하지는 않더

1) 표상이 의욕이라는 목적 관념일 때에, 존재에 관한 대상을 산출한다. 기계나 예술품의 창작계획은 이러한 것을 존재하도록 하는 원인이다.

라도, 「대상 일반」으로서 생각하도록 하는 유일한 조건으로서, 선천적인 개념이 또한 먼저 있는 것이 아닌가 하는 것이다. 만약 그렇다면, 대상의 모든 경험적인 인식은 반드시 이러한 개념에 합치한다. 이러한 선천적인 개념을 전제하지 않고서는 어떠한 것도 경험의 객체[1]가 될 수는 없기 때문이다. 그런데 모든
126 경험은, 그 무엇이 주어지는 원인인바, 감관의 직관 이외에, 「직관 중에 주어지는 혹은 현상하는」 대상에 관한 한 개념을 포함하고 있다. 따라서 「대상 일반」의 개념은 선천적인 조건으로서, 모든 경험적인 인식의 근저에 있을 것이다. 그러므로 선천적인 개념으로서의 범주의 객관적 타당성은, 「그것에 의해서만 경험이(사고의 형식에 관한 한에서) 가능하다는 것」에 의거한다. 대저 그럴 적에는 범주는 필연적으로, 즉 선천적으로 「경험의 대상」과 상관한다. 왜냐하면, 범주에 의거해서만 경험의 그 어떠한 대상은 일반적으로 생각될 수 있기 때문이다.

② 이래서 모든 선천적 개념의 선험적 연역은 우리의 전 탐구가 인도받는 하나의 원리를 가지고 있다. 즉 선천적인 개념이 경험을 가능하게 하는 선천적인 조건으로 (경험에서 발견되는 직관을 위한 조건이건, 혹은 사고의 조건이건 간에) 인정되어야 한다는 원리이다. 경험을 가능하게 하는 객관적인 근거를 주는 개념은, 바로 이 때문에 반드시 있어야 한다. 그러나 이러한 개념을 포함하는 경험을 단지 개전(開展)하는 것으로서는 선천적 개념의 연역이 되지 않는다(그런 개전은 오히려 선천적 개념의 설명이다). 왜냐하면, 그 즈음의 개념은 필경 우연적임에 불과하겠기에 말이다. 가능한 경험에—이런 경험 안에서 인식의 모든 대상이 나타나거니와—선천적 근원적으로 개념의 관계함이 없고서는, 그런 개념
127 의 그 어떤 객관에 대한 관계는 파악될 수 없을 것이다.

A94 ③ 그러나 모든 경험을 가능하게 하는 조건을 포함하고, 그 자신의 심성의 다른 능력에서 끌어내질 수 없는 세 가지 근원적인 원천(마음의 소질 혹은 능력)이 있다. 감관·구상력·통각이 즉 그것이다. 이 세 능력에 기본해서 1. 감관에 의해서 선천적으로 다양을 개관하고, 2. 이런 다양을 구상력에 의해서 종합하며, 3. 이 종합을 최후로 근원적 통각에 의해서 통일한다. 이 세 능력 전부가 각각 경험적으로 사용되는 이외에 선험적으로 사용된다. 선험적 사용은 전혀

1) 경험의 객체는 사실은 보편타당한 객체성(대상성)을 의미한다.

형식에만 유관하고 선천적으로 가능하다. 감관에 관한 선험적 사용에 관해서는 우리는 이미 제1부에서 진술하였고, 이제야 우리는 구상력과 통각의 본성을 통찰하려고 한다. [이 ③은 초판에 있었던 한 토막이요, 재판에는 이것을 삭제하고, 그 대신에 이하의 세 토막을 새로 추가했다.]

③ 저 유명한 로크는, 이러한 고찰을 하지 않았기 때문에, 또 「오성의 순수한 개념」을 경험에서 발견했기 때문에 [오성의] 개념을 경험에서 이끌어내었고, 그것으로 인해서 경험의 모든 한계를 넘어서 있는 인식을 얻으려고 모험할 만큼, 자못 무조리한 태도도 취했다. 데비드 흄은, 이러한 모험을 할 수 있기 위해서, 개념의 기원이 선천적이어야 할 것을 인정은 하였다. 그러나, 오성이 자신 중에서 결합되어 있지 않은 개념[인과성]을 대상에 결합해 있는 것으로 생각해야 하는 일이 어떻게 가능하냐 하는 것을, 그는 설명할 수가 없었다. 또 그는, 오성 자신이 이런 개념을 통해서 오성의 대상이 발견되는 경험의 창립자[즉 구성자]일 수 있겠다는 것을 착안하지 못했다. 그렇기에, 그는 이러한 개념을 부득이 경험에서 도출하였다(즉 주관적인 필연성에서 다시 말하면, 습관에서 도출하였다. 이것은 가끔 되풀이된 심리적 연상인 까닭에 경험 중에서 생겼으나, 드디어 객관적인 것으로 잘못 간주되어지는 바다). 그러나, 이러한 전제에 의해서 나온 그의 태도는 자못 조리가 있었다. 즉, 그는 이러한 개념으로써 또 이것에서 이끌어내진 원칙으로써 경험의 한계를 넘어서려고 하는 일이 불가능하다고 설명하였다. 그런데, [로크와 흄의] 두 사람이 착안했던 경험적인 도출은 우리가 가지 128
는 선천적인 학적인식인, 순수 수학과 일반 자연과학의 현실성과는 조화될 수 없으며, 따라서 경험적 도출은 [이 두] 학문의 사실에 의해서 거부된다.

④ 이 두 유명한 사람 중의 전자[로크]는 도취(陶醉)에 통하는 문호를 열었다. 왜냐하면, 이성이 일단 도취에 통하는 문호를 여는 권한을 가지는 한, 그것은 이제야 절제를 헛되게 주장함에 의해서 자기를 억제하려고 하지 않기 때문이다. 후자[흄]는 자신을 전혀 회의론에 맡겨 버렸다. 왜냐하면 그는, 일반이 이제까지 이성이라고 생각해 왔던 것이, 사실은 우리의 인식능력의 미망(迷妄)이었음을 발견했다고 믿었기 때문이다.1) 이제야 우리는 하나의 기도(企圖)를

1) 로크는 우리에 대한 사물이 아니라 물자체의 존재를 인정했다. 흄은 감각론적 경험만을 인정했기

해보려고 한다. 그것은 우리가 「인간의 이성」으로 하여금 이 양편의 절벽 사이를 무사히 빠져나가게 할 수 있지 않느냐, 이성의 일정한 한계를 지시할 수 있지 않느냐, 그러면서도 이성의 적절한 활동의 전(全) 분야를 이성에게 개방하여 줄 수 있지나 않나하는 기도[1]이다.

⑤ 나는 미리 범주라는 말을 설명하여 두고자 한다. 범주란 「대상일반」의 개념이요, 이런 개념을 통해서 대상의 직관은 판단의 논리적 기능의 하나에 관해서 결정된 것으로 보아진다. 정언 판단의 기능은 주어의 객어에 대한 관계의 기능이었다(가령 모든 물체는 가분적일 수 있다는 판단처럼). 그러나 오성의 [일반] 논리적인 사용[직관을 무시한 사용]에 관해서는 두 개념 중의 어느 것에 주어의
129 기능을 주고, 어느 것에 객어의 기능을 주어야 할지 결정되어 있지 않았다. 왜냐하면, 약간의 가분적인 것은 물체라고 우리가 말할 수도 있기에 말이다. 그러나 내가 만약 물체의 개념을 실체의 범주 속에 집어넣는다고 하면, 실체 범주에 의해서 경험에서의 「물체의 경험적인 직관」은 항상 주어로만 보아지고 결코 한갓 객어로 보아지지는 않는다는 것이 결정된다. 실체의 범주 이외의 다른 범주들에 관해서도 마찬가지이다.

초판의 오성의 순수한 개념의 연역[2]

제2절 경험을 가능하게 하는 선천적 근거

A95 ① 어떤 개념 자신이 경험될 수 있는 개념인 것도 아니고, 또 가능한 경험 요소들로 되어 있지도 않으면서, 완전히 선천적으로 산출되어서 대상과 상관해야 한다고 하는 것은, 아주 모순되고 불가능한 일이다. 그러한 개념은 자신에 직관이 대응하지 않기 때문에, 아무런 내용도 가지지 않기에 말이다. 그러고 보면, 직관이 우리에게 대상을 줄 수 있고, 이런 「직관 일반」이 가능한 경

때문에 엄밀한 학적 경험까지 부정했다. 전자가 도취적이요, 후자가 회의적인 까닭이 여기에 있다.

1) 이 기도는 확실한 인식은 물자체에 미치지는 않고, 우리에 대한(für uns) 사물에만 미치는 것을 (범주를 통해서) 인정하려는 것이다.

2) 연역이란 개념의 형식 논리적인 분석이 아니라, 그것의 객관적 타당성을 증명하려는 것. 이 초판의 연역은 심리주의적 서술임이 농후하고, 90면에 나오는 재판의 연역은 논리주의적 서술이라고 통평(通評)된다. 그러나 심리주의적이라도 인식 논리가 없는 것은 아니다.

험의 전(全) 분야로 되고 전 대상으로 된다. 경험과 상관하지 않는 선천적인 개념은, 개념의 논리적 형식일 뿐이겠고, 어떤 내용을 생각하도록 하는 개념 자신은 아니겠다.

② 선천적인 순수한 개념이 만약 있다고 한다면, 그것은 물론 경험적인 것을 포함할 수 없다. 그럼에도, 그것은 가능한 경험에 대한 순(純) 선천적인 조건이 아닐 수 없다. 개념의 객관적인 실재성은 이러한 조건에만 기인하는 것이다.

③ 그러므로 어떻게 「오성의 순수한 개념」이 가능하냐 하는 것을 알려고 하는 사람은, 경험의 가능성이 의존하는 선천적인 조건, 현상의 「모든 경험적인
것」을 도외시한 경우에도 경험의 근거에 있는 선천적 조건이 무엇인가 하는 A96
것을 연구해야 한다. 경험에 대한 이 형식적이요, 객관적인 조건을 「일반적으로 또 충분하게」 표시하는 개념이 「오성의 순수한 개념」이라고 하겠다. 내가 일단 오성의 순수한 개념을 갖는 때에는, 아마 불가능한 대상을 혹은 「자체상으로는 가능하겠으되 경험 중에서 주어질 수는 없는」 대상을 생각해 낼 수도 있다. 그와 동시에 [전자의 경우에] 가능한 경험의 필수적 조건이 되는 것[직관]이, 오성의 순수한 개념과의 결합에서 제외될 수가 있고(유령 개념에 있어서 그렇듯이), [후자의 경우에] 오성의 순수 개념이 경험이 파악할 수 있는 범위를 넘어서 적용되기도 한다(하나님의 개념에 적용 되듯이). 모든 선천적 인식의 요소는 물론이요, 자의적이요, 불합리한 공상의 요소까지도 확실히 경험에서 이끌어내질 수가 없다(만약 그렇지 않다면, 인식은 선천적 인식이 아닐 것이기에 말이다). 그러하되 그런 요소들은 항상 가능한 경험과 그 대상과의 순수한 선천적 조건을 포함해야 한다. 왜냐하면, 만일 그렇지 않으면, 그런 요소들을 통해서 아무것도 사고될 수 없을 뿐더러, 그런 요소들 자신이 주어진 것을 가지지 않기 때문에, 사고 중에 떠오를 수가 없기에 말이다.

④ 이제야 모든 경험에 있어서 순수한 사고를 선천적으로 포함하는 개념을 우리는 범주에서 발견한다. 그리고 범주에 의해서만 대상을 사고할 수 있음을 우리가 증명할 수 있다면, 이러한 증명이 벌써 범주를 충분히 연역하는 것이
되고, 범주의 객관적 타당성을 변호하는 것이 된다. 그러나 이러한 사고에 종 A97
사하는 것은, 「유일의 사고능력, 즉 오성」뿐만 아니다. 오성 자신은 객관에 관계하는 인식능력으로서, 이처럼 관계할 수 있는 가능성에 관한 설명을 필요로

한다. 그렇기에, 우리는 경험 가능성에 대한 선천적인 기초가 되는 주관적 원천을, 그것의 경험적인 성질에 의해서가 아니라, 그것의 선험적인 성질에 의해서, 우선 고찰해야 한다.

⑤ 만일 하나의 표상이 다른 표상과 관계함이 없이 이를테면 고립해 있어서, 다른 표상에서 분리되어 있다면, 비교되고 연결된 표상들의 전체인바, 「인식」이 전혀 발생하지 않을 것이다. 즉, 감관이 직관할 무렵에 그것은 다양성을 포함하기 때문에, 나는 그러한 감관에 개관작용(概觀作用)을 부여한다. 이때의 개관작용에는 항상 종합작용이 대응한다. 수용성은 자발성과 결합해서만 인식을 가능하게 할 수 있는 것이다. 그런데 이 자발성은 모든 인식에 있어서 반드시 나타나는 세 겹의 종합의 기초이다. 즉 직관에 있어서의 심성의 변양(變樣)으로서의 표상들의 각지(覺知)·구상에 있어서의 표상들의 재생·개념에 있어서의 표상들의 재인(再認)의 기초이다. 이러한 종합은 인식의 세 가지 주관적인
A98 원천으로 우리를 인도한다. 이 주관적인 인식원천들이 오성까지도 가능하게 하고, 그런 까닭에 오성의 경험적 산물로서의 「모든 경험」을 가능하게 한다.

예비적 주의

① 범주의 연역은 자못 많은 곤란을 수반한다. 그것은 「인간인식 일반」의 가능성에 대한 최초근거에 육박할 것을 강제한다. 이 때문에 완전한 이설(異說)의 번잡성을 회피하고자, 그럼에도 이러한 불가결한 연구에 있어서 그 무엇을 소홀하게 함이 없고자, 아래의 네 가지 항목 [직관에서의 각지라는 종합·구상에서의 재생이라는 종합·개념에서의 재인이라는 종합, 「선천적 인식으로서의 범주」 가능성에 관한 예비적 설명]을 통해서, 나는 독자를 가르치기보다는 오히려 독자에게 예비하게 하며, 그 다음의 제3절에서 비로소 오성이 이런 요소들의 설명을 체계적으로 진술하는 것을 적당하다고 보았다.

이에, 독자는 제3절에 도달하기 전까지 글이 불투명하다고 해서 이 책을 멀리해서는 안 된다. 불투명은, 아직 전혀 걸어보지 않은 길에서는 불가피하되, 그런 불투명이 이미 말한 제3절에서 완전히 통찰되도록 밝혀질 것을 나는 대망(待望)하는 바이다.

1. 직관에서의 각지(覺知)하는 종합[직관에서 표상들을 각지하는 종합]

① 우리의 표상은, 그것이 어떠한 유래를 가지든 간에—그것을 일으키는 것이 외물의 영향이건 내적[심리적] 원인이건 간에, 현상으로서의 표상이 선천적인 유래를 가지건 경험에서 유래하건 간에—모두가 심성의 변양(變樣)으로서의 내감(內監)에 속하는 것이다. 그리고 우리의 모든 인식은, 심성의 번양이기 때문에 그것은 내감의 형식적 조건에 종속한다. 즉 시간에 종속한다. 시간 속에서 모든 표상들은 배치되고 결합하며 서로 관계를 맺어야 한다. 이것은, 이하 A99
의 연구에서 시종(始終) 근본에 두어져야 할 일반적 주의(注意)이다.

② 어느 직관이거나 다양을 내포한다. 그러나 심성이 인상의 순차적 계기에 있어서 시간을 구별하지 않는다면, 다양은 다양이라고 표상될 수 없겠다. 표상은 한 순간에 포함된 것이기에 표상은 어느 것이나 틀림없이 절대적인 「하나」일 수 있기 때문이다.

그런데 이런 다양을 [경험적]직관의 통일이 되도록 하자면(가령 공간의 표상에서 요구되듯이), 먼저 다양한 것을 훑어봄이 필요하고, 다음에 훑어본 것을 결합함이 필요하다. 이런 작용은 나는 각지의 종합이라고 부른다. 왜냐하면, 이러한 종합은 직접 직관 작용에 관계하기 때문이다. 직관 작용은 다양을 물론 현시(現示)하기는 하되 그 무렵에 [주관이]하는 종합이 없고서는 다양은 「다양으로서 그러면서도 하나의 표상 속에 포함된 것으로서」 표상되지는 않는다.

③ 각지의 이러한 종합은 선천적으로 행해져야 한다. 다시 말하면, 경험에서 오지 않은 표상에 관해서 행해져야 한다. 왜냐하면, 각지의 종합이 없으면, 우리는 공간의 선천적 표상도 시간의 선천적 표상도 가지지 않기에 말이다. 감성의 근원적[선천적]인 수용성이 제공[표상]하는바, 다양의 종합만이 표상들을 A100
산출할 수가 있다. 이래서 우리는 각지의 순수한 종합[결합]을 가진다.

2. 구상에서의 재생이라는 종합[상상력에서 표상들을 재생시키는 종합]

① 가끔 계기하거나 수반했던 표상들은 드디어 서로 연상하게 되고 이 때문에 연결하게 된다. 뿐더러 이때에는 대상이 현존하지 않아도, 이러한 표상들 중의 하나가 심성으로 하여금 항구적인 규칙에 따라서 다른 표상을 연상하도

록 하거니와, 이렇도록 하는 법칙은 물론 순 경험적인[경험에서 귀납된] 법칙이다. 그러나, 이 재생의 법칙은 전제하는 것이 있다. 그것은 즉 현상들 자신이 사실상 이러한 규칙에 따라 있다는 것이요, 현상으로서의 표상의 다양에 있어서 합규칙적인 수반 혹은 계기가 일어난다는 것이다. 왜냐하면, 이런 일이 없다면, 우리의 경험적인 구상력은 「자신의 능력에 합치한 일」을 도무지 할 수가 없어서, 죽은 능력·우리 자신에게도 알려지지 않는 능력으로서 심성의 내부에 묻어져 있을 것이기에 말이다.

만약 주사(朱砂)[1]가 혹은 붉어지고 혹은 검어지며, 혹은 가벼워지고 혹은 무거워진다고 한다면, 또 인간이 이 동물의 형태로 혹은 저 동물의 형태로 변
A101 해진다고 한다면, 또 여름의 기나긴 날에 땅이 과실로써 혹은 눈과 얼음으로써 덮어진다고 한다면, 나의 경험적인 구상력은, 붉은 색의 표상을 보고도 무거운 주사를 상상하는 기회조차 얻지 못할 것이다. 혹은 하나의 이름이 이 사물에 혹은 저 사물에 부여되며, 혹은 동일한 사물에 여러 가지 이름이 부여되고 말 것이다. 만약 이 점에 관해서, 현상들 자신이 이미 따르고 있는 일정한 규칙의 지배가 없다고 하면, 재생 [재생 가능성]의 경험적인 종합은 성립할 수가 없을 것이다.

② 그러므로 현상들의 이러한 재생을 가능하게 하는 「어떤 것」이 반드시 있어야 한다. 이 「어떤 것」은 현상들의 필연적인 종합적 통일의 선천적인 근거이기에 말이다. 또 현상들은 「물자체 그것」인 것이 아니라, 우리 인간의 표상들의 활동일 뿐이다. 표상들은 요컨대 내감(內感)의 규정에 귀착하는 것임을 반성한다면, 우리는 즉시 이 「어떤 것」에 생각이 가는 바이다.

A102 우리의 순수한 선천적인 직관이더라도 재생의 일관된 종합을 가능하게 하는 바, 「다양한 결합」을 포함하는 경우 외에는, 아무런 인식도 줄 수 없다는 것을 우리가 증시할 수 있다고 하면, 그런 까닭의 구상력의 종합도 모든 경험에 선행하여 선천적인 원리에 기인해 있다는 것도 증시된다. 그리고 우리는 구상력의 순수한 선험적인 종합을 상정해야 하고, 이런 종합은 일체 경험의 가능성에

1) 이 주사의 유명한 실례는 「구상에서의 재생」의 종합에 대한 실증으로서, 경험적 친화성을 지적한 것이다. 주사라는 대상에서 붉기와 무게가 공통의 근거로 되어 있고, 여기에 친화성이 알려진다 (A. 113 참조).

대해서도 그 근저에 있는 것이다(경험의 가능성은 현상들의 재생 가능성을 반드시 전제하기에 말이다).

이제 내가 하나의 선(線)을 머릿속에서 꺼내거나, 오늘의 정오에서 내일의 정오까지의 시간을 생각하거나 혹은 어떤 수만을 표상하여 보려고 하거나 할 때에, 나는 반드시 우선 이러한 다양한 표상들의 하나하나를 순차로 생각 중에서 파악해야 하는 것은 명백하다. 그러나 만약 내가 선행하는 표상(선의 처음의 부분, 혹은 순차로 표상된 단위)을 잊어버리고, 다음의 표상으로 전진해 감에 따라 선행 표상을 재생하지 않는다면, 하나의 [완전한] 전체 표상은 발현할 수 없을 것이다. 그래서 위에서 진술한 사고 중의 어느 사고도 발현할 수가 없고, 시공이라는 가장 순수하고도 기본적인 근본표상도 발현할 수가 없을 것이다.

③ 이래서 「각지의 종합」은 재생의 종합과 불가분의 결합을 하고 있다. 그리고 전자는 모든 인식일반(경험적 인식뿐만 아니라 순수한 선천적 인식도 포함해서)을 가능케 하는 선험적인 근거를 형성하기 때문에, 구상력의 재생적인 종합은 심성의 선험적인 작용에 속하며, 이런 작용에 관해서 우리는 이러한 능력을 구상력의 선험적인 능력이라고 부르고자 한다.

3. 개념에서의 재인이라는 종합[개념에서 표상들을 재인하는 종합] A103

① 우리가 지금 생각하는 것이, 일순간 전에 생각한 것과 같은 것이라는 의식이 없다면, 표상들의 계열에 있어서 모든 새생은 불가능하겠다. 우리가 지금 생각하고 있는 것은, 현재의 상태에 있어서의 새로운 표상이겠고, 이 새 표상은 표상들이 순차로 산출하게 할 작용에는 전혀 속하지 않을 것이기 때문이다. 그러므로 표상들의 다양은 언제나 「하나의 전체」를 형성하지는 않겠다. 왜냐하면, 저[동일성의] 의식만이 표상의 다양에 줄 수 있는 「통일」이 표상의 다양에는 없기 때문이다. 만약 수를 헤아릴 즈음에 지금 내 머리에 떠오르는 단위[1)]들을 내가 순차로 보탠다는 것을 내가 잊어버린다면, 단위들을 하나씩 계기적으로 보탬에 의해서 양(量)이 생긴다는 것을 인식하지 않을 것이요, 따라

1) 120을 표상할 적에 십진법(十進法)—이 말은 51면에도 나옴—에 의해서 열이라는 단위를 순차로 열두번 표상해가 듯이 하는 것이다.

서 나는 수도 인식하지 않을 것이다. 수의 개념은 전혀 종합의 이러한 통일 의식 중에 존립한다.

② 개념이라는 말 자신이 벌써 앞서 말한 우리의 견해를 암시할 수가 있겠다. 왜냐하면, 이 [동일한] 하나의 의식(ein Bewusstsein)이야말로, 다양한 것, 순차로 직관된 것, 또 재생된 것을 하나의 표상으로 결합하는 것이기 때문이다.

A104 이 하나의 의식은 이따금 미약할 수도 있고, 따라서 우리는 [의식작용의] 결과에 있어서만[표상된 것에 있어서만] 표상의 산출과 결합하되, 의식작용 자신에 있어서는, 즉 직접적으로는 표상의 산출과 결합하지는 않는다. 그러한 구별에도 불구하고, 하나의 의식은, 그것이 아무리 불명석하더라도, 언제나 있어야 한다. 이런 의식이 없고서는, 개념은 불가능하고, 그와 동시에 대상의 인식도 전혀 불가능하다.

③ 표상의 대상이라는 표현이 무엇을 의미하는가 하는 것을 이해하도록 하는 것이 실로 여기서 필요한 일이다. 우리가 이미 말한 것은, 현상 자신은 감성적 표상임에 틀림이 없다는 것이었고, 이러한 표상 자신을 그대로 곧 (표상력의 바깥에 있는) 대상으로 보아서는 안 된다는 것이었다. 원래 인식에 대응하고 따라서 인식에서 구별된 대상이라고 말할 적에, 이것은 무엇을 의미하느냐? 이런 대상이 「어떤 것 일반, 즉 X」라고 생각되는 것은, 쉽사리 통찰된다. 왜냐하면, 필경 우리의 인식 바깥에서는, 인식에 대응하는 것으로서 맞세울 수 있는 아무런 것도 우리는 가지지 않기 때문이다.

④ 그러나 우리는, 모든 인식의 그 대상에 대한 관계에 관한 우리의 사상이, 어떠한 필연성을 가지는 것을 발견한다. 즉 대상은, 우리의 인식이 닥치는 대로 혹은 기분적으로 규정되는 것에 반대하는 것으로 간주되며, 우리의 인식이 어떤 선천적인 방식에서 규정되도록 하는 것으로 간주된다. 왜냐하면, 인식이 하나의 대상에 관계해야 함에 의해서, 인식은 「대상과의 관계에 있어서」 반드
A105 시 대상과 일치해야 하기 때문이다. 즉 대상의 개념을 형성하는 통일을 가져야 하기 때문이다.

⑤ 우리는 우리의 표상들의 다양만을 다룬다. 표상들에 대응하는 저 X(대상)는 우리의 표상들과는 다른 것일 터이기에, 그런 대상은 우리에 대해서는 없는 것이다. 이 때문에, 대상이 필연적이 되도록 하는바, 통일은 표상들의 다양을

종합할 무렵의 의식의 형식적 통일 이외의 다른 것일 수가 없다는 것은 명백하다. 우리가 직관의 다양에 종합적 통일을 주었을 경우에, 우리는 대상을 인식한다(wir erkennen den Gegenstand)고 말한다. 그러나, 다양을 선천적으로 반드시 재생하게 하는 규칙에 따른 종합의 기능에 의해서, 또 다양을 결합하는 개념을 가능하게 하는, 「규칙에 따른 종합의 기능」에 의해서 직관이 산출될 수 없었더라면, 종합적 통일은 불가능한 것이다. 가령 우리는 세 직선의 결합을, 규칙(이 규칙에 의해서 삼각형의 직관이 항상 제시될 수 있거니와)에 따라서 의식함에 의해서, 삼각형을 대상으로서 생각하고 있다. 규칙의 이 통일이 모든 다양을 규정하고 그러면서도 다양을 통각의 통일을 가능하게 하는 조건으로 제한한다. 이 통일의 개념은, X인 대상의 표상이다. 이런 대상을 나는 삼각형에 관한 상술(上述)한 객어들을 통해서 생각한다.

⑥ 모든 인식은 개념을 필요로 한다. 이 개념이 아무리 불완전하고 혹은 불분명하더라도 개념을 필요로 한다. 허나 개념은 형식상으로는 항상 「어떤 보편적인 것」이요, 규칙으로 쓰이는 것이다. 가령 개념이 생각하는바, 다양의 통일로서의 「물체의 개념」은, 우리가 외적 현상들을 인식하는 데 대한 규칙이다. A106
허나 이런 개념은, 그것이 주어진 현상들에 있어서 직관의 다양의 필연적인 재생을, 따라서 직관의 의식에 있어서의 종합적 통일을 현시(現時)함에 의해서만, 직관들의 규칙일 수가 있다. 가령 「물체라는 개념」은 외재하는 어떤 것을 지각할 무렵에 연상의 표상을, 그와 동시에 불가침입성·형태 등의 표상을 필연적이도록 한다.

⑦ 모든 필연성의 근저에는 항상 선험적인 조건이 있다. 그러므로 우리의 모든 직관들의 다양을 종합할 즈음에, 따라서 「객관의 일반」의 개념들을 종합할 즈음에도, 따라서 경험의 대상들을 모두 종합할 즈음에도, 의식의 통일이라는 선험적 근저가 있어야 한다. 이런 선험적인 근저가 없고서는, 우리의 직관들에 대해서 아무런 대상도 사고할 수가 없다. 왜냐하면 대상이란, 개념이 그것에 관해 이런 필연적 종합을 하는 것 이상의 그 어떤 것이 아니기 때문이다 [대상은 개념이 재인하는 대상성이기 때문이다].

⑧ 그런데 이 근원적이요, 선험적인 조건은 선험적 통각임에 틀림없다. 내 A107
적 지각에 있어서 우리의 상태가 규정됨에 의해서 생기는 자기의식은 경험적

일 따름이요, 항상 가변적이다. 내적 현상들의 이러한 흐름에 있어서는 항존적(恒存的)인 자아가 있을 수 없고, 이런 자기의식을 보통 내감(內感)이라고 하고 혹은 경험적 통각이라고 한다. 수적으로 반드시 동일한 것이라고 표상될 터인 것은 경험적인 소여(所與)에 의해서 이러한 것이라고 생각될 수는 없다. 모든 경험에 앞서고 또 경험 자신을 가능하게 하는바, 하나의 조건이 있어야 하고, 이런 조건이 [수적으로 동일한 것이라는] 선험적인 전제를 타당하도록 할 것이다.

⑨ 무릇 의식의 통일은 직관들의 모든 소여(所與)에 앞서 있고, 소여에 관계해서만 대상들에 관한 모든 표상이 가능하거니와, 이런 「의식의 통일」이 없고서는 어떠한 인식들도 우리에게 성립할 수가 없고, 인식들의 결합과 통일도 우리 안에 생길 수 없다. 이 순수하고, 근원적이며 불변적인 의식을 나는 선험적 통각이라고 부르고자 한다. 그런 의식을 이렇게 명명할 만하다는 것은, 가장 순수한 객관적 통일도, 즉 선천적 개념(공간과 시간)의 가장 순수한 객관적 통일도, 직관들이 이 선험적 통각과 관계해서만 가능하다는 사정에서 이미 명백하다. 따라서 선험적 통각의 수적 단일성[동일성]은 모든 개념들의 근저에 선천적으로 있는 것이다. 그것은, 시공의 다양성이 감성적 직관들의 근저에 있는 것과 마찬가지이다.

A108 ⑩ 한 경험 중에 항상 함께 있을 수 있는 모든 가능한 현상들로부터 법칙에 좇아 이 표상[현상]들을 연결하는 것은 다름 아닌 통각의 선험적 통일이다. 무릇 심성이 다양을 인식할 즈음에 기능의 동일성을—이것에 의해서 심성은 다양을 종합적으로 하나의 인식 안에 결합하거니와—의식할 수가 없다면, 의식의 통일성은 불가능할 것이다.

따라서 자기동일이라는 근원적·필연적인 의식이 동시에, 개념들, 즉 규칙들에 따른 모든 현상들의 종합을 필연적으로 통일하는 의식이기도 하다. 개념들, 즉 규칙들은 현상들을 필연적으로 재생케 할 뿐만 아니라, 이런 일을 통해서 현상들의 직관에 「하나의 대상」을 규정하기도 한다. 즉 현상들이 필연적으로 연결되는바, 그 어떤 것[대상성]에 관한 개념을 규정하기도 한다. 왜냐하면, 만약 심성이 자기 활동의 동일성에 주목하지 않는다면, 심성은 그것의 표상들의 다양성에 있어서의 자기 동일성을 생각할 수 없으며, 그런 중에도 선천적으로 생각할 수 없기 때문이다. 심성의 자기 동일성은 (경험적인바) 각지(覺知)의 모

든 종합을 선험적 통일에 종속시키는 것이요, 현상들의 연관을 규칙[개념]들에
의해서 비로소 선험적으로 가능하게 하는 것이다. 이제야 우리는 대상 일반의
개념을 이전보다도 더 바르게 규정할 수 있겠다.――모든 표상들은 표상들로
서 그 대상을 가지며, 표상들 자신이 또한 다른 표상들의 대상들일 수 있다.
현상들이 우리에게 직접 주어질 수 있는 유일의 대상들이다. 그리고 이런 현상 A109
들에 있어서 직접 대상과 상관하는 것이 직관이라는 것이다. 그러나 현상들은
물자체들이 아니요, 그 자신 단지 표상들일 뿐이다. 이 표상들은 역시, 그 대
상을 가지는 것이요, 따라서 이 대상은 이제야 우리에게 직관될 수가 없으며,
그러므로 비(非)경험적·선험적인 대상, 즉 X라고 말할 수 있는 것이다[이 X는
물자체가 아닌 대상 일반이다].

⑪ 이 선험적 대상이라는 순수 개념이 (그것은 실로 만인의 인식에 있어 항상
동일한 것이거니와) 우리의 「모든 경험적 개념들 일반」에 하나의 대상에 대한
관계를 줄 수 있고 객관적 실재성을 줄 수 있는 것이다. 선험적 대상이라는 개
념은 아무런 규정된 직관도 포함할 수 없다. 그러므로 그것은 인식의 다양에
있어서―이 다양이 대상에 상관하는 한에서―발견되는 통일에만 관여하는 것
임에 틀림이 없다. 그러나 대상과의 이런 관계는 의식의 필연적 통일 외의 다
른 것이 아니요, 따라서 다양을 「하나의 표상」 중에 결합하는 심성의 공통적
인 기능에 의해서 하는 「의식의 종합적 통일」 외의 다른 것은 아니다. 그런데
종합적 통일은 선천적·필연적이라고 보아져야 하기 때문에 (그렇지 않다면 인식
은 대상이 없이 존재하는 것이 되겠기에), 우리의 경험적 인식의 선험적 대상에 대
한 관계는, 즉 우리의 경험적 인식의 객관적 실재성은, 다음과 같은 선험적인
법칙(先驗的法則)에 의거하겠다: 즉 모든 현상들은 그것들에 의해서 대상들이 A110
우리에게 주어지는 한에서, 현상들의 종합적 통일의 선천적 규칙들에 종속해
야 한다는 것이다. 이 규칙만이 경험적 직관 중의 「현상들의 관계」를 가능하
게 한다. 다시 말하면, 현상들은 그것들이 한갓 직관에 있어서 시공(時空)의 형
식적인 조건들에 종속해야 하는 것과 마찬가지로, 경험에 있어서는 통각의 필
연적 통일의 조건들에 종속해야 한다는 것이고, 아니 통각의 필연적 통일이 비
로소 모든 인식을 가능하게 한다는 것이다.

4. 「선천적 인식[요소]로서의 범주」의 가능성에 대한 예비적 설명

① 유일의 [학적] 경험에 있어서만 모든 지각들이 보편적으로 또 합법적으로 서로 연결된 것으로 표상된다. 이것은, 마치 유일의 시공에 있어서만 현상의 모든 형식과 「존재 혹은 비존재」의 모든 관계가 성립하는 것과 같다. 우리가 각종의 경험을 말할 때에, 여러 지각이 하나의 동일한 보편적 경험에 귀속하는 한에서만, 우리는 여러 지각에 언급할 수 있다. 즉, 지각들의 보편적·종합적 통일이 경험의 형식인 것이다. 그리고 지각들의 통일은 「개념에 따른」 현상들의 종합적 통일 외의 다른 것이 아니다.

A111 ② 「경험적 개념들에 따른 종합」의 통일은 전혀 우연적이겠다. 그리고 경험적 개념들이 통일의 선험적 근거에 기본하지 않는다면, 현상들의 뒤죽박죽이 우리의 마음에 가득 채워져서, 그런 상태로부터서는 [학적] 경험이 생길 수 없을 것이다. 그러나 이때에는, 인식작용과 그 대상의 관계도 없어질 것이다. 왜냐하면, 보편적·필연적 법칙에 따른 결합이 이러한 인식에는 없기 때문이다. 따라서 [현상들의 한갓] 결합은 사고가 보태지지 않은 직관이기는 하되, 아직 [보편적]인식은 아니겠고, 그러므로 우리에 대해서 무인식과 같겠다.

③ 「가능한 경험 일반」의 선천적 조건이 동시에 경험의 대상 가능의 조건이다. 이제야 나는 주장한다: 「앞서 말한 범주는 가능한 경험에 있어서의 사고의 조건임에 틀림이 없다. 이것은 시공이 가능한 경험에 대한 직관의 조건을 포함했던 것과 같다」고. 즉 전자[범주]는 현상들에 대한 「객관일반」을 [우리가] 사고하는 기본개념이요, 그러므로 그것은 선천적으로 객관적 타당성을 갖는다.——우리가 원래 알고 싶어 했던 것은 바로 이 점이었다.

④ 그러나 범주들의 가능성은, 아니 그것들의 필연성까지도, 전(全)감성이 그와 함께 또 모든 가능한 현상들이, 근원적 통각에 대해서 갖는 관계에 의거하고 있다. 근원적 통각에 있어서는 만상(萬象)이 반드시 자기의식의 시종여일(始終如一)한 통일의 조건에 적합해야 한다. 즉 종합의 보편적인 기능들에 종속
A112 해야 한다. 여기서 종합이란, 개념에 따른 종합이요, 이런 종합에 있어서만 통각은 자기의 시종여일한 필연적인 동일성을 선천적으로 증명할 수 있다. 이래서 원인의 개념은, (시간 계열에 있어서 계기(繼起)하는 것과 다른 현상들과의) 개념

에 따른 종합임에 틀림이 없다. 선천적 규칙을 가져서, 현상들을 자기 아래 종속시키는 [종합적] 통일이 없으면, 지각들의 다양에 있어서의 의식의 시종일관된, 보편적인 따라서 필연적인 통일은 없을 것이다. 그때에는, 지각들은 아무런 [학적] 경험에도 귀속하지 않을 것이요, 그러므로 [하나의] 객관[대상성]이 없으며, 표상들의 맹목적인 유희임에 틀림없을 것이다. 즉 지각들은 꿈보다도 더 못한 것일 것이다.

⑤ 따라서 오성의 순수한 개념을 [지각적] 경험에서 인도하려는 모든 기도(企圖), 즉 그런 개념에 한갓 경험적 근원을 귀속시키려는 모든 기도는 전혀 헛되고 무익하다. 가령 원인의 개념이 필연성이라는 특징을 갖는 것에 관해서는, 나는 언급하지 않기로 한다. 필연성은 어떠한 경험도 줄 수 없다. 경험이 우리에게 가르쳐 주는 것은 갑(甲)현상 다음에 보통은 을(乙)현상이 생긴다는 것이기는 하되, 을(乙)현상이 필연적으로 생긴다는 것은 아니요, 또 조건으로서의 「갑」현상에서 선천적으로 아주 보편적으로 귀결이 추리될 수 있다는 것도 아니다. 허나 계열 중의 만상은 그 무엇이 선행하지 않고서는 무엇이라도 생기지 않고, 선행한 것 이후에 그 무엇이 항상 생긴다고 하는 규칙에 종속한다고 주장할 때에, 우리는 어디까지나 필경 연상(聯想)의 경험적 규칙을 가정하는 것이로되, 내가 묻고자 하는 것은 「자연의 법칙」으로서의 이런 경험적 규칙이 무엇에 기인해 있나 하는 것이요, 이러한 연상 자신이 어떻게 가능하느 A113
냐 하는 것이다. 다양에 관한 연상 가능성의 근거는 그것이 객관 속에 있는 한에서 다양의 친화성[1]이라고 한다. 이에 내가 묻고자 하는 것은 어떻게 해서 여러분은 현상들의 전반적 친화성(이것을 통해서 현상들은 항구적 법칙에 종속하고, 항구적 법칙에 종속하지 않을 수 없거니와)을 이해하느냐 하는 것이다.

⑥ 나의 원칙에 의하면, 친화성은 자못 용이하게 이해된다. 모든 가능한 현상은, 표상으로서, 가능한 전체의 자기의식[自覺]에 귀속한다. 그러나 자기 의식은 선험적 표상으로서, 가능한 수적인 동일성과 불가분적이요, 수적인 동일성은 선천적으로 확실하다. 왜냐하면, 이 근원적 통각[수적 동일성]에 매개됨이 없이는, 어떠한 것도 우리의 인식 속에 들어올 수 없기 때문이다. 그런데, 이

1) 친화성은 유사성이라고도 하고 연속성 또는 제일성에 통한다. B. 689 참조.

동일성은 종합이 경험적 인식인 한에서, 현상들의 다양을 종합하는 작용 속으로 반드시 들어가지 않을 수 없다. 이에, 현상들은 그것들의 종합(각지)이 전반적으로 적종(適從)해 있는바, 선천적 조건에 종속하고 있다. 어떤 다양을(따라서 일양적(一様的)이도록) 정립할 수 있도록 하는 보편적 조건의 표상을 규칙이라고 하고, 다양이 이런 규칙에 의해서 정립되어야 할 때에, 보편적 조건의 표상을 법칙이라고 한다. 이래서 만상은 필연적 법칙에 좇아서, 따라서 선험적 친화성
A114 [統覺]에 있어서, 전반적으로 서로 연결되어 있다. 경험적인 친화성은 선험적 친화성의 한갓 결과에 지나지 않는다.

⑦ 자연이 통각의 주관적 근거에 의거해야 한다는 것, 아니 그것의 합법칙성에 관해서 우리의 주관적 근거에 의존해야 한다는 것은 참으로 자못 모순되고 기이할 듯하다. 그러나 자연이 그 자신 현상들의 전부라는 것을, 따라서 물자체가 아니라 심성의 표상들의 모임일 뿐이라는 것을 고려할 적에, 자연을 우리의 모든 인식의 근본능력 중에서, 즉 선험적 통각 중에서, 그런 까닭에서만 자연을 모든 가능한 경험의 객관, 즉 자연이라고 부를 수 있는 통일 중에서, 보는 일은 이상하게 느껴질 것이 없다. 그리고 바로 이 때문에 우리가 이런 통일을 선천적으로 인식할 수 있다는 것, 따라서 필연적이라고 인식할 수 있다는 것도, 이상하게 여겨질 것이 없다. 만약 [자연의] 통일이 우리 사고의 시초 원천에서 독립하여 자체적으로 주어져 있다고 하면, 자연을 필연적으로 인식하는 일은 중로(中路)에서 포기해야 할 것이다. 왜냐하면, 그때에는 우리가 이러한 보편적인 「자연 통일」의 종합적 명제를 어디서 이끌어 와야 할지, 나는 아는 바 없기 때문이다. 이 경우에는 종합적 명제를 우리는 「자연 자신이라는 대상」에서 빌려 와야 하겠기에 말이다. 그러나 이런 일은 경험적으로만 하여질 수 있기 때문에, 그런 일로부터 우연적 통일 외의 아무런 통일도 얻어질 수 없다. 우연적 통일은, 우리가 자연이라고 부를 때에 생각하는바, 필연적 연관에는 도저히 이르지 않는 것이다.

A115 제3절 대상 일반에 대한 오성의 관계와 대상의 선천적인 인식 가능성[초판]

① 앞 절(前節)에서 분리해서 낱낱으로 진술한 것을 우리는 이제야 묶어서

연결을 지어 제시하고자 한다. 「경험 일반」의 가능성과 경험 대상의 인식 가능성이 의존하고 있는 세 가지 주관적인 원천이 있다. 감관과 구상력과 통각이 즉 그것이다. 이 셋 중의 어느 것이라도 경험적[심리적으로]으로 고찰될 수 있다. 즉 주어진 현상에 대한 적용 중에서 고찰될 수 있다. 그러나 모두가 선천적인 「요소 혹은 기초」이기도 하고, 이런 기초 자신이 경험적 사용까지도 가능하게 한다. 감관은 현상을 경험적으로 지각 중에 현시(現示)한다. 구상력은 현상을 연상에서 (또 재생에서) 현시한다. 통각은 재생된 표상과 현상(이것이 표상을 보내주지만)과의 동일성에 관한 경험적 의식 중에서, 따라서 재인(再認) 중에서 현시한다.

② 그러나 모든 지각의 근저(根柢)에는 순수 직관(표상으로서의 지각에 관해서는 내적 직관의 형식 즉 시간)이 선천적으로 있다. 연상의 근저에는 구상력의 순수종합이 선천적으로 있다. 경험적 의식의 근저에는 순수통각이 선천적으로 A116
있다. 즉 모든 가능한 표상에 있어서 의식의 일관된 자기 동일성이 선천적으로 근저에 있다.

③ 그런데 우리가 이처럼 표상들을 결합하는 내면적 근거를 추구해서, 모든 표상들이 합일하는 점에 도달하려고 하면, 그로 인해 비로소 가능한 경험을 위한 인식의 통일을 얻는 점에 도달하려고 하면, 우리는 순수한 통각에서 출발해야 한다.

모든 직관이 의식 속에—식관이 의식에 대한 영향이 직접적이건 간접적이건 간에—섭취될 수 없다면, 모든 직관은 우리에게 없는 것이 되고, 우리와 아무런 관계도 없어진다. 의식을 통해서만 인식은 가능하다. 우리의 인식이 가질 수 있는 모든 가능한 표상에 관해서, 우리는 우리 자신의 일관된 자기 동일성을 모든 표상이 가능하기 위한 필수 조건으로서 선천적으로 의식하고 있다(표상은, 그것이 다른 표상들과 함께 하나의 의식에 귀속하고 따라서 적어도 하나의 의식 중에서 결합될 수 있음에 의해서만, 나에게 그 어떤 것을 현시하기 때문이다). 이 원리는 선천적으로 확고하고, 우리의 표상 (그러므로 직관) 중의 모든 다양을 통일하는 선험적 원리라고 말할 수 있다. 그런데 주관에 있어서의 다양의 통일은 종합적이다. 그러므로 순수한 통각은 모든 가능한 직관 중에 있는 「다양의 종합적 통일」에 대한 원리※를 주는 것이다. A117

※ 사람은 이 명제에 십분 주목할지어다. 그 명제는 자못 중대해서, 모든 표상은 가능한 「경험적 의식」에 반드시 상관한다. 왜냐하면, 표상들이 이렇게 상관함이 없고, 의식되는 일이 전혀 불가능하다면, 그것은 표상들이 전혀 없다는 것과 같은 것을 의미하기에 말이다. 모든 경험적 의식은 (모든 특수한 경험에 선행하는) 선험적 의식에 반드시 상관한다. 즉 근원적 통각으로서의 「내 자신의 의식」에 반드시 상관한다. 따라서, 나의 인식에 있어서 모든 의식은 하나의 (자기) 의식에 귀속한다는 것은 단적으로 필연이다. 여기에 다양(즉 의식)의 종합적인 통일이 있고, 이 통일은 선천적으로 인식된다. 그리고 시공이 한갓 직관형식에 관계하는바, 선천적인 종합명제의 근거를 주듯이, 이 통일은 순수한 사고에 관계하는바, 선천적인 종합명제의 근거를 주는 것이다. 각종의 경험적 의식은 모두, 유일의 자기의식 중에서 결합되어 있어야 한다는 종합적 명제는 「인간 사고 일반」의 무조건 첫째의 종합적인 원칙이다. 그러나 나(Ich)라는 한갓 표상이 모든 그 외의 표상들(이 표상들의 집합적 통일을 「나」라는 표상이 가능하게 하거니와)에 대해서 선험적 의식이라는 것을 우리는 등한시해서는 안 된다. 이 「나」의 표상이 (경험적 의식으로서) 판명하건 불명하건 간에, 그런 일은 여기서 중대하지 않다. 아니, 경험적 의식의 현실까지도 여기서는 중대하지 않다. 오히려 중대한 것은, 모든 인식의 논리적 형식의 가능성이 하나의 능력으로서의 이 통각[오성]에 대한 관계에 반드시 의존한다는 것이다.

A118 ④ 그러나, 이 종합적인 통일은, 종합을 전제하는 것이고 혹은 종합을 내포하는 것이다. 그리고 전자가 선천적으로 필연일 것이라면, 후자도 선천적 종합이 아닐 수 없다. 그러므로 통각의 선험적 통일은, 구상력의 순수종합—인식할 무렵에 다양의 모든 합성을 가능하게 하는바, 선천적 조건으로서—에 상관한다. 그러나 구상력의 생산적인 종합만이, 선천적으로 성립할 수 있다. 왜냐하면, 재생적 종합은 경험의 제약에 의존하기 때문이다. 이래서 구상력의 순수한 (생산적) 종합의 필연적 통일이라는 원리는 통각에 앞서서 모든 인식을, 특히 경험을 가능하게 하는 근거이다.

⑤ 그런데, 구상력에서의 「다양의 종합」을, 그것이 직관들의 차이 없이 다양의 결합에만 선천적으로 상관한다면, 선험적(transzendental)이라고 우리는 일컫는다. 그리고 「종합의 통일」은, 그것이 통각의 근원적 통일에 상관해서 선

천적으로 필연하다고 표상될 때에, 선험적이라고 일컫는다. 이제야 통각의 근원적 통일이 모든 인식 가능성의 근저에 있기 때문에, 구상력의 종합에 대한 선험적 통일은 모든 가능한 인식의 순수한 형식이요, 그러므로 이 순수한 형식을 통해서 가능한 경험의 모든 대상이 선천적으로 표상된다.

⑥ 구상력의 종합에 관계하는 통각의 통일은 오성이다. 그리고 구상력의 선 A119
험적 종합에 관계하는 통각의 통일은 순수한 오성이다. 그러므로 오성 중에 선천적인 순수한 인식들이 들어 있고, 이런 인식들은 모든 가능한 현상들에 관한, 구상력의 순수한 종합의 필연적 통일을 포함한다. 이런 필연적[종합적] 통일이 범주들이요, 즉 「오성의 순수한 개념들이다」. 그러므로 인간 중의 경험적인 인식력은 반드시 오성을 내포한다. 이 오성은 감관의 모든 대상에 상관한다.——비록 이 관계가 [직접적이 아니고] 직관과 구상력을 통한 직관의 종합과에 매개되어 있다 하더라도 그렇다. 따라서 가능한 경험에 주어진 것으로서의 만상은 저 오성에 종속하고 있다. 그런데 현상들의 가능한 경험에 대한 이런 관계는 필연적이다(그렇지 않다면, 현상들을 통해서 우리는 아무런 인식도 얻지 않고, 따라서 현상들과 우리와의 관계가 없겠지 때문이다). 그러므로 순수한 오성은 범주들을 매개로 해서, 모든 경험의 형식적·종합적 원리라는 결과로 되고, 현상들은 오성에 반드시 관계한다는 결과[1]로 된다.

⑦ 이제야 우리는 아래로부터, 즉 경험적 [직관적]인 것에서 출발함에 의해서 오성이 범주를 매개로 하여 현상에 관계하지 않을 수 없다는 것을 명시하려고 한다. 우리에게 주어지는 최초의 것은 현상이다. 현상이 의식과 결합되었을 때 A120
에, 그것을 지각이라고 한다(적어도 하나의 가능한 의식과 관계함이 없으면, 현상은 우리에 대해서는 결코 인식의 대상으로 될 수 없을 것이요, 따라서 우리에 대해서는 없는 것일 것이다. 그리고 현상 자신 그것(Erscheinung an sich selbst)은 아무런 객관적 실재성도 가지지 않고, 오직 인식 중에서만 존재하기 때문에, 현상은 일반적으로 없는 것일 것이다). 그러나 어느 현상이라도 다양을 포함하고, 따라서 가지각색의 지각들은 그 자신 심성 중에서 흩어져서 낱낱으로 발견되기 때문에, 지각들의 결

1) 이상의 ③에서 ⑥까지는 오성, 즉 통각에서 직관으로 내려오는 식의 연역을 서술했고, 이하의 ⑦에서 ⑱까지는 직관에서 오성으로 올라가는 식의 연역을 서술했다.

합이 필요하다. 그러하되 지각은 감관 자신에 있어서 그런 결합을 줄 수 없다. 이에, 구상력이라고 일컬어지는 다양을 종합하는 활동적인 능력이 우리 내부에 있다. 그리고 구상력이 지각들에 직접 미치는 작용을 나는 각지(覺知)라고 한다.※ 즉 구상력은 직관의 다양을 하나의 심상으로 만들어야 한다. 그렇기에, 구상력이 [먼저] 인상들은 자기의 활동 안에 받아들여야 한다. 다시 말하면, 인상들을 각지(覺知)해야 한다.

※ 구상력이 지각 자신의 필연적 성소(成素)인 것에 심리학자는 생각이 미치지 않았다. 이것은, 일부는 구상력을 재생에만 국한한 데서 유래하고, 또 일부는 감관이 인상을 줄 뿐더러, 인상을 결합해서 대상의 심상을 성립시킨다고 믿는 데서 유래한다. 그러나, 심상의 성립을 위해서는 의심할 여지 없이 인상의 감수성 외에 그 이상의 것이 요구된다. 즉 인상들을 종합하는 작용이 요구된다.

A121 ⑧ 그러나, 만약 주관적 근거가 있어서 그것이, 심성이 이 지각에서 저 지각으로 이동할 때에 앞 지각을 뒷 지각에 대해서 환기하고, 지각의 전(全)계열을 나타내지 않는다면, 다시 말해서 실로 경험적인 「구상력의 재생능력」이 존재하지 않는다면, 다양의 각지라도 그것만으로는 아무런 심상도 산출하지 않으며, 인상들의 아무런 연관도 산출하지 않을 것은 명백하다.

⑨ 그러나 만약 표상들이, 마치 우연적으로 마주치듯이, 무차별적으로 재생한다면, 표상들 사이에 아무런 관련도 발생하지 않고, 단지 표상들의 무규칙적인 집적(集積)만이 있게 되고, 따라서 아무런 인식도 생기지 않겠다. 이 때문에, 표상들의 재생은 하나의 규칙을 가져야 하고, 이 규칙에 의해서 한 표상은, 어떤 다른 표상과 결합한다고 하기보다도 오히려 이 다른 표상과 구상력 중에서 결합하는 바이다. 규칙에 따른 이 주관적·경험적인 근거를 표상들의 연상이라고 한다.

⑩ 만일 연상의 통일이 그 객관적 근거를 가지지 않는다면, 그러므로 구상력이 각지의 가능한 종합적 통일이라는 조건 아래서와는 다르게 현상들을 각지(覺知)할 수 있다면, 현상들이 인간 인식들의 연결적 전체에 적합하다는 것은 전혀 우연한 것이 될 것이다. 왜냐하면, 설사 지각들을 연결하는 능력이 우
A122 리에게 있다 치더라도, 그런 지각들이 과연 연합할 수 있느냐 하는 것은, 자체

상 전혀 미결(未決)이요, 우연이기에 말이다. 만약 지각들이 연합할 수 있는 것이 아닌 경우에는, 많은 경험적 의식이 내 심성 중에 발견되나 서로 떨어져 있어서, 하나의 자기의식에는 속하지 않는바, 여러 지각들이 있을 수 있고, 아마 전(全)감성이 있을 수 있다. 허나 이런 일은 [사실은] 불가능하다. 내가 모든 지각들을 하나의 의식(근원적 통각) 중에 귀속시킴에 의해서 만나는 모든 지각들을 의식한다고, 지각에 관해서 내가 말할 수 있기 때문이다. 이에, 객관적 근거가 있어야 한다. 다시 말하면, 구상력의 모든 경험적 법칙에 앞서서 선천적으로 이해되는 근거가 있어야 한다. 이런 객관적 근거에 의거해서, 모든 현상들을 꿰뚫고 타당하는 법칙이 가능하고, 필연적이기도 하다. 즉 이런 법칙은 현상들을 시종(始終) 자체상 연합될 수 있는 감관의 소여(所與)들로 보고, 재생에 있어서 시종(始終) 연결되는 보편적 법칙에 종속하는 감관의 소여들로 본다.

현상들을 죄다 연결하는 이 객관적인 근거를 나는 현상들의 친화성(親和性)이라고 말한다. 이런 근거를 우리는, 나에게 속하는 모든 인식에 관한 「통각의 통일 원칙」 이외의 아무런 곳에서도 발견할 수 없다. 만상(萬象)은 철두철미 이 통일원칙에 의해서 심성에 들어오고, 혹은 각지(覺知)되지 않을 수 없다. 그 결과로 만상은 통각의 통일에 합치한다. 현상들이 연결할 무렵에 종합적 통일이 없으면, 이러한 합치는 불가능할 것이다. 그러므로 이 종합적 통일은 객관적으로 필수적인 것이기도 하다.

⑪ 하나의 의식(근원적 통각)에 있어서의 모든 (경험적) 의식의 객관적 통일 A123
은, 그러므로 모든 가능한 지각의 필수 조건이다. 이러하기 때문에, (만상의 원근(遠近)은 불문으로 하고) 만상의 친화성은 규칙에 선천적으로 의거해 있는바, 구상력에서의 종합의 필연적 결과이다.

⑫ 구상력은 선천적인 종합 능력이다. 이에, 우리는 그것을 생산적 구상력이라고 명명한다. 그리고 구상력이 현상의 모든 다양에 관해서 노리고 있는 것이 다름 아닌 현상의 종합에 있어서의 필연적 통일인 한에서, 그 필연적 통일은 구상력의 선험적 기능이라고 말할 수 있다. 하기에, 얼른 봐서 이상하되, 상술한 것에서 명백한 것은 구상력의 선험적 기능에서만 현상들의 친화성도 가능하다는 것이요, 이와 함께 연상이 가능하다는 것이며, 또 연상을 통해서 드디어 법칙적인 재생이 가능하다는 것이며, 그러므로 경험 자신이 가능하다는 것이다. 왜냐하

면, 구상력의 기능이 없고서는 대상들의 개념들이 합동해서 하나의 경험(eine Erfahrung)이 되는 일이 없기에 말이다.

A124 ⑬ 항존불변(恒存不變)의 자아(순수 통각)는 의식될 수 있는 한의 우리의 모든 표상과의 상관자(相關者)이다. 그리고 모든 [경험적] 의식이 일체(一切)를 포괄하는 순수통각에 대하는 관계는, 표상으로서의 모든 감성적 직관이 순수한 내적 직관, 즉 시간에 대하는 관계와 같다. 이 순수통각은 순수한 구상력의 기능을 지성화(知性化)하기 위해서 순수한 구상력에 보태져야 하는 것이다. 무릇 구상력의 종합은 선천적으로 작용하지마는 항상 감성적이다. 왜냐하면, 그것은 다양을 직관에 나타나는 그대로 결합하기 때문이다. 가령 [삼각형의 선과 모를 종합해서] 삼각형의 형태를 직관에 나타내는 것과 같다. 허나, 다양의 「통각의 통일」에 대한 관계를 통해서, 개념이 활동하게 된다. 개념은 오성에 귀속하되, 그것의 감성적 직관에 대한 관계는 오직 구상력을 매개로 해서만 성립할 수 있다.

⑭ 따라서 우리는, 모든 선천적 인식의 근저에 있는 인간 마음의 근본능력으로서, 순수한 구상력을 갖는다. 순수한 구상력을 매개로 해서 우리는 한편에서 「직관의 다양」을 [구상력과] 결합하고 그리고[1] 다른 편에서 [직관의 다양을] 「순수통각의 필연적 통일」의 조건과 결합한다.

감성과 오성이라는 양 극단은 구상력의 선험적 기능을 매개로 해서 필연적으로 결합한다. 왜냐하면, 그렇지 않으면 전자는 현상을 주어도 경험적 인식의 대상을 주지 않겠고, 따라서 아무런 [현실적]경험을 주지 않겠기에 말이다. 현실적 경험은 현상들의 각지·연상(재생)·최후에 재인(再認)에서 성립하거니와, 이
A125 제 (경험의 단지 경험적 요소들 중의) 최후·최고의 요소[재인]에 있어서 현실적 경험은 개념들을 포함하고 있다. 개념들이 경험의 형식적 통일을 가능케 하고, 따라서 그것과 함께 경험적 인식의 모든 객관적 타당성(진리성)을 가능하게 한다.

다양을 재인(再認)하는 이런 근거[개념]들은 그것들이 오직 경험 일반의 형식에만 관계하는 한에서, 범주들이다. 이래서 구상력의 [선험적]종합에 있어서

1) 이 und를 중시한 하이데거에 의하면, 선험적 구상력은 우선 순수직관을 자기 자신과 결합하고, 「그리고」 순수직관을 순수통각과 결합한다는 뜻이다(하이데거, 전게서, 81면 주).

의 모든 형식적인 통일뿐만 아니라, 이것을 매개로 해서 현상들에 연결한 구상력의 모든 경험적 사용(재인, 재생, 연상, 각지 중에 있는)까지도 범주들에 기본하고 있는 것이다. 왜냐하면, 현상은 기본적 개념[범주]에 의해서만 인식에 귀속할 수 있고, 일반적으로 우리의 의식에도 귀속할 수 있으며, 따라서 우리들 자신에게 귀속할 수 있기 때문이다.

⑮ 이래서 우리가 자연이라고 부르는 현상들에 있어서의 질서와 합규칙성은, 우리 자신이 집어넣은(hineinbringen) 것이다. 만약 우리가 혹은 우리 마음의 본성이 근원적으로 이것들[질서와 합규칙성]을 자연 안에 집어넣지 않았다면, 이것들은 자연 중에서 발견될 수 없을 게다. 왜냐하면, 이 「자연의 통일」은 현상들을 연결하는 필연적인 통일, 즉 선천적으로 확실한 통일이어야 하기 때문이다. 그러나 이러한 선천적 통일의 주관적 근거가 우리 마음의 근원적인 인식 원천 속에 포함되어 있지 않다면, 또 이러한 주관적 조건이 일반적으로 경험 중의 어떤 대상을 인식할 수 있게 하는 가능근거로 됨에 의해서 동시에 객관적으로 타당하지 않는다면, 어떻게 우리가 종합적 통일을 선천적으로 확립할 A126
수 있을 것인가? [종합적 통일은 선천적으로 확립될 수 없을 것이다].

⑯ 우리는 위에서 오성을 여러 모로 설명하였다, 즉 (감성의 수용성과 구별해서) 인식의 자발성으로, 사고하는 능력으로서, 혹은 개념의 능력으로서 혹은 또 판단의 능력으로서 설명하였다. 이러한 설명들은 자세히 고찰하면, 결국 하나로 돌아간다. 이제야 우리는 오성을 여러 규칙의 능력이라고 특징지을 수 있다. 이러한 특징은 전보다도 더 중요하고 오성의 본질에 육박하고 있다. 감성은 우리에게 (직관의) 형식을 주되, 오성은 규칙들을 준다. 오성은 현상에 있어서 무슨 규칙을 발견하려고, 이것을 찾아내는 일에 항상 종사한다. 규칙은, 그것이 객관적인 한에서 (그러므로 대상의 인식에 필연적으로 의존하는 한에서) 법칙이라고 한다. 우리는 경험에 의해서 많은 법칙들을 알지마는, 그것들은 보다 높은 법칙들의 특수한 규정일 뿐이다. 그리고 이런 높은 법칙들 중에서 (그 아래에 다른 모든 법칙이 종속하는바) 최고의 법칙은 선천적으로 오성 자신에게 생기고, 경험에서 취해 온 것이 아니라, 현상들에 그 합법칙성을 주며, 이 때문에 바로 경험[객관성]을 가능하게 해야 하는 것이다. 따라서 오성은 현상들을 서로 비교해서 [귀납적으로] 규칙을 작성하는 능력이 아니다. 오성 자신이 자연에 대한 입법자

A127 다. 다시 말하면, 오성이 없고서는, 어디서든지 자연은 없다. 즉 현상들의 다양을 규칙들에 의해서 종합적으로 통일함이 없다. 현상들 자신은 우리의 바깥에 있는 것이 아니라, 우리의 감성 중에만 있기 때문이다.

허나 자연은 경험 중에 있는 인식의 대상으로서, 그것의 모든 내용과 함께, 통각의 통일 중에서만 가능하다. 즉 통각의 통일은 경험 중의 만상(萬象)의 필연적 합법칙성의 선험적 근거이다. 표상들의 다양에 관한 통각의 통일은 즉 다양을 하나의 표상[인식주관]에 의해서 규정하는 일은 규칙이요, 이 규칙[을 주는] 능력이 오성이다. 이래서 만상은 가능한 경험으로서는 선천적으로 오성 속에 있고, 그 형식적 가능성을 오성에게 얻는다. 그것은 한갓 직관으로서의 만상이 감성 중에 있고, 감성에 의해서만 형식상으로 가능한 것과 같다.

⑰ 오성은 그 자신 「자연 법칙」의 원천이요, 따라서 자연의 형식적 통일의 원천이라고 말하면, 자못 과장된 말로 들리고 자못 모순된 말로 들릴 것이다. 그러나 이러한 주장은 정당하고, 대상에 즉 경험에 합치하고 있다. 현상들의 측량할 수 없는 다양성이 감성적 직관의 순수한 형식에서 충분히 이해될 수 없는 것과 같이, 경험적 법칙들 자신의 원천은 순수한 오성에서 이끌어내질 수는 없다. [다양성과 경험적 법칙들이 모두 경험적 직관과 관계해 있어야 하기 때문이다]. 그러나 모든 「경험적 법칙」은 오성의 순수한 법칙의 특수한 규정에 불과하고, 후자 아래 있으며, 후자의 규범에 따라서 비로소 전자가 가능하다. [오성
A128 의 순수한 법칙을 통해서] 현상들은 법칙적인 형식[질서가 있는 성격]을 취한다. 이것은, 마치 만상(萬象)이 그것의 경험적 형식의 차이에도 불구하고, 항상 감성의 순수한 형식이라는 조건에 적합해야 하는 것과 같다.

⑱ 순수한 오성은 이래서 범주에 있어서 만상(萬象)의 종합적 통일의 법칙이요, 그로 인해서 경험을 형식상으로 비로소 가능하게 하고, 또 근원적으로 가능하게 한다. 이상 [범주의 선험적 연역]에서, 우리는 오성의 감성에 대한 관계와, 또 감성을 통해서 경험의 모든 대상에 대한 관계와를 이해하는 일을 했을 뿐이다. 따라서 [오성의] 순수한 개념의 객관적 타당성이 이해되고, 이것으로 인해서 [오성의 순수한] 개념의 근원과 진리성이 확립될 터이다.

「오성의 순수한 개념」에 관한 우리의 연역이 정당하고 또 유일의 가능한 연역인 점의 요약

① 우리의 인식이 다루는 대상이 만일 「물자체 그것」이라고 한다면, 우리는 대상에 관한 선천적 개념을 가지지 않는다. 왜냐하면, 우리는 어디로부터 그런 선천적 개념을 취해 와야 할지 모르기 때문이다. 만일 우리가 개념을 객관에서 취해 온다면(객관이 어떻게 우리에게 알려질 수 있느냐 하는 것의 탐구는 여기서는 그 A129
만 두고라도), 우리의 개념은 경험적이고, 선천적이 아닐 것이다. 또 만일 우리가 개념들을 우리 자신에서 취해 온다면, 그저 우리 안에 있는 것이 우리의 표상과는 다른 대상의 성질을 규정할 수는 없다. 즉 우리의 관념내용을 갖는 사물이 있어야 할 근거가 없고, 모든 이런 표상이 공허한 것이 아닌 근거가 없다.

이와 반대로 우리가 현상을 문제 삼는다면, 어떤 선천적 개념이 대상의 경험적 인식에 앞서서 있다는 것은 그저 가능할 뿐만 아니라 필연이기도 하다. 무릇, 현상으로서의 대상은 한갓 우리 안에만 있는 대상이다. 왜냐하면, 우리 감성의 한갓 변양(變樣)은 우리의 바깥에 있지 않기 때문이다. 그런데 모든 현상들은, 따라서 우리가 다루는 모든 대상은, 전부 우리의 내부에 있다고 하는 사상, 즉 동일한 자아의 규정이라는 사상이 이미, 동일한 통각에 있어서의 「대상들의 일관된 통일」을 필연적이라고 말하고 있다. 그러나 이러한 가능한 의식의 동일 중에, 대상들을 죄다 인식하는 형식이 존립하기도 한다(이 형식에 의해서 다양은 하나의 대상에 속하는 것으로 생각된다). 이에, 감성적 표상(직관)에서의 다양이 하나의 의식에 귀속하는 방식이 [대상에 대한] 인식의 지성적 형식으로서, 대상의 모든 인식에 선행(先行)하고 대상이 사고되는 한에서 그 자신 모 A130
든 대상의 선천적 형식적인 인식 일반(즉 범주들)을 형성한다.

순수한 구상력을 통한 대상의 종합, 근원적 통각에 관계된 모든 표상의 통일은 모든 경험적 인식에 앞서서 있다. 이래서 「오성의 순수한 개념들」은 선천적으로 가능하고, 경험에 관해서 필연이기도 하다. 왜냐하면, 우리의 인식은, 다름 아닌 현상들만을 다루고, 현상들의 가능성은 우리 자신 안에 있으며, 그것들을 (대상의 표상에 있어서) 연결하고 통일함이 우리 안에서만 발견되기 때문이다. 따라서 우리의 인식이 모든 경험에 선행하고, 경험을 형식상으로 비로소 가능하게 하기 때문이다. 이런 근거에서, 즉 모든 가능한 근거들 중에서 유일의 가능한 근거에서, 우리는 범주들의 연역을 행했던 것이다.

[재판의]
제4절 오성의 순수한 개념의 선험적 연역 [15-27]

15. 결합 일반의 가능성[이 15.는 65면 14.에 연결된다]

129 ① 표상들의 다양[인상]은 직관에서 주어질 수 있고, 직관은 감성적일 뿐이
며, 즉 감수성임에 틀림없다. 그리고 이런 직관의 형식은 선천적으로 우리의
표상 능력 중에 있을 수 있으나, 그것은 주관이 촉발되는 방식 이외의 다른 것
이 아니다. 그러나 다양 일반의 결합은 감관을 통해서 우리에게 주어질 수 없
130 고, 따라서 감성적 직관의 순수 형식 중에 동시에 포함되어 있을 수도 없다.
왜냐하면, 결합하는 것은 표상력의 자발성의 작용이기 때문이다. 이 자발성은
감성과 구별해서 오성이라고 불러야 하기 때문에, 모든 결합은 우리가 결합을
의식하건 안 하건, 다양한 직관의 결합이건, 각종 개념들의 결합이건 간에, 또
다양한 직관을 결합할 경우에 그것이 감성적 직관의 결합이건, 감성적 직관이
아닌 것의 결합이건 간에, 모든 결합은 오성의 작용이다. 이런 오성의 작용에
우리는 종합이라는 일반적인 명칭을 부여한다.

이런 이름을 부여함으로써 동시에 알려지는 것이 있는데, 그것은 즉, 우리 자신이 [인식론적으로 먼저] 결합하는 일이 없으면, 아무런 것도 객관에서 결합된 것으로 표상할 수 없다는 것이요, 모든 표상 가운데서도 결합[의 표상]은 객관이 그런 결합을 주는 것이 아니라, 주관 자신만이 할 수 있는 유일한 표상이라는 것이다. 왜냐하면, 결합은 주관의 자기활동의 작용이기 때문이다. 여기서 쉽사리 인정되는 것은 첫째는 오성의 작용은 근원적으로는 유일한 것이요, 모든 종류의 결합에 대해서 마찬가지로 타당하지 않을 수 없다는 것이다. 둘째는 결합의 반대인 듯한 분해, 즉 분석도 실은 항상 결합을 전제한다는 것이다. 무릇 오성이 먼저 그 무엇을 결합하지 않았으면, 오성은 분해할 수도 없다. 왜냐하면 그 무엇은 오성에 의해서만 결합된 것으로서 표상능력에 주어질 수 있기에 말이다.

② 그러나 결합의 개념은 [직관의] 다양에 관계하고 또 그러한 다양의 종합에 관계한다는 의미 외에 다양을 통일한다는 의미도 수반한다. 결합은 다양의 131
종합적 통일의 표상이다.※ 따라서 통일의 표상은 결합작용에서 저절로 생길 수 없고, 통일의 표상이 먼저 있고 그것이 다양의 표상에 보태짐에 의해서, 비로소 결합의 개념을 가능하게 한다. 이런 통일은 결합의 모든 개념들에 앞서 있는 것이요, 단일성의 범주(10. 참조 B. 102) 같은 것이 아니다. 왜냐하면 모든 범주는 판단에 있어서의 [형식]논리적 기능에 기인하되, 판단에 있어서 주어진 개념들의 결합, 따라서 그것의 통일이 벌써 사고[예상]되어 있기에 말이다. 하기에, 범주는 먼저 결합을 전제하고 있다. 그러므로 우리는 이 통일을[1] 단일성 (성질적인 단일성 12참조, B. 114)으로서 한층 더 높은 단계에서 구해야 한다. 즉 그 자신이 판단에서의 각종 개념들의 통일의 근거를 포함하는 단계에서 구해야 하고, 따라서 [형식]논리적 사용에서도 오성이 가능하기 위한 근거를 포함하는 단계에서 구해야 한다.

※ 표상 자신이 동일하냐, 따라서 한 표상은 다른 표상에 의해서 분석적으로 생각될 수 있느냐, 이런 문제를 우리는 여기서 고찰하지 않는다. 직관의 다양이 문제인 한에서, 한 쪽 표상의 의식이 다른 쪽 표상의 의식과 구별될 수 있어야 한다. 그리고 이런 (가능적) 의식의 결합만이 여기서 중대한 것이다.

16. 통각의 근원적인 종합적 통일

① 내가 생각한다고 함은 나의 모든 표상에 수반될 수 있어야 한다. 만약 132
그렇지 않다면, 전혀 생각될 수 없는 것이 나에게 표상[의식] 되는 것이다. 그리고 이런 일은 표상함이 불가능하다거나 적어도 나에게 없다고 말하는 것과 같은 의미이다. 모든 생각 이전에 주어지는 표상을 직관이라고 한다. 그러므로 직관의 모든 다양은, 그것이 발견되는바, 동일한 주관 안에 있어서 내가 생각하는 일과 반드시 상관한다. 그러나 이런 표상은 자발성의 작용이다.

그런 표상은 감성에 속하는 것이라고 볼 수 없다. 나는 이[自我] 표상을 순수통각이라고 불러서 경험적 통각과 구별하고, 또 그것을 근원적 통각이라고

1) Cohen에 의하면, 이 통일은 「판단 일반」에 대한 「통일의 근거」이다.

도 부른다. 그것은, 자기 외에 것에서 끌어내질 수 없는 자기의식이기 때문이
다. 동시에 이런 자기의식은, 그것이 모든 다른 표상에 수반할 수 있고 또 만
인의 의식에 있어서 유일하고 동일한바, 내가 생각한다는 표상을 산출하는 것
이기도 하다. 이런 통각의 통일은 나는 자기의식의 선험적 통일이라고도 말한
다. 이것은 자기의식의 선험적 통일에서 생기는 선천적 인식의 가능성을 표시
하기 위해서이다. 무릇, 어떤 직관에 있어서 주어지는 「다양한 표상들」은 그것
들의 전부가 만약 하나의 자기의식에 속하지 않는다면, 그것들 모두가 나의 표
상들이 되지는 않을 것이다. 즉 다양한 표상들은 내 표상으로서 (내가 내 표상
으로서 의식하건 안 하건 간에) 그것들이 하나의 보편적인 자기의식 속에 공존할
133 수 있게 하는, 그런 조건에 반드시 적합해 있어야 한다. 그렇지 않으면, 다양
한 표상들은 전반적으로 내 것은 아니기에 말이다. 이런 근원적인 결합에서 다
음과 같은 많은 중요한 결과가 생긴다.

② 즉 직관에 주어진 다양에 대한 통각의 시종일관된 동일성은 표상들의 종합을 포함하고 있으며, 이 종합의 의식을 통해서만 그런 동일성이 가능하다. 왜냐하면, 각종 표상들에 수반되어 있는 경험적 의식은 그 자신 산만(散漫)한 것이요, 주관의 동일성과는 무관계하기 때문이다. 그러므로 주관의 동일성에 대한 관계는 내가 각 표상을 의식한다는 사정에 의해서는 아직 생기지 않고, 한 표상을 다른 표상에 보태어서 양자의 종합을 의식하는 사정에 의해서 생긴다. 하기에, 내가 주어진 표상들의 다양을 하나의 의식에 결합할 수 있음에 의해서만 이런 표상들에 있어서의 의식의 동일성 자신을 내가 표상할 수 있다. 즉 통각의 분석적 통일은 종합적 통일을 전제하고서만 가능하다.※

133 ※ 의식의 분석적 통일은 모든 「일반개념」 자신에 속한다. 가령 내가 「붉음(赤)
일반」(rot überhaupt)이라는 일반개념을 생각한다면, 그로 인해서 나는 (표징
으로서) 그 어느 곳에서 발견될 수 있거나 혹은 다른 표상들과 결합해 있을 수
134 있는 어떤 성질을 표상한다. 그러므로 나는 가능한 종합적 통일을 먼저 생각하
고서만, 분석적 통일을 표상할 수 있다. 각종 표상들에 공통적이라고 생각되어
야 하는 하나의 표상은, 공통 표상 외에 어떤 다른 것을 자체상 소유하는 표상
들에 속하는 것이라고 보여진다. 따라서 하나의 표상을 「일반개념」이도록 하
는바, 의식의 분석적 통일을 그 표상에 의해서 내가 생각할 수 있기 이전에,

> 그런 표상은 다른 표상(비록 가능한 표상일 뿐이라도)들과의 종합적 통일 중에서 미리 생각되어야 한다. 이리하여 통각의 종합적 통일은 최고 지점인 것이다. 오성의 모든 사용과, 뿐만 아니라 전(全)논리학자, 논리학에 따른 선험철학은 이 최고 지점에 결부(結付)되어야 한다. 아니, 이 통각 능력이 오성 자신이기도 하다.

직관에 주어진 표상들이 모조리 내 것이라는 사상은, 그러므로 표상들은 내가 하나의 자기의식에 결합하거나 혹은 적어도 결합할 수 있다는 것과 같은 의미다. 그리고 이런 사상 자신은, 아직 「표상들의 종합」은 아니로되, 그것은 종합의 가능성을 전제하고 있다. 즉 내가 표상들의 다양을 하나의 의식 속에 포괄할 수 있음에 의해서만, 그런 표상들을 모두 내 표상들이라고 말한다. 왜냐하면, 만약 그렇지 않으면, 내가 의식하는 여러 표상을 가지는 그 정도에 비례하는, 다색의 각종 자아를 가지게 될 것이다. 이에, 직관들의 다양에 대한 종합적 통일은 선천적으로 주어진 것으로서 나(我)의 모든 내용적 사고에 선천적으로 선행하는바, 「통각 자신의 동일성」에 대한 근거이다. 그러나 이런 결합 작용은 대상들에 있지 않고, 지각에 의해서 대상들로부터 빌려와져서, 비로소 오성 속에 받아들여질 수 있는 것도 아니며, 오로지 오성이 하는 작용이다. 오 135
성 자신은 틀림없이 선천적으로 결합하는 능력이요, 주어진 표상들의 다양을 통각의 통일 아래 포섭하는 능력이다. 통각의 원칙은 전(全)인간 의식의 최상 원칙이다.

③ 그런데 통각의 필연적 통일이라는 원칙은 확실히 그 자신 동일적이요, 따라서 분석적 명제이다. 그러나 그것은 직관에 주어진 다양의 종합을 필연적인 것이라고 선언한다. 이런 종합 없이는 자기의식의 시종일관된 동일성은 생각될 수 없다. 왜냐하면, 단순한 표상으로서의 자아에 의해서는 아무런 다양도 주어져 있지 않기에 말이다. 단순한 표상과는 다른바, 직관에 있어서만, 다양이 주어지고, 결합에 의해서 다양이 하나의 의식 중에서 사고된다. 자기의식을 통해서 동시에 모든 다양이 주어지도록 하는 오성이 있다면 그런 오성[하나님]은 아마 직관하기도 하겠다. 그러나 인간의 오성은 생각할 수만 있고, 직관은 감관에서 구해야 한다. 그러므로 직관 중에서 나에게 주어지는 표상들의 다양

에 상관해서, 동일한 자기를 나는 의식한다. 왜냐하면, 나는 그런 표상들을 모두 나의 표상들이라고 부르기 때문이다. 그래서 필경 그런 표상들은 하나의 표상을 형성하고 있다. 이런 말을 「내가 표상의 선천적인 필연적 종합을 의식하
136 고 있고, 이 종합은 통각의 근원적인 종합적 통일을 지시하며, 나에게 주어진 모든 표상은 그런 통일에 종속하되, 표상들은 그런 통일 속에 들어가게 하는 것은 사실은 종합작용」이라는 말과 같은 뜻이다.

17. 「통각의 종합적 통일」의 원칙은 오성의 모든 사용의 최상원칙이다.

① 선험적 감성론에 의하면, 감성에 관해서 모든 직관을 가능케 하는 최상원칙은 직관의 모든 다양이 시공(時空)이라는 형식적 조건에 따른다는 것이었다. 그러나 오성에 관해서 모든 직관을 가능케 하는 최상원칙은 직관의 모든 다양이 통각의 근원적·종합적 통일이라는 조건에 따른다는 것이다.※ 직관의 모든 다양한 표상들은, 그것들이 우리에게 주어지는 한에서 전자의 최상원칙
137 에 종속하고, 그것들이 하나의 의식 중에서 결합되어야 하는 한에서 후자의 최상원칙에 종속한다. 무릇 결합됨이 없이, 표상들만으로써는 아무런 것도 사고될 수 없고 혹은 인식될 수 없다. 왜냐하면, 단지 주어진 표상들은 공통되게 「내가 생각한다」라는 통각의 작용을 받아있지 않고, 그러므로 하나의 자기의식 중에 총괄되어 있지 않겠기 때문이다.

※ 시공과 그 모든 부분들은 직관들이요, 따라서 직관이 내포하는 다양을 지니는 개별적인 표상들이다(선험적 감성론 참조). 하기에 시공과 그 모든 부분들은 「동일한 의식이 많은 표상 속에 포함된 것으로서 발견하는 바」 개념이 아니다. 반대로 시공과 그 부분들은, 많은 표상들이 하나의 [포괄적] 표상 속에 또 이 표상의 의식 속에 포함된 것으로 발견되고 따라서 합성(合成)된 것으로 발견된다. 그러므로 의식의 통일성은 종합적이면서도 근원적이다. 각 직관[시공]들의 개별적(個別的)인 적용(適用)이 중요하다(아래의 25. 참조).[1]

② 일반적으로 말해, 오성은 인식들의 능력이다. 인식들은 주어진 표상들의 객관에 대한 관계 중에 존립한다. 객관이란 것은 주어진 직관의 다양이 결합되

1) 25.가 아니라, 23.이나 26.을 참조해야 한다는 말이 옳다고 한다.

어 개념화한 것을 의미한다. 그런데, 표상들의 모든 결합은 표상들의 종합에 있어서의 「의식의 통일」을 요구한다. 그러므로 의식의 통일은, 그것만이 표상의 대상에 대한 관계를 형성하는 것이요, 그렇기에 표상의 객관적 타당성을, 즉 표상이 인식으로 되는 것을, 결정하는 것이다. 하기에 [인식 능력으로서의] 오성의 가능성까지도 의식의 통일에 의존하고 있다.

③ 그래서 오성의 「최초의 순수한 인식」은—이것에 오성의 그 외의 전(全) 사용이 의존해 있고, 이것은 동시에 감성적 직관의 모든 조건에서 독립해 있거니와—통각의 근원적인 종합적 통일이라는 원칙이다. 이에 외적인 감성적 직관의 한갓 형식인 공간은 그 자신 아직 인식은 아니다. 공간은 가능한 인식에 대하여 선천적 인식의 다양을 줄 뿐이다. 공간에서 「그 무엇」을 가령 하나의
선(線)을 인식하자면, 나는 선을 그어보아야 하고, 따라서 주어진 다양의 일정 138
한 결합[종합]을 성립시켜야 한다. 그렇게 하면, 내가 선을 긋는 행위의 통일성은 동시에 (선의 개념에 있어서의) 의식의 통일성이요, 그런 까닭에 비로소 한 객관 (일정한 공간)이 인식된다. 이에, 의식의 종합적 통일이 모든 인식의 객관적 조건이다. 객관을 인식하자면 나는 그러한 조건을 필요로 할 뿐만이 아니라, 나에게 대한(für mich) 객관이 되자면 모든 직관이 그러한 조건에 따라야 한다. 이러한 종합이 없는, 다른 방식에 의해서는 다양은 하나의 의식 중에서 결합되지 않기 때문이다.

[의식의 종합적 통일이 모든 인식의 객관적인 조건이라는] 궁극 명제는 종합적 통일을 모든 사고의 조건으로 삼기는 하되, 그것 자신만으로는 이미 말했듯이 (16. ② 참조) 분석적이다. 왜냐하면, 그 명제가 의미하는 바는 「주어진 직관에 있어서의 나의 표상들은 죄다 내가 표상들을 나의 표상들로서 동일한 자아에 귀속시킬 수 있는 조건에 종속한다는 것, 표상들을 하나의 통각 중에서 종합적으로 결합된 것으로서 내가 생각한다는 보편적 표현에 의해서 총괄할 수 있는 조건에 종속한다는 것」임에 틀림없기 때문이다.

④ 그러나 [내가 생각한다는] 원칙은 일반적으로 가능한 모든 오성에 적용되는 원리가 아니라, 오직 다음과 같은 오성에만 적용되는 원리이다. 즉 오성의 순수한 통각에 의해서 내가 존재한다는 표상에 있어서, 다양이 전혀 주어지지 않고 있는 [인간의] 오성이다. 자기의식을 통해서 동시에 직관의 다양이 주어지

는 [직관적] 오성, 관념을 가짐에 의해서 동시에 관념의 객관이 존재하는 [비인간적] 오성[하나님]은, 다양을 의식의 통일 아래 종합하는 특수한 [인식론적]작
139 용을 필요로 하지 않을 것이다. 그러나 인간의 오성은 생각하기만 하고 직관하지는 않기 때문에, 그것은 저 종합 작용을 필요로 하는 바이다. 인간오성에 대해서는 [다양을 통각의 통일 아래] 종합하는 작용이 불가피한 최상원칙이다. 그러므로 인간 오성은 그 외의 있을 수 있는 오성—자신이 직관하거나 시공(時空)의 직관과는 다른 감성적 직관을 기초에 갖고 있는 오성[하나님의 오성]—에 관해서 조금도 이해할 수 없다.

18. 자기의식의 객관적 통일이란 무엇인가

① 통각의 선험적 통일이란, 직관 중에서 주어진 일체의 다양을 결합하여 한 객체의 개념 [즉 객체성]이 되게 하는 통일이다. 이에 그것은 객관적이라고 불러서, 의식의 주관적 통일과 구별해야 한다. 주관적 통일은 내감의 규정이요, 이런 내감을 통해서 직관의 다양은 [객관적인] 결합을 위해서 경험적[심리적]으로 주어진다. 내가 다양의 경험적인 의식을 「동시적」으로 할 수 있느냐 혹은 계시적으로 할 수 있느냐 하는 것은 그때 그때의 사정, 즉 경험적 조건에 의존한다. 그러므로 표상들을 연상함을 통한 「의식의 경험적 통일」은 그 자신
140 현상에 관계하고, 전혀 우연적이다.

이에 반해서, 시간 중에 있는 직관의 순수한 형식은, 주어진 다양을 포함하는 한갓 「직관 일반」으로서, 「내가 생각한다」라는 「하나의 의식」에 대한 다양한 직관의 필연적 관계에 의해서만, 즉 경험적 종합의 근저에 선천적으로 있는 「오성의 순수한 종합」에 의해서만, 의식의 근원적 통일에 종속한다. 이런 선험적 통일만이 객관적 타당성을 갖는다. 그러나 통각의 경험적 통일은 주관적 타당성만 갖는다. 경험적 통일을 우리는 여기서 고려하지 않는다. 그것은 주어진 구체적 조건 아래서 선험적 통일로부터 이끌어내지는 것이다. 어떤 말의 표상을 갑(甲)은 갑의 건(件)과 연결하고, 을(乙)은 을의 건과 연결한다. 이처럼 경험적인 것 중에 있는 「의식의 통일」은 주어진 것에 관해서 필연적·보편적인 타당성을 가지지 않는다.

19. 모든 판단의 논리적 형식은, 판단에 포함된 개념이 통각에 의해 객관적 통일을 얻는[형식] 중에 있다.

① [일반] 논리학자들이 「판단 일반」에 관해서 하는 설명에 나는 만족할 수 없었다. 그들의 소론에 의하면, 판단이란 두 개념들 간의 관계의 표상이다. 이런 설명은 기껏해야 정언판단(定言判斷)에만 들어 맞고, 가언판단(假言判斷)과 선언판단(選言判斷)에는 맞지 않는다(후자들은 개념 간의 관계를 포함하지 않고, 판단 간의 관계를 포함한다)고 하는 결점에 관해서 (이 결점에서 많은 좋지 않은 결과가 논리학에 생겼으되)※ 논리학자와 논쟁함이 없이, 나는 [두 개념의] 관계의 본 141
질이 명확하지 않다는 것만을 주의해 두기로 한다.

※ 삼단논법에 네 가지 격(格)에 관한 장광설(長廣舌)은 오직 정언적 삼단논법에만 상관한다. 이런 장광설은 직접추리[오성추리]를 순수한 삼단논법의 대소전제(大小前提) 아래에 남 몰래 감추어 두어, 제일격(第一格) 외의 여러 추리법의 가상(假象)을 사취(詐取)하려는 술(術) 임에 틀림없다. 그러나 그런 술에 의해서 저 장광설은 아무런 특별한 행운도 얻지 못하였을 것이다. — 정언판단 외의 다른 판단들이 정언판단에 상관해야 하는 것으로서의 정언판단에 독점적 권위를 주는 일이 성공하지 않은 이상(以上), 정언판단에 독점적 권위를 주는 일은 9.에 의해서 잘못이다.

② 그러나 내가 각 판단에 있는 주어진 인식들의 관계를 한층 더 정밀하게 연구하고, 이런 관계를 오성에 속하는 관계로서, 재생적 구상력의 법칙들에 의해서 생기는 관계(이것은 주관적 타당성만을 갖거니와)에서 구별할 때에, 판단이란 주어진 인식들을 통각의 객관적 통일에 이르게 하는 방식임에 틀림없음을 발견한다. 인식들에 있어서의 연어(連語)—이다(ist)—는 바로 객관적 통일을 노 142
리는 것이요, 이것은 주어진 표상들[주어와 술어]의 객관적 통일을 주관적 통일과 구별하고자 쓰인다. 왜냐하면, 연어는 근원적 통각에 대한 표상들의 관계를 의미하고, 주어진 표상들의 필연적 통일을 의미하기에 말이다. 비록 판단 자신이, 물체는 무거운 것이라고 하는 판단의 실례처럼 경험적이요, 그르므로 우연적이라 하더라도 역시 그러하다. 물체는 무거운 것이라고 함에 의해서, 나는

두 표상[물체와 무거움]이 경험적 직관에 있어서 서로 필연적 관계를 갖는다는 것을 말하려는 것이 아니다. 그 두 표상이 직관들의 종합에 있어서의 통각의 필연적 통일에 의해서 서로 관계를 맺고 있다는 것을 말한다. 즉 표상들에서 인식이 발생할 수 있는 한에서, 「모든 표상들을 객관적으로 규정하는 원리들—이 원리들을 죄다 통각의 선험적 통일의 원칙에서 이끌어내져 있거니와—에 따라서 표상들이 서로 관계를 맺고 있다」는 것을 말한다. 이래서만, [주어와 술어의] 관계에서 하나의 판단이 생긴다. 즉 객관적 타당성을 갖는 관계가 생긴다. 이런 관계는, 가령 연상 법칙에 의해서 주관적 타당성만을 갖는 두 표상의 관계에서 십분 구별되는 것이다. 연상 법칙에 의해서는, 나는 내가 한 물체를 가지고 있을 때에, 나는 무게의 압력을 느낀다는 말을 [심리적 경험을] 할 수 있을 뿐, 그 물체가 무겁다는 말을 [인식론적 판단을] 할 수는 없을 것이다. 그 물체가 무겁다고 판단하는 말은, 두 표상이 객관에 있어서, 즉 주관의 [심리]상태와 관계 없이, 결합해 있다는 것을 의미하고 (비록 지각이 아무리 되풀이 하더라도) 그저 지각 중에 공존하는 것이 아님을 의미한다.[1)]

143 20. 모든 감성적 직관은 범주에 종속한다. 범주란 직관들의 다양을 결합하여 하나의 의식으로 될 수 있게 하는 유일한 조건이다

① 감성적 직관에서 주어진 다양은 반드시 통각의 근원적인 종합적 통일에 종속한다. 왜냐하면, 이런 통일에 의해서만 직관의 통일이 가능하기 때문이다(17). (직관이건 개념이건 간에) 주어진 표상들의 다양을 하나의 통각 일반 안에 들어가게 하는 오성의 작용이 판단들의 논리적인 기능이다(19). 그러므로 모든 다양은, 그것이 하나의 경험적 직관 중에 주어져 있는 한에서, 판단하는 논리적 기능들 중의 한 기능에 관해서 규정되어 있다. 즉 이런 기능에 의해서 다양은 의식 일반(意識一般) 속으로 들어가게 [결합하게] 된다. 그런데 주어진 직관의 다양이, 판단 작용에 관해서 규정되어 있는 한에서, 범주는 판단 작용 외의 다른 것이 아니다(13).[2)] 따라서 주어진 직관에 있어서의 다양은 반드시 어느

1) A. 7과 xlix면 역주 1 참조.

2) 13.이 아니라 14.또는 10.을 참조해야 한다는 말이 옳다고 한다. 여기까지는 주로 객관적 연역이요, 이하 특히 26절은 주관적 연역이다.

범주에건 귀속한다.

21. 주석

① 내가 나의 직관이라고 말하는 직관 중에 포함되어 있는 다양은 오성의 144
종합에 의해서 자기의식의 필연적 통일에 속하는 것으로 표상[생각]된다. 그리고 이런 일은 범주에※ 의해서 생긴다.

※ 이것의 증명근거는, 표상된 직관의 통일에 있다. 직관의 통일에 의해서 대상이 주어지고, 이런 통일은 항상 「직관에 대해서 다양하게 주어진 것」의 종합을 자기 안에 포함하고, 다양하게 주어진 것의 통각의 통일에 대한 관계를 벌써 포함하고 있다.

따라서 범주는 하나의 직관에서 주어진 다양의 경험적 의식이 선천적인 순수한 자기의식에 종속한다는 것을 지시한다. 이것은 경험적 직관이 선천적으로 성립하는 순수한 감성적 직관에 종속하는 것과 같다. 이렇기에 [20의] 명제에 있어서 「오성의 순수한 개념」의 연역의 첫걸음이 열린 셈이다. 범주들은 감성에서 독립하여 오성 중에서만 발생하는 고로, 나는 오성의 순수한 개념을 연역할 즈음에 다양이 경험적 직관에 주어지는 방식을 도외시해야 하고, 오성이 범주를 통해서 직관에 보태지는 통일만을 주시해야 한다. 경험적 직관의 통일이란, 범주가 20에서 말했듯이 주어진 「직관 일반」의 다양에 대해 지정하는
통일임에 틀림없다는 것을, 경험적 직관이 감성에 주어지는 방식에 의해 나는 145
이하(26)에서 지적할 것이다. 따라서 우리 감관의 모든 대상에 관하여 범주의 선천적 타당성이 천명됨에 의해서 나는 비로소 연역의 의도를 완성할 것이다.

② 그러나 상술한 증명에 있어서 나는 한 가지를 도외시할 수 없었다. 그것은, 오성의 종합에 앞서서 또 이 종합에서 독립하여, 다양이 주어져서는 안 된다는 것이다. 어째서 그러해야 하느냐 하는 것은 아직 미결이다. 왜냐하면, 만약 내가 스스로 직관하는 오성을 상정하려고 한다면(이런 오성은 하나님 같은 오성일 것이다. 이런 오성은 주어진 대상을 표상[생각]하지 않겠고, 대상의 표상이 동시에 대상 자신을 주겠고 혹은 산출하겠지만), 이런 인식에 관해서는 범주는 아무런 의미도 가지지 않을 것이기에 말이다. 범주는, 오성의 전(全) 능력이 「생각」하는

점에 존립하는, 즉 외부에서 직관에 주어진 「다양의 종합」을 통각의 통일에
가져가는 작용 중에 존립하는, [인간적] 오성에 대한 규칙일 뿐이다. 그러므로
오성의 전 능력은 자신만으로써 아무런 것도 인식함이 없고, 인식의 질료인 직
관—이것은 객관에 의해서 오성에 주어지거니와—을 결합하고 질료에 질서를
주는 것이다. 그러나, 우리의 오성이 왜 범주에 의해서만 또 범주의 이런 성질
146 과 수에 의해서만 통각의 선천적 통일을 산출하는 특성을 갖느냐 하는 근거에
관해서는 우리는 이 이상 더 설명할 수 없다. 이것은, 우리가 왜 바로 저런 판
단 기능을 갖고 [B. 95 참조], 그 외의 판단 기능을 가지지 않느냐, 혹은 왜 시
공만이 우리의 가능한 직관의 유일한 형식이냐 하는 것을 우리가 그 이상 더
설명할 수 없는 것과 마찬가지이다.

22. 범주는 사물의 인식을 위해서, 경험의 대상에 적용되는 외에 따로 사물을 인식하는 데에 쓰이지 않는다.

① 이래서 대상을 *생각하는* 것과 대상을 *인식하는* 것은 결코 같은 일이 아
니다. 즉, 인식하기 위해서는 두 가지가 필요하다. 첫째는 대상 일반을 생각하
게 하는 개념이다(범주이다). 둘째는 대상이 주어지게 하는 직관이다. 개념에
대응하는 직관이 주어질 수 없다면, 개념은 형식상으로는 생각이겠지만, 아무
런 대상도 가지지 않을 것이요, 그런 개념에 의해서는 사물의 인식은 불가능할
것이다. 왜냐하면, 그럴 경우에는 내가 아는 한에서, 나의 「생각」이 적용될 수
있는 것[대상]이 *존재하지도 않고 존재할 수도* 없겠기 때문이다. 무릇 우리 인
간에게 가능한 직관은 모두가 감성적이요(감성론 참조), 그러므로 「오성의 순수
한 개념」을 통한 「대상 일반의 사고작용」은 오성의 순수한 개념이 감관의 대
상에 적용되는 한에서만 우리의 인식이 될 수 있다. 감성적 직관은 순수한 직
관(시공)이거나, 혹은 감각을 통해서 시공에서 직접 실재하는 것으로 표상[의
식]되는 것[질료]의 경험적 직관이다. 우리는, 순수한 직관을 규정함을 통해서
147 (수학에서 하듯이) 대상에 관한 선천적 인식을 현상으로서 얻을 수가 있으나, 그
것은 형식상으로만 얻는 것이다. 이런 형식 중에 직관되는 사물이 있을 수 있
나 하는 것은 이때에 아직도 미결인 것이다. 그러므로 모든 수학적 개념은 그
것만으로써는 인식이 아니다. 다만 저 순수한 감성적 직관의 형식[시공]에 적

합함에서 우리에게 정시(呈示)되는 사물이 있다는 것을 전제할 때는 별문제다. 허나 시공 중의 사물은, 그것이 지각(감각이 동반하는 표상)인 한에서만 우리에게 주어진다. 즉 경험적 표상에 의해서만 주어진다. 하기에 오성의 순수한 개념은, 그것이 (수학에서처럼) 선천적인 직관에 적용되는 때라도, 선천적 직관이 따라서 이것을 매개로 해서 오성의 개념이, 경험적 직관에 적용될 수 있는 한에서만 인식을 준다. 하기에, 경험적 직관에 적용될 수 있는 일에 의하는 외에는, 범주는 [순수한] 직관을 통해서도 사물의 인식을 우리에게 주지 않는다. 즉 범주는 경험적 인식을 가능케 하기 위해서만 쓰인다. 이런 경험적 인식이 [객관적] 경험(Erfahrung)[1]이라고 일컬어진다. 이렇기에 범주는, 사물이 가능한 경 148
험의 대상으로 인정되는 한이 아니라면, 사물을 인식하는 데에 쓰이지 않는다.

23. [감성적 직관과 비감성적 직관]

① [범주는 감관의 대상에만 적용된다는] 명제는 지극히 중대하다. 그것은 대상에 관하여 「오성의 순수한 개념」이 쓰이는 한계를 규정하기에 말이다. 이것은 선험적 감성론이 우리의 감성적 직관의 순수형식이 쓰이는 한계를 정했던 것과 같다. 시공은 대상이 주어질 수 있는 가능성의 조건으로, 감관의 대상에게만, 따라서 경험에만 타당하다. 이 한계를 넘어서서는 시공은 아무것도 표상하지 않는다. 왜냐하면, 시공은 감관 중에만 있고, 감관 바깥에서는 현실성이 없기에 말이다. 오성의 순수한 개념은 이러한 제한에서 자유요, 「직관 일반」의 대상에 미쳐있고, 직관이 감성적이요, 비지성적(非知性的)인 한에서, 그것이 인간의 직관에 유사하냐 안 하냐 하는 것을 묻지 않는다. 그러나 [오성의 순수한] 개념을 우리의 감성적 직관의 바깥으로 확대함은 우리에게는 도움이 되지 않는다. 그때에는 객관에 관한 공허한 개념은 있되, 그러한 공허한 개념에 의해서 그 객관이 과연 가능하냐 안 하냐에 관해서, 우리는 판단할 수 없다. 즉 그때에는 객관적 실재성이 없는 한갓 사고형식만이 있을 뿐이다. 왜냐하면 그때에는 우리는 직관을 가지지 않기 때문이다. 이 직관을 향해, 개념[사고형식]만 149
이 내포하는 통각의 종합적 통일이 적용될 수 있겠다. 통각의 종합적 통일이

1) xlvi면 주 1 참조.

적용되어서만, 저 개념은 대상을 규정할 수 있겠다. 우리의 감성적이면서도 경험적인 직관만이 개념에 의미[실질]와 가치를 줄 수 있는 바이다.※

② 만약 우리에게 비(非)감성적 직관의 객체가 주어졌다고 가정한다면, 그런 객체는 감성적 직관에 속하는 것을 도무지 가지지 않는다는 전제—객체가 연장(延長)이 없다. 즉 공간 중에 없다. 그것의 지속(持續)에는 시간이 없다. 그것에는 변화(시간 중에서의 규정들의 경과)가 없다 등등의 전제—속에 있는바, 모든 객어에 의해서 우리는 그런 객체를 확실히 표상할 수 있다. 그러나 객체의 직관 중에 그 무엇이 [적극적으로]있다고 말할 수 없어서 [소극적으로] 객체의 직관이 무엇이 아니다[없다]라고만 지적하는 일은 아무런 진정한 인식도 아니다. 이때에 나는 나의 「오성의 순수한 개념」에 대한 「객관의 가능성」을 표상하지 않았던 것이다. 왜냐하면 오성의 순수한 개념에 대응하는 직관을 내가 줄 수 없었고, 오직 우리 인간의 직관은 그러한 객체에는 타당하지[적용되지] 않는다는 말만을 할 수 있었기 때문이다. 그러나 여기서 가장 중대한 것은 이러한 어떤 것[객체]에는 단 하나의 범주도 적용될 수 없을 것이라는 것이다. 가령 실체의 개념, 즉 주어로서만 존재하고 술어로서는 존재할 수 없는 「어떤 것」에 관해서, 경험적 직관이 그 개념을 적용하는 경우를 나에게 주지 않는다면, 이러한 「사고 형식」에 대응하는 어떤 사물이 과연 있을 수 있을지, 나는 아는 바 전혀 없다.

※ N.K. Smith, 순수이상비판, 영역, 1958. p. 163 참조.

150 이 점에 관해서는 이하에서 더 진술하겠다.

24. 감관의 「대상 일반」에 범주를 적용함

① 오성의 순수한 개념은 한갓 오성에 의해서 「직관 일반」의 대상에 상관한다. 이 경우에, 직관이 감성적이기만 하다면, 그것이 인간의 직관이건 그 외의 다른 존재의 직관이건 간에 무관하다. 그러나 바로 그 때문에 오성의 순수한 개념은 한갓 사고형식이요, 이런 사고형식을 통해서 아무런 일정한 대상도 인식되지는 않는다.

오성의 순수한 개념에 있어서의 「다양의 종합」, 즉 다양의 결합은 단지 통각의 통일에만 상관하였고, 그런 까닭에 다양의 종합은 인식이 오성에 의존하는 한의 선천적인 인식을 가능하게 하는 근거였으며, 따라서 선험적이었을 뿐더러, 순전히 지성적이기도 하였다. 그러나 우리에게는 선천적인 감성적 직관의 일정한 형식[공간의 시간]이 근저에 있고, 이런 형식은 표상능력의 수용성(즉 감성)에 의존하기 때문에, 자발성으로서의 오성은 주어진 표상들의 다양을 통해서 통각의 종합적 통일에 적합해 있는 내감을 규정할 수 있다. 그리고 오성은 선천적인 감성적 직관의 다양에 향하는 통각의 종합적 통일을—우리(인간)의 직관 대상이 반드시 종속하는 조건으로서—생각할 수 있다. 이래서 한갓 사고형식으로서의 범주가 객관적 실재성을 얻는다. 즉 대상에 적용된다. 여기 151
서의 대상이란 단지 현상으로서, 우리의 직관에 주어질 수 있는 것이다. 왜냐하면, 우리는 현상에 관해서만, 선천적 직관을 할 수 있기 때문이다.

② 감성적 직관의 다양에 대한 이러한 종합은 선천적으로 할 수 있고 또 필연적이로되, 이런 종합을 형상적인 것, (즉 형상적 종합)이라고 칭할 수 있다. 이것과 구별되는 것이 「직관 일반」의 다양에 관해서 한갓 범주 중에서 생각되는 종합, 즉 오성의 결합(즉 지성적 종합)이다. 그러나 형상적 종합과 지성적 종합의 양자가 다 선천적으로 작용할 뿐만 아니라, 다른 선천적 인식을 가능하게 하는 근거이기 때문에, 그 두 가지 종합은 선험적이다(B. 155 참조 역자).

③ 그러나 형상적 종합이 통각의 근원적인 종합적 통일에만, 즉 범주에서 생각되는바, 선험적 통일에만 상관할 적에, 그것은 순 지성적인 결합에서 구별되어, 구상력의 선험적 종합이라고 한다. 구상력이란, 직관 중에서 대상이 지금 있지 않건마는, 대상을 표시하는 능력이다. 그런데 우리의 모든 직관은 감성적이기 때문에, 구상력은 그것만이 「오성의 개념」에 대응하는 직관을 오성의 개념에 줄 수 있는 주관적 조건인 점에 기본해서, 감성에 속하는 것이다. 그러나 [타면] 구상력의 종합은 자발성의 표현이요, 이 자발성은 규정적이요, 감관처럼 규정되는 것이 아니며, 그러므로 감관의 형식에 좇아 통각의 통일에 152
일치해서 감관을 선천적으로 규정할 수 있다. 이런 만큼 구상력은 감성을 선천적으로 규정하는 능력이다. 그리고 구상력이 하는 [다양한] 직관들의 종합은 범주에 합치해서 행하여지기 때문에, 그것은 구상력의 선험적 종합이 아닐 수 없다. 이런 종합은 오성의 감성에 미치는 작용이요, 오성을 우리가 가능한 직관의 대상에 최초로 적용하는 것이다(동시에 오성의 그 외의적용에 대한 기초이기도

하다). 구상력의 선험적 종합은 형상적인 것으로서 「지성적 종합」에서 구별되어 있다. 후자는 오성에 의할 뿐이요, 구상력의 도움이 전혀 없는 것이다. 그런데 구상력이 자발성인 한에서 나는 그것을 이따금 생산적 구상력이라고 말하고, 재생적 구상력과 구별한다. 이 재생적 구상력의 종합은 「경험적 법칙」에만 좇아 있고, 연상법칙에만 좇아 있다. 그러므로 재생적 구상력은 선천적인 인식의 가능성을 설명하는 데에 기여함이 없고, 이런 까닭에 선험철학의 분야에 들어가지 않으며, 심리학의 분야에 들어간다.

※ ※ ※

① 내감의 형식을 설명할 무렵에(6) 누구에게도 이상하게 여겨졌을 역설을 이곳에서 천명하기로 한다. 즉, 우리는 내적(심리적)으로 촉발되는 대로만 우리 자신을 직관하기 때문에, 내감은 우리 자신이더라도 우리가 우리에게 현상하
153 는 대로만 의식화하고, 우리 자체(an uns selbst)대로는 의식화하지 않거니와, 이런 견해는 모순인 듯하다. 왜냐하면, 우리는 우리 자신에 대해서 피동적 관계에 있는 것이기에 말이다. 그러므로 (우리는 내감과 통각능력을 조심스레 구별하되) 심리학의 체계에서는 양자를 같은 것이라고 보는 경향이다.

② 그러나 내감을 규정하는 자는 오성이요, 또 오성의 근원적 능력이다. 오서의 근원적 능력이 직관의 다양을 결합한다. 즉 직관의 다양을 (오성이 가능성조차 의존하고 있는) 통각에 집어넣고 있다. 그런데 우리 인간에 있어서는 오성은 그 자신 직관의 능력이 아니요, 비록 직관이 감성에 주어져 있더라도, 그것을 오성은 자신 속에, 이를테면 자기 자신의 직관의 다양을 결합하고자, 받아들일 수가 없다. 이렇기에 오성의 종합은 오성만을 단독으로 고찰한다면, 통일작용 이외의 다른 것이 아니요, 오성은 이런 통일 작용을 통일 작용으로서 감성을 기다리지 않고서도 의식한다. 그러나 오성은 통일 작용에 의해서 감성의 직관형식에 따라서 자신에게 주어지는 다양에 관한 감성을 스스로 내면적으로 규정할 수 있다. 이래서 오성은 구상력의 선험적 종합이라는 이름 아래서, 오성이 가진 능력인 수동적인 주관에 작용을 미치는 것이다. 이런 까닭에 내감은
154 구상력의 선험적 종합에 의해서 촉발된다고 하는 우리의 말은 정당하다. 통각 및 통각의 종합적 통일은 내감과는 전혀 다르다. 전자는 모든 결합의 원천으로

서는 「직관들 일반」의 다양에 상관하고, 범주의 이름 아래서는 모든 감성적 직관에 앞서서 직관 일반에 상관한다. 이에 반해서 내감은 한갓 직관의 형식[시간]을 포함하고 직관 중의 다양을 결합함이 없으며, 따라서 아무런 규정된 직관도 포함하지 않는다. 규정된 직관은 구상력의 선험적 작용에 의해서 (즉 오성의 내감에 대한 종합적 영향에 의해서) 다양을 규정하는 의식을 통해서만 가능하다. 구상력의 선험적 작용을 나는 이미 「형상적 종합」이라고 불렀던 바다.

③ 우리는 이러한 사태를 항상 또 우리의 내심에서 인정한다. 선을 생각 속에서 먼저 실지로 그어보는 일 없이, 우리는 선을 생각할 수 없다. 동그라미도 먼저 생각 중에서 그려보지 않고서는 그것을 생각할 수 없다. 한 점(點)에서 서로 수직적인 세 선을 그어보는 일 없이는 삼차원의 공간을 표상할 수 없다. 하나의 직선을 그을 무렵에(직선은 시간의 외적인 형상적 표상일 것이지만) 우리가 내감을 계기적으로 규정하게 되는 「다양 종합의 작용」을 주시함이 없이는, 또 그로 인해서 내감에서의 계기적인 규정을 주시함이 없이는, 우리는 시간조차도 표상할 수 없다. 주관의 작용으로서의(객관의※ 규정으로서가 아니라) 운동은, 155
따라서 공간에 있어서의 다양의 종합은, 우리가 [다양한] 공간을 도외시하고 내감을 형식상으로 규정하는 작용에만 주의할 때에 비로소, 계기의 개념[관념]도 산출한다. 즉 오성은 다양의 이러한 결합을 내감에서 발견하지 않고, 오성이 내감을 촉발함으로써 다양의 결합을 산출한다.

※ 공간에서의 객관의 운동이란 순수한 학문에 속하지 않고, 따라서 기하학에 속하지 않는다. 그 무엇이 움직일 수 있는 것은 선천적으로가 아니라 경험을 통해서만 인식될 수 있기 때문이다. 그러나 공간의 기술로서의 운동은 외적 직관 일반에 있어서 생산적 구상력이 다양을 계기적(繼起的)으로 종합하는 순수한 작용이다. 그러므로 그것은 기하학에 속할 뿐만 아니라, 선험철학에도 속한다.

어떻게 해서, 「생각」하는 자아가 자기 자신을 직관하는 자아와는 (내가 [감성적 직관 외의] 다른 직관방식이 적어도 가능하다고 생각할 수 있기 때문에) 다름에도 불구하고 동일한 주관으로서 자기 자신을 직관하는 자아와 같은 것이냐?
다시 말하면 어떻게 해서 지성자(知性者)요, 생각하는 주관인 자아가, 내가 나 156
에게 생각된 것인 이외에, 내가 나에게 직관 중에 주어져 있는 것인 한에서,

—다른 현상들과 마찬가지로 나는 나에게 현상하는 것이요, 나는 오성 앞에 [물자체로서] 있는 것이 아닌 것으로서—생각된 객관인 자기 자신을 인식한다고 내가 말할 수 있느냐? 이 문제는, 어떻게 해서 내가 일반적으로 내 자신의 객관이 될 수 있느냐, 자세히 말하면 직관과 내적 지각과의 객관이 될 수 있느냐 하는 문제보다도 「더하지도 덜하지도 않은」 곤란성을 가지고 있다. 허나 이 문제가 사실로 그렇다는 것은, 우리가 공간을 외감(外感)이 현상하는 순수한 형식으로서만 인정할 때에, 다음과 같은 두 사정에 의해서 명백히 증시될 수 있다. 즉 우리가 외적 직관의 대상이 아닌 시간을, 우리가 그어보는 한의 선의 심상 아래서만 설명할 수 있다는 사정이다. 선을 그어보는 방식이 없으면, 우리는 시간 측정의 단위를 인식할 수 없는 것이다. 또 우리는 「시간 길이」의 규정 혹은 시점의 규정은 모든 내적 지각에 대해서 외물(外物)들이 가변적인 것을 우리에게 전시하는 것[변화]에서 얻어 와야 하고, 그러므로 외감의 규정을 공간 중에서 정돈하는 것과 같은 식으로, 내감의 규정은 현상을 시간 중에서 정돈한다는 사정이다. 그러므로 만일 우리가 외감에 관해서 우리가 외적으로 촉발되는 한에서만 객관을 인식하는 것을 용납한다면, 그와 마찬가지로 내감에 관해서 우리는 내적으로 우리 자신에 의해서 촉발되는 그대로만, 우리 자신을 직관한다는 것을 인정해야 한다. 다시 말하면, 우리는 내적 직관에 관해서 우리 자신의 주관을 「현상」으로서만 인식하고 「주관 자체인 것」에 따라 인식하지는 않는다는 것을 인정해야 한다.※

※ 내감이 우리 자신에 의해서 촉발된다는 견해가 자못 난해하다고 하는 까닭을 나는 모르는 바다. 모든 주의(注意)작용은 촉발의 실례를 보내 준다. 오성은 주의 작용에 있어서 그것이 생각하는 바 결합에 따라서 항상 내감을 규정하여 내적 직관에 이르도록 한다. 이 내적 직관은 오성이 종합할 즈음의 다양에 대응하고 있다. 일반적으로 심성이 우리 자신에 의해서 얼마만큼 촉발되는가 하는 것은 각인이 자신 안에서 지각할 수 있다.

25. [자기 의식과 자기 인식]

① 타방 「표상 일반」의 다양의 선험적 종합에 있어서, 따라서 통각의 종합
157 적인 근원적 통일에 있어서, 나는 나 자신을 의식한다.——내가 내 자신에게

현상하는 그대로도 아니요, 내가 「내 자체」인 그대로도 아니라 오직 내가 존재한다(ich bin)는 것만을 의식한다. 내가 존재한다는 표상은 생각함이요, 직관이 아니다[비판철학서론 46절 주 참조].

그런데 우리 자신을 인식하자면, 모든 가능한 직관의 다양을 통각이 하는 통일로 가져 가는 바 사고 작용 외에, 다양을 주는 바 일정한 종류의 직관이 필요하다. 확실히 내 자신의 존재는 현상이 (더군다나 가상이) 아니나, 그러나 내 존재※에 규정은 내감의 형식에 의해서만, 또 내가 결합하는 바 다양이 내적 직관에서 주어지는 특수방식에 의해서만, 생길 수 있다. 따라서 나는 내가 158
존재하는 그대로의 내 자신에 관한 인식을 가지지 않고 오직 「내가 내 자신에 현상하는」 그대로의 내 자신에 관한 인식을 가진다.

※ 「내가 생각한다」는 것은 나의 현존을 규정하는 작용을 표시한다. 즉 현존은 내가 생각함을 통해서 이미 주어져 있되, 그런 현존을 내가 어떻게 규정할 것인가, 다시 말하면 현존이 갖는 다양을 나에게 있어서 어떻게 세울 것인가 하는 방식은, 내가 「생각함」을 통해서는 주어져 있지 않다. 이것을 위해서는 선천적으로 주어진 형식, 즉 시간을 근저에 두어야 하는 「자기직관」이 필요하다. 시간은 감성적이요, 규정되는 자(das Bestimmbare)의 수용성에 속하고 있다. 그런데 내가 이런 직관 외의 다른 종류의 자기직관을 가지지 않는다면, 즉 시간이 규정되는 자를 주듯이 규정작용에 앞서서 내 안에서 규정하는 자(das Bestimmende)—이깃의 자발성을 나는 의식할 뿐이로되—를 주는 바 자기직관을 가지지 않는다면, 나는 나의 현존을 자기 활동적 존재로 규정할 수 없다. 나는 오직 나의 생각함의 자발성, 즉 규정의 자발성만을 표상할 따름이다. 이때 나의 현존은 항상 감성적임에 그친다. 즉 나의 현존은 「현상의 현존」으로 규정되는 것이다. 허나 내가 나를 지성자(知性者)라고 말하는 것은 [사고함의] 자발성에 기인하고 있다.

이래서 자기의식은 아직도 도저히 자기 인식은 아니다(Das Bewusstsein seiner selbst ist also noch lange nicht ein Erkenntnis seiner selbst).——모든 범주가 통각에 있어서의 다양의 결합에 의해서 객관 일반을 생각하는 데 쓰임에도 불구하고 그러하다. 나와는 다른 객관을 인식하자면, (범주에 있어서) 객관 일반을 생각하는 외에 나로 하여금 저 보편적 개념[객관 일반을 생각함]을 규정하도록 하는 직관을 나는 필요로 한다. 이와 마찬가지로 자기 인식을 위해서는 나는 자기 의식 외에, 즉 내가 내 자신을 생각하는 외에, 나의 이 생각함을 규
159 정하도록 하는 「내심중의 다양의 직관」을 필요로 한다. 나는 지성자로 현존하고 이 지성자는 그의 결합능력을 의식할 뿐이다. 그러나 지성자가 결합해야 하는 다양에 관해서는, 지성자가 내감이라고 부르는 제한적 조건에 나는 복종하고 있다. 즉 이 결합을 시간 관계—이것은 「본래의 오성 개념」의 바깥에 있는 것이지만—에 따라서만 직관적이도록 하는 조건에 복종하고 있다. 그러므로 이 지성자는 (지성적이 아니고 또 오성 자신에 의해서 주어질 수 없는) 직관에 관해서 지성 자신에 단지 현상하는 그대로의 자신을 인식할 수 있을 뿐이요, 그의 직관이 지성적일 경우에 인식될지도 모르는 그대로의 자신[1]을 인식할 수는 없다.

26. 「오성의 순수한 개념을 경험에 있어서 보편적으로 사용할 수 있음」의 선험적 연역

① 형이상적 연역에 있어서는 범주 일반의 선천적 기원은 사고의 보편적인 [일반]논리적 기능과 범주가 서로 완전히 일치함에 의해서 증명되었다[10. 참조]. 그러나 선험적 연역에 있어서는 우리는 범주가 가능한 까닭을 직관 일반의 대상에 관한 선천적 인식이라고 표시하였다(20, 21). 우리는 이제야 항상 우리의 감관에 나타나는 대상이라면, 그 어떠한 대상도 범주에 의해서—그러면서도 대상의 직관형식에 관해서가 아니라 대상을 결합하는 법칙에 좇아서—선천적으로 인식하는 가능성을 설명해야 한다. 이를테면 자연에 대해서 법칙을 지정하는 가능성을, 심지어는 자연을 가능하게 하는 가능성을 설명해야 한다.
160 왜냐하면 범주의 이러한 효용성이 없으면, 우리의 감관에만 나타날 수 있는 일체가 선천적으로 오성에서만 유래하는 법칙에 어떻게 종속하느냐, 하는 점이 천명되지 않기 때문이다.

② 첫째로 내가 주의해 두어야 할 것은 각지(覺知)의 종합이란 경험적 직관

1) 이런 자아는 곧 「자아 자체」다. 자아에 관해서도 그 현상만 인식할 수 있고, 그 자체는 인식할 수 없다. 이 토막에 관해서는 B. 68, B. 398, B. 404 등도 참조.

에 있어서의 「다양의 총괄」을 의미한다는 것이다. 각지의 종합에 의해서 지각 즉 직관의 경험적 의식은 (현상으로서) 가능하게 된다.

③ 우리는 시공의 표상에 의해서 외내의 감성적 직관의 선천적 형식을 가진다. 그리고 현상의 다양에 대한 「각지의 종합」은 언제나 이 형식에 적종(適從)해야 한다. 각지의 종합은 그 자신이 형식에 좇아서만 있을 수 있기 때문이다. 허나 시공은 단지 감성적 직관의 형식으로서 선천적으로 표상될 뿐만 아니라, 그 자신 (다양을 내포하는) 직관들로서 직관들 중의 다양의 통일이라는 규정을 수반해서 표상된다(선험적 감성론[※] 참조). 이래서 외내의 다양의 종합적 통일도, 161
그러므로 결합도—공간 혹은 시간 중에서 규정된 것으로 표상되는 일체가 이 결합에 적종해야 하거니와—모든 각지를 종합하는 조건으로서, 직관과 함께(직관 속에서가 아니라) 동시에 선천적으로 주어져 있다.

※ 대상이라고 표상된 공간(기하학이 이런 공간을 필요로 하고 있거니와)은 직관의 한갓 형식 이상의 것을 포함한다. 따라서 그것은 감성의 형식에 좇아서 주어진 다양을 하나의 직관적 표상(直觀的 表象)으로 총괄함을 포함한다. 그래서 직관의 형식은 다양만을 주되, 형식적 직관 [구상력]은 표상을 통일한다. 이 통일을 나는 감성론에서는 감성으로만 간주했다. 그것은 단지 이 통일이 비록 종합을 전제할지언정, 「모든 개념에 선행」하는 것을 강조하기 위해서였다. 종합은 감관에 속하지는 않되, 종합을 통해서 시공의 모든 개념[관념]이 비로소 가능하게 된다. 통일에 의해서 (즉 오성이 감성을 규정함에 의해서) 공간 혹은 시간이 비로소 직관으로서 주어지기 때문에, 이 선천적 직관의 통일은 시공에 속하고, 오성의 개념에 속하지는 않는다(24. 참조).

그러나 이 종합적 통일은 하나의 근원적 의식 중에서 주어진 직관 일반의 다양을—범주에 합치해서—결합하는 (결합이 우리의 감성적 직관에 적용된 한에서) 통일 외의 다른 것일 수 없다. 이렇기에 지각마저 가능하게 하는 모든 종합은 범주들에 종속한다. 그리고 경험이란 결합된 지각을 통한 인식이기에, 범주는 경험을 가능하게 하는 조건이며, 따라서 경험의 모든 대상에 선천적으로 타당하다.

※ ※ ※

162 ④ 가령 내가 「집」의 경험적 직관을 그 직관의 다양의 각지(覺知)[1]를 통해서 지각할 때에, 나의 근저에는 공간와 외적인 감성적 「직관 일반」과의 필연적 통일이 있다. 나는 이를테면 공간에서의 「다양의 종합적 통일」에 좇아서 「집」의 윤곽을 그리는 셈이다.

같은 종합적 통일은, 만약 내가 공간이라는 형식을 도외시한다면, 그것의 좌석은 오성 중에 있으며, 이런 종합적 통일은 「직관 일반」에서의 동질적인 것을 종합하는 범주, 즉 양(量)의 범주다. 그렇기에 각지의 종합, 즉 지각은 완전히 양(量)의 범주에 적종하지 않을 수 없다.※

※ 이런 식(式)으로 경험적인 바 각지의 종합이 통각의 종합—이것은 지성적이요, 전혀 선천적으로 범주에 포함되어 있거니와—에 반드시 따라 있다는 것이 증명된다. 각지의 종합의 경우에는 구상력의 이름 아래서, 통각의 종합의 경우에는 오성의 이름 아래서, 직관의 다양에 결합을 집어 넣는 것은 동일한 자발성이다.

⑤ 또 하나의 예를 든다. 내가 물이 어는 것을 지각할 때에, 나는 액체와 고
163 체라는 두 가지 상태를 시간 관계에서 서로 맞서있는 것으로 각지한다. 그러나 내가 「내적 직관으로서의 현상」의 근저에 두는 바 시간 중에서, 나는 다양의 종합적 통일을 표상하지 않을 수 없다. 이런 통일이 없고서는, 시간 관계는 시간 계기에 관해서 직관 중에 규정된 것으로 주어질 수 없을 것이다. 그런데 이런 종합적 통일은 내가 그것 아래서 직관 일반의 다양을 결합하는 바 선천적인 조건이기 때문에, 내가 나의 내적 직관에 대한 항구적 형식, 즉 시간을 무시한다면, 그것은 원인이라는 범주다. 이 원인의 범주에 의해서 나는, 내가 만일 그것을 나의 감성에 적용한다면, 일어나는 만상을 그것의 (인과) 관계에 좇아서 시간 일반 중에서 규정한다. 이래서 사상에서의 각지는, 따라서 지각될 수 있는 것으로 보아진 사상 자신은 인과관계의 개념에 종속한다. 그 외의 경우에도 사정은 매한가지다.

※ ※ ※

1) 원서 4판은 「각지」 대신에 「통각」이라고 했다. 「집」에 관해 B. 235 끝 참조.

⑥ 범주는 현상에다, 따라서 만상의 총괄로서의 자연(질료적으로 보아진 자연)에다, 선천적 법칙을 지정하는 개념이다. 여기에 생기는 문제가 있다. 그것은 선천적 법칙이 자연에서 이끌어 내지지 않고, 또 표본으로서의 자연에 따르는 것이 아니기 (자연에 따른다면 법칙은 경험적이기에) 때문에, 자연은 법칙에 따라야 하는 것이 되거니와, 이런 일이 어떻게 이해될 수 있느냐 하는 것이다. 다시 말하면 법칙이 자연의 다양성의 결합을 자연에서 취해 오는 일이 없이, 그런 결합을 어떻게 선천적으로 규정할 수 있느냐 하는 것이다. 우리는 이 수수께끼의 해결을 이하에서 하기로 한다.

⑦ 자연 중의 현상들에 관한 법칙이 오성과 그 선천적 형식에, 즉 「다양 일 164
반」을 결합하는 오성의 능력에 일치해야 한다는 것은 현상들 자신이 선천적인 감성적 직관의 형식에 일치해야 한다는 것보다도 더 이상할 것이 전혀 없다. 왜냐하면, 현상들은 자체상 존재하지 않고, 감관을 가지는 한의 주관에 관계해서만 존재하듯이, 법칙들은 현상 중에 존재하지 않고, 오성을 가지는 한(限)의 주관에 — 이 주관에 현상들이 내재하거니와 — 관계해서만 존재하기 때문이다. 「물자체 그것」은 사물을 인식하는 오성과는 따로 반드시 [자신의] 합법칙성을 가질지 모른다. 그러나 현상은 사물의 표상일 뿐이요, 있을지 모르는 물자체의 모습은 우리에게 알려지지 않고 있다.

한갓 표상으로서의 현상은 그것을 결합하는 능력이 지정하는 이외의 [결합 법칙]에 종속하지 않는다. 그런데 감성적 직관의 다양을 결합하는 것은 구상력이요, 이 구상력은 그것의 지성적인 종합의 통일에 관해서는 오성에 의존하고, 그 각지(覺知)의 다양에 관해서는 감성에 의존하는 것이다. 이래서 모든 가능한 지각은 각지의 종합에 의존하고, 또 경험적 종합(각지) 자신은 선험적 종합에 즉 범주에 의존한다. 이 때문에 모든 가능한 지각은, 경험적 의식에 도달할 수
있는 일체는, 즉 자연의 만상은 그것들의 결합에 관해서 범주에 종속하지 않을 165
수 없다. 이에 단지 「자연 일반」으로 보아진 자연은 (형식상으로 보아진 자연으로서) 자연의 필연적인 합법칙성의 근본적 기초인 범주에 의존한다. 그러나 한갓 범주에 의해서 현상에 대해서 선천적 [자연]법칙을 지정하는 오성의 순수한 능력도, 시공중의 현상의 합법칙성으로서의 자연 일반이 기본해 있는 법칙의 이상의 [개별적] 법칙에 도달하기에 족한 것은 아니다. 특수한 [자연]법칙들은, 그

것들이 경험적으로 규정된 현상들에 관한 것이기 때문에, 죄다 선천적 법칙들에 종속하기는 하되 범주에서 완전하게 이끌어내질 수는 없다. 특수한 법칙 일반을 알기 위해서는, [직관적] 경험이 보태져야 한다[A. 128 참조]. 그러나 경험 일반과 경험의 대상이라고 인식될 수 있는 것과에 관해서 가르침을 주는 것은 오로지 저 선천적 법칙[보편적 자연법칙]뿐이다.

27. 오성의 개념[즉 범주]을 이처럼 연역한 성과

① 범주에 의하지 않고서는, 우리는 아무런 대상도 사고할 수 없다. 개념[범
166 주]에 대응하는 직관이 없고서는, 우리는 사고된 대상을 인식할 수 없다. 그런데 모든 우리의 직관은 감성적이요, 인식은 그것에 대상이 주어지는 한에서, 경험적 인식이다. 그러나 경험적인 인식은 [대상에 관계하는] 경험이다.[1] 그렇기에 가능한 경험의 대상에 관한 것 외에 아무런 선천적 인식도 우리에게 가능하지 않다.※

※ 이런 명제에서 이끌어내지는 걱정할 만한 좋지 못한 결과에 성급하게 부딪치는 일이 없기 위해서, 내가 주의를 환기하려는 것이 있다. 그것은 즉 범주는 사고에 있어서는 우리의 감성적 직관의 조건에 의해서 제한받지 않고, 무한한 분야를 갖는다는 것이요, 우리가 사고하는 것의 인식만이 즉 객관의 규정만이 직관을 요한다는 것이다. 직관이 없을 경우에, 객관의 사고는 주관의 이성사용에 관해서 역시 참답고도 유용한 결과를 가질 수 있다. 그러나 이성의 사용은 반드시 객관의 규정만을, 따라서 인식만을 노리고 있는 것이 아니라 주관의 [실천적] 규정과 이런 주관의 의욕도 노리고 있기 때문에, 나는 [도덕적] 이성사용을 여기서 진술하지 않는다.

② 그러나 경험의 대상에만 제한되어 있는 이 인식은 그렇다고 해서 모두가 경험에서 얻어진 것이 아니다. 순수한 직관과 「오성의 순수한 개념」에 관해서 말하면, 그것들은 우리 안에 선천적으로 발견되는 「인식의 요소들」이다. 그런데 경험과 그 대상들과의 필연적인 합치가 생각될 수 있는 두 가지 길만이 있다. 경험이 그 대상의 개념을 가능하게 하거나, 혹은 대상의 개념이 경험을 가

1) 주 30과 114 참조.

능하게 하거나 두 가지 길이다. 전자는 범주에 (또 순수한 감성적 직관에) 관해서는 성립하지 않는다. 범주는 선천적인 개념이요, 따라서 경험에서 독립하여 있기 때문이다(그럼에도 범주의 경험적인 기원을 주장한다면, 이것은 범주에 관한 일종의 자연 발생설[1])이 될 것이다). 그러므로 둘째의 길(순수이성의 이를테면 생물적 167
발생설[2]))만이 남는다. 즉 오성 측의 범주가 「모든 경험 일반」을 가능케 하는 근거를 포함한다는 길만 남는다. 허나 어떻게 범주가 경험을 가능하게 하느냐 또 범주를 현상에 적용할 즈음에, 범주는 어떠한 원칙을 내어 주느냐 하는 것을 이하의 「판단력의 선험적 사용」의 장(章)에서 상세히 진술하겠다.

③ 어떤 사람은 상술한 두 독특한 길 사이에 또 하나의 중간 길을 제시하려고 할 것이다. 즉 범주는 우리의 인식이 스스로 사고한 선천적인 제일[최상]원리도 아니요, 경험에서 [귀납적으로] 만들어진 것도 아니라, 우리의 생존과 함께 심어진 「사고에의 주관적 소질」이라는 것이다. 이 소질은 우리의 창조자[하나님]에 의해서, 그것의 사용이—경험이 그것에 따라서 진행하는 바—자연법칙에 정확하게 일치하도록 마련되어 있는 것이다(이런 중간 길은 순수이성의 일종의[3]) 예조설이다).

그러나 (장래의 판단에 대해서 예정된 소질이라는 전제[즉 예조설]를 어느 곳까지 더듬어야 하는가 하는 종말이 이런 가설에 있어서 확정될 수 없다는 것은 별문제로 하고), 이 중간 길의 경우에는, 범주가 그 본질적인 성질인 바 필연성을 결여하고 있다는 사정이 중간 길에 결정석으로 반대하게 될 것이다. 가령 원인의 개 168
념은 전제된 조건 아래서의 「결과의 필연성」을 입언하는 것이로되, 만약 이런 원인의 개념이 인과관계의 규칙에 좇아서 어떤 경험적 표상들을 결합하기는 하되, 임의로 우리에게 심어진 주관적 필연성에만 기본한다면, 원인의 개념은

1) 자연발생설은 생물이 특수한 조건 아래서 무기물(無機物)에서 우연히 발생한다는 설이다. 그리스의 탈레스와 아낙시메네스, 아리스토텔레스 등은 흙·공기·물·불의 4대 원소에 생명의 근원을 두었다.

2) 생물 발생설은 생물은 이미 존재하고 있는 생물로부터 이루어지고 무기물에서 우연히 생기는 것이 아니라는 설이요, 파스퇴이 외쳤다. 다시 말하면, 생명 영구설이다.

3) 예조설(豫造設)은 생물의 각 기관과 부분들이 이미 종자(種子) 혹은 배자(胚子) 속에 있었다는 설이다. 예조설을 범주에 관해 적용하면, 「우리 정신의 생리적 조직」이 우리가 반드시 사고하도록 하는 것이 되고 경험적 대상에 상관하는 범주의 작용을 변호할 필요가 없어질 것이다.

허위일 것이다. 즉 나는 결과와 원인을 객관에서 (즉 필연적으로) 결합해 있다고 말할 수 없고, 나는 [결과라는] 표상을 [원인이라는 표상과] 결합함에 틀림없다고 생각할 수 있는 소질이 주어져 있을 뿐이라고 말할 수 있겠다. 이러한 논조는 회의론자가 가장 내세우기 좋아하는 것이다. 그러나 이때에는 우리들의 판단이 자칭 객관적 타당성을 갖는다고 함에 의해서, 우리의 모든 통찰도 사실은 전혀 가상이 되지 않을 수 없다. 또 [예조설의] 주관적 필연성(즉 느껴진 필연성)을 인정하지 않으려는 사람도 있을 것이다. 적어도 자기의 주관이 [생리적으로] 어떻게 조직되어 있는가 하는 방식에만 의거하는 문제에 관해서는 사람은 그 누구와 논쟁할 수도 없을 것이다.

연역의 요약(要約)

이 연역은 「오성의 순수한 개념」과 동시에 모든 이론적인 선천적 인식을
169 [객관적] 경험을 가능케 하는 원리라고 해설한 것이다. 그리고 이런 경험은 시공 중의 현상에 대한 규정 일반이요, 이 규정은 필경 감성의 근본형식인 시공에 관한 「오성의 형식으로서의 통각」의 근원적 종합적 통일의 원리에서 유래하는 것이다.

※ ※ ※

여기까지는 「기초 개념」을 다루었기 때문에, 나는 각 항목을 [번호를 붙여서] 구분하는 것을 필요하다고 생각하였다. 이제부터는 우리는 기초 개념의 사용을 천명하려고 하기 때문에, 항목의 구분 없이 연속적 차림으로 진술이 진행할 것이다.

선험적 분석론

제2편 원칙의 분석론

① 일반논리학은 고급 인식 능력의 구분과 완전히 일치하는 설계도로 세워져 있거니와, 고급 인식 능력이란 오성·판단력·이성이다. 그러므로 일반논리학의 분석론이 개념·판단·추리 등을 다루고 있는 것은 보통 오성 일반[1]이라는 개괄적 이름 아래서 이해하는 심성 능력들의 기능과 질서에 잘 합치한다.

② 이제 말한 형식논리학은 (인식이 순수하건 경험적이건 간에) 인식의 내용을 170
모두 무시하고 사고(추리적 인식) 일반의 형식만을 연구한다. 이 때문에 일반논리학의 분석론은 [추리적]이성에 대한 규준도 포함할 수 있다. 이성의 형식은 확실한 지정이 있고, 이 지정은 그 무렵에 사용된 인식의 특수 성질을 고려함이 없이 선천적으로 이성작용들의 구성요소를 분해하는 데서 알려질 수 있다.

③ 선험적논리학은 일정한 내용에, 즉 선천적인 순수인식에 제한되어 있기 때문에, 그것을 구분함에 있어서 형식논리학을 모방할 수 없다. 왜냐하면 이성의 선험적[초험적] 사용은 객관적으로 타당하지 않고, 따라서 진리의 논리학(Logik der Wahrheit) 즉 분석론에 속하지 않으며, 가상의 논리학(Logik des Scheins)으로서 선험적 변증론이라는 이름 아래 전문적 학설의 특수 부문을 필요로 함은 명백하기 때문이다.

④ 따라서 오성과 판단력은 객관적으로 타당한 사용을, 즉 진정한 사용의 규준을 각각 선험적 논리학에서 가지며, 그러므로 선험적 논리학의 분석적 부문에 속한다. 그러나 이성은 대상들에 관하여 선천적으로 무엇을 결정하고 가능한 경험의 한계를 넘어서 인식을 확장하려는 시도에 있어서 어디까지나 변증적이다. 이성의 사이비 주장들은 분석론이 포함할 규준에 합치하지 않는다. 171

⑤ 그러하기에 원칙들의 분석론은 판단력에 대한 규준이 될 것이다. 이 규준은 선천적 규칙을 위한 조건을 포함하는 오성개념[범주]들을 대상에 어떻게

1) 오성은 광의에서는, 개념능력·판단능력·추리능력 등을 포괄해 있다.

적용할 것인가 하는 것을 판단력에게 가르친다. 이런 원인에서 나는 오성의 진정한 원칙들을 주제로 삼으면서 본편에서는 판단력의 이설이라는 명칭을 사용하겠고, 그리함으로써 내가 하는 일이 보다 더 정밀하게 표시된다.

들어가는 말: 선험적 판단력 일반

① 오성 일반을 규칙의 능력이라고 설명한다면, 판단력[1]은 그런 규칙 아래
172 로 포섭하는 능력이다. 즉 과연 그 무엇[한 사례]이 주어진 규칙의 적용을 받는지(잘 알려진 법칙의 사례인지)의 여부를 식별하는 능력이다. 일반논리학은 판단력에 대해 아무런 규정(規定)도 하지 않으며 또 할 수도 없다. 일반논리학은 인식의 모든 내용을 무시(無視)하기 때문에 일반논리학에 남는 일은 개념·판단·추리 안에 있는 인식의 한갓 형식만을 분석적으로 떼어내어, 모든 오성작용의 형식적 규칙을 성립시키는 일뿐이기에 말이다. 그런데 우리가 어떻게 이런 규칙에 그 무엇을 포섭해야 하는지, 즉 그 무엇이 과연 규칙의 적용을 받는지의 여부를 어떻게 식별해야 할 것인지, 이런 면을 일반논리학이 만일 공적으로 지시코자 한다면, 이런 일은 다시 규칙에 의하지 않고서는 할 수가 없을 것이다. 그러나 이런 규칙은 그것이 역시 규칙이라는 까닭에서 새로이 판단력의 지시를 요구한다. 오성은 확실히 이런 규칙들에 의해서 가르침을 받을 수 있고 보강될 수 있으나, 판단력은 명백히 하나의 특이한 재능에 속하는 것이어서, 그것은 가르쳐지지 않고 실지로 연마될 뿐이다. 그러므로 판단력은 소위 천부의 기지가 갖는 특수한 것이라서 그것의 결핍을 어떠한 학교 교육도 보충할 수가 없다. 학교 교육은 열등한 사람에게 다른 사람의 통찰로부터 빌려 온 규칙을 많이 수여하고 그래서 말하자면 주입시킬 수는 있지만, 그런 규칙을 정당하게 사용하는 능력은 학도 자신이 가져야 하기 때문이다. 이러한 천부의 자질이 없을 무렵에는, 정당한 사용을 위해서 학도에게 지정될 수 있는 규칙도 잘못 쓰일 것이※ 확실하다.

※ 판단력의 결핍이야말로 원래 천치라고 이르는 것이요, 천지의 이와 같은 결함

1) 오성은 아직도 형식적 규칙을 제시하는 것임에 대해, 판단력은 구체적 사례에 직접 참여하여, 그것이 오성의 형식적 규칙에 합치하는지 그 여부를 판정하려는 것이다.

을 구제할 방도는 전혀 없다. [이와는 달리] 둔재니 저능이니 하는 것은 보통 수준의 오성과 오성 본래의 개념이 결(缺)해 있는 것에 틀림이 없고, 이런 두뇌는 학습에 의해서 충분하게 보강(補强)되어 박식도 될 수 있다. 그러나 이때에도 판단력(Petrus의 제2부)을 결합하는 것이 일쑤이기 때문에, 대단한 학자
들에도 그들 학식의 사용에 있어서 개선될 수 없는 판단력의 결함이 가끔 눈 173
에 띄임은 기이한 일이 아니다. [Petrus의 논리학 제2부에서 판단력을 다루었기에, 「Petrus의 제2부」란 말이 이윽고 판단력을 의미하게 되었다].

그러므로 의사·재판관·정치가는 각자의 분야에서 그 자신이 근본적인 교사가 될 수 있을 만한 정도로, 병리학·법률·정치에 관한 많은 훌륭한 규칙들을 머릿속에 가질 수 있다. 그렇지만 그것의 적용에 있어서는 과오를 범하기가 쉽다. 그 까닭은 그들이 (오성이 부족한 것이 아니라) 천부의 판단력이 부족하여 일반적인 것을 추상적으로 통찰할 수는 있지마는, 한 구체적인 예가 그 규칙에 과연 속하는지의 여부를 식별할 수가 없기 때문이거나, 혹은 그들이 실례나 실무에 의해서 판단에 충분히 숙달되지 못한 때문이다. 실례가 판단력을 예리하게 한다는 것은 실로 그것이 주는 유일하고도 커다란 효용이다. 그러나, 오성의 통찰의 정당성과 정밀에 관해서는 실례는 보통 약간의 방해를 한다. 왜냐하면 그것이 규칙의 조건을 예외없이 충전하게 만족시키는 일(전문어[1]의 사례로서)은 드문 일이요, 그 외에 규칙들을 보편적으로, 즉 경험의 특수 사정에서 독립해서, 완선하게 통찰코자 하는 오성의 노력을 흔히 약화시키며, 마침내 규칙을 원칙이라기보다도 오히려 한갓 「방식」처럼 사용하게끔 하는 버릇을 들이도록 하기 때문이다. 이렇게 보면 실례는 판단력의 걸음마차(習步車)와 같고,
판단력이라는 천부의 재능을 가지지 않는 사람은 그 걸음마차를 마땅히 가져 174
야 한다.

② 그런데 일반논리학은 판단력에 아무런 지정도 할 수가 없지마는, 선험논리학에 있어서는 사정이 전혀 달라서, 이것은 순수한 오성의 사용에 있어서 판

1) 전문어란 결국 규칙의 뜻이다. 그러나 실례, 즉 사례는 알려진 규칙의 한계 안에 꼭 들어가지 않을 수도 있고, 그러므로 실례적 판정만으로 부족하다는 말이 된다. 허나, 반대로 각 전문학자라도 사상연마(事上練磨)에는 미흡한 일이 있다.

단력을 일정한 규칙에 의하여 시정하고 안전하게 하는 것을 본래의 임무로 하는 것으로 여겨진다. 오성이 선천적 순수인식의 분야를 확장하기 위해서는, 따라서 이설(理說)로서는, 철학은 전혀 불필요하거나 혹은 도리어 해를 끼칠듯하다. 왜냐하면, 종래의 모든 시도(試圖)에 의해서 철학은 조금도 아니 전혀 아무런 새 경지도 획득하지 않았기에 말이다. 도리어 철학은 우리가 가지는 약간의 「오성의 순수 개념」을 사용할 무렵에, 「판단력의 오류」를 막기 위한 비판으로서 (이때의 효용은 비록 소극적이지만) 아주 예리하고 아주 면밀해야 할 것이 요구되는 바이다.

175 ③ 선험철학이 가지는 특성은, 오성의 순수개념에서 주어지는 규칙(오히려 규칙에 대한 보편적 조건)을 거시하는 이외에, 이 규칙이 적용되어야 할 경우[圖式]를 선천적으로 들 수가 있다는 것이다. 이 점에 있어서 선험철학은 모든 다른 유익한 과학들(수학은 제외)보다도 우위요, 그 원인은 그것이 다루는 개념이 대상과 선천적으로 관계해야 하는 점에 있으며, 따라서 그 개념의 객관적 타당성이 후천적으로 증시(證示)될 수 없는 점에 있다. 무릇 후천적인 것으로 증시한다는 것은 선천적 개념의 존엄성을 무시한 것이겠고, 선험철학은 동시에 대상이 개념과 일치해서 주어질 수 있기 위한 조건[도식]을, 보편적이기는 하지만 충분한 특징을 통해서 명시해야 하는 것이다. 그렇기 않으면, 개념은 무내용이요, 단지 논리적인 형식이겠고, 「오성의 순수 개념」이 아닐 것이다.

④ 판단력의[1] 선험적 이설은 두 가지 장(章)을 포함하겠다. 제1장은 오성의 순수 개념이 사용될 수 있는 감성적 조건을 다룬다. 즉 순수한 오성의 도식성(圖式性)[2]이다. 제2장은 이런 조건 아래서 오성의 순수한 개념에서 선천적으로 생기는바, 또 모든 다른 선천적 인식의 근저에 있는바, 종합적 판단들을 다룬다. 즉 순수한 오성의 원칙론이다.

---

1) 판단 능력은 주어와 객어를 결합해서 판단을 가능케 하는 능력이다. 여기의 주어는 감성에, 객어는 오성에, 「이다」는 매개적 구상력 혹은 도식에 각각 해당한다.

2) 도식(Schema)이 어원은 상(像, Bild)이로되, 그것은 고정된 형상이 아니라 동적인 것이다. 이런 도식의 원천은 도식성(Schematismus), 즉 도식작용에 있다.

판단력의 선험적 이설 (혹은 원칙의 분석론)

제1장 「오성의 순수개념」의 도식성(圖式性)

① 한 개념 아래 대상을 포함할 즈음에 대상의 표상은 언제나 개념의 표상 176
과 동종적이어야 한다. 즉 개념은 그것 아래 포섭되는 대상이 표상하는 것을 포함해야 한다. 「대상은 개념 아래 포함되어 있다」는 말이 바로 이것을 의미한다. 가령 접시라는 경험적 개념에서 생각된 「동그라미」라는 순수 기하학의 개념에서 직관되기 때문에, 양자는 동종적이다.

② 그런데 오성의 순수한 개념은 경험적 (아니 일반적으로 감성적) 직관과 비교해 보면, 이것과는 전혀 이종적이요, 어떠한 직관에 있어서도 발견될 수가 없다. 그렇다면 어떻게 오성의 순수한 개념 속에 경험적 직관이 포섭될 수 있는가? 따라서 현상에 범주를 어떻게 적용할 수 있는가? 「범주, 예컨대 인과성이 감성에 의
해서 직관될 수 있다거니, 현상 중에 포함되어 있다거니」하는 말을 할 사람은 없 177
기에 말이다. 실로 매우 지당하고도 중대한 이런 물음 때문에, 판단력의 선험적 이설은 필요한 것이다. 우리는 오성의 순수한 개념이 현상 일반에 어떻게 작용될 수 있는가를 지시해야 한다. [판단력의 선험적 이설 이외] 다른 모든 학문에 있어서는 대상을 일반적으로 생각하게 하는 개념과 주어지는 대상을 그대로 구체적으로 표상하는 개념이, 그다지 다르지 않고 이종적이 아니기 때문에, 후자에 대한 전자의 적용을 위해서 특별한 구명을 할 필요가 없다.

③ 그래서 이제 한쪽으로는 범주와, 다른 쪽에서는 현상과 동종적이어야만 하고, 전자를 후자에 적용할 수 있도록 하는 제3자가 있어야만 한다는 것은 명백하다. 이 매개적 표상은 (모든 경험적인 것을 포함하지는 않고) 순수해야만 하고, 더욱이 일면으로는 지성적이요, 타면에서는 감성적이어야만 한다. 이러한 표상이 선험적 도식이다.

④ 오성의 개념은 다양일반의 순수한 종합적 통일을 포함한다. 내감의 다양의 형식적 조건, 따라서 표상들을 연결하는 형식적 조건인 시간은, 순수직관에
있어서의 선천적 다양을 포함한다. 선험적 시간규정은 그것이 보편적이고 선 178

천적 규칙에 의거하는 한, (시간규정의 통일을 성립시키는) 범주와 동종이다. 그러나 시간규정은 타면 시간이 다양의 모든 경험적 표상 안에 포함되어 있는 한, 현상과 동종이다. 그러므로 현상에 대한 범주의 적용은 선험적 시간규정을 매개로 해서 가능하다. 선험적 시간규정은 「오성의 개념」의 도식으로서 범주 속에 현상을 포섭함을 매개하는 구실을 한다.

⑤ 「범주의 연역」에서 제시된 바에 의해서 누구라도 다음의 물음에 관하여 결정하기를 서슴치 않을 줄로 믿는다. 즉 오성의 순수한 개념은 단지 경험적으로만 유용한가, 그렇지 않고 선험적[초험적]으로도 유용한가? 다시 말하면 그것은 가능한 경험의 조건으로서 단지 선천적으로 현상에만 관계하는가, 그렇지 않고 사물 일반을 가능하게 하는 조건으로서 대상자체에까지 (우리의 감성에만 제한되지 않고) 확장될 수 있는가 하는 물음에 관해서 결정하기를 서슴치 않을 것이다.

왜냐하면 범주의 연역론에서 우리는 다음의 것들을 알았기 때문이다. 즉, 하나의 대상이 개념[범주] 자신에 주어져 있지 않거나, 혹은 적어도 개념을 성립시키는 요소[각지·재생 등]에 주어져 있지 않다면, 그런 개념은 [우리에게] 불가능하며 또 아무런 의미도 없다는 것이었다. 따라서 개념은 물자체에는 (그 물자체가 우리에게 주어질 것인가 어떤가, 또 어떻게 주어질 것인가 하는 것은 고려할 것 없이) 관계할 수가 없다는 것이었다. 다음에 대상이 우리에게 주어지는 유일한 방식은 우리 감성의 변양에 의한다는 것이었다. 그리고 마지막으로 「선천적인 순수한
179 개념」은 범주에 있어서의 오성의 기능 이외에 감성의 (특히 내감의) 선천적 형식적 조건을 포함해야 하며, 이 감성의 선천적 형식적 조건은 범주가 어떤 대상에 적용될 수 있기 위한 일반적 조건을 포함한다는 것이었다. 오성의 개념을 사용함에 있어서 제한받고 있는바, 감성의 이 형식적이고도 순수한 조건을, 우리는 오성의 [순수한]개념의 도식이라고 부르기로 하고, 오성이 도식에 따라서 작용하는 것을 순수한 오성의 도식성이라고 부르기로 한다.

⑥ 도식은 그 자신으로는 언제나 단지 구상력의 소산이다. 그러나 구상력의 종합이 의도하는 것은 어떠한 개개의 직관이 아니라, 감성을 한정하여 통일하는 일이다. 이 때문에 도식은 확실히 형상과는 구별된다. 가령 내가 다섯 개(·····)의 점을 차례차례 찍는다면, 이것은 다섯이라는 수의 형상이다. 이에 대

해 만일 내가 다만 수 일반을—다섯도 백도 될 수 있는 수일반일(數一般一)생
각한다면, 이런 사고는 일정한 개념에 따라 하나의 집합량(예컨대 천)을 형상으
로 나타낸 「방법[규칙]에 관한 표상」이고, 형상자체는 아니다. 천(千)의 경우에
있어서 나는 그 형상을 전망하기가 어렵고, 그 형상을 개념과 비교하기가 힘들
것이다. 그래서 한 개념에다 그 형상을 부여하는 구상력의 일반적 방법의 표상 180
을 하는 이 개념에 대한 도식이라고 한다.

⑦ 사실 우리의 순수한 감성적 개념[관념]의 기초에 놓여 있는 것은 대상의
형상이 아니고 도식이다. 삼각형의 어떠한 형상도 삼각형 일반의 개념에 충전
(充全)하게 합치하지는 않을 것이다. 왜냐하면 삼각형의 개념은 직각 삼각형이
든 부등변(不等邊) 삼각형이든 간에 모든 삼각형에 타당하도록 하는 보편성을
가지는 것이로되, 형상은 그런 개념의 보편성에 도달하지는 못할 것이며, 도리
어 삼각형 분야의 일부분에 제한되어 있을 것이니까. 삼각형의 도식은 생각 이
외의 다른 곳에서는 존립할 수 없고, 공간에 있어서의 순수 형태에 관해서 구
상력이 갖는 종합의 규칙임을 의미한다. 더군다나 경험의 대상이나 대상의 형
상이 개념의 경험에 도달할 수는 없다. 도리어 개념의 경험화는 일정한 일반적
개념에 따라서 우리의 직관을 한정하는 규칙으로서 언제나 직접 구상력의 도
식에 관계한다. 「개」의 개념은 나의 구상력이 그것에 좇아서 어떤 네 발 짐승
의 형태를 일반적으로 그려낼 수 있게 하는 규칙임을 의미한다. 그리고 이때에
경험이 나에게 세공하는 어떤 유일의 특수한 형체에나 혹은 내가 구체적으로
나타낼 수 있는 개개의 가능한 형상에도 제한되지는 않는다. 현상과 그것의 순
형식에 관한 우리 오성의 이 도식성은, 인간 마음의 깊은 곳에 숨겨진 기술이 181
다. 이 기술의 참 기량을 그것을 본 자태대로 알아서 명백하게 정시하기가 우
리에게 힘들 것이다. 우리는 오직 다음의 말만을 할 수 있다. 즉 형상은 생산
적[재생적] 구상력이라는 경험적 능력의 산물이고, (공간에서의 도형으로서의) 감
성적 개념의 도식은 순수한 선천적인 구상력의 산물이며 말하자면 순수한 선천
적 구상력[構想力]의 약도라는 것이다. 이런 도식에 의해서 또 이런 도식에 따
라서, 형상이 비로소 가능하게 된다. 그러나 이런 형상은 그것을 그려 내는 바
도식에 의해서만 항상 개념과 결합하여야 하고, 형상은 자체로는 개념과 완전
히 합치하지 않는다.

이에 반해서 「오성의 순수한 개념」의 도식[1]은 어떠한 형상도 될 수 없는 것이고, 범주가 나타내는 개념일반에 좇는바, 통일의 규칙에 따른, 순수한 종합일 뿐이며 구상력의 선험적인 소산이다. 이 선험적 소산은 표상들이 통각의 통일에 따라 선천적으로 한 개념에서 서로 연관할 것인 한에서, 모든 표상을 받아들이는 내감 형식(시간)의 조건에 따라서 내감 일반을 규정하는 것에 관계한다.

182 ⑧ 이제 「오성의 순수한 개념 일반」의 선험적 도식을 위해서 필요한 [본질적인] 것을 분석한다는 무미건조하고 지루한 일에 정체함이 없이, 우리는 도식들을 범주의 순서에 따라 서술하고 또 범주와 연결지어서 서술하고자 한다.

⑨ [분량－범주의 도식] 외감에 대한 모든 분량의 순수 형상은 공간이지만, 감관일반의 모든 대상의 순수 형상은 시간이다. 그런데 「오성의 개념」으로서의 「분량」의 순수 도식은 수다. 수는 하나에 하나를 (동종적인 단위들을) 연속해서 보태는 것을 포괄하는 표상이다. 즉 「수」란 동종적인 직관 일반의 다양의 종합적 통일임에 틀림없다. 이런 통일은 직관의 각지(覺知)에 있어서 시간 자체를 내가 생산해 내는 데에 기인한다.

⑩ [성질－범주의 도식] 오성의 순수한 개념에 있어서의 실재성은 감각 일반에 대응하는 것이며, 개념자체가 (시간에 있어서) 실재하는 것임을 지지한다. 부정성 [비실재성]은 그것의 개념이 (시간에 있어서) 비존재임을 표시한다. 그러므로 양자의 대립은 동일한 시간이 충실된 것이냐 또는 공허한 것이냐 하는 구별에서 생긴다. 시간은 직관의 형식, 따라서 현상으로서의 대상의 형식에 불과하기 때문에, 현상으로서의 대상에 있어서 감각에 대응하는 것은 모든 대상의 선험적 질료, 즉 물자체(사물성, 실재성)이다.

그런데 감각은 각기 도(度)나 양(量)을 가지며 이것에 의해서 감각은 동일한 시간을, 즉 한 대상의 동일한 표상에 관한 내감을, 감각이 없음(無)—영(零) 즉
183 부정(否定)—에 이르러 끝날 때까지 다소간에 메꿀 수 있다. 그러므로 실재성에서 부정성에 이르는 관계, 연관 혹은 오히려 이동(移動)이 있다. 이 이동은

1) 이 도식은 개개의 형상에 대하는 「기호」와 같은 것이다. 오성의 순수한 개념은 Notion의 뜻이요, 일단 인식론적 범주와 구별된다.

모든 실재성을 양으로서 나타낸다. 그리고 그 무엇이 시간을 메꾸는 한, 그 무엇의 양(量)인 실재성의 도식은 바로 시간에 있어서의 그 실재성의 연속적이요, 동형적(同形的)인 생산이다. 이것은 우리가 시간에 있어서 일정한 도(度)를 가지는 감각에서 그것의 소멸점에까지 내려가거나, 도(度)의 부정에서 감각의 어느 양에까지 점차로 올라가거나 하기 때문이다.

⑪ [관계-범주의 도식] 실체성의 도식은 실재적인 것의 시간에 있어서의—모든 다른 것은 변하는 데도 불구하고 지속하는 바—지속성이다. 즉 경험적 시간규정 일반의 기체(基體)로서의 실재적인 것에 관한 표상이다. (시간 자신은 흘러가지 않고 시간에 있어서 가변적인 것의 존재가 흘러간다. 그러므로 그 자신 불변적이고 지속적인 시간에 현상의 분야에 있어서 대응하는 것이 현존 중의 불변자, 즉 실체이다. 그리고 이런 실체에 관계해서만 현상의 계기와 동시 존재가 시간에 따라서 규정될 수 있다).

⑫ 어떤 사물 일반의 원인과 인과성의 도식은, 만일 한 실재적인 것이 임의로 정립된다면, 항상 다른 무엇이 그것에 계기하는 그런 실재적인 것이다. 그러므로 이 도식은 규칙에 종속하는 한의 다양의 계기 중에 존립한다.

⑬ 상호성(상호작용)의 도식 혹은 우유성(偶有性)에 관한 「실체들 서로의 인 184
과성」의 도식은 한 실체의 규정과 다른 실체의 규정이 보편적 원칙에 따라서 공존한다는 것이다.

⑭ [양상-범주의 도식] 가능성의 도식은 서로 다른 표상들의 종합을 시간 일반의 조건들과 합치시킴이다(예컨대 서로 대립한 것은 한 사물에 있어서 동시에 존재할 수 없으나, 전후적으로만은 있을 수 있다). 그러므로 가능성의 도식은 한 사물의 표상을 [이 시간 중에서건 저 시간 중에서건 간에] 어느 한 시간 중에서 규정한다는 뜻이다.

현실성[1]의 도식은 모든 시간에 있어서의 한 대상의 현존이다.

필연성의 도식은 모든 시간에 있어서의 한 대상의 현존이다.

⑮ 이상에서 진술한 모든 것에서 이제야 우리는 다음의 것을 안다. 즉 각

---

1) B. 106의 범주표에는 현실성(Wirklichkeit)이 아니고 현존성(Dasein)이라고 했다. 또 아래 ⑮의 제2행 중 「시간규정만을 포함하고 표상화한다」는 글은 Adickes의 보충에 따른 것이다.

범주의 도식은 시간규정만을 포함하고, 표상화[즉 구현]한다는 것을 안다. 즉 분량의 도식은 대상의 계기적 각지(覺知)에 있어서의 시간 자체의 산출(종합)을, 성질의 도식은 감각(지각)과 시간표상과의 결합 혹은 시간의 충실을, 관계의 도식은 모든 시간에 있어서의 (즉 시간규정의 원칙에 따른) 지각들 서로의 관계를, 마지막으로 「양상과 그 [세] 범주」의 도식은, 대상이 과연 시간에 속하느냐, 속한다면 어떻게 속하느냐를 대상에 관해 규정하는 것에 상관하는 것으로서 시간 자신을 포함하고 표상화한다는 것이다. 그러므로 도식은 규칙에 따른 선천적인 시간규정 이외의 것이 아니다. 이 선천적인 시간규정은 범주의 순
185 서에 따라 모든 가능한 대상에 관한 시간계열, 시간내용, 시간순서 마지막으로 시간 [중의] 총괄에 관계한다.

⑯ 이것으로써 구상력의 선험적 종합을 통한 오성의 도식작용은 내감에 있어서의 직관의 모든 다양의 통일임에 틀림없고, 간접적으로 내감(감수성)에 대응하는 기능으로서의 「통각의 통일」에 귀착한다는 것이 분명하다. 그러므로 오성의 순수한 개념의 도식은, 오성의 순수한 개념이 직관과 관계를 맺도록 하며, 따라서 의미를 주는 바 진정·유일한 조건이다. 그래서 결국 범주는 경험적 사용을 할 수 있는 이외의 어떤 다른 사용도 가질 수 없게 된다. 범주는 하나의 선천적 필연적 통일이란 근거(이것은 하나의 근원적 통각에 있어서의 모든 의식의 필연적 결합에서 유래하거니와)에 의해서 현상들을 종합의 보편적 규칙에 종속시키며, 이것에서 현상들을 경험에 있어서의 일관된 결합에 적합하도록 하는 데만 쓰이기 때문이다.

⑰ 우리는 모든 인식은 모든 가능한 경험의 전체(全體) 안에 있다. 그리고 모든 경험적 진리에 선행하여 그 경험적 진리를 가능하도록 하는바, 선험적 진리는 이 가능한 경험에 대한 보편적 관계에서 성립한다.

186 ⑱ 그 외에도 주목되는 것은 감성의 도식은 범주를 비로소 실재화하지만, 범주를 제한하기도 한다는 것이다. 다시 말하면 도식은 범주를 오성의 외부에 (즉 감성 속에) 있는 조건에 따르도록 구속한다는 것이다. 그러므로 도식은 본래 현상에 불과하다. 혹은 도식은 범주와 합치하는 대상에 관한 감성적 개념이다. (수는 현상의 분량이고, 감각은 현상의 실재성이며, 사물의 항존성(恒存性)과 지속성은 형상의 실체성이고[현상들의 항존과 지속은 실체의 현상이고], 영원성은 형상의

필연성이듯이).

이제 말한 「범주를 제한한다」는 조건을 제거한다면, 우리는 이전의 제한된 개념을 확장하여, 범주는 그것의 순수한 의미에 있어서 감성의 모든 제한없이 있는 그대로의 「사물 일반」에 타당하는 것이 되겠다. 그리고 감성의 도식은 사물을 현상하는 그대로 표상하기를 중지하고, 따라서 범주는 모든 도식으로부터 독립적인, 훨씬 더 넓게 확장된 의미를 가지게 될 것이다. 사실 「오성의 순수한 개념」은 모든 감성적 조건을 제거한 후라도 물론 의의가 있다. 그러나 이 의의는 표상들의 단순한 통일이라는 [일반]논리적 의의임에 불과하다. 이러한 표상들에는 어떠한 대상도 주어지지 않는다. 따라서 객관의 개념[인식]을 줄 수 있는바, 어떠한 의미도 주어지지 않는다.

그래서 예컨대 실체는 만일 지속성이라는 감성적 규정을 그것에서 제거하면, 주어로서 (즉 어떤 것의 객어가 됨이 없이) 생각되는 그 어떤 것을 의미라는데 불과하다. 이런 표상에서 나는 아무런 것도 이해할 수가 없다. 왜냐하면 그와 같은 일차적 주어(실체)로서 타당해야 할 사물이 어떤 특성을 가지는지를, 187
그런 표상은 나에게 제시하지 않기 때문이다. 그러므로 도식이 없는 범주는 개념작용을 위한 오성의 기능일 뿐이요, 아무런 대상도 나타내지 않는다. 범주에 의의를 주는 것은 오성을 [대상에] 제한함에 의해서 오성을 실재화(實在化)하는 감성이다.

판단력의 선험적 이설 (혹은 원칙의 분석론)

제2장 순수오성의 원칙의 체계

① 우리는, 앞 장에서 선험적 판단력을 고찰했지만, 이때에 선험적 판단력이 종합적 판단을 위해서 오성의 순수한 개념을 사용하는 권한이 있도록 하는 일반적 조건에 의해서 고찰했다. 이제 우리의 직분은 오성이 비판적인 신중성에서 참으로 선천적으로 형성하는 판단들을 체계적으로 결합하여 논술하는 일이다. 이것을 위해서는 틀림없이 범주의 표가 우리에게 저절로 안전한 인도를 함이 명백하다. 왜냐하면 범주야말로 그것이 가능한 경험에 관여함에 의해서

188 오성의 모든 순수한 선천적 인식을 형성하는 것이요, 그렇기 때문에 감성 일반에 대한 범주의 관여가 오성 사용의 모든 선험적 원칙을 완전하게 또 체계적으로 명시할 것이기 때문이다.

② 선천적 원칙의 이름을 가지는 소이(所以)는, 이런 원칙이 다른 판단의 근거를 내포할 뿐만 아니라 그것 자체가 보다 더 높고 보다 더 일반적인 인식에 기본해 있지 않기 때문이다. 그러나 이런 특성이 원칙의 증명을 면하게 하지는 않는다. 사실, 요구되는 증명은 객관에서 가능할 수 없고 도리어 자신의 객관에 대한 모든 인식의 근저에 있는 것이로되, 그렇다고 해서 이런 사정이 대상 일반을 인식할 수 있게 하는 주관적 원천에서 증명하는 것이 가능하다는 것, 아니 필요하다는 것을 방해하지 않는다. 만약 주관적 원천에서 하는 증명이 방해받는다고 하면, 명제[원칙]는 미증점(未證點)을 도취(盜取)해서 주장한다는 커다란 의심을 자아내겠기 때문이다.

③ 둘째로 우리는 범주가 관여하는 원칙들에만 연구를 국한할 것이다. 공간과 시간이 현상으로서의 만물이 가능하기 위한 조건이라고 했던 선험적 감성론의 원리들과, 또 여기의 원칙들이 물자체에는 관계할 수 없다고 원칙들을 제한하는 것과, ――이 두 가지는 당면한 연구 분야에 속하지는 않는다.

수학적 원칙들은 [순수] 직관에서 도출되는 것이고 오성의 순수한 개념에서 도출되는 것이 아니기 때문에, 그것들 역시 이 원칙들의 체계 속의 한 부분에
189 들어가지 않는다. 그렇지만 수학적 원칙은 선천적 종합판단이므로, 수학적 원칙의 가능성은 여기서 반드시 고찰된다. 이렇게 고찰하는 것은 수학 원칙의 정당성과 절대필연적 확실성을 증명하기 위해서가 아니다. 이런 증명을 수학의 원칙이 필요로 하지 않는다. 그런 것이 아니라 오직 그와 같은 명증적(明證的)인 선천적 인식의 가능성만을 이해시키고 연역[확인]하기 위해서이다.

④ 그러나 우리는 「분석적 판단들의 원칙」에 관하여도 논술해야 하겠다. 그러면서도 이런 원칙을 우리의 본래의 연구 대상인 「종합적 판단의 원칙」과 대립시켜서 논술해야만 하겠다. 왜냐하면, 이처럼 대립시키는 것이 종합적 판단의 이론에 관한 모든 오해를 풀게 하고, 그것 고유의 성질을 여실히 명백하게 나타내기 때문이다.

순수오성의 원칙의 체계

제1절 모든 분석적 판단의 최상원칙 [모순율]

① 우리의 인식이 어떤 내용을 가지든 또 우리의 인식이 객관과 어떻게 관계하든 간에, 모든 우리 판단 일반의 보편적 조건은, 그것이 비록 단지 소극적일 뿐이라도, 판단이 자기 자신과 모순되어서는 안 된다는 것이다. 만약 모순된다면 이런 판단 자체가 (객관에 대한 고려가 없어도) 무의미하다. 그러나 우리의 판단 안에 아무런 자기 모순이 없다고 하더라도, 판단에서의 개념들[주어와 술어]의 결합이 대상의 규정에 합치하지 않을 수 있거나 혹은 그와 같은 판단 190
을 정당화하는 어떤 선천적 근거와 후천적 근거가 주어지지[제시되지] 않을 수도 있다. 이 때문에 판단은 모든 내적 모순이 없음에도 불구하고 거짓이거나 무근거일 수 있다.

② 그런데 「어떤 사물에도 그 사물에 모순되는 객어가 귀속하지 않는다」라는 명제는 모순율이다. 이런 모순율은 모든 진리의 비록 소극적이기는 하나 보편적인 기준이요, 그러므로 [일반] 논리학에 속한다. 모순율은 인식의 내용을 고려하지 않고 단지 인식일반으로서의 인식에만 타당하기 때문이요, 하기에 「모순이 인식을 전적으로 부정하고 폐기한다」고 선언하기 때문이다.

③ 그러나 우리는 모순율을 적극적으로도 사용할 수 있다. 다시 말하면 허위와 오류를 (그것이 모순에 의거하는 한에서) 추방하기 위해서 뿐만 아니라 진리를 인식하기 위해서도 사용할 수가 있다. 만일 판단이 분석적이라면 그것이 긍정적이든 부정적이든 간에, 그 판단의 진리는 언제나 모순율에 의하여 충분히 인식될 수 있기 때문이다. 즉 객관을 인식할 무렵에 이미 개념[의 내용]으로서 존재하고 생각되고 있는 것에 반대[모순]되는 것은, 언제나 당연히 부정되어야 한다. 그러나 이 경우에 개념 자체는, 그것에 대한 반대가 객관에 모순된다는 근거에서, 필연적으로 객관에 의해서 긍정되어야 한다. 191

④ 이에, 우리는 모순율을 모든 분석적 인식의 보편적이고 완전히 충분한 원리로서 시인해야 한다. 그러나 이 원리의 권위와 효용은 진리를 표시하는 충분한 기준인 것 이상으로 통하지는 않는다. 어떠한 인식도 자기 자신을 부정함

이 없이는 이 모순율에 배반할 수가 없다. 배반하면 그 인식 자신이 무의미하게 된다. 이런 사정에서 우리는 모순율을 인식의 불가결한 조건으로 삼지만, 모순율을 우리 인식의 진리성에 대한 결정적 근거로 삼지는 않는다. 그런데 원래 우리는 우리 인식의 종합적 부면(部面)만을 문제로 삼기 때문에 우리는 항상 저 불가침의 원칙에 상치(相馳)되지 않도록 유의할 것이지만, 이 원칙에서 종합적 인식의 진리성에 관한 해명을 조금이라도 기대할 수가 없다.

⑤ 유명한 이 원칙은 내용이 전혀 없고 단지 형식적이기는 하되 그것은 하나의 표식을 가진다. 이 표식은 종합을 내포하기는 하나, 이 종합은 부주의에 의해서 또 불필요하게 자기 속에 들어가 있는 것이다. 이른바 표식은 「무엇이 있으며 동시에 없다는 것은 불가능하다」라는 것이다. 모순율로부터 저절로 이해되거니와, 하나의 절대적 확실성이 이 경우에 (불가능이라는 말에 의해서) 부여되어 있음은 고사하고, 모순율은 시간의 조건에 의해서 영향받고 있고, 그래
192 서 「A가 B인 동시에 비(非)B일 수는 없다」라고 한다.

그러나 B와 비(非) B의 양자는 전후적으로는 있을 수 있다. 가령 젊은 사람이 동시적으로 늙을 수는 없으나 바로 그 동일한 사람이 어떤 때는 젊고 다른 때에는 젊지 않을 수 있다. 즉 늙을 수 있다. 도대체 하나의 단순한 [일반] 논리학의 원칙으로서의 모순율은 자기의 주장을 시관관계에 제한해서는 안 되는 것이다. 즉 [시간에 관계시키는] 표식은 모순율의 의도에 배치한다. 이런 오해는 우리가 한 사물의 객어를 그 사물의 개념[주어]에서 먼저 분리하고, 그 다음에는 이 객어가 그것에 반대되는 것과 결합한 데서 온다. 이러한 일은 주어와 모순되는 것이 아니라 단지 주어와 종합적으로 결합되었던 [첫 번째의] 객어와 모순될 뿐이다. 그러면서도 첫 번째의 객어와 두 번째의 객어가 동시에 정립되는 때에만 모순된다. 만일 내가 배우지 않은 사람은 유식하지 않다라고 말한다면 동시에라는 조건이 보태져야 한다. 왜냐하면 한때에 무식했던 사람도 다른 때에는 유식한 사람일 수도 있기 때문이다. 그러나 내가 무식자는 배움이 없다라고 말한다면 이 명제는 분석적이다. 왜냐하면 배움이 없다는 표징은 이미 주어의 개념으로 되어 있고, 이때에는 「동시에」라는 조건은 첨가할 필요없이 이 [무식자는 배움이 없다라는] 부정명제(否定命題)는 모순율로부터 직접 명백하기 때문이다. 이것이 실로 위에서 내가 분석적 명제의 표식을 변형시킴으로써 분

석적 명제의 성질이 판명하게 표시되도록 했던 이유이다. 193

순수오성의 원칙의 체계

제2절 모든 종합적 판단의 최상원칙

① 일반논리학이 종합적 판단의 가능성을 설명하는 것은 전혀 관여하지 않는 문제다. 일반논리학은 종합적 판단의 이름조차 알 필요가 없는 것이다. 그러나 종합적 판단의 가능성을 설명하는 과제는 선험적 논리학에 있어서는 모든 일 중에서도 가장 중요한 일일 뿐만이 아니라, 만일 선천적인 종합판단의 가능성과 그와 동시에 선천적인 종합판단의 타당성의 조건과 범위가 문제된다면, 그 과제는 유일한 과제이다. 이런 중요한 일이 완성된 뒤에 선험적 논리학은 그것의 목적, 즉 순수오성의 범위와 한계를 규정하는 것을 전적으로 수행하기 때문이다.

② 분석적 판단에 있어서는 나는 그것에 관하여 무슨 결정을 짓기 위하여
주어진 개념 안에 머문다. 만일 분석적 판단이 긍정적이라면, 이 개념[주어] 속
에 이미 생각되어 있었던 것을 나는 보태기만하고, 그것이 부정적이라면 그 개
념[주어]에의 반대를 그것에서 배제할 뿐이다. 그러나 종합적 판단에 있어서는,
주어진 개념[주어]에서 생각된 것과는 전혀 다른 무엇을 그 개념과 관계지어서
고찰하기 위하여 주어진 개념의 바깥으로 나가야만 한다. 따라서 주어와 객어
와의 이런 관계는 동일관계[동일률]도 아니요 모순관계[모순율]도 아니다. 이때 194
에 판단 자신으로부터서는 진리도 허위도 식별할 수가 없다[경험 대상에 관계해
서 판단의 진리 혹은 허위가 결정되기 때문이다].

③ 그러므로 주어진 개념[주어]을 다른 개념[객어]과 종합적으로 비교하기 위해서, 우리는 주어진 개념의 바깥으로 나와야 한다는 것이 승인된다면, 오로지 양 개념의 종합을 성립시키는 제3자가 필요하다. 그러면, 모든 종합적 판단의 매개자로서의 이 제3자는 무엇인가? 그것은 우리의 모든 표상들을 포함하고 있는 하나의 총괄자일 뿐이다. 즉 내감이다. 그리고 이 내감의 선천적인 형식은 시간이다.

표상들의 종합은 구상력에 의거하되, (판단에 필요한) 표상들의 종합적 통일

은 통각의 통일에 의거한다. 즉 종합적 판단의 가능성은 세 원천[내감·구상력·통각] 중에서 구해져야 한다. 그리고 이 세 원천 전부가 선천적 표상들의 원천을 포함하기 때문에 순수한 종합판단이 가능한 까닭도 역시 이 세 원천에서 추구되어야 한다. 뿐더러 표상들의 종합이 단적(端的)으로 의거하는바, 「대상들에 관한 인식」이 성립해야 한다면, 순수한 종합적 판단은 이 세 근거[원칙]에서 반드시 나오지 않을 수 없을 것이다.

④ 만일 하나의 인식이 객관적 실재성을 가져야 한다면, 다시 말하면 대상
195 과 관계하고, 대상에 관계해서 의미와 가치를 가져야 한다면, 대상이 어떤 방식으로든지 주어질 수 있어야 한다. 대상이 없이는 개념은 공허하다. 우리는 개념에 의해서 생각하기는 했지만, 생각함에 의해서 단지 표상들과 유희했을 뿐이다. 「대상을 준다는 것」은 단지 간접적으로 생각되어 있는 것이 아니라 직접적으로 직관에 나타내는 일이다. 이러하다면 대상을 준다는 것은, 대상의 표상을 경험에 (그것이 현실적이건 가능적이건 간에) 관계시키는 것임에 틀림없다.

시공 개념(관념)이 모든 경험적인 것에서 아무리 순수하다 [자유라] 하더라도 또 그것이 아주 확실해서 완전히 선천적으로 심성 속에 표상된다 하더라도, 시공이 경험의 대상에 반드시 적용되지 않는다면 그것은 객관적 타당성과 따라서 의미와 가치를 가지지 못할 것이다. 뿐만 아니라 시공의 표상은 경험의 대상을 불러오는 재생적 구상력과 항상 관계하는 한갓 도식이다. 경험의 대상 없이는 시공은 아무런 의미도 가지지 못할 것이다. 이런 사정은 [오성의] 모든 개념에 있어서도 마찬가지로 타당하다.

⑤ 그러므로 경험이 가능하다는 것이야말로 우리의 모근 선천적 인식에 객관적 실재성을 준다. 그런데 경험은 현상들의 종합적 통일에 의존한다. 즉 현상 일반이라는 대상의 개념에 따른 종합에 의존한다. 이런 종합이 없으면 경험은 인식이 되지 않겠고, 지각들의 광상곡(狂想曲)일 것이다. 그리고 이런 지각들은 전반적으로 연결된 (가능적) 의식의 규칙에 따른 어떠한 맥락에도 적합하지 않을 것이요, 따라서 통각의 선험적·필연적인 통일에도 적합하지 않을 것
196 이다. 그러므로 경험의 근저에는 그 형식의 선천적 원리들이 있다. 즉 현상들의 종합에 있어서 통일의 보편적 규칙이 있다. 이 보편적 규칙은 [경험의] 필수적 조건으로서, 그런 규칙의 객관적 실재성은 결험 중에서 아니 경험의 가능성

중에서 지적될 수 있다. 이런 관계를 떠나서는 선천적인 종합적 명제는 전적으로 불가능하다. 왜냐하면 [이런 관계가 없을 때에는] 선천적 종합명제는, 종합적 통일이 개념[주어]의 객관적 실재성을 증시할 수 있게 하는 「제3자, 즉 대상」을 가지지 않기 때문이다.

⑥ 그러므로 공간 일반에 관해서 또는 생산적 구상력이 공간 중에서 그리는 형체에 관해서 우리가 종합적 판단에 있어서 선천적으로 매우 많을 것을 인식하고 그런 중에도 아무런 경험도 실지로 필요로 함이 없이 인식한다 하더라도, 만약 공간이 외적 경험의 재료인 형상들의 조건으로 간주될 수가 없다면, 이런 인식은 무의미하고 단지 두뇌의 허구와 놀고 있을 뿐일 것이다. 이렇기에 순수한[선천적] 종합판단은 간접적이기는 하지만 가능한 경험에 관계하고, 또 경험의 가능성 자신에 관계한다. 이런 경험 가능성에만 순수한 종합판단의 객관적 타당성이 기인하고 있다.

⑦ 따라서 경험적 종합으로서의 경험은, 그런 경험의 가능성에 있어 여타(餘他)의 모든 종합에, 실재성을 주는 유일한 인식방식(認識方式)이다. 이 때문
에 선천적 인식으로서의 다른[미경험적] 종합도, 그것이 경험 일반의 종합적 통 197
일을 위하여 필수적인 것 이상의 것을 포함하지 않는 한에서만, 진리성(즉 객관과의 일치)을 가진다.

⑧ 그러므로 모든 종합적 판단의 최상 원리[원칙]는, 「모든 대상은 가능한 경험에 있어서 식관의 다양을 종합적으로 통일할 무렵의 필연적 조건에 종속한다」는 것이다.

⑨ 이런 식으로 우리가 직관의 선천적인 형식적 조건·구상력의 종합·선험적 통각에 있어서의 이 종합의 필연적 통일을 가능한 경험적 인식 일반에 관계시킬[적용할] 때에, 선천적인 종합판단은 가능하다. 이래서 우리는 경험 일반의 가능 조건이 동시에 경험의 대상 가능의 조건이며[A. 111, 이 책 78면 참조], 그러므로 저 조건은 선천적인 종합판단에서 객관적 타당성을 가진다고 말한다.

제3절 순수오성의 종합적 원칙 전체의 체계적인 표시

① 일반적으로 원칙이 있어야 한다는 것은, 오로지 순수한 오성에 귀인(歸因) 198

한다. 순수한 오성은, 발생하는 것에 관한 규칙의 능력일 뿐만 아니라 원칙의 원천이기도 하다. (우리에게 대상으로서만 나타날 수 있는) 일체가 이 원칙에 준해서 규칙에 종속한다. 왜냐하면 규칙이 없고서는 현상에 대응하는 대상의 인식이 현상에 속할 수 없기 때문이다.

자연법칙도 만일 그것이 오성의 경험적 사용의 원칙으로 간주된다면 동시에 필연성의 표현을 수반한다. 따라서 적어도 선천적으로 모든 경험에 앞서서 타당하는 근거에서 규정되어 있다는 추측을 수반한다. 그러나 모든 자연법칙은 나란히 [예외없이] 고차(高次)의 오성의 원칙에 종속한다. [개별의] 자연 법칙은 오성의 원칙을 현상 분야의 특수 경우에만 적용한 것이기에 말이다. 이 고차적인 오성의 원칙만이 규칙 일반에 대한 조건, 말하자면 지표[1]를 포함하는 개념을 준다. 그러나 경험은 규칙에 따르는 [개별적] 사례를 준다.

② 우리가 경험에서 얻은 원칙을 순수오성의 원칙으로 간주하거나 혹은 그 역으로 간주할 위험성은 원래 있을 수가 없다. 왜냐하면 순수오성의 원칙은 개념에 따른 필연성을 나타내는 데 대해서 모든 경험에서 귀납된 명제에 있어서는 비록 그것이 아무리 광범하게 타당할지라도, 개념에 따른 필연성의 결핍이 쉽게 지각되기 때문에, 양자의 혼동을 쉽사리 막을 수 있기에 말이다. 그러나 선천적 순수원칙 중에는 본래는 순수오성에 귀속하지 않는 선천적 순수원칙도 있다. 이것은 그것이 순수 개념에서 이끌어 내지지 않았고, 도리어 순수직관에
199 서 (오성을 매개로 해서이기는 하지만) 이끌어내어졌기 때문이다. 오성은 직관과 달라서 개념 작용의 능력이다. 수학은 선천적인 순수원칙을 가진다. 그러나 경험에의 그것의 적용, 따라서 그것의 객관적 타당성뿐만 아니라 그와 같은 선천적인 종합인식의 가능성(그것의 연역)은, 항상 순수 오성에 의거하고 있다.

③ 그렇기 때문에 수학의 원칙을 여기서 제시하는 나의 원칙들 중에 집어넣지 않기로 하는 반면에, 수학 원칙의 가능성과 선천적 객관적 타당성이 의거해 있는 [고차의] 원칙을, 따라서 수학 원칙의 원리로서 간주되어야 하는 원칙을, **개념에서 직관으로 나아가고 직관에서 개념으로** 나아가지는 않는 원칙을, 나

1) 원어 Exponent는 원래 수학의 용어로 지수라고도 옮긴다. 색인이라는 말과도 관계가 깊은 단어다. 328면의 주 1 참조. 감각은 실재의 지표, 즉 색인이다.

는 여기에서 돌보기로 한다.

④ 「오성의 순수한 개념」을 가능한 경험에 적용할 무렵에, 그것의 종합적 사용은 수학적이거나 역학적이거나다. 왜냐하면, 종합작용은 단지 현상 일반의 직관에 관계할 때가 있거나 혹은 현상 일반의 현존에 관계할 때가 있기 때문이다. 그러나 직관의 선천적 조건은 가능한 경험에 관해서는 전연 필연적이고, 가능한 경험적 직관의 객관이 현존한다는 것은 그 자신 우연적일 뿐이다. 그러므로 수학적 사용의 원칙은 무조건 필연적이다. 즉 절대로 확실하다. 허나 역학적 사용의 원칙은 선천적 필연성의 특징을 수반하기는 하되, 단지 경험에 있어서의 경험적 사고의 조건 아래서만 그러하다. 따라서 간접적으로만 그러하다. 그러므로 역학적 사용의 원칙은 수학적 사용의 원칙이 가지는 직접적인 명
증성(明證性)을 포함하지는 않는다(이것은 물론 경험에 보편적으로 관계하는 역학적 200
원칙의 확실성을 해치지는 않지마는). 그러나 이 문제를 「원칙의 체계」론의 마지막에서 우리는 보다 더 잘 비판하겠다.

⑤ 범주표가 원칙표에 대한 인도를 해주는 것은 당연하다. 왜냐하면 원칙은 범주를 객관적으로 사용하는 규칙 이외의 다른 것이 아니기 때문이다. 따라서 순수오성의 모든 원칙은 다음과 같다.

1. 직관의 공리

2. 지각[에서]의 [여러]예료　　3. 경험[에서]의 유추

4. 경험적 「사고일반」의 요청

⑥ 이상의 명칭들을 나는 이 원칙들의 명증성과 사용에 관한 차이가 간과되지 않도록 조심해서 선정했다. 분량과 성질(이것들의 형식만에 주의한다면)의 범주에 따른 명증성과 현상의 선천적 규정과에 관해서는 분량과 성질의 원칙은 두 개의 나머지 범주의 원칙에서 현저하게 구별된다는 것은 곧 명백하게 될
것이다. 양쪽이 다 완전한 확실성을 가질 수 있으면서도, 전자가 직각적인 확 201
실성을 가질 수 있음에 대하여, 후자는 추리적 확실성을 가질 수 있기 때문이다. 그러므로 나는 전자를 수학적 원칙이라고 하고, 후자를 역학적 원칙※이라고 하겠다. 그러나 내가 여기서 말하는 한쪽의 수학적 원칙이 수학 고유의 원칙을 의미하지는 않고, 다른 쪽의 역학적 원칙이 일반(물리학적) 역학 고유의

원칙을 의미하지도 않으며, 수학적 원칙과 역학적 원칙이 그것들을 가능하게
202 하는 기초인 내감과 (그 속에 주어지는 표상들의 구별없이) 상관한 순수 오성의
원칙만을 명시한다는 점에, (내감을 통해서 수학과 역학의 원칙이 가능하지만) 사람
은 잘 주의해야 할 것이다. 그러므로 나는 두 가지 원칙을 그것의 내용을 고려
하기보다도 그것의 적용을 고려해서 명명(命名)하였다. 그러면 이제야 표에서
나타난 대로[1]의 상기 순서에서 두 가지 원칙을 고찰하기로 한다.

※ 모든 결합은 합성이거나, 연결이다. 전자는 상호간에 필연적 관계가 없는 다양의 종합이다. 가령 정방형이 대각선에 의해서 구분됨으로써 생긴 두 개의 삼각형이 각각 서로 필연적 관계가 없는 것과 같다. 그리고 이와 같은 결합성은, 수학적으로 고려될 수 있는 모든 것에 있어서의 동종적인 것의 종합이다(이런

---

1) 이상의 네 원칙은 역사적으로 보아 뉴턴 자연과학의 원칙들을 확인하려고 한 것이다. 이 네 원칙을 판단형식, 범주, 도식 등과 대조시켜 두기로 한다.

<table>
<tr><th></th><th>판단</th><th>범 주</th><th colspan="2">도 식</th><th>원 칙</th></tr>
<tr><td rowspan="3">분량</td><td>전칭</td><td>단 일 성</td><td rowspan="3">시간계열</td><td rowspan="3">수(數)</td><td rowspan="3">직관의 공리: 모든 직관은 외연량이다.</td></tr>
<tr><td>특칭</td><td>수 다 성</td></tr>
<tr><td>단칭</td><td>전 체 성</td></tr>
<tr><td rowspan="3">성질</td><td>긍정</td><td>실 재 성</td><td rowspan="3">시간내용</td><td rowspan="3">도(度) { 충실시간 / 공허시간</td><td rowspan="3">지각의 예료: 모든 현상에서 감각 작용의 실재적인 것은 도를 가진다.</td></tr>
<tr><td>부정</td><td>부 정 성</td></tr>
<tr><td>무한</td><td>제 한 성</td></tr>
<tr><td rowspan="3">관계</td><td>정언</td><td>실체와 우유성</td><td rowspan="3">시간순서</td><td>지속(持續)</td><td>경험의 첫째 유추: 실체는 지속한다.</td></tr>
<tr><td>가언</td><td>인과성과 의존성</td><td>규칙에 따른 후속(後屬)</td><td>경험의 둘째 유추: 인과 법칙에서 생긴다.</td></tr>
<tr><td>선언</td><td>상 호 성</td><td>공존(共存), 즉 동시(同時)</td><td>경험의 셋째 유추: 일관적 상호작용이 있다.</td></tr>
<tr><td rowspan="4">양상</td><td>개연</td><td>가능성－불가능성</td><td rowspan="4">시간총괄</td><td rowspan="2">표상들의 종합을 시간 조건들과 합치시킴. 혹시(或時)</td><td rowspan="4">경험적 사고 일반의 요청</td></tr>
<tr><td>실연</td><td>현존성－비존재성</td></tr>
<tr><td rowspan="2">필연</td><td rowspan="2">필연성－우연성</td><td>일정 시간 중의 현존, 정시(定時)</td></tr>
<tr><td>모든 시간 중의 현존, 상시(常時)</td></tr>
</table>

종합은 다시 외연량에 관계되고 있는 집합의 종합과 내포량(內包量)에 관계하는 합동의 종합으로 구분될 수 있다). 둘째의 결합(즉, 연결)은 다양이 서로 필연적 관계를 갖는 한의 다양의 종합이다. 가령 어떤 실체에 대한 속성, 혹은 원인에 대한 결과가 그와 같은 것이며, 따라서 이것은 동종적인 것이 아니지만, 선천적으로 결합된 것으로 생각된다. 이런 결합은 임의적이 아니고 다양적 202
인 것의 존재의 결합에 관여하기 때문에 나는 역학적이라고 부른다(이런 결합은 다시 「현상들 서로」의 물리적 결합과 선천적 인식능력에 있어서의 현상들의 결합인 형이상학적 결합으로 구분될 수 있다). [이 주는 재판의 추가다.]

1. 직관의[1] 공리

「직관 공리」를 [가능케 하는] 원리는
모든 직관은 외연량이라는 것이다.

증 명

① 모든 현상은 형식상으로는 「시공」 중에서의 직관을 포함하고, 시공은 현상 전반의 근저에 선천적으로 있는 것이다. 따라서 현상이 각지(覺知)되는 것은, 다시 말하면 그것이 경험적 의식 속에 받아들여지는 것은, 일정한 시공(時空)의 표상이 산출되는 「다양의 종합」에 의해서만 가능하다. 바꾸어 말하면,
동종적인 것의 합성과 이 다양(동종적인 것)의 종합적 통일의 의식에 의해서만 203
가능하다. 그런데 직관 일반에 있어서의 다양한 동종적인 것[에 대한 종합적 통일]의 의식은, 이것에 의해서 객관의 표상이 비로소 가능하게 되는 한 「분량의 개념」이다. 그러므로 현상으로서의 객관의 지각까지도 주어진 감성적 직관의 다양에 대한 종합적 통일에 의해서만 가능하고, 바로 이 통일에 의해서 분량 개념에 있어서의 다양한 동족적인 것을 결합하는 통일이 「생각」된다. 즉 현상은 모두가 양이요, 그러면서도 외연량이다. 공간이나 시간에 있어서의 직관으로서의 현상은, 시공 일반을 규정하는 것과 동일한 종합에 의해서 표상되어야 하기 때문이다. [재편의 추가].

1) 초판에는 「직관의 공리에 관하여 순수한 오성의 원칙: 만상은 직관상으로는 외연량이다」라고 하였다. 「증명」이란 말과 아래의 첫째 토막은 재판의 추가다.

② 부분의 표상이 전체의 표상을 가능하게 하는 것을 (따라서 부분의 표상이 전체의 표상에 필연적으로 선행하는 것을) 나는 「외연량」이라고 한다. 어떠한 선도, 그것이 아무리 작더라도, 사상 속에서 선을 그어 보는 일 다시 말하면 한 점에서 차례차례로 모든 부분을 생산해 내고, 이것을 통해서 무엇보다도 먼저 이 직관을 그려내는 일 없이는, 나는 선을 표상할 수가 없다. 모든 시간에 있어서도 역시, 비록 그것이 아무리 짧은 시간이라 할지라도, 사정은 아주 동일하다. 나는 시간에서만 한순간에서 다른 순간으로의 계속적 진행을 「생각」한다. 그리고 이 계속적 진행에서 모든 시간 부분과 이것의 보탬과에 의해서 마침내 일정한 시간량이 생산된다. 모든 현상에 있어서의 한갓 직관은 공간이거나 시간이기 때문에, 직관으로서의 모든 현상은 외연량이다. 모든 현상은 각지
204 에 있어서 계속(부분에서 부분으로) 종합함에 의해서만 인식될 수 있기 때문이다. 따라서 모든 현상은 이미 집합체(미리 앞서 주어진 부분들의 모임)로서 직관된다. 이것은 반드시 모든 종류의 양(量)에서 사정이 그렇다는 것이 아니고, 오직 우리에게 *외연적인 것* 자체로서 표상되고 각지되는 양에서만 그러하다.

③ 연장선의 수학적(즉 기하학)은 그것의 공리들과 함께 형태의 산출에 있어서의 생산적 구상력의 계속적 종합에 의거하고 있다. 이 공리는 감성적 직관의 선천적 조건들을 표현하는 것이요, 이 조건 아래서만 외적 현상들에 대한 순수 개념의 도식이 성립할 수 있다. 예컨대 「두 점 사이에는 오직 하나의 직선이 가능하다」, 「두 개의 직선은 어떠한 공간도 둘러싸지 않는다」고 하는 것과 같다. 이런 것들은 본래 양(量) 자체에만 관여하는 공리이다.

④ 그러나 [사물의] 수량에 관해서는, 다시 말해 「무엇이 얼마만한 크기냐?」 하는 질문에 대한 답은 진정한 의미에 있어서는 아무런 공리도 아니다. 비록 이런 답에 관한 여러 가지 명제는 종합적이고 「직접적으로 확실」하며, 그러므로 논증될 수는 없다고 하더라도 그렇다. 무릇 동등한 것에 동등한 것을 보태
205 거나 혹은 동등한 것을 빼면 동등하다[$a=b$면 $a+c=b+c$, $a-c=b-c$]. 이것은 분석적 명제이다. 왜냐하면 생산된 한쪽 양(量)과 다른 쪽 양이 동일함은 나에게 직접 알려지기 때문이다. 공리는 선천적 종합 명제이어야 한다.

이에 반해서, 수적 관계를 명증하는 명제는 물론 종합적이기는 하지만, 기하학의 명제처럼 전칭적 명제인 것은 아니다. 바로 이 때문에, 공리는 아니고

수식이라고 불릴 수 있다. 「7+5=12」라는 것은 분석적 명제가 아니다[B. 16 참조]. 왜냐하면 나는 7이나 5의 표상에 있어서나 또는 양자의 결합의 표상에 있어서, 12라는 수를 생각하지 않기 때문이다. (양자의 합에 있어서 내가 12라는 수를 생각해야만 한다는 것에 관해서는 여기서 인식되지 않는다. 왜냐하면 분석적 명제에 있어서는 객어가 실지로 주어의 표상 안에서 생각되는가 안 되는가가 오직 문제이기 때문이다). 그 명제는 종합적이기는 하지만 다만 단칭적 명제임에 불과하다. 여기서 우리가 동종적인 것(몇 개의 단위)의 종합에만 착안하는 한, 그 종합은 여기서는 오직 한 가지 방식에만 행해질 수가 있다. 물론 나중에 이런 수들의 사용이 일반화하지만.

두 직선의 합이 셋째의 직선보다도 큰 세 개의 선(線)은 「하나의 삼각형을 그려낸다」고 내가 말한다면, 나는 여기서 생산적 구상력의 한갓 기능만을 표시한다. 이 기능은 선들을 크게도 작게도 그리며, 동시에 모든 종류의 임의의 각(角)에 합치해서 교차시킬 수가 있다. 이에 반해서 7이라는 수는 오직 한 가지 방식에서만 가능하며, 또 이 「수」와 5라는 「수」의 종합에 의해서 생기게 되는 12라는 수 역시 그러하다. 그렇기 때문에 이와 같은 명제들을 공리라고 말해서는 안 되고(만약 공리라고 불리면, 공리가 무한히 있을 것이기 때문에), 수식 206
이라고 불러야 한다.

⑤ 「현상에 관한 수학」의 이 선험적 원칙[모든 직관은 외연량이다]은, 우리의 선천적 인식을 크게 확장한다. 왜냐하면 순수수학을 그것의 완전한 정확성에 있어서 경험의 대상에 적용하게 하는 것은, 오직 이 원칙뿐이기 때문이다. 그리고 이 적용은 저 원칙이 없고서는 그처럼 저절로 명백하게 되지는 않았을 것이요, 저 원칙이 없었기 때문에, 사실은 종래에 많은 모순이 있었다. 현상은 「물자체 그것」이 아니다. 경험적 직관은 오직 [시공이라는] 순수직관에 의해서만 가능하다. 그렇기 때문에 순수직관에 관해서도 이의없이 타당하다. 그리고 감관의 대상은 공간에 있어서의 구성의 규칙에 (예컨대 선이나 모(角)의 무한한 가분성(可分性)의 규칙), 마치 적합하지 않은 듯하다는 구실(口實)은 없어져야 한다. 왜냐하면 이 구실에 의하면, 우리는 공간으로부터 그리고 동시에 이 공간과 함께 모든 수학으로부터 객관적 타당성을 거부하여, 수학이 왜 또 어느 범위까지 현상에 적용될 것인지를 다시는 모를 것이기 때문이다. 모든 직관의 본질적 형식

으로서의 공간 및 시간의 종합은 동시에 현상의 각지를 가능하게 하는 것이요, 그래서 모든 외적 경험을, 따라서 또 경험의 대상의 모든 형식을 가능하게 하는 것이다. 그리고 수학이 순수사용에 있어서 시공에 관해서 증명하는 바는 또 필연적으로 경험의 대상에 관해서도 타당하다.

207 이것에 반대하는 모든 이의는 잘못 가르치는 이성의 궤변일 뿐이다. 이런 이성은 그릇되게도 감관의 대상을 우리 감성의 형식적 조건에서 해방시키려고 생각하며, 그 감관의 대상을 단지 현상이지마는, 이것을 오성에게 주어진 「대상 자체 그것」으로서 표상한다. 이와 같은 경우에는 물론 대상에 관해서 선천적으로는 아무런 것도 종합적으로 인식될 수 없으며 따라서 또 공간의 순수한 개념[관념]에 의해서도 아무런 것도 종합적으로 인식될 수가 없다. 그리고 공간의 순수한 개념을 규정하는 학문, 즉 기하학도 자체상 불가능할 것이다.

2. 지각의 예료(豫料)[1]

「지각 예료를[가능케 하는] 원리는」

모든 현상에서 감각 작용의 대상인 실재적인 것은 내포량 즉 도(度)를 가진다는 것이다.

증 명

① 지각은 경험적 의식이다. 즉 그 안에 동시에 감각 작용이 있는 의식이다. 지각의 대상으로서의 현상은 공간이나 시간과 같이 순수 (한갓 형식적)직관은 아니다. (무릇 시공 자체는 지각될 수 없는 것이다). 그러므로 현상들은 직관보다 이상으로 어떤 객관 일반에 대한 질료 (이것에 의해서 시공 안에 실재하는 것이 표상된다)를 포함한다. 다시 말하면 「주관적 표상으로서의 감각」의 [대상인] 실재적인 것을 포함한다. 이것에 관해서 우리는 주관이 촉발된다는 것만 인식하고,
208 이것을 우리가 「객관 일반」에 관계시킨다. 그런데 경험적 의식의 실재적인 것

1) Anticipationen이라고 복수로 되어 있다. 즉 광도(光度), 색(色)의 농담(濃淡) 등을 미리 아는바, 예료들을 하게 하는 원칙을 제시한 것이다. 초판에는 「예료들」이란 표제 다음에 「모든 지각들 자체를 예료하는 원칙: 만상에서의 감각과 대상에서 감각에 대응하는 실재적인 것과는 내포량, 즉 도를 가진다」라고 하였다. 다음의 「증명」이란 말과 다음의 첫째 토막은 재판에서 추가한 것이다.

은 완전히 소멸하고 시공 중에서는 다양의 형식적(선천적) 의식만이 남기 때문에, 경험적 의식에서 순수 의식에 이르는 단계적인 변화가 가능하다. 그러므로 감각의 양을 산출해 가는 중의 종합도 그것의 시초, 즉 순수 직관인 영(零)에서부터 감각의 임의의 도(度)까지 가능하다. 감각 자체는 객관적 표상이 아니고, 그 안에서는 공간의 직관도 시간의 직관도 발견되지 않기 때문에, 감각은 아무런 외연량(外延量)도 가지지 않지만 일종의 양을 가진다. (자세히는, 경험적 의식이 일정한 시간 중의 무(無), 즉 영(零)에서 주어진 감각의 양에 이르기까지 증가할 수 있게 되는, 감각의 각지에 의해서 가진다). 따라서 내포량(內包量)을 가진다. 이에 대응해서, 지각의 모든 객관에 (지각이 감각을 포함하는 한에서) 내포량이, 즉 감관에 대한 영향의 도(度)가 부여되지 않을 수 없다[재판의 추가].

② 나로 하여금 경험적 인식에 속하는 것을 선천적으로 인식할 수 있게 하 209
고 또 규정할 수 있게 하는, 모든 인식을 예료라고 부를 수 있다. 그리고 의심할 것도 없이 이것이 에피쿠로스가 프로렙시스(prolepsis)라고 했던 말의 의미이다. 그런데 현상에서는 선천적으로는 인식되지 않는 것이 있고 따라서 경험적인 것을 선천적 인식에서 진정으로 구별하는 것이 있다. 즉 (지각의 질료로서) 감관되는 것이 있다. 이렇기 때문에 감각은 원래 예료될 수 없는 것이라고 하는 결론이 나온다. 이에 반해서 우리는 시공에 있어서의 순수한 규정들을 형태에 관해서건 양에 관해서건 현상의 「예료들」이라고 말할 수 있겠다. 왜냐하면 이런 순수한 규정들은 후천적 경험에서 주어지는 것을, 그것이 무엇이든 간에, 선천적으로 표상하기 때문이다. 그러나 감각 일반(어떤 특수한 감각이 주어지지 않더라도)으로서의 「모든 감각」에 있어서 선천적으로 인식되는 것이 발견된다고 가정하면, 이것은 「특별한 의미에서」 예료라고 불린다. 「특별한 의미에서」라고 하는 까닭은 우리가 바로 경험에서만 취해올 수 있는 「경험의 질료」에 관한 「것」을 경험에 앞질러 취한다는 것은 이상하게 생각되기 때문이다. 그렇지만 감각의 경우에 사정은 사실상 위의 가정과 같다.

③ 순 감각에 의한 각지는 한순간[1)]만을 메꿀 뿐이다. (즉 내가 만약 많은 감각

---

1) 지각의 내용은 두 번째 도식인 「시간 내용」에 해당하기 때문에, 시간을 메꾸어 있는바, 시간 혹은 공간 중의 일종의 분량이다. 그러나 첫 번째 도식인 시간계열과는 다르다. 이것은 연속을 필요로 하되, 저것은 시간계열의 장단(長短)에 관계없고, 순간에서나 시간에서나 마찬가지다. 단 것

들의 계속을 돌보지 않는다면 그러하다). 현상 중에 있는 그 어떤 것의 각지는 부분에서 표상의 전체로 나아가는 연속적 종합이 아닌 것이요, 따라서 그런 것의 각지는 아무런 외연량도 가지지 않는다. 동일한 순간에 있어서의 감각의 결핍은, 그 순간을 공허한 것으로서, 따라서 영(零)으로서 표상할 것이다. 그런데 경험적 직관에서 감각에 대응하는 것이 실재성(현상적 실재)이요, 실재성의 결여에 대응
210 하는 것이 부정성, 즉 영(零)이다. 모든 감각은 줄어질 수 있고 따라서 감각을 없애서 점차 소멸케 할 수 있다. 그래서 현상에서의 실재성과 부정성 사이에는 많은 가능적인 중간적 감각들의 연속적 연관이 있다. 이러한 「중간적 감각들 서로」의 차이는 현재의 주어진 감각과 영(零), 즉 완전한 부정성 간의 차이보다 항상 적다. 다시 말해 현상에 있어서의 실재적인 것은 언제나 분량을 가지나 그러나, 이런 분량은 각지에서 발견되지는 않는다. 이 각지는 한순간에 있어서의 감각에 의하는 것이고, 많은 감각들의 계속적 종합에 의해서 생기는 것이 아니며, 따라서 각지는 부분들에서 전체로 나아가지 않기 때문이다. 현상에 있어서의 실재적인 것은 분량을 가지기는 하되 외연량(外延量)인 것은 아니다.

④ 단지 단일성으로서만 각지되고 부정성, 즉 영(零)으로의 접근에 의해서만 수다성[도의 강약]이 표상될 수 있는 양(量)을 나는 내포량이라고 한다. 그러므로 현상에 있어서의 모든 실재는 내포량, 즉 도(度)를 가진다. 만일 우리가 이런 실재를 원인(그것이 감각의 원인이든, 현상에 있어서의 다른 실재성의 원인, 예컨대 한 변화의 원인이든 간에)으로 간주한다면, 이때에 우리는 원인으로서의 실재의 도(度)를 운동량[1]이라고 말한다(가령 중력의 운동량이라고 하는 말과 같다). 그 까닭은 이 도는 그것의 각지가 계기적(繼起的)이 아니요, 순간적인 양(量)만을 표시하기 때문이다. 그러나 이것을 나는 여기서 다만 덧붙여서 언급할 뿐이다. 인과성을 여기서는 문제삼지 않기 때문이다.

211 ⑤ 이래서 모든 감각은 따라서 현상에 있어서의 모든 실재는 (그것이 아니무리 약하더라도) 도(度)를 가진다. 즉 언제나 더욱 줄어질 수 있는 내포량을 가진

은 일초간이건, 일분간이건, 한 시간이건 간에 여전히 달다. 태양의 빛이나 소리의 도(度)에 관해서도 마찬가지다.

1) 운동량(ein Moment)은 「감각의 원인으로서의 실재적인 것」의 도(度), 즉 내포량을 지시한다. 역도(力度)라고도 옮긴다.

다. 그리고 실재성과 부정성 사이에는 가능적인 실재들의 연속적 연관이 있고, 또 가능적인 보다 더 약한 지각들의 연속적인 연관이 있다. 각 색깔, 가령 붉은색은 도를 가진다. 이런 도는 그것이 아무리 약하더라도 최소는 아니다. 이와 같은 사정은 열·중력의 운동량 등에 관해서도 마찬가지다.

⑥ 분량에는 그 이상 더 적어질 수 없는 최소의 부분은 없다(어떠한 부분도 단일이 아니다)고 하는 양(量)의 성질을 「분량의 연속성」이라고 한다.

공간과 시간은 연속적 양이다. 왜냐하면 그것의 어떠한 부분도 한계(점과 순간) 같은 극한들 간에 싸이지 않고서는 주어질 수 없으며, 따라서 이 부분 자체가 다시 한 공간이거나 시간이기 때문이다. 그러므로 공간은 여러 공간에서, 또 시간은 여러 시간에서 성립한다. 점과 순간은 「극한」들에 불과하다. 즉 공간과 시간을 제한하는 위치임에 불과하다. 이러한 위치는 언제나 자신을 제한하거나 한정하는 직관을 전제하는 것이다. 한갓 위치는 공간과 시간에 앞서서 주어질 수 있는 요소요, 이런 위치로부터는 공간이나 시간이 합성될 수 없다. 이와 같은 양을 유전적이라고 할 수 있다. 무릇, 이런 양의 산출에 있어서의 (생산적 구상력의) 종합은 시간 안에서 진행하는 것이고, 이런 시간의 연속성을 특히 우리는 흐른다(즉 흘러간다)라는 말로 표현하는 것이 보통이다. 212

⑦ 이렇기에 모든 현상 일반이 연속적 양이로되, 직관의 면으로는 외연량이요, 한갓 지각(감각 따라서 실재)의 면으로는 내포량이다. 만일 현상의 다양의 종합이 중단되면, 이런 다양은 많은 현상들의 집합인 것이요, 집합은 본래의 양으로서의 현상이 아니다. 집합은 혹종(惑種)의 생산적 종합의 지속에 의해서가 아니라, 단속(斷續)하는 종합의 반복에 의해서 생긴다. 내가 만일 13 Taler를 「돈의 양」이라고 한다면, 그 말이 순은(純銀)한 Mark[즉 중량 단위]의 양을 의미하는 한에서, 그러한 말은 정당하다. 한 Mark는 연속적인 양이요, 그것의 어떤 부분도 최소의 부분이 아니고, 어느 한 부분도 항상 보다 소액의 것에 대한 재료를 포함하는 화폐로 될 수 있겠다. 그러나 만일 내가 그런 「돈의 양」이란 말 아래서 그만한 분량의 화폐로서의 (그것의 은량(銀量)이 얼마가 되든 간에) 동그란 13개의 Taler를 의미한다면, 「13 Taler의 돈의 양」이라고 하는 말은 부적당하고, 이 경우에는 13개의 Taler를 하나의 집합, 즉 화폐의 한 수라고 말해야 한다. 허나 이 모든 수의 근저에는 단일성(單一性)이 있어야 하기 때

문에 이 현상도 단일성으로서는 하나의 양(量)이요, 또 양인 것으로서는 항상 하나의 연속체다. [13개의 Taler가 한 Mark이다.]

⑧ 그런데 연장적으로 고찰되건 내포적으로 고찰되건 간에, 모든 현상이 연속량이라면, (어떤 사물의 한 상태로부터 다른 상태로의 이동인 바) 모든 변화도 연속적이라는 명제는 여기서 용이하게 또 수학적 명증성(明證性)으로써 증명될 수
213 있을 것이다. 그러나 이것은, 변화 일반의 원인성이 선험철학의 한계 바깥에 있지 않고, 경험적 원리를 전제로 하고 있지 않을 때의 일이다.

대저 사물의 상태를 변경시킬 수 있는 원인, 즉 사물을 어떤 주어진 상태의 반대상태로 규정하는 원인의 가능성에 관해서는 오성은 선천적으로 아무런 설명도 우리에게 줄 수 없다. 이것은, 오성이 그런 원인의 가능성을 통찰하지 않는 (이런 통찰은 우리의 많은 다른 선천적 인식의 경우에 있어서도 결여되어 있다) 까닭에서 뿐만 아니라, 그런 원인은 불변항구적인 것에서 발견되어야 할 것이지만, 반대상태로 되는 가변성은 직접적 경험만이 가르칠 수 있는 현상의 규정에만 관계하는 까닭도 있다. 그러나 우리가 여기서 사용할 수 있는 것으로서 모든 가능한 경험의 순수한 기초개념—이것은 아무런 경험적인 것도 포함하지 않는다—만을 가지고 있기 때문에, 체계의 통일을 해침이 없이는, 어떤 근본적인 경험 위에 세워져 있는 일반적 자연과학의 영역[변화를 다루는 과학계]에 들어갈 수 없다.

⑨ 그럼에도 불구하고 지각들을 예료하고, 그뿐 아니라 지각들의 결여를 보충하여 이런 결여에서 나올 수 있는 모든 잘못된 추리를 「우리의 원칙」이 봉쇄하는 한에서, 우리의 원칙이 발휘하는 다대한 영향에 관한 증명을 우리는 가지고 있다.

214 ⑩ 지각에 있어서의 모든 실재는 도(度)를 가지며, 도와 부정성(零) 사이에는 점점 감소하는 「도」의 무한의 단계가 있다면, 그리고 또 모든 감관이 감각의 수용성에 대한 일정한 도를 가져야 한다면, 현상 중에서 모든 실재적인 것이 없음을 증명하는—직접적이건 (추리가 「돌아가는 길」을 통해서) 간접적으로 하건 간에—어떠한 지각도 불가능하고, 따라서 어떠한 경험도 불가능하다. 다시 말하면 경험으로부터는 공허한 공간 또는 공허한 시간에 관한 증명이 끌어내어질 수 없다. 왜냐하면 감성적 직관에서 실재적인 것이 전혀 없다는 것은

첫째로 그 자신 지각될 수 없고 둘째로 그런 「없음」은 어떠한 유일한 현상으로부터도 결과될 수 없고, 「현상의 실재」의 도(度)의 구별로부터서도 결과될 수 없으며, 또는 형상의 설명을 위해서 가정될 수도 없기 때문이다. 일정한 공간이나 시간의 전직관(全直觀)은 어디까지나 실재적이다. 다시 말해서 그것의 어떤 부분도 공허하지 않다. 그러나 모든 실재는 현상의 불변적 외연량을 변경함이 없이 무한한 단계를 거쳐서 없음(공허)에까지 줄어질 수 있는 도(度)를 가진다. 이 때문에 공간이나 시간을 메우는 무한히 서로 다른 도(度)가 있어야 한다. 그래서 직관의 외연량은 동일하다 하더라도, 서로 다른 현상들에 있어서의 내포량은 보다 적거나 보다 클 수가 있다.

⑪ 이에 관한 예를 들어 보기로 한다. 거의 모든 자연철학자는 용적(容積)은 215
같으나 종류가 서로 다른 물질[현상중의 실재]의 양에 있어서 각각 커다란 구별을 지각한다. (더러는 중력, 즉 무게의 운동량에 의해서, 더러는 운동하는 다른 물질에 대한 저항의 운동량에 의해서 지각한다). 이렇기에 그들은 한결같이 결론을 내린다.――즉 [동등한] 용적(현상의 외연량)이 모든 물질에 있어서, 서로 다른 정도이기는 하되 공허한 공간을 포함해야 한다고. 그러나 수학과 역학에 종사하는 대부분의 이런 자연 연구자들 중에서, 실로 누가 일찍이, 그들의 추리를 그들이 그렇게도 회피한다고 말하던 형이상학적 전제 위에 세웠다는 사실에 상도(想到)했던가? 즉 그들은 공간에 있어서의 실재적인 것은 (나는 그것을 여기서 불가침입성이니 무게라고 부르지 않는다. 이런 개념들은 경험적이기 때문에) 도처에서 일양(一樣)이고, 오직 외연량, 즉 집합량의 면에서만 다르다고 가정한다. 그러나 이런 전제에 대한 근거를 그들이 경험 속에서 발견할 수가 없고, 따라서 전제는 형이상학적일 뿐이다. 이런 전제에 나는 하나의 선험적 증명을 대립시킨다. 이 선험적 증명은 공간들을 메우는 데 있어서의 차이를 설명하려는 것은 아니지만, 이런 차이는 공허한 공간의 가정에 의해서만 설명될 수 있다는, 그
전제의 가짜 필연성을 완전히 없애는 것이다. 만일 자연 설명이 이 점에 대해 216
서 어떤 가정을 필요로 한다면, 적어도 이 차이성을 다른 방식으로도 생각할 자유로 오성을 인도하는 공적을 이 선험적 증명은 가진다. 왜냐하면, 그때에는 같은 공간들이 서로 다른 물질에 의하여 완전히 메워져 있어서, 어느 공간에서나 그 속에 물질이 들어 있지 않은 점은 하나도 없다고 할지라도, 각 실재적인

것은 동일한 질을 가지면서 각기 그것의 도(저항이나 무게의 도)가 있으며, 이 도는 외연량, 즉 집합량을 줄이는 일이 없이, 그 질이 공허로 이행해서 소멸하기 전까지, 무한히 주어질 수 있다는 것을 우리는 이해하기 때문이다. 즉 공간을 메우고 있는 팽창은, 예컨대 열은—같은 방식으로 (현상에 있어서의) 다른 실재도—이 공간의 가장 적은 부분도 적어도 공허하도록 내버려 두지 않고, 그들의 도를 무한히 줄일 수가 있고, 그럼에도 불구하고 이 공간을 이보다 적은 도로써, 보다 많은 도를 가지는 다른 현상과 같이, 잘 메울 수가 있다. 여기서의 나의 의도는, 이런 일이 물질의 비중이 서로 다를 때에 생긴다고 주장하려는 것이 아니다. 우리 지각의 본성이 그와 같은 설명방법을 가능하게 한다는 것과, 현상의 실재적인 것을 도(度)의 면에서 같은 것으로 가정하고, 「집합량과 그것의 외연량」의 면에서만 서로 다른 것으로 가정하는 것이 잘못이라는 것과, 게다가 이것을 오성의 선천적 원칙에 의해서 주장함이 참월(僭越)이라는 것, 이런 사리들을 오로지 순수오성의 원칙에서 명시하려는 것이다.

217 ⑫ 그럼에도 불구하고 「지각의 예료」란 것은, 선험적 고려에 젖어온 사람에 대해서 또 선험적 고려에 의해서 신중하게 된 [자연]연구자에게, 항상 기이한 느낌을 준다. 그리고 현상에 있어서의 모든 실재적인 것이 도(度)를 가지며, 따라서 감각 자체가 우리가 감각의 경험적 성질을 내어버리더라도 내적으로 구별할 수 있는 가능성을 가진다고 하는 종합적 명제를 오성이 예료할 수 있다는 주장은, 세인에게 약간의 의심을 자아낸다. 또 「오성이 이 점에서 있어서 현상에 관하여 종합적으로 그리고 선천적으로 입언할 수 있는가, 또 본래 단지 경험적인 것, 즉 감각에 관계하는 것에서 오성이 어떻게 현상을 예료할 수 있는가」라는 물음은 역시 해결해 둘 만한 값어치가 있는 물음이다.

⑬ (색·맛과 같은) 감각의 성질은 언제나 순 경험적이요, 선천적으로 표상될 수가 없다. 그러나 감각 일반에 대응하는바, 실재적인 것은 부정, 즉 영(零)과는 달라서 그것의 개념 자신이 실재를 포함하는 것만을 표상하고 「경험적 의식 일반」에 있어서의 종합을 틀림없이 의미한다. 즉 내감에 있어서는 경험적 의식은 영에서부터 그 이상의 큰 도까지 올라갈 수 있다. 그러므로 직관에서의 동일한 외연량(예컨대 조명된 표면)은 다른 외면량(보다 적게 조명된 표면)의 다수의 집합(集合)만한 정도의 감각을 일으킨다. 그러므로 우리는 현상의 외연량을

완전히 무시하여, 한순간에 있어서의 한갓 감각에 있어서, 영으로부터 주어진 218
경험적 의식에 이르기까지 일양적(一様的) 전진의 종합을 표상할 수가 있다. 그러므로 모든 감각들은 그 자신 후천적으로 주어지지마는, 그것들이 도를 가진다는 것은 선천적으로 인식될 수가 있다. 우리는 양 일반(量 一般)에 관해서는 단지 유일한 성질만을, 즉 연속성만을 선천적으로 인식할 수가 있으나, 모든 성질(현상의 실재적인 것)에 있어서는 그것의 내포량 이상의 것을, 즉 현상은 도를 가진다는 것 이상의 것을 선천적으로 인식할 수 없다는 것은 주의할 만하다.[1] 이 외의 모든 것은 경험에 맡겨져 있다.

3. 경험의 유추[2]

「경험의 유추」의 원리는 경험은 지각들의 필연적 결합이라는 표상에 의해서만 가능하다는 것이다

증 명

① 경험이란 경험적 인식을 의미한다. 즉 지각에 의해서 객관을 규정하는 인식이다. 그러므로 경험은 지각들의 종합이요, 이 종합 자체는 지각에 포함되어 있지 않다. 도리어 종합이 지각들의 다양의 종합적 통일을 한 의식 중에서
포함한다. 그리고 이 종합적 통일이 감관의 객관의 인식의 본질적인 것이다. 219
즉 경험의 본질(단지 직관의 본질만이나 감관에 의한 감각의 본질만이 아니라)인 것이다. 그런데 지각들이 경험에서 모이는 것은 우연적일 뿐이다. 그러므로 지각들이 결합하는 필연성은 지각들 자체로부터는 밝혀지지 않으며 밝혀질 수도 없다. 왜냐하면 각지(覺知)는 단지 경험적 직관의 다양을 총괄할 뿐이요, 각지가 시공 중에서 총괄하는 바 현상이라는 결합된 실재가 필연성을 갖는다는 표상은, 각지에서는 발견되지 않기 때문이다. 그러나 경험은 지각들을 통한 객관

1) Cohen에 의하면, 칸트는 도(度)를 감각에서보다도 징분적(微分的) 연속성 중에서 정초(定礎)하였다. ⑫와 ⑬은 실재적인 것에 대한 주관의 종합작용의 면을 강조한 것이다.

2) 이 표제하에서 초판은 「그것의 보편적 원칙: 만상은 그것의 현존에 관해서 시간에서의 '현상들 서로의 관계'를 규정하는 규칙에 선천적으로 종속한다」고 했다. 「증명」이란 말과 첫째 토막은 재판의 추가다. 경험의 유추는 자연과학의 선험적 연역이다.

의 인식이요, 따라서 다양한 것이 현존하는 중에서 가지는 관계는 시간에서 연결된 것으로 표상되지 않고, 시간 중의 객관으로 존재하는 것으로 경험에서 표상되어야 하되, 시간 자체는 지각될 수 없는 관계이다. 그렇기 때문에 시간 중에서 객관들이 존재한다는 규정은 시간 일반에 있어서의 그것들의 결합에 의해서만 생길 수 있고, 따라서 객관들을 선천적으로 결합하는 개념에 의해서만 생길 수 있다. 그런데 이런 개념은 동시에 항상 필연성을 수반하기 때문에, 경험은 지각들의 필연적 결합의 표상에 의해서만 가능한 것이다[재판의 추가].

② 시간의 세 양상은 지속·계기 동시 존재이다. 그러므로 현상의 모든 시간관계에 관한 이상의 세 규칙은 (이 규칙에 좇아서 우리는 현상의 모든 현존을, 모든 시간의 통일에 관해서 규정할 수 있거니와) 일체 경험에 선행하겠고, 그런 세 규칙이 비로소 경험을 가능하게 한다.

220 ③ 이하의 세 유추의 보편적 원칙은 모든 시간에 있어서의 모든 가능한 경험적 의식(지각)에 관한 통각의 필연적 통일에 의거한다. 따라서 통각의 통일은 선천적으로 근저에 놓여 있다. 그렇기 때문에 유추의 보편적 원칙은 시간중의 「시간 관계」에 따르는 만상의 종합적 통일에 의거한다. 왜냐하면 근원적 통각은 내감 (모든 표상의 총괄)에 관계하고, 자세히 말하면 선천적으로 내감의 형식에 관계하며, 다시 말하면, 시간에 있어서의 다양한 경험적 의식의 관계에 선천적으로 관계하기 때문이다. 그런데 모든 다양한 것은 「시간관계」에 따라, 이 근원적 통각에서 결합되어야 한다. 이것이 근원적 통각의 선험적 통일이 선천적으로 의미하는 내용이다. 나의 인식 (즉 나 자신의 인식)에 속해야 하는 모든 것이, 따라서 나에게 대하여 대상이 될 수 있는 모든 것이 통각의 선험적 통일에 종속하고 있다. 모든 지각들의 시간관계 중에 있는 이 종합적 통일은 선천적으로 규정되어 있는 것이고, 따라서 종합적 통일은 「모든 경험적 시간규정은 보편적 시간규정의 규칙에 종속해야 한다」는 법칙임을 의미한다. 그리고 우리가 지금 논하고자 하는 경험의 [세] 유추는 이와 같은 규칙이 아닐 수 없다.

④ 「경험의 유추」 원칙은, 현상 및 「현상의 경험적 직관의 종합」을 고려하
221 는 것이 아니라, 현존만을 고려하고 또 현상의 현존에 관계 맺은 「현상들 서로의 관계」를 고려하는 특질을 가진다. 그런데 그 무엇이 현상에서 각지되는 방식은, 선천적으로 정해져 있을 수 있다. 그 결과로 현상들을 종합하는 규칙이

동시에 선천적 직관을 눈앞의 모든 경험적 실례에서 제시할 수 있다. 즉 이 경험적 실례를 선천적 직관에서 성립시킬 수가 있다. 그러나 현상들의 현존은 선천적으로 인식될 수 없다. 우리가 이제 말한 방식에서 어떤 현존을 추리하기에 이른다 하더라도, 우리는 현존을 확정적으로 인식할 수는 없겠다. 다시 말하면 현존의 경험적 직관을 다른 직관으로부터 구별하게 하는 소이(所以)를 우리는 「예료」할 수는 없겠다.

⑤ 수학을 현상에 적용할 권리가 있다는 점을 고려해서, 내가 수학적 원칙이라고 명명한 앞 두 개의 원칙[직관의 공리와 예료 등의 원칙]은 현상의 가능성에만 관계한다. 또 이 두 개의 원칙은, 현상이 직관되는 측면과 현상이 지각되는 실재적인 측면이 수학적 종합의 규칙에 따라서 어떻게 생기는가 하는 것을 가르친 것이다. 그러므로 이 두 원칙은 마찬가지로 수량을 사용할 수 있게 하고, 그와 동시에 양으로서의 현상을 규정할 수 있게 한다. 가령 나는 일광(日光)에 의한 감각의 도를 약 20만 배의 월광(月光)을 보탬에 의해서 선천적으로 규정해서 제시할 수 있을 것이다. 즉 구성할 수 있을 것이다. 이래서 우리는 최초의 두 원칙을 구성적 원칙이라고 명명할 수가 있다.

⑥ 현상의 현존을 선천적으로 규칙에 종속시켜야 할 원칙에 있어서는, 사정이 이와는 완전히 다르다. 현존은 구성될 수는 없기 때문에 이런 원칙은 현존의 「관계」에만 참여하고, 따라서 통제적(regulative) 원리만을 줄 수 있다. 따라 222
시 이 경우에 우리는 공리도 예료도 생각할 수가 없다. 반대로 한 지각[a]이 다른 지각[b](비록 명확하지 않더라도)에 대하는 시간 관계에 있어서 우리에게 주어진다면 우리가 선천적으로 할 수 있는 말이 있다. 즉 어떤 다른 지각이나 어떤 분량의 지각[b]이 아니라 이 다른 지각[b]이 그 현존의 면에서 보아 한 지각[a]과 시간이 이러한 양상에 있어서 어떻게 필연적으로 결합하고 있느냐 하는 말을 할 수 있다. 철학에서의 유추는 그것이 수학에서 의미했던 것과는 대단히 상이한 것을 의미한다. 수학에서는 그것은 두 개의 양(量)관계의 동등성을 언표하는 공식이다. 그리고 언제나 구성적이다. 그러므로 만일 비례식의 세 개의 항이 주어진다면, 그것에 의해서 제4항도 주어진다. 즉 구성될 수가 있다.[1] 그러

1) $a:b=c:x$ 에서 x 의 값은 구성되어 즉시 알 수가 있다.

나 철학에서의 유추는 두 개의 양적 관계의 동등성이 아니고 질적 관계의 동등성이다. 여기서는 내가 주어진 세 개의 항(項)으로부터 인식할 수 있고, 또 선천적으로 제시할 수 있는 것은, 제4항에 대한 관계뿐이요, 이 4항 자체는 아니다. 그러나 제4항을 경험에서 구하기 위한 규칙과 또 경험에서 발견하기 위한 표징을 나는 십분 가지고 있다.

따라서 경험의 유추는, 그것에 따라서 지각으로부터 경험의 통일(어떻게 경험적 직관 일반으로서의 지각 자체가 생기느냐 하는 것이 아니라)이 발생할 터인 규칙임에 불과하다. 그것은 대상(현상)에 관한 원칙으로서 구성적이 아니라 단지
223 통제적으로 타당하겠다. 이와 똑같은 사정이 경험적 사고 일반의 요청—이것은 단순한 직관(현상의 형식)의 종합, 지각(현상의 질료)의 종합, 그리고 경험(지각들의 관계)의 종합 등 전반에 관여하지만—에 관해서도 역시 타당할 것이다. 즉 요청들은 다만 통제적 원칙이요, 이 통제적 원칙은 구성적인 수학적 원칙에서 구별된다. 양자 [수학적 원칙과 통제적 원칙]가 선천적으로 확립해 있는 확실성에 관해서 구별되는 것이 아니라, 수학적 원칙의 명증의 종류에 있어서, 즉 그 명증의 직각성에 있어서 (따라서 그 논증의 직각성에 있어서) 구별된다.

⑦ 그러나 모든 종합적 원칙에서 경고받았던 일이지만, 여기서 특히 우리가 주의해야 할 일이 있다. 그것은, 즉 이 유추는 선험적 오성사용의 원칙으로서가 아니라, 단지 경험적 오성사용의 원칙으로만 유일한 의의와 타당성을 가진다는 것이요, 따라서 오직 이와 같은 것으로서만 증명될 수 있다는 것이다. 그러므로 현상은 단적으로 범주 속에 포섭되지 않고 다만 그 도식(圖式) 속에서 포섭되어야만 한다는 것이다. 왜냐하면 이런 원칙이 관계할 대상이 「물자체 그것」이라면, 대상에 관하여 그 무엇을 선천적·종합적으로 인식한다는 것은 완전히 불가능할 것이기 때문이다. 대상이란 현상 외의 것이 아니요, 현상의 완전한 인식은—모든 선천적 원칙[의 기능]은 필경 언제나 이 완전한 인식에
224 귀착하는 데 있지만—오로지 가능한 경험이다. 따라서 선천적 원칙은 현상들의 종합에 있어서의 「경험적 인식의 통일」을 위한 조건 외의 아무런 것도 목표로 가질 수 없다. 그러나 종합일반으로서의 통일은 오성의 순수한 개념의 도식에 있어서만 생각된다. 그리고 범주는 종합 일반으로서의 「도식의 통일성」의 기능을 포함하되, 이 기능은 감성적 조건에 의해서 제한받지 않는다. 그래

서 우리는 이런 원칙에 의해서, 개념의 논리적·보편적 통일과의 유추에 좇아서만 현상들을 총괄할 권리가 있다. 그러므로 원칙 자체에 있어서 우리는 확실히 범주를 사용하겠지만, 그 실시(현상에의 적용)에 있어서는 범주의 도식을 범주사용의 열쇠로서 원칙 대신에 사용하겠다. 혹은 오히려 원칙의 표식이라는 이름 아래, 범주를 제한하는 조건으로서 도식을 범주 옆에 나란히 두겠다.

A. 첫째 유추

실체[1] 지속에서 생기는 원칙:
현상이 아무리 변역해도 실체는 지속하고
자연에서의 실체의 양은 증감이 없다[2]

증 명

① 만상은 시간 속에 있다. 그리고 만상의 기체로서의 (내적 직관의 지속적 형식으로서의) 시간 속에서만 동시 존재와 계기도 표상될 수 있다. 그러므로 시간은 현상의 모든 변역이 그 속에서 생각될 터의 것이요, 이런 시간 자체는 존속 225
하고 변역하지 않는다. 왜냐하면 시간은, 계기적 존재나 혹은 동시적 존재가 시간의 규정으로서만 표상될 수 있도록 하는 것이기 때문이다. 시간은 단독으로는 지각될 수가 없다. 따라서 지각의 대상 안에는, 즉 현상 안에는 그 시간 일반을 표상하는 기체가 있어야 하고, 모든 변역과 동시적 존재는 이 기체에, 즉한 현상들의 관계를 통해서 각지하는 중에 알려질 수가 있다. 모든 실재적인 것의 기체, 즉 사물의 실존에 귀속하는 모든 것의 기체가 실체이다. 이 실체에 있어서는 현존에 속하는 모든 것이 그것의 규정으로만 생각될 수 있다. 따라서 자신과의 관계에 있어서만 현상의 모든 시간관계가 규정될 수 있는 바 지속적인 것은, 현상중의 실체요, 즉 현상중의 실재적인 것이며, 이 실재적인 것인 모든 변역의 기체로서 언제나 동일한 것이다. 이 실체는 현존에서도 변역할 수

1) 「실체」라는 말이 초판에는 없고, 「지속의 원칙」이라고 했다.
2) 초판에는 「만상은 대상 자체로서의 지속적인 것(실체)을 포함한다, 또 만상은 지속적인 것의 규정인, 즉 대상이 현존하는 방식인 가변적인 것을 포함한다」라고 하였다. 또 다음의 「증명」 대신에 「이 첫째 유추의 증명」이라고 하였다.

없기 때문에, 자연에서의 그것의 양에도 증감이 없다.[1][재판의 추가]

② 현상의 다양에 대한 우리의 각지는 언제나 선후적이요, 따라서 언제나 변역하고 있다. 그러므로 만일 경험의 근저에 언제나 존재하는 그 무엇이, 즉 어떤 항존하고 지속하는 것이 없다면, 우리는 각지에만 의해서는 경험의 대상으로의 이 다양적인 것이 동시에 있는지, 혹은 선후적으로 있는지를 결정할 수
226 가 없다. 모든 변역과 동시적 존재는 지속체가 존재하는 여러 방식(시간의 양상들)임에 틀림없다. 즉 지속체에 있어서만 시간 관계가 가능하다. (동시성과 선후성은 시간에 있어서의 두 가지의 특유하는 관계일 뿐이기에 말이다). 다시 말하면 지속체는 시간 자체의 경험적 표상화의 기체며, 이것에 있어서만 모든 시간규정이 가능하다. 지속성은 일반적으로 현상의 모든 현존의 또 모든 변역과 모든 동시존재의 항구적 대응자로서의 시간을 표현한다. 변역은 시간 자체에 관여하지 않고 시간 중의 현상에만 관여하기 때문이다. (이와 마찬가지로 동시존재는 시간 자체의 양상이 아니다. 시간 자체에 있어서는 어떠한 부분도 동시적이 아니고 모든 부분이 선후적이다). 만약 우리가 「시간 자체」에 선후적 연속을 부여하고자 한다면, 우리는 이런 연속을 가능하게 하는 다른 하나의 시간을 생각해야 할 것이다. 선후하는 시간계열의 각종 부분들을 차지하는 현존은 지속체에 의해서만 우리가 지속이라고 하는 양(量)을 얻는다. 왜냐하면 단순한 선후에 있어서는 현존은 부단히 생멸하여, 최소의 양(量)도 가지지 않기 때문이다. 즉 이 지속체가 없이는 시간관계도 존재하지 않는다. 그런데 시간 자체는 원래 지각될 수가 없다. 따라서 현상에서의 이 지속체는 모든 시간규정의 기체요, 따라
227 서 또한 지각의 모든 종합적 통일을, 즉 경험을 가능케 하는 조건이다. 그리고 이 지속체에 기본한 시간 중의 모든 현존과 모든 변역은 항존적인 것이 실지로 나타나는 양상으로 보아질 수가 있다. 그러므로 모든 현상에 있어서의 지속체는 대상 자체요, 즉 (현상적) 실체다. 그러나 변역하거나 변역할 수 있는 모든 것은, 이 실체나 혹은 실체들이 실지로 존재하게 되는 방식에 귀속할 뿐이

1) 이 토막 대신에 초판에는 「만상은 시간 중에 있다. 시간은 두 종류의 방식에서 현상들의 현존에 있어서의 관계를 규정할 수 있다. 즉 선후적으로 있는 관계거나 동시적으로 있는 관계이다. 시간은 전자의 견지에서는 시간 계열(時間系列)로 보아지고, 후자의 견지에서는 시간용량(容量)으로 보아진다」고 했다. 134면 역주 참조.

다. 즉 실체의 규정에 귀속할 뿐이다.

③ 내가 알기로는 모든 시대에 걸쳐서 철학자뿐만 아니라, 상식인까지도 이 지속성을 현상의 모든 변역의 기체로서 전제했고, 또[장차] 어떤 시대더라도 의심할 수 없는 것으로 인정(認定)하리라. 다만 철학자만이 이것에 관해서, 「세계에서의 모든 변화에도 불구하고 실체는 존속하고 그것의 우유성만이 변역한다」고 말함으로써, 약간 보다 더 정확하게 표현할 따름이다. 그러나 이 종합적 명제에 관해서 증명하는 것을 시도하는 것조차 나는 보지 못한다. 아니, 이 명제가 순수하게 또 완전히 선천적으로 성립하는 자연법칙의 정상에도 위치함은 —이것이 당연하건마는—자못 드물다.

「실체는 지속적이라」는 명제는 사실은 동어반복인 것이다. 왜냐하면 이 지속성이야말로, 우리가 현상에 실체의 범주를 적용하는 근거이기에 말이다. 또 모든 현상 안에 어떤 지속체가 있고, 가변적인 것은 그것의 실지적 존재의 규정에 불과하다는 것을 우리가 증명했어야만 할 일이기에 말이다. 그러나 이와 같은 증명은, 선천적 종합 명제에 관여하는 까닭에 결코 독단적으로, 다시 말 228
하면 개념에서만 도출될 수는 없다. 이와 같은 명제가 가능한 경험에 관해서만 타당하고, 따라서 또한 경험의 가능성의 연역에 의해서만 증명될 수 있다는 것에 생각이 미치지 않았다. 이래서 이 명제가 모든 경험의 근저에 놓여 있었지마는(경험적 인식에 있어서 그 명제가 필요함이 느껴졌기 때문이다) 그것이 증명되지는 않았다는 것은 놀랄 일이 아니다.

④ 한 철학자가 「연기의 무게는 얼마인가」라는 질문을 받았다. 그는 「타버린 나무의 무게로부터 남은 재의 무게를 제거하라. 그리하면 연기의 무게를 얻는다」고 대답했다. 그러므로 그는 「불에 있어서 질료는 소멸하지 않고, 그것의 형식만이 변화를 입는다」라는 것을 거부될 수 없는 것으로서 전제했던 것이다. 이와 꼭 같이 「없음(無)에서는 아무것도 생기지 않는다」라는 명제는, 지속성의 원칙으로부터 혹은 오히려 현상에 있어서의 진정한 주체의 항존의 원칙으로부터 생긴 또 하나의 결론이었다. 무릇 우리가 현상에서 실체라고 하고자 하는 것이, 모든 시간규정의 진정한 기체여야 한다면, 과거와 미래에 있어서의 모든 현존은 다만 실체에 있어서만 규정될 수 있는 것이다. 따라서 한 현상에 실체라는 이름을 줄 수 있는 까닭은, 모든 시대[과거·현재·미래]에 걸쳐서 오로지

실체의 현존을 전제하는 데에 있다. 그리고 실체의 이 현존은 지속성이라는 말로써도 충분하게는 표현되지 않는다. 이 말은 오히려 미래에 관여하기 때문이
229 다. 그럼에도 불구하고 지속의 내적 필연성은 항존해 왔음의 필연성에서 분리될 수 없고, 그러므로 지속이란 표현이 그대로 쓰여서 좋다.

없음으로부터 있음이 생길 수 없고, 있음은 없음으로 될 수 없다라는 것은, 고대인들이 서로 분리하지 않고 결합한 두 명제였다. 지금 사람들은 오해로 인해서 이 두 명제를 종종 분리시키지마는, 그 까닭은 그들은 이 두 명제가 「물자체 그것」에 관여하고, 그 중의 첫째 명제는 세계가 (실체적으로도) 최상 원인에 의존한다는 것에 어긋난다고 생각했던 데에 있다. 그러나 이것은 필요없는 걱정이다. 여기서는 경험 분야에서의 현상만이 문제이기 때문이요, 우리가 새로이 사물을 (즉 실체를) 발생시키고자 하면, 경험의 통일은 불가능할 것이기 때문이다.[1] 즉 그때에는 시간의 통일을 표상할 수 있게 하는 유일한 것이, 즉 기체의 동일성이 없어질 것이기 때문이다. 이 동일성에 의해서만 모든 변역이 시종일관된 통일을 가지는 바다. 그렇지만 이 지속성은 (현상에 있어서의) 사물의 현존을 우리에게 표시하는 방식임에 틀림없다.

⑤ 하나의 실체가 실존하는 특수 방식임에 틀림없는, 실체에 관한 규정들을 **우유성**이라고 한다. 이 규정들은 언제나 실재적이다. 왜냐하면 이런 것들이 이 실체의 현존에 관여하기 때문이다(부정은 다만 실체에 있어서의 그 무엇의 비존재
230 를 표현하는 규정들이다). 그런데 실체에 있어서의 이 실재적인 것에(가령 질료의 우유성으로서의 운동에) 특수한 현존을 부여한다면, 우리는 이 현존을 자존성이라고 불리는 실체의 현존과 구별해서 속성이라고 한다.

그러나 이런 일로부터 많은 오해가 생겨난다. 그래서 만일 우리가 우유성을 실체의 현존이 적극적으로 규정되어 있는 방식이라고만 표현한다면, 이런 말이 보다 더 정확하고 보다 더 적절하다. 그렇지만 실체의 현존에서 변천할 수 있는 것을, 실체는 존속함에도 불구하고, 실체에서 말하자면 일단 분리하여, 진

1) 새로운 실체적인 것이 생기거나 혹은 실체들이 없어진다면, [학적] 경험은 불가능하다는 뜻이다. 자연과학이 실체적인 것을 어떻게 정밀히 규정하느냐 하는 것은 (즉 그것을 재래 모양으로 원소와 힘이 규정하나 혹은 세력불멸로써 대충해서 질량 중에 세력의 표명을 보나하는 것은), 선험철학이 답하려고 하지 않는 순 경험적 문제이다.

정하게 지속적이고 근본적인 것에 대한 관계에서 고찰하는 것은, 우리 오성의 논리적인 사용조건에 따라서 불가피하다. 그러므로 실체의 범주는 사실 「관계의 범주」 속에 들어가지마는, 그 자신이 관계를 의미하기보다도 관계의 조건임을 의미하는 것이다.[1)]

⑥ 그런데 이런 지속성에 의거해서 변화개념도 시정된다. 생멸은 생멸하는 것의 변화가 아니다. 변화는 동일한 대상의 한 실존방식 다음에 다른 한 실존방식이 후속하는 것을 의미한다. 그러므로 변화하는 모든 것은 항존하되 그것의 상태만이 변역한다.[2)] 즉 변역은 생멸할 수 있는 규정들에만 관여하기 때문에, 약간 역설적으로 「지속적인 것(실체)만이 변화하고, 변천적인 것은 아무런 「변화」도 입지 않고 변역을 가진다. 약간의 규정들이 없어지고 다른 [약간의] 231
규정들이 생기는 것이기에 말이다」라고 말할 수가 있다.

⑦ 그러므로 변화는 실체에 있어서만 지각될 수 있다. 그리고 생멸은 그것이 지속적인 것의 규정에 관여함이 없이는 단적으로는 어떤 지각이 될 수 없다. 왜냐하면 바로 이 지속적인 것이 한 상태로부터 다른 상태로, 그리고 비존재로부터 존재로, 이행함에 관한 표상을 가능하게 하며, 그래서 이 이행에 관한 표상은 「항존하는 것」의 변역적 규정으로서만 경험적으로 인식될 수 있기 때문이다. 여러분이 「그 무엇」이 단적으로 존재하기 시작한다고 가정해 보라. 그러면 여러분은 그 안에 그 무엇이 존재하지 않았던 한 시점을 가지지 않으면 안 되리라. 그러나 벌써 존재한 것에 시점을 결부시키지 않는다면, 무엇에 여러분은 이 시점을 결부시킬 것인가? 즉 선행한 공허한 시간은 지각의 아무런 대상도 아니다. 그러나 만일 여러분이 이 발생을, 기왕에 존재하였으면서 또 새로 생기는 것에 이르기까지 존속하는 사물에 결부시킨다면, 후자는 지속적인 것으로서의 전자를 규정한 것일 따름이다. 이와 같은 사정은 소멸에 관해서도 똑같다. 소멸은 벌써 한 현상이 존재하지 않는 시간의 경험적 표상을 전제하기 때문이다.

⑧ (현상에 있어서의) 실체는 모든 시간규정의 기체다. 어떤 실체가 발생하고

---

1) 이것은 실체가 형이상학적인 실체개념이 아니라, 기능개념인 것을 지시한다. 또 철학사상 칸트가 처음으로 실체를 철학적인 본체로 가정하지 않고, 과학적 인식의 원리로 삼은 것이기도 하다.
2) 변화(Veränderung)와 변역(Wechseln)을 구별한 것에 주목할 만하다.

다른 실체가 소멸한다면, 그런 일은 시간의 경험적 통일의 유일한 조건을 폐기
232 하게 될 것이다. 이때에는 현상은 두 종류의 시간에 관계할 것이고, 이런 시간에 있어서는 현실적 존재가 시간적으로 평행해서 흘러가는 것이 될 것이다. 이것은 참으로 불합리하다. 왜냐하면 오직 하나의 시간이 있고, 이 시간 안에서 모든 상이한 시간들은 동시적으로가 아니라, 선후적 시간으로 정립되는 것이기 때문이다.

⑨ 따라서 지속성은 그것 아래서만 현상이 사물로서 혹은 대상으로서 가능한 경험에서 규정되는 필연적 조건이다. 그러면 이 필연적 지속성의 경험적 표준이 무엇인가 또 이 지속성과 더불어 현상들의 실체성의 경험적 표준이 무엇인가, 이 문제에 관해서 필요한 것을 관찰할 기회는 다음에 우리에게 주어질 것이다.

B. 둘째 유추

인과성 법칙에 따른 시간적 후속에서[1] 생기는 원칙:
모든 변화는 원인과 결과를 연결하는 법칙에서 생긴다

증 명

① 시간적으로 후속하는 만상은 한갓 변화일 뿐이다. 즉 지속적인 실체의 성질들이 후속적으로 있느냐 또한 없어지느냐 하는 것이다. 따라서 실체 자신이 없어졌다가 그 다음에 있게 되었다거나, 혹은 실체 자신이 있었다가 그 다음에
233 없어졌다거나 하는 일은 없다. 다시 말하면 실체 자신의 생멸은 없다. 이런 점을 첫째 원칙은 중시하였다. 이런 첫째 원칙은 또한 다음과 같이 표현할 수가 있겠다. 즉 현상들의 모든 변역(후속)은 단지 변화일 뿐이라고. 왜냐하면 실체의 생멸은 실체 자신의 변화는 아니기 때문이다. 이런 까닭은 변화의 개념은 바로 동일한 주체이면서도 [있었다 없었다 하는] 두 개의 반대되는 규정을 가지는 것이 현실로 존재한다는 것을 전제하는 데에 있다.──이러한 예비를 하고

1) 초판에는 「산출의 원칙: 일어나는 (존재하기 시작하는) 만사는 그것이 규칙에 좇아서 후속하는 것을 전제한다」고 하였다. 또 「증명」 이하의 두 토막: ①과 ②는 재판의 추가다.

나서 나는 둘째 원칙의 증명으로 나아가겠다.

② 현상들이 후속한다는 것을, 즉 어느 때 사물의 현재 상태는 그 이전 상태의 반대라는 것을 나는 지각한다. 그러므로 나는 원래는 시간 중의 두 지각을 연결한다. 그런데 연결이란 것은 그저 감관과 직관이 하는 일이 아니라, 이 경우에 「시간관계」에 관해서 내감을 규정하는 구상력의 종합능력이 산출한 것이다. 그러나 구상력은 상술한 두 상태를 두 가지 나름으로 결합할 수가 있다. 즉 갑(甲)의 상태가 을(乙)의 상태에 선행하거나 혹은 갑의 상태가 을의 상태 뒤에 오는 식으로 결합할 수 있다. 무릇 「시간 자신 그것」은 지각될 수 없고, 그러므로 시간에 관해서, 이를테면 경험적으로 무엇이 선행하고 무엇이 후속하는가 하는 것이 객체에서 정해질 수 있기 때문이다. 그러므로 내가 의식함은, 다만 나의 상상작용(想像作用)이 하나를 먼저 세우고 다른 하나를 나중에 세운다는 것뿐이요, 객체에 있어서 한 상태가 다른 상태에 선행한다는 것이 아 234
니다. 바꾸어 말하면 단순한 지각에 의해서는 서로 계기하는 현상들의 객관적 관계는 미결로 남아 있다. 현상의 이 객관적 관계가 결정된 것으로 인식되기 위해서는 「두 상태 간의 관계」를 우리는 생각해야 하는데, 이 관계는 두 상태 중의 그 어느 것은 먼저 세워지게 하고 그 어느 것은 나중에 세워지게 하며, 이런 순서와 반대로 하지는 않는 것을 필연적인 것으로 규정한다는 것이다.

그러나 종합적 통일의 필연성을 갖추고 있는 개념은 오직 오성의 순수한 개념일 뿐이요, 이 개념은 지각 속에 있지 않으며, 여기서는 그것은 인과관계의 개념이다. 원인은 귀결로서의 결과를 시간상 나중인 것으로 규정하는 것이요, 한갓 상상 속에서 선행할지 모르는 (혹은 전혀 일반적으로 지각되지 않고 있을지 모르는) 것으로서의 결과를 규정[상상]하는 것이 아니다. 그러므로 우리는 현상들의 선후를, 따라서 모든 변화를 인과법칙에 종속시킴에 의해서만 비로소 경험도, 즉 현상들에 대한 경험적 인식도 가능하다. 그러기에 경험의 대상들로서의 현상들 자신은 바로 이 인과법칙에 좇아서만 가능하다[재판의 추가].

③ 현상의 다양이 각지됨은 언제나 선후적이다. 부분[개별]표상들은 서로 선후한다. 이런 표상들이 대상에 있어서도 서로 선후하는지 이 점은 제2차로 고찰할 점이요, 제1차로 고찰할 점에 속하지 않는다. 그런데 일체는 또 모든 표상들까지도, 우리가 그것들을 의식하는 한에서, 객관이라고 불릴 수 있다. 그

235 러나 현상들에 있어서 객관이라는 말이 무엇을 의미해야만 하는지는, (표상으로서의) 이 객관들이 아니고, 하나의 객관을 표시하는 한에서 보다 더 깊이 탐구할 문제이다. 현상들이 단지 표상들로서 동시에 의식의 대상들인 한, 현상들은 각지와 구별되지 않는다. 즉 구상력이 종합 속에 받아넣는 작용과 구별되지 않는다. 그러므로 우리는 현상들의 다양은 심성에 있어서는 언제나 선후적으로 생산된다고 말해야 한다. 만일 현상이 「물자체 그것」이라면, 다양에 관한 표상들의 후속으로부터 이 다양이 그 객관에서 어떻게 결합되어 있는지를 아무도 추측할 수가 없을 것이다. 왜냐하면 우리는 오직 우리의 표상들과 관계해야 하기 때문이다. 물자체가 (그것에 의해서 우리가 출발되는 표상에 대한 고려 없이는) 어떻게 존재하는지, 이 점은 우리의 인식 분야 바깥에 있다. 현상이 물자체 그것이 아니지만 인식을 위해서 우리에게 주어질 수 있는 유일한 것이기 때문에, 각지에 있어서의 다양의 표상이 언제나 계기적임에도 불구하고, 현상들 자신에 있어서의 다양이 어떤 종류의 시간상 결합을 가지는지를 나는 명시해야 한다. 가령 내 앞에 서 있는 한 **집**의 현상에 있어서의 다양의 각지는 계기적이다. 이 즈음에 이 집 자신의 다양이 그 자신에 있어서도 계기적일까 하는 의문이 생기거니와, 아무도 그렇다고 하지는 않을 것이다.

236 그러나 이제 내가 말하는 대상의 개념을 선험적 의미로 높이자마자, 그 집은 아무런 「물자체 그것」이 아니요, 단지 하나의 현상이다. 즉 그것의 선험적 대상이 알려져 있지 않은 표상이다. 그러면 현상 자체(이것은 자체상으로는 없는 것이지만)에 있어서의 다양들이 어떻게 서로 결합하고 있는가 하는 질문에 의해서 나는 무엇을 이해하는가? 이 경우에 계기적 각지 속에 있는 것은 표상이라고 간주되지마는, 나에게 주어져 있는 현상은 그것이 표상들의 총괄 이상의 것이 아님에도 불구하고, 이런 표상들의 「대상」으로 간주되는 것이며, 이 대상과 「내가 각지의 표상들로부터 가지게 되는 나의 [주관적] 개념과는 서로 합치해야 한다. 이에, 누구나 즉시로 다음의 것을 아는 바다. 즉 인식과 객관과의 일치가 진리이기 때문에, 여기서는 다만 경험적 진리의 형식적 조건만이 문제될 수 있다는 것이다. 그리고 현상은—각지의 표상과는 대립된 관계에서—현상을 그 외의 모든 각지로부터 구별하는 규칙, 또 다양을 결합하는 한 방식을 필연적이게 하는 규칙 아래 있을 때에, 각지의 표상들과는 다른 「표상들의 객

관」으로서 표상될 수 있다. 현상에 있어서 각지의 이러한 필연적 규칙의 조건을 포함하는 것이 객관이다.

④ 이제야 우리의 과제로 전진하기로 하자. 그 무엇이 생긴다는 것, 즉 이
전에 없었던 것이나 없었던 상태가 [새로] 생긴다는 것은, 이 상태를 내포하지
않는 현상이 선행하지 않고서는 경험적으로 지각될 수 없다. 무릇 공허한 시간
에 후속하는 현실이란 것은, 따라서 사물의 상태가 없는 현재의 발생은, 공허 237
한 시간 자신과 같이 후속될 수 없는 것이다. 그러므로 소여(所與)의 모든 각
지는 다른 각지에 후속하는 지각이다.

그러나 내가 앞에서 「집」의 현상을 참고로 해서 설명했듯이 각지의 모든 종
합에서도 방금 말한 사정은 같기 때문에, 후속한다고 해서 한 소여의 각지가
다른 각지로부터 구별되는 것은 아니다. 발생적 현상에 있어서 선행하는 지각
상태를 A라 하고, 후속하는 것을 B라고 한다면, 각지에 있어서 B는 A 다음에
만 생길 수 있으나 각지 A는 B에 후속할 수는 없고, 다만 선행할 수만 있다는
것을 우리는 잘 안다. 가령 한 **배**가 강물을 따라 내려가는 것을 내가 보고 있
다. 하류에서의 그 배의 지각은 상류에서의 그것의 위치의 지각에 후속한다.
이런 현상의 「각지」에 있어서 배가 먼저 그 강물의 하류에서 지각되고, 그 후
에 상류에서 지각되는 일은 불가능하다. 그러므로 배의 각지에 있어서 지각들
이 후속하는 순서는 일정하고, 이 순서에 각지는 결부되어 있다. 앞에서 든 **집**
의 예에 있어서는 각지에 있어서의 나의 지각들은 그 집의 꼭대기에서 출발해
서 토대에서 끝날 수도 있었고, 또한 그 하부에서 출발해서 상부에서 끝날 수 238
도 있었다. 마찬가지로 오른쪽으로부터 또는 왼쪽으로부터 경험적 직관의 다
양을 각지할 수도 있었다. 그러므로 이런 지각의 계열에서는 다양을 경험적으
로 결합하기 위하여, 내가 각지할 무렵의 출발점을 필연적이게 하는바 아무런
일정한 순서도 없었다. 그러나 발생하는 일의 지각에 있어서는 언제나[다양을
경험적으로 결합하는] 규칙이 있는 것이요, 이 규칙이 서로 선후하는 지각(현상을
각지할 즈음에)들의 순서를 필연적이게 한다.

⑤ 그러므로 나는 발생하는 일의 지각의 경우에는 각지의 주관적[1] 선후를

1) 주관적 선후는 개인의 심리에 의해 표상되는 표상이요, 객관적인 선후는 자연과학을 정초할 수

현상들의 객관적 선후로부터 도출해야 하겠다. 왜냐하면 그렇지 않으면 각지의 주관적 계기는 [질서에 대한] 규정이 없고, 현상들 사이의 구별이 없어지기 때문이다. 주관적 선후는 임의적이기 때문에, 그것만으로는 객관에 있어서의 다양의 연결에 관하여 아무것도 증명하지 않는다. 따라서 현상들의 객관적 선후는 현상의 다양의 질서 중에 성립하겠다. 이 순서에 의하여 한 사건(발생하는 일)의 각지가 (선행하는) 다른 사건의 각지 다음에 하나의 규칙에 일치해서 일어난다. 이와 같이 함에 의해서만 나는 나의 각지에 관해서만 아니라, 현상 자신에 관해서 선후가 현상 중에서 발견된다고 말할 자격이 있다. 이런 말은 선후의 이런 순서와 다른 순서로써 내가 각지할 수가 없다는 뜻임에 틀림이 없다.

⑥ 이와 같은 규칙에 의하면 일반으로 한 소여(所與)에 선행하는 것 중에는,
239 이 소여를 항상 필연적으로 일어나게 하는 규칙에 대한 조건이 먼저 있어야 한다. 그러나 이와는 반대로 한 소여에서 소급하여, 그것에 선행하는 것을 (각지에 의해서) 규정할 수는 없다. 왜냐하면 어떠한 현상도 후속하는 시점으로부터 선행하는 시점으로 소급되지는 않기 때문이다. 그와는 반대로 한 주어진 시간에서, 그것에 후속하는 일정한 시간으로 진행하는 것이 필연적이다. 후속하는 것이 있기 때문에, 나는 이 후속하는 것에 선행하는 다른 것을 일반적으로 관계시킨다. 그리고 선행하는 다른 것 뒤에 「규칙에 좇아서, 즉 필연적으로」 후속하는 것이 있다. 이래서 제약된 것으로서의 소여는 그것의 제약을 확실히 지시하며 이 제약이 소여를 규정하는 것이다.

⑦ 한 소여에 대하여 그것이 한 규칙에 따라 후속하게 하는 선행하는 것이 없다고 가정해 보라. 그리하면 지각의 모든 후속은 오직 각지에만 있을 것이다. 그러나 이런 각지에 의해서는 어느 것이 본래 선행하는 지각이고 어느 것이 뒤에 오는 지각인가 하는 것을 우리로 하여금 객관적으로 규정하게 하지는 않을 것이다. 이와 같은 경우에서는 우리는 객관에 관계하지 않는 표상들의 유희만을 가질 것이다. 즉 우리의 지각은 한 현상을 시간관계상으로 구별하지 않을 것이다. 왜냐하면 각지에 있어서의 선후는 언제나 일양적이 되기 때문이요, 그러므로 현상을 규정함으로써, 어떤 선후를 객관적으로 필연적이도록 하는

있는 법칙적 표상이며, 법칙을 표상하는 사람은 이미 초개인적 주관이다.

것이 현상 속에는 없기 때문이다. 이에 내가 할 수 있는 말은, 현상에서 두 상태가 서로 선후한다는 것이 아니고, 오직 한 「각지」가 다른 각지 다음에 생긴 240
다는 것이며, 이러한 일은 단지 어떤 주관적인 것에 불과하고, 아무런 객관도 규정하지 않는 것이며, 따라서 어떤 대상도 (현상중의 대상이라 할지라도) 그 인식으로서 타당할 수가 없다는 것뿐이다.

⑧ 그렇기 때문에 우리가 어떤 발생을 경험한다면, 그 즈음에 우리는 언제나 그것이 규칙에 따라 발생하도록 하는 것이 선행한다는 것을 전제한다. 왜냐하면 이런 일 없이는 나는 객관에 관하여 그것이 후속한다고 말하지 않을 것이기 때문이다. 그 까닭은 나의 각지에서의 단순한 후속은, 만일 그것이 한 규칙에 의해서 선행하는 것과의 관계에서 규정되지 않는다면, 객관에 있어서 어떠한 후속도 인정할 수 없는 데에 있다. 그러므로 내가 (각지의) 주관적 종합을 객관적이게 하는 것은 항상 한 규칙과 관계해서 생기는 일이다. 이 규칙에 따라서, 현상들의 후속은, 즉 현상들의 발생은 선행 상태에 의해 규정되어 있다. 그리고 오직 이런 전제 아래서만 발생하는 것에 관한 [객관적] 경험도 가능하다.

⑨ 나의 이런 소론은 우리가 우리의 오성 사용의 진행에 관해서 재래(在來)에 늘 말해왔던 모든 견해에 모순되는 듯하다. 재래의 오성 사용에 의하면 많은 사건이 선행 현상과 일치하여 후속하는 예들을 지각하고 비교함으로써 비로소 특정의 사건이 특정의 현상 뒤에 언제나 일어나게 되는 규칙을 우리는 발견하기에 이르렀고,[1] 이 때문에 비로소 우리는 원인의 개념을 만드는 기연 241
이 되었다고 한다.

이와 같은 입장에서는 원인의 개념은 단지 경험적이겠고, 「일어나는 모든 것은 하나의 원인을 가진다」라는 원인 개념이 제공하는 규칙도 경험자체와 꼭 같이 우연적이겠다. 이때에는 원인 개념의 보편성과 필연성은 오직 조작된 것이고 아무런 진정한 보편적 타당성도 가지지 못할 것이다. 왜냐하면 원인 개념의 보편성과 필연성은 선천적이 아니라 귀납에만 의거하기 때문이다. 그러나

1) 이런 입장에서 「인과개념」은 지각을 되풀이함으로써 심리적으로 발생했다고 했다. 즉 「결과와 원인은 별개의 사건이요, 따라서 결과는 원인으로 발견될 수가 없다. 결과의 최초의 선천적인 개념은, 아니 발명은 전혀 임의적인 것이라고 할 것이다」. 흄의 후기 작, 인간오성 연구 1748, Enquiry로 略稱, 4절 참조. 또 그의 초기 작 인성론 1739, Treatise로 약칭, 1편 3부 8절 참조.

원인 개념의 사정은 다른 선천적인 순수 표상(가령 공간, 시간)에 있어서와 같다. 우리가 이런 선천적 순수 표상들을 명석한 개념[관념]들로서 경험으로부터 떼어낼 수 있는 이유는, 우리가 그것을 경험 속에 넣었고 그래서 이런 명석성은, 우리가 그런 규칙을 경험에서 사용했을 때에만 가능하다. 그러나 시간에 있어서의 현상의 종합적 통일의 조건인 [인과성의] 규칙을 중요시함이 역시 경험 자신의 근거였고, 따라서 선천적으로 경험에 선행한 것이다.

242 ⑩ 그러므로, 실례에 의해서 다음과 같은 일을 지적함이 중대하다. 즉, 하나의 규칙이 근저에 있어서, 그것이 「지각」들의 순서를, 「현상에서의 순서」와는 다른 순서로 간주하도록 강요하는 것이 아니라면, (이전에는 없었던 것이 이제야 생기게 된 소여의) 후속을 객관에 귀속시켜, 이 후속을 각지의 주관적 후속과 구별하는 일을 우리가 경험에서도 하지 않는다는 것을 [규칙이 강요하기 때문에 객관적인 후속을 주관적 후속과 구별한다는 것을] 지적하는 일이다. 아니, 이런 강요야말로 진정으로 후속의 표상을 객관에 있어서 비로소 가능하게 하는 것임을 지적하는 일이다.

⑪ 우리는 자기 안에 여러 표상을 가지며 그런 표상들을 의식할 수도 있다. 이 의식이 매우 광범하고 정밀하며 정확할 수 있다 하더라도, 그것은 여전히 표상들이다. 즉, 의식은 그 어느 시간관계 중에서의 우리 심성의 내적 규정들이다. 그런데 어떻게 해서 우리는 이 표상들에 대해서 하나의 객관을 정립하게 되는 것인가? 어떻게 늘 변형하는 것으로서의 표상들의 주관적 실재성을 넘어서 표상들에 어떤 종류의 객관적 실재성을 부여하기에 이르는가? 객관적 의미는 (이른바 대상에 관한) [주관 안의] 다른 표상들과의 관계 중에 존립할 수는 없다. 왜냐하면 만약 이런 관계 중에 있다면, 어떻게 해서 이 다른 표상이 자기 자신을 다시 넘어서 심성 상태의 규정으로서 표상이 고유하는 주관적 의미 이상인 객관적 의미를 얻는가, 라는 물음이 새로 일어나게 되기 때문이다. 도대체 하나의 대상에 관계한다는 것이 우리의 표상에 어떤 종류의 새로운 성질을 주는가, 또 이런 성질로 인해서 우리의 표상이 얻는 존엄성은 무엇인가 하는 것을 만일 우리가 탐구한다면, 이 대상에의 관계란 표상들의 결합을 그 어떤 방식에서 필연적이게 하는 것이요, 그 표상을 다름 아닌 하나의 규칙에 종속시키는 작용을 하는 것임을 우리는 발견한다. 뒤집어 말해서, 우리 표상들의 시

간관계에 있어서의 특정의 순서가 필연적이라는 사정에 의해서만, 표상이 객 243
관적 의미를 가진다는 것을 우리는 발견한다.

⑫ 현상들의 종합에 있어서 표상들의 다양은 언제나 후속한다. 그런데 한갓 후속함에 의해서는 아무런 객관도 표상되지 않는다. 왜냐하면 모든 「각지」에 공통된 이 후속에 의해서는 한 표상이 다른 표상들로부터 구별되지 않기 때문이다. 그러나 이 후속에 있어서—하나의 규칙에 따라서 표상이 후속하게 되는 바—선행상태에 대한 관계가 있다는 것을 내가 지각하거나 미리 가정하자마자, 나는 그 무엇[한 현상]을 사건으로서, 즉 생긴 일로서 표상한다. 다시 말하면 시간 속에서의 일정한 위치에 서는 하나의 대상을 나는 인식하고, 이 위치는 선행상태에 의해서 그 대상에, 현재 위치와는 다르게 주어질 수가 없다. 그렇기 때문에, 만일 내가 그 무엇이 일어난다는 것을 지각한다면, 이 표상에는 첫째로 그 무엇이 선행한다는 것이 포함되어 있다. 왜냐하면 바로 이 선행하는 것에 대한 관계로부터 현상은 그것의 시간관계를 얻기 때문이다. 즉 현상이 이 때까지는 존재하지 않았던, 선행시간 뒤에 존재한다고 하는 시간관계를 얻기 때문이다. 그러나 선행상태에서 그 무엇이 전제되고 그 뒤에 「언제나, 즉 규칙적으로」 사건이 일어나는 한에서만, 현상은 이 시간관계에서 그것의 일정한 시위(時位)를 얻을 수가 있다. 이와 같은 사정에서 두 가지 결과가 나타난다. 첫째로 나는 계열을 거꾸로 해서 현재의 사건을 그것을 생기도록 한 사건보다
앞에 둘 수 없다는 것이다. 둘째로 만일에 선행하는 상태가 성립되면, 일정한 244
사건이 확실히 또 필연적으로 생긴다는 것이다. 이 때문에 다음의 사실이 드러난다. 즉 「우리의 표상 안에는 하나의 순서가 성립하고, 그 순서에 있어서 현재의 상태는 (그것이 발생한 한에서) 어떤 선행상태를 지시한다. 이 선행 상태는 주어진 사건의, 아직 미정이기는 하나, 한 상관자(相關者)이다. 그러나 이 상관자는 그것의 결과로서의 사건을 규정하는 관계를 가지며, 그것의 결과를 시간계열에 있어서 자기와 필연적으로 연결한다」는 사실이 드러난다.

⑬ 그런데 (선행하는 시간을 통하지 않고서는 후기(後起)하는 시간에 내가 도달할 수가 없기 때문에) 선행시간이 후기 시간을 필연적으로 규정한다는 것이 우리 감성의 필연적 법칙이요, 따라서 모든 지각의 형식적 조건이라면, 과거의 현상이 그것 뒤에 생기는 시간에 있어서의 모든 존재를 규정한다는 것과, 후자는 전자

가 후자에게 시간 중의 그것의 존재를 규정하지 않는 한, 즉 한 규칙에 의해 확정하지 않는 한 사건으로서 발생하지 않는다는 것은, 시간계열의 경험적 표상의 필수 법칙이기도 하다. 왜냐하면 우리는 시간의 연관에 있어서의 이 연속성을 오직 현상에서만 경험적으로 인식할 수 있기 때문이다.

⑭ 모든 경험을 위해 또 경험이 가능하기 위해 오성은 필요한 것이다. 오성
이[경험에] 기여하는 첫째의 일은 그것이 대상의 표상을 판명하게 한다는 것이
아니고, 그것이 대상 일반(對象一般)이라는 표상을 가능하게 한다는 것이다. 그
런데 이런 기여를 하는 것은, 오성이 현상에 또 그것의 현존에 시간 순서를 줌
245 에 의해서다. 왜냐하면 오성은 선행현상에 관계해서, 결과로 각 현상에 선천적
으로 규정된 시간상의 위치를 승인하기 때문이다. 위치 없이는 현상은, 그것의
모든 부분들의 위치를 선천적으로 규정하는 시간 자신과 합치하지는 않을 것
이다. 이 위치의 규정은 절대 시간에 대한 현상들의 관계로부터 구하여지지는
않는다. (절대시간은 지각의 대상이 아니기 때문이다). 거꾸로 현상들이 시간 자신
에 있어서의 그것들의 위치를 서로 규정하고, 그 위치들을 시간 순서 안에서
필연적이게 하지 않을 수 없다. 다시 말하면 결과하거나 발생하는 것은 선행상
태 안에 포함되어 있는 것 뒤에, 한 보편적 규칙에 따라서 일어나지 않을 수
없다. 이런 사태에서 현상들의 계열이 생긴다. 이 계열은 오성을 매개로 해서
가능한 지각의 계열 중에서 [일정한]순서와 불변(不變)의 연관을 만들어 내고,
또 이런 것들을 필연적이게 한다. 그리고 이런 순서와 연관은 모든 지각들로
하여금 그들의 위치를 갖게 하는, 내적 직관(시간)의 형식에 선천적으로 발견
되는 순서와 동일한 것이다.

⑮ 그러므로 무엇이 발생한다는 것은 가능한 경험에 속하는 지각임을 의미
한다. 이 가능한 경험은 내가 현상을 그것의 위치에 따라 시간 중에서 규정된
246 것으로서 간주할 때에, 따라서 지각의 연관 속에서 「하나의 규칙」에 따라 언
제나 발견될 수 있는 객체로 간주하는 경우에 현실적이 된다. 허나 그 무엇을
시간계기(時間繼記)에 따라서 규정하는 규칙이라는 것은 선행하는 것 속에서
사건이 언제나 (즉, 필연적으로) 생기는 조건이 발견되어야 한다는 뜻이다. 그러
므로 [라이프니쯔의] 충족이유율(充足理由律)은 가능한 경험의 근거이다. 즉 그것
은 시간의 계열적 계기에 있어서의 현상들의 관계에 관해서 현상들을 객관적

으로 인식하는 근거이다.

⑯ 그러나 「충족이유율」의 논거는 오로지 다음과 같은 점들에 있다. 모든 경험적 인식은 구상력에 의한 다양의 종합을 포함한다. 이 종합은 언제나 계속적이다. 다시 말하면 표상들은 종합에 있어 언제나 후속한다. 그러나 구상력에 있어서의 후속은 (그 무엇이 선행하고 그 무엇이 뒤에 생겨야만 하는가의) 순서에 관해서는 확정되어 있지 않다. 그리고 계기하는 표상들의 계열은 배진적으로도 전진적으로도 취해질 수 있다. 그러나 이 종합이 (주어진 현상의 다양의) 각지의 종합이라면 순서는 객관에서 결정되어 있다. 혹은 보다 더 정확하게 말하면, 이 종합 안에는 계기적 종합의 순서가 있고, 이 순서가 객관을 결정한다. 이 순서에 일치해서 그 어떤 것이 필연적으로 선행해야 하며, 「선행하는 것」이 정립되면 다른 것이 필연적으로 뒤따라야 한다.

그러므로 나의 지각이 그 어떤 것이 실지로 일어나는 한 사건의 인식을 포함한 것이라면, 나의 지각은 하나의 경험적 판단이어야 한다. 이것은 결과는 규정되어 있다는 것을, 다시 말하면 그 결과가 「필연적으로, 즉 규칙에 의해」 생기도록 하는, 한 다른 현상[원인]을 시간상으로 전제한다는 것을 의미한다. 247
이와 반대로 내가 선행 사건을 정립하여 한 사건이 필연적으로 그 뒤에 일어나지 않는다면, 나는 그런 사건을 나의 구상력[공상]의 주관적 유희로만 보아야 할 것이다. 이런 유희 아래 내가 어떤 객관적인 것을 표상한다면 나는 그것을 하나의 단순한 꿈이라고 말해야 할 것이다. 그러므로 어떤 선행 사건이 후속 사건(일어나는 일)의 현존에 관하여 필연적으로, 즉 규칙에 의해 시간 중에서 규정하는, (가능한 지각들인) 현상들의 관계는, 즉 결과에 대한 원인의 관계는 지각의 계열에 관한 「우리의 경험적 판단들」의 객관적 타당성의 조건이요, 따라서 그것의 경험적 진리성의 조건이며, 이렇기에 경험의 조건이기도 하다. 이에 현상들의 후속에 있어서의 인과관계의 원칙은 (후속의 조건 아래 있는) 경험의 모든 대상에 대해서도 타당하다. 이 원칙 자신이 그와 같은 경험을 가능하게 하는 근거이기 때문이다.

⑰ 여기서 제거되어야 할 난관이 생긴다. 현상 간의 인과 연결의 원칙은 우리의 표식에 있어서는 현상의 계열적 후속에만 제한되어 있지만, 이 원리를 사용할 무렵에 그 원리는 현상들을 동반하는 데 대해서도 적합하고 이때에는 원

인과 결과는 동시적으로 존재할 수 있다는 것이 발견된다.

248 가령 실내에는 외기(外氣)에는 없는 따스함이 있다. 나는 그것의 원인을 사방으로 찾다가 더워진 난로를 발견한다. 그런데 원인인 이 난로는 결과인 실내의 따스함과 동시에 존재한다. 그러므로 여기서는 원인과 결과 사이에 시간 상으로 아무런 계열적 후속(系列的 後續)이 존재하지 않고, 도리어 그것들은 동시적으로 존재한다. 그러나 인과 연결의 법칙은 타당하다. 자연에 있어서 작용하는 원인의 대부분은 그것의 결과와 동시적으로 존재한다. 그리고 이런 결과들이 시간적으로 후속하는 까닭은 그것의 전(全)결과를 「한순간」에 수행할 수 없는 데에 기인한다. 그러나 결과가 처음으로 발생하는 그 순간에 있어서는 결과는 언제나 그것의 원인의 인과성과 동시에 존재한다. 왜냐하면 원인이 일순간 전에 존재하기를 중지했더라면, 결과는 전연 발생하지 않았을 터이기에 말이다. 여기서 우리가 잘 주의해야 할 것은 시간의 경과가 아니고 시간의 순서가 고려되고 있다는 것이다. 즉 아무런 시간이 경과하지 않아도 이런 관계는 존속한다. 원인과 인과성과 그것의 직접적 결과 사이의 시간은 사라져 없음과 같은 것일 수 있고 (따라서 양자는 동시적 존재일 수 있다), 그러면서도 한쪽의 다른 쪽에 대한 관계는 여전히 시간적으로 규정될 수 있다.

속이 채워진 쿠션[이불] 위에 공이 놓여 보조개가 생겨 있거니와, 공을 내가 원인으로 본다면, 이 원인은 결과[보조개]와 동시에 존재한다. 그러나 나는 양자를 양자의 역학적 연결의 시간관계에 의해서 구별한다. 내가 쿠션 위에 그 공을 가져다 놓을 적에, 그 쿠션의 이전의 평탄한 형체에서 보조개가 생기나, 그러나 쿠션 위에 (무슨 까닭에서인지 모르게) 보조개가 있었다 해도 쿠션 위에 납으로 된 공이 생기지는 않기 때문이다[1][힘의 개입에 의해 공과 보조개 간의 계기 관계가 인정된 것이다].

249 ⑱ 이에 확실히 시간적 후속은 선행하는 원인의 인과성에 관해서, 그것이 결과라는 것을 알게 하는 유일한 경험적 기준이다. [유리컵에 물을 부으면 물은 수평면보다도 더 올라가고, 유리컵과 물의 상승이라는] 양 현상이 동시에 존재하지만[모세관 현상이라는 것이다], 실은 컵이 물의 수평면 이상으로 올라가는 원인

1) 한갓 사물로서의 공은 원인이 아니고 원인은 힘을 「집어 넣음」임을 말했다.

이다. 내가 같은 유리컵으로써 보다 큰 그릇에서 물을 퍼내자마자, 큰 그릇에서는 평평했던 물이 유리컵 안에서는 오목해지는 변화가 생기기 때문이다[물의 표면장력을 다룬 것이다].

⑲ 이상과 같은 인과성은 작용의 개념에 도달하고, 작용은 힘의 개념에 달하며, 이것에 의해서 실체의 개념에 도달한다. 오로지 선천적인 종합인식의 원천을 탐구하는 나의 비판적 기도(企圖)에, 개념들의 (확장이 아니라) 그것들의 설명만을 일삼는 분석을 섞고 싶지 않다. 이 때문에 개념들의 분석은 재래의 철학 방면의 교과서에서 이미 상당히 했었지마는, 나는 개념들의 상세한 설명[분석]을 순수이성의 장래의 체계에 위임한다.

그러나 실체가 현상의 지속성에 의하기보다도 작용에 의해서 보다 더 잘, 또 보다 더 용이하게 알려질 성싶은 한에서, 나는 실체의 경험적 기준에 손대지 않고 내버려둘 수는 없다.

⑳ 작용이 있는 곳에, 따라서 활동과 힘이 있는 곳에, 또한 실체가 있고, 이 250
실체에서만 풍성한 현상들의 원천의 소재가 구해져야 한다. 이런 말은 참으로 좋게 들린다. 그러나 만일 우리가 실체 아래서 무엇을 이해하는가에 관하여 설명해야 하고, 이때에 순환론법(循環論法)의 오류를 피하고자 한다면, 실체에 대한 답은 그렇게 용이하지 않다.

지속성이야말로 (현상으로서의) 실체의 본질적이고도 특유한 특징이지만 어떻게 우리는 작용으로부터 곧 작용하는 자의 지속성을 추리하고자 하는가? 이 문제는 (단지 분석적으로 실체의 개념을 처리하는) 보통의 방식에 의해서는 불가해할 것이나, 우리가 상술한 바에 의하면 이 문제의 해결은 아무런 난관도 없다. 작용은 벌써 인과성의 주체가 결과에 대하는 관계를 의미한다. 그런데 모든 결과는 일어나는 것 중에서 성립하고 따라서 시간의 그 계기에 의하여 표시하는 변전적인 것 중에서 성립한다. 이 때문에 이 변전적인 것의 최후의 주체는 모든 변역하는 존재의 기체(基體)로서의 지속적인 것이요, 즉 실체이다. 즉, 인과성이 원칙에 좇으면 작용이 항상 현상들의 모든 변역의 제일 근거요, 그러므로 작용들이 스스로 변역하는 주체에게 있을 수는 없다. 왜냐하면, 그렇지 않다면 이 변역을 규정하는 다른 작용들과 다른 주체가 요청되기 때문이다. 이런 까닭에 251
서, 작용은 이제야 [주체의] 실체성을 증명하는 데에 충분한 경험적 기준이 되는 것이다. 그러면서도 나는 지각들을 비교함에 의해서 실체의 지속성을 비로소 구해야 할 필요는 없는 것이다. 또 이런 방도에서는 우리는 실체-개념의 방대함과 엄밀한 보편타당성이 요구하는 면밀성을 얻지 못할 것이다. 왜냐하면 모든 생멸의 인과성의 제일주체는 그 자신이 (현상의 분야에서는) 발생할 수도 소멸할 수도 없을 것은 확실한 추론이 되고, 이런 추론이 필경 현존 중의 경험적 필연성과 지속성에 도달하도 따라서 현상으로서의 실체의 개념에 도달하기 때문이다.

㉑ 그 무엇이 일어난다면 이때에 발생한 내용이 무엇인가 하는 것을 고려할 필요 없이 「발생」이라는 것 자체가 탐구의 대상이 되는 것이다. 한 상태의 비존재로부터 이 상태의 존재로 이행함은, 이런 상태가 비록 현상 중에서 그 어떤 성질을 포함하지[드러내지] 않더라도, 벌써 그것만으로써 탐구됨을 요하는 일이다. 이 발생은 A [첫째 유추]에서 제시되었던 바와 같이, 실체(왜냐하면 실체는 발생하지 않기 때문에)에 관여하지 않고 실체의 상태에 관여한다. 그렇기 때문에 그것은 단지 변화이지, 없음으로부터의 출현은 아니다. 만일 이 출현이 무연인 원인의 결과로 보아진다면 그것은 창조이지마는, 이 창조는 현상 간의 사건으로 용인될 수는 없다. 창조의 가능성만으로서도 벌써 경험의 통일을 폐기할 것이기 때문이다. 그럼에도 불구하고 만일 내가 모든 사물을 현상으로서가 아니라 물자체 그것으로서 그래서 오로지 오성의 대상으로서 본다고 하면,
252 그런 사물은 실체이기는 하지만, 그것의 현존에 관해서는 무연의 원인에 종속하는 것으로 간주될 수 있다. 그러나 이때에는 실체라는 말은 완전히 우리와는 다른 말뜻을 수반하며, 그래서 경험할 수 있는 대상으로서의 현상에는 적합하지 않을 것이다.

㉒ 일반적으로 무엇이 어떻게 변화를 입을 수 있는가? 어느 시점에 있어서의 한 상태 이후에 따른 시점에 있어서 그것과는 반대되는 상태가 생긴다는 것이 어떻게 가능한가? 이 문제에 관해서는 우리는 선천적으로는 아무런 이해도 가지지 않는다. 이해를 위해서는 오직 경험적으로 주어질 수 있는 현실적 힘의 지식이 요구된다. 가령 동력의 지식, 혹은 같은 말이지만, 이와 같은 힘을 표시하는 어떤 계속적 현상(즉 운동)의 지식이 요구된다. 그러나 모든 변화의 형식은, 변화가 하나의 다른 상태의 발생으로서, 일어날 수 있게 되는 유일한 조건

은 (변화의 내용이, 즉 변화되는 상태가 무엇이든 간에) 따라서, 상태들 자신의 계속은, 인과성의 법칙과 시간의 조건에 의해서 선천적으로 고려될 수 있다.※

※ 내가 여기서 어떤 관계들의 변화 일반에 관해서가 아니라 상태의 변화를 논하고 있다는 것을 독자는 주의하기 바란다. 그렇기 때문에, 한 물체가 일양적으로 운동할 때는 그런 물체는 (운동이라는) 상태를 변화시키지 않는다. 그러나 그것의 운동이 증가하거나 감소하면 물론 그 상태에 변화가 있는 것이다.

㉓ 만일에 한 실체가 a상태에서 b상태로 이행한다면 제2상태의 시점은 제1 253
상태의 시점으로부터 구별되며, 제1상태 뒤에 생긴다. (현상에 있어서의) 실재로서의 제2상태도 역시 이 실재가 존재하지 않았던 제1상태로부터 구별되는 것은 영(零)으로부터 제2상태가 구별되는 것과 같다. 다시 말하면, b상태가 a상태로부터 양(量)으로 봐서만 구별된다고 하더라도, 이 변화는 b－a [b에서 a를 감한 것]의 발생이요, 이 변화는 앞 상태에는 없었던 것이며, 이 점에 관해서 앞 상태는 영(零)과 같다.

㉔ 그러므로 어떻게 해서 한 사물이 a상태로부터 그것과는 다른 b상태로 이행하는가 하는 것이 문제된다. 양 순간 사이에는 항상 시간이 있고, 양 순간에 있는 양 상태 사이에는 항상 구별이 있다. 그리고 이 구별은 양(量)을 가진다. (왜냐하면 현상의 모든 부분들은 언제나 다시 양이기 때문이다). 이에 한 상태로부터 다른 상태로 이행하는 일체는 양 순간 사이에 포함되어 있는 시간에서 일어난다. 이 양 순간 중에서 전자는 사물이 그것에서 출발하는 상태를 규정하고, 후자는 사물이 그것으로 도달하는 상태를 규정한다. 즉 양(兩) 순간은 변화의 시간적 한계요, 따라서 양 상태 간의 중간상태의 시간적 한계이며, 이와 같은 것으로서 함께 전체적 변화에 속한다. 그런데 모든 변화는 원인을 가지며, 이 원인은 변화가 일어나는 전(全)시간 중에서 그의 원인성을 증명한다. 그러므로 이
원인은 그것의 변화를 돌연히(한꺼번에 혹은 한순간에) 가져오지 않고, 어떤 시간 254
에서 가져온다. 그래서 시간이 처음의 순간 a로부터 b에서의 그것에 완성에 이르기까지 증대하는 것과 같이, 실재성의 분량(즉 b－a)도 제1상태와 제2상태 사이에 포함되어 있는 「모든 보다 적은 도(度)」를 통해서 생긴다. 즉 모든 변화는 인과성의 연속 작용에 의해서만 가능하고, 이런 작용은 그것이 일양(一樣)인

한에서 운동량이라고 한다. 변화는 이 운동량에서 생긴 것이 아니고, 이 운동량을 통해 그것의 결과로서 생긴다.

㉕ 이것이 「모든 변화의 연속성의 법칙」이다. 이 법칙의 근거[기초]는, 시간이건 시간 중의 현상이건 간에 그 부분이 가능한 최소부분이 아니라는 것이요, 그러함에도 사물의 상태는 그것의 변화에 있어서 요소로서의 모든 부분들을 통해서 그것의 제2상태로 이행한다는 것이다. 현상에 있어서의 실재적인 것의 어떤 차이도, 마찬가지로 시간의 양에 있어서의 어떠한 차이도 최소인 것이 아니다. 그래서 실재의 새로운 상태는, 이것이 없었던 최소 상태로부터 실재의 모든 무한한 도(度)를 통해서 진행한다. 그리고 이 도(度)들 서로의 차이는 일반적으로 영(零)과 a간의 차이보다는 적다.

㉖ 이 명제가 자연 연구에 있어서 어떠한 효용을 가질 것인가 하는 것은, 우리가 여기서 다룰 문제가 아니다. 우리가 충분히 검토해야 할 것은, 자연에 관한 인식을 확대시키는 것으로 여겨지는 명제가 어떻게 선천적으로 가능하냐 하는 것이다. 일견(一見)해서 이 명제는 현실적이고 정당하다는 것이 증명되고,
255 따라서 어떻게 그 명제가 가능했던가 하는 물음은 쓸데 없는 것으로 믿어질지 모르지만, 역시 그 명제의 검토가 필요하다. 왜냐하면 「순수이성」에 의해서 우리의 인식을 확대하는 허다한 근거 없는 월권이 있기 때문에 우리는 회의적 태도를 취해서, 근본적 연역을 줄 수 있는 증명서 없이는 극히 명석한 듯한 독단론적 증명에 대해서도 인식의 확대를 믿지 않고 승인하지 않는다는 것을 일반 원칙으로 삼아야 하기 때문이다.

㉗ 경험적 인식의 모든 증가와 지각의 여러 진행과는 내감의 규정을 확대하는 것임에 틀림없다. 즉 대상이 무엇이든—현상이든 순수 직관이든—간에 시간 중의 진전(進展)이다. 시간 중의 진전이 일체를 규정하고 그 자신은 그 외에 아무런 것에 의해서도 규정되지 않는다. 즉 이 진전의 부분들은 오직 시간 안에서만 그리고 시간이라는 종합에 의해서만 주어지고, 그 전에는 주어지지 않는다. 그러므로 지각에 있어서 시간적으로 후속하는 어떤 것으로 이행하는 것은 모두 이 지각의 산출을 통한 시간의 규정이다. 그리고 시간은 항상, 즉 모든 그것의 부분들에 있어서 양(量)이기 때문에, 이 이행은 영(零)에서 일정한 도(度)에 이르는 모든 도(度)—이 중의 어떤 도(度)라도 최소의 도는 아니다—

를 통해서 양으로서의 지각을 산출한다. 이 때문에 형식상으로 본 변화의 법칙을 선천적으로 인식할 가능성이 명백하여진다. 우리는 다만 우리 자신의 각지 256
를 예료할 뿐이다. 각지의 형식적 조건은 모두 주어진 현상 자체에 앞서서 우리 안에 있기 때문에, 당연히 선천적으로 인식될 수 있다.

㉘ 따라서 시간이 현존하는 것에서 후속하는 것으로 연속적으로 진전(進展)하는 가능성의 선천적 조건을 포함했듯이, 오성은 통각의 통일을 매개(媒介)로 해서 시간 중에 있는 현상들의 각 위치를 연속적으로 규정할 수 있기 위한 선천적 조건이다. 이런 규정은 [직접은] 원인과 결과와의 계열에 의해서 하여지되, 전자는 후자의 존재를 필연적으로 수반하며 그러므로 시간관계들의 경험적 인식을 항상(즉 보편적으로), 따라서 객관적으로 타당하도록 한다.

C. 셋째 유추

「상호작용 혹은 상호성의 법칙」에 따른 동시존재로 보게 하는 원칙[1]:

모든 실체는 공간에서 동시적인 것으로 지각될 수 있는 한에서 일관된 상호작용을 하는 중에 있다.

증 명

① 경험적 직관에 있어서 한 사물의 지각이 다른 사물의 지각과 **상호적으로** 257
생길 수 있다면(이것은 둘째 원칙에서 제시되었던 것처럼 현상들의 시간적 후속에서 일어날 수 없다), 사물들은 **동시적으로** 존재한다. 가령 나는 나의 지각을 처음에 달에서 시작해서 다음에 지구로, 혹은 또 그 반대로 처음 지구에서 시작해서 그 다음에 달에 미치게 할 수 있는데, 이런 대상들이 상호적으로 생길 수 있기 때문에 그것들은 동시적으로 존재한다고 나는 말한다. 동시존재란 것은 동일한 시간 중에서 다양이 실존하는 것이다. 그러나 우리는 시간 자체를 지각할 수 없다. 그러므로 사물들이 동일한 시간 중에 두어져 있다는 것으로부터 그런 사물들의 지각들이 상호적으로 계기할 수 있다는 것을 추단(推斷)할 수는 없

1) 초판에는 「상호성의 원칙: 모든 실체는 동시적으로 있는 한에서, 일관된 상호성(즉 상호작용) 속에 있다」고 했다. 「증명」 이하의 한 토막은 재판의 추가다.

다. 따라서 각지에 있어서의 구상력의 종합은 저 지각이 없을 때에 이 지각이 주관 안에 있다는 것, 또 반대로 이 지각이 없을 때에 저 지각이 있다는 것을 지적할 뿐이요, 그러한 객관들이 동시에 존재한다는 것을 지적하지는 않는다. 다시 말하면 한 객관이 있다면 다른 객관도 동일한 시간 중에 있고 이런 일이 필연적이며, 이런 까닭에 지각들이 교체해서 서로 계기할 수 있다는 것 등을 지적하지는 않는다. 따라서 지각들이 상호적으로 계기하는 근거가 객관에 있다는 것을 말하기 위해서, 또 이 때문에 동시적 존재를 객관적인 것으로 표상하기 위해서는 외부에 서로 동시에 실재하는 사물들의 상호적 계기에 관한 오성개념[범주]이 요구된다. 그러나 한 실체가 포함하는 성질들의 근거가 다른 쪽 실체 속에 있다는 실체 사이의 관계는 영향이라는 관계이다. 그리고 만일
258 한 사물이 그 성질들의 근거를 상호적으로 다른 사물 안에서 갖고 있다면, 이런 관계는 상호성의 관계, 혹은 상호작용의 관계다. 그러므로 공간에 있어서의 실체들의 동시적 존재는 실체들 상호 간의 교호작용을 전제하지 않고서는 경험에서 인식될 수 없다. 따라서 이 전제는 또한 경험의 대상들로서의 사물들 자신을 가능하게 하는 조건이다[재판의 추가].

② 사물들이 동일한 시간 중에 실재하는 한에서 사물들은 동시적 존재이다. 그러나 사물들이 동일한 시간에 있다는 것을 우리는 무엇에서 인식하는가? 다양의 각지의 종합에 있어서의 순서가 문제되지 않을 때에, 즉 A에서 B, C, D를 경유해서 E로 가거나, 거꾸로 E에서 D, C, B를 경유해서 A로 갈 수 있을 때에 그러한 인식을 한다. 왜냐하면 만일 종합이 (A에서 시작해서 E에서 끝나는 순서로) 시간 중에서 계속한다면 A는 과거에 속하고 따라서 벌써 각지의 대상이 될 수 없기 때문에, 지각에 있어서의 각지가 E에서 시작해서 A로 소급할 수는 없기에 하는 말이다.

③ 「현상들로서의 실체들」의 다양에 있어서 각 실체가 완전히 고립되어 있다고 가정하라. 즉 어떠한 실체도 다른 실체에 영향을 주지 않으며, 다른 실체로부터 반대로 영향을 받지도 않는다고 가정하라. 그렇다면 나는 말한다: 그런
259 실체들의 동시존재는 가능한 지각의 대상이 아니요, 경험적 종합의 그 어떠한 방도에 의해서도 한 실체의 현존이 다른 실체의 현존으로 도달할 수 없을 것이라고. 무릇 만일 여러분이 실체들이 완전히 공허한 공간에 의해서 서로 분리

되어 있다고 생각한다면, 시간 중에서 한 실체로부터 다른 실체로 진행하는 지각은, 후속하는 지각에 의해서 나중 실체의 존재를 규정할 수 있기는 하나, 그런 현상이 객관적으로 전자에서 후속하는지 혹은 전자와 동시적으로 존재하는지를 구별할 수는 없을 것이다.

④ 그러므로 단순한 현존 이외에 그것에 의해서 A가 B에 대해서 또 반대로 B가 다시 A에 대해서 차지하는 시간 중의 위치를 규정하는 것이 있어야 한다. 그런 것이 있는 조건 아래서만 실체들이 동시에 현존으로서 경험적으로 표상될 수 있기 때문이다. 그런데 타자에게 시간 중의 위치를 규정하는 것은 그것의 원인이거나 그것의 성질들의 원인이다. 그러므로 실체들의 동시적 존재가 어떠한 가능한 경험에 의해서 인식되어야 한다면, 각 실체는(이것은 그것의 성질들에 관해서만 결과일 수 있기 때문에) 다른 실체에 있어서의 특수 성질의 원인성을 갖는 동시에 또 다른 실체의 원인성에서 생긴 결과를 자기 속에 포함하지 않으면 안 된다. 즉 실체들은 (직접 혹은 간접으로) 동적 상호성 속에 있지 않으면 안 된다. 무릇 그것 없이는 대상들에 관한 경험 자체가 불가능할 그런 것은 260
모두 경험의 대상들에 관해서는 필연적이다. 그러므로 현상 중의 모든 실체가 상호작용이라는 철저한 상호성의 관계 중에 있다는 것은 그런 실체들이 동시존재인 한에서 필연적이다.

⑤ 상호성(Gemeinschaft)이라는 말은 두 가지 의미가 있다. 그것은 상호관계를 의미하는 동시에 상호작용을 의미할 수도 있다. 우리는 여기서 동적 상호성으로서의 후자의 의미로 그 말을 사용한다. 동적 상호성 없이는 한 장소적인 상호관계[공간적 상호관계]도 경험적으로 인식될 수가 없을 것이다. 우리의 경험에 있어서 다음의 사항들은 용이하게 인지된다: [1] 공간의 모든 장소에 있어서의 연속적 영향만이 우리의 감관을 한 대상에서 다른 대상으로 이끌 수 있다는 것. [2] 우리의 눈과 천체들 사이에서 번쩍이는 광선은 우리와 천체들 사이에 직접적 상호성을 만들며, 그런 까닭에 이 양자의 동시존재를 증명할 수 있다는 것.. [3] 물질이 도처에서 우리에게 우리 장소의 지각을 가능하게 하지 않으면 우리는 어떠한 장소도 경험적으로 변화시킬 수 (즉 이 변화를 지각할 수) 없고, 물질은 그것의 상호적 영향에 의해서만 그것의 「동시존재」를 증명할 수 있으며, 이것에 의해서 가장 멀리 떨어져 있는 대상들에 이르기까지 그것들의

동시존재(다만 간접적이라 할지라도)를 증명할 수 있다는 것 등등이다. 상호성 없이는 (공간 중의 현상의) 모든 지각은 다른 지각에서 단절된다. 그리고 경험적 표상들의 연쇄, 즉 [객관적] 경험은 한 새로운 객관에 접하여 전연 새로이 시작할 것이요, 따라서 앞서는 경험과 조금도 연관을 가지는 일이 없을 것이며, 시
261 간 관계 안에 있을 수가 없을 것이다. 이러한 주장에 의해서 나는 공허한 공간을 부정하고자 하지는 않는다. 왜냐하면 그러한 공간이 있을지도 모르기에 말이다. 허나, 지각이 공허한 공간에는 전연 도달하지 않으며 따라서 동시존재의 어떠한 경험적 인식도 거기서는 일어나지 않는다. 이런 공간은 우리의 모든 가능한 경험에 대한 객관은 아니다.

⑥ 아래와 같은 것이 상술한 것의 해명에 유용할 수 있다. 즉 가능한 경험 안에 포함되어 있는 것으로서의 만상(萬象)은 우리의 심성 안에서는 통각의 상호관계 속에 있어야 한다는 것이다. 그리고 대상들은 동시적 존재로 결합한 것으로서 표상되어야 하는 한에서 그것들은 자기의 위치를 시간 중에서 상호적[1]으로 규정하고, 이로써 한 전체를 형성해야만 한다는 것이다. 이 주관적 상호성이 객관적 근거에 의거해야 한다면, 혹은 실체로서의 현상에 관계되어야 한다면, 한 실체의 지각은 그것이 근거로 되어 다른 실체의 지각을 가능하게 해야 하고, 또 그 반대도 가능하게 해야 한다. 이래서 각지로서 지각 중에 언제나 있는 계기가 객관에 속하게 되지 않고 이 객관이 동시적 존재인 것으로서 표상될 수 있게 되는 것이다. 그러나 이런 일은 실체들의 상호적 영향이다. 즉
262 실체들의 실재적 상호성(상호작용)이다.—상호성 없이는 동시존재라는 경험적 관계는 경험 중에서 일어날 수 없을 것이다. 현상들이 따로따로 있으면서 또한 연결되어 있는 한에서 현상들은 이런 상호작용에 의해서 합성체(실재적 합성체)를 만든다. 그리고 이와 같은 합성체는 여러 가지 방식으로 가능하게 된다. 그

1) 이런 이치를 Einstein은 「특수적 상대성 원리」라고 가르쳤다(Messer, 주석서, 114면). 아인슈타인에 의하면, a. 공간·시간은 각각 독립한 것이 아니라 서로 결합해서 4차원 세계를 이루고, b. 한 공간에서 두 점간의 거리는 관측자의 운동상태에 따라 달라지며, c. 절대 동시(同時)도 없는 것이요, 시간은 관측자의 운동상태에 의해 다르게 판단되며, d. 질량(무게)도 그것의 운동상태에 의해 다르다. e. 질량과 에너지는 이형(異形)의 동일물이고 서로 전환될 수 있으며, f. 시공 4차원세계의 물리학에는 비(非)유클리드기하학이 적용된다.

렇기 때문에 모든 일반적 관계가 발생하는 근원인 세 가지 역학적 관계는, [실체에 대한] 내속(內屬)의 관계, [원인에 의한] 귀결의 관계, 그리고 [상호성으로 인한] 합성(合成)의 관계이다.

※ ※ ※

① 경험의 세 유추는 실로 이상과 같다. 그것들은 시간에 있어서의 현상들의 실재를 시간의 세 양상—즉 양으로서의 시간 자체에 대한 관계(현존의 분량, 즉 지속), 계열로서의 시간에 있어서의 관계(후속적), 마지막으로 모든 현존의 총괄로서의 시간에 있어서의 관계(동시적)—에 따라서 규정하는 원칙 이외의 것이 아니다. 시간규정의 이런 통일은 철두철미 역학적이다. 즉 시간은 경험이 직접적으로 각 현존의 위치를 규정하는 그런 것으로 보이지 않는다. 위치의 직접적 규정은 불가능하다. 왜냐하면 절대적 시간은 그로 인해서 현상들이 연결될 수 있는 지각의 대상이 아니기 때문이다. 각 현상에 시간 중의 위치를 규정하는 것은 오성의 규칙이요, 이 규칙을 통해서만 현상의 현존은 시간관계에 따른 종합적 통일을 획득할 수 있다. 따라서 오성의 규칙이 선천적으로 또 시간에 대해서 타당하는 방식에서 현상들의 위치를 규정한다.

② 경험적 의미에서 자연이라는 말은 필연적 규칙, 즉 법칙에 따른 실재적 263
인 현상들의 연결을 의미한다. 따라서 자연을 비로소 가능하게 하는 어떤 법칙이 그러면서도 선천적인 법칙이 있다. 이에 대해서 경험적 법칙은 경험을 매개로 해서만 성립하고 발견된다. 그러면서도 [학적] 경험까지도 비로소 가능하게 하는 저 근원적 법칙[필연적 규칙]에 의해서 정리되며 발견된다. 그러므로 우리의 유추들은 원래 모든 현상들의 연결에 있어서의 자연통일을 어떤 지표 아래서 표시한다. 그리고 이 지표는 규칙[범주]에 따른 종합에서만 발생할 수 있는, 통각의 통일에 대한 시간(시간이 모든 존재를 자신 속에 포괄하는 한에서)의 관계 이외의 것이 아니다. 그러므로 경험의 세 유추를 요약하면 「만상은 하나의 자연 속에 있고, 또 있지 않을 수 없다. 왜냐하면 이 선천적 통일 없이는 경험의 어떠한 통일도 따라서 경험 속의 대상들의 어떠한 규정도 불가능할 것이기 때문이다」라는 것을 말하는 것이다.

③ 우리가 이 선험적 자연법칙[원칙]들에서 사용했던 증명방식과 그 자연

법칙들의 특성에 관해서는 하나의 주석이 있어야 한다. 이 주석은 지성적인 동시에 종합적인 선천적 명제들을 증명하려는, 모든 다른 시도에 있어서 지켜져야 할 지정된 규칙으로서 대단히 중요한 것이기도 하다.

우리가 세 유추를—즉 실존하는 모든 것은 오직 지속적인 것 속에서만 발견
264 된다는 것, 모든 사상은 그것이 한 규칙에 따라 후속하기 위한 무엇을 선행상
태에서 전제하고 있다는 것, 그리고 끝으로 동시존재적인 다양에 있어서는 상
태들이 한 규칙에 좇아서 관계를 맺고서 동시적으로 존재한다(상호성의 관계 속
에 있다)는 것을—독단적으로, 즉 단지 개념으로부터 증명코자 한다면, 그런 모
든 노력은 헛된 것이 되었을 것이다. 왜냐하면 사물의 개념을 아무리 분석한다
고 하더라도 사물의 단순한 개념에 의해서는 한 대상과 그것의 존재에서 다른
대상의 존재에, 혹은 이것의 존재 방식에, 도달할 수가 없기 때문이다. 그러면
우리에게 무엇이 남아있었던가? 대상의 표상이 우리에게 객관적 실재성을 가
졌어야 한다면, 종국적으로 우리에게 모든 대상이 주어질 수 있는 인식으로서
의 「경험의 가능성」이 남아있었을 뿐이다. 그런데 이 셋째[대상과 대상을 연결하
는 둘째 유추]의 본질적 형식은 통각이 만상을 종합적으로 통일하는 데 있거니
와, 이런 셋째에 있어서 우리는 현상 중의 모든 존재들이 「철저히 또 반드시」
시간규정을 갖는다는 선천적 조건(이 조건이 없으면 경험적 시간규정까지도 불가능
하겠다)을 발견했으며, 선천적인 종합적 통일의 규칙[원칙]을 발견했으며, 이 규
칙을 매개로 해서 우리는 경험을 예료할 수가 있었다. 이런 방법[특히 둘째의
유추]이 없었을 즈음에는 또 오성의 경험적 사용이 자신의 원리로서 추천하는
265 종합적 명제를 독단적으로 증명할 것을 망상했을 즈음에는 흔히 충족이유율
(充足理由律)에 의해서 증명하고자 했으나 항상 실패하였다. 그것[범주]만이 오
성의 모든 결함을—개념에 있어서나 원칙에 있어서—폭로하고 주의하도록 할
수 있는, 범주의 도선(導線)이 결여했기 때문에, 나머지의 두 유추[첫째 유추, 셋
째 유추]를, 세인은 암암리에 늘 사용하고 있었지마는※ 아무도 이 두 유추를
명백히 깨닫지는 못했다.

※ 만상을 연결하고 있는 세계 전체의 통일은, 「동시존재적」인 모든 실체들의 상호성이라는 비밀리에 채택된 원칙의 귀결임에 불과하다는 것은 명백하다. 왜냐

하면 실체들이 고립하여 있다면, 그런 실체들은 부분들로서 한 전체를 형성하지 못한 것이기에 말이다. 그리고 실체들의 연결(다양의 상호작용)이 동시존재인 까닭에서 이미 필연적이 아니라면, 우리는 단지 이 관적적 관계로서의 후자[동시존재]로부터 실재적 관계로서의 전자[상호적 작용]를 추론할 수 없을 것이다. 그러나 상호성이야말로 진정하게 동시존재를 경험적으로 인식할 수 있도록 하는 근거라는 것을, 따라서 본래는 후자로부터서만 그것의 조건으로서의 전자를 참으로 추론한다는 것을, 앞에서 이미 지적하였다.

4. 경험적[1] 사고 일반의 요청

1. 경험의 형식적 조건(직관과 개념에 관한)과 일치하는 것[현상]은 가능적이다.
2. 경험의 질료적 조건(감각)과 관련하는 것[현상]은 현실적이다. 266
3. 경험의 일반적 조건에 의해서 현실적인 것과의 관련이 규정되어 있는 것[현상]은 필연적이다[2] (즉 필연적으로 실존한다).

해 명

① 양사의 범주들은 그것들이 객어(客語)로서 보태지는 개념을 객관의 규정으로서 조금도 확대하지 않고, 이런 개념의 인식능력에 대한 관계만을 포함한다는 특성을 가진다. 한 사물의 개념이 이미 완전하다고 하더라도 나는 역시 이 대상에 관해서 다음과 같이 물을 수 있다. 즉 그 대상이 단지 가능적인가 혹은 현실적인가, 또 만약 그 대상이 현실적이라면 그것은 필연적인 것이기도 한가, 하는 것을 물을 수 있다. 이런 물음에 의해서 객관 자체의 규정이 이전보다 더 생각된 것이 아니다. 다만 객관이(그것의 모든 규정과 함께) 오성, 오성

---

1) 일반논리학의 「양상」은 경험의 대상에 상관하지 않으나, 선험논리학의 양상은 경험에 상관하는 의미에서 경험적 사고다. 요청은 원래 수학사의 용어로되, 칸트에 있어서는 「증명될 수 없되 필연적 요구로서 있어야 하는」 것이다(B. 287 참조.). 경험적 사고 일반의 요청들은 시간[중의] 총괄(134면)을 도식으로 한다. 요청 대신에 공준(公準)이라고도 옮긴다.

2) 가능적에 억설이, 현실적에 관찰이, 필연적에 학설이 각각 들어 있겠다. 경험 가능성은 「절대적 가능성·내적 가능성·제일 원인의 가능성」이 아니다. 세 요청 중에서 필연성의 요청이 가장 가치가 있다. 이것은 경험의 둘째 유추와 셋째 유추에서 온다.

의 경험적 사용, 경험적 판단력, 이성(이것이 경험에 적용될 즈음에) 등등에 대해서 어떤 관계[태도]를 취하는가가 문제되고 있을 뿐이다.

② 바로 이 때문에 양상의 원칙들도 가능성, 현실성, 필연성의 개념을 그것의 경험적 사용에서 설명하는 것임에 틀림없고, 이로써 동시에 범주의 선험적[선천적] 사용을 허용하지 않고, 오직 경험적 사용으로 모든 범주를 제한하는 것임에 틀림없다. 왜냐하면 만일 범주들이 그저 [일반]논리적 의미를 가질 것
267 이 아니라, 즉 사고의 형식을 분석적으로 표현할 것이 아니라, 사물과 그것의 가능성·현실성·필연성에 관계해야 한다면, 범주는 인식의 대상이 주어지는바, 가능한 경험과 그것의 종합적 통일에 관여해야만 하기 때문이다.

③ 그러므로 사물 가능성의 요청은 사물의 개념이 경험 일반의 형식적 조건과 일치할 것을 요구한다. 그러나 경험 일반의 객관적 형식이라는 조건은 객관의 인식에 필요한 일체의 종합을 포함한다. 종합을 내포하는 개념은 만일 이 종합이 경험에 속하지 않는다면 공허한 것으로 간주되고, 아무런 대상에도 관여하지 않는다. 여기서 경험에 속한다는 말은 경험에서 얻어온 것이거나 혹은 선천적 조건으로서 그것에 경험 일반(경험의 형식)이 의존하는 것이라는 뜻이다. 전자의 경우에는 종합을 내포한다는 개념은 경험적 개념이다. 후자의 경우에는 그런 개념은 순수개념이로되, 이 순수개념도 경험에 상관한다. 그것은 경험에 있어서만 자신의 객관에 마주치기 때문이다.

무릇 선천적 종합 개념에 의해서 생각되는, 대상 가능성의 성격은, 만약 그것이 객관의 경험적 인식의 형식을 이루는 종합에서 생기지 않는다면, 우리는 어디서 그런 성격을 취해올 것인가? [선천적]종합 개념 안에는 어떤 모순도 포
268 함되어 있지 않다는 것은 실로 필연적인 논리적 조건이다. 그러나 개념의 객관적 실재성, 즉 개념에 의해서 생각되는 대상의 가능성을 위해서는 그런 논리적 조건만으로써는 극히 불충분하다. 가령 두 직선에 둘러싸인 도형이라는 개념 안에는 아무런 모순도 없다. 왜냐하면 두 직선이라는 개념과 두 직선의 교차라는 개념은 도형의 부정을 포함하지 않기 때문이다. 도형이 불가능한 까닭은 「개념 자체 그것」에 기인하는 것이 아니라 공간에서의 [도형]개념의 「구성」에, 즉 공간과 이것의 규정과의 조건에 기인하는 것이다. 이 조건은 그것이 경험 일반의 선천적 형식을 내포하는 까닭에 역시 자신의 객관적 실재성을 가

진다. 즉 가능한 사물에 관계한다.

④ 우리는 이제 [사물]가능성의 요청이 가지는, 광범한 효용과 영향을 설명
하는 일로 나아가기로 한다. 만일 내가 한 사물을 표상해서, 이 사물이 지속적
이고, 변역하는 모든 것은 오직 그 사물의 상태에 속한다고 하면, 나는 [사물
의] 이와 같은 개념만으로는, 그와 같은 사물이 가능하다는 것을 인식할 수 없
다. 혹은 만일 내가 어떤 정립된 것 다음에는 언제나 또 불가피하게 「다른 것」
이 일어나는 성질의 것을 표상한다면, 물론 「이 다른 것」은 모순 없이 생각될
수가 있다. 그러나 그와 같은 성질(인과성)이 어떤 가능한 사물에서 과연 발견
되는가 하는 것은, 「이 다른 것」을 모순 없이 생각하는 것에 의해서 판단될
수 없다. 끝으로 한 사물의 상태는 다른 사물의 상태 속에 어떤 결과를 일으키
고, [반대로 이쪽 상태가 저쪽 상태에] 상호적으로 작용하는 성질을 가지는 두 다 269
른 사물(실체)들을 표상할 수가 있다. 그러나 이와 같은 관계가 「어느 사물들」
에 과연 귀속할 수 있는가 하는 것은, 다만 임의적[관념적] 종합만을 포함하는
두 개념에서 이끌어내질 수가 없다. 그렇기 때문에 이런 개념들이 모든 경험
중에 있는 지각의 관계를 선천적으로 표현하는 일에 기본해서만 우리는 그런
개념들의 객관적 실재성을, 즉 그 선험적 진리성을 인식한다. 그러면서도 이런
인식은 경험에서 물론 독립이지만 경험 일반의 형식에 대한 모든 관계에서 독
립인 것이 아니요, 대상을 경험적으로 인식할 수 있도록 하는 유일의 「종합적
동일」에 대한 모든 관계에서 독립인 것도 아니다.

⑤ 그러나 실체, 힘, 상호작용 등에 관한 새로운 개념들을, 지각이 우리에게
제공하는 재료에서 만들려고 할 때에, 이 개념들과 [각각] 연결하는 실례를 경
험 자신에서 취해오지 않고 만들려고 한다면, 우리는 순전히 공상에 빠질 것이
다. 공상은 공상일 수 있는 특징을 자신만으로는 전혀 갖지 않는다. 그런 개념
작성에 있어 사람이 경험을 교사(教師)로서 인정하지도 않고, 그런 개념을 [직
접] 경험에서 취해 오지도 않기 때문이다. 그런 공상적 개념은 모든 경험이 의
존하는 조건으로서의 범주처럼 그것이 가능한 성격을 선천적으로 지니는 것이
아니라, 그 자체가 오히려 경험에 의해서 주어지는 것[개념]으로서 오직 후천
적으로만 가능한 성격을 지닐 수 있다. 그러므로 이와 같은 개념의 가능성은, 270
후천적·경험적으로 인식되어야만 하거나, 혹은 전혀 인식될 수 없거나이다.

지속적으로 공간 중에 현재 있으면서도 공간을 채워있지 않는 실체(어떤 사람들이 도입하려고 했던, 물질과 사고체(思考體)간의 중간물과 같은 것)[1] 혹은 미래를 앞질러서, (그저 추리하는 것이 아니고) 직관하는 우리 심성의 특별한 근본적 혹은 끝으로 타인과(그가 아무리 멀리 떨어져 있을지라도) 사상적 교류를 할 수 있는 심성의 능력 등과 같은 것은, 그것들을 가능하게 하는 근거가 없는 개념들이다. 왜냐하면 이런 개념들은 경험과 기지(旣知)의 경험적 법칙에 근거가 있을 수 없고, 「경험과 경험적 법칙」을 안 가지는 사고의 임의적 결합이며, [관념상으로는] 모순을 포함하지 않지마는 객관적 실재성, 따라서 우리가 여기서 생각하고자 하는 바와 같은 대상의 가능성을 주장할 수 없기 때문이다. 실재성에 관해서 말한다면, 「경험의 도움」을 받지 않고서 우리가 실재성을 구체적으로 생각할 수 없음은 당연하다. 왜냐하면 실재성은 다만 경험의 질료로서의 감각에만 관여할 수가 있고, 관계의 형식에는 관여하지 않기 때문이다. 형식과 유희하는 사람은 결국 날조를 일삼을 수 있는 바다.

⑥ 그러나 경험에서의 현실성으로부터서만 취해질 가능성이 있는 일체를 묵과하고, 여기서 나는 선천적 개념에 의한 「사물의 가능성」만을 고찰한다. 이런 선천적 개념에 관해서 나는 그것이 단적으로 자기 자신에서 성립한다는 것이
271 아니라, 항상 경험 일반의 형식적·객관적 조건으로서만 정립될 수 있다는 것을 계속 주장한다.

⑦ 물론 삼각형의 가능성은 「그 개념 자체」에서 (이 개념은 확실히 경험에서 독립적이지만) 인식될 수 있는 듯 하다. 사실상 우리가 이 개념에 전혀 선천적으로 하나의 대상을 줄 수 있기 때문이요, 다시 말하면 그 대상을 구성할 수가 있기 때문이다.

그러나 이런 일은 단지 대상에 관한 형식이기 때문에, 삼각형의 개념은 여전히 단지 상상의 산물이요, 그 개념의 대상의 가능성은 역시 의심스럽겠다. 대상이 확실하게 되기 위해서는 개념 이상의 것이 요구된다. 즉 삼각형의 도형은, 경험의 모든 대상이 의거하는 조건 아래서만 생각된다는 것이 요구된다.

---

1) 여기의 「중간물」은 천리안, 다음의 「직관하다」함은 예언, 끝의 「사상적 교류」는 독심술을 각각 지시하겠다. 모두 신비적 사상가들이 가질 수 있는 것이다.

그런데 공간이 외적 경험의 선천적·형식적 조건이라는 것, 그리고 우리가 구
상력에 있어서 삼각형을 구성하도록 하는 형성적인 종합작용이, 우리가 현상
에 관한 [학적] 경험-개념을 만들기 위해서 현상의 각지에 있어서 행하는 종
합작용과 같은 종류라는 것, 이런 사리만이 [삼각형의] 개념과 [삼각형이라는] 사
물의 가능성에 관한 표상을 서로 결합시키는 것이다. 연속적 양(量)의 가능성
뿐만 아니라, 「양 일반」의 가능성도 그러하다. 왜냐하면 이것의 개념은 모두
종합적이요, 개념 자신에서가 아니라 경험에 있어서의 「대상 일반」을 규정하
는 형식적 조건으로서의 개념에 의해서 비로소 명백하기 때문이다. 그리고 대 272
상이 우리에게 주어지는 경험에서 구하는 것이 아니라면, 개념에 대응하는 대
상을 우리가 어디서 구해야 할 것인가? 바로 경험 자신이 선행함이 없이, 우리
가 사물의 가능성을 인식하고 특징짓는 일은, 「그 어떤 것」이 경험 속에서 일
반적으로 대상으로서 규정되도록 하는 형식적 조건에 관해서만 가능하고 따라
서 전혀 선천적으로 가능하되, 경험과 반드시 상관하여서 가능하며, 경험의 한
계 내에서만 가능하다.

⑧ 사물의 현실성을 인식하기 위한 요청은 지각을 요구하고 따라서 의식된
감각을 요구한다. [이 무렵에]물론 대상의 현존이 인식되어야 할 그런 대상 자
신에 관해서 직접적으로 의식된 지각은 아니지만, 「경험 일반」에 있어서의 모
든 실재적 연결을 나타내는 「경험의 유추」와 일치해서 현실적 지각과 대상의
현존과의 관련을 요구한다.

⑨ 사물의 한갓 개념에 있어서는 그 사물이 현존하는 성격은 발견될 수 없
다. 왜냐하면 개념이 극히 완전해서, 사물을 그것의 모든 내적 성질로써 생각
하는 데 조금도 부족함이 없을 정도라도, 현존은 이런 모든 성질과 아무런 관
계도 없고, 도리어 현존은 그와 같은 사물이 주어져 있는가 어떤가 하는 물음
에 관계하기 때문이요, 그래서 그 사물의 지각이 모든 경우 개념에 선행할 수
있는가 하는 물음에만 관계하기 때문이다. 즉, 개념이 지각에 선행한다는 것은
단지 그 개념의 가능성을 의미할 뿐이요, 개념에 재료를 주는 지각이 현실성의 273
유일한 특징이다. 그러나 만일에 사물의 현존이 지각의 경험적 연결의 원칙(유
추)들에 의거해서 약간의 지각들과 관련을 갖기만 한다면, 우리는 사물의 지각
에 앞서서, 따라서 비교적 선천적으로, 그 사물의 현존을 인식할 수가 있다.

왜냐하면 그때에는 [즉 유추의 원칙에 의거하면] 사물의 현존은 가능한 경험 안에서 우리의 지각과 관련을 가지며 우리는 유추의 인도에 따라 우리의 현실적 지각에서 가능한 지각의 계열 속에 있는 사물에 도달할 수 있기 때문이다. 가령 부착된 철분의 지각으로부터 모든 물체를 관통해서 있는 자기적(磁氣的) 물질의 존재를 우리는 인식한다.—이 자기적 물질의 지각은 우리 기관의 성질상 불가능하기는 하지마는, 역시 우리는 인식한다. 무릇 우리의 감관이 보다 더 세심하다면, 감성의 법칙과 우리 지각들의 맥락에 따라서 일반적으로 우리는 경험 속에서 자기적 물질의 직접적인 경험적 직관에도 도달할 것이다. 단지 우리의 감관이 조잡하기 때문에 가능한 경험 일반의 형식과 관계함이 없을 뿐이다. 그러므로 지각과 지각의 전진(前進)이 경험적 법칙에 의해서 달성되는 한에서, 우리는 사물의 현존에 관한 인식에 도달하는 터이다. 만일 우리가 경험에서 시작하지 않거나, 현상들의 경험적 연관의 법칙에 의해서 전진하지 않는다면, 어떤 사물의 현존을 추지(推知)하려 하고 혹은 탐구하려고 하는 위의(威
274 儀)는 헛된 것일 뿐이다. 존재를 간접적으로 증명하려는 이 규칙에 대해서 관념론은 유력한 비난을 제의(提議)한다. 이에 아래서 관념론을 반박하는 것이 적당할 것이다.

[위 줄의 「존재……」로부터 이하의 「관념론 반박」「정리」「증명」의 끝까지는 재판의 추가다.]

관념론 반박

① 관념론(나는 여기서 질료적 관념론을 의미한다)은 우리 바깥의 공간 속에 있는 대상들의 존재를 의심하고 증명할 수 없는 것이라고만 설명하거나, 혹은 허위적이요, 불가능하다고 설명하는 이론이다. 전자는 「데카르트」의 개연적 관념론이요, 이것은 오직 하나의 경험적 주장, 즉 「내가 있다」(Inh bin)고 하는 것만은 의심될 수 없는 것이라고 선언한다. 후자는 버클리의 독단적 관념론이요, 이것은 만물(불가분적 조건으로서 공간을 갖고 있지만)과 함께 공간 자신을 불가능한 것이라고 설명하며 따라서 공간 중의 사물도 순 공상이라고 선언한다. 만일 우리가 공간을 「물자체 그것」에 귀속할 성질로 본다면, 독단적 관념론은 불가피하다. 왜냐하면 그때에는 공간은 그것이 조건으로 쓰이는 만물과 함께 불가

해한 것이기 말이다. 그러나 독단적 관념론에 대한 기초는 선험적 감성론에서 이미 제거되었던 바다. 개연적 관념론은 이 점[공간이 물자체냐 직관의 조건이냐] 275
에 관해서 아무런 주장도 하지 않고, 우리 자신의 존재 외의 어떤 존재도 직접적 경험을 통해서 증명할 수 없다는 것만을 빙자한다. 이러한 개연적 관념론은 합리적이요, 충분한 증명이 발견되기 전에는 어떠한 결정도 판단도 허용하지 않는 「철저한 철학적 사고방식」에도 일치하는 것이다. 그러므로 요망되는 증명은 우리가 외물에 관해서 단지 상상뿐만이 아니라 경험도 가진다는 것을 명시하는 일이다. 그리고 이러한 명시는 「데카르트」가 확신했던 우리의 내적 경험까지도 외적 경험을 전제해서만 가능하다는 사실을 우리가 증명할 수 있을 때를 제외하고서는 일어날 수 없을 것이다.

정 리

② 내 자신의 존재라는 단순하되 경험적으로 규정된 의식은, 내 바깥의 공간 중의 대상들이 존재하는 것을 증명한다.

증 명

③ 나는 나의 존재를 시간 속에서 규정된 것으로서 의식하고 있다. 모든 시간규정은 지각에 있어서의 어떤 지속체를 전제한다. 그러나 이 지속체는 내 안에 있는 어떤 것일 수는 없다. 왜냐하면 바로 시간 속에서의 내 존재는 이 지속체에 의해서 비로소 규정될 수 있기[1] 때문이다.

그렇기 때문에 이 지속체의 지각은, [경험적] 내 바깥의 사물에 의해서만 가능하고, 내 바깥 사물의 한갓 표상에 의해서 가능하지는 않다. 따라서 시간에 있어서의 내 존재의 규정은 내가 나의 외부에서 지각하는 현실적 사물의 존재에 의해서만 가능하다.

그런데 시간에 있어서의 [내 존재의] 의식은 이 시간 규정을 가능하게 하는 주관의 의식과 반드시 결부되어 있다. 그러므로 시간에 있어서의 「내 존재」의 의식은 이 「시간 규정의 조건」인 「내 바깥의 사물의 존재」와 필연적으로 결부 276

1) 칸트는 이 글의 모호함에 관해서 그것을 수정한 내용을, 재판 머리말에서 언급했다. 위 **정리** 중의 「내 자신의 존재」란 자기 의식을 말한 것이다.

되어 있다. 즉 내 자신이 존재한다는 의식은 동시에 내 바깥의 다른 사물의 존재를 직접 의식하는 것이다.

주석 1. 개연적 관념론이 추구한 유희가 도리어 관념론 자신에 정당하게도
복수(復讐)하는 것임이 위의 증명에서 인정된다. 관념론이 하는 가정은 다음과
같다. 즉 「유일한 직접적 경험은 내적 경험이요, 이것으로부터 외적 사물이 추
론될 뿐이다. 그러나 이런 추론은 얻어진 결과로부터 일정한 원인을 추론하는
모든 경우에서와 매한가지로 불확실할 뿐이다. 왜냐하면 우리가 아마 거짓되
277 게 외적 사물에 귀속시키는 표상들의 원인이 우리 자신 안에도 있을 수 있기
때문이다. 그러나 외적 경험은 원래는 직접적이라는 것과※ 우리 자신의 의식
은 아니지만 우리 존재의 「시간에 있어서의」 규정, 즉 내적 경험이 외적 경험
을 통해서만 가능하다는 것과, 이런 것들이 여기에 증면된 바다.

물론 「내가 있다」 라는 표상은 모든 사고에 수반할 수 있는 의식을 말하는 것이요, 주관의 존재를 직접 자기 속에 포함하는 것이다. 그러나 그것은 아직도 주관의 인식이 아니요, 따라서 주관에 대한 경험적 인식이 아니며, 다시 말하면 경험이 아니다. 경험을 위해서는 어떤 존재하는 것에 관한 사고 외에 직관이 필요하고 여기서는 내적 직관이 필요하다. 이 내적 직관의 조건, 즉 시간에 관해서 주관이 규정되어야 하고, 규정되기 위해서는 단연코 외적 대상을 필요로 하고 있다. 그 결과로서 내적 경험 자신은 단기 간접적일 뿐이요, 외적 경험에 의해서만 가능하다 [그러하거늘 내가 사고한다는 표상은 이러한 외적 경험이 없다].

주석 2. 그런데 시간규정에 있어서의 「우리의 인식능력의 모든 경험적 사용」
은 우리의 정리와 완전히 합치한다. 우리는 모든 시간규정을 공간 중의 지속적
278 인 것에 관한 대외적 관계에 있어서의 변역(운동)에 의해서만 (가령 지구의 물상
들에 관계해 있는 태양의 운동처럼) 지각할 수 있을 뿐이다. 그뿐만이 아니라 우
리가 「실체」 개념의 근저에 직관으로서 들 수 있는 지속적인 것도 물질로서만
우리는 가진다. 그리고 이 지속체까지도 외적 경험에서 얻어 오게 되지 않고,
모든 시간 규정의 필연적 조건으로서, 따라서 즉 사물의 실재에 의한 우리 자
신의 존재에 관한 내감 규정의 필연적 조건으로서 선천적으로 전제된다.

자아(自我)라는 표상에 있어서의 자기의식(自己意識)은 직관이 아니요, 도리

어 사고하는 주관의 자기 활동에 관한 지성적인 표상일 따름이다. 그러므로 소위 「자아」는 직관에서 가져와진 아무런 객어(客語)도 가지지 않는다.—이런 객어야말로 불가침입성(不可侵入性)이 경험적 직관으로서의 물질에 대한 대응자이듯이 지속적인 것으로서 내감에 있어서의 시간 규정에 대한 대응자(對應者)이건마는.

주석 3. 외적 대상의 존재가 일정한 「자기의식」이 가능하기 위해서 필요하다는 일로부터, 외물(外物)의 직관적 표상이 동시에 그 외물의 존재를 포함한다는 결론이 나오지 않는다. 왜냐하면 외물의 직관적 표상은 구상력의 산물(꿈과 상상에 있어서처럼)임에 불과할 수도 있기 때문이다. [직관적] 표상의 유래는 이전의 외적 지각이 재생(再生)한 데에 있고, 이 외적 지각은 이미 설명한 바와 같이 외적 대상의 현실성에 의해서만 가능하다. 우리가 여기서 증명하려고 했던 모든 것은 「내적인 경험일반」이 외적인 경험일반에 의해서만 가능하다는 279
것이다. 내적 경험으로 추측되었건 외적 경험으로 추측되었건 추측된 경험이 과연 단순한 상상이냐 아니냐의 여부는 경험의 특수한 규정에 좇아서 또 모든 현실적 경험의 기준과 연관시켜서 결정되어야 한다.

※ 외물의 현존이 직접 의식되어 있음은 상술한 정리에서 전제된 것이 아니라 증명되어 있다. 우리가 직접적 의식의 가능성을 이해하든 말든 간에 그렇다. 직접적 의식의 가능성에 관한 물음은 우리는 과연 오직 내감만을 가졌고, 외감은 가지지 않으며, 단지 외적인 것에 관한 상상만을 가지는 것인가 하는 것이 되겠다. 그러나 그 어떤 것을 외적인 것이라고 상상하기 위해서도, 즉 직관에 있어서 감관에 나타내기 위해서도, 우리는 이미 하나의 외감을 가져야 하며, 이것에 의해서 외적 직관의 순전한 수용성을, 모든 상상의 특성인 자발성에서 직접 구별해야 함은 명백하다. 우리가 비록 외감을 단지 상상하기만 한다고 해도, 상상력에 의해서 규정될 터인 직관능력은 이미 자신을 부정하는 것이 되겠기에 말이다[그러므로 직관능력이 사실은 외감을 그저 상상하기만 하도록 하지 않는다].

[이하는 B. 274에 연결한다. 그러므로 ⑩ 이라고 했다.]

⑩ 최후로 셋째 요청[필연성의 요청]에 관한 말이지만, 그 요청은 현존의 질

료적 필연성에 관계해 있고, 개념들의 연결에 있어서의 한갓 형식적·논리적인 필연성에 관여하지 않는 것이다. 그런데 감관의 대상의 어떠한 실존도 선천적으로는 인식될 수 없고, 이미 주어진 다른 존재와 상관해서 상대적으로 대상의 존재가 선천적으로 인식될 수 있다. 그러나 이때에도 우리는 주어진 지각이, 한 부분이 되어 있는「경험의 관련 속의」그 어느 곳에 포함되어 있는 실존에만 관계할 수가 있다. 그러므로 실존의 필연성은 개념에서는 인식될 수가 없고, 언제나 지각되는 것과의 연결로부터서만, 경험의 보편적 법칙에 따라서 인식될 수가 있다. 그런데 주어진 다른 현상의 조건 아래서 필연적인 것으로서 인식될 수 있는 존재는 인과성의 법칙에 따라, 주어진 원인으로부터의 결과의
280 존재임에 틀림이 없다. 이에 우리가 오로지 인식할 수 있는 필연성은, 자세히 말해서 지각 속에 주어져 있는 다른 상태로부터 인과성의 경험적 법칙에 따라 인식할 수 있는 필연성은 사물(실체)들의 실존이 아니라 사물들의 상태의 실존이다. 이로부터 생기는 결론은 필연성의 기준은「발생하는 만사는 현상에서의 그것의 원인에 의하여 선천적으로 규정되어 있다」라는 가능한 경험의 법칙 안에서만 존재한다는 것이다. 따라서 우리는 그 원인이 우리에게 주어져 있는 자연에 있어서의 결과의 필연성만을 인식한다. 또 실존에 있어서의 필연성의 표징은「가능한 경험」의 범위 외의 먼 데에 미치지 않으며, 경험의 범위 내에서도 실체로서의 사물의 실존에 타당하는 것이 아니다. 왜냐하면 실체로서의 사물은 경험적 결과로서나 혹은 생멸하는 것으로 간주될 수 없기 때문이다. 그러므로 필연성은 인과성의 역학적 법칙에 따른「현상들의 관계」에 상관한다. 이것에 의거해서 필연성은 어떤 한 주어진 존재(하나의 원인)로부터, 한 다른 존재(결과)를 선천적으로 추리하는 가능성에만 상관한다.

「일어나는 만사는 가언적으로 [원인이 있다는 조건에서] 필연이다.」이것은 세계에 있어서의 변화를 하나의 법칙에 속하게 하는 원칙이다. 즉 필연적인 존재의 규칙에 속하게 하는 원칙이다. 이런 규칙 없이는 자연도 생기지 않을 것이다.

이에, 맹목적 우연에서 일어나는 일이 없다. 즉 자연계에 우연은 없다라는 명제는 선천적인 자연법칙이다. 마찬가지로 자연에서의 필연성은 맹목적인 것이 아니요[무조건적이 아니고], 제약된 것 따라서 이해할 수 있는 필연성이다. 즉 운명이란 것은 없다라고 하는 명제도 선천적인 자연법칙이다. 이상 양자는

변화들의 작란(作亂)을 (현상으로서의) 사물의 본성에 속하도록하는 법칙이요, 281
같은 뜻이 되거니와, 오성의 통일에 속하게 하는 법칙이다. 이 오성의 통일에 있어서만 변화들은 현상들의 종합적 통일로서의 하나의 경험에 속할 수 있다. 이 두 원칙은 역학적 법칙에 속한다. 전자는 원래 (경험의 유추에 속하는)인과성에 관한 원칙의 귀결이다. 후자는 양상의 원칙에 속하고, 이 양상은 인과적 규정에 오성의 규칙에 속하는 필연성의 개념을 보태는 것이다. 연속성의 원리[1]는 현상(변화)들의 계열에 있어서 모든 비약을 금했다. 즉 세계에는 비약이 없다고 했다. 또 연속성의 원리는 공간 중의 모든 경험적 직관의 총괄에 있어서, 두 현상 사이에 빈틈, 즉 쪼개진 곳을 일체 금했다. 즉 간격이 없다고 했다. 왜냐하면 이 명제는 다음과 같이 표현될 수 있기 때문이다. 즉 「진공(眞空)을 표시하거나 혹은 진공을 경험적 종합의 한 부분으로서 허용하는 것은 경험 속으로 들어올 수 없다」고. 무릇 공허에 관해서는 우리는 이것을 가능한 경험(세계)의 분야 바깥이라고 상상할 수 있기 때문에, 공허는 순 오성의 재판권에 속하지 않는다. 오성은 경험적 인식을 위하여 주어진 현상을 이용하는 문제만을
판정한다. 공허에 관한 것은 가능한 경험의 범위를 초월한, 또 가능한 경험의 282
범위를 둘러싸서 한계짓는 것을 판단코자 하는 이념적 이성의 과제이다. 따라서 공허에 관한 것은, 선험적 변증론에서 고려되어야 하는 것이다.

이 네 개의 명제(즉 세계에는 간격이 없고, 비약이 없고, 우연이 없고, 운명이 없다[2]))를 우리는 선험적 근거를 가지는 모든 원칙이 그러하듯이, 그것들의 순서에 따라, 즉 범주들의 순서에 맞추어서 명시하고, 각자의 위치를 지시할 수가 있다. 그러나 이미 숙련된 독자는 이런 지시를 스스로 하거나 혹은 그러기 위한 길잡이를 쉽게 발견할 것이다. 그러나 오성에 또 만상의 연속적 연관에, 즉 오성 개념의 통일에, 단절이나 장애를 끼치는 것을 경험적 종합에 있어서 허용하지 않기 위해서만, 이 네 원칙은 서로 결합하고 있다. 왜냐하면 모든 지각이 각자

1) 직관의 공리와 지각의 예료와의 두 원칙을 말한다. 비약이 없다 함은 질적으로 모든 변화가 연속적임을, 간격이 없다 함은 양적으로 공허한 공간이 없음을 각각 말한 것이다.

2) 우연이 없다는 말은 현상들의 관계에 있어서 만물이 반드시 결정되어 있다는 뜻이다. 운명은 맹목적 필연성·무조건적 필연성의 뜻이다. 운명이 없다는 말은 앞의 결정이 언제나 다른 확실한 특수 조건에 의해서 생겼다는 뜻이다.

의 위치를 차지하게 되는 「경험의 통일」을 가능하게 하는 것은, 오직 오성뿐이기 때문이다.

⑪ 가능성의 범위가 모든 현실적인 것을 포함하는 범위보다도 과연 큰 것이냐, 또 이 현실적인 것은 필연적인 것의 총량보다도 더 큰 것이냐 하는 것은 마땅히 탐구해야 할 문제요, 그러면서도 종합적 해결을 요하는 문제다. 그러나 이 문제의 해결은 [무제약자를 다루는] 이성의 재판권에 속하는 것이다. 왜냐하면 이 문제의 의미 내용은, 현상으로서의 만물은 과연 유일한 경험의 총괄과 맥락 속에 들어가는 것이라서, 모든 주어진 지각들은 유일한 경험의 한 부분이요, 이에 부분은 [부분이 아닌] 다른 현상들과 결합될 수 없는 것인가, 「혹은」 나의 지
283 각들은 (그것들이 일반적으로 연관함에서) 하나의 가능한 경험보다 이상의 것에 귀속할 수 있느냐 하는 것이기 때문이다. [전자의 경우에] 오성은 「감성과 통각」의 주관적·형식적 조건에 따라서 선천적으로 경험 일반에도 통일의 규칙만을 주는 것이요, 주관적·형식적 조건만이 경험을 가능하게 한다. 그리고 (시공 이외의) 다른 직관 형식과 (사고의 논증적 형식 이외의 혹은 개념에 의한 인식의 논증적 형식 이외의) 다른 오성의 형식이 설사 가능하다 하더라도 그런 형식들을 우리는 도저히 생각해 낼 수가 없고 납득할 수도 없다. 비록 생각해 낼 수 있고, 납득할 수 있다 하더라도 그런 형식들은 대상이 우리에게 주어지는 경험에 귀속하지 않을 것이요, 유일한 인식인 경험에 귀속하지는 않을 것이다. [후자의 경우에] 일반적으로 우리의 전(全) 가능적 경험에 속하는 것과는 다른 지각이, 과연 있을 수 있는 것인지 따라서 질료의 별난 분야가 있을 수 있는 것인지, 이것을 오성은 판정할 수가 없다. 오성은 다만 주어진 것의 종합에만 종사한다. 보통의 일상 추리에 의해서 우리는 가능성의 대왕국을 만들어 내고, (경험의 전대상인) 모든 현실적인 것은 이런 왕국에서는 한 작은 부분이라고 하지만, 이러한 보통의 일상 추리의 빈약성은 현저히 눈에 띄는 바이다.

284 「모든 현실적인 것은 가능적이다」라는 명제로부터, 형식논리학의 환위법(換位法) 규칙에 의해서 자연히, 「약간의 가능적인 것은 현실적이다」라는 한갓된 특수명제가 생긴다. 그리고 이 명제는 실로「현실적이 아닌 많은 것이 가능하다」[1)]라

1) 「모든 현실적인 것은 가능적이다」를 여환(戾換)하면, 「약간의 비(非)현실적은 가능적일 수 없다」

는 의미를 갖는 듯하다. 가능적인 것이 현실적인 것으로 되자면, 가능적인 것에 「그 무엇」이 보태져야 하기 때문에, 가능적인 것의 수가 현실적인 것의 수보다도 많을 수 있을 듯이 여겨진다. 그러나 이 가능적인 것에 보태져야 하는 내용을 나는 아는 바가 없다. 왜냐하면 이 가능적인 것에 보태져야 할[것이 있다는] 것이 원래 불가능하겠기 때문이다.

나는 오성에 경험의 「형식적」 조건과의 일치 이상의 것이, 즉 어떤 지각과의 연결이 보태질 수가 있다. 허나 경험적 법칙에 따라서, 지각과 연결되어 있는 것은 그것이 직접적으로는 지각되지 않더라도 현실적이다. 내 지각 중에서 주어져 있는 것과 일관(一貫)해서 연관하면서, 하나의 다른 현상 계열이 가능하다는 것은, 따라서 모든 것을 포괄하는 「유일한 경험」 이상의 것이 가능하다는 것은, 주어져 있는 것으로부터는 추리되지는 않는다. 「그 무엇」이 주어져 있지 않으면, 그러한 추리는 더구나 불가능하다. 재료 없이는 아무런 것도 생각되지 않기 때문이다. 조건 자신이 그저 가능적일 적에 그런 조건 아래서만 가능한 사물은 모든 관점에서 [절대적으로]가능하지는 않다. 그러나 사물의 가능성이 경험이 도달할 수 있는 곳보다도 더 먼 곳에 과연 도달할 수 있느냐 하는 것을 우리가 알고자 할 때에, 이것은 모든 관점에서의 가능성을 묻는 것이라고 이해되는 것이다.

⑫ 보통의 속견(俗見)이 오성의 개념들에 속한다고 하는 것을 누락하지 않고 다루기 위해서, 나는 이상의 [절대적 가능성의] 문세에 언급했을 뿐이다. 그
러나 사실에 있어서 절대적인 (모든 관점에서[1] 타당하는) 가능성은 순 오성 개 285
념이 아니요, 경험적으로 사용될 수가 없고, 이 개념은 오성의 모든 가능적인 경험적 사용을 초월하는 이성에만 속한다. 그러므로 우리는 여기서 단지 비판적 주의로써 만족해야 하였고, 그 외의 진상(眞相)은 나중에 [선험적 변증론에서] 논술할 때까지 불명한 채로 보류하였다.

⑬ 나는 이제야 제4항[경험적 사고일반의 요청들]을 끝맺고, 그와 동시에 순수

는 것으로 되고, 명제의 소반대대당(小反對對當)인, 「현실적이 아닌 것의 일부가(혹은 많은 부분이) 가능하다고 하는 것은 참일 것이다.

1) 「모든 관점에서 타당하는 가능성」이란, 경험의 형식적 조건을 존중하지 않는 가능성, 즉 이념에 의한 무제약적 가능성을 의미한다.

오성의 모든 원칙의 체계를 끝맺고자 하거니와, 바로 이 즈음에 양상의 원리들을 바로 요청들이라고 불렀던 까닭을 나는 설명해 두지 않을 수 없다.

최근의 몇몇 철학 저술가들은 원래는 수학자들이 소유했던 「요청」의 의미에 어긋나게, 「요청한다」는 것은 변명하거나 증명함이 없더라도 한 명제가 직접적으로 확실하다는 것을 의미한다고 했다. 허나 나는 이와 같은 의미에서 「요청」을 사용하고자 하지는 않는다. 왜냐하면 종합적 명제가 아무리 명증적이더라도 종합적 명제이다—이 명제 자신의 요구가 훌륭함에 의해서 아무런 연역도 없이—무조건적 찬동을 주어도 좋다는 것을 우리가 용인해야 한다면, 오성이 행하는 모든 비판은 무효한 것이 되고 말 것이기 때문이다. 또 대담한 월권
286 적 주장이 있어도 그것을 통속적 신념이(이것은 아무런 신임장도 되지 않지만) 거부하지 않으므로, [비판 이전의] 우리의 오성은 온갖 망상을 공공연히 하도록 되어 있어서, 부당하지만 진정한 공리가 승인되듯, 확신하는 어조로 승인되기를 바라는 요구들에 대해서, 오성은 찬동을 거부할 수가 없는 처지이다. 그러므로 어떤 사물의 개념에 선천적 규정이 종합적으로 보태진다면, 이와 같은 명제에 관해서는 증명은 아니라 하더라도 적어도 그런 명제의 주장이 합법적이라는 연역을 우리는 조심해서 보태야 한다.

⑭ 그러나 양상의 원칙[요청]들은 객관적으로는 종합적이 아니다. 왜냐하면 가능성·현실성·필연성의 객어들은, 그것들이 입언되는 개념[지식]을 조금도 확대하지 않기 때문이요, 이런 객어들은 대상의 표상에 다시 첨가하는 것이 없기 때문이다.

그럼에도 양상의 원칙들은 역시 종합적이기 때문에 그것들은 다만 주관적으로만 종합적이다. 그것들은 (실재적인 것)의 개념에 대해서도 입언하지 않고, 사물의 개념에 그것이 발생하고 또 자리잡고 있는 [원천인] 인식력을 첨가하는 것이다. 그래서 만일 사물의 개념이 단지 오성 안에서 경험의 형식적 조건과 연결하고 있다면, 그런 개념의 대상은 가능적이라고 일컫는다. 만일 [사물의] 개념이 지각(감관의 질료로서의 감각)과 관련을 갖고 있고 또 지각을 통한 오성에 의해서 규정되어 있다면, 그런 사물 개념의 객관은 현실적이다. 만일 [사물의] 개념이 지각과의 연관을 통하여 개념[범주]에 의해서 규정되어 있다면, 그
287 런 사물 개념의 대상은 필연적이라고 일컫는다. 그러므로 양상의 원칙들이 [사

물의] 어떤 개념에 관해서 입언하는 것은, 그런 개념의 산출자인 인식능력의 작용 이외의 것이 아니다.

그런데 수학에 있어서의 「요청」이란 틀림 없이 종합을 포함하는 실지적 명제다. 실지적 종합에 의해서 우리는 비로소 하나의 대상을 자신에게 주며 그 대상의 개념을 산출한다. 가령 주어진 선(線)으로써 주어진 점으로부터 평면 위에 하나의 동그라미를 그리려는 실지적 명제와 같다. 이러한 명제가 요구하는 방법은 우리가 도형에 관한 개념을 낳도록 하는 근원이기 때문에, 이런 명제는 증명될 수가 없다. 이래서 우리는 동그라미에 관한 수학적 명제와 동일한 권리로써 양상의 원칙들을 「요청」할 수가 있다. 왜냐하면 이 원칙들은 사물일반의 개념을 확대하지 않고,※ 인식력과 결합되는 방법[일 수 있다·이다·이지 않을 수 없다라는]만을 제시하기 때문이다.

※ 사물의 현실성에 의해서 나는 물론 가능성 이상의 것을 정립한다. 그러나 그 사물 중에서 정립하지는 않는다. 왜냐하면 사물은 그것의 완전한 가능성 안에 포함되어 있었던 것보다도 더한 것을, 현실성 안에 포함할 수 없기 때문이다. 도리어 가능성은 단지 오성(이것의 경험적 사용)과의 관련에 있어서의 사물의 정위이기 때문에, 현실성은 동시에 지각과 사물의 연결이다.

원칙들의 체계에 대한 일반적 주석[1)]

① 사물의 인시 가능성은 단지 범주에 의해서는 알려질 수 없고, 항상 직관 288
을 가지므로 오성의 순수개념의 객관적 실재성을 현시해야 한다는 것은, 자못 주의할 만한 일이다. 가령 관계의 세 범주를 들어보자. (1) 어떻게 무엇이 다른 사물의 한갓 규정으로서[술어로서]가 아니라 주어로서만 존재할 수 있느냐, 즉 실체일 수 있느냐, (2) 무엇이 존재하기 때문에 그 결과로 다른 무엇이 어떻게 존재해야만 하는가, 즉 무엇이 일반적으로 어떻게 원인일 수 있느냐, (3) 만약 둘 이상의 많은 사물이 존재한다면, 그런 것들 중의 한 사물이 있음으로 해서 어떻게 해서 무슨 현상[결과]이 다른 사물에 생기고 또 [두 사물 간에]무슨 현상이 상호적으로 생기느냐, 이래서 실체들의 상호성이 성립할 수 있느냐, 이

1) 이 표제와 그 이하의 전문(全文)이 재판의 추가다.

러한 문제들은 한갓 개념으로부터서는 알려질 수가 없다. 바로 이런 사리(事理)는 다른 범주들에 대해서도 타당하다. 가령 한 사물이 어떻게 해서 다른 많은 사물과 일양(一樣)일 수 있느냐, 즉 양(量)일 수 있느냐 하는 문제의 경우에도 타당하다. 그러므로 직관이 결(缺)해 있는 한, 범주에 의해서 우리가 과연 한 객관을 사실로 생각[판단]하고 있는지 또 과연 한 객관이 범주에 필경 귀속할 수 있는지, 이런 점을 우리는 아는 바 없다. 이래서 범주는 그것만으로서는 아무런 인식도 아니고 주어진 직관으로부터 인식을 형성하기 위한 사고 형식
289 이라는 것을 우리는 확인한다. 바로 이 때문에 단지 범주에서 종합적 명제가 만들어질 수 없다는 것이 결과한다. 가령 「모든 존재는 실체를 갖고 있다. 즉 단순한 객어로서가 아니라 주어로서만 존재할 수 있는 그 무엇을 가진다」 혹은 「사물은 어느 것이나 양(量)이다」 등의 분석적 명제에는 주어진 개념[주어]을 넘어가서 이 개념에 다른 개념[객어]을 결합시키는 데에 유용한 것이 전혀 없다. 그러므로 오성의 한갓 순수개념에서 종합적 명제의 증명에 도달하지 못했다. 가령 「일체의 우연적 실존은 원인을 가진다」와 같은 [종합적] 명제의 증명에 도달하지 못했다. 사람은, 이런 관계[즉 인과관계]가 없이는, 우연의 실존을 이해할 수 없음을, 즉 오성을 통해서 선천적으로 인식할 수 없다는 것을 증명하는 것에 그쳤고, 그 이상으로 더 나아갈 수는 없었다. 그러나 이런 [형식적, 분석적] 증명으로부터 그 [인과] 관계가 [소위 우연이라는] 사물 자신을 가능하게 하는 조건이기도 하다는 결론[종합적 명제]이 생기지는 않는다.

그러므로 독자가 만일 인가성의 원칙에 관한 우리의 증명을 회고한다면, 그는 우리가 「일어나는 만사(즉 모든 사건)는 원인을 전제한다」라는 원칙을 오직 가능한 경험의 원칙에 관해서만 증명할 수 있었다는 것을 깨달을 것이다. 자세히 말하여 우리는 그 원칙을 경험을 가능하게 하는 원리로서, 따라서 경험적 직관 중에 주어진 객체를 인식하게 할 수 있는 원리로서만 증명할 수 있었고, 순전한 개념으로부터 증명할 수는 없었다는 것을 깨달을 것이다.

290 그럼에도 불구하고 「모든 우연적인 것은 원인을 가져야만 한다」라는 명제는 순 개념[범주]으로부터서도 만인에게 명백하다는 것은 부인될 수가 없다. 그러나 이때에는 벌써 우연적인 것의 개념은 양상의 개념을(그것의 비존재가 생각될 수 있는 그 어떤 것으로서) 포함하지 않고, 관계의 범주를(어떤 다른 것의 결과로서

만 존재할 수 있는 어떤 것으로서) 포함하는 것으로 파악되어 있다. 여기에 당연히 「결과로서만 실존할 수 있는 것은 그것의 원인을 가진다」라는 동일명제(同一命題)[1)]가 생긴다. 우리가 우연적인 현존의 실례를 들 때에, 사실은 우리는 항상 변화[B. 230 참조]에 의거해 있고 그저 [현존의] 반대를 생각할 수 있음에 의거하지 않는다.※

※ 우리는 물질의 비존재를 용이하게 생각할 수 있으나, 고대인들은 이런 생각으로부터 물질의 우연성을 끌어내지는 않았다. 그러나 한 사물의 주어진 상태의 존재와 비존재와의 교체—여기에 모든 변화가 성립한다—라 하더라도, 말하자면 이 상태의 반대의 현실성으로부터 이 상태의 우연성을 증명하는 것은 전혀 아니다. 예컨대 한 물체의 운동 다음에 오는 정지는 정지가 운동의 반대라는 까닭에서, 이 물체의 운동의 우연성을 증명하지 않는다. 왜냐하면 이 반대는 여기서 단지 논리적으로 말한 것이요, 사실에 있어서는 다른 것에 대립되어 있지는 않기 때문이다. 물체의 운동의 우연성을 증명하기 위해서는 그 물체가 선행시점(先行時點)에 있어서 운동하고 있었다는 것 대신에 그 뒤에 그 물체가 정지하리라는 것이 아니라, 바로 그 당시에 그 물체가 정지하고 있었다는 것이 가능하였다는 것을 우리는 증명해야 할 것이다. 왜냐하면, 그때에는 두 반대자가 아주 잘 병존할 수 있기 때문이다.

그러나 변화는 생긴 사건이요, 생긴 사건 자체는 다만 원인에 의해서만 가 291
능하다. 따라서 원인의 비존재는 그 자신만으로는 [일어남이 없을 때만] 가능하다. 하기에 우리는 우연성을 「그 무엇」이 한 원인의 결과로서만 존재할 수 있다는 것에서 인식한다. 그러므로 한 사물이 우연적이라고 가정된다면, 그 사물이 어떠한 원인을 가진다고 하는 말은 분석적[비종합적] 명제이다.

② 그러나 또 하나의 주목할 만한 일이 있다. 그것은 사물의 가능성을 범주에 의해서 이해하고자, 따라서 범주의 객관적 실재성을 증시하고자, 우리는 직

1) 일어난 것에 대해서 일어나지 않을 수도 있다는, 양상(불가능성)의 우연과 결과로서만 존재하는 관계의 우연이 연결하면서도 구별되어 있다. 그러나, 양상의 범주이건 관계의 범주이건 간에 범주가 단독으로는 선천적 종합 판단을 가능하게 하지 않고, 한갓 「사고형식」일 뿐이요, 이런 범주에서 인식을 형성하자면 주어진 직관을 필요로 한다는 것이 이 대목의 취지다. 여기서 동일명제는 결국 분석적 명제임을 말한다.

관뿐만 아니라 항상 외적 직관을 필요로 한다는 것이다. 가령 관계의 순수개념
들을 생각해 본다면 우리는 다음과 같은 것을 발견한다. (1) 즉 실체의 개념에
대응해서 어떤 지속적인 것을 직관 중에 주기 위해서(이런 까닭에 실체－개념의
객관적 실재성을 증시하기 위해서), 우리는 공간에 있어서의 (물질의) 직관을 필요
로 한다. 공간만이 지속적인 것으로 규정되고, 시간과 따라서 또 내감에 있는
모든 것이 부단히 유동하기 때문이다. (2) 원인성의 개념에 대응하는 직관으로
서의 변화를 표시하기 위해서 우리는 「공간중의 변화」로서의 운동을 예시해야
292 만 한다. 뿐더러 그렇게 함으로써 우리는 변화(이것의 가능성을 어떠한 순수오성
도 이해할 수가 없다)를 우리에게 직관적이게 할 수가 있다. 변화라는 것은 모순
적으로 맞서는 두 규정을 동일한 사물의 존재에 있어서 결합하는 것이다. 그런
데 동일한 사물의 주어진 상태로부터 그것에 맞서는 한 상태가 후속함이 어떻
게 가능한지, 이것을 어떠한 이성도 예증 없이는 이해할 수 없을 뿐만 아니라
직관 없이는 이해할 수가 없다. 이 직관은 공간에 있어서의 한 점의 운동의 직
관이다. 서로 다른 장소에 있어서의 점의 존재(대립하는 규정의 후속)만이 비로
소 우리에게 변화를 직관할 수 있게 한다. 왜냐하면 나중에 내적 변화를 생각
할 수 있기 위해서도, 우리는 내감의 형식인 시간을 한 선(線)에 의해서 형상
적으로 이해할 수 있도록 해야 하고, 그리고 내적 변화를 이 선을 긋는 것(운
동)에 의해서, 따라서 서로 다른 상태들에 있어서의 우리 자신의 계기적 존재
를 외적 직관에 의해서, 이해할 수 있도록 해야 하기 때문이다. 내적 변화에
관해서 이런 일을 하는 이유는 모든 변화는 그 자신 단지 변화로서 지각되기
위해서도 직관에 있어서의 어떤 지속적인 것을 전제하지만, 내감에서는 전혀
어떠한 지속적 직관도 발견되지 않는 데에 있다. 끝으로 (3) 상호성의 범주의
가능성은 단순히 이성에 의해서는 이해될 수가 없다. 따라서 「상호성」 개념의
객관적 실재성은 직관 없이, 자세히 말하면 공간에 있어서의 「외적 직관」 없
이 잘 알려질 수가 없다. 즉 다수의 실체가 존재할 때에, 한 실체의 존재로부터
다른 실체의 존재에 그 어떤 것을 (결과로서) 생기게 하고 또 이런 일을 상호적
293 으로 생기게 할 수 있는 가능성을 우리는 어떻게 이해할 수 있겠는가? 「그 어
떤 것」이 전자[첫째 실체] 속에 있기 때문에, 후자[둘째 실체]의 존재에서만은
이해될 수 없는 「것」이 후자 안에도 있어야 하는 가능성을 우리는 어떻게 이

해할 수 있겠는가? 왜냐하면 이러한 가능성이 상호성에 요구되고 있되, 각 사물이 실체로서 존립하여 서로 완전히 고립하는 사물들 사이에서는, 그런 가능성이 이해될 수 없기 때문이다.

이에 라이프니쯔는 오성만이 생각할 수 있는 세계의 실체들간에 상호성을 부여할 적에 동시에 실체간의 매개를 위해서, 신성(神性)[1]을 필요로 했다. 그는 실체들의 존재로부터만은 상호성을 정당하게도 이해할 수 없을 성 싶었기 때문이다. 그러나 (현상들로서의 실체들의) 상호성을 우리가 공간 속에서 따라서 외적 직관 속에서 표상한다면, 상호성의 가능성을 아주 잘 이해할 수가 있다. 왜냐하면 공간은 (동과 반동의, 따라서 상호성의) 실재적인 관계를 가능하게 하는 조건으로서, 형식적인 외적 관계를 이미 선천적으로 포함하고 있기 때문이다. 마찬가지로 양(量)으로서의 사물의 가능성 따라서 분량 범주의 객관적 실재성도 외적 직관에서만 명시될 수가 있고, 이 외적 직관을 매개로 해서만 나중에 내감(內感)에도 적용될 수 있다는 것은 용이하게 설명될 수가 있다. 그러나 나는 장황하게 되는 것을 피하고자 이것에 관한 실례를 독자의 성찰에 맡기지 않을 수 없다.

③ 이상의 전 주석은 대단히 중요하다. 그것은 다만 상술한 「관념론 반박」 294
을 확증하기 위해서 중요할 뿐만이 아니라, 오히려 외적인 경험적 직관의 도움이 없이, 한갓 내면적 의식과 인간의 자연적 성질의 규정에 의한 자기인식[자기의식이 아니다]이 논구될 때에, 그와 같은 인식의 가능성의 제한을 우리에게 지시하기 위해서도 중요한 것이다.

④ 그렇게 보면 이 절 전체에서 생기는 최후의 결론은 다음과 같다: 즉 「순수한 오성의 모든 원칙은 경험을 가능하게 하는 선천적 원리들 외의 아무런 것도 아니다. 그리고 모든 선천적인 종합명제도 경험에만 관계한다. 뿐만 아니라 경험의 가능성 자신이 전적으로 이런 관계에 의존한다」.

1) 하나님에 의한 각 실체(모나드) 간의 예정조화설을 말한다.

판단력의 선험적 이설(원칙의 분석론)

제3장 모든 대상 일반을 현상체와 가상체로 구별하는 근거

① 우리는 이제 순수오성의 육지를 두루 돌아다녀 그 각 지방을 세심하게
시찰했을 뿐만이 아니라, 그 국토를 측량하여 거기에 있는 온갖 사물의 위치를
정하기도 했다. 그러나 이 육지는 섬과도 같아서 자연 자신이 그것을 한정해서
불변의 경계를 긋고 있다. 그것은 (참으로 매력있는 이름인)「진리의 육지」요, 이
295 육지를 둘러싼 것은 광막하고도 파도치는 대양(大洋)이다. 그리고 이 대양이야
말로 참으로 가상이 있는 곳이다. 여기서는 많은 안개 봉우리와 즉시 녹는 많
은 빙산이 사람을 속여서 새로운 육지인줄로 잘못 생각하도록 한다. 그것은 발
견에 열중해서 돌아다니는 항해자를 헛된 희망에서 부단히 속이면서도 모험하
도록 한다. 항해자는 이 모험을 중지할 수 없으나, 그렇다고 해서 모험을 성취
할 수도 없다. 우리가 이 대양의 전 범위를 탐색하여 거기서 무엇을 대망(待望)
해서 좋을지 확실히 알기 위해서 담대히 대양으로 나아가거니와, 그 이전에 바
야흐로 떠나려는 육지[과학적 진리의 나라]의 지도를 일별하고, 이후 문제를 고
찰해 보는 것이 유용할 것이다.

즉 첫째로 우리가 정주할 수 있는 땅이 따로 없을 경우에, 우리는 이 오성의 나라에서 소유하는 것으로써 결국 만족할 수 있는 것인가 혹은 부득이 만족해야 하는 것인가. 둘째로 우리는 도대체 어떠한 법적 근거에서 이 나라를 영유할 수 있고, 모든 적대적인 요구에 대항해서 안전을 수호할 수 있는가. 이 두 가지 문제에 대해 우리는 분석론에서 이미 충분히 대답하였다. 그러나 이런 대답의 총괄적인 개관은 대답의 중요점들을 하나로 정리함으로써 확신을 굳게 할 수 있는 것이다.

② 오성이 경험에서 얻어오지 않고, 자기 자신에서 길러낸 것을[원칙을] 오
성은 역시 경험적으로 사용하기 위해서만 소유한다는 것을 우리는 이미 알았
296 다. 순수오성의 원칙은 그것이 (수학적 법칙처럼) 선천적으로 구성하는 것이건,

(역학적 법칙처럼) 단지 통제하는 것이건 간에, 경험을 가능하게 하는 데 대한 이를테면 순 도식만을 포함하고 있다. 왜냐하면 경험은 그것의 통일을, 오성이 통각에 상관해서 근원적·자발적으로 「구상력의 종합」에 주는 바 종합적 통일에만 의지케 하고 있고, 경험이 가능하기 위한 소여(所與)로서의 현상은 이 종합적 통일과 선천적으로 관계맺고 있으며, 또 종합적 통일과 일치하여야 하기 때문이었다.

그런데 오성의 이런 규칙[원칙]은 선천적으로 참일 뿐만 아니라 모든 진리의 원천, 즉 우리의 인식과 대상과의 일치의 원천이기도 하다. 그런 규칙은 모든 인식의 개괄로서의 [보편타당한] 경험·객체들이 우리에게 주어질 경험을 가능하게 하는 근거를 포함하기 때문이다. 그러나 참인 것을 서술하는 것만으로는 아직 불충분하겠다. 그것 이상으로 우리가 알고 싶어 하는 것[도덕과 종교의 본질]이 서술되어야 할 듯하다. 따라서 이 비판적 연구에 의해서 [변증론의] 치밀한 탐구가 없어도, 오성의 경험적인 사용에서 스스로 행하여 왔던 것[분석론]보다도 그 이상의 것을 우리가 배우지 않는다면, 우리의 연구에서 얻는 이익은 우리가 치른 노고나 용의(用意)에 상반하지 않을까 싶다.

이것에 대해서 우리는 다음과 같이 답할 수 있다. 즉 우리의 인식을 확장하 297
려는 호기심이 유해하다 하더라도, 연구에 종사하기 전에 또 앞으로 보게 될 연구의 효용을 조금이나마 이해하기 전에, 연구의 효용을 미리 알려고 하는 호기심만큼 유해한 것은 없다는 답을 할 수 있다.

그러나 우리의 선험적[비판적] 연구는 머리가 자못 둔하여 흥미를 가지지 않는 학도에게도 이해시킬 수 있고 또 그의 연구를 중요시하도록 할 수 있는 이점이 있다. 이런 이점이란, 즉 경험적 사용에만 종사해서, 자신의 인식 원천에 관해서는 숙고하지 않는 오성은 비록 매우 순조롭게 진행한다 하더라도 한 가지만은 전혀 할 수 없다는 것이다. 이 한 가지는 오성이 사용되는 한계를 자신에게 규정하는 것이요, 무엇이 전(全) 자기 영역의 내부에 있고 무엇이 그 외부에 있음을 안다는 것이다. 무릇 저런 규정과 이런 앎을 위해서는 실로 우리가 이미 제시한 깊은 비판적 연구를 필요로 한다. 오성이 어떤 문제가 자신이 해결할 수 있는 범위 안에 있나 없나 하는 것을 식별할 수 없다면, 오성은 자기의 요구와 소유를 확보할 수가 없다. 반대로 오성은 그것이 자기 분야의[1] 한계를 (불가피하다고는 하지마는) 부단히 넘어서서 망상과 환상에 빠지는 경우마다 몇 번이고 수치스러운 시정(是正)을 받을 것을 각오해야 한다.

③ 하기에 오성은 자기의 모든 선천적 원칙을, 아니 자기의 모든 개념을 경험적으로 사용할 수 있을 뿐이요, 선험적[초험적]으로 사용할 수는 없다고 하는 명제, 그것이 만일 확실하게 인식된다면, 중대한 귀결에 도달하는 것이다. 한
298 원칙에 있어서의 개념의 선험적[초험적] 사용이란, 개념이 사물 일반, 즉 물자체 그것에 적용된다는 뜻이다. 경험적 사용이란, 개념이 단지 현상에만, 즉 가능한 경험의 대상에만 적용되는 경우를 말한다. 그러나 [오성의 개념에 관해서는]일반적으로 경험적 사용만이 있을 수 있다는 것은 아래의 사정에서 잘 알려진다. 즉 개념에 필요한 것은 첫째로 개념[사고]의 [일반] 논리적인 형식이요, 둘째로 개념은 그것이 적용되는 대상을 줄 수 있다는 것이다. 이런 대상을 결(缺)한 개념은 아무런 의미도 없다. 그런 개념은 비록 어떤 주어진 것에서 자신을 [귀납적으로] 만드는 논리적 기능을 포함하더라도 전혀 내용이 없는 것이다.

그런데 개념의 대상은 직관에 있어서만 주어질 수 있다. 그리고 순수직관은 대상에 선행해서 선천적으로 가능하지마는, 이 순수직관 자신도 그것이 대상을 얻을 수 있는 것은, 따라서 객관적 타당성을 얻을 수 있는 것은 경험적 직관에 의하는 수밖에 없다. 순수직관은 경험적 직관의 한갓 형식일 뿐이다. 그러므로 모든 개념과 그와 동시에 모든 원칙은 선천적으로 가능하지마는, 그래도 경험적 직관, 즉 경험이 가능하기 위한 소여(所與)에 관계한다. 이런 일이 없으면 개념과 원칙은 아무런 객관적 실재성도 가지지 않는 것이요, 구상력이 하건 오성이 하건 간에 모두 관념과의 유희(遊戲)에 지나지 않을 뿐이다.

299 가령 수학의 개념을, 그런 중에도 그 순수직관에 있어서의 수학의 개념을 실례로 들어보기로 하자. 「공간은 3차원을 갖는다」, 「두 점 간에는 하나의 직선이 있을 수 있을 뿐이다」 등등의 모든 원칙과 수학이 다루는 대상의 표상과는 선천적으로 심성에서 산출되기는 한다. 그러나 우리가 언제나 현상(경험적 대상)에 그것의 의미를 현시할 수 없다면, 그것들은 무의미하다. 그러므로 고립

1) 한계는 연장체에 있어서 일정한 장소 외에서 발견되는, 그 장소를 포함하는 한 공간을 항상 전제하되, 제한은 그러한 공간을 필요로 하지 않는 것이다.

된 개념을 감성화하는 일, 즉 개념에 대응하는 객관을 직관 중에 드러내는 일이 요구된다. 이런 일이 없으면, 개념은 (이른바) 감각이 없는 개념, 의미가 없는 개념이겠기에 말이다. 따라서 수학은 이런 요구를 형태의 구성에 의해서 메꾼다. 형태는 (비록 선천적으로 성립한 것이나) 감관(感官)들에 현시(現示)된 현상이다. 분량의 개념은 수학에 있어서 그것의 지지(支持)와 의미를 수(數)에서 구하고 있지마는, 이 「수」는 그것의 지지를 손가락·주판의 알 혹은 선(線)·점(點) 등의 눈앞에 제공되는 것들에서 구하고 있다. 분량의 개념은 이런 개념에 기본한 종합적 원칙, 즉 공식 등과 함께 언제나 선천적으로 산출된다. 그러나 개념의 사용, 즉 이른바 그 대상에의 관계[적용]는, 결국 역시 경험 이외에서 구하여질 수 없고, 경험의 가능성을 (형식상으로) 개념이 선천적으로 포함하고 있다.

④ 이것과 같은 내용은 모든 범주와 또 범주에서 생긴 원칙에 관해서도 있 300
다는 것은 아래의 사실에서 명백하다. 즉 「감성의 조건에 따라서 현상의 형식에 의뢰함이 없고서는」, 우리는 어떠한 범주도 실재적으로 규정할 수 없다. 다시[1] 말하면 범주의 객관의 가능성을 이해할 수가 없다. 범주의 대상이 되는 것은 현상뿐이요, 그러므로 범주의 적용은 현상에만 제한되어야 한다. 감성의 조건을 제거하면, 범주는 그것의 의미, 즉 객관에의 관계를 상실하고, 범주란 것이 도대체 무엇을 의미하는가 하는 것을 실례에 의해서 이해할 수 없기 때문이다.

우리가[2] 이전에 범주표를 제출할 무렵에 각 범주의 정의를 생략했다. 왜냐 A241
하면 우리의 의도가 범주의 종합적 사용만을 노려서 그런 정의를 필요로 하지 않았기 때문이요, 또 정의를 하지 않아도 좋은데도 불필요한 기도(企圖)를 해서 책임질 것이 없었기 때문이다. 이런 말은 구실이 아니라, 오히려 사소하지 않은 「처세의 규칙」이 되었던 것이다. 이런 규칙은, 완전한 개념이 포함하는 이체 표징을 남김없이 매거하지 않더라도, 그 중의 어느 한 가지 표징으로써 족할 때에는, 성급하게 정의를 내리려고 하지 않고, 개념규정에 있어서의 완전

1) 「실재적으로」, 「다시 말하면 범주의 객관의 가능성을 이해할 수 없다」는 재판의 추가다.
2) 이 한 토막은 초판의 글이요, 재판에서는 삭제되어 있다.

과 정밀을 기도하지도 과시하지도 않기로 하는 것이다. 허나 이제는 이처럼 신중한 규칙을 취한 근거가 보다 더 깊은 곳에 있음이 알려진다. 즉 범주를 정의한다는 것은 우리가 그것을 의욕했더라도※ 불가능했을 것이다. 만약 범주를
A242 경험적 사용을 가능케 하는 특징이라고 특징짓는 감성의 모든 조건을 제거하고, 범주를 사물 일반의 개념(따라서 선험적으로 사용되는 개념)이라고 우리가 보는 경우에는, [범주표가 표시하는] 범주는 판단의 한갓 [일반]논리적 기능이요, 사물 자신을 가능케 하는 조건으로 보는 것에 불과하게 된다. 이렇게 보면 범주의 적용과 그것을 객관이 원래 무엇인가, 즉 범주가 어떻게 감성이 없는 순수오성에 있어서 의미와 객관적 타당성을 가질 수 있나 하는 것은 조금도 밝혀질 수가 없다.

※ 내가 여기서 말하는 정의란 실재적 정의를 말한다. 이 정의는 어떤 사물의 명칭을 보다 더 쉬운 말로 설명[유명적 정의]하는 데 있지 않고, 대상(정의되는 것)을 항상 확실하게 인식케 하고 또 설명된 개념의 내용을 가능케 하는, 「명석한 표징」을 포함하는 것이다. 이에 실재적 설명은 개념뿐만 아니라, 그것과 동시에 개념의 객관적 실재성을 명백하게 하는 것이다. 대상을 개념에 합치해서 직관 중에 현시(現示)하는 수학적 설명이 이런 종류의 것이다.

⑤ 양 일반(量一般)의 개념을 설명하자면, 「양이란 사물의 규정이다. 즉 그것에 의해서 사물 안에 하나[단위]가 몇 번이나 보태어졌느냐 하는 것이 생각될 수 있는 규정이다」고 밖에 말할 도리가 없다. 허나 몇 번이라고 하는 것은 후속적인 반복을 기초로 하고 있다. 즉 시간에 기본해 있고, 시간 중에서 동종적인 것의 종합[결합]에 기본해 있다.

실재성을 부정성에 대립시켜 설명할 수 있는 것은, (모든 존재를 총괄하는 것으로서의)시간을 존재에 의해서 채워진 것으로 혹은 공허한 것으로 생각함에서만 가능하다.

내가 만약 (언제나 실재하는 것으로서의) 지속성을 실체의 개념에서 제거한다면, 실체 개념에서 남는 것은 주어라는 논리적 표상뿐이다. 그리고 나는 (다른
301 것의 객어로 되지는 않고) 한갓 주어로서만 성립할 수 있는, 그 어떤 것을 표상함에 의해서, 이 논리적 표상을 실재화할 수 있다고 억측한다. 그러나 나는 논

리적인 특징이 [즉 주어가] 어떤 사물에 독자적이도록 하는 조건[직관]을 아는 바 없을 뿐만이 아니다. 이런 논리적 표상에서는 아무런 것도 만들어 낼 수 없고, 이런 논리적 표상에서 아무런 결론도 끌어낼 수 없다. 왜냐하면 그런 표상에 의해서 실체라는 개념을 적용할 객관이 규정되지 않고, 따라서 실체 개념의 의미 유무를 모르기 때문이다. 원인의 개념에 관해서 말한다면(만일 내가 어떤 것이 다른 것의 다음에 규칙적으로 생기도록 하는 바 시간을 도외시한다면) 「순수한 범주」에서 내가 발견하는 것은, 그 어떤 것이 존재해서 그것에서 다른 것의 존재가 추리된다는 것뿐이겠다. 이렇게 보면, 원인과 결과가 서로 구별될 수 없을 뿐만이 아니라, 원인 개념이 어떻게 어느 객관에 적용되는가에 관해서 아무런 규정도 없게 될 것이다. 그 어떤 것에서 다른 것을 추리할 수 있기 위해서는 즉시 그 조건이 필요하건마는, 나는 이런 조건을 모르기 때문이다. 「모든 우연적인 것은 원인을 갖는다」고 하는 자칭(自稱) 원인은, 상당히 무게 있는 모습으로 등장해서, 마치 자신이 존엄성을 지니는 듯하다. 그러나 우연적이라고 하는 말의 의미가 무엇인가 하는 것을 나는 묻는다. 여러분의 답은 「그것의 비존재가 가능한 것이라」고 한다. 그렇다면 내가 알고 싶은 것은 「만약 여러분이 현상의 계열에 있어서 후속을 표상하지 않고, 또 이 후속에 있어서 비존
재 다음에 생기는 현존을(혹은 반대로 현존 다음에 생기는 비존재를) 표상하지도 302
않고, 따라서 변역을 표상하지 않는다면, 무엇에 의해서 비존재의 가능성을 인식하려고 하는가 히는 것이다. 무릇, 사물의 비존재가 자기모순을 포함하시 않는다는 주장은 [일반] 논리학의 조건에 의거하고 있는 것이지마는 무력한 논거다. 이런 조건은 [비존재라는] 개념에 대해서는 필연적이되 [비존재의] 실재 가능성에 대해서 도저히 충분하지 않기 때문이다. 모순을 범하는 것이 아니면서, 「실존」하는 각 실체를 사고 중에서 나는 참으로 제거할 수 있으나, 그러나 이런 일로부터 실체의 현존의 객관적 우연성을, 즉 그것의 비존재 자신의 가능성을 추리할 수는 없다. 상호성(相互性)의 개념에 관해서 말한다면, 실체의 순수범주와 마찬가지로 원인성의 순수범주가 그 객관을 규정하는 설명을 줄 수 없기 때문에, 실체들의 상호작용에 있어서의 상호적 원인성도 [그 순수한 범주만으로서는] 역시 객관을 규정하는 설명을 줄 수 없음은 쉽사리 알려질 수 있다.

가능성·현존성·필연성 등은 우리가 만약 그것들의 정의를 순수한 오성에서

만 구하려고 한다면, 누구라도 명백한 동어반복에 의한 설명밖에 하지 않을 수 없었다.

무릇, 개념이(개념이 자기 모순을 포함하지 않기 때문에) [일반]논리적으로 가능하다는 것과 (개념이 대상과 대응하기 때문에) 사물이 선험적으로 실재할 수 있다는 것을 뒤바꾸는 사기(詐欺)는 무경험자만을 속여서 만족시킬 수 있을 따름이다.※

※ 한마디로 말하면 다음과 같다. 즉 모든 이런 개념[범주]은, 모든 감성적 직관(우리가 소유하는 유일한 직관)이 제거되는 때에는, 아무런 것에 의해서도 증명되지 않는다. 따라서 그런 개념의 실재 가능성이 증명되지 않는다. 이래서 남는
303 것은 [일반]논리적인 가능성이요, 개념(사고)이 가능하다는 것뿐이다. 그러나 문제는 순[일반]논리적 가능성에 있는 것이 아니라, 개념이 객관에 상관하느냐 안 하느냐, 따라서 개념이 어떠한 의미를 갖느냐 안 갖느냐 하는 점에 있다.

의미[1)]가 있어야 하건마는 설명할 수는 없는 「개념」이 있어야 한다는 것은, 기이하고도 상식에 어긋나 있기도 하다. 그런데 범주에 이러한 특별한 사정이 있다. 범주는 일반적인 감성적 조건을 매개로 해서만 일정한 의미에, 즉 어떤 대상에 상관할 수 있다. 허나 이 감성적 조건이 범주에서 제거되면 범주는 다양을 하나의 개념 아래 포섭하는 [일
A245 반]논리적 기능만을 갖는다. 이러한 기능, 즉 단지 개념의 형식으로부터는 인식이 있을 수 없고, 어떤 객관이 그런 형식 안에 들어가는지 구별할 수가 없다. 왜냐하면 일반적으로 대상이 그런 형식 안에 들어갈 수 있기 위한 감성적 조건이 도외시되어 있기 때문이다. 그러므로 범주는 「오성의 순수 개념」인 것 이상으로, 그것이 감성 일반에 적용되기 위한 규정(즉 도식)을 필요로 한다. 이런 규정이 없으면 범주는 대상을 인식하고 그것을 다른 대상에서 구별하게 되는 개념이 아니고, 가능한 직관에 대응하는 대상을 사고하고, 오성의 그 어떤 기능에 의해서 대상에 의미를(또 요구된 조건 아래서) 주는 방식일 뿐이다. 다시 말하면 대상을 정의하는 [범주의 수효만큼의] 수의 방식일 뿐이다. 따라서 범주 자신은 정의될 수가 없다. 판단일반의 논리적 가능을, 가령 단일성과 수다성, 긍정과 부정, 주어와 객어 등을 정의하려고 하면, 순환론법에 걸린다. 정의 자신이 하나의 판단이요, 따라서 이러한 [판단] 기능들을 이미 포함해야 하기 때문이다. 그러나 순수범주는 사물의 직관 중에서의 다양이 이러한 논리적 기능 중의 어느 것에 의해서 사고되

1) 이 토막은 바로 위의 원주(原註)대신에 **초판**에만 있었고 재판에는 삭제되었던 것이다.

어야 하는 한에서는, 사물 일반의 표상임에 틀림없다. 분량은 분량을 갖는 판단(일반 판단)에 의해서만 사고될 수 있는 규정이요, 실재성은 긍정판단에 의해서만 사고될 수 있는 규정이다. 또 실체는 직관에 관해서 모든 다른 규정[객어]의 최후주어여야 한다. 그런데 사물에 관해서 다른 기능이 아니라 바로 이러한 기능이 적용되어야 하는 그런 사물이 어떤 종류의 사물인가 하는 것은 전혀 미정(未定)인 것이다. 그러므로 범주는 그것이 종합하게 되는 감성적 직관의 조건이 없으면, 어느 일정한 객관에 상관하지 않는 것이다. 즉 범주는 아무것도 정의할 수 없고, 따라서 그 자신 객관적 개념으로서의 타당성도 가질 수 없다. A246

⑥ 상술한 것에서 다음의 항변할 수 없는 결론이 생긴다. 즉 「오성의 순수개념」은 항상 경험적으로만 사용될 수 있고 선험적[초험적]으로는 사용될 수 없다는 것이다. 또 순수 오성의 원칙은 가능한 경험의 보편적 조건으로서 감관의 대상에만 관계할 수 있고, (우리가 사물을 직관할 수 있는 방식을 무시하여) 사물 일반에 관계할 수는 없다는 것이다. 303

⑦ 따라서 선험적 분석론에서 중요한 결과가 생긴다. 즉, 오성이 선천적으로 할 수 있는 일은 「가능한 경험 일반」의 형식을 예료함에 그치고, 현상이 아닌 것은 경험의 대상이 될 수 없기 때문에, 오성은 감성의 한계를 감성 내에서만 대상이 우리에게 주어지는 한계를 넘어설 수 없다는 것이다.

오성의 원칙들은 현상을 해명하는 원리일 뿐이다. 존재론은 사물 일반의 선천적인 종합인식(가령 원인성의 원칙)을 체계적 이론으로서 주는 것이라고 보통 참칭(僭稱)하지마는, 소위 존재론이라는 과시적 명칭은 이제야 「순수오성의 한갓 분석론」이라는 겸손한 이름으로 대신해야 하는 것이다.

⑧ 사고는 주어진 직관을 한 대상에 관계시키는 작용이다. 만약 우리에게 이 직관의 방식이 주어져 있지 않으면, 대상은 단지 선험적[초험적]이게 되고 오성의 개념은 선험적으로만 사용된다. 즉 다양 일반을 사고에 있어서 통일할 뿐이다. 우리에게 가능한 유일한 직관은 감성적 직관뿐이요, 이런 감성적 직관의 조건이 모두 제거된 「순수범주」에 의해서는 객관은 전혀 규정[즉 인식]되지 않는다. 오직 객관 일반에 관한 사고가 각종 양상으로 표현될 뿐이다. 304

무릇 개념[범주]을 사용하기 위해서는 그것 외에 대상을 개념 아래로 포섭하는 판단력의 기능이 필요하다. 따라서 그 무엇이 직관에서 주어질 수 있기 위

한 적어도 형식적인 조건이 필요하다. 판단력의 이러한 조건(즉 도식)이 없으면
저 포섭은 전혀 불가능하다. 왜냐하면 개념에 포섭될 수 있는 것이 도무지 주
305 어져 있지 않기 때문이다. 이렇게 보면 범주의 선험적 사용이란 실은 사용이
없는 것이요, 규정된 대상을 가지지 않으며, 형식상으로나마 규정될 수 있는
대상도 가지지 않는 것이다.

여기서 생기는 결과의 순수범주는 선천적인 종합원칙이 되기에 부족하다는 것이다. 또 순수오성의 원칙들은 경험적으로 사용될 수 있고 선험적으로는 사용될 수 없으며, 따라서 가능한 경험의 범위 바깥에서는 어떤 선천적 종합원칙도 있을 수 없다는 것이다.

⑨ 그렇기에 아래와 같이 말하는 것이 적절하겠다: 즉 「감성의 형식적 조건이 없는 순수범주는, 순 선험적 의미를 가지기는 하되, 선험적으로 사용되지는 않는다. 선험적 사용 자신이 불가능하기 때문이다. 이런 소이(所以)는 순수범주에는 그것이 (판단에서) 어떻게든지 사용되는 조건이 없는 데에 있고 다시 말하면 개념 아래로 이른바 대상을 포섭하기 위한 형식적 조건이 없다는 데에 있다.」 따라서 범주는 (한갓 순수범주로서는) 경험적으로 사용될 리가 없고 그렇다고 해서 선험적으로 사용될 수도 없기 때문에, 범주가 감성에서 완전히 분리되어 버리면, 범주는 도무지 사용됨이 없다. 다시 말하면 [순수]범주는 이른바 대상에 적용될 수가 없다. 이런 범주는 대상일반과 사고에 관한 오성사용의 순 형식임에 불과하고, 이런 순수범주만으로서는 그 어떠한 객관을 사고할 수도 없고 규정할 수도 없다.

⑩ 그럼에도[1] 피하기 어려운 착각이 [이상의 논의의] 근저에 있다. 범주는
그것의 기원상으로는 직관형식인 시공(時空)처럼 감성에 기본한 것이 아니요,
따라서 감관의 모든 대상을 넘어서 확대된 사용이 허용되는 성싶다. 그러나 범
306 주 자신은 한갓 사고형식이요, 이 사고형식은 직관에서 주어진 다양을 선천적
으로 결합해서 하나의 의식 중으로 들어가는 순 논리적 능력을 갖는 것이다.
범주로부터 우리에게 가능한 유일한 [감성적]직관을 제거한다면, 범주는 순 감

1) 이하의 ⑩ ⑪ ⑫ ⑬은 재판에서 새로 추가한 것이요, 초판에서는 ⑬ 다음의 238면에 보이듯이 전부 일곱 개 토막이 서술되었다. 이 일곱 토막은 재판에서 삭제되었다.

성적 형식보다도 더 의의가 없다. 왜냐하면 순 감성적 형식에 의해서는 적어도 객관이 주어지기 때문이다. 이에 대해서 우리의 오성이 고유(固有)하는 (다양한 것의) 결합방식은, 다양한 것이 그 안에서 주어질 수 있는 직관이 오성에 보태지지 않으면, 오성은 전혀 의의가 없는 것이다.

그러함에도 불구하고 상술한 개념[사상] 중에 다음과 같은 사정이 원래 들어 있다. 즉 현상으로서의 어떤 대상을 우리가 그것을 직관하는 방식을 그것의 성질자체[물자체]에서 구별하여, 우리가 감각적 존재(현상체)라고 말한다면 대상을 「성질자체」대로 직관하지는 않더라도, 우리는 타방(他方) 같은 대상을 그 「성질 자체」에 따라서 오성적[1]존재(가상체)라고 말하거나 혹은 우리 감관의 대상이 되지 않은 다른 가능적 사물을 오성에 의해서 생각하게 된 대상으로서, 감각적 존재에 이를테면 대립시켜서, 오성적 존재(가상체)라고 말한다는 것이다. 그런데 [여기서] 생기는 문제는 우리 「오성의 순수한 개념」이 가상체에 관해서 의미를 가질 수 없는 것이냐, 즉 가상체의 인식 방식일 수는 없는 것이냐 하는 것이다.

⑪ 그러나 여기에 애초부터 모호한 점이 있어서, 그것이 중대한 오해를 일으킬 수 있다. 즉 오성이 어떤 대상을 어떤 관계에 있어서 현상체라고 말할 때
에, 오성은 동시에 이런 관계 이외에 있어서 대상 자체 그것이라는 표상을 만 307
들어, 이런 대상에 관해서도 개념을 만들 수 있겠다고 생각하기 때문에, 또 오성은 범주 이외의 아무런 [근본적] 개념도 주지 않기 때문에, 대상 자체라는 의미의 대상은 「오성의 순수 개념」에 의해서 적어도 사고될 수 있어야 하겠다고 생각한다는 것이다. 이런 생각의 유혹에서 오성은 우리의 감성 외에 있는 「그 어떤 것 일반」으로서의 오성적 존재 [가상체]라는 불명확한 개념을 우리가 오성에 의해서 어떤 방식에서이건 인식할 수 있는 존재라는 명확한 개념이듯이 생각하고 싶어한다.

⑫ 우리가 사물의 [감성적] 직관방식을 무시함에 의해서, 가상체를 우리의 감성적 직관의 객체가 아닌 사물이라고 이해한다면 이런 사물은 소극적 의미의 가상체이다. 그러나 우리가 가상체를 비감성적 직관의 객체라고 이해한다

1) 오성을 가진 존재가 아니라, 오성에 의해서 상정(想定)되는 감성적 직관이 없는 존재다.

면, 우리는 특수한 직관방식 즉 지성적인 직관 방식을 상정하고 있고, 이런 직관방식은 우리 인간의 직관방식이 아니다. 우리는 이런 직관방식에 관해서는 그것의 가능성조차 알 수가 없으나, 이런 가상체가 적극적 의미의 가상체이다.

⑬ 이러하고 보면 감성에 관한 이론은 동시에 소극적 의미의 가상체의 이론이게 된다. 다시 말하면 오성이 인간의 직관방식과는 관계가 없이, 따라서 단지 현상으로서가 아니라 「물자체 그것」으로 생각해야 하는 사물에 관한 이론이 된다. 그러나 물자체를 이처럼 우리의 직관방식에서 분리함에 의해서, 오성은 동시에 물자체에 관해서, 그것을 이처럼 분리하는 방식에서 고찰하기 위해
308 서, 범주를 도무지 사용할 수 없는 것을 파악한다. 범주는 시공중의 직관, 즉 감성적 직관의 통일에 관해서만 의미가 있기 때문이요, 또 범주는 바로 이런 통일을 시공이 한갓 관념성인, 까닭에서만 「선천적으로 결합하는 보편적 개념」에 의해서 규정할 수 있기 때문이다.

시간－통일이 없는 곳에서는 따라서 가상체에서는, 범주의 사용이 전혀 불가능하고, 범주의 의미가 일체 상실된다. 하기에, 범주에 대응하는 사물의 가능성까지도 전혀 알려지지 않게 된다. 이 점에 관해서는 앞 장의 일반적 주석 [B. 288]의 시초에서 진술한 것을 참조하기 바란다.

무릇 한 사물이 가능하다는 것은 그 사물의 개념이 자기모순을 포함하지 않는 것[모순율]에서만 증명될 수는 없다. 개념에 대응하는 직관의 「뒷받침」이 있어서만 증명될 수가 있다. 그러므로 우리가 범주를 현상으로 보아질 수 없는 대상에 적용하려고 하면, 감성적 직관과는 다른 직관[지성적 직관]을 근저에 두어야 한다. 이때에는 그 대상은 적극적 의미의 가상체일 것이다. 그런데 이런 직관, 즉 지성적 직관은 우리의 인식능력 바깥에 있기 때문에, 범주의 사용은
309 경험의 대상에 제한되는 한계를 넘어갈 수가 없다. 오성적 존재는 감성적 존재에 「대응」하는 것이요, 우리가 감성적 직관 능력과는 관계가 없는 오성적 존재도 있을지 모르나, 그러나 우리의 감성적 직관에 대한 한갓 사고형식으로서의 「우리 오성의 개념」은 도저히 이런 오성적 존재에 도달할 수가 없다. 그러므로 우리가 가상체라고 부르는 것은 단지 소극적 의미에서 가상체라고 이해되어야 한다.

① 현상은 그것이 범주의 통일에 따라서 대상이라고 생각되는 한에서, 현상체라고 한다. 그러나 내가 「순 오성의 대상이면서도, 감성적 직관이 아니라 이것과는 다른 일종의 직관에 주어질 수 있는 대상(지성적 직관 앞에)[있는 것]을 상정한다면, 이런 사물은 가상체라고 하겠다. A249

② 선험적 감상론에 의해서 현상이라고 제한받은 개념이 절로 벌써 가상체의 객관적 실재성을 암시하고 있고, 대상을 현상체와 가상체로 구별하는 일을, 따라서 세계를 감각계와 오성계로 구별하는 일을 정당화하고 있다. 그러면서도, 이런 구별은 동일한 사물에 대한 인식을 명석(明晳) 혹은 불명석이라는 논리적 형식에만 관계하는 것이 아니라, 양자가 우리의 인식에 주어지는 방식의 차이에 관계해 있다. 이런 차이에 좇아서 양자는 자체상, 즉 종류적으로 서로 다른 것이다.—사람이 이처럼 생각해야 할지 모른다. 무릇 감관이 그 어떤 것을 그것이 현상(現象)하는 그대로 우리에게 표상한다면, 그 어떤 것은 자체적인 한 사물이요, 비감성적 직관의 대상, 즉 [순수]오성의 대상이어야 할 것이다. 바꾸어 말하면, 감성이 관여하지 않는 인식이 가능해야할 것이다. 그리고 이런 인식만이 절대적으로 객관적 실재성을 가지는 것이요, 이런 인식을 통해서만 대상은 그것이 존재하는 그대로 표상될 것이다. 이것과는 반대로 인간 오성의 경험적 사용에 의해서는 사물은 그것이 현상화하는 그대로만 인식되는 것이다. A250

그러므로 범주의 경험적 사용 외에 (이 사용은 감성적 조건에 제한되어 있는 것이지만) 범주의 순수하고도 객관적으로 타당하는 사용이 있을지 모르고, 만약 사실 이렇게 보면, 우리가 이때까지 입언(立言)하여 왔듯이, 「인간 오성의 순수한 인식은 오로지 경험을 해명하는 원리임에 그치며, 또 이 원리는 선천적으로도 경험을 형식적으로 기능하게 하기 위해서만 적용될 수 있다」고 했던 주장을 할 수 없을지 모른다. 왜냐하면 여기에 전혀 감성계와는 별종의 영역이 눈 앞에 열려 있게 되고, 이를테면 정신 중에서 생각된 세계(그뿐더러 아마 지각되기도 한 세계)가 열려 있게 되며, 이런 세계는 인간의 순수오성이 관여하는 [감성]세계에 못지 않은, 아니 이 세계보다도 훨씬 더 고상한 세계이겠기 때문이다.

③ 우리의 모든 표상은 사실 오성에 의해서 아무래도 그 어느 객관에 상관한다. 또 현상은 표상임에 틀림없기 때문에, 오성은 이러한 표상을 감성적 직관의 대상으로서의 그 어떤 것에 상관시킨다. 그러나 이 「어떤 것」은 그런 한에서 선험적 객관일 뿐이다. 선험적 객관은 알려지지 않는 X를 의미하지마는, 우리는 이런 X를 아는 바 없고, 이것에 관해서 (인간 오성의 현재의 구조에 의해서는) 알 수도 없다. 그것은 통각의 통일의

대응자로서 감성적 직관에 있어서의 다양의 통일에만 유용할 수 있을 따름이요, 오성은 통각의 통일에 매개되어서 [직관 중의] 다양을 결합하여 「한 대상」의 개념에 도달하는 것이다.

그러나 이 선험적 객관은 감성적인 소여(所與)에서 분리될 수가 없다. 왜냐하면 분리
A251 된다면 선험적 객관을 사고할 수 있게끔 하는 것이 남지 않기 때문이다. 그러므로 선험적 객관은 인식의 대상 자신이 아니라, 대상 일반의 개념 아래서 현상을 표상한 것[현상하도록 한 것]일 뿐이다. 그리고 대상 일반의 개념은 현상[감성적 직관]들의 다양을 통해서 규정될 수 있는 것이다.

④ 바로 이런 까닭에서 범주는 [순수]오성에게만 주어지는 특수한 객관[선험적 객관]을 현시(現示)하는 것이 아니다. 그것은 선험적 객관(어떤 것 일반이라는 개념)을 감성에 있어서 주어지는 것[다양]에 의해서 규정하여, 현상을 「대상의 개념」 아래서 경험적으로 인식하려는 데에만 쓰인다.

⑤ 우리가 왜 감성의 기체로써 만족하지 않고, 순수오성만이 사고할 수 있는 가상체를 현상체에 부가했느냐의 원인에 관해서 말한다면, 그것은 오로지 다음의 사정에 기본한다. 즉 감성과 그것의 분야, 즉 현상계와는 「물자체」에 관계하지 않고 우리의 주관적 성질에 의해서 사물이 우리에게 현상하는 방식에만 관계하도록 그 자신 오성에 의해서 제한된다는 것이다. 이것이 선험적 감성론 전체의 귀결이었다. 또 현상에는 그 자신 현상이 아닌 그 어떤 것이 대응해야 한다는 것은 현상일반의 개념에서 당연히 생긴다. 왜냐하면 현상은 그 자신만으로써는 즉 우리의 표상방식을 떠나서는 존재할 수 없기 때문
A252 이요, 따라서 끝 없는 순환론법이 생기지 않아야 한다면, 현상이라는 말 자신이 이미 「그 어떤 것」에 대한 관계를 지시하는 것[이어야 하기] 때문이다. 여기의 그 「어떤 것」은 그것의 직접 표상은 확실히 감성적 표상이지마는, 자체상으로는 인간 감성(우리의 직관형식은 감성에 의존한다)의 현재 성질이 없더라도 있어야 하는 것이요, 즉 인간의 감성에서 독립해 있는 대상이어야 한다.

⑥ 상술한 것에서 가상체의 개념이 발생한다. 이 개념은 결코 적극적인 개념이 아니요, 어떤 것의 일정한 인식도 아니며, 오직 「어떤 것 일반」에 관한 사고일 뿐이다. 그리고 이런 사고에 있어서 나는 감성적 직관의 모든 형식을 무시한다. 그러나 가상체가 일체의 현상체와 구별되는 진정한 대상을 의미하기 위해서는, 내가 나의 사고를 감성적 직관의 모든 조건에서 해방하는 것만으로는 충분하지 않다. 나는 다시 감성적 직관이 아닌 다른 [지성적] 직관을, 즉 이런 [진정한] 대상이 주어지는 직관을 상정하는 이유를

가져야 한다. 그렇지 않으면, 나의 사고는 자기 모순을 증명할 수는 않더라도 공허한 것이 된다.

우리는 앞에서 확실히 감성적 직관이 유일의 가능한 직관일반이라는 것을 증명할 수가 없었고, 감성적 직관이 인간에 대해서만 유일한 가능적 직관인 것을 증명했을 뿐이다. 그러나 우리는 감성적 직관과는 다른 직관이 가능하다는 것도 증명할 수가 없었다. 이래서 인간의 사고가 비록 감성을 무시할 수 있다 치더라도, 이때의 사고는 개념의 한갓 형식인 것인가 혹은 감성을 제거해도 여전히 객관이 존속하는가 하는 문제가 역시 A253
남아 있다.

⑦ 내가 「현상일반」을 상관시키는 객관은 선험적 대상이요,[1] 즉 「그 어떤 것 일반」이라는 미규정(未規定)의 사상이다. 이것을 가상체라고 부를 수 없다. 왜냐하면, 내가 이 「선험적 대상」이 자체상 무엇인지 모르고, 이런 대상의 관해서는 감성적 직관일반의 대상, 즉 모든 현상에 대해서 일양(一様)인 대상이라고 말하는 외의 다른 개념[사상]을 가지지 않기 때문이다. 나는 선험적 대상을 범주에 의해서도 생각할 수가 없다. 범주는 경험적 직관에 대해서만 타당하고, 그것은 직관을 「대상 일반」의 개념 아래 포섭하기 위한 것이기 때문이다. 범주의 순수한 사용은 물론 가능하다. 즉 모순을 포함하지 않는다. 그러나 범주의 순수한 사용은 객관적[경험적] 타당성을 가지지는 않는다. 왜냐하면 범주는 단지 「사고의 기능」이요, 이것에 의해서 나에게는 아무런 대상도 주어지지 않으며, 오직 직관에 주어질 수 있는 것만이 사고되기 때문이다.

⑭ 내가 (범주에 의하는) 모든 사고를 [객관에 대한] 경험적 인식에서 제거한다 309
면, 대상을 인식함이 도무지 없다. 한갓 직관작용은 아무런 것도 사고하지 않기 때문이다. 나의 감성이 촉발된다 해도 그런 일로 해서 감성의 표상이 객관과 관계가 있는 것은 아니다. 반대로 내가 모든 직관작용을 제거하더라도, 사고의 형식만은 남는다. 다시 말하면 가능한 직관의 다양이 주어질 수 있는 경우에 그것에 대해서 하나의 대상을 규정하는 방식은 남는다. 그러므로 범주는 이 점에 관한 한에서, 감성적 직관보다도 더 넓은 범위를 갖는다. 범주는 대상이 주어지는 장소인 「특수한 방식」(즉 감성)을 도외시하고, 「객관 일반」을 사고하는 것이기 때문이다. 그러나 그렇다고 해서, 범주가 대상들의 한층 더 넓은 영역을

1) 여기의 선험적 대상은 마치 모사설이 주장하는 자체적 대상인 듯 하면서, 그것을 다음에 가상체가 아니라고 했다. 비판 전기(前期)의 칸트 사상이 역시 영향을 미치고 있는 성싶다.

규정하는 것은 아니다. 감성적인 직관방식과는 다른 직관방식이 가능하다고 전제하지 않는 한에서, 우리가 그러한 영역의 대상들이 주어질 수 있다고 상정할 수 없기 때문이다. 우리에게는 이러한 상정을 할 만한 권리가 없다.

310 ⑮ 어떤 개념[가상체]이 자기 모순을 포함하지 않고, 또 주어진 개념에 한계를 주는 것으로서, 다른 [현상적] 인식과 관련을 가지기는 하지만, 그런 개념의 객관적 실재성은 인식될 수 없을 경우에, 이런 개념을 나는 개연적이라고 한다. 가상체라는 개념, 즉 감관의 대상으로서가 아니라 「물자체 그것」으로서(순수 오성을 통해서만) 생각되는 것이라는 개념은 적어도 자기 모순을 포함하지는 않는다. 우리가 감성에 관해서, 그것만이 직관을 가능하게 하는 유일한 방식이라고 주장할 수 없기에 말이다. 뿐더러 가상체의 개념은 감성적 직관을 「물자체 그것」에까지 확대하지 않기 위해서, 따라서 감성적 인식의 객관적 실재성을 제한하기 위해서 필요한 것이기도 하다(왜냐하면 감성적 인식이 도달할 수 없는 나머지의 영역을 가상체라고 부르는 것은, 바로 그런 일로 인해서 감성적 인식이 그것의 영역을 오성이 사고하는 일체를 넘어서서 확대할 수 없음을 지시하기 위한 것이기에 말이다).

그러나 이런 가상체의 가능성은 필경 통찰될 수가 없다. 그리고 현상의 영역 범위는 (우리에게는) 전혀 공허하다. 다시 말하면, 개연적으로는 현상의 영역 외에 도달하는 오성을 우리가 가지기는 하지만, 감성의 분야 바깥에서 대상이 우리에게 주어져서, 오성이 감성의 분야를 넘어서 실연적으로 사용될 수 있는 직관을 우리는 가지지 않는다. 아니, 이런 직관이 가능하다는 개념[생각]조차도 가질 수 없다. 그러므로 가상체라는 개념은 감성의 불손을 제한하기 위한
311 한계개념이요, 오직 소극적으로만 사용되는 것에 불과하다. 그러하되 이 한계개념은 자의적으로 날조된 것이 아니라, 감성을 제한함과 관련이 있는 것이다. [관련이 있으되] 그것이 감성의 분야 외에 그 어떤 적극적인 것을 설정할 수는 없다.

⑯ 따라서 개념을 감성적인 것과 지성적인 것으로 분류하는 것은 좋으나, 대상을 현상체와 가상체로 분류하고, 세계를 감성계와 오성계로 구분하는 것은 「적극적 의미에 있어서는」[재판의 추가] 허용될 수가 없다. 왜냐하면, 가상체와 오성계에 대해서는 그 대상이 전혀 규정될 수 없고, 그러므로 이런 영역

이 객관적으로 타당하다고 말할 수 없기 때문이다. 만약 감관을 도외시한다면, 우리의 범주가(이것만이 가상체를 위해서 남는 개념이겠지만) 의미를 갖는다는 것을 우리가 어떻게 이해하려고 할 것인가?[이해할 수 없을 것이다]. 왜냐하면 범주가 어느 대상과 관계하자면, 한갓 사고의 통일 이상의 그 무엇이, 즉 범주가 적용될 수 있는 가능한 직관이 주어져 있어야 하기 때문이다.

그럼에도 그저 개연적이라고 생각된 가상체의 개념은 역시 허용될 뿐만 아
니라, 감성을 [현상체에만 타당하는 것으로] 제한하는 개념으로서 불가결한 것이
기도 하다. 허나 이때에는 가상체는 우리의 오성에 알려진 특별한 가상적 대상
인 것이 아니라, 가상체가 귀속하는 오성이 있다고 한다면, 그런 오성은 그 자 312
신 하나의 개연체이다. 즉 그런 오성은 범주에 의해서 그 대상을 논증적으로
인식하는 것이 아니라, 비감성적[지성적] 직관에 의해서 그 대상을 직각적으로
인식할 것이요, 이러한 개연체가 가능하다는 것을 조금이라도 생각할 수가 없
다. 이래서 이제야 우리의 오성은 소극적으로 확장된다. 즉 오성은 감성에 의
해서 제한되지 않고, 감성을 오히려 제한한다. 제한은 오성이 「물자체」를 (현
상이라고 보지 않고) 가상체라도 칭함에 의해서이다. 그러나 오성은 곧 자신에도
한계를 정한다. 즉 물자체를 범주를 통해서 「인식」하는 것이 아니고, 따라서
그것을 알려지지 않는 「그 어떤 것」이라는 이름 아래서 「생각」하기만 한다고
한다.

⑰ 나는 당대인(當代人)의 저작에서 감성계(mundus sensibilis)와 가상계(mundus
intelligibilis)※라는 말의 별종(別種) 사용을 보지마는, 이런 사용은 고대인이 쓴
의미와는 전혀 다르다. 이런 사용은 물론 무방하기는 하나 췌언(贅言)에 불과하
기도 하다. 즉 일부의 사람들은 그런 말의 사용에 의해서 현상들의 총괄(總括)
을 그것이 직관되는 한에서는 「감성계」라고 명명하고, 현상들의 관련이 보편적 313
인 오성법칙에 좇아서 사고되는 한에서는 「오성계」라고 명명하기를 좋아한다.
별이 반짝이는 하늘의 순 관찰을 진술하는 이론적인 천문학은 전자, 즉 감성계
를 명시하는 것이겠고, 이에 대해서 관상적 천문학은 (가령 코페르니쿠스의 우주
체계에 따라 또는 뉴톤의 만유인력 법칙에 따라 설명하듯이) 후자 즉 가상계를 명시
하는 것이겠다. 그러나 말의 이러한 곡해는 말의 의미를 자기에게 편의하도록
격하함에서 어려운 문제를 회피하려는 궤변적 둔사(遁辭) 밖에 되지 않는다.

※ 이 말 대신에, 독일이 저작에서 일반적으로 흔히 쓰이는 지성계(intellektuelle Welt)라는 말을 사용해서는 안 된다. 왜냐하면 인식작용[주관]만이 지성적(intellektuell)이거나 감각적(sensitive)이기 때문이다. 그러나 이러저러한 직관 방식의 대상일 수 있는 것, 즉 객관은 (발음이 딱딱하기는 하지만) 가상적(intelligibel)이라고 하거나 감성적(sensibel)이라고 해야 한다. [이 주는 재판의 추가다].

현상에 관해서 오성과 이성이 물론 사용되지만, 대상이 현상이 아닌 (가상체인) 경우에, 오성과 이성이라는 말을 과연 사용할 것이냐 하는 것이 문제다. 그리고 대상이 그 자신 가상적이라고 생각되고, 다시 말하면 오성에만 주어지고 감성에는 주어져 있지 않다고 생각되는 경우에는, 그러 대상은 가상체의 의미로 해석되는 것이다. 따라서 문제는 오성의 경험적 사용(우주 구조에 관한 뉴톤의 학설에 있어서도 오성은 경험적으로 사용되어 있거니와) 이외에, 오성의 선험적 사용이, 즉 대상으로서의 가상체에 관계하는 사용이 가능하냐 안 하냐 하는 것이로되, 이 문제에 대해서 우리는 부정적인 답을 했던 바다.

⑱ 그러므로 감관은 대상을 그것이 현상하는 그대로 우리에게 표시하고, 오성은 대상을 그것이 있는 그대로 우리에게 표시한다고 우리가 말할 때에, 있는 그대로(wie sie sind)란 말은 경험적 의미로 해석되어야 하고 선험적(초험적) 의미로 해석되어서는 안 된다. 다시 말하면 경험의 대상으로서의 대상이 현상들
314 의 일관적인 연관 중에서 표상되어야 하고, 대상이 가능한 경험에 대한 그러므로 「감관 일반」에 대한 관계의 바깥에서 순수오성의 대상으로서 존재할지도 모르는 것으로 표상[생각]되어서는 안 된다. 이런 것은 우리에게 항상 알려져 있지 않기에 말이다. 심지어 이런 선험적 (특별한)인식이 적어도 우리가 사용하는 범주에 따르는 인식으로서, 도대체 과연 가능한 것이냐의 여부가 우리에게 역시 알려져 있지 않기에 말이다.

오성과 감성은 인간에게 있어서는 서로 결합함에서만 대상을 규정할 수 있다. 양자를 분리할 때에, 우리가 얻는 것은 「개념이 없는 직관」이거나 혹은 「직관이 없는 개념」이다[B. 75 참조]. 이 두 가지의 어느 경우라도 우리는 일정한 대상과 관계시킬 수 없는 표상을 갖는다.

⑲ 이처럼 설명을 극진히 한 뒤에나마 범주의 한갓 선험적 사용을 단념하기를 주저하는 사람이 있다면, 그런 사람은 범주를 아무튼 종합적으로 사용하려는 주장을 시도(試圖)해 볼지어다[물론 분석적 사용을 주장할 수는 없다]. 분석적 사용의 주장은 오성의 활동을 전진(前進)시키지 않는 것이다. 여기서는[분석적 사용에서는] 오성은 주어진 개념 안에서 이미 사고[포함]되어 있는 것에만 관여하므로, 오성은 개념 자신이 대상과 과연 관계하는지 혹은 사고 일반의 통일(이것은 대상이 주어질 수 있는 방식을 전혀 도외시하지만)을 의미하는 데에 그치는지, 이 점을 결정짓지 않고 있으며, 오성은 자기의 개념 속에 있는 것을 알기만 하면 족하다. 그 개념이 무엇에 상관하겠는가 하는 것은 오성이 관심(關心)할 바가 아니다.

그래서 이런 사람은 어떠한 종합적인 또 선험적이라고 추측된 원칙을 시도 315
(試圖) 해 볼지어다. 가령 「존재하는 일체는 실체로서, 혹은 실체에 종속하는 성질로서 존재한다」, 「모든 우연적인 것은 어떤 다른 사물의 결과로서, 즉 그것의 원인의 결과로서 존재한다」는 등등의 원칙과 같다. 그런데 내가 묻는 것은, 「개념이 가능한 경험에 관해서가 아니라 물자체 그것(가상체)에 타당해야 하기 때문에, 당자(當者)는 어디로부터 이런 종합적인 명제를 취해 오는 것이냐?」하는 것이다. 종합적 명제에 있어서는 서로 논리적(분석적)인 인연이 없는 [주어와 객어와의 두] 개념을 결합하기 위해서 제3자[직관]가 항상 요구되는 것이지마는, 이런 제3자는 이 경우에 어디에 있는 것인가? 당자가 오성의 경험적 사용을 돌보지 않는 한, 그래서 비감각적 판단을 완전히 단념하지 않는 한, 그는 자신의 종합적 명제를 증명하지 못할 것이요, 종합적 주장의 가능성마저 변명할 수가 없을 것이다. 따라서 순수한 한갓 가상적 대상이라는 개념은 그런 대상에 적용될 만한 원칙을 전혀 결(缺)하고 있다. 왜냐하면 우리가 이런 대상이 어떻게 주어지겠는가 하는 방식을 생각해낼 수 없고, 이런 대상에 존재의 여지를 주는 개연적 사고의 영역은 공허한 공간과 마찬가지로, 경험적 원칙을 제한하는 데에는 유용하지마는, 경험적 원칙의 범위 외에 있는 「인식의 어떤 다른 객체」를 포함하지도 않고 제시하지도 않기 때문이다.

316

부록: 반성개념의 모호성[라이프니쯔 철학에 대한 비판]

—오성의 경험적 사용과 선험적 사용을 혼동함에서 생기는—

① 반성이란 대상에 관한 개념을 직접 얻기 위해서 대상 자신을 연구하는 것이 아니라, 대상에 관한 개념을 얻을 수 있는 주관적 조건을 발견하기 위해서 먼저 대비해 있는 [주관의] 심성 상태이다. 반성은 주어진 표상들이 우리의 서로 다른 인식 원천[오성과 감성]에 대하는 관계의 의식이다. 표상들의 상호관계는 이런 의식[반성]을 통해서만 정당하게 규정될 수 있다. 표상에 관한 모든 다른 진술에 선행하는 최초의 문제는 표상이 어느 편 인식 능력에 속하느냐, 즉 표상들을 연결하거나 서로 비교하는 것이 오성인가 감성인가 하는 것이다. 판단들 중에는 습관에서 생기거나 감성적 성향에서 생긴 것이 많다. 그러나[이렇게 보면] 판단하기 전에 반성이 선행하지 않거나, 혹은 판단한 뒤에 적어도 비판적 반성도 없는 것이기에, 그런 판단들은 오성에서 발생했다고 보아진다.

모든 판단이 음미를 요하는 것은 아니다. 즉 내려진 판단이 참인 근거를 우
리가 따질 필요는 없다. 「두 점 간에는 하나의 직선만을 그을 수 있다」고 하
는 판단처럼, 판단이 직접으로 확실한 경우에는 실로 판단 자신이 표시하는 진
317 리의 표징보다도 더 명백한 표징이 없다. 그러나 모든 판단이, 아니 표상들의
비교도 반성을 필요로 한다. 다시 말하면 주어진 개념들이 [감성과 오성 중의]
어느 인식 능력에 속하느냐 하는 것을 식별해 볼 필요가 있다. 인식능력이 표
상 일반을 서로 비교하고, 이런 비교와 인식력을 내가 개괄하여 표상들이 과연
순수오성에 속하는 것으로 서로 비교되느냐 혹은 감성적 직관에 속하는 것으
로 비교되느냐 하는 것을 식별하는 작용을 나는 선험적 반성이라고 명명한다.

심성 상태에 있어서 개념들이 서로 대하는 관계에 네 가지가 있다. 즉 일양성과 차이성, 일치성과 모순성, 내적인 것과 외적인 것, 규정될 수 있는 것과 규정하는 것(질료와 형식) 등의 관계이다. 이러한 관계의 올바른 결정은 개념들이 어느 편의 인식능력에 있어서 주관적으로 서로 대하고 있느냐, 즉 감성 중에서 대하고 있느냐 혹은 오성 중에서 대하고 있느냐 하는 것에 의존하는 것이다. 감성 중에서냐 오성 중에서냐 하는 것의 식별은 네 가지 관계를 어떻게

생각해야 할 것이냐 하는 방식에 있어서 커다란 차이를 생기게 한다.

② 모든 객관적 판단을 내리기 전에, [판단을 위한] 개념들을 우리는 비교한다. 이때에 전칭판단을 위해서는 (하나의 개념 아래 있는 많은 표상들의) **일양성**이 있고, 특칭판단을 산출하기 위해서는 **차이성**이 있으며, 긍정판단을 생기게 하 318
는 데는 **일치성**이 있고, 부정판단이 생기게 하는 데는 **모순성**이 있는 것 등을 우리는 안다. 이러한 근거에서 일양성·차이성·일치성·모순성들을 비교개념들이라고 말해서 좋을 성싶다.

그러나 문제가 논리적인 형식에 있지 않고 개념의 내용에 있을 경우, 즉 사물들 자신이 서로 일양[동일]한 것이냐 차이가 있느냐 서로 일치하는 것이냐 모순되는 것이냐 하는 것이 문제인 경우에는, 사물은 우리의 인식력에 대해서 이중의 관계를 가질 수 있다. 즉 감성에 대한 관계[현상으로서]와 오성에 대한 관계[물자체로서]이다. 그리고 사물들이 서로 대하는 관계를 이루어야 하는 방식은 사물이 감성과 오성 중에 어느 편에 위치하느냐에 달려 있다. 그러므로 선험적 반성만이, 다시 말하면 주어진 표상들이 두 인식 방식에 대하는 각 관계의 의식만이 「표상들 서로의 관계」를 규정할 수 있을 것이다. 이래서 사물들이 일양한 것이냐 차이가 있느냐 일치하느냐 모순되느냐 하는 문제는 비교를 통해서 즉시로 결정될 수 없고, 사물들이 귀속하는 인식 방식의 식별을 통해서, 즉 선험적 반성[1]을 통해서 비로소 결정될 수 있다.

그러므로 [일반] 논리적 반성은 단지 비교일 뿐이라고 우리는 말할 수 있다. 여기서는 주어진 표상들이 귀속하는 인식능력이 고려되지 않는다. 따라서 표상들이 심성에서 발생한 것인 한에서, 그것들은 동종적이라고 다루어진다. 그
러나 (대상 자신에 관계하는) 선험적 반성은, 표상들을 객관적으로 서로 비교할 319
수 있도록 하는 근거를 포함하는 것이요, 따라서 [일반] 논리적 반성과는 매우 다른 것이다. 왜냐하면 표상들이 귀속하는 인식능력이 동일하지 않기 때문이다. 선험적 반성을 하는 일은 사물에 관해서 어떤 선천적 판단을 내리려고 하는 사람이 모면할 수 없는 의무이다. 우리는 이제 이런 일에 착수하려고 하거

1) 여기에 나온 두 반성 외에 초험적 반성이 있고, 이것에서 반성적 판단이 생긴다. 즉 특수 중에 포함된 보편의 직각, 가령 귀납추리 혹은 유추 같은 것이 생긴다.

니와, 그것은 오성 본래의 임무를 규정하는 데에 적지 않은 빛을 던질 것이다.

1. 일양성과 차이성　　어떤 대상이 자주 또 그때마다 동일한 내적 규정(질과 양)으로써 제시된다면, 그런 대상은 순수오성의 대상으로 보아지는 한에서 언제나 동일한 것이요, 수다가 아니라 하나인 것이다(즉 수적으로 동일이다). 그러나 이런 대상이 현상이라면, 이런 사물의 개념을 다른 사물의 개념과 비교한다는 것은 문제가 전혀 되지 않는다. 비록 개념에 관해서 그런 사물들이 완전히 일양이라 하더라도, 현상이 [각각] 차지하는 위치의 차이성이 (감관의) 대상 자신의 수적인 차이성을 성립시키는 충분한 근거가 된다.

두 물방울에 관해서, 우리는 그 두 낱의 내적 차이(질과 양)를 죄다 도외시한다 할 수 있더라도, 그 두 낱이 각각 다른 장소에서 동시에 보이는 사실은 두 물방울을 수적으로 「다른 것」으로 간주하기에 족하다.

라이프니쯔는 현상을 물자체로 생각했고, 그러므로 가상체, 즉 순수오성의
320 대상으로 생각했다(그는 현상의 표상은 불판명한 것이기에 이것을 현상체라고 불렀지
마는). 이 경우가 그가 말한[1] 무차별 동일성의 명제[원리]에 우리가 사실상 반
대할 수는 없다. 그러나 현상은 감성의 대상이요, 또 오성은 현상에 관해서 순수하게가 아니라 경험적으로만 사용될 수 있기 때문에 수다성과 수적 차이성은 외적 현상을 성립시키는 조건인 공간 자신에 의해서 이미 표시되어 있다. 공간의 한 부분은 다른 부분과 완전히 유사하다고 하지마는, 첫째 부분이 둘째 부분의 외부에 있고, 바로 그렇기 때문에 둘째 부분과는 다른 부분이며, 이 둘째 부분이 첫째 부분에 보태져서 보다 더 큰 공간을 형성하는 것이다. 하기에 이런 사정은 공간의 모든 장소에 동시에 존재하는 모든 사물에 타당하다. 각 장소 이외의 점에서는 모든 사물이 아무리 서로 비슷하고 동등하다 하더라도.

2. 일치성과 모순성　　실재가 순수오성에 의해서만 표상되는 경우(즉 가
상적 실재)라면, 실재간에 어떠한 모순도 생각될 수가 없다. 즉 동일한 주어에
결합된 두 실재가 서로 그 결과를 상쇄하는 관계(3－3＝0)는 생각될 수가 없
321 다. 이에 반해서 현상적 실재들은 서로 모순되고, 이런 실재들이 동일한 주어

1) 이 명제는 개념적으로 구별될 수 없는 것은 동일하다는 원리요, 논리학의 충족이유율의 한 변모라고 할 것이다.

에 결합되면, 한 쪽은 다른 쪽의 결과를 전면적으로 혹은 부분적으로 무효하게 할 수가 있다. 동일한 직선상에서 [상치하는] 두 운동력이 직선상의 한 점을 반대 방향으로 끌거나 미는 경우와 같고, 혹은 만족과 고통이 평형을 유지해 있는 경우와 같다.

3. 내적인 것과 외적인 것 순수오성의 「대상」에 있어서는, 이 대상과는 다른 것(현실적 존재에 관해서 하는 말이지만)과의 관계가 없는 것이 내적인 것이다. 이와 반대로[1] 공간 중의 어떤 현상적 실체의 내적 규정은 모두가 관계임에 틀림 없고, 현상적 실체 자신은 순전한 관계들의 총괄인 것이다. 우리가 공간 중의 실체를 아는 것은 공간 중에서 작용하고 있는 힘에 의하는 것이다. 즉 타물을 자기 편에 끌어당기는 힘(인력)에 의하거나 혹은 타물이 자기 편에 들어오는 것을 막는 힘(배척력과 불가입성)에 의하거나이다. 공간 중에 나타나고, 물질이라고 불리는 실체의 개념을 형성하는 물질로서 우리가 아는 것은 이런 힘들 뿐이다[B. 108 파생 개념 참조].

어느 실체도 순수오성의 대상으로서는 내적인 규정과 내적 실재에 귀속하는 힘을 가질 따름이다. 그러나 나의 내감이 나에게 제시하는 내적 우유성 이외의 어떠한 내적 우유성을 내가 생각할 수 있는 것인가? 나의 내감이 제시하는 우유성이라고 하면, 그것은 그 자신이 사고이거나 혹은 사고에 비슷한 것이거나이다.

라이프니쯔는 실체를 가상체라고 생각했기 때문에, 모든 실체를 아니 물체의 구성부분까지도, 각각 표상력을 갖춘 단일한 주체, 한 마디로 말하면 **단자** 322
(單子)라고 하였다. 물론 그는 이 경우에 외적(外的) 관계를 의미하는 일체를, 따라서 합성까지도 [현상적]실체에서 제외하였다.[2]

4. 질료와 형식 이 두 개념은 다른 모든 반성의 근저에 두어져 있는 것이다. 그만큼 이 두 개념은 오성의 모든 사용과 불가분의 결합을 하고 있다. 질료는 규정받을 수 있는 것 일반(一般)을 의미하고, 형식은 규정하는 것을 의

1) 칸트의 수본(手本)에는, 「이와 반대로 … 틀림없다」 다음에 「공간에서는 외적 관계만이 있고 내감에는 내적 관계만이 있다. 절대적인 것은 없다」는 구절이 삽입되어 있다.

2) 칸트에 의하면, 현상적 실체는 「관계들의 합성」인 것이다. 라이프니쯔는 단자에는 들어갈 창(窓)이 없고, 그러면서도 단자간의 예정조화설을 주장했으나, 칸트는 현상론으로 일관했다.

미한다(두 개념이 다 선험적 의미에서 쓰인다. 우리에게 주어지는 모든 것의 차이와, 그 모든 것이 규정되는 방식은 도외시하기에 말이다).

논리학자[아리스토텔레스]는 일찍이 보편적인 것을 질료라고 불렀고, 보편적인 것의 어떤 부분과 다른 부분과의 종별적인 차이를 형식이라고 불렀다. 우리는 각 판단에 있어서 주어진 두 개념을 (판단을 형성하기 위한) 논리적 질료라고 부르고 (연어(連語)를 매개로 한) 개념 간의 관계를 판단의 형식이라고 할 수 있다. 모든 존재에 있어서 그것의 구성요소가 질료요, 이런 구성요소가 하나의 사물 중에 결합되어 있는 방식이 본질적인 형식이다.

사물 일반에 있어서도 무제한의 실재는 모든 가능성의 질료라고 보아졌고, 그런 실재에 보태지는 제한(즉 부정)은 실재의 형식이라고 보아졌다. 이런 형식에 의해서 한 사물은 다른 사물에서 선험적 개념에 따라 구별된다. 즉 오성은
323 우선 그 어떤 것이 (적어도 개념에 있어서) 주어져 있을 것을 요구한다. 이것은 오성이 그 어떤 것을 어떤 방식에서 규정할 수 있기 위해서이다.

그러므로 「순수오성의 개념」에 있어서는 질료가 형식에 선행한다. 따라서 라이프니쯔는 우선 사물(단자)과 「사물의 내적 표상력」을 상정했고, 이런 기초 위에서 다음에 「단자들 서로」의 외적 관계와 단자상태(즉 표상)들의 상호성과를 세웠던 것이다. 이래서 공간은 실체들간의 관계에 의해서만 가능하였고, 시간은 실체들의 규정을 원인과 결과로서 서로 결합함에 의해서 가능한 것이었다.

만약 순수오성이 직접 대상에 관계한다면, 또 공간과 시간이 물자체 그것을 규정하는 것이라면, 사실 라이프니쯔가 말한 바와 같아야 할 것이다. 그러나 공간과 시간이 감성적 직관이요, 이런 직관에 있어서 우리가 만상을 오직 현상이라고만 규정하는 것이라면, 직관 형식은 (감성의 주관적 성질로서) 모든 질료(감각)에 선행한다. 공간과 시간은 만상에 선행하고, 경험에서 주어진 일체에 선행한다. 아니 공간과 시간이 경험을 비로소 가능하게 하는 것이다.

형식이 사물 자신에 선행하고, 이것의 가능성을 규정할 것이라는 견해를 [라이프니쯔와 같은] 주지적 철학자는 허용할 수 없었다. 그가 우리는 사물을 그것
324 이 존재하는 그대로(비록 불판명한 표상에 의해서이지만) 직관한다고 상정했기 때문에, [나에게 대한 있을 수 있는] 이의도 지당한 것이겠다. 그러나 감성적 직관은 전혀 특수한 주관적 조건이요, 이 조건이 일체 지각의 근저에 선천적으로

있는 것이며, 이 조건의 형식이 근원적인 것이기 때문에 형식은 자립적으로 주어져 있어야 한다. 질료가(즉 현상하는 사물 자신이) 형식의 근저에 있다(우리가 한갓 개념에 의해서만 판단한다면 그렇게 되지 않을 수 없겠지만)고 하는 것은 도무지 말이 안 되는 것일 뿐더러 도리어 질료의 가능성은 (시공이라는) 형식적 직관을 주어진 것으로서 전제하고 있는 것이다.

반성 개념의 모호성에 대한 주석

① 감성에서나 혹은 순수오성에 있어서 하나의 개념에 주는 장소를 선험적 장소라고 말하는 것을 나에게 허용해 주기 바란다. 이래서 모든 개념에 그것들의 서로 다른 사용에 좇아서 주어지는 장소를 판정하는 것이, 또 이런 장소를 규칙에 좇아서 모든 개념에 지시하는 것이, 선험적 장소론이겠다. 장소론은 개념이 본래 어느 인식능력에 속하느냐 하는 것을 항상 판별하는 것이므로, 순수오성의 잘못된 요구와 그것에서 생기는 속임수를 근본적으로 막는 것이 된다.

많은 인식이 하나의 개념[객어] 혹은 하나의 명목 아래 귀속할 경우에, 이런 개념이나 명목을 논리적 장소하고 말할 수 있다. 아리스토텔레스의 논리적 장
소론[1]은 이런 견해에 기본되어 있다. 그리고 대학교수와 연설가는 아리스토텔 325
레스의 이 장소론을 이용해서 사고에 관한 명목 중에서, 그들이 현재에 가진 재료에 가장 적합한 것을 구해내서, 그것에 관하여 심오한 듯한 궤변을 농(弄)했고, 혹은 소위 현하구변(懸河口辯)을 토할 수 있었다.

② 이에 대해서 나의 선험적 장소론은 모든 비교와 구별에 관한 상술한 네 가지 명목 이상의 것을 포함하지 않는다. 그리고 이것이 범주와 다른 소이는 다음의 점에 있다. 즉 이런 명목은 어느 것이나 대상을 그것의 개념을 형성하는 것(분량·실재성)에 의해서 나타내는 것이 아니라, 사물의 개념에 선행하는

1) Topik은 희랍어 topos(장소)에서 유래했고, 사태를 관찰하기 위한 일반적 관점 혹은 도식을 의미한다. 아리스토텔레스는 그 실례로서 차이성·유사성·대립·관계·비교 등을 들었다(Organon 제 4편 Topika론). 그러나 그는 특수한 topos도 들었다. 즉 어떤 것이 보다 더 우수하다는 것을 증명하는 장소로서, a. 시간상 오래 계속함. b. 그것 자신이 권위가 있음(혹은 그것을 선택하는 사람이 많음). c. 종(鍾)에 대한 유(類)임. d. 소망되는 것임. e. 그것이 한층 더 우수한 것에 들어감. f. 그것 자신이 목적임 g. 목적과 결과와의 비교에서 선택되었음. h. 보다 더 아름답고 또 칭찬할 만함 등의 이유를 드는 일이었다.

바 표상들의 비교를 사물의 일체의 다양한 표상에 관해서 나타내는 점에 있다. 허나 이런 비교는 우선 반성을 필요로 한다. 즉 표상들이 순수오성에 의해서 사고되는 것인가 혹은 감성에 의해서 현상 중에 주어지는 것인가 하는 것의 규정이 필요하다.

③ 개념들은 [일반]논리적으로 비교하는 일은 개념들의 객체[대상]가 어디에 속하느냐, 즉 가상체로서 [순수]오성에 속하느냐 혹은 현상체로서 감성에 속하느냐 하는 것을 돌보지 않고 하여질 수가 있다. 그러나 이런 개념을 우리가 대상에 적용하려고 하면, 그런 개념이 어느 인식능력의 대상일 것인가, 순수오성의 대상일 것인가 혹은 감성의 대상일 것인가 하는 것을 결정하는 선험적 반성이 우선 필요하다. 이런 반성이 없고 보면, 나는 개념을 자못 불확실하게 사용하는 것이 되고, 비판적 이성이 승인할 수 없는 사이비의 종합적 원칙이 발
326 생한다. 이런 원칙은 선험적인 모호성에 기본하고 있다. 즉 순수오성의 대상을 현상과 뒤섞는 데에 있다.

④ 이런 선험적 장소론을 결(缺)했고, 따라서 반성개념의 모호성에 속아서, 저 유명한 라이프니쯔는 세계의 지성적 체계를 창설하였다. 아니, 그는 모든 대상을 단지 오성과 비교함에 의해서 또 오성에 의한 사고의 추상적·형식적 개념과 비교함에 의해서 사물의 내적 성질을 인식한다고 믿었다.

반성개념에 관한 우리의 표(表)는 우리에게 예기치 않은 이익을 주는 것이다. 그것은 라이프니쯔 학설의 전 부분에 있어서 그의 학설의 특이(特異)한 점을 밝히는 동시에 이런 특이한 사고방식의 원(原) 근거를 밝히는 것이다.—이 원근거는 다름 아닌 오해에 기본한 것이지마는.

라이프니쯔는 만물을 한갓 개념에 의해서만 헛되게 서로 비교했다. 그 자연적인 결과로서, 오성이 그것의 순수 개념들을 서로 구별하기 위한 차이성 이외의 다른 차이성을 발견하지 않았다. 감성적 직관의 조건[즉 공간과 시간]은 각각 고유의 차별적 특성을 가지는 것이로되, 그는 이런 조건들을 근원적인 것으로 보지 않았다. 왜냐하면 그의 생각에는 감성은 불판명한 표상방식이었을 뿐이요, 표상의 특수한 원천이 아니었기 때문이다. 또 현상은 논리적 형식의 면에서 오성에 의한 인식에서 구별되기는 하지만, 현상이 그에 있어서는 물자체
327 그것의 표상이었다. 감성은 보통 분석을 결하는 것이어서, 사물의 개념에 어떤

부수적 표상[즉 불명한 표상]을 섞어 넣지마는, 오성은 이것을 분리시킬 줄 알기 때문이다. 요약해서 말하면 **라이프니쯔**는 현상을 지성화했다. 그와 마찬가지로 **로크**는 그의 개념발생론[1]—이런 말이 허용된다면—의 체계에 좇아서, 오성개념들을 모두 감성화(感性化)했다. 즉 오성개념들을 [감성적] 경험을 반성한 결과로 생긴 것으로 인정했고 혹은 추상적인 반성의 결과로 생긴 것으로만 인정했을 뿐이다. 오성과 감성은 두 가지의 전혀 다른 표상 원천이면서, 양자가 결합해서만 사물에 관해 객관적으로 타당한 판단을 내릴 수 있다고 생각하는 대신에, 저 두 위대한 철학자는 각각 두 가지 표상 원천 중의 한쪽에만 집착했다. 즉 양자의 의견에 의하면, 한쪽 원천[감성 혹은 오성]이 직접 「물자체 그것」에 상관하고, 그러면서도 한쪽 원천[감성 혹은 오성]이 다른 쪽 원천의 표상을 혼란케 하거나 혹은 오직 정돈하는 일을 하는 것에 불과했다.

⑤ 이래서 라이프니쯔는 감관의 대상들을 사물 일반(事物一般)으로서, 오성에서만 서로 비교했다. 이렇게 보면 첫째로 사물들은 「오성」에 의해서 일양한 것으로 혹은 차이가 있는 것으로 판단되는 셈이 된다. 그가 착안한 것은 전혀 대상의 개념뿐이요, 대상이 주어질 수 있는 직관에서의 「대상의 장소」는 아니었다. 그리고 (개념의 대상이 현상 중에 들어가느냐 혹은 물자체에 들어가느냐 하는) 328
개념의 선험적 장소를 완전히 간과하였다. 이 때문에 필연적 귀결로서, 그는 사물 일반[물자체]의 개념에 대해서만 타당하는 그의 무차별 동일성의 원칙[246면, 주 168]을 감관의 대상[현상계]에까지 적용하게 되었고, 이것으로 인해서 자연 인식을 적지 않게 확장했다고 믿었다.

물론 만일 내가 「물자체 그것」으로서의 한 물방울을 그것의 모든 내적 규정[질료]에 관해서 안다면, 두 물방울의 개념이 완전히 동일한 한에서, 어느 물방울도 다른 물방울과 다르다고 인정할 수가 없다. 하지만 한 물방울이 공간 중의 「현상」이라고 한다면, 그것은 그것의 장소를 오성에서 (즉 개념 중에) 가질 뿐만 아니라, 감성적인 외적 직관 (즉 공간)에서도 가지는 것이다. 그리고 이 외적 직관에서의 물리적 장소는 사물의 내적 규정과는 무관계하다. b장소는 a

1) 개념은 원래 감각적인 인상, 즉 외적 경험과 심상(心象)의 반성, 즉 내적 경험의 두 가지에서 발생했다는 뜻이다.

장소에 있는 다른 사물과 완전히 유사(類似)·동등한 사물을 받아들일 수 있으나, 두 사물의 내적 규정은 서로 매우 달라도 좋다. 장소의 차이성은, 그 외의 다른 조건을 필요로 함이 없이, 그것만으로써 이미 「현상으로서의 대상」의 수다성과 차이성을 한갓 가능하게 할 뿐만이 아니라 이것들을 필연적이도록 한다. 그러므로 저 소위 법칙[무차별 동일성의 원칙]은 자연의 법칙이 아니다. 한갓 개념에 의해서 사물들을 비교하는 분석적인 규칙일 따름이다.

⑥ 둘째로 (한갓 긍정으로서의) 실재들은 논리적으로 서로 모순이 없다는 원칙은 개념들의 관계에서 볼 때에는 완전히 참된 명제다. 그러나 자연에 관해서와
329 (우리가 도무지 아는 바 없는) 물자체에 관해서는 그 원칙은 전혀 의미가 없다. 왜냐하면, A－B＝0과 같은 실재적 모순은 도처에서 일어나기에 말이다[이것은 감성적 경험이 증시하는 바이다]. 이것은 하나의 주어에 결합되어 있는 두 실재 중의 하나가 타방의 작용을 무효케 하는 것이요, 이런 일을 자연 중의 모든 방해와 반작용이 항상 우리의 눈앞에 제시한다. 그러나 모든 방해와 반작용은 힘에 의존하므로, 그것은 현상적 실재라고 말해야 한다. 일반역학(一般力學)은 [두 힘의] 방향의 반대를 주목함에 의해서 이런 모순을 일으키는 경험적 조건을 선천적인 규칙으로서 표시할 수가 있다. 그러나 실재성이라는 선험적 개념은 이 경험적 조건을 아는 바가 없는 것이다. 라이프니쯔는 이 명제를 새 원칙이라는 어마어마한 이름으로 발표하지는 않았다. 그러나 그는 새로운 주장을 하기 위해서 그 명제를 사용했고, 그의 후계자들은 그 명제를 「라이프니쯔－볼프 철학의 체계」에 공공연히 채용했다. 이 원칙에 의하면, 가령 모든 해악은 피조물이 입은 제한의 결과, 즉 부정성임에 틀림이 없는 것으로 되었다. 부정성은 실재성에 모순되는 유일한 것이기 때문이다(이런 일은 사물 일반의 한갓 개념에서는 참인 것이지마는, 현상으로서의 사물에는 그렇지 않다). 마찬가지로 라이프니쯔 학도는 모든 실재성을 그 어떠한 상반도 배려함이 없이, 하나의 존재자에 결합하는 것이
330 가능할 뿐만이 아니라 자연스럽기도 하다고 생각했다. 이것은 그들이 모순적 반대(모순적 대립에 의해서 사물의 개념 자신이 사라지고 말지만)를 알았을 뿐, 「상호적 파괴」의 반대가 있음을 몰랐기 때문이다. 여기서는 한쪽의 실재 근거가 다른 쪽의 실재 근거에서의 결과를 사라지게 하고 있으며, 이 상호적 파괴의 반대를 표상하기 위한 조건을 우리는 오직 감성에서만 발견한다.

⑦ 셋째로, 라이프니쯔의 단자론은 이 철학자가 오성에 관계해서만 내적인 것과 외적인 것의 구별을 생각했다는 것 이외의 다른 근거를 가지지 않았다. 그에 의하면 실체 일반은 어떤 내적인 것, 즉 일체의 외적 관계에서 독립인 것, 따라서 합성에서 독립인 것을 가져야 한다. 따라서 부분을 가지지 않는 단순한 것이 물자체의 내적인 것의 기초다. 그리고 실체의 상태의 내적인 것은 장소·형태·접촉 혹은 운동(이러한 규정은 모두 외적 관계이다)일 수 없다. 그러므로 우리 자신의 내감에 속하는 상태, 즉 표상의 상태 이외의 내적 상태를 실체에 줄 수가 없다. 전 우주의 원질(原質)이라는 단자는 실로 이렇게 해서 성립한 것이요, 그것의 활동력은 표상 작용에서만 존립하고, 따라서 본래 오직 자기 안에서만 놀고 있는 것이다. 바로 이런 까닭에 그의 소위 실체 간의 가능적인 상호성의 원리는 물리적 영향일 수 없고, 예정조화였던 것이다. 즉 일체 331
의 실체는 내적으로만 작용하고, 각각 자기의 표상에만 관여하고 있다. 이러하기에 한 실체의 표상상태와 다른 실체의 표상상태 간에는 서로 작용하는 결합이 없고, 오직 제3자의 원인, 즉 일체에 영향을 주는 제3의 원인[하나님]이 있어서 각 실체의 상태를 서로 조화시켜야 한다. 이것은 실로 우연적인 개개 경우에 특히 마련된 조력 (원조의 설정)에 의함이 아니라, 모든 실체에 대해 작용하는 원인이라는 이념에 의한 통일에 기본한다. 이 통일에 있어 모든 실체들은 죄다 그 현존과 지속성을 얻고, 따라서 실체들간의 조화를 보편적 법칙에 따라 얻지 않을 수 없다.

⑧ 넷째로 [라이프니쯔는] 그의 유명한 시공론에서 「감성의 형식」을 지성화했으나, 그것 역시 전혀 선험적 반성에 관한 마찬가지의 오류에서 생긴 것이다. 내가 만일 한갓 오성에 의해서 사물의 외적 관계[상태]를 표상하려고 하면, 그것은 사물간의 교호작용이라는 개념을 통해서만 가능하다. 그리고 내가 동일물의 a 상태와 b 상태와를 연결해야 한다면, 이것은 이유와 귀결이라는 질서에 있어서만 가능하다. 여기에 라이프니쯔는 공간을 실체들의 상호작용에 있어서의 어떤 질서라고 생각했고, 시간을 실체 상태의 역학적 계기라고 생각했다. 그러나 공간·시간은 사물에서 독립해 있다는 특성을 자체상 가져야 할 성싶었기 때문에, 그는 이것을 공간·시간 개념[관념]의 불판명성에 돌려보냈 332
다. 그 결과로 역학적 관계의 한갓 형식임에 불과한 것[공간·시간]이 자체상 존

립하는 직관, 또 사물자신에 선행하는 독자의 직관이라고 생각되었다. 이래서 공간·시간은 사물(실체와 그것의 상태) 자체들을 결합하는 가상적 형식이고, 사물은 가상적 실체였다. 그럼에도 불구하고 그는 공간·시간의 개념을 현상에도 타당케 했다. 이것은 그가 감성에 특유한 직관방식을 인정하지 않고 대상의 일체의 표상을, 따라서 대상의 경험적 표상까지도 오성에 구하고, 감관에는 오성의 표상을 「혼란」케 하고 왜곡한다는 멸시할 활동만을 허여했기 때문이다.

⑨ 우리가 순수오성에 의해서 비록 물자체 그것에 관해서 무슨 종합적인 것
을 말할 수 있다 하더라도(사실은 이런 말을 할 수 없지마는) 이런 것은 현상에
관계하는 것일 수는 없다. 현상은 물자체 그것을 표시하는 것이 아니기 때문이
다. 그러므로 현상에 관계할 경우에는, 나는 나의 개념들을 선험적 반성에 있
어서 항상 감성의 조건 아래서 서로 비교해야 하겠다. 이렇게 보면 공간·시간
은 물자체의 규정이 아니라 현상의 규정이겠다. 또 물자체가 무엇이건 간에,
333 나는 그것을 아는 바 없고 알 필요도 없다. 왜냐하면 물자체는 현상 외에서 나
에게 나타날 수 없는 것이기 때문이다.

⑩ 나는 다른 반성개념들에 관해도 이상에 말한 것과 같은 방법으로 다룬다. 물질은 현상적 실체다. 물질에 내적으로 속하는 것을 나는 그 물질이 차지하는 공간의 모든 부분에서 구하고, 또 물질이 일삼는 모든 작용에서 구하며, 이런 작용과 공간부분은 물론 항상 외감의 현상일 수 있을 뿐이다. 즉 내가 발견하는 것은 「절대로 내적인 것」이 아니라 「상대적으로 내적인 것」이다. 이 상대적으로 내적인 것도 역시 외적 관계에서 성립하여 있다. 그러나 물질의 「절대로 내적인 것」, 즉 순수오성에 의해서 알려진다는 내적인 것은 실로 한갓 환영이다. 왜냐하면 물질은 [감성적 직관이 없는] 순수오성의 대상이 아니기 때문이다. 비록 선험적 객관이 우리가 물질이라고 부르는 현상의 근거라고 하더라도, 그것은 「그저 어떤 것」이요, 이 어떤 것에 대해서 누구가 우리에게 무슨 말을 해주더라도, 우리는 도저히 이해할 수가 없는 터이다. 우리는 [물질이라는] 우리의 말에 대응하는 것을 직관 중에 수반하는 이외의 것을 우리는 이해할 수 없기에 말이다.

「우리는 사물의 내부를 전혀 통찰하지 않는다」라는 탄식이 만약 「우리에게 현상으로서 나타나는 사물이 그 자체상으로 무엇인가 하는 것을 순수오성에

의해서 우리는 이해함이 없다」는 그만한 것을 의미하는 것이라면, 이런[1] 탄식은 매우 부당하고 불합리하다. 왜냐하면 그런 탄식은 사람이 감관 없이 「사물을 인식할 수 있고, 따라서 직관할 수 있을 것」을 의욕하는 것이기 때문이다. 그런 탄식은 우리가 인간적 인식능력과는 정도상(程度上)으로만이 아니라 직관 334
과 직관방식상으로도 전혀 다른 인식능력을 갖는다는 것을 의욕하는 것이요, 즉 우리가 인간이 아니라, 가능한지 안 한지 모르고 어떤 성질인지 모르는 존재자[하나님]이어야 할 것을 의욕하는 것이기 때문이다.

현상을 관찰하고 분석함에 의해서 우리는 자연의 내부에 육박한다. 이런 일이 시간과 함께 어디까지 나아갈지는 아무도 알 수가 없다. 그러나 위에서 말한 선험적 문제는 자연을 초월해 있기 때문에, 비록 전자연(全自然)이 우리에게 노정되었다 하더라도, 저 선험적 문제에 대한 답을 우리는 도저히 할 수 없을 것이다. 우리는 우리 자신의 심성까지도 이것을 우리 내감의 직관에 의하는 이외의 직관에서 관찰하는 일이 허여(許與)되어 있지 않기에 말이다. 실로 우리의 심성 속에 인간 감성의 근원의 비밀이 있다. 감성의 그 객관에 대한 관계와, 이 양자를 통일하는 선험적 근거와는 의심할 것도 없이 매우 깊은 곳에 감추어져 있기에, 우리 자신도 내감에 의해서만, 따라서 현상으로서만 아는 우리는, 우리의 탐구에 매우 졸렬한 도구를 항상 현상인 것 이외의 것을 발견하기 위해서 사용할 수 없다. 그러하되 우리는 현상의 비감성적 원인을 탐구하고 싶어한다.

⑪ 우리는 반성작용에서 생긴 추론에 비판을 하여왔으나, 이 비판이 지극히 유효한 까닭은 그것이 오성에서만 서로 비교되는 대상들에 관한 모든 추론이 무의미함을 명시하는 동시에, 우리가 이때까지 주로 역설하여 왔던 것을 확증 335
한 점에 있다. 즉, 현상은 물자체로서 순수오성의 객관 아래 포괄되는 것이 아니나, 이런 현상이야말로 우리 인식의 객관이요, 우리의 인식이 객관적 실재성을 가질 수 있는 유일한 객관이라는 것이다. 실로 [현상에 있어서] 직관이 개념에 합치해 있다.

1) 이 탄식은 인간의 인식이 가상계(可想界)에 대해서 무력한 것임에 대한 탄식이다. 그래서 순수오성에 의해서만 가상계를 인식할 수 있었으면 하는 갈망을 표시한 것이다.

⑫ 우리가 그저 [일반] 논리적으로만 반성한다면, [라이프니쯔가 했듯이] 우리는 오로지 개념들을 오성 중에서 서로 비교할 뿐이다. 즉 두 개념이 동일한 것을 포함하느냐, 혹은 서로 모순되느냐의 여부, 그 어떤 것이 [두]개념에 내적으로 포함되어 있느냐, 혹은 그 어떤 것이 한 개념에 다시 보태져 있느냐 또 두 개념 중의 어느 것이 주어진 것으로 보아지고, 그 어느 것이 주어진 것을 사고하는 방식으로만 보아져야 할 것인가라고 비교한다.

그러나 대상이 감성적 직관의 대상이냐 혹은 지성적 직관(知性的 直觀)의 대상이냐 하는 것을 먼저 규정하는 일이 없이, 내가 개념들을(선험적 의미의) 대상 일반에 적용하면, 즉시로 (개념의 바깥[직관]으로 초월해서는 안 된다는) 제한(制限)이 생기고, 이러한 제한은 개념들의 모든 경험적 사용을 잘못이라고 하며, 그로 인해서 다음의 것을 증명하기도 한다. 즉, [ㄱ] 「사물 일반으로서의 대상」의 표상은 불충분할 뿐만이 아니라, 표상의 감성적 규정을 결(缺)하고 경험적 조건이 없고 보면, 그런 표상은 자체상 모순이다. [ㄴ] 그러므로 우리는 (논리학에서)모든 직관적 대상을 도외시해야 하거나, 혹은 만일 대상을 상정한다면 이것을 감성적 직관의 조건 아래서 사고해야 한다. [ㄷ] 그렇게 보면 가상적인 것은 우리가 가지지 않은 전혀 특수한 직관[지성적 직관]을 필요로 하겠
336 지마는, 이런 직관이 없는 우리[인간]에 대해서는 가상적인 것은 없는 것이고, 타면 현상도 「대상 자체 그것」일 수는 없다고 한다.

만일 내가 [직관이 없이] 단지 사물 일반을 사고하기만 한다면, 사물의 외적 관계[공간적 위치]의 차이성이 물론 사물 자신의 차이성을 형성하는 것이 될 수 없고, 도리어 사물들 자신의 차이성을 전제하고 있는 것이 된다.[1] 또 만일 두 가지 사물 중의 한쪽 것의 개념이 다른 쪽 것의 개념에서 「내적으로」 구별되어 있지 않다면[즉 동일하다면], 나는 동일한 물(物)을 서로 다른 [공간적] 관계로 넣는 것이 된다. 또 한갓 긍정(실재성)이 다른 긍정에 보태진다면, 적극적인 것이 확실히 증가되지만, 이 적극적인 것으로 인해서 감해지는 것도 제거되는 것도 없게 되고, 따라서 「사물 일반」에 있어서의 실재적인 것이 서로 「모순」

1) 여기 이하의 「…된다」로 맺은 세 가지 예시는 모두 라이프니쯔에 대한 칸트의 반대를 표시하고, 사실은 「그렇게 될 수 없음」을 주장한 것이다.

되는 일이 있을 수 없게 된다.

※ ※ ※

① 이미 진술했듯이 반성개념은 혹종의 오해에 의해서 오성의 사용에 대단한 영향을 미쳤던 결과로, 모든 철학자 중에서도 가장 명민한 사람 중의 한 사람[라이프니쯔]을 유혹해서 이른바 지성적 인식의 체계를 만들도록 하였고, 이 지성적 인식의 체계는 감관의 참여 없이 대상을 규정하려고 하는 것이었다. 바로 이런 까닭에서, 반성개념을 모호하게 했고 그릇된 원칙을 발생시킨 기만적 원인을 천명하는 것은 오성의 한계를 확실하게 규정하고 확보하는 데에 매우 유효한 것이다.

② 사람은 「한 개념에 보편적으로 귀속하거나 혹은 모순[否定]되는 그런 것 337
은, 그 개념에 포함되어 있는 모든 특수한 것[개개체]에게도 귀속하거나 혹은 모순[부정]된다」고 말해야 한다. (이것은 편유편무율(遍有編無律)이다). 그러나 [형식]논리학의 이 원칙을 변경하여, 「어떤 보편개념 안에 포함되어 있지 않은 것은, 이 개념에 귀속하는 모든 특수개념 속에도 포함되어 있지 않다」고 말한다면, 그것은 배리(背理)[1]이겠다. 왜냐하면 특수 개념은 보편개념 중에서 생각되어 있는 것 이상의 것을 포함하기 때문에 바로 특수 개념이기에 말이다. 그런데 라이프니쯔의 전(全) 지성적 체계는 실로 이 둘째 원칙 위에 세워진 것이다. 따라서 유지될 수 없는 이 원칙과 또 이 원칙에서 발생한 오성사용에 있어서의 모든 모호성과 함께 그의 지성적 체계도 무너지는 것이다.

③ 무차별 동일성의 명제는 원래 다음과 같은 전제에 기본하고 있다. 즉 사물 일반의 「개념」에 있어서 구별이 발견되지 않을 때에는, [특수적] 사물 자신에 있어서도 구별은 있을 수 없다는 전제이다. 따라서 개념에 있어서 (분량과 성질상으로) 서로 구별되지 않는 것은 죄다 완전히 일양(一樣)이게 된다(수적으로 동일하게 된다). 그러나 어떤 사물의 한갓 개념에서는 그 사물의 직관에 필요

1) 「인간」개념에 비이성적 성질이 포함되어 있지 않으므로, 김군에게도 비이성적 성질은 없다고 하는 것과 같다. 칸트에 의하면, 라이프니쯔는 편유편무율(遍有編無律)을 잘못 적용하여, 전건부정(前件否定)의 오류를 범한 것이다. 또 이 대목 전체가 순수이성비판의 변증론에 들어갔어야 될 것인데, 위치를 잘못 차지했다고 한다(Smith, Commentary P. 419 참조).

한 많은 조건이 도외시되어 있기 때문에, 이 도외시된 것을 처음부터 전혀 없
338 었다고 생각하고, 사물의 「개념」에 포함되어 있는 것만을 그 사물에 허용한다
는 것은 이상하게도 너무 급하게 구는 것이다.

④ 공간 한 입방(立方) 피트의 개념은 이것을 어디서 생각하든지 몇 번 생각하든지 간에 그 자신 전혀 동일하다. 그러나 두 입방(立方) 피트는 공간 중에서의 그 장소에 의해서만 구별되어 있다(즉 수적으로 다르다). 이 장소는 개념의 객관이 주어지는 바 직관 조건이요, 이 조건은 개념에 속하지는 않고 감성 전체에 속한다.

마찬가지로 한 사물의 개념에서는 부정적인 것이 긍정적인 것과 결합되어 있지 않은 경우에는 이런 사물의 개념은 전혀 모순을 포함하지 않는다. 그리고 두 개의 한갓 긍정적 개념은 [형식 논리적으로는]서로 결합되어도 서로 무효하게 하는 일이 생기지 않는다. 그러나 실재성(가령 운동)이 감성적 직관에서만 주어질 수 있고, 이 직관에서는 「운동 일반」의 개념에서는 무시된 조건(두 가지 힘의 반대적 운동방향)이 포함되어 있고, 이런 조건은 물론 논리적[개념적]이 아닌 모순을 가능하게 한다. 즉 전혀 적극적인 것[운동]에서 생기는 영(零)을 [즉 정지를] 가능하게 한다. 그러므로 실재성(實在性)의 개념들 간에 [일반 논리적으로] 모순이 없다는 이유에서, 모든 실재성이 서로 일치한다고 말할 수는 없다.※

※ 만약 「적어도 가상체로서의 실재들은 서로 반대작용을 할 수 없다」는 흔한 둔
339 사(遁辭)를 사용하려는 사람이 있다면, 그는 이러한 순수하고 비감성적인 실재
의 실례를 들어야 하겠다. 이것은 이런 실재가 일반적으로 무엇을 표시하거나 혹은 아무런 것도 표시하지 않음을 이해시키기 위해서다. 그러나 실례는 현상 이상의 것을 제공하지 않는 경험 외의 다른 곳에서 취해질 수가 없다. 그러므로 저 명제는 긍정만을 포함하는 개념은 부정을 포함하지 않는다는 것을 의미함에 틀림이 없고, 우리가 이때까지 의심할 일이 없었던 명제다.

339 한갓 개념에서 보면, 내적인 것[표상력]은 모든 관계의 혹은 외적 규정의 기체다. 그러므로 내가 만일 직관의 모든 조건을 도외시하고, 전혀 「사물 일반」에만 의거한다면, 나는 모든 외적 관계도 도외시할 수가 있다. 그럼에도 불구

하고 아무런 관계도 의미하지 않고 오직 내적 규정만을 의미하는, 「그런 것」의 개념만은 남지 않을 수 없다. 상술한 것에서 아래의 결과가 생길 성싶다. 즉, 모든 사물(실체)에는 「절대로 내적인 것이면서 모든 외적 규정보다도 먼저 있는」 어떤 것이 있어서 이것이 외적 규정을 비로소 가능하게 한다는 것이다. 따라서 이 기체는 아무런 외적 관계도 포함하지 않는 어떤 것, 즉 단순한 것[단자]이다(물체적 사물은 필경 관계이요, 적어도 병존하는 「부분들 서로」의 외적 관계일 따름이기에 말이다). 또 우리는 자기 내감의 규정 외에 절대로 내적인 규정을 아는 바 없기 때문에, 이런 기체는 단순할 뿐만이 아니라, (우리 내감의 유추에 좇아서) 표상에 의해서 규정되어 있다. 다시 말하면 만상은 원래가 단자(Monad)다. 즉 표상을 갖춘 단순한 존재다. 340

사실 만일 사물 일반의 개념보다 이상의 어떤 것[직관]을 조건으로 가져서, 이 조건 아래서만 우리에게 외적 직관이 주어지는 것이 아니라면, 그리고 사물 순수 개념이 이런 조건을 무시하는 것이라면, [순수 개념이 외적 직관의 대상을 표상하는 유일한 조건이라면], 위의 말 [라이프니쯔의 단자론]은 전적으로 정당할 것이다. 그러나 공간에서의 하나의 지속적 현상(불가침입적 연장)은 전혀 관계[공간의 질료에 대한 관계]임에 불과하고, 라이프니쯔가 말한 단적(端的)으로 내적인 것을 포함하지 않되, 그러면서도 모든 외적 지각의 첫째 근본적 기체임이 사실로 명백하다. 어떤 내적인 것이 없이 한갓 개념에 의해서, 물론 나는 외적인 것을 생각할 수가 없다. 관계-개념은 직접 주어진 사물을 반드시 전제하고, 이것 없이는 불가능하기 때문이다. 그러나 직관에는 사물 일반의 한갓 개념 중에는 없는 그 어떤 것이 포함되어 있다. 그리고 이것은 한갓 개념에 의해서는 인식될 수 없는 기체를 우리에게 주는 것이다. 이것이 즉 공간이다. 이 공간은 그것이 내포하는 일체와 함께, 전혀 형식적이면서도, 실재적이기도 한 「관계」에서 성립하는 것이다. 그러므로 나는 라이프니쯔에 좇아서 다음과 같이 말할 수는 없다. 즉, 「어떤 사물도 「단적으로 내적인 것」[라이프니쯔의 모나드 특히 표상력]이 없으면, 한갓 개념에 의해서 표상될 수가 없기 때문에, 이 개념 아래 포함되어 있는 사물 자신에 있어서도 또 이 사물 자신의 직관에 있어서도, 단적으로 내적인 것을 근저에 가지지 않는 그 어떤 외적인 것[현상]도 존재하지 않는다」고.

341 우리가 직관의 모든 조건을 무시했을 경우에, 한갓 개념 중에 남아 있는 것은 물론 내적인 것 일반과 내적인 것들의 상호관계뿐이요, 외적인 것은 그것에 의해서만 가능하게 된다. 그러나 추상[직관의 조건을 제거함]에 기본해서 생기는 이러한 필연성은 사물이 내적인 것을 근저에 가지지 않고 한갓 관계만을 표시하는 규정과 함께 직관에서 주어지는 한에서, 사물에 있을 수 없는 일이다. 사물이란 물자체인 것이 아니라 오로지 현상이기 때문이다. 우리가 물질에서 아는 것도 단지 관계뿐이다(우리가 물질의 내적 규정이라고 부르는 것은 상대적으로 내적인 것에 불과하다). 그러나 관계 중에는 자립적·불변적인 관계가 있고, 이 때문에 우리에게 일정한 대상이 주어지는 것이다. 만약 내가 이런 관계들을 무시한다면 나는 다시 나아가서 사고할 것을 가지지 않는다. 이런 주장은 현상으로서의 대상의 개념을 해소하는 것도 아니요, 추상적 대상이라는 개념을 해소케 하는 것도 아니다. 그러나 한갓 개념에 의해서만 규정될 수 있는 대상, 즉 가상체의 가능성은 해소케 한다.

사물이 전혀 관계들로만 성립해야 한다는 말은 듣는 사람에게 의외의 감을 줄 것이다. 그러나 사물이라는 것은 역시 한갓 현상이다. 그것은 「순수한 범주」
342 에 의해서만 생각될 수 없다. 사물은 「그 어떤 것 일반」의 감관에 대한 관계에서만 성립한다. 마찬가지로 우리가 만일 단지 개념만을 일삼는다면, 우리는 「추상적인 사물들 서로」의 관계를 한쪽이 다른 쪽을 생기도록 하는 규정의 원인이라고 밖에 생각할 수가 없겠다. 왜냐하면, 이것이 관계의 오성개념 자신[범주]이기 때문이다. 그러나 이렇게 보면, 우리는 일체의 직관을 무시하기 때문에, 다양(多樣)이 그 위치를 정할 수 있는 유일한 방식, 즉 감성의 형식(공간)도 제거된다. 그러나 사실은 공간이야말로 모든 경험적 인과성보다도 먼저 있는 것이다.

⑤ 우리가 가상적 대상이라는 말 아래서 감성의 도식 없이 순수 범주에 의해서 사고되는 사물을 의미한다면, 이러한 사물은 불가능하다. 왜냐하면 우리의 모든 오성개념을 객관적으로 사용하는 조건은 인간의 감성적인 직관방식인 것이요, 이 직관방식에 의해서 대상은 우리에게 주어지기 때문이다. 그리고 우리가 감성적인 직관방식을 도외시하면, 오성개념은 그 어떠한 대상에도 상관함이 없다. 뿐더러 만일 우리가 현재의 감성적 직관과는 다른 직관방식을 상정

하려고 하면, 우리의 사고 기능은 이러한 직관에 관해서는 의미가 전혀 없을 것이다. 만일 우리가 가상적 대상이라는 말에서 단지 비감성적 직관의 대상만을 이해한다면 즉 우리의 범주가 물론 적용되지 않고 따라서 우리는 (직관상으로나 또 개념상으로나) 인식될 수 없는 대상을 의미한다면, 이런 소극적 의미의
가상체는 물론 허용되어야 한다. 이런 가상체는 다음의 것을 의미하는 것 외의 343
다른 것이 아니기 때문이다. 즉, 우리의 직관방식은 만물에 상관하지 않고, 오직 감관의 대상에만 상관하며, 그러므로 이런 직관방식의 객관적 타당성은 제한되어 있고, 따라서 우리의 직관과는 다른 종류의 직관에 대해서는 또 이런 직관의 객체로서의 사물에 대해서는 따로 자리가 남겨져 있다는 것이다.

이때에는 가상체의 개념은 개연적이다. 다시 말하면, 가능하다고 말할 수도 없고 불가능하다고 말할 수도 없는 사물의 표상이다. 왜냐하면 우리는 감성적인 직관 외의 다른 종류의 직관을 아는 바 없고, 범주 외의 다른 종류의 개념을 모르며, 우리의 직관과 범주는 어느 것이나 감성 외의 대상에는 적합하지 않기 때문이다. 그러므로 우리는 우리의 감성의 조건을 넘어서 인간 사고의 대상의 범위를 적극적으로 확대하여서, 현상 이외의 순수 사고의 대상, 즉 가상체를 상정할 수는 없다. 이러한 가상체는 지적될 수 있는 아무런 적극적인 의미도 가지지 않기 때문이다. 우리는 범주에 관해서, 그것이 물자체를 인식하기에는 불충분하다는 것, 감성에 주어진 것이 없으면, 범주는 오성에 의한 통일의 헌갓 주관적 형식이라서 대상을 가지지 않는나는 것 등을 승인하지 않을 수 없다. 사고는 그 자신 참으로 감정의 소산이 아니요, 그런 한에서 감성에 의해서 제한되어 있지도 않다. 그러나 그렇다고 해서 사고가 감성의 협력 없이 곧 독립적인 순수한 사용을 가지는 것은 아니다. 만약 이런 사용이 있다면은, 사고는 객관을 가지지 않는 터이다.

뿐더러 우리는 가상체를 이러한 객관이고 부를 수가 없다. 왜냐하면 이러한
객관은 인간의 직관과 오성과는 전혀 상이한, 따라서 그 자신 개연적인 직관과 344
오성에 대한 대상인 개연적 개념을 의미하기 때문이다. 따라서 가상체라는 개념은 어떤 객관의 개념인 것이 아니라, 우리의 감성을 [현상체로] 제한하는 것과 반드시 관련해 있는 [문제적] 과제인 것이요, 이 과제는 감성적 직관에서 아주 해방된 대상이 존재할 수 있겠느냐 하는 것을 문제로 삼는 것이다. 그러나

이런 물음에 대한 답은 다음과 같이 불확실한 것이다. 즉, 감성적 직관은 만물에 무차별적으로 상관하지 않기 때문에, [감성적 직관의 대상과는] 다른 대상에 대한 여지를 따로 남기고 있고, 이런 대상은 즉시로 부정될 수는 없으나, 일정한 개념을 결(缺)해 있어서(범주는 이런 개념에 적용될 수 없기에) 우리[인간]의 오성에 대한 대상이라고 주장될 수 없다는 답이다.

⑥ 이래서 오성은 감성을 제한하기는 하나, 그러나 그런 까닭에서 오성은 자기의 분야를 확정하지는 않는다. 즉 오성은 감성에 대해서 물자체에 상관하는 월권을 범하지 않고, 오로지 현상에만 상관할 것을, 감성에 경고함에 의해서, 오성은 대상 자체 그것을 사고하기는 하되, 이것을 선험적[초험적] 객관으로서만 사고할 뿐이다. 선험적 객관은 현상의 원인이다(그러므로 그 자신 현상은 아니다). 그리고 선험적 객관은 분량으로서도, 실재성으로서도, 실체 등으로서도, 생각될 수가 없다(왜냐하면 이러한 개념들은 그것[형식]에 의해서 대상을 규정하는 바 감성의 형식을 필요로 하기 때문이다).

필경, 선험적 객관이 우리의 내부에서 발견되느냐 혹은 우리의 외부에서 발견되느냐, 감성이 제거됨과 동시에 선험적 객관도 제거되느냐, 혹은 우리가 감
345 성을 제거해도 그것은 남아 있겠느냐—이런 것들은 전혀 알려지지 않는다. 만일 우리가 이런 선험적 객관을 그것의 표상이 감성적이 아니라는 이유에서 가상체라고 칭하려고 한다면, 그것은 우리의 자유다. 그러나 우리는 오성의 개념들 중의 어느 것이라도 선험적 객관에 적용할 수 없기 때문에, 선험적 객관이라는 표상은 우리에게는 결국 공허한 것이다. 그것은 우리의 감성적 인식의 한계를 표시하고, 우리가 가능한 경험에 의해서도 또 순수오성에 의해서도 채울 수 없는 하나의 공간을 남겨 두는 것 이외의 다른 소용이 없다.

⑦ 그러므로 이 「순수오성의 비판」은 오성이 자신에게 현상으로서 나타날 수 있는 대상 이외에 대상의 새 분야를 만들어 내어, 가상계(可想界)로, 아니 가상계라는 개념으로 빗나가는 일을 허용하지 않는다. 참으로 그럴 성싶게 오성을 그런 일로 유혹하는 오류는 관서(寬恕)될 수는 있으나 시인(是認)될 수는 없는 것이다. 어쨌든 이런 오류는, 오성이 그 본분에 위반해서 선험적[초험적]으로 사용되는 점에 있고, 대상 즉 가능한 직관은 개념에 따라야 하지마는, 개념은 가능한 직관에 따라야 할 필요가 없다는(개념의 객관적 타당성은 가능한 직

관에만 의존하되) 점에 있다. 또 이런 오류의 원인은 통각(統覺)과 그와 동시에 사고가 표상의 모든 가능한 「한정된 순서」보다도 먼저 있는 것이라고 하는 데에 있다. 하기에, 우리는 「그 어떤 것 일반」을 사고하여, 한쪽에서는 그것을 감성적으로 규정하되, 다른 쪽에서 우리는 보편적·추상적으로 표상된 대상과 이런 대상을 직관하는 방식을 서로 구별한다. 이래서 대상을 단지 사고에 의해서 346
규정하는 방식만이 우리에게 남겨진다. 그리고 이 방식은 무내용의 한갓 논리적 형식이건마는, 그럼에도 불구하고 객관 자체(가상계)가 우리의 감관에만 제한되어 있는 직관을 돌봄이 없이 존재하는 방식이라고 여겨져 있는 것이다.

※ ※ ※

⑧ 선험적 분석론을 끝맺기에 앞서서, 우리가 부언해야 할 것이 있다. 그것은 그 자체가 특히 중요하다고 하는 것은 아니나, 체계의 완전을 위해서 필요한 성싶은 것이다. 선험적 철학의 출발점인 최고개념은 보통 가능한 것과 불가능한 것을 구분하는 것이다. 그러나 모든 구분은 구분되는 개념을 전제하므로, 보다 더 고차(高次)의 개념이 지시되어야 한다. 그리고 이 고차의 개념이란 「대상 일반」이라는 개념이다(그것은 개연적인 대상으로 해석되고, 이런 대상이 있는 것이냐 없는 것이냐 하는 것은 미결이다). 그런데 「대상 일반」에 관계하는 개념은 한갓 범주뿐이기 때문에, 그런 대상이 있는 것이냐 없는 것이냐 하는 것의 식별은 범주의 순시와 지시에 좇아서 진행할 것이나.

1. 전체·수다·단일 등의 개념[분량의 범주]에 대립하는 것은, 일체를 부정하 347
는 개념, 즉 전무(全無)의 개념이다. 그러므로 지적될 수 있는 직관이 대응하지 않는 개념의 대상은 없음(無), 즉 대상이 없는 개념이다. 가령 가상체 같은 것이요, 이것은 가능한 것으로 보아질 수가 없다. 그러나 그렇다고 해서 그것이 불가능한 것이라고 말해질 수도 없다(이를테면 관념물이다). 혹은, 대상이 없는 개념은, 가령 세간인이 생각하는 어떤 새로운 근원력(根源力) 같은 것이요, 이것은 확실히 모순을 포함하지 않으나, 그러나 경험에서 얻어진 실례가 없이 생각된 것이요, 따라서 가능한 것이라고 간주할 수가 없다.

2. 실재성은 그 어떤 것이요, 부정성은 「없음」이다. 즉 대상을 결(缺)한 개념이다. 가령 그림자라든가 차가움(寒氣) 같은 것이다(이를테면 대상을 결(缺)한

없음이다).

3. 실체가 없는 직관의 한갓 형식은 그 자신 아무런 대상도 아니요, (현상으로서의) 대상의 한갓 형식적 조건이다. 가령 순수 공간·순수 시간과 같은 것이다. 이런 것들은 직관의 형식으로서는 물론 「그 어떤 것」이지마는, 자신은 직관되는 대상이 아니다(이를테면 상상된 존재다).

348 4. 「자기모순적인 개념」의 대상은 「없음」이다. 이런 개념은 없는 것이기 때문에, 그것은 불가능하다. 가령 두 변으로 된 직선적 도형과 같다(이를테면 있을 수 없음이다).

따라서 없음-개념의 이러한 분류표는(이것과 병행하는「그 어떤 있는 것」의 분류도 있을 것이나 이것의 분류는 저절로 생기는 것이지만) 다음과 같이 배열되어야 하겠다.

없음의 분류표

1. 대상이 없는 공허한 개념으로서의 없음(관념물)
2. 개념에 대한 공허한 대상으로서의 없음(대상을 결한 없음)
3. 대상이 없는 공허한 직관으로서의 없음(상상된 존재)
4. 개념이 없는 공허한 대상으로서의 없음(있을 수 없는 없음)

(첫째의) 관념물(그저 사고된 것)이 (넷째의) 불가해한 것[있을 수 없는 것]에서 구별됨이 알려진다. 이런 까닭은 전자가 (비록 모순되지는 않더라도) 가공적인 것일 따름이기에, 가능한 것 중에 들어간다고 할 수 없다고 하는 소극적 의미를 가짐에 대해서, 후자는 그것의 개념이 벌써 자기 자신을 부정하는 것이기 때문에, 가능한 것에 대립해 있다는 적극적 의미를 갖는 점에 있다. 이에 반해
349 서 (둘째의) 대상을 결(缺)한 「없음」과 (셋째의) 상상된 존재와는 개념에 대한 공허한 소여(所與)를 의미한다. 빛이 감관에 주어지지 않으면, 사람은 어두움도 표상할 수가 없고, 연장체가 지각되지 않으면, 사람은 공간을 표상[의식]할 수가 없다. 둘째의 부정성과 셋째의 직관의 순 형식과는 실재적인 것이 없으면 아무런 객체도 되지 않는 것이다.

선험적 논리학

제2문 선험적 변증론

들어가는 말

1. 선험적 가상(假象)

① 우리는 위에서 변증론을 일반적으로 가상의 논리학이라고 불렀다. 그러나 349
그것은 변증론이 개연론(蓋然論)이라는 의미가 아니다. 개연인 것은 진리이기는 하나 불충분한 근거에 의해서 인식된 진리이다. 즉 개연성의 인식은 결함이 있기는 하나 그렇다고 해서 사기적(詐欺的)인 것은 아니다. 그러므로 그것은 선험적 논리학의 분석적 부문에서 떨어져 나가서는 안 된다.

더구나 현상과 가상을 같은 것으로 보아서는 안 된다. 진리니 가상이니 하 350
는 것은 직관되는 한의 대상에 관해서 하는 말이 아니라, 생각되는 한의 「대상의 판단」에 관해서 하는 말이기 때문이다. 감관에는 오류가 없다는 말은 참으로 옳다. 그러나 그 이유는 감관이 언제나 바르게 판단하기 때문이 아니라 감관이 판단하지 않기 때문이다. 그러므로 진리이건 오류이건, 또 오류로 인도하는 것으로서의 가상이건, 그 어느 것이나 판단 중에서만 있는 일이다. 즉 대상과 우리 오성의 관계 중에만 있는 일이다.

오성의 법칙에 완전히 합치한 인식에 오류는 없다. 감관의 표상 중에는 (감관의 표상은 판단을 포함하지 않기 때문에) 오류는 없다. 그러나 자연의 어떤 힘도 그 자신 자기 본래의 법칙을 벗어날 수가 없다. 하기에 오성도 그 자신만으로써는 (다른 원인이 영향을 주는 일이 없으면) 오류를 범하지 않겠고, 감성도 그 자신만으로써는 오류를 범하지 않겠다. 오성이 오류를 범하지 않는 것은, 그것이 자기의 법칙에 좇아서 활동하기만 하면 그 결과(즉 판단)는 이 법칙에 반드시 일치하기 때문이다. 그런데 오성의 법칙에 일치한다는 점에, 모든 진리의 형식적 요건이 있다. 감관 중에는 판단이 전혀 없는 것이요, 따라서 판단의 진위(眞僞)도 없는 것이다.

우리는 오성과 감성이라는 두 가지 인식 원천 외에 따로 인식 원천을 가지
지 않는다. 그러므로 오류는 감성이 오성에 남몰래 주는 영향에 의해서만 생기
351 고, 이것을 통해서 판단의 주관적 근거와 객관적 근거가 서로 뒤섞이며, 객관
적 근거가 자기의 본분에서 벗어나게 된다.※ 그것은 마치 운동하고 있는 물체
가, 그 자체만으로는 물론 동일한 방향으로 직선운동을 계속하겠지마는, 다른
힘이 다른 방향으로 동시에 물체에 영향을 주는 때에는, 곡선운동으로 변하는
것과 같다. 그러므로 오성 독자의 작용을 그것에 뒤섞이는 힘과 구별하기 위해
서는, 잘못된 판단을, 이를테면 한 모(角)를 끼고 상이한 방향으로 향하게 하는
두 가지 힘 사이의 대각선으로 보아야[1)]하겠다. 또 이런 합성된 작용을 오성의
단일한 작용과 감성의 단일한 작용으로 분석함이 필요하다. 이런 일을 선천적
인 순수판단에 있어서 선험적 반성이 해야 한다. 이것을 통해서 (이미 말했듯
이) 각종의 표상에 대해서 그것에 적합한 인식능력에 있어서의 장소가 지정되
고, 동시에 오성에 대한 감성의 영향도 판별된다.

※ 감성이 오성에 종속하는 경우에는, 감성은 오성의 기능이 적용되는 대상으로서 실재적 인식의 원천이다. 그러나 동일한 감성이, 오성의 작용 자신에 영향을 주어서 오성의 판단에 간섭하는 한에서, 감성은 오류의 근거가 된다.

352 ② 여기서 우리가 할 일은 경험적 가상(예를 들면 시각상의 가상)을 취급하는 것이 아니다. 경험적 가상은 보통은 정당한 오성규칙을 경험적[감각적]으로 사용할 즈음에 생기는 것이요, 이때에 판단력이 상상작용의 영향을 받아서 오류를 범하는 것이다. 우리가 문제삼는 것은 오로지 **선험적 가상**이다. 선험적 가상은 경험하는 것을 노려서 사용되지 않는 원칙에 대해서 영향을 준다. 원칙이 경험에 대해서 사용되는 경우에는, 우리는 적어도 그 원칙의 정당성을 음미하는 시금석을 [경험 중에서] 가질 것이다. 그러나 선험적 가상은 비판의 모든 경고에 위반해서 우리 자신으로 하여금 범주의 경험적 사용을 넘어서게 하고, **순수한 오성**을 확장할 수 있는 듯한 환상에서 우리의 마음을 낚고 있다.

---

1) 여기의 내용을 도시(圖示)하면:

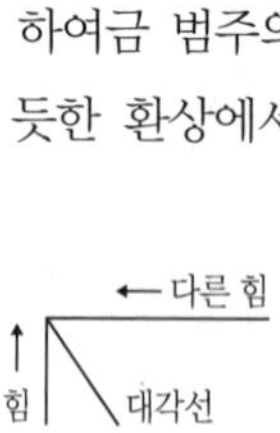

← 다른 힘
↑ 힘
대각선

우리는 가능한 경험의 울타리 내에서만 작용되는 원칙을 내재적(immanent)인 원칙이라고 하고, 반대로 가능한 경험의 한계를 넘어서는 원칙을 초험적(transzendent)인 원칙이라고 말하고자 한다. 그러나 내가 초험적 원칙이라고 하는 것은, 범주들의 선험적 [현상과 물자체를 구별하지 않는] 사용이나 오용을 의미하지 않는다. 이 후자는 비판을 통해서 적절히 제어되지 않은 원칙이다[그러나 정당하지 않은 원칙이다]. 그러므로 선험적[내재적]과 초월적은 동일하지 않다. 않은 판단력의 과오요, 순수오성의 활동이 허여(許與)되어 있는, 유일한 지반의 한계를 충분히 주의하지 않는 판단력의 과오인 것이다. 그러나 초험적 원칙이란 가능한 경험의 모든 경계주(境界柱)를 쳐부셔서, 경계주의 설정을 인정하지 않는 전혀 새 지반이 있음을 참칭(僭稱)할 것을 우리에게 강요하는 현실적 원칙이다[그러나 정당하지 않는 원칙이다]. 그러므로 선험적[내재적]과 초월적은 동일하지 않다.

우리가 위에서 말한 순수오성의 원칙[공리·예료·유추·요청]들은 전혀 경험적
으로 사용되어야 할 것이요, 선험적[무구별적 전출]으로 사용될 것이 아니다. 즉 353
경험의 한계를 넘어서 사용될 것이 아니다. 이런 제한을 철폐하는, 아니 그것
을 넘어설 것을 명령하는 원칙은 초험적이라고 한다. 이런 월권적(越權的) 원칙
이 가상(假象)인 까닭을 폭로하는 데에 우리의 비판이 성공할 수 있다면, 경험
적으로만 사용하는 원칙은 초험적 원칙에 대립해서, 순수오성의 내재적 원칙
이라고 말할 수 있을 것이다.

③ [삼단논법의] 추리형식을 모방하기만 한 논리적인 가상(즉 허위 추리의 가상)은 [일반]논리학의 규칙에 주의하지 않는 데서만 발생한다. 그러므로 이런 경우에는 주의를 날카롭게 하자마자 가상(假象)은 곧 완전히 소멸한다. 그러나 선험적 가상은 우리가 그것을 발각하여 그것이 무의미하다는 것을 선험적 비판을 통해서 통찰했다 하더라도 역시 없어지지 않는다(가령 세계는 시간상으로 시초를 가져야 한다는 명제에 있어서의 가상과 같다). 이것의 원인은 (주관적으로 인간의 인식능력이라고 간주된) 이성 중에는 이성 사용의 근본 규칙과 준칙이 있기는 하나 이런 [주관적인]것들이 전혀 객관적 원칙인 듯한 외관을 가져서, 이를 통해 오성의 권위를 위해서 개념들을 연결하는 주관적 필연성이 물자체를 규정하는 객관적 필연성으로 보아지는 데에 있다.

354 이상과 같은 일[혼동]은 불가피한 착각이다. 그것은 바다 중앙이 해안보다도 높게 보이는 것이 불가피한 것과 같다. 이것은 우리가 바다를 볼 적에 바다 중앙을 보는 일은 해안을 보는 것보다도 높은 광선에 의하기 때문이다. 뿐만이 아니라, 착각은 막 떠오를 때의 달이 [하늘 가운데의 달보다도] 비교적 크게 보이는 것이 불가피한 것과 같다. 그러나 천문학자는 이런 가상에 속지는 않는다[논리적·경험적·선험적 가상들을 다루었다].

④ 그러므로 선험적 변증론은 초험적 판단이 가상인 까닭을 폭로하고, 동시에 이 가상에 속지 않도록 방지하는 것에서 만족하겠다. 하지만 (논리학의 가상처럼) 선험적 가상이 소멸하여 가상이기를 중지시키는 일을, 선험적 변증론이 성취할 수는 없다. 우리가 장차 다루어야 할 것은 [인간이성에서] 실로 자연스러운 [소질적]·불가피한 착각이요, 이 착각은 그 자신 주관적 원칙에 기인하면서 객관적 원칙으로 뒤바뀌는 것이다. 선험적 변증론 대신에 [일반]논리학의 변증론은, 허위 추리를 해결하고자, 원칙[삼단논법의 제 규칙]준수상의 과오를 다루거나, 원칙을 모방해서 궤변적으로 만들어낸 가상만을 다루는 것이다.

순수이성의 자연스러운·불가피한[초험적] 변증성은 엄연히 있는 것이다. 그것은 우둔한 자가 지식의 결핍에 의해서 빠지는 변증성이 아니다. 혹은 어떤 궤변자가 분별 있는 사람을 혼란케 하고자 인위적으로 고안해 낸 변증성도 아니다. 그것은 인간의 이성에 고착해 있는 것이요, 우리가 그것이 사기임을 폭로한 뒤에도 역시 인간 이성 앞에 얼씬거려서, 이성을 늘 일시적 혼돈에 빠지
355 도록 하기를 중지하지 않는 것이며, 이러할 적마다 그런 변증성을 우리는 제거할 필요가 있다.

2. 선험적 가상의 자리(座)로서의 순수이성

A. 이성 일반

① 우리의 모든 인식은 감관에서 출발하여 오성으로 나아가고 이성에서 끝장이 난다. 직관의 소재를 가공하여 그것을 사고의 최고통일에 종속시키는 데는 이성 이상의 것은 없다. 이 최상의 인식능력에 관해서 내가 설명하려고 할 때 나는 약간 당황하지 않을 수 없다. 이성에 관해서도 오성에 관해서와 마찬가지로, 한갓 형식적 사용, 즉 논리적 사용이 있다. [일반]논리적 사용에서 이

성은 인식의 모든 내용을 무시한다. 그러나 이성의 실재적[실천적] 사용도 있다. 실재적 사용의 경우에는 이성 자신이 감관에서도 오성에서도 빌려오지 않는 어떤 개념과 원칙의 근원을 포함한다. 첫째의 [일반논리적] 능력은 참으로 오래전부터 논리학자에 의해서 (직접추리와 구별된) 간접추리의 능력이라고 설명되었다. 둘째의 [실천적인 사용의] 능력은 개념을 산출하는 능력이되, 이 점에 [일반]논리학자는 아직 이해가 가지 않는 것이다.

내가 여기서 이성을 논리적 능력과 선험적 능력으로 분류하고 있기 때문에, 이성이라는 인식 원천의 보다 더 고차(高次)의 개념이 구해져야 하고, 이 고차적 개념이 저 두 개념 [논리적 능력과 선험적 능력]을 포괄해야 할 것이다. 그러 356
나 오성-개념에서 유추하여 논리적 개념이 동시에 그것의 선험적 개념에 대한 열쇠를 주고, 전자의 기능표[범주표]가 동시에 이성-개념의 계보를 제시할 것임을 우리는 기대할 수 있다.

② 우리는 선험적 논리학의 제1문[선험적 분석론]에서 오성을 「규칙들의 능력」이라고 설명했거니와, 여기서는 이성을, 오성에서 구별하여 원리들의 능력이라고 말하고자 한다.

③ 원리라는 말은 모호하다. 그것은, 한 인식이 보통은 자체상으로나 그 기원상으로나 원리라고 할 것이 못되건마는, 원리로서 사용될 수 있는 「인식」을 의미할 뿐이다. 모든 전칭(全稱)명제는 그것이 비록 경험에서 「귀납을 통해서」 얻어진 것이리도, 이성추리[삼단논법]의 대전제로 쓰일 수 있다. 그렇다고 해서 전칭명제가 그 자신「원리」는 아니다. 수학의 공리는(가령 두 점 사이에는 하나의 직선이 있을 뿐이라고 하듯이) 선천적인 보편적 인식이기도 하고, 따라서 그 공리 아래로 포섭될 수 있는 사례들에 상관해서 원리라고 말하는 것이 당연하다. 그러나 그런 까닭으로 해서 직선의 이러한 성질을 일반적으로 또 자체상으로 「원리에 의한 인식」이라고 내가 말할 수 없고, 순수직관에 의한 인식이라고 357
말할 수 있을 따름이다.

④ 하기에, 나는 개념[매개념, 媒槪念]에 의해서 특수[소개념]를 보편[대개념] 안에 포섭해서 인식하는 경우의 인식을, 「원리에 의한 인식」이라고 말하겠다. 실로 모든 이성추리[삼단논법]는 인식[결론]을 하나의 원리[대전제]에서 이끌어 내는 형식이다. 대전제는 항상 한 개념[매개념]을 주는 것이고, 이것은 대전제

의 조건에 포섭되는 일체[모든 개별]을 원리에 좇아서 인식하도록 하는 것이기에 말이다. 그런데 보편적 인식은 어느 것이나 이성추리의 대전제로 될 수 있고, 오성은 이런 선천적인 보편명제를 제공하는 것이므로, 이 선천적인 보편명제도 자신을 사용할 수 있는 점에 관해서 「원리」라고 불릴 수가 있다.

⑤ 그러나 우리가 순수오성의 이런 「원칙 자신」의 기원을 고찰한다면, 이런 원칙은 [직관 없는] 단지 개념에 의한 「인식」이 아니다. 만약 우리가 (수학에서의) 순수직관을, 혹은 가능한 경험 일반이라는 조건을, 끌어들이지 않으면, 이른바 원칙은 선천적으로 가능할 수 없겠기에 말이다. 「발생하는 일체는 원인을 갖는다」고 하는 것은 일반적으로 발생하는 것이라는 개념에서 추리될 수가 없다. 이 [원인성] 원칙은 발생하는 것에 관해서 어떻게 하여 일정한 경험-개념을 얻을 수 있는가를 제시하는 것이다.

358 ⑥ 오성은 「개념에만 의한 종합적 인식」을 줄 수가 없되, 이러한 종합적 인식이야말로 내가 원래 단적으로 원리라고 부르는 그것이다. 그러나, 모든 전칭명제들은 일반적으로 상대적인 의미에서 원리라고 부를 수 있다[이 상에서 귀납적 전칭 명제, 수학의 공리, 오성의 원칙 등은, 개념에만 의한 종합적 인식이 아니기 때문에, 진정한 의미의 원리가 되지 않음이 알려진다].

⑦ 얼마만큼 먼 미래의 일이 될지 알 수 없으나 언젠가는 실현될, 고래(古來)의 소망이 있다. 이 소망은 무한하게 다종 다양한 [현재의]민법 대신에 언제건 그것의 원리들을 찾아내고 싶다는 것이다. 이런 원리들 중에서만 입법을, 이를테면 간소화하는 비결이 존립할 수 있기 때문이다. 그러나 이 경우에도 법률은 우리의 자유를, 그것 자신과 완전히 조화있게 하는 조건으로 제한할 따름이다. 그러므로 법률은 전혀 우리 자신의 소산물인 것에 귀착하는 것이고, 위와 같은 개념을 통해서 우리 자신이 법률의 원인일 수 있다.

그러나 대상 자체가 [혹은] 사물의 본성이 어떻게 원리에 종속하는 것이냐, 또 어떻게 한갓 개념에 의해서만 규정될 것이냐 하는 것은, 그 답이 불가능한 것은 아니지만, 적어도 그 요구는 매우 불합리하다. 이 사이 사정이 어떠하건 간에(이 점은 나중에 탐구될 것이기에) 다음의 사정만은 명백하게 된다. 즉, 원리(그 자신)의 인식은 순전한 오성인식과는 전혀 다르다는 것이다. 오성인식은 확실히 원리라는 형식을 갖추고 있어서 다른 인식에 선행할 수 있지마는, 오성적

인식 자신은 (그것이 종합적인 한에서) 사고에만 기인하는 것도 아니고, 개념에서 얻은 보편적인 것[일반 명제]을 포함하지도 않는다는 것이다.

⑧ 오성이 규칙들을 매개로 해서 현상들을 통일하는 능력이라고 한다면, 이 359
성은 오성의 규칙들을 원리들 아래로 통일하는 능력이다. 그러므로 이성은 처음부터 경험 혹은 어떤 대상에 관계하지 않고 오성에 관계한다. 이것은 오성의 잡다한 인식에 개념[이념]에 의해서 선천적인 통일을 주기 위해서이다. 이 통일을 「이성의 통일」이라고 말해도 좋다. 그것은 오성이 하는 통일과는 아주 별종(別種)의 것이다.

⑨ 여기까지는 예증(例證)을 전혀 사용하지 않고 이해될 수 있는(예증은 뒤에 비로소 들기로 한다) 한의 이성능력의 일반적 개념[의미]을 말했다.

B. 이성의 논리적 사용

① 직접 인식되는 것과, 단지 추리되는 것 간에는 구별이 있다. 세 직선에 싸인 도형에 세 각(角)이 있다는 것은 직접적으로 인식된다. 그러나 이 세 각의 합계가 두 직각과 같다는 것은 추리될 뿐이다. 우리는 부단히 추리함을 필요로 하고 이것이 드디어는 습관화하기 때문에, 최후에는 직접적 인식과 추리의 차이를 모르게 된다.

이른바 감관의 착각의 경우처럼, 우리는 한갓 추리한 것을 이따금은 직접 지각했던 것으로 생각하기도 한다.

어느 추리에 있어서나 근저에 있는 하나의 명제[대전제]와 또 하나의 다른
명제, 즉 먼저 명제에서 끌어내지는 추론[결론]과 최후로 이 명제의 진리성과 360
먼저 명제의 진리성이 필연적으로 결합되는 추리과정[즉 소전제]이 있다. 그리고 만일 추리된 판단[결론]이, 이미 먼저 판단[대전제] 중에 포함되어 있어서 셋째 표상[소전제]의 매개가 없더라도 먼저 판단에서 끌어내질 수가 있다면, 그런 추리는 직접적이라고 말한다(즉 직접추리다). 나는 이런 추리를 오히려 오성추리라고 부르고 싶다. 그러나 결론을 내리기 위해서 근저에 두어진 인식[대전제] 이외에 또 하나의 판단[소전제]을 필요로 한다면, 이런 추리는 이성추리[삼단논법]이다. 모든 사람은 죽는 것이다라는 명제에는 이미, 약간의 사람은 죽는 것이다. 약간의 죽는 것은 사람이다. 죽지 않는 모든 것은 인간이 아니다[원판단

의 환질환위] 등의 명제가 포함되어 있다. 그러므로 이런 명제들은 「모든 인간은 죽는 것이다」라는 명제에서 직접 귀결되는 것이다. 이와 반대로 「모든 학자는 죽는다」라는 명제는 먼저의 기본판단[대전제] 속에 없는 것이다(왜냐하면, 학자라는 개념은 저 기본판단 중에 전연 나타나 있지 않기 때문이다). 그리고 이 명제는, [모든 학자는 인간이라는] 중간판단의 매개에 의해서만 [모든 인간은 죽는 것이라는] 기본 판단에서 추리[결론]될 수가 있다.

② 어느 이성추리에서도 나는 우선 오성에 의해서 하나의 규칙(대전제)을 생
361 각한다. 다음에 판단력을 매개로 해서 하나의 인식(소개념)을 저 규칙의 조건
아래에 포섭한다(소전제). 끝으로 나는 그 규칙의 객어[대개념]에 의해서 나의
인식을 규정한다[결론]. 즉 이성에 의해서 선천적으로 규정한다.

따라서 규칙으로서의 대전제가 하나의 인식과 그것의 조건 사이의 관계를 표시하되, 이런 관계들이 각종의 이성추리[삼단논법]를 형성한다. 이성추리의 종류는 세 가지다. 모든 판단이 일반적으로 오성에서의 인식의 관계를 표현하는 방식이 다른 한에서 [정언적·가언적·선언적 판단들로 나누이듯이] 이성추리에도 정언적인 추리, 가언적인 추리, 선언적 추리의 세 가지가 있다.

③ 이따금 있는 일이지마는 [삼단논법의] 결론[최씨가 죽는다]이 판단으로서 제출되어 이 판단[결론]이 이미 주어진 판단들[김씨도 죽었다. 이씨도 죽었다]에서 나오는 것이냐, 다시 말하면 다른 대상[김씨·이씨]을 생각하도록 하는 판단들에서 나오는 것이냐의 여부[귀납]를 알려고 한다면, 나는 이 결론의 주장을 오성 중에서 구해서 그것이 오성에 있어서 일정한 조건[인간인 점] 아래서 보편적인 규칙[인간은 죽는 자다]에 좇아서 나타나느냐의 여부[연역]를 따지겠다.[1] 그런데 내가 만일 그 일정한 조건을 발견하여 결론의 객체[최씨]가 주어진 조건에 포섭된다면, 이 결론은 「인식의 다른 대상」에 대해서도 타당하는 [대전제가 지니는]규칙에서 생긴 것이다. 이제 말한 것으로부터 다음의 것이 알려진다. 즉 이성은 그 [연역을 귀납에 도입하는] 추리작용에 의해서 오성의 자못 다양한 인식을 최소수의 원리(보편적 조건)로 환원하고, 이 때문에 오성의 다양한 인식들

1) 최씨가 죽는다는 결론이 이씨도 김씨도 죽었다는 일정한 조건에서 귀납되는 것인지를 알기 위해서, 연역적 삼단논법을 활용함을 말한다.

에 최고의 통일을 주려고 한다는 것이다.

C. 이성의 순수 사용[이성 자체의 사용]

① 사람이 이성을 고립시킬 수 있는가, 고립화한 때에도 이성은 「개념과 판 362
단」의 독자의 원천인가, 즉 개념과 판단이 오로지 이성에서만 발현해서 이성이 대상과 관계하는 것인가? 혹은 그렇지 않고 이성은 주어진 인식에 「논리적」이라고 하는 형식을 주는 한갓 제2차적인 능력이고, 논리적 형식을 줌으로 해서 오성의 인식들 간에 종속관계가 성립하며 오성의 인식들을 비교함을 통해서 저차(低次)의 규칙들은 고차(高次)의 규칙에(이러한 조건이 저차 규칙의 조건을 자기 영역 안에 포괄하지만) 종속하기에 이르는 것인가? 이것이 우리가 지금 예비적으로 구명하려는 문제이다.

사실 규칙들의 다양함과 그것들을 원리로써 통일함은, 오성으로 하여금 오성 자신과 완전히 연관[일치]시키기 위해, 이성이 요구하는 일이다. 이것은 오성이 직관의 다양을 개념에 포섭하고 그것으로 인해서 다양을 연결하는 것과 흡사하다.

그러나 [이성의] 저러한 원칙은 객관에 대해서 아무런 법칙도 지정하는 것이 아니고 일반적으로 객관 자신을 인식하고 규정할 수 있는 근거를 포함하는 것도 아니다. 그것은 우리 오성의 저장물을 경제적으로 처리하는 「주관적」 법칙일 뿐이다. 즉 오성의 개념들을 서로 비교해서 개념들의 보편적 사용을 되도록 적은 수가 되도록 하려는 것이다. 따라서 우리는 우리 오성의 편의와 확장에
힘이 되는 통일을 대상 자신에 요구할 권리가 없고, [주관적 법칙인] 준칙에 객 363
관적 타당성을 주는 권리도 없다. 요약해서 말하면 이성 자체가, 즉 순수이성이 선천적으로, 종합적인 원칙과 규칙을 과연 내포하고 있느냐, 또 이러한 원리들의 본질이 어떠한 것이냐 하는 것을 문제로 삼는다.

② 이성추리[삼단논법]에 있어서의 이성의 형식적·논리적인 방법이, 순수이성에 의한 종합적 인식에서의 이성이 선험적 원리가 의존하는 근거에 관해서 이미 충분한 인도를 하고 있다.

③ 첫째로, 이성추리는(오성이 그 범주로서 하듯이) 직관을 규칙 아래 포섭하고자 직접 직관과 관계하지 않는다. 그것은 [오성의] 개념과 판단에 상관한다.

따라서 순수이성은 그것이 비록 대상과 상관한다 하더라도, 대상과 그것의 직관에 직접 관여하지 않고, 오직 오성과 오성의 판단에만 관여하며, 이 오성과 오성의 판단은 이성추리에 앞서서 감관과 감관의 직관에 적용되어 이것들의 대상을 규정하는 터이다.

그러므로 이성의 통일은 가능한 경험의 통일이 아니요, 오성의 통일로서의 가능한 경험의 통일과는 본질적으로 다르다. 생기는 일은 모두 원인을 갖는다고 하는 것은 이성에 의해서 인식되고 지시된 원칙이 아니다. 이 원칙은 경험을 통일할 수 있게 하는 것이요, 이성에서 아무런 것도 빌어오지 않는다. 이성은 가능한 경험에 관계함이 없고, 순 개념으로부터서는 종합적 통일[세계가 시
364 간상 시원을 갖는다와 같음]을 줄 수가 없는 것이다.

둘째로 이성의 [일반]논리적인 사용은 자기 판단[결론]의 보편적 조건을 추구하는 것이다. 즉 이성추리는 판단의 조건을 보편적 규칙[대전제]에 포섭함에 의해서 그 자신도 하나의 판단임에 틀림이 없다. 그런데 이 보편적 규칙은 또 다시 이성의 [그것의 보다 더 보편적 규칙을 구하는] 마찬가지의 시도(試圖)를 모험해야 하고, 그로 인해서 조건의 조건을(전기 삼단논법에 의해서) 가능한 데까지 구해야 한다. 이 때문에 이성일반의(논리적 사용에서의) 독자적 원칙이, 오성의 제약된 인식에 대해서 무제약인 것을 발견하고, 제약된 인식의 통일을 완성하는 것임이 우리에게 충분히 알려진다.

④ 그러나 이 논리적인 준칙이 순수이성의 원리로 되자면, 한 가정을 통해야 한다. 즉 제약된 것이 주어져 있으면, 순차로 종속하게 된 제약들의 전계열(全系列)—이것은 따라서 무제약인 것이지만—도 주어져 있다고 하는 (바꾸어 말하면 대상과 그것의 연결 중에 포함되어 있다고 하는) 가정이다.

⑤ 순수이성의 이러한 원칙은 명백히 종합적이다. 왜냐하면 제약된 것은 분석적[일반논리적]으로 그것의 어떤 제약에 관계하지마는, 무제약자(無制約者)에는 관계하지 않기 때문이다. 이런 [종합적] 원칙에서 여러 가지 종합적 명제가 생기지 않을 수 없되, 이 점에 관해서 순수오성은 아무것도 아는 바 없다. 순
365 수오성의 인식과 종합은 항상 제약된 것인바, 가능한 경험의 대상들만을 다룬다. 그러나 무제약자는 만약 그것이 사실로 허용되는 것이라면, 모든 제약된 것과는 다른 특질에 좇아서 특별한 고려를 해야 하겠고, 이런 일을 통해서 많

은 선천적 종합명제에 대한 소재를 주는 것임에 틀림이 없다.

⑥ 순수이성의 이 최상「원리」에서 생긴 원칙들은 모든 현상에 대해서는 초험적이겠다. 즉 그 최상원리는 그것에 합치하는 경험적인 사용이 있을 수 없다. 따라서 이런 원칙들은 오성의 원칙들과는 전혀 다르다(오성의 원칙들은 모두 경험의 가능성만을 주제로 하고 있기 때문에 전혀 내재적으로 사용된다).

「제약들의 계열은(현상들의 종합에 있어서 혹은 사물 일반에 대한 사고의 종합에 있어서) 증가하여 무제약자에 이른다」고 하는 원칙이 객관적 정당성을 갖느냐 안 갖느냐, [만약 객관적 정당성을 갖는다면] 이 원칙에서 오성의 경험적인 사용에 대해서 어떠한 귀결이 생기느냐, 혹은 이러한 객관적 타당성을 갖는 이성명제는 존재하지 않고, 오히려 점점 고차의 조건으로 올라가서 조건들의 완결성에 접근하며 인간에게 가능한 최고의 이성통일을 인식하도록 하는 한갓 [일반] 논리적인 지시(指示)만이 존재하느냐? 감히 말한다면 이성의 이러한 요구가 오해에 의해서 순수이성의 선험적 원칙이라고 생각되고, 이 원칙이 이러한 무제 366
한의 완결성을 성급하게도 대상 자신에 있어서의 제약들의 계열에 대해서 요청하는 것이냐? 그리고 이럴 경우에도 그 대전제(大前提)가 순수이성에서 가져와졌고(이것은 요청이기보다도 아마 부당한 애원일 것이지만) 또 자신은 경험에서 출발하여 그것의 제약에 소급하는바 이성추리[삼단논법] 중에 어떤 종류의 오석(誤釋)과 기만이 몰래 들어가 있느냐? 이런 문제들의 천명이 선험적 변증론에서 우리가 토의할 일이다. 우리는 선험적 변증론을 인간이성의 깊은 바닥에 감추어져 있는 원천에서 전개하고자 한다.

우리는 선험적 변증론을 두 편으로 나누겠다. 첫째 편은 순수이성의 초험적 개념들을 다루고, 둘째 편은 순수이성의 초험적·변증적인 이성추리를 다룰 것이다[그래서 이념들의 선험적·인식론적 연역은 불가능한 것임을 드러낼 것이다].

선험적 변증론

제1편 순수이성의 개념들

① 순수이성에 생기는 개념들의 가능성에 관해서 어떤 사정이 있을지 모르
나, 그러나 그런 개념들은 그저 「반성」에서 얻어진 것이 아니라 「추리」된 것
이다. 오성의 개념[범주]들도 선천적으로 경험 이전에 경험을 위해서 생각되어
367 서 경험을 가능하게 하는 것이나, 이것들은 현상이 가능한 「경험적 의식」에
반드시 속하는 것인 한에서, 현상에 관해서는 반성에 의한 통일 이외의 것을
포함하지 않는다. 오성의 개념에 의해서만 대상의 인식과 규정이 가능하다. 즉
그것들은 우선 추리에 대한 소재를 주는 것이요, 오성개념들에 선행해서 대상
들에 관한 선천적 개념들이 있어서, 이런 대상들에서 오성개념들이 추리되는
것이 아니다. 반대로 오성개념의 객관적 실재성은 오성개념들이 모든 경험의
지성적 형식으로 되기 때문에, 그것들은 항상 경험에만 적용될 수 있음에 기본
한다.

② 이성의 개념은 그것의 이름부터 이미 「그것이 경험 내에 제한되고 싶지 않다」는 것을 표시한다. 왜냐하면 이성의 개념이 관여하는 인식은 어느 경험적 인식도 그것의 일부가 될 뿐이고, (아마 가능한 경험의 전체 혹은 이러한 경험의 경험적 종합의 전체이겠고), 어떠한 현실적 경험도 완전히 [이성의 개념이 관여하는] 인식에 도달함이 없고 언제나 그 인식에 소속해 있기 때문이다.

「이성의 개념이 이성에 의한 개념의 파악(Begreifen)을 위한 것임은, 오성의
개념이 (지각의) 이해(Verstehen)를 위한 것임과 같다. 만약 이성의 개념이 무
제약자를 포함한다면, 이런 이성의 개념이 관여하는 것은 일체 경험이 그것에
소속하되, 그것 자신은 경험의 대상이 되지 않는 것이다. 다시 말하면 이성이
추리할 경우에 경험에서 출발하여 도달하려는 목표요, 이 목표에 준거해서 이
368 성의 경험적인 사용의 도(度)를 평정하되, 이 목표 자신은 경험적 종합의 한
마디가 결코 되지 않는 것이다.

상술한 사정에도 불구하고, 이성의 개념이 객관적 타당성을 가진다고 한다

면, 그것은 「정당하게 추리된 개념」이라고 할 수 있다. 그렇지 않다면 이성의 개념은 바른 추리의 탈만을 쓰고 나타난 것이요, 따라서 「궤변적 개념」이라고 해도 좋다. 그러나 이 점은 순수이성의 변증적[사이비] 추리의 장에서 비로소 해결될 수 있는 문제이기에, 여기서는 이 점을 돌보지 않기로 한다. 오성의 순수개념이 범주라고 불렀듯이, 여기서는 이성의 순수 개념에 새로운 이름을 부여해서 이것을 선험적 이념이라고 하고, 이하에서 이런 이름을 붙인 까닭을 설명하고 변명하려고 한다.

선험적 변증론 제1편

제1절 이념 일반

① 우리 국어[독일어]의 어휘가 매우 풍부함에도 불구하고, 사색적 인간은
자기의 개념에 꼭 맞는 표현을 찾지 못해 당황한다. 또 이런 표현의 결핍 때문
에 타인은 물론 자기 자신도 자기 생각을 바르게 이해하지 못한다. 새 말을 주
조하는 일은 언어에서의 입법에 대한 월권이므로 성공하는 일이 드물다. 이런 369
절망적 수단에 호소하기보다는 오히려 지금은 죽은 고전어 중에서 자기의 개
념과 이 개념에 알맞은 표현이 있지나 않나 하고 찾아보는 일이 적당하다. 이
런 개념의 옛적 사용이 그 개념의 창조자가 경박함에서 얼마만큼 동요적이었
다 하더라도 그것이 특유하는 의미를 확정하는 것이, (당시나 지금이나 엄밀히
동일한 의미로 생각되었는지는 의심스럽지마는) 자기의 사상이 남에게 이해되지 않
기 때문에 자기의 노력을 망쳐버리는 일보다는 더 낫다.

② 그러므로 어떤 개념에 적합하게 오직 한 낱말만이 있고, 이 한 낱말의 의미가 벌써 그것의 개념에 맞아서 이 개념을 유사한 개념에서 구별하는 일이 자못 중요할 때에는, 이런 낱말을 함부로 남용하지 않거나 혹은 말의 변화를 위해서 다른 동의어로서 쓰지 않고, 그 낱말 특유의 의미를 조심스레 보존하는 일이 좋다. 왜냐하면 그러하지 않으면, 그 표현은 특별히 사람의 주의를 끌지 않고 자못 다른 의미의 다른 표현의 더미 속에 파묻혀, 드디어 그 표현만이 보존할 수 있는 사상마저 상실하고 말기 때문이다.

③ 플라톤은 이념(Idee)이란 말을 썼으나 그 말로써 그가 이해했던 것은, 감

370 관에서 빌려온 것이 아닐 뿐더러, 아리스토텔레스가 다룬 「오성」의 개념조차 도 넘어섰다(이념에 합치하는 것이 경험에는 전혀 없기에)는 것을 우리는 잘 아는 바다. 이념은 플라톤의 경우 사물 자신의 원형이요, 범주처럼 가능한 경험을 위한 열쇠임에 그치지 않는다. 그 사상에 의하면 이념은 최고이성에서 발생한 것이고, 이것에서 인간이성에 분여(分與)된 것이다. 그러나 인간 이성의 현상은 이성의 원초적 상태 중에 있지 않고, 지금은 매우 불명백하게 된 옛 이념을 (철학이라고 부르는) 회상에 의해서 불러 일으켜야 하는 것이다.

나는 여기서 이 고매한 철학자가 이념이라는 표현에 결합시킨 의미를 결정하기 위해서 문헌학적 연구에 들어가려고 하지 않는다. 나는 오직 다음의 주의만을 한다: 「일상의 담화와 또 저술에서 한 저자가 자기의 문제에 관해서 표시한 생각들을 비교하여 봄으로써, 저자 자신이 이해하고 있는 것보다도 더 잘 [독자가] 저자를 이해함은 기이한 일이 아니다. 왜냐하면, 저자는 자기의 개념을 십분 명확히 정의하지 않았고, 이 때문에 왕왕 자기 자신의 의도와는 다른 말을 했거나 생각도 하였기 때문이다」고.

④ 플라톤은 우리의 인식 능력이 현상을 경험으로 읽을 수 있기 위해서, 그
371 것을 종합적 통일에 의해 연결하는 것보다도 훨씬 더 높은 요구를 느끼는 것임을 잘 알고 있었다. 우리의 이성은 본성상 경험이 줄 수 있는 대상이 합치할 수 있는 인식보다도 더 높은 인식에 약진하되, 그럼에도 이런 인식이 실재성을 가져서 한갓 환상이 아닌 것도 그는 잘 알고 있었다.

⑤ 플라톤은 그의 이념[이데아]들을 특히※ 실천적인 것의 일체에서 발견했다. 즉 자유에 기인하는 일체에서 발견하였으나, 「자유」가 이제야 이성의 독특한 산물인 [이론적] 인식의 하위에 서게 되었다[불완전한 것이 되었다]. 덕의 개념을 경험에서 이끌어내려는 사람, 즉 그 [경험적] 실례는 불완전한 해명 밖에 되지 않는 것을 모범으로 해서 인식 원천으로 삼고자 한 사람(이런 사람은 사실 많았지만), 이런 사람에게는 덕이 시간과 사정에 의해서 변하는, 규칙이 될 수 없는 모호한 무의미한 것으로 되어 버릴 것이다. 이에 반해서 어떤 사람이 유덕함의 모범이라고 생각되었을 경우에, 우리는 참된 원형을 결국 자신의 두뇌 속에 두어서, 이 참된 원형과 소위 모범적 유덕자를 비교하며 원형에 준해서
372 모범적 유덕자를 평가함은, 누구나 아는 일이다. 참된 원형이 덕의 이념이요,

이것에 비하면 경험할 수 있는 대상들은 예증(이성의 개념[즉 이념]의 요구가 어느 정도로 실현될 수 있다는 증명)은 되지마는, 원형으로 되지는 않는 것이다. 인간은 덕의 순수이념이 포함하는 바의 것[원형]에 완전히 적합하는 행위를 하지는 않겠다는 것은, 덕의 본질이라는 사상이 허망한 것임을 증명하지는 않는다. 왜냐하면 도덕적 가치의 유무에 관한 판단은 모두가 덕의 이념[본질]에 의해서만 할 수 있기 때문이다. 그러므로 도덕적 완전성에 접근하는 근저에는 반드시 [도덕적] 이념이 있다. 단지 인간성 중의 측량할 수 없는 장애가 우리의 이 이념에서 멀어지게 할 따름이다.

※ 플라톤은 확실히 자기의 개념[이념]을 사변적 인식에도 확장해서 [인정하였으나], 이것은 사변적 인식이 순수하게, 즉 전혀 선천적으로만 주어졌을 경우의 일이었다. 뿐만 아니라 수학이 그것의 대상을 가능한 경험에서만 가짐에도 불구하고 수학에까지 확장했다. 이 점에서 나는 그를 따를 수 없다. 또 이런 이념들의 신비적 연역에서도, 즉 그가 이념을 실체화한 과장(誇張)에서도 그를 따를 수 없다. 그러나 그가 이 분야[이념]에 관해서 사용한 고상한 언어는 사물의 본성에 합치해서 아주 온당하게 해석할 수가 넉넉히 있는 것이다.

⑥ 플라톤의 국가는 한가로운 사색인의 두뇌 안에만 있는 완전한 공상을 표현한 유명한 실례로 잘못 생각되어져서, 지금은 「플라톤의 국가라는」 격언까지 생겼다. 브루커는, 저 철인이 이념에 참여하지 않은 군주는 선정(善政)을 못한다고 주장한 것을, 참으로 웃을만 하다고 했다. 그러나 우리는 플라톤을 탐구하고 또 (이 위대한 철인이 지금은 우리에게 도움이 없는 처지이지만) 스스로 새로운 사색의 노고를 치룸을 통해 그의 사상을 명백하게 하는 것이, 실행난(實行難)이라는 자못 빈곤하고도 해로운 구실 아래서 그의 사상을 무익한 것으로 배 373
제하는 것보다도 훨씬 나을 것이다.

각인의 자유가 타인의 자유와 공존할 수 있도록 하는 법칙에 따른 「인간의 최대자유(최대행복이 아니다. 행복은 저절로 자유에 수반할 것이다)를 안목으로 하는 헌법은 적어도 하나의 필연적인 이념이요, 이 이념이 헌법을 처음으로 마련하려고 할 무렵에는, 모든 법률의 근저에 두어져야 한다. 이 경우에 사람은 우선 당면한 장애들을 도외시해야 한다. 장애들은 인간성에서 생기지 않을 수 없

다고 하기보다도 입법할 즈음에 진정한 이념을 소홀히 하기 때문에 생기는 것
이다. 무단히 경험에 모순된다는 것을 속되게 빙자하는 일만큼 해롭고도 철인
답지 못한 일은 없다. 만약 앞서 말한 국가제도가 적당한 시기에 그 이념에 준
거해서 구현된다면, 또 이념이 아닌 조잡한 개념을 경험에서 빌어와서, 바로
이런 이유에서 이런 개념이 모든 좋은 의도를 헛되게 하지 않는다면, 세칭(世
稱)「경험에 모순된다」는 말은 사실은 있을 수 없을 것이다. 입법과 행정이 이
념에 합치해서 조직됨으로써 차츰 차츰 형벌이 적게 되는 것은 말할 필요도
없다. 그렇게 보면, (플라톤이 주장했듯이) 입법과 행정의 완전한 질서에 있어서
는 형벌은 전혀 무용하게 될 것이라는 말도 합당한 말이다. 비록 이런 사태가
374 실현되지 않더라도 이런 극한을 원형으로서 제시하고, 이것에 의해서 인간의
입법제도를 되도록, 최대로 완전하게 하는 데에 접근시키려는 이념은 아주 정
당한 것이다. 무릇 인간이 이제는 진행을 정지해야 하는 최고도(最高度)란 것이
무엇인가, 따라서 이념과 그것의 실현 간에 있지 않을 수 없는 간격의 크기가
얼마만 한가 하는 것은 아무도 규정할 수 없고 또 규정해서는 안 된다. 모든
지정된 한계를 넘어갈 수 있는 것이 바로 자유이기 때문이다.

⑦ 인간의 이성이 참 원인성이 되어 이념이 (행위와 그 대상을 야기하는) 작용
적 원인이 되는, 도덕의 분야에서 뿐만 아니라, 자연 자신에 관해서도 플라톤
은 정당하게도 자연의 근원이 이념에서 유래했다는 것을 명백히 증명하였다.
식물도, 동물도, 우주의 합규칙적인 배열도 (따라서 전자연 질서도)모두 이념에
의해서만 가능하다는 것을 그는 명백히 지적했다. 물론 개개의 피조물은 그것
이 현존하는 개별적 조건에서 그것이 속하는 종(種)의 가장 완전한 것으로서의
이념에 합치하지는 않는다(마치 인간 자신이 그 행위의 원형으로서의 심중에 품고
있는, 인간의 이념과 합치하지 않듯이). 그러나 이러한 이념들은 최고의 오성[하나
님]에서는 개별적·불변적·일관적으로 규정되어서 사물의 근원적인 원인을 이
루고 있고, 또 우주 내 사물들의 결합된 전체만이 오로지 저 이념들에 완전히
375 적합하다고 그는 지시했다. 만일 과장된 표현을 제거한다면, 세계질서의 자연
적인 면(面)을 [이념의 불완전한] 모사로 보는 것에서 출발하여 목적, 즉 이념에
의해서 세계질서의 건축술적[체계적]인 결합으로 올라가는, 이 철인의 정신적
비약은, 존경하고 추종할 만한 값어치가 있는 노력이다. 그리고 도덕·입법·종

교의 원리에서 이념은 완전히 경험 중에 표현될 수는 없지마는, 이념들이 비로소 선(善)의 경험 자신을 가능케 하거니와, 저런 원리들에 관해서 말한다면, 이 철인의 정신적 비약은 실로 독특한 공적을 지닌다. 그런데 이런 공적이 인정되지 않는 것은 필경 그것이 경험적 규칙에 의해서 판정되기 때문이다. 그러나, 경험적 규칙의 타당성 같은 것은 [그것이] 원리로 된다면 바로 이념에 의해서 버려져야 하는 것이다.

⑧ 무릇 자연에 관해서는 경험은 우리에게 규칙을 보내주고, 경험이 진리성의 원천이다. 허나, 도덕법에 관해서는 경험은 (유감스럽게도) 가상의 어머니다. 내가 해야 할 일에 관한 법칙을 [경험적으로] 행(行)해지는 일에서 이끌어내고, 혹은 이것에 의해서 제한하려고 하는 것은 가장 배척할 일이다[이상의 몇 토막에서 이미 칸트의 윤리적 이상주의가 엿보인다].

⑨ 이런 고찰을 상론(詳論)함은 실로 철학 고유의 품위를 이루는 소이(所以)가 되지마는, [즉 순수실천이성을 확립하는 소이가 되지마는] 여기서는 그런 상론을 하지 않고, 우리는 화려하지는 않지만 공적이 없지 않은 일에 종사한다. 즉 존엄한 도덕적 건축물[체계]의 지반을 평탄하게 하고 견고하게 하는 일에 종사
한다. 이 지반에는 헛된 노력이지마는 비상한 자신에서 감추어진 보물을 파서 376
찾는 이성이 만든 여러 두더지 길이 있어서, 이것이 저 건축물을 불안정하게 하고 있다. 따라서 우리는 순수이성의 영향과 그 가치를 정당하게 결정하고 평가하기 위해서 이제야 순수이성의 선험적 사용, 그것의 원리들 및 이념을 정밀히 알아야 할 의무가 있다. 그러나 나는 이 예비적 「들어가기」를 끝맺음에 즈음하여 철학에 마음을 붙이는 사람들 (마음을 붙인다는 말은 여기서는 보통의 경우보다는 더 깊은 의미에서이지마는)에게, 만약 그들이 이 「들어가기」와 이하의 서술에 의해서 확신을 얻으려 한다면, 이념이라는 말을 그것의 근원적 의미에 의해서 보호하기를 바란다. 이것은 이념이라는 표현이 금후에 그것의 비속된 용법 중에 빠져서 학문이 손실을 입지 않기 위해서다. 보통은 이념이라는 표현에 의해서 각종의 표상방식을 사려없이 난잡하게 표시하고 있다.

그러나 어느 표상방식에도 각각 적절한 명칭이 없는 것은 아니기 때문에, 다른 표상방식을 소유함을 침해할 필요는 없다. 표상방식의 단계는 다음과 같다. 유(類)는 표상일반(Vorstellung überhaupt)이다. 이 유 밑에 의식을 갖는 표

상(즉 지각)이 있다. 지각이 주관 상태의 변양으로서 주관에만 관계한다면, 그것은 감각이다. 그리고 객관적인 지각이 인식이다. 인식은 직관이거나 개념이
377 거나이다. 전자는 대상에 직접 상관하고, 따라서 개별적이다. 후자는 여러 개별 사물에 공통적일 수 있는 표징을 써서 간접적으로 대상에 상관한다. [개념은 경험들을 귀납해서 알려지거나 혹은 경험에서 독립해서 선천적으로 알려지거나이다. 그러므로] 개념은 경험적 개념이거나 혹은 순수개념이다. 순수개념의 근원이 감성의 순수한 형상 중에서가 아니라 오성 중에만 있는 것인 한에서 그것을 오성의 개념이라고 한다. 오성의 개념[오성의 순수개념](Notio)에서 생겨서 경험할 수 없는 개념을 이념이라고 하고, 이성의 개념이라고도 한다.[1] 이런 구별에 익숙한 사람에게는 「붉은 빛깔」의 표상을 이념이라고 한 [로크의]말을 들으면 참지 못할 것이다. 붉은 빛깔이라는 표상은 오성개념이라고도 할 수가 없는 것이다.

선험적 변증론 제1편

제2절 선험적 이념들

① 선험적 분석론은 우리 인식의 순 논리적 형식[판단의 형식]이, 선천적 순수개념[범주]의 기원을 포함할 수 있음을 예증하였다. 선천적인 순수개념이란, 모든 경험에 [논리적으로] 선행해서 대상을 표상하는 것이요, 혹은 대상의 경험적 인식을 가능하게 하는 종합적 통일을 표시하는 것이다. 판단의 형식이 (직
378 관을 종합하는 개념으로 변하여) 경험에서의 일체의 오성사용을 지도하는, 범주를 생기도록 하였다. 이와 마찬가지로 우리가 만일 이성추리[삼단논법]의 형식을

---

1) 표상 일반을 분류하면 :

[무의식적 표상]

- 의식적 표상
  - 주관적 감각(지각)
  - 객관적 인식
    - 직접적 직관
    - 간접적 개념
      - 경험적 개념
      - 순수개념
        - 순수 감성적 시공
        - 오성의 개념(범주)
        - 이성의 개념(즉, 이념)

범주에 준거해서 직관들의 종합적 통일에 적용한다면, 그런 일이 특수한 선천적 개념의 기원을 포함할 것을 우리는 기대할 수 있다. 이런 특수한 선천적인 개념을 우리는 이성의 순수한 개념, 즉 선험적 이념이라고 할 수 있고, 이념이 경험전체에서의 오성사용을 원리들에 의해서 규정하는 것이겠다.

② 추리할 무렵 [삼단논법에서]의 이성의 기능은, 「개념에 의해서」 인식에 보편성을 주는 데에 존립했다[만인이 논리적으로 증명할 수 있는 데에 있었다]. 그리고 이성추리 자신이 그 조건의 전 범위[외연]에서 선천적으로 규정되는 한 판단이다. 「카유스(Cajus)는 죽는다」 라는 명제는, 내가 단지 오성을 통해서도 경험에서 얻을 수 있겠다. 그러나 나는 이 판단의 객어(주장 일반)가 주어지기 위한 조건을 포함하는 개념 (즉 여기서는 인간이라는 개념)을 구하고, 나는 이 개념을 그것의 전 외연에 걸쳐 타당하는 조건(모든 사람이 죽는 자이다)에 포섭한 뒤에, 이것으로 인해서 나는 나의 대상[카유스]의 인식을 규정한다(즉 카유스는 죽는 자라고 한다).

③ 우리는 삼단논법의 결론에서 하나의 객어[죽는 것]를 일정한 대상에만 제한하지마는, 그것은 우리가 객어를 먼저 대전제에서 [인간이라는] 일정한 조건 아래에 있는 전 외연에서 생각한 이후의 일이다. 이러한 조건에 관해서 외연의 379
전량(全量)은 보편성이라고 불린다. 직관의 종합에서 이것에 대응하는 것은 조건들의 전체성이요, 즉, 총체성이다. 따라서 이성의 선험적 개념이란, 하나의 주어진 「제약된 것」에 대한 「제약들의 전체」라는 개념임에 틀림없다. 그런데 무제약자만이 제약들의 전체성을 가능하게 하는 것이기 때문에, 뒤집어 말하면 제약들의 전체성은 항상 그 자신 무제약적이기 때문에, 「이성의 순수한 개념」은 일반적으로 그것이 제약된 것들을 종합[결합]하는 근거를 포함하는 것인 한에서 무제약자의 개념을 통해서 설명될 수가 있다.

④ 그런데 오성이 범주에 의해서 표상하는 「관계」의 종류가 있는 그만큼[관계 범주의 수만큼] 이성의 순수한 개념의 종류도 있겠다. 따라서 **첫째로** 하나의 주관에서 정언적 종합의 무제약자, **둘째로** 계열을 이룬 항들의 가언적 종합의 무제약자, **셋째로** 한 체계에 있어서의 부분들의 선언적 종합의 무제약자가 구해져야 한다.

⑤ 하기에 이것과 동수(同數)의 삼단논법의 종류가 있다. 이런 종류는 그 어

느 것이나 전기 삼단논법에서 그것의 또 전기 삼단논법으로 나아가서 무제약자에 도달한다. 첫째 종류는 자신이 이제부터는 객어로 될 수 없는 주어로 나아간다. 둘째 종류는 이제는 이미 아무런 것도 전제하지 않는 궁극의 전제로
380 나아간다. 셋째 종류는 한 개념의 구분을 완성하기 위해서 이제부터는 아무런 것도 필요하지 않는 구분지(즉 선언지)의 집합으로 나아간다.

그러므로 제약들의 종합에 있어서의 총체성이라는 「이성의 순수한 개념」은 오성의 통일을 되도록 무제약자에까지 전진시키기 위한 과제로서 필요하고, 인간 이성의 본성 중에 뿌리 박고 있다. 그러나 이러한 선험적[초험적]인 개념들 중에는 보통 그것들에 적합한 구체적[경험적] 사용이 결핍해 있다. 따라서 그것들이 지니는 효용은, 오성의 사용이 극도로 확장되는 동시에, 이 사용이 오성 자신과 철저히 일치하는 방향으로 오성을 인도하는 것 이외에 없다.

⑥ 그러나 여기서 우리가 제약들의 총체성을 논하고 또 이성의 모든 개념에 공통된 명목으로서의 무제약자를 논함에 즈음해서, 불가결하되 오랫동안 오용됨으로써 그것에 모호성이 부착해 있어서 [마음 놓고] 정확하게 사용할 수 없는 표현에 우리는 마주친다. **절대적**이라는 말은 그 본래의 뜻에서는 한 개념에 실로 잘 안 맞는 소수(少數)말 중의 하나다. 이 개념에는 그 이후로 같은 국어 중의 다른 말은 정확히는 적합하지 않고, 그렇기에 절대적이라는 말을 상실하면, 혹은 같은 뜻이지마는, 그 말을 부정확하게 사용하면, 개념 자신[절대적인 것]의 상실을 초래하지 않을 수 없다. 그러하면서도 그 개념은 이성의 중대한 관
381 심거리이기 때문에, 개념의 상실은 모든 선험적 가치판단에 크나큰 분리를 입히지 않을 수 없다.

절대적이란 말은 오늘날 가끔 「어떤 사물」이 그 자체로 고찰된 경우에 타당하다는 것을, 즉 내부적으로 타당하다는 것을 지적하기 위해서만 사용된다. 이런 의미에서 절대적으로 가능하다는 말은, 어떤 사물이 그 자체로(즉 내부적으로) 가능하다는 의미다. 이것은 사실 한 대상에 관해서 말할 수 있는 최소한의[1] 것이다. 이와 반대로 절대적이란 말은 가끔 그 어떤 것이 모든 관계에서

1) 「최소한의 절대적」은 가령 「모나드」 같은 개체의 절대성을 부정하면 자기 모순이라는 형식적 또 내용적 의미의 절대적을 말하고, 「최대한의 절대적」은 「이념」 중에서만 생각되는 무제약적 가능성 내지 필연성을 말한다(또 B. 284－5 참조). absolut의 어원인 라틴어 absolutus는 자기 자신

(즉 무제한적으로) 타당하다는 것(가령 절대적 지배)을 지적하기 위해 쓰이기도 한다. 이런 의미에서는 절대적으로 가능하다는 말은 모든 점, 모든 관계에서 가능하다는 것을 의미한다. 이것은 한 사물의 가능성에 관해서 말할 수 있는 최대한의 것이다. 그런데 이상의 두 가지 의미는 이따금 서로 일치한다. 가령 내부적으로 불가능한 것은, 또한 모든 관계에서 불가능하기도 하고, 따라서 「절대적으로」 불가능하다. 그러나 대개의 경우에는 양자는 무한히 서로 거리가 있어서, 「그 어떤 것」이 「자체로」 가능하기 때문에, 그것은 「모든 관계에서도」 따라서 절대적으로 가능하다고 내가 추리할 수는 없다. 아니 「절대적 필연」이란 것[무제약자]에 관해서는 내가 뒤에 [영혼의 오류추리·이율배반·하나님 등에 관해] 말하겠지만, 그것이 어떠한 경우에 있어서 이건 내부적 필연에 의존하는 것이 아니요, 따라서 이것을 내부적 필연과 같은 의미로 보아서는 안 되겠다. 「그 어떤 것」에 대한 반대가 내부적으로 불가능하다면, 이러한 반대는 물론 382
모든 점에서도 불가능하고, 그러므로 그 「어떤 것」은 그 자신 절대로 필연이다. 그러나 역으로[즉 환위해서] 나는 절대로 필연인 것은 그 반대가 내부적으로 불가능한 것이라고 추리할 수는 없다[정칭판단의 환위는 특칭판단이어야 하고 절대적 필연이라는 전칭이 불가능하기에].

다시 말하면 사물의 절대적 필연성이 그대로 곧 내부적 필연성이라고 추리할 수는 없다.[1] 내부적 필연성이란 어떤 경우에는 전혀 공허한 표현이라서, 이런 표현에 최소의 의미라도 줄 수 없기 때문이다. 그러나 모든 가능적인 것에 대한 전(全) 관계에서의 한 사물의 [절대적] 필연성이라는 표현은 전혀 특수한 규정을 가지고 있다. 원래 사변철학에서 널리 활용되고 있는 개념을 상실한다는 것은, 철학자에 대해서 무관심한 일일 수 없다. 그러므로 이런 개념에 결탁해 있는 표현을 규정하고 보존하는 일에도 철학자가 무관심일 수 없기를 나는 바란다.

⑦ 이런 확장된 의미에서만 나는 절대적이라는 말을 사용하겠다. 그리고 이 말을 비교적[상대적]으로만 타당하는 것에서나, 특수한 관점에서만 타당하는

에 의존하고 타자를 필요로 하지 않는다는 뜻이다.

1) 하나님 같은 절대적인 이념은 내부적 모순을 포함하지 않고 있다고 해서, 그것이 자체상 필연이라고 말할 수 없다는 뜻이다. 또 이념은 「불가지의 실제로서의 물자체」가 아니다.

것에 대립시키겠다. 후자는 조건에 의해서 제한되어 있으나, 전자[확장된 의미의 절대적]는 제한 없이 타당한 것이다.

⑧ 원래 이성의 선험적[초험적]인 개념은 항상 제약들의 종합에서 「절대적」 전체성만을 지향하고, 단적으로 무제약인 것에, 즉 「모든 관계에서」 무제약인 것에, 도달하지 않으면 정지하지 않는 것이다. 무릇 순수이성은 오성에게 일체
383 를 위임한다. 그리고 오성은 우선 직관의 대상들에 관계한다. 아니, 오히려 구상력에 의해서 「대상들의 종합」에 관계한다고 할 것이다. 그러나 순수이성만이 오성개념의 사용에서 절대적 전체성에 착안하고, 범주에 의해서 생각되는 종합적 통일을 절대적인 무제약자에 이르도록, 추구한다. 하기에 이런 통일은 현상들에 대한 이성의 통일(Vernunfteinheit)이라고 말할 수 있다. 그것은 범주가 표시하는 통일이 오성의 통일(Verstandeseinheit)이라고 말할 수 있는 것과 같다[B. 450 참조]. 그러므로 이성은 오직 오성의 사용에만 관계하고, 그러면서도 그것은 오성의 사용이 「가능한 경험」의 근거를 포함하는 한에서만이 아니라(어떠한 경험도 무제약적이 아니기 때문에, 제약들의 절대적 전체성은 경험 중에서 사용할 수 있는 개념이 아니다), 오성에 대해서 혹종(或種)의 통일 방향을 지시하기 위해서다. 그리고 여기서 통일이란, 오성이 이해하는 바 없는 통일이요, 각 대상에 관한 일체의 오성작용을 절대적 전체로 개괄할 것을 노리는 통일이다. 따라서 「이성의 순수한 개념」을 객관적으로 사용하는 것은 항상 초험적이다. 타방 「오성의 순수한 개념」을 객관적으로 사용하는 것은 그것의 본성상 항상 내재적이 아닐 수 없다. 이것의 객관적 사용은 한갓 가능한 경험에만 제한되기 때문이다.

⑨ 나는 「이념」 아래서 감관 중에서 그것과 합치하는 대상이 주어질 수 없
384 는 필연적인 「이성의 개념」을 의미한다. 따라서 우리가 방금 고려했던 「이성의 순수한 개념」들은 선험적[초험적] 이념들이다. 그것들은 순수이성의 개념들이다. 그것들은 모든 경험적 인식을 제약들의 절대적 전체성에 의해서 규정된 것으로 보기 때문이다. 그것들을 자의에서 안출된 것이 아니라, 이성 자신의 본성에 의해서 과해진 것이며, 그러므로 오성사용의 전체에 반드시 관계한다. 그것들은 결국은 초험적이요, 모든 경험의 한계를 넘어 있다. 하기에 경험 중에는 선험적 이념에 합치하는 대상은 나타날 수 없다. 우리가 이념이라고 말할

적에, 그것은 객관의 면에서는(즉 순수오성의 대상으로서의 객관에 관해서는) 매우 많은 것[을 포함함]을 의미하되, 주관의 면에서는(즉 경험적 조건 아래서 주관이 현실로 갖는 힘에 관해서는) 그것은 매우 미약한 것임을 의미한다. 극대 개념으로서의 이념은 구체적으로는 그것에 대응하는 것이 [경험 중에] 주어질 수 없기 때문이다. 그런데 개념에 대응하는 대상이 구체적으로 주어지는 경우야말로, 이성의 순 사변적[이론적] 사용의 본래의 전(全) 의도이다. 그러므로 이 경우에 아무리 애를 써도 도달할 수 없는 개념에 접근하려고 하는 일은, 그 개념이 바로 그릇된 것임을 의미한다. 하기에 이런 개념에 관해서는 그것은 이념임에 불과하다고 말한다. 따라서 「일체 현상들의 절대적 전체」라는 것은 이념에 불과하다고 말할 수도 있다. 우리는 이러한 절대적 전체 같은 이념을 [구체적] 형상 중에 구현할 수 없기 때문에, 그것은 언제까지나 도저히 해결이 없는 과제인 것이다[B. 515 참조].

이와 반대로 오성의 실제 사용에서는 규칙에 따른 실현만을 다루기 때문에, 385
실천이성이라는 이념은 항상 부분적이라고 [완결되지 않는다고]하더라도 참으로 구체적으로 주어질 수 있다. 아니, 실천이성의 이념은 이성의 모든 실천사용의 불가결한 조건이다. 그 이념의 수행은 항상 한계지어지고 불만스럽다고 해도 그 한계는 규정될 수가 없고, 따라서 그것의 수행은 항상 절대적 완전성이라는 개념의 지배를 받고 있다. 이렇기에 실천적 이념은 항상 극히 유효하고, 현실 행위에 관해서 반드시 필요하다. 뿐더러 순수이성은 실천적 이념에서는 「순수이성의 개념」이 포함하는 바를 실현하려는 원인성을 갖는다. 이에 우리는 지혜에 관해서 그것은 이념일 뿐이라고 이를테면 멸시하는 말을 할 수가 없다. 지혜는 모든 가능한 목적의 필연적 통일이라는 이념이기 때문에, 지혜는 모든 실천적인 것에 관해서 근원적인 그리고 적어도 [자유]제한적인 조건으로서 규칙의 구실을 하지 않을 수 없다.

⑩ 이성의 선험적 개념에 관해서 그것은 이념일 뿐이라고 말해야 한다 하더라도, 우리는 역시 그것을 무용한 것이요, 허무한 것이라고 보아서는 안 될 것이다. 그것에 의해서 어떠한 객관도 규정될 수 없다. 그러나 이념은 근본적으로 또 무의식 중에 오성에 대해서 오성의 확장되고 제합된 사용의 규준으로 쓰일 수 있다. 이성의 선험적 개념에 의해서, 오성은 자기의 개념[범주]에 의해

서 인식하는 것[현상계] 이상의 대상을 인식하지는 않지만, 오성은 이런 인식에서 한층 더 잘 인도받고 한층 더 먼 곳에 도달하도록 인도받는다. 그뿐만이 아니라 이성의 개념이, 아마 자연개념에서 실천개념으로 건너감을 가능하게 하겠고, 이렇게 해서 도덕적 이념 자체에 지지를 주고, 이성의 사변적[이론적] 인
386 식과 조화·연관할 수 있겠으나, 이 점은 [여기서는] 묻지 않기로 한다. 이 모든 점에 관한 해명은 이하의 논술에 기대해야 한다.

⑪ 여기서는 우리는 우리의 의도에 의해서 실천적 이념을 도외시하고, 따라서 이성의 사변적 사용만을 고찰한다. 또 사변적 사용에서는 좁은, 즉 선험적인 사용만을 고찰한다. 이 경우에 우리는 위에서 범주의 연역에서 취한 길과 같은 길을 취해야 한다. 즉 이성인식의 논리적 형식을 고찰하고 또 대상 자체를 이성의 그 어떠한 기능에 관해서 「선천적 종합적」으로 규정된 것으로 봄으로써, 이성이 개념[이념]들의 원천이 되지나 않나 하는 것을 알아보아야 하겠다.

⑫ 이성이 어떤 논리적 형식에 의해서 인식하는 능력이라고 보아진다면, 그것은 추리하는 능력이다. 다시 말하면 (가능한 판단[소전제]의 조건을 주어진 판단의 조건에 포섭함에 의해서) 간접적으로 판단하는 능력이다. 주어진 판단은 보편적 규칙(대전제)이다. 다른 가능한 판단의 조건을 이 보편적 규칙에 포섭하는 것이 「소전제」다. 포섭된 경우에서 [보편적]규칙의 주장을 언표하는 실제 판단이 「결론」이다. 요컨대 [보편적] 규칙은 그 어떤 것을 어떤 조건 아래서 보편적
387 으로 입언하는 것이다. 그런데 저 규칙이 [표시하는] 조건은 지금의 [특수] 경우(결론)에서 성립한다. 따라서 [규칙의] 조건[대전제] 아래서 보편적으로 타당하는 것은, (이 조건을 반드시 지니는) 지금의 [특수]경우에 있어서도 타당하는 것으로 보아진다.

제약들의 계열을 형성하는 오성작용에 의해서 이성이 하나의 인식에 도달하는 것은 쉽게 알려진다. 가령 모든 물체는 변화한다는 명제[결론]에 도달하려고 하면, 그것보다도 먼 인식(물체라는 개념은 아직 나타나 있지 않으나 이 개념의 제약을 포함하는 인식) 즉 모든 합성체는 변화한다는 명제에서 출발해야 한다. 이 [명제의] 인식에서 [내가 도달하려는 명제에] 가까운 인식, 즉 물체는 합성체이다라는 명제[소전제]로 나아간다. 이 명제는 모든 대전제[모든 합성체는 변화한다]의 조건에 종속하는 것이다. 둘째 명제로부터 비로소 셋째 명제, 즉 먼저의

인식 (변화한다는 인식)과 당면한 인식을 결합하는 인식—그러므로 모든 물체는 변화한다는 인식—으로 전진한다. 이렇게 해서 나는 제약들의 계열(대전제와 소전제)을 더듬어서 하나의 인식(결론)에 도달했다.

그런데 각 계열에[충족이유율에 의해] 그것이 정언적 판단의 계열이냐 가언적 판단의 계열이냐의 지표가 주어져 있고, 이런 계열이 어디까지든지 연속하게 된다. 따라서 동일한 이성작용이 「복합 삼단논법」을 형성하기에 이른다. 복합 삼단논법은 추리들의 계열이요, 이 계열은 제약들의 편에서거나 (즉 전기, (소급적) 삼단논법에 의하거나) 혹은 제약된 것[피제약자]의 편에서 (즉 후기, [하향적] 삼단논법에 의해서) 무제한하게 계속할 수 있다. 388

⑬ 「전기 삼단논법」은 주어진 인식[제약된 인식]에 대한 근거의 편(便)에서 즉 제약의 편으로 추리하는 인식이요, 이런 전기 삼단논법의 연쇄 혹은 계열은, 이를테면 삼단논법의 올라가는 계열이다. 후기 삼단논법에 의해서 이성이 제약된 것[결과]의 편에 서서 추리를 진행시키는 것은, 내려가는 계열이다. 그런데 올라가는 계열은 이성능력에 대해서 내려가는 계열과는 태도를 달리한다. 전자의 [올라가는] 경우에는 인식(결론)은 제약된 것으로서만 주어져 있기 때문에, 우리가 이성[추리]에 의해서 이런 인식에 도달하자면은, 이 계열의 모든 항이 (즉 전제들의 계열의 전체성이) 제약들의 편에서 주어져 있음이 적어도 전제되지 않을 수 없다. 현재의 판단[결론]은 이런 전제 아래서만 선천적으로 가능하기 때문이다. 이에 대해시 제약된 것의 편, 즉 추리된 결론의 편에서는 시금 생기고 있는 중의 계열만이 생각된다. 그러므로 전체로서 전제되어 있지도 않고 혹은 전체로서 주어져 있지도 않은 계열만이 생각된다.[1] 따라서 오직 잠재적[가능적]인 진행만이 생각된다. 이에 하나의 인식이 어디까지나 제약된 것으로 보아지는 경우에는 이성은 그것의 제약들의 계열로 올라가는 선(線)에서 완결한 것으로 보지 않을 수 없다. 다시 말하면 계열이 전체적으로 주어져 있는 것이라고 보지 않을 수 없다. 그러나 같은 인식이 만일 내려가는 선에서 결론 389
들의 계열을 이루는 다른 인식에 대한 제약으로 보아지는 경우에는, 이런 진행

1) 가령, 나의 생존에 관해서 부모·조부모·조상으로 올라가서 최초의 조상이 전제되겠으나 나의 아들·손자·증손(曾孫)으로 내려가는 일은 그 끝을 알 수 없다는 말과도 같다.

이 「내려가는 방향」에서 어디까지 도달하는지, 또 이런 계열의 전체성이 일반적으로 가능한 것인지, 이런 일에 이성은 전혀 무관심일 수 있다. 이성은 그의 현재의 결론을 위해서 이런 내려가는 계열을 필요로 하지 않기 때문이다. 즉 현재의 결론은 「올라가는 방향」의 근거[제약]에서 이미 충분하게 규정되어 있고 확보되어 있다.

그런데 제약들의 편에서 전제들의 계열이 최상의 제약으로서 첫째 항[즉 제일 원인]을 갖건 안 갖건 간에, 따라서 올라가는 방향이 한계가 있건 없건 간에, 이 계열은 제약들의 전체성을 포함해야 한다. 비록 우리가 이런 전체성을 붙잡게 될 수 없더라도 그러하다. 그리고 이런 전체적 계열에서 생긴 결론이라고 보아지는 「제약된 것」이 진리로 보아질 것이라면, 그 계열 전체가 무조건적으로 진리가 아닐 수 없다. 이것은 이성이 요구하는 것이요, 이성은 자기의 인식을, —자체적으로건 혹은 파생된 것으로건 간에—선천적으로 규정된 것이라고 선언하고, 또 필연적인 것이라고 선언한다. 자체적이라고 말할 때에는 그것 이상의 근거를 필요로 하지 않는다. 파생된 것이라고 말할 경우라면, 이것은 근거[제약]들의 계열 중의 한 항인 것이요, 계열 자신이 무조건 참이 되는 것이다.[1]

선험적 변증론 제1편

390 제3절 선험적 이념들의 체계

① 우리는 여기서 [일반]논리의 변증론을 고찰하지 않는다. 이 변증론은 인식의 모든 내용을 도외시하고, 이성추리[삼단논법]의 형식 중에 있는 논리적 가상을 폭로하는 것이다. 우리는 여기서 「선험적 변증론」을 고찰한다. 이 변증론은 순수이성에 유래하는 혹종(或種) 인식의 근원과 추리된 혹종 개념의 근원을 전혀 선천적으로 포함할 것이다. 혹종의 인식과 개념은 그것들의 대상이 경험에 의해서 절대로 주어질 수 없고, 따라서 그것은 순수오성 능력의 외부에나 있는 것이다.

1) 무제약자(무조건자)의 양의(兩儀)를 제시한 주목할 만한 대목이다.

추리에서나 판단에서나 우리 인식의 선험적 사용이 그것의 [일반]논리적 사용에 대해서 자연스럽게 가지는 관계에서, 우리는 세 종류의 변증적 추리만이 있음을 추정했거니와, 이 세 종류의 변증적 추리는 이성이 「원리」에서 인식에 도달할 수 있는 세 종류의 추리방식과 유관한 것이다. 그리고 이 전(全) 변증적 추리에 있어 이성의 소임은, 오성이 항상 얽매여져 있는 제약된 종합에서 오성이 도달할 수 없는 무제약적 종합으로 올라가는 데에 있다는 것도 우리는 추정하였다.

② 우리의 표상들이 가질 수 있는 모든 관계를 통해서 보편적인 것은 1. 주관에 대한 관계와 2. 객관에 대한 관계이다. 그러면서도, 이 객관은 현상으로서의 객관이거나, 혹은 사고 일반의 대상으로서의 객관이다. 이 세별(細別)을 저 대별(大別)에 결합시키면, 우리가 개념이나 이념을 만들 수 있는, 표상들의 모든 관계는 세 종류다. 1. 주관에 대한 관계 2. 현상에서의 객관의 다양에 대한 관계 3. 만물(萬物) 일반에 대한 관계가 즉 그것이다.

③ 모든 순수개념은 일반적으로 표상들의 종합적 통일을 일삼지만, 순수이념의 개념(선험적 이념)들은 모든 제약 일반의 「무제약적」인 종합적 통일을 일삼는다. 따라서 모든 선험적 이념은 다음의 세 급(級) 중의 어느 것으로 들어간다. 첫째는 생각하는 주관의 절대적(무제약적) 통일을, 둘째는 현상 제약들의 계열의 절대적 통일을, 셋째는 사고일반의 모든 대상들의 제약인 절대적 통일을 포함한다.

④ 생각하는 주관은 심리학의 대상이다. 모든 현상의 총괄(즉 세계)은 우주론의 대상이다. 생각될 수 있는 만물을 가능하게 할 수 있는 최상의 제약을 포함하는 것(즉 일체 존재자의 본질인 것)은 신학의 대상이다. 이렇게 보면 순수이성은 선험적 심리학에 대해서, 또 선험적 우주론에 대해서, 끝으로 하나님의 선험적 인식(선험적 신학)에 대해서 각각 그 이념을 주는 것이다. 이런 학문들 중의 어느 것에 대해서 계획을 세우려 하건 간에, 한갓 기획조차도 오성에서 392
유래하지 않는다. 오성이 이성의 최고 논리적 사용, 즉 생각될 수 있는 한의 이성추리와 연결해서, 오성의 한 대상(현상)에서 다른 일체 대상으로 나아가서 경험적 종합의 가장 먼 항에 이르기까지 되더라도 오성이 할 기획은 못된다. 그런 계획을 하는 것은 참으로 순수이성의 소산이요, 혹은 순수이성의 문제다.

⑤ 모든 선험적 이념에 관한 이 세 명칭[심리학·우주론·신학] 아래에 이성의 순수한 개념들의 어떤 특수한 양식들이 각각 귀속하느냐 하는 것은 다음 장에서 완전히 진술되겠다. 이념은 범주의 인도에 의해서 진행한다. 무릇 이성은 대상과 직접적으로 관계하지 않고, 대상에 관한 오성개념하고만 관계한다. 또 이성은 정언적 추리에서 쓰이는 동일한 기능의 종합적 사용에 의해서만 필연적으로 생각하는 주관의 절대적 통일의 개념에 도달한다는 것, 가언적 추리에서의 [일반]논리의 절차가 주어진 제약들의 계열에 있어서 이것의 절대 무제약
393 자의 이념을 반드시 수반한다는 것, 최후로 선언적 추리의 한갓 형식이 모든 존재자의 본질(ein Wesen aller Wesen)이라는 최고의 이성개념을 반드시 수반한다는 것, 이런 것들은 완전히 상론(詳論)함에 있어서만 명백하게 될 것이다. 이런 말은 처음 들을 때에 매우 역설적인 견해 같기는 하지만.

⑥ 선험적 이념들에 관해서는, 우리가 범주들에 관해서 할 수 있었던 것과 같은 객관적 연역은 원래 할 수가 없다. 사실상 이념은 그것에 [완전히] 합치해서 주어질 수 있는 객관에 대한 관계를 가지지 않는다. 왜냐하면 그것이 이념인 바로 그 까닭에서이다. 그러나 이념을 우리 이성의 본성에서 주관적으로 이끌어내는 일은 우리가 기획할 수 있었고, 이런 도출을 우리는 본절(本節)에서 행하기도 하였다.

⑦ 순수이성의 의도가, (속성의 제약이건, 의존성의 제약이건, 상호성의 제약이건 간에)[B. 106 참조] 이런 제약들의 편에서 종합의 절대적 전체성을 구하는 것이라는 것, 그리고 제약된 것의 편의 절대적 완전성은 순수이성과는 무관계하다는 것—이런 것들은 명백하다. 제약들의 전(全)계열을 전제하고, 그것을 통해서 전계열을 오성에게 주기 위해서, 순수이성이 필요로 하는 것은 오직 제약 편에서의 종합의 전체성뿐이다. 완전히 (또 무제약적으로) 주어진 한 제약이 일단 있기만 한다면, 계열의 계속에 관해서는 벌써 이성개념을 필요로 하지 않는다. 오성이 제약에서 제약된 것으로 내려가는 모든 보행을 자신에게 하기에 말이다. 이래서 선험적 이념은 제약들의 계열에 있어서 무제약자에 이르기까지,
394 즉 「원리」에 이르기까지 올라가는 일에 유용하다. 제약된 것으로 내려가는 일에 관해서는 우리의 이성은 오성의 법칙을 논리적으로 매우 광범하게 사용하는 일은 있으나, 선험적인 사용은 없다. 만일 우리가 이러한 (전진적) 종합의

절대적 전체성에 관해서, 가령 미래의 모든 세계 변화의 전 계열에 관해서 이념을 만든다면, 이런 일은 전혀 자의적으로 생각된 관념물이요, 이성에 의해서 필연적으로 전제된 것이 아닌, 관념물이다. 제약된 것의 가능성에 대해서는 그 제약의 전체성은 전제되지마는, 그 결과의 전체성은 아니기 때문이다. 그러므로 결과의 전체성이라는 개념만은 우리가 여기서 다루려는 선험적 이념이 아니다.

⑧ 드디어 우리가 인지하는 바는, 선험적 이념 자신들 간에는 일종의 관련과 통일이 드러난다는 것이요, 또 순수이성은 이념들에 매개되어 그것의 모든 인식을 하나의 체계로 통일한다는 것이다. 자기 자신(마음)의 인식에서 세계의 인식으로 나아가고, 또 이것을 매개로 해서 근원 존재로 나아간다는 것은 자못 자연스러운 전진이다. 그것은 전제에서 귀결로 나아가는 이성의 [일반]논리적 395
전진에 유사한 성싶다.※

※ 형이상학은 그 탐구의 본래 목적으로서 하나님·자유·영생이라는 세 종류의 이념만을 갖는다. 그 결과로, 둘째 개념은 첫째 개념과 결합해서 필연적인 결론으로서 셋째의 개념에 도달해야 한다. 형이상학이 이것 외의 점에서 연구하는 것은 모두 형이상학에 대해서는 이러한 이념들과 이것들의 실재성에 도달하기 위한 수단으로 쓰일 뿐이다. 형이상학이 이러한 이념들을 필요로 하는 것은, 자연과학을 위해서가 아니라 자연을 넘어서기 위해서다. 이런 이념들에 대한 통찰은, 신학·노닉[철학] 또 이 양자의 결합에 의한 종교를, 따라서 우리 생존의 최고 목적들을, 사변적 이성능력에 의존케 하고, 그 외에 다른 것에 의존케 하지 않을 것이다. 그런데 선험적 이념들을 체계적으로 전시함에 있어서 이제 진술한 순서가 종합적 순서로는 가장 적절하겠다. 그러나 종합적 순서에 반드시 선행해야 하는 공작(工作)에 있어서는 종합적 순서에 반대되는 분석적 순서가 우리의 큰 기도(企圖)를 실현하는 목적에 한층 더 적합하겠다. 왜냐하면 우리는 경험이 직접 우리에게 제시하는 바의 것인 심리학에서 우주론으로 나아가고, 그 다음에 드디어 하나님의 인식으로 전진하기 때문이다[이 주는 **재판**의 추가다].

그런데 여기서 [일반]논리적인 방법과 선험적 방법 간에 있는 종류의 유사가 근저에 사실상 남몰래 있는가 하는 것, 이것에 대한 답도 우리가 이 연구를 추진하는 중에 비로소 기대될 문제의 하나다.

우리는 이미 우리의 목적에 잠정적으로 도달하였다. 왜냐하면, 「이성의 선험적 개념」[이념]들은 이때까지는 일반적으로 철학자의 학설에서 다른 개념들 속으로 섞여 들어가서, 철학자는 선험적 개념들을 오성개념들에서도 적당히 구별함이 없었으나, 우리는 이러한 모호한 상태에서 선험적 개념들을 끄집어 내어서, 그것의 근원을 밝혔고, 이런 까닭에 그것의 일정한 수를—이 수 이상의 수는 있을 수 없다—들었으며, 이념들을 체계적인 연관에 있어서 전시할 수 있었기 때문이요, 또 이런 일을 통해서 순수이성의 특수한 분야가 구획지어졌고 제한되었기 때문이다.

선험적 변증론

제2편 순수이성의 변증적 추리

① 선험적 이념이 이성의 근원적 법칙에 의해서 이성 중에 필연적으로 생겼 396
다하더라도, 순전한 선험적 이념의 대상은 이해가 가지 않는 것이라고 말할 수 있다. 이념의 대상은 이성의 요구에는 완전히 합당하다 하더라도, 그것에 관한 오성개념은 실제로 불가능하기에 말이다. 오성 개념은 대상을 가능한 경험 중에 표시하고 직관화할 수 있는 것이다. 하기에 다음과 같은 말이 더 적절하고 오해받을 위험이 적을 것이다. 즉 「우리는 이념에 대응하는 객관에 관해서 개
연적 개념을 가질 수는 있으나 지식은 있을 수 없다」고[오성과 이성의 구별에 주 397
의할 것].

② 그런데 「이성의 순수개념」이 적어도 선험적(주관적) 의미에서 실재성을 갖는다고 하는 것은 필연적인 이성추리[삼단논법]에 의해서 우리가 이념에 도달한다는 사정에 기본하고 있다. 즉 다음의 이성추리가 있는 것이 된다. 「경험적 전제가 아닌 전제[대전제와 소전제]에 의해서 이미 아는 것에서 아는 바 없는 것을 추리하기는 하되 불가피한 가상에 속아서 이러한 가상에 우리가 객관적 실재성을 주는」 이성추리이다. 이런 이성추리는 그 결과에서 보면 이성추리라고 보기보다도 궤변적 추리라고 말해야 한다. 그러나 이런 추리는 그것의 동기로 봐서 역시 이성추리라는 이름을 가질 수 있다. 그것은 [상상에서]날조된 것도 아니요, 우연하게 생긴 것도 아니며, 이성의 자연스러운 본성에서 생긴 것이다.

그것은 인간의 궤변이 아니라 순수이성 자신의 궤변이다. 하기에 모든 사람 중에서 가장 현명한 사람조차 이런 궤변에서 해방되지 못한다. 따라서 아마 많은 노력이 오류를 막을 수는 있을 것이나, 그를 부단히 꼬집고 우롱하는 가상에서 그가 완전히 벗어날 수는 없다.

③ 그러므로 변증적 이성추리에는 이념의 수와 같은 세 가지 종류만이 있고, 이성추리의 결론은 이 세 종류의 이념에 각각 귀착한다.

제1급의 이성추리에서 나는 어떠한 다양도 포함하지 않는 [단순한] 주관이라
398 는 선험적 개념에서 이 주관 자신의 「절대적」 통일을 추리하되, 이런 [단순한]
주관 자신을 나는 이해함이 없다. 이런 변증적 추리를 나는 선험적 오류추리라
고 부르겠다.

제2급의 궤변적 추리는, 주어진 현상에 대한 제약들의 계열의 「절대적」 전체성이라는 선험적 개념[의 설정]을 노리는 것이다. 즉 한쪽편 계열의 무제약적 종합적 통일에 관해서 내가 언제나 자기모순적 의미를 갖는 데서, 나는 이것의 반대의 편에서 하는 통일이 정당하다고 추리하나, 그러나 이 반대편의 추리도 나는 이해함이 없다. 이런 변증적 추리를 할 무렵의 이성의 상태를 나는 이율배반이라고 말할 것이다.

최후로 **제3종**(種)의 궤변적 추리에 따라서 나는 주어질 수 있는 대상일반을 사고하는 제약들의 전체성에서, 「사물 일반」을 가능하게 하는 모든 제약들의 [절대적]인 종합적 통일을 추리한다. 바꾸어 말하면 한갓 선험적 개념에 의해서 아는 바 없는 사물에서 출발하여, 모든 존재자의 본질[하나님] 같은 것을 추리한다. 그러나 나는 초험적 개념에 의해서 이런 본질을 알 수 없고 또 그것의 무제약적 필연성에 관해서 도무지 이해할 수가 없다. 나는 이런 종류의 변증적 추리를 순수이성의 이상이라고 하겠다.

선험적 변증론 2편

399

제1장 순수이성의 오류추리

① [일반]논리학의 오류추리는 삼단논법의 형식에 관한 허위요, 그 외에 그 내용이 어떠한가를 문제삼지 않는 것이다. 그러나 선험적[초험적]인 오류추리는 추리의 형식은 옳더라도 원래 거짓된 추리를 하는 선험적 근거를 갖는 것이다. 이런 종류의 허위 추리는 인간이성의 자연적 소질 중에 근거를 지니는 것이요, 따라서 풀 수는 있지마는 아무래도 피할 수 없는 환영을 수반해 있는 것이다.

② 우리가 이제야 도달하는 한 개념은, 선험적 개념들의 일반표[범주표]에

게시하지는 않았으나 그러나 거기에 들어가야 하는 것이다. 그렇다고 해서 그 표를 조금도 변경할 턱도 없고, 그것에 결함이 있다는 말도 아니다. 그 한 개념은 내가 생각한다는 개념이요, 혹은 오히려 판단이다. 그것은 모든 개념일반의 운반구요, 따라서 선험적 개념들의 운반구이기도 하며, 이런 개념들 안에 늘 들어가 있고, 하기에, 그것은 역시 선험적인 것이로되, 모든 사고를 의식에 400
속하는 것으로 명시하는 데 쓰이기에, 그것이 특수한 이름을[1] 가질 수 없다는 것 등은 쉽게 알려진다. [내가 생각한다는] 개념이 경험적인 것(감관의 인상)에서 독립하여 순수하다 하더라도, 우리의 표상능력의 본성에 의해서 두 종류의 대상을 구별하는 데에 쓰인다. 하나는 생각하는 자로서의 나는 내감의 대상이라는 것이요, 이것을 마음[영혼]이라고 한다. 또 하나는 외감의 대상인 것이요, 이런 것을 신체라고 한다[즉 신체적인 대상인 나이다]. 하기에 생각하는 존재[영혼의 실체]로서의 「나」라는 말은 확실히 심리학의 대상임을 의미한다. 그리고 마음에 관해 일체의 경험(이것은 나를 한층 더 정밀히 또 구체적으로 규정하는 것이지만)에서 독립하여 모든 사고에 수반하는 한의 나 개념에서 추리되는 것임에 틀림없는 것을, 내가 알고 싶어하는 것이라면, 그런 심리학은 이성적 심리학이라고 할 수 없다.

③ 이성적 심리학은 사실 이상과 같은 기도(企圖)를 하는 것이다. 내 사고 속의 아주 사소한 경험적 요소라도, 혹은 나의 내심상태 중의 어떤 특수한 지각이라도 이성적 심리학의 인식 근거 속에 섞여진다면, 그런 학문은 벌써 이성적 심리학이 아니라 경험적 심리학이다. 하기에 우리는 자칭 심리「과학」이라고 하는 것을 눈 앞에 이미 갖고 있다. 이 「과학」은 내가 생각한다고 하는 명제 위에 건설되어 있고, 그런 학문의 근거 유무를 우리는 여기서 아주 적절하게 연구할 수가 있다.

자기 자신을 지각함을 표시하는 이 명제[내가 생각한다]에서 나는 내적 경험 401
을 갖는다는 것에, 따라서 이런 명제 위에 세워진 이성적 심리학은 순수하지 않고, 부분적으로 경험적 원리에 기본해 있다는 것에, 우리는 구애될 필요가

1) 지금 한 책상을 보고 있는 나(S¹)는 의식의 주체다. 이 나를 포착하려고 하면, 그것은 내감의 대상으로서 시간-형식 속에 들어가는 나(S²)로 되고, 이런 나의 배후에 또 새 주체가 대두한다. 나 자신은 어디까지나 「사고된 것」일 뿐, 인식될 수는 없다. 하기에 이름을 가질 수 없다.

없다. 이 내적 지각은 내가 생각한다라는 통각 이외의 아무것도 아니기에 말이다. 통각은 모든 선험적 개념[범주]을, 가령 「내가 실체를 생각한다, 원인을 생각한다」 등의 선험적 개념을 가능하게 하는 것[원천]이다. 무릇 내적인 경험 일반과 그것의 가능성, 혹은 지각 일반과 그것의 다른 지각에 대한 관계는 「지각들 서로」의 특수한 상호구별과 개개의 규정이 경험적으로 주어져 있지 않은 한에서, 경험적 인식으로 보아질 수 없고, 「경험적인 것 일반」의 인식이라고 보아져야 한다. 따라서 그런 것들은 어떤 경험이건 모든 경험의 가능성에 관한 연구에 귀속하고 이런 연구는 물론 선험적[초험적]이다. 만일 자기의식이라는 일반표상에 지각의 객체가 아주 조금이라도 (쾌이거나 불쾌 같은 것이) 보태진다면, 이성적 심리학은 즉시로 경험적 심리학으로 변해질 것이다.

④ 하기에 내가 생각한다는 것은 이성적 심리학의 유일한 주제다. 이성적 심리학은 이 명제에서 그것의 전(全)교설을 전개해야 한다. 내가 생각한다고 하는 이 사상이 한 대상(즉, 내 자신)에 관계하는 경우에는, 이 사상이 선험적[초험적] 객어만을 포함할 수 있음은 자못 명백하다. 아주 사소한 경험적 객어도 이 학문의 이성적 순수성을 파괴하고, 모든 경험에서의 독립성을 파괴하겠기 때문이다.

402 ⑤ 그러나 우리는 여기 범주들의 인도에 따라야만 하겠다. 단지 지금의 경우는 사물이, 즉 생각하는 존재로서의 내가 우선 주어져 있기 때문에, 상술한 「범주표」에서 보였던 것과 같은 「범주들 서로」의 순서를 우리는 변경하지는 않겠지마는, 여기서는 물자체가 표상되는 「실체」 범주에서 출발하여 범주의 계열을 거꾸로 [즉 관계·성질·분량·양상의 순서로] 더듬는 바다. 이성적 심리학의 총론[개관]을 표시하면 아래와 같다. 이 학문이 포함하는 한의, 그 표시 외의 모든 내용은 그 표시에서 이끌어내지는 것이다.

1. 마음[영혼]은 실체다[관계]. 2. 성질상 단순하다[성질].
3. 마음은 그것이 있게 되는 시간이 달라도 수적으로 동일하다. 즉 단일이요, (수다성(數多性)이 아니다)[분량].
4. 공간중의 가능한 대상들과 관계하고 있다[양상].※

※ 이런 표현의 선험적 추상성 때문에, 그것의 [이성]심리학적 의미를 쉽사리 알아

보지 못하고 최후(넷째) 항목의 「마음의 속성」이 왜 실존의 범주에 속하는지 아는 바 없는 독자는 이하의 진술에서 그런 표현이 충분하게 설명되고 변명되는 것을 발견할 것이다. 그 외에 내가 이 장(章)에서 또 이 책 전체 중에서 라틴어를 써서, 같은 의미의 독일어를 쓰지 않았기 때문에 좋은 문체의 취미에 위반한 데 대해서는, 관서(寬恕)를 바라면서 나는 다음과 같은 변호를 해야 하겠다. 즉 나는 조금이라도 이해하기 어려운 점이 있음으로 해서 학문적 용어를 난삽하게 하려고 하기보다는, 오히려 언어의 화려를 좀 줄이는 것이 좋았다는 것이다[언어가 화려하지 못해도 학문적 용어를 부득이 썼다. 이 「주」의 실존은 B. 106의 현존성과 같은 것이다. 라틴어란 이하에서 나오는 cogito ergo sum 같은 말.].

⑥ 순수[이성적]심리학의 모든 개념은 이제 표시한 네 항목이 합해져서 발생 403
하고 그 외의 다른 원리를 인정함이 없다. [마음이라는] 실체는 한갓 내감의 대상으로는 비물질성의 개념을 주고, 단순한 실체로서는 불후성(不朽性)의 개념을 준다. 또 실체의 자기 동일성은 지성적 실체로서 인격성을 준다. 이상의 세 성질이 합해서 정신성의 개념을 준다. 또 공간 중의 대상들과의 관계가 물체[신체]와의 상호작용을 제공한다. 이에 순수심리학은 「생각하는 실체」를 물질에 있어서의 생명의 원리로 표상하고, 즉 물질에서의 마음으로 표상한다. 또 생각하는 실체를 생명성의 기초라고 표상한다. [신체의] 생명성이 유심성에 의해서 제한받는다면, 그런 생명성은 불사성이냐.[1)]

⑦ 선험적[이성적] 심리학은 [보통]「생각하는 존재」의 본성에 관한 순수 이
성의 과학이라고 보아지지마는 이것은 거짓이다. 위에서 표시한 [네 가지]개념 404
에 이런 선험적 심리학의 네 개의 오류추리는 상관하고 있다.

네 개의 오류추리의 근저에 우리가 둘 수 있는 것은 자아라는 단순하고도 그 자신 전연 무내용인 표상임에 틀림없다. 「자아는 한 개념이다」라는 말조차 우리는 할 수 없는 것이고, 그것은 모든 개념들에 수반하는 한갓 의식이다. 그런데 생각하는 자아 혹은 피아(彼我), 혹은 [생각하는] 그것(사물)에 의해서 표상

1) 표로 나타낸 네 항목은 마음의 빗물질성·불후성(不朽性)·인격성·[마음이 들어 있는] 생명적 신체의 불사성을 각각 의미한다. 그리고 앞의 셋을 개괄하면 유심성이다.

되는 것은 사고의 선험적 주관인 X일 뿐이다. 선험적 주관은 그것의 객어인 사고에 의해서만 인식되고, 이런 사고를 떠나서는 그것에 관해 최소의 이해도 할 수 없다. 그러므로 우리는 선험적 주관의 주위를 늘 헛되게 빙빙 돌고 있다. 이런 선험적 주관에 관해서 무슨 판단을 하자면, 우리는 언제나 이미 「나」라는 표상을 사용해야 하기 때문이다. 그러나 이런 불편을 나는 표상에서 분리할 수 없다. 이 [자기]의식 자체는 역시 특수한 대상을 식별하는 표상이 아니라, 인식이라고 불리는 한에서의 「표상 일반」의 형식이기 때문이다. 무릇 우리가 무슨 내용을 생각한다고 하는 말은 오직 표상일반의 형식에 의해서만 할 수 있는 말이다.

⑧ 내가 일반적으로 [그 무엇을] 생각하기 위한 조건이, 따라서 내 주관의 성질임에 불과한 조건이, 동시에 생각하는 모든 존재에 타당하다는 것, 또 절대 필연적·보편적인 판단을 경험적인 듯한 명제에 기본케 해서 두려워하지 않는 것, 다시 말하면 생각하고 있는 일체가 내 자신의 자기의식이 나에 관해서 고
405 하는 것과 동일한 성질을 갖는다고 함은, 처음에는 이상하다는 감을 줄 것 같다. 그러나 이런 느낌의 원인은 무엇을 생각하기 위한 조건을 형성하는 성질들을 모두 필연적으로 [객관적인] 사물에 부여[해서 객관적인 사물이 이런 성질들을 선천적으로 갖고 있다고]하는 데에 있다. 내가 생각하는 존재에 관해서 사소한 표상이라도 가질 수 있는 것은 외적 경험에 의하는 것이 아니라 자기의식에 의하는 것이다. 그러므로 [일체의 생각하는 존재라는] 대상은 내가 나의 [자기]의식을 다른 사물에 옮겨 넣는 데서만 있는 것이다. 다른 사물들은 이런 옮겨넣음에 의해서만 생각하는 존재라고 표상된다. 그러나 이 경우에 「내가 생각한다」는 명제는 그저 개연적인 의미만 갖는다. 이것은 그 명제가 하나의 실존에 대한 지각을 포함(데카르트가 내가 생각하니 내가 있다고 하듯이)하기 때문이 아니라 그 [명제의] 가능성에 관해서 하는 말이다. 하기에 우리는 이 단순한 명제에서 어떠한 성질이 그 명제의 주어에 주어지겠는가(이런 주어가 실재하건 안 하건 간에) 하는 것을 알아보고자 한다.

⑨ 만일 생각하는 존재 일반에 관한 우리의 순수인식의 근저에 「내가 생각한다」는 [단순한 표상] 이상의 것이 있다면, 즉 우리의 사고활동에 관한 관찰들과 이것에서 얻어지는 「생각하는 자아에 관한」 자연법칙을 원용한다면, 경험

적 심리학이 발생하겠다. 그리고 이것은 내감에 관한 일종의 자연[과]학이요, 내감 현상들을 설명하는 데에 유용하겠다. 그러나 그것은 가능한 경험에는 속하지 않는 성질(가령 단순성이라는 성질)을 밝히는 데에는, 또 생각하는 존재 일반의 본성에 관한 것을 절대필연적으로 [확실하게] 가르쳐 주는 데에는 유용하 406
지 않겠다. 그렇기에 이런 [경험적]심리학은 이성적 심리학이 아닐 것이다.

[초판의 오류추리론]

⑩ (개연적 의미에서) 내가 생각한다는 명제는 오성의 전(全) 판단의 형식일 A348
반을 포함하고, 전(全) 범주의 운반구로서 모든 범주에 수반해있다. 그러므로 이 명제에서의 추리가 경험이 섞이는 것을 일체 배척하는 오성의 선험적인 사용만을 포함할 수 있다는 것, 또 상술하였듯이 우리가 이런 선험적 사용의 진행에 관해서 미리 이로운 개념을 만들 수 없다는 것은 명백하다. 하기에 우리는 그 명제를 순수[이성적]심리학의 모든 입언(立言)을 통해 비판적으로 추구하고자 한다.

첫째, 실체성[비물질적]의 오류추리

한 사물의 표상이 우리 판단의 절대적 주어[주어]요, 따라서 그것 외의 다른 사물의 규정[술어]으로서 사용될 수 없는 그런 사물은 실체다[대전제].

생각하는 존재로서의 나는 나의 모든 가능적 판단의 절대적 주어[주체]요, 이 나 자신의 표상은 그 외 다른 사물의 술어로 사용될 수가 없다[소전제].

그러므로 생각하는 존재(마음)으로서의 나는 실체다[결론].

순수[이성적] 심리학의 「첫째 오류추리」 비판

① 선험적 논리학의 분석적 부문에서 우리가 지적한 것은 (실체-범주도 이 속에 들어가는) 순수한 범주들은 종합적 통일의 기능으로서 직관의 다양에 적용될 수 있지마는, 만일 직관이 그 근저에 없으면 범주는 그 자신 아무런 객관적 A349
의미도 없다는 것이었다. 직관의 다양이 없으면 범주는 내용이 없는 순전한 판단기능이다. 사물 일반에 관해서 내가 그것을 사물의 술어, 즉 규정과는 다른 것으로서 구별하는 한에서 그것은 실체라고 말할 수 있다. 그런데 우리의 모든

사고에서 나는 「주어」요, 사고된 것들은 단지 규정으로서 주어에 내속하고, 이러한 나는 타물의 규정[술어]으로서 사용될 수 없다. 그러므로 누구나 자기 자신을 반드시 실체로 보고, 사고를 그의 현존의 우유성이며 그의 상태를 규정해 있는 것이라고만 본다.

② 그런데 나는 실체라는 이 개념을 어떻게 사용해야 할 것인가. 생각하는 존재로서의 나는 그 자신 존속하고, 당연히 생멸(生滅)이 없다는 것을 나는 실체라는 개념에서는 추리할 수가 없다. 그러나 나의 생각하는 주관의 실체성이라는 개념은 그것[불멸적 존속]을 위해서만 유용하고, 이런 일이 없으면 나는 실체성-개념을 안 가져도 좋았을 것이다.

③ 실체라는 순수범주에서 [존속·무생멸(無生滅)의] 특성을 추리하는 것은 자못 부당하다. 우리는 오히려 경험에서 가져온 주어진 대상의 지속성을 기초에 두어야 한다.—만약 경험적으로 사용될 수 있는 실체-개념을 대상에 적응하려고 한다면 말이다. 그런데 우리는 우리의 명제[내가 생각한다]에서 아무런 경험도 그것의 기초에 두어지지 않고, 한갓 모든 사고가 귀속하는바, 공통적 주
A350 어인 나에 대한 관계라는 개념에서만 추리하였다. 게다가 비록 지속성 같은 것을 노린다 하더라도, 그런 지속성을 확실한 관찰에 의해서 증시할 수는 없을 것이다. 물론 이러한 나는 일체의 사고 중에 있기는 하나, 그러나 「나」라는 표상에는 「나」와 다른 직관의 대상들을 구별케 하는 직관이 조금도 결합해 있지 않다. 즉 「나」라는 표상은 사고할 적마다 언제나 나타남을 인지할 수 있으나, 그러나 내가 언제나 존속하는 직관이라는 것, 이런 직관 중에서 모든 사고 내용은 (변천하는 것으로서) 변역하고 있다는 것을 나는 인지할 수는 없다.

④ 이래서 생기는 결론은 다음과 같다: 선험적 심리학의 첫째 이성추리[삼단논법]는 우리로 하여금 사이비의 새 견해를 기워 붙인다는 것이다. 왜냐하면 여기의 이성추리는 사고의 항존적인 논리적[형식적] 주어를 속성의 실재적 주어의 인식이라고 사칭하기 때문이다. 그런데 소위 실재적 주어를 우리는 조금이라도 아는 바 없고 알 수도 없다. 의식이 일체의 표상을 사고된 것이도록 하는 유일한 것이요, 따라서 선험적 주어로서의 「나」에 관한 우리의 모든 지각은 의식 중에서 발견되어야 하기 때문이다. 또 우리는 나의 논리적[형식적] 의의 이외에, 이런 주어[주관] 자체에 관해서 나와 그 모든 사고된 것의 근저에

기체(基體)로서 있는 것[주관 자체]을 도무지 아는 바 없기 때문이다.

그러나 만일 우리가 분수를 지켜서 마음의 개념이 조금도 [기체 이상의 것에] A351
도달하지 않는다면, 즉 변증적 [사이비]심리학의 보통 결론 중의 하나가, 가령 마음은 모든 변화에도 불구하고 존속하고 사람이 죽었을 적에도 존속한다고 하는 결론이, 마음의 개념이 이념에서의 실체만을 말하고 실재적인 실체를 말하지 않음을 가르친다면, 마음[영혼]은 실체이다라는 명제는 십분 승인될 수 있다.

둘째, 단순성[불후성]의 오류추리

어떤 사물의 작용이 작용하는 많은 사물의 경합으로 간주될 수 없다면, 그런 사물은 단순하다[대전제].

그런데 마음, 즉 생각하는 「나」는 이런 사물이다[소전제].

그러므로 어떠어떠하다[생각하는 나는 단순하다, 결론].

선험적 심리학의 「둘째 오류추리」 비판

① 이것은 순수한 「마음」설의 모든 변증적 추리 중에서도 아킬레스[해결하기에 가장 어려운 것]이다. 그것은 독단론자가 자기의 주장에 그럴듯한 외관을 주고자 안출한 궤변적인 작희(作戱)인 것이 아니라, 탐구의 가장 예리한 음미에도, 또 [음미할 적의]가장 큰 의아(疑訝)에도 견디어 낼 성싶은 추리다. 이 추리는 다음과 같다.

② 합성된 실체는 어느 것이나 많은 실체들의 모임이다. 합성된 것의 작용
이나 합성된 것 자신에 내속해 있는 것은 많은 작용의 모임이요, 혹은 다수의 A352
실체 중에 분유(分有)되어 있는 우유성(偶有性)의 집합이다. 그런데 작용하는 많은 실체들의 연합에서 생기는 결과는 (가령 한 물체의 운동이 그 부분운동의 합성인 경우처럼), 만약 결과가 외현적이라면 확실히 있을 수 있는 것이다. 그러나 어떤 생각하는 존재에 내부적으로 속해 있는 우유성으로서의 사고된 것에 관해서는 사정이 이것과는 다르다.

무릇 합성된 것이 사고한다고 가정하자. 그렇다면 이 합성된 것의 개개 부분은 각각 사고된 것의 한 부분만을 포함하고, 이것들이 모여서 비로소 사상

전체를 내포하겠다. 그러나 그것은 모순이다. 많은 [생각하는] 존재로 나누어져 있는 표상(가령 한 시귀의 개개 낱말의 표상)은 한 사상 전체 (하나의 시귀 전체)를 이루는 것이 아니기 때문에, 이런 한 사상은 개개의 부분에서 합성된 것에 내속할 수가 없다. 따라서 이런 사상은 많은 실체의 모임이 아닌 그러므로 절대로 단순한 것인 한 실체에서만 가능하다.※

※ 이 증명에 흔히 하듯이 정확한 학(學)인 듯한 겉 의상을 주는 일은 매우 용이하다. 그러나 나의 현재 목적은 그 증명근거만을 어쨌든 통속적으로 전개하기만 하면 족하다.

③ 이 논증의 핵심은 다음의 명제 중에 성립한다. 즉 「하나의 사상을 형성하자면 많은 표상은 생각하는 주어의 절대적 통일 중에 포함되어 있어야 한다」는 명제다. 그러나 아무도 이 명제를 개념에서 증명할 수가 없다. 이 명제를 개념에서만 증명하려는 사람은 그것을 위해서 무엇을 하기 시작해야 할 것인가? 「사고된 것은 생각하는 존재자의 절대적 통일에서 생기는 결과일 수 있다」
A353 고 하는 명제는 분석적 명제로 취급될 수 없다. 왜냐하면 많은 표상들로 성립하는 사고된 것의 통일은 집합적이요, 단지 개념상으로 말하면 사고된 것에 공동적으로 참여하고 있는 많은 실체의 집합적 통일(한 물체의 운동이 그 물체의 모든 부분들의 운동에서 합성된 운동이듯이)에 관계할 수 있으며 또 [한갓]주관의 절대적 통일에 관계할 수 있기 때문이다. 그러므로 합성된 사상에서 단순한 실체를 전제해야 하는 필연성은, 동일성의 규칙에 의해서 통찰될 수 없다. 그러나 그렇다고 해서 같은 명제가 종합적인 데다가 개념에 의해서만 아주 선천적으로 인식된다고 책임지고 함부로 주장할 사람도 없을 것이다. 사람은 우리가 분석론에서 말했듯이 선천적 종합명제를 가능케 하는 근거를 잘 알고 있기에 말이다.

④ 그런데 모든 사고된 것을 가능케 하는 조건으로서의 주관의 이러한 필연적인 단일성을 경험에서 이끌어낼 수 없다. 경험은 그런 필연성을 우리로 하여금 인식시키지 않기 때문이다. 하물며, 절대적 통일성이란 개념은 경험의 분야를 멀리 넘어서 있는 것이다. 그렇다면 전(全)심리학의 이성추리[삼단논법]전체

가 의거해 있는 이 명제[생각하는 나는 단순하다]를 어디서 우리는 취해 오는 것인가?

⑤ 생각하는 존재를 표상[의식]하려고 하면 내 자신을 그런 존재의 위치에 두어야 한다. 따라서 내 자신의 주관을 우리가 고찰하려는 객관으로 뒤바꾸어 A354
야 하고[이런 일은 다른 종류의 연구에는 있을 수 없지만], 그래야만 우리가 사상을 위해서 주관의 절대적 통일성을 요구한다는 것이 명백하다. 만약 그렇지 않으면 「나는 (한 표상에 있어서의 다양을) 생각한다」고 말할 수 없기 때문이다. 무릇 사고된 것의 전체가 분할되고 또 많은 주관에 분배될 수 있다치더라도, 주관인 나는 분할될 수도 없고 분배될 수도 없다. 우리는 모든 사고된 것에 있어서 그런 사정을 전제하고 있다.

⑥ 그러므로 첫째의 오류추리에서와 마찬가지로 여기서도, 「나는 생각한다」고 하는 통각의 형식적 명제가, 이성적 심리학의 전(全) 기초요, 이 기초로 향해서 이성적 심리학은 자신이 인식 확장을 감행한다. 물론 이 명제는 경험인 것이 아니라, 통각의 형식에 불과하다. 이 형식은 어떠한 경험에도 부착하고 그것에 선행한다. 그럼에도 불구하고 그것은 가능한 경험일반에 관해서 항상 인식의 주관적 조건으로만 보아져야 한다. 주관적 조건을 우리가 대상들의 인식을 가능케 하는 조건으로 삼는 것, 즉 생각하는 존재자 일반의 개념으로 삼는 것은 부당하다. 왜냐하면 인간적 의식의 정식(定式)을 가지는 우리 자신을 우리와는 다른 모든 예지적 존재지의 지위에 집이 넣는 일이 없고서는, 우리는 생각하는 존재[마음]를 표상[인식]할 수 없기 때문이다.

⑦ (마음으로서의) 내 자신의 단순성은 「내가 생각한다」는 명제에서 사실상 추리되지 않는다. 그것은 모든 사상자신 속에 이미 존재하고 있다. 나는 단순
하다는 명제는 통각의 직접적 표현으로 보아져야 한다. 그와 마찬가지로 데카 A355
르트의 명제로 추측된 「내가 생각하니, 나는 존재한다」는 것도 사실은 동어반복이다. 내가 생각한다는 것은 (즉 내가 생각하면서 존재한다는 것은) 그 실재를 직접 언표하는 것이기 때문이다. 그러나 내가 단순하다고 하는 명제는, 이 나라는 표상이 다양한 것을 전혀 포함하지 않는다는 것, 또 이 표상이 (비록 [일반]논리적이기는 하되) 절대적이라는 것만을 의미한다.

⑧ 이래서 [순수]심리학의 이 유명한 증명은, 단지 [생각한다는] 동사를 한

사람에 대해서 지휘하는 표상이 불가분할적으로 단일함에 의거하고 있다. 그러나 [생각한다는] 속성의 주관은 사상에 부착해 있는 「나」에 의해서 선험적으로만 표시되고, 이런 주관의 특성은 조금도 지시되어 있지 않으며, 이런 주관에 관해서 [이전이나 지금이나] 일반적으로 아는 바가 없다는 것은 명백하다. 이런 주관은 그 어떤 것 일반(선험적 주관)을 의미할 뿐이다. 그리고 이 어떤 것에 관한 아무런 규정도 없기 때문에 이 어떤 것의 표상은 단순할 수밖에 없다. 사실상 그저 그 어떤 것이라는 개념보다도 더 단순한 표상은 있을 수 없다. 그러나 주관－표상의 단순성이 그렇다고 해서 곧 주관 자신의 단순성의 인식인 것은 아니다. 주관이 내용이 전혀 없는 「나」라는 표현 (이런 표현을 나는 생각하는 모든 주관에 적용할 수 있지만)에 의해서 표시될 때에 이런 주관의 특성은 전적으로 무시되었기에 말이다.

A356 ⑨ 「나」라는 표상에 의해서 항상 주관의 [일반] 논리적인 절대적 단일성(단순성)을 내가 상기한다는 것만은 확실하다. 그러나 나는 그것으로 인해서 내 주관의 현실적인 단순성을 인식하지는 않는다. 따라서 「나는 실체이다」라는 명제는 내가 구체적(경험적)으로 사용할 수 없는 「순수범주」를 의미할 뿐이다. 그와 마찬가지로 「나는 단순한 실체다. 다시 말하면 이 실체의 표상은 다양한 것의 종합을 전혀 포함하지 않는다」고 하는 말도 나에게 허용된다. 그러나 [단순한 실체라는] 개념 혹은 [나는 단순한 실체라는] 명제는 경험의 대상으로서의 나 자신에 관해서 아주 조금이라도 가르쳐 주는 것이 없다. 왜냐하면 실체라는 개념 자신은 그 아래에 직관이 두어지지 않아도, 따라서 객관이 없어도 단지 종합[결합]의 기능으로서만 사용되고, 우리의 인식 조건은 되더라도 지적될 대상은 아니기 때문이다. 하기에 우리는 이 명제의 사이비 유용성을 음미해 보고자 한다.

⑩ 마음[영혼]의 단순한 성질을 주장함에 의해서 내가 이런 주관을 일체의 물질에서 구별하고 따라서 물질이 언제나 종속해 있는 몰락성에서 마음을 제외하는 한에서, 마음의 단순성을 주장할 가치가 다소간 있는 것은 누구나 인정하지 않을 수 없다. 위에서 나온 명제도 전부 이런 [유가치한]사용을 지향하고 있다. 그러므로 그 명제에 관해서 흔히 마음은 물적이 아니라고 표현하기도 한다.

A357 그런데 이성적 심리학의 이 기본명제(생각하는 일체는 단순한 실체라는 명제)에

대해, (순수 범주에 의한) 한갓 이성판단이라는 순수한 의미에서 그 모든 객관적 타당성을 허용한다 하더라도, 만일 이 명제가 마음과 물질의 이종성(異種性)이나 혹은 유사성에 관해서 조금이라도 사용될 수 없음을 내가 증시할 수 있다면, 이런 증시(證示)는 내가 순수이성적 심리학이 자칭하는 통찰을, 객관적 사용의 실재성이 없는 순전한 「이념」의 분야로 추방한 것을 의미하겠다.

⑪ 우리가 선험적 감성론에서 확호하게 증명한 것은 물체는 우리 외감의 현상일 뿐이요, 「물자체 그것」은 아니라는 것이었다. 이런 견해에 좇아서 당연히 할 수 있는 말은 「우리의 생각하는 주관은 물체적이 아니다. 다시 말하면 주관은 내감의 대상으로 우리에게 표상되는 것이기에, 주관이 생각하는 것인 한에서 그것은 외감의 대상, 즉 공간 중의 현상일 수 없다」는 말이다. 이런 주장은 다음의 말과도 같다. 즉 생각하는 존재 자신은 「외적 현상 중에 나타날 수 없다」 혹은 「우리는 생각하는 존재의 사상·의식·욕망 등등을 외적으로 직관할 수는 없다. 이것들은 죄다 내감에 속하기 때문에」라고 하는 말이다. 사실 이런 A358
논증은 자연적·통속적인 것일 듯하고 상식조차도 자고로 이런 논증에 도달했을 듯하며, 그 때문에 아주 일찍부터 마음을 물체와는 전혀 다른 존재로 고찰하기 시작하였다.

⑫ 연장성·불가침입성·연관·운동 등 요컨대 우리의 외감만이 우리에게 줄 수 있는 모든 것은, 사고·감정·애착 혹은 결심인 것이 아니다. 즉 그런 모든 것은 일반적으로 외적 현상의 대상이 아닌 것은 포함하지 않는다. 그렇다고 하더라도 외적 직관의 근저에 있는 「그 어떤 것」, 우리의 감관을 촉발해서 감관이 공간·물질·형체 등의 표상을 가지도록 하는 그 어떤 것, 가상체로 보아진 그 어떤 것(보다 더 적절하게는 선험적 대상)은 동시에 사고의 주체[마음 자체[1]]일 수도 있겠다—이런 것[주체]이 우리의 외감을 촉발하는 방식을 통해서 우리가 얻는 것은 표상·의지 등에 관한 직관이 아니라 공간과 그 규정에 관한 표상이지만. 주체로서의 어떤 것은 넓이가 없고, 불가침입적인 것도 아니요, 합성된

1) 데카르트가 실체라고 한 「정신과 물체」는 칸트에서는, 양자가 다 가상체(선험적 대상)인 한에서, 구별이 없어지는 대목이 여기에 나타나 있다. 이런 견지에서 이 「토막」 끝대목의 「모순되지 않는다」, 「물질과의 구별이 충분하지 않다」라는 귀절들에도 주목할 만하다. 또 (A. 379, B. 428 등 참조), 사고된 것(Gedanke)은 주관 내의 「사상」이나 「사고」라고 옮긴 때도 있다.

것도 아니다. 왜냐하면 이런 술어들은 모두, 우리가 (그러한 술어들이 없으면 우리에게 알려지지 않는) 그러한 객관에 의해서 촉발되는 한에서 감성과 감성적 직관에만 관계하기 때문이다. 이러한 진술은 「그 어떤 것」이 어떤 종류의 대상인지를 조금도 인식시키는 것이 아니다. 그것은 외적 감관과의 관계를 떠나서
A359 자체상으로 고찰되는 대상 자체[선험적 대상]에, 외적 현상에 관한 술어들이 귀속될 수 없음을 인식시키는 것이다. 그러나 내감의 술어, 즉 표상 작용과 사고 작용은 이런 객관에 모순되지는 않는다. 그러므로 사람의 마음은 그 성질의 특이한 단순성을 허용하더라도, 그것을 한갓 현상으로 본다면(당연히 그래야 하지만) 이 현상의 기체에 관해서는 물질과의 구별이 충분하지 않다.

⑬ 물질이 「물자체 그것」이라고 하면 그것은 합성된 것이기 때문에 단순한 것으로서의 「마음」에서 철저히 구별되겠다. 그런데 물질은 외적 현상이요, 현상의 기체[선험적 대상]는 어떤 내용의 술어에 의해서도 인식될 수 없다. 하기에 나는 이 기체에 관해서 다음과 같은 상정을 충분히 할 수 있겠다. 즉 「기체는 우리의 감관을 촉발하는 방식에서는 연장성의 직관, 따라서 합성된 것의 직관을 우리 안에 확실히 산출하지마는, 그것 자체는 단순한 것이다. 그러므로 우리의 외감에 관해서 연장성을 지니는 실체에는 자체상으로 자기 자신을 내감함을 통해서 의식을 수반해서 표상될 수 있는 사고가 내재한다」고.

이래서 한쪽 관계[현상]에 있어서는 물체라고 말하는 바로 그것이 다른 쪽 관계[가상체]에 있어서는 동시에 사고하는 존재가 되겠다. 우리는 사고하는 존재의 사고 자신을 직관할 수는 없으나 그 사고의 이를테면 기호(記號)를 [현상
A360 중에서] 직관할 수가 있다. 그런 까닭에 (특수한 실체로서의) 마음[영혼]만이 사고한다는 말은 폐지되겠고, 오히려 일상에서 말하듯이, 인간이 [끊임없이] 사고한다고 말하는 것이 되겠다. 다시 말하면, 외적 현상으로서는 연장적인 그 존재가 내적으로는(즉 자체상으로는) 합성적이 아니라 단순하며 생각하는 주관이라고 말하는 것이 되겠다.

⑭ 이런 가설을 허용하지 않더라도, 사람은 다음과 같이 말할 수 있다. 즉 「만일 내가 마음을, 생각하는 존재 자체로 이해한다면, 마음은 물질(이 물질은 물자체가 아니라 내 안에 있는 일종의 표상일 뿐이기에)과 같은 종류의 것인지 아닌지의 물음은 그 자체가 벌써 적절하지 않다. 물자체가 사물의 한갓 상태를 규

정하는 것과는 다른 성질의 것임은 자명하기 때문이라」고.

⑮ 우리가 「생각하는 나」를 물질과 비교하지 않고 우리가 물질이라고 부르는 외적 현상의 근저에 있는 가상체와 비교한다면, 우리는 이 가상체에 관해서 아무런 것도 아는 바 없다. 따라서 마음은 가상체와 어떤 점에서 내적으로 다른 것이냐 하는 말도 할 수가 없다.

⑯ 하기에 단순한 의식이 우리 주관의 단순성을 알리는 것이 아니다. 우리의 주관이 단순한 의식에 의해서 합성된 것으로서의 물질과 구별되는 한에서 [참으로] 그러하다.

⑰ [단순성의] 개념이 사용될 수 있는 유일의 경우, 즉 내가 내 자신을 외적 경험의 대상과 비교하는 경우에, 그런 개념은 내 자신의 본성의 독특성과 차이 A361
성을 규정하는 데에 도움이 되지 않지마는, 사람은 생각하는 나, 즉 (내감의 선험적 대사에 주어진 명칭인) 마음이 단순하다는 것을 안다고 자칭할 수 있겠다. 허나 그렇다고 해서 이런 말은 필경 현실적 대상으로 확장해서 사용될 수 없고, 따라서 우리의 인식을 조금이라도 확대할 수 없다.

⑱ 이래서 전(全)이성적 심리학은 그것의 중요한 지주(支柱)와 함께 무너진다. 이 경우에도 다른 경우와 마찬가지로 우리는 가능한 경험에 관계하지 않고 단지 개념에 의해서 (우리의 일체 개념의 한갓 주관적 형식에 의한다면, 즉 의식에 의한다면 더구나) 통찰을 확대시킬 것을 기대할 수 없다. 특히 단순한 성질이라는 기본 개념조차 어떠한 경험 중에서도 발견될 수 없는 종류의 것이요, 따라서 객관적으로 타당하는 개념으로서의 단순성의 개념에 도달하는 길은 전혀 없다.

셋째, 인격성[동일성]의 오류추리

시간이 다름에도 자기 자신의 수적인 동일성을 의식하고 있는 것은 그런 한에서 인격이다[대전제].

그런데 마음은 어떠어떠하다[수적인 동일성을 의식하고 있다][소전제].

그러므로 마음은 인격이다[결론].

선험적 심리학의 「셋째 오류추리」 비판

① 외적 대상의 수적 동일성을 내가 경험에 의해서 인식하려고 하면, 나는
A362 현상 중에서의 지속적 존재에 주목하겠는데, 이런 지속적 존재가 주어[주체]요,
그 외의 일체는 [주어의] 규정으로서 주어에 관계[귀속]한다. 그리고 나는 시간
에 있어서의 주어의 동일성에도 주의하겠다. [주관 외의] 일체는 변역하고 있기
때문이다. 그런데 나는 내감의 대상인 것이요, 시간은 내감의 형식일 뿐이다.
그러므로 나는 나의 모든 계시적인 규정을 모든 시간에서도, 다시 말하면 나
자신의 내적 직관의 형식에서도 수적으로 동일한 자기에게 관계시킨다. 이 때
문에 마음의 인격성은 추리된 명제로 보아지지 않고, 시간에서의 「자기의식」
을 표시하는 순전한 동일명제로 보아져야 한다. 그리고 이것이 이 명제가 선천
적으로 타당하는 원인이기도 하다. 이 명제가 사실로 의미하는 것은 내가 내
자신을 의식하고 있는 전(全)시간에 있어서 이 시간을 내 「자아」의 단일성에
귀속하는 것으로 의식한다는 것 외의 다른 것이 아니기에 말이다. 이런 주장은
이 전(全)시간은 개별적 단일성으로서의 자아 속에 있다고 내가 말하는 것과
같고, 혹은 나는 이 모든 시간에 걸쳐서 수적으로 동일성을 갖고서 존재한다고
말하는 것과 같다.

② 이래서 인격의 동일성은 내 자신을 의식하는 가운데에 발견되지 않을 수
없다. 그러나 내가 나를 타자의 입장에서 (즉 남이 외부에서 직관하는 대상으로)
관찰한다면, 이 외적 관찰자는 나를 우선 시간에 있어서 고찰한다. 통각에서는
시간은 원래 내 속에서만 표상 [의식] 되기에 말이다. 따라서 남은 나의 의식
A363 속에서 그러면서도 완전한 동일성으로서 모든 시간의 모든 표상에 수반하는
「나」로부터—비록 그가 「나」를 인정한다 해도—내 자체의 객관적인 지속성을
추리하는 것은 아닐 것이다. 이때에 외적 관찰자가 [그의 뇌수 안에] 나를 집어
넣는 시간은 내 자신의 감성 중에서가 아니라 그의 감성 중에서 발견되는 시
간이기 때문에, 나의 의식과 필연적으로 결합해 있는 동일성이 그렇다고 해서
그의 의식과, 즉 내 주관의 외적 직관과 결합해 있는 것은 아니다.

③ 이에 서로 다른 시간임에도 내 자신을 의식함의 동일성은 나의 사고된 것과 「사고된 것들의 결합」과의 형식적인 조건일 뿐이요, 그런 동일성이 내 주관

의 수적 동일성을 증명하지는 않는다. 자아가 논리적으로 동일하다 해도 또 [개별적] 주관에 「나」라는 같은 이름을 허용한다 해도 그것의 동일성을 보존하는 것을 허용치 않는 변이가 주관 안에 생길 수 있다. 그러나 같은 이름의 나는, 서로 다른 개별 상태에 있어서 주관[의 의식 내용]이 변천하는 데에도 불구하고, 선행하는 주관의 사상을 보존하여 이것을 다음에 오는 주관에 전할 수가 있겠다.※

※ 탄력을 갖는 공이 동일한 직선 위에 두어진 같은 공과 충돌하면, 전자는 그 운동의 전체를, 따라서 또 전(全)상태를 (우리가 공간에서의 두 공의 위치만을 생각한다면) 후자에게 전달한다. 그런데 이런 물체와의 유사에 의해서 실체를 취해서, 한 실체가 자기의 표상과 그 의식을 어떤 다른 실체에 옮겨 넣는다고 하자. 그렇게 보면 이런 실체들에 관해서 다음과 같은 한 계열이 생각된다. 즉 첫째의 실체는 그 상태를 「상태의 의식」과 함께 둘째의 실체에 전달한다. 또 이 둘째의 실체는 그 자신의 상태를 먼저 받아들인 첫째 실체의 상태와 함께 셋째의 실체에 전한다. 셋째의 실체는 마찬가지로 모든 선행한 실체의 상태를 자신의 상태와 「상태의 의식」과 함께 다음 실체에 전한다. 이에 최후의 실체는 자기보다도 먼저 변화한 실체들의 일체 상태를 자기 자신의 상태로 의식하겠다. 선행한 상태들은 그것들의 의식과 함께, 모두 이 최후의 실체 중에서 옮겨 넣어져 있기 때문이다. 그럼에도 불구하고 이 최후의 실체는 그 모든 상태에 걸쳐서 동일한 인격[사람]이었던 것은 아니겠다.

④ 「일체가 유전한다. 세계 안의 어느 것도 항존적이 아니다」――고대의 몇 A364
학파[가령 헤라클레이토스]가 외친 이 명제는 실체를 가정하자마자 곧 성립하지 않지마는, 자기의식의 통일에 의해서 반박되지는 않는다. 우리 자신도 우리가 마음을 갖는 존재로서 항구적인지 아닌지, 자기 의식에서 판정할 수가 없다. 우리가 우리를 동일한 자아로 간주하는 것은 우리가 의식하고 있는 자아뿐이기 때문이다. 그러므로 우리는 우리가 인식하는 전(全) 시간에 있어서 자기를 동일한 자아라고 반드시 판단하지 않을 수 없다. 그러나 타자의 입장에서 보면 우리는 이런 일을 아직도 타당하다고 선언할 수 없다. 왜냐하면 우리가 「마음」에서 발견하는 것은 항구적인 현상이 아니라, 모든 표상에 수반하고 이것과 결합하는 「나」라는 표상뿐이기 때문에, 이 나(이것은 그저 사고된 것이지만)가 그것

으로 인해서 서로 결합되는 그 외의 일체 사고와 마찬가지로 유전하는 것이냐 아니냐 하는 것은 우리는 결정지을 수 없기에 말이다.

A365 ⑤ 그러나 인격성과 그것이 전제하는 항존성 따라서 마음의 실체성이 이제야 처음으로 증명되어야 한다는 것에 주의해야 한다. 우리가 마음의 실체성을 전제할 수 있다면, 이런 전제에서 확실히 의식의 존속은 나오지 않으나, 그러나 항존적인 주관 중의 「계속적 의식」의 가능성은 성립할 것이다. 그리고 인격성으로서는 그것만으로써 충분하다. 인격성은 시간을 통해서의 그것의 활동이 중단된다 하더라도, 그 때문에 인격성 자신이 곧 소멸하는 것은 아니다. 그러나 이 존속성은 동일한 통각에서 추리되는바, 우리 「자아」의 수적인 자기 동일성보다도 먼저 그 무엇에 의해서건 주어지는 것이 아니다. 이 존속성은 자아의 수적 동일성에서 비로소 추리되는 것이다(추리가 정상인 경우에는 존속성의 다음에 실체의 개념이 나와야 하겠으며, 이런 실체의 개념만이 경험적으로 쓰일 수 있다). 그런데 내가 나를 시간 안에서 인식하는바, 모든 「시간 [경험적] 의식」에 있어서의 「자아」의 동일성으로부터 인격의 동일성이 생기지 않는다. 이 까닭에 상술했지만, 마음의 실체성을 자아의 동일성에 기인시킬 수 없었다.

⑥ 그러나 실체의 개념과 단순한 것의 개념과 마찬가지로 인격성의 개념도 보류할 수 있다. (이 개념이 선험적인 개념인 한에서, 다시 말하면 주관의 통일을 지시하는 한에서 그러하다. 이런 주관은 보통은 우리에게 알려져 있지 않으나 그것의 규
A366 정들은 통각에 의해서 전반적으로 결합되어 있는 것이지만). 그런 한에서 인격성의 개념은 실천적[1] 사용을 위해서도 필요하고 또 충분하다. [사변적] 순수이성은 주관의 중단되지 않는 지속이 한갓 동일한 자아라는 개념을 빌려서 [마치 실재하는 듯이] 우리를 속이지만, 이런 순수이성에 의해서 인격성의 개념을, 우리의 자기 인식을 확장하는 것으로 우리가 과시할 수 없다. 인격성의 개념은 자신의 주위만을 언제나 뱅뱅 돌고, 종합적 인식을 노리는 유일한 문제에 관해서 우리에게 아무런 도움도 주지 않기 때문이다.

물질이 어떠한 종류의 물자체 그것(선험적 객관)인가 하는 것은 우리에게 참으로 알려져 있지 않으나, 현상으로서의 물질의 지속성은 어떤 외적인 것으로

1) 여기에 실천적 순수이성에서 인격성을 시인하는 사상이 이미 나와 있다.

서 표상되기 때문에 그것은 관찰될 수 있다. 하지만 내가 모든 표상의 변역 중에도 있을 「순수한 [형식적] 나」를 관찰하려고 하면, 내가 [내적 현상인] 나와 비교하기 위한 대응자로서 가지는 것은, 역시 나 의식의 일반적 조건들을 지닌 나의 자아[인격성]임에 틀림없다. 이렇기 때문에 나는 모든 문제에 대해서 동어 반복의 대답 외에 아무런 다른 대답도 할 수 없다. 왜냐하면 나는 나의 [인격성] 개념과 그것의 단일을 객관으로서의 내가 소유하는 특성으로 뒤바꾸어서, 사람이 [사실은 인식할 수 없건마는] 알고 싶어했던 것을 전제하고 있기 때문이다.

넷째, (외적관계의) **관념성의 오류추리**[1]

사물의 존재가 주어진 지각의 원인이라고만 추론될 수 있다면, 그런 사물의 실재는 의심스럽다[대전제].

그런데 외적 현상 전체의 존재는 직접으로 지각될 수 없고 주어진 지각의 원인으로서 추리될 수만 있는 종류의 것이다[소전제].

그러므로 외감의 전(全)대상의 실재는 의심스럽다[결론]. 이 불확실성을 나는 A367
외적 현상의 관념성이라고 말하고, 이런 관념성에 관한 학설이 관념론이다. 관념론과 비교해서 외감 대상이 확실한 것일 수 있음을 주장하는 것이 [나의] 이원론이다.

「선험적 심리학의 넷째 오류추리」 **비판**

① 우선 위의 삼단논법의 두 전제를 검토하고자 한다. 우리가 우리 자신 안에 있는 것만이 직접 지각될 수 있다고 주장하는 것은 옳다. 즉 내 자신의 실재만이 직접 지각의 대상이 될 수 있다고 주장하는 것은 옳다. 따라서 나의 밖에 있는 현실적 대상의 존재는 (이 말이 지성적 의미로 이해된다면) 직접 지각 중에 주어져 있는 것이 아니라, 내감의 변양인 지각에 대해서 그것의 외적 원인으로서 생각해 보태질 수 있고, 따라서 추리될 수 있다. 그러므로 데카르트가
가장 협의의 일체 지각을 「나는 (생각하는 자로서) 존재한다」는 명제로 제한한 A368
것은 참으로 옳았다. 즉 외적인 것은 내 안에 있지 않기 때문에, 내가 외적인

1) 오류추리인 필연성이 나타나 있지 않다. 여기에는 영혼이란 말도 안 보인다.

것을 나의 통각 중에서 발견할 수 없고, 따라서 원래 통각의 규정일 뿐인 지각에서도 발견할 수 없음은 명백하다.

② 이에 나는 원래가 외물을 지각할 수 없다. 나의 내적 지각에서 외물의 존재를 추리할 뿐이다. 나는 지각을 결과로 간주하고 어떤 외적인 것은 이것에 대한 가장 가까운 원인이기 때문이다. 그런데 본래 주어진 결과에서 일정한 원인을 추리한다는 것은 항상 불확실하다. 결과는 여러 원인들에서 올 수 있기 때문이다. 이러하기에 지각과 그 원인과의 관계에 있어서 원인이 내적인 것이냐 혹은 외적인 것이냐, 즉 소위 모든 외적 지각이 우리 내감의 작용일 따름이냐 혹은 그것이 원인으로서의 외부의 현실적 대상에 관계하는 것이냐 하는 것은 언제나 의심스럽다. 적어도 외부대상의 실재는 단지 추리되어 있는 것이요, 모든 추리가 하는 모험이다. 이에 대하여 내감의 대상(나의 일체 표상에 수반하는 나 자신)은 직접 지각되고 그것의 실재는 전혀 의심스럽지 않다.

③ 하기에 우리는 관념론자를, 감관의 외적 대상의 존재를 부정하는 자로 이해해서는 안 된다. 그는 단지 외적 대상의 존재가 직접의 지각에 의해서 인
A369 식되는 것을 허용하지 않고, 그런 까닭에 외적 대상의 실재성을 어떤 가능한 경험에 의해서도 완전하게 알 수 없음을 추리할 뿐이다.

④ 그런데 내가 우리의 [넷째] 오류추리를 그것의 기만적 가상의 면에서 논술하기 전에 관념론 중에 선험적 관념론과 경험적 관념론이라는 두 가지 관념론을 반드시 구별해야 하는 것을 주의하지 않을 수 없다. 내가 모든 현상의 선험적 관념론이라고 하는 것은 만상을 한갓 표상으로 보고, 물자체로 보지 않는다는 교설이요, 따라서 시공은 우리 직관의 감성적인 형식일 뿐, 「물자체로서의 객관」에 대해 자립적으로 주어진 규정이나 조건은 아니라는 교설이다. 선험적 관념론에 대립하는 것이 경험적 실재론이다. 이것은 시공을 자립적으로 (즉 우리의 감성에서 독립해서) 주어져 있는 것으로 보는 것이다. 선험적 실재론은 외적 현상을 (그것의 현실성을 허용한다면) 우리에게, 즉 우리의 감성에서 독립하여 실재하는 물자체로, 그러므로 오성의 순수한 개념에 따라서 우리의 외부에 있는 물자체로 생각하는 것이다. 이런 선험적 실재론자[1]는 실은 나중에

1) 여기서 데카르트를 「공간은 그 속의 모든 사물과 함께 자립적으로 실재하는 것이다」고 하는 선

와서는 경험적 관념론자 노릇을 하는 자이다. 즉 그가 감관의 대상에 관해서 이것이 외적 대상일 것이라면 「감관을 결(缺)해도 자체상으로 실재한다」는 잘못된 전제를 한 뒤에, 이런 관점에서 인간 감관의 모든 표상이 대상의 실재를 확인하기에 불충분하다고 하는 것이다.

⑤ 반대로 [나와 같은] 선험적 관념론자는 경험적 실재론자다. 따라서 세인 A370
이 말하듯이 이원론자다. 그는 자기의식의 밖에 나가지 않고, 나 속의 표상의 확실성, 즉 「내가 생각하니 내가 존재한다」는 것보다 이상의 것을 상정함이 없이 물질의 실재를 승인하는 자이다. 무릇 이원론자는 물질과 심지어 물질의 내적 가능성을 우리의 감성을 떠나서는 없는 것인 바 현상으로 보기 때문에, 물질은 그에게는 일종의 표상(직관)인 것이요, 이런 표상을 외적이라고 부르는 까닭은 표상이 그 자신 외적인 대상에 관계하는 때문이 아니라, 표상이 지각을 공간에 관계시키기 때문이다. 공간에 있어서의 일체는 서로 따로 있지만, 공간 자신은 우리 안에 있는 것이다.

⑥ 우리는 최초에 [감성론에서] 선험적 관념론을 옹호한다고 선언했다. 따라서 우리의 교설에 있어서는, 물질의 실재를 생각하는 존재로서의 나 자신의 실재와 마찬가지로, 우리의 한갓 자기 의식을 증거로 삼아서 상정하고, 그런 까닭에 증명되었다고 선언할 걱정은 도무지 없어진다. 왜냐하면 나는 사실 나의 표상을 의식하고 있고 따라서 표상과 표상을 갖는 나 자신은 실재하기 때문이다. 그런데 외적 대상(물체)은 한갓 현상일 뿐이나. 하기에 나의 표상의 일종이기도 하다. 그리고 이런 표상의 대상은 표상에 의해서만 있는 어떤 것이요, 그것을 떠나서는 없는 것이다. 그러므로 내 자신이 실재하는 것처럼 외물도 실재
한다. 그러면서도 양자가 다 나의 자기의식의 직접 증거에 의해서 실재한다. A371
오직 다른 점은 생각하는 주관으로서의 내 자신의 표상은 내감에만 관계하는 것이로되, 연장적 존재를 표시하는 표상은 외감에도 관계한다는 것뿐이다. 내가 내 자신의 내감의 대상(나에게 사고된 것)의 현실성에 관해서 추론할 필요가 없듯이, 나는 외적 대상의 현실성에 관해서 추론할 필요가 없다. 외적 대상이건 내감의 대상이건 간에, 양자가 다 표상임에 틀림없고, 또 표상의 직접 지각

험적 실재론자로 보고, 그를 비판한 것이다(또 Prolegomena 49절 참조).

(의식)은 동시에 표상의 현실성을 충분히 증명하기 때문이다.

⑦ 하기에, 선험적 관념론자는 경험적 실재론자다. 그는 현상으로서의 물질에 현실성을 인정하되, 이 현실성은 추론될 필요가 없고 직접 지각된다. 이에 반해서 선험적 실재론자는 반드시 곤경에 빠져서 경험적 관념론자[로크·버클리·흄 등]에 자리를 내놓지 않을 수 없다. 선험적 실재론자는 외감의 대상을 감관 자신에서 구별되는 어떤 것으로 보고, 한갓 현상을 우리의 밖에 있는 독립의 존재라고 보기 때문이다. 그렇게 보면 우리가 이런 외물에 관한 우리의 표상을 아무리 명확히 의식한다 하더라도, 표상이 실재한다고 해서 그것에 대응하는 대상도 실재한다는 것은 조금도 확실하지 않다. 이와 반대로 우리의 사상 체계[선험적 관념론]에서는 외물, 즉 물질은 그것의 모든 형태·모든 변화에 있어서
A372 도 한갓 현상임에 틀림없고, 우리 안의 표상임에 틀림없으며 우리는 외물의 현실성을 직접 의식한다.

⑧ 그런데 내가 아는 한, 경험적 관념론을 고집하는 심리학자들은 누구나 선험적 실재론자이다. 하기에 그들은 인간이성이 어지간해서 벗어나기 어려운 과제들 중의 하나로서의 경험적 관념론에 대단한 무게를 인용하는 태도가 철저하다. 대저 사실로 우리가 외적 현상을 표상으로 본다면, 즉 우리의 외부에 있는 자존(自存)하는 것으로서의 「표상의 대상」이 우리 심내에 생기게 한 표상이라고 한다면, 우리는 이런 물자체의 존재를 결과에서 원인을 추리하는 것 이외에, 어떻게 인식할 수 있느냐 하는 것을 알아챌 수 없는데, 이런 추리에 있어서 원인이 우리 안에 있는지 혹은 우리 밖에 있는지 여전히 의심스럽다. 그런데 우리의 외적 직관에 관해서, 선험적 의미에서 우리 외부에 있을지 모르는 어떤 것[선험적 대상]이 원인이라는 것을 우리가 비록 허용하더라도, 그 어떤 것이 우리가 물질로 또 물체적 사물로 표상할 적에 의미하는 대상은 아니다. 물질과 물체적 사물은 현상일 뿐이요, [우리의 한갓] 표상방식일 뿐이다. 이것은 항상 우리 안에만 있고, 그것의 현실성은 나 자신의 사고를 의식할 적에 그러하듯이, 직접적 의식에 의거하고 있다. 그런데 「선험적 대상」은 우리의 내적
A373 직관과 외적 직관에 알려지지 않는 것이다. 그러므로 여기서 문제인 것은 선험적 대상이 아니라 경험적 대상이다. 그리고 경험적 대상은 그것이 공간 중에서 표상된다면 외적 대상이고, 시간관계에서만 표상된다면 내적 대상이라고 한다.

하지만 시공은 우리 안에서만 발견된다.

⑨ 그러나 「우리의 외부」라는 표현은 피할 수 없는 모호성을 수반해 있다. 왜냐하면 그 표현은 어떤 때는 물자체 그것으로서 우리에서 구별되어 실재하는 어떤 것을 의미하고, 또 어떤 때는 한갓 외부 현상에 속하는 어떤 것을 의미하기에 말이다. 그러므로 우리가 나중 의미의 외부라는 개념[표현]에서 불확실함을 없애고자, 다시 말해서 본래는 우리의 외적 직관의 실재성에 관한 심리 문제라는 의미의 외부라는 개념에서 불확실함을 없애고자, 경험적[실재적]인 외부 대상을 공간 중에서 발견될 수 있는 사물이라고 바로 명명함에 의해서, 그것을 선험적 의미에서 대상이라고 하는 대상[물자체]에서 우리는 구별하고자 한다.

⑩ 시공은 물론 선천적인 표상이다. 그것은, 현실적 대상이 감각에 의해서 우리의 감관을 규정하기에 앞서서, 우리의 감성적 직관의 형식으로서 우리에게 내재하고 대상을 이런 감성과의 관계 아래서 표상하는 것이다. 그러나 질료적인 것, 즉 실재적인 것, 다시 말하면 공간 중에서 직관되는 「어떤 것」은 반드시 지각을 전제로 한다. 따라서 공간 중의 그 어떤 것의 현실성을 지시하는 지각과 관계없이 구상력에 의해서 날조되고 산출될 수는 없다. 즉 감각은 그것이 A374
감성적 직관의 그 어느 방식에 관계맺은 뒤에 공간과 시간에서의 현실성을 표시하는 것이다. 감각이 일단 주어지면(감각은 대상을 규정함이 없이 어떤 대상 일반에 적용되는 경우에는 지각이라고 하지만) 감각의 다양에 의해서 많은 대상이 구상에 의해서 형성될 수 있으나, 그러나 이 대상은 시공에 있어서의 구상 외에서는 아무런 경험적 위치도 가지지 않는다.

이상은 의심할 것 없이 확실하다. 사람은 유쾌와 고통과 같은 [내부] 감각, 혹은 색채·열과 같은 외부 감각을 취해보라. 이때에 지각은, 감성적 직관의 대상이 「생각」되기 위해서, 우선 소재가 주어지도록 하는 것임이 알려진다. 이런 지각은 (여기서 우리는 외적 직관만을 다룬다) 공간에서의 어떤 현실적인 것을 표상한다. 무릇, 공간이 병존을 가능하게 하는 표상인 것처럼, 지각은 첫째로 현실성의 표상이다. 둘째로 이 현실성은 외감에 대해서 표상된다. 즉 공간 중에서 표상된다. 셋째로 공간 자신은 한갓 표상임에 틀림없고, 따라서 공간에서 표상된 것만이 공간에서 현실적인 것으로 타당할 수 있다. 거꾸로 말하면 공간

A375 에서※ 주어지는 것, 즉 지각에 의해서 표상되는 것은 공간 중에서 또한 현실적이다. 무릇 공간에서 현실적이 아니라고 한다면, 다시 말하면 경험적 직관에 의해서 직접 주어질 수 없다면, 그런 것이 고안될 수도 없을 것이다. 직관 중의 실재적인 것은 선천적으로 꾸며내질 수 없기 때문이다.

※ 공간 중에 있는 것은 다름 아닌 공간 중에서 표상되는 것이라는, 역설적이나 정당한 명제는 십분 주목되어야 한다. 공간은 그 자신 표상임에 틀림없다. 따라서 공간 중에 있는 것은 표상 중에 포함되어 있어야 한다. 그러므로 공간 중에는 공간에서 실지로 표상되는 한의 것만이 존재한다. 어떤 사물(Sache)이 그것을 표상 중에만 실재할 수 있다고 하는 명제는 확실히 기이하게 들릴 것이다. 그러나 우리가 다루는 사물은, 물자체가 아니라 현상 즉 표상일 뿐이기 때문에, 그 명제는 이 경우에 이상할 것이 없다.

⑪ 모든 외적 지각은 공간 중의 어떤 현실적인 것을 직접 증명한다. 아니 그것은 오히려 현실적인 것 자신이다. 그런 한에서 경험적 실재론은 의심스러울 것이 없다. 다시 말하면, 우리의 외적 직관에는 공간 중의 어떤 현실적인 것이 대응한다. 물론 공간 자신은, 공간에서의 표상으로서의 만상(萬象)과 함께, 나 안에만 있다. 그럼에도 불구하고, 이 공간 중에는 실재적인 것, 즉 외적 직관의 일체 대상의 소재가 현실로 주어져 있고, 모든 날조에서 독립하여 주어져 있다. 또 이런 공간 중에서 어떤 것이 우리 외부에 (선험적 의미에서) 자체상으로 주어지는 일은 불가능하다. 이 공간 자체가 우리 감성의 외부에서는 전혀
A376 없는 것이기 때문이다. 그러므로 엄밀한 관념론자라도 「우리 외부의 대상이 우리의 지각에 (엄밀한 의미에서) 대응하는 것을 증명하라」고 요구할 수가 없다. 비록 외부에 그런 대상[물자체]이 있다 하더라도, 그것은 우리의 외부에 있는 것으로 표상될 수도 직관될 수도 없을 것이다. 이런 일이 벌써 공간을 전제하며, 한갓 표상으로서의 공간 중의 현실성은 지각 자신이기 때문이다. 외적 현상의 실재적인 것은 지각 중에서만 현실적이고, 그 외의 방식에서 현실적일 수 없다.

⑫ 대상의 인식이 지각에서 산출되는 것은, 구상의 작용에 의하거나 혹은 경험을 매개로 한다. 그런데 이 경우에 우리를 속이는 표상, 즉 대상이 대응하

지 않는 표상이 확실히 발생할 수가 있다. 이 즈음에 이런 착각은, (꿈에서는) 구상의 속임수로 돌려 보내지거나 혹은 (소위 감관의 사기 경우처럼) 판단력의 과오로 돌려 보내진다. 이때에 거짓인 가상을 이탈하기 위해서는 「경험적 법칙에 좇아 지각과 연결하는 것은 현실적이다」라는 규칙을 지키는 방법을 취해야 한다[Prolegomena 49절 참조].

그러나 착각하는 것과 착각을 막는 일은 관념론과 이원론에 다 있는 것이다. 왜냐하면 이 경우에 문제인 것은 경험의 형식뿐이기 때문이다. 우리의 외적 지각의 객관적 실재성에 관해서 헛된 사려를 하는 경험적 관념론을 반박하기 위해서 다음의 말로써 충분하다. 즉 [a] 외적 지각은 공간 중의 현실성을 직접 증시하는 것이고, 공간 자신은 표상의 한갓 형식일 뿐이지마는 일체의 외 A377
적 현상(외적 현상도 한갓 표상임에 틀림없으므로)에 관해서는 객관적 실재성을 가진다는 말이다. [b] 마찬가지로, 지각이 없으면 날조나 꿈까지도 불가능하다는 말이다. 그러므로 우리의 외감은 경험이 발생하는 근원인 주어진 것에 관해서는, 공간 중에서 외감에 대응하는 현실적 대상을 가진다는 말이다.

⑬ 독단적 관념론자[버클리]란 물질의 현존을 부정하는 자이겠고, 회의적 관념론자[흄, 데카르트 등]란 [시초적] 물질의 현존을 증명할 수 없다고 해서 그것을 의심하는 자이겠다. 전자가 관념론자일 수 있는 까닭은, 그가 물질 일반의 가능성에 모순이 있다고 믿기 때문이다. 우리는 여기서 이런 관념론을 문제로 삼지 않는다. 변증적 [사이비] 추리를 논하는 다음 장[순수이성의 이율배반]은, 경험의 연관에 속하는 것[현상들의 계열의 절대적 전체성]의 가능성에 관하여 표상하는 개념[무제약자]들에 있어서 이성이 내면적인 자기 모순에 빠지는 것을 전시한 것이지만, 이러한 다음 장은 독단적 관념론의 난관도 제거할 것이다. 그러나 회의적 관념론자는 우리의 주장 근거를 공격하고 물질의 현존에 관한 우리의 설득, 즉 물질은 직접적 자각에 의존한다고 믿는 우리의 설득을 불충분한 것이라고 선언한다. 이런 회의적 관념론자는, 그가 보통 경험의 최소 진행에 대해서도 눈을 매우 날카롭게 하여, 말하자면 절취한 것을 곧 정당한 수확으로서 소유하지 않도록 강요하는 한에서 인간이성에 대한 은인인 것이다.

관념론자들의 이의가 가져오는 효용은 이제야 명백하여진다. 그들[의 이의] A378
때문에, 우리는 다음과 같이 말하지 않을 수 없다. 즉 「우리가 아주 속된 주장에 말려 들어가지 않으려 한다면, 내적이건 외적이건 간에, 모든 지각을 인간의 감성에 속하는 것의 의식으로만 간주하고, 지각의 외적 대상을 「물자체 그것」이 아니라 표상으로만 간주한다는 것이다. 그리고 이 표상은 다른 어떤 표상과 마찬가지로 직접 의식될 수 있지마는, 그것이 외적 표상이라고 불리는 까닭은 우리가 외감이라고 말하는 감관에 관계하기 때문이다. 외감의 직관은 공간이지마는, 공간은 내적[주관적]인 표상방식임에 틀림없고 이런 표상방식에 의해서 혹종의 지각들이 서로 연결하고 있다」고.

⑭ 우리가 만일 외적 대상을 물자체라고 인정한다면, 우리의 외부에 있는 대상의 현실성의 인식에 어떻게 도달하는지, 이 점이 전혀 이해될 수가 없다. 왜냐하면, 우리는 우리 내부에 있는 표상에만 의거하고 있기 때문이다. 도대체 우리는 자기 밖에서 감각할 수 없고, 자기 속에서만 감각할 수 있는 바다. 그러므로 전(全)자기의식이 주는 것은, 오로지 다름 아닌 우리 자신의 규정뿐이다. 따라서 회의적 관념론은 남겨진 유일한 피난처를 포착할 것을, 즉 일체 현상의 관념성을 포착할 것을 강요한다. 일체 현상의 관념성이야말로, 우리가 예
A379 견(豫見)할 수 없었던 현재의 결과에서 독립하여, 이미 「선험적 감성론」에서 명시했던 것이다.

그렇게 보면 「마음」론에서 이원론만이 성립하는 것이냐고 묻는 사람이 있다면, 우리는 다음과 같이 답한다. 즉 「물론 그러하다. 그러나 오직 경험적 의미에서만 그렇다. 즉 물질은 경험의 연관에 있어서만 현상 중의 실체로서 현실로 외감에 주어져 있다. 그것은 생각하는 자아 역시 현상 중의 실체로서 내감에 주어져 있는 것과 같다. 그리고 외적 현상과 내적 현상은, 실체의 범주가 우리의 외적 지각과 내적 지각의 연관 중에 집어 넣어져 경험이 되도록 하는 규칙들에 좇아서, 서로 결합하지 않을 수 없다」고.

그러나 이원론의 개념을, 흔히 하듯이, 확장하여 그것을 선험적 의미로 해석하려고 한다면 [물자체를 안다고 한다면] 이원론도, 이것에 반대하는 [일원적] 유심론도 또 유물론도 다 [타당] 근거가 조금도 없을 것이다. 이때에는 각자의 개념 규정이 잘못 되어서, 자체적으로 무엇인가 하는 것을 우리가 모르는 그런 「대상」의 표상방식의 차이를 「사물 그것」의 차이라고 생각하기 때문이다. 시간 중의 내감에 의해서 표상된 「나」와 내 밖의 공간 중의 대상은 특성이 다른 현

상이기는 하나, 그러나 그렇다고 해서 그것들이 서로 다른 사물로 생각되는 것은 아니다. [어느 것이나 인식주관에 제약된 경험적 대상이기에 말이다[A XXII 참조].

외적 현상의 근저에 또 내적 직관의 근저에 있는 선험적 객관은 물질도 아니요, 「생각하는 존재 자체」도 아니다. 선험적 객관은 이 두 종류의 「경험적」 A380
개념을 주는 현상의 근거이기는 하나, 그러나 이 근거는 우리에게는 알려지지 않고 있는 것이다.

⑮ 현재의 「비판」이 명백히 강요하듯이, 위에서 확립한 규칙을, 즉 우리의 문제를 가능한 경험이 그것의 객관을 우리에게 제시하는 범위를 넘어가지 않는 규칙을, 우리가 충실히 지키기만 하면, 우리는 우리의 감관의 대상을 넘어서서 「자체적으로 있는 것」에 관해서, 우리 감관과의 관계가 없이, 알리려고 하는 일을 생각조차 하지 않을 것이다. 그러나 [이성적] 심리학자가 현상을 물자체로 이해한다면, 그는 유물론자로서는 물질만을, 유심론자로서는 생각하는 존재만을 (이것은 우리 내감의 형식에 의해 있는 것이지마는), 혹은 이원론자로서는 물질과 생각하는 존재의 양자를 각각 자체적으로 실재하는 사물이라고 하여, 자기 학설 안에 채택할 것이다. 그러나 이때에는 심리학자는, 물자체인 것이 아니라 단지 사물 일반의 현상인 것이 자체적으로 실재하겠다고 궤변을 하는 방식에 오해로 인해서 항상 집착하고 있는 바이다.

오류추리의 결과에 따른 순수 심리학의 개괄적 고찰

① 우리가 내감의 자연[과]학인 심리학을 외감 대상의 자연(과)학인 물체론 A381
과 비교한다면, 그 어느 학문에서도 많은 것이 경험적으로 인식될 수 있다. 그러나 그 점 외에 물체론에서는 많은 것이 선천적으로, 즉 연장을 갖는 불가침입적 존재라는 한갓 개념에서 종합적으로 인식될 수 있음에 대해서, 심리학에 있어서는 생각하는 존재라는 개념으로부터 선천적인 종합인식을 할 수 없다고 하는 현저한 차이를 우리는 발견한다. 이러한 원인은 다음과 같다. 즉 양자가 다 현상이지만, 외감에 대해 주어진 현상은 항존적인 것을 가지고 있고, 이것이 변전하는 규정의 근저에 있는 기체를 주며, 따라서 종합적 개념, 즉 공간과 공간 중의 현상과의 개념을 준다. 그 대신 우리의 내적 직관의 유일한 형식인 시간은 항존적인 것을 갖지 않고, 따라서 규정의 변역만을 인식하게 하고, 규

정되는 불변의 대상을 인식하지는 않는다. 무릇 우리가 마음이라고 부르는 것에 있어서는 일체가 끊임없이 유전하여 항존하는 것이 없다. (억지로 이런 것을 의욕한다면) 말하자면 「단순한 나」만이 항존한다. 「단순한 나」라는 표상은 아
A382 무런 내용이 없고, 따라서 아무런 다양도 가지지 않기 때문에 「단순한 나」라는 표상은 단순한 객체를 표시하는 성싶고, 보다 더 적절하게 말하면 지시하는 성싶다.

만일 생각하는 존재 일반의 본성에 관한 이성의 순수한 인식이 성립할 수 있다면, 이런 「나」는 일종의 직관일 것이다. 이 직관은 「사고 일반」에 있어서 (모든 경험에 앞서서) 전제되겠기 때문에 선천적인 직관으로서 종합적 명제를 줄 것이다. 그러나 이런 나는 사실은 직관도 아니고, 어떤 대상에 관한 개념도 아니며, 의식의 순 형식이다. 이런 나[우리에 미지인 의식의 객관]는 두 종류[직관과 개념]의 표상에 수반하여 표상을 인식으로 높일 수 있는 것이나, 그러나 표상이 인식으로 높여지는 일은 대상에 관한 표상에 소재를 제공하는 다른 어떤 것이 직관에서 주어지는 한에서의 일이다. 사정이 그러하므로 인간이성의 모든 능력을 넘어있는 학문으로서의 이성적 심리학은 전혀 성립하지 않는다. 우리에게 남는 것은 경험에 인도되어 우리의 마음을 연구하고, 그것의 내용이 가능한 내적 경험에 의해서 제시되는 것 이상으로 나아가지 않도록, 문제를 제한하는 처신을 하는 것뿐이다.

② 이성적 심리학은 [인식을] 확장하는 인식으로서는 아무런 효용도 없고, 이러한 인식으로서는 순 오류추리로 되고 만다. 그러나 그것이 우리의 변증적 [사이비] 추리를 비판적으로 연구하고, 그러면서도 [인간의] 소질적인 보통이성을 비판적으로 연구하는 것만이라면, 그것은 중요한 소극적인 효용이 있음을 부정할 수 없다.

③ 원래 단지 순수이성의 원리에 기본한 심리학[영혼론]을 무엇 때문에 우리
A383 는 필요로 하는가? 그것의 의도가 주로 「우리의 생각하는 자아」를 유물론의 위험에서 확보하는 데에 있음은 의심할 여지가 없다. 그러나 우리가 이미 지시한 「생각하는 자아」라는 이성의 개념이 이러한 확보를 하고 있다. 이 이성의 개념에 의한다면, 물질이 제거될 때 그 때문에 모든 사고뿐만 아니라 사고하는 존재의 실재조차도 폐기되겠다는 약간의 위구가 남는 일은 전혀 없다. 오히려

생각하는 주관을 내가 제거하면, 전(全)물체계가 사라지지 않을 수 없음이 명시된다.[1] 물체계는 「우리 주관의 감성」 중에서의 현상이요, 이 주관의 표현방식 외의 다른 것이 아니기에 말이다.

④ 그렇다고 해서 물론 내가 생각하는 자아의 특성에 관해서 이전보다도 더 잘 안다는 말은 아니다. 나는 생각하는 자아의 지속성을 통찰할 수 없으며, 뿐만 아니라 이런 자아의 실재가 외적 현상의 선험적 기체와는 무연하다는 것을 통찰할 수도 없다. 생각하는 자아이건 선험적 기체이건 간에 마찬가지로, 나에게는 알려져 있지 않은 것이기 때문이다.

그러나 나의 상태가 아무리 변역하더라도, 나의 사고적 존재에 지속적인 본성이 있다는 기대를 해서 좋은 이유를 사변적 근거 외의 다른 근거[도덕적 근거]에서 얻어 올 수가 있다. 이렇기에 이것만으로써 벌써 얻는 것이 많다. 내 자신의 무지를 솔직하게 고백함에 의해서 사변적인 논적의 독단론적인 공격을 좇아버릴 수 있고, [무지에 대한] 나의 기대가능성을 부정하려는 논적이, 이 기대를 고집하려는 나보다도 더 내 주관의 본성에 관해서 아는 바가 많지 않다 A384
는 것을, 나는 그에게 지적하는 바다.

⑤ 변증적인 문제는 상술한 [이성적] 심리학의 개념이 갖는 선험적 가상에 기본하고 있고, 이런 변증적 문제에는 세 가지 내용이 아직도 있다. 이것들은 이성적 심리학 고유의 목표요, 상술한 연구에 의하지 않고서는 해결될 수가 없다. 즉 1) 마음과 신체의 상호직용 가능성의 문제, 다시 말하면 인간의 생명성과 인간의 현세 생활에서의 마음의 상태에 관한 문제, 2) 이런 상호작용의 시초의 문제, 다시 말하면 인간이 탄생한 때와 탄생하기 전의 마음에 관한 문제, 3) 이런 상호작용의 종국, 즉 인간이 죽을 때와 죽은 후의 마음에 관한 문제(영혼 불멸의 문제) 등이 그것이다.

⑥ 이런 문제들에 있다고 믿어지는 모든 난점, 이것은 독단론자의 이의지마는, 이런 난점에 의해서 사람은 상식이 주는 것보다 더 깊은 통찰을 사물의 본성에 대해 가질 수 있다는 외관을 주려고 독단론자는 시도한다. 그러나 이른바

1) 독단적 실재론을 배격하는 이런 대목에서 칸트가 주관적 관념론자로 오해받을 만한 가능성이 있다. 이 대목은 관념론 반박(B. 275)에서의 견해에 모순된다.

난점은 순전한 망상이라고 나는 주장한다. 망상에 사로잡혀서 세인은 생각[관념] 속에만 있는 것을 실체화하고, 이것을 참으로 실재하는 대상과 같은 성질
A385 로서 「생각하는 주체」의 외부에 있는 것으로 가정한다. 즉 실은 현상임에 틀림 없는 것인 연장성을 우리의 감성을 떠나서 자존하는 외물의 성질이라고 생각하고, 운동도 우리 감관의 외부에서 자체상 실지로 일어나는 작용이라고 생각한다. 물질과 마음간에 상호작용이 있다는 말은 대단히 의혹을 자아내지만, 물질이란 실은 한갓 형식일 뿐이다. 다시 말하면, 물질이란 외감이라고 하는 직관에 의한 알려지지 않는 대상[선험적 대상]에 관한 일종의 표상방식이다. [알려지지 않은] 그 어떤 것이 우리의 외부에 있겠기에, 우리가 물질이라고 부르는 현상이 그 어떤 것에 대응할 것이다. 그러나 그 어떤 것은 현상과 같은 성질을 가져서 우리의 외부에 있는 것이 아니라 오히려 사고된 것으로서 우리의 내부에 있다.

사실 이 사고된 것이 외감을 통해서 그 어떤 것을 우리의 외부에 있다고 표상한다. 그러므로 물질은 내감의 대상(마음)에서 전혀 구별되는 이종(異種)의 실체가 아니라 (자체는 우리가 모르는 그러한) 대상에 관한 현상의 이종성을 의미할 따름이다. 이런 [선험적] 대상에 관한 「표상」을 우리의 내감에 속한다고 보는 표상에 대조시켜서, 우리는 외적 표상이라고 한다. 외적 표상도 그 외의 모든 사고된 것과 마찬가지로 생각하는 주관에 귀속한다. 외적 표상들은 대상을 공간 중에 있다고 표상하기 때문에 그것들은 마음[영혼]에서 이를테면 분리되어 마음의 외부에서 부동하는 듯한 착각을 자체상 갖고 있는 것만이 다를 뿐이다. 허나 대상들이 직관되는 공간까지도[주관의] 표상이기 때문에, 같은 성
A386 질을 가진-이 표상에 대응하는-형상이 마음의 외부에 발견될 수는 없다 [B. 428 참조].

이제야 우리의 외부에 있는 알 수 없는 이종적 실체와 마음과의 상호작용이 문제인 것이 아니라 내감의 표상과 외적 감성의 변용과의 연결에 관한 것이 문제이다. 즉 이 양자[내감의 표상과 외적 감성의 변용]가 그것이 하나의 경험 중에서 서로 관련 맺기 위해서, 항존적인 법칙에 의해서 어떻게 서로 결합할 수 있겠는가 하는 것이 문제로 된다.

⑦ 우리가 내외의 현상들을 경험 중에서의 한갓 표상들로서 서로 연결시키

는 한에서, 모순을 발견하지 않고, 두 종류 감관의 상호작용을 이상하게 여기게 하는 것도 발견하지 않는다. 그러나 우리가 외적 현상을 실체화하고, 표상으로서의 외적 현상이 아니라 우리 안에 있는 것[마음]과 같은 성질에 있어서 우리의 외부에도 자존하는 사물을 우리의 「생각하는 주관」에 관계시키고, 그러면서도 실은 표상들이 서로 관련 맺는 현상들인 바 사물들의 작용을 생각하는 주관에 관계시키자마자, 우리는 작용적 원인[물자체]이라는 성격을 우리의 외부에서 갖는 것이 되고, 이런 원인의 성격은 우리 안에 있는 결과와 일치하지 않는 것이다. 우리의 외부에 있는 작용적 원인의 성격은 외감에만 관계하되, 이런 원인에서 생긴 결과는 내감에 관계하고, 원인과 결과는 확실히 하나의 주관 중에 결합해 있기는 하되 양자는 매우 이종의 것이기 때문이다.

우리가 외적 결과라는 것은 실로 장소의 변화임에 틀림없고, 우리가 [원인적] 힘이라고 하는 것은 무엇을 노리는 노력임에 틀림없으며, 이런 노력은 힘의 결과로서의 「공간 중의 관계」에 귀착한다. 그러나 우리의 내부에서의 결과는 사고요. 이 사고에서는 장소의 관계·운동·형태, 즉 공간규정 일반은 성립 A387
하지 않는다. 따라서 내감에 나타날 결과에 의해서는 우리는 [외적] 원인이라는 실마리를 전혀 상실한다. 그러하되, 우리가 숙려해야 할 것은, [1] 물체는 우리에게는 현존하는 「대상 자체」인 것이 아니라 어떤 대상인지 모르는, 알려지지 않은 대상[선험적 대상]의 현상일 뿐이라는 것이다. [2] 운동은 이 알려지지 않은 원인의 결과인 것이 아니라 우리의 감관에 영향을 준 한갓 현상이라는 것이다. [3] 따라서 양자[물체와 운동]가 모두 우리의 외부에 있는 「어떤 것」이 아니라 우리의 내부에 있는 표상인 것이다. [4] 물질의 운동이 우리 내부의 표상을 일으키지 않고, 운동 자신은 (그러므로 운동에 의해서 자기를 알리는 물질도) 표상에 불과하다는 것[등등]이다. 이래서 [독단론자가] 스스로 만들어 낸 난점은 드디어 다음의 물음으로 귀착한다. 즉 인간 감성의 표상들이 어떻게 또 어떠한 원인에서 연결되어 외적 직관이라고 불리는 표상이 경험적 법칙들에 준거해서, 우리의 외부 대상이라고 표상될 수 있느냐 하는 것이다. 이런 물음은 표상의 기원을 우리의 외부에서 이종의 작용을 하는 원인에서 설명하는 사이비 난점을 조금도 포함하지 않는다. 왜냐하면 우리는 잘 알려지지 않은 원인에서의 현상을 우리의 외부에 있는 원인이라고 생각하지만, 이런 생각은 혼란

A388 밖에 일으키지 않기에 말이다. 오랫동안의 습관에 뿌리 박은 오해가 나타나 있는 판단에서는 오해의 시정을 즉시 납득시킬 수 없다. 허나 시정은 이런 불가피한 착각이 개념을 혼란시킬 걱정이 없을 경우에는 당연히 요구될 수 있는 바다. 그러므로 이성을 궤변적인 설에서 해방시키기는 했으나, 이런 해방이 이성을 충분하게 만족시키는 데에 필요한 명백성을 가지기는 어렵다고 하겠다.

⑧ 그러나 나는 다음과 같은 방식으로 명백함을 증진할 수 있다고 믿는다.

⑨ 모든 이의는 독단적·비판적·회의적의 세 종류로 분류될 수 있다. 독단적 이의는 명제[자신]에 반대하는 것이요, 비판적 이의는 명제의 증명에 반대하는 것이다. 전자[독단적 이의]는 「대상의 본성」의 성질을 잘 알아둘 필요가 있다. 이것은 [독단적인] 명제가 대상에 관해서 멋대로 입언하는 편에 반대되는 것을 주장할 수 있기 위해서이다. 그러므로 이 경우에는 이의 자신이 독단적이요, 문제가 되어 있는 대상의 성질을 자신이 상대편보다도 더 잘 안다고 입언하는 것이다. 비판적 이의는 명제 자신의 가치 유무에는 「터치」하지 않고, 명제의 증명만을 공격하는 것이다. 이 때문에 대상을 더 잘 알고 있을 필요도 없고, 대상에 관한 보다 더 나은 지식을 참칭(僭稱)할 필요도 없다. 그것은 명제의 주장이 무근거하다고 말할 뿐이요, 명제의 주장이 부당하다고 말하는 것이 아니다. 회의적 이의는 명제와 반대명제를 동등한 중요성을 갖는 상호 항의로

A389 서 서로 대립시킨다. 즉 한 명제를 정설로 하고 다른 명제를 정설에 대한 항의로서 대립시킨다. 따라서 정설과 반대정설의 양측이 독단적인 것으로 보인다고 한다. 이래서 회의적 이의는 대상에 관한 판단을 일체 쳐부수고 만다. 이렇게 보면 독단적 이의도 회의적 이의도 대상에 관해서 긍정하거나 부정하는 주장을 하는 데에 필요한 정도의 지견(知見)을 과칭(誇稱)하지 않을 수 없다. 「비판적 이의」만이 (앞 두 이의와는 달라서) 세인이 그 주장을 위해서 하는 상정이 허무하고 공상이라는 것을 지적하는 동시에 이론의 월권적인 기초를 없애버림에 의해서 소위 이론을 전복시키지만, 그 외에 대상의 성질에 관한 어떤 결정을 하려고 하지는 않는 것이다.

⑩ 그런데 우리의 이성이 가지는 보통의 개념에 의하면, 우리의 생각하는 주관은 우리의 외부에 있는 상호작용에 관해서 독단적이요, 사물을 우리에게 독립해서 자존(自存)하는 진정한 대상이라고 본다. 이런 일은 일종의 선험적

이원론에 따른 것이요, 이런 이원론은 외적 현상을 표상으로서 주관에 귀속시
키지 않고, 외물을 감성적 직관이 우리에게 제시하는 그대로 객관으로서 우리
의 외부에 두고, 생각하는 주관에서 분리시킨다. 이러한 착오야말로, 마음과
신체의 상호작용에 관한 모든 이론의 기초로 되어 있다. 여기서는, 「현상의
객관적 실재성이 사실상 정당하냐」하는 것은 도무지 문제로 삼지 않는다. 여
기서는 현상의 객관적 실재성은 승인된 것으로서 전제되어 있고, 그것이 어떻
게 설명되고 이해되어야 하는가 하는 방식에 관해서만 궤변을 농(弄)한다. 이
방식에 관해서 세 가지 체계가 고안되어 유행해 있거니와, 사실 이 세 가지만 A390
이 가능하기도 하다. 그것은 즉 **자연적 영향설**, **예정조화설**, **초자연적 협력설**
이다.

⑪ 마음과 물질과의 상호작용에 관한 나중 두 설의 설명방식은, 상식의 견
해인 첫째 설의 설명방식에 대한 이의에 기본하고 있다. 나중 두 설의 설명방
식은 물질로서 나타나는 것은, 그것이 직접 영향을 주어서 그것과는 전혀 이종
적인 결과인 표상[마음]의 원인일 수는 없다고 하는 것이다. 그러나 이렇게 보
면, 이런 설명방식은 외감의 대상이라고 이해된 것[표상]과 물질의 개념을 결
합시킬 수 없을 것이다. 물질은 현상임에 틀림없고, 따라서 물질은 그 자신 이
미 어떤 외적 대상이 환기한 한갓 표상이기에 말이다. 혹은 설명방식이 반대로
「외적 대상의 표상(즉 현상)이 우리 심성 중의 표상[마음]의 외래적 원인일 수
없다」고 하는 것이 될 것이다. 허나 이런 일은 전혀 무의미한 이의가 되겠다.
왜냐하면, 일단[우리 심성의] 한갓 표상이라고 승인한 것을 외래적 원인이라고
간주하는 것은 아무도 생각지 않을 일이기 때문이다.

그러므로 나중 두 설의 설명방식은 우리의 원칙에 좇아서 그 이론을 고쳐
서, 우리 외감의 진정한(선험적) 대상[소위 물질]은 우리가 물질이라는 이름 아
래서 이해하는 표상(현상)－[그들의 소위 영혼]－의 원인일 수 없다는 노선을 취 A391
해야 한다. 외감 표상의 선험적 원인[물질 자체]을 아는 바 있다는 것을 아무도
근거 있게 주장할 수 없다. 그러기에 나중 두 설명방식의 주장은 전혀 무근거
한 것이다.

자연적 영향설을 「개량」했다고 자칭하는 사람들은 선험적 이원론의 보통의
표상[생각]방식에 의해서 물질은 원래 물질이기 때문에 「물자체 그것」으로 간

주하려고 할 것이다(즉 알려지지 않는 사물의 현상이라고 보지 않을 것이다). 그리고 이러한 외적 대상은 그 자체가 운동이라는 원인성 외의 아무런 원인성도 표시하지 않고, 따라서 표상[영혼]을 생기게 하는 원인일 수 없으며, 제3의 존재[하나님]를 양자간에 개재시켜서 양자 간의 교호작용은 아니더라도 적어도 양자간의 대응과 조화를 설정하는 일을 표시하는 방향으로 자기네의 이의를 취하려고 할 것이다. 이때에 그들[자연적 영향설의 개량론자]은 그들의 이원론 중에 자연적 영향설의 근본적[기본] 미망(迷妄)이 있다고 보는 일부터 반박하기 시작하겠다. 그리고 그 결과는 그들의 이의(異議)에 의해서 자연적 영향설을 반박하기보다도 그들 자신의 이원론을 전제를 반박하게 되겠다.

무릇 생각하는 자연[영혼]과 물질과의 결합에 관한 일체의 난점은, 전혀 남몰래 취해지는 「이원론」 사상에서 예외없이 발생하는 것이다. 「이원론」 사상은 물질은 물질로서 현상이 아니라 다시 말하면 그것에 알려지지 않은 대상이 대응하는 심성의 한갓 표상이 아니라 일체의 감성에서 독립하여 우리의 외부에 존재하는 「대상 자체 그것」이라는 사상이다.

A392 ⑫ 하기에 사람은 보통 의미의 자연적 영향설에 대해서는 독단론적 이의를 할 수 없다. 만약 이 논적이 물질과 그 운동은 한갓 현상이요, 그러므로 그 자신 표상임에 불과하다는 견해를 취한다면, 우리의 감성이 아는 바 없는[선험적] 대상이 우리 내부의 표상의 원인일 수 없다는 점에서만 논적은 난점을 주장할 수 있으나, 그러나 그가 이런 억지 주장을 할 권리가 사실은 조금도 없다. 왜냐하면 누구든 그가 아는 바 없는 대상에 관해서 그것의 작용 유무를 판정할 수 없기 때문이다. 그러나 그가 명백히 표상을 실체화하려 하지 않고 또 표상을 실물로서 자신의 외부에 옮겨놓으려고 하지 않는 한에서, 그는 상술한 우리의 증명에 의해서, 이 선험적 관념론을 반드시 인정하지 않을 수 없다.

⑬ 그러나 사람은 자연 영향설이라는 속된 학설에 대해서는 정초(定礎)된 비판적 이의를 할 수가 있다. 생각하는 실체와 연장을 갖는 실체라는 두 종의 실체 간에 성립한다고 칭하는[데카르트 식의]상호작용은 조잡한 이원론을 근저에 두고, 연장을 갖는 실체를, 즉 「생각하는 주관의 한갓 표상임에 틀림 없는 실체」를 자립하는 사물이라고 한다. 따라서 오해에 기본한 이런 자연 영향설은 그것의 논거가 무효요, 거짓되게 도취(盜取)한 것임이 발견됨에 의해서 완

전히 논파(論破)될 수 있다.

⑭ 사고체와 연장체의 상호작용에 관한 평판이 나쁜 이 문제는 모든 상상으 A393
로 가구(假構)된 것을 제거한다면, 다음의 물음에 귀착할 것이다. 즉, 어떻게 해서 생각하는 주관 일반에 있어서 외적 직관이, 다시 말하면 공간의 직관이 (공간을 차지하고 있는 것으로서의 형태와 운동의 직관이) 가능하냐 하는 물음이다. 그러나 이 물음에 대해서 대답할 수 있는 사람은 없다. 아무도 우리 지식의 이런 빈틈을 메꿀 수 없다. 우리로서는 외적 현상을 이런 종류의 표상의 원인인 선험적 대상에 돌려 보냄에 의해서만 이 빈틈을 지적할 수 있으나, 그러나 우리는 선험적 대상에 관해서 아는 바 없고 또 조금도 이해하는 바 없다. 경험의 분야에 나타나는 모든 과제에 있어서 우리는 [외적] 현상을 대상 자체 그것[선험적 대상]으로서 다루고 있고, (현상으로서의) 이런 대상을 가능하게 하는 제일 근거에 개의(介意)하는 일은 없다. 그러나 우리가 경험의 한계를 넘어선다면 선험적 대상이라는 개념이 필요하게 된다.

⑮ 생각하는 존재와 연장적 존재 간의 상호작용에 관한 이상의 경고에서, 생각하는 자연[영혼]이 이런 상호작용에 들어가기 전의 상태, 즉 생(生) 이전의 상태 및 이런 상호작용이 소멸한 후 (즉 죽음 후)의 생각하는 자연의 상태에 관한 모든 논쟁 또는 모든 이의의 해결이 직접적 결과로서 생긴다. 생각하는 주관이 신체와 서로 관계맺기 이전에, 생각할 수 있었다고 하는 의견은, 다음과 같이 표현될 수 있다 : 「무엇을 공간 중에서 우리에게 나타내는 종류의 감성이
작용하기 이전에, 현재 상태에서는 물체로서 나타나는 선험적 대상이 [감성적 A394
직관과는] 다른 방식에서 직관될 수 있었다」고. 그러나 마음은 물체계와의 모든 상호작용이 소멸한 뒤에도 역시 「생각」하기를 계속할 수 있다는 의견은 다음과 같은 형식에서 알려지겠다 : 「지금은 전혀 모르는 선험적 대상이 물질계로서 나타나게 하는 종류의 감성이 비록 소멸할지라도, 그렇다고 해서 감성 일체의 직관이 아직 소멸한 것은 아니다. 그리고 이 알 수 없는 동일한 대상이, 물론 물체라는 성질을 갖고 있지는 않지마는, 생각하는 주관에 의해서 여전히 인식되는 것은 충분히 가능할 수 있다」고.

⑯ 그런데 누구라도 이러한 주장의 근거를 최소라도 사변적[이론적] 원리로부터 구할 수는 없다. 뿐더러 그런 주장의 가능성조차 증시할 수가 없고, 오직

이것을 전제할 수 있을 뿐이다. 그러나 누구라도 이런 주장에 반대하는 타당한 어떤 독단적인 이의도 할 수가 없다. 누구라도 물체의 외적 현상의 절대적인 내적 원인에 관해서 아는 바 없음은 자타(自他)가 마찬가지이기에 말이다. 그러므로 그는 현재 상태(즉 생)에서의 외적 현상의 현실성이 무엇에 의존해 있는지 안다고 진술할 수 있는 근거를 가지지 않는다. 따라서 「모든 외적 직관의
A395 조건 또는 생각하는 주관 자신조차도 지금의 상태 후에 (즉 죽음에 있어서) 소멸하겠다」는 것을 안다고 진술할 수 없다.

⑰ 이래서 우리의 생각하는 존재[영혼]의 성질에 관한 또 이것과 물체계의 결합의 성질에 관한 모든 논쟁은, 우리가 모르는 것에 관해서 그 빈틈을 이성의 오류추리에 의해서 메꾸려 함에서 생겼던 귀결이다. 왜냐하면 사람은 자기가 생각한 것을 실물로 삼고, 생각한 것을 실체화하기 때문이다. 이런 실체화로 인해서, [물심의 상호관계의] 긍정을 주장하는 자와 부정을 주장하는 자에서 마찬가지로 공상적 [거짓된] 학문이 발생한다. [긍정하건 부정하건 간에] 그 어느 편도, 인간이 조금도 이해하지 않는 대상을 아는 줄로 생각하거나, 혹은 자기 자신의 표상을 대상화하여 모호와 모순에 찬 동그라미의 주위를 영원히 돌고 있는 형편이기에 말이다.

공상적 행복에 의해서 많은 사람을 소위 이론과 체계 속에 끌어 넣는 독단적인 기만에서 사람들을 해방하여, 우리의 일체의 사변적[이론적] 요구를 가능한 경험의 분야 내에만 제한할 수 있음은, 엄격하기는 하되 정당한 「비판」의 냉철 이외에 따로 있을 수 없다. 그러나 「비판」은 이때까지 몇 번이나 실패한 시도를 경솔하게 조소하지도 않고, 혹은 우리의 이성이 지니는 제한성을 경건하게 탄식하지도 않고, 확실한 원칙에 좇아서 이성의 한계 규정을 수행함에 의하는 것이다. 「비판」은 「여기를 넘지 말 것이다」라는 금찰(禁札)을, 자연 자신이 세운 「헤라클레스[1]의 기둥」에 최대한 자신(自信)에서 계시하는 바이다. 이
A396 것은 부단히 연속하는 경험의 해안(海岸)이 계속하는 한에서, 우리 이성의 항행(航行)을 중단하지 않기 위해서이다. 그리고 기슭이 없는 대해(大海)로 함부

1) Gibraltar 해협 동쪽 끝의 양 기슭에 솟아 있는 두 해각(海角), 유럽 쪽을 Rock of Gibraltar, 아프리카 쪽을 Jebel Musa라고 하거니와, Hercules가 일으켜 놓았다고 전해진다. Hercules는 희랍신화에 나오는 Jupiter의 아들로서 12가지의 어려운 일을 해낸 강력무쌍한 영웅이었다.

로 들어가는 일이 없이, 우리는 경험의 해안에서 떨어질 수 없다[경험의 해안에서 떨어지면, 우리는 대해로 들어가 버리는 것이 된다]. 대해는 늘 기만적인 광경을 정시(呈示)하면서, 드디어는 우리로 하여금 난삽하고 갑갑한 모든 노력을 무망(無望)한 것으로서 포기하도록 하는 것이다.

※ ※ ※

① 우리는 순수이성의 오류추리에 있어서의 「선험적이면서도 소질적인 가상」의 명석한 일반적 해명 및 오류추리의 체계적이면서도 범주표와 평행한 순서의 변명을 해야 할 것이었으나, 이때까지 하지 않았다. 우리는 그런 해명과 변명을 본절의 처음에서 했어야 할 일이나, 그러나 하지 않았던 것은 사태를 불분명하게 하는 위험에 빠지지 않기 위해서였고, 혹은 뒤에 해서 좋을 일을 부적당하게 미리 하지 않기 위해서였다. 이제야 우리는 해야 할 책임을 수행하려고 한다.

② 모든 가상은 사고의 주관적 조건을 객관의 인식이라고 보는 데에 있을 수 있다. 뿐더러, 우리는 선험적 변증론의 「들어가는 말」에서, 순수이성이 관여하는 것은 단지 주어진 「제약된 것」에 대한 「제약들」의 종합의 전체성뿐이라는 것을 지적하였다. 그런데 순수이성의 변증적인 가상은, 일정한 경험적 인식에서 나타나는 경험적 가상일 수 없기 때문에, 이 변증적 가상은 사고 작용의 조건들에 있어서의 보편적인 것에 관계하겠다. 하기에 순수이성의 변증적 A397
사용에는 다음의 세 경우가 있게 된다.

1. 사고된 것 일반의 조건[제약]들의 종합
2. 경험적 사고의 조건들의 종합
3. 순수 사고의 조건들의 종합

③ 이 세 경우에서 순수이성은 이런 종합의 절대적 전체성, 즉 그 무제약적인 조건을 다루는 것이다. 이런 분류에 기본해서 선험적 가상은 세 종류로 분류되고, 가상이 기연이 되어 변증론은 세 절로 되며, 그래서 순수이성의 세 개의 사이비학문, 즉 선험적인 「심리학·우주론·신학」에 대해 각각 이념이 제시된다. 우리는 여기서 첫째의 학문만을 다룬다.

④ 사고 일반의 경우에 어떤 객관(그것이 감관의 객관이건 순수오성의 객관이건 간에)에 대한 사고된 것의 모든 관계를 우리가 도외시하기 때문에 사고된 것 일반의 조건들의 종합(첫째)은 객관적인[경험적인] 것이 아니라 사고된 것과 주관과의 종합일 뿐이다. 그러하되 이런 종합이 거짓되게도 객관의 종합적 표상이라고 생각된다.

⑤ 상술한 것에서 다음의 것이 생긴다. 즉 「모든 사고 일반의 그 자신 무제약적인 조건에 대한 변증적 추리가 범하는 오류는, 내용에 의해서가 아니라(변
A398 증적 추리는 일체의 내용, 즉 객관을 도외시하기에 말이다), 형식에만 있는 일이요, 그러므로 오류추리라고 한다」고 하는 것이다.

⑥ 또 모든 사고에 수반하는 유일한 조건은, 「내가 생각한다」는 일반명제 중에 있는 「나」이기 때문에, 이 조건 자신이 무제약적인 한에서, 이성은 이런 조건을 문제로 해야 한다. 이 조건은 단지 형식적 조건이요, 즉 내가 모든 대상을 도외시하는바, 모든 사고된 것의 [일반]논리적인 통일이건마는, 이런 조건이, 내가 생각하는 바 대상이라고 표상된다. 다시 말하면, 자아 자신이라고 표상되고 자아의 무조건적인 통일이라고 표상된다.

⑦ 만약 누가 「생각하는 것이란, 어떤 성질의 것인가」하고 묻는다면, 나는 선천적으로는 조금도 답할 수 없다. 왜냐하면 답은 종합적이어야 하기 때문이다(분석적 답은 아마 사고를 설명하겠지마는, 이 사고의 가능성이 의존하는 것에 관한 인식의 확장을 주지 않는다). 모든 종합적 답에는 직관이 필요하되, 여기의 경우처럼 일반적 과제에 있어서는 직관이 전혀 무시되어 있다. 마찬가지로 「운동하고 있는 것이 어떤 종류의 사물인가」하는 물음에 대해서 누구라도 일반적인 답을 할 수가 없다. 이 경우에 불가침입적인 연장(물질)이 주어져 있지 않기에 말이다. 나는 상술의 첫째 물음에 대해서 일반적인 답을 줄 수가 없으나, 그러
A399 나 개개의 경우라면, 자기의식을 표시하는 명제, 즉 내가 생각한다는 명제로써 답할 수가 있다. 무릇 「나」란 것은 첫째[궁극]의 주관, 즉 실체요, 그것은 단순한 것 등등이기에 말이다. 그렇게 보면, 이 명제는 순전히 경험적 명제이어야 할 것이다. 그러나 이러한 명제도 사고를 가능하게 하는 조건을 일반적으로 또 선천적으로 진술하는 보편적 규칙이 없으면, 이런 (경험적이 아닌) 객어들을 포함할 수 없을 것이다. 이래서 생각하는 존재의 본성을, 그러면서도 순 개념에

의해서만 판단하려고 하는 나의 통찰은, 처음에는 그럴듯 하되, 사실은 의심스러운 것이 된다.——아직 이런 통찰의 오류를 나는 발견하지 않았지마는.

⑧ 그러하되 내가 「생각하는 존재 일반」으로서의 나에게 부여하는 속성들의 근원을 깊이 탐구하면, 이 오류를 발견할 수가 있다. 이 속성들은 순수범주 이외의 아무런 것도 아니요, 순수범주에 의해서는 나는 「일정」한 대상을 생각하지 않고, 표상의 대상을 규정하고자 표상들의 통일만을 생각한다. 근저에 직관이 없이 범주만이 있다면, 이런 범주는 대상의 어떠한 개념도 나에게 줄 수 없다. 대상은 오직 직관에 의해서만 주어지고, 나중에 와서 범주에 적종(適從)해서 「생각」되기에 말이다.

내가 사물을 현상 중의 실체라고 언명한다면, 나에게 미리 사물의 직관에 관한 술어가 주어져 있어야 한다. 그리고 이런 술어에 의해서 지속적인 것과 변천적인 것을 나는 구별하고 또 기체(즉 사물 자체)와 이 기체에 귀속해 있는 것과를 구별한다. 내가 어떤 사물을 현상에서 단순하다고 한다면, 이 경우에 A400
내가 이해하는 것은, 이런 사물의 직관은 확실히 현상의 일부이지마는, 그 자신은 분할될 수 없다는 것 등등이다. 그러나 그 어떤 것이 개념으로서는 단순한 것이라고 보아지지마는, 현상에서는 단순한 것으로 인식될 수 없다고 한다면, 그 때문에 나는 실로 대상의 인식이 아니라, 본래 직관될 수 없는 「어떤 것 일반」에 관해서 내가 형성하는 개념을 인식하고 있을 뿐이다. 나는 그 어떤 것을 전혀 단순한 것으로 생각한다고 말할 뿐이다. 왜냐하면, 나는 사실 「그것이 어떤 것이다」고 말하는 이상의 것을 말할 줄 모르기 때문이다.

⑨ 그런데 (나 라는) 한갓 통각은 개념으로서의 실체요, 개념으로서 단순하다 등등의 말을 한다면, 이러한 [순수]심리학적 명제들은 모두 참으로 정당하기는 하다. 그러나 사람이 본래 알고 싶어하는 마음에 관해서는 그 때문에 조금도 「인식」된 것이 없다. 이러한 술어들은 직관에는 전혀 타당하지 않고, 그러므로 경험의 대상에 적용되는 결과를 가질 수도 없으며, 따라서 그런 술어들은 공허하기에 말이다. 무릇 실체라는 개념은 마음이 그 자체만으로 존속한다든지, 혹은 마음은 외부 직관들의 일부요, 이 일부는 분할될 수 없고, 따라서 마음은 자연의 변화를 통해서 생멸할 수 없다든지 하는 것들을 가르쳐 주지 않는다. 이런 성질들만이, 마음을 경험과의 연관에서 나로 하여금 알게 하는 것이

요, 마음의 근원과 그 미래[즉 내세]의 상태에 관해서 해명할 수 있는 것이다.

하지만 내가 한갓[순수]범주에 의해서 「마음은 단순한 실체다」라고 말한다
A401 면, 실체라는 무내용의 오성개념이 포함하는 것은, 사물이 또다시 다른 주어의 객어로 되는 일이 없는 주어 자신으로 표상되어야 한다는 것뿐이다. 이 때문에, 이런 개념에서는 아무런 지속성도 나오지 않고, 단순성이라는 속성이[자신에다] 지속성을 보탤 수 없음이 확실하며, 따라서 마음이 세계의 변화에 즈음해서 마주치는 사건에 관해서 그런 오성개념이 조금도 교시(教示)함이 없다는 것 등등은 명백하다.

사람이 마음은 물질의 단순한 부분이라고 말할 수 있다고 한다면, 우리는 물질에 관해서 경험의 가르침으로 인해서 마음의 지속성을 도출할 수 있을 것이요, 또 단순성과 관련해서 그것의 불파멸성을 도출할 수 있을 것이다. 그러나 이런 점에 관해서 (내가 생각한다는) [순수]심리학의 원칙 중에 있는, 「나」의 개념은 한 마디의 발언도 없다.

⑩ 인간 속에 생각하는 존재[마음]가 순수범주에 의해서, 특히 범주표의 각 강목(綱目) 중에도 절대적 통일을 표시하는 범주에 의해서, 내 자신을 인식한다고 추측하는 것은 아래의 사정에 의거한다. 즉 통각 자신은 범주를 가능하게 하는 근거이지마는, 범주 자신은 직관의 다양을, 이 다양이 통각에 있어서 통일되는 한에서, 종합하는 이외의 아무것도 제시하지 않는다는 사정이다. 그러므로 「자기의식 일반」은 일체를 통일하는 조건이라는 표상이요, 그러면서도 그 자신 무계약적이라는 표상이다. 따라서 (마음이라는) 생각하는 나에 관해서, 즉 실체요 단순한 것이며, 모든 시간에 걸쳐서 수적으로 동일한 것이며, 그외
A402 의 일체의 존재가 그것에서 추론되어야 하는 일체 존재의 상관자인 「생각하는 나」에 관해서, 사람은 다음과 같이 말할 수 있다 : 「이 나는 범주에 의해서 내 자신을 인식하는 것이 아니라, 범주를, 또 범주에 의해서 일체의 대상을, 통각의 절대적 통일에 있어서 인식하는 것이요, 그러므로 자기 자신에 의해서 인식하는 것이라」고.

내가 일반적으로 객관을 인식하기 위해서 전제해야 하는 것 자신을 객관이라고 인식할 수 없다는 사리, 규정하는 자기([형식적] 사고작용)와 규정될 수 있는 자기(사고하는 [객관적] 주관)는, 인식과 그 대상처럼 다르다는 사리, 이런 사

리들은 자못 명백한 것이다[306면 참조]. 그러나, 사고된 것의 종합에 있어서의 통일을, 이 생각하는 주관에 있어서의 지각된 통일이라고 생각하는 가상(假像) 만큼, 자연스럽고[소질적이고] 유혹적인 가상은 없다. 사람은 이런 가상을 실체화한 의식(실체적 통각)의 기만이라고 말할 수 있다.

⑪ 그러나, 이성적 심리학의 변증적 추리상의 오류추리는, 그것이 정당한 전제들을 가지는 한에서, 논리적이라고 말하려고 한다면, 이 오류추리를 「매개념 다의(多義)의 오류」(언어 형식상의 궤변)라고 볼 수 있다. 이 오류에서 대전제는 범주를 그것의 제약에 관해서 선험적으로 사용하고 있고, 소전제와 결론에서는 이 제약 아래 포섭된 마음에 관해서 같은 범주를 경험적으로 사용하고 있다.[1] 그러므로, 가령 단순성의 오류추리에 있어서의 실체-개념은 순 지성 A403
적 개념이요, 감성적 직관의 조건을 무시하여 선험적으로 사용되어 있다. 다시 말하면, 감성적 직관의 조건을 전혀 사용하고 있지 않다. 그러나 소전제에서는 같은 실체-개념이 모든 내적 경험의 대상에 적용되어 있으면서도, 그 개념을 구체적으로 적용하는 조건이 없다. 즉 대상의 지속성을 먼저 확립하는 일이 없고, 근저에 두는 일이 없다. 따라서 범주는 경험적으로 사용되기는 했으나, 실은 이 경우에 이런 경험적 사용이 허용되지 않는 것이었다.

⑫ 끝으로, 궤변적 심리학의 이 모든 변증적 주장들의 체계적 연관을 순수이성의 연관 중에서 표시하기 위해서, 따라서[변증적] 주장들을 완전하게 표시하기 위해서, 다음의 점에 주목해야 할 것이다. 즉 통각은 범주의 전 강목[네 강목]에 통해 있는 것이나, 그러나 각 항목[이 포함하는 세 개의 범주] 중에서도 가능한 지각의 통일에 관해서 각각 다른 것[두 개]의 근저에 있는 오성개념들, 즉 실체성·실재성·단일성(수다성이 아니라)·현존성에 대해서 통해 있는 것이다. 단지 이성이 여기서는 모든 범주를, 생각하는 존재를 가능하게 하는 조건들로 제시하는 점만이 다르고, 그 자신 무제약적인 조건들로 제시하는 점만이 다르다. 그러므로 마음은 그 자신에 관해 다음의 넷을 인식한다.

1) A. 348면, 첫째 실체성의 오류추리 참조. 다음에 나온 단순성을 Adickes는 실체성이라고 고쳤다. A. 349 참조.

A404 1. 관계의 절대적 통일성
즉, 자신을 속성적인 것으로가 아니라,
자존(自存)하는 것으로서의[통일성]
2. 성질의 무조건적 통일성
즉, 실재적 전체로서가 아니라,
단순한 것으로서의[통일성]※
3. 시간의 수다성에 있어서의 절대적 통일성
즉, 서로 다른 시간에서 다른 주관이 아니라,
하나의 동일한 주관으로서의[통일성]
4. 공간에 있는 현존의 절대적인 통일성
즉 마음의 외부에 있는 몇몇 사물의 의식으로서가 아니라,
단지 마음 자신의 현존의 의식으로서의[통일성], 그러나
타물(他物)들의 의식을 한갓 마음의 표상으로만 보는[통일성]

※ 단순한 것이 어째서 여기서 다시 실재성의 범주에 대응하는가 하는 것을 나는 여기서는 아직 지적할 수 없다. 이것에 관해서는 다음 장에서 같은 개념의 다른 이성 사용을 다룰 무렵에 진술하겠다.

A405 ⑬ 이성은 원리들의 능력이다. 순수심리학의 주장은 마음에 관한 경험적 술어를 포함하지 않는다. 그것의 주장은, 만약 그 주장이 성립한다면[주어에 술어를 보태는 일이 생긴다면], 대상 자체 그것을, 경험에서 독립하여, 따라서 한갓 이성에 의해서 규정할 터의 것이다. 그러므로 그것의 주장은 당연히 생각하는 자연[영혼] 일반이라는 원리와 보편적 개념에 의거해 있는 것이 아닐 수 없겠다. 그런데 사실은 「내가 존재한다」는 단일한 표상이 그 주장 전부를 지배하고 있다. 그리고 이 단일 표상은, 내가 나의 모든(미규정적인) 경험의 순수형식을 표시하는 것이므로, 일체의 「생각하는 존재」에 타당하는 보편적 명제인 것처럼 자신을 알린다. 그럼에도 불구하고, 이 명제는 모든 관점에 있어서, 단일적이기 때문에, 사고 일반의 조건의 절대적 통일인 듯한 외관을 정시(呈示)하고, 그런 까닭에 가능한 경험이 도달할 수 있는 경지 이상으로 자기를 확장한다.

재판의 오류추리론

⑩ (개연적 의미에서)[1] 내가 생각한다는 명제는, 오성의 전(全) 판단의 형식 406
일반을 포함하고, 전(全) 범주의 운반구로서 모든 범주에 수반해 있다. 그러므로 이 명제에서의 추리가 경험이 섞이는 것을 일체 배척하는 오성의 「선험적 사용」만을 포함할 수 있다는 것, 또 상술하였듯이 우리는 이런 선험적 사용의 진행에 관해서 미리 이로운 개념을 만들 수 없다는 것은 명백하다. 하기에, 우리는 그 명제를 순수[이성적] 심리학의 모든 입언(立言)을 통해서 비판적으로 추구하고자 한다. 그러나 간결을 위해서 우리는 그것의 검토를 절(節)로 구분함이 없이 진행하기로 한다[269면 대조].

⑪ 우선 이하의 일반적 주의가 이 추리방식에 대한 우리의 주의력을 날카롭게 할 수 있다. 나는 단지 「생각」함에 의해서 어떠한 객체도 「인식하지 않는다. 내가 주어진 직관을, 일체의 사고가 존립하는 지반인 「의식의 통일」에 관해서 규정함을 통해서만, 나는 한 대상을 인식할 수 있다. 그러므로 나는 자신을 생각하는 자로서 의식함에 의해서 나 자신을 인식하는 것이 아니다. 나 자신의 직관을 사고의 기능에 관계해서 규정된 것으로 의식할 때에, 나 자신을 의식한다. 사고 작용중의 자기의식의 모든 양상은, 그 자신으로서는 아직 객체
에 관한 오성개념(즉 범주)이 아니고, 한갓[일반]논리적인 기능이요, 이런 기능 407
은 사고 작용에 대해서 인식되는 대상을 주지 않는다. 따라서 나 자신도 인식되는 대상으로서 주어지지 않는다.

규정하는 자기(das bestimmende Selbst)라는 의식이 객체인 것이 아니라, 규정될 수 있는 자기(das bestimmbare Selbst)의 의식만이, 다시 말하면 나의 내적 직관의 의식만이(직관의 다양이 사고에 있어서의 통각의 통일이라는 보편적 조건에 적합해서 결합될 수 있는 한에서) 객체인 것이다[302면 참조].

1. [관계의 실체성에 관함] 모든 판단에 있어서 항상 「나」만이, 판단을 구성하는 관계에 있어서 규정하는 주관이다. 「나는 생각한다」고 할 때의 나는 사고

---

1) 이 ⑩번호는 초판의 오류추리론(269면)의 ⑩번호에 맞춘 것이다. 이 토막 끝의 「그러나」 이하로 B. 432면까지가 재판의 개작(改作)이다. 이때에 초판의 오류추리론을 삭제했다.

에 있어서 항상 주어로서 타당하고, 사고 작용에 귀속하는 객어처럼 보여질 수 없는 그 어떤 것으로서 타당하다. 이것은, 절대 필연적인 명제요, 동일명제이기도 하다. 그러나 이 명제는, 내가 객체로서 자존하는 존재, 즉 실체라는 것을 의미하지 않는다. 이런 실체라면 그것은 자못 광대한 의미를 갖는 것이요, 따라서 사고에서는 발견되지 않은 소여[직관의 다양] 같은 것도 요구하는 것이 되며, (내가 생각하는 존재 자체를 고찰하는 한에서) 아마 내가 일반적으로 (생각하는 존재에서) 발견하겠는 것보다 이상의 것을 요구하는 것이 된다.

2. [성질의 단순성 혹은 비물질성에 관함] 따라서 「통각으로서의 자아는 모든 사고에 있어서 단수요, 이 단수는 다수의 주관으로 분해될 수 없고, 그러므로 논리적으로 단순한 주어만을 표시한다. 이 점은, 이미 사고의 개념 속에 있는 것이요, 그러므로 그것[통각으로서의 자아는 단순하다는 판단]은 분석적 명제다.
408 허나, 그것은 「생각하는 자아가 단순한 실체」라는 뜻은 아니다. 이 명제는 종합명제의 말이다. 실체의 개념은 항상 직관과 관계한다. 직관은 나에게는 감성적인 것 이외의 다른 것일 수 없다[B. 225참조]. 따라서 직관은 오성의 분야와 오성의 사고와의 외부에 있는 것이다. 그러하되, 「사고에 있어서 자아는 단순하다」고 말할 때에는 원래가 사고의 분야만을 이야기하고 있는 것이다.

직관이 제시하는 바의 것에 있어서 그것 중의 무엇이 실체냐, 뿐더러 이 실체가 단순한 것이냐(가령 물질의 부분에 관해서처럼), 이런 것을 식별하자면, 다른 경우에는 비상한 채비를 필요로 하건만 이런 실체가 여기[오류추리]서는 여러 표상 중에서도 정말 가장 빈약한 [자아라는] 표상에 있어서 마치 계시(啓示)에 의한 듯이 나에게 [직관으로서] 주어진다는 것은 참으로 놀랄 만하다고 하겠다.

3. [분량의 동일성 혹은 인격성에 관함] 내가 의식하고 있는 모든 다양에 있어서 내 자신은 동일하다는 명제는, 그런[내 자신과 동일성 같은] 개념들 자신 속에 포함되어 있는 것이요, 따라서 분석적 명제다. 그러나 내가 주관의 표상들에서 항상 의식할 수 있는 이 주관의 동일성은, 주관이 객체로서 주어지게 하는, 주관의 직관과는 무관계하다. 그러므로 그것은 [영혼적] 인격의 동일성을 의미할 수도 없다. 인격의 동일성이란 주관상태의 모든 변화 중에서도 주관 자신의 생각하는 존재로서의 실체의 동일성을[의식함을] 의미한다. 이런 인격의
409 동일성을 증명하자면 내가 생각한다는 명제를 단지 분석하는 것만으로서는 불

충분하고 주어진 직관에 기본한 개개의 종합적 판단이 필요할 것이다.

4. [양상의 상호작용 혹은 영혼불멸에 관함] 내가 생각하는 존재로서의 내 자신의 「실재」를 나 이외의 다른 사물(나의 신체도 이 다른 사물 중에 들어간다)에서 구별한다고 하는 심판은 마찬가지로 분석적 명제이다. 왜냐하면, 다른 사물이란 것은 내가 나와는 다른 것으로서 생각하는 사물이기 때문이다. 그러나 이런 「자기 의식」은 그것에 의해서 나에게 표상이 주어지는 외물이 없이 가능한 것이냐, 따라서 내가 (인간이 아니고) 한갓 생각하는 존재로서 실재할 수 있는 것이냐, 이런 일을 분석적 명제에 의해서 나는 조금도 아는 바 없다.

⑫ 이에 객체로서의 「자기 인식」에 관해서는 사고 일반에 있어서의 「자기 의식」을 분석함으로써 나는 조금도 얻는 바 없다. [그럼에도] 사고 일반의 [일반] 논리적 설명이, 거짓되게도 대상의 형이상학적 규정[생각하는 존재의 실재적 설명]이라고 간주된다.

⑬ 모든 생각하는 존재 자체가 [물자체로서의] 단순한 실체라는 것, 따라서 이런 것으로서 (이것은 같은 증명 근거에서 생기는 귀결이지마는) 인격성을 불가분적으로 수반한다는 것, 그리고 일체의 물질을 떠나서 존재하는 「생각하는 존재」를 의식한다는 것,——이런 것들을 만일 선천적으로 증명할 가능성이 있다면, 그것은 우리의 「비판」 전체에 대한 커다란, 아니무비(無比)의 장애물이 될 것이다. 왜냐하면, 이런 방식에서 우리가 감성계 밖으로 한 발을 디디었다면, 우리는 [불자체인] 가상체의 분야에 들어간 것이기에 말이다. 그렇게 보면, 이 [새] 분야에서 자기의 지식을 확장하고 체계를 증축하여, 각자가 행운을 힘입 410
은 나머지 그 분야를 점유하는 권한을 거부할 자가 없을 것이다.

무릇 「생각하는 모든 존재는 이런 존재로서 단순한 실체이다」라는 명제는 선천적 종합명제이다. 왜냐하면, 이 명제는 첫째로 그것의 근저에 두어진 개념[선험적 통각]의 외부에 나아가서 [실체라는 경험적 객체로서의] 현존 방식을 사고 일반에 보태고 있기 때문이다. 둘째로 (단순하다)는 경험에서는 전혀 주어질 수 없는 술어를 저 개념에 보태기 때문이다. 따라서 선천적 종합명제가 [선험적 분석론에서] 주장했듯이, 가능한 경험의 대상에 관계하고, 그러면서도 경험 자신을 가능케 하는 원리로서 유용하고 허용될 뿐만이 아니라 [그 이상으로] 사물 일반과 사물 자체[자아 자체]에도 상관할 수 있게 된다. 이런 결론은 우리의

「비판」 전체를 종식케 하고, 구태대로 머물러 있게 하는 명령과도 같은 것이다. 그러나 사태를 자세히 볼 때에, 이런 위험은 생각하는 만큼 큰 것이 아니다.

⑭ 이성적 심리학의 절차 중에 행하여져 있는 오류추리는 다음과 같은 이성추리[삼단논법]에서 드러난다.

주어[주체]라고 생각될 수밖에 없는 존재는, 주어로서만 실재하는 것이다. 즉 실체다[대전제].

생각하는 존재는, 한갓 생각하는 것으로만 보아진다면, 주어[주체]라고만 생각될 수 있다[소전제].

411 그러므로, 생각하는 존재는 주어[주체]로서만 실재한다. 즉 실체로서 존재한다[결론].

⑮ 대전제에서 진술된 존재[주어]는 일반적으로 모든 관점에서 [즉, 절대적으로] 생각될 수 있는 것이요, 따라서 직관 중에서 주어질 수도 있는 것이다. 그러나 소전제에서 진술된 존재는, 사고와 「의식의 통일」에 상관해서만 주어로 보아지지만, 동시에 객체로서 사고에 주어지는 직관에 관해서는 고찰되지 않는 한의 존재이다. 이래서 매개념 다의(媒槪念多義)의 오류에 의해서,[1] 따라서 거짓된 추리에 의해서 결론이 생긴 것이다.※

※ 「생각한다」가 대전제와 소전제에서 전혀 다른 의미로 취택되었다. 그것은 대전
412 제에서는 객체 일반(따라서 직관에 주어질 수 있는 객체)에 상관하고 있고, 소전제에서는 자기 의식과의 관계 중에서만 성립하는 것이다. 따라서 이 경우는 객체가 전혀 무시되고 (사고의 형식으로서의) 주체가 자기에 대하는 관계만이 표시되어 있다. 전자의 경우에는 주체로 밖에 생각될 수 없는 사물을 논했으나, 후자의 경우에는 사물이 아니라, (모든 객체를 도외시했기 때문에) 자아가 의식

1) 삼단논법 「제1격」으로 간단히 말하면 :
주어로 생각하는 것은 일반적으로 실재한다(M－P).
생각하는 존재는 주어로 생각되는 것이다(S－M).
그러므로 생각하는 존재[영혼]는 실재한다(S－P).
매개념(주어로 생각되는 것)은 대전제에서는 직관 중에 주어질 수 있는 것이나, 소전제에서는 한갓 자기 의식이요, 따라서 직관 중에 주어질 수 없는 것이다. 즉 매개념 다의의 오류에 빠졌다. 이 대목의 「사고와」는 「사고작용 즉」의 뜻이겠다.

의 주체의 역할을 한 바, 사고를 논했다. 그러므로 결론에서 「나는 주체로서만 실재한다」고 추리할 수 없다. 단지 나는 「나의 실재를 사고함에 있어서 나를 판단의 주체로서만 사용할 수 있다」고 추리할 수 있을 뿐이다. 이런 것은 동일명제(同一命題)요, 나의 실재방식에 관해서 전혀 해명함이 없는 것이다.

⑯ 이 유명한 논증을 하나의 오류추리로 돌려보냄이 정당하다는 것은 이즈 412
음에 원칙의 체계적인 표시에 대한 일반적 주석과 가상체에 관한 장[1])을 참조하면 명백하다. 거기서 나는 다음과 같이 증명하였다. 즉 그 자신 주어로서는 실재할 수 있으나 술어로서는 실재할 수 없는 사물이라는 개념은, 아무런 객관적 실재성도 수반하지 않는다는 것이었다. 다시 말하면, 이러한 실재방식의 가능성을 통찰함이 없기 때문에, 일반적으로 그런 사물의 개념에 대상이 귀속하는지 어떤지 알 수 없고, 따라서 이런 개념은 아무런 「인식」도 되지 않는다는 것이었다.

이에, 사물의 개념이 실체의 이름 아래서 주어질 수 있는 객체를 표시할 것이라면, 즉 개념이 인식이 되고자 하면, 지속적 직관이 그 개념의 객관적 실재성에 대한 필수조건으로서 근저에 두어져야 한다. 즉 직관이, 대상이 주어지도록 하는 유일한 것으로서 근저에 두어져야 한다.

그런데 우리는 내적 직관의 경우[시간적으로] 아무런 지속적인 것도 가지지 413
않는다. 자아란 나의 사고 작용의 의식일 뿐이기에 말이다. 그러므로 우리가 사고 작용에만 안주해 있을 때에는, 우리는 실체의 개념, 즉 그 자신만으로 자립하는 주어의 개념을, 생각하는 존재로서의 나 자신에게 적용하는 필연적 조건[직관]을 결여하고 있는 셈이 된다. 그리고 이러한 주어와 결합하여 있는 「실체의 단순성」은, 실체-개념의 객관적 실재성이 없어짐과 동시에 없어지고, 사고 일반에 있어서의 자기의식의 한갓[일반]논리적인 질적 통일성으로 변해 버린다. 이 무렵에 주어가 합성적인 것이냐 혹은 아니냐[즉 단순한 것이냐]하는 것은 문제되지 않는다.

1) B. 288 ff. B. 294 ff. 참조.

[1] 마음[영혼]의 존속성에 대한 멘델스존의 증명을 반박함

① 재래에 흔히 하여온 논의가 증명하고자 한 것은 마음은 (그것이 단순한 존재임이 승인되는 한에서) 분할에 의해서 존재하기를 중지할 수 없다는 것이었다. 그러나 명민한 철인 멘델스존은 그런 논의가 사후의 마음의 필연적 존속을 보증하려는 의도에 대해 불충분한 결함을 재빨리 깨달았다. 왜냐하면, 마음은 [점차적 혹은 돌연적] 소산에 의해서도 실재하지 않게 됨이 인정될 수 있기 때문이었다. 멘델스존은 [그 저서] 잔치(phädon)에서, 단순한 존재[영혼]는 존속하기를 중지할 수 없다는 증명을 담대히 행해서, 진정 절멸을 의미하겠는 마음의 일시성을 방지하고자 하였다. [그에 의하면] 단순한 존재는 결코 감소되는 일이
414 없고, 따라서 차츰차츰 그것이 없어져 버리는 일이 불가능하므로, (이것은 단순한 존재는 부분을 가지지 않고, 따라서 수다(數多)를 포함하지 않기 때문이다)[그것이 소멸한다면 그것은 점차적이 아니고, 갑자기 소멸할 것이요, 이때에] 그것이 존재한 순간과, 이제야 존재하지 않는 순간 사이에[1] 시간이 전혀 없는 것이 되겠지만, 이런 일은 사실은 불가능한 것이다.

그러나 그는 다음의 점을 사려하지 않았다: 마음이 각각 개별적으로 존재하는 다양을 포함하지 않고, 따라서 외연량(外延量)을 포함하지 않기 때문에, 우리가 비록 마음의 단순한 성질을 허용한다 하더라도, 실재하는 어느 것에도 내포량(內包量)이 배제될 수 없듯이 마음에 대해서도 그 내포량이 배제될 수 없다. 다시 말하면, 마음의 여러 능력에 관한 실재성의 도(度)와, 뿐만 아니라 일반적으로 실재를 형성하는 모든 것에 관한 실재성의 도가 배제될 수 없다. 그리고 이 실재성의 도는 무한히 많은 보다 더 작은 도를 통해서 줄어질 수 있다. 그러므로 소위 실체(이것은 그 존속성이 단순성 이외의 점에서는 확정되어 있지 않거니와)는 비록 분할에 의해서가 아니라 하더라도, 그것의 힘이 점차로 줄어

1) 영혼이 있었던 시간과 없었던 시간을 구별할 수 없고, 이런 일은 불가능하기에 영혼은 불멸이라는 뜻이다. 일반적으로 이성적 심리학은 영혼, 즉 주관을 의식의 작용으로 보지 않고, 실체로서 실재한다고 했다. 그러나 주관은 작용하는 것이요, 그 자신 실재는 아니다. 실재하는 두뇌의 작용이다. 실체라고 생각하는 것은, 주관을 객관화해서 영혼으로서 다룬 것을 의미한다. 주관의 작용은 객관을 인시하고 있는 중이요, 그 자신 객관화될 수는 없다.

짐으로써 (따라서 쇠약함으로써, 만일 이런 말을 써서 좋다면) 없어지게 될 수 있는 것이다. 무릇 의식조차도 항상 [실재성의] 도를 가져서, 이 도는 부단히 줄어질 수 있는 것이다.※ 따라서 자기의식[영혼]의 능력도, 그 외의 모든 능력과 마찬 415
가지로 실재성의 도가 줄어질 수 있는 것이다.

※ 논리학자가 말하듯이, 명석은 표상을 [도(度) 없이 그저] 의식함이 아니다. 대저 어떤 도(度)의 의식은, 그것이 무엇을 상기하는 데에 불충분할 경우가 있고, 이런 의식은 많은 불명한 표상에서도 발견된다. 왜냐하면, 만약 의식함이 전혀 없다면, 우리는 불명한 표상들을 결합해 보더라도 표상들을 구별함이 없을 것이다. 그러나 많은 개념들 (정의나 공정 같은 개념 또 많은 악보를 상상 중에서 포착하는 음악가가 갖는 개념들)의 표징들에 관해 우리는 이런 구별을 할 수 있다. 표상에 있어서 의식이 한 표상을 다른 표상에서 구별하는 의식에 도달할 경우에, 그러한 표상은 명석하다. 의식이 [갑과 을의 표상을] 구별하는 데 도달해도, 구별하는 「의식」에 도달하지 않으면, 그런 표상은 아직 불명하다고 말해야 할 것이다. 따라서 의식에는 그것이 소멸하기에 이르기까지 무한히 「의식의 많은 도」가 있다.

이렇게 보면, 내감의 한갓 대상으로서의 마음의 존속성은 아직 증명되어 있지 않다. 아니, 증명될 수 없는 것이다. 물론 마음이 [저승 아닌] 현세의 생명에서 지속하는 것은 나에게 명백하다. 생명에서는 사고하는 존재(즉 인간)는 동시에 외감의 대상이다. 그러나 이런 견해가 이성적 심리학자에게는 아무런 만족도 주지 않는다. 이는 생명을 넘어서도 마음이 절대로 존속한다는 것을 한갓 개념에서 증명하려고 하고 있다.※

※ 자기가 세운 전제에 대해서 모순을 지적할 수 없다는 것을 자만하여, 모순이 없다는 것만으로써 이미 새 가능성[영혼 존속]에 대한 길을 제시하기에 충분한 업적을 가졌다고 믿는 사람들은, (사람이 살고 있는 동안의 경험적 직관에 416
서만 사고 가능성의 실례를 보거늘, 이 세상 생명이 종식한 후에도 사고 가능성을 통찰한다고 믿는 사람들이 모두 이 부류에 속하지만)[그들이 주장하는 가능성에 비해서] 조금도 더 대담하지 않은 다른 가능성에 의해서 심한 곤경에 빠진다. 가령 하나의 단순한 실체를 분할하여 많은 실체로 하고, 거꾸로 많

은 실체를 융합하여 하나의 실체로 하는 것(연합)도, 이런 가능성의 하나다.

무릇 가분할성은 합성을 전제하기는 하지마는, 그러나 반드시 [많은] 실체들의 합성을 필요로 하지는 않는 것이요, 오히려 동일한 실체에 있어서 (각종 능력의) 도(度)의 합성을 필요로 한다.

마음의 많은 힘과 능력은 물론이요, 의식의 능력조차도 그것의 반분(半分)이 소멸해도 실체는 역시 남아 있다고 생각할 수 있는 것처럼, 이 소멸한 반분을 원 실체의 내부에서가 아니라 그 외부에서 보존되어 있다고 생각하는 것에 아무런 모순도 없다. 단지 이 경우에는 실체 속에 언제나 실재하고, 따라서 도(度)를 갖는 일체가, 따라서 실체의 전 실재가 아무런 결함 없이 양분(兩分)되어 원 실체 외에 또 하나의 다른 실체가 발생할 뿐이다.

417 무릇 분할되어 생긴 다(多)는 이전부터 있었으나, 그러나 실체 자신들의 「다」로서가 아니라 모든 실체 중의 실재량인 모든 실재성의 「다」로서 있었다. 즉 실체의 단일성은 분할되기 전에는 이 실체의 유일한 존재방식이었으나, 분할을 통해서 복수의 자존체로 변하였다. 이래서 많은 단순한 실체들이 융합해서 다시 하나의 실체로 될 수 있겠다. 이 경우에 상실된 것은 다수의 자존체뿐이다. 왜냐하면, 이 하나의 실체는 이전에 있었던 모든 실체의 실재성의 도(度)를 자기 속에 포괄했기 때문이다. 그리고 모든 단순한 실체는 우리에게 물질이라는 현상을 주고 있다(물론 실체들 「서로」의 기계적 혹은 화학적인 영향에 의해서가 아니라, 이러한 영향이 단지 그것의 현상임에 불과한 우리에게 미지인 영향에 의해서이지만), 이런 실체들은, 실체의 **내포량**으로서의 어버이 마음[영혼]들을 이처럼 **역학적**으로 분할함을 통해서 자식의 마음[영혼]들을 아마 산출하겠고, 그와 동시에 어버이 마음은 이런 감소를 다시 같은 종류의 새 질료와 연결해서 보충한다고 생각할지 모른다.

나는 이상과 같은 공상에 대해서 사소한 가치나 타당성도 인정하지 않는다. 상술한 분석론의 원리들도 범주(가령 실체의 범주)를 「경험적」으로만 사용할 것을 십분 날카롭게 요구했다. 그러나 이성론자는 대상을 주는 지속적인 직관이 전혀 없이, 독자적으로 존립하는 존재[영혼]를 단지 사고능력에서 만들어 내는 일을 감행했고, 이런 감행을 사고에 있어서의 통각의 통일성이 합성체[영혼은 합성체요, 불멸이 아니다]에서는 설명될 수 없다는 이유에서 하였다. 하
418 지만, 그가 그런 일을 하기보다는 「오히려 생각하는 성질」의 가능성을 설명할

길을 모른다고 고백하는 것이 더 좋았을 것이다. 이렇게 보면, 또 유물론자가 이성론자와 마찬가지로 「자기 주장」의 가능성을 위해서 경험을 끌어낼 수 없다고 하더라도 유물론자도 통각의 형식적 통일성을 보존함에서, 이성론자와 동등하게 대담히 그의 원칙을 이성론자와는 정반대되는[영혼은 합성체요, 불멸이 아니라는] 사용에 이용할 권리가 있지 않을까?[1)]

② 상술한 명제들[266면 이하의 1, 2, 3, 4]은 체계로서의 이성적 심리학에서 「생각하는 모든 존재」에 대해서 타당하는 것으로서 해석되어야 하거니와, 우 416
리는 이런 명제들을 종합적으로 서로 연관시키고, 「모든 생각하는 존재는 이런 것으로서 실체들이다」라는 [종합적] 명제로써 관계－범주에서 출발하여, 범주의 순서를[관계→성질→분량→양상의 식으로] 역행하여 이 동그라미[순서]가 종결하는 데까지 통과하여 가기로 하자. 그렇게 하면, 우리는 드디어 생각하는 존재들의 현존성[양상 중의 범주]에 마주친다. 그리고 생각하는 존재들은[이성적
심리학]의 체계에 있어서 자신들의 실재를 외물과는 관계 없이 의식할 뿐만이 418
아니다. 외물을 (실체의 성격이 필연적으로 소유하는 존속성의 입장에서) 생각하는 존재 자신들의 편에 기본해서 결정할 수 있기도 하다. 이것에서 생기는 결과는, 관념론이, 적어도 [데카르트적] 개연적 관념론이, 이성론의 체계에 있어서 정말 불가피하다는 것이다. 그리고 만일 외물의 존재가 시간에 있어서 「생각하는 자아 자신의 실재」를 규정하는 데에 불필요하다고 한다면, 외물 존재의 가정은 허사겠고, 외물의 존재는 결코 증명될 수 없겠다.

③ 이에 반해서 우리가 분석적 방법을 준수한다면, 「내가 생각한다」는 것은 [나의] 실재를 이미 자기 안에 포함하는 명제인 것이요, 주어진 것으로 근저에 있는 것이며, 따라서 양상이[현존성의 범주가] 근본에 있는 것이다. 이런 명제를 우리가 분석하여 그 내용을 「인식」하자면은, 즉 공간 중에거나 시간 중에 있는 이 「자아」가 한갓 생각함에 의해서 그것의 실재가 과연 규정되는 것이냐, 이렇다면 또 어떻게 규정되는 것이냐 하는 것을 인식하자면, 이성적 심리학의 명제들은 「생각하는 존재일반」의 개념에서가 아니라, 현실성[범주표에서는 현존

1) 이성론자가 정립 측에, 유물론자가 반정립 측에 선다고 보면, 여기에 영혼－이념의 이율배반이 벌써 등장했다고 할 수 있다.

419 성]의 개념에서 출발하겠다[그래서 범주표의 순서를 양상→관계→성질→분량 식으로 진행해야 하겠다]. 그리고 이 즈음에 모든 경험적인 것이 배제된 이후에, 현실성이 사고되는 방식에서 생각하는 존재 일반이 가지는 특성이 추리되거니와, 이 점은 다음의 표가 지시하는 바와 같다.

1. 나는 생각한다.[양상]

2. 주어로서[관계]

3. 단순한 주어로서[성질]

4. 내 사고의 모든 상태에서 동일한 주어로서[분량]

④ [주어로서 생각한다는] 둘째 명제에서, 내가 과연 주어로서만 실재하고 또 생각되며 다른 주어의 술어로서도 실재하지는 않고 생각되지도 않는 것인지, 이것은 결정되어 있지 않다. 그러므로 여기의 주어의 개념은 단지[형식] 논리로서 생각되어 있고, 그것이 실체를 의미하느냐의 여부는 결정되지 않고 있다.

[단순한 주어로서 생각한다는] 셋째 명제에 있어서는 통각의 절대적 통일성인 단순한 자아, 즉 사고작용을 형성하는 모든 이합(離合)이 상관하는 표상 중에 있는 단순한 자아는, 그 자신만으로도 중요한 것이다.――그러나 나는 이런 주어의 성질, 즉 자존성[실체성]에 관해서는 전혀 결정[아는 것]이 없었다. 통각은 어떤 「실재적인 것」이요, 통각의 단순성은 통각의 가능성 중에 포함되어 있다. 그런데 공간에 있어서는 단순한 「실재적인 것」은 없다. (공간에서 단순한 것은 점(點)뿐이지마는) 이런 점도 실은 한계일 뿐이요, 따라서 그것은 [실재적인] 부분으로서의 공간을 형성하는 어떤 것이 아니다. 이 결과로 유물론이 제시하는
420 근거에서 「단지 생각하는 주관으로서의」 내 성질을 설명할 수 없게 된다.

허나, 첫째 명제에 있어서는 나의 실재는 주어진 것으로 간주된다. 이 명제는 모든 생각하는 존재는 실재한다는(이런 말은 생각하는 존재의 절대적 필연성을 주장하는 것이 되고, 이런 존재에 관해서 지나친 주장을 하는 것이 되지마는) 뜻이 아니라, 나는 생각하면서 실존한다는 뜻일 뿐이기 때문이다. 그러므로 이 명제는 경험적이요, 한갓 시간에 있어서의 나의 표상에 관해서 나의 존재를 [생각하는 것으로] 규정할 수 있음을 포함하고 있다. 그러나 이렇게 되기 위해서는 나는 우선 어떤 지속적인 것을 필요로 하고, 그러면서도 내가 생각하고 있는 한에서 내적 「직관」에서 주어져 있지 않은 지속적인 것을 필요로 한다. 그러므로 내

가 실존하는 방식이 실체로서 있는지, 혹은 우유성으로서 있는지, 이 점을 단
순한 자기의식에 의해서 규정할 수 없다. 이래서 유물론이 내 실존의 설명방식
으로서 유용하지 않았다면 유심론도 마찬가지로 불충분한 것이다. 이래서 「우
리는 우리 마음의 성질을, 그것이 마음[영혼]의 고립한[신체적 생명 없는] 실존
일반의 가능성에 관한 것인 한에서, 그 어떠한 방법에 의해서도 인식할 수 없
다」는 결론이 생긴다.

⑤ 우리 자신이 의식의 통일성을 아는 것은 이 통일성을 경험을 가능하게
하고자 불가피하게 사용함에 의하는 것이다. 그런데 의식의 이런 통일성을 통
해서 우리가 경험(생명에 있어서의 우리의 현존)을 넘어서는 것이 어떻게 가능한
것이냐? 또 경험적이기는 하되 직관의 모든 방식에 관한 규정이 없는 명제인 421
「나는 생각한다」라는 명제에 의해서 우리의 인식을 모든 생각하는 존재일반의
본성에까지 확장함이 어떻게 가능한 것이냐?

⑥ 그러므로 이성적 심리학은 우리의 자기 「인식」에 대해서 무엇을 보태는
적극적 교의(教義)로서는 존재하지 않고, 오직[소극적] 훈련으로서만 존재한다.
이것은 이성적 심리학의 분야에서 사변적 이성에 넘어서서는 안 되는 한계를
설정하여, 한쪽에서는 마음을 부정하는 유물론에 굴복하는 것을 방지하고, 다
른 쪽에서는 이승 생활을 하는 우리에게 근거 없는 유심론에 둘러 빠지는 것
을 방지한다. 뿐만 아니라 이 훈련은, 우리를 경고해서, 이승 생활을 넘어서는
호기직인 물음에 내해서 반족시키는 답을 주는 것을 이성이 거부함을, 이성이
시사하는 것으로 보고, 우리의 자기인식을 무효한 초월적 사변에서, 유효한 실
천적[도덕적] 사용으로 전향하도록 하는 것이다. [이성의] 실천적 사용은 본래
경험의 대상에 향해 있기는 하지만, 그것의 원리들을 경험보다도 높은 곳에서
가져오고, 우리의 본분이 마치 경험을 한없이 멀리 넘어가서, 이승 생명의 밖
으로 도달하는 듯이, 우리의 행동 태도를 결정하게 하는 것이다.

⑦ 상술한 것에서 알려지는 것은, 이성적 심리학의 한갓 오해가 발생했다
는 것이다. 여러 범주들의 근저에 있는 「의식의 통일」은 이성적 심리학에서는
「객관으로서의 주관」의 직관이라고 해석되고, 이런 [소위] 직관에 실체－범주
가 적용되어 있다. 그러나 의식의 통일이란, 단지 사고 작용의 통일일 뿐이요, 422
단지 사고작용의 통일에 의해서는 객체가 주어지지 않는다. 따라서 이런 통일

에는 실체－범주는 적용되지 않는다. 범주는 항상 주어진 직관을 전제로 하기 때문이다. 그러므로 소위 주관은 「인식」될 수는 없는 것이다.

이에 범주들의 주관은, 이 주관이 범주들을 생각함을 통해서 범주[가 적용되는] 객관으로서의 자기자신을 이해[인식]하지 못한다. 범주들을 생각하자면, 주관은 자기 자신의 순수한 자기의식을 근저에 두어야 하지마는, 이 순수한 자기의식이야말로 바야흐로 설명되어야 하는 것이기 때문이다. 마찬가지로, 시간－표상의 진정한 근저로 되어 있는 주관은, 시간에서의 자기 자신의 실재를 시간의 표상에 의해서 규정할 수가 없다. 이런 규정을 할 수 없는 이상, 전자 즉 (생각하는 존재 일반으로서의) 주관 자신을 범주들에 의해서 규정함도 있을 수 없다.※

※ 「내가 생각한다」는 것은 이미 말했듯이, 경험적인 명제요, 「내가 실존한다」는 명제를 포함한다. 그러나 「생각하는 존재는 전부 실존한다」고 나는 말할 수 없다. 이런 경우에는, 「생각한다」라는 특성이, 이런 특성을 갖는 일체의 존재를 필연적 [경험할 수 있게 하는] 존재로 하는 것이 될 것이다. 그러므로 「나의 실존」은 데카르트가 생각했던 것처럼 「내각 생각한다」는 명제에서 [간접으로] 추리된 것으로 간주될 수 없다(만약 이처럼 추리된 것으로 본다면, 「생각하는 존재는 전부 실존한다」는 대전제[1])가 선행해야 하겠기 때문이다). 오히려 나의 실존은 나는 생각한다는 명제와 [직각적으로] 동일한 것이다.

「내가 생각한다」는 명제는 무규정의 [막연한] 경험적 직관, 즉 [막연한] 지각을 표현한다. (따라서 그것은 이미 감각이, 그러므로 감성에 속하는 감각이 이 실존 명제의 근저에 있음을 증명한다). 허나, 그 명제는 [실은] 경험에 선행한다.—경험이야말로 지각의 대상을 범주에 의해서 시간에 관해서 규정하는 것이건마는, 또 여기에서 「실존한다 함」은 아직 범주가 아니다. 범주는 막연하게 주어진 객관에 상관하는 것이 아니라, 어떤 개념을 갖는 객관에, 그리고 그것이 이런 개념의 외부에 두어졌느냐의 여부를 우리가 알고자 하는 객관에만 상관하는 것이다. 여기서 막연하게 지각이란, 주어진 어떤 실재이기는 하나 실은 「사고 일반」에 대해서만 주어진 실재를 의미한다. 따라서 그러한 지각은,

1) 이 대전제에 대한 소전제는 「나는 생각하는 존재다」요, 결론은 「그러므로 나는 실존한다」라고 될 것이다.

현상이라고도 물자체(가상체)라고도 표시되지 않고, 사실상 실존하는 어떤 것이라고 표시되는 것이요, 「내가 생각한다」는 명제 중에서 실존하는 그 어떤 것이라고 표시되는 것이다.

주의해 두어야 할 것이 있는데 그것은, 내가 「나는 생각한다」는 명제를 경험적 명제라고 말했을 적에, 나는 그런 까닭에 동(同) 명제에서의 자아가 경험적 표상인 것을 말하려는 것이 아니라, 오히려 이 표상은 「사고 일반」에 속하는 것이기 때문에 이 표상은 순수히 지성적인 표상이라고 말하려는 것이다. 그러나 생각함에 대해서 질료를 주는 어떤 경험적 표상이 없으면, 내가 생각한다는 작용(der Aktus)은 발생하지 않을 것이다. 즉 경험적인 것은 순수한 지성적 능력이 적용되거나 사용되기 위한 조건일 뿐이다.

⑧ 이래서 가능한 경험의 한계를 넘어서 시도된 인식, 그러나 인류의 최고 423
의 관심사인 인식은 그것이 사변철학에 힘입은 한에서 [사변철학이 해야 할 일인
한에서] 사기당한 기대로 되어 소멸하여 버린다. 그러나, 이 무렵의 「비판의 엄 424
정성」은 동시에 경험의 대상을 경험의 한계를 넘어서 독단적으로 결정할 수는 없음을 증명함에 의해서, 이성이 갖는 이 관심에 관해서, 이성에 반대해서 생길 수 있는 모든 주장에 항거하여, 이성을 안전히 방호(防護)하는 중요한 기여를 이성에게 하는 터이다. 이런 기여는 우리가 우리의 명제를 절대 필연적이라고 증명하거나 혹은 이런 증명이 불가능하다면 그것이 불가능한 원천을 탐구하거나 이 둘 중의 어느 일을 함으로써만 가능한 것이다. 만약 이 불가능한 원천이 우리의 이성이 받는 필연적인 제한 중에 있다면 그때에야말로 이 원천은 어떤 논적이라도 그 독단적 주장에 대한 모든 요구를 단념시키는 그 [동일한] 법칙에 종속시키는 것이 아닐 수 없다.

⑨ 그럼에도 불구하고, 이성의 사변적 사용과 결합한 이성의 실천적 [도덕적] 사용의 원칙에 좇아서 저승을 가정하는 권한, 아니 그 필연성은 상술한 것에 의해서 조금도 상실됨이 없다. 원래 한갓 사변적인 증명은, 일반의 인간이성[상식]에 아무런 영향도 미칠 수 없었기에 말이다. 사변적 증명은 「머리털의 꼭대기」에 놓여 있는 것 같아서, [사변을 일삼는] 학파까지도 그런 증명을 유지할 수 있는 것은, 마치 팽이처럼 쉬지 않고 돌고 있을 동안뿐이다. 따라서 사변적 증명은 무엇이 세워질 수 있는 항구적 기초를 학파 자신의 눈으로 보아서도 주지

않는 것이다. 세간에 대해서 유용할 수 있는 증명들은 모두 사용해도 훼손받지
않는 가치를 지니는 것이요, 독단적인 월권을 제거함으로써 명백성과 정대한
확신을 얻게 하는 것이다. 이런 증명들은, 이성을 그것의 진정한 영역[도덕계]에
425 옮기기 때문이요, 즉 동시에 일종의 「자연 질서」인 「목적들의 질서」 중에 옮기
기 때문이다. 그러나 이성은 이때에 동시에 실천적[도덕적] 능력 자신으로서 자
연 질서의 조건에 제한됨이 없이, 목적들의 질서를, 이와 함께 또 우리 자신의
실재를 경험과 현세 생활의 한계를 넘어서 정당하게도 확장하는 것이다. 생물
에 있어서 발견되는 것은 그 어느 기관, 어느 능력, 어느 충돌이건 간에 불필요
한 것은 하나도 없고, 그것을 사용하는 데에 불균형적인 것, 따라서 비합목적적
인 것은 하나도 없으며, 모두가 생명에 있어서의 각기의 사명과 엄밀히 합치하
고 있다. 이런 사실을 이성은 생물 중에 있는 필연적 원칙으로 상정해야 하거
니와, 현세 생물의 본성과의 유추에 좇아서 판단한다면, 인간만이 역시 모든 저
런 생물의 최후의 절대목적(der letzte Endzweck)을 자신 중에 포함할 수 있는
자요, 이런 인간은 저런 생물 중의 예외자인 유일의 피조물이 아닐 수 없겠다.

대저, 인간의 소질은 그것을 사용하는 재능과 충동의 면에서 인간이 이 세상
생활에서 끌어낼 수 있는 모든 효익을 초월할 뿐만 아니라, 특히 인간의 도덕법
이 또한 그런 모든 효익을 초월한다. 이런 결과로 도덕법은 모든 유리(有利)와
426 사후의 명성 같은 헛된 그림자까지도 무시하는 심정의 실직(實直)이라는 의식만
을 무엇보다 더 높이 평가할 것을 가르쳐 주기도 한다. 그래서 인간은 이 세상
에서 자기의 행실을 통해서 많은 이익을 포기하고, 그가 이념으로서 갖는 한층
더 훌륭한 세계[도덕세계]의 시민이 되기에 적합하려고 하는 사명을 내면에서 느
낀다. 이런 증명근거[논거]는 굳세어서 반박될 수가 없고, 우리의 눈 앞에서 보
는 만물에서의 합목적성의 인식이 부단히 증대하는 것에 수반되어 있고, 창조에
대한 측량할 수 없는 전망에, 따라서 우리의 지식을 끝없이 확대할 수 있다는
의식에 수반되어 있어서, 지식의 확대에 적합한 충동과 함께 언제까지나[인간에
게] 존속하는 것이다. 그러하건만, 실재하는 우리의[사후의] 필연적 존속을, 우리
자신의 한갓 이론적 지식에서 통찰함을 우리는 포기하지 않을 수 없다.[1)]

1) 이 ⑨의 전 토막은 불멸의 영혼을 필경 도덕적으로 해석한 결론을 내린 것이다.

심리학적 오류추리의 해소를 끝맺는 말

① 이성적 심리학에서 변증적인 가상은, (순수한 예지로서의) 이성의 이념과 「생각하는 존재 일반」이라는 모든 점에서 미규정적인 개념을 뒤섞는 것에 기인하고 있다. [한편] 내가 모든 현실적 경험을 도외시하면서, [또 한편] 나는 경험을 가능하게 하기 위해서 내 자신을 사고하고, 이런 사고로부터 자기의 실존을 「경험과 경험적 조건」과의 외부에서도 의식할 수 있다고 추리한다. 그 결과로 나는, 경험적으로 규정된 나의 실존을 추상[무시]할 수 있다는 것과 나의 427
생각하는 자아가 [신체에서] 분리되어 실존할 수 있다는 추측된 의식을 혼동하고, 내 자신 속에 있는 실체적인 것을 선험적 주관으로 인식한다고 믿는다. 왜냐하면 나는 모든 규정작용의 근저에 「인식의 순 형식으로서」 있는 바 「의식의 통일성」만을 생각에 넣고 있기 때문이다.

② 마음과 신체와의 상호작용을 설명하는 과제는 여기서 우리가 논의하고 있는 [이성적] 심리학에는 원래 속하지 않는 것이다. 이성적 심리학은 마음의 인격성을 상호작용의 외부(즉 사람이 죽은 후)에서도 증명하려는 의도를 갖고 있으며, 따라서 진정한 의미에서 초험적이기 때문이다. 이성적 심리학이 경험의 객체를 고찰하는 것은 사실이나, 그런 일은 경험의 객체가 경험의 대상이기를 중지하는 한에서만 하는 일이다.

그러나 [심신의 상호작용이라는] 과제에 대해서도 우리의 학설은 충분한 답을 줄 수 있다. 이 과제가 일으켰던 난점은 주지하듯이, 내감의 대상(마음)과 외감의 대상(신체)이 이종(異種)이라고 전제하는 가운데 존립한다. 이런 전제는, 전자에는 시간만이, 후자에는 공간까지도 각각 직관의 형식적 조건으로서 귀속하기 때문이다. 그러나 이 두 종의 대상이 이 점에 있어서 서로 구별되는 것은, 내적으로가 아니라, 한쪽[외감의 대상]이 다른 쪽[내감의 대상]에 외적으로 현상하는 한에서의 일이다. 그러므로 「물자체」로서의 물질[신체] 현상의 근저에 있는 것은[마음 현상의 근저에 있는 물자체 그것과] 아마도 그다지 이종(異種) 428
이 아닐 것이다[275면 주 1 참조]. 이런 일들을 고려한다면, 저 난점은 없어지고, 남는 것은 실체들의 상호작용은 일반적으로 어떻게 가능하냐 하는 것뿐이다. 그러나 이것의 해결은 [이성적] 심리학의 분야 밖에 있고, 의심할 것이 인간의 일체 인식의 분야 밖에 있기도 하다. 이 점은 원칙과 [인식]능력과의 분석론에서 진술한 것에 좇아서 독자가 쉽사리 판단할 일이다.

[2] 이성적 심리학에서 우주론으로 넘어감에 대한 일반적 주석

① 「내가 생각한다」 혹은 「내가 생각하면서 실존한다」라는 명제는 경험적인 명제다. 그러나 [경험적이라고 보아진] 이런 명제의 근저에는 경험적인 직관이 있고, 따라서 생각된 객체가 현상으로서 근저에 있으며, 하기에 우리의 이론에 따르면 마음은 마치 철저히 사고에 있어서도 현상으로 변해지는 것으로 여겨지고, 이렇게 해서 우리의 의식 자신이 한갓 가상이요, 사실로는 아무런 것에도 상관하지 않는 것으로 여겨진다.

② 사고는 그 자신만으로서는 단지 [일반]논리적인 기능이요, 그러므로 가능한 직관의 다양을 결합하는 순 자발성이며, 의식의 주관[나]을 현상이라고 표
429 시하지는 않는다. 이러한 이유는 사고가 직관의 종류를, 직관이 감성적 직관이건 지성적 직관이건 간에, 둘러보지 않는 데 있다. 사고를 통해서 내가 나를 나에게 표상하는 나는 자체적 나(wie ich bin)도 아니요, 현상적 나(wie ich mir erscheine)도 아니며, 나는 나를 마치 단지 객관 일반인 것처럼 생각하여, 객관을 직관하는 방식을 도외시한다. 이때에 나는 나를 사상의 주관으로 혹은 사고작용의 근거로 표상하거니와, 이런 종류의 표상은 결코 실체-범주나 원인-범주를 의미하지 않는다. 이런 범주들은 감성적 직관에 적용된 사고작용(판단작용)의 기능이요, 만약 내가 나를 인식하려고 하면, 나는 당연히 감성적 직관을 필요로 할 것이다. 그러나 나는 나를 지금 한갓 생각하는 자로만 의식하려고 하고, 내 자신의 자아가 직관 중에 어떻게 주어지느냐 하는 것[방식]을 무시한다. 그러므로 내 자신의 자아는 그것이 생각하는 한의 내가 아니라면, 내가 생각한다고 하는 그는 나에게는 한갓 현상일 수 있겠다. 단지 생각할 무렵의 「자기의식」에 있어서는 자기는 존재자체(das Wesen selbst)이되, 자기의식에 의해서는 이런 존재 자체를 사고하기 위한 것[직관]이 주어져 있지 않음은 물론이다.

③ 그러나 「내가 생각한다」는 명제가 「내가 생각하면서 실존한다」는 것을 의미하는 한에서는 [일반]논리적인 기능이 아니라 주관의 실존에 관해서 규정

하며(이런 주관은 동시에 객관이기도 하다), 따라서 내감 없이 성립할 수가 없다.
그리고 내감의 직관은 「물자체 그것」으로서의 객관이 아니라 한갓 현상으로서
의 객관을 제시한다. 이에 동(同)명제 중에는, 사고의 자발성뿐만 아니라 직관
의 수용성도 존재한다. 다시 말하면 동 명제 속에는 동일한 주관의 경험적 직
관에 적용된 나 자신의 사고도 존재한다. 그런데 생각하는 자아는 「경험적 직 430
관에서」 자기의 논리적 기능을 실체·원인 등의 범주로서 사용하는 조건을 구
하여야 할 것이다. 이것은 자기를 「객관 자체 그것」으로서 자아에 의해서 표
시하기 위해서 뿐만이 아니라, 객관이 실재하는 방식을 규정하기 위해서이기
도 하다. 즉 자기를 가상체로서 [인식]하기 위해서이기도 하다. 그러나 가상체
의 인식은 불가능하다. 왜냐하면 경험적 직관은 감성적이요, 현상의 소여(所與)
들만을 내놓는 것이지만, 이 현상은 **순수의식**의 객관을 고립된 [즉 직관 없는]
실재에서 아는 데 대해서는 아무런 도움도 될 수 없고, 경험에 대해서만 유익
할 수 있기 때문이다.

④ 우리가 우리 자신의 **현존재**에 관해 **입법적**이며, 또 이러한 실존도 자신
이 결정한다고 전혀 선천적으로 전제하는, 동기가 나중에야 주어지는 것이라
면, 그러면서도 경험 중에서 주어지는 것이 아니라 이성의 순수한 사용의 어떤
법칙[도덕법]에서 (즉 한갓 논리적 규칙에서가 아니고) 선천적으로 확립되었으면서
도 우리의 실존에 관계하는 법칙에서 주어지는 것이라면, 이런 가정을 통해서
일종의 자발성이 발견될 것이다. 이 자발성은 우리의 현실성을 경험적 직관이
라는 조건을 필요로 함이 없이 규정할 수 있는 것이다. 그리고 여기서 우리는
다음의 것을 인지하겠다. 즉, 우리의 감성적으로만 철저히 규정될 수 있는 현
존재를, (물론 사고되기만 한) 가상계와 유관한 혹종의 내적 능력[자유]에 관해 431
서, 규정하는 데에 도움이 될 수 있는 「것」이, 우리의 실존 의식 중에 선천적
으로 포함되어 있다는 것이다.

⑤ 그럼에도 불구하고 이상과 같은 일이 이성적 심리학의 시도를 최소라도
추진시키는 것은 되지 않는다. 대저, 도덕법의 의식을 나에게 비로소 명백히
알려 주는 경탄할 만한 능력[자유 의지]에 의해서 나는 나의 실존을 규정하는
순수히 지성적인 「원리」를 갖겠지만, 내 실존의 규정은 어떠한 객어에 의해서
하여지는 것인가? 그것은 감성적 직관에 있어서 나에게 주어지는 객어에 의하

는 수밖에 없다. 그렇게 보면, 나는 이성적 심리학에서 차지했던 장소에 다시
발을 디디어 넣은 것이 될 것이다. 다시 말해서, 나는 나 자신을 애오라지 인
식시킬 수 있는 실체·원인 등의 순수개념[범주]에 의미를 주기 위해서 감성적
직관을 필요로 하는 곳에 들어가게 될 것이다. 그러나 감성적 직관은 나를 도
와서 경험의 분야 외부에 나가게 할 수가 없는 것이다. 그럼에도 불구하고, 나
는 이러한 [오성]개념들을, 원래 항상 경험의 대상으로 향하고 있는 실천적 사
용에 관해서 이론적 사용과 유사한 의미에 따라서 자유와 자유의 주체에 적용
하는 권리를 갖고 있겠다. 왜냐하면 나는 그런 개념들 아래서 주어와 객어, 근
거와 귀결이라는 논리적 기능만을 이해하기 때문이다. 논리적 기능에 의하면
행위 혹은 결과는 그것이 전혀 다른 원리에서 발생하는 것이기는 하되, 그와
432 동시에 항상 자연법칙에 의해서, 즉 실체·원인 등의 범주에 의해서 설명될 수
있도록 자연법칙에 적합해서 규정되는 것이다. 이상의 주의는 우리의 자기 직
관을 현상이라고 보는 소설이 입기 쉬운 오해를 막기 위해서 한 말이다. 이하
에서 우리는 이상의 주의를 사용하는 기회를 가지게 될 것이다.

선험적 변증론

제2장 순수이성의 이율배반

① 선험적 변증론의 「들어가는 말」에서 순수이성의 선험적 가상들은 어느
A406 것이나 변증적 이성추리에 기본한다고 지적하였다. 그리고 [일반]논리학이 이
런 변증적 추리의 도식을 이성추리[삼단논법] 일반의 세 종류의 형식에서 주고
있거니와, 이것은 범주가 그 논리적 도식을 모든 판단의 네 기능 중에서 발견
하는 것과 비슷하다. 이런 변증적 추리의 첫째 종류는 (주관이나 마음의) 모든
표상 일반의 주관적 조건의 절대적 통일에 상관하는 것이요, 원리로서의 그 대
433 전제는 객어의 주어에 대한 관계를 진술하는 정언적 추리에 대응하고 있다. 변
증적 논증의 둘째 종류는 가언적 이성추리를 모방하여 현상에서의 객관적 조
건들의 절대 통일을 내용으로 삼는 것이다. 이와 마찬가지로 다음의 [3]장에서
나타날 셋째 종류는 대상 일반을 가능하게 하는 객관적 조건들의 절대적 통일

을 주제로 삼고 있다.

② 그런데 선험적 오류추리가 생각하는 주관[영혼]의 이념에 관해서 일방적인 가상만을 산출하고, 이것에 반대하는 주장을 지지하는 가상을 이성개념에서 도무지 보게 하지 않는다는 것은 주목할 만하다. 이 경우에 유심론이 단연 유리하다. 그러나 유심론도 「비판」에서 오는 불의 시련을 겪으면 외관상으로는 자못 유리한 듯 하지마는, 상술한 [네 종류의 오류추리라는] 안개 속으로 사라져버리는 유전적 결함을 부정할 수 없다.

③ 우리가 이성을 현상들의 객관적 종합에 적용할 적에는 아주 다른 결과가 생긴다. 여기서 이성은 절대적 통일의 원리를 자못 그럴듯한 외관으로써 주장하려고 하나, 그러나 곧 우주론적 의도에 있어서 자기의 요구를 단념하지 않을 수 없는 모순에 휩쓸리고 만다.

④ 즉 여기에 인간이성의 새 현상이 나타난다. 그것은 순수이성에 있어서
아주 자연스러운[1] 모순이라서, 누구라도 이것에 대해 궤변적인 천착을 하여 434
인위적인 고리를 걸 필요가 없고, 사실은 이성 자신이 불가피하게 자기모순에 빠지는 터이다. 이런 까닭에 우리는 순 일방적인 가상이 일으키는 공상적 확신의 졸음을 막기는 하나, 그러나 그와 동시에 우리는 회의적 절망에 자신을 맡기게 되거나 혹은 독단론적 만용을 발휘하여, 어떤 주장에 틀어박혀서 반대의 근거를 경청하여 공평한 대우를 할 줄 모르게 되는 유혹을 받는다. 전자건 후자건 모두 건진한 철학의 죽음을 의미한다. 그러면서도 그중 하나 [독단론적 만용]는 필경 순수이성의 극락왕생(極樂往生)[2]으로 된다고 말할 수 있다.

⑤ 순수한 이성 법칙들의 이러한 모순(이율배반)이 일으키는 불화·혼란의 모습을 진술하기 이전에, 우리의 대상을 처리할 무렵에 우리가 이용한 방법을 설명할 수 있는 몇 가지를 우리는 구명(究明)하여 두기로 한다. 전(全) 선험적

1) 베르그송이 실재 자체(칸트의 물자체)를 공간화한 동질적 시간으로, 혹은 공간화를 통한 사고로써 파악하려고 한 데서 「이율배반」이 생겼다고 하고, 공감적 직각을 통해서 실재 자체와 합일일 수 있다고(그의 창조적 진화 끝 칸트 비판 참조)고 했지마는 상당히 기분적인 발언인 인상을 준다고 하겠다.

2) 원어 Euthanasie는 「고통 없는 죽음」의 뜻이다. 독단론적 확신 대신에 회의론적 절망을 지시한다거니, 양자를 다 지시한다거니 하는 해석도 있다.

이념이 현상들의 종합에 있어서의 절대적 전체성에 관계하는 한에서, 그런 선험적 이념을 우리는 세계개념(Weltbegriff)이라고 한다. 왜냐하면 한편 세계전체라는 개념은 바로 절대적인 전체성에 의존하고, 이 개념 자신이 「이념」이기 때문이요, 다른 편에서는 세계개념은 현상들의 종합에 상관하고 따라서 경험적인 종합에 상관하기 때문이다. 이에 대해서 가능한 만물 일반의 조건들의 종
435 합에 있어서의 「절대적 전체성」은 순수이성의 이상을 환기하는 것이다. 순수이성의 이상은 세계개념과 관계가 있기는 하되, 이것과는 다른 것이다. 그러므로 순수이성의 오류추리가 변증적인 심리학을 정초(定礎)했듯이, 순수이성의 이율배반은 자칭 순수(이성적) 우주론의 선험적 원칙들을 우리에게 제시할 것이다. 그러나 이것은 이런 원칙들을 타당하다고 보거나 혹은 참된 소유물로 하기 위한 것이 아니라 「이성의 자기 모순」이라는 명명이 지적하는 바와 같이 그 원칙들이 현상들과 합치될 수 없는 이념인 것을 황홀하기는 하되 거짓된 그 가상 중에서 제시하기 위한 것이다.

순수이성의 이율배반

제1절 우주론적 이념들의 체계

① [우주론적]이념들을 하나의 원리에 좇아 조직적으로 엄밀하게 열거하기 위해서, 우리는 제일 먼저 아래의 사정에 주의를 집중해야만 한다. 즉 순수하고도 선험적인 개념들이 발생하는 것은 단지 오성에서뿐이고, 이성은 원래 아무런 개념도 산출할 수 없고, 단지 오성개념(범주)을 가능한 경험의 불가피한 제한으로부터 자유롭게 하고 또 그런 까닭에 이 오성개념을 경험적인 것의 한
436 계를 넘으면서도 경험적인 것과 연관해서 「확장」시키려고 기도(企圖)한다는 사정이다. 이성이 주어진 「제약된 것」에 대해 제약들의 측면(이 제약들 아래서 오성은 모든 현상들에 종합적 통일을 주거니와)에서 절대적 전체성을 요구하고, 이 때문에 무제약자(경험에서가 아니라 단지 이념에서만 무제약자가 발견되는 것이지마는)에까지 일는 종합의 진행을 통하여 경험적 종합에 절대적 완전성을 부여하기 위하여 범주를 선험적 이념이 되게 하는 일, 이러한 일에서 저 「확장」은 생긴다. 이성은 「만약 제약된 것이 주어져 있으면, 제약들의 총화도 주어져 있

다. 따라서 제약된 것을 가능하게 하는 단적인 무제약자도 주어져 있다는 원칙에 의해 이제 말한 확장을 요구한다.

이러하고 보면, 첫째로 선험적 이념들이란 원래 무제약자에까지 확장된 범주 외의 다른 것이 아니겠으며, 선험적 이념들은 범주들의 강목(綱目)에 따라 정돈된 하나의 표로 나타날 수 있겠다.

그러나 둘째로 모든 범주들이 여기서 유용한 것이 아니고, 단지 종합들이 하나의 계열을 이루게 되는 범주만이 유용하다. 즉 하나의 제약된 것에 대해 서로가 (병렬적이 아니고) 종속적인 제약들의 계열을 이루는 범주들만이 유용하다. 이성은 자기가 주어진 제약된 것에 대한 제약들로 올라가는 계열과 관계하는 한에서만 절대적 전체성을 요구하고, 따라서 결과로 내려가는 선이나 이 결과에 대해 병렬적 제약들의 집합이 문제가 될 때에는, 절대적 전체성을 요구하지 않는다. 왜냐하면 제약들은 주어진 제약된 것에 관계해서 이미 전제되어 있고, 이것과 함께 주어져 있다고 보아지기 때문이다. 이와 반대로 결과는 제약 437
을 가능하게 하지 않고 오히려 제약을 예상하는 것이므로, 결과로 진행할 경우(즉 주어진 제약에서 제약된 것으로 내려가는 경우)에는 우리는 계열의 종결 여부를 걱정하지 않아도 좋다. 일반적으로 [결과로의] 계열의 전체성의 문제는 이성이 전혀 전제하는 바가 아니다.

② 이에 사람은 필연적으로, 생각하게 되고 주어진 순간에까지 완전히 흘러가 버린 시간을 주어진 것이라고 생각한다(비록 이런 시간이 우리에 의해서 보한 규정될 수는 없지만). 그러나 미래 시간에 관해서는 그것이 현재까지 도달하기 위한 조건이 되지 않기 때문에 현재의 시간을 이해하자면, 이 미래 시간을 어떻게 취급하든 그것은 무방한 것이다. 즉 미래 시간이 어느 점에서 중지하든지 혹은 무한히 경과하든지 간에, 이런 일은 아무튼 좋은 일이다.

여기에 m, n, o의 계열이 있다고 하자. 이 계열 중에서 n은 m에 상관해서 제약된 것이지마는, 동시에 o에 관해서는 제약으로서 주어져 있다. 이 계열은 제약된 것인 n로부터 m(l, k, i 등)로 올라가고, 동시에 제약으로서의 n로부터 제약된 것인 o(p, q, r 등)로 내려간다. 그렇다면, 내가 n을 주어진 것으로 간주하기 위해서는 전자의 계열을 전제해야 한다. 또 이 n은 이성(제약들의 전체성)에 의하면, 전자의 계열에 의해서만 가능하다. 그러나 이 n의 가능성은 o, p, q,

r이라는 후속하는 계열에 의존하지는 않는다. 그러므로 이 계열은 아직 주어져
438 있는 것으로가 아니고 단지 주어질 수 있는 것으로만 간주할 수 있다.

③ 나는 제약들 편에서의 계열의 종합을, 즉 주어진 현상에 제일 가까운 제약으로부터 멀리 있는 제약들로 이르는 종합을 **배진적** 종합이라고 하고 싶다. 그리고 제약된 것의 편에서 가장 가까운 결과로부터 가장 멀어진 결과로 이르는 종합을 **전진적** 종합이라고 하고 싶다. 전자는 **전제에서 전제로** 진행하고, 후자는 **귀결에서 귀결로** 진행한다. 이에, 우주론적 이념들은 배진적인 종합의 전체성에 관여하고, 전제에서 전제로 진행하되, 귀결에서 귀결로 진행하지는 않는다. 후자가 생긴다면, 그것은 임의의 문제요, 순수이성의 필연적인 문제는 아니다. 왜냐하면, 현상 안에서 주어진 것을 완전히 파악하자면 우리는 실로 근거를 필요로 하는 것이지 결과를 필요로 하는 것은 아니기 때문이다.

④ [분량 범주에 관계함] 그런데 범주표에 있어서 이념표를 만들자면 우리는 우선 우리의 모든 직관의 두 개의 근원적 양(量)인 **시간과 공간**을 취해야 한다. 시간은 그 자신 계열(또 모든 계열의 형식적 조건)을 형성한다. 그러므로 시간에 있어서는 주어진 현재에 관해서 조건으로서의 전건(前件)은 (즉 과거는) 후건 (즉 미래)에서 선천적으로 구별될 수 있다. 그 결과로, 주어진 제약된 것
439 에 대한 제약들의 계열의 절대적 전체성이라는 선험적 이념은 과거의 모든 시간에만 관계한다. 이성의 이념에 따르면, 흘러가버린 전(全)시간은 주어진 순간의 조건이요, 필연적으로 주어진 것이라고 생각된다.

그러나 공간에 관해서는, 공간 자신에는 배진과 전진과의 구별이 없다. 공간의 부분들은 모두가 동시적으로 존재하고, 따라서 공간은 부분적 공간들의 **집합**이요, **계열을 이루지는** 않기 때문이다. 나는 현재의 시점을 과거 시간에 상관시켜서 제약된 것이라고만 볼 수 있되, 이것을 지나간 시간의 제약이라고 생각할 수는 없다. 왜냐하면 이 순간은 흘러간 시간(오히려 선행시간의 경과)에 의해서만 비로소 발생하기 때문이다. 허나 공간의 부분들은 서로 종속하는 것이 아니라 병립하고 있다. 그러므로 한 부분은 다른 부분을 가능케 하는 제약이 아니다. 공간은 시간과 달라서 그 자신 계열을 형성하지 않는다. 그러나 우리가 공간을 각지하게 되는바, 공간의 다양한 부분들의 종합은 계기적이다. 즉 시간 중에서 생기고, 그러므로 하나의 계열을 포함하고 있다. 그리고 집합된

공간들(가령 한「루테」[1] 길이에 포함된 여러「피트」처럼)의 계열에 있어서, 주어진 공간에 순차로「생각해 보탠」공간은 항상 선행 공간의 한계의 제약이 되는 것이기에 어떤 공간의 측정은 주어진「제약된 것」에 대한 제약들의 계열의 종합이라고 보아져야만 한다. 단지 다른 것은, 공간에 있어서는「제약」의 편이, 「제약된 것」을 포함하는 편에서 그 자신은 구별될 수 없고, 그러므로 배진과
전진이 일양(一樣)인 것으로 보이는 일이다. 그러나 공간의 부분은 다른 부분 440
에 의해서 주어지지 않고, 다른 부분에 의해서 한계가 주어지기 때문에, 우리는 모든 한계지어진 공간을, 한계짓는 다른 공간을 이런 한계의 제약으로 전제하는 한에서, 역시 제약된 것이라고 보아야 한다. 이런 식으로 공간의 부분들은 연속한다. 하기에, 한계를 짓는 측에서 보면, 공간에 있어서의 진행도「배진적」이요, 따라서 제약들의 계열에 있어서의 종합의 절대적 전체성이라는 선험적 이념은 공간에도 적중한다. 그래서 나는 공간에서의 현상의 절대적 전체성을 흘러가 버린 시간에서의 절대적 전체성과 마찬가지로, 문제로 할 수 있다. 그러나 이런 문제에 대한 답이 과연 가능한가 하는 것은 나중에 결정될 것이다.

⑤ [성질 범주 중의 실재성에 관함] 둘째로 공간에서의 실재성, 즉 물질은,「제약된 것」이요, 제약된 것을 내적으로「제약하는 것」은 공간의 부분들이다. 부분 속의 부분들은, 또 더 [천착된] 제약들이다. 그러므로 이 경우에도「배진적인 종합이 성립하고, 이성은 종합의 절대적 전체성을 요구한다. 이런 전체성이 성립할 수 있자면 물질의 실재가 소멸하여 허무로 되거나 혹은 이제야 물질이 아닌 것, 즉 단순한 것으로 되어 버리거나 해서, 분할을, 즉 부분화(部分化)를 완성함에 의하는 수밖에 없다. 따라서 여기서도 제약들의 계열과 무제약자에의 진행이 있게 된다.

⑥ [관계 범주 중의 원인성에 관함] 셋째로 현상들 간의 실재적 관계의 범주에
관해서는「실체와 그 속성」의 범주는 선험적 이념에는 적합하지 않다. 다시 441
말하면, 이성은 이 범주에 관해서는 배진적으로 제약들을 캐가는 근거를 가지지 않는다. 속성들은 (그것들이 유일의 실체에 내속하는 한에서) 서로 동위(同位)

1) 한 Rute(약 3미터)는 열 피트(Fuss)의 길이다. 모두 독일 옛 자(尺度)의 이름이다.

관계요, 아무런 계열도 형성하지 않기에 말이다. 실체에 관해서 말한다면, 속성들은 원래 실체에 종속하는 것이 아니고, 실체 자신이 실재하는 방식이다. 이 즈음에 선험적 이성의 이념인 것처럼 보이는 것은 실체적인 것이라는 개념이겠다. 그러나 실체적인 것이 의미하는 것은, 대상[일반]에 의해서 객어를 가지지 않는 선험적 주관이 생각되는 한에서, 자존하는 대상 일반의 개념임에 틀림없다. 그러나 여기서 문제되는 것은 현상들의 계열에 있어서의 무제약적인 것뿐이다. 그러므로 명백한 것은「그 실체적인 것」이 현상의 계열 속에 한 항이 될 수 없다는 것이다.

마찬가지로 사정이「상호성의 실체들」에게도 타당한다. 이런 실체들은 한갓 집합일 뿐이요, 계열의 지표[1]를 가지지 않는다. 즉 이런 실체들은 그것들이 각각 가능한 제약으로서 서로 종속관계에 있지 않다. 그러나 이미 말했듯이 부분적 공간들에 관해서 이런 종속관계가 성립했다. 이러한 공간들의 한계는 결코 그 자신에 의해서가 아니라, 항상 다른 공간에 의해서만 규정되어 있기 때문이다.

이렇게 보면, 인과성(Kausalität)의 범주만이 남는다. 이 범주는 주어진 결과에 대한 원인의 계열을 지시하는 것이요, 이 계열에 있어서 우리는「제약된 것」으로서의 결과에서 제약으로서의 원인으로 캐올라 갈 수 있고, 그러므로 이성
442 의 문제에 답할 수 있다.

⑦ [양상 범주 중의 필연성의 관함] 넷째로 가능적·현실적·필연적의 개념들은 계열에 의하지 않는다. 그러나 현존하는 것 중의 우연한 것 [가능적인 것]이 항상 제약된 것으로 보아지는 한에서, 그것만은 별문제다. 이런 우연한 것은 오성의 규칙에 의해서 제약을 지시하고, 이 제약은 또 보다 더 높은 제약을 지시하는 것을 필연이게 하며, 드디어 이성은 이계열의 전체에 있어서만 무제약적 필연성을 발견하기에 이른다.

⑧ 이래서 다양의 종합에 있어서 필연적으로 계열을 초래하는 우주론적인 이념들을 가려낸다면, 이런 이념들은 범주의 네 강목에 의해서 네 개보다도 많지 않다.

---

1) a, a^e, a^{e2}, a^{e3}등에서 e가 지표인 것과 같고, $2^3 = 2 \times 2 \times 2$에서 3이 지표인 것과 같다. 또 B. 198주 128 참조

1. [분량]
일체 현상을 포괄하는 주어진 전체의
합성의 절대적 완전성[의 이념]

2. [성질]
현상에서 주어진 전체의
분할의 절대적 완전성[의 이념]

3. [관계]
현상[일반]의 443
발생의 절대적 전체성[의 이념]

4. [양상]
현상에 있어서 가변적인 것의
[우연적] **존재의 의존성**의 절대적 완전성[의 이념]

⑨ 여기서 첫째로 주의해 두어야 할 일은, 절대적 완전성의 이념은 현상들의 해명 이외의 다른 것에 관계하지 않는다는 것, 따라서 사물 일반의 전체성이라는 오성의 순수한 개념[범주]에 관계하지 않는다는 것이다. 하기에 여기서는 현상은 주어진 것으로 보아지고, 이성은 현상을 가능케 하는 제약들이 계열을 형성하는 한, 이런 제약들의 절대적 완전성을 요구하며, 따라서 절대적으로(즉 모든 관점에서) 완전한 종합을 요구한다. 그리고 현상은 이런 종합을 통해서 오성의 법칙에 의해서 해명될 수 있다.

⑩ 둘째로 제약들의 종합은 계열로서 배진적(背進的) 진행을 하되, 이성이
이런 종합에서 구하는 것은, 원래 무제약자뿐이다. 이를테면 서로 합해진 것 444
이상의 전제를 예상하지 않는 전제들의 계열에 있어서의 완전성뿐이다. 그런데 이런 무제약자는 항상 계열의 절대적 전체성 중에 포함되어 있다. —만일 이런 전제성이 상상 중에서 표상된다고 한다면 말이다. 그러나 단적[절대적]으로 완성된 이런 종합도 또한 그저 이념일 따름이다. 이런 종합이 현상 간에서도 과연 가능한지 우리는 적어도 미리 알 수가 없기에 말이다.

우리가 감성적 직관의 조건들을 무시하고, 일체를 「오성이 순수한 개념」에만 의해서 표상한다면, 주어진 「제약된 것」에 대해서 서로 종속해 있는 제약[조건]들의 전(全)계열이 주어져 있다고 말할 수 있다. 제약된 것은 제약하는 것에 의해서만 주어지기 때문이다. 그러나 현상 간에 있어서는 제약이 주어지는 방식에 특수한 제한이 있다. 즉 직관의 다양의 계시적 종합에 의해야 한다

는 방식이다. 그리고 이런 종합은 배진에 있어서 완전해야 한다. 하지만 이런
완전성이 감성적으로 과연 가능하냐 하는 것은 아직 문제이다. 이런 완전성의
이념은 그것에 합치하는 경험적 개념을 결합할 수 있나 없나 하는 것은 별문
제로 하고, 역시 이념 중에 있는 것이다. 하기에 현상에 있어서의 다양이 「배
진적」으로 종합된 절대적 전체성(이 종합은 절대적 전체성을, 주어진 「제약된 것」
에 대한 제약들의 계열로 표상하는바 범주를 길잡이로 하지만) 속에는 무제약자가
445 반드시 있을 것이다. 그리고 이런 전체성이 성립하는 것이냐, 만약 성립한다면
어떻게 성립하느냐 하는 것은 미결이다. 그러나 이성은 이 경우에도 전체성이
라는 이념에서 출발하는 길을 택하고 있다.

이성의 궁극 의도는, 무제약자가 전(全)계열인 것이건 계열의 한 부분 [최상항]이건 간에, 원래 무제약자를 찾는 데에 있는 것이다.

⑪ 이 무제약자는 다음과 같이 두 가지로 생각할 수 있다 : 그것은 [1] 전
체 계열 중에서 성립하는 것으로 생각된다. 이 전체 계열 안에서 모든 항이 예
외 없이 제약되어 있고, 제약들의 전부만이 단적으로 무제약이다. 이 경우에
배진은 무한하다고 한다. 혹은 [2] 절대적인 무제약자는 단지 계열의 한 부분
이요, 계열 중의 다른 항은 그것에 종속되어 있으나, 이 부분[항, 項] 자신은
다른 어떤 제약에도 종속하지 않는 것이다.※ 첫째의 경우에는 계열은 올라가
는 방향으로 한계가 없다(시초가 없다). 즉 무한하다. 그럼에도 불구하고 계열
446 전체는 주어져 있는 셈이다. 허나 계열에 있어서의 배진은 결코 완성되지 않고
단지 가능적으로만 무한하다고 할 수 있다. 둘째의 경우에는 계열 중의 첫째
것[항]이 있고, 이것은 흘러간 시간에 관해서는 세계의 시초, 공간에 관해서는
세계의 한계, 공간의 한계 내에서 주어진 전체를 형성하는 부분들에 관해서는
단순한 것, 원인에 관해서는 절대적인 자발성(즉 자유), 변화하는 사물의 실재
에 관해서는 절대적인 자연 필연성이라고 각각 일컫는다.

※ 주어진 제약된 것에 대한 제약의 절대적 전체는 항상 무제약적이다. 이런 제약 이외에 전체를 제약된 것으로 할 수 있는 제약이 따로 있는 것은 아니다. 그러나 이런 계열의 절대적 전체는 이념임에 불과하다. 혹은 오히려 그 가능성이 탐구되어야 하는 개연적 개념일 뿐이다. 그러면서도 특히 무제약자가, 여기서 문제되어 있는 본래의 선험적 이념으로서, 이런 절대적 전체에 포함되어 있을

지 모르는 방식에 관해서 탐구되어야 한다.

⑫ 우리는 **세계**와 **자연**이라는 두 가지 말을 갖고 있으나, 이 두 가지 말은 흔히 혼동된다. 전자는 만상의 수학적 전체를 의미하고, 또 현상들의 종합의 총체성을 의미한다. 이 경우에 대(大)와 소(小)를 묻지 않는다. 즉 합성에 의해서 종합해 가건, 분할에 의해서 종합해 가건 간에, 마찬가지다. 그러나 같은 세계가 역학적 전체로 보아지는 한에서 그것을 자연※이라고 한다. 이 경우에는 공간이 447
나 시간에 있어서의 집합에 주목하여 세계를 분량으로서 성립시키려고 하는 것이 아니고, 현상들의 현존에 있어서의 통일에 주목한다. 이때에 발생하는 일에 관한 제약은 원인이라고 하고 현상에서의 원인의 절대적 원인성은 「자유」라고 한다. 이에 반해서 제약된 원인성은 협의에서 자연적인 원인이라고 한다. 현존 일반에 있어서의 제약된 것은 우연이라고 하고, 무제약자는 필연이라고 한다. 그리고 현상들의 무제약적인 필연성은 「자연 필연성」이라고 말할 수 있다.

※ 자연이란, 그것을 형용사적(형식적)으로 생각하면, 원인성이라는 내적 원리에 의한 사물의 여러 성질의 연관을 의미한다. 이에 반해서, 자주적(질료적)으로 이해한다면, 자연이란 원인성의 내적 원리에 의해서 철저하게 연관하는 한의, 현상들의 총괄을 의미한다. 전자의 의미에서 우리는 액체의 자연[성질], 불(火)의 자연[성질] 등을 말하고, 이 말을 형용사적으로 사용한다. 이에 반하여 자연[필연]의 사물이라고 말할 때에는, 존립[존속]하는 전체를 염두에 두고 있다.

⑬ 우리가 지금 다룬 이념들을 위해서 우주론적 이념들이라고 나는 말했는데 그 까닭은 다음과 같다. 첫째는 세계라는 말이 만상의 총괄을 의미하고 우리의 이념들도 현상들 간의 무제약적인 것에만 주목하고 있다는 것이다. 둘째는 세계라는 말이 선험적[초험적] 의미에서는 실존하는 사물들을 총괄[종합]하는 절대적 전체성을 의미하고, 또 우리는 이런 종합(이것은 제약에서 제약으로 배진하는 종합이지마는)의 완전성에만 우리의 논의를 집중한다는 것이다.

그 외에 이런 이념들이 죄다 초험적인 점에서 보아, 나의 의견으로는 그런 이념을 **세계 개념**[1)]이라고 부르는 것이 매우 적절하다고 한다. 그러나 초험적

1) 칸트는 원어 Weltbegriff를 여기와 B. 434에서는 초험적 이념이라는 뜻으로 썼으나, B. 866에서

448 이라고 한 것은, 이념들이 「객관, 즉 현상」을 종별적(種別的)으로 초월한다는 것이 아니라, 오로지 (가상체가 아닌) 감성계에 관계하기는 하되 종합을 모든 가능한 경험을 넘어서는 정도에까지 추진시킨다는 뜻이다. [제약에서 제약으로 올라가는] 배진이 노리는바, 수학적인 무제약자[세계]와 역학적인 무제약자[자연]의 구별에 관해서는, 나는 결국 앞의 둘[합성과 분할]을 협의의 세계 개념들(큰 세계와 작은 세계)이라고 하고, 반대로 뒤의 둘[발생과 의존성]을 초험적인 **자연 개념**이라고 하겠다. 이런 구별은 당장에는 별나게 중요하지 않지마는, 우리의 논술이 진행함을 따라서 더욱더 중요할 수 있는 것이다.

순수이성의 이율 배반

제2절 순수이성의 배반론

① 정설이란 모든 독단적인 이론을 총괄해서 한 말이지마는, 배반이란 반대되는 단독적 주장들을 의미하지 않고, 우리가 그 어느 것에 대해서도 타자보다도 낫다고 하는 요구에 찬동함이 없이, 외관상으로 독단적인 두 인식(정립과 반정립)간의 항쟁을 의미한다. 이에, 배반론은 일변적인 주장에 종사하지 않고, 이성의 보편적 인식들을 그 상호 모순과 이런 모순의 원인과에 관해서만 고찰한다. 「선험적 배반론」이란 순수 이성의 이율배반, 그것의 원인 및 결과 등에
449 관한 연구다. 우리가 우리의 이성을, 오성의 원칙들을 사용하기 위해서 경험의 대상에 적용할 뿐만이 아니라 경험의 한계를 넘어서 이성을 확장하려고 모험하면 궤변적인 정리들이 생긴다. 이런 정리들은 경험 중에서 확증되는 것을 기대함이 없으나 반박될 걱정도 없을 것이다. 이런 정리들은 그 어느 것이나 자체상으로는 모순이 없을 뿐더러 그것의 필연성의 조건을 이성의 본성 중에서 발견한다. 단지 불행하게도 한 주장에 대한 반대가 그 한 주장과 마찬가지로 타당하고 필연인 근거를 자기의 입장에서 갖고 있다는 것뿐이다.

순수이성의 이러한 변증론에 있어서 저절로 제시되는 문제들은 다음과 같다: 1. 도대체 순수이성은 어떠한 명제에 있어서 이율배반에 빠지지 않을 수

는 Schulbegriff와 구별해서, 같은 그 말이 세간적 개념의 의미로 쓰여졌다.

없는가? 2. 이러한 이율배반은 어떠한 원인에 기인하는가? 3. 그러면서도 모순에 빠진 이성에 대해서 확실성에 도달하는 길이 과연 열려 있는가, 또 열려 있다면 어떤 방식에서 열려 있는가? 하는 것 등등이다.

② 따라서 순수이성의 변증적 정리는 그것을 모든 궤변적 명제에서 구별하는 것을 다음과 같이 갖추고 있어야 한다. 즉 [첫째로] 정리는 어떤 임의의 의도에서 제기되는 자의적인 문제에 관한 것이 아니라, 모든 인간이성이 행진할 무렵에 반드시 마주치는 문제에 관한 것이다. 둘째로 변증적 정리는 그것에 반대되는 정리와 마찬가지로 그것이 가상임이 통찰되자 곧 소멸해 버리는 기교적인 가상이 아니라, 자연스러운[소질적인]·불가피한 가상이다. 이 가상은 사람
이 그것에 의해 속지 않게 될 때에 다시 속지는 않더라도 여전히 우리를 매혹 450
케 하는 것이요, 따라서 무해한 것으로 될 수는 있으나 결코 근절시킬 수는 없는 가상이다.

③ 이런 변증론은 경험개념에서의 오성통일(Verstandeseinheit)에 상관하는 것이 아니라, [이성이] 단지 이념에 있어서의 이성통일(Vernunfteinheit)에 상관하는 것이다[B. 383 참조]. 그리고 이념의 제약은, 그것이 우선 규칙에 따르는 종합으로서는 오성에 합치하고 그와 동시에 종합의 절대적 통일로서는 이성에 합치하는 것이다. 그러므로 이념의 제약은 그것이 이성통일에 적종(適從)하려면 오성에 대해서 과대하고 그것이 오성에 적종하려면 이성에 대해서 과소한 것이다. 이 때문에 실로 모순이 발생하고 이 모순은 아무리 피할려고 해도 피할 수 없게 된다.

④ 이에 궤변적 주장들은 변증적 싸움터를 전개한다. 변증적 싸움터에서는 공격하기를 허용된 편이 우세하고 단지 수세를 취하지 않을 수 없는 편은 반드시 패배한다. 그러므로 용감한 기사들도 맡은 일의 정부는 불문으로 하고 최후 공격을 하는 특권을 갖게끔 마음을 쓰고, 또 상대편의 새 습격에 견디어 내야 하는 입장에 속박되지 않고만 있다면, 승리의 월계관을 획득할 것은 확실하다.

우리가 쉽게 상상할 수 있듯이 [기사들은] 이 경기장에 입장하는 일이 자고로 흔했고 양쪽이 많은 승리를 획득하였으나 사건에 결말을 짓는 최후의 승리
자는 적이 또다시 무기를 드는 것을 금지함으로써 정의의 수호자만이 장소를 451
점유하도록 항상 마음썼던 것이다.

공평무사한 심판자로서의 우리는 사건을 둘러싸고 싸우는 사람들의 정부가 어떠하든 간에 이것을 도외시하고, 그들의 사건을 우선 그들끼리 해결짓도록 해야 한다. 이렇게 하면 그들은 아마 서로 상처를 입힌다고 하기보다도 오히려 양편이 다 지친 나머지, 그들의 싸움이 무의미함을 스스로 알아서 드디어 좋은 친구로서 결별하게 될 것이다.

⑤ 양편 주장의 싸움을 구경하거나 혹은 싸움 자신을 오히려 일으키는 방법은, 양편 중 어느 편의 우위를 결정하기 위한 것이 아니요, 싸우는 대상이 환영(幻影)이 아닐까를 탐구하기 위한 것이다. 즉 비록 각자의 주장에 대한 반대가 없더라도, 각자가 환영을 헛되게 열망하여 아무런 소득이 없음을 탐구하기 위한 것이다. 사람은 이런 방법을 **회의적 방법**이라고 일컬을 수 있다고 나는 말한다. 회의적 방법은 *회의론*과는 아주 다른 것이다. 회의론은 되도록 일반적으로 인식에 대한 신뢰와 확신의 여지를 남기지 않기 위해서, 모든 인식의 기초를 파괴하는, 기술상·학문상의 무지주의다.

그러나 회의적 방법은 확실성을 지향한다. 이런 일은 양편이 성실하게 생각
452 했고 또 오성으로써 했던 논쟁에 관해서 오해된 점을 회의적 방법이 발견하려고 함을 통해서 있는 것이다. 이래서 회의적 방법은, 현명한 입법자가 그렇듯이, [논쟁의] 판결에 있어서 판관들이 당황함을 거울삼아 그들 법률의 결함과 부정밀한 규정에 관해 자신을 위해 교훈을 얻고자 한다. 법률을 적용할 즈음에 나타나는 이율배반은, 우리의 제한된 지혜에 있어서 입법의 정부를 음미하는 최선의 방법이요, 이것을 통해서 추상적 사변에 있어서는 쉽게 자기의 과오를 깨닫지 못하는 이성이 자기의 원칙을 규정할 무렵의 요점에 주의하는 결과로 된다.

⑥ 회의적 방법은 원래는 오직 선험적 철학만이 특유(特有)하는 것이요, 다른 연구 분야에서는 필경 없어도 좋으나, 이율배반의 분야에서만은 없어서 안 되는 것이다. 수학에서 회의적 방법을 사용함은 불합리하겠다. 수학에서의 증명은 언제나 순수직관의 길잡이에 의해서 인도되고, 그러면서도 자명적인 종합에 의해서 진행하므로, 잘못된 주장이 감추어져 있거나, 눈에 띄지 않는 일은 있을 수 없기에 말이다. 실험철학[실험적 자연과학]에 있어서는 결정을 유예하는 의심은 유용한 것일 수 있다. 그러나 적어도 쉽게 제거할 수 없는 오해는

[자연과학에서] 있을 수 없고, 논쟁을 결정짓는 최후의 수단은 드디어는 경험
중에 있으며, 단지 이런 수단을 발견하는 데에 지속이 있을 따름이다. 도덕의 453
모든 원칙도, 실천적 결과와 함께 구체적으로, 적어도 가능한 경험 중에서 주어질 수 있고, 따라서 도덕은 추상에서 생기는 오해를 피할 수 있다.

[수학과 자연과학에 반해서] 선험적[초험적] 주장[이율배반]들은 일체의 가능한 경험의 분야를 넘어서서 확대된 통찰을 참칭하는 것이요, 그것의 추상적인 종합이 선천적 직관 중에 주어질 수 있는 처지도 아니거니와, 그것의 오해가 어느 경험에 의해서 발견되는 성질의 것도 아니다. 하기에, 선천적 이성은 자기의 주장들을 서로 일치시키는 시도(試圖), 그러므로 자기의 주장들을 미리 서로 방해없이 자유롭게 싸우도록 하려는 시도 외의 다른 시금석[표준]을 허용하지 않는다. 이런 시도를 우리는 다음에 제시하고자 한다.※

※ 이율배반은 위에서 열거한 선험적[우주론적] 이념들의 순서[B. 443]에 따라서 진술된다.

선험적 이념의 첫째 모순[이율배반]

454 **정립**(定立)

세계는 시간상 시초를 가지며 공간상으로도 한계지어져 있다.

증 명

① 무릇, 세계가 시간상으로 시초가 없다고 가정하라. 그러면 각 주어진 시점에 이르기까지 이미 영원[무한한 시간]이 경과한 것이며 따라서 세계 안 사물들이 계기하는 상태의 무한한 계열이 흘러간 것이 된다. 그런데 계열의 무한성이란 것은 그것이 계속적 종합을 통해서는 완결될 수 없는 점에 성립한다. 그러므로 무한

반정립(反定立)

세계는 시초나 공간상의 한계를 455
갖지 않으며, 시간에 있어서나 공간에 있어서나 무한하다.

증 명

① 무릇, 세계가 시초를 갖는다고 설명하라. 시초는 하나의 존재며, 이 존재에 앞서서 사물이 존재하지 않는 하나의 시간이 앞서는 것이기 때문에 세계가 존재하지 않았던 시간, 즉 공허한 시간이 선행했음에 틀림없다. 그러나 공허한 시간에 있어서는 어떠한 사물도 발생할 수가 없다. 왜냐하

히 흘러간 세계계열이란 불가능하며, 따라서 세계의 시초―이것이 증명되어야 할 일이지만―가 세계 존재에 관한 불가결의 조건이 된다.

② 둘째 것[즉 공간]에 관해서 정립의 반대를 가정하라. 그러면, 세계는 동시에 실재하는 사물들로 된 하나의 주어진 무한한 전체로 될 것이
456 다. 원래 우리는 각 직관의 어떤 한계 내에서 주어지지 않은 양※의 크기를 부분들의 종합을 통해서만 생각할 수 있고, 또 이런 양의 전체성※※을, 완료된 종합을 통해서만, 즉 단위를 되풀이해서 보태는 것을 통해서만 생각하는 일 외에 다른 방도가 없다. 따라서 모든 공간들을 채우는 세계를 하나의 전체로서 생각하기 위해서는 무한한 세계의 부분들이 계속적 종합을 완료된 것으로 간주되어야 한다.

면, 그러한 시간의 어떤 부분도 다른 부분에 앞서서, 비존재의 조건 대신에 존재의 조건을 구별하는 점을 그 자신 가지고 있지 않기 때문이다(시간[사물]이 스스로 발생한다고 가정하건 또는 다른 원인을 통해서 발생한다고 가정하건 간에). 그러므로 세계 내에서 실로 사물들의 많은 계열이 개시할 수 있지마는, 세계 자신만은 결코 시초를 가질 수 없고, 따라서 과거의 시간은 무한하다.

② 둘째 것[즉 공간]에 관해서도 우선 반정립의 정반대를 가정하라. 즉 세계는 공간에 관해서 유한하고, 한계지어져 있다고 가정하라. 그리하면 세계는 한계가 없는 공허한 공간 안에 있는 것이 된다. 그래서 [공허한] 공간 중에서의 사물들의 상호 관계뿐만 아니라, 사물들의 [공허한] 공

※ 우리는 무규정적 양이 한계 내에 싸여 있다면, 그런 양 전체를 측정을 통해서, 즉 그 양의 부분들의 계속적 종합을 통해서 구성할 필요없이, 하나의 전체로서 직관할 수 있다. 왜냐하면, 한계들은 그것들이 자기 외의 모든 것을 끊어버리기 때문에, 이미 완결된 것으로 규정되기에 말이다.

※※ 전체성의 개념은 이 경우에 그 부분들의 완결된 종합이라는 표상임에 틀림이 없다. 왜냐하면, 우리는 전체의 직관(이 경우에 그런 직관이 불가능하지만)으로부터 전체성의 개념을 끌어낼 수 없기 때문에, 우리는 이런 개념을 무한한 것의 완결에 이르기까지 부분들의 종합을 통해서만 적어도 이념 가운데서 파악할 수 있기에 말이다.

다시 말하면, 동시존재적인 모든 사물들을 완전히 셈함으로써 무한한 시간이 경과해 버린 것으로 간주되어야 한다. 그러나 그것은 불가능하다. 따라서 현실적인 사물들의 무한한 집합은 주어진 전체로 간주될 수 없고, 그러므로 동시에 주어진 것으로서 간주될 수 없다. 이에 세계는 공간 중에서의 그 연장에 관해서 무한하지 않고 한계 내에 싸여 있다. 이것이 둘째로 [증명되어야] 할 일이었다.

간에 대한 관계도 있기에 이르겠다.
그런데 원래 세계는 절대적 전체요, 457
이런 전체의 외부에는 직관의 아무런 대상도 없고, 따라서 세계와 관계하는 대응자도 없다. 그러므로 공허한 공간에 대한 이 세계의 관계란 것은 세계가 상관하는 대상이 전혀 없다는 것이 된다. 그러나 이런 관계는 무의미하고, 따라서 공허한 공간에 의해서 세계가 한계지어진다는 것도 무의미하다. 하기에, 세계는 공간적으로 한계를 갖지 않는다. 즉 세계는 연장에 관해서 무한하다.※

※ 공간은 외적 직관의 형식(형식적 직관)이다. 그러나 외적으로 직관될 수 있는 현실적 대상인 것은 아니다. 공간은, 공간을 규정하는(공간을 메꾸고 혹은 한계 짓는), 혹은 오히려 공간이라는 형식에 좇는 경험적 직관을 주는, 일체의 사물에 앞서 있다. 이런 공간은 절대적 공간의 이름 아래서, 외적 현상들의 순 가능성 이외의 다른 것이 아니다. 여기서 외적 현상이란, 그 자신 실재하는 것이거나 혹은 주어진 현상에 보태질 수 있는 한의 것이다. 이에, 경험적 직관은 현상과 공간(지각과 공허한 공간)에서 합성된 것이 아니다. [이 양자 중의] 하나는 다른 자에 대해서 종합의 상관자가 아니라, 경험적 직관의 질료와 형식으로서, 동일한 경험적 직관 중에서 결합되어 있다. 양자 중의 어느 하나를 다른 자의 외부에(가령 공간을 일체 현상의 외부에) 두고자 하면, 그로부터 외적 직관의 공허한 각종 규정이 생기고, 이런 규정은 가능한 지각이 아니다. 가령 무한하고도 공허한 공간에 있어서의 세계의 운동 및 정지와 같은 것은 세계와 공허한 공간과의 관계를 규정한 것인데, 이런 규정은 지각될 수 있는 것이 아니다. 따라서 그것은 한갓 [무의미한] 관념물에 붙여진 술어다.

첫째 이율배반에 대한 주석

1. 정립에 대한 주석

458 ① 상술)한 서로 모순된 논증에 있어서 나는 (소위) 변호사식의 증명을 하고자 속임수를 구한 것이 아니다. 변호사식의 증명은 상대자의 부주의를 이용해서 자기의 이익으로 삼기도 하고, 상대자가 오해한 법률을 그의 논거로 하는 것을 기꺼이 승인해 놓고, 자기 자신의 위반적 요구를 저 오해한 법률을 반박하는 데에 의존하는 것이다.

상술한 [정립·반정립의] 두 증명은 어느 것이나 사태의 본성에서 끌어내진 것이요, 양편 독단론자의 허위 추리가 우리에게 주는 이익을 나는 내버렸다.

② 내가 주어진 양(量)의 무한성에 관해서, 독단론자의 관습에 의해서 그것의 거짓된 개념을 먼저 제출했더라면, 나는 외관상으로는 정립을 증명할 수 있었을 것이다. 즉 양이 무한하다는 것은, 그 양 이상으로 (즉 그 안에 포함된 단위의 수량 이상으로) 한층 더 큰 양이 가능하지 않다는 뜻이다. 그런데 어떤 양도 최대는 아니다 그것에는 하나 또는 하나 이

2. 반정립에 대한 주석

① 주어진 세계계열과 세계총괄 459
(세계내용)이 무한하다는 것의 증명은, 그 반대의 경우에는 공허한 시간과 공허한 공간이 세계를 한계짓는다는 것을 기초로 하고 있다. 이런 귀결에 대해서는 반대하는 구실이 구해지는 것을 나도 모르는 바가 아니다. 즉 세인은 다음과 같이 말한다: 세계의 한계는 시간·공간에 관해서 충분히 가능하다. 그러면서도 세계의 시초 이전의 절대적 시간과 현실 세계의 외부에 연장되어 있는 절대적 공간을 가정할 필요가 없다. 그런 가정은 불가능하다고.

나는 이런 의견의 후반에는 아주 만족한다. 그것은 라이프니쯔파 철학자의 의견이다. 공간은 한갓 외적 직관의 형식이다. 그러나 외적으로 직관될 수 있는 현실적 대상이 아니다. 현상의 대응자가 아니라, 현상 자신의 형식이다. 하기에, 공간은 (자체만으로써는) 무엇을 규정하는 것으로서 사물의 실재 중에는 절대로 나타날 수가 없다. 공간은 대상이 아니라 가능한 대상의 형식이기 때문이다. 그

상의 단위가 보태질 수 있기 때문이다. 그러므로 주어진 무한한 양, 따라서(흘러간 계열에 관해서나 연장에 관해서) 무한한 세계란 불가능한 것이다. 그러므로 세계는 시간적·공간적으로 한계가 있다. 나는 이와 같이 증명할 수 있었다.

그러나 이러한 무한개념은 무한한 전체라는 말 아래서 이해되는 것과 일치하지 않는다. 「무한한 전체」라는 표상[관념]은 이러한 전체가 얼마만큼 큰 것이냐 하는 뜻이 아니다. 따라서 무한한 전체라는 개념은 최대량의 개념이 아니다. 그 개념에 의해
460 서 임의로 채택된 단위와 이런 전체와의 관계가 생각될 따름이다. 즉 무한한 전체는 그 단위에 관해서 어떤 수보다도 크다는 말이다. 그러면, 채택되는 단위의 대소를 따라서 무한한 것도 크기도 하고 적기도 할 것이다. 그러나 무한성은 이 주어진 단위에 대한 관계에 있어서만 성립하기 때문에, 무한성 자신은 언제나 동

러므로 사물은 현상으로서 공간을 규정한다. 다시 말하면 사물은 공간에 붙일 수 있는 모든 술어(크기와 관계 등) 중에서 이 술어 혹은 저 술어를 현실성에 귀속시킨다. 그러나 거꾸로 공간은 그것만으로써 자존하는 어떤 것으로서, 사물의 현실성을 크기와 형태에 관해서 규정할 수는 없다. 공간은 그 자신 아무런 현실적인 것도 아니기 때문이다. 그러므로 공간은 (그것이 공허하건 메꾸어져 있건 간에)※ 현상에 의해서 확실히 한계지어질 수가 있으나, 현상은 그것의 외부에 있는 공허한 공간에 의해서 한계지어질 수는 없다. 같은 사정이 시
간에 대해서도 타당한다. 이런 사정 461
들이 다 용납되었다고 하자. 그럼에도 불구하고, 우리는 이 두 가지의 불가해한 것, 즉 세계 외부의 공허한 공간과 세계에 선행하는 공허한 시간을 가정해야 하는 것은 여러 말을 할 필요가 없다. — 만일 사람이 공간적으로든지 시간적으로든지 세계의 한

※ 이로써 [내가] 말하려는 요지가 다음과 같은 것임을 사람들은 쉽사리 알겠다: 현상에 의해서 한계지어진 한의 공허한 공간은, 따라서 세계 내부의 공허한 공간은 적어도 선험적 원리들에 모순되지 않는다. 그러므로 선험적 원리에 관해서는 허용될 수 있다(그렇다고 해서 그런 공허한 공간의 가능성이 즉시로 주장되는 것은 아니지마는).

일할 것이다. 그리고 이런 전체의 절대적 양이 무한성의 개념에 의해서 인식될 수 있는 것은 아니다. 그러나 이 점은 당면의 문제가 되지 않는다.

③ 무한성의 참 (선험적) 개념은, 어떤 [주어진] 양을 측정해 버리더라도 단위의 계속적 종합이 완료될 수는 없다는 것이다.※ 하기에 이로부터 다음의 결과가 생김이 확실하다. 즉 순차로 계속하는 현실적 상태가 주어진(즉 현재의) 시점에 이르기까지, 영원[무한]한 시간이 흘러간 일은 있을 수 없다는 결과이다.

④ 정립의 제2부[공간]에 관해서 말한다면, 무한이면서도 흘러가 버린 계열에 관한 난점은 물론 소멸한다. 연장상으로 무한한 세계가 포함하는 다양은 모두 동시적으로 주어져 있기 때문이다. 그러나 이런 수량의 전체성을 생각하기 위해서 우리가 이 전체성을 스스로 직관에 있어서 형성하는바, 한계에 의거시킬 수 없기 계를 가정한다면 말이다.

② 결론적으로, (세계가 시간·공간상으로) 한계를 갖고 있다면, 무한한 공허가 실재적 사물들의 존재를 양적으로 규정하지 않으면 안 된다. 이런 결론을 회피하려는 둔사(遁辭)에 관해서 생각한다면, 그것은 남몰래 다음과 같은 생각 중에 존립한다. 즉 사람은 [이율배반이 관계하는] 감성계 대신에 어떤 종류의 것이건 간에 일종의 가상계를 생각하고 있다. 즉 세계의 최초의 시초(이 시초 이전에는 비존재의 [공허한] 시간이 선행하는 한 실재) 대신에, 일반적으로 세계에서의 다른[공허한 시간 이외의] 조건을 전혀 예상하지 않는 실재를 생각하고, 연장의 한계 대신에 세계 전체[1]의 제한을 생각하며 그로 말미암아 시간과 공간을 회피한다.

허나 여기서는 오로지 현상계와 그것의 양(量)이 문제이고, 현상계에서 감성의 조건[공간·시간]을 도외시하

※ 이 양은, 그 때문에 어떠한 수보다도 더 큰 (주어진 단위의) 집합을 포함하는 것이 된다. 이것이 수학상 「무한한 것」의 개념이다.

1) 「[연장을 갖는 존재에 관한] 한계는 반드시 일정한 장소의 외부에 있어서, 이 장소를 싸는 공간을 전제한다. 이에 반해서, 제한은 한계를 필요로 안 한다. 즉 제한은 어떤 양이 절대적 완전성을 가지지 않는 한에서, 이 양을 제한하는 한갓 부정임에 틀림없다」고 하였다(cf. Prolegomena 57절). 또 주 160 참조.

때문에, 우리는 우리의 전체성 개념에 관해서 변명을 해야만 한다. 즉 이 경우에는, 전체성의 개념은 전체에서 부분의 일정한 양(量)으로 진행할 수 없고, 반대로 전체의 가능성을 부분들의 계속적인 종합에 의해서 증시해야 한다. 그런데 이런 종합은 완료되지는 않는 계열을 이루기 때문에, 이 계열의 완성에 선행해서 전체성을 생각할 수 없고, 따라서 이런 계열을 통해서 전체성을 생각할 수도 없다. 이 경우에는 전체성의 개념 자신이 부분들의 완료된 종합에 대한 표상이되, 이런 완료도, 따라서 완료의 개념도 불가능하다.

면, 현상계의 본질은 폐기되어 버린다. 감성계가 한계지어지면, 그것은 필연적으로 무한한 공허 중에 있다. 그리고 사람이 무한한 공허를 제거하고 따라서 현상을 가능하게 하는 선천적인 조건으로서의 공간일반을 제거하려고 한다면, 그와 동시에 감성계 전체가 소멸하여 버린다. [그런데] 우리의 과제에서 주어져 있는 것은 이 감성계만이다. 가상계는 「어떤 세계 일반」이라는 보편적 개념 이외의 다른 것이 아니다. 이 가상계에 있어서 세계를 「직관」하는 조건들은 모두 도외시되었고, 따라서 이런 가상계에 관해서는 종합적 명제는 긍정될 수도 없고 부정될 수도 없다.

선험적 이념의 둘째 모순[이율배반]

정립

462 세계 내의 합성된 실체는 그 어느 것이나 단순한 부분들로 되어 있다. 일반적으로 단순한 것이거나 단순한 것에서 합성된 것만이 실재한다.

증 명

① 여러분은 합성된 실체가 단순한 부분들로 되어 있지 않다고 가정하라. 이때 일체의 「합성」이 생각 중에서 제거된 때에는, 합성된 부분도

반정립

세계 안의 그 어떤 합성물도 단순 463
한 부분들로써 되어 있지 않다. 그리고 일반적으로 세계에서 단순한 것은 실재하지 않는다.

증 명

① 합성물이 (실체로서) 단순한 부분들로 되어 있다고 가정하라. 그러면 모든 외적 관계는 공간에서만 가능하고 따라서 실체에서의 합성도 모

단순한 부분(이것은 저 가정이 허용하지 않지만)도 남지 않겠고, 따라서 남는 것이 도무지 없을 것이다. 그러므로 「실체」란 것도 주어져 있지 않을 것이다.

이렇게 보면, 합성을 사상상으로 제거하는 일이 사실은 불가능하거나, 혹은 그것을 제거한 뒤에도 「합성 없이 존립하는 어떤 것」, 즉 단순한 것이 남아 있어야 한다. 전자의 경우에는 합성된 것 자신이 또다시 여러 실체로 성립하지는 않겠다. (실체에 있어서는 합성은 실체간의 우연적 관계이다. 실체는 이런 우연적 관계없이 자주
464 적으로 존속하는 것으로 존립하여야 하기 때문이다.) 그런데 이럴 경우에 전제[가정]와 모순되기 때문에 둘째의 경우만이 남는다. 즉 세계에서의 실체적 합성물은 단순한 부분[monad]들로 되어 있다는 것이 남는다.

② 이로부터 직접 결과하는 것은 「세계의 사물들은 모두 단순한 존재요, 합성이란 이 단순한 존재의 외적 상태일 뿐, 우리가 비록 원초적 실체를 이런 결합 상태에서 반드시 완전히 집어내어 고립시킬 수는 없다 하더라도, 이성은 이런 원초적 실체를 모든 합성의 제일차적 주체로 생각해야 하고, 따라서 이런 실체를 모든 두 공간에서만 가능하게, 합성된 것이 차지하는 공간은, 그것을 성립시킨 부분들의 수만큼의 부분 [공간]들로 성립하고 있어야 한다. 그런데 공간은 단순한 부분에서가 아니라 많은 공간들로 되어 있다. 따라서 합성된 것의 어느 부분도 각각 한 공간을 차지하고 있다. 그러나 일체 합성물의 절대적인 최초 부분은 단순하다. 그러하기 때문에 단순한 것이 공간을 차지한다. 그러나 공간을 차지하는 모든 실재는 서로 외재하는 다양을 포함하고, 그러므로 합성적이요, 그러면서도 실재적 합성물로서, 속성에서 된 것이 아니라(왜냐하면 속성들은 실체가 있어야만 병존하고, 실체가 없으면 병존할 수 없기에) 실체에서 합성된 것이다. 그러므로 단순한 것이 곧 실체적 합성물이란 말이 된다. 이것은 자기모순이다.

② 「세계에서 단순한 것은 실재하지 않는다」고 하는 반정립의 이 둘째 명제는 다음이 것을 의미할 뿐이다:
즉 「단적으로 단순한 것의 실재는 내 465
외의 어느 경험 혹은 지각에 의해서도 표시될 수 없고, 그러므로 단적으로 단순한 것은 한갓 이념이요, 그것의 객관적인 실재성은 그 어떠한 가능한 경험 중에서도 표시될 수 없다.

합성에 선행한 단순한 존재로 생각해야 한다」는 것이다.

따라서 단적으로 단순한 것은 현상들의 해명에 있어서는 적용될 수 없고, 그 대상을 발견할 수 없다」는 것이다.

그렇다면, 우리가 이 선험적 이념[단순한 것]에 대해서 경험의 대상이 발견된다고 가정해 보자. 이때에 이런 대상[단순한 것]의 경험적 직관은, 다양을 포함하지 않는 직관, 다시 말하면 서로 병존하는 부분들이 결합해서 통일을 형성하는 다양을 절대로 포함하지 않는 직관이라고 인식되어야 하겠다. 그런데 이런 다양이 의식되지 않는 일로부터 다양이 객관의 직관에 있어서 불가능하다고 [재판의 수정] 추리하는 것은 타당하지 않다. 그러나 절대적 단순성에 대해서는 이런 다양이 불가능함은 필연적이다. 하기에, 절대적 단순성은 어떠한 지각이건 간에 지각으로부터서는 추리될 수 없다는 결과로 된다. 이에, 절대로 단순한 객체는 어떠한 가능한 경험 중에서도 주어질 수가 없으나, 감성계는 모든 가능한 경험의 총괄이라고 보아져야 한다. 사리가 이러하기에, 일반적으로 감성계에서는 단순한 것은 주어져 있지 않다.

③ 반정립의 이 둘째 명제가 미치는 범위는, 첫째 명제보다도 훨씬 넓다. 첫째 명제는 단순한 것을 합성물

의 직관에서 추방했으나, 반대로 둘째 명제는 이것을 전(全) 자연에서 배제했기에 말이다. 그러므로 이 둘째 명제는 외적 직관에서 주어진 대상(합성물)의 개념에서가 아니라, 합성물과 가능한 경험 일반의 관계에서 증명될 수 있었다.

둘째 이율배반에 대한 주석

1. 정립에 대한 주석

466 ① 내가 단순한 부분들로부터 필연적으로 성립하는 전체를 논의할 적에, 이 전체는 본래 의미에서의 합성물인 「실체적인 전체」를 의미한다. 다시 말하면, (적어도 생각 중에서) 따로 떨어져 주어졌으면서도 서로 결합되어 하나를 이루는 다양의 우연적 통일을 의미한다.

사람은 공간을 합성물이라고 할 것이 아니라 전체(Totum)라고 해야 할 일이다. 공간의 부분들은 전체 중에서만 가능하고, 전체가 부분에 의해서 가능한 것은 아니기 때문이다. 필경 공간은 관념적[1] 합성물이라고 말할 수는 있으나, 실재적 합성물이라고

2. 반정립에 대한 주석

① 물체는 무한히 분할된다는 이 467
명제에 대한 논거는 전혀 수학적이로되, 단자론자들이 그 명제에 대해서 항의하고 있다. 허나, 이런 항의는 의심을 자아내는 것이다. 왜냐하면, 아주 명백한 수학적 증명이, 사실 모든 물질을 가능하게 하는 형식적 조건인, 공간의 이런 성질을 통찰해 있음에도 소위 항의는, 공간의 이런 통찰을 인정하려 하지 않고, 수학적 증명을, 추상적이면서도 자의적인 개념에서 추론된 것이요, 현실적 사물에는 적용될 수 없는 것이라고 간주하기 때문이다. [단자론자의] 소론은, 마치 공간의 근원적인 직관 중에서 주어지

1) Totum은 칸트적 「공간」처럼 먼저 전체를 예상하고, 이 안에서 가능한 부분들로 되어 있는 것이다. 이에 대해서 합성물은 자체상 존립하는 실체[모나드]들이 모여서 되는 전체이다. 이에 전자는 관념적이고 후자는 실재적이게 된다.

말할 수는 없다. 그러나 이런 구별은 시시한 것에 속한다.

공간은 여러 실체들로 (또 실재적
속성들로) 합성된 것이 아니기 때문
에, 만일 내가 공간 중의 일체의 합성
을 제거하면 아무것도 남지 않고, 한
점까지도 남지 않는다. 점은 한 공간
의 (따라서 한 합성물의) 한계로서만
468 가능하기에 말이다. 그러므로 공간도
시간도 단순한 부분들로 되어 있지
않다. 실체의 상태에 귀속하는 것은,
그것이 비록 양을 (가령 변화를)가지
더라도 단순한 것으로 되어 있지 않
다. 즉 변화가 갖는 도는 많은 단순한
변화를 더 보탬에 의해서 생기는 것
이 아니다. 합성된 것에서 단순한 것
을 추리함은, 자체상 자존하는 사물
에 대해서만 타당하다. 그러나 상태
의 성질들은 자체상으로 존립하는 것
이 아니다. 하기에 「모든 실체적 합
성물의 성분으로서의 단순한 것은 필
연적이다」라는 증명을 만일 지나치게
확대해서, 그것을 모든 합성물에 대
해서 부차별적으로 타당시키려고 한
다면—이런 일은 이때까지 실지로 흔
히 있었지마는—이런 일은 저 증명
[자신]을 파괴하는 것이 되고, 또 그
로 인해서 일반적으로 [정립에 관한]
인간의 관심사를 경솔하게도 파괴하
는 직관방식 이외의 직관 방식을 고
안해 낼 수 있는 성싶고, 공간을 메꿈
으로써 가능한 일체에 대해서 공간의
선천적인 규정이 동시에 관계하지 않
는성 싶기도 하다. 만일 우리가 이런
항의에 귀를 기울인다면 수학적 점,
즉 단순하기는 하되 공간의 **부분**이
아니라 공간의 한계인 점 외에, 역시
단순하기는 하되 공간의 부분으로서
부분 등을 모아서 공간을 메꾸는 특
성을 갖는바, 물리적 점을 생각해야
할 것이다.

이런 생각에는 많은 불합리가 있
거니와, 그것에 대해서 보통 하는 명
백한 반박은 그저 논증적 개념에 의
해서 수학의 직접적 확실성을 궤변으
로 부정하려는 것은 무익하다는 것이
다. 나는 이런 반박을 되풀이함이 없
이 다음의 것만을 주의하여 둔다: 즉
철학이 여기서 수학과 싸우게 된다 470
면, 그런 싸움은 철학이 이 문제에서
는 현상과 그것의 조건만을 다룬다는
것을 잊는 데에 있다는 것이다. 현상
에 있어서는 합성체라는 오성의 순수
한 개념에 다시 단순한 것이라는 개
념을 발견하는 것만으로는 불충분하
고, 합성체(물질)의 직관에 단순한 것
의 직관도 발견해야 한다는 것이다.
그러나 이런 일은 감성에 의해서 전

는 것이 된다.

② 그 외에, 내가 여기서 논의하고 있는 단순한 것은, 합성체가 그것의 성분으로 분해됨에 의해서 반드시 합성체에 주어지는 한의, 단순한 것이다.
469 [라이프니쯔가 사용한] 단자라는 말의 본래 의미는 확실히 단순한 것만을 지시하고 있다. 그러나, 이 단순한 것은 단순한 실체로서 직접 주어진 것(가령 자기의식에 있어서)이요, 합성물의 요소로서 주어진 것이 아니다. 후자의 의미의 단자는 원자라고 부르는 것이 더 나을 것이다. 그런데 나는 합성물에 관하여서만 단순한 실체를 합성물의 요소로서 증명하고자 하기 때문에, 둘째 이율배반의 정립을 선험적 원자론이라고 말할 수 있겠다. 허나, 원자론이라는 말은 물체적 현상(분자)의 특수한 설명 방식을 표시하는 것으로서 오랫동안 사용되어 왔고, 그래서 경험적인 개념을 전제하고 있기 때문에, 원자[정립명제]는[1] 단자론의 변증적 원칙이라고 말해서 좋을 것이다.

혀 불가능하고, 그러므로 감관의 대상에 있어서 전혀 불가능하다.

이에, 전체의 모든 합성에 선행해서 단순한 것을 우리가 가져야 한다는 것은, 그런 전체가 실체로써 되었고 또 그런 전체를 순수오성이 그저 「생각」한 것이라면 타당할지 모른다. 그러나 소위 단순한 것을 가져야 한다는 말은 현상에 있어서의 실체적 전체에 대해서는 타당하지 않는다. 이런 전체는 공간에 있어서의 경험적 직관인 것이요, 이런 전체의 부분은 공간 중의 부분이 단순하지 않기 때문에, 단순하지 않다는 특성을 반드시 지니고 있다.

그런데 단자론자는 대단히 예민하여, 난점을 다음과 같은 주장에 의해서 회피하려고 한다. 즉, 공간을 외적 직관의 대상(물체)을 가능하게 하는 조건으로 전제하지 않고, 외적 직관의 대상과 일반 실체들 서로의 「역학적 관계」를, 공간을 가능하게 하는 조건으로 전제한다는 주장이다. 그런데 우리는 현상으로서의 물체만을 이

1) 원서의 er를 Atomus로 해독했다. Atomus(영어는 Atom)는 불가분적인 것이라는 말뜻이다. Smith의 「주」에 의하면 칸트는 별나게도 Atomus를 남성명사로 사용했다. 라이프니쯔가 monad라는 말을 사용했을 때에, 그는 Kompositum(합성물)의 부분인 한의 단순한 것을 생각했던 것이 아니라 직접적으로 단순한 실체(각 자아에서 전제되듯이)들을 생각했다. 이에 정립명제를 칸트는 선험적 원자론이라고 했다.

해하고 이런 물체는 공간을 모든 외적 현상을 가능하게 하는 조건으로서 반드시 전제하고 있다. 하기에, 단자론자의 둔사는 도로인 것이요, 이런 둔사는 이전의 선험적 감잘못된 계산 식성론에서 충분히 근절시켰던 것이다. 그러나 물체가 현상이 아니고 물자체 그것이라고 한다면, 단자론자의 증명은 물론 타당한 것이겠다.

② 이 둘째의 변증적 주장은, [정립 471
의] 독단론적 주장에 대립해 있는 특이성을 갖고 있다. 독단론의 주장은, 모든 궤변적 주장 중에서도 우리가 이미 선험적 이념으로 간주했던 것의 현실성을, 즉 실체의 절대적 단순성을, 경험의 대상에서 실증하려고 시도한 유일의 주장이다. 다시 말하면, 이 주장은 내감의 대상, 즉 생각하는 자아가 단적으로 단순한 실체라고 하는 것이다.

나는 이 문제에 상관없이, (이 문제는 위[오류추리]에서 상세히 고려했기 때문에) 다음 것만을 주의해 둔다: 즉 「어떤 것이 대상으로만 생각되고 대상을 직관하는 종합적 규정이 더 보태지지 않으면(사실 자아라는 순 무내용의 표상에 의해서는 이런 종합적 규정이 보이지 않지만), 이런 무내용의 표상에 있어서는 당연히 아무런 다양도 아무런 합성도 지각될 수 없겠다」는 것이다.

그 외에 내가 [자아라는] 대상을 생각하게 되는 술어[1]들을 내감의 직각일 뿐이기 때문에, 이런 직각에 있어서는 서로 병존하는 다양을, 따라서 실재적 합성을 증명하는 것[내용]이 나타날 수가 없다. 생각하는 주관이 동시에 이 주관 자신의 객관이라는 이유에서, 이런 자기의식은 자기 자신을 나눌 수 없다고 하는(자기의식에 내속하는 규정을 나눌 수는 있지마는) 성질을, 자기의식만이 갖추고 있다. 왜냐하면, 자기의식 자신에 관해서는 모든 대상이 절대로 통일되어 있기에 말이다. 그럼에도 불구하고, 이런 주관이 외부적으로 직관의 대상으로 보여진다면, 그런 주관은 자신에 이어서 현상 중에서 합성된 것으로 될 것이다. 그리고 만일 주관 안에 서로 병존하는 [따로 있는 부분들로 된] 다양이 있나 없나를 알려고 하면, 주관은 언제나 [외적 직관의 대상이라고] 간주되어야 한다.

1) 영혼의 실체성·비물질성·인격성·불후성 등을 말한다.

선험적 이념의 셋째 모순[이율배반]

정립

472 자연의 법칙에 따르는 원인성은, 그것으로부터 세계의 모든 현상들이 도출될 수 있는 유일한 원인성이 아니다. 현상을 설명하려면 그것 외에 자유에 의한 원인성을 상정함이 필요하다.

증 명

① 자연법칙에 따르는 원인성 이외에 아무런 다른 원인성도 없다고 가정하라. 그러면 발생하는 일체는, 그것 이전의 상태를 전제하고, 거기서 불가피하게 규칙에 따라서 계기하는 것으로 된다. 그런데 이전 상태 자신도 발생한 것이어야 한다(이전에는 없었기 때문에 시간 중에서 생긴 것이어야 한다). 왜냐하면, 발생한 어떤 것이 전부터 있어 왔던 것이라면, 그런 것에서 생긴 결과도 처음으로 생긴 것이 아니라, 전부터 있어 왔던 것이겠기 때문이다. 그러므로 그 무엇을 생기도록 하는 원인의 원인성은, 그 자신 발생한 어떤 것이라서, 이것 또한 자연법칙에 의해서 그 이전 상태와 이 상태의 원인성과를 전제하고, 이 상태는 또다시 이전 상태

반정립

자유란 것은 없다. 세계의 만상은 473
자연의 법칙에 따라서만 생긴다.

증 명

① 선험적 의미의 자유란, 세계의 사상들을 발생시키는 특수 종류의 원인성이요, 한 상태와 이 상태의 결과의 계열과를 단적으로 시작하는 능력이거니와, 이와 같은 자유가 있다고 가정하라. 그러면 이런 자발성에 의해서 한 계열이 단적으로 시초를 가질 뿐만 아니라, 계열이 생기도록 하는 자발성 자신을 규정하는 일, 즉 원인성도 단적인 시초를 가질 것이다. 따라서 발생하는 작용 이전에는, 이 작용을 항구적 법칙에 의해서 규정하는 것이 없을 것이다.

작용하는 것의 개시는 어느 것이나 아직 작용하고 있지 않은 원인의 상태를 전제한다. 작용의 역학적인 최초의 시작은, 이 [시작의] 원인보다 앞에 있는 상태와는 인과적 관련을 갖지 않는 상태를 전제한다. 다시 말하면 앞에 있는 상태에서는 생기지 않았던 상태를 전제한다. 그러므로 선험적 자유[선험적 의미의 자유]는 인

를 전제한다. 그러므로 일체가 전적으로 자연법칙에 의해서만 발생한다면, 항상 제2차의 시초만이 있고, 처
475 음의 시초는 없으며, 따라서 일반적으로 순차로 소급하는 「원인 측 계열의 완료성」이란 존재하지 않는다. 그런데 선천적으로 충분히 규정된 원인 없이는 아무것도 발생하지 않을 것이라는 바로 그 점에, 자연법칙은 성립하는 것이다. 이에, 일체의 원인성이 자연법칙에 의해서만 가능한 것처럼 말하는 명제는, 이 명제의 무제한의 보편성을 주장함에 있어서는 자기모순에 빠진다. 그러므로 자연법칙에 따르는 원인성이 유일한 원인성이라고 상정될 수 없다.

② 그러면, [자연법칙과는 다른] 한 원인성이 상정되어야 한다. 이 원인성은 무엇을 발생하도록 하지마는, 이런 발생의 원인은 이제야 이전의 다른 원인에 의해 필연적 법칙에 좇아 규정되는 일이 없다. 다시 말하면, 상정되어야 할 한 원인성은, 자연법칙에 따라서 진행하는 현상들의 계열을 스스로 시작하는 「원인의 절대적 자발성」이다. 따라서 그것은 선험적 자유(transzendentale Freiheit)다. 선험적 자유 없이는, 자연의 경과에 있어서조차 현상들이 계속하는 계열

과법칙에 위반한다. 그것은 작용적
원인들의 계속적 상태들의 일종의 결 474
합이다. 그러나 이런 결합의 방식에 따른다면, 경험의 통일은 전혀 불가능하고, 그러므로 자유는 어떤 경험 중에서도 발견되지 않으며, 따라서 자유란 내용이 없는 공허한 생각의 산물이다.

② 이에, 우리는 세계 사상의 관련과 질서를 구하여야 하는 자연만을 가질 뿐이다. 자연법칙에서의 자유(비의존)는 강제에서의 해방이요, 그것은 모든 규칙의 길잡이에서 해방되는 것[규칙에 따르는 것의 포기]이기도 하다. 그러하되 우리는 자연법칙 대신에 자유의 법칙(Gesetze der Freiheit)이 세계 진행의 원인성 속에 들어가는 것이라고 말할 수는 없다. 만약 자유가 법칙에 의해서 결정되어 있다고 하면, 그것은 자유가 아니라 그 자신 자연임에 틀림없을 것이기 때문이다. [재판의 수정] 하기에, 자연과 선험적 자유와의 구별은 합법칙성과 무법칙성과의 구별과도 같다. 합법칙성은 사상들의 유래를 원인들의 계열에 있어서 부난히 소급해 가려는 곤란한 짐을 오성에 지운다. 사상들의 원인성은 항상 제약되어 있기 때문이다. 그러나 합법칙성

은 원인 측으로 봐서 결코 완전하지 않다.

은 그 배상으로서, 경험의 철저하고도 합법칙적인 통일을 약속한다. 이에 반해서 자유라는 기만은 탐구적 오성에 대해서 원인의 사슬의 정지를 약속한다. 왜냐하면, 자유는 오성으로 하여금 스스로 작용을 개시하는 무조건적[절대적] 원인성에 이르도록 하기 때문이다. 그러나 무조건적 원인성이란 그 자신 맹목적이므로, 보편적으로 관련이 있는 경험만을 가능하게 하는 「규칙의 길잡이」를 절단하는 것이다.

셋째 이율배반에 대한 주석

1. 정립에 대한 주석

476 ① 자유라는 선험적 이념은 단연 자유라 하는 심리적 개념의 전 내용으로 되지는 않는 것이다. 후자의 내용은 대부분 경험적이다. 자유의 선험적 이념은 행위가 귀책하는 참근거인 「행위의 절대적 자발성」의 개념일 뿐이다. 그럼에도 이 선험적 이념은 [과학적] 철학에 대해서는 참으로 방해물이다. [과학적]철학은 그러한 종류의 무조건적 원인성을 허용하는 데에 극복할 수 없는 곤란을 발견한다. 이에, 「의지의 자유」 문제에 있어서 고래로 사변이성을 그다지도 당황하게 했던 것은, 원래가 선험적인 것이

2. 반정립에 대한 주석

① 자유설에 대항해서 자연의 전능 477
성을(즉, 선험적인 자연 전제를) 옹호하는 사람은, 자유설의 궤변적 추리에 반대하는 주장을 다음과 같이 하리라: 여러분이 세계에서 수학적인 단초를 시간상으로 상정하지 않으면, 여러분은 역학적인 단초를 원인성에 관해서도 구할 필요가 없다고 [이에 대한 나의 답은] 세계의 절대적인 첫째 상태와 따라서 순차로 진행하는 현상 계열의 절대적인 개시를 생각해 내는 일, 또 여러분의 상상력에 정지점을 주기 위해서 무제한의 자연에 한계를 주는 일, 이런 일들을 하도록 누가 여

고, 계속하는 사물들이나 상태들의 계열을 스스로 시작하는 능력이 과연 상정되어야 하느냐 하는 문제로 귀착한다. 이런 능력이 어떻게 가능한가 하는 것은 필연적으로 대답될 수가 없다. 그것은 우리가 자연법칙에 따르는 원인성에 있어서도 이런 원인성이 전제되어야 함을 선천적으로 인식하는 것에 만족해야 하는 것과 마찬가지이다. 사실 우리는 한 실재에 의해서 다른 실재가 정립되는 일의 가능성을 도저히 [논리적으로] 이해함이 없고, 따라서 경험에만 준거해야 한다. 우리는 「자유에서 생긴」 현상들의 계열의 첫째의 시초가 필연적이라는 것을 세계의 근원을 이해하는 데에 필요한 한에서만 중시하였고, 반대로 첫째의 시초 다음에 계속하는 모든 상태는 자연법칙에 따른 연속이
478 라고만 생각될 수 있다. 그러나 그로
인해서 시간 중에서의 계열을 스스로 시작하는 능력이 (비록 통찰되지 않았더라도) 일단 증명되었기 때문에, 이제야 세계의 경과 내에 있어서의 여러 가지 계열의 원인성을 스스로 개시하게 하는 일이 우리에게 허용되고, 또 세계의 실체들에게 자유에서 행위하는 능력을 주는 일이 우리에게 허용된다.

러분께 명령하였더냐?고 하는 것이다. 세계에서의 실체는 항상 존재하여 왔고, 적어도 경험의 통일은 이런 전제를 필요로 한다. 그러므로 실체 상태의 변역, 즉 실체 상태의 변화의 계열이 항상 존재하여 왔다고 가정하는 것도, 아무런 난점이 없다. 하기에 수학적으로나 역학적으로나 첫째의 개시를 구할 필요가 없다. 첫째 항—이것 다음에 그 외의 일체가 계속하는 것이지만—이 없더라도 이런 무한한 계통이 가능하다는 것은, 첫째 항의 가능성에 관해서, 우리가 이해할 수가 없다. 그러나 이 때문에, 여러분이 이 자연의 수수께끼[첫째 항이 없는 무한 계열]를 내버리고자 한다면, 여러분은 마찬가지로 여러분이 이해할 수 없는, 자연의 많은 종합적 근본성질(근원력)을 내버리게 되지 않을 수
없을 것이다. 그리고 변화 일반의 가 479
능성조차 여러분이 이해할 수 없는 방해로 되지 않을 수 없다. 만일 여러분이 변화가 실재한다는 것을 경험을 통해서 모른다면, 존재와 비존재와의 이런 부단한 계속[즉 변화]이 가능하다는 것을 여러분은 선천적으로 생각할 수 없을 것이다.

② 그러나 필경 「자유의 선험적 능력」이 세계의 변화를 개시하기 위

그러나 이 즈음에 사람은 오해에 구류되어서는 안 된다. 즉 사물의 한 상태 이전에는 다른 상태가 있기 때문에 세계에서의 계속적 계열은 오직 상대적인 첫째의 시초만이 있을 수 있고, 그러므로 세계의 진행에는 「계열의 절대적인 첫째 시초」 같은 것은 불가능하다고 하는 오해이다. 무릇 우리가 여기서 문제 삼고 있는 것은, 시간상의 「절대적인 처음 시초」가 아니라, 원인성에 관한 절대적인 처음의 시초이다. (가령) 내가 지금 완전히 자유롭게 그리고 자연 원인이 필연적으로 규정하는 영향력을 입지 않으면서 의자에서 일어설 적에, 무한하게 진행하는 자연적 결과를 수반한 이런 사건에 있어서 전혀 새 계열이 개시한 것이다. 시간적으로는 이 사건은 물론 이전에서 내려오는 계열의 연속임에 불과하다. 대저[의자에서 일어서려는] 결의와 행동은 한갓 자연적 작용의 계속 중에는 없는 것이다. 규정하는 자연원인은 이 사건에 관해 결의와 행동 이전에 정지하고 있다. 사건은 자연적 작용의 다음에 생겼지마는 그런 작용에서 결과한 것은 아니다. 그러므로 진정 시간상으로가 아니라, 원인성에서 보아서, 현상들의 계열의 「절대적인 처음 개시」라고 해서 승인된다 치더라도, 이런 능력은 적어도 세계의 외부에만 있어야 하겠다(일체의 가능적인 직관들을 총괄하는 일 이외에 가능적 지각에는 주어지지 않는 대상을 가정하려고 하는 것은 여전히 대담한 월권이지마는). 그러나 세계 자신에 있어서는 실체들에 이런 [선험적] 능력을 인정해 주는 일은 허용될 수가 없다. 만일 허용할 때에는, 보편적 법칙에 따라서 서로 필연적으로 규정[적용]하고 있는 현상들의 연관, 즉 자연이라고 일컫는 것과, 이것과 함께 경험과 꿈을 구별하는 경험적 진리성의 표징은 대부분이 소멸하겠기 때문이다. 실로, 자유라는 무법칙적인 능력과 병립하는 자연은 거의 생각될 수가 없는 일이다. 왜냐하면, [만약 병립된] 자연법칙은 자유의 영향에 의해서 부단히 변경되고, 한갓 자연에만 따른다면 규칙적·제합적이게 될 현상들의 활동도, 자유 때문에 혼란에 빠지고 서로 [법칙적인] 관련이 없어지기 때문이다.

말해져야 한다.

② 자연원인들의 계열 중에 있어서 자유에 의한 처음의 개시(erster Anfang aus Freiheit)를 증시하려는 이성의 요구는 다음의 사실에서 명백히 실증되고 있다. 즉, 고대의 (에피쿠로스파를 제외한) 모든 철학자는 세계의 운동을 설명하기 위해서 [최초의] 기동자를 상정하지 않을 수 없다고 보았다. 기동자란 것은, 상태들의 계열을 최초로 또 스스로 개시하는 「자유로 작용하는 원인」을 의미한다. 즉 고대 철학자들은 처음의 개시를 한갓 자연에서 설명하려고 꾀하지는 않았다. [자유라고 생각했다.]

선험적 이념의 넷째 모순[이율배반]

480 **정립**

세계에는 그것의 부분으로서거나 혹은 그것의 원인으로서거나 간에, 단적으로 필연적인 어떤 존재[하나님]가 있다.

증 명[1]

감성계는 모든 현상들의 전체로서 동시에 변화들의 계열을 포함한다.

반정립 481

단적으로 필연적인 존재는 세계 안에서거나 세계 밖에서거나 일반적으로 세계의 원인으로서 실재하지 않는다.

증 명

① 「세계 자체가 필연적 존재다. 혹은 세계 안에 필연적 존재가 있다」

1) 전부 여덟 개 증명 중 이 증명의 일부만이 직접적 증명이요, 나머지는 간접적 증명이다. 여기의 「정립」은 과거의 전 시간이 모든 조건의 계열이기 때문에 단적인 필연자를 포함한다고 하는 것이고, 「반정립」은 경과한 전 시간이 전 조건의 계열이기 때문에 도리어 단적인 필연자가 없다고 하는 것이다. B. 489 참조.

왜냐하면, 현상들의 계열이 없이는, 감성계를 가능하게 하는 조건으로서의 시간 계열의 표상이 우리에게 주어져 있지 않겠기 때문이다.[1] 모든 변화는 시간적으로 선행하는 조건 아래에 성립하고, 이런 조건 아래서 필연적이다. 그런데 주어져 있는 개개의 제약된 것은 그것의 존재에 관해서 볼 때에 단적으로 무제약인 것에까지 이르는 조건들의 완전한 계열을 전제한다. 그리고 이 단적으로 무제약인 것은 절대로 필연인 것이다. 이에, 이런 것의 결과로서의 변화가 실재한다면, [그것의 원인으로서] 절대 필연인 어떤 것이 실재함에 틀림없다.

그러나 이 절대 필연인 것은 그 자신 감성계에 속하고 있다.

만일 그것이 감성계 바깥에 있다고 가정해 보라. 그러면, 이 필연적 원인 자신이 감성계에 속하지 않으면서도, 그것에서 세계변화의 계열의
482 시초가 이끌어 내지게 될 것이다. 이
런 일은 불가능하다.

고 가정하라. 그러면 다음 둘 중의 어느 것이다: [첫째 경우] 세계 변화의 계열에 절대필연인, 따라서 무원인이 시초가 있는 것이 되나, 이런 일은 시간 중에서 모든 현상이 규정되는 역학의 법칙에 어긋난다. [둘째 경우] 계열 자체는 시초가 없고, 이런 계열이 그것의 부분들에 있어서는 우연적이고 제약된 것이면서, 전체로서는 단적으로 필연이요, 무제약적인 것으로 되나, 이런 사태는 자체상 모순이다. 왜냐하면, 계열의 한 부분이라도 자체상 필연적 존재를 가지지 않는다면, 다수한 존재(부분의 총괄)가 필연적인[존재]일 수 없기 때문이다.

② 이상과는 반대로, 단적으로 필연인 세계－원인이 세계 바깥에 존재한다고 가정해 보라. 그러면, 이 세계 원인은 세계 변화의 원인들의 계열에 있어서의 최상항으로서, 그 이후 항들의 존재와 [세계 변화의] 계
열을 최초로 시작할 것이다.[2] 그런 483
데 이렇게 보면, 세계 원인이 작용하기 시작한 것이기도 하겠다. 즉 이런

1) 시간은 변화들을 가능하게 하는 형식적 조건으로서, 객관적[인식 논리적]으로 변화에 앞서 있다. 그러나 주관적[심리적]으로는, 즉 의식의 현실성에 있어서는 시간이라는 표상은 그 외의 다른 표상과 마찬가지로 지각의 기연에 의해서만 주어져 있다.

2) 시작한다(anfangen)는 말은 두 가지 의미로 해석된다. 첫째 의미는 능동적이다. 여기서는 원인이 그것의 결과로서의 「상태들의 계열」을 개시하기에 말이다. 둘째 의미는 수동적이다. 원인 자신 중에서 인과성이 생기기에 말이다. 나는 여기서 첫째 의미에서 둘째 의미를 추리하고 있다.

무릇, 시간계열의 시초는 시간상으로 선행하는 것을 통해서만 규정될 수 있다. 이 때문에, 변화계열의 시초라는 최상조건은, 변화계열이 아직 있기 전의 시간에 실재해야만 한다(왜냐하면, 시초란 있기 시작하는 사물이 아직 존재하지 않았던 시간이 먼저 흘러간 뒤에 나타난 실재이기에 말이다). 하기에, 변화들의 필연적 원인의 원인성은, 즉 원인 자체는 시간에 속하며 따라서 현상에 속한다(현상에서는 시간만이 현상의 형식으로서 가능한 것이다). 그러므로 사람은 이 원인을 만상의 총괄로서의 감성계에서 분리하여 생각할 수가 없다. 그러므로 단적으로 필연인 그 어떤 것[하나님]이 세계 자신 안에 들어 있다(그것이 전 세계 계열 자체이거나 혹은 전 세계 계열의 일부이거나 간에).

원인성은 시간 속에, 바로 이 까닭에 현상들의 총괄 속에, 다시 말하면 세계 속에 귀속하겠으며 따라서 세계원인인 자신이 세계의 외부에 있지 않게 되겠다. 이런 사태는 처음의 전제[가정]에 모순된다.

그러므로 세계 내에도, 세계 밖에도 (세계와 인과적으로 결합해 있는) 단적으로 필연인 존재는 없다.

넷째 이율배반에 대한 주석

1. 정립에 대한 주석

484 ① 필연적 존재의 실재를 증명하기 위해서, 나는 우주론적 논증을 사용하는 이외의 다른 책임이 없다. 이 논증은 현상에서의 「제약된 것」에서 무제약자의 개념으로 올라가는 것이다. 이런 일은, 무제약자를 계열의

2. 반정립에 대한 주석

① 현상의 계열을 올라갈 무렵에 485
단적으로 필연인 최상원인의 실재에 반대하면 난점에 봉착한다고 억측할 경우에, 이런 난점은 일반적으로 한 사물의 필연적 실재에 관한 한갓 개념에 의거하는 것이어서는 안 되고,

절대적 전체성의 필연적 제약이라고 보는 것이기 때문이다. 모든 존재 일반 중에서도 최상존재[하나님]라는 이념에 의해서 증명을 시도하는 것은, 이성의 다른 원리에 속하는 일이다. 하기에 이런 증명은 따로 [제3장 순수이성의 이상에서] 나타나야 한다.

② 순수한 우주론적 증명은 필연적 존재의 실재를 증시하되 이런 필연 존재가 세계 자신이냐 혹은 세계와는 다른 것이냐 하는 것을 결정짓지 않고 있을 수밖에 없다. 후자에 관해서 알기 위해서는, 벌써 우주론적이 아닌 원칙, 즉 현상 계열 중에서 진행[배진]하지 않는 원칙을 필요로 한다. 오히려 우연적 존재 일반(오성의 대상으로만 생각되는 한에서)이라는 개념과, 이런 우연적 존재를 한갓 개념을 통해서 필연적 존재와 결합시키는 원리를 필요로 한다. 이런 일은 모두 초험적 철학에 속하는 것이요, 여기서는[1] 이런 초험적 철학을 논할 경우가 아니다.

③ 허나, 증명을 일단 우주론으로 개시하면, 현상 계열과 「원인성의 경험적 법칙에 의해서 추리된 것이어야 한다. 즉 (감성계에서의) 원인계열을 캐 올라가는 것[배진]은, 경험적으로 무제약적인 조건으로 종결할 수가 없다는 것, 또 세계의 변화에 기본해서 세계 상태의 우연성 때문에 하여지는 「우주론적 논증」은 계열을 단적으로 최초에서 시작하는 원인[최상항]을 상정하는 일에 위반하는 일로 귀착한다는 것, 이런 것들이 밝혀져야 한다.

따라서 존재론적[2]인 것이어서는 안 된다. 이 난점은, 현상 계열에 대한 그 자신 무제약적인 조건을 상정하기 위해서, 현상 계열과의 인과적 결합을 추구하는 데서 생기는 것이요, 따라서 우주론적인 것이며, 경험적 법칙에 의해서 추리된 것이어야 한다. 즉 (감성계에서의) 원인계열을 캐 올라가는 것[배진]은, 경험적으로 무제약적인 조건으로 종결할 수가 없다는 것, 또 세계의 변화에 기본해서 세계 상태의 우연성 때문에 하여지는 「우주론적 논증」은 계열을 단적으로 최초에서 시작하는 원인[최상항]을 상정하는 일에 위반하는 일로 귀착한다는 것, 이런 것들이 밝혀져야 한다.

② 이 이율배반에는 진기한 대조가 나타나 있다. 그것은 정립에서 근원 존재의 실재가 추리된 그 논거에서 반정립에서 근원존재의 비실재가 「마찬가지로 날카롭게」 추리되어 있다는 것이다. 첫째로, [정립은] 흘러간 전시간은 모든 조건들의 계열을 포함하고, 그러므로 무제약자(필연적

1) 제3장 「이성의 이상」에서 다룬다는 뜻이다. 넷째 이율배반 정립의 하나님은 제3장의 하나님론에서 구별된다.
2) 하나님의 개념이 있다고 해서 개념의 대상이 실재한다고 추리하는 것이 「존재론적」이다.

험적 법칙에 따른 그 계열의 배진」이 근저가 되어 있기 때문에, 나중에 와서 이런 계열에서 비약하여, 이 계열의 한 항이 아닌 것으로 이행할 수는 없다. 무릇 그 어떤 것이 제약으로 간주된다는 것은 연속적 진행을 하는 중에 최고 제약에 도달하는 계열에 있어서 제약자와 제약된 것
486 의 관계가 이해된다는 것과 같은 의미다. 그런데 이런 관계가 감성적이요, 가능적인 경험 중에서 오성을 사용하는 일에 속한다면, 최고 제약, 즉 최고원인은 감성의 법칙에 따라서만 배진을 끝맺을 수 있고, 그러므로 시간계열에 속하는 것으로서만 배진을 끝맺을 수 있다. 그리고 필연적 존재는 세계계열의 최상항으로 보아지지 않을 수 없다.

④ 그럼에도 불구하고, 사람은 이런 종류로 비약하는(허용될 수 없는 다른 종류로 이행하는[1]) 자유를 취한 사람이 있었다. 즉 세계의 변화들에서 경험적 우연성을 추리했고, 세계의 변화들이 그것들을 경험적으로 규정하는 원인에 의존함을 추리해서, 경험적 제약들을 캐올라가는 계열을 존재)도 포함하기 때문에 필연적 존재가 있다고 말했다. 이제야 [반정립은], 흘러간 전시간은 모든 조건들(이 조건들은 모두가 다시 제약된 것이지만)의 계열을 포함하기 때문에 필연적 존재는 없다고 말한다. 이런 대조의 원인은 다음과 같다. 첫째 [정립의] 논증은, 한 조건이 시간 중에서 다른 조건을 규정하는 조건 계열의 절대적 전체성만을 지향함으로써 무제약자와 필연적인 것을 얻는다. 이것과는 반대로 다른 [반정립] 논증은, 시간계열에서 규정되어 있는 일체의 우연성에 주목 (어떤 것에도 그것 이전에 시간이 있고, 제약 자신이 이 시간에 있어서 다시 제약된 것으로 규정되기 때문에)함으로써, 일체의 무제약자·일
체의 절대 필연성이 사라져 버린다. 489
그러나 이상의 두 가지 추리방식은 상식에도 아주 일치한다. 상식은 한 대상을 두 가지의 다른 입장에서 고찰하기 때문에, 자기모순에 빠지는 경우가 흔하다.

메란[2] 씨는 이것과 마찬가지로 입장의 선택에 관한 난점에서 생긴 두 유명한 천문학자의 논쟁을 그것에

1) 희랍어: metabasis eis allo genos = ein unerlaubter Übergang in eine andere Gattung = 현상에서 가상적인 것(하나님)으로 넘어가는 것.

2) Jean-Baptiste Dortus de Mairan(1678~1771)는 프랑스의 유명한 자연과학자요, 문필가다.

구득하였는데, 이런 일은 전연 정당한 것이기도 하다. 하지만, 최초의 개시·최상항은 [경험 중에서] 발견될 수 없었기 때문에 갑자기 우연성이라는 경험적 개념을 버리고 순수 범주[절대필연의 원인]를 취했다. 이때의 순수 범주는 단지 가상적 계열을 전개한 것이요, 계열의 완전성은 절대적인 필연 원인의 실재에 의거하였다. 그리고 이런 원인은 감성적 조건들의 속박을 받지 않았기 때문에, 이제야 그것의 원인성 자신을 시작하는 시간계열에서도 해방되게 되었다. 그러나 이런 방식이 전혀 부당했던 것임은, 이하의 논술에서 추리될 수 있는 바와 같다.

⑤ 범주의 순수한 의미에 있어서는, 그 어떤 것의 모순대당이 가능한 그런 것은 [A인 동시에 비 A인 것은] 우연적이다. 그런데 경험적 우연성에
488 서 가상적 우연성을 추리하는 일은 전혀 불가능하다. 변화된 것(즉 상태)의 반대는 다른 시간에 있어서는 현실적이요, 따라서 가능적이다. 하기에, 이것[가상적 우연성]은 그것보다 이전 상태의 모순대당이 아니다. 모순대당이 되려면, 이전 상태가 있었던 그 시간에 있어서 그것의 반대가 이전 상태 대신에 있을 수 있었음을 관한 논문을 작성하기에 족할 만큼 주목할 만한 현상이라고 생각했다. 즉 한 천문학자는 「달이 지구에 대해서 항상 동일한 면을 보이고 있기 때문에 달은 축을 중심으로 자전한다」고 추리했으나, 또 한 사람의 천문학자는 「달이 지구에 대해서 항상 동일한 면을 보이고 있기 때문에, 달은 축을 중심으로 해서 자전하지 않는다」고 추리했다. 이 두 추리는, 달의 운동을 관찰하려고 취하는 입장 여하에 의해서 다 정당했던 것이다.

필요로 한다. 그러나 이런 일은 변화에서는 추리될 수가 없다.

운동하고 있었던 한 물체 A가 정지하여, 비 A로 된다. A에 대립된 상태 이후에 A가 생긴 것에서 「A의 모순대당이 가능하다거니 따라서 A는 우연하다거니」 추리할 수 없다. 무릇, 이런 추리가 가능하기 위해서는 운동이 있었던 그 시간에 운동 대신에 정지가 있을 수 있었다는 것이 필요하겠다. 그런데 우리는 이 운동의 상태 이후의 시간에 있어서 정지가 현실적으로 있었고, 따라서 가능하기도 했다는 것 이외의 것을 모른다. 그러나 한때의 운동과 다른 때의 정지와는 서로 모순대당의 관계가 아니다. 그러므로 반대의 규정이 후속하는 것, 즉 변화는, 결코 「오성의 순수한 개념」에 따르는 우연성[가상적 우연성]을 증명하지 않는다. 하기에, 이런 후속이 오성의 순수한 개념에 의해서 필연적 존재의 실재에 도달할 수가 없다. 변화는 경험적 우연성을 증명할 따름이다. 즉, 새 상태가 그것보다도 이전에 있었던 원인이 없이 자체상으로 생긴다는 것은, 원인성의 법칙에 의해서 불가능하다는 것을 증명할 따름이다. 원인이 비록 단적으로 필연적이라고 가정된다 치더라도, 원인은 이래서 [원인성 법칙에 의해서] 시간 중에서 발견되어야 하고, 현상들의 계열에 속해야 한다.

순수이성의 이율배반

제3절 「이율배반의 항쟁에 있어서」의 이성의 관심

① 우리는 이때까지의 우주론적 이념들의 변증법적 작희를 보아 왔거니와, 490
이 이념들은 그것들에 대응하는 대상이 가능한 어떤 경험에서 주어지는 것을 허용하지 않는다. 아니, 이성은 이념들이 보편적인 경험법칙에 합치한다고 생각하는 것조차 허용하지 않는다. 그러나 이념들은 임의로 고안된 것이 아니다. 이성은 경험적 종합을 연속적으로 진행하는 중에서 필연적으로 그런 이념들에 도달한다. 만일 이성이 경험의 규칙에 좇아서 항상 「제약된 것」으로만 규정될 수 있는 것을 일체의 제약에서 해방하고, 그것의 무제약적 전체성에서 파악하고자 한다며는, 아무래도 이념들에 도달한다. 앞서 말한 궤변적 주장들은 네 가지의 소질적이고 불가피한 이성의 문제를 풀려고 한 시도이다. 여기서는 문제의 수는 네 가지보다도 많지도 적지도 않다. 왜냐하면 경험적 종합을 선천적으로 한계짓는 종합적 전제들의 계열은, 네 가지 이상으로 있지는 않기 때문이다.

② 우리는 경험의 모든 한계를 넘어서 그것의 범위를 확장하는 이성의 눈부신 월권적 요구를, 무미건조한 (대조적) 표식에서 제시했으나, 이 표식들은 어 491
느 것이나 이성의 합법적 요구의 근거를 포함하는 것이다. 그리고 선험적 철학에 적합한 일인 것으로서, 그런 표식들에서 모든 경험적인 것을 부인하였다. 그러나 실은 이성의 이런 주장들이 화려함은 경험적인 것과 결합해서만 그것이 빛을 내는 점이다. 이성사용을 이처럼 경험을 넘어서 적용하고 또 이성사용의 확장이 이처럼 진행함에 있어서, 그것이 경험 분야에서 시작하면서 고귀한 이념에 점차로 비상함에 의해서 철학은 일종의 존엄성을 표시한다. 그리고 만일 철학이 그것의 월권적 요구를 어디까지나 주장할 수만 있다면, 이 존엄성은 인간의 모든 다른 학문의 가치를 훨씬 능가할 것이다. 철학은 이성의 모든 노

고가 결국 집중하게 되는 「최후목적」에 대한 우리의 최대 「기대와 전망」의 근저를 약속하는 것이기에 말이다.

세계가 시초를 갖느냐, 공간에서의 그것의 연장이 어느 한계를 갖느냐, 어디서건 아마 나의 생각하는 자아에서일지도 모르지만, 불가분할적·불멸적인 단일이 있는 것이냐, 혹은 가분할적·소멸적인 것 외에 아무런 것도 없는 것이냐, 나는 내 행위에 있어서 자유냐, 혹은 다른 존재와 마찬가지로, 자연과 운명의 실에 조종되어 있느냐, 최후로 최고의 세계 원인이 있느냐 또는 자연물과 그것의 질서는 우리의 모든 고찰이 종결해야 하는 궁극적 대상이냐——이런 물음은,[1] 수학자가 그것을 해결하기 위해서 그의 전 학문을 즐겨 희생[단념]하려고도 할 물음이다. 왜냐하면 수학은 인류의 지고지중한 이런 목적[물음]들에 관해서는 역시 수학자에게 만족을 줄 수 없기에 말이다. 허나 (인간이성의
492 자랑거리인) 수학 본래의 진가도, 그것이 이성을 인도해서 큰 자연과 작은 자연[세계와 인간]의 질서와 합규칙성을 통찰케 하고, 동시에 자연을 움직이는 힘의 경탄할 만한 통일성을 통찰케 하는 데에 의존한다. 그러나 이런 통찰은 보통의 경험 위에 세워진 철학에서 도저히 기대될 수 없는 일이다. 그러하기에, 수학은 일체의 경험을 넘어서서 확대되는 이성의 사용에 대해서 그렇게 사용할 기연과 고무를 주고, 동시에 확대된 이성 사용에 종사하였던 철학에도 아주 좋은 자료를 공급하여, 철학의 [자연]탐구를 그것의 성질이 허락하는 한에서, 적절한 직관에서 밑받침하려고 한다.

③ 사변에 대해서 불행하게도 (인간의 실천적 사명에 대해서는 반대로 다행하게도) 이성은 그것이 최대의 기대를 갖는 그 한 마당에서, 주장과 반대 주장의 혼란 속에 사로잡혀 있다. 이래서 이성이 퇴각하여 양 주장의 싸움을 단지 유희적 전투로서 냉담히 방관함은, 이성의 명예상으로나 또 이성의 확신상으로나 할 수 없는 일이다. 허나 그렇다고 해서 단적으로 양 주장의 화평을 명령함은 더구나 할 수 없는 일이다. 이 싸움의 대상은 철학의 심심한 관심사이기 때
493 문이다. 하기에 이성에 남아 있는 길은, 이성 사신의 이런 분열의 근원에 관해

1) 이 이율배반성은 과학론적으로는 하나의 선천성을 의미하고 존재론적으로는 하나의 제한을 의미한다. 이율배반에서 필경 세계의 선험적 관념성이 결과한다(Martin의 말).

서, 분열이 한갓 오해에 유책한 것이 아니냐고, 사색하여 보는 일뿐이다. 오해가 천명된 뒤에 확실히 양쪽의 과분한 요구가 제거될 것이나, 그러나 그 대신에 오성과 감관에 대한 이성의 영구히 조용한 지배가 개시할는지 모른다.

④ 우리는 당분간 이 근본적 천명을 좀 보류하고, 우선 다음의 것을 고려하고자 한다. 즉 우리가 어느 편에라도 가담하지 않을 수 없다면, 어느 쪽에 들고 싶어 할까 하는 것이다. 이 경우에 우리가 문제삼는 것은 진리의 논리적 시금석[표준]이 아니라, 한갓 우리의 관심이기 때문에, 관심의 연구는 양편이 서로 싸우는 권리에 관해서 아무런 결정도 짓지 않는다 하더라도 그것은 이점이 있는 것이다. 이 이점이란 논쟁에 참가하는 자기[문제] 대상에 관해서 빼어난 식견을 이유로 삼았던 것이 아니면서, 한편에 가담하고 다른 편에 가담하지 않았던 까닭을 이해하게 하는 것이다. 그와 동시에 또 부차적 사항을 가령 한쪽의 불타는 열정과 다른 쪽의 냉정한 주장을 설명하고, 왜 저 참가자가 한 파에게는 찬동의 박수를 기꺼이 보내고, 다른 파에게는 아예 비타협적 편견을 가졌던가를 설명하는 이점이 있는 것이다.

⑤ 그러나 이 예비적 평가에 즈음해서 이 「비판」으로 하여금 적절한 철저성을 갖추게 하는, 유일한 관점을 규정하는 「것」이 있다. 그「것」은 양편이 출발점으로 하고 있는 원리들을 비교하는 일이다. 반정립의 주장 중에는, 사고방식의 완전한 일관성과 그 준칙의 완전한 통일성이 있음이 알려진다. 즉 세계 현상들의 설명에 있어서 뿐만 아니라, 우주 자신에 관한 선험적 이념의 해결에 494
있어서도, 순전히 경험론의 원리가 있음이 알려진다. 이것과는 반대로 정립의 주장들은, 현상 계열 내부에서의 경험적인 설명방식 외에 지적인 단초를 밑바닥에 두고 있고, 그런 한에서 그 준칙도 단순하지 않다. 나는 이 준칙을 [반정립의 그것에서] 본질적으로 구별하는 표징에 의해서 순수이성의 독단론이라고 부르고자 한다.

⑥ 이에 우주론적 이성이념을 규정하는 「독단론, 즉 정립」의 편에서는 다음의 것이 나타난다.

⑦ 첫째는 어떤 실천적 관심이 나타난다. 마음씨가 착한 사람은 누구나, 그가 자기의 참 이익을 이해한다면 충심에서 실천적 관심에 참여한다. 세계가 시초를 갖는다는 것, 생각하는 자아가 단순하고 그러므로 불후의 본성을 갖는다

는 것, 자아가 동시에 그의 임의 행위에 있어서 자유요, 자연의 강제를 초탈해 있다는 것, 최후로 세계를 이루는 사물의 전 질서가, 만유의 통일과 합목적적 결합의 근본인바, 근원적 존재[하나님]에서 유래한다는 것――이런 것들은 도덕과 종교의 초석임에 틀림없다. 반정립은 이런 모든 지지를 우리로부터 빼앗고, 적어도 우리로부터 빼앗는 듯이 여겨진다.

⑧ 둘째로, 이성의 사변적 관심이 정립의 편에 표시된다. 무릇 사람이 이런
495 식으로 선험적 이념을 가정하고 또 사용한다면 무제약자에서 시작하게 되므로, 제약들의 연쇄 전부를 전혀 선천적으로 파악하여, 제약된 것의 도출을 이해할 수가 있다. 허나 이런 일을 반정립은 수행함이 없다. 반정립은 그 종합의 제약들에 관한 문제에 대해서, 끝없이 계속해서 의문을 남기지 않는 해답을 줄 수가 없다. 이 때문에 인기가 없다. 반정립에 따르면 사람은 주어진 개시에서 부단히 거슬러 올라가야 하고, 각 부분은 또 작은 부분에 이르고, 각 사건은 또 그 원인으로서의 다른 사건을 자기 위에 가지며, 실재 일반의 제약들은 또다시 다른 제약에 지지되어 있어서, 근원적 존재로서의 「자존하는 것」에서 무제약적인 지지를 얻음이 없다.

⑨ 셋째로 정립의 편은 통속성이라는 장점을 갖고 있고, 이 장점이 확실히 정립이 찬동받는 이유 중의 큰 것이다. 상식은 모든 종합의 무조건적 시초라는 이념에 있어서 조금도 곤란을 발견하지 않는다. 상식은 그러지 않아도 근거로 올라가기보다도 귀결로 내려가는 일에 젖어 있기 때문이다. 상식은 절대적인 첫째 항의 개념을 (이런 개념의 가능성 여부를 상식은 까다롭게 천착하지 않거니와) 안이하게 갖고서, 그와 동시에 자기 진행을 인도하는 실을 결합하기 위한 확고한 점을 잡으려는 셈이다. 이와 반대로 한쪽 다리를 항상 허공에 뜨게 하면서, 「제약된 것」에서 제약으로 중단 없이 올라가는 데에는 상식은 쾌감을 느낄 수가 없다.

496 ⑩ 우주론의 이념들은 규정할 무렵에 경험론의 편, 즉 반정립의 편에는, 첫째로 도덕과 종교가 갖는 바와 같은 이성의 순수원리에서 생기는 실천적 관심이 없다. 순전한 경험론은 도덕과 종교로부터 그 모든 힘과 영향을 빼앗아 가는 것 같이 생각된다. 세계와는 구별되는 근원적 존재가 없다면, 따라서 세계가 시초도 창시자도 없다면, 우리의 의지가 자유가 아니고 마음[영혼]이 물질

과 마찬가지로 가분할적·가변적인 것이라면, 도덕적 이념과 원칙은 자신의 타당성을 완전히 상실하고, 이런 것들의 이론적 지지가 되는 선험적 이념들과 함께 무너지고 만다.

⑪ 이러한 반면에 경험론[반정립]은 이성의 사변적 관심에 이익을 제공하고, 이런 이익은 자못 매혹적이다. 그것은 이성이념을 설교하는 독단론자가 약속하는 이익보다도 훨씬 많은 것이다. 경험론에 따르면 오성은 항상 자기 특유의 지반 위에 서있다. 즉 오로지 가능한 경험의 분야에만 있다. 오성은 「경험의 법칙」을 탐구하고, 이것을 매개로 해서 자신의 확호하고도 명백한 인식을 끝없이 확대할 수가 있다. 여기서는 오성은 [그때그때의] 대상[1]을 그 자체로서뿐만 아니라, 대상과 대상과의 관계에 있어서도 직관에 나타낼 수 있고 또 나타내야 한다. 혹은 개념 중에 나타낸다 하더라도, 이 개념에 대응하는 상은 마찬가지로 주어진 직관에 명석·판명하게 제시될 수 있어야 한다. 오성은 자기가 그 대상을 모르는 이념 따위에 집착하기 위해서, 이 자연 질서의 사슬을 내버릴 필요가 없다. 이념들은 관념물이요, [직관으로서] 주어질 수는 없는 것이 497
기 때문이다. 그뿐만이 아니라 오성이 자기의 소임을 포기하고, 자기의 할 일이 끝났다는 핑계에서 관념화한 이성의 영역으로 넘어들어가고, 초험적인 개념으로 넘어들어 가는 일은, 오성이 허용하지 않는 것이다. 여기서 [이성의 영역에서]는 오성은 관찰하는 일도 자연법칙에 좇아서 탐구하는 일도 더 필요로 하지 않고, 오직 생각하고 공상하는 일만을 필요로 한다. [이때에] 오성이 자연의 사실에 의해서 반박될 수 없음은 확실하다. 왜냐하면 오성은 사실의 증언에 속박되어 있지 않고, 사실을 무시하고, 심지어 사실을 보다 더 높은 권위에, 즉 순수이성의 권위에 종속시킬 수 있기 때문이다.

⑫ 하기에 경험론자는 자연의 어떤 시기를 절대로 최초 시기라고 가정하거나, 혹은 그가 자연의 광대한 범위를 전망한 한계가 최극단 [궁극]의 한계라고 보는 것이거나, 혹은 그가 관찰과 수학에 의해서 분해하고 또 직관 중에서 종합적으로 규정할 수 있는 자연대상(연장적인 것)에서 감관도 구상력도 단연 구

1) Gegenstand an sich selbst (대상 그 자체)는 물자체를 의미하지 않고, 다른 대상에 대한 「관계」에서 구별된 현상적 대상 자신을 의미한다(Messer, 주석서, S. 175).

체적으로 표시할 수 없는 것(단순한 것)으로 이행하는 것이거나, 이런 것들의
498 어느 것이라도 결코 허용하지 않을 것이다. 그 외에 자연 내에서도 자연법칙에 의존하지 않고 작용하는 능력을 (자유를) 근저에 두어서, 필연적 규칙의 인도를 받아 현상들의 발생을 탐구하려는 오성의 소임을 「제한」하려는 일도 허용하지 않을 것이다. 최후로 경험론자는 어떤 목적을 위해서건, 원인[근원적 존재]을 자연의 외부에 추구하는 일을 허용하지 않겠다. 왜냐하면 우리는 자연 외의 아무런 것도 모르기 때문이다. 즉 우리에게 대상을 제공하고, 또 자연법칙에 관해서 우리에게 가르침을 줄 수 있는 것은 오로지 자연뿐이기 때문이다.

⑬ 만일 경험론의 철학자가 그의 반정립에서 가지는 바 의도가 바로, 진정한 본분을 오인한 이성의 호기벽과 주제넘음을 제거하는 것이라고 한다면, 소위 이성은 통찰과 앎이 원래 종식하는 곳에서 통찰과 앎을 과시하고, 실천적 관심에 상관해서 주장되는 것을 사변적 관심을 촉진시키는 것이라고 사칭하며, 이성의 안이성에 유조하기만 하면 자연을 [경험적으로] 탐구하는 실을 끊고 인식을 확대한다고 자칭하면서, 이 「실」을 선험적 이념에 결합시키기는 하지마는, 선험적 이념에 의해서 우리는 본래는 무지를 인식할 따름이다.——그리고 내가 감히 말하거니와, 경험론자가 이 무지의 제거에 만족한다면, 그의 원칙은 요구에 절제가 있고, 주장에 겸손한 것이 있는 준칙이 될 것이요, 그와 동시에 참으로 우리에게 주어진 교사인 「경험」을 통해서 우리의 오성을 되도록 최대한도로 확대하려는 준칙이 될 것이다. 이러할 경우에는 우리의 실천적 관심사를 위한 지성적 전제와 신앙이 우리에게서 빼앗겨지지 않고 보존될 수 있을
499 것이요, 단지 이런 전제와 신앙을 과학이니 「이성의 통찰」이니 하는 칭호와 미명 아래서 우리가 등장시킬 수 없을 따름이다. 왜냐하면 진정한 사변적[이론적]인 앎은 일반적으로, 경험의 대상 이외의 어떠한 대상에도 타당할 수 없고, 만약 사람이 경험의 한계를 넘어선다면, 경험에 의존하지 않는 새로운 인식을 추구하려는 종합은 종합이 수행될 수 있게 하는 바 직관이라는 기체를 가지지 않기 때문이다.

⑭ 그러나 경험론이 이념에 관해서 그 자신 독단론적이 되고(이런 일이 가끔 있었지만) 「직관하는 인식의 영역을 넘어서 있는 것」을 대담하게도 부정한다면, 이런 경험론은 그 자신 불손의 과오에 빠지게 된다. 이런 과오는 그것이

이성의 실천적 관심에 상환할 수 없는 손실을 끼치기 때문에 그만큼 그것은 더 비난을 받아도 좋다.

⑮ 이상이 플라톤주의[정립]와 에피쿠로스주의[반정립]와의 대립이다.※

※ 그러나 에피쿠로스가 이 원칙을 과연 객관적 주장으로서 진술했던가 하는 것은 아직 문제다. 만일 이 원칙이 이성의 사변적 사용의 준칙임에 틀림없었다면 에피쿠로스는, 이 점에 있어서 고대 철인 중의 누구보다도 더 참된 철인이었을 것이다. 현상을 설명할 무렵에 탐구의 광장이 세계의 한계나 개시에 의해서 단절되어 있지 않은 것처럼 설명이 진행해야 한다. 세계의 진료(Stoff)에 관해서 우리가 경험에 의해서 알고자 한다면, 그 질료가 있어야 할 그대로 받아들여야 한다. 또 어떤 사상의 발생도 불변적 자연법칙을 통해서만 규정되어야 하는 것이고, 최후로 이 세계와는 구별되는 [세계의 외부에 있는] 원인이 사용되어서는 안 된다. 이런 주장들은 사변철학을 확장하는[전진시키는] 동시에, 외래의 보조원천에서 독립한 도덕의 원리를 발견하기 위해서, 오늘날도 정당하지만 그다지 지켜지지 않는 원칙들이다. 그러나 우리가 한갓 사변만을 일삼고 있는 한에서 누군가가 [정립의] 독단론적 명제를 무시할 것을 요구한다고 해서, 그가 곧 이 명제를 부정하려 든다는 죄책을 그에게 지워서는 안 된다.

⑯ 에피쿠로스주의와 플라톤주의는 모두 자신이 아는 것 이상의 것을 주장 500
한다. 그러나 전자는 실천의 면을 훼손하면서도 앎을 격려하고 촉진시키는 데 대해서 후자는 실천면에 대해서 탁월한 원리를 주기는 하되, 바로 이런 까닭에 오로지 사변적 앎만을 우리에게 주는 연역에 관해서 자연현상의 관념적 설명에 몰두하고, 자연의 [경험적] 탐구를 소홀히 하는 것을, 이성에게 허용하고 있다.

⑰ 끝으로, 항쟁하는 양 파 중의 어느 쪽을 잠시 선정할 즈음에 발견되는 셋째 점[첫째와 둘째는 B. 496]을 말한다면, 지극히 기이하게도 경험론에 인기가 없다는 것이다.——비록 「상식은 경험적 인식과 이것의 합리적 연관과에 의해서만 만족을 약속하는 계획을 갈망해 환영하고, 그 대신에 선험적 독단론은 사
색에 가장 침잠하는 두뇌의 통찰과 이성능력조차도 넘어있는 개념으로 올라가 501
기를 오성에게 강요하는 것이다」고 믿어지기는 하지만.

그러나 [초험적 이념에 대한] 강요가 바로 상식을 [독단론 쪽으로] 기울어지게

하는 동인이다. 왜냐하면 상식은 이런 경우에 가장 박식한 자라도 상식 자신을 능가할 수 없는 상태에 [안심하고] 있기 때문이다. 상식이 선험적 개념에 관해서 거의 이해가 없고 혹은 전혀 이해가 없을 적에, 선험적 개념에 관해서 상식보다도 더 많은 이해를 과시할 수 있는 사람이 없다. 상식이 이 점에 관해서 다른 사람들만큼 학문적인 발언을 할 수 없다 하더라도, 그래도 상식은 얼마든지 궤변을 토할 수 있다. 왜냐하면 상식은 단지 이념들 사이를 편력하기만 하고, 이념에 관해서 바로 무지이므로 이념을 가장 잘 대변하기 때문이다. 그 대신에 자연의 [경험적] 탐구에 관해서는 상식은 함구하고, 자기의 무지를 고백하지 않을 수 없을 것이다. 이에 안이성과 허영심이 벌써 [정립의] 원칙에 좋은 평판을 주는 것이다.

뿐더러 그 자신이 변명할 수도 없는 것을 원칙으로 가정하거나, 객관적 실재성이 통찰[인식]될 수 없는 개념을 도입하거나 하는 일은 철학자에게는 자못 괴로운 일이나, 상식에는 이만큼 보통의 일은 없는 터이다. 상식은 확신에서 시작할 수 있는 「그 무엇」을 가지고 싶어한다. 그러나 이러한 전제 자신을 이해하는 일의 곤란 따위가 상식을 불안하게 하지 않는다. (이해가 무엇인가 하는 것을 모르는) 상식은 결코 곤란을 착상하지 않기 때문이다. 이래서 상식은 그가 자주 사용해서 젖어진 것을 주지의 일로 생각하고 있다.

그러나 결국 상식이 갖는 모든 사변적 관심도, 실천적 관심 앞에서 사라진
502 다. 그리고 상식은 불안과 희망이 자신을 몰아서 가정하게 하고 신앙하게 하는 것을, 곧 통찰하고 안 것으로 상상한다. 이래서 선험적으로 관념화한 이성에 [소극적으로] 대하는 경험론은 [독단론이 지니는 것 같은] 일체의 인망을 상실하고 있다. 그리고 경험론이 최상의 실천원칙[도덕과 신앙]에 대해서 아무리 많은 불리를 포함한다고 하더라도, 그것이 앞으로 한 학파의 한계를 넘어서서 사회에서 다소간에 뚜렷한 신망을 얻게 되고 많은 대중에서 약간이나마 애호를 얻게 될 것을 [우리는] 걱정할 필요는 없다.

⑱ 인간의 이성은 본성상으로 건축술적이다. 즉 그것은 모든 인식을 하나의 체계에 속하게 할 수 있다고 간주하고, 따라서 눈앞의 인식을 어떠한 체계 중에서 다른 인식과 합치시키는 것을, 적어도 불가능하게 하지 않는 원리만을 허용한다. 그러나 반정립의 명제들은 인식에 관해서 체계적인 완성을 불가능하

게 하는 종류의 것이다. 이것에 의하면 세계의 한 상태 위에는 언제나 또 그 이전 상태가 있고, 각 부분은 언제나 또 보다 더 쪼갤 수 있는 부분이 있으며, 각 사상 전에는 또 다른 사상이 있고 이것은 다시 마찬가지로 타자에 의해서 생긴 것이며, 존재 일반에 있어서 일체가 항상 「제약된 것」이라서 아무런 무제약적인 첫째 실재[하나님]도 승인될 수 없다. 이렇게 보면 반정립은 어떠한 「첫째의 것」도 인정하지 않고, 단적으로 건축의 토대로서 유용할 수 있는 개 503
시도 인정하지 않기 때문에, 이러한 전제 아래서는 인식의 완전한 건축은 단연 불가능하다. 하기에 이성의 건축술적 관심이 (이것은 이성의 경험적인 통일이 아니라 이성의 선천적인 순수 통일을 요구하는 것이지만) 절로 정립의 주장들을 천거하는 것을 지니고 있다.

⑲ 그러나 만일 인간이 모든 관심에서 해방될 수 있고, 이성의 주장들을, 그것의 모든 결과에 대해서 관심을 두는 일이 없이, 오로지 주장 근거의 내용만을 고찰할 수가 있다면,——인간이 서로 싸우는 학설 중의 어느 한편을 승인하는 것 외에는 궁지를 벗어나는 다른 방도를 모른다고 가정하고, 그는 항상 동요하는 상태 속에 있을 것이다. 「인간의 의지는 자유다」고 하는 것이 오늘은 그의 확신으로 생각될 것이다. 그러나 그가 중단이 없는 자연의 연쇄를 고찰하는 내일에는 「자유란 자기 기만이다. 일체는 한갓 자연이라」고 생각하겠다. 그러나 일단 행위와 행동에 도달하면, 단지 사변적 이성의 이러한 작희는 꿈 중의 환영처럼 사라져 버리고, 그는 자신의 원리들을 실천적 관심에 좇아서 선택하겠다. 그럼에도 역시 사색적·탐구적인 존재에 있어서는, 어느 기간 동안 오로지 자기 자신의 이성을 검토하는 일에 헌신하고, 이 경우에 일체의 당파성을 포기하여, 자기의 견해를 비판받기 위해서 타자에게 공시하는 일이 지당하기 때문에, 명제[정립]와 반대명제[반정립]를, 공갈로 인해서 협박받음이 없이, 그 자신의 입장(즉 약한 인간의 입장)이라는 배심관 앞에 서서, 각각 변호할 수 있도록 출두시킴은 양편의 누구에게 의해서도 악감을 일으킬 수 없거니와, 더구나 방해될 수도 없다. 504

순수이성의 이율배반

제4절 단적으로 해결될 수 있어야 하는 한의 순수이성의 선험적인 과제들

① 모든 과제를 해결하려 하고 모든 물음에 답하려고 하는 것은 철면피의 장담이겠고, 무궤도의 자부일 것이며, 그 때문에 사람은 신용을 아주 잃을 것임에 틀림이 없다. 그럼에도 학문 중에는 그 성질상 등장하는 어느 물음도 사람이 이미 소유하는 지식에서 단적으로 답을 얻어야 하는 학문이 있다. 왜냐하면 문제에 대한 답이, 문제를 일으킨 바로 그 원천에서 생겨야 하기 때문이다. 즉 이런 학문[윤리학]에서는 불가피한 무지를 사칭함이 허용되지 않고, [문제에 대한] 해결이 요구될 수가 있다. 모든 가능한 경우에 있어서 무엇이 정이고 무엇이 부정인가 하는 것은 「규칙에 의해서」 알 수 있어야 한다. 이것은 우리의 의무에 상관하기 때문이요, 우리가 알 수 없는 것에 대해서는 우리는 아무런 책무도 없기 때문이다.

505 그러나 자연 현상들의 설명에 있어서는 많은 불확실한[1] 것이 있고, 따라서 미결문제가 많이 남지 않을 수 없다. 자연에 관한 우리의 지식은, 우리가 자연에 관해서 설명해야 할 것을 설명하기에는 모든 경우에 있어서 아직도 불충분한 것이기 때문이다.

여기에 생기는 물음이 있다. 그것은, 즉 선험적 철학에 있어서 이성에게 제출된 객관에 관한 문제가, 바로 순수이성에 의해서 과연 해결될 수 없는 것이냐 하는 문제요, 또 우리가 「객관」을 (우리가 인식할 수 있는 일체에서 추측하여) 단적으로 불확실하다고 보아, 우리가 그것에 관하여 물음을 제기할 만한 정도의 개념을 갖고 있지마는, 그것에 대답할 수단과 능력은 결핍해 있는 그러한 객관[이념]으로 간주함에서, 사람은 물음에 대한 결정적인 답을 과연 정당하게

1) 자연과학에 있어서 다루어지는 것은 현상들이요, 이 현상의 형식(시공과 범주들)은 우리의 정신 중에 있지만, 감각들 중에 드러나는 바 「현상들의 내용」은 정신 외의 요소, 즉 물자체에서 유래한다. 이런 물자체가 우리에게 미지인 이상, 자연탐구에 있어서도 많은 문제가 미결로 남는다는 것이 알려진다.

도 모면할 수 있느냐 하는 문제이다.

② 그런데 나는 선험적 철학이 모든 사변적 인식 중에서 다음과 같은 특성을 갖는 것임을 주장한다. 즉 [첫째로] 순수이성에게 주어진 대상에 관한 문제가, 이 동일한 인간이성이 해결할 수 없는 것이 아니라는 것이다. [둘째로] 피할 수 없는 무지니, 과제의 측정할 수 없는 깊이니 하는 핑계가 문제에 대해서 근본적이고도 완전한 해답을 주는 우리의 책임을 없앨 수 없다는 것이다. 왜냐하면 우리로 하여금 묻도록 하는 처지에 있게 하는 그 동일한 개념이, 그 물음에 대답하는 힘도 우리에게 가능하게 했을 것임에 틀림없기 때문이다. 즉 이런 대상은 (정과 부정에 있어서와 마찬가지로) 그 개념의 외부에 따로 있는 것이 아니었다.

③ 그러나 선험적 철학에 있어서 대상의 성질에 관한 만족스러운 대답을 사람이 정당하게 요구할 수 있는 물음은, [선험적 철학의 여러 문제 중에서도] 우주 506
론적 문제 이외의 다른 것이 아니다. 우주론적 문제에 있어서는 타파할 수 없는 불명성을 핑계로 해서 해답을 모면함이 철학자에게 허용되어 있지 않다. 그리고 이런 문제들은 오직 우주론적 「이념」에만 관계한다. 여기서는 「대상」은 경험적으로 주어져 있어야 하고, 문제는 이 대상과 이념이 서로 적합하는가에만[1] 관계하기 때문이다.

대상이 선험적[초험적]이요, 따라서 그 자신이 우리에게 미지인 것이라면, 가령 (우리 자신 안에서) 현상하는 「것」이 사고인 경우, 그런 것(영혼)이 그 자신 과연 「단순한 것」이냐, 만물의 단적으로 필연적 원인[하나님]이 과연 있는 것이냐 등등을 물을 때처럼, 우리는 우리의 이념에 대해서 우리에게는 알려져 있지 않으나 그렇다고 해서 불가능하지는 않음※을 승인할 수 있는 대상을 탐구 507
해야 한다. 우주론적 이념만이, 그 대상과 「대상의 개념에 필요한 경험적 종합」을 주어진 것이라고 전제할 수 있다고 하는 특성을 지니고 있다. 그리고 우주론적 이념에서 생기는 문제는 절대적 전체성을 포함할 것인 한의, 경험적 종합의 진행에만 관계한다. 이런 절대적 전체성은 어떠한 경험 중에도 주어질 수 없는 것이기에, 「이제야 벌써 경험적인 것」이 아니다. 그런데 여기서 문제는

1) 선험적 철학은 적어도 이율배반 문제에 있어서는 단지 개념에만 상관하지 않고, 현상의 영역과 접촉한다는 뜻이다.

가능한 경험의 대상으로서의 사물에 있고 물자체 그것으로서의 사물에 있는 것이 아니기 때문에, 「초험적」인 우주론적 문제에 대한 답은 이념 외의 다른 곳에 있을 수 없다. 대저 우주론적 문제는 대상 자체 그것에 관계하지 않는다. 또 가능한 경험에 관해서도 구체적으로 어느 경험 중에 주어질 수 있는 것을 물음으로 삼는 것이 아니고, 경험적 종합이 단지 접근하기만 할 이념 중에 있는 것을 물음으로 삼는다. 이에 우주론적 물음은 오직 이념에서만 해결될 수 있어야 한다. 이념은 단지 이성의 소산이요, 따라서 이성은 그 책임을 거부하여, 이것을 미지의 대상에 전가할 수가 없기에 말이다.

※ 선험적 대상이 어떤 성지의 것인가, 즉 선험적 대상이 무엇인가 하는 물음에 답할 수는 없으나, 그러나 이런 물음이 무의미하다는 답은 십분 할 수 있다. 왜냐하면, 이런 물음에는 그 대상이 주어질 수 없기 때문이다. 이런 관점에서 선험적[이성적] 심리학의 모든 문제에 [무의미하다는] 답이 주어질 수 있고 또 사실 그런 답이 주어져 있다. 원래 그 모든 문제는 모든 내적 현상의 선험적 주관에 관계한 것이요, 이 선험적 주관 자신은 현상이 아니요, 따라서 대상으로서 주어져 있지 않으며, 이런 대상에는 어느 범주(원래 이것에 물음이 제시되어 있지마는)라도 적용하는 조건을 발견함이 없다. 이에 이것은 「답이 없는 것이 또한 답이라」는 흔히 하는 말이 타당하는 경우다. 즉 명확한 술어에 의해서는 생각될 수 없는 그런 「어떤 것」의 성질을 묻는다는 것은, 전혀 허무하고 공허하다. 왜냐하면 그런 어떤 것은 전혀, 우리에게 주어질 수 있는 대상의 범위 밖에 설정되었기 때문이다.

508 ④ 한 학문이 그 총괄적 전체에 속하는 일체의 문제(토착 문제)들에 관해서, 오늘날까지 해결을 보지 못했지마는, 혹종의 해결을 요구하고 기대할 수 있다고 하는 주장은, 사실은 처음에 여겨지는 만큼 기이한 것은 아니다. 선험적 철학 외에도 순수이성의 학문에 두 가지가 있다. 하나는 사변적 내용의 학문이요, 또 하나는 실천적 내용의 학문이다. 즉 순수수학과 순수도덕[순수윤리학]이다. 그런데 우리가 이를테면 그 조건을 아무래도 알 수 없다고 해서, 원주에 대한 직경의 관계를 유리수[1] 혹은 무리수로 정확히 표시함이 불확실하다고

1) 정수, 분수, 소수 같은 것이 유리수요, 이것과는 다른 $\sqrt{2}$, $\sqrt{3}$, π(원주율, 3.14…) 같은 수를

하는 말을 이때까지 들은 일이 있었는가? 원주율이 유리수에 의해서 합당하게 표시될 수 없으나, 무리수에 의해서도 발견되지 않았기 때문에, 적어도 이 관계[원주율]의 [합당한] 해결이 불가능함은 확실하게 인정될 수 있다고 판단되었다. 람베르트[1]가 이 점을 [원주율을 그저 무리수라고 함에서] 증명하였다. 도덕의 보편적 원리들에 있어서는 불확실한 것이 있을 수 없다. 왜냐하면 [도덕적] 명제들은 전혀 무의미한 것이거나, 그렇지 않다면 우리 이성의 개념들에서 흘러나온 것임에 틀림없기 때문이다.

이에 반해서 자연과학에는 무수한 억측이 있고, 억측에 확실성을 기대할 수는 없다. 자연현상은 우리의 개념에서 독립하여 주어지는 대상이기 때문이요, 그러므로 자연현상을 밝히는 열쇠는 우리 안에, 즉 우리의 순수한 사고 안에 있지 않고 우리의 외부에 있으며, 따라서 다수의 경우에 그 열쇠가 발견되지 509
않으며, 따라서 확실한 해명을 우리는 기대할 수 없기 때문이다. 나는 우리의 순수인식의 「연역」에 관계했던 선험적 분석론의 문제를 이[확실한 해명을 할 수 없는]것 속에 집어넣지 않는다. 우리가 지금 다루고 있는 것은 대상에 관한 판단의 확실성[여부]의 문제요, 우리의 개념[이념] 자신의 근원에 관한 것이 아니기 때문이다.

⑤ 우리가 우리 이성의 범위가 좁게 제한된 것을 탄식함에 의해서, 또 문제가 우리의 이성을 넘어서 있다는 것을, 겸손한 자기인식을 가장하면서 고백함에 의해서, 제기된 이성의 문제를 적어도 비판적으로 해결하는 책임을 우리가 회피할 수 있는 것은 아니다. 문제란 [시간상으로] 세계가 영원의 옛적부터 있는 것이냐 혹은 시초를 갖느냐, [공간상으로] 우주는 「존재」로써 무한히 메꾸어져 있느냐 혹은 어떤 한계 내에 에워싸여 있느냐, [성질상으로] 세계 안에는 [분할될 수 없는] 단순한 것이 있느냐 혹은 일체의 것은 무한하게 분할되어야 하느냐, [발생상으로] 자유에 의한 산출과 창조가 있는 것이냐 혹은 일체가 자연 질서의 사슬에 매여 있느냐, [양상상으로] 최후로 전혀 무제약적인 그 자신 필연적인 존재가 있느냐 혹은 일체는 그것의 실재에 관해서 제약된 것이요, 따라서

무리수라 한다.

1) 람베르트(Joh. Heinrich Lambert, 1728~77)의 증명을 든 것은 산출의 불가능이 곧 실재하는 「관계」, 즉 원칙 자체의 불확실을 의미함이 아님을 지시하고자 한 것이다.

외적인 것에 의존하여 그 자신 우연적이냐, 하는 것을 결정하는 일이다.

이런 문제들은 모두 우리의 사상 외의 아무 곳에서도 주어질 수 없는 대상
510 에 관계한다. 즉 현상들을 종합하는, 단적으로 「무조건적인 전체성」에 관계한
다. 이것에 관해서 우리는 우리 자신이 가지는 개념에서는 아무런 확실한 것도
말할 수 없고 결정할 수 없는 처지에, 우리가 그것의 책임을 우리에게는 감추
고 있는 [미지의] 사물에 전가해서는 안 된다. 무릇 이런 사물은 (우리의 이념
외의 어디서도 발견되지 않기 때문에) 결코 주어질 수 없고, 그 원인을 우리의 이
념 자신 중에서 구해야 하지마는, 이념이란 것은 해결을 허용하지 않는 과제
임에도, 우리는 끈덕지게 이념에 현실적 대상이 대응하는 듯이 가정한다. 우리
의 개념 자신 중에 있는 변증성을 명백하게 표시하면, 우리는 이런 문제에 관
해서 판정해야 할 것을 아주 확실하게 하겠다.

⑥ 이러한 문제에 관해서 그것이 불확실하다는 여러분의 핑계에 대해서, 우
리는 [따라서 문제를 회피하려는 데 대해서] 다음의 문제를 적어도 여러분이 명백
히 답해야 할 문제로서 우선 대립시킬 수 있다. 즉 해결하자니, 여러분을 곤란
속에 휩쓸어 넣은 이념은 어디서부터 여러분께 왔느냐 하는 문제이다. 이념은
여러분이 설명을 필요로 하는 현상인가? 여러분은 현상을 이념에 좇아서만 천
명하는 원리나 규칙을 탐구해야 하는 것인가? 자연이 여러분 앞에 폭로되어,
여러분의 감관에 대해서 또 여러분의 직관에 나타난 것 일체의 의식 앞에서,
감추어져 있는 것이 도무지 없다고 여러분이 가정하라. 그럼에도 여러분은 역
시 그 어떠한 경험에 의해서도 여러분의 이념의 대상을 구체적으로 인식할 수
511 는 없을 것이다. (이런 인식을 위해서는 완전한 직관 외에 또 완성된 종합과 「종합의
절대적 전체성의 의식」이 필요하건마는, 그 어떠한 경험적 인식에 의해서도 이런 일은
불가능하기에 말이다.) 따라서 여러분의 문제는 나타나는 그 어떤 현상을 설명하
기 위해서 필연적으로—이를테면 대상 자신에 의해서—과해져 있는 것일 수
없다. 대저 이념으로서의 대상은 결코 여러분 앞에 나타나지 않는다. 그것은
어떤 가능한 경험에 의해서도 주어질 수 없기 때문이다. 여러분은 모든 가능한
지각에 의해서 공간 중에 있거나 혹은 시간 중에 있는 조건들에 억매여 있다.
즉 여러분은 무제약자를 종합의 절대적 「개시」에서 설정할 것인가를 결정하고
자, 혹은 개시가 전혀 없는 「계열의 절대적 전체성」 중에서 설정할 것인가를

결정하고자, 무제약자에 도달함이 없다.

경험적 의미의 일체(das All)라면 그것은 어느 때에도 단지 상대적이다. 양의 [시간·공간적] 절대적 일체(즉 우주), 분할의 절대적 일체, 발생의 절대적 일체, [양상적으로] 존재 일반의 제약의 절대적 일체 [등]은, 그것이 유한한 종합에 의해서 성립하게 되느냐 혹은 무한히 계속하는 종합에 의해서 성립하게 되느냐 하는 문제와 함께, 가능한 경험과는 조금도 관계가 없는 것이다. 가령 물체가 단순한 부분에서 성립한다고 가정하건, 혹은 「합성」된 부분에서 성립한다고 가정하건 간에, 여러분은 그 물체라는 현상을 그전보다 조금도 더 잘 설명한 것이 아니겠고, 그 전보다 달리 설명한 것도 아니겠다. 왜냐하면 단순한 현상이건, 무한한 합성이건 간에, 마찬가지로 여러분 앞에 나타날 수 없기에 512
말이다. 현상들은 설명되기를 요구하나, 그러나 현상을 설명하는 조건이 지각 중에 주어져 있는 한에서의 일이다. 또 언젠가는 지각 중에 주어질 수 있을지 모르는 일체는,[1] 이것을 **절대적 전체** 중에 개괄한다 하더라도, 그 자신 지각이 아니다. 그러나 원래는 이런 절대적 전체야말로, 그것의 설명이 이성의 선험적 과제들에 있어서 요구되는 바로 그것이다.

⑦ 이래서 이 과제들의 해결만은 도저히 경험 중에서 얻어질 수 없기 때문에, 여러분은 이념의 문제에 관해서 그것의 대상이 어떤 성질의 것이냐 하는 것은 불확실하다고 말할 수 없다. 무릇 여러분의 대상은 여러분의 두뇌 안에 있고, 그것 외부에 따로 주어질 수 없다. 그러므로 여러분은 오직 여러분 자신과 일치하도록 마음써야만 하고, 여러분의 이념[절대적 전체성]을 경험적으로 주어진 객관, 즉 경험법칙에 좇아서 인식될 것인 객관이라고 잘못 생각하게 하는 모호성을 경계하도록 마음써야만 한다. 하기에 독단론적 해결은 불확실한 것이 아니라 [원래] 불가능한 것이다. [머리 안에 있는 것을 문제 삼기 때문에] 이와는 반대로, 비판적 해결은 전적으로 확실한 것일 수 있고, 문제를 깡그리 객관에 관련시켜 고찰하지 않고, 문제가 의거해 있는 인식의 기저를 고찰하는 것이다.

1) 다시 말하면, 일찍이 지각에 주어져 있지 않은 일체.

순수이성의 이율배반

제5절 네 개의 선험적 이념 전부를 통해 본 우주론적 문제의 회의적인 표시

513 ① 답이 어떤 것이 되건 간에, 그것이 우리의 무지를 더하게 하고, 하나의 불가해에서 또 하나의 불가해로, 하나의 불명석에서 그보다도 더 큰 불명석으로, 그러면서도 아마 그것에 모순되는 것으로 빠지는 것을 우리가 미리 안다고 하면, 문제에 대해 독단론적으로 답하려 하는 요구를 기꺼이 우리는 단념하겠다. 우리 문제의 의도가 [한갓 독단론적인] 긍정 혹은 부정에 있다고 한다면, 이런 답의 개연적 근거를 당분간 제쳐 놓고, 대답이 한 쪽[긍정]에 귀착했을 때는 무엇이 얻어지며, 반대 쪽[부정]에 귀착했을 때는 무엇이 얻어지는가, 하는 것을 제일 먼저 고려하는 것이 [문제에 대한] 현명한 취급 방식이다. 그래서 양쪽이 다 무의미(넌센스)하다는 것이 드러난다면, 우리는 문제 자신을 비판적으로 탐구하여, 문제 자신이 근거 없는 전제에 기인하지 않는가, 즉 이념과 작희하고 있지 않는가를 알아보는 근거 있는 요구를 가지는 것이 된다. 이념이란 그것만을 고립시켜 생각하게 되기보다도 그것을 적용해 보면, 또 그것의 결과에 의하고 보면, 이념은 자기의 오류를 더욱더 잘 폭로하게 된다. 이것이 순수이성이 순수이성에 대해서 제기하는 문제를 다루는 회의적 방식이 갖는 이점

514 이다. 이런 이점에 의해서 사람은, 조그만한 비용으로써 많은 독단론적 오물을 제거하고, 그 대신에 냉정한 비판을 설정할 수가 있다. 냉정한 비판이야 말로 참 세척제로서 [독단론의] 망상을, 그것의 결과물인 박식인 척하는 것과 함께, 다행스럽게도 배제할 것이다.

② 하기에 현상의 배진적 종합에 있어 어느 편의[정립편이건 반정립의 편이건] 무제약자에 가담하건 간에, 내가 우주론적 이념에 관해서 그것이 각 오성개념들에 대해서 과대하거나 과소하다는 것을 「아예」 통찰할 수 있다면, 나는 다음의 것을 이해하겠다. 즉 「이념은 필경 경험의 대상에만 관계하고, 경험은 가능한 오성개념에 적합해야 하기 때문에, [우주론적] 이념은 전혀 공허하고 무의미하다. 비록 내가 아무리 이념을 대상에 적합시키고자 해도 이념에 적합하는 대상이 없기 때문이다」라는 것이다. 사실 모든 세계-개념[이념]에 관해서 그

러하다. 이것이 이성이 세계-개념에 집착하는 한에서, 세계-개념이 반드시 이율배반에 빠지지 않을 수 없는 소이다. 왜 그런가?

③ 첫째로, 세계가 시초를 가지지 않는다[반정립]고 가정하라. 그러면 세계는 여러분의 [오성]개념에 대해서 과대하다. [오성]개념은 계속적인 배진 중에 성립하되, 결코 흘러간 「영원 전체」에 완전히 도달할 수는 없기에 말이다. 세계가 시초를 갖는다[정립]고 가정한다면, 세계는 다시 필연적인 경험적 배진 중에 있는 여러분의 오성개념에 대해서 과소하다. 그 시초는 역시 앞선 시간을 515
전제하기 때문에, 아직 무제약적이 아니고, 오성을 경험적으로 사용하는 법칙은, 또 더 높은 [이전의] 시간 조건을 묻고, 따라서 세계는 이 법칙에 대해서 명백히 과소하다는 것을 여러분께 제시하는 것이다[B. 450].

④ 공간적으로 세계의 양 문제에 관한 이중의 답에 있어서도 사정은 마찬가지이다. 무릇, 세계가 무한하고 한계가 없다고 하면, 세계는 모든 가능한 경험적 개념에 대해서 과대하다. 또 만일 세계가 유한하고 한계지어졌다고 한다면, 여러분은 당연히 다시 「이런 한계를 규정하는 것은 무엇인가」 하고 묻는다. 공허한 공간은, 사물의 독립 자존적 상관자가 아니다. 그것은 여러분이 거기에 머물러 있을 수 있는 제약이 아니다. 더구나 가능한 경험의 일부로 되는 경험적 제약은 아니다(도대체 누가 단적으로 공허한 것을 경험할 수 있는가 말이다). 그러나 경험적인 종합의 절대적 전체성은 항상 무제약자가 경험개념일 것을 요구한다. 그러므로 한계지어진 세계라는 것은 여러분의 [오성]개념에 대해서 과소하다.

⑤ 둘째로, 공간 중의 각 현상(물질)은 무한히 많은 부분들로 되어 있다[반정립]고 가정한다면, 분할의 배진은 여러분의 [오성]개념에 대해서 과대하다. 만일 공간의 분할이 분할된, 어느 항(단순한 것)에 있어서 끝맺는다[정립]고 한다면, 분할의 배진은 무제약자라는 이념에 대해서 과소하다. 이런 항은 자신 안에 포함되어 있는 다수의 부분으로의[분할의] 배진을 여전히 남기기에 말이다.

⑥ 셋째로, 여러분이 세계 중에 「발생」하는 일체 중에서 자연 법칙에 따른 결과 이외에는 아무것도 없다고 가정한다면, 원인의 원인성은 또다시 발생한 어떤 것이요, 보다 더 높은 원인에 대한 여러분의 배진을 필요로 한다. 즉 조건들의 계열을 올라가는 방향에서 [조건 측으로 향하여] 중단 없이 뻗게 하는 것

을 필요로 한다. 따라서 오로지 소급적 작용만을 하는 자연은 세계의 사상들을 종합하려고 하는 여러분의 [오성]개념에 대해서 과대하다.

⑦ 여러분이 이따금 자신이 야기한 사건들을 택한다면, 따라서 자유에서 산출된 것을 택한다면, 불가피한 자연법칙에 의한 「왜」라고 하는 것이 여러분을 추궁하고, 그래서 경험의 인과법칙에 좇아서 있는 점을 늘 더듬어 가도록 여러분께 강제한다. 따라서 여러분은, 여러분이 취한 결합의 전체성[자유]이 필연적인 「경험적 개념」에 대해서 과소하다는 것을 안다.

⑧ 넷째, 여러분이 단적으로 필연인 존재를(그것이 세계 자신이건, 세계 안에 있는 것이건, 혹은 세계의 원인이건 간에) 상정한다면, 이것을 모든 주어진 시점에서 무한히 먼 시간 중에 설정한다. 왜냐하면 그렇지 않으면, 그런 필연적 존재는 그 외의 실재에 또 그 이전의 실재에 종속하는 것이 되겠기 때문이다. 이렇게 보면 이런 실재[필연적 존재]는 경험적 개념이 접근할 수 없는 것이 되고, 여러분이 부단한 배진에 의해서 언제건 그것에 도달할 수 있기 위해서는 과대한 것이다.

517 ⑨ 그러나 여러분의 의견에 좇아서 세계에 속하는 것이(이것이 제약이건 제약된 것이건 간에) 모두 우연적이라고 한다면, 여러분에게 주어진 실재는 어느 것이나 여러분의 [오성]개념에 대해서 과소하다. 이런 실재는 그것이 의존해 있는 다른 실재를 더욱더 탐구하도록 여러분께 강요하기에 말이다.

⑩ 이상의 모든 경우에 있어서 세계이념은 경험적 배진에 대해서, 그러므로 모든 가능적[경험적]인 오성 개념에 대해서, 과대하거나 과소하거나 하다고 우리는 말했다. 그러나 우리는 이 말을 거꾸로 표현해서 다음과 같은 말을 하지는 않는다: 「전자[정립]의 경우에 경험적 개념이 이념에 대해서 과소하지만, 후자의 경우에는 항상 과대하고, 따라서 우주론적 이념이 그것의 과대에서나 과소에서나 그것의 목적인 가능한 경험에서 후퇴한다고 해서 우주론적 이념을 비난한 것이 아니라, [과소와 과대의] 책임은 경험적 배진 측에 있다」고. 왜 이런 말을 하지는 않았던가? 그 근거는 아래와 같다. 즉, 가능한 경험만이 우리의 개념에 실재성 [객관적 타당성]을 줄 수 있는 것이고, 이런 일이 없다면 일체의 개념은 단지 이념이요, 진리성 [현실성]이 없고, 대상에 관계하지도 않는다는 근거이다. 하기에 가능한 「경험적 개념」은 이념을 판정하는 규준이었다.

즉 이념이 단지 이념이요, 사고의 산물인 것이냐, 혹은 세계에서 그 대상을 발견하느냐를 판정하는 규준이었다. 어떤 것을 타자와 비교하여 과대하다거니 또는 과소하다거니 말하는 것은, 그 어떤 것이 타자를 위해서 가정되고 타자에게 적응해야 하는 경우뿐이다.

고대 변증학파의 유희적 토론에는 다음과 같은 문제도 들어 있었다. 공이 518
구멍을 통과하지 않을 때에, 무엇이라고 말해야 할 것인가. 공이 너무 크다고
할 것인가? 혹은 구멍이 너무 적다고 할 것인가? 하는 문제였다. 이 경우에 여
러분은 어느 쪽으로 말하려 해도 무관하다. 여러분은 공과 구멍 중의 어느 것
이 타자를 위해서 있는지 모르기 때문이다. 이것과는 반대로, 여러분은 「저 사
람은 의복에 대해서 너무 크다」고 말하지 않고, 「의복이 저 사람에 대해서 너
무 짧다」고 말할 수도 있다.

⑪ 이래서 우리는 적어도 근거 있는 의혹에 도달한다. 근거 있는 의혹이란, 우주론적 이념, 그와 함께 서로 싸웠던 모든 궤변적인 주장들이, 이념의 대상이 우리에게 주어진다고 하는 식의 공허하고도 단지 상상된 개념을 근저에 갖고 있지나 않나 하는 것이다. 그리고 이런 의혹이 우리를 정로로 이끌어서, 그 다지도 오랫동안 우리를 탈선케 했던 기만을 폭로할 수 있는 바이다.

순수이성의 이율배반

제6절 우주론적 변증론을 해결하는 열쇠로서의 선험적 관념론

① 우리가 선험적 감성론에서 충분하게 증명한 일이지만, 공간 중에서나 시
간 중에서 직관되는 일체는, 따라서 우리가 할 수 있는 경험의 모든 대상은 현
상임에 틀림없다. 다시 말해서, 연장적 존재로서 혹은 변화들의 계열로서 표상 519
되는 모습에 있어서는, 우리의 사상 외에 자체적으로 정초된 아무런 실재도 없
는 한갓 표상임에 틀림없다. 이런 학설을 나는 **선험적 관념론**※이라고 부른다.
이와 반대로 선험적 의미의 실재론자는, 우리 감성의 이런 변양 [즉 표상]을 그
자체상으로 존립하는 사물이라고 하는 것이요, 그러므로 **한갓 표상**을 「물자체
그것」이라고 하는 것이다.

※ 나는 선험적 관념론을 다른 곳에서 흔히 형식적 관념론이라고도 불렀다. 이것은 질료적 관념론, 즉 외물자체의 실재를 의심하거나 부정하는, 통속적 관념론에서 구별하기 위한 것이었다. 많은 경우에 있어서 본문에서 선험적 관념론이라고 한 표현보다도 형식적 관념론이라는 말을 쓰는 것이, 모든 오해를 막기 위해서 권할 만한 것으로 여겨진다.[이 주는 재판의 추가다.]

② 세인이 [버클리 류의] 오랫동안 매우 악평을 받아온 경험적 관념론을 우리에게 기대하려고 한다면, 그것은 부당한 일이겠다. 경험적 관념론은 공간 자신이 현실로 있다고 상정함으로써, 공간 안의 연장적 존재의 실재를 부정하거나 혹은 적어도 의심하는 것이요, 이 점에 있어서 꿈과 진실 간에 충분히 증명할 수 있는 구별을 인정하지 않는 것이다. 그러나 그것은 시간에서의 내감 현상에 관해서는 이것을 현실의 사물로 보는 데에 아무런 곤란도 발견하지 않는 것이다. 아니, 그 뿐더러 경험적 관념론은 [내감의] 내부적 경험만이 유일무이하게 자기 객관(자체 그것)의 실재를 (그 모든 시간 규정과 함께) 충분히 증명한다고 주장한다.

520 ③ 이것과는 반대로, 우리의 선험적 관념론은 외적 직관의 대상은 그것이 공간 중에서 직관되는 그대로 실재하고, 시간 중에서도 모든 변화는 그것을 내감이 표상하는 그대로 실재한다는 것을 인정한다. 공간은 우리가 외적 직관이라고 부르는 직관의 형식이다. 또 공간 중에 대상이 없으면 경험적 표상은 전혀 없을 것이다. 그러므로 우리는 공간 중의 연장적 존재를 현실적인 것이라고 상정할 수 있고 또 상정해야 한다. 사정은 시간에 관해서도 마찬가지다.

저 공간 자신은 이 시간과 함께, 또 이 양자와 동시에 모든 현상은 자체상 그 어떠한 사물인 것이 아니라[물자체가 아니라], 표상임에 틀림없고, 우리 심성[정신]의 외부에 실재할 수 없다. 우리 심성의 내적·감정적 직관조차도 (의식의 대상인 것으로서) 그것의 규정[의식 내용]은 시간에서의 각종 상태의 계기를 통해서 표상되지만, 자체적으로 실재하는 그대로의 「본래의 자아, 즉 선험적 주관」이 아니고, 우리에게 알려지지 않은 이 존재[물자체]의 감성에 주어진 「현상」일 뿐이다. 이 내적 현상이 자체적으로 실존하는 사물[초험적 존재]로서 실재한다는 것은 용납될 수가 없다. 왜냐하면 내적 현상의 조건은 시간이요, 시간은

「물자체 그것」의 규정일 수 없기 때문이다. 그러나 「공간과 시간」 중에서는
현상의 경험적 진리성[실재성]은 충분히 보증되어 있고, 꿈과의 유사성도 충분
히 구별되어 있다. 이 구별은 공간과 시간[1]의 양자가 경험에서의 경험적 법칙 521
에 좇아서 정당하게 또 철저히[제일적] 연결하여 있을 때의 일이다.

④ 따라서 경험의 대상은 결코 그 자체상으로 주어져 있는 것이 아니라, 경험 중에서만 주어져 있고, 경험의 외부에서는 전혀 실재하지 않는다. 달에 주민이 있을 것이라는 것은, 일찍이 달을 지각한 [즉 직접 본] 일이 없었더라도 확실히 승인되어야 한다. 그러나 이런 말은 우리가 경험을 가능한 한 전진시키면 달의 주민에 부딪칠 수도 있다는 것만을 의미한다. 경험 진행의 법칙에 좇아서 지각과 합치하는 것은 일체가 현실적이기에 말이다. 이에 달의 주민은 그들이 나의 현실적 의식과 경험적으로 연결해 있을 때에는 현실적이다. 그렇다고 해서 그들이 「자체상으로, 즉 경험의 이런 전진의 외부에서」 현실적인 것은 아니다.

⑤ 우리에게 현실적으로 주어져 있는 것은 바로 지각뿐이요, 또 이 지각에
서 다른 가능한 지각으로 나아가는 경험적 전진뿐이다. 한갓 표상으로서의 현
상은 지각 중에서만 그 자체가 현실적이요, 지각이란 것은 사실은 「경험적 표
상의 현실성, 즉 현상」 이외의 다른 것이 아니기에 말이다. 지각에 앞서서 현
상을 현실적 사물이라고 하는 말은, 우리가 경험의 진행 중에서 이런 지각에
반드시 마주친다는 의미가 아니라면, 전혀 무의미하다. 무릇 현상이 「그 자체
에 있어서, 즉 우리의 감관과 가능한 경험과에 관계함이 없이」 실재한다는 말
은, 「물자체 그것」이 문제인 경우에는, 물론 할 수 있는 말이다. 그러나 여기 522
서는 공간과 시간 중의 현상이 문제요, 이 양자는 「물자체 그것」의 규정이 아
니라 단지 우리 감성의 규정일 따름이다. 그러므로 이 양자 속에 있는 것(현상)
은 자체적인 무엇 [선험적 대상]이 아니라 한갓 표상이다. 이 표상은 그것이 우
리에(즉 지각 중에) 주어져 있지 않다면, 그 외의 아무데서도 발견되지 않는다.

⑥ 감성적인 직관능력은 원래 어떤 방식으로 표상에 의해서 촉발되는 한갓

1) 공간과 시간 대신에 현상과 꿈이라는 해석도 있다. 이 6절의 선험적 관념론은 선험적 대상과의 관계를 전제한 것이요, 여기에 칸트의 교시가 보다 더 성숙한 점을 찾아볼 수 있다.

수용성일 뿐이요, 이 표상들의 상호관계는(우리 감성의 순수한 형식인) 공간과 시간이라는 순수직관이며, 또 이 표상들은 그것들이(공간과 시간이라는) 관계에 있어서 경험을 통일하는 법칙에 좇아 결합되고 규정될 수 있는 한, 대상들이라고 말한다. 이런 표상들의 비감성적인 원인은 전혀 우리에게 알려 있지 않고, 그러므로 이런 원인을 우리는 객관으로서 직관할 수가 없다. 대저 이런 대상[객관]은 공간 중에서도 시간 중에서도 (공간과 시간은 감성적 표상의 한갓 조건이지만) 표상되지 않는 것이요, 「공간과 시간」의 조건 없이는 우리는 도저히 직관을 생각할 수가 없다. 그럼에도 불구하고 우리는 현상 일반의 단지 가상적 원인을 「선험적 객관」이라고 부를 수 있는데, 이것은 단지 수용성으로서의 감성
523 에 대응하는 어떤 것을 우리가 가지기 위해서이다. 우리는 우리의 가능한 지각들의 모든 범위와 연관을 이 선험적 객관에 귀속시킬 수 있고, 이 선험적 객관은 일체의 경험에 앞서서 자체적으로 주어져 있다고 말할 수 있다. 이에 반해서 현상은 이 선험적 객관에 적합해서, 자체적으로 주어져 있지 않고 오직 경험 중에서만 주어져 있다. 현상은 단지 표상이요, 표상은 「지각이 다른 모든 지각과 경험-통일의 규칙에 좇아서 연결할 때에」 단지 지각으로서 현실적 대상임을 의미한다.

이래서 과거의 현실적 사물은 경험의 선험적 대상 중에 주어져 있다고 말할 수 있다. 그러나 이 과거의 현실적 사물은 나에게는 단지 대상일 뿐이요, 또 지나간 시간에 있어서 「현실적」이다. [물론] 이 현실적은, 가능한 지각들의 배진적 계열이 (역사를 길잡이로 하건, 인과의 발자취에 의하건 간에) 경험적 법칙에 좇아서 진행하는 것을, 약언하면, 세계경과가 「현재 시간의 조건으로서의 과거의 시간계열」에 도달하는 것을, 내가 표상하는 한해서 있다. 과거의 시간계열을 이때에 「그것 자체로서」가 아니라 가능한 경험의 연관에 있어서만, 현실적인 것으로 표상된다. 그 결과로 태고 이래로 나의 실재보다 이전에 흘러간 일체의 사상들은, 역시 현재의 지각에서 출발하여 이것을 시간상으로 규정하는 제약들로 올라가서 경험의 열쇠를 뻗어 갈 수 있는 가능성 이외의 아무런 것도 의미하지 않는다.

⑦ 하기에 모든 시간·모든 공간에 걸쳐서 실재하는 「감관의 대상들 전부」
524 를 총괄해서 표상한다면, 나는 그런 대상들을 경험에 앞선 시공 중에 넣지 않

는다. 대상들의 전부라는 표상은, 가능한 경험의 절대적인 완성[완결한 경험이라는 이념]의 사상임에 틀림없다. 저 감관의 대상(이것은 표상 이외의 다른 것이 아니지만)들은 이 가능한 경험 중에만 주어져 있다. 그러나 대상이 일체의 나의 경험보다도 먼저 실재한다고 하는 말은 단지, 「내가 지각에서 출발하여 비로소 그곳[경험의 부분]으로 진행해야 하는 그런 「경험의 부분」에서 대상이 발견된다」는 것을 의미한다. 이런 진행의 경험적 조건들의 원인을, 따라서 배진[과정] 중의 어느 항에서, 즉 얼마만큼 소급해서, 내가 발견할 수 있느냐 하는 것은 선험적[초험적]이요, 그러므로 틀림없이 나에게 알려지지 않고 있다. 그러나 이런 원인이 문제인 것이 아니라, 나에게 대상, 즉 현상이 주어지는바, 경험 진행의 규칙이 문제이다. 그런데 「내가 공간에서 경험을 진행시키면, 지금 보고 있는 가장 먼 별보다도 백 배나 더 먼 별을 볼 수 있다」고 말하든, 「이런 별을 인간이 일찍이 한번도 지각한 일이 없었고 앞으로도 없을 것이라고 하더라도, 그런 별이 우주에서 아마 발견되어야 하겠다」고 말하든 간에, 나는 결국은 같은 말을 한 것이 된다. 무릇 이런 별이 「물자체 그것」으로서 「가능한 경험 일반」에 대한 관계없이 주어졌다고 하더라도, 그것은 나에게는 없는 것이요, 경험적 배진의 계열 중에 포함되어 있는 한이 아니라면, 대상도 되지 않는 것이다. 오직 이것과는 별종의 관계에 있어서, 즉 현상들의 절대적 전체라는 우주론적 이념으로 사용될 때에, 따라서 가능한 경험의 한계를 넘어선 525
문제를 다룰 때에, 우리가 「감관의 상술한 대상」의 현실성이 이해되는 방식을 구별하는 일이 자못 중요하게 된다. 이것은 우리가 말하는 경험적 개념을 [곧 이념이라고] 오해하는 데서 생기지 않을 수 없는 기만적인 망상을 방지하기 위해서이다.

순수이성의 이율배반

제7절 이성의 우주론적인 자기모순의 비판적 해결

① 순수이성의 이율배반은 모두 다음과 같은 변증적 논증에 의거하고 있다. 즉 제약된 것이 주어져 있으면, 모든 제약들의 전계열도 주어져 있다[대전제]. 그런데 감관의 대상들은 「제약된 것으로서 주어진 것」이다[소전제]. 그러므로

모든 제약들의 전계열은 주어져 있다[결론].[1]

이 삼단논법의 대전제는 매우 자연스럽고 또 명백한 것으로 여겨지거니와, 이 삼단논법은 (현상들을 종합하는) 제약들의—제약들이 한 계열을 이루는 한에서—[범주의 네 강목에 의한] 차이에 따라, 이것과 동수의 우주론적 이념들을 도입하는 것이다. [네 쌍의] 우주론적 이념은 각각 계열의 절대적 전체성을 요청하고, 그로 인해서 이성을 불가피하게 모순 속에 떨어뜨린다. 그러나 우리가 이런 궤변적 논증의 기만을 폭로하기 이전에, 이 논증에 나타나는 개념들을 시
526 정하고 또 규정함에서 미리 그 준비를 해야 한다.

② 첫째로, 다음의 명제는 명백하고 의심할 여지없이 확실하다. 즉 제약된 것이 주어져 있으면, 바로 그 때문에, 제약된 것에 대한 모든 제약들의 계열에 있어서는 배진이 우리에게 **과해져 있다**는 명제다. 이런 사정은 「모든 제약된 것」이라는 개념에 이미 수반하고 있다. 그러므로 그 무엇이 그것의 제약과 관계를 맺고 이 제약이 또 「제약된 것」인 경우에는, 그것은 또다시 더 먼 [이전의] 제약과 관계를 맺는다. 이런 일은 계열의 전항을 통해서 있다. 하기에 저 명제는 「분석적」이요, 선험적 비판을 두려워 할 경지를 벗어나 있다. [제약된 것이라는] 한 개념과 그것의 제약들과의 연결을—이 연결은 한 개념자신에 원래 부착해 있는 것이지만—오성을 통해서 추구하고, 되도록이면 계속함은 이성의 논리적인 요청이다.

③ [정립의 경우] 다음에 제약된 것과 제약이 다 「물자체 그것」일 때에는, 제약된 것이 주어져 있으면 그로 인해서 제약으로 배진함은 과해져 있을 뿐만이 아니라 제약은 제약된 것에 의해서 동시에 이미 **주어져 있다**. 이런 사정은 계열의 전항에 대해서 타당하기 때문에, 제약들의 계열, 따라서 무제약자도, 저 계열에 의해서만 가능했던 「제약된 것」이 주어져 있으므로 해서 동시에 주어져 있고, 아니 오히려 전제되어 있다. 이 경우에는 제약된 것과 제약과의 종합은 한갓 오성의 종합이요, 오성은 사물을 그것이 있는 그대로 표상하고, 과연 우리가 사물을 알 수 있는가 또 어떻게 알 수 있는가 하는 문제에는 주목함이 없다.

---

1) 논리학의 「혼합적 가언 삼단논법」에 해당한다. 이런 삼단 논법에 있어서의 매개념은 제약된 것으로서 주어진 것(das als bedingt Gegebene)이나, 이것이 Dinge an sich와 Dinge der Erscheinung의 양의로 쓰여 있기에, 거짓된 논증일 소지가 있다. B. 528 참조.

[반정립의 경우] 이에 반해서 아직 주어져 있지 않은, 단지 표상들로서의 현상들을 탐구할 때에는, [다시 말해] 내가 현상들을 모를 때에는 (현상들이란 경험적으로 안다는 것이므로, 현상들 자신에 도달하지 않은 때에는), 나는 [정립과] 같은 의미에서 제약된 것이 주어져 있다면 모든 제약도 (현상으로서) 주어져 있다고 말할 수 없고, 따라서 나는 [제약된 것이 주어져 있는 것으로부터] 현상의 계열의 절대적 전체성을 추리할 수가 없다. **현상들이란** 각지에 있어서 (시공 중의) 경험적 종합임에 틀림없고, 그러므로 **이런 경험적 종합**에서만 주어져 있기에 말이다. 하기에 [여기서는] 「제약된 것」이 (현상 중에서) 주어져 있다면, 현상의 경험적 「제약」인 종합도 동시에 주어져 있고 전제되어 있다는 결과가 생기지는 않는다. 경험적 종합은 배진하는 중에서 비로소 있고, 배진이 없으면 종합도 있지 않다. 그러나 종합이 없을 경우에, 우리는 제약에의 배진, 즉 제약 측으로 진행하는 경험적 종합은 명령되어 있고, 혹은 **과해져** 있다고 말할 수 있고, 또 이런 배진에 의해서 주어지는 제약들이 없을 수 없다고 말할 수 있다.

④ 상술한 것에서 명백하게 된 것은 다음과 같다. 즉 우주론적 이성추리[가
언 삼단논법]의 대전제는 제약된 것[매개념]을 순수범주의 선험적[초험적] 의미
[물자체]로 사용하였고, 소전제는 제약된 것을 현상에만 적용한 오성개념[범주]
의 경험적 의미로 사용하였다는 것이다. 따라서 여기에 「매개념 다의의 오류」
라고 하는 변증적 기만이 발견된다. 그러나 이 기만은 인위적인 것이 아니라,
보통의 이성[상식]이 갖는 자연스러운 착각이다. 무릇 이런 착각 때문에 그 무 528
엇이 「제약된 것」으로 주어져 있다면, (대전제에서) 그 제약들과 이것들의 계열
을, 우리는 이를테면 **음미함이 없이** 전제한다. 왜냐하면 이런 일은 주어진 결
론에 대한 완전한 전제를 가정하려는 논리적 요구임에 틀림없기 때문이다. 여
기에는 제약된 것과 제약과의 결합에 있어서 아무런 「시간 순서」도 발견되지
않는다. 이 양자가 **동시에 주어진 것으로** 전제되어 있다. 또 대전제에서 대상
이 주어질 수 있는 직관의 조건들을 모두 도외시 했을 때에 그랬듯이, (소전제
에서) [원래] 현상인 것을 물자체로 보는 것과, 현상을 한갓 오성에 주어진 대
상으로 보는 것도 마찬가지로 자연스러운 것[착각]이다.

그러나 이 즈음에 우리는 [대전제의 매]개념과 [소전제의 매]개념이 그 뜻에 있어서 현저한 차이가 있음을 간과하였다. 제약된 것과 제약과의 종합 또 (대

전제에서의) 제약들의 전계열은, 시간에 의한 제한을 전혀 입지 않았고, 계기의 개념도 지니지 않았다. 이에 반해서, 경험적인 종합과 현상 (이것은 소전제에 포섭되지만)에서의 제약들의 계열과는 계기적이 아닐 수 없고, 시간적인 전후 중에서만 주어져 있다. 따라서 나는 종합 및 종합에 의해서 표상된 계열의 절대적 전체성을, 대전제에서는 전제할 수 있었으나, 소전제에서는 마찬가지로 전
529 제할 수는 없었다. 왜냐하면 전자에서는 계열의 전항이 그 자신(시간 조건 없이) 주어져 있으나, 후자에서는 그것은 계기적인 「배진」에 의해서만 가능하고 또 이 배진은 그것을 사실상[경험적으로] 수행함으로써만 주어져 있는 [완결하는] 것이기 때문이다.

⑤ [정립과 반정립의] (우주론적 주장들의) 근저에 공통적으로 있었던 논증은 과오를 범한 것이었고, 이런 과오가 증시된 이상, 서로 싸웠던 양측[정립과 반정립]이 그들의 요구를 근거 있는 증서에 기본시키지 아니한 것으로서 배척받는 것은 당연하다. 그러나 이것만으로써, 그들의 싸움이 그들이 설복되었다는 의미에서, 즉 양쪽 또는 한쪽이 (결론에서) 주장하는 사태 자신에 있어서 잘못이 있다는 의미에서, 종결한 것은 아니다. 비록 양쪽 또는 한쪽이 사태를 유력한 논거 위에 세울 줄을 몰랐다 하더라도 역시 그러하다.

한쪽은 「세계가 시초를 갖는다」고 주장하고, 다른 쪽은 「세계가 시초를 가지지 않고 영원으로부터 있다」고 주장한다. 이 둘 중에서 어느 하나가 정당하다는 것은 지극히 「명백」한 것으로 여겨진다. 그러나 주장 내용이 명백한 점에서는 양쪽이 동등하다. 하기에 어느 쪽이 정당한지는 찾아질 수가 없고, 싸움은 여전히 계속한다. 비록 이성의 법정에서 양쪽의 정숙이 명령되기는 하지마는 역시 계속한다. 이렇게 보면 싸움을 근본적으로 즉 양쪽이 만족할 만치 종결시킬 수단이 남아 있지 않고, 양쪽이 여전히 상대를 반박하는 데만 자못
530 능하기 때문에, 결국은 그 양쪽의 싸움이 무의미하며, 어떤 선험적 가상이 실은 실재하지 않는데도 그 실재를 그들이 그려보도록 했다는 것을 확신케 하는 수밖에 없다. 이제야 우리는 결정적 판결을 내릴 수 없는 싸움에 대해서 조정의 길을 찾기로 한다.

※ ※ ※

① 플라톤은 정세한 변증가 엘레아의 제논[1]을 교활한 궤변가라고 해서 자못 비난한 일이 있었다. 그런 까닭은 제논이 자기의 기술을 과시하려고 해서, 한 명제를 그럴듯한 논증에 의해서 증명한 뒤에 곧 같은 정도로 유력한 다른 논증에 의해서 먼저 논증을 뒤엎으려고 한 데에 있었다. 제논은 [1] 하나님은 (이것은 그에게는 아마 세계를 의미했을 것이다) 유한하지도 않고 무한하지도 않다. [2] 운동도 하지 않고 정지도 하지 않는다. [3] 다른 것에 닮지도 않고 안 닮지도 않는다고 주장하였다. 이 점에 관해서 그를 비평한 사람들은, 그는 두 가지의 서로 모순된 명제를 깡그리 부정하려고 했고, 이것은 배리라고 생각하였다. 그러나 나는 이런 비난이 정당할 수 있었다고 보지 않는다. [새] 명제들 중의 첫째 명제를 나는 얼마 안 가서 자세히 구명하겠다. 나머지 두 명제에 관해서 말한다면, 만약 그가 하나님이란 말에 의해서 「우주」를 의미하였다면, 그는 당연히 「우주는 그것의 장소에 있어서 지속적으로 그대로 있지도(정지해 있지도) 않고 그 장소를 변경하지도(운동하지도) 않는다고 말하지 않을 수 없었을 것이다. 왜냐하면 모든 장소는 우주 안에서만 있고, 따라서 우주 자신은 어느 장소에도 있지 않기 때문이다. 만일 우주가 실재하는 일체를 자기 속에 포괄한다면, 그런 한에서 우주는 또한 다른 어떤 것에도 닮지 않고 또 안 닮는 것도 아니다. 우주 외에는 우주가 비교될 수 있는 다른 것이 존재하지 않기 때문이다. 두 개의 서로 대립된 판단이 하나의 불가용의 조건을 전제로 하는 때에는 531
양자가 서로 모순됨에 불구하고 (이것은 물론 진정한 모순이 아니지만) 양자는 모두 성립하지 않는다. 왜냐하면 이러한 명제들의 어느 것도 각각 타당하기 위한 조건이 성립하지 않기 때문이다.

② 만약 누군가가 「모든 물체는 [1] 좋은 냄새를 갖거나 [2] 좋은 냄새를 갖지 않거나 그 어느 것이다라고 말했다면, 제3의 입장이, 즉 물체는 전혀 냄새가 없다(냄새를 발산하지 않는다)」는 입장이 생기고, 따라서 저 두 개의 모순

---

1) Zenon(B.C. 5세기쯤 출생)은 유일·단순·불변의 존재를, 현상에 관한 속견이 모순에 빠지는 것을 지적함으로써 간접적으로 변호했다. 은사 Parmenides가 일자의 (이것을 칸트는 세계로서의 하나님이라고 여기서 말했지만) 존재만을 주장했다면, Zenon은 「다도 운동도 없다. 이런 개념들은 각각 모순된 결론에 도달하기 때문에」라고 주장함으로써, 은사의 학설을 옹호했다. Aristoteles는 Zenon을 변증론의 창시자라고 했다.

[대립]된 명제는 다 거짓일 수 있다. 내가 만일 「물체는 [일반적으로] 향기롭거나 혹은 물체는 [일반적으로] 향기롭지 않거나다」라고 말한다면, 이 두 판단은 서로 모순대당[1]이요, 첫째의 판단만이 거짓이다. 그러나 이 판단의 모순대당은 즉 「약간의 물체는 향기롭지 않다」라는 판단은, 전혀 냄새를 가지지 않는 물체까지도 포괄하고 있다. 처음의 대당 관계에 있어서는, 물체개념의 우연적 조건이(즉 냄새가) 서로 모순되는 판단 중에 남아 있어서, 이런 판단에 의해서 제거되지 않았다. 그러므로 둘째 판단[혹은 첫째 판단]은 첫째 판단[혹은 둘째 판단]에 대해서 모순대당이 되지 않았다.

③ 하기에 「세계가 공간적으로 무한하거나 혹은 무한하지 않거나다라고 내가 말할 때에, 전자가 만약 거짓이라면 그것의 모순대당인 「세계는 무한하지 않다」는 참이어야 한다. 후자에 의해서 나는 무한한 세계만을 폐기하겠고, 다
532 른 세계, 즉 유한한 세계를 정립[긍정]하지는 않는다. 그러나 「세계는 무한하거나 유한하거나다(비무한이거나다) 라고 말할 때에는 이 두 명제는 다 거짓일 수 있다. 이때에는 나는 세계 자체[물자체]가 양적으로 규정된 것으로 간주하고 있다. 왜냐하면 나는 대립된 명제[세계는 유한하다]에 있어서 나는 무한성을 폐기하고 이것과 함께 세계의 자존적 실재도 아마 폐기할 뿐더러, 「자체상 현실적인 사물로서의 세계」에 [유한하다는] 규정을 더 보태는 것이기 때문이다. 그리고 이런 일은 물자체로서 주어져 있지 않을 것이라면, 따라서 양적으로 무한한 것으로도 유한한 것으로도 주어져 있지 않을[제3입징일][2]것이라면, 역시 거짓일 수 있다. 하기에 내가 이런 대당을 변증적 대당이라고 하고, 이에 대해서 [형식논리학의] 모순대당을 분석적 대당이라고 하는 것을 세인은 허용해 줄 것이다. 즉 변증적 대당의 두 판단은, 다 거짓일 수 있다. 왜냐하면, 한쪽은 다른 쪽에 모순될 뿐만이 아니라, 모순에 필요한 것 이상의 것[세계의 분량적 물자체성]을 언표하고 있기 때문이다.

④ 우리가 만일 「세계는 분량적으로 무한하다」와 「세계는 분량적으로 유한

1) 사실은 반대대당이다. 모순대당과 반대대당은 다르다.

2) 레닌: 인간은 자연을 전체적으로 완전히, 즉 그 직접적 총체성을 파악—반영—묘사할 수 없다. 인간은 추상·개념·법칙·과학적 세계상 등을 만들어 가면서 그것에 늘 접근할 따름이다(레닌, 철학 노트).

하다」의 두 명제를 서로 모순대당이라고 간주한다면, 사람은 세계가 (즉 현상들의 전계열이) 물자체임을 상정하고 있는 것이다. 왜냐하면 내가 세계 현상들의 계열의 무한한 배진을 중지하건 혹은 유한한 배진을 중지하건 간에 세계는 여전히 존속하기 때문이다. 그러나 내가 이 전제, 즉 선험적 가상을 제거하고 세계가 「물자체 그것임」을 부정한다면, 양 주장의 모순대당은 사실은 한갓 변증
적 대당으로 변한다. 또 세계는 결코 자체적으로 (내 표상의 배진적 계열에서 독 533
립하여) 존재하지 않기 때문에, 세계는 그 자신 무한한 전체로 존재하는 것도 아니요, 그 자신 유한한 전체로 존재하는 것도 아니다. 세계는 단지 현상의 계열을[1] 경험적으로 배진하는 중에서만 존재하고, 그 자체만으로 독립해서 있을 수 없다. 그러므로 세계가 항상 「제약되어 있는 것」이라면 그것은 결코 전체로서 주어져 있지 않고, 따라서 세계는 무제약적 전체가 아니며, 또 무한량의 전체도 아니요, 유한량의 전체도 아닌 것으로 존재하는 것이다.

⑤ 여기서 첫째의 우주론적 이념, 즉 현상에서의 양의 절대 전체성에 관해서 말한 것은, 모든 그 외의 우주론적 이념에 대해서도 타당하다. 조건들의 계열은 단지 배진적인 종합 자신 중에서만 발견되고, 모든 배진에 앞서서 주어진, 하나의 독자적인 사물[물자체]로서 현상 중에 자체적으로 발견되지는 않는다. 그러므로 나는 둘째의 우주론적 이념에 관해서도 주어진 현상에서의 부분들의 수량은 그 자신 유한하지도 무한하지도 않다고 말한다. 왜냐하면 현상은 자체적으로 존재하는 것도 아니고, 부분들은 분할적인 종합의 배진을 통해서 비로소 주어지며, 또 이런 배진 중에서 주어지는 것이지만, 이 배진은 유한적으로도 무한적으로도 단적인 전체로서 주어져 있지는 않기 때문이다. 이런 사
정은 서로 종속적인 순서의 원인들의 계열[셋째의 우주론적 이념]에나 혹은 무제 534
약적 필연존재에 이르기까지의 「제약된 것」들의 계열[넷째의 우주론적 이념]에

1) 세계는 한계가 있다는 「유한」에 대한 모순 개념=비(非)유한의 개념에는, 무한한 양 이외에 유한이니 무한이니 하는 양을 전혀 따질 수 없는 경우도 있겠고, 만약 이런 경우가 정당한 것이라면, 유한하다와 무한하다가 다 거짓이다. 냄새가 전혀 없을 때에는 냄새의 유무 중에 택일하려는 것이 잘못인 것과 같다. 요컨대 「변증적 대상」관계에 있는 두 명제는 다 거짓인 것이요, 세계가 물자체라는 전제는 오류다. 여기서 시공적 세계는 현상 중에서만 존립한다는 선험적 감성론을 간접적으로 증명하고 있기도 하다.

관해서도 마찬가지로 타당한다. 이런 두 계열도 자체가 전체성에 관해서 유한하다고도 무한하다고도 간주될 수가 없다. 왜냐하면 각 계열은 서로 종속적인 표상들의 계열이요, 단지 「역학적」 배진에 있어서만 성립하지만, 이 배진에 앞서서 사물들이 자체상 자립하는 계열로서는 존재할 수 없기 때문이다.

⑥ 이래서 우주론적 이념들 속에 있는 순수이성의 이율배반은 그것이 단지 변증적[궤변적]이요, 가상으로 인한 배반임이 지적됨에 의해서 해소한다. 이 가상은 「물자체 그것」으로서 타당하는 절대적 전체성의 이념을 현상들에 적용한 데서 발생한 것이다. 현상은 표상에서만 실재하고, 그것이 계열을 이룰 때에는 계시적 배진 중에 실재하되, 이것 외에서는 전혀 실재하지 않는다.

그러나 사람은 거꾸로 이율배반에서, 독단적이 아니고 비판적·이론적인 이점을 끌어 낼 수 있다. 즉, 만일 선험적 감성론에서 현상의 선험적 관념론을 직접적으로 증명한 것에 충분한 만족을 못 봤을 때에, 이율배반을 통해서 현상의 선험적 관념론을 간접적으로 증명하는 이점이다. 이 증명은 다음의 양도논법에 의해서 성립하겠다. 즉, 만일 세계가 자체상으로 실재하는 전체라면, 세계는 유한하거나 무한하거나이다[대전제]. 그런데 세계가 유한하다거니 혹은 무한하다거니 하는 것은 다 거짓이다[소전제](앞에서 말했듯이 정립은 반정립에 의
535 해서 반정립은 정립에 의해서). 그러므로 세계가 (즉 모든 현상들의 총괄이) 자체상 실재하는 전체라는 것도 거짓이다[결론]라고 하는 양도논법이다.[1] 현상 일반이 우리 표상의 외부에서는 없음은 이런 양도논법에서의 귀결이지만, 이것이야말로 우리가 「현상의 선험적 관념성」에 의해서 언표하고자 하는 것이다.

⑦ 이상의 주의는 매우 중요하다. 이 주의로부터 알려지는 것은 앞서 말한 네 가지 이율배반의 증명들은, 현상들이 혹은 일체현상을 총괄하는 감성계가 「물자체 그것」이겠다는 「전제」하에서는, 결코 기만적이었던 것이 아니라 각각 근거가 있었던 것[인간이성의 자연스러운 본성에서 유래한 것]이라는 사실이다. 그러나 이런 이율배반에서 생긴 명제들[정립과 반정립]간의 모순은, 그것들의 전제에 거짓이 있었다는 것을 폭로하고, 그 때문에 사물의 참 성질은 「감관의 대

---

1) 단순 파괴적 양도논법에 해당한다: 세계가 있다면, 그것은 유한할 것이다. 세계가 있다면, 그것은 무한할 것이다. 그런데 세계는 사실은 유한한 것도 아니고 또 그것은 무한한 것도 아니다. 그러므로 세계는 있는 것이 아니다.

상」임을 발견하도록 하는 것이다. 따라서 선험적 변증론은 결코 회의론을 뒷
받침하는 것도 아니고, 오히려 회의적[1] 방법을 뒷받침하는 것이다. 사람이 만약
이성의 논증들을 최대한의 자유로서 서로 대질시킨다면, 회의적 방법은 선험적
변증론에 대해서 대단한 이점을 예증할 수 있다. 이성의 논의들은 필경 우리가
탐구[하고자]한 것을 주지는 않겠지마는, 그럼에도 항상 어떤 이로운 것, 우리의
판단을 바르게 하는 데에 공헌하는 것을 주는 것이겠다.

제8절 우주론적 이념들에 관한 순수이성의 통제적 원리 536

① 감성계를 일단 물자체라고 본다면, 이런 감성계에 있어서는 「제약들의
계열의 최대량」이 주어져 있을 것이다. 그러나 전체성이라는 우주론적 원칙에
의해서는 이런 최대량은 주어지는 것이 아니라 계열의 배진에 있어서 단지 과
해질 수 있을 뿐이다. 이런 까닭에 전체성이라는 순수이성의 원칙은, 이처럼
「과해졌다」고 정정된 의미에서는 여전히 훌륭한 타당성을 보유한다. 즉 그것
은 전체성을 객관에서 현실적인 것으로 사고하는 공리로서가 아니라, 이념의
완전성을[2] 좇아서, 주어진 「제약된 것」에 대한 제약들의 계열을 배진하고 또
배진을 계속하기 위하여 오성 즉 주관에 부과된 과제로서 타당성을 보유한다.
무릇 감성, 즉 공간과 시간에 있어서는 우리는 주어진 현상을 구명하고, 우리
가 도달할 수 있는 제약은 어느 것이나 또다시 제약되어 있다. 왜냐하면 현상
은 필경 단적인 무제약자가 존립할 수 있는 「대상 자체 그것」인 것이 아니라,
단지 경험적 표상이요, 이것은 직관에서 그 조건을 발견해야 하고, 이 조건은
공간과 시간에 의해서 경험적 표상을 규정하기 때문이다. 이에, 이성의 [우주론 537
적] 원칙은 원래는 하나의 규칙일 뿐, 이 규칙은 주어진 현상의 제약 계열에
있어서 배진을 명령하는 것이요, 배진에 있어 소위 단적인 무제약자에 머물러
있을 것을 허용치 않는다. 이에, 이성의 [우주론적] 원칙은 경험을 가능하게 하
는 원리가 아니요, 감관의 대상을 경험적으로 인식하기 위한 원리가 아니며,

1) 회의론과 회의적 방법의 구별에 관해서는 B. 451 참조.
2) 「이념이 완전히 발견되겠다는 예상에 좇아」 혹은 「이념으로서의 완전성을 노려서」의 뜻이다.

따라서 오성의 원칙이 아니다. 무릇 경험은 어느 것이나 그것의 한계 내에 (주어진 직관에 적합하여) 닫혀져 있기에 말이다. 이성의 [우주론적] 원칙은 감성계의 개념을 일체의 가능한 경험을 넘어서 확장하기 위한 「이성의 구성적 원리」가 아니라, 경험을 되도록 최대한으로 계속하고 확대하기 위한 원칙이다. 이런 원칙은 어떠한 경험적 한계도 절대적 한계로 인정하지 않는다.

이성의 [우주론적] 원칙은 이성의 한 원리이로되, 이 원리는 규칙으로서 배진에 있어서 그 무엇을 해야 할 것을 우리에게 요청하기는 하되, 모든 배진에 앞서서 객관 중에 자체상 그 무엇이 주어져 있나 하는 것을 예료[미리 측정함]하지는 않는다. 하기에 나는 그것을 이성의 통제적 원리라고 한다. 이것과 반대로, 「객관(현상) 중에 자체적으로 주어진 것」이라고 보여진 「제약 계열의 절대적 전체성의 원칙」은 구성적인 「우주론적 원리」이겠다. 그러나 이런 원리의 무의미성을 나는 바로 앞서 구별했던 것에 의해서 지시하려 하였고, 그로 인해서 단지 규칙으로만 쓰이는 「이념」에 (선험적 사취에 의해) 객관적 실재성을 부여함을 막으려고 했다.——이런 방지가 없으면 이념에 객관적 실재성을 허여야 함이 반드시 생기는 바이다.

② 그런데 순수이성의 이 규칙의 본래 의미를 규정하기 위해서, 우선 이 규
538 칙은 객관이 무엇인가 하는 것을 말할 수 있지 않고, 오직 이 객관의 완전한 개념에 도달하기 위해서 경험적 배진을 어떻게 해야 하는가 하는 것을 지시할 수 있을 뿐이라고 하는 주의가 있어야 한다. 무릇 전자가 성립한다면 그 규칙은 구성적 원리이겠지만, 그런 일은 순수이성으로부터서는 결코 가능하지 않다. 이에 우리는 그 규칙에 의해서, 주어진 「제약된 것」에 대한 제약의 계열이 그 자신 유한하냐 혹은 무한하냐 하는 것을 언명하려는 의도를 가질 수 없다. 그런 의도를 가진다면, 순수이성 중에서만 오로지 만들어지는 절대적 전체성의 한갓 이념이 경험 중에 주어질 수 없는 대상을 생각하는 것이 되겠고, 그러함으로써 현상들의 계열에 경험적 종합에 의존하지 않는 객관적 실재성이 부여되겠다. 이에 [전체성이라는] 이성의 이념은 제약들의 계열에 있어서의 배진적 종합에 하나의 규칙을 지정함에 불과하다. 종합은 이 규칙에 의해서 「제약된 것」에서 출발하여, 서로 종속하는 모든 제약들을 거쳐서 드디어 무제약자로 진행하나, 그러나, 무제약자에 도달하는 일은 없다. 절대적 무제약자는 경

험 중에는 마주치지 않기 때문이다.

③ 그런데 이런 목적을 위해서는, 계열의 종합이 완성되지 않는 한에서, 종합의 계열이 첫째로 정밀하게 규정되어야만 한다. 이런 의도에 있어서 보통 두 가지 말이 사용된다. 그리고 이 두 가지 말 사이에는 어떤 구별이 있어야 하건마는, 사람은 그런 구별의 근거를 정당하게 지시할 줄 모른다.

수학자는 오로지 무한 전진이라는 말을 하되, 개념의 탐구자(철학자)는 그 539
대신에 부정적 전진이란 말만을 승인하려고 한다. 그러나 나는 철학자가 이런 구별을 하도록 했던 의혹의 음미와, 이처럼 구별해서 사용함의 득실론에 정체함이 없이, 그러한 두 개념을 내 의도에 관계시켜서 정확히 규정하여 보고자 한다.

④ 하나의 직선에 관해서 우리가 그것이 무한하게 연장될 수 있다고 하는 말은 정당하다. 이 경우에 「무한 전진」과 「부정 전진」을 구별함은 무의미한 천착일 뿐이다. 무릇 직선을 연장시키라고 말할 때에, 이것에 「무한히」를 보태는 것보다는 「부정하게」를 보태는 것이 물론 더 정당한 것으로 들린다. 왜냐하면 후자는 여러분이 의욕하는 데까지 직선을 연장시키라는 뜻임에 그치지만, 전자는 여러분은 연장시키는 일을 결코 중지하지 말지어다(이때는 직선을 연장시키려는 것이 반드시 의도는 아니지만)라는 뜻이기 때문이다. 그러나 할 수 있음[직선을 그을 수 있음]만이 문제라면 첫째[무한 전진]의 표현이 매우 정당하다. 여러분이 그것을 「무한히」 길게 할 수 있기에 말이다. 이런 사정은 한갓 전진이, 다시 말하면 제약에서 「제약된 것」으로의 진행이 논의되는 모든 경우에 타당한다. 이런 가능한 진행은 현상 계열에서 「무한히」 진행하고 있다. 양친에서 출발하여 아래로 내려가는 자손 산출의 선을 더듬어서 여러분은 「무한히」 540
진행할 수가 있다. 이런 산출의 선은 세계에서 사실로 진행하고 있다고 십분 생각할 수도 있다. 무릇 이 경우에는 이성은 계열의 절대적 전체성을 필요로 하지 않는다. 이성은 전체성을 제약으로서 또 주어진 것으로서 전제하고 있지 않고, 오직 주어질 수 있는 「제약된 것」으로서 전제하고 있으며, 이런 제약된 것은 끝없이 보태지기 때문이다.

⑤ 한 계열에 있어서 주어진 제약된 것에서 제약으로 올라가는 「배진」이 어디까지 도달하느냐 하는 과제에 이르러서는 사정이 전과는 전혀 다르다. 즉,

배진은 과연 **무한해의 배진**이라고 할 수 있는가, 혹은 부정한 범위에의 배진이라고 할 수 있는가. 따라서 나는 현재 생존하는 인간에서 그의 조상 계열을 「무한히」 캐올라갈 수 있는가, 그렇지 않고 「아무리 캐올라가 보아도 이 계열이 어디서 한계지어진다고 간주할 경험적 근거가 발견되지 않기 때문에, 어느 조상에 대해서도 또 그 이전의 조상이 있음을 비록 전제하지는 않더라도, 그것을 탐구하는 권리가 있는 동시에 의무가 있다」고만 말할 수 있는가.

⑥ 이에, 나는 「전체가 경험적 직관 중에 주어져 있으면, 그 내적 제약[전체의 구성 부분]의 계열에서의 배진은 무한에의 진행이다. 허나 계열 중의 한 항만이 주어져서, 이 항에서 출발하여 절대적 전체성으로 배진해야 한다면, 부정적 배진이 있을 뿐이다」고 말한다. 가령 일정한 한계 내에 주어진 물질(물체)의 분할에 관해서 이 분할은 무한대의 진행이라고 말해야 한다. 물질은 전체로서, 따라서 그것의 일체의 가능한 부분들과 함께, 경험적 직관에서 주어져 있기에 말이다. 그런데 이 전체를 성립시키는 조건은 그것의 부분이요, 또 이 부분의 조건은 부분의 부분이라는 식이 되며, 이 분해의 배진에서 조건계열의 무조건적 (즉 분할할 수 없는) 항이 발견되지 않기 때문에, 분할을 정지시키는 경험적 근거는 아무데도 없다. 그뿐만이 아니라 계속되는 분할의 보다 더 먼 항들 자신도, 이 계속되는 분할에 앞서 경험적으로 주어져 있다. 다시 말하면 분할은 무한에의 진행이다.

이것과 반대로 한 주어진 인간의 조상의 계열은, 어떠한 가능한 경험 중에서도 그것의 절대적 전체성에서 주어져 있지는 않다. 여기서의 배진은 자손을 낳아 준 각 항에서 출발하여 차례로 올라가서 드디어 한 항을 절대 무제약적인 항이라고 하는 경험적 한계가 발견될 수가 없다. 그러나 다시 제약을 줄 수 있는 항이 전체의 경험적 직관 중에 배진에 앞서서 벌써 있는 것도 아니다. 하기에, 배진은 (주어진 것의 분할에 의하는) '무한한' 진행이 아니라, 주어진 항에
542 서—이것은 항상 또다시 제약된 것으로만 주어져 있지만—또 그 이전의 항들을 탐구하는 부정한 범위의 진행이다.

⑦ 무한 배진과 부정적 배진의 어느 경우에서도, 제약계열은 객관 중에서 '무한히' 주어진 것이라고 간주되지 않는다. 배진 자신에서만 주어지는 것은, 자체상으로 주어지는 사물들[물자체]이 아니라, 「서로 제약하는 것」으로서의

현상들뿐이다. 이에 문제는 이제야 이 제약 계열이 자체상으로 얼마만한 양을 가지는가, 즉 그것이 유한하냐 혹은 무한하냐 하는 것이 아니다. 이 계열은 자체상으로는 「없는 것」이기에 말이다. 문제는 어떻게 우리가 경험적 배진을 할 것인가, 어디까지 이 배진을 계속할 것인가 하는 것이다. 여기에 실로 진행 규칙에 관한 현저한 차이가 있게 된다. 만일 전체가 경험적으로 주어져 있으면, 그것의 내적 제약들의 계열에서의 소급이 무한에 달할 수 있다. 그러나 전체가 [직관 중에] 주어져 있지 않고 그것이 경험적 배진을 통해서 비로소 주어질 것이라면, 계열에 있어서 보다 더 고차적 제약에의 진행이 무한히 가능하다[1]고 나는 말할 수 있을 뿐이다.

[무한 배진의]경우에 나는 「(분해를)[2] 소급해 감에 의해 도달하는 항보다도 더 많은 항이 언제나 존재하고 경험적으로 주어져 있다」고 말할 수 있겠다. [부정적 배진의]경우에는 「나는 배진을 여전히 계속할 수 있다. 어느 항도 절대 무제약적인 것으로서 경험적으로 주어져 있지 않고, 따라서 그것은 여전히 보다 더 고차의 항을 가능케 하며, 이런 항의 탐구를 필연적인 것으로서 허용하기 때문이다」라고 말할 수 있겠다. 「저기」서는 계열에서의 다른 항을 발견함 543
이 필연적이었지만, 「여기」서는 보다 더 고차적인 항을 탐구함이 필연적이다. 이것은 어떠한 경험에도 절대적 한계가 없기 때문이다.

여러분은 여러분의 경험적 배진을 절대적으로 한계 짓는 지각을 가지지 않거나 혹은 이런 계열을 한계 짓는 지각을 가지거나이다. 전자의 경우에는 여러분의 그 배진을 완성한 것이라고 생각해서는 안 된다. 후자의 경우에는 계열을 한계 짓는 「지각」은 여러분이 이때까지 경과해 온 계열의 일부일 수 없다(한계 짓는 것은 그것에 의해 한계 지어지는 것에서 구별되어 있어야만 하기 때문이다). 하기에 여러분은 제약으로 나아가는 배진을 어디까지든지 속행해야 한다.

⑧ 다음 절이 이때까지의 견해를 그것의 응용을 통해 십분 명백하게 할 것이다.

1) 이 글은 결국 부정적 범위(in indefinitum)의 진행을 말할 것이다. 이에 대해서 앞의 글은 무한(in infinitum) 소급의 뜻이요, 이것은 실지로는 불가능하다. 부정적 배진을 요구하는 것은 이념의 통제원리다.

2) 원어 Dekomposition(분해)은 물질의 분할을 지시한다.

순수이성의 이율배반

제9절 모든 우주론적 이념에 관하여 이성의 통제적 원리를 경험적으로 사용하는 일

① 우리가 여러 번 지적한 바와 같이, 「오성의 순수개념」과 「이성의 순수
544 개념」은 선험적으로 사용될 수 없다. 감성계에서의 제약 계열의 절대적 전체성은 이성을 오로지 선험적[초험적]으로 사용하는 데에 기인한다. 이성은 그것이 「물자체 그것」이라고 전제하는 것에서 이러한 무제약적 완전성을 요구하지마는, 감성계는 그러한 완전성을 포함하지 않는다. 이러한 까닭에서 사람은 감성계에서의 계열의 절대적 양을 이제는 논의할 수 없다. 즉 감성계에 한계가 있는 것인가 혹은 자체로는 한계가 없는 것인가 하는 것을 논의할 수 없다. 논의할 수 있는 것은 이성의 규칙에 따라서 이성이 제시한 문제의 대상에 일치한 대답에만 그쳐 있기 위해서, 경험적 배진에 있어서, 즉 경험의 제약들을 더듬어 감에 있어서 우리가 얼마나 멀리 거슬러 올라가야 하느냐 하는 것뿐이다.

② [절대적 완전성이라는] 이성원리가 현상[1]들 자체의 구성적 원칙으로서는 타당하지 않음은 충분하게 증시되었다. 이렇게 보면, 우리에게 남은 것은 오로지 가능한 경험의 「계속과 양과에 대한 규칙으로서의」 이성원리의 타당성뿐이다. 만약 우리가 의심하지 않고 이런 타당성을 실증할 수 있다면, 이성의 자가당착은 전혀 없어지고 말 것이다. 왜냐하면 이성을 분열시킨 [즉 모순에 빠지게 한] 가상이 비판적 해결을 통해서 제거될 뿐만이 아니라, 그 대신에 이성이 자기 자신과 일치하게 했던 의미, 이것을 오해함으로써만 싸움이 생겼던 그 의미가 천명되고, 다른 경우에는 변증적 [궤변적] 원칙이었던 것이 이제야 교훈적인 원칙으로 변하기 때문이다.

사실 이 교훈적 원칙이 그것의 주관적 의미에 의해서, 경험에 있어서 가능
545 한 최대의 오성사용을 경험의 대상에 적합해서 규정함을 보증할 수 있다면, 그

1) 원어 Erscheinung an sich selbst는 물자체와 관계가 없다는 주석도 있고, 물자체로서의 현상이라는 주석도 있다.

원칙은 마치 공리(이것은[1] 순수이성으로부터는 불가능한 것이지만)처럼 「대상[현상] 자체 그것」을 선천적으로 규정하는 의의를 가지는 것이다. 공리는 경험의 객체에 관해서 우리의 인식을 확장하고 정정하는 데에 영향을 미치는 것이기는 하나, 이런 영향도 공리가 우리의 오성을 최대한 경험적으로 사용하는 데에 유효한 것임을 증시하는 한의 영향일 따름이다.

Ⅰ. 현상들을 합성케 하여 세계전체라고 할 적에 합성의 전체성에 관한 우주론적 이념의 해결

① 여기서건 그 외의 다른 우주론적 물음의 경우에서건 간에, 이성의 통제적 원리의 근거는, 경험적 배진에 있어서는 절대적 한계의 경험은 있을 수 없다는 명제요, 따라서 경험적으로 완전히 무제약적인 제약으로서의 한 제약의 경험은 있을 수 없다는 명제다. 허나 이런 명제의 근거는 [만일 이런 경험이 있다면], 그런 경험은 지각을 매개로 한 계속적 배진이 마주칠 수 있는 무(無), 즉 공허에 의해서 한계지어진 현상을 포함해야 하는 점에 있다. 그러나 이런 일은 사실은 불가능하다.

② 이 명제가 의미하는 바는 「내가 경험적 배진에 있어서 늘 도달하는 제약은 그 자신 또 경험적으로 제약된 것으로 보아져야 한다」는 것이다. 다시 말하면 「내가 배진에 의해서 올라가는 계열에 있어 그 어느 지점까지 갔다 하더라도, 항상 또 계열 중의 고차적인 항(項)을 물어야 하고, 이 항이 경험에 의해서 나에게 알려지건 안 알려지건 그래야만 한다」는 제한적 규칙을 포함한다는 것이다.

③ 이제 첫째의 우주론적 과제를 해결하기 위해서 필요한 것은 「세계전체의 546
무조건적 양(시간적·공간적으로 하는 말이지만)에 도달하려 하는 배진에 있어서 한계가 없는 소급(遡及)이 무한으로의 배진이라고 할 것인가, 혹은 단지 부정적으로 계속하는 배진(부정적 배진)이라고 할 것인가를 결정하는 일」임에 틀림없다.

④ 과거의 모든 세계상태의 계열과 또 [현재] 세계 공간 [우주] 내에 동시적으로 있는 [일체] 사물과에 관한 한갓 일반적 표상은, 할 수 있는 경험적 배진

1) 공리는 직접적으로 확실한 것이기 때문이다.

외의 아무런 다른 것이 아니다. 나는 이런 배진을 막연하나마 생각하고 있거니와, 이런 배진을 통해서만 주어진 지각에 대한 「제약들의 계열」이라는 개념이 발생할 수 있다.※

※ 이에 이 세계 계열은 이 계열 개념의 유일한 근거인 가능한 경험적 배진보다
크지도 작지도 않다. 경험적 배진은 명확하게 「무한한 것」을 줄 수 없고, 그렇
다고 해서 일정의 유한한 것(절대적 한계를 갖는 것)도 줄 수 없기 때문에, 우
리가 세계의 양을 유한하다고도 무한하다고도 가정할 수 없음은 명백하다. (세
547 계 계열이 표상되는) 배진은 양자의 어느 것도 허용하지 않기에 말이다.

이제 나는 세계 전체를 항상 [이성의]개념 중에서만 가져있고, 결코(전체로서) 직관 중에 가지지는 않는다. 이에 나는 [개념으로서의] 세계전체의 양에서 [경험적] 배진에서의 양을 추리할 수 없고, 후자를 전자에 좇아서 규정할 수 없으며, 나는 [사실은] 경험적 배진의 양에 의해서 비로소 세계의 양을 이해해야 한다. 그러나 경험적 배진에 관해서 내가 아는 바는, 단지 「제약들의 계열」 중의 주어진 각 항에서보다 더 고차적 [먼]항으로 경험적으로 진행해야 한다는 것일 뿐이다. 하기에 경험적 배진에 의해서는 현상 전체의 양은 단적으로 규정되지 않고, 그러므로 이런 배진이 '무한에의' 진행이라고 말할 수 없다. 왜냐하면, 배진의 무한 진행은 그것이 아직 도달하지 않은 항들의 예료하고, 이항들의 수를 경험적 종합이 도달할 수 없을 만큼 많이 표상하겠으며, 그 결과 세계의 양을 [경험적] 배진보다도 먼저 (비록 단지 소극적이라도) 규정하려고 하겠지만, 이런 일이 실은 불가능하기 때문이다.

무릇 세계는 직관을 통해서 (세계의 전체성에 관해서) 주어져 있는 것이 아니요, 따라서 세계의 양도 배진에 앞서서 주어져 있지 않다. 그러므로 우리는 세
계의 양 자신에 관해서는 아무 말도 할 수 없고, 세계의 양 자신에 있어서 무
한에의 배진이 성립한다는 말조차 할 수가 없으며, 세계 안에서의 경험적 배진
을 규정하는 규칙에 좇아서 오직 세계의 양에 관한 개념을 구해야만 할 뿐이
다. 그러나 규칙이 의미하는 바는 우리가 경험적 제약들의 계열에 있어서 아무
리 멀리 배진할지라도 결코 절대적 한계를 가정해서는 안 되고, 모든 현상들을
548 「제약된 것」으로 보아, 이것을 「제약」으로서의 다른 현상에 종속시키고, 이런

제약으로 또다시 진행해야 하는 것임에 틀림없다. 이런 진행이 「부정적 배진」이지만, 이것은 객관 [세계 전체]에 있어서의 양을 규정하는 것이 아니기 때문에 「무한에의 배진」과는 아주 명백히 구별되어야만 한다.

⑤ 이래서 나는 「세계는 과거의 시공에 관해서 무한하다」고 말할 수 없다. 주어진 무한성으로서의 이런 양개념은 경험적으로 또 감관의 대상으로서의 세계에 관해서 절대로 불가능하기에 말이다. 또 나는 「배진은 주어진 감각에서 출발하여, 공간과 과거의 시간에 있어서 한 계열을 한계 짓는 것을 향하여 무한으로 진행한다」고 말할 수 없다. 이런 일은 무한한 「세계의 양」을 전제하기에 말이다. 그렇다고 해서 나는 「세계가 유한하다」고 말할 수도 없다. 절대적 한계는 경험적으로는 역시 불가능하기에 말이다. 그러므로 나는 경험(감성계)의 대상 전체에 관해서는 아무 말도 할 수 없다. 오직 경험[적 배진]이 그 대상에 적종해서 경험되고 또 계속되기 위해서 준거하는 규칙을 말할 수 있을 뿐이다.

⑥ 이에 「세계의 양」에 관한 우주론적 물음에 대한 첫째의 답은 「세계는 시간상 최초의 개시를 가지지 않고 공간상으로 궁극의 한계를 가지지 않는다」고 하는 소극적인 것이다[반정립의 입장].

⑦ 만약 그렇지 않은 경우라면 세계는 한쪽에서 공허한 시간에 의해서 다른 쪽에서는 공허한 공간에 의해서 한계지어져 있을 것이다[정립의 입장]. 그런데 549
세계가 현상으로서 그것이 자체로 시공상의 한계를 가지는 것이 아니라면—현상은 물자체 그것이 아니기에 말이다—절대적으로 공허한 시공에 의해서 한계지어지는 지각이 가능할 것이요, 이런 지각에 의해서 세계의 종극이 가능한 경험 중에 주어져 있을 것이다. 그러나 이러한 경험은 내용이 전혀 공허한 것이라서 실은 불가능하다. 이에 절대적인 「세계 한계」는 경험적으로 불가능하고 따라서 절대적으로도 불가능하다.※

※ 독자는 여기의 증명이 첫째 이율배반의 반정립에서 이전에 하여진 독단론적 증명과는 전혀 다른 방식에서 하여진 것을 깨닫겠다. 이전에는 우리는 보통의 독단론적인 표상방식에 좇아서 감성계를 모든 배진에 앞서서 자체로 주어졌던 것으로 보았고, 감성계가 일체의 시공을 점령하지 않으면, 일반적으로 일정한

[시공적] 위치를 감성계에 주는 것을 거부하였다. 그러므로 이전의 결론은 여기의 것과 달랐다. 즉 이전의 결론은 감성계의 현실적인 무한성을 추리하였다.

⑧ 상술한 것에서 동시에 「세계의 양」의 규정으로서의 「세계 현상들의 계열에 있어서의 배진」은 부정적 배진이라는 긍정적 답이 생긴다. 부정적인 배진이란 감성계는 절대적 양을 가지지 않고, 이런 경험적 배진은(이 배진에 의해서만 감성계는 그 제약의 편에 있어서 주어질 수 있지만) 다음의 규칙을 가진다는
550 말과 꼭 같은 뜻이다. 즉 그 규칙은 계열 중의 「제약된 것으로서의 각 항」에
서 출발하여 항상 보다 더 먼 [고차의] 항으로 (자기의 경험에 의해서든지 역사의 길잡이에 의해서든지 혹은 인과의 사슬에 의해서든지 간에) 올라가서 오성이 할 수 있는 경험적인 확장을 중지하지 않기로 한다는 것이다. 그리고 이런 일은 실로 이성이 그것의 [우주론적] 원리[이념]에 있어서 할 본래의 유일한 소임이기도 하다.

⑨ 혹종의 현상에 있어서 부단히 진행하는 「일정한 경험적 배진」이 저 규칙에 의해서 지시된 것은 아니다. 가령 한 산 사람에서 그의 조상 계열을 캐올라가도 최초의 부부에 도달하지 않는다거나, 천체의 계열에 있어서 가장 외부의 별을 인정하지 않는다거나 하는 것이 아니고, 오직 현상에서 현상으로 진행하는 것을, 저 규칙은 명령할 따름이다. 이 경우에 비록 현상이 아무런 현실적인 지각도 주지 않을는지 모르되 (지각의 도가 너무나 미약해서 경험되지 않을 때에도 그럴지 모른다.) 역시 진행을 명령하는 것이다. 왜냐하면, 이런 현상은 그럼에도 불구하고 가능한 경험에 속하기 때문이다.

⑩ 모든 시초는 시간 중에 있고 연장적인 것의 모든 한계는 공간 중에 있다. 따라서 현상도 세계 내에서는 제약이 있는 것으로서 한계가 있다. 그러나 세계 자신은 제약적으로도 무제약적으로도 한계가 있는 것이 아니다.

⑪ 바로 이런 까닭에서 또 세계가 전체로서는 주어질 수 없기 때문에, 또 주
551 어진 「제약된 것」에 대한 제약들의 계열조차도 세계계열로서는 전체로서 주어
질 수 없기 때문에, 세계의 양에 관한 개념은 배진을 통해서만 주어지고, 이 배진에 앞서서 집합적 직관 같은 것 중에서 주어지지 않는다. 배진은 [세계의] 양의 [실질적] 규정 중에서만 존립한다. 그러므로 이 배진은 한정된 개념을 주지

않고, 또 어떤 도량에 관해서 무한일 양의 개념도 주지 않는다. 즉 그것은 (이를테면 주어진) 무한으로 진행하지 않고, 부정적인 먼 거리로 진행한다. 이런 진행은 배진에 의해서 비로소 현실이게 되는 (경험의) 양을 주기 위해서이다.

Ⅱ. 직관에 주어진 전체를 분할할 적에 분할의 전체성에 관한 우주론적 이념의 해결

① 직관에 주어진 하나의 전체를 분할할 때에, 나는 「한 제약된 것」에서 그것을 가능하게 하는 제약으로 진행한다. 부분의 분할 (세분 혹은 분해)은 이 「제약들의 계열」에 있어서의 배진이다. 이 계열의 절대적 전체성은, 만일 배진이 단순한 부분에까지 도달할 수 있다면, 비로소 주어지겠다. 그러나 연속적으로 진행하는 분해[분할]의 모든 부분이 또다시 분할될 수 있다면, 분할 즉 제약된 것에서 제약하는 것으로 나아가는 배진은 무한으로 진행한다. 왜냐하면 제약(즉 부분)들은 「제약된 것」 자신 중에 포함되어 있고, 또 이 제약된 것은 552
그 한계 [주위]를 에워싼 직관 중에 전체로 주어져 있기에, 제약들도 [제약된 것과] 동시에 모두 주어져 있기 때문이다. 이때 이 배진은 앞 [Ⅰ]의 우주론적 이념에 관해서 허용되었듯이, 한갓 「부정적 배진」이라고 말해서는 안 된다. 앞의 경우에 있어서는 나는 제약된 것에서 그 제약으로 올라갈 무렵에, 제약이 「제약된 것」의 외부에 있고 따라서 제약된 것과 동시에 주어져 있지 않았고, 경험적 배진에 있어서 비로소 보태졌기 때문이다.

그럼에도 불구하고 무한으로 분할될 수 있는 이 전체에 관해서 그것은 무한히 많은 부분들로 되어 있다고 하는 말은 허용되지[1] 않는다. 무릇 모든 부분들은 전체의 직관 중에 포함되어 있되, 전적인 분할은 여전히 그것에 포함되어 있지 않고, 이 분할은 분해의 계속과 혹은 배진 자신에서 성립하며, 이 배진이 비로소 계열을 실현하는 것이다. 그런데 이 배진은 무한이기 때문에, 확실히 배진이 도달하는 모든 항 (모든 부분)은 [직관에] 주어진 전체 중에서 [총량과 같은] 집합량으로서 포함되어 있으나 그러나 분할의 전 계열은 포함되어 있지 않다. 이것은 계속적인 무한이되 결코 전체는 아니며, 따라서 무한한 양을 나타

1) 무한히 많은 부분들로 성립했다면, 이런 전체는 벌써 「주어져 있음」을 의미한다.

낼 수 없고, 한 전체 속에서의 양의 총괄을 나타낼 수 없다.

② 이제 말한 일반적 주의는 가장 용이하게 우선 [첫째로] 공간에 적용된다. 자기의 한계 내에서 직관된 공간은 어느 것이나 그것의 부분이 분해될 무렵에 또다시 여러 공간으로 되는 그러한 전체다. 따라서 이런 [전체인] 공간은 무한
553 으로 분할될 수 있다.

③ 이로부터 아주 자연스럽게 생기는 둘째의 적용은 자기의 한계 안으로 에워싸인 외적 현상 (즉 물체)에 대한 적용이다. 물체의 가분할성은 공간의 가분할성에 기본하고, 공간은 연장을 갖는 전체로서의 물체를 가능하게 하는 것이다. 그러므로 물체는 무한히 분할될 수 있으나, 그렇다고 해서 무한히 많은 부분들로 성립해 있지는 않다.

④ 물체는 공간 중의 실체라고 표상되어야 하기 때문에, 공간은 분할될 수 있다는 법칙에 관해 말한다면, 물체는 가분할적 공간과는 확실히 상이한[분할의 법칙을 적용 못할] 것으로 여겨진다. 공간을 아무리 분해해 가도 합성물을 배제하는 것이 아님은 넉넉히 허용될 수 있는[1] 일이다. 만일 합성물이 배제되는 경우에는 원래 자립함이 없는 것인 공간이 모두 소멸하고 말 것이기에 말이다 (실은 이런 일은 불가능하다). 그러나 타방 「물질의 모든 합성이 사고 중에서 소멸하면 남는 것[직관]이 도무지 없겠다」는 말은 실체개념과 합치하지 않는 것으로 여겨진다. 실체는 원래 모든 합성의 주체일 것이요, 실체의 구성 요소[속성]들로 하여금 하나의 물체를 이루도록 하는바, 공간 중에서의 「실체의 결합 작용」이 없어지더라도 실체는 그 요소들 중에 남아 있지 않을 수 없을 것이다. 현상 중의 실체라는 것은 사람이 「오성의 순수한 개념」[범주]에 의해서 물자체 그것을 사고하는 것과는 사정을 달리한다. 현상 중에서의 실체는 절대적 주체가 아니라 감성의 지속적인 상이요, 그러므로 직관 이외의 것이 아니다. 직관
554 에서는 무제약자는 결코 발견되지 않는 법이다.

⑤ 공간을 메꾸기만 하는 것으로서의 현상을 세분할 무렵에 무한한 진행[배진]을 명령하는 이성의 규칙은 물론 확실히 존재한다. 그러나 이런 규칙을 주어진 전체에 있어서 어떤 방식에서 서로 분리되어 있는 부분들의 총수에—이

1) 최소의 공간 중에도 합성물 혹은 실체는 역시 있을 것이다라는 뜻이다.

있다]. 왜냐하면 우리는 경험에 의하지 않고서는 실재성 일반이라는 유 아래에 포함되어 있을 실재성의 일정한 종을 아는 바 없기 때문이다. 이에, 만물의 완전한 규정을 포함하는 선험적 대전제는, 「모든 실재의 총괄」이라는 표상임에 틀림없다. 그것은 모든 술어를 그것의 선험적 내용에 좇아 자기 아래에 포괄하는 개념이 아니라 자기 속에 포괄하는 개념이다. 즉 각개 사물을 완전하게 규정한다는 것은 실재성[B. 210]의 전체(dies All)[1]를 제한하는 데에 기본한다. 왜냐하면 [전 실재중의] 약간의 실재는 [개별] 사물에 부여되지만, 나머지의 것은 배제되기에 말이다. 이런 일은 선언적 대전제에 있어서의 이자택일에 일치하고 또 소전제가 구분지의 하나에 의해서 대상을 규정하는 것에 일치한다. 그러므로 이성이 가능한 만물을 규정하는 근저에 선험적 이상을 두는 이성의 사용은, 선언적 삼단논법에 있어서 이성이 취하는 태도와 흡사하다. 이것이, 내가 이전에 「모든 선험적 이념들」을 체계적으로 분류할 무렵에 그 근본에 두었던 명제요, 이 명제에 의하면 선험적 이념들은 삼단논법의 세 가지 종류에 평행하고, 세 가지 종류에 대응해서 산출했던 것이다[B. 390 참조].

⑩ 이성의 이러한 의도에서, 즉 단적으로 사물들의 필연적인 전반적 규정을 표상하기 위해 전제하는 것이 이상에 합치하는 존재가 실재한다는 것이 아니 606
라, 그런 존재의 이념임은 자명한 일이다. 그리고 이런 전제는 일관된 규정이라는 무제약적인 전체성으로부터 제약된 전체성, 즉 제한된 것들의 전체성이 도출하기 위한 것이다. 하기에, 이성의 이상은 만물의 원형이다. 그리고 만물은 다 [인간이성도] 불완전한 모형으로서 그것이 가능하기 위한 소재를 저 원형에서 가져 온다. 즉 만물은 다소간에 원형에 접근하더라도 항상 무한한 간격이 있어서 원형에 도달하는 일은 없다.

⑪ 이래서 각 사물의 온갖 가능성은 (내용상으로는 다양의 종합이지만) 파생적인 것으로 간주되고, 오직 전실재를 내포하는 것의 가능성만이 근원적인 것으로 간주된다. 무릇 모든 부정은 (이 부정은 가장 실재적인 존재[하나님]에서 그 외의 모든 개별 존재를 구별하게 하는 유일한 술어이지마는)보다 더 큰 실재의 그리고

1) 제한한다는 것은, 각개의 유한하고 불완전하고 상대적인 성질을 밝힌다는 뜻이다. 또 경험적 직관에서 감각에 대응하는 것이 실재성이다(B. 209 끝)라는 대목 참조.

드디어는 최고 실재의 한갓 제한이요, 따라서 모든 부정은 최고 실재를 전제하는 것이며, 내용상으로는 최고 실재에서 도출되어 있는 것이다. 만물의 온갖 다양성이란 그것의 공통적인 기체인 최고 실재라는 개념을 제한하는 다양한 방식이다. 그것은 마치 온갖 도형이 무한한 공간을 제한하는 각종 방식으로만 가능한 것과 비슷하다.

그러므로 이성의 이상이 이성 중에서만 발견하는 대상은 근원적 존재라고 일컬어지고, 그것이 자기 위에 아무런 것도 가지지 않는 한에서 최고존재라고 일컬어지며, 모든 존재가 제약된 것으로 그것에 종속하는 한에서는 일체 존재 중의 존재라고 일컬어진다. 그러나 이런 모든 명칭은 모든 현실적 대상과 다른
607 사물[개체]들 간의 객관적[인과적] 관계를 의미하지 않고, [한] 이념의 [사물 아닌] 개념들에 대한 관계를 의미하며, 이처럼 탁월한 존재의 실재 여부에 관해서는 우리에게 전혀 알려 있지 않은 것이다.

⑫ 파생적 존재는 근원적 존재를 전제하고, 따라서 근원적 존재를 형성할 수 있는 것이 아니기 때문에, 근원적 존재가 많은 파생적 존재들로부터 성립한다고 말할 수 없다. 이런 까닭에서 근원적 존재라는 이상은 또한 단일한 것이라고 생각되지 않을 수 없겠다.

⑬ 엄밀히 말해서, 근원적 존재에서 그것 외의 모든 [존재] 가능성을 도출한다는 것은 근원적 존재의 최고 실재성을 제한하는 것이라고 보아질 수는 없다. 즉 이를테면 최고 실재성은 분할하는 것이라고 보아질 수 없다. 만약 그렇다면 근원적 존재는 파생적 존재의 집합[외적인 합성 총괄]인 것에 불과하다고 보아지겠고, 이런 일은 상술한 것에 의해서 불가능하다.—우리가 비록 이전의 최초의 조잡한 소묘에서 집합이란 표현을 쓰기는 했지마는 [B. 441, B. 201주 등 참조]. 최고 실재는 총괄로서가 아니라 근거[원리]로서 만물 가능성의 근저에 있다. 또 만물의 다양성은 근원적 존재 자신을 제한하는 데에 기본하지 않고 근원적 존재의 완전한 결과에 기본하겠다. 그렇게 보면 우리의 전 감성도 현상에서의 전실재와 함께 [근원적 존재의] 결과에 속하는 것이겠다. 그러나 [이런 결과물이] 최고 존재라는 이념[1]의 성소로 될 수 없는 것이다.

1) 우리의 감성이 왜 최고존재라는 이념의 성소(성질)로 될 수 없는가 하는 것을 칸트는 정초하지

⑭ 그런데 우리가 우리의 이 이념을 실체화[1]하면서 더욱더 추구할 때에, 608
우리는 근원적 존재를 최고 실재성이라는 한갓 개념에 의해서 유일의 존재·단일한 존재·충족한 존재·영원한 존재 등등, 한마디로 말하면 그것의 무조건적인 완전성을 모든 술어를 통해서 규정할 수 있겠다. 이러한 존재의 개념이 곧 선험적 의미에서의 하나님이라는 개념이다. 이래서 내가 이전에 지적하였듯이 [B. 391 끝] 순수이성의 이상은 선험적 신학의 대상이다.

⑮ 그러나 선험적 이념의 이런 사용은 이미 이념의 「본분과 허용 범위」의 한계를 넘어선 것이겠다. 무릇, 이성은 이념을 한갓 「실재성 전체」라는 개념으로서만 「사물 일반」의 전반적 규정의 기초에 두었으나, 이 「실재성 전체」가 객관적으로 주어져 있다는 것과 그 자신 「하나의 사물」이 되는 것을 요구함이 없기에 말이다. 여기서 하나의 사물이란 순 날조물이요, 그것에 의해서 우리가 우리 이념의 다양을 특수한 존재[개체]로서의 한 이상 중에서 총괄하고 실재화하기는 하되, 우리는 그러한 일을 할 만한 권한이 없다. 뿐더러 이러한 가정의 가능성을 직접 상정할 권한조차 없다. 또 그러한 「이상」에서 생기는 결과물은 실로 「사물 일반」의 전반적 규정에 대해서는 아무런 관계도 없고 이런 규정에 사소한 영향도 주지 않는다. 이념은 단지 「사물 일반」의 전반적 규정을 위해서는 「이념」만으로 족했다.

⑯ 우리의 이성이 취하는 방법을, 즉 이성의 변증성을, 기술하는 것만으로 609
는 충분하지 않다. 사람은 이런 변증성을 생기게 한 원천을 발견하려고 해야 한다. 이것은 가상 자신을, 오성의 현상을 설명하듯이 설명할 수 있기 위해서이다. 우리가 여기서 문제로 삼고 있는 「이상」은, [인간의 불가피한] 소질적 이념에 기인하고 자의적인 이념에 기인하고 있지 않다. 하기에, 나의 문제는 「어떻게 이성은 만물의 가능성을 그것의 근저에 있는 유일한 가능성, 즉 최고 실재성의 가능성으로부터 도출된 것이라고 간주하고, 또 이런 최고 실재성을 특수한 근원존재[하나님] 중에 포함된 것이라고 전제하기에 이르는가?」라고 하는 것이다.

않았다. 감성을 그 성소로 인정함은 이성의 이념과 실체화(인격화)한 하나님을 동일시하려고 하는 데에 맞지 않았기 때문이겠다(Messer의 주석서, 210면).

1) 주관적 이념을 객관적 존재로 뒤바꾼다는 뜻이다(A. 402 참조).

⑰ 이 문제에 대한 대답은 선험적 분석론의 논구에서 저절로 생긴다. 감관의 대상을 가능하게 하는 것은 감각의 우리의 사고에 대한 관계이다. 그리고 이런 관계에 있어서 그 어떤 것(경험적 형식)은 선천적으로 생각될 수 있으나, 질료를 이루는 것, 즉 현상 중의 실재성(감각에 대응하는 것)은 주어져 있어야 한다. 이것 없이는 관계가 사고될 수 없겠고, 따라서 관계의 가능성도 이해[표상]될 수 없겠다.

그런데 감관의 대상은 그것이 현상 중의 일체 술어들과 비교되고, 이 술어들에 의해서 긍정적으로 혹은 부정적으로 표상되는 때에만 일관되게 [구석구석까지] 규정될 수 있다. 그러나(현상 중에서의) 사물 자신을 형성하는 바의 것,
610 즉 그것 없이는 사물이 사고될 수 없겠는 「현상의 실재적인 것」은 주어져 있어야 한다. 그리고 일체 현상의 실재적인 것이 주어져 있는 것[지반]은 일체를 포괄하는 유일한 경험이다. 이 때문에 감관의 모든 대상을 가능하게 하는 질료가 하나의 총괄[경험] 중에서 주어져 있다고 전제되어야 한다. 경험적 대상들의 모든 가능성·「그것들 서로의 구별」·대상들의 전반적 규정은, 저 총괄을[현상계에] 제한하는 것에서만 의존할 수 있다. 그런데 우리에게 사실로 주어질 수 있는 대상은 감관의 대상임에 틀림없고 또 이런 대상은 가능한 경험의 [합법칙적인] 맥락[즉 연관] 이외의 다른 곳에서 주어질 수 없다. 따라서 모든 경험적 실재성의 총괄을 대상을 가능하게 하는 조건으로 전제하지 않는다면, 아무런 것도 우리에 대한 대상이 되지 않는다. 감관의 대상으로서 주어지는 것에 대해서만 원래 타당하는 원칙을 온갖 사물일반[물자체]에 대해서도 타당하는 원칙으로 간주함은 자연스러운[소질적인] 착각[환상]에 의한 것이다. 따라서 우리는 「현상으로서의 사물」의 가능성이라는 우리 개념의 경험적 원리를, 이런 제한을 제거함으로써, 사물 일반의 가능성이라는 선험적 원리라고 [잘못] 생각하겠다.

⑱ 이런 연후에 우리가 「실재성 전체」의 총괄이라는 이념을 실체화하는 것은, 오성의 경험적 사용에 있어서의 [인식의] 개별적[1] 통일을 경험 전체라는

---

1) 원어 distributiv는 「분배적」에서 「따로따로」의 의미로 나아가기 때문에, 개별적 혹은 부분적의 뜻이 될 것이다.

집합적[전체적] 통일[총괄]로 변증적으로 변경하는 일에서 유래하고, 현상의 이러한 전체를 모든 경험적 실재를 포함하는 단일한 개체[하나님]라고 생각하는 데서 유래한다. 다음에는 이 개체를 이미 고찰했던 [B. 587 끝] 선험적인 뒤바 611
꿈에 의해서 만물을 가능케 하는 정점에 있는 것·만물의 전반적 규정에 대한 실재적 제약이 되는 것이라는 개념과 혼동한다.※

※ 이에, 가장 실재적인 존재라는 이상은 비록 표상이기는 하지마는 우선 실재화, 즉 객체화하고 그 다음에 실체화하며 최후에 통일의 완성을 위한 이성의 자연적 진행에 의해서, 이하에서 우리가 곧 진술하겠는 바와 같이, 인격화한다. 왜냐하면 경험의 통제적 통일은 현상 자신에(감성에만) 기본하지 않고, 현상의 다양을 오성을 통해서 (통각에 있어서) 결합하는 것에 기본하기 때문이요, 따라서 최고 실재성의 통일과 만물의 전반적 가규정성(가능성)과는 최고 오성 중에 그러므로 한 예지자 중에 있는 듯이 여겨지기 때문이다.

제3장

제3절 사변이성이 최고존재의 실재를 추리하는 논거

① 이성의 절실한 요구는, 전적으로 오성의 근저가 되어서 오성의 개념들을
철저하게 규정할 수 있는 그 어떤 것을 전제한다. 그럼에도 이성은 이러한 전 612
제가 관념적인 것·가공적인 것임을 매우 쉽게 깨달아서 그런 일만으로써 이성의 사고가 스스로 산출한 것을 곧 현실적 존재라고 상정하도록, 설복되지는 않는다. 하지만 이성이 그런 상정을 하는 것은 주어져 있는 「제약된 것」에서 무제약자로 배진함에 있어서 정지장소를 구하도록 그 무엇인가에 의해 강요되기 때문이다. 무제약자는 그 자체로는, 즉 그것의 개념상으로는 실재하는 것으로서 주어져 있지 않지마는, 그런 무제약자만이 「근거를 캐올라가는 제약들의 계열」을 완성시킬 수 있다.

이런 일은 원래 모든 인간이성이 취하는, 아니 상식조차도 취하는 자연스러운 진행이다.—비록 개개의 이성이 이런 진행을 끝까지 수행하지는 않더라도 역시 그러하다. 이성은 개념에서가 아니라 보통의 경험에서 출발한다. 하기에 어떤 실재하는 것을 근저에 둔다. 그러나 이 지반[근저]은 만일 그것이 절대필

연자라는 부동의 바위 같은 것 위에 있지 않다면, 그것은 침몰하는 것이다. 또 만일 이 절대필연자라는 바위의 외부에, 또 그런 바위 아래에 공허한 공간이 있다면, 따라서 그 바위 자신이 일체의 공간을 메꾸지 않고 그로 인해서 왜라는 것 [의문의 발생]에 대해서 여지를 주는 것이라고 한다면, 다시 말하면 무한한 실재성이 아니라고 한다면, 그런 바위 자신이 버팀목이 없어서 허공에 흔들거리는 것이다.

② 만일 그 어떤 것이 실재한다고 하면, 그것이 비록 무엇이건 간에 그것은 필연적으로 실재하는 것임이 허용되어야 한다. 무릇, 우연적인 것은 그것의 원인으로서의 다른 우연적인 것의 제약 아래서만 실재하고, 이 제약에 관해서 또 같은 추리가 타당하여 드디어는 우연적이 아닌 한 원인에 이르고, 바로 그 때문에 무제약적으로 필연적 존재인 한 원인에 이르기에 말이다. 이것이, 근원적 존재에 이르게 되는 이성의 진행이 의거해 있는 논증이다[B. 632-3 참조].

613 ③ 그런데 이성은 무제약적인 필연존재라는 특징에 적합한 한 존재의 개념을 추구하고 있다. 그러나 이성은 이런 존재의 개념에서 이런 존재의 실재를 선천적으로 추리하려는 것이 아니라(만일 이런 일을 감히 행한다면, 이성은 그런 존재를 단지 개념 속에 구하면 될 것이요, 주어진 실재를 근저에 [먼저] 둘 필요가 없겠다) 가능한 사물들의 모든 개념들 중에서도 절대적 필연과 모순되지 않는 한 개념을 찾으려고 한다. 무릇, 이성은 무엇이 단적으로 반드시 실재해야 한다는 것을 최초의 추리에 의해서 이미 결정되어 있다고 생각한다. 그런데 이성이 이런 필연과 조화하지 않는 것을 모두 배재할 적에, 남는 「하나」는 단적인 필연존재뿐이다.—이런 필연이 과연 「파악」[B. 367]되는 것이냐, 즉 그것의 개념으로부터 도출되는 것이냐, 혹은 그렇지 않으냐 하는 것은 불문에 붙이기로 하더라도.

④ 대저 그 무엇이 있어서, 그것의 개념은 「왜」라는 물음에 대해서 「이 때문」이라는 답을 포함하고, 어느 모로 보나 결함이 없고, 어떤 경우이건 제약으로서 충분하다고 한다면, 「그런 것」은 그 자신만으로 절대적 필연에 적합한 존재라고 여겨진다. 왜냐하면, 그런 것은 같은 가능적인 것의 모든 제약을 자
614 신이 소유하고 있어서 다른 제약을 필요로 하지 않기 때문이요, 다른 제약의 필요를 느끼기조차 하지 않기 때문이다. 따라서 「그런 것」은 절대적으로 필연

의 개념을 충분히 만족시키는 것이요, 적어도 이 한 가지 점에 있어서는 다른 어떤 개념도 필적할 수가 없다. 이 다른 개념은 결함이 있고 보완이 필요하기 때문에, 이 다른 개념은 「보다 더 높은 제약을 불요로 하고 자립한다는 특징」을 갖추고 있지 않다. 물론 이런 사정에서 참으로 「최고의 어느 모로 보나 완전한 제약을 포함하지 않는 것」은 바로 그런 까닭에서 그 현존에 관해서는 자신이 제약되어 있다」라는 추리가 확실한 것은 아니다.[1] 그러나 이런 [제약된] 존재는 무제약적 실재라는 표징을 갖고 있지는 않다. 이런 표징이야말로 이성이 선천적 개념에 의해서 「그 어떤 존재」를 무제약적인 것으로 인식하기 위해서 독차지하는 유일한 표징이지만.

⑤ 하기에, 최고 실재성을 갖는 존재라는 개념은 가능한 사물들의 모든 개념 중에서 절대필연적 존재라는 개념에 가장 적합하겠다. 설사 저 개념이 이 개념을 완전히 충족시키지 않더라도 우리에게는 다른 선택이 없고, 우리는 저 개념을 완전히 충족시키지 않더라도 우리에게는 다른 선택이 없고, 우리는 저 개념에 의뢰하지 않을 수 없다. 왜냐하면 우리는 필연적 존재의 실재를 포기해서는 안 되기 때문이다. 만일 포기에 찬성한다면, 실재가 갖는 이런 특징에 대해서 보다 더 근거있는 주장을 할 수 있는 것이 가능한 것의 전 영역에서 도무지 없기 때문이다.

⑥ 이러한 사태가 바로 인간이성의 자연스러운 [소질적] 진행이다. 우선, 인
간이성은 그 어떤 필연적 존재의 현존을 확신한다. 그리고 이 필연적 존재에서 615
무제약적 실재를 인식한다. 여기서 이성은 모든 제약에서 독립인 것이라는 개념을 구하여, 이것을 그 자신 다른 모든 것에 대하여 충족적 제약이 되는 것 중에서, 즉 모든 실재성을 내포하는 것 중에서 발견한다. 그러나 제한이 없는 전체(das All)는 절대적인 통일이요, 유일의 개념을, 즉 최고 존재라는 개념을 지닌다. 이래서 이성은 만물의 근원적 근거로서의 최고존재가 단적으로 반드시 있다고 추리한다.

⑦ 만일 태도 결정이 문제가 된다면, 즉 어떤 필연적 존재의 현존이 일단

---

1) 「절대적(최고) 제약은 필연적으로 실재한다」의 여환: 「절대적 제약이 아닌 것은 필연적 실재가 아닌 것이다」라고 하는 명제가 참이기 때문이다.

허용되고 이런 존재를 설정하고자 하는 입장에서 일치가 있다고 한다면, 이 [유일의 최고존재라는] 개념에 어떤 깊이[근거]가 있음을 우리는 거부할 수 없다. 그때에는 이 개념보다도 더 적절한 선택을 할 수 없기에 말이다. 아니, 선택의 여지가 없고, 오히려 우리는 [일체] 가능성의 궁극 원천으로서의 「완전한 실재성의 절대적 통일」에 대해서 찬표를 던지지 않을 수 없기에 말이다. 그러나 만일 우리에게 이런 결정을 강요하는 것이 없다면, 그리고 논거의 충분한 위력이 우리에게 찬동을 강제할 때까지 우리의 문제를 보류해 둔다면, 다시 말하면, 이 과제에 관한 우리의 지식 범위가 어느 정도며, 또 우리의 지식에 대한 자부의 내용이 무엇인가 하는 것을 비평하는 것만이 문제라면, 위의 추리는 도저히 그다지 유리한 것으로 여겨지지 않으며, 그래서 자신의 권리 주장의 결함을 보완받는 은혜를 필요로 한다.

616 ⑧ 무릇, 여기서 진술한 바와 같은 것 전부를— [그 내용을 따져보면] 첫째는 어느 주어진 실재로부터(필경 나 자신의 실재로부터) 무제약적으로 필연한 존재의 실재에 이르는 정당한 추리가 성립한다는 것이요, 둘째는 나는 모든 실재성을, 따라서 모든 제약을 포함하는 존재를 단적으로 무제약인 것으로 간주해야 한다는 것이며, 따라서 이로 인해서 절대적 필연에 적합한 것의 개념이 발견되어 있다는 것이로되— 승인한다 하더라도, 그렇다고 해서, 실재성을 가지지 않는 것으로 제한된 존재의 개념은, 그런 까닭에서 절대적 필연에 모순될 것이라고 추리할 수 없다. 왜냐하면 설사 내가 제한된 존재의 개념 중에서 제약들 전체를 이미 가진 무제약자를 발견하지 않더라도, 그렇다고 해서 무제약자의 현존이 제약되어 있다고 추리할 수는 없기에 말이다. 그것은 내가 가언적 추리에서 「어떤 제약(여기서는 개념상으로 완전성이라는 제약)이 없으면, 제약된 것도 없다」고 말할 수 없음과 마찬가지 사정이다. 우리가 다른 모든 제한된 존재들을 마찬가지로 무제약적으로 필연이라고 인정하는 것은, 금해져 있지 않다.—— 비록 그런 존재에 관해서 우리가 가진 일반적 개념에서 그런 존재의 필연성을 우리가 추리할 수 없다 하더라도. 이렇게 보면 소위 논증은 필연적 존재의 특성에 관한 파악을 우리에게 조금도 주지 않겠고, 필경 아무런 업적도 없었던 것이 되겠다.

⑨ 그러하되 이러한 논증은 혹종의 중요성을 지니고 있으며, 일종의 권위도

가진다. 이 권위는 객관적으로 불충분한 것이지만 그런 까닭으로 곧 박탈될 수 617
는 없다. 무릇 책무[즉 의무]들이 있다고 가정해 볼지어다. 이 책무들은, 이성의 이념에 있어서는 확실히 정당한 것이나, 실천법칙[도덕법]에 영향과 추진력을 줄 수 있는 한 최고존재[하나님]가 전제되지 않으면, 우리 자신에게 적용되어도 실재성[타당성]이 전혀 없는 것이겠고, 즉 [행위의] 동기가 되지 않는 것이겠다. 이럴 경우에 우리는 바로 다음과 같은 개념들을 준수하는 책무가 있는 것이 될 것이다. 즉 [하나님의 존재론적·우주론적·자연신학적] 개념들은 객관적으로는 충분하지 않지마는 인간이성의 척도에 의하면 자못 유력하고, 이것과 비교해서 보다 더 좋은 것·보다 더 확신을 갖게 하는 것은 인식될 수 없는 그런 것이 될 것이다. 이때에 의무를 택한다는 것이 사변의 무결단을 실천적 입장의 보탬에서 다시 결단하도록 하는 것이 되겠다. 아니, [이론적으로] 불충분한 통찰 아래서 여러 동기가 박두하는 가운데서 이성이 자기의 [도덕적인] 판결근거에(우리는 적어도 이성이 내리는 판결근거 이상의 근거를 아는 바 없지만) 따르지 않는다면, 이성은 사려깊은 판관으로서의 자기 자신에 대해서 변명할 여지가 전혀 없을 것이다.

⑩ 이 논증은, 우연적인 것은 내적으로 불완전하다[우연적인 것의 실존과 상태는 외래적 원인을 가진다]는 것을 논거로 한 것이기 때문에, 사실 선험적[논증]이기는 하지마는, 그런 논증은 역시 매우 간소하고 자연스러운 것이요, 그러므로 상식이 한번 이 논증에 인도되자마자, 이 논증은 아주 보통의 상식에도 적합하
다. 우리는 여러 사물이 변화·발생·소멸하는 것을 본다. 따라서 그런 사물들 618
은 혹은 적어도 그런 사물들의 상태는 원인을 가져야 한다. 하지만 적어도 경험 중에서 주어지는 원인에 관해서는 원인의 원인이 물어진다. 이래서 우리는 최상의 원인성[제일원인]을 어디에건 간에 두어야 하지만, 이때에 [최상과 구별된] 최고의 원인성이 있는 곳에 두는 것이 가장 정당하다. 즉 어느 가능한 결과에 대해서도 충족성을 자기 자신 안에 근원적으로 포함하는 것 중에 두어야 하고, 또 그것의 개념이 일체를 포괄하는 완전성이라는 유일한 특성에 의해서 자못 용이하게 성립하는 것 중에 두어야 한다. 여기에 우리는 이런 「최고」 원인을 단적으로 필연이라고 생각한다. 왜냐하면 우리는 이런 「최고」원인에까지 올라가는 일을 단적으로 필연한 것이라고 보고, 그 이상으로 또 더 올라갈 근

거를 보지 않기 때문이다. 그러므로 우리는 모든 민족에 있어서, 그들의 가장 맹목적인 다신교를 통해서조차 역시 일신교의 불꽃이 약간은 번쩍이는 것을 본다. 그러나 그들이 일신교에 도달한 것은 반성이나 깊은 사변에 의해서가 아니라 점차로 이해하게 된 상식의 자연스러운 진행의 소치였다.

사변적 이성이 하는 「하나님의 실재」의 증명방식에 세 종류만이 가능함

⑪ [하나님의 실재를 증명하려는] 의도에 있어서 우리가 취할 수 있는 길은 모두 셋이다. 즉 [1] 그것은 명확한 경험과 경험을 통하여 인식된 우리의 감관계의 특수성질에서 출발하여 여기서부터 원인성의 법칙에 의해서 세계 이외의 최고원인에 올라가는 것이거나 [2] 한갓 막연한 경험을, 즉 그 어떠한 현존을
619 경험적으로 근저로 삼거나 [3] 최후로 일체의 경험을 도외시하고 전혀 선천적으로 순 개념으로부터 최고원인의 현존을 추리하거나이다. 첫째 증명이 자연신학적[1] 증명, 둘째 증명이 우주론적 증명, 셋째 증명이 존재론적 증명이다. 이 세 가지 이상의 증명은 없고 있을 수도 없다.

⑫ 나는 이성이 갑의 길(경험적인 길)[첫째와 둘째]에 의해서이건 을의 길(선험적 길)[셋째]에 의해서이건 간에 업적이 마찬가지로 없음을 증시하겠다. 그리고 이성이 그것의 날개를 펴서 단지 사변의 힘에 의해서 감성계를 초월하려고 하는 것이 도로라는 것을 증시하겠다. 그러나 이런 증명방식들이 검토되어야 할 순서에 관해서 말한다면, 그것은 점차로 자기를 확대하여 가는 이성이 취하는 순서, 즉 애초에 우리가 증명 방식에 준 순서와는 정반대로 될 것이다. 무릇, 증명에 대해서 최초의 기연을 주는 것은 경험이기는 하되, 역시 단지 선험적 개념만이 이런 노력에서 이성을 지도하고 이성이 정한 목적을 이 모든 시도에서 게시하기에 말이다. 이에, 나는 선험적 증명의 검토에서 출발하여, 다음에 경험적인 것을 보태가는 일이 증명력의 강화에 무엇을 기여하는가를 보기로 하겠다.

1) 뉴톤, 즉 이신론자의 자연신학적 증명(일명 목적론적 증명)은 감성계의 합목적성으로부터 하나님(세계의 창조자)을 추리한다. Spinoza, Leibniz의 우주론적 증명은 임의의 현실적 존재에서, 무조건적 필연적 존재로서의 하나님을 추리한다. Anselm, Descartes의 존재론적 증명은 하나님의 개념에서 전혀 선천적으로 하나님이 실재한다고 추리한다. 이상의 증명 외에 민속신학에서 착안해서 「벽력같은, keraunologisch 증명」이라고 할 것이 있어야 했다(쇼펜하우어의 말). 이것은 자연력의 불가측에 대조된 인간의 무력감에 유래하는 「하나님 존재의 믿음」이다.

제3장

제4절 하나님 실재의 존재론적 증명의 불가능성

① 절대적인 필연존재라는 개념은 「이성의 순수한 개념」이다. 즉 한갓 이념 620
이다. 이 이념의 객관적 실재성은 이성이 이념을 필요로 한다는 것만으로써는 도저히 증명되지 않는다. 또 이념은 혹종의 완전성, 그것도 도달될 수 없는 완전성을 지시할 뿐이요, 오성을 새로운 대상에 확대[시켜 대상을 인식]하는 것이기보다도 본래는 오성을 제한하는 데에 쓰인다.——이런 점이 앞서 진술한 것에서 쉽사리 알려진다. 그런데 여기서 기이한 것·불합리한 것이 나타난다. 그것은 주어진 실재 일반에서 어떤 단적인 필연적 실재를 추리하는 일이 [실천적으로] 절실하고 [이론적으로] 정당하다고 여겨지는 데도 불구하고, 오성의 모든 조건은 이런[무제약적] 필연성의 개념[하나님]을 형성하기를 우리에게 전적으로 거부한다는 것이다.

② 어느 시대에도 절대적인 필연존재를 운운하였다. 그리고 이런 종류의 것이 과연 생각될 수 있느냐, [생각될 수 있다면] 어떻게 생각될 수 있느냐 하는
것을 이해하려고 노력하기보다도 증명하려고 노력하였다. 원래 이런 개념[하나 621
님]에 관해서 그것이 비존재일 수 없는 것이라는 명목상의 설명을 하기는 매우 쉽다. 그러나 그것이 비존재라고 절대로 생각할 수 있다고 볼 수 없도록 하는 제약들에 관해서는, 그러한 명목상의 설명이 우리를 보다 더 현명하게 하지는 않는다. 이 제약들이야말로 우리가 알고 싶어 하는 것이다. 즉 [하나님의] 개념에 의해서 우리는 도대체 무엇을 생각하고, 반대로 무엇을 생각하지 않느냐를 알고 싶어 한다. 무제약이란 말에 의해서 무엇을 필연적이라고 보는 데에 오성이 항상 필요로 하는 제약들을 포기함은, 「무제약의 필연」의 개념에 의해서 내가 그 무엇을 생각하는지 혹은 아마 아무것도 생각하지 않는 것인지, 이 점을 이해케 함이 아직도 전혀 없기에 말이다.

③ 뿐더러 이 [절대 필연의] 개념은 원래 닥치는 대로 만들어진 것이 나중에 일반에게 통용된 것이나, 거기에 사람[철학자]은 많은 실례에 의해서 설명될 수 있는 것으로 믿었다. 이 결과로 그 개념을 이해하고자 해야 할 철학적 탐구는

죄다 불필요한 것으로 생각되었다. 기하학의 명제, 가령 「삼각형은 세 모를 만든다」는 명제는 단적으로 필연이지마는, 이와 마찬가지로 인간오성의 영역 외에 있는 대상에 관해서도 이 대상의 「개념」에 대해서 말하고자 하는 것을 마치 잘 이해하고 있는 듯이 세인은 이야기하였다.

④ 앞에서 든 실례들은 모두 예외 없이 단지 판단에서 취해 온 것이요, 「사
622 물과 그것의 실재」에서 취해 온 것이 아니다. 그러나 판단의 무제약적 필연성은 사물의 절대적 필연성이 아니다. 판단의 절대적 필연성이란 단지 「판단된 사물, 즉 술어[세 모가 있다]」의 제약된 필연성이기에 말이다. 상술한 명제의 의미는 세 모가 단적으로 필연이란 것이 아니다. 삼각형이 존재한다(주어져 있다)는 제약 아래서 세 모도(삼각형에 있어서) 필연적으로 존재한다는 것이다. 이러함에도 불구하고 [한갓] 논리적 필연성이 세상[사람을] 현혹시키는 비상한 힘을 발휘하는 결과로 세상 사람은 한 사물[하나님]에 관해서 선천적으로 개념을 작성한 뒤에 자기의 억견 대로 실재를 이 개념의 외연 안에 동시에 포함시킴으로써, [1] 한 사물(대상)의 실재가(동일율에 의해서) 반드시 정립되는 것이고, [2] 따라서 이런 존재(실재) 자신이 단적으로 필연임을 확실히 추단할 수 있다고 믿었다. [1]은 그 사물의 「개념」의 객체에 식재가 반드시 귀속하기 때문이다. 다시 말하면 그 사물이 주어진 것 (즉 실재하는 것)으로 내가 정립하는 조건 아래서 성립한다는 것이다. [2]는 존재가 제멋대로 가정한 개념 속에 동시에 포함되어 있기 때문이요, 이런 일도 그런 개념의 대상을 정립하는 조건 아래서 성립한다는 것이다. [이 토막은 본질 필연성과 실재 필연성을 혼동한다는 뜻이다.]

⑤ [논리학의] 동일판단에 있어서 내가 술어를 제거하여 주어를 보존하면 모순이 생기고, 그러므로 나는 「전자는 반드시 후자에 귀속한다」고 말한다. 그러
623 나 내가 술어와 함께 주어도 제거하면, 아무런 모순도 생기지 않는다. 이런 일에 대해서는 모순일 수 있는 것이 이제야 없기 때문이다. 삼각형을 정립했으면서도 세 모를 제거하면 모순이다. 그러나 삼각형을 그 세 모와 함께 제거하면 모순이 아니다. 절대적인 필연존재에 관해서도 사정은 마찬가지다. 만일 여러분이 절대적인 필연존재의 실재를 제거하면, 여러분은 사물 자신을 그것의 「온갖 술어」와 함께 제거하는 것이 된다. 이때에 어디에서 모순이 올 것인가? 외면적으로 모순일 것은 없다. 사물이 필연적이라고 함이 외면적일 턱이 없기에

말이다. 또 내적[논리적]으로도 모순이 없다. 여러분은 사물 자신[주어]을 제거함에 의해서 동시에 모든 내적인 것[술어]도 제거했기에 말이다.

「하나님은 전능하다.」 이것은 하나의 필연적 판단이다. 그러나 만일 여러분이 하나님이라는 것, 즉 무한한 존재를 정립하여 이런 존재의 개념과 하나님을 동일하다고 한다면, 전능이라는 것[술어]은 제거될 수 없다. 그러나 여러분이 하나님이 존재하지 않는다(Gott ist nicht)고 말한다면, 전능도 없는 것이요, 그 외의 술어도 없어지고 만다. 이러한 술어들은 주어와 함께 죄다 제거되기 때문이다. 그리고 이런 생각에는 조금도 모순이 없는 터이다.

⑥ 이에, 내가 판단의 술어를 주어와 함께 제거하면, 술어가 어떤 성질의 것이건 간에 내적[논리적] 모순이 생길 수 없음을 여러분은 알았다. 그러나 여러분에게 바로 다음과 같은 둔사가 남아 있다. 즉 제거될 수 없는 주어, 존속하지 않을 수 없는 주어가 있다는 둔사다. 이런 둔사는 「단적으로 필연적인 주어가 있다」는 것을 의미한다. 이것은 하나의 전제요, 그것의 정당성을 나는 의심하여 왔는데, 그것의 가능성을 나에게 증명해 주기 바란다. 한 사물[하나님]을 그것의 모든 술어와 함께 제거했을 때에도, 모순을 남기는 그런 사물을 나는 조금도 이해할 수 없기에 말이다. [모순이 있고서만 한 사물의 개념이 불가능한
것이라면] 모순이 없는 바에, 단지 선천적인 순수 「개념」에 의해서만 [한 사물 624
이] 불가능하다는 표징을 내가 가질 리가 없다[그러므로 하나님이 있을 수 있다고 해도, 그것은 단지 개념상으로 전제되어 있다는 말일 뿐이다].

⑦ (아무도 거부할 수 없는) 이러한 일반적 추리에도 불구하고 여러분은 사실에 의한 증명이라고 하면서 제시하는 한 예를 들어서 나에게 도전한다. 이른바 증명은 「하나의 그러면서도 유일의 개념이 확실히 있다. 이 개념의 대상의 비존재, 즉 제거는 자기모순이다. 가장 실재적 존재[최고 존재]라는 개념이 바로 이것이다」라고 한다. 또 여러분은 「이런 존재는 실재성의 전체를 포함하고 있다」고 말한다. 여러분이 이런 존재가 가능하다고 상정하는 것은 정당하다(나는 일단 그렇다고 인정한다.※ 그러나 자기모순을 포함하지 않는 개념이라고 해서 그것이 그 「대상」의 가능성을 증명하는 것은 절대로 아니다). 그런데 [여러분은 말한다]: 「실재성 전체라는 개념 중에는 그 개념 대상의 실재도 동시에 포함되어 있다. 이에 실재는 가능적인 것의 개념 속에 있다. 이런 [가능적] 사물이 제거되면, 그

625 것의 내적[자체적] 가능성도 제거된다. 그러나 이런 일은 모순이다」라고.

※ 개념이 자기모순을 포함하지 않는 한, 그것은 항상 가능하다. 이것이 가능성[가능한 존재]에 관한 [형식]논리적인 표징이다. 이것에 의해서 개념의 대상은 「개념이 없는 공허한 대상」으로서의 없음과 구별된다[B. 348 참조]. 그러나, 이러한 개념은 그럼에도 공허한 개념일 수 있다. 이것은 개념을 산출하는 종합의 객관적 실재성이 특히 증시되지 않는 때의 일이다. 그러나 [종합의 객관적 실재성이 증시되는] 일은 상술한 바와 같이 가능한 경험의 원리에 기인하고, 분석적 원칙(모순율)에 기인하는 것이 아니다. 이것은 개념의 [형식](논리적) 가능성에서 곧 (실재적인) 사물의 가능성을 추리해서는 안 된다는 것을 경고한 것이다.

⑧ 이것에 대한 나의 답은 「여러분이 한 사물을 그것이 가능하다는 점에 관해서만 생각하려고 하여, 그런 사물의 개념 속에 비록 어떠한 비밀적 이름 아래서건 간에 그 사물의 실재라는 개념을 집어 넣었다고 한다면, 여러분은 벌써 모순을 범한 것이다. 만일 이런 일이 여러분께 허용된다면 여러분은 겉으로 봐서는 승리를 얻은 것이 되지마는, 사실에 있어서는 전혀 무의미했던 것이다. 여러분은 한갓 동어반복을 범했기에 말이다」. 「어떤 사물이건 그것이 (어떤 내용의 것이건 간에, 가능한 것이라고 내가 허용하는 것이) 실존한다는 명제는, 감히 말하거니와, 분석적인 것이냐 혹은 종합적인 것이냐?—나는 이처럼 여러분께 묻는다. 만일 그것이 분석적 명제라면, 여러분은 그 사물이 실재한다고 함에 의해서 사물이라는 여러분의 생각[개념]에 아무런 새 것도 보탠 것이 없다. 이 때에는 여러분이 가지는 생각[개념]은 사물 자신인 것이 되거나, 혹은 여러분이 사물의 실재를 가능한 것에 속한다고 전제하고, 그런 뒤에 이 실재를 내적 가능성에서 추리했다고 과칭한 것이 되며, 이 경우는 가련한 동어반복임에 틀림없다. 사물[하나님]의 개념 안에 있는 실재라는 말이, 술어의 개념 중에 있는 [종합적] 실재와는 다른 의미라고 하는 것은, 아무런 도움도 되지 않는다. 대저, 여러분이 모든 정립(여러분이 무엇을 정립하건 간에)을 실재라고 일컫는다고 해도, 여러분은 그 사물을 주어의 개념 중에 있는 모든 술어와 함께 정립했던 것이요, 이것을 현실적이라고 가정한 것이며, 술어에 있어서는 그 사물[주어]을

반복하고 있을 뿐이다. 626

이와 반대로, 만일 여러분이, 모든 이성적 존재가 마땅히 승인해야 하듯이, 참으로 실재하는 것에 관한 명제는 어느 것이나 종합적임을 승인한다고 하면, 이때에 실재라는 술어를 제거함은 모순을 범한다는 것을 여러분은 어떻게 주장하려고 하는가? [즉 주장할 수 없다] 제거하면 모순이 있다는 장점이야말로 분석적 명제가 의존하는 특색이요, 분석적 명제가 고유하는 것이기에 말이다.

⑨ 모든 번폐스러운 논의는 실재라는 개념을 정확히 규정함에서 직접 무용화할 줄로 나는 생각한다. 그러나 [형식] 논리적 술어와 (사물을 규정하는) 실재적 술어를 혼동함에서 생기는 착각이 나의 모든 충고를 거의 배제하는 것을 보았기 때문에, 나는 번폐스런 논의의 직접적인 무용화를 하지 않았다. [형식] 논리적 술어로서는 어떤 것이나 우리 마음대로 쓸 수가 있다. 주어조차도 [환위를 통해서] 자기 자신을 술어로 삼을 수 있다. 이것은 [형식]논리학은 모든 내용을 무시하고 있기 때문이다. 그러나 [개념의] 규정이란, 주어 개념의 외부에서 보태져서 이것을 확대하는 것이다. 그러므로 규정은 주어 안에 이미 포함되어 있는 것이 아니다.

⑩ [그 무엇이] 있다(Sein)함은 분명히 실재적 술어가 아니다. 다시 말하면, 한 사물의 개념에 [종합적으로] 보태질 수 있는 어떤 것의 개념이 아니다. 「있다」고 함은 사물의 정립일 뿐이요, 혹은 사물의 어떤 규정 자체의 정립일 뿐이다. [형식]논리학의 사용에 있어서는 「이다」함은 판단의 연어임에 불과하다. 「하나님은 전능한 것이다」는 명제는 두 개의 개념[주어와 술어]을 포함하고, 이러한 개념들은 각각 대상을 갖는다. 즉 하나님과 전능이라는 대상이다. 또 「이다」라는 대수롭지 않은 말은 술어가 아니라 주어의 술어에 대한 관계를 정립했을 따 627
름이다. 그런데 내가 만약 주어(하나님)와 그것의 모든 술어를(이 중에는 전능도 포함되어 있거니와) 총괄해서 「하나님이 있다」 혹은 「하나님이란 것이 있다」라고 말한다면, 나는 하나님의 개념에 아무런 새 술어도 보탠 것이 아니고, 단지 그 일체의 술어와 함께 주어 자체, 즉 대상을 나의 개념에 관계시켰을 뿐이다. 대상과 개념의 내용은 꼭 같아야 한다. 그러므로 [사물의] 한갓 가능성을 표시하는 개념에 가능성 이상의 것을 보탤 수 없다. 나는 개념의 대상을 (그것이 있다라는 표현을 통해서) 단적으로 주어져 있다고 생각하고 있기 때문이다. 그러므로

현실적인 것은 가능적인 것 이상의 것을 도무지 포함하지 않는다. 현실의 백 탈레르[독일의 은화의 이름]는 가능적인 백 탈레르보다도 조금도 더한 것을 [개념 내용상으로는] 가지지 않는다. 가능적인 백 탈레르는 개념을 의미하고 현실의 백 탈레르는 대상과 대상의 정립 자체를 의미하기 때문에, 만약 가능적인 것이 현실적인 것보다도 더한 것을 포함한다면, 나의 개념은 이 대상을 그대로 표현하지 않는 것이 되고, 따라서 대상에 적합한 개념이 아니게 될 것이다.

그러나 나의 재산 상태에 관해서는 현실적인 백 탈레르가 백 탈레르의 개념(즉 백 탈레르의 가능성)보다도 더한 것을 포함하고 있다. 현실의 대상은 나의 개념 중에서 분석적으로 포함되어 있지 않고, 나의 개념에(이것은 내 마음 상태의 한 규정일 뿐이지만) 종합적으로 보태어지기 때문이다.[1] 그러나 물론 내 개념의 외부에 [백 탈레르가] 있음에 의해서 [개념 내용으로서의] 백 탈레르 자신은 조금도 증가된 것이 없다.

628 ⑪ 이에, 내가 한 사물을 그 어떠한 술어와 아무리 많은 술어에 의해서이든, 생각할 경우에 (뿐더러 그 사물을 철저하게 규정하는 경우에) 「이 사물이 있다」라는 것[말]을 그 위에 더 보탬으로 해서 그 사물에 [종합적으로] 더 보탠 것은 조금도 없다. 그렇지 않고 만일 보탠 것이 있다면, 내가 개념 중에서 생각했던 것만이 있는 것이 아니라 그것 이상의 것이 실재하겠고, 나는 「나의 개념」의 대상만이 존재한다고 말할 수는 없을 것이다.

뿐더러 한 사물에서 내가 그 사물의 하나의 실재성을 제외한 전 실재성을 생각한다고 해도, 내가 이런 결함 있는 사물이 실재한다고 말함으로써 결해 있는 [하나의] 실재성을 보태는 것이 되지 않고, 그 사물은 내가 생각했던 바 그 결한 부분을 가지면서 실재한다. 그렇지 않다면 내가 생각한 것과 다른 다른 것이 실재할 것이다. 이제야 내가 어떤 존재[하나님]를 (결함이 없는) 최고 실재성을 갖는다고 생각한다면, 이런 존재가 사실로 실재하느냐의 여부 문제는 여전히 남아 있다. 비록 「어떤 사물일반」의 가능적인 실재내용에 관한 「나의 개념」에는 아무런 결한 것이 없다고 해도, 내 사고의 전반상태에 대한 이 사물의 관계에서는 결한 것이 있다. 이것은 즉 이런 객관에 관한 인식이 후천적으로도

1) 가능성 중에 현실성이 있다고 한 라이프니쯔에 대한 반박이기도 하다.

격으로서의 「이성의[무시간적] 원인성」은 발생하는 것이 아니다. 즉 결과를 낳기 위해서 이를테면 어느 시간 중에서 개시하는 것이 아니다. 만일 그렇다면 580
[시간 중에서 개시하는 것이라면], 이성 자신은 현상의 자연법칙이 인과계열을 시간적으로 규정하는 한에서, 자연법칙에 종속하고 원인성은 이때에는 자연적이요, 자유는 아니겠다.

이에 우리는 「만일 이성이 현상에 관한 원인성을 가질 수 있다면, 이성은, 결과들의 경험적 계열을 제약하는 감성[의 작용]을 비로소 개시하도록하는 능력이다」고 말할 수 있다. 무릇 이성 중에 있는 제약은 감성적이 아니고 그러므로 저절로 존재하기 시작하는 것이 아니다. 따라서 이때에 우리는 그 어느 경험적 계열에서도 보지 않았던 것이 성립한다. 즉, 사건들의 계속적 계열의 제약 자신이 경험적으로 제약될 수는 없었던 것이 성립한다. 왜냐하면 이 경우에는 제약은 현상계열의 외부에(즉 가상적인 것 중에) 존재하고, 따라서 그런 제약은 감성적 조건에도, 선행하는 원인에 의한 시간규정에도 종속하지 않기에 말이다.

⑬ 그러하되 동일한 원인이 다른 관점에서는 현상 계열에 속하기도 한다. 인간은 그 자신이 현상이다. 인간의 결의는 경험적 성격을 갖고 이 경험적 성격이 그의 일체 행위의 (경험적) 원인이다. 자연적인 결과의 계열 중에 포함되지 않고 또 이 계열의 법칙에 따르지 않는 제약은, 인간을 그의 경험적 성격에 적합해서 규정하는 그 어느 제약들도 아니다. 자연적 계열의 법칙에 좇으면 시간 중에서 발생하는 것에 관해서 「경험적으로 제약되지 않은 원인성」을 사람은 발견하지 않는다. 그러므로 주어진 행위는 그 어느 것이나(그것이 현상으로서만 지 581
각될 수 있기 때문에) 단적으로 스스로 개시할 수가 없다. 그러나 이성에 관해서는, 이성이 결의를 규정하게 되는 상태에 앞서서 이 상태 자신이 규정되는 바 다른 상태가 있다고 우리가 말할 수는 없다. 무릇 이성 자신은 현상이 아니고 감성의 어떠한 조건에도 종속하고 있지 않기 때문에, 이성에 있어서는 그 원인성에 관해서조차도 시간 계기가 성립하지 않고, 따라서 이성에 대해서는 규칙에 의해서 시간 계기를 규정하는 역학적인 자연법칙은 적용될 수가 없다.

⑭ 이래서 이성은 전 의지적 행위의 지속적인 조건이요, 이 조건 아래서 인가의 활동이 나타나는 것이다. 인간의 의지적 행위는 그 어느 것이나 그것이

발생하기 이전에 그의 경험적 성격 중에서 이미 결정되어 있다. 경험적 성격은 가상적 성격의 한갓 「감성적 도식」일 뿐, 이런 가상적 성격에 관해서는 이전이니 이후니 하는 것은 타당하지 않는다. 그리고 모든 행위는, 그것이 다른 현상들과 함께 있는 시간관계를 도외시한다면, 순수이성의 가상적 성격이 낳은 직접적 결과이다. 따라서 이성은 자유로 작용[행위]하고 있고, 자연적 원인들의 사슬 중에 있어서 시간상으로 앞서 있는 내외의 근거들에 의해서 역학적으로 규정되어 있지 않다. 이성의 이러한 자유를 사람은 소극적으로 경험적 제약에 의존하지 「않는다」고 볼 수 있을(왜냐하면 이성능력은 경험적 제약에 의한 현상의
582 원인임을 중지하겠기에 말이다) 뿐만이 아니라, 적극적으로 사건들의 계열을 스스로 개시하는 능력이라고 표시할 수도 있다. 이러하기에, 이성 자신 중에서는 아무런 시작도 없으나 이성은 일체의 의지적 행위의 무제약적인 제약으로서, 시간상으로 그것에 앞선 제약을 자기 위에 허용하지 않는다. 그럼에도 불구하고 이성이 낳은 결과는 현상계열에서 개시한다. 그러나 이런 결과가 현상계열에서 「단적인 최초의 개시」로 될 수 없다.

⑮ 이성의 통제적 원리를, 이 원리를 경험적으로 사용한 한 실례에 의해서 설명하기 위해서, 임의의 한 행위를 취하여 보자. 이것은 통제적 원리를 설명[판정]하기 위한 것이요, 확증하기 위한 것이 아니다. (통제적 원리의 증명 같은 것은 선험적 주장에는 유용하지 않기에 말이다).

가령 한 사람이 악의에 찬 거짓말을 해서 사회에 혼란을 가져왔다고 하자. 사람은 첫째로 거짓말을 하게 된 동인을 연구하고, 그 다음에 거짓말과 그것의 결과가 당자에 지울 수 있는 책임을 판정한다. 첫째의 점에 관해서는 사람은 행위 당자의 경험적 성격을 그것의 원천에 이르기까지 정사한다. 이래서 그 원천이 좋지 않은 교육, 나쁜 교우, 일부는 수치에 대해 무감각적인 천성의 사악을 탐지하고, 일부는 경솔과 무사려에 있었다고 한다. 이 경우에 사람은 그런 행위를 야기한 기인을 간과하지 않는다. 이런 모든 사정에 대해 취하는 절차는 주어진 자연적 결과에 대한 일정한 원인을 일반적으로 탐구할 적과 마찬가지
583 다. 그래서 거짓말의 행위가 그런 사정들에 의해서 규정되어 있었다고 믿는다. 그럼에도 불구하고 행위 당자를 비난한다. 그러면서도 이처럼 비난하는 까닭은 그의 불행한 천성, 그에게 미친 환경의 영향, 아니 그가 이전에 했던 품행 등에

있지 않다. 왜냐하면 사람은 다음의 것을 전제하기 때문이다. 즉 이전의 품행이 어떠했건 간에 그런 것을 도외시해서 좋고, 지나간 제약 계열이 없었다고 보아서도, 이번 행위는 이전 상태가 전혀 제약이 되지 않고, 따라서 행위 당자는 결과의 계열을 마치 전혀 자신에서 시작한 듯이 보아져야 한다는 전제다.

이상과 같은 비난은 「이성의 법칙」에 기인하고, 이즈음에 이성을 이미 말한 모든 경험적 제약에도 불구하고, 실지와는 다르게 인간의 행동을 규정할 수 있었고 또 규정해야 할 원인으로 보고 있다. 그런 중에도 이성의 원인성을 이를테면 단지 [감성적 동기와] 경쟁하는 것으로 보지 않고 감성적 동기가 그런 원인성에 찬동하지 않고 도리어 반대했다 하더라도, 그 자체가 완전한 것으로 보고 있다. 이래서 [행위자의] 행위는 그의 가상적 성격에 귀속된다. 그는 거짓말을 하는 그 순간의 지금에 있어서 전적으로 책임이 있다. 그러므로 이성은, 그 584
소행에 대한 경험적 제약이 있었다 하더라도 완전히 자유였고, [이 즈음의] 소행은 전혀 이성의 태만에 귀책하는 것이다.

⑯ 부책에 관한 상술한 판단에서 쉽사리 알아채는 바는 이 경우에 사람은 다음의 사상을 갖고 있다는 것이다. 즉 「이성은 감성에 의해서 조금도 촉발되지 않고, 이성은 변함이 없으며(이성의 현상, 즉 이성이 작용한 결과 중에 드러나는 방식은 변화하지마는), 이성 중에서는 후속 상태를 규정하는 선행 상태가 없고, 따라서 이성은 현상을 자연법칙에 따라서 필연적이게 하는 감성적 조건의 계열에 속하지 않는다」는 것이다. 이성은 실로 모든 시간상태 중에 있는 인간의 전행위에 현재하는 것이고 또 항상 동일한 것이다. 그러나 이성 자신은 시간 중에 있지 않고, 따라서 이성이 이전에는 없었던 새 상태 같은 것에 빠지는 일도 없다. 이성은 새 상태에 관해서 규정하는 것이요, 규정되는 것이 아니다. 하기에 사람은 「이성은 왜 자신을 지금과는 달리 규정하지 않았더냐?」고 물을 수 없다. 사람은 오직 「이성[가상적 성격]은 왜 그 원인성에 의해서 생긴 현상들을 지금과는 달리 규정하지 않았더냐」고 물을 수 있을 뿐이다. 그러나 이런 물음에는 대답할 수가 없다. 하나의 다른 가상적 성격이 하나의 다른 경험적 성격을 주었을 것이기에 말이다. 그리고 행위자는 그의 이때까지 하여온 전 경력에도 불구하고 그는 거짓말을 하지 않을 수 있었다고 만일 우리가 말한다면, 이런 말의 의미는 다음과 같다. 즉 「거짓말을 하지 않음은 직접 이성의 지배를

받고 있다. 이성은 그것의 원인성에 있어서 '현상과 시간 경과'의 조건에 도무지 종속하고 있지 않다. 시간상의 차이는 '현상들 서로'의 그때그때의 중요한 차이를 확실히 낳기는 하나, 그러나 이 현상은 물자체 그것이 아니고 그러므로 원인 자체 그것도 아니기 때문에, 시간상의 차이가 이성[당위]에 관계한 행위
585 의 차이를 이룰 수는 없다」는 것이다.

⑰ 이에 우리는 자유 행위를 그것의 원인성에 관해서 판정함에 의해서 가상적인 원인[성격]에까지는 도달할 수는 있으나 이것을 넘어설 수는 없다. 가상적 원인이 자유라는 것, 다시 말하면 감성에서 독립하여 [행위를] 규정하고 이래서 감성적으로는 무조건적으로 현상을 제약할 수 있다는 것, 이런 것을 우리는 인식할 수 있다. 그러나 「왜 가상적 성격이 현재 사정 아래서 바로 이런 현상들을 보내주고 이 경험적 성격을 제공하느냐」 하는 물음은 인간이성의 모든 대답능력을 초월하여 있다. 아니 그런 물음은 이성의 모든 권능을 초월해 있다. 그것은 마치 「왜 우리의 외적인 감성적 직관의 선험적 대상이 바로 공간 중의 직관만을 주고 그 외의 다른 직관을 주지 않느냐」 하는 물음처럼 묻는 것이 될 뿐이다.

그러나 우리가 풀어야 했던 과제는 결코 그런 물음에 답할 것을 우리에게 구하지 않는다. 우리의 과제는 「동일한 행위에 있어서 자유는 과연 자연필연성과 모순되느냐」 하는 것에 불과했기 때문이다. 그리고 이런 과제에 대해서 우리는 충분한 대답을 하였다. 왜냐하면 「자유에 있어서는 자연필연성에 있어서와는 전혀 이종의 제약에 대한 관계가 가능하고, 그렇기에 자연법칙은 자유를 「촉발」하지 않고, 따라서 자연필연성과 자유와는 서로 독립적으로 또 서로 방해함 없이 존립할 수 있다」는 것을 우리는 증시했기 때문이다.

※ ※ ※

⑱ 사람이 충분히 주의해야 할 것은 상술한 것에 의해서 우리는 자유를 「우
586 리 감성계의 현상을 낳게 하는 원인」을 포함하는 능력들 중의 하나로 보아서 그런 자유의 현실성을 증시하려고 한 것이 아니라는 점이다. 만일 자유의 현실성을 증시하려고 했다면, 이런 시도는 개념만을 다루어야 할 선험적 고찰이 아니었던 것이 될 것이다. 이런 점은 고사하고라도 그런 연구는 성공할 수도 없

겠다. 왜냐하면 우리는 경험으로부터 경험적 법칙에 좇아 생각될 수 없는 것을 추리할 수 없기 때문이다.

또 우리는 자유의 가능성조차도 증명하려고 하지 않았다. 무릇 이런 시도 역시 성공하지 않았을 것이다. 왜냐하면 일반적으로 어떠한 실재적 근거도 또 어떠한 원인성도 그것들이 가능하다는 것을 한갓 선천적인 개념에서 우리가 인식할 수 있는 것이 아니기 때문이다.

여기서 자유는 단지 선험적 이념으로서만 취급된다. 선험적 이념을 통해서 이성은 현상 중의 제약계열을 감성적으로 무제약인 것에 의해서 단적으로 개시할 것을 생각하나, 그러나 그 무렵에 이성은, 자신이 오성의 경험적 사용을 위해서 지정했던 이성 고유의 법칙[오성의 원칙론]과의 이율배반에 휘말린다. 그래서 이 이율배반이 한갓 가상에 기인하고 있다는 것, 또 자연은 자유에 의한 원인성과 적어도 모순되지 않는다는 것, 이런 것들이 우리가 수행할 수 있었던 유일의 것이었고 또 우리에게 유일무이한 관심사이기도 하였다.

Ⅳ. 현상의 실재 일반에서 보아진 「현상 의존의 전체성」에 관한 우주론적 이념의 해결

① 앞 항에서 우리는 감성계의 변화를 「역학적 계열」 중에서 고찰하였으나, 587
거기서는 각 변화는 자기의 원인으로서의 다른 변화에 종속하는 것이[었]다. 지금에는 우리는 상태들의 [역학적] 계열을 모든 변화적인 것의 최고 제약일 수 있는 「하나」의 현존, 즉 필연적 존재에 도달하기 위한 길잡이로만 쓰고 있는 것이다. 본 항에서 문제로 삼는 것은 무제약적인 원인성이 아니라 한 실체 자신의 무제약적인 현존 여부이다. 이에 우리가 염두에 두는 계열은 원래가 [직관이 없는] 개념들의 계열일 뿐이요, 한 직관이 다른 직관의 제약인 한의, 「직관들의 계열」이 아니다.

② 하지만 다음의 사실만은 명백하다. 즉 현상들의 총괄[자연]에 있어서의 일체는 가변적이요, 따라서 제약된 실재이기 때문에 이런 의존적인 실재[들]의 계열에 있어서는 무제약적 항이 있을 수 없다. 즉 그것의 실재가 절대로 필연적이겠는 항은 없다. 하기에, 현상이 「물자체 그것」이라 한다면, 바로 그런 까닭에서, 현상을 제약하는 것과 제약된 것과는 언제나 동일한 「직관의 계열」에

588 속하고, 감성계 현상들의 실재를 제약하는 것으로서의 필연적 존재[하나님]는 성립할 수 없겠다는 것이다[결국 반정립의 입장].

③ 그러나 역학적 배진을 수학적 배진에서 구별하는 독특한 점은 다음과 같다. 즉 수학적 배진의 본래의 문제는 부분들이 합해서 전체로 되거나 혹은 하나의 전체를 그것의 부분들로 분할하는 것이기 때문에 이런 계열을 형성하는 제약들은 항상 계열의 부분들로 보아지고, 따라서 동종인 것으로 보아지며, 그러므로 현상들로 보아지지 않을 수 없다는 점이다. 그 대신에 역학적인 배진에 있어서 문제 삼는 것은, 주어진 부분들로부터는 무제약적 전체의 가능성이 아니라, 혹은 주어진 전체에 대한 무제약적 부분[단자]의 가능성이 아니라, 하나의 상태를 그것의 원인에서 도출하는 것, 혹은 필연적으로 실재하는 실체 자신에서 우연적 존재를 도출하는 것이다. 이 때문에 제약이 제약된 것과 함께 하나의 경험적 계열을 반드시 형성할 필요가 있는 것은 아니다[정립의 입장].

④ 이에 우리가 당면해 있는 외견상의 이율배반은 우리에게 아직도 하나의 탈출구를 열어 놓고 있다. 즉 서로 모순되는 두 명제가 서로 다른 의미에 있어서 동시에 참일 수 있다는 것이다. 그 결과로 감성계의 만물은 전혀 우연적이요, 그러므로 항상 경험적으로 제약된 실재만을 가지지마는, 전 계열에 관해서는 비경험적인 제약이, 다시 말하면 무제약적인 필연존재가 성립한다는 것이다. 무릇 이 무제약적인 필연존재는 「가상적인 제약」이기 때문에, 계열의 한 항으로서 (또는 최상항으로서) 이 계열에 속하는 것이 아니고, 계열 중의 어느
589 항도 경험적으로 무제약적이도록 하지 않으며, 전 감성계를 그것의 전 항을 통해서 「경험적으로 제약된 실재」 그대로 방임하는 것이다.

이에, 무제약적인 실재를 현상의 근저에 두는 방식은 앞 항의 경험적인 제약이 없는 원인성(자유)과는 다음의 점에서 구별된다. 즉 [선험적] 자유에 있어서는 사물 자신이 원인(현상적 실체)으로서 「제약들의 계열」 중에 들어갔고, 그것의 원인성만이 「가상적」이라고 생각되었지마는, [의존의 전체성을 다루는] 본항에 있어서는 필연적 존재는 (초세계적 실재로서) 감성계의 계열 외부에서 생각되고 또 가상적이라고 생각되지 않을 수 없다는 점에서다. 이렇게 생각함에서만 이 필연존재는 그 자신이 일체 현상의 우연성과 의존성과의 법칙에 종속하지 않을 수 있다.

⑤ 하기에 이성의 통제적 원리란 우리의 당면 과제에 관해서는 다음과 같은 것을 의미한다. 즉 [1] 감성계의 일체는 경험적으로 제약된 실재를 갖는다는 것, 일반적으로 감성계에 있어서는 어떠한 성질에 관해서도 무제약적인 필연성은 없다는 것이다. [2] 제약계열 중의 어느 항에 관해서도 우리는 가능한 경험 중에서 그것의 경험적 제약을 기대하고 또 가능한 한 추구해야 하며, 「경험적 제약을 기대하거나 추구해서는 안 되는 항은 없다」는 것이다. 그리고 실재를 경험적 계열 자신 이외의 제약에서 도출하거나 계열자신 중에서 단적으로 590
독립자존한다고 간주할 권리를 우리에게 주는 것은 없다는 것이다. [3] 그럼에도 불구하고 전 계열이 어떤 가상적 존재 중에 그 근거를 가질 수 있음을(이에 가상적 존재는 일체의 경험적 제약에서 독립하여 있고 이 모든 현상을 가능하게 하는 근거를 포함하지만) 거부하지 않는다는 것이다.

⑥ 그러나 이 즈음에 하나의 존재[하나님]가 무조건적-필연적으로 실재함을 증명하려는 것이 우리의 의견이 아니요, 혹은 감성계 현상들의 실재에 관한 한갓 가상적인 제약의 가능성을 이 하나의 존재에 의존시키려는 의견을 가진 것도 아니다. 이성이 경험적 제약들의 길잡이를 내버리고 초험적인 설명근거, 따라서 구체적으로 표시할 수 없는 설명근거에 빠지지 않도록, 우리가 이성을 제한함과 동시에, 타면에 있어서는 오성의 경험적 사용의 법칙이 물일반[물자체]의 가능성에 관해서 단정을 내리지 않도록, 또 가상적인 것이 우리에 의해 현상을 설명하기 위해서 사용될 수는 없을지라도, 그렇다고 해서 가상적인 것을 불가능한 것으로 선언하지 않도록, 경험적 오성의 사용 법칙도 제한하려는 것이 우리의 의견이다. 우리의 의견이 지적하는 것은 단지 모든 자연물과 그것의 (경험적인) 일체 제약을 꿰뚫고 있는 우연성이, 가상적이기는 하되 필연적인 제약[하나님]을 임의로 전제하는 것과 충분히 양립할 수 있다는 것 뿐이다. 이래서 이 두 가지 주장 사이에는 아무런 모순이 발견되지 않고, 그러므로 양자가 다 참일 수 있다는 것 뿐이다. 비록 단적으로 필연적인 이러한 오성체[1] 자신이 불가능하다 하더라도, 그것이 불가능함은 역시 감성계에 속하는 일체의 「일반적 우연성과 의존성」에서 추리될 수 없는 동시에, 감성계 [계열] 중의 어 591

1) 가상체의 뜻이요, 여기서는 목적적인 하나님 같은 것을 의미한다.

느 항도 우연적인 한에서, 이런 [우연적인] 함에 머물지 않는 원리, 이 세계의 외부에 있는 원인에 의거하는 원리에 의해서도 추리될 수 없다. 이성은 경험적 사용의 길을 걷는 것이요, 선험적[초험적] 사용에서는 특수한 길[통제적 이념의 길]을 걷고 있는 것이다.

⑦ 감성계는 현상만을 포함하는 것이나, 그러나 현상은 한갓 표상이요, 이것은 어디까지 가더라도 역시 감성의 제약을 받고 있다. 여기서 우리는 「물자체 그것」을 우리의 대상으로 삼고 있지 않다. 이 때문에 경험적 계열의 한 항으로부터 그것이 어떠한 것이건 간에 감성과의 연관의 외부로 비약할 권리가 우리에게 없다는 것은 조금도 놀랄 일이 아니다. 비약한다면 현상을 마치 「물자체」이듯이 보는 것이요, 이런 물자체는 현상의 선험적 근거와는 무관계하게 실재하는 것이 되며, 그것이 실재하는 원인을 현상의 외부에 구하기 위해서 그것을 남길 수 있다는 말이 되겠다. [물자체를 남기는] 일은 우연한 사물들에 있어서는 결국 부득이하겠지마는, 그런 사물들의 한갓 표상들에 있어서는 그럴 수가 없다. 이 표상들의 우연성 자신은 한갓 현상임에 불과하고 또 이런 우연성에 도달할 수 있는 것은 현상들을 규정하는 배진, 따라서 경험적인 배진 외에 따로 없다. 그러나 「현상, 즉 감성계」의 가상적 근거를 생각하고, 이런 근
592 거를 현상들의 우연성에서 해방되었다고 생각하는 것은, 현상 계열에 있어서의 무제한의 경험적 배진에도 현상들의 일관된 우연성에도 대립하는 것이 아니다. 그것은 외견상의 이율배반을 제거하기 위해서 우리가 하여야 했던 유일한 일이요, 그런 방식에서만 이율배반이 제거되었던 유일한 일이다. 무릇 (현존상으로) 제약된 모든 것에 대한 그때그때의 제약이 감성적이요, 그러므로 [경험적] 계열에 속하는 것이라면, 이 제약 자신도 또다시 제약되어 있기에 말이다. (이것은 넷째의 이율배반의 반정립이 증명한 바와 같다). 이에 무제약자를 요구하는 이성과의 모순이 남지 않을 수 없었거나 혹은 무제약자가 (경험적) 계열의 외부의 가상적인 것 중에 두어져야 하였다. 이런 가상적인 것의 필연성은 경험적 제약을 요구하지도 않으며, 허용하지도 않는다. 따라서 가상적인 것의 필연성은 각 현상들에 관해서 무조건적으로 필연적이게 된다.

⑧ 가상적 존재를 허용했다 하더라도 (감성계에서의 실재의 제약들에 관계하는) 이성의 경험적 사용은 영향을 받지 않고, 오히려 일관된 우연성의 원리에 좇아

서 경험적 제약에서 마찬가지로 항상 경험적인 고차의 제약으로 진행하여 간다. 그러나 이와 마찬가지로 통제적 원칙도 (목적에 관계하는) 이성의 순수한 사용이 문제일 경우에, [경험적] 계열 중에는 없는 가상적 원인의 상정을 배제하지 않는다. 실로 가상적 원인은 이 경우에 감성적 계열 일반을 가능케 하기 위한, 우리에게 선험적인, 알려지지 않은 근거를 의미하는 것이기 때문이다. 그러나 이런 근거의 실재는 감성적 계열의 모든 제약에서 독립이요, 또 이 계열에 대해서는 「무조건적 필연」이지마는, 감성적 계열의 무제한의 우연성에 모 593
순되지 않고 따라서 경험적 제약들의 계열에 있어서의 어느 곳에서도 종결하지 않는 배진에도 모순되지 않는다.

순수이성의 전 이율배반을 끝맺는 말

① 우리가 우리 이성의 개념[이념]들에 의해서 감성계에서의 제약들의 전체성과, 이것에 관계해서 이성의 요구를 충족시킬 수 있는 것만을 대상으로 삼는 한에서, 우리의 이념들은 확실히 선험적이기는 하되 역시 우주론적이다. 그러나 우리가 무제약자를 (이것이 원래 문제이지마는) 전혀 감성계의 외부에, 따라서 모든 가능한 경험의 외부에 세우자마자, 이념들은 초험적이게 된다. 이런 종류의 이념들은 이성의 경험적 사용의 완결(이것은 항상 완수되지는 않지마는 역시 어디까지나 추구되어야 할 이념이되)을 위해서 쓰일 뿐만이 아니라, 자기를 이성의 경험적 사용에서 완전히 분리하여 자기 자신을 대상으로 삼는다. 이런 대상의 질료는 경험에서 가져와지지 않고, 그것의 객관적인 실재성도 경험적 계열의 완성에 기인하지 않으며, 오히려 선천적인 순수개념에 기인하는 것이다. 이런 초험적 이념들은 「가상적인 대상」만을 가지거니와 이런 대상을 그 외의 점에서는 우리가 아는 바 없는 선험적 객관으로서 인정하는 일은 물론 허용된다. 그러나 이런 선험적 객관을 그것의 성질을 잘 아는 명확한 내적인 술어에 의해서 규정될 수 있는 사물이라고 생각하기 위해서는, 우리는 그런 일이 가능한 근거를(모든 경험개념에 의존하지 않는 것으로서) 가지지도 않거니와, 그러한 594
선험적 대상[객관]을 상정할 만한 최소의 변명도 우리 측은 가지지 않는다. 그러므로 이러한 대상은 단지 관념물일 따름이다.

그럼에도 불구하고 온 우주론적 이념들 중에서 넷째의 이율배반을 야기한 이념은 우리로 하여금 이러한 처리의 길을 감히 취하도록 하는 것이다. 무릇 자기 자신 중에 근거를 가짐이 없이 항상 제약되어 있는 현상들의 현존은 이런 모든 현상들과 구별되는 어떤 것, 따라서 우연성이 종결하는 「가상적인 대상」에 관한 것을 찾도록 우리에게 요구하기에 말이다. 그러나 우리가 일단 전 감성계 분야의 외부에서 하나의 자존적인 실재를 상정하는 것을 허가받았을 때에, 현상들은 그 자신 예지자인 존재자가 가상적 대상들을 표상하는 우연적 방식이라고만 간주될 수 있다. 이 때문에, 우리가 그것 자신으로서는 조금도 아는 내용이 없는 가상적은 사물들에 관해 그래도 약간의 어떤 이해를 가지고자 한다면, [경험에 기본한] 유추만이 남는다. 즉, 유추에 따라 경험개념을 이용할 뿐이다. 우리는 우연적인 것을 다름 아닌 경험을 통해서만 알지마는, 여기서는 경험의 대상이 될 턱이 없는 사물을 문제로 삼고 있기 때문에, 우리는 그런 사물에 대한 지식을 그 자신 필연적인 것에, 즉 사물일반이라는 순수[직관이 없
595 는]개념들에서 이끌어내지 않을 수 없겠다. 따라서 우리가 감성계의 외부에 한 걸음 내디디고 보면, 이런 제일보는, 우리의 새로운 앎을, 단적으로 필연적인 존재[하나님]의 연구에서 시작해서, 이런 존재에 관한 개념으로부터 단지 가상적인 한의 모든 사물들의 개념을 이끌어 내지 않을 수 없다. 우리는 이러한 시도를 다음 장에서 하여 보고자 한다.

선험적 변증론 제2편

제3장 순수이성의 이상

제1절 이상 일반

① 감성의 모든 제약이 없다면 「오성의 순수개념」에 의해서 아무런 대상도 표상될 수 없다는 것을 우리는 이미 알고 있다. 왜냐하면 「오성의 순수개념」의 객관적 실재성을 표시할 조건이 없고, 오성의 순수한 개념 중에는 「사고의 순 형식」만이 발견되기 때문이다. 그러나 오성의 순수한 개념이 현상에 적용될 적에는 그것은 구체적으로 표시될 수 있다. 무릇 오성의 순수한 개념은 현상에 즉해서만 경험–개념에 대한 소재를 가지는 것이요, 이 경험–개념은 오

성의 구체적인 개념을 말하는 것이다. 이념은 범주보다도 한층 더 객관적 실재 596
성에서 멀어져 있다. 이념이 구체적으로 나타나 있는 현상이 발견될 수 없기에 말이다. 이념은 어떠한 가능한 「경험적 인식」도 그것에 도달할 수 없는 [절대적] 완전성을 포함한다. 이성은 이러한 이념에 의해서 오로지 체계적 통일만을 지향하여, 경험적으로 가능한 통일을 자신에 접근시키려고 하지마는, 언제까지나 체계적인 통일에 완전하게 도달하는 일이 없다.

② 내가 이상이라고 하는 것은 이념보다도 더 객관적 실재성에서 멀어져 있는 것이라고 여겨진다. 내가 의미하는 이상은 한갓 구체적인 이념인 것이 아니라, 개체적인 이념, 즉 이념에 의해서만 규정될 수 있는 개체요, 혹은 이미 규정된 개체다[하나님이다].

③ 완전무결한 인간성[인간 존재]이란, 인간 본성에 속하는 전 본질적인 성질을, 즉 인간성이라고 하는 우리 개념의 성질을 확장하여, 그것의 목적들과 완전히 일치하는 데 이르는 것까지 포함[의미]하는데, 이것이 완전무결한 인간이라는 우리의 이념이겠다. 그뿐만 아니라, 완전무결한 인간이란, 이러한 개념 외에 그 이념의 전반적 규정[특성]을 위해 필요한 일체도 포함하는 것이다. 무릇 모든 상반되는 술어[정의와 불의, 용기와 비겁]들 중에서 「각각」 한 술어[정의, 용기]만이 지완한 인간이라는 이념에 합치할 수 있기에 말이다. 우리가 한 이상이라고 하는 것은, **플라톤**에서는 신적 오성의 이념이었다. 이것은 오성의 순수 직관에 나타나는 개체적인 대상이었고, 모든 종류의 「가능한 존재」 중에서도 지완한 것이었으며, 현상 중의 모든 모상의 원근거[전형, 모범, 표본 prototype 실천적 힘을 가진 것]였다.

④ 그러나 이처럼 극단에 치우치지 않아도 우리가 인정해야 할 것은, 인간 597
의 이성은 이념들뿐만이 아니라 「이상들」도 포함하고, 이런 이상들은 플라톤의 그것처럼 창조력을 가지지는 않지마는 (통제 원리들로서의) 실천력을 가지며, 혹종 행위의 「완전」 가능성의 근저에 있다는 것이다.

도덕개념들은 그 전부가 「이성의 순수한 개념들」인 것은 아니다. 왜냐하면 도덕개념들의 근저에는 (쾌 혹은 불쾌와 같은) 경험적인[1] 것이 있기 때문이다. 그럼

1) 이 점에 관해서 칸트는 뒤에 다른 생각을 하였다. 그는 실천이성비판에서 「순수이성은 실천적이다.

에도, 도덕적 개념들이 이성으로 하여금 원래 방자한 자유를 제한하도록 하는 원리라고 보아진다면 (따라서 이성의 형식만을 주시한다면), 도덕적 개념은 「이성의 순수한 개념」을 십분 예증할 수 있다. 덕과 그와 동시에 완전히 순수한 인간 지혜와는 이념이다. 그러나 (스토아 학도의) 현인은 하나의 이상이다. 즉 현인은 단지 사고 중에만 실재하되 지혜라는 이념과 완전히 합치하는 한 인간이다.

이념이 규칙을 주는 것이듯이, 이상은 이 경우에 모상을 완전히 규정하기 위한 원형이 된다. 그리고 우리가 비록 아무리 노력해도 그것에 도달할 수 없더라도, 자기를 그것과 비교하여 그것에 의하여 평가하고 이래서 자기를 더 개선하기 위한 규준으로서는 신적 인간의 행동 외에 따로 없다. 이러한 이상은 우리가 비록 그것에 객관적 실재성(현존)을 인정할 수 없다고 하더라도, 그렇
598 다고 해서 망상이라고 보아서는 안 된다. 이상은 이성의 필수적인 규준을 주는 것이다. 이성은 각자의 방식에 있어서 「완전한 것」의 개념을 요구하고 그것에 의해서 불완전한 것의 정도의 결함을 평가하고 측정하려고 하는 것이다.

그러나 이상을 하나의 예증 중에서, 즉 현상 중에서 실현하려고 하는 일은 ―현인을 소설 중에서 구체화하듯이―실행하기 어렵고, 또 불합리하기도 하며, 그 자신 별로 교화적이 되지 않는다. 왜냐하면 이념 중의 완전성을 늘 방해하는바, 자연적 [천부적]인 제한이 이러한 기도중에 있는 모든 환상을 불가능하게 하고, 그로 인해서 이념 중에 있는 좋은 점도 의심스럽게 하며 공상에 유사한 것이도록 하기 때문이다.

⑤ 이성의 이상이란 이상과 같은 성질의 것이다. 이상은 항상 일정한 개념에 의거하고 있고, 준수하기 위한 것이건 평가하기 위한 것이건 간에 규칙으로 되고 또 「원형」으로 되는 것이다. 구상력의 산물 [구상력의 이상]은 이것과는 사정을 전혀 달리한다. 구상력의 산물에 관해서는 아무도 명백한 설명을 할 수 없고 이해할 수 있는 개념을 줄 수 없다. 그것은 이를테면 약도다. 지시할 수 있는 규칙에 좇아서 규정된 선인 것이 아니라, 정해진 상이라기보다는 각종 경험의 중간에 이를테면 떠있는 도형이다. 화가와 관상가가 이러한 것을 머릿속에 가지고 있다고 자칭하지마는, 그것은 그들이 만들어낸 또 관정하기도 하는

즉 감각적인 것에서 독립하여, 그 자신만이 의지를 규정할 수 있다」는 것을 증명하려고 하였다.

영상이요, 남에게 확실히 전달될 수 없는 것이다. 그것은 진정한 의미의 이상이 아닌 「감성의 이상」[취미판단]이라고 할 수 있다. 왜냐하면 그것은 가능한 경험적 직관이 도달할 수 없는 모범형일 것이기 때문이다. 그러나 이런 종류의 599
이상은 설명되고 음미될 수 있는 규칙을 주지는 않는다.

⑥ 이것과 반대로 이성이 그것의 이상에 의해서 노리는 바는 선천적 규칙에 따라서 일관된 규정을 하는 일이다. 그러므로 이성은 원리에 따라서 시종일관 규정[활동]할 수 있는 대상을 생각한다.——비록 그것을 위한 충분한 조건이 경험 중에 주어지지 않고 따라서 대상의 개념 자신이 초험적이라 할지라도.

제3장

제2절 선험적 이상(선험적 원형)

① 각 개념은 그 개념 자신 속에 포함되어 있지 않은 것에 관해서는 미규정적이고, 따라서 가규정성의 원칙에 따른다[A는 非A가 아니라고 규정하듯]. 즉 모순대당의 관계에 있는 두 술어 중의 어느 하나만이 그 개념에 속할 수 있다는 원칙이다. 이것은 [논리학의] 모순율에 기인하고, 그러므로 단지 [형식]논리학의 원리다. 이 원리는 인식의 모든 내용을 도외시하고, 인식의 논리적 형식만을 안중에 두는 것이다.

② 그러나[개념이 아닌] 각 사물은 그것의 가능성으로 보아 [모순율 외에] 철 600
저한[전반적인] 규정의 원칙에 따른다. 이 원칙에 의하면 사물들의 모든 가능한 술어들은 그것들에 반대되는 술어들과 비교되는 한에서, 하나의 술어만이 각 사물에 귀속해야 하는데, 이것은 한갓 모순율에만 기인하는 것이 아니다. 왜냐하면, 이것은 모순대당의 두 술어의 관계 이외에, 각 사물을, 「사물 일반[만물]의 모든 술어들의 총괄로서의 전체 가능성」에 대한 관계에 있어서도 고찰하기에 말이다. 그리고 이런 일은 그 전체 가능성을 선천적 조건으로서 전제하기 때문에, 이 원칙은 각 사물을 표상한다고 하더라도 각 사물이 전체 가능성에 대해서 가지는 참여에 의해서 사물 자신의 가능성을 이끌어내는 그런 것으로서 표상한다.※

※ 이에, 각 사물은 이 원칙에 의해서 공통의 상관자에, 즉 전체 가능성에 관계를

맺게 된다. 그리고 만일 이 전체 가능성이 (즉 전 가능적 술어를 위한 소재가) 유일한 사물[하나님]의 이념에서 발견된다면, 전체 가능성은 가능한 모든 것을 일관적으로 규정하는 근거가 동일함에 의해서 가능한 모든 것의 친화성을 증명하겠다. 각 개념의 가규정성은 서로 대립하는 두 술어 사이의 중간을 배제하는 배중률의 **보편성**(Allgemeinheit, Universalitas)에 종속되어 있다[일반논리학의 원리], 그러나 한 사물의 규정은 **전체성**(Allheit, Universitas)에, 즉 모든 가능한 술어의 총괄에 종속되어 있다.

따라서 전반적 규정이라는 원리는 내용에 관계하는 것이고, 그저 논리적 형식에만 관계하는 것이 아니다. 이 원리는 한 사물을 완전하게 이해시키는 모든
601 술어들을 종합하는 원칙이요, 모순되는 두 술어 중의 하나에 의해서 각 개체를 이해시키는 분석적 표상의 원칙만이 아니며, 선험적 전제를 포함하는 것이다. 즉 모든 가능성을 위한 질료는 각 개체가 특수한 것으로서 존재할 수 있게 하는 소여를 선천적으로 포함해야 할 것이라는 전제이다.

③ 「실재하는 모든 것은 전반적으로 규정되어 있다」는 명제는 서로 대립하는 두 주어진 술어 중의 한쪽이 한 사물에 귀속하는 것을 의미할 뿐더러 모든 가능한 술어들 중의 하나가 한 사물에 귀속한다는 것도 의미한다. 그 명제는 술어들을 [일반] 논리적으로 서로 비교할 뿐더러, 각 사물 자신이 모든 가능한 술어들의 총괄과 선험적으로 비교된다. 그 명제가 의미하는 바는 한 사물을 완전하게 인식하려면, 모든 가능적인 것을 인식해야 하고, 이것으로 인해서 그 한 사물을 긍정하건 부정하건 간에 규정해야 한다는 것이다. 따라서 전반적 규정이란, 전체성에서 보아 구체적으로는 우리가 표시할 수 없는 하나의 개념[하나님]이다. 하기에, 이런 개념은 이성 중에만 자리잡고 있는 이념에 기본하고, 이성이 오성에게 그 완전한 사용의 규칙을 지시하는 것이다.

④ 그런데 모든 가능성의 총괄이라는 이념은, 이 총괄이 제약으로서 각 사물의 전반적 규정의 근저에 있는[것이요, 그런] 한에서, 이 총괄을 형성하는 술어들에 관해서는 그 자신 아직 규정되어 있지 않고[불명하고], 그 이념에 의해
602 서 단지 「가능한 모든 술어 일반」의 총괄만을 생각한다. 비록 이렇다 하더라도 자세한 연구는, 이 이념이 근원적 개념으로서 다른 술어에 의해서 이미 주어져 있는 파생적인 많은 술어들을 배제하고 혹은 서로 병립할 수 없는 많은

술어들을 배제한다는 것을 발견하고, 시종일관 선천적으로 규정된 유일한 개념[하나님]으로 순화된다는 것을 발견한다. 이래서 이 이념은 하나의 단일대상이 되고, 이런 대상은 한갓 이념에 의해서만 철저히 규정되어 있으며, 따라서 순수이성의 이상이라고 일컬어져야 하는 것이다.

⑤ 우리가 모든 가능한 술어를 순 [일반]논리적으로가 아니라 선험적으로 고려한다면, 즉 술어에서 선천적으로 생각될 수 있는 내용에 관해서 고려한다면, 약간의 술어에 있어서는 「있다 함」(ein Sein)이 표상되고, 다른 술어에 의해서는 「있지 않음」(ein bloss Nichtsein)이 표상되는 것을 안다. 오로지 아니라(Nicht)는 말에 의해서 지적되는 [일반]논리적 부정은 원래 한 개념에 속하지 않고 판단에 있어서의 두 개념[주어와 술어] 간의 관계에 속한다. 이에 논리적 부정은 한 개념을 내용상으로 표시하기에는 도저히 불충분하다. 가령 죽지 않음이라는 말은 대상에 있어서 「있지 않음」이 표상되는 것을 전혀 인식시킬 수 없다. 그것은 오히려 온갖 내용을 그대로 두고 있다. 이와 반대로 선험적 부정은 「있지 않음」 자신을 의미하고, 선험적 긍정이 그것에 대립하게 되지마는, 이 선험적 긍정은 「하나의 그 어떤 것」이요, 「이 어떤 것」의 개념 자신이 벌써 「있다 함」을 표시하며, 그러므로 실재성(사실성)이라고 일컬어지는 것이다. 왜냐하면 실재성에 의해서만 또 실재성이 도달하는 한에서 대상들은 그 어떤 603
것(사물들)이기 때문이다. 이와 반대로 실재성에 대립하는 부정은 순 결여를 의미하고, 부정만이 생각되는 곳에서는 전 사물의 폐기가 표상되는 것이다.

⑥ 그런데 누구라도 그가 부정에 대립하는 긍정을 근저에 두는 일이 없고서는 부정을 명확히 생각할 수 없다. 날 적부터의 맹인은 「어둠」의 표상을 조금도 가질 수 없다. 빛을 가지지 않기 때문이다. 미개인은 가난을 아는 바 없다. 푸짐함을 모르기 때문이다.※ 무식자는 자기의 무식을 모른다. 학문[유식]을 모르기 때문이다 등등. 그렇게 보면 모든 부정성의 개념은 파생적이다. [광명·부유·유식 등의] 실재성이야말로 만물이 가능하기 위한 또 만물을 전반적으로 규정하기 위한 소여를 포함하고, 이를테면 질료 혹은 선험적 내용을 포함하는 것이다.

※ 천문학자들의 관찰과 계산은 우리에게 허다한 놀랄 만한 것을 가르쳐 주었다. 그러나 가장 중요한 것은 그들이 우주에 관한 무지의 심연을 우리에게 드러내

었다는 것이겠다. 천문학의 지식이 없었으면 인간 이성은 이 무지의 심연을 그다지도 깊게 상상할 수 없었을 것이다. 그리고 이 점에 관한 숙려가 우리의 이성 사용의 궁극목적을 규정함에 있어서 큰 변화를 가져오기에 틀림이 없다.

⑦ 이에, 우리 이성에 있어서의 일관적 규정의 근저에는 하나의 선험적 기체가 두어지고, 이것이 이를테면 재료를 전부 저장해 있어서 여기서 온 사물의
604 가능적 술어들이 죄다 얻어질 수 있다. 이렇다고 한다면 선험적 기체는 전 실재성의 이념에 틀림없다. 그럴 때에 참된 부정은 제한들 외의 다른 것이 아니요, 제한들은 근저에 무제한자(전체)가 없으면, 부정이라고 말할 수 없겠다.

⑧ 그러나 실재성을 이처럼 전부 소유한다고 함에 의해서 「하나의 물자체」라는 개념이 철저하게 규정된 것이라고 표상된다. 즉 「하나의 최고 실재」[하나님]의 개념은 「단일 존재」의 개념이다. 왜냐하면 모든 가능한 대립적 술어에 관해서 그 한쪽의 술어가, 즉 「있다 함」에 단적으로 귀속하는 술어가 저 「최고 실재」의 규정에서 발견되기 때문이다. 이에, 이 최고 실재는 하나의 선험적 이상이다. 이것은 만유에서 반드시 발견되는 전반적 규정[활동]의 근저에 있는 것이요, 또 만유를 가능하게 하는 최상의·완전히 질료적 제약이 되는 것이다. 그리고 대상일반에 관한 온갖 사고는 대상의 내용면으로 보아서 반드시 이 제약에 귀착하게 된다. 그러나 그것은 인간이성이 느낄 수 있는 유일의 진정한 「이상」이기도 하다. 왜냐하면 이러한 [이상을 둘] 경우에만 한 사물에 관한 원래의 일반개념이 그 자신을 통해서 일관적[전반적]으로 규정되고, 한 개체의 표상으로서 인식되기 때문이다.

⑨ 한 개념을 이성에 의해서 [일반] 논리적으로 규정하는 것은 선언적 삼단논법에 의거하고 있다. 선언적 삼단논법에 있어서는 그 대전제가 [술어에] 논리적 구분(한 일반개념의 영역의 분할)을 가지며, 소전제는 이 영역을 한 부분에만
605 제한하고, 결론은 이 제한된 부분에 의해서 그 개념을 규정한다.1) 「실재성 일반」이라는 일반개념은 선천적으로는 분할될 수가 없다[경험적으로만 분할될 수

1) A는 색(무게·온도 등)의 술어를 가지거나, 혹은 안 가지거나다. 그런데 A는 색…을 가졌다. 그러므로 A는 색…외의 것이 아니다. 또 A는 생명이 있거나 없거나다. 그런데 A는 생명이 있는 것이다. 그러므로 A는 무생명이 아닌 것이다.

있다]. 왜냐하면 우리는 경험에 의하지 않고서는 실재성 일반이라는 유 아래에 포함되어 있을 실재성의 일정한 종을 아는 바 없기 때문이다. 이에, 만물의 완전한 규정을 포함하는 선험적 대전제는, 「모든 실재의 총괄」이라는 표상임에 틀림없다. 그것은 모든 술어를 그것의 선험적 내용에 좇아 자기 아래에 포괄하는 개념이 아니라 자기 속에 포괄하는 개념이다. 즉 각개 사물을 완전하게 규정한다는 것은 실재성[B. 210]의 전체(dies All)[1]를 제한하는 데에 기본한다. 왜냐하면 [전 실재중의] 약간의 실재는 [개별] 사물에 부여되지만, 나머지의 것은 배제되기에 말이다. 이런 일은 선언적 대전제에 있어서의 이자택일에 일치하고 또 소전제가 구분지의 하나에 의해서 대상을 규정하는 것에 일치한다. 그러므로 이성이 가능한 만물을 규정하는 근저에 선험적 이상을 두는 이성의 사용은, 선언적 삼단논법에 있어서 이성이 취하는 태도와 흡사하다. 이것이, 내가 이전에 「모든 선험적 이념들」을 체계적으로 분류할 무렵에 그 근본에 두었던 명제요, 이 명제에 의하면 선험적 이념들은 삼단논법의 세 가지 종류에 평행하고, 세 가지 종류에 대응해서 산출했던 것이다[B. 390 참조].

⑩ 이성의 이러한 의도에서, 즉 단적으로 사물들의 필연적인 전반적 규정을 표상하기 위해 전제하는 것이 이상에 합치하는 존재가 실재한다는 것이 아니 606
라, 그런 존재의 이념임은 자명한 일이다. 그리고 이런 전제는 일관된 규정이라는 무제약적인 전체성으로부터 제약된 전체성, 즉 제한된 것들의 전체성이 도출하기 위한 것이다. 하기에, 이성의 이상은 만물의 원형이다. 그리고 만물은 다 [인간이성도] 불완전한 모형으로서 그것이 가능하기 위한 소재를 저 원형에서 가져 온다. 즉 만물은 다소간에 원형에 접근하더라도 항상 무한한 간격이 있어서 원형에 도달하는 일은 없다.

⑪ 이래서 각 사물의 온갖 가능성은 (내용상으로는 다양의 종합이지만) 파생적인 것으로 간주되고, 오직 전실재를 내포하는 것의 가능성만이 근원적인 것으로 간주된다. 무릇 모든 부정은 (이 부정은 가장 실재적인 존재[하나님]에서 그 외의 모든 개별 존재를 구별하게 하는 유일한 술어이지마는)보다 더 큰 실재의 그리고

1) 제한한다는 것은, 각개의 유한하고 불완전하고 상대적인 성질을 밝힌다는 뜻이다. 또 경험적 직관에서 감각에 대응하는 것이 실재성이다(B. 209 끝)라는 대목 참조.

드디어는 최고 실재의 한갓 제한이요, 따라서 모든 부정은 최고 실재를 전제하는 것이며, 내용상으로는 최고 실재에서 도출되어 있는 것이다. 만물의 온갖 다양성이란 그것의 공통적인 기체인 최고 실재라는 개념을 제한하는 다양한 방식이다. 그것은 마치 온갖 도형이 무한한 공간을 제한하는 각종 방식으로만 가능한 것과 비슷하다.

그러므로 이성의 이상이 이성 중에서만 발견하는 대상은 근원적 존재라고 일컬어지고, 그것이 자기 위에 아무런 것도 가지지 않는 한에서 최고존재라고 일컬어지며, 모든 존재가 제약된 것으로 그것에 종속하는 한에서는 일체 존재 중의 존재라고 일컬어진다. 그러나 이런 모든 명칭은 모든 현실적 대상과 다른
607 사물[개체]들 간의 객관적[인과적] 관계를 의미하지 않고, [한] 이념의 [사물 아닌] 개념들에 대한 관계를 의미하며, 이처럼 탁월한 존재의 실재 여부에 관해서는 우리에게 전혀 알려 있지 않은 것이다.

⑫ 파생적 존재는 근원적 존재를 전제하고, 따라서 근원적 존재를 형성할 수 있는 것이 아니기 때문에, 근원적 존재가 많은 파생적 존재들로부터 성립한다고 말할 수 없다. 이런 까닭에서 근원적 존재라는 이상은 또한 단일한 것이라고 생각되지 않을 수 없겠다.

⑬ 엄밀히 말해서, 근원적 존재에서 그것 외의 모든 [존재] 가능성을 도출한다는 것은 근원적 존재의 최고 실재성을 제한하는 것이라고 보아질 수는 없다. 즉 이를테면 최고 실재성은 분할하는 것이라고 보아질 수 없다. 만약 그렇다면 근원적 존재는 파생적 존재의 집합[외적인 합성 총괄]인 것에 불과하다고 보아지겠고, 이런 일은 상술한 것에 의해서 불가능하다.—우리가 비록 이전의 최초의 조잡한 소묘에서 집합이란 표현을 쓰기는 했지마는 [B. 441, B. 201주 등 참조]. 최고 실재는 총괄로서가 아니라 근거[원리]로서 만물 가능성의 근저에 있다. 또 만물의 다양성은 근원적 존재 자신을 제한하는 데에 기본하지 않고 근원적 존재의 완전한 결과에 기본하겠다. 그렇게 보면 우리의 전 감성도 현상에서의 전실재와 함께 [근원적 존재의] 결과에 속하는 것이겠다. 그러나 [이런 결과물이] 최고 존재라는 이념[1]의 성소로 될 수 없는 것이다.

---

1) 우리의 감성이 왜 최고존재라는 이념의 성소(성질)로 될 수 없는가 하는 것을 칸트는 정초하지

⑭ 그런데 우리가 우리의 이 이념을 실체화[1]하면서 더욱더 추구할 때에, 608
우리는 근원적 존재를 최고 실재성이라는 한갓 개념에 의해서 유일의 존재·단일한 존재·충족한 존재·영원한 존재 등등, 한마디로 말하면 그것의 무조건적인 완전성을 모든 술어를 통해서 규정할 수 있겠다. 이러한 존재의 개념이 곧 선험적 의미에서의 하나님이라는 개념이다. 이래서 내가 이전에 지적하였듯이 [B. 391 끝] 순수이성의 이상은 선험적 신학의 대상이다.

⑮ 그러나 선험적 이념의 이런 사용은 이미 이념의 「본분과 허용 범위」의 한계를 넘어선 것이겠다. 무릇, 이성은 이념을 한갓 「실재성 전체」라는 개념으로서만 「사물 일반」의 전반적 규정의 기초에 두었으나, 이 「실재성 전체」가 객관적으로 주어져 있다는 것과 그 자신 「하나의 사물」이 되는 것을 요구함이 없기에 말이다. 여기서 하나의 사물이란 순 날조물이요, 그것에 의해서 우리가 우리 이념의 다양을 특수한 존재[개체]로서의 한 이상 중에서 총괄하고 실재화하기는 하되, 우리는 그러한 일을 할 만한 권한이 없다. 뿐더러 이러한 가정의 가능성을 직접 상정할 권한조차 없다. 또 그러한 「이상」에서 생기는 결과물은 실로 「사물 일반」의 전반적 규정에 대해서는 아무런 관계도 없고 이런 규정에 사소한 영향도 주지 않는다. 이념은 단지 「사물 일반」의 전반적 규정을 위해서는 「이념」만으로 족했다.

⑯ 우리의 이성이 취하는 방법을, 즉 이성의 변증성을, 기술하는 것만으로 609
는 충분하지 않다. 사람은 이런 변증성을 생기게 한 원천을 발견하려고 해야 한다. 이것은 가상 자신을, 오성의 현상을 설명하듯이 설명할 수 있기 위해서이다. 우리가 여기서 문제로 삼고 있는 「이상」은, [인간의 불가피한] 소질적 이념에 기인하고 자의적인 이념에 기인하고 있지 않다. 하기에, 나의 문제는 「어떻게 이성은 만물의 가능성을 그것의 근저에 있는 유일한 가능성, 즉 최고 실재성의 가능성으로부터 도출된 것이라고 간주하고, 또 이런 최고 실재성을 특수한 근원존재[하나님] 중에 포함된 것이라고 전제하기에 이르는가?」라고 하는 것이다.

않았다. 감성을 그 성소로 인정함은 이성의 이념과 실체화(인격화)한 하나님을 동일시하려고 하는 데에 맞지 않았기 때문이겠다(Messer의 주석서, 210면).

1) 주관적 이념을 객관적 존재로 뒤바꾼다는 뜻이다(A. 402 참조).

⑰ 이 문제에 대한 대답은 선험적 분석론의 논구에서 저절로 생긴다. 감관의 대상을 가능하게 하는 것은 감각의 우리의 사고에 대한 관계이다. 그리고 이런 관계에 있어서 그 어떤 것(경험적 형식)은 선천적으로 생각될 수 있으나, 질료를 이루는 것, 즉 현상 중의 실재성(감각에 대응하는 것)은 주어져 있어야 한다. 이것 없이는 관계가 사고될 수 없겠고, 따라서 관계의 가능성도 이해[표상]될 수 없겠다.

그런데 감관의 대상은 그것이 현상 중의 일체 술어들과 비교되고, 이 술어들에 의해서 긍정적으로 혹은 부정적으로 표상되는 때에만 일관되게 [구석구석까지] 규정될 수 있다. 그러나(현상 중에서의) 사물 자신을 형성하는 바의 것,
610 즉 그것 없이는 사물이 사고될 수 없겠는 「현상의 실재적인 것」은 주어져 있어야 한다. 그리고 일체 현상의 실재적인 것이 주어져 있는 것[지반]은 일체를 포괄하는 유일한 경험이다. 이 때문에 감관의 모든 대상을 가능하게 하는 질료가 하나의 총괄[경험] 중에서 주어져 있다고 전제되어야 한다. 경험적 대상들의 모든 가능성·「그것들 서로의 구별」·대상들의 전반적 규정은, 저 총괄을[현상계에] 제한하는 것에서만 의존할 수 있다. 그런데 우리에게 사실로 주어질 수 있는 대상은 감관의 대상임에 틀림없고 또 이런 대상은 가능한 경험의 [합법칙적인] 맥락[즉 연관] 이외의 다른 곳에서 주어질 수 없다. 따라서 모든 경험적 실재성의 총괄을 대상을 가능하게 하는 조건으로 전제하지 않는다면, 아무런 것도 *우리에 대한* 대상이 되지 않는다. 감관의 대상으로서 주어지는 것에 대해서만 원래 타당하는 원칙을 온갖 사물일반[물자체]에 대해서도 타당하는 원칙으로 간주함은 자연스러운[소질적인] 착각[환상]에 의한 것이다. 따라서 우리는 「현상으로서의 사물」의 가능성이라는 우리 개념의 경험적 원리를, 이런 제한을 제거함으로써, 사물 일반의 가능성이라는 선험적 원리라고 [잘못] 생각하겠다.

⑱ 이런 연후에 우리가 「실재성 전체」의 총괄이라는 이념을 실체화하는 것은, 오성의 경험적 사용에 있어서의 [인식의] *개별적*[1] 통일을 경험 전체라는

1) 원어 distributiv는 「분배적」에서 「따로따로」의 의미로 나아가기 때문에, 개별적 혹은 부분적의 뜻이 될 것이다.

집합적[전체적] 통일[총괄]로 변증적으로 변경하는 일에서 유래하고, 현상의 이러한 전체를 모든 경험적 실재를 포함하는 단일한 개체[하나님]라고 생각하는 데서 유래한다. 다음에는 이 개체를 이미 고찰했던 [B. 587 끝] 선험적인 뒤바 611
꿈에 의해서 만물을 가능케 하는 정점에 있는 것·만물의 전반적 규정에 대한 실재적 제약이 되는 것이라는 개념과 혼동한다.※

※ 이에, 가장 실재적인 존재라는 이상은 비록 표상이기는 하지마는 우선 실재화, 즉 객체화하고 그 다음에 실체화하며 최후에 통일의 완성을 위한 이성의 자연적 진행에 의해서, 이하에서 우리가 곧 진술하겠는 바와 같이, 인격화한다. 왜냐하면 경험의 통제적 통일은 현상 자신에(감성에만) 기본하지 않고, 현상의 다양을 오성을 통해서 (통각에 있어서) 결합하는 것에 기본하기 때문이요, 따라서 최고 실재성의 통일과 만물의 전반적 가규정성(가능성)과는 최고 오성 중에 그러므로 한 예지자 중에 있는 듯이 여겨지기 때문이다.

제3장

제3절 사변이성이 최고존재의 실재를 추리하는 논거

① 이성의 절실한 요구는, 전적으로 오성의 근저가 되어서 오성의 개념들을
철저하게 규정할 수 있는 그 어떤 것을 전제한다. 그럼에도 이성은 이러한 전 612
제가 관념적인 것·가공적인 것임을 매우 쉽게 깨달아서 그런 일만으로써 이성의 사고가 스스로 산출한 것을 곧 현실적 존재라고 상정하도록, 설복되지는 않는다. 하지만 이성이 그런 상정을 하는 것은 주어져 있는 「제약된 것」에서 무제약자로 배진함에 있어서 정지장소를 구하도록 그 무엇인가에 의해 강요되기 때문이다. 무제약자는 그 자체로는, 즉 그것의 개념상으로는 실재하는 것으로서 주어져 있지 않지마는, 그런 무제약자만이 「근거를 캐올라가는 제약들의 계열」을 완성시킬 수 있다.

이런 일은 원래 모든 인간이성이 취하는, 아니 상식조차도 취하는 자연스러운 진행이다.—비록 개개의 이성이 이런 진행을 끝까지 수행하지는 않더라도 역시 그러하다. 이성은 개념에서가 아니라 보통의 경험에서 출발한다. 하기에 어떤 실재하는 것을 근저에 둔다. 그러나 이 지반[근저]은 만일 그것이 절대필

연자라는 부동의 바위 같은 것 위에 있지 않다면, 그것은 침몰하는 것이다. 또 만일 이 절대필연자라는 바위의 외부에, 또 그런 바위 아래에 공허한 공간이 있다면, 따라서 그 바위 자신이 일체의 공간을 메꾸지 않고 그로 인해서 왜라는 것 [의문의 발생]에 대해서 여지를 주는 것이라고 한다면, 다시 말하면 무한한 실재성이 아니라고 한다면, 그런 바위 자신이 버팀목이 없어서 허공에 흔들거리는 것이다.

② 만일 그 어떤 것이 실재한다고 하면, 그것이 비록 무엇이건 간에 그것은 필연적으로 실재하는 것임이 허용되어야 한다. 무릇, 우연적인 것은 그것의 원인으로서의 다른 우연적인 것의 제약 아래서만 실재하고, 이 제약에 관해서 또 같은 추리가 타당하여 드디어는 우연적이 아닌 한 원인에 이르고, 바로 그 때문에 무제약적으로 필연적 존재인 한 원인에 이르기에 말이다. 이것이, 근원적 존재에 이르게 되는 이성의 진행이 의거해 있는 논증이다[B. 632-3 참조].

613 ③ 그런데 이성은 무제약적인 필연존재라는 특징에 적합한 한 존재의 개념을 추구하고 있다. 그러나 이성은 이런 존재의 개념에서 이런 존재의 실재를 선천적으로 추리하려는 것이 아니라(만일 이런 일을 감히 행한다면, 이성은 그런 존재를 단지 개념 속에 구하면 될 것이요, 주어진 실재를 근저에 [먼저] 둘 필요가 없겠다) 가능한 사물들의 모든 개념들 중에서도 절대적 필연과 모순되지 않는 한 개념을 찾으려고 한다. 무릇, 이성은 무엇이 단적으로 반드시 실재해야 한다는 것을 최초의 추리에 의해서 이미 결정되어 있다고 생각한다. 그런데 이성이 이런 필연과 조화하지 않는 것을 모두 배재할 적에, 남는 「하나」는 단적인 필연존재뿐이다.—이런 필연이 과연 「파악」[B. 367]되는 것이냐, 즉 그것의 개념으로부터 도출되는 것이냐, 혹은 그렇지 않으냐 하는 것은 불문에 붙이기로 하더라도.

④ 대저 그 무엇이 있어서, 그것의 개념은 「왜」라는 물음에 대해서 「이 때문」이라는 답을 포함하고, 어느 모로 보나 결함이 없고, 어떤 경우이건 제약으로서 충분하다고 한다면, 「그런 것」은 그 자신만으로 절대적 필연에 적합한 존재라고 여겨진다. 왜냐하면, 그런 것은 같은 가능적인 것의 모든 제약을 자
614 신이 소유하고 있어서 다른 제약을 필요로 하지 않기 때문이요, 다른 제약의 필요를 느끼기조차 하지 않기 때문이다. 따라서 「그런 것」은 절대적으로 필연

의 개념을 충분히 만족시키는 것이요, 적어도 이 한 가지 점에 있어서는 다른 어떤 개념도 필적할 수가 없다. 이 다른 개념은 결함이 있고 보완이 필요하기 때문에, 이 다른 개념은 「보다 더 높은 제약을 불요로 하고 자립한다는 특징」을 갖추고 있지 않다. 물론 이런 사정에서 참으로 「최고의 어느 모로 보나 완전한 제약을 포함하지 않는 것」은 바로 그런 까닭에서 그 현존에 관해서는 자신이 제약되어 있다」라는 추리가 확실한 것은 아니다.[1] 그러나 이런 [제약된] 존재는 무제약적 실재라는 표징을 갖고 있지는 않다. 이런 표징이야말로 이성이 선천적 개념에 의해서 「그 어떤 존재」를 무제약적인 것으로 인식하기 위해서 독차지하는 유일한 표징이지만.

⑤ 하기에, 최고 실재성을 갖는 존재라는 개념은 가능한 사물들의 모든 개념 중에서 절대필연적 존재라는 개념에 가장 적합하겠다. 설사 저 개념이 이 개념을 완전히 충족시키지 않더라도 우리에게는 다른 선택이 없고, 우리는 저 개념을 완전히 충족시키지 않더라도 우리에게는 다른 선택이 없고, 우리는 저 개념에 의뢰하지 않을 수 없다. 왜냐하면 우리는 필연적 존재의 실재를 포기해서는 안 되기 때문이다. 만일 포기에 찬성한다면, 실재가 갖는 이런 특징에 대해서 보다 더 근거있는 주장을 할 수 있는 것이 가능한 것의 전 영역에서 도무지 없기 때문이다.

⑥ 이러한 사태가 바로 인간이성의 자연스러운 [소질적] 진행이다. 우선, 인
간이성은 그 어떤 필연적 존재의 현존을 확신한다. 그리고 이 필연적 존재에서 615
무제약적 실재를 인식한다. 여기서 이성은 모든 제약에서 독립인 것이라는 개념을 구하여, 이것을 그 자신 다른 모든 것에 대하여 충족적 제약이 되는 것 중에서, 즉 모든 실재성을 내포하는 것 중에서 발견한다. 그러나 제한이 없는 전체(das All)는 절대적인 통일이요, 유일의 개념을, 즉 최고 존재라는 개념을 지닌다. 이래서 이성은 만물의 근원적 근거로서의 최고존재가 단적으로 반드시 있다고 추리한다.

⑦ 만일 태도 결정이 문제가 된다면, 즉 어떤 필연적 존재의 현존이 일단

---

1) 「절대적(최고) 제약은 필연적으로 실재한다」의 여환: 「절대적 제약이 아닌 것은 필연적 실재가 아닌 것이다」라고 하는 명제가 참이기 때문이다.

허용되고 이런 존재를 설정하고자 하는 입장에서 일치가 있다고 한다면, 이 [유일의 최고존재라는] 개념에 어떤 깊이[근거]가 있음을 우리는 거부할 수 없다. 그때에는 이 개념보다도 더 적절한 선택을 할 수 없기에 말이다. 아니, 선택의 여지가 없고, 오히려 우리는 [일체] 가능성의 궁극 원천으로서의 「완전한 실재성의 절대적 통일」에 대해서 찬표를 던지지 않을 수 없기에 말이다. 그러나 만일 우리에게 이런 결정을 강요하는 것이 없다면, 그리고 논거의 충분한 위력이 우리에게 찬동을 강제할 때까지 우리의 문제를 보류해 둔다면, 다시 말하면, 이 과제에 관한 우리의 지식 범위가 어느 정도며, 또 우리의 지식에 대한 자부의 내용이 무엇인가 하는 것을 비평하는 것만이 문제라면, 위의 추리는 도저히 그다지 유리한 것으로 여겨지지 않으며, 그래서 자신의 권리 주장의 결함을 보완받는 은혜를 필요로 한다.

616 ⑧ 무릇, 여기서 진술한 바와 같은 것 전부를— [그 내용을 따져보면] 첫째는 어느 주어진 실재로부터(필경 나 자신의 실재로부터) 무제약적으로 필연한 존재의 실재에 이르는 정당한 추리가 성립한다는 것이요, 둘째는 나는 모든 실재성을, 따라서 모든 제약을 포함하는 존재를 단적으로 무제약인 것으로 간주해야 한다는 것이며, 따라서 이로 인해서 절대적 필연에 적합한 것의 개념이 발견되어 있다는 것이로되— 승인한다 하더라도, 그렇다고 해서, 실재성을 가지지 않는 것으로 제한된 존재의 개념은, 그런 까닭에서 절대적 필연에 모순될 것이라고 추리할 수 없다. 왜냐하면 설사 내가 제한된 존재의 개념 중에서 제약들 전체를 이미 가진 무제약자를 발견하지 않더라도, 그렇다고 해서 무제약자의 현존이 제약되어 있다고 추리할 수는 없기에 말이다. 그것은 내가 가언적 추리에서 「어떤 제약(여기서는 개념상으로 완전성이라는 제약)이 없으면, 제약된 것도 없다」고 말할 수 없음과 마찬가지 사정이다. 우리가 다른 모든 제한된 존재들을 마찬가지로 무제약적으로 필연이라고 인정하는 것은, 금해져 있지 않다.—— 비록 그런 존재에 관해서 우리가 가진 일반적 개념에서 그런 존재의 필연성을 우리가 추리할 수 없다 하더라도. 이렇게 보면 소위 논증은 필연적 존재의 특성에 관한 파악을 우리에게 조금도 주지 않겠고, 필경 아무런 업적도 없었던 것이 되겠다.

⑨ 그러하되 이러한 논증은 혹종의 중요성을 지니고 있으며, 일종의 권위도

가진다. 이 권위는 객관적으로 불충분한 것이지만 그런 까닭으로 곧 박탈될 수 617
는 없다. 무릇 책무[즉 의무]들이 있다고 가정해 볼지어다. 이 책무들은, 이성의 이념에 있어서는 확실히 정당한 것이나, 실천법칙[도덕법]에 영향과 추진력을 줄 수 있는 한 최고존재[하나님]가 전제되지 않으면, 우리 자신에게 적용되어도 실재성[타당성]이 전혀 없는 것이겠고, 즉 [행위의] 동기가 되지 않는 것이겠다. 이럴 경우에 우리는 바로 다음과 같은 개념들을 준수하는 책무가 있는 것이 될 것이다. 즉 [하나님의 존재론적·우주론적·자연신학적] 개념들은 객관적으로는 충분하지 않지마는 인간이성의 척도에 의하면 자못 유력하고, 이것과 비교해서 보다 더 좋은 것·보다 더 확신을 갖게 하는 것은 인식될 수 없는 그런 것이 될 것이다. 이때에 의무를 택한다는 것이 사변의 무결단을 실천적 입장의 보탬에서 다시 결단하도록 하는 것이 되겠다. 아니, [이론적으로] 불충분한 통찰 아래서 여러 동기가 박두하는 가운데서 이성이 자기의 [도덕적인] 판결근거에(우리는 적어도 이성이 내리는 판결근거 이상의 근거를 아는 바 없지만) 따르지 않는다면, 이성은 사려깊은 판관으로서의 자기 자신에 대해서 변명할 여지가 전혀 없을 것이다.

⑩ 이 논증은, 우연적인 것은 내적으로 불완전하다[우연적인 것의 실존과 상태는 외래적 원인을 가진다]는 것을 논거로 한 것이기 때문에, 사실 선험적[논증]이기는 하지마는, 그런 논증은 역시 매우 간소하고 자연스러운 것이요, 그러므로 상식이 한번 이 논증에 인도되자마자, 이 논증은 아주 보통의 상식에도 적합하
다. 우리는 여러 사물이 변화·발생·소멸하는 것을 본다. 따라서 그런 사물들 618
은 혹은 적어도 그런 사물들의 상태는 원인을 가져야 한다. 하지만 적어도 경험 중에서 주어지는 원인에 관해서는 원인의 원인이 물어진다. 이래서 우리는 최상의 원인성[제일원인]을 어디에건 간에 두어야 하지만, 이때에 [최상과 구별된] 최고의 원인성이 있는 곳에 두는 것이 가장 정당하다. 즉 어느 가능한 결과에 대해서도 충족성을 자기 자신 안에 근원적으로 포함하는 것 중에 두어야 하고, 또 그것의 개념이 일체를 포괄하는 완전성이라는 유일한 특성에 의해서 자못 용이하게 성립하는 것 중에 두어야 한다. 여기에 우리는 이런 「최고」 원인을 단적으로 필연이라고 생각한다. 왜냐하면 우리는 이런 「최고」원인에까지 올라가는 일을 단적으로 필연한 것이라고 보고, 그 이상으로 또 더 올라갈 근

거를 보지 않기 때문이다. 그러므로 우리는 모든 민족에 있어서, 그들의 가장 맹목적인 다신교를 통해서조차 역시 일신교의 불꽃이 약간은 번쩍이는 것을 본다. 그러나 그들이 일신교에 도달한 것은 반성이나 깊은 사변에 의해서가 아니라 점차로 이해하게 된 상식의 자연스러운 진행의 소치였다.

사변적 이성이 하는 「하나님의 실재」의 증명방식에 세 종류만이 가능함

⑪ [하나님의 실재를 증명하려는] 의도에 있어서 우리가 취할 수 있는 길은 모두 셋이다. 즉 [1] 그것은 명확한 경험과 경험을 통하여 인식된 우리의 감관계의 특수성질에서 출발하여 여기서부터 원인성의 법칙에 의해서 세계 이외의 최고원인에 올라가는 것이거나 [2] 한갓 막연한 경험을, 즉 그 어떠한 현존을
619 경험적으로 근저로 삼거나 [3] 최후로 일체의 경험을 도외시하고 전혀 선천적으로 순 개념으로부터 최고원인의 현존을 추리하거나이다. 첫째 증명이 자연신학적[1] 증명, 둘째 증명이 우주론적 증명, 셋째 증명이 존재론적 증명이다. 이 세 가지 이상의 증명은 없고 있을 수도 없다.

⑫ 나는 이성이 갑의 길(경험적인 길)[첫째와 둘째]에 의해서이건 을의 길(선험적 길)[셋째]에 의해서이건 간에 업적이 마찬가지로 없음을 증시하겠다. 그리고 이성이 그것의 날개를 펴서 단지 사변의 힘에 의해서 감성계를 초월하려고 하는 것이 도로라는 것을 증시하겠다. 그러나 이런 증명방식들이 검토되어야 할 순서에 관해서 말한다면, 그것은 점차로 자기를 확대하여 가는 이성이 취하는 순서, 즉 애초에 우리가 증명 방식에 준 순서와는 정반대로 될 것이다. 무릇, 증명에 대해서 최초의 기연을 주는 것은 경험이기는 하되, 역시 단지 선험적 개념만이 이런 노력에서 이성을 지도하고 이성이 정한 목적을 이 모든 시도에서 게시하기에 말이다. 이에, 나는 선험적 증명의 검토에서 출발하여, 다음에 경험적인 것을 보태가는 일이 증명력의 강화에 무엇을 기여하는가를 보기로 하겠다.

---

1) 뉴톤, 즉 이신론자의 자연신학적 증명(일명 목적론적 증명)은 감성계의 합목적성으로부터 하나님(세계의 창조자)을 추리한다. Spinoza, Leibniz의 우주론적 증명은 임의의 현실적 존재에서, 무조건적 필연적 존재로서의 하나님을 추리한다. Anselm, Descartes의 존재론적 증명은 하나님의 개념에서 전혀 선천적으로 하나님이 실재한다고 추리한다. 이상의 증명 외에 민속신학에서 착안해서 「벽력같은, keraunologisch 증명」이라고 할 것이 있어야 했다(쇼펜하우어의 말). 이것은 자연력의 불가측에 대조된 인간의 무력감에 유래하는 「하나님 존재의 믿음」이다.

제3장

제4절 하나님 실재의 존재론적 증명의 불가능성

① 절대적인 필연존재라는 개념은「이성의 순수한 개념」이다. 즉 한갓 이념 620
이다. 이 이념의 객관적 실재성은 이성이 이념을 필요로 한다는 것만으로써는
도저히 증명되지 않는다. 또 이념은 혹종의 완전성, 그것도 도달될 수 없는 완
전성을 지시할 뿐이요, 오성을 새로운 대상에 확대[시켜 대상을 인식]하는 것이
기보다도 본래는 오성을 제한하는 데에 쓰인다.——이런 점이 앞서 진술한 것
에서 쉽사리 알려진다. 그런데 여기서 기이한 것·불합리한 것이 나타난다. 그
것은 주어진 실재 일반에서 어떤 단적인 필연적 실재를 추리하는 일이 [실천적
으로] 절실하고 [이론적으로] 정당하다고 여겨지는 데도 불구하고, 오성의 모든
조건은 이런[무제약적] 필연성의 개념[하나님]을 형성하기를 우리에게 전적으로
거부한다는 것이다.

② 어느 시대에도 절대적인 필연존재를 운운하였다. 그리고 이런 종류의 것
이 과연 생각될 수 있느냐, [생각될 수 있다면] 어떻게 생각될 수 있느냐 하는
것을 이해하려고 노력하기보다도 증명하려고 노력하였다. 원래 이런 개념[하나 621
님]에 관해서 그것이 비존재일 수 없는 것이라는 명목상의 설명을 하기는 매우
쉽다. 그러나 그것이 비존재라고 절대로 생각할 수 있다고 볼 수 없도록 하는
제약들에 관해서는, 그러한 명목상의 설명이 우리를 보다 더 현명하게 하지는
않는다. 이 제약들이야말로 우리가 알고 싶어 하는 것이다. 즉 [하나님의] 개념
에 의해서 우리는 도대체 무엇을 생각하고, 반대로 무엇을 생각하지 않느냐를
알고 싶어 한다. 무제약이란 말에 의해서 무엇을 필연적이라고 보는 데에 오성
이 항상 필요로 하는 제약들을 포기함은,「무제약의 필연」의 개념에 의해서
내가 그 무엇을 생각하는지 혹은 아마 아무것도 생각하지 않는 것인지, 이 점
을 이해케 함이 아직도 전혀 없기에 말이다.

③ 뿐더러 이 [절대 필연의] 개념은 원래 닥치는 대로 만들어진 것이 나중에 일반에게 통용된 것이나, 거기에 사람[철학자]은 많은 실례에 의해서 설명될 수 있는 것으로 믿었다. 이 결과로 그 개념을 이해하고자 해야 할 철학적 탐구는

죄다 불필요한 것으로 생각되었다. 기하학의 명제, 가령 「삼각형은 세 모를 만든다」는 명제는 단적으로 필연이지마는, 이와 마찬가지로 인간오성의 영역 외에 있는 대상에 관해서도 이 대상의 「개념」에 대해서 말하고자 하는 것을 마치 잘 이해하고 있는 듯이 세인은 이야기하였다.

④ 앞에서 든 실례들은 모두 예외 없이 단지 판단에서 취해 온 것이요, 「사
622 물과 그것의 실재」에서 취해 온 것이 아니다. 그러나 판단의 무제약적 필연성은 사물의 절대적 필연성이 아니다. 판단의 절대적 필연성이란 단지 「판단된 사물, 즉 술어[세 모가 있다]」의 제약된 필연성이기에 말이다. 상술한 명제의 의미는 세 모가 단적으로 필연이란 것이 아니다. 삼각형이 존재한다(주어져 있다)는 제약 아래서 세 모도(삼각형에 있어서) 필연적으로 존재한다는 것이다. 이러함에도 불구하고 [한갓] 논리적 필연성이 세상[사람을] 현혹시키는 비상한 힘을 발휘하는 결과로 세상 사람은 한 사물[하나님]에 관해서 선천적으로 개념을 작성한 뒤에 자기의 억견 대로 실재를 이 개념의 외연 안에 동시에 포함시킴으로써, [1] 한 사물(대상)의 실재가(동일율에 의해서) 반드시 정립되는 것이고, [2] 따라서 이런 존재(실재) 자신이 단적으로 필연임을 확실히 추단할 수 있다고 믿었다. [1]은 그 사물의 「개념」의 객체에 식재가 반드시 귀속하기 때문이다. 다시 말하면 그 사물이 주어진 것 (즉 실재하는 것)으로 내가 정립하는 조건 아래서 성립한다는 것이다. [2]는 존재가 제멋대로 가정한 개념 속에 동시에 포함되어 있기 때문이요, 이런 일도 그런 개념의 대상을 정립하는 조건 아래서 성립한다는 것이다. [이 토막은 본질 필연성과 실재 필연성을 혼동한다는 뜻이다.]

⑤ [논리학의] 동일판단에 있어서 내가 술어를 제거하여 주어를 보존하면 모순이 생기고, 그러므로 나는 「전자는 반드시 후자에 귀속한다」고 말한다. 그러
623 나 내가 술어와 함께 주어도 제거하면, 아무런 모순도 생기지 않는다. 이런 일에 대해서는 모순일 수 있는 것이 이제야 없기 때문이다. 삼각형을 정립했으면서도 세 모를 제거하면 모순이다. 그러나 삼각형을 그 세 모와 함께 제거하면 모순이 아니다. 절대적인 필연존재에 관해서도 사정은 마찬가지다. 만일 여러분이 절대적인 필연존재의 실재를 제거하면, 여러분은 사물 자신을 그것의 「온갖 술어」와 함께 제거하는 것이 된다. 이때에 어디에서 모순이 올 것인가? 외면적으로 모순일 것은 없다. 사물이 필연적이라고 함이 외면적일 턱이 없기에

말이다. 또 내적[논리적]으로도 모순이 없다. 여러분은 사물 자신[주어]을 제거함에 의해서 동시에 모든 내적인 것[술어]도 제거했기에 말이다.

「하나님은 전능하다.」 이것은 하나의 필연적 판단이다. 그러나 만일 여러분이 하나님이라는 것, 즉 무한한 존재를 정립하여 이런 존재의 개념과 하나님을 동일하다고 한다면, 전능이라는 것[술어]은 제거될 수 없다. 그러나 여러분이 하나님이 존재하지 않는다(Gott ist nicht)고 말한다면, 전능도 없는 것이요, 그 외의 술어도 없어지고 만다. 이러한 술어들은 주어와 함께 죄다 제거되기 때문이다. 그리고 이런 생각에는 조금도 모순이 없는 터이다.

⑥ 이에, 내가 판단의 술어를 주어와 함께 제거하면, 술어가 어떤 성질의 것이건 간에 내적[논리적] 모순이 생길 수 없음을 여러분은 알았다. 그러나 여러분에게 바로 다음과 같은 둔사가 남아 있다. 즉 제거될 수 없는 주어, 존속하지 않을 수 없는 주어가 있다는 둔사다. 이런 둔사는 「단적으로 필연적인 주어가 있다」는 것을 의미한다. 이것은 하나의 전제요, 그것의 정당성을 나는 의심하여 왔는데, 그것의 가능성을 나에게 증명해 주기 바란다. 한 사물[하나님]을 그것의 모든 술어와 함께 제거했을 때에도, 모순을 남기는 그런 사물을 나는 조금도 이해할 수 없기에 말이다. [모순이 있고서만 한 사물의 개념이 불가능한 것이라면] 모순이 없는 바에, 단지 선천적인 순수 「개념」에 의해서만 [한 사물 624
이] 불가능하다는 표징을 내가 가질 리가 없다[그러므로 하나님이 있을 수 있다고 해도, 그것은 단지 개념상으로 전제되어 있다는 말일 뿐이다].

⑦ (아무도 거부할 수 없는) 이러한 일반적 추리에도 불구하고 여러분은 사실에 의한 증명이라고 하면서 제시하는 한 예를 들어서 나에게 도전한다. 이른바 증명은 「하나의 그러면서도 유일의 개념이 확실히 있다. 이 개념의 대상의 비존재, 즉 제거는 자기모순이다. 가장 실재적 존재[최고 존재]라는 개념이 바로 이것이다」라고 한다. 또 여러분은 「이런 존재는 실재성의 전체를 포함하고 있다」고 말한다. 여러분이 이런 존재가 가능하다고 상정하는 것은 정당하다(나는 일단 그렇다고 인정한다.※ 그러나 자기모순을 포함하지 않는 개념이라고 해서 그것이 그 「대상」의 가능성을 증명하는 것은 절대로 아니다). 그런데 [여러분은 말한다]: 「실재성 전체라는 개념 중에는 그 개념 대상의 실재도 동시에 포함되어 있다. 이에 실재는 가능적인 것의 개념 속에 있다. 이런 [가능적] 사물이 제거되면, 그

625 것의 내적[자체적] 가능성도 제거된다. 그러나 이런 일은 모순이다」라고.

※ 개념이 자기모순을 포함하지 않는 한, 그것은 항상 가능하다. 이것이 가능성[가능한 존재]에 관한 [형식]논리적인 표징이다. 이것에 의해서 개념의 대상은 「개념이 없는 공허한 대상」으로서의 없음과 구별된다[B. 348 참조]. 그러나, 이러한 개념은 그럼에도 공허한 개념일 수 있다. 이것은 개념을 산출하는 종합의 객관적 실재성이 특히 증시되지 않는 때의 일이다. 그러나 [종합의 객관적 실재성이 증시되는] 일은 상술한 바와 같이 가능한 경험의 원리에 기인하고, 분석적 원칙(모순율)에 기인하는 것이 아니다. 이것은 개념의 [형식](논리적) 가능성에서 곧 (실재적인) 사물의 가능성을 추리해서는 안 된다는 것을 경고한 것이다.

⑧ 이것에 대한 나의 답은 「여러분이 한 사물을 그것이 가능하다는 점에 관해서만 생각하려고 하여, 그런 사물의 개념 속에 비록 어떠한 비밀적 이름 아래서건 간에 그 사물의 실재라는 개념을 집어 넣었다고 한다면, 여러분은 벌써 모순을 범한 것이다. 만일 이런 일이 여러분께 허용된다면 여러분은 겉으로 봐서는 승리를 얻은 것이 되지마는, 사실에 있어서는 전혀 무의미했던 것이다. 여러분은 한갓 동어반복을 범했기에 말이다」. 「어떤 사물이건 그것이 (어떤 내용의 것이건 간에, 가능한 것이라고 내가 허용하는 것이) 실존한다는 명제는, 감히 말하거니와, 분석적인 것이냐 혹은 종합적인 것이냐?—나는 이처럼 여러분께 묻는다. 만일 그것이 분석적 명제라면, 여러분은 그 사물이 실재한다고 함에 의해서 사물이라는 여러분의 생각[개념]에 아무런 새 것도 보탠 것이 없다. 이 때에는 여러분이 가지는 생각[개념]은 사물 자신인 것이 되거나, 혹은 여러분이 사물의 실재를 가능한 것에 속한다고 전제하고, 그런 뒤에 이 실재를 내적 가능성에서 추리했다고 과칭한 것이 되며, 이 경우는 가련한 동어반복임에 틀림없다. 사물[하나님]의 개념 안에 있는 실재라는 말이, 술어의 개념 중에 있는 [종합적] 실재와는 다른 의미라고 하는 것은, 아무런 도움도 되지 않는다. 대저, 여러분이 모든 정립(여러분이 무엇을 정립하건 간에)을 실재라고 일컫는다고 해도, 여러분은 그 사물을 주어의 개념 중에 있는 모든 술어와 함께 정립했던 것이요, 이것을 현실적이라고 가정한 것이며, 술어에 있어서는 그 사물[주어]을

반복하고 있을 뿐이다. 626

이와 반대로, 만일 여러분이, 모든 이성적 존재가 마땅히 승인해야 하듯이, 참으로 실재하는 것에 관한 명제는 어느 것이나 종합적임을 승인한다고 하면, 이때에 실재라는 술어를 제거함은 모순을 범한다는 것을 여러분은 어떻게 주장하려고 하는가? [즉 주장할 수 없다] 제거하면 모순이 있다는 장점이야말로 분석적 명제가 의존하는 특색이요, 분석적 명제가 고유하는 것이기에 말이다.

⑨ 모든 번폐스러운 논의는 실재라는 개념을 정확히 규정함에서 직접 무용화할 줄로 나는 생각한다. 그러나 [형식] 논리적 술어와 (사물을 규정하는) 실재적 술어를 혼동함에서 생기는 착각이 나의 모든 충고를 거의 배제하는 것을 보았기 때문에, 나는 번폐스런 논의의 직접적인 무용화를 하지 않았다. [형식] 논리적 술어로서는 어떤 것이나 우리 마음대로 쓸 수가 있다. 주어조차도 [환위를 통해서] 자기 자신을 술어로 삼을 수 있다. 이것은 [형식]논리학은 모든 내용을 무시하고 있기 때문이다. 그러나 [개념의] 규정이란, 주어 개념의 외부에서 보태져서 이것을 확대하는 것이다. 그러므로 규정은 주어 안에 이미 포함되어 있는 것이 아니다.

⑩ [그 무엇이] 있다(Sein)함은 분명히 실재적 술어가 아니다. 다시 말하면, 한 사물의 개념에 [종합적으로] 보태질 수 있는 어떤 것의 개념이 아니다. 「있다」고 함은 사물의 정립일 뿐이요, 혹은 사물의 어떤 규정 자체의 정립일 뿐이다. [형식]논리학의 사용에 있어서는 「이다」함은 판단의 연어임에 불과하다. 「하나님은 전능한 것이다」는 명제는 두 개의 개념[주어와 술어]을 포함하고, 이러한 개념들은 각각 대상을 갖는다. 즉 하나님과 전능이라는 대상이다. 또 「이다」라는 대수롭지 않은 말은 술어가 아니라 주어의 술어에 대한 관계를 정립했을 따름이다. 627 그런데 내가 만약 주어(하나님)와 그것의 모든 술어를(이 중에는 전능도 포함되어 있거니와) 총괄해서 「하나님이 있다」 혹은 「하나님이란 것이 있다」라고 말한다면, 나는 하나님의 개념에 아무런 새 술어도 보탠 것이 아니고, 단지 그 일체의 술어와 함께 주어 자체, 즉 대상을 나의 개념에 관계시켰을 뿐이다. 대상과 개념의 내용은 꼭 같아야 한다. 그러므로 [사물의] 한갓 가능성을 표시하는 개념에 가능성 이상의 것을 보탤 수 없다. 나는 개념의 대상을 (그것이 있다라는 표현을 통해서) 단적으로 주어져 있다고 생각하고 있기 때문이다. 그러므로

현실적인 것은 가능적인 것 이상의 것을 도무지 포함하지 않는다. 현실의 백 탈레르[독일의 은화의 이름]는 가능적인 백 탈레르보다도 조금도 더한 것을 [개념 내용상으로는] 가지지 않는다. 가능적인 백 탈레르는 개념을 의미하고 현실의 백 탈레르는 대상과 대상의 정립 자체를 의미하기 때문에, 만약 가능적인 것이 현실적인 것보다도 더한 것을 포함한다면, 나의 개념은 이 대상을 그대로 표현하지 않는 것이 되고, 따라서 대상에 적합한 개념이 아니게 될 것이다.

그러나 나의 재산 상태에 관해서는 현실적인 백 탈레르가 백 탈레르의 개념(즉 백 탈레르의 가능성)보다도 더한 것을 포함하고 있다. 현실의 대상은 나의 개념 중에서 분석적으로 포함되어 있지 않고, 나의 개념에(이것은 내 마음 상태의 한 규정일 뿐이지만) 종합적으로 보태어지기 때문이다.[1] 그러나 물론 내 개념의 외부에 [백 탈레르가] 있음에 의해서 [개념 내용으로서의] 백 탈레르 자신은 조금도 증가된 것이 없다.

628 ⑪ 이에, 내가 한 사물을 그 어떠한 술어와 아무리 많은 술어에 의해서이든, 생각할 경우에 (뿐더러 그 사물을 철저하게 규정하는 경우에) 「이 사물이 있다」라는 것[말]을 그 위에 더 보탬으로 해서 그 사물에 [종합적으로] 더 보탠 것은 조금도 없다. 그렇지 않고 만일 보탠 것이 있다면, 내가 개념 중에서 생각했던 것만이 있는 것이 아니라 그것 이상의 것이 실재하겠고, 나는 「나의 개념」의 대상만이 존재한다고 말할 수는 없을 것이다.

뿐더러 한 사물에서 내가 그 사물의 하나의 실재성을 제외한 전 실재성을 생각한다고 해도, 내가 이런 결함 있는 사물이 실재한다고 말함으로써 결해 있는 [하나의] 실재성을 보태는 것이 되지 않고, 그 사물은 내가 생각했던 바 그 결한 부분을 가지면서 실재한다. 그렇지 않다면 내가 생각한 것과 다른 다른 것이 실재할 것이다. 이제야 내가 어떤 존재[하나님]를 (결함이 없는) 최고 실재성을 갖는다고 생각한다면, 이런 존재가 사실로 실재하느냐의 여부 문제는 여전히 남아 있다. 비록 「어떤 사물일반」의 가능적인 실재내용에 관한 「나의 개념」에는 아무런 결한 것이 없다고 해도, 내 사고의 전반상태에 대한 이 사물의 관계에서는 결한 것이 있다. 이것은 즉 이런 객관에 관한 인식이 후천적으로도

1) 가능성 중에 현실성이 있다고 한 라이프니쯔에 대한 반박이기도 하다.

가능하다는 것을 결하고 있는 것이다. 지금 당면해 있는 곤란의 원인도 이 점에서 나타난다.

만일 감관의 대상을 논의한다면, 사물의 실재를 사물의 한갓 개념과 혼동하는 일은 있을 수 없겠다. 무릇, 대상은 개념에 의해서는 가능한 경험적 인식 일반의 보편적 조건과 일치하는 것이라고 생각되지마는, [같은] 대상이 그 현 629
존상으로는 [직관상으로는] 경험 전체의 맥락 중에 포함되어 있는 것이라고 생각되기 때문이다. 실로 대상의 개념은 경험 전체의 내용과 결합하더라도 조금도 붇는 일이 없다. 그러나 「우리의 사고」는 경험전체의 내용에 의해서 [개념 이상으로] 가능한 지각을 더 얻는다. 이에 반해서 우리가 이런 실재를 순수범주에 의해서만 「생각」하려고만 한다면, 이런 실재를 한갓 가능성에서 구별하는 표징을 우리가 들 수 없음은 이상할 것이 없다.

⑫ 이에, 대상에 관한 우리의 개념이 무엇을 포함하고 또 얼마나 많은 내용을 포함할지라도, 그 개념이 실재가 되기 위해서는 우리는 그 개념의 외부로 나와야 한다. 이런 일은 감관의 대상에 있어서는 대상이 경험적 법칙에 따라 나의 어느 지각과 연결함에 의해서 가능하다. 그러나 순수사고의 객체에 대해서는 그것의 실재를 인식하는 수단이 전혀 없다. 순수사고의 객체는 전혀 선천적으로 인식되어야 하기 때문이다. 그러나 「온갖 실재」에 관한 우리의 의식은 (이 실재를 지각을 통해서 직접적으로 의식하건, 무엇인가를 지각과 결합시키는 추리에 의해서 의식하건 간에) 전적으로 경험의 통일에 귀속하고, 경험 분야 외에서의 실재는 확실히 「단적으로 불가능하다」고 언명할 수는 없으나, 그러나 무엇에 의해서도 우리가 정당화할 수 없는 가정이다.

⑬ 「최고존재」의 개념은 여러 관점에서 매우 유용한 이념이다. 그러나 그것
이 단지 이념이라는 바로 그 까닭에서 그것만을 매개로 해서 실재하는 것에 630
관한 우리의 인식을 확대할 수는 없다. 또 이 이념은 가능성에 관해서도 그것이 가능하다는 것 이상의 것을 우리에게 가르쳐 줄 만한 것이 되지 못한다.

가능성의 분석적 표징은, 한갓된 설정(실재성)은 모순을 낳지 않는다는 점에 존립하고, 분석적 표징이 최고존재에도 있음을 부정할 수 없다. 그러나 한 사물[최고 존재]에 있어서의 「모든 실재적 성질들」의 결합은 종합이요, 종합의 가능성에 관해서는 우리는 선천적으로 판단할 수가 없다. 이러한 실재성[설정]들

은 종별적으로 [즉 구체적으로] 주어져 있지 않고 또 비록 주어져 있더라도, 이것에 관한 판단은 필경 성립하지 않기 때문이다. 다시 말하면, 종합적 인식을 가능하게 하는 표징은 항상 경험 중에서 구해져야 하는데, 이념의 대상은 경험에 속하는 것일 수 없기 때문이다. 이런 까닭에 비록 저 유명한 라이프니쯔가 매우 고귀한 관념적 존재[최고 모나드인 하나님]의 가능성을 선천적으로 통찰하려고 자부했지마는, 그는 그런 일을 끝내 성취함은 없었던 바이다.

⑭ 이에, 최고존재의 실재를 그 개념으로부터 증명한 유명한 존재론적(데카르트적) 증명에 있어서의 모든 노력과 노고는 허무한 것이다. 인간이 한갓 이념에 의해서 통찰을 푸지게 할 수 없는 사리는, 상인이 그의 재산 상태를 더 낫게 하기 위하여 자기의 현재액에 약간의 영을 보태려고 해도 재산이 늘지 않는 것과 마찬가지의 사리이겠다.

제3장

제5절 하나님 실재의 우주론적 증명의 불가능성

631 ① 「한 이념」을 임의로 설정하고서는 그것에 대응하는 대상 자신을 무리하게 끌어 내려고 하는 것은 아주 부자연한 일이었고 공론의 재연일 뿐이었다. 만일 「실재 일반」에 대해서 어떤 [절대]필연을 (경험을 소급해 가서 드디어 정지할 수 있게 하는 것을) 가정하는 이성의 요구가 먼저 없었더라면, 또 이 필연이 무제약적·선천적으로 확실하기 때문에 이성의 이런 요구를 되도록 만족시켜서 전혀 선천적으로 한 실재를 인식시키는 「개념」을 탐구하도록 이성이 강제받지 않았더라면, [앞 절에서 시도한] 방식의 부자연스러운 논의는 사실은 없었을 것이다.

그런데 사람은 이러한 개념을 가장 실재적인 존재[최고 존재]라는 이념에서 발견한다고 믿었다. 따라서 「가장 실재적인 존재가 현존해야 함이 별도에서
632 이미 확신·납득되었던 것」을, 즉 [최완전 자의] 필연적 존재를 명확하게 알기 위해서, 가장 실재적인 존재의 이념이 사용되었다. 그럼에도 사람은 이성의 이러한 자연스러운 진행을 은폐하였고, 「가장 실재적인 존재」의 개념으로서 끝나는 대신에 이 개념을 출발점으로 하여 이 개념에서 그 현존의 필연성을 유도하려고 하였다. 그러나 사실은 이 개념은 그 현존의 필연성을 보완하는 성질

의 것임에 불과하였다. 이래서 실패한 「존재론적 증명」이 발생하였으나, 이런 존재론적 증명은 자연적 상식에 대해서나 학문적인 검토에 대해서나 만족을 주는 것이 없었다[이 토막은 존재론적 증명과의 관계이겠음].

② 우리가 지금부터 연구하려고 하는 우주론적 증명은 역시 절대필연과 최고실재의 결합을 보유하고 있다. 그러나 이것은 앞의 존재론적 증명처럼 최고 실재에서 그 현존의 필연성을 추리하는 것이 아니라, 한 존재의 아예 주어져 있는 무제약적 필연에서 그것의 무제한적 실재를 추리하는 것이다. 이런 한에서 우주론적 증명은 그것이 합리적이냐 변증적이냐는 도외시하고 모든 문제를 적어도 자연스러운 추리방식의 궤도로 집어 넣은 것이 된다. 이런 추리방식은 상식에 대해서 뿐만 아니라 사변적 오성에 대해서도 대단한 설득력을 지니고 있다. 그것이 소질적 신학의 모든 증명들의 기본 윤곽을 표시하는 것도 사실상 명백하다. 이 기본 윤곽에 사람은 따라왔고, 사람이 제 마음대로 많은 엽식과 소용돌이꼴의 장식으로써 분식하고 은폐도 하겠지마는, 이 기본 윤곽을 앞으로도 따라가겠다. 라이프니쯔가 세계의 우연성에 의한 증명이라고 했던 [우주론적] 증명을 우리는 이제 제기하여 검토하고자 한다.

③ 우주론적 증명이란 다음과 같은 것이다: 만일 무엇이건 그것이 실재한다면, 단적인 필연존재도 있어야 한다[대전제]. 그런데 적어도 내 자신은 실재한다[소전제]. 그러므로 절대적인 필연존재도 실재한다[결론]. 소전제는 경험을 포 633
함하고, 대전제는 경험일반에서 필연적인 것※의 실재를 추리함을 포함한다. 그러므로 이 증명은 원래 경험에서 출발하고 있다. 하기에 완전히 선천적인 증명, 즉 존재론적인 증명은 아니다. 그리고 모든 가능한 경험의 대상은 세계[우주]라고 불리기 때문에 우주론적 증명이라고 명명된다[넷째 이율배반과 관계가 깊다]. 또 이 증명은 경험 대상의 온갖 특성, 즉 [경험적] 세계와 다른 가능한 세계를 구별하는 특성을 무시하기 때문에, 명칭상으로도 벌써 자연신학적 증명과는 다른 것이다. 자연신학적 증명은 우리의 이 감성계의 특성에 관한 관찰을 논거로 사용하고 있다.

※ 이 추리는 너무 잘 알려져 있기에 여기서 상론할 필요가 없다. 필경 이 추리는 원인성의 선험적 자연법칙에 의거하고 있다. 즉 「모든 우연적인 것은 그것의

원인을 갖고, 이 원인이 또 우연적일 때에는 마찬가지로 그것의 원인이 있어야 하며, 서로 종속하는 원인들의 계열은 드디어 하나의 단적으로 필연적인 원인에서 종결하게 된다. 이런 원인이 없으면 계열은 아무런 완전성도 가지지 않을 것이다」라고 하는 법칙에 의거하고 있다.

④ 우주론적 증명의 추리는 다음과 같이 전진한다. 즉 「필연존재는 오직 한 가지 방식에 의해서만 규정될 수 있다. 즉 있을 수 있는 온갖 반대적 술어들[긍정과 부정] 중에서 오직 한 가지 술어(긍정)에 의해서만 규정될 수 있다. 그러므로 이 필연존재는 자기 자신의 개념에 의해서 철두철미하게 규정되어 있어야 한다」는 식으로 진행한다. 그런데 한 사물[하나님]에 관해서 이것을 완전히 선천적으로 규정하는 유일한 개념만이 가능하다. 그리고 이 유일한 개념은
634 바로 가장 실재적인 존재라는 개념이다. 하기에 가장 실재적인 존재라는 개념은 필연존재를 생각할 수 있도록 하는 유일한 개념이다. 즉 최고존재는 필연적으로 실존한다고 한다.

⑤ 이 우주론적 논증에는 많은 궤변적인 원칙들이 집중하고 있기 때문에, 사변적 이성은 여기서 최대로 가능한 선험적 가상[최고존재]을 성립시키기 위해서 자기의 갖은 변증술을 제시한 성싶다. 그러나 우리는 이것을 검토함을 당분간 보류하고, 사변적 이성의 간책만을 공개한다. 즉 그것은 고래의 논증을 단지 개장해서 새 논증이듯이 제시하고, 순수이성의 증인과 경험론의 신임장을 받은 증인이라는 두 증인의 동의에 의거하려고 하는 것이다. 그러나 두 증인 중에서 한갓 의장과 음성만을 바꾸어서 둘째 증인으로 간주되도록 하려는 첫째 증인만이 실지로 있는 터이다. 우주론적 증명은 그것의 근거를 참으로 확실하게 하기 위해서 경험에 입각하고, 이것으로 인해서 마치 그것의 증명이 전혀 선천적인 순수개념에 전적으로 신뢰하고 있는 존재론적 증명과는 다른 것인 듯한 외관을 정시한다. 그러나 우주론적 증명이 「경험」을 사용하는 것은
635 오직 필연존재 일반의 현존을 향하여 일보를 내디디기 위한 것이다. 필연존재가 어떠한 성질의 것인가 하는 것에 관해서 경험적 논거는 아무런 교시도 줄 수 없다. 이렇게 되자 이성은 경험적 논거와는 완전히 고별하고 절대적인 필연존재는 일반적으로 어떤 성질의 것인가, 즉 온갖 가능한 사물 중의 어느 것이

절대필연적 존재를 위한 필요조건을 내포하는가를 단지 개념의 배후에서 구한다. 그런데 이성은 오직 「하나」의 가장 실재적 존재라는 개념 중에서만 이 필요조건을 발견한다고 믿고, 이것을 단적인 필연존재라고 추리한다.

그러나 여기에 한 전제가 있음은 명백하다. 즉 이 전제는 「최고 실재적인 존재」의 개념은 「현존」할 절대필연의 개념을 완전히 만족시킨다는 것이다. 다시 말하면 전자에서 후자가 추리된다는 것이다. 이러한 명제는 바로 존재론적 증명이 주장하고 있는 그것이다. 존재론적 증명을 피하려고 했건마는, 그것이 우주론적 증명 중에 수용되어 있고, 우주론적 증명의 근저에 있다. 왜냐하면 절대필연이란 것은 한갓 개념상의 실재이기 때문이다. 그런데 내가 가장 실재적인 존재라는 개념은 필연의 현존에 일치하고 이것에 전적으로 적합하는 개념이요, 또 유일한 개념이다라고 말한다면, 내가 「가장 실재적인 존재」의 개념에서 필연적 현존을 추리할 수 있음을 허용해야 한다. 이에, 소위 우주론적 증명에 있어서 일체의 증명력을 포함하는 것은 원래는 순전한 개념에서 존재론적 증명을 한 것뿐이요, 자칭 경험이라고 한 것은 전혀 무용이요, 우리를 오직 절대필연의 개념으로 인도하기 위한 것이기는 하되, 절대필연을 일정한 사물에서 증시하기 위한 것은 아니다. 무릇, 우리가 절대필연에 도달하려는 의도를 갖자마자, 우리는 즉시로 일체의 경험을 내버리고 순수한 개념 중에서 그런 개념 중의 어느 것이 절대적 필연존재를 가능케 하는 제약을 포함하느냐 하는 636
것을 탐구해야 한다. 이렇게 해서 절대적 필연존재의 가능성이 「통찰」되었을 때에, 그것의 현존도 또한 증시된 셈이다. 왜냐하면 이른바 통찰은 「갖은 가능한 것」들 사이에서 절대적 필연성을 지니는 「하나」가 있다는 것, 즉 이런 존재가 단적으로 반드시 현존한다는 것과 같은 뜻이기에 말이다.

⑥ 추리 중의 「또는 기만」은 그것이 학술적인 방식에서 음미될 적에는 아주 쉽사리 발각되는 것이다. 지금부터 진술하고자 하는 것은 이런 방식의 것이다.

⑦ 「단적인 필연존재」는 그 어느 것이나 동시에 가장 실재적인 존재다(이것이 우주론적 증명의 논증의 핵심이다)라는 명제가 정당한 것이라고 하면, 모든 긍정판단이 그렇듯이 그것은 적어도 제한환위[1)]에 의해서 환위되어야 한다. 즉

1) 모든 사람이 죽는다 → 일부의 「죽는 것」이 사람이다. 이런 것이 제한환위이다. 인간은 이성적 동

「약간의 가장 실재적인 존재」는 동시에 단적인 필연존재인 것이다」. 그런데 「가장 실재적 존재」란 원래 다른 가장 실재적 존재에서 모든 점에서 구별될 수 없기 때문에, 약간의 가장 실재적인 존재라는 개념에 포함된 약간에 관해서 타당하는 것은 전부에 관해서도 타당하다. 따라서 나는 이 명제를(이 경우에는) 단순환위할 수도 있다. 즉 「모든 가장 실재적인 존재」는 [단적인] 필연존재인 것이다. 그런데 이 명제는 단지 순수개념으로부터 선천적으로 규정된 것이기 때문에, 가장 실재적 존재라는 한갓 개념은 그것의 절대적 필연도 수반하지 않을 수 없다. 이처럼 장한 것은 바로 존재론적 증명이었다. 우주론적 증명은 이
637 것[존재론적 증명]을 승인하려고 하지 않았건마는, 그럼에도 불구하고 남몰래 그것을 자기 추리의 근저에 두었던 터이다.

⑧ 그렇게 보면 최고존재의 현존을 증명하기 위해서 사변적 이성이 취하는 둘째의 길[우주론적 증명]은 첫째의 길[존재론적 증명]과 마찬가지로 사기적일 뿐만 아니라, 논점 부적중[1]의 오류를 범했다고 「비난받을 점」을 지니고 있다. 즉 우주론적 증명은 새로운 작은 길을 안내한다고 약속하면서 길을 조금 돌아간 뒤에는 일찍이 내버렸던 길로 우리를 다시 인도하는 바이다.

⑨ 나는 조금 전에 우주론적 논증에는 변증적인 월권의 소굴 같은 것이 숨어 있다는 취지를 말했거니와, 이 소굴을 선험적 비판은 쉽게 발각하여 파괴할 수 있다. 나는 여기서 단지 그 월권적 주장의 내용을 서술하기만 한다. 그리고 기만적 원칙을 더욱더 추구하여 그것을 없애는 일은 이미 [비판에] 능숙한 독자에게 맡기기로 한다.

⑩ 우주론적 증명에는 다음과 같은 [잘못된] 것이 들어 있다. (1) 우연적인 것에서 그것의 원인을 추리하는 선험적 원칙이 있으나, 이 원칙은 원래 감성계에서만 의미가 있고, 감성계의 외부에서는 아무런 의미도 없는 것이다. 무릇 우연적인 것이라는 한갓 지성적 개념은 원인성의 명제처럼 종합적 명제를 산출할 수는 없고, 인과 원칙은 감성계를 제외하고서는 아무런 의의도 없으며, 사용될 아무런 표징도 가지지 않는 것이다. 그런데 우주론적 증명에 있어서는

물이다 → 이성적 동물은 인간이다. 이런 것은 단순환위이다.

1) 채용된 전제가 논점에 적중하지 않고, 따라서 논증이 되지 못하는 것이다. 여기서는 논증의 전제가 실은 존재론적 증명을 도취해 있다고 한 것이다.

인과원칙은 바로 감성계를 초월하기 위해서 잘못 쓰인 터이다. (2) 감성계에서 638
는 주어진 원인에서 또 그 원인으로 올라가는 「무한한 계열」은 불가능하다는 것에서 「첫째 원인」을 추측하는 추리가 있다. 그러나 경험에서 이성을 사용하는 원리들 자신은 이런 추리를 할 권리를 우리에게 주지 않는 것이요, 더구나 [인과] 원칙을 경험을 넘어서서(이 감성계의 연쇄는 경험을 넘어가도록 연장될 수 없다) 확대할 수가 없다. (3) [우주론적 증명에는] 이 계열의 완결에 관한 이성의 잘못된 자기만족이 있다. 이것이 생기는 까닭은 논자가 모든 제약을, 즉 그것이 없이는 필연성의 개념이 성립할 수 없는 모든 제약을 결국 제거하여 버리는 데에 있다. 그리고 이처럼 제거하는 때에는 우리가 아무것도 이해할 수 없게 되기 때문에, 이런 제거를 「계열 개념」의 완결이라고 간주한다. (4) (내적 모순을 포함함이 없이) 실재를 모두 결합한다는 개념의 [형식]논리적 가능성과 선험적[인식론적] 가능성과의 혼동이 있다. 선험적 가능성은 이런 종합을 행할 수 있는 원리를 필요로 하되, 이런 원리를 역시 가능한 경험의 분야에만 상관할 수 있는 것이다.

⑪ 우주론적 증명의 연예가 노리는 것은 필연존재의 현존을 개념에서 선천적으로 증명하기를 피하는 일이지만, 이런 증명은 사실은 존재론적 증명이 되겠다. 그러나 우리는 그러한 능력이 없는 것으로 느낀다. 우리는 이런 의도를
위해서 하나의 근저에 두어진 (경험 일반이라는) 현실적 현존으로부터 되도록 639
이면 그것의 단적으로 필연적인 어떤 제약을 추리한다. 이때에 이 제약에 대해서 그것의 가능성을 설명할 필요가 없다. 그것이 실재하는 것이 증명된 때에는, 그것의 가능성에 대한 문제는 무용하기에 말이다. 그런데 우리가 단적 필연존재의 성질을 상세히 규정하려고 하면, 그것의 「개념」으로부터 현존의 필연성을 파악하기에 충분한 것을 구해야 한다. 이런 일이 가능하다면 우리는 결코 경험적인 전제를 필요로 하지 않을 것이다. 아니, 우리가 구하는 것은(불가결의) 소극적 제약, 즉 그것이 없으면 한 존재가 절대필연이 아닌 제약이다. 이런 소극적 제약을 구하는 일은 주어진 결과에서 원인을 추리하는 다른 종류의 추리에 있어서는 아마 가능하겠다. 그러나 여기서는 불행하게도 절대필연을 위해서 요구되는 제약은 유일한 존재에서만 발견될 수 있는 사정이 있다. 그러므로 이 유일한 존재는 절대필연을 위해서 요구되는 일체를 자기의

개념 중에 포함해야 할 것이다. 따라서 이런 필연을 선천적으로 추리하는 것을 가능케 하는 것이요, 그러므로 나는 (최고존재라는) 개념이 귀속하는 사물[하나님]은 단적으로 필연이라는 역의 추리도 할 수 있어야 하겠다. 만일 내가 이런 추리를 할 수 없다면(존재론적 증명을 피하자면 이런 추리의 불가능을 인정해야 한다), 나는 이 새로운 길에서도 실패한 것이 되고, 나는 또 처음의 출발점에 가 있는 것이다.

최고존재의 개념은 한 사물[하나님]의 내적[자체적] 규정에 관해서 제기되는,
640 온갖 선천적인 문제를 해결하기에는 확실히 충분하고, 그러므로 비할 데 없는 이상이다. 최고존재라는 일반 개념은 최고존재를 동시에 하나의 개체로서 모든 가능한 사물 중에서 식별하기 때문이다. 그러나 이 개념은 그 자신의 현존에 관한 문제의 해결에는 만족을 주지 않는 것이요, 이것이 바로 우리가 다루고자 했던 것이다. 또 필연존재의 현존을 상정한다 하더라도, 모든 사물 가운데서 어느 것이 도대체 필연존재라고 간주되어야 하는가를 알고 싶어하는 사람의 조회에 대해서 「이것이야말로 필연존재」라고 대답할 수가 없었다.

⑫ 이성이 구하는 설명 근거의 통일을, 이성이 용이하게 하기 위해서, 온갖 가능한 결과에 대한 원인으로서 최고의 충족성을 갖는 한 존재의 현존을 상정하는 일은 확실히 허용될지 모른다. 그러나 이것이 이런 존재가 반드시 실존한다고 주장할 만큼 강조되는 일은, 허용된 가정에서 나오는 겸허한 발언이 아니고 절대필연적 확실성을 표시하는 대담한 불손인 것이다. 무릇 사람이 「단적으로 필연이라고 인식한다」고 자칭하는 것에 관해서는 그것의 인식도 절대필연성을 지녀야 하기 때문이다.

⑬ 선험적 이상의 전 과제는 「절대필연성을 내포하는 한 [사물의] 개념을 발견하거나 혹은 이 한 사물의 개념에 적합한 절대필연성을 발견하는 것」에 귀착한다. 그리고 전자가 가능하면 후자도 반드시 가능하다. 이성은 그것의 개념
641 에서 필연인 것만을 단적으로 필연적인 것이라고 인식하기 때문이다. 이 점에 관해서 우리의 오성을 만족시키려고 쏟아넣는 갖은 노력도 또 오성의 이 무능력에 관해서 오성을 절제시키려는 모든 기도도 결국 저 양자에 도달하지 못하는 것이다.

⑭ 만유의 궁극적 지지자로서 필수적으로 요구되는 무제약적인 필연성은 인

간이성이 부딪칠 참 심연이다. 할랠[1] 같은 시인이 「영원」을 자못 두려울 그만큼 숭고한 것으로 묘사했다 하더라도, 그런 「영원」조차도 이 무제약적 필연성의 심연만큼 눈을 어지럽게 하는 인상을 주는 것은 못된다. 영원은 만물의 지속을 측정은 하지마는 이 지속을 지지하는 것은 아니다. 우리가 모든 가능한 존재 중에서도 최고존재라고 표상하는 존재는 「나는 처음도 없고 끝도 없이 영원히 존재한다. 나의 외부에는 내 의지에 의해서만 존재하는 것 외에는 아무것도 없다. 그러나 이 나는 도대체 어디서 온 것인가?」 하고 이를테면 자신에게 말한다. 사람은 이런 생각이 나는 것을 거부할 수 없고, 그렇다고 해서 이런 생각에 그대로 견디어 갈 수도 없다. 여기서 만물은 우리의 밑으로 침몰한다. 그래서 최대의 완전도 최소의 완전도 밑받침함이 없이 사변적 이성 앞에서 흔들린다. 그래서 사변이성은 별로 힘을 들이지 않고 [공수하고] 그것들 [최대·최소의 두 가지 완전]이 소멸하는 그대로 버려둔다.

⑮ 자연의 여러 힘은 어떤 결과를 통해서 그것의 실재를 외현시키고, 자연력 자신은 우리에게 탐구될 수 없는 것으로 남는다. 우리가 관찰을 통해서 자연력 자신까지 충분히 더듬을 수 없기에 말이다. 현상들의 근저에 있는 선험적 객관과, 이것과 함께 왜 우리의 감성이 다른 최상조건이 아니라 이런[더듬을 수 642
없는] 조건을 갖는가 하는 것과, 이 두 가지는 우리가 탐구할 수 없는 것이요, 미래에도 탐구할 수가 없다. 물론 문제 자신은 주어져 있으나 그러나 그것이 통찰될 수는 없다.

그러나, 순수이성의 이상은 불가탐구라고 말할 수 없다. 왜냐하면 한 이상은 이성이 그것에 의해서 모든 종합적 통일을 완결시키기 위해서 이것을 요구한다는 것을 보증하기만 하면, 그 외에 한 이상의 실재성을 증명하는 아무런 보증도 필요로 하지 않기 때문이다. 즉 이성의 이상은 생각할 수 있는 대상으로서 주어져 있는 것이 아니기 때문에, 이런 것으로서 탐구할 수 없는 것이 아니다. 오히려 그것은 한갓 이념으로서, 이성의 본성 중에 위치하고 여기서 해결되며 또 탐구될 수 있는 것이다. 왜냐하면, 우리가 우리의 모든 개념·사견·

1) Albrecht von Haller(1708~1777)는 서서의 의사·식물학자 또 시인이요, 그의 교훈시 Dei Alpen (1729)은 「숭고」가 무엇임을 이해하도록 했다. 이 대목은 실존철학풍을 연상케 한다.

주장들을, [그것들이 타당하면] 객관적 근거에서 하건, 그것들이 한갓 가상일 경우에는 주관적 근거에서 하건 [그 어떤 근거에서] 변명해 줄 수 있는 점에, 이성[1)][의 사명]이 존립하기 때문이다.

필연존재의 현존에 관한 모든 선험적 증명에
있어서의 **변증적 가상의 발견과 설명**

① 이때까지 진술한 두 종류의 증명은 선험적이었다. 다시 말하면, 그것은 경험적 원리에서 독립하여 시도되었다. 우주론적 증명은 경험일반을 근저에 두는 것이기는 했으되, 그런 증명은 경험의 어떤 특수성질에 의해 하여진 것이 아니라, 경험적 의식일반을 통해서 주어진 실재에 상관하는 순수이성의 원리에서 증명되었다. 뿐더러 우주론적 증명은 순수한 개념에만 의거하기 위해서
643 경험의 길잡이조차 중로에서 내버린 것이었다. 그런데 이 선험적 증명에서 [절대] 필연의 개념과 최고실재의 개념을 서로 결합하여 단지 이념일 수 있는 것을 「실재화하고 실체화하는」 변증적이기는 하되, 자연스러운 가상의 원인은 무엇인가? 실재하는 사물들 중의 「그 어떤 것」을 자체적으로 필연한 존재로 상정하며, 그러면서도 동시에 이러한 존재의 현존에 대하는 것이 마치 심연에 대하는 듯하여 떨어서 물러서지 않을 수 없는 원인은 무엇인가? 이성이 이 점을 스스로 이해해서 비급하게 동의했다가 다시 번의하는 불안정된 상태를 벗어나서 조용한 통찰에 도달함이 어떻게 발단하는 것인가?

② 그 무엇이 실재한다는 것을 전제하면, 그것은 필연적으로 실재한다고[주장]하는 추리는 피할 수 없다.——이것은 극히 기이하게 여길 만한 추리이다. 우주론적 논증은 이 아주 자연스러운 (그렇다고 해서 확실하지는 않는) 추리에 의거하고 있다. 반대로 어떤 사물이건 한 사물의 개념을 내가 상정하더라도 이 사물의 실재가 단적으로 필연이라고 생각될 수 없음을 나는 발견한다. 즉 어떤 사물이 실재하더라도, 그런 사물의 비존재를 생각함을 방해하는 것이 없다는 것, 따라서 「실재하는 것 일반」에 대해서 확실히 어떤 필연적인 것을 상정해야 할지라도, 그런 사물 자신이 필연적이라고 생각할 수는 없다는 것을 나는

1) 여기의 이성은 객관적으로 타당하는 것에 대한 기관(Organ)이라고 정의할 수 있다.

발견한다. 다시 말하면, 「필연존재를 상정하는 일이 없이는 나는 실재하는 것 644
의 제약들을 캐 올라감을 완성할 수는 없으나, 그러나 나는 이 필연존재에서 출발할 수는 없다」는 것을 발견한다.

③ 「실재하는 사물일반」에 대해서 [그것의 근거에] 어떤 필연적인 것을 생각해야 한다. 그러나 어떤 사물도 자체상 필연적이라고 생각될 자격이 없다고 한다면, 필연성과 우연성은 사물들 자신에 관계할 수 없다는 말이 생기지 않을 수 없다. 왜냐하면, 그렇지 않다면 모순이 생기겠기 때문이다. 따라서 [필연성과 우연성의] 두 원칙은 어느 것이나 객관적이 아니라, 결국 이성의 주관적 원리일 수 있다. 즉 한쪽[필연성의 원칙]은 실재하는 것으로서 주어져 있는 모든 것에 대해서 필연적인 것을 구하는 주관적 원리, 다시 말하면 선천적으로 완성된 설명에 도달하기까지는 탐구를 정지하지 않는 주관적 원리요, 다른 쪽[우연성의 원칙]은 이런 완성을 결코 기대하지 않는 주관적 원리, 어떠한 경험적인 것도 무제약적[필연적]인 것으로 상정하지 않는 주관적 원리, 이런 상정에 의해서 도입된 원인을 부단히 뛰어 올라가는 주관적 원리이다. 두 원칙은 이런 의미에서 한갓 발견적·통제적 원칙이요, 이성의 형식적 관심 외의 것에 관여하지 않는 것이며, 그것들은 충분히 병존할 수 있다.

무릇 한쪽 원칙[필연 원칙]은 말한다: 「여러분이 자연에 관해서 철학적 사색(philosophieren)을 하려면, 실재 전체에 대해서 반드시 첫째 근거가 마치 있는
듯이 사색해야 한다. 이것은 여러분이 이런 이념, 즉 상상된 첫째 근거를 추구 645
함에 의해서 여러분의 인식에 오로지 체계적인 통일을 가져오기 위한 것이라」고. 그런데 다른 쪽의 원칙[우연 원칙]은 「실재하는 사물에 관한 어떠한 규정도 최상 근거로서, 즉 절대로 필연적인 것으로서 상정해서는 안 되고, 항상 보다 더 먼 데서 [원인에서] 도입하는 여지를 남겨야 한다. 그러므로 [실재 사물에 관한] 규정을 항상 「제약된 것」으로 다루어야 한다고 여러분께 경고한다. 만일 우리가 사물에 있어서 지각되는 모든 것을 제약된 것으로 보아야 한다면, (경험에 의해서 주어지는) 그 어떤 사물도 「절대 필연적인 것」이라고 보아질 수 없다.

④ 그러나 이러하고 보면, 여러분은 절대 필연적인 것을 세계의 외부에 상정하지 않을 수 없게 된다. 왜냐하면 절대로 필연한 것은 현상들의 「최상」근거로서 현상들의 최대로 가능한 통일의 원리로 쓰일 터이기 때문이다. 그러나

여러분은 세계 내에서는 이런 절대 필연에 결코 도달할 수는 없다. 왜냐하면 통일의 모든 경험적 원인을 항상 파생된[이차적인] 것으로 간주하는 일은 둘째 원칙[우연성 원칙]이 여러분께 명령하는 바이기 때문이다.

⑤ 고대 철학도들은 자연의 형식을 죄다 우연적인 것으로 보았고 질료[물질]를 상식에 좇아서 근원적·필연적이라고 보았다. 그러나 만일 그들이 질료를 현상의 기체로서 상관적으로 고찰하지 않고 질료 자체를 현존한다고 보았다면, 절대필연이란 이념은 즉시로 소멸했을 것이다. 무릇, 이성을 [질료의] 현존에 단적으로 결합시키는 「것」이 전혀 없고, 이성은 이런 현존을 「언제나 또 모순없이」 사상 중에서 폐기할 수 있기에 말이다. 실로 절대필연은 오직 사상 안에서만 있
646 다. 이에, 이 아견의 근저에는 일종의 통제적 원리가 있지 않을 수 없었다.

연장성과 불가침입성도 (이 둘은 서로 합해서 물질의 개념을 이루고 있지만) 사실은 현상들에 통일을 주는 경험적인 「최상」[제일] 원리요, 이 원리가 경험적으로 무제약적인 것인 한에서 통제적 원리의 성질을 지닌다. 그러나 질료를 규정함은 그 어느 것이나 질료의 실재적 [내용]인 것이요, 이러한 「질료의 규정」은 하나의 결과(즉 작용)요, 따라서 불가침입성도 하나의 결과이며, 이 결과는 그것의 원인을 가져야 하고, 따라서 역시 파생된 [이차적인] 것이다. 그러므로 질료는[제약된 필연은] 일체의 파생된 통일에 대한 원리로서의 필연적 존재의 이념에 대해서는 부적당한 것이다. 왜냐하면 질료의 실재적 특성은 어느 것이나 파생된 것으로서 오직 「제약된 것」으로만 필연이고, 따라서 [자체상으로는] 없어질 수 있는 것이요, 그러므로 질료의 실재 전체가 없어지게 되겠기 때문이다. 만일 그렇지 않다면, 우리는 통일의 「최고」[1] 근거를 경험적으로 획득했을 것이나, 이런 일을 둘째의 통제적 원리[우연성의 원리]가 금하고 있다.

이래서 다음과 같은 것이 결과한다: 「질료와 또 세계에 귀속하는 것 전반은 최대의 경험적 통일에 대한 원리로서의 필연적 근원존재라는 이념에는 부적합하다. 이런 이념은 세계의 외부에 세워져야 하겠다. 이런 때에 우리는 세계의 현상들과 세계의 실재를 항상 확신을 갖고서 다른 현상에서 도출할 수가 있다.

1) 최상(oberst)과 최고(höchst)를 B. 618에서는 구별했으나, 이 토막과 앞 토막에서는 준별하지 않고 사용했다. 그러나 「실천이성비판」에서는 최상선과 최고선을 구별했다.

—마치 필연적 존재가 없는 듯이. 그런데도 우리는 도출의 완성을 향하여 쉬 647
지 않고 노력할 수가 있다.—마치 최상 근거로서의 필연적 존재가 전제되어 있는 듯이」.

⑥ 이상의 고찰에 의하면, 「최고」존재의 이상은 이성의 통제적 원리이다. 이 원리는, 세계에서의 일체 연결이 마치 일체를 충족케 하는 하나의 필연적 원인[하나님]에서 발생하는 듯이, 우리가 세계에서의 모든 연결을 보게 하는 것이다. 그리고 이런 일은 세계의 설명에 있어서 체계적인 통일의 규칙, 즉 보편적 법칙에 따라 필연적인 통일의 규칙을 필연적 원인에 기본시키기 위한 것이다. 그러므로 「최고」존재의 이상은 그 자신 필연적인 실재에 관한 주장이 아니다.

그러나 동시에 선험적 뒤바꿈에 의해서 이 형식적[통제적] 원리를 구성적이라고 표상하고 이런 통일을 실체화한 것으로 생각하는 것이 불가피하다. 공간은 오로지 그것의 각종 제한인 모든 형태를 근원적으로 가능하게 하는 것이기 때문에, 공간이 단지 감성의 원리이건마는, 그 까닭에 공간은 단적으로 반드시 자립하는 대상·선천적으로 자체상 주어진 대상이라고 생각된다. 이와 마찬가지로, 「가장 실재적인 존재」라는 이념이 절대적 원인으로서 근저에 두어지는 한에서, 자연의 체계적인 통일은 결코 우리 이성의 경험적 사용의 원리로서 제시
될 수 없기 때문에, 가장 실재적인 존재의 이념이 현실적 대상이라고 표상되고, 648
따라서 통제적 원리가 구성원리로 변해지는 것도 자못 자연스럽게 생기는 일이다. 이러한 뒤바꿈은 다음과 같은 사정에 의해서 명백하여진다. 즉 「내가 이 최상존재를—이것은 세계에 상관해서만 단적으로(무제약적으로) 필연한 것이었지만—자립하는 사물(Dingfür sich)로 본다면, 이것의 필연성은 이해될 수 없다. 이에, 이 필연성은 실재의 질료적·실체적인 제약으로서가 아니라, 사고의 형식적인 제약으로서만 나의 이성 중에서 발견될 수 있었을 것이라」는 사정이다.

제3장

제6절 자연신학적 증명의 불가능성

① 무릇, 사물 일반의 개념[존재론적 증명]과 그 어떠한 실재 일반의 경험[우주론적 증명]이 그 어느 것이나 우리가 요구하는 바[하나님 존재의 증명]를 수행

할 수 없다고 한다 하더라도, 아직도 하나의 수단이 남아 있다. 그것은 특정의 경험, 즉 현재 세계의 사물들에 관한 경험과 이것의 [다양한] 성질·질서[아름다움] 등이 논거가 되어 우리에게 최고존재의 실재를 확신하게 하는 데에 도움이 될 수 있지나 않나 하는 것을 시도하는 일이다. 이러한 증명을 우리는 자연신학적 증명이라고 말할 수 있겠다. 그리고 만약 이 증명 역시 불가능한 것이라면, 우리의 선험적 이념에 합치하는 존재의 현존을 순전히 사변적 이성에 의해서 충분하게 증명하는 일은 죄다 불가능한 것이다.

649 ② 이 [자연신학적] 문제에 대한 회답이 「쉽사리 또 적절히」 기대될 수 있다는 것은 상술한 것에서 즉시로 통찰되겠다. 무릇, 한 이념에 적합한 경험이 어떻게 주어질 수 있는가? 어떠한 경험도 이념에 일치할 수 없다는 점에 바로 이념의 특질이 존립한다. 필연적인 근원존재·일체를 충족시키는 근원존재라는 선험적 이념은 매우 고대하여, 항상 제약되어 있는 모든 경험적인 것을 심원하게 초월하고 있다. 이런 결과로 사람은 한편에서 이런 개념[하나님]을 충족케 할 만한 충분한 자료를 경험 중에서 찾아낼 수 없고, 다른 편에서는 늘 제약된 것들 사이에서 헤매어서 무제약자를 추구하되 도로가 되겠다. [왜냐하면] 어떤 경험적 종합의 법칙도 무제약자에 관한 실례를 주지도 않거니와, 무제약자에 대한 최소의 길잡이도 주지 않기에 말이다.

③ 만일 이 최고존재가 제약들의 연쇄 속에 있다고 하면 최고존재 자신이 계열 중의 한 항이겠고, 이렇게 보면 최고존재를 전제하는 하위 항과 마찬가지로 이 최고존재에 대해서도 고차의 근거를 더욱더 구명하는 것을 요구하겠다. 이것과 반대로 최고존재를 제약들의 연쇄에서 분리해서 한갓 「가상적 존재」로서 자연적 원인의 계열 속에 포함시키지 않는다면, 이때에 최고존재에 도달하기 위해서 이성은 어떠한 다리를 놓을 수 있는가? 왜냐하면, 결과에서 원인으로 이행하는 모든 법칙은, 아니 우리의 인식일반의 모든 종합과 확장은 오로지
650 가능한 경험만을 노리고, 따라서 감성의 대상만을 노리며, 이런 대상에 관해서만 의미가 있을 수 있기 때문이다.

④ 현존하는 세계는 우리에게 다양성·질서·합목적성·아름다움 등의 측량할 수 없는 무대를 전시한다. 사람은 이런 무대를 무한한 공간에서 혹은 공간의 무한한 분할에서 더듬어 볼 수 있겠다. 그러하기에 우리의 미약한 오성이

획득할 수 있는 지식의 면에서 보더라도 내다보기 어려운 많은 위대한 기적 때문에, 모든 언어는 그 어세를 잃고 모든 수는 그것의 측정력을 잃으며, 우리의 사고마저 그것의 한계를 잃고 만다. 이런 결과로 전체에 관한 우리의 판단은 무언의 경탄 속으로, 그런 만큼 더욱더 웅변적인 경탄 속으로 사라지지 않을 수 없다. 도처에서 우리는 결과와 원인의 연쇄, 목적과 수단의 연쇄 및 생과 멸의 합규칙성 등을 본다. 그러나 만상이 현재 있는 상태 속에 「스스로」 들어가지 않았기 때문에, 이런 상태는 더욱더 그것의 원인이 되는 다른 사물[의 존재]를 지시하고, 이 원인은 또 그것의 원인을 묻는 것을 필연적이도록 한다. 그런 결과로, 만일 이런 무한한 우연적인 것의 외부에, 그 자신이 근원적으로·독립적으로 존립하여, 우연한 것을 지지하고, 우연적인 것이 발현하는 원인이 동시에 이런 일체의 존속을 확보하는 「그 어떤 것」이 상정되지 않는다면, 만유 전체가 이렇게 하여 없음의 심연 속으로 사라져 버릴 것이다. (세계의 651
만물에 관한) 이런 「최고」원인은 그것이 얼마나 위대한 것이라고 사람이 생각해야 할 것인가? 우리는 세계의 전 내용을 모르고 더구나 세계의 크기를 가능한 모든 것과의 비교를 통해서 측정할 줄도 모른다. 그러나 우리가 이미 원인성에 관해서 지극한 최상 존재를 필요로 하기 때문에, 우리가 이것을 그것의 완전성의 정도에 관해서 그 외의 **모든 가능한 것**보다도 위에 두는 일을 방해할 것이 있을 것인가? 만일 우리가 유일한 실체로서의 최상존재 중에서 모든 가능한 완전성의 합일을 표상한다면, 물론 하나의 추상적 개념이라는 가냘픈 윤곽에 의해서이기는 하되, 우리는 쉽사리 그런 일[지극한 최상존재를… 위에 두는 일]을 할 수가 있다. 이러한 개념[이념]은 원리의 수를 될수록 적게 하려는 우리 이성의 요구에 유리하고, 아무런 자기모순에도 빠지지 않으며, 바로 경험 안에서 이성의 사용을 확장하는 데에도, 이 이념이 질서와 합목적성에 대하여 주는 지도로 인해서 유익하며 경험에 단연 배치[1]되지 않는다.

⑤ 이 [자연신학적] 증명은 항상 존경으로써 지목될 만한 값어치가 있는 것이다. 그것은 가장 옛적부터 있어 온 것이요, 가장 명쾌한 것이며 또 상식에 가장 적합한 것이다. 그것은 자연연구를 고무하고 또 자연연구에 의해서 [증

1) 질서와 합목적성이 없어 보이는 경험에 관해서 칸트는 이례와 해악도 들었다(B. 655, B. 802, 참조).

명] 자신의 존재를[타당성을] 가지며, 이 때문에 언제나 새로운 힘을 주는 것이다. 이 증명은 목적과 의도를 우리의 [경험적] 관찰이 자신만으로 발견하지 않았을 영역에까지 두고, 자연의 외부에 원리를 가지는 특수한 통일의 길잡이에 의해서 우리의 자연지식을 확대하는 것이다. 그러나 이런 지식은 또다시 그것의 원인, 즉 이 지식을 낳게 하는 이념으로 작용을 미쳐 [세계의] 최고창조자에
652 대한 신앙을 강화하여 견인불발의 신념에 이르도록 하는 것이다.

⑥ 그러므로 이 증명의 권위를 조금이라도 깎아내리려고 하는 것은, 불쾌할 뿐만이 아니라 전혀 무익할 것이다. 이성은 「경험적이기는 하나 매우 강력하고 자기 조작에서 늘 증대하는 논거」에 의해서 부단히 높이 올라가고, 치밀한 사변이 의심을 품더라도 이성은 압도되지 않는다. 이 때문에 자연의 기적과 세계 건축의 장엄을 별견하기만 해도, 마치 꿈에서 깬 듯이 모든 천착적인 주저를 벗어나게 된다. 이래서 거대에서 거대로 나아가서 드디어 최고의 거대에 도달하고, 제약된 것에서 제약으로 나아가서 드디어 최상의 무제약적인 [세계] 창조자로 올라가기에 이른다.

⑦ [자연신학의] 이상과 같은 태도의 합리성과 유용성에 대해서 우리는 이의할 필요가 없고 오히려 그것을 추천하고 고무해야 한다. 그러하건마는, 그렇다고 해서 이 증명 방식이 절대 필연적 확실성을 요구하고 「남의 호의나 외부의 지지」를 필요로 하지 않는 찬동을 요구하는 일을 시인할 수 없다. 그리고 자부가 대단한, 궤변가[자연신학자]의 독단적인 발언을 끌어내려서 「중용과 겸손」의 논조가 되도록 하고, 무조건적 복종을 명령하는 신앙이 아니라 안심입명에 충
653 분한 신앙은 「중용과 겸손」의 논조를 가지는 법이라고 하는 우리의 주장은 호사를 해침이 될 수는 없는 것이다. 하기에 「자연신학적 증명만으로는 결코 최고존재의 현존을 증시할 수 없고, 이 결함을 보완하는 일은 항상 존재론적 증명에(이것에 대해서는 자연신학적 증명은 존재론적 증명의 서론이 될 뿐이지만) 위임해야 하며, 그러므로 존재론적 증명은 언제나 인간이성이 봐넘길 수 없는 유일의 가능한 논거를 포함하는 것」이라고 나는 주장한다.

⑧ 소위 자연신학적 증명의 요점은 다음과 같다. (1) 세계의 도처에 일정한 의도에 좇아서 큰 지혜[하나님]에 의해서 완성된 한 질서가 있다는 것에 관한 명백한 징조가 보인다. 그리고 이 징조는 필설이 미칠 수 없는 다양한 내용의

전체 중에서도 또 광대무변한 양의 전체 중에서도 보인다. (2) 이 합목적적인 질서는 세계의 사물에 대해서 전혀 외부에서 주어진 것이요, 단지 우연적으로만 세계의 사물에 귀속하고 있다. 즉 각종 사물[1]의 본성은 만약 그것들이 질서를 주는 합리적 원리에 의해서 근거에 있는 이념에 좇아서 그것에 합치하도록 본래 선택되었고 배치되었던 것이 아니라면, 스스로 그다지도 다종다양한 결합 방식을 통해서 명확한 궁극의도에 합치할 수는 없었을 것이다. (3) 하기에 하나의 (혹은 여럿의) 숭고하고도 현명한 원인이 실존한다. 이 원인은 그저 맹목적으로 작용하는 전능한 자연이 그것의 풍요한 산출에 의해서 된 세계원인이 아니라 [하나님 같은] 예지가 그것의 자유에 의해서 된 세계원인이 아닐 수 없다. (4) 이러한 원인에 의해서 생긴 통일은 마치 인공적인 건축물의 부문 654
들처럼, 세계 부문들 간의 교호관계의 통일에서 추리된다. 다시 말하면 그 통일은 우리의 관찰이 마치는 한의 건축물에서는 확실하게 추리되지마는, 그 이상에 있어서는 유추의 모든 법칙에 좇아서 개연적으로 추리된다.

⑨ [나는] 여기서 본연적인 이성의 이상과 같은 추리에 대해서 무슨 트집을 잡으려 하지는 않는다. 본연의 이성은 약간의 자연산물을 인간 기술의 산물에 의해서 유추함에서 (가령 집, 배, 시계 등과 자연산물이 서로 유사함에서) 다음과 같은 추리를 하고 있기 때문이다. 즉 인간의 기술이 자연에 대해 힘을 행사하여, 자연으로 하여금 그것 자신의 목적에 좇아서 움직이지 않고 인간의 목적에 굴종하도록 할 때에, 오성과 의지로서의 원인성이 자연의 근저에 있겠다고 추리한다. 본연의 이성이 자유로 활동[운동]하는 자연의 내적 가능성을(이것이 모든 기술 및 아마 이성까지도 비로소 가능케 하지마는) 어떤 다른 초인간적일 기술에서 이끌어낼 적에, 이런 추리방식은 지극히 예리한 선험적 비판에 견디어 내지 못할 것이다. 그러나 우리가 무슨 원인을 말해야 한다면, 원인과 그것의 결과방식을 우리가 완전히 알고 있는 유일한 것인 합목적적인 산물과의 유추에 의해서 원인을 말하는 것보다도 더 확실한 방식은 없다고 우리는 고백해야 한다. 물론 만일 [본연의] 이성이 자기가 아는 원인성에서 자기가 모르는 불명하고도 증명할 수 없는 설명근거로 이행하려고 한다면, 이성은 그 책임을 자신이 질

1) B. 446 원주 참조.

수 없을 것이다.

⑩ [자연신학적 증명의] 추리에 의하면, 이처럼 많은 자연적 조직이 지니는 합목적성과 정합성은 [조화적] 형식의 우연성만 증시할 뿐, 질료의 우연성, 즉
655 세계에서의 실체의 우연성[질료 자신에 조화가 있음]을 증시하는 것이 되지는 않겠다. 왜나하면, 질료의 우연성을 증시하자면, 만일 세계의 만물이 실체상으로도 최고 예지의 산물이 아니라면, 세계의 만물 자신이 보편적 법칙에서보다, 「질서와 조화」에 대해서 부적합하다는 것의 증명가능성도 요구되기 때문이다. 그러나 이것을 위해서는 인간의 기술과의 유추[유사]에 관한 논거와는 전혀 다른 [인식론적] 논거가 필요하겠다.

이에, 자연신학적 증명은 기껏해야 자기가 처리하는 재료의 [합목적성에 대한] 적합 여부에 의해서 항상 많은 제한을 받는 세계건축사[형식을 부여하는 자]를 증시할 수는 있으나, 그러나 그 이념에 일체가 종속하는 세계창조자[질료를 만드는 자]를 증시할 수는 없겠다. 이러한 결과는 사람[자연신학자]이 품고 있는 큰 의도, 즉 일체를 충족케 하는 근원적 존재를 증명하려는 의도의 달성에는 자못 거리가 먼 것이다. 만일 우리가 질료 자신의 우연성을 증명하려고 하면, 우리는 선험적[인식론적] 논증에 도피하지 않을 수 없겠으나, 이런 논증을 여기서는 [자연신학적 증명은] 회피했어야 할 일이었다.

⑪ 세계의 도처에서 보이는 질서와 합목적성은 전혀 우연적인 조직이되, 자연신학의 추리는 이런 질서와 합목적성에서 출발하여, 그것에 적응[비례]하는 원인의 현존에 도달한다. 그러나 이 원인의 개념은 원인에 관해서 어떤 명확한
656 것을 인식시키는 것이어야 한다. 이 원인의 개념은 전능·전지 등등, 한마디로 말하면 일체를 충족시키는 존재로서 온갖 완전성을 소유하는 존재에 관한 개념임에 틀림없다. 무릇, 힘과 탁월성이 거대하고 경탄할 만하며, 불가측이라고 하는 술어들은 아무런 확정된 개념을 주지 않는다. 이런 술어들은 「물자체 그것」이 본래 무엇인가를 말하는 것이 아니다. (세계의) 관찰자[인간]가 이런 대상[하나님]을 확대하건 혹은 관찰하는 주관을 대상과의 관계에서 미소하게 하건 간에 마찬가지로 찬미받는 것으로 귀착한다. 사물이 일반적으로 어느 정도로 완전한가 하는 (완전성의) 대소가 문제인 경우에는, 가능한 완전성을 전부 포괄하고 있는 개념 이외에 명확한 개념이 따로 없다. 그리고 실재의 전체만이

[가능한 완전성의] 개념에 있어서 전반적으로 규정되어 있다.

⑫ 그런데 누구건 그가 관찰한 세계의 (넓이와 내용상의) 크기와 전능과의 관계, 세계질서와 최고예지와의 관계, 세계통일과 창조자의 절대적 통일과의 관계 등등을 「통찰」을 모험할 것을 나는 기대하지 않으려 한다. 이에, 자연신학은 세계의 최상 원인에 관해서 아무런 명확한 개념을 줄 수 없는 것이고, 따라서 신학의 원리로서는—이것은 다시 종교의 기초로 될 터이지만— 충분한 것일 수 없다.

⑬ 절대적 전체성에 도달함은 경험적인 길을 통해서는 도저히 불가능하다. 그럼에도 사람은 자연신학적 증명에 있어서 그런 통일에 도달하려고 한다. 그 657
러면 비상하게 넓은 빈틈을 넘기 위해서 사람은 어떠한 수단을 사용하겠는가?

⑭ 사람은 세계창조자의 위대·지혜·위력 등에 경탄하는 데에 도달했을 뿐, 그것 이상으로 나아갈 수 없었다. 이렇게 되자, 경험적 논거에 의해서 했던 논증을 갑자기 포기하고, 곧 애초에 세계의 질서와 합목적성에서 추리했던 「세계의 우연성」에 주목한다. 이제야 사람은 이 우연성으로부터 오로지 「선험적」 개념에 의해서 「단적인 필연성」의 현존으로 나아가고, 최초 원인이 있어야 한다는 절대적 필연성의 개념에서 완전히 규정된 혹은 규정하는 '단적인 필연의 현존' [하나님]의 개념으로 향한다. 다시 말하면 일체를 포괄하는 실재라는 개념으로 향한다. 이래서 자연신학적 증명의 기도는 막혀버리게 되었고, 이런 곤경에 처해서 돌연히 우주론적 증명으로 비약하였다. 그리고 우주론적 증명은 단지 가장된 존재론적 증명이기 때문에, 자연신학적 증명은 자기의 의도를 사실은 오직 순수이성에 의해서만 수행하였다.——비록 최초에는 순수이성과의 모든 인연을 거부하고, 일체를 경험에 기본시키는 빛나는 증명을 하려고 했지마는.

⑮ 이에, 자연신학자는 선험적[존재론적] 증명방식에 대해 자못 냉담한 태도를 취하고, 자신은 자연에 대한 총명한 식자로 자부하여, 마치 침울한 몽상가의 공상을 멸시하듯이 선험적[존재론적] 증명방식을 멸시할 이유가 없는 터이다. 무릇 자연신학자가 자기 자신을 엄밀히 음미하려고만 한다면, 그는 다음의
점을 발견할 것이다. 즉 「그는 자연과 경험이라는 대지를 상당한 거리까지 진 658
행했으나, 그러나 그의 이성이 지향하는 대상에서는 여전히 멀리 떨어져 있음

을 알았다. 이렇게 되자, 그는 갑자기 이 대지를 버리고 한갓 가능성의 나라로 옮아갔다. 이 나라에서 그는 이념의 날개를 타고 그의 모든 경험적 탐구가 탐구하지 못했던 대상에 접근할 것을 기대했다」는 것이다. 그는 이처럼 대단한 비약을 함에 의해서 드디어 확고한 지반을 획득했다고 잘못 생각한 뒤에, 이제야 명확하게 된 개념을(그가 어떻게 이 개념을 소유하게 된 것인가를 우리는 아는 바 없지만) 창조의 전 분야에 확장하고, 오로지 순수이성의 산물임에 불과했던 이상을 경험에 의해서 설명한다. 이 이상은 매우 빈약한 것이요, 그 대상의 존엄성에 아주 미달하는 것이나, 그럼에도 그가 이런 대상을 아는 데에 혹은 이런 대상을 전제하는 데에 도달한 것이 경험의 작은 길과는 다른 길에 의하였음을 그는 인정하고 싶어하지 않는다.

⑯ 이처럼 해서 최고존재로서의 유일한 근원존재의 현존에 관한 자연신학적인 증명의 근저에는 우주론적 증명이 있고, 우주론적 증명의 근저에는 존재론적 증명이 있다. 그리고 이 세 방법 이외에 어떠한 방법도 사변적 이성에 열려져 있지 않기 때문에, 만일 오성의 모든 경험적인 사용을 훨씬 넘어 있는 명제의 증명이 아무튼 가능하다고 한다면, 단지 「이성의 순수한 개념」에 의해서만 하여질 존재론적 증명이 유일의 가능한 증명이다.

제3장

제7절 이성의 사변적 원리에 기본한 모든 신학의 비평

659 ① 만일 내가 신학이란 말 아래서 근원존재의 인식을 의미한다면, 신학은 한갓 이성에 기본한 신학(이성적 신학)이거나 혹은 계시에 기본한 신학(계시적 신학)이거나다. 그런데 이성적 신학에는 그것의 대상을 단지 선험적 개념들(근원적 존재·가장 실재적인 존재·일체존재 중의 존재 등)을 매개로 해서 순수이성에 의해서만 생각하는 것과 (우리 마음의) 본성에서 얻어진 개념에 의해서 그것의 대상을 최고 예지라고 생각하는 것이 있다. 전자는 선험적 신학[1]이라고 하고,

1) 이 「선험적」은 순수(rein)하다는 의미에서 전혀 선천적으로 혹은 초험적으로 사용되었다. Deist는 deus(라틴어) = Gott에서, Theist는 theos(희랍어) = Gott에서 각각 나온 것을 보아도 원래는 같은 것임을 알 수 있다. 그러나 철학적 용어법에 있어서 전자를 이신론자라고, 후자를 유신론자

후자는 소질적 신학이라고 해야 하겠다. 선험적 신학만을 승인하는 자가 이신론자라고 부르고, 소질적 신학을 인정하는 자를 유신론자라고 부른다. 이신론자는 근원적 존재의 현존을 우리의 이성이 인식한다는 것을 승인한다. 그러나 동시에 근원적 존재에 관한 우리의 개념은 선험적이다. 즉 이런 근원 존재는 온갖 실재성을 갖기는 하되 이런 실재성은 그 이상의 세규를 할 수 없는 것일 따름이다. 유신론자는, 이성이 이 대상[근원존재]을 [마음의] 본성[소질]과의 유추[유사]에 의해서 세규를 할 수 있다고 주장한다. 즉 [마음의 본성으로서의] 오성과 자유를 통해서 모든 다른 사물의 근원적 근거를 자기 속에 포함하는 존재라고 규정할 수 있다고 주장한다. 그러므로 근원적 존재 아래서 이신론자는 한갓 세계원인만을 표상하고 (이 원인이 근원존재의 자연의 필연성에 의하는 것인지 혹은 자유에 의하는 것인지는 미결로 남지만) 유신론자는 세계창조자를 표상한다. 660

② 선험적 신학에는 근원적 존재의 현존을 경험 일반에서 (경험에 속하는 세계에 관해서는 아무런 세규도 내림이 없이) 도출할 것을 생각하는 우주론적 신학이라고 하는 것과 경험의 도움을 조금도 받지 않고 한갓 개념에 의해서 근원적 존재의 현존을 인식한다고 믿는 존재론적 신학이라고 하는 것이 있다.

③ 소질적 신학은 현세에서 발견되는 특성, 즉 「질서와 통일」로부터 세계창조자의 「특성과 실재」를 추리한다. 이 경우에 현세에는 자연과 자유라는 두 종류의 원인성과 그것의 규칙이 있음이 상정되어야 한다. 그러므로 소질적 신학은 현세에서 최고예지로 올라간다. 그리고 이 최고예지는 모든 자연적 질서와 완전성의 원리이거나 혹은 모든 도덕적 질서와 완전성의 원리이거나다. 전자의 경우에 소질적 신학은 자연신학[1]이라고 칭하고, 후자의 경우에 도덕신학※이라고 부른다.

※ 신학적 도덕이 아니다. 무릇, 신학적 도덕은 최고의 세계통치자의 현존을 예상하는 도덕법을 포함하는 것이다. 이것과는 반대로 도덕 신학은 도덕법에 기본하여 최고 존재의 현존을 확신하는 것이다.

로 구별하게 되었다.

1) 칸트는 소질적 신학(natürliche Theologie) 안에 자연신학(Physikotheologie)과 도덕신학(Moraltheologie)을 구별했다. B. 71, Ⅳ. 참조.

661 ④ 하나님의 개념 아래서 보통 이해하는 것은, 단지 사물의 근원으로서의 「맹목적으로 작용하는 영원의 자연」이 아니라, [마음의 본성으로서의] 오성과 자유에 의해서 사물의 창조자일 터의 최고존재요, 이런 개념만이 우리의 관심을 끄는 것이다. 그렇기에 엄밀히 말해서 사람은 이신론자에 대해서는 하나님에 대해서 신앙이 도무지 없다고 하여 거부할 수 있다. 그러나 누구라도 그가 그 무엇을 감히 주장하지 않는다고 하여 그가 그 무엇을 부정하려 한다고 책해서는 안 되기 때문에, 「이신론자는 하나님을 믿는다. 그러나 유신론자는 산 하나님(최고예지)을 믿는다」고 말하는 것이 보다 더 온당하고 공평하다. 이제야 우리는 지금부터 이성의 이러한 모든 시도를 가능케 하는 원천을 탐구하려고 한다.

⑤ 나는 여기서 이론적 인식을, 그것에 의해서 존재하는 것을 내가 인식하는 인식이요, 실천인식을 존재해야 할 것을 표상하는 인식이라고 설명하는 것으로써 만족한다. 이렇게 보면 이성의 이론적 사용이란 「어떤 것이 있다」는 것을 내가 그것에 의해서 선천적으로 (필연적이라고) 인식하는, 그런 사용이다. 그러나 실천적 사용이란 그것에 의해서 무엇이 생겨야 하는가」가 선천적으로 인식되는, 그런 사용이다.

그런데 그 어떤 것이 있다는 것, 혹은 그 무엇이 생겨야 한다는 것이 의심할 것 없이 확실하다고 해도, 그것이 역시 「제약되어 있다」고 한다면, 이것에 대한 어떤 명확한 제약은 단적으로 필연이거나 혹은 한갓 임의적·우연적으로 전제될 수 있거나다. 첫째[전자]의 경우에는 제약은 (주장에 의해서) 요청되고 둘째[후자]의 경우에는 제약은 (가정에 의해서) 추측된다. 단적으로 필연적인 실
662 천법칙(도덕법)은 존재하기 때문에, 만일 이 법칙이 그것의 구속력을 가능케 하는 제약으로서, 어떤 실재[하나님]를 반드시 전제한다면, 이런 실재는 요청[요구]된 것이 아닐 수 없다. 왜냐하면 이 명확한 제약을 도출하는 추리의 출발점인 제약된 것[실천 법칙]은 그 자신 「단적으로 필연적인 것」으로서 선천적으로 인식되는 것이기 때문이다. 도덕법에 관해서는 그것이 최고존재의 실재를 전제하는 것일 뿐만이 아니라, 다른 방면의 고찰[도덕적 목적론의 고찰]에 있어서 단적으로 필연한 것이기 때문에, 당연히 물론 실천적으로만[의지를 규정하는 면에서만] 최고존재의 실재를 요청하는 것임을 우리는 훗날에 명시할 작정이다. 하기에 지금 여기서는 우리는 이 추리방식에 언급하지 않는다.

⑥ (있어야 할 것이 아니라) 있는 것만을 다룰 적에는 경험 중에서 주어지는 「제약된 것」은 항상 우연적인 것이라고 생각되기 때문에, 이런 제약된 것의 제약은 경험에 의해서 「단적으로 필연인 것」이라고 인식될 수가 없다. 이 제약은 이성이 「제약된 것」을 인식하기 위해서 상대적으로 필연인 전제이고, 혹은 오히려 필요한—그러나 자체상으로 또 선천적으로는 임의의—전제이다. 이에, 한 사물[하나님]의 절대적 필연이 이론적인 인식에서 인식되어야 한다면, 이런 인식은 선천적인 개념에서만 생길 수 있고, 경험이 주는 실재에 관계한, 원인의 인식으로서 생길 수 없다.

⑦ 이론적 인식은 그것이 경험에 있어서 도달될 수 없는 대상을 혹은 「대상 663
의 개념」을 노릴 적에는 사변적[1]이다. 이런 사변적 인식은, 자연인식에 대립하는 것이요, 자연인식은 가능한 경험에 의해서 주어질 수 있는 대상 이외의 대상이나 「대상의 술어」에 관계하지 않는다.

⑧ 생기는 일(경험적 우연사)에서 이것을 결과로 하여 그것의 원인을 추리하는 원칙은 자연인식의 원리이기는 하나 「사변적」인식의 원리는 아니다. 우리가 가능한 경험일반의 제약을 포함하는 자연인식의 원리로서의 원칙을 무시할 때 또 경험적인 것을 모두 제거함으로써 저 원칙을 우연적인 것 일반에 적용하려 할 때에는, 내가 [결과로서] 있는 것에서 이것과는 전혀 다른 것(원인이라고 불리는 것)으로 이행할 수 있음을 이 원칙에 의해서 이해하려고 해도, 이러한 종합적 명제를 정당화할 것이 도무지 없다. 뿐만 아니라 원인이니 우연성이니 하는 개념들은 다 한갓 「사변적」 사용에 있어서는 그 의미를 완전히 상실한다. 그런 개념들의 객관적 실재성은 구체적으로만 이해될 수 있는 것이다.

⑨ 그런데 세계 안 사물들의 실재에서 그것들의 원인[하나님]을 추리할 적에, 이런 일은 이성의 자연적 사용에 속하는 것이 아니고 이성의 사변적 사용에 속하는 것이다. 왜냐하면 전자는 「사물들 자신」(실체)을 어떤 원인에 관계시키지 않고 발생하는 것만을, 따라서 사물들의 상태만을 경험적으로 우연한 것으로서 어떤 원인에 관계시키기 때문이다. 실체 자신(질료)이 실재의 면에서

1) 「사변적」은 순수함(선천적)과는 같은 뜻이 아니다. 공간·시간·범주 등의 「순수한 것」은 경험 중에서 주어진 것에 적용되기 때문이다.

664 우연한 것이라고 하는 것은, 오직 사변적 이성에 의해서 인식되는 것이겠다. 그러나 세계의 형식, 즉 세계안 [사물들]의 결합방식과 세계의 변화만을 문제로 삼는다 해도, 만일 내가 이런 세계의 형식에서 세계와는 전혀 다른 원인[하나님]을 추리하려고 한다면, 이런 일도 사변적 이성의 판단이 되겠다. 왜냐하면 이 경우의 대상은 결코 가능한 경험의 객체는 아니기 때문이다. 그러나 이렇게 보면 경험의 분야 내에서만 타당하고 경험의 외부에서는 사용되지 않는, 아니 의미조차도 없는 원인성의 원칙[인과법칙]은 그것의 사명이 전혀 없어지고 말겠다.

⑩ 여기서 내가 주장하는 것은 신학에 관해서 이성을 단지 사변적으로만 사용하려고 하는 모든 시도는 전혀 무익하고, 그런 시도의 내적 성질로 봐서 아주 무의미하다는 것이요, 이것과 반대로 이성을 자연에 사용하는 원리들은 어떠한 신학에도 도달하지 않고, 따라서 만일 우리가 도덕법을 근저에 두고 이것을 길잡이로 삼지 않는다면 「이성의 신학」은 존재하지 않는다는 것이다. 무릇 오성의 모든 종합적 원칙은 내재적으로 사용되는 것이고, 최고 존재의 인식을 위해서는 이런 원칙의 초험적 사용이 요구되는 것이다. 그런데 우리의 오성은 이런 초험적 사용을 위해서 마련되어 있는 것은 아니다. 경험적으로 타당하는 인과법칙이 근원존재에 도달해야 한다면, 이런 근원존재는 경험 대상의 연쇄 안에 귀속하지 않을 수 없겠다. 그렇게 보면 근원존재는 일체의 현상과 마찬가
665 지로, 역시 「제약되어 있는 것」이겠다. 그러나 인과관계의 「역학적 법칙」을 매개로 해서, 경험의 한계 외로 비약함이 인용된다면, 이런 절차가 우리에게 줄 수 있는 개념이란 어떤 것일 수 있느냐? 그것은 도저히 최고존재의 개념일 수 없다. 경험은 모든 가능한 결과 중의 최대의 결과를(이것이야말로 그 원인을 증언할 터이지만) 제공하지 않기 때문이다.

우리의 이성에 아무런 공허도 남기지 않기 위해서 완전한 규정에 대한 이 결함을 최고 완전성이니 근원적 필연성이니 하는 이념으로써 메꾸는 일이 우리에게 허용될 것이라면, 그것은 확실히 「호의로부터」 용인될 수는 있지만, 대항할 수 없는 증명의 권리에서 요구될 수는 없다. 그러므로 「자연신학적 증명」은 그것이 사변을 직관과 연결하는 것임에 의해서 아마 충분히 다른 증명들에(이런 증명들이 있을 수 있다면) 대해서 힘을 줄 수는 있겠다. 그러나 자연신학적

증명은 자기만으로써 단독으로 그런 일을 해낼 수 있는 것이 아니라, 오히려 신학적 인식을 위해서 오성을 준비하도록 하고, 오성에 대해서 이런 인식에 대한 곧고도 자연스러운 방향을 지시하는 것이다.

⑪ 이에 명백하게 된 것이 있다. 그것은 선험적 문제는 선험적 해답만을 허락한다는 것이다. 즉 경험적인 것을 조금도 섞어넣지 않고 순전히 선천적인 개념에 의해서만 주어지는 해답만을 허용한다는 것이다. 그러나 당면의 문제는 명백히 종합적이다. 즉 이 [신학적] 문제는 우리의 인식을 경험의 모든 한계를 넘어서, 따라서 우리의 한갓 이념에, 어떠한 경험도 그것에 적합지 않는 이념 666
에 대응하는 존재의 현존에 도달하는 데까지 확장할 것을 요구한다.

그런데 우리가 앞에서 증명한 바에 의하면, 모든 선천적인 종합인식은 그것이 가능한 경험의 형식적 조건을 표현하는 것에 의해서만 가능한 것이다. 그리고 일체의 [경험적] 원칙은 내재적으로만 타당하다. 다시 말하면 경험적 인식의 대상, 즉 현상에만 관계한다. 그렇게 보면 선험적 방법을 순 사변적 이성의 신학에 적용해도 그것은 아무런 성과가 없다.

⑫ 오랫동안 사용되어 온 논거의 중요성에 관한 확신이 여기서 빼앗겨지기는커녕, 도리어 위의 분석론의 모든 증명을[선천적인 종합원칙의 체계적 표시 B. 198 이하 참조] 의심하려는 사람이 있다면, 그는 어떻게 해서 또 어떠한 조명에 의해서 단지 이념의 힘만을 빌려서 모든 가능한 경험을 감히 뛰어넘으려고 하는가, 적어도 이 점을 변명하라고 나는 요구하거니와, 이런 요구에 만족할 만한 답을 해주는 책임을 거부할 수가 없다. 새로운 증명이나 낡은 증명의 개정 같은 것을 나에게 하여주지 말기를 바란다. 모든 사변적 증명은 결국 유일한 증명, 즉 존재론적 증명에 귀착하기 때문에 각종 증명 간에 선택의 여지가 없다. 그러므로 나는 특히 감성과 절연한 이성을 독단적으로 옹호하는 사람들의 풍요한 장담이 성가시게 구는 것을 겁낼 필요가 없다. 뿐더러 내가 자기를 무척 논쟁을 좋아하는 사람으로 생각하지는 않으나, 그러나 이런 종류의 모든 시도에 있어서 추리의 오류를 발각함으로써 이런 추리의 참월을 쳐부수려는 도 667
전을 거부하지는 않는다. 이처럼 말했다고 해서 독단적 설득에 젖은 사람들이 품고 있는 「행복의 기대」가 전혀 제거되는 것은 아니다. 그러므로 내가 고수하려는 것은 유일의 정당한 요구뿐이다. 이 요구란 왜 세인은 그의 인식을 철

저히 선천적으로 확장하기 시작하여 어떠한 가능한 경험에도 도달하지 않고, 그러므로 우리 자신이 만들어 낸 개념에 대해서 그것의 객관적 실재성을 보증할 수단에도 도달하지 않는 데까지 연장하려고 하는가, 이것에 관해서 인간 오성의 또 그 외의 모든 인식원천의 본성에 기본해서 보편적인 변명을 하라는 것이다. 오성이 [경험에 의거하지 않고] 어떻게든 이런 개념에 도달했다 하더라도, 오성의 대상의 실재는 그런 개념 중에서 「분석적」으로 발견될 수는 없다. 왜냐하면 객관의 실재에 대한 인식은 바로 객관이 자립적으로 사고의 외부에 두어지는 일 중에 성립하기 때문이다. 그러나 개념 자신에 의해 개념의 바깥에 나가는 일은 불가능하고, 경험적 결합을(이것에 의해서 주어지는 것은 항상 현상뿐이지만) 추구함이 없이 새로운 대상과 초월적인 존재를 발각하게 되는 일은 전혀 불가능하다.

⑬ 이성은 그것의 한갓 사변적 사용에 있어서는 이 거대한 의도, 즉 최상존재의 실재에 도달하는 의도를 수행하기에는 도저히 불충분한 것이다. 그러하되 만일 최상존재의 인식을 다른 원천[도덕적]에서 길어 낼 수 있을 경우에는
668 최고존재의 인식을 시정하여, 이 인식을 [사변이성] 자신과 조화시키고 또 [신을 증명하려는] 모든 지성적인 의도와도 합치시키며, 인식을 근원존재의 개념에 모순되는 일체에서 정화하고 또 경험적 제한이 섞여들어가는 일에서 정화하는 점에, [사변적] 이성은 자못 큰 효용이 있는 것이다.

⑭ 그러므로 선험적 신학이 결코 충분한 것이 아님에도 불구하고, 그것이 소극적[정화적]으로 사용되면 그것은 중요한 것이다. 또 그것은 그것이 단지 순수한 이념만을 다루고 바로 이 때문에 선험적인 기준 외의 다른 기준을 허락하지 않는 경우에는, 항상 우리 이성의 사찰관이다.

만일 다른 관계에 있어서, 아마 실천적인 관계에서, 일단 최상예지로서의 「최고존재·일체를 충족시키는 존재」의 전제가 그것의 타당성을 모순없이 주장한다고 하면, 이 개념을 그것의 선험적인 측면에서 「필연의, 가장 실재적 존재」의 개념이라고 엄밀히 규정하여, 최고 실재에 어긋나는 것, 한갓 현상(광의의 의인관)에 속하는 것을 배제하며, 그와 동시에 무신론적이건 이신론적이건 의인론적이건 간에, 이 반대되는 주장들을 모두 배제하는 일은, 가장 중요한 것이 되겠다. 이런 일은 이 책에서와 같은 비판적 논술에 있어서는 자못 용이

한 일이다. 왜냐하면 이런 존재의 실재를 주장하는 것에 관한 인간이성의 무력 669
을 표시하는 바로 그 동일한 근거가 모든 그 반대 주장의 무효를 증명하는 데에도 필연적으로 또한 충분하기 때문이다. 무릇, 「만유의 근원적 근거로서의 최고 존재가 없다」거니 혹은 「그러한 최고존재에는 그것의 결과의 면에서, 생각하는 존재[인간]의 역학적 실재성에 유사하다고 표상되는 성질이 전혀 없다」거니, 혹은 「최고 존재에 이 후자의 성질이 있을 경우에, 이런 성질은 우리가 경험을 통해서 아는, 예지에 대해서 감성이 부과하는 전 제한에도 종속해서 있는 것이겠다」거니 하는 통찰을 누구라도 사실 이성의 순수한 사변에 의해서는 얻어올 곳이 없다.

⑮ 최고존재는 이성의 사변적 사용에 대해서는 어디까지나 한갓 이상일 뿐이나, 그러나 **오류가 없는 이상**이다. 그것은 인간의 인식을 완결시켜서 이것의 정점이 되는 개념이다. 이 개념의 객관적 실재성은 [사변적] 방식에서 확실히 증명될 수 없으나, 그러나 또한 반박될 수도 없다. 만일 도덕신학이 있어서 이런 결함을 보완할 수 있다고 한다면, 이전에는 개연적이었을 뿐인 선험적 신학은 최고존재의 개념을 규정함에 의해서, 또 감성에 의해서 이따금 잘도 속아서 자기 자신의 이념과 반드시 합치하지도 않는 이성을 늘 사찰함에 의해서, 자신의 불가결성을 증명하는 바이다. 필연성·무한성·통일성·세계 외부의 실재(세계의 영이 아님)·시간적 조건이 없는 영원성·공간적 조건이 없는 편재·전능
등등은, 어느 것이나 순수한 선험적 술어이다. 그러므로 이런 술어들을 정화한 670
개념—어느 신학에 대해서도 자못 필요한 개념이지마는—은 단지 선험적 신학에서만 이끌어내질 수가 있다.

선험적 변증론 부록

[A] 「순수이성의 이념들」의 통제적 사용

① 순수이성의 전 변증적 시도의 결과는, 우리가 이미 선험적 분석론에서 증명했던 것을 확인하는 일이다. 즉 가능한 경험의 분야를 넘어가려고 하는 우리의 모든 추리가, 기만적이요, 무근거한 것임을 확인하고 있다. 뿐만 아니라 그 결과는, 동시에 다음과 같은 특수한 것을 가르쳐주기도 한다: 「인간의 이성

은 변증적 시도에서 한계를 넘으려는 자연적 성벽을 갖는다. 선험적 이념들이 이성에 대해서 자연스러움은, 범주들이 오성에 대해서 자연스러움과 같다. 그러나 범주가 진리로—우리의 개념과 객관과의 일치로—인도함에 대해서, 선험적 이념은 한갓 가상을, 그러면서도 항거할 수 없는 가상을 낳고, 이 가상의 기만은 가장 날카로운 비판을 통해서만 겨우 막을 수 있는 차이를 가진다」는 특수한 것이다.

671 ② 우리들 힘의 본성 중에 기본해 있는 것은 모두, 만일 우리가 혹종의 오해를 막고, 그런 힘의 참 방향을 발견할 수만 있다며는, 합목적적이요, 힘의 바른 사용과 일치하지 않을 수 없다. 이에, 선험적 이념은, 비록 그것의 의미가 오인되어, 그것이 실물의 개념인 것처럼 해석되면 「초험적」으로 적용되기에 이르고, 바로 그런 까닭에서 기만적일 수 있기는 하지만, 그것의 좋은 사용이, 따라서 그것의 내재적인 사용이 충분히 추측되는 일이다. 무릇, 이념 자신인 것이 아니라, 단지 이념의 사용이, 그것에 대응한다고 잘못 생각된 대상에 직접 향하게 되느냐, 혹은 단지 오성이 다룰 대상에 관한 오성사용 일반에 향하게 되느냐에 따라서, 가능한 전 경험에 관해서 혹은 월경적(즉 초험적)이게 되고 혹은 토착적(내재적)이게 된다. 그리고 뒤바뀜이라는 모든 과오는 항상 판단력의 결핍에 귀속하는 것이요, 오성에나 이성에는 귀속하지 않는다.

③ 이성은 결코 직접 대상과 상관하지 않고, 오로지 오성과 상관하여, 오성에 매개되어 이성 자신의 경험적 사용과 상관한다. 따라서 이성은 (객관의) 개념들을 창조하지 않고 그것들을 정돈하여, 그것들에 통일을 준다. 객관의 개념들은 통일을 가능한 한 최대로 큰 범위에 걸쳐서, 다시 말하면 (경험적) 계열의 전체에 관해서 가질 수 있되, 오성이 이런 통일을 노리는 것이 아니다. 오성이 노리는 것은, 그것[결합]으로 말미암아 도처에서 제약들의 계열이 개념[범주]들에 좇아서 성립하는, [현상들의] 결합이다. 이에, 이성의 본래의 대상[문제]은 오성과 그것의 합목적적인 사용뿐이다. 오성이 개념에 의해서 다양을 객관에
672 서 결합하듯이, 이성 자신은 개념들의 다양을 이념에 의해서 결합한다. 왜냐하면, 오성의 작용은 원래 개별적 통일만을 일삼지만, 이성은 [이념에 의해서] 혹종의 집합적 통일을 오성 작용의 목표로서 세우기 때문이다.

④ 하기에, 나는 주장한다: 「선험적 이념들은 결코 구성적으로 사용되지 않

고, 따라서 그것에 의해서 어떤 대상의 개념이 주어지지는 않는다. 그리고 만일 선험적 이념이 혹종의 대상의 개념을 주는 것으로 이해되는 경우에는, 그것은 한갓 궤변적(변증적) 개념이다」라고. 그러나 반대로 선험적 이념은 훌륭한·불가결적으로 필연인 「통제적」 사용을 갖는다. 즉 오성으로 하여금 일종의 목표로 향하도록 하고, 이 목표를 노려서 오성의 모든 규칙의 방향선은 일점에 집중한다. 이 일점은 곧 이념(헛초점)[1]이다. 이 일점은 가능한 경험의 한계 외에 있으므로, 그것에서 오성의 개념[범주]들이 출발하지는 않되, 그럼에도 불구하고 오성의 개념들에 최대의 통일과 최대의 확장을 주는 데에 쓰인다. 물론, 이런 「헛초점」으로부터 마치 방향선이 경험적으로 가능한 인식의 분야 외에 있는 「대상 자체」에서 발사된 듯한 착각(마치 객체가 경대면의 저편에 보이듯이)이 우리에게 생기기는 한다. 그러나 이 환각도—(우리는 이것에 속하지 않도록 이것을 막을 수는 있다)—우리가 눈앞에 갖는 대상 이외에 이것과는 멀리 떨어져서 우리의 배후에 있는 대상을 동시에 보고자 할 때에는, 즉 이것을 우리의 경우에 옮겨 말해서, 우리가 오성을 인도하여, 각 주어진 경험(가능한 전 경험의 부분)을 넘어서, 따라서 최대로 가능하고 또 최극에 이르게 되는 확장에 적응하도록 할 때에는, 역시 없어서는 안 될 만큼 필요한 것이다.

⑤ 만일 우리가 우리의 오성인식의 전 범위를 개관한다면, 이성이 그것의 673
특유한 방식에서 처리하고 성립시키려고 하는 것은 인식의 체계성임을, 즉 하나의 원리에 의해서 인식을 연관짓는 것임을, 우리는 발견한다. 이성의 이런 통일은 항상 이념을 전제한다. 즉 「인식 전체의 형식」이라는 이념을 전제한다. 인식의 전체는, 부분에 관한 일정한 인식에 선행하고, 각 부분이 다른 부분에 대하는 위치·관계를 선천적으로 규정하는 제약들을 포함한다. 그러므로 이 이념은 오성 인식의 완전한 통일을 요청한다. 이런 통일에 의해서 인식은 한갓 우연적인 집합물이 아니라 필연적 법칙에 의해서 연관한 체계로 된다.

사람은 원래는 이런 이념을 객관 [자체]의 개념이라고 말할 수 없고, 객관의 개념들을 일관되게 통일하는—이 통일이 오성에 대해서 규칙으로서 유용한 한에서—개념이라고 할 수 있다. 이러한 이성개념[이념]은 자연에서 얻어질 수

1) 빛이 발현하는 듯이 보이는 경대면의 상상적인 초점이다.

없다. 오히려 우리는 이 이념에 의해서 자연을 탐구하고, 또 우리의 인식이 이
674 념들에 완전히 합치하지 않는 한에서 인식에 결함이 있다고 간주한다. 사람은 순수한 흙·순수한 물·순수한 공기 등을 발견할 수 없음을 인정한다. 그럼에도 불구하고 이런[순수한] 개념들은 (그 완전한 순수성에 관한 근원은 이성에만 있지만) 자연 원인들이 각자의 현상에서 갖는 역할을 적당하게 규정하기 위해서 필요하다. 그래서 사람은 모든 물질을 흙(이를테면 한갓 무게)으로, 소금과 연소물(힘으로서의)로 또 최후에 매체로서의 「물과 공기」(흙·소금·연소물을 작용하게 하는 이를테면 기계)로 환원하고, 기계성의 이념에 의해서 물질 간의 화학적 이용을 설명하려고 한다. 사실상 이러한 말투로 나서지는 않더라도, 자연 연구자의 분류에 미치는 이성의 이러한 영향은 매우 쉽게 발견될 수 있다.

⑥ 만일 이성이 보편에서 특수를 도출하는 능력이라고 한다면 두 경우가 생각된다. 한 경우에는, 보편이 그 자신 확실하고 또 주어져 있어서, 보편은 포섭을 위한 판단력을 필요로 하고, 이것으로 인해서 특수가 필연적으로 규정된다. 나는 이것을 이성의 절대확실한 사용[연역법]이라고 한다. 또 하나의 경우에는 보편은 단지 개연적으로 가정되고 한갓 이념일 뿐이다. 특수는 확실하되 결과로서의 이 특수에 대한 「규칙의 보편성」은 아직도 개연적이다. 이렇게 보면, 허다한 몇 개의 「특수」한 경우가 전부 확실할 때에, 그것이 규칙에 의해서
675 생겼느냐의 여부를 규칙에 즉해서 음미한다. 이 무렵에 제시된 모든 특수 경우가 규칙에 의해서 생긴 듯한 외관을 보인다면, 규칙의 보편성이 추정되는 바이다. 이래서 나중에 그 자신 아직 주어져 있지 않은 모든 경우가 [같은] 규칙에서 추정된다. 나는 이런 사용을 이성의 가언적 사용[귀납법]이라고 하고 싶다.

⑦ 개연적 개념으로서의 이념을 근저에 두는 이성의 가언적 사용은 원래가 구성적이 아니다. 이런 사용은 아주 엄밀히 판단해서, 가설로서 상정된 바, 보편적 규칙의 진리가 생기도록 하는 성질을 가진 것이 아니다. 무릇 결과가 추정된 원칙에서 생기는 것이면서도 그 원칙의 보편성을 증명하는 모든 가능한 결과를 우리가 어떻게 알 수 있는지?[알 수 없다]. 이에, 이성의 가설적 사용은 오히려 단지 통제적이요, 통제적 사용은 되도록 특수한 인식들에 통일을 주어, 규칙을 보편성에 접근시키려고 한다.

⑧ 그러므로 이성의 가설적 사용은 오성사용의 체계적 통일에 상관한다. 그

러나 체계적 통일은 규칙의 진리성을 음미하는 시금석이다. 거꾸로 말하면 체계적 통일은 (한갓 이념으로서) 전혀 기획된 통일이요, 그 자신 주어진 것으로서가 아니라 오직 문제[과제]로 간주해야 하는 것이다. 그러나 이 체계적 통일은 다양하고도 특수한 오성사용에 대해서 원리를 발견하여 이것을 통해서 오성사용을 아직도 주어져 있지 않은 특수 경우에도 미치고, 연관적이도록 하는 데에 쓰인다.

⑨ 상술한 것에서 명백한 것은, 다양한 오성인식의 체계적 통일, 즉 이성통 676
일은, 논리적 [형식적] 원리라는 것이다. 이 논리적 원리는, 오성만으로써 규칙에 도달하지 않을 적에, 이념에 의해서 오성을 원조하고 동시에 오성의 각종 규칙들을 하나의 체계적 원리[이념] 아래 통합하며, 이로 인해서 가능한 한에서 「서로」 연관이 있도록 하려는 것이다. 그러나 대상의 성질 혹은 대상을 대상으로서 인식하는 오성의 본성이 그 자신 체계적 통일을 갖도록 규정되어 있느냐, 또 사람이 이 체계적 통일을—이성의 이런[체계적] 관심을 어느 정도로 무시하고라도—선천적으로 요청할 수 있느냐, 따라서 「모든 가능한 오성인식들은(경험적인 오성인식도 포함해서) 이성 통일[체계적 통일]을 갖고 공통원리에 종속하며, 오성의 인식들이 다양함에도 불구하고, 이것들이 공통원리에서 도출될 수 있다」고 말할 수 있느냐, 하는 문제들은 이성의 선험적 원칙이 결정하겠다. 이 선험적 원칙은 체계적 통일을 한갓 「방법」으로서 주관적·논리적으로 필연적이게 할 뿐만이 아니라 객관적으로 필연적이게 하는 것이다.

⑩ 우리는 이런 사리를 이성사용의 한 「케이스」에 의해서 설명하고자 한다. 「오성의 개념들」에 의한 각종의 통일 중에는 「실체의 원인성」의 통일도 들어 있다. 실체의 원인성은 힘이라고 불린다. 동일한 실체의 각종 현상은 얼른 보면 매우 다른 종류의 것인 성싶다. 그러므로 처음에는 실체의 힘의 작용에서 생긴 결과와 동수의 실체의 힘들이 가정되지 않을 수 없다. 이것은 인간의 심
성에 감각·의식·상상·기억·기지·판별력·쾌·욕망 등이 있는 것과 같다. 이 677
렇게 보면 우선 논리적 준칙이, 이런 다양한 것의 외견상 차이성을 감하도록 명령한다. 즉 비교에 의해서 감추어져 있는 동일성을 발견하고, 의식과 결탁된 상상이 기억·기지·판별력이거나 아마 오성과 이성이기도 할 것이 아닌가를 조사함에 의해서, 이것들 간에 있는 차이성을 줄이려고 한다. [여기에 근본력의

이념이 생기거니와] 근본력의 이념은 적어도 각종 힘들의 체계적 표상을 나타내는 과제적인 것에 해당한다. 논리학은 이런 힘이 있나 없나를 사정하지는 않는다. 논리적인 이성원리는 이런 통일을 되도록 성립시키기를 요구한다. 그리고 한쪽 힘의 현상이 다른 쪽 힘의 현상과 동일하다는 것을 아는 그만큼 양쪽 힘이 동일한 힘의 서로 다른 외현이라는 것이 더욱더 그럴성 싶게 된다. 이 동일한 힘은 서로 다른 외현에 대해 (상대적으로) 근본력이라고 말할 수 있다. 그 외의 힘들에 대해서도 마찬가지로 다룰 수 있다.

⑪ 상대적인 힘들은 다시 서로 비교되고 그로 인하여 그것들 간에 일치가 발견됨에 의해서, 유일의 근원적인 근본의 힘, 즉 절대적인 근본력에 접근되어야 한다. 그러나 이 이성통일은 단지 「가설적」이요, 이런 근본력이 사실상 있
678 어야 한다고 주장되지는 않는다. 주장되는 것은 이성을 위해서, 즉 경험이 제시할 수 있는 각종 규칙들에 대한 어떤 원리를 설정하기 위해서 근본력을 탐구하고, 이래서 되도록 체계적 통일을 인식에 주어야 한다는 것이다.

⑫ 오성의 선험적 사용에 주목할 때에 드러나는 것이 있다. 그것은 「근본력 일반」의 이념은 문제적인 것으로서 가설적으로 사용되는 규정만을 가지지 않고, 객관적 실재성을 자칭하고, 그로 인해서 한 실체의 각종 힘의 체계적 통일이 요청되며, 절대 필연적 이성원리가 마련된다는 것이다. 즉 우리가 이런 각종 힘의 합일을 발견하려고 한 일이 없었더라도, 그뿐더러 이런 시도가 모두 실패로 돌아갔더라도 이런 합일이 발견될 것을 우리는 전제한다. 그리고 이런 일은 앞서 말한 경우처럼 실체의 통일에 관해서만 전제되는 것이 아니라, 물질 일반의 경우처럼 비록 어느 정도로 동종이라 하더라도 많은 힘이 발견되는 경우에도 이성은 이런 다종다양한 힘의 체계적인 통일을 전제한다. 왜냐하면 특수한 자연법칙은 보다 더 보편적 법칙에 종속하고, 또 원리의 수의 절약은 이성의 경제적인 원칙일 뿐만이 아니라 자연의 내적인 법칙이기도 하기 때문이다.

⑬ 체계적 통일을 객관들 자신이 지니는 것이라고 하여, 그것을 필연적인 것으로서 선천적으로 가정하게 하는 원리를 우리가 전제하지 않으면, 규칙들을 이성에 의해서 통일하는 논리적 원리가 어떻게 성립하는가 하는 것도 사실
679 상 예측할 수가 없다. 도대체 자연이 우리에게 인식시키는 힘들의 다양성을 단지 감추어져 있는 통일로만 다루고, 이것을 어느 근본력에서 되도록이면 이끌

어내는 것을 이성의 [형식]논리적 사용이 어떠한 권한에서 요구할 수 있는가? 만일 모든 힘들이 서로 이종이고, 이런 힘들을 도출하는 체계적 통일성이 자연에 합치하지 않음이 마찬가지로 가능하다고 승인하는 자유가 있다면, 그런 권한은 없을 것이다. 그런데도 이성이 그런 권한이 있다면, 이성은 자연의 조직에 위반된 이념을 목표로 정함에 의해서 자기의 사명에 어긋난 행동을 하는 것이 되겠다. 그러하되 이성이 미리 이런 통일을 이성의 원리에 의해서 자연의 우연적 성질로부터 취해 왔다고 말할 수도 없다. 원래 통일을 추구하는 이성의 법칙은 필연적이다. 왜냐하면 이 법칙이 없으면 이성은 없는 것이 되고, 이성이 없으면 관련을 갖는 각종의 오성사용이 없으며, 또 이것이 없으면 우리는 경험적 진리의 충분한 표징도 가지지 않겠기 때문이다. 이에 우리는 이러한 표징을 참조해서 자연의 체계적인 통일이 객관적으로 타당하고 또 필연적이라고 전제하지 않을 수 없다.

⑭ 우리는 이 선험적 전제가 철학자들의 원칙 속에 놀랄 만큼 숨어들어가 있는 것을 발견한다. 그러나 그들이 이런 전제를 반드시 깨닫고 있지도 않고 스스로 고백하지도 않는다. 개별적 사물들이 다종다양하되 이런 다종다양은 종의 동일성을 배제하지 않는다. 또 다종다양한 「종」은 소수 유의 각양 규정
으로만 다루어지고, 또 이 「유」는 그보다도 높은 족(자연 종의 각종 힘의 근저에 680
있는 하나의 근본력)들의 각양 규정으로 다루어진다. 따라서 모든 가능한 경험적 개념들은 보다 더 높은, 보다 더 보편적인 개념들에서 도출될 수 있는 한에서, 경험적 개념들의 혹종의 체계적 통일이 추구된다. 이런 일들은 학술적 규칙이요 혹은 논리적 원리요, 이것 없이는 이성이 사용되지 않는다. 왜냐하면 사물의 특수성이 종속하는 「사물의 보편성」이 근저에 두어지는 한에서만 우리는 보편에서 특수를 추리할 수 있기 때문이다.

⑮ 그러나 자연 중에서 이런 일치가 보인다는 것을 철학자들은 시원을 필요 없이 다수로 해서는 안 된다고 하는 유명한 학술적 규칙에 의해서 전제하고 있다. 이 규칙의 의미는 사물 자신의 본성이 이성통일을 위한 재료를 제공하고, 얼른봐서 무한한 차이성 때문에 우리가 방해를 받아 이 차이성의 배후에 있는 근본 성질들의 통일성을—이 근본성질에서 다양성이 각양의 규정을 통해서 도출되지마는— 추측하지 않아서는 안 된다는 것이다. 이 통일성은 단지

이념이긴 하되 모든 시대에서 열심히 추구되어 왔다. 그러하기에 이것에 대한 욕구를 고무하기보다도 오히려 이것을 제어할 필요가 있었다.

분석가[화학자]들이 모든 염류를 산성과 알카리성의 두주된 유로 환원할 수
681 있었다는 것은 이미 중요한 일이었다. 뿐더러 그들은 이런 구별을 동일한 근본 재료의 변종이거나 상이한 외현이라고 보려고도 하였다. 흙의 여러 종류(돌의 재료, 또 금속의 재료까지)를 점차로 세 종으로 드디어는 두 종으로 환원하려고 시도했다. 그러나 이것으로 만족하지 않고 이런 변종의 배후에 유일한 「유」를 추정하고 심지어 이 변종과 염류에 공통된 원리를 추측하는 사상을 배척할 수 없다. 세인은 아마 이런 원리는 되도록 노고를 덜려고 하는 「이성의 경제적 수법」일 뿐이요, 또 만일 성공하면 전제된 설명 근거에 이 통일성에 의해서 「개연성」을 주려고 하는 하나의 가설적 시도라고 믿고 싶어 하겠다. 그러나 이런 이기적 의도는, 매우 쉽게 이념에서 구별할 수 있다. 이념에 준해 누구라도, 이성의 이런 통일이 자연 자신에 합치함을 전제해 있고, 또 이 통일성의 한계는 규정할 수 없다고 치더라도, 이성은 이 경우에 [통일을] 간청하지 않고 오히려 명령함을 전제하고 있다.

⑯ 우리에게 제공되는 「현상들」 간에 매우 대단한 차이가 있어서—여기서 나는 형식상의 차이가 아니라(형식에 관해서는 현상들은 서로 유사하다고 하겠다), 내용상의 차이, 즉 실존하는 존재의 다양성의 차이를 말하고 있지만—아무리 예리한 인간오성이더라도 A현상과 B현상을 비교해서 조금도 유사점을 발견할
682 수 없다(이런 경우는 넉넉히 생각되는 일이지만)고 한다며는 「유」라는 논리적 법칙은 전혀 성립하지 않고, 「유」의 개념조차, 혹은 어떤 보편적 개념, 아니 오로지 보편적 개념만을 다루어야 하는 오성도, 성립하지 않겠다.

이에 「유」의 논리적 원리는 그것이 자연에(이 경우의 자연은 우리에게 주어지는 대상만을 의미하되) 적용되어야 한다며는, 선험적 원리를 전제하고 있다. 이 선험적 원리에 의해서, 가능한 경험의 다양 중에 필연적으로 동종성이 전제된다(우리가 비록 그것의 정도를 선천적으로 규정할 수는 없으나). 왜냐하면 이 동종성이 없으면, 어떠한 경험적 개념도, 따라서 어떠한 경험도 가능하지 않겠기 때문이다.

⑰ 「유」의 논리적 원리는 동일성을 요청한다. 그러나 「유」의 논리적 원리에

대해서 또 하나의 원리, 즉 종의 원리가 대립하다. 이것은 사물들이 동일한 「유」 아래서는 일치하지마는, 그럼에도 그것들이 다양성과 차이성을 갖는 것을 요구하고, 이 다양성과 차이성에 대해서도 동일성에 대해서와 마찬가지로 주의할 것을 오성에게 명령한다.

차이성의 원칙(민감성 혹은 식별 능력의 원칙)은 동일성의 원칙(기지의[1] 원칙)의 경솔을 매우 잘 제한하는 것이요, 여기서 이성은 서로 대립하는 두 종의 관심을 표시한다. 하나는 「유」에 관계해서 외연(보편성)에 대하는 관심이요, 다른 하나는 「종」의 다양성에 관계해서 내포(규정성, 개별성)에 대하는 관심이다. 왜냐하면 오성은 첫째 경우에는 확실히 많은 것을 자기의 「유」 개념 아래에 포섭해서 「생각」하지마는, 둘째 경우에는 더욱더 많은 것을 자기의 [종]개념 속에서 생각하기 때문이다. 이런 일은 자연연구자들의 각기 서로 다른 사고방식에도 드러난다. 어떤 자연 연구자는(특히 사변적인 사람은) 이종성에 대해서는 683
이를테면 적의를 품고 항상 동종의 통일성만을 노리는 데 대해서, 다른 자연 연구가는(특히 경험적인 사람은) 자연을 늘 매우 많은 다양성으로 쪼개려고 하고, 그 결과로 자연 현상들을 보편적 원리에 의해서 평가하는 희망을 거의 상실하지 않을 수 없게 한다.

⑱ 다양성에 주목하는 후자의 사고 방식에도 모든 인식의 체계적 완전성을 노리는 논리적 원리가 그것의 근거에 명백히 있다. 이 경우에 나는 유에서 출발하여 유 속에 포함되어 있는 다양[종]으로 내려가며, 이렇게 해서 체계를 확대하려 한다. 이에 대해서 통일성에 주목하는 전자의 경우에는 종에서 「유」로 올라감에 의해서 체계에 단순성을 주려고 한다. 무릇 「유」를 표시하는 「개념의 범위」로부터서는 물질이 차지하는 공간의 분할과 마찬가지로, 「유」의 분할이 어디까지 진행할 수 있나를 확지할 수 없다. 그러므로 각 유는 아래로 각종을, 종은 또 각 아종을 필요로 한다. 그리고 범위(일반개념으로서의 외연)를 가지지 않는 「아종」 같은 것은 성립할 수 없기 때문에, 이성은 그것의 전 확장에 있어서 어떤 종이라도 자체상 최저종이라고 보아지지 않을 것을 요구한다.

1) 판단력과 대조되는 기지는, 이종적 사물 간의 유사성을 발견해서, 오성의 개념을 보편화하기 위한 재료를 오성에게 제공하는 것이다(칸트의 인간학 55절). 그것에는 생산적인 것과 궤변적인 것이 구별된다. 또 재판 머리말 Ⅷ. B. 172에 나온 기지 참조.

「종」은 여전히 각종 사물[개체]에 공통적인 것만을 포함하는 「개념」이기 때문
684 에, 이런 개념이 완전하게 규정되어 있지는 않고, 따라서 개체에 직접 관계하고 있을 수 없으며, 그러므로 항상 다른 개념, 즉 아종을 자기 아래에 포함해야 한다. [이런 이유에서 최저종으로 보아지지 않을 것을 요구한다]. 하기에 이런 특수화의 법칙은 「존재하는 것의 다양은 이유 없이 감해져서는 안 된다」고 표현될 수 있겠다.

⑲ 허나, 이 논리적 법칙도 만일 그것의 근저에 「선험적인」 특수화의 법칙이 없다면, 의미가 없고 적용되지도 않을 것은 쉽게 알려지는 바다. 이 선험적 법칙은 물론 우리의 대상이 될 수 있는 사물에 관해서 차이가 사실상 무한하다는 것을 요구하지는 않는다. 무릇 저 논리적 원리는 가능한 구분에 관해서 논리적 영역이 불확정이라는 것만을 주장하기에, 이런 논리적 원리가 [사물의 차이가 무한하다는] 요구에 대한 기연을 주는 것은 아니다. 그럼에도 불구하고 선험적 법칙은 우리에게 나타나는 바 「종」 아래에 「아종」을 구하고, 또 어떠한 차이에 대해서도 그보다도 더 작은 차이를 구할 것을 오성에게 부과한다. 대저 하위 개념이 없으면, 상위 개념도 없을 것이기에 말이다. 그런데 오성은 일체를 개념에 의해서만 인식한다. 그러므로 오성이 분할함에 있어서 어디까지 달하더라도 오성은 결코 한갓 직관에 의해서 인식하지 않고 늘 하위개념에 의해서 인식한다. 현상들을 철저하게 규정하여(이것은 오성에 의해서만 가능하다) 그것을 인식하자면, 오성의 개념들은 부단히 「특수화」를 계속하여, 아직도 남아있는 차이로 늘 진행함이 필요하다. 그러나 이런 차이는 「종」 개념에 있어서 무시되고 「유」 개념에 있어서는 더욱더 무시된다.

⑳ 이 특수화의 법칙도 경험으로부터 얻어질 수 없다. 경험은 그러한 정도
685 까지 파고 들어가는 해명을 줄 수 없기에 말이다. 경험적 특수화에 「이성의 원리」인 「선험적인 특수화 법칙」이 앞서가서 이것을 길잡이로 하여 다양의 차별을 탐구하며, 이것이 비록 감관에 드러나지 않더라도 여전히 이것을 추측하지 않는다면, 경험적 특수화는 다양의 차별을 즉시로 정지하고 만다.

흡수성의 흙에(석회토·염산토 등의) 여러 종류가 있다는 것을 발견하자면, 미리 이성의 규칙이 있는 것을 필요로 하였다. 이 규칙이 두 종류의 흙 간의 차이를 추정케 할 만큼, 자연을 내용이 풍요한 것으로서 전제함에 의해서, 흙들

의 차이를 추구할 것을 오성에 부과하였던 것이다. 무릇 우리가 자연 중의 차이성을 전제함에 의해서만 비로소 오성의 작용은 가능한 것이다. 이것은 자연의 객관이 그 자신 동종성을 갖는다는 조건 아래서 그렇다는 것과 마찬가지이다. 하나의 개념 아래 포괄될 수 있는 것의 다양성이야말로, 이 개념을 사용하게 하는 것이요, 또 오성의 작업을 형성하는 것이기 때문이다.

㉑ 이에 이성은 두 가지 원칙에 의해서 오성의 활동 분야를 준비한다. 1) 고차의 「유」 아래에 있는 「다양한 것」의 동종성의 원리에 의해서 2) 저차의 「종」 아래에서는 동종인 것이 다종하다는 원칙에 의해서. 체계적 통일을 완성하자면, 이성은 다시 3) 모든 개념들의 친화성의 법칙을 보탠다. 이 원칙은 차이성이 단계적으로 증가함에 의해서 각자의 한 종에서 각자의 다른 종으로 연속적으로 전이할 것을 명령한다. 우리는 이 세 가지 원리를 형식상으로 동질성·특수성·
연속성[1]의 각 원리라고 할 수 있다. 연속성의 원리는 우리가 고차의 「유」로 686
올라감에 있어서 또 저차의 「종」으로 내려감에 있어서 체계적인 관련을 이념 중에서 완결한 뒤에 앞 두 원리를 결합함에 의해서 발생한다. 그러할 때에는 모든 다양성은 서로 유사하게 된다. 왜냐하면, 모든 다양성은 점차로 증가하는 규정의 모든 도를 통해서 하나의 최상류에서 유래하는 것이 되기 때문이다.

㉒ 이 셋 논리적 원리 간의 체계적인 통일을 우리는 다음과 같이 해서 감성화할 수 있다. 각 개념은 하나의 점으로 볼 수 있으나, 이 점은 관찰자의 입장으로서, 그것 자신의 시야를 갖고 있는 것이다. 즉 관찰자의 입장에서 표상되고 이를테면 통람할 수 있는 많은 사물을 갖는 것이다. 이 시야 내부에서는 무한히 많은 점이 열거되어야 하고, 하나하나의 점은 또다시 자신의 좁다란 시야권을 갖는다. 즉 각 「종」은 특수화의 원리에 의해서 많은 아종을 포함한다. 「종」이라는 논리적 시야는 보다 더 작은 시야(아종)로써 성립하고 의연을 갖지 않는 점(개체)으로써 성립하지 않는다. 그러나 여러 가지 시야에 대해서는, 즉 이것과 동수의 개념에 의해서 규정되는 「유」에 대해서는, 그것들 전부를 하나의 중심점에서 내다 보듯이, 내다보게 되는 하나의 공통적 시야의 선이 그어진다

1) Hegel이라면, 연속성을 동질성과 특수성의 종합이라고 했을 것이다. 칸트는 Darwin 이전에 진화 관념에 흥미가 대단했고, 진화=연속성=통제적 이념이라고 주장했다 할 수 있다.

687 고 생각된다. 이 공통적 시야가 고차의 유요, 드디어 최고류는 보편적이고도 참된 시야이게 되며, 이것은 최고개념의 입장으로부터 규정되고, 일체의 다양을 유·종·아종으로서 자기 아래에 포괄한다.

㉓ 나를 이 최고 입장에 인도하는 것이 동종성의 법칙이요, 모든 저차의 입장과 그것의 최대의 다양으로 인도하는 것이 특수화의 법칙이다. 그러나 이처럼 해서 모든 가능한 개념의 전 범위에는 아무데서도 공허[간격]가 없고 또 이 범위 외에서는 아무런 것도 발견되지 않는다. 그러므로 저 보편적인 시야권과 그것의 완전한 분할이라는 전제에서 형식들 사이에 공허는 없다고 하는 원칙이 생긴다. 이 원칙은 이를테면 고립한 (공허한 간격에 의해서) 서로 분리케 된 각양의 근원적인 첫째의 유는 없고 모든 다양한 「유」는 단지 유일한 최상적 보편적 「유」의 분할[규정]이라는 뜻이다. 이런 원칙에서의 직접적인 귀결은 형식들 간에는 연속이 있다는 것이다. 이것은, 「종」의 여러 차이성은 서로 접속하고 있어서 비약에 의해서 한 종에서 다른 종으로 이행함을 허용하지 않고, 이런 이행은 점차로 적어지는 차이의 모든 도를 통해서 행해지며, 이래서만 한 종에서 다른 종에 도달할 수 있다는 뜻이다. 한마디로 말하면 (이성의 견지에서
는) 서로 최근인 [즉 그 이상 더 접근함이 없는] 종과 「아종」은 없고, 한 종과 다
688 른 종간에는 반드시 「중간 종」이 있을 수 있으며, 이 「중간 종」과 「첫째 종」
및 「둘째 종」 간의 차이는 첫째 종과 둘째 종 간의 차이보다도 적다는 것이다.

㉔ 이에 첫째 [동질성] 법칙은, 여러 가지 근원적 유가 다양성으로 일탈하지 않도록 하고 동종성을 권장한다. 둘째 [특수성] 법칙은 반대로 일치성으로 향하는 경향을 억제하여 사람이 그의 일반개념으로써 개체에 향하기 이전에 아종들을 구별할 것을 명령한다. 또 셋째 [연속성] 법칙은 최고의 다양성에 있어서도 역시 한 종에서 다른 종으로의 단계적인 이행을 통한 동종성을 지시함에 의해서, 위의 두 법칙을 결합한다. 그것은 여러 가지가 모두 한 줄기에서 생장한 한에서 가지들 사이에 일종의 유사성[친화성]이 있음을 지적한다.

㉕ 그러나 (논리적 형식으로서의) 「종」의 연속이라는 논리적 법칙은 [객관적인] 선험적 법칙(자연에서의 연속성 법칙)을 전제한다. 그리고 선험적 법칙이 없으면 오성의 사용은 이 연속의 논리적 지정 때문에 도리어 오류로 인도될 것이다. 연속의 논리적 법칙은 아마 자연과는 정반대의 길을 취하겠기 때문이다.

이에 연속성의 법칙은 경험적 근거에 기본하지 않고 순수한 선험적 근거에 기본해야 한다. 만일 경험적 근거에 기본한다면 이[연속성의 논리적] 법칙은 체계가 먼저 있고, 그 다음에 오는 것이 되겠다. 그러나 본래는 논리적 법칙이야말로 먼저 자연 인식에 있어서의 체계성을 산출했던 것이다. 아무튼 이런 법칙들의 배후에는 이를테면 그런 법칙들을 한갓 시도로 사용하는 실험의 의도 같은 것은 감추어져 있지 않다. 물론 종과 유 간의 관련이 [자연에] 적합함이 알려지면, 그런 관련은 가설적으로 고안된 통일로써 기초지어진 것이라고 간주하는 유 689
력한 근거를 제공하는 것이 되고, 따라서 그런 법칙들은 이 관점에서 이점이 있기는 하다. 그러나 그뿐만이 아니라 그런 법칙들에 있어 사람은 다음의 것을 명백하게 인정한다. 즉 그 법칙들은 근본 원인의 소수·결과들의 다양·이런 양자의 결합에 기본하는 자연 중의 여러 항[다양한 종] 서로의 유사성[친화성]을 자체상 합리적이라고 판단하고, 자연에 합치하는 것이라고 판단한다. 이에 이런 원칙들은 그저 자연을 관찰하는 방법의 방편으로서 추천될 것이 아니라, 직접적으로 추천될 만한 것이다.

㉖ 그러나 「형식상의 연속성」은 그저 이념이요, 이것에 적합하는 대상을 경험 중에서 지적함이 불가능함은 쉽사리 알려진다. 그 이유는 [두 가지다. 첫째로] 자연 중의 「종」은 사실상 분할되어 있고 따라서 그 자신 불연속량으로 되어 있어야 하며, 만일 「종」의 유사성에 있어서의 단계적 진행이 연속적이라면 자연은 주어진 두 「종」의 중간에 참으로 무한한 「중간항」을 포함해야 할 것이나, 이런 일은 불가능하기 때문만이 아니라, [둘째로] [형식상의 연속성] 법칙에 의해서는 그것의 경험적 사용을 「일정」하게 할 수 없기 때문이다. 왜냐하면 친화성의 표징은, 우리가 어느 방향으로 어디까지든지 「종」의 차이성의 단계들을 추구하는 것이로되, 이런 친화성의 표징이 「형식상의 연속」 법칙에 의해서 조금도 지적되지 않고 우리가 차이성의 단계들을 추구해야 한다는 일반적인 지시만이 지적되기에 말이다.

㉗ 이제 진술한 [세] 원리를 각각 경험적 사용에 적합시키기 위해서, 그 순 690
서를 바꾼다면 체계적 통일의 원리들은 다양성[특수화]·유사성[동질성]·동일성[연속성]의 순으로 되겠고, 이 셋은 각각 최고도의 완전성을 갖는 이념이라고 파악된다.

이성은 우선 경험에 적용되는 오성의 인식들을 전제하고, 경험이 도달하는 것보다는 훨씬 먼 데에 도달하는 이념에 의해서 오성의 인식들을 통일하려고 한다. 다양이 그것의 차이성에도 불구하고 통일성의 원리에 의해서 유사성을 갖는 것은 사물에만 관계할 뿐만이 아니라, 그것보다도 훨씬 이상으로 사물의 「성질과 힘」에도 관계한다. 그러므로 가령 (아직 충분히 시정되지 않은) 경험에 의하여 유성들의 궤도는 원형인 것으로 주어져 있다고 해도 우리는 이 경우에 [원의] 여러 차이를 발견한다. 이렇게 보면 우리는 이런 차이들을 항구적 법칙에 좇아 모든 무한한 중간도를 지나서 원과는 다른 운행의 하나로 변할 수 있는 점에서 추정한다. 즉 유성들의 원형이 아닌 운동은, 원의 성질에 다소간 가까워져서 타원으로 귀착한다. 혜성의 궤도는 유성의 경우보다도 더 차이를 표시한다. (우리의 관찰이 미치는 한에서) 혜성은 원형의 궤도를 통과해서 출발점으로 돌아오기조차 하지 않기 때문이다. 그러나 우리는 포물선의 궤도를 상상한다. 이 궤도는 타원과 유사하다. 그리고 만일 타원의 장축을 부쩍 연장할 때에
691 우리가 아무리 관찰하여도 타원에서 구별할 수 없다.

이래서 우리는 상술한 원리들을 길잡이로 해서 이런 궤도들의 형태상의 유의 통일에 도달하고, 그로 인해서 다시 별운동을 지배하는 모든 법칙의 원인에 관한 통일성(인력)에 도달한다. 이러한 도달 이후에 여기서 다시 출발하여 우리의 정복을 확대하여 저런 규칙들의 모든 변모와 또 규칙에서 벗어난 듯한 편차와를 동일한 원리에서 설명하려고 하며, 드디어 경험이 실증할 수 있는 이상의 것을 첨부한다. 즉 유사성의 규칙에 의해서 [혜성의] 쌍곡선 궤도까지도 상상한다. 혜성은 쌍곡선 궤도를 취해서, 우리의 태양계를 포기하고 태양[천체]에서 태양[천체]으로 운행하며, 우리로 봐서는 한계없는 우주계, 그러면서도 동일한 동력에 의해서 연관해 있는 우주계의, 보다 더 먼 부분들을 운행 궤도에서 결합한다.

㉘ 이런 [논리적] 원리들에서 우리의 주목과 관심을 끄는 것은 그것들이 선험적인 것으로 여겨지지만, 그럼에도 그 원리들은 이성의 경험적 사용이 준거할 한갓 이념을 포함한다는 점이다. 이성의 경험적 사용은 이념에 이를테면 점근선처럼 추종할 수 있고, 다시 말하면 그저 접근적으로만 추종할 수 있고, 이념에 완전히 도달할 수는 없다. 그러나 이 이념들은 선천적인 종합명제요, 미

확정이기는 하나 객관적인 타당성을 가지며, 가능한 경험에 대한 규칙이 되며,
또 사실상 경험을 형설할 무렵에 발견적 원칙으로서 매우 유리하게 쓰이는 것
이다. 그러하되 이런 이념들에 대해서 「선험적 연역」을 실시할 수는 없다. 이 692
런 일은 이념에 관해서는 이미 증시했듯이 항상 불가능하다.

㉙ 우리는 선험적 분석론에서 「오성의 원칙들 중에서 역학적 원칙과 수학적 원칙을 구별하였다. 전자는 직관의 순전한 통제 원리였고 후자는 직관에 관해서 구성적인 원리였다. 이런 구별에도 불구하고 역학적 법칙은 경험에 관해서는 구성적이다. 이 법칙은 개념 없이는 경험이 성립함이 없는 개념을 선천적으로 가능하게 하기 때문이다. 이와 반대로 순수이성의 논리적 원리들은 경험적 개념에 관해서조차도 구성적일 수 없다. 왜냐하면 그런 원리들에 대해서는 그것들에 대응하는 감성의 도식이 주어질 수 없고, 따라서 그런 원리들은 어떠한 구체적 대상도 가질 수 없기 때문이다. 그런데 만일 내가 이성의 논리적 원리들을 구성적 원칙으로서 경험적으로 사용하는 것을 거부한다면, 그럼에도 어떻게 이런 원리들의 통제적 사용을 확증하며, 그것을 통해서 약간의 객관적 실재성을 확증하려고 하는가? 또 이 경우의 통제적 사용은 무슨 의의를 갖는 것인가?

㉚ 오성이 이성의 대상이 되는 것은, 감성이 오성의 대상이 되는 것과 같다.
오성의 가능한 경험적 활동 전부를 체계적으로 통일하는 것이 이성의 임무다.
이것은 오성의 임무가 현상들의 다양한 개념에 의해서 결합하고 경험적 법칙
안에 들어가게 하는 것과 같다. 그러나 오성의 활동은 「감성의 도식」 없이는
어디까지나 규정되지 않고 있다. 이와 마찬가지로 이성의 통일[이념]도 오성이
그것의 개념들을 체계적으로 결합할 제약에 관해서 또 어느 정도로 결합할 것 693
인가의 정도에 관해서 자체상으로는 미규정이다. 그러나 모든 오성개념들의
전반적인 체계적 통일을 위해서 어떠한 도식도 직관 중에서 발견될 수 없다고
하더라도, 이러한[감성적] 도식에 유사한 것은 주어질 수 있고 또 주어져야 한
다. 그리고 이 유사함이란 하나의 원리에 의한 오성인식의 「구분과 결합」의
최대한도라는 이념이다. 무릇 최대니 절대완전이니 하는 것은 명확히 생각될
수 있다. 왜냐하면 여기서는 미규정의 다양성을 주는 모든 제한적 조건이 제거
될 수 있기 때문이다. 하기에 이성의 이념은 감성의 도식에 유사한 것이다. 허

나 양자 간에는 차이도 있다. 즉 이성의 도식에 대한 오성개념들의 적용은 대상 자신의 인식인 (범주를 감성적 도식에 적용했던 경우처럼) 것이 아니라, 단지 모든 오성사용을 체계적으로 통일하기 위한 규칙 혹은 원리를 하는 것이다. 그런데 오성에 대해서 그 사용의 전반적 통일을 선천적으로 확립하는 모든 원칙은 한갓 간접적이기는 하나 또한 경험의 대상에도 타당하는 것이므로, 순수이성의 원칙들도 경험의 대상에 관해서 객관적 실재성을 가지겠다. 그러나 이것은 경험의 대상에 있어서 어떤 것을 규정하기 위해서가 아니라 단지 오성의 경험적이며 한정된 경험사용이 완전한 체계적 통일성의 원리와 되도록이면 연
694 관이 지어지고 이런 원리로부터 도출됨에 의해서, 오성 자신과 완전히 조화시킬 수 있는 절차를 지적하기 위해서이다.

㉛ 객관의 성질에서 얻어진 것이 아니라 객관을 될수록 어떤 완전성으로서 인식하려는 「이성의 관심」에서 얻어진, 주관적 원칙 전부를 나는 이성의 준칙이라고 한다. 그러므로 얼른봐서 객관적 원리처럼 여기지지마는, 오로지 이성의 사변적 관심에만 기인한 사변적 이성의 준칙이 있다.

㉜ 만약 한갓된 통제적 원칙이 구성적인 것이라고 생각된다면, 그것은 객관적 원리들로서는 모순에 빠지지 않을 수 없다. 그러나 그것이 그저 준칙이라고 보아진다면 아무런 참된 모순이 없고, 이성의 상이한 관심만이 있으며, 이런 관심은 사고 방식의 분리를 일으킬 뿐이다. 사실, 이성은 유일한 [다음 토막 참조] 관심을 가질 뿐이요, 이성의 준칙들 간의 충돌은 이런 관심을 만족시키는 방법들의 「차이와 상호적 제한」인 것에 불과하다.

㉝ 이래서 이 사변가는 (특수화의 원리에 좇아서) 다양성의 관심이 우세하고, 저 사변가는 (집합의 원리에 좇아서) 통일성의 관심이 우세하다. 양자가 각각 자기의 판단을 객관의 통찰로부터 얻었다고 믿지만, 그 판단은 오로지 두 원칙
695 중의 어느 것에 대하는 준거의 다소에 기인하고 있고, 어느 것이나 객관적인 근거에 의존하는 것이 아니라, 오직 「이성의 관심」에 의존하고 있으며 그러므로 두 원칙은 원리라고 하기보다는 「준칙」이라고 하는 것이 더 좋겠다.

인간·동물 혹은 식물의 특성, 뿐더러 광물계 물체의 특성에 관해서 총명한 인사들의 의견이 서로 충돌하여, 가령 한쪽 파는 특수한 혈통에 의한 국민성·혹은 가족·종족 등의 결정적·유전적인 차이를 가정함에 대해서, 다른 파는 이

런 점들에 있어서 자연은 동일한 소질을 만들었고, 모든 차이는 단지 외면적·우연적인 사정에 기인하고 있다는 생각을 고수한다. 이때에 나는 대상의 성질을 고찰하여 대상이 양자에 대해서 너무나 깊게 감추어져 있기에 양 파가 객관의 본성을 통찰함에서 그런 말을 할 수 있는 것이 아니라는 것만을 이해하면 그만이다. 이러한 일은 이성의 두 가지 관심 외의 아무런 것도 아니다. 이 부류의 사람은 이 관심에, 저 부류의 사람은 저 관심에 집착하고 혹은 집착하는 듯이 가장한다. 따라서 그런 일은 자연의 다양성 혹은 자연의 통일성이라는 「준칙」의 차이이다. 이 [두] 준칙은 충분히 조화될 수 있으나, 그러나 그것들이 객관적 통찰이라고 생각되는 한에서 단지 분쟁만을 일으킬 뿐만 아니라 장애도 일으킨다. 여기서 장애란, 항쟁적 관심을 조화하도록 하여 이 점에 관해서 이성을 만족시키는 방법이 발견될 때까지는, 진리의 진전을 오랫동안 제지하는 것임을 말한다.

㉞ 라이프니쯔가 유행하게 했고 보넷[1]이 극력 지지했던 유명한 「피조물[만 696
물]의 연속적 단계의 법칙」에 관한 주장이나 반박도 사정은 마찬가지다. 그것은 이성의 관심에 기인한 「친화성 원칙」의 준수 이외의 아무것도 아니다. 자연 구조의 「관찰과 통찰」은 결코 이 원칙을 객관적 주장으로서 제시하지 않기에 말이다. 경험이 우리에게 표시하는 바와 같은 「사닥다리의 층돌」은 「서로의 간격」이 자못 넓다. 그리고 우리가 봐서는 작은 차이라고 하는 것이 자연 자신에 있어서는 일반적으로 자못 넓은 간격으로 되어 있기 때문에, 인간의 그와 같은 관찰을 자연의 의도[2]로서 중시할 것이 없다(특히 사물들의 비상한 다양성에도 불구하고 혹종의 유사성과 접근성을 발견하는 것은 항상 용이한 일이기 때문이다). 이와 반대로 그와 같은 원칙에 의해서 자연 중에서 질서를 탐구하려는 방법은 확실히 이성의 정당하고도 탁월한 통제적 원리이다. 또 질서를 자연일반에서 확립된 것으로 보는—어디서 혹은 어디까지라는 점은 미정이지마는—준칙도 마찬가지의 통제적 원리다. 그러나 이 통계적 원리는 이런 성질의 원리로서 경험이나 관찰이 이성에 적합할 수 있는 정도를 훨씬 넘어가기는 하되 [경

1) 스위스의 Charles Bonnet(1702~1793)은 생물학자·철학자요, 독일 철학에도 심심한 영향을 미쳤다. 라이프니쯔의 「인간 오성 신론」 제3권 6장에 만물의 연속적 단계의 법칙이 나와 있다.
2) 「자연의 의도」란 인지를 초월한 목적이요, 칸트적 「역사철학」의 전문이다.

험에 대해서] 무슨 규정을 하는 것이 아니고, 오직 체계적 통일을 하기 위한 길을 그려 보일 뿐이다.

[B] 인간이성의 자연스러운 변증성의 궁극 의도

① 순수이성의 이념들 자체는 결코 변증적일 수 없다. 이념의 오용만이 그
697 것을 기만적인 가상이도록 한다. 이념은 우리 이성의 본성에 의해서 우리에게 과해진 것이다. 그리고 우리 사변의 모든 권리와 요구에 대하는 최고법정[이성] 자신은 기원적으로는 기만과 환상을 포함할 수 없다. 따라서 이념은 우리 이성의 「소질」 중에서는 좋고도 합목적적인 사명을 가질 것이라고 추측된다. 궤변가는 불합리하고 모순이라고 떠들면서 이성의 통치를 비방하지만, 그들이 이 통치의 가장 깊은 계획에까지 파고 들어가서 이 통치를 이해할 수 있는 것은 아니다. 그러나 그들 자신의 생존이 실은 이 통치에 힘입어 있고 「통치를 비난하고 규탄할 수 있는」 그들의 [지적] 교양조차도 실은 이 통치의 힘을 입고 있다.

② 선천적 개념은 그것이 선험적 연역을 겪지 않는 한에서 확실하게 사용될 수 없다. 그런데 순수이성의 이념들은 범주가 겪은 것과 같은 종류의 [선험적] 연역을 허용하지 않는다. 그러나 만일 이념들이 비록 미정이기는 하되 적어도
698 어느 정도의 객관적 타당성을 가져서 공허한 관념물[1]들이라고 생각할 것이 아니라면, 그것들의 연역은 단연 가능한 것이어야 한다.—— 물론 그것들의 연역은 범주에 관해서 할 수 있는 연역과는 매우 다른 것임을 가정하지만. 이런 일은 순수이성의 비판적 사업의 완성을 의미한다. 우리는 이제야 이런 일을 해 보려고 한다.

③ 단적인 대상으로서, 나의 이성에 주어지는 것과, 이념 중의 대상으로서 주어지는 것 사이에는 대단한 차이가 있다. 전자의 경우에 나의 개념들은 대상을 규정하려고 한다. 후자의 경우에는 사실은 도식만이 있고, 도식은 대상을 직접 인정하지 않는 것이요, 가연적으로도 인정하지 않는다. 도식은 다른 대상들을 이념에 대한 관계를 매개로 해서 체계적으로 통일하는 면에서, 따라서 간

1) 이 말을 이성체와 구별해야 한다(502면, 주 1 참조).

접적으로 우리가 표상하기 위한 것이다.

나는 최고 예지[하나님]의 개념을 한갓 이념이라고 한다. 즉, 그것의 객관적 실재성은 그것이 「직접」 한 대상에 상관하는 데에 존립하지 않는다(이런 의미에서는 우리는 이념의 객관적 타당성을 정당화할 수가 없다). 최고예지라는 개념은 「사물일반의 개념」의 도식이요, 최대의 이성통일의 조건에 따라 조성된 도식일 뿐이다. 이 도식은 우리가 경험의 대상을 이를테면 그것의 근거로서의 혹은 원인으로서의 이념이 상상한 대상[하나님]에서 이끌어 냄으로써 우리 이성의 경험적 사용에 있어서의 최대한 체계적 통일을 얻기 위한 것이다. 이때 가령 「세계의 만물은, 그것이 마치 하나의 최고 예지로 인해서 실재하게 된 듯이, 보아져야 한다」고 말하게 된다. 699

이래서 이념은 원래 발견적 개념이요, 명시적[직접적] 개념은 아니다. 그것은 대상이 어떤 성질의 것인가를 표시하지 않고, 우리가 어떻게 이 발견적 개념의 지도 아래서 경험일반의 대상들의 「성질과 결합」을 탐구할 것인가를 표시한다.

만일 이제 세 종류의 선험적 이념이(심리학적·우주론적 또 신학적) 그것에 대응하는 대상에 또 이 대상의 규정에 직접 관계하지 않건만, 이성의 경험적 사용의 모든 규칙이 이런 이념 중의 대상의 존재를 전제로 해서 체계적 통일로 진행하고, 경험적 인식을 늘 확대하며 그러면서도 경험인식에 어긋날 수 없다는 것을 우리가 지적할 수 있다면, 이런 이념에 따르는 태도를 취하는 것은 이성의 필연적 준칙이다. 이것이 사변적 이성의 전 이념의 선험적 연역임을 의미한다.

전이념은, 경험이 줄 수 있는 이상의 대상에 관해서 우리의 인식을 확장하는 구성적 원리들인 것이 아니라, 경험적 인식일반의 다양을 체계적으로 통일하는 통제적 원리들인 것이다. 경험적 인식은 이런 원리들에 의해서 자기 자신의 한계 내에서 개척되고 시정되는 것이요, 이런 이념들 없이 그저 오성의 원칙들만을 사용함에 의해서 생길 수 있는 일 이상의 성과가 있다.

④ 이 점을 나는 한층 더 명백하게 하고자 한다. 나는 원리들로서의 이러한 이념들에 의해서 첫째로 (심리학에서) 우리 심성의 모든 현상·작용·감수성[인상] 등을 내적 경험이라는 길잡이에 의해서 연결하려고 한다. 그러면서도 심성 700
이 마치 단순한 실체[영혼]요, 인격적 동일성을 갖고서 (적어도 생명에 있어서)

지속적으로 실재하고, 이와 반대로 실체의 상태는 연속적으로 변천하는 듯이, 연결하려고 한다. 이 경우에 신체 상태는 실체 상태의 단지 외적 조건에 들어 간다.

둘째로 우리는 (우주론에 있어서) 내외의 일체 자연현상의 조건을 완결되지 않는 연구에 의해서 추구하되, 이 자연현상 자신은 무한하여 첫째 항 혹은 최상항은 없는 듯이 보며, 그러면서도 모든 현상의 외부에 있는 한갓 가상적 근거, 모든 현상의 최초 근거를 부정하려고 하지 않는다. 우리는 이런 근거를 모르기 때문에, 그 근거를 자연 설명의 연관 중에 집어넣지 않을 뿐이다.

최후로, 즉 셋째로, 우리는 (신학에 관해서) 어떤 것이든지 가능한 경험의 관련 중에 속하는 모든 것은 마치 절대적 통일을 이루는 듯이, 그러면서도 철저히 의존적인 통일을, 그리고 여전히 감성계의 내부에서 제약된 통일을 이루는 듯이 보아야 한다. 그리고 동시에 일체 현상의 총괄(즉, 감성계 자신)은 일체를 충족시키는 유일의 최상 근거를 현상계의 외부 영역에 갖는 듯이 보아야 한다. 즉, 이를테면 독립적·근원적·창조적인 이성을 갖는 듯이 보아야 한다. 이런 이성에 관계함에 의해서 우리[인간] 이성의 일체의 경험적 사용을 최대한으로 확대하여,
701 대상 자신이 마치 모든 이성의 원형에서 발생한 듯한 방향을 우리는 취한다.

이상의 말은 다음과 같은 것을 의미한다. 즉, [첫째] 마음의 내적 현상들을, 하나의 생각하는 단순 실체에서 도출하지 않고, 하나의 단순 존재라는 이념에 따라 [내적] 현상들을 서로가 도출한다는 것이다. 세계의 질서와 그것의 체계적 통일성을 최고 예지에서 도출하지 않고 최고로 현명한 원인이라는 이념에서 [이성 사용의] 규칙을 도출한다는 것이다. 이런 규칙에 좇아서 현세에 있어서 원인과 결과를 연결할 무렵에 이성이 자신을 만족시킬 만큼 가장 잘 사용될 수 있을 것이다.

⑤ 따라서 이러한 이념[영혼과 하나님]을 객관적이며 실체적이라고 상정해도 방해될 것이 도무지 없다. 단지 우주론적 이념만은 별문제다. 우주론적 이념에 있어서는 이성이 이런 [객관적·실체적] 이념을 성립시키려고 하면 이율배반에 빠진다(심리학적 이념과 신학적 이념은 이율배반 같은 것을 전혀 포함하지[1] 않는다).

---

1) 이 말은 의심스럽다. 넷째 이율배반은 비록 양상상이었으나, 이율배반이 가능했다. 영혼 이념의

무릇 심리학적 이념과 신학적 이념에는 모순이 존재하지 않는다. 하기에 어떻게 누가 우리에게 이런 이념들의 객관적 실재성을 이의할 수 있으랴. 왜냐하면 이념의 객관적 실재성을 부정하려는 자가 그것의 가능성을 모른다는 것은 이념의 객관적 실재성을 긍정하려는 우리가 그것의 가능성을 모르는 것과 마찬가지이기 때문이다. 그러나 그것을 부정할 아무런 적극적인 장애가 없다는 것만으로써는 아직도 무엇을 상정하기에는 불충분하다. 우리가 가지는 개념들을 모두 초월하는 사고상의 존재가 어떠한 개념에도 모순되지 않는다고 해서, 자기의 할 일을 완성만 하고 싶어 하는 사변적 이성을 신용해서 사고상의 존재를 현실적인 일정한 대상으로서 도입함은, 우리에게 허용될 수 없는 일이다.
그러므로 이런 「대상 자신 그것」이 상정되어서는 안 된다. 그런 대상의 실재 702
성은, 온갖 자연인식에 체계적 통일을 주는 통재적 원리의 도식의 실재성으로 타당할 뿐이다. 따라서 그것은 「현실적인 물자체 그것」으로가 아니라 현실적인 사물에 유사한 것으로서만 근저에 두어져야 한다. 우리는 이념의 대상에서, 우리의 오성개념을 제한하는 제약들을 제거한다. 그러나 이런 제약만이 사실은 우리가 어떤 사물[무제약자]을 이해할 수 있도록 하는 것이다. 그런데 우리가 생각하는 그 어떤 것, 이 어떤 것이 자체상으로 무엇인가 하는 것을 이해하지 않으나, 그러나 우리는 이 어떤 것과 현상들 전체와의 관계를 생각한다. 이 관계는 현상들 간에 있는 관계와 흡사하다.

⑥ 따라서 이런 관념적 존재를 가정하더라도 우리는 원래 가능한 경험의 객관에 우리의 인식을 확장하지 않고, 체계적 통일을 통해서 가능한 경험의 「경험적」 통일을 확장할 뿐이다. 이념은 체계적 통일에 대한 도식을 우리에게 주는 것이다. 따라서 체계적 통일은 구성적 원리로서가 아니라 통제적 원리로서 타당하다. 우리가 이념에 대응하는 사물을, 즉 그 어떤 것을 혹은 현실적 존재를 세운다는 것은 그것으로 인해서 사물에 관한 우리의 인식을 초험적 개념들에 의해서 확장하려는 뜻이 아니다. 그 어떤 현실적 존재가 밑바닥에 두어지는 것은, 그 자신상으로가 아니라 오직 이념 중에서의 일이다. 따라서 그것은 우
리에 대해서 이성을 경험적으로 사용하는 규구로서만 유용할 체계적 통일을 703

이율배반 성립에 관해서는 B. 418 원주 참조.

표현하기 위한 것이요, 체계적 통일의 근거가 무엇이며 혹은 원인으로서 이런 통일이 의거해 있는 존재의 내적 성질이 무엇인가 하는 것에 관해서는 아무런 결정도 없다.

⑦ 이렇기에 한갓 사변적 이성이 하나님에 관해서 우리에게 주는바, 선험적이고도 유일의 명확한 개념은 엄밀한 의미에서 이신론적이다. 즉, 이성은 그러한 개념에 관해서 객관적인 타당성을 결코 주지 않는다. 그것이 제시하는 것은 단지 그 어떤 것에 관한 이념, 모든 「경험적」 실재성의 필연적 최고통일을 의존시켜 있는 그 어떤 것의 이념이다. 그 「어떤 것」은 현실적 실체, 이것은 이성의 법칙들에 의해서 만물의 원인인 실체이지만, 이런 실체와의 유추에 의하지 않고서는 생각될 수 없다. 물론 이런 일은 그 어떤 것을 특수한 대상으로 생각하여 이성의 통제적 원리인 한갓 이념임에 만족하지 않고, 사고의 모든 제약들의 완성을 인간오성을 초월한 것으로서 무시하지 않으려고 하는 한에서의 일이다. 그러나 제약들의 완성을 무시함은 우리의 인식에 있어서의 완전한 체계적인 통일의 의도, 즉 이성이 적어도 그것[체계적 통일]에 아무런 제한도 가하지 않으려는 의도와는 조화할 수 없는 것이다.

⑧ 하기에 내가 하나님 같은 존재를 가정할 적에, 나는 그것의 최고 완전성의 내적 가능성 혹은 그것이 현존하는 필연성을 조금도 이해하지 않건만, 그래
704 도 「우연한 것」에[1] 관한 다른 [하나님 외의] 모든 물음들에 나는 만족을 줄 수 있고, 그러므로 이성의 경험적인 사용에서 탐구되는 최대의 [경험적] 통일에 관해서는 나는 이성에 최대의 완전한 만족을 줄 수 있으나, 하나님 존재의 「전제」 자신에 관해서는 이성에 만족을 줄 수 없다는 것으로 된다. 이런 사정이 증명하는 바는, 이성으로 하여금 그것의 영역 밖에 멀리 있는 한 점에서 출발케 하여, 이성의 대상들을 완전한 전체로서 고찰하는 권리를 이성에게 주는 것은 이성의 사변적 관심이요, 이성의 통찰은 아니라는 것이다.

⑨ 그런데 전제는 동일하면서도 사고방식에는 차이가 있음이 여기에 드러난다. 이 차이는 매우 미묘하되 그러면서도 선험적 철학에 있어서 매우 중요한

1) 이 우연적인 것은 경험계에서는, 필경 서로 관계 맺는 필연적인 것이다. 다른 모든 물음이란, 오성의 원칙(B. 282)들을 철저히 적용하고, 동질성·특수성·연속성(B. 685) 등을 따지는 것 등이다.

것이다. 즉, 나는 그 무엇을 절대적으로 상정하는 권리는 없으나 그 무엇을 상대적으로 상정하는 근거를 충분히 가질 수 있다. 이런 구별은 단지 통제적 원리가 문제인 경우에 타당한데, 우리는 이 원리의 「필연성 그것 자체」를 인식할 수 있으나, 그러나 그 필연성의 원천을 인식할 수 없고, 이 원리의 보편성을 한층 더 명확히 생각하려는 의도에서만, 우리는 필연성의 원천에 대한 최상근거를 상정한다. 가령 내가 순전한 그러면서도 선험적인 이념에 대응하는 한 존재[하나님]의 현존을 생각하는 경우와 같다. 무릇 나는 이 경우에 이런 사물[존재]의 현존을 자체상으로 상정할 수 없다. 왜냐하면 내가 어떤 대상을 명확히 생각할 수 있는 개념이, [이것에 대응하는] 사물[의 현존]에 도달하지 않고, 나의 개념의 객관적 타당성이라는 조건이 이념 자신에 의해서 배제되어 있기 때문이다. 705

실재성·실체·원인성의 개념들과 현존의 「필연성」의 개념조차도 대상의 경험적 인식을 가능하게 하는 사용 이외에는 객체를 규정하는 어떠한 의의도 가지지 않는다. 이에 이런 개념들은 확실히 감성계의 사물들이 가능한 까닭을 설명하는 데에 쓰일 수는 있으나, 세계 전체 자신의 가능성을 설명하는 데에 쓰일 수는 없다. 왜냐하면 전 세계의 설명근거는 세계의 외부에 있고 따라서 가능한 경험의 대상은 아니겠기 때문이다.

그러하되, 나는 이러한 불가해한 것[세계 전체 자신]을, 즉 한갓 이념의 대상을 비록 그 자신 독립해서는 아니라 하더라도 감성계와 상관해서 상정할 수는 있다. 무릇 나의 이성을 최대한까지 경험적으로 사용하는 것의 근저에는 하나의 이념(즉, 내가 곧 장차 한층 더 정밀하게 이야기할 체계적으로 완전한 통일성의 이념)이 있고, 이 이념은 결코 자체상 충전하게 경험 중에 나타나게 될 수는 없으나, 그러나 경험의 통일을 최대로 가능한 정도에 접근시키자면 불가피하게 필요한 것이다. 이렇다고 하면, 나는 이런 이념을 실재화할 권한이 있을 뿐더러, 실재화하도록 강요당하기도 한다. 이념의 실재화란 이념에 대응해서 현실적인 대상을 「정립한다」는 뜻이다. 그러나 나는 이런 대상을, 내가 자체적으로 706
아는 바 없는 어떤 것 일반」으로서만 정립한다. 그래서 단지 저 체계적 통일의 근저로서의 어떤 것 일반에, 체계적 통일과의 관계에 있어서 오성개념들의 경험적 사용과 유사한 성질들[원문은 단수이지만, 복수가 옳다고 봄]을 부여한다.

이에 나는 「세계에서의 실재성들」·실체들·원인성·필연성 [등]과의 유추에 의해서 그러한 모든 것을, 최고의 완전성의 소유하는 한 존재[하나님]를 생각한다. 이러한 이념은 단지 나의 이성에 의존하고 있기 때문에, 최대의 조화성·통일성이라는 이념들에 의해서 세계 전체의 원인인바, 저 한 존재는 자립적 이성이라고 내가 생각할 수 있겠다.[1] 그 결과로 나는 이런 근본적 근거의 비호 아래서 오로지 전 세계에서의 「다양의 체계적 통일」과 이런 통일로 인한 「이성의 최대한 경험적 사용」을 가능하게 하기 위해서, 이념을 제한하는 일체의 제약을 제거한다. 왜냐하면 나는 모든 결합을, 그것이 마치, 우리[인간]의 이성은 미약한 그 모사인 그런 최고 이성의 지령인 듯이 보기 때문이다. 이러한 뒤에 나는 이 최고존재를, 원래 감성계에서만 적용되는 개념들만 가지고서 생각해 본다. 이때 나는 저 선험적 전제를 [하나님의 상정을] 오로지 상대적으로만 사용하기 때문에, 즉 그 전제를 최대로 가능한 경험통일의 기체를 주기 위해서 사용하기 때문에, 이 세계[감성계]에서 구별되는 [최고]존재를, 감성계만이 가지는 성질들에 의해서 내가 생각하여도 아주 좋은 바이다. 대저 나는 나의 이념의 대상을 자체상 무엇이겠는가에 관해서 인식하기를 요구하지 않고 또 요구할
707 권한도 없다. 실로 나는 이런 인식을 가능케 할 개념을 가지지 않기 때문이다. 실재성·실체·원인성의 개념, 아니 [현존에서]의 필연성의 개념 등도, 만일 내가 그것들로써 감관의 분야 외에 감히 진출하고자 하면, 전혀 의미를 상실하고 무내용의 개념에 대한 공허한 명목일 뿐이다. 내가 생각하고 있는 것은 오직 세계 전체의 체대의 체계적인 통일에 대한, 그 자신 나에게는 전혀 알려져 있지 않은 한 존재[이념의 대상]의 관계뿐이다. 그리고 이런 [상대적] 관계를 생각함은, 그 알려져 있지 않은 존재를 나의 이성을 최대한 경험적으로 사용할 무렵의 「통제적 원리의 도식」으로 삼기 위해서다.

⑩ 그런데 우리 이념의 선험적 대상을 일별하더라도 우리는 그것의 현실성을 실재성·실체·원인성 등의 개념에 의해서 자체상으로 전제할 수 없음을 안다. 왜냐하면 이러한 개념들은 감성계와 전혀 다른 「것」에 대해서는 조금도

---

1) 자립적 이성에 대해서, 우리(인간)의 이성은 언제나 시공적 소여에 의존해 있고, 내지는 논증적-종합적 옹성이 지닌, 직관으로 메꾸어진 개념들에 의존한다(Heimsoeth, 선험적 변증론 제3부 614면, 1969).

적용되지 않기 때문이다. 이렇기에 최상원인으로서의 최고존재에 관한 이성의 가정은 단지 상대적이요, 감성계의 체계적인 통일을 위해서 생각된 것이며, 이념 중의 「그 어떤 것」이고, 이 어떤 것의 자체적인 성질을 우리는 이해함이 없다. 이로 인해서 우리는 확실히 감관에 실존적으로 주어져 있는 「것」에 상관해서 자체로 필연적 근원존재를 필요로 하나, 그러나 이런 존재와 그것의 절대 필연성을 조금도 이해할 수 없는 까닭도, 설명된다.

⑪ 이제야 우리는 선험적 변증론 전체의 성과를 명백히 제시하여 오해와 부주의 때문에만 변증적이 되는 「순수이성의 이념들의 궁극의도」를 정확히 규정 708
할 수 있다. 순수이성은 사실상 자기 자신만을 다루고 있고 자기 외의 것을 다루지 않고 있다. 왜냐하면 순수이성에게 주어지는 것은 「경험개념」에 의해 통일되기 위한 대상들이 아니라, 「이성개념」에 의해 통일되기 위한 오성인식들, 즉 원리에서의 연관에 의해 통일되기 위한 오성인실들이기 때문이다. 이성통일은 체계적 통일이요, 이 체계적 통일은 이성에 대해서 대상에 통일작용을 미치기 위한 객관적 원칙으로 쓰이는 것이 아니라, 대상에 관한 온갖 가능한 경험적 인식에 통일작용을 미치기 위한 주관적 준칙으로 쓰이는 것이다. 그럼에도 불구하고 이성이 오성의 경험적인 사용에 줄 수 있는 체계적 연관은, 오성의 경험적 사용의 확대를 촉진하는 동시에, 그것의 정당성을 확증하기도 한다. 이 「체계적 통일의 원리」는 객관적이기도 하나,[1] 그러나 규정함이 없는 방식에서 [B. 684 참조] 객관적이다(미규정의 원리다). 그것은 그 대상을 직접 규정하기 위한 구성적 원리가 아니라, 한갓 통제적인 원칙이다. 즉, 오성이 모르는 새 길을 개척함을 통해서 이성의 경험적 사용을 무한하게 (즉, 정함이 없이)[B. 542 참조] 촉진·확립하기 위한 「준칙」이요, 이 경우에 준칙은 이성의 경험적 사용의 법칙에 조금이라도 어긋남이 없다.

⑫ 이성이 이 체계적 통일을 생각하기 위해서는, 이성은 동시에 한 대상을 709
자기의 이념에 주지 않을 수 없으나, 그러나 이 대상은 경험에 의해서 주어질 수 없는 것이다. 경험은 결코 「완전한」 체계적 통일을 예시하지는 않기 때문

1) 자연 자체 내에서 상위 질서들과 하위 질서들의 집합을 발견하되, 이것이 [통제적 원리의] 경험적 사용에서 밝혀지는 것이 아님을 말한다(Heimsoeth, 전게서, 615면). 또 B. 685 참조.

이다. 그런데 이 이성체[1]는 물론 단지 이념이요, 따라서 단적으로 또 자체상으로 「어떤 현실적인 것」이라고 상정되지 않는다. 그것은, 감성계 사물들의 온갖 결함이 마치 이성체에 기인하고 있는 듯이 간주하기 위하여, 개연적으로 근저에 두어지는 것이다. (왜냐하면, 우리는 어떠한 오성개념에 의해서도 이성체에 도달할 수 없기 때문이다) 그러나 이런 이성체가 상정되는 의도는, 오로지 체계적인 통일을 이성체라는 이념에 기본케 하는 데 있다. 체계적 통일은 이성에는 불가결이로되, 오성의 경험적 인식을 모든 면에서 촉진시킬 수 있고, 이런 인식의 방해로 될 수는 없다.

⑬ 만약 세인이, 이념이 체계적 세계조직의 근저가 귀속하는 현실적 사물을 주장하거나 혹은 전제하는 것으로 생각한다면, 이념의 의미는 당장에 오해되어 있는 바이다. 우리[오성]의 개념들이 도달하지 못하는 「세계 조직의 근저」가 어떤 성질의 것인지는 전혀 미결로 해 두어야 하고, 이성에 대해서는 본질적 통일의 경지가, 오성에 대해서는 자못 유익한 통일의 경지가, 전개될 수 있
710 는 유일의 관점을 위해서 이념을 설정해야 한다. 한마디로 말하면, 이 선험적인 사물[이념]은, 이성이 되도록 모든 경험에 대해 체계적인 통일을 전개하는 바, 「통제적 원리의 도식」일 따름이다.

⑭ 이러한 이념의 첫째 [1] 객관은, 「나 자신」이다. 이 「나 자신」은 생각하는 성질로(즉, 마음으로) 보아진 것이다. 내가 「생각하는 존재 자신」에 실존하는 성질들을 탐구하려고 보면, 나는 이것을 경험을 향하여 물어보지 않을 수 없다. 범주조차도 그것의 「도식」이 감성적 직관에 주어져 있지 않은 한에서 나는 그 어느 범주라도 이런 대상[생각하는 마음]에 적용할 수 없다. 범주에 의해서 나는 내감의 모든 현상들을 체계적으로 통일하는 데에 도달하지 않는다. 이에 [마음이 현실적이라는] 경험개념은 우리를 그다지 먼 데에 인도할 수 없고, 이런 경험개념 대신에, 이성은 모든 사고작용의 「경험적」 통일이라는 개념을 채택하며, 이런 통일을 무제약적·근원적이라고 생각함에 의해서, 통일의 개념에서 단순한 실체라는 이성 개념(이념)을 만들어 낸다. 그리고 이런 실체는 그

1) 라틴어 ens rationis ratiocinatae(이성체, 즉 이성에 적합한 존재)를 B. 698의 ens rationis ratiocinantis(공허한 관념물)와 혼동해서는 안 되고, 그 어떤 자체적 존재로 보아서도 안 된다. ens의 복수가 entia.

자신 변하지 않는(인격적으로 동일한) 것이요, 자기 외의 다른 현실적 사물들과 상호관계를 맺고 있는 것이다. 한마디로 말하면 이런 실체는 「단순한 자립적인 예지」라는 실체다.

그러나 이 즈음에 이성은 마음의 현상들을 설명하기 위한 체계적 통일의 원리[각 개체의 마음 자체]에만 착안하고 있다. 즉, 모든 규정[정리 내용]을 유일한 주관에 속하는 것, 모든 힘을 유일한 근본력에서 파생한 것, 모든 변역을 유일의 동일한 지속적 존재의 상태에 속하는 것 등등으로 간주하고, 공간 중의 모 711
든 현상들을, 사고의 작용들과는 다른 것으로 표상하는 원리다. 실체의 단순성과 기타의 성질들은 원래는 이런 통제적 원리에 대한 단지 도식일 터의 것이요, 마음의 여러 성질의 현실적 근거로서 「전제」된 것은 아니다. 이런 성질들은 우리에게 알려져 있지 않은 전혀 다른 근거에 의존할 수도 있기 때문이다. 또 우리가 가정된 술어[불멸성 등]를 소위 실체라는 마음에 단적으로 타당시키려고 하더라도, 우리는 원래가 「마음 자체 그것」을 인식할 수는 없을 것이다. 이러한 술어들은 구체적으로 표상될 수 없는 한갓 이념이기 때문이다. 우리가 이 심리학적 이념을 한갓 이념 이상의 것으로 보지 않도록 주의한다면, 즉 우리 마음의 현상에 관한 체계적인 이성사용에만 관계시키도록 주의만 한다면, 그 심리학적 이념에서 틀림없이 이익[체계적 통일을 주는 작용]이 발생할 수 있다. 이때 마음 현상과는 전혀 다른 종류의 신체적 현상에 관한 경험적 법칙은, 단지 내감 중에만 있는 것[마음의 이념]을 설명하는 데에 섞여들지 않는다. 무릇 여기서는 마음[영혼]의 발생·파괴·재생 따위의 믿을 수 없는 가설들이 허용되지 않는다. 하기에 내감의 대상에 관한 고찰은, 이종의 성질[신체적 성질]이 혼입함이 없이 전혀 순수하게 행하여진다. 뿐더러 이성의 탐구가 지향하는 것은 주관 [마음 자체]이 가능한 한에서 그것에 관한 여러 설명 근거를 하나의 원리로 환원하는 것이다. 그리고 이러한 모든 일은 주관[마음]이 마치 현실적 712
존재인 듯한 도식에 의해서 가장 잘 수행되고, 심지어는 이런 도식에 의해서만 수행되는 터이다. 실로 심리학적 이념은 통제적 개념의 도식 이외의 것을 의미하지 않는다. 비록 내가 마음이 자체상 과연 정신적 자연인 것이냐고 물으려고 한다 하더라도, 이런 물음은 아무런 의미도 없을 것이다. 마음과 같은 개념에 의해서, 나는 신체적 자연뿐만 아니라 일반적으로 모든 자연을 배제한다. 즉,

그 어떤 가능한 경험의 일체 술어를 배제하고, 따라서 그런 개념에 대응하는 대상을 생각하기 위한 제약 전부를 배제한다. 그러나 마음과 같은 개념에 대응하는 「대상[1]을 생각하는 일」만이, 그 개념이 의미 있다고 말하도록 하는 유일의 것이다.

⑮ 순 사변적 이성의 둘째[2]의 통제적 이념은 「세계개념 일반」이다. 원래 자연은 이성이 그것에 관해서 통제적 원리들을 필요로 하는 유일의 주어진 객관이다. 이런 자연에는 사고적 자연과 물체적 자연의 두 종류가 있다. 그런데 물체적 자연의 내적 가능성에 관해서 생각하기 위해서, 다시 말하면 이 자연에 대한 범주의 적용을 규정하기 위해서, 그것에 대하여 우리는 이념을, 즉 「경험을 초월한 표상」을 필요로 하지 않는다. 뿐더러 물체적 자연에 관해서는 이념은 원래 불가능하다. 왜냐하면 여기에 있어서 우리는 감성적 직관의 지도만을 받고, 사고의 일종 형식을, 즉 사고의 통일을 선천적으로 포함하는 심리학의 기본개념(즉, 자아)의 경우와는 사정이 다르기 때문이다. 이에 순수이성에 대해 남는 것은, 자연 일반과 「자연에 있어서의 제약들의 완결」이다. 제약들의 완결
713 은 그 어떤 한 원리에 준해야만[한다]. 제약 계열 중의 각 항을 고차의 항으로부터 도출할 무렵의 계열의 절대적인 전체성은 하나의 이념이다. 이 이념은 확실히 이성의 경험적 사용에 있어서는 완전히 실현될 수 없으나, 그러나 그것은 우리가 절대적 전체성에 관해서 우리가 취해야 할 「규칙」으로 쓰인다. 즉, 주어진 현상들의 설명에 있어서(이것은 제약 계열에서의 배진이요, 혹은 소급을 의미하지만) 계열 자신이 마치 무한인 듯이 보는, 다시 말하면 부정인 듯이 보는 규칙이요, 이성 자신이 (그 자유에 있어서) 규정하는 원인으로 보아질 적에는 따라서 실천적 원리[의지를 결정하는 원리]에서는 우리가 감관의 객관이 아니라, 「순수오성」의 객관을 목전에 가지듯이 보는 규칙으로 쓰인다. 이 순수오성의 객관에서는 제약은 벌써 현상 계열 중에 세워지지 않고 현상 계열의 밖에 세워질 수 있으며, 상태의 계열은 (가상적 원인[자유]에 의해서) 마치 단적으로 개시하는 듯이 보아질 수 있다. 이러한 모든 사정은 우주론적 이념이 통제적 원리

1) 그러므로 데카르트 이후로 문제된 영혼 자체는 「인식」할 수 없고, 통제적 이념으로 설정할 수 있다는 말로 된다.

요, 이런 계열의 현실적 전체성을 이를테면 구성적으로 설정하는 것에서 자못 멀어져 있음을 증명한다. 그 외의 사정에 관해서는 사람은 「순수이성의 이율배반」 장의 해당 대목을 참조할 수 있을 것이다.

⑯ 순수이성의 셋째[3] 이념은 「일체의 우주론적 계열을 충족시키는 유일한 원인」으로서의 한 존재를 오직 관계적으로만 가정함을 포함한다. 그것은, 즉 하나님이라는 이성 개념이다. 우리는 이 이념의 대상을 단적으로 가정할(즉, 자립적으로 가정할) 조금의 근거도 가지지 않는다. 대저 우리로 하여금 하나의 최고 완전자를 그것의 본성상 절대 필연한 것으로서 단지 그것의 개념자체에 기 714
본해서 신앙하고 주장할 수 있도록 하는 것은, 무엇이며 또 이런 신앙·주장의 권리만이라도 변명하는 것은 무엇인가. —그것이 만약 「세계」가 아니라면 말이다. 세계에 관계해서만 최고 완전자의 가정은 필연적일 수 있다. 그리고 최고 완전자의 이념이 의미하려는 것은 다른 사변적 이념들과 마찬가지로 「세계의 온갖 결합을 체계적 통일의 원리들에 의해서 고찰하고 따라서 이런 원리들이 '일체를 충족케 하는 최상의 원인'으로서의 일체를 포괄하는 유일한 존재로부터 마치 발생한 듯이 간주하라는 이성의 명령임에 틀림없다」는 것이 여기에 명백히 드러난다. 이상의 사정에서 이하의 것이 명백하다. 즉, 이 즈음에 이성이 의도할 수 있는 것이 이성의 사용을 경험적으로 확장함에서 이성 자신의 형식적 규칙에 있다는 것이요, 경험적 사용의 일체한계를 확장하려는 것이 아니며, 따라서 이런 이념 아래서는 가능한 경험을 지향하는 이성 사용의 구성적 원리가 잠재하지 않는다는 것이다.

⑰ 이성개념에만 의존해 있는 최고의 형식적 통일은 사물들의 합목적적인 통일이다. 그리고 이성의 사변적 관심은 세계에서의 일체 배치가 마치 하나의 최고이성의 의도에서 유래한 듯이 간주하는 것을 필요하게 한다. 이런 원리는 715
바로 경험의 분야에 적용된 우리의 이성에 대해서 아주 새로운 전망을 열어 보인다. 즉, 목적론적 법칙에 의해서 세계의 사물들을 결합하고, 그로 인해서 사물들을 최대의 체계적 통일에 도달시키려는 전망이다. 물론 한갓 이념 중에서 이기는 하되 세계전체의 유일한 원인으로서의 최상예지라는 전제는, 따라서 이성에 대해서 항상 유익할 수 있고 유해하지는 않다. 무릇 만일 우리가 (둥글기는 하되 약간 평탄하게 된) 지구·산맥·해양 등의 형태※에 관해서 창조자[조물주]

의 현명한 의도만을 미리 가정한다면, 우리는 이러한 방법에서 많은 발견을 할 수가 있다. 만일 우리가 하나의 순통제적 원리로서의 이런 전제 중에 머물러 있다면, 오류가 있다 하더라도 그것이 우리를 해칠 수는 없다. 왜냐하면, 이런 전제에서 생기는 결과는 필경 우리가 목적론적인 연관을 기대했던 터에, 단지 기계론적·물리적 연관이 발견된다는 것에 불과하고, 이런 경우에 있어서 단지
716 「보다 더한 통일」을 상실하기는 하나, 이성의 경험적 사용에 있어서의 통일이 파손되지는 않기 때문이다. 뿐더러 이런 빗나감이더라도 그것이 「보편적·목적론적인 의도 일반」에서의 법칙 자신에 누를 끼치는 것이 될 수는 없다.

※ 지구의 형태가 둥글다는 것에서 생기는 이점은, 두루 알려져 있다. 그러나 이 구상체의 양극이 편평하기 때문에, 단단한 대륙의 고지와, 적은 부분이지만 아마 지진에 의해 돌출했을 것인 산악의 융기가 방해받아서, 부단히 또 짧은 기간에 대단히 지축이 이동하지 않게 됨을 아는 사람은 그다지 많지 않다. 만일 적도 아래의 지구의 팽창이 거대한 산을 형성하고, 이 때문에 그 외의 모든 산의 융기가 저 산의 위치를 이동시키지 않는 일이 지축에 관계해서 없다고 한다면, 지축은 이동할 것이다. 그럼에도, 사람은 자연의 이런 총명한 설비를, 일찍이 액체였던 지구의 평형 상태에서 설명하기를 주저하지 않았다.

무릇, 만일 해부학자가 동물의 신체의 어느 한 부분을 어떤 목적에 관계시켰으나 그것이 목적에서 유래하지 않음이 명백히 지적될 수 있을 때에, 그는 자기가 저지른 오류를 납득할 수가 있을 것이나, 그러나 어떠한 자연기구도 철저하게 목적이 없다는 것을 하나의 실례에 의해서 증명하는 일은 전혀 불가능하다. 그러므로 (의사의 입장에서의) 생리학도 유기체의 기관들 조직의 목적에 관한 자못 제한된 경험적 지식을 오직 순수이성이 내놓은 원칙을 통해서 확장한다. 이런 확장이 아주 담대히 또 동시에 모든 총명한 인사들의 일치와 더불어, 동물이 갖는 모든 것[각 기관]이 그 효용과 좋은 의도가 있다는 것을 가정하기에 이른다. 이런 전제는, 만약 그것이 구성적일 것이라면 이때까지의 관찰이 시인한 것보다도 훨씬 더 전진한 [확장된] 것이 된다. 이것에서 원래는 이런 전제가 이성의 통제적 원리임에 틀림없다는 것이 잘 알려진다. 이 통제적 원리는 최상 세계원인의 합목적적인 원인성이라는 이념을 매개로 해서 최고의 체

계적인 통일에 도달하기 위한 것이요, 그래서 최고예지로서의 체계적 통일이 전지의 의도에 의해서 마치 만물의 원인인 듯이 보이는 바이다.

⑱ 우리가 이념을 단지 통제적 사용으로 제한하는 것에서 벗어난다고 하면 717
이성은 여러 방식에서 오류를 범한다. 왜냐하면 그때에는 이성은 자기 진로의 목표를 반드시 포함하는 경험이라는 지반을 떠나서, 이 지반을 넘어선 불가해한 것, 탐구할 수 없는 것으로 돌진하기 때문이다. 이성은 이런 고원한 곳에서는 반드시 현기증을 일으킨다. 이성은 이런 불가해한 것, 불가탐구적인 것의 입장에 있어서는 경험과 일치하는 일체 사용에서 전적으로 절단되어 있기 때문이다.

⑲ 최고존재의 이념을 통제적으로가 아니고 (이념의 본성에 위반해서) 구성적으로 사용하는 데서 생기는 첫째 과오는, 태만한 이성※이라는 것이다. 사람이 그의 자연 연구를, 이것이 어느 곳까지 도달했건 간에, 절대로 완결한 것으로 보고, 따라서 마치 이성이 할 일을 완전히 성취한 듯이 이성을 휴식하도록 하는 원칙은 어느 것이나 「태만한 이성」이라고 할 수 있다.

※ 고대의 변증가는 병이 낫는 것이 운명이라면, 의사를 이용하건 안 하건 간에 당신의 병은 낫는다고 하는 따위의 오류추리를 「태만한 이성」이라고 불렀다. 「시세로」는 「이런 추리방식에 의하면, 인생에 있어서 이성을 사용할 여지가 없어진다. 하기에 이런 추리방식이 태만한 이성의 이름을 띤다」고 하였다. 이에 나는 순수이성의 궤변적 논증에 같은 명목을 붙인 바이다.

그러므로 심리학의 이념이라도 만일 그것이 우리 마음의 현상들을 설명하는 718
구성적 원리로서 사용되고, 나중에는 이런 주관[마음]에 관한 우리의 인식을 일체의 경험을 넘어서서(사후의 영혼 상태에까지) 확장하기 위해서도 사용된다면, 이런 일은 이성을 자못 편하게 하는 일이 되지만, 같은 일은 「경험을 길잡이로 해서 이성을 자연에 대해서 사용함」을 전혀 훼손하고 없애는 짓도 된다. 하기에 독단론적 유심론자는 상태의 모든 교체를 통해서도 변화하지 않고 지속하는 인격의 통일성을 그가 자아에서 직접 지각한다고 믿는 사고적 실체의 통일성에 의해서 설명하였고, 우리의 사후에 바로 생길 사물에 대한 관심을 우리의 사고적 주관의 비물질적 본성의 의식에 의해서 설명하였던 등등의 예가 있다. 이래서 독단론적 유심론자는 우리의 내적 현상들의 원인을 자연적[물리적] 근거에 의해서 설명하려는 모든 자연 연구를 회피한다. 왜냐하면 그는 이를 테면 초험적 이성의 대명에 의해서 경험의 내재적인 인식원천을 간과하기 때문이다. 이런 일은 그의 안이한 태도를 위한 것이지만, 그로 인해서 모든 참 식견을 상실한다.

이런 불리한 결과는 최고예지의 이념에 관한 독단론과, 잘못되게도 이것에 기본한 자연의 신학적 체계(자연신학)에 있어서 더욱더 나타난다. 무릇, 이때는
719 자연 중에 드러나는 모든 목적, 이따금 우리 자신이 만들어낸 모든 목적은 우리로 하여금 원인의 탐구에 있어서 안이한 태도를 취하게 하는 데에 쓰인다. 즉, 물질 기구의 보편적 법칙 중에서 원인을 탐구하지 않고, 즉시로 최고지혜[하나님]의 오묘한 처사에 의거하여, 이성의 탐구적 노력을 완결하는 것으로 간주하는 데에 쓰인다. 이때 이성은 경험적으로 사용되지 않은 것이다. 그러나 실은 자연의 질서와 자연의 내적 보편적 법칙에 따른 변화의 계열이 우리에게 제시해 주는 길잡이 외의 길잡이를, 이성의 사용은 발견하지 않는다. 만일 우리가 가령 대륙의 분포와 그것의 구조, 산악의 성질과 위치, 게다가 식물계와 동물계의 조직 같은 자연의 약간의 부분을 목적의 견지에서 고찰할 뿐만이 아니라, 자연의 이러한 체계적 통일을 최고예지의 이념과 관련시켜서 고작 보편화한다면, 저 이성을 경험적으로 사용하지 않는 오류는 피해질 수가 있다. 이때 우리는 자연의 보편적 법칙에 따른 합목적성을 근저에 두고 있기 때문이다. 자연의 어떠한 특수조직도 자연의 보편적 법칙에서 제외되지 않고, 다소간에 합목적적임을 안다고 우리는 특징짓게 된다. 이래서 우리는 목적론적 결합의 체계적 통일에 관한 통제적 원리를 가지지만, 목적론적 결합을 우리는 미리 규정해서는 안 되고, 단지 그것을 기대하면서 보편적 법칙에 따라서 자연의 물리
720 적·기계적 결합을 추구해야 한다. 이렇게 해서, 합목적적 통일의 원리는 항상 경험에 관계해서 이성의 사용을 확대할 수 있고, 어떠한 경우에도 이성의 사용을 방해할 수가 없다.

⑳ 서상한 체계적 통일의 원리를 오석하는 데서 발생하는 둘째의 과오는 전도된 이성의 과오다.

체계적 통일의 이념은 통제적 원리로서, 통일을 「보편적 자연법칙에 좇아

사물들을 결합하는 중에서」 탐구하는 데에 쓰이는 것이다. 그리고 이런 통일이 경험적 방법에서 발견되는 그 정도만큼 더욱더 이념 사용의 완전성에 접근했다고 믿게 된다. 그러나 물론 이런 완전성에 도달하지는 않겠다.

그런데도 세인은 사건을 전도시켜 우선 합목적적 통일 원리의 현실성을 실체적 원인으로 보아서, 그것을 근저에 두고, 이런 최고예지의 개념은 그 자체가 아주 오묘한 것이기 때문에 그것을 의인적으로 규정하며, 그 다음에 억지로 또 독재적으로 자연에 목적을 밀어 넣는 일을 하기 시작하여, 마치 당연한 듯이 목적을 물리적인 탐구의 길에서 추구하지 않는다. 이 결과로 목적론은 원래 보편적인 법칙에 따른 자연의 통일을 보완하는 데에만 쓰일 것이거늘, 그런 목적론이 오히려 보편적 법칙을 폐지하는 작용을 하게 될 뿐만이 아니라, 이성도
그것의 경험적 사용의 목적을 상실한다. 즉, 이런 예지적인 최상원인의 현존을 721
보편적 법칙에 좇아서 자연에 기본해서 증명하는 목적을 상실한다. 무릇 만일 자연에서의 최고 합목적성이 「선천적으로, 즉 자연의 본질에 속하는 것으로」 전제될 수 없다면, 우리는 도대체 어떻게 이 합목적성을 추구하여 그것의 계단을 더듬어서 「단적으로 필연이요, 따라서 선천적으로 인식할 수 있는 완전성」으로서의 창조자의 최고 완전성에 접근하려는 지시를 받을 것인가? 통제적 원리는 체계적인 통일을 경험적으로 인식될 뿐만이 아니라 미정이면서도 선천적으로 전제되기도 한 자연통일로서, 단적으로 따라서 여러 사물의 본질에서 결과하는 것으로서, 전제하는 것을 요구하고 있다. 그러나 만일 내가 질서를 주는 최고존재를 미리 근저에 둔다고 하면, 자연통일은 사실상 부정된다. 즉, 체계적 통일로서의 자연통일은 여러 사물의 본성과는 전혀 무연이요, 그것은 우연인 것이며, 여러 사물의 보편적 법칙에서 인식될 수 없는 것이 된다. 그러므로 순환논증의 오류가 발생한다. 왜냐하면 본래 증명되었어야 할 것이 전제되어 있기 때문이다.

㉑ 자연의 체계적 통일이라는 통제적 원리를 구성적 원리로 해석하는 일, 또 단지 이념에 있어서만 이성의 제합적 사용의 근저에 놓이는 그런 것을 실체적 원인으로 전제하는 일, 이런 일들은 이성을 혼란케만 하는 것이다. 자연연구는 자연원인들의 사슬을 더듬어서 자연원인들의 보편법칙에 좇아서만 진행한다. 이때 자연연구는 확실히 창조자라는 이념에 의거하기는 하되, 이것은

자연연구가 도처에서 더듬는 합목적성을 창조자에서 도출하기 위해서가 아니
722 라, 창조자의 현존을 여러 자연물의 본질에서 구하여지는 합목적성에서 인식
하기 위해서이다. 그런 중에도 되도록 만물 일반의 본질에서도 인식하고, 따라
서 창조자의 현존을 단적인 필연으로 인식하기 위해서이다. 이런 일이 성공하
건, 안 하건 간에 이념은 항상 정당하고, 마찬가지로 이념의 사용도 그것이 만
일 한갓 통제적 원리의 조건들에 의해서 제한되어 있다면 역시 정당하다.

㉒ 완전한 합목적적 통일은 (절대적 의미의) 완전성이다. 사물들이란 경험의
전 대상인 것이요, 즉 객관적으로 타당한 우리의 모든 인식의 전 대상인 것이
지만, 만일 이런 사물들의 본질에 있어서 따라서 보편적·필연적인 자연법칙에
서, 우리가 [절대적] 완전성을 발견하지 않는다면, 어떻게 우리는 합목적적인
통일로부터, 일체 원인성의 원천인 근원존재의 최고이면서 단적으로 필연인
완전성의 이념을 추리하려고 하는 것인가? 최대의 체계적 통일, 따라서 합목적
적인 통일은 인간이성의 최대의 사용을 가능하게 하는 학교이며, 근저이기도
하다. 그렇게 보면 합목적적 통일의 이념은 인간이성의 본질과 밀접하게 결합
723 하고 있다. 하기에 이런 이념이야말로 우리에 대해서 입법적이다. 그러므로 이
런 이념에 대응하는 입법적 이성(원형적 지성)을 상정하고 우리 이성의 대상으
로서의 이 입법적 이성에서, 자연의 모든 체계적 통일을 도출하는 것은 자못
자연스러운 일이다.

㉓ 순수이성의 이율배반을 논술했을 무렵에 우리는 말했다: 「순수이성이 제출하는 문제는 다 절대로 대답되어야 한다. 우리 인식의 제한은 많은 자연 문제에 있어서는 불가피하고도 당연하기도 했지만, 지금의 경우에는 이런 제한을 한갓 구실로 삼는 것은 허용될 수가 없다. 여기서는 문제는 사물의 본성에 관해서 제기되는 것이 아니라, 오로지 이성의 [소질적] 본성에 의해서 또 이성의 내적 구조에 관해서만 제기되기 때문이다」라고. 우리는 이제야, 이 얼른 봐서 대담한 듯한 주장을 순수이성의 최대관심사인 두 가지 문제에 관해서 확증하고, 그로 인해서 순수이성의 변증성[궤변성]에 관한 우리의 고찰을 완결할 수가 있다.

㉔ (선험적 신학※에 관해서) 다음처럼 물었다고 하자. 첫째는 「세계질서와 보
724 편적 법칙에 따른 세계연관과의 근거를 내포하는 「세계와는 구별되는 그 어떤
것이 존재하느냐?」하는 물음이다. 이에 대해 「의심할 것 없이 존재한다」고 답

한다. 세계는 현상들의 총화이다. 그러므로 세계에 대해서 어떤 선험적인 근거, 즉 순수오성에 의해서만 생각될 수 있는 근거가 있어야 한다. 둘째의 물음은 「이런 존재는 실체인가, 최대의 실재성을 갖는가, 필연적인가?」 등등으로 묻는 것이다. 이에 대해서 「이런 질문은 아주 무의미하다」고 나는 답한다. 나로 하여금 이런 대상을 이해하도록 하는바, 모든 범주는 경험적 사용 이외에는 사용될 수 없고, 범주가 가능한 경험의 객관, 즉 감성계에 적용되지 않을 때에는 그것은 무의미하다. 범주는 경험계의 외부에서는 개념에 대한 명목임에도 불구하고, 이런 개념을 사람이 허용하기는 하되 그 때문에 아무런 것도 이해될 수는 없다. 최후의 셋째 물음은 「우리가 적어도 경험의 대상과의 유추에 의해서, 이 세계와는 별개의 존재를 생각하는 것은 좋지 않은가?」라고 묻는 것이다. 이에 대해서 「물론 좋다. 그러나 그런 존재는 이념 중의 대상인 것이요, 725
실재의 대상인 것은 아니다. 다시 말하면 그것의 대상이 오직 세계구조의 체계적 통일성·질서 및 합목적성—이런 것들을 이성은 자기의 자연연구의 통제적 원리로 하는 것이지만—등의 기체, 그런 중에도 우리에게는 알려져 있지 않은 기체인 한에서 생각하는 것은 좋다」라고 답한다.

※ 이전에 벌써 심리학적 이념과 그것의 본래의 사명이 한갓 이성의 통제적인 사용의 원리인 점에 있다는 것을 말했거니와, 이 때문에 나는 내감의 모든 다양성의 체계적 통일성을 실체화해서 표상하도록 하는 선험적 착각을, 특별히 설명하는 수고를 생략한다. 그 경우의 설명방법은 신학의 이상에 관해서 「비판」이 고찰한 것과 자못 유사하다.

뿐더러 우리는 이런 이념 중에서 앞서 말한 통제적 원리를 조성하는 일종의 의인관을 「서슴지 않고 또 비난받을 턱이 없이」 승인할 수가 있다. 무릇 이념만이 세계와 구별된 존재와 직접 관계 맺음이 없이 세계의 체계적 통일이라는 통제적 원리와 관계를 맺으나, 그러나 체계적 통일의 도식을 매개로 해서만, 다시 말하면 최상예지를 매개로 해서만 관계를 맺기 때문이다. 그리고 이 최상예지는 「그것의 현명한 의도」라는 면에서 보면 세계의 창조자인 것이다. 세계통일의 이 근원적 근거가 자체상 무엇인가 하는 것은 이념으로 인해서 생각되는 것이 아니다. 우리에게 생각되는 것은 우리가 이 근원적 근거를 혹은 근원적 근거의 이념을, 세계의 사물에 관한 이성의 체계적 사용에 관계시켜 어떻게 사용해야 할 것인가, 하는 방식은 것이다.

㉕ 그러나 이렇게 해서 우리는 (세인의 물음은 또 연속하지만) 결국 유일의 전지전능한 세계창조자를 가정할 수 있는가? 라고 묻는다. 의심할 것 없이 가정할 수 있다. 뿐더러 우리는 세계창조자를 전제해야 한다. 그러나, 이때 우리는 필경 가능한 경험의 분야를 넘어서서 우리의 인식을 확장하는 것인가? 단연 그렇지 않다. 우리는 그것이 자체상으로 무엇인가 하는 것에 관해서는 전혀 이해가 없는 것(한갓된 선험적 대상)을 전제했을 뿐이기 때문이다. 그러나 우리가 자연을 연구할 때에 세계구조에 있어서 전제하지 않을 수 없는 체계적·합목적적인 질서에 관해서 우리는(한 경험적 개념으로서의) 예지와의 유추에 좇아서만
726 우리가 아는 바 없는 존재[하나님]를 생각하였던 것이다. 다시 말하면 이런 존재에 기본하는 목적과 완전성에 관련해서, 우리 이성의 제약에 준해서 체계적 통일의 근거를 포함할 수 있는 특질들을 그런 존재[하나님]에 주었던 것이다. 따라서 이 이념은 전혀 우리 인간의 이성을 세계에 대해서 사용하는 관계에 기본하고 있다. 그러나 만약 우리가 이 이념에 단적인 객관적 타당성을 주려고 한다면, 그것은 이런 존재가 전혀 이념 중의 존재·우리가 생각하고 있는 존재임을 망각한 것이 되겠다. 그리고 이때 우리는 세계의 고찰에 의해서는 전혀 규정할 수 없는 근거로부터 출발하는 것이 되고, 그런 까닭에 이 원리를 이성의 경험적 사용에 적합하게 작용하는 것이 되지 않겠다.

㉖ 그러나, 이런 식으로 해서 나는 최고존재의 개념과 전제를 세계를 이성적으로 고찰할 무렵에 사용할 수 있느냐? (라고 사람은 또 물을 것이다) 그렇다고
727 할 수 있다. 이렇기 위해서만 이성은 원래 이념을 근저에 두었던 것이다. 그러나 내가 합목적적인 듯한 질서를—세계에 있어서 합목적적으로 마련된 특별한 계획을 매개로 해서이지만—하나님의 뜻에서 도출함에 의해서, 나는 그러한 질서를 [합목적적인] 의도라고 보아서 좋은 것인가? 그렇다. 여러분은 그렇게 보아서 좋다. 그러나 하나님의 지혜가 자기의 최상목적을 위해서 일체를 그처럼 질서지웠다고 하건, 혹은 최고 지혜라는 이념은 자연을 탐구할 무렵의 「통제자」요, 보편적인 자연법칙에 따른 자연의 체계적·합목적적인 통일의 원리—우리가 이러한 통일을 모르는 경우이더라도—라고 하건 간에, 그런 말은 여러

분에게는 동일한 의미를 갖는 것이 아닐 수 없다. 즉, 여러분이 이 통일을 깨달았을 적에, 하나님이 현명하게도 그러한 통일을 의욕했다고 말하건, 혹은 자연이 현명하게도 통일이 있도록 질서지웠다고 말하건 간에, 여러분에게는 전혀 동일한 일이 아닐 수 없다.

무릇, 여러분의 이성이 통제적 원리로서 일체의 자연연구의 근저에 두기를 요구하는바, 최대의 체계적·합목적적인 통일이야말로 최고 예지라는 이념을 통제적 원리의 도식으로서, 근저에 두는 권리를 여러분께 준 것이다. 여러분은 이제야 이 통제적 원리에 의해서, 세계 중에 있는 합목적성을, 발견함이 많으면 많을수록 그만큼 여러분의 이념의 정당성을 확증하는 터이다. 그러나 이 통제적 원리는 「필연적인·최대로 가능한」 자연통일을 탐구하는 이외의 아무런 것도 의도로 삼지 않았기 때문에, 우리는 이 자연통일을—이것은 우리가 도달하는 범위 내에서의 일이지만—최고 존재의 이념에 힘입은 것이겠다. 그러나 우리가 자연의 이런 합목적성을 그 기원상으로 우연이요, 초자연적이라고 보기 위해서 이념이 그 [자연적 보편적 목적] 때문에 근저에 두어지는바, 「자연의 728
보편적 법칙」을 간과하면, 우리는 자기모순에 빠지겠다. 왜냐하면, 우리에게는 상술한 성질의 자연을 넘어선 한 최고존재를 가정할 권리가 없었고, 인과적 규정에서 유추하여 만상이 체계적으로 서로 연결되어 있다고 보기 위해서 최고 존재의 이념만을 근저에 두는 권리가 있었기 때문이다.

㉗ 바로 이 때문에 우리는 이념 중의 세계원인을, 비교적 치밀한 의인관에 의해서 (이것 없이는 세계원인은 도무지 생각될 수 없겠다) 「오성·만족과 불만·동시에 이것에 적종하는 욕망·의지 등을 가진」 한 존재라고 생각하는 것이 정당할 뿐만이 아니다. 우리가 세계질서에 관한 경험적 지식에 의해서 정당화될 수 있는 「그런 것」을 훨씬 넘어선 무한한 완전성을 최고 존재에 부여하는 것이 정당하기도 하다. 무릇 체계적 통일의 통제적 법칙은 마치 자연의 도처에서, 그것의 최대의 다양성에 있어서, 무한하게 체계적·합목적적인 통일이 발견되는 듯이 우리가 자연을 연구해야 한다는 것을 요구하고 있다. 우리가 세계의 완전성에 관해서 탐지하거나 달성하는 것이 아무리 보잘것 없다 하더라도, 이 완전성을 우리는 역시 자연의 도처에서 추구하고 또 기대하는 것은 우리 이성의 입법에 속하는 일이요, 완전성의 원리에 좇아서 자연을 고찰하는 것은 언제 729

나 우리에게 유익하지 불리한 것이 될 수 없다.

그러나 근저에 놓이는 최고창조자라는 이념을 이처럼 표상함에 의해서 내가 근저에 두는 것이, 그런 존재가 현존하고 그런 존재를 안다고 하는 것이 아니라, 그런 존재의 「이념」인 것은 명백하다. 따라서 이런 존재로부터는 본래 아무런 것도 도출되지 않고 오직 그런 존재의 이념에서, 다시 말하면 이런 이념에 따른, 세계 사물들의 본성에서 그런 존재가 도출되는 것도 명백하다. 이 「이성의 개념」의 진정한 사용에 관한 의식이, 그러나 아직 발달하지 않은 어떤 의식이, 모든 시대의 철학자의 용어를 온건하게 하고 중정이게 한 것 같이 여겨지기도 한다. 왜냐하면 철학자는 「자연의 지혜와 섭리」라고 하건, 또는 「하나님의 지혜」라고 하건, 같은 의미로 말하고 있기 때문이다. 아니, 한갓 사변적 이성에 관한 한에서는 전자의 표현을 더 좋은 것으로 선취하고 있기 때문이다. 이것은 전자의 표현이 우리에게 주어진 권한 이상의 대단한 주장을 함부로 하는 것을 억제하고, 동시에 이성이 그것의 독자적인 분야로, 즉 자연으로 복귀하도록 지시하기 때문이다.

㉘ 이래서, 순수이성은 최초에는 우리에게 경험의 모든 한계를 넘어서 지식의 확대를 틀림없이 약속하는 성싶었다. 그러나 순수이성을 정해할 적에는 그것은 통제적 원리 이외의 아무런 것도 포함하지 않는다. 통제적 원리란 확실히 오성의 경험적인 사용이 도달하는 것 이상의 큰 통일을 명령하는 것이기는 하나, 그러나 그것이 바로 오성의 사용이 접근하려는 목표를 더욱더 멀리 밀어가는 것임에 의해서 체계적 통일을 통해서 하는, 오성사용의 자기일치를 최고도
730 이게 하는 것이다. 그러나 통제적 원리가 오해되어서 초험적 인식을 「구성」하는 원리라고 생각된다면, 반짝이기는 하되 기만적이고 가상에 의해서 통제적 원리는 독단적인 사견과 자부적 지식을 야기하고, 이 때문에 영원한 모순과 싸움을 야기하기도 하는 것이다.

※ ※ ※

㉙ 이래서 인간의 모든 인식은 직관으로써 출발하고, 거기서 개념으로 나아가며, 이념으로써 끝맺는 것[1]이다. 인간의 인식은 이 세 요소에 관해서 선천

1) B. 355에서 「우리의 모든 인식은 감관에서 출발하여 오성으로 나아가고, 드디어 이성으로 끝맺는

적인 인식원천을 갖고, 그것들은 얼른봐서 모든 경험의 한계를 경시하는 것으로 여겨진다. 그러나 완성된 비판은 다음의 것을 확신하도록 한다. 즉, 모든 이성의 사변적[이론적] 사용은 이 세 요소로써 가능한 경험분야를 넘어갈 수 없다는 것이다. 또 최상 인식 능력[이성]의 참 사명은 통일을 가능케 하는 원리들에 좇아서—이 중에서 목적들의 통일이 최귀한 것이지만—자연을 그것의 내저에 이르기까지 탐구하되 자연의 한계를 넘지는 않기 위해서 모든 방법과 그 원칙을 사용할 뿐이라는 것이다. 자연의 한계 외에서는 우리에 대해서는 공허한 공간만이 남는다. 우리의 인식을 현실의 경험을 넘어서 확정할 수 있는
모든 명제의 비판적 연구는, 선험적분석론에서 그런 명제가 가능한 경험 이상 731
의 것에 도달할 수 없음을 우리로 하여금 십분 확신하게 하였다. 만일 우리가 가장 명료하게 추상적인·보편적인 명제를 불신하는 것이 아니라고 한다면, 즉 매혹적이고 그럴듯한 전망이 이런 명제의 속박을 내버리도록 유혹하는 것이 아니라면, 우리는 초험적 이성이 그것의 월권을 지지하고자 나타나게 한 변증적[궤변적] 증인들을 심문하는 노고를 하지 않을 수도 있었을 것이다. 무릇 이 증인들의 소청이 모두 확실히 정직한 것일지 모르되, 사실은 절대로 무가치한 것임을 우리는 처음부터 십분 확지하였다. 왜냐하면, 그들의 소청은 인간이 획득할 수 없는 것을 알리는 것이었기 때문이다.

그러나 가장 총명한 사람조차 가상에 의해서 기만을 당하기 때문에 이런 가상의 참 원인의 배후로 들어가지 않는다면 논의는 끝장을 못 낼 것이다. 또 우리의 모든 초험적 인식을 그것의 요소들로 분해함은 (이것은 우리 내부의 자연[변증적 소질]을 연구함을 의미하거니와) 그 자신 적지 않은 가치를 가지며, 게다가 철학자의 의무이기도 하다. 이렇기에 사변적 이성의 전 노력을, 그것이 헛된 것이기는 했지만, 그것의 최초의 원천에 이르기까지 정밀하게 탐구할 필요가 있었다. 그뿐만 아니라 이 경우의 변증적 가상은 그것의 판단으로 보아서
기만적일 뿐더러, 이런 판단에 기울어지는 관심으로 보아서도 매혹적이었고 732

다」라고 한 것과 흡사하다. Hegel은 그의 「대논리학 들어가는 말」에서 「칸트는 보통 생각되어 있듯이, 변증론(Dialektik)을 임의적인 것으로 생각하는 가상을 제거하고 그것을 이성의 필연적 작용이라고 서술함에 의해 변증론을 종래보다 높은 위치에 두었고, 이 점이 그의 최대공적의 하나다」라고 했다.

항상 자연스러웠으며, 모든 미래에 대해서 여전히 그러하겠다. 이 때문에, 이를테면 이 소송 기록을 상세하게 작성하고, 이것을 인간이성의 연보 중에 보관하여 장래의 비슷한 [변증적] 잘못을 막는 데에 참고함이 유익하였다.

II

선험적 방법론

[들어가는 말]

① 사변적인 순수이성의 인식 전체의 총괄을 적어도 우리가 구성하는 한 건 735
축물로 본다면, 나는 다음과 같은 말을 할 수 있다. 즉, 「우리는 선험적 원리론에서 건축물의 건축재료를 통산하였고, 이것이 어떠한 건축을 하는가, 얼마만큼 높고 견고한 건축을 하는가를 결정했던 것이라」고. 이 무렵에 알려진 사실로서 [첫째] 우리가 하늘에라도 닿을 듯한 탑을 그렸건만, 저장되었던 [건축] 재료는 겨우 한 채의 집을 세우기에 족할 정도였고, 그 집의 넓이는 경험의 평지에서 하는 인간 활동에 알맞았으며, 그 집의 높이는 평지를 내다 보기에 충분할 따름이었다는 것이다. [둘째로] 탑을 세우려고 했던 대담한 기도는 재료의 부족 때문에 이미 실패로 돌아갔다는 것이다. 그런 기도에 사용된 언어[1]의 혼란은 말할 필요도 없다. 이 언어의 혼란은 건축 계획에 관해서 노동자들을 서로 분열시키지 않을 수 없었고, 따라서 이들은 세계로 흩어져서 각자가 자기 설계대로 특수한 건축을 세운 일이 있었다.

이제야 우리의 문제는 재료보다도 오히려 설계다. 우리에게 주어져 있는 저장[재료]에 비례하고, 그와 동시에 우리의 요구를 채울 만한 저장에 비례하는 건축물을 설계하는 일이다. 왜냐하면 우리는 우리의 전능력을 다해도 미치지 못하는 무모한 맹목적 설계를 감행하지 않도록 경고를 받았기는 하나 그렇다고 해서 견고한 주택의 건설을 단념할 수는 없기 때문이다.

② 이에 내가 선험적 방법론이라고 하는 것은 순수이성의 완전한 체계를 위
한 형식적 조건들을 규정함을 의미한다. 이런 의도에서 우리는 순수이성의 훈 736
련·규준·건축술·최후로 역사를 다루겠다. 그리고 실용 논리학의 이름 아래서 학교에서 오성 일반의 사용이 연구되었으나 성공하지 못했던 일을 우리는 선험적 견지에서 수행[연구]하겠다. 그러나 일반 논리학은 오성의 특수한 인식(가

---

1) 온땅이 한 언어였고, 한 소리였다. 여기서 사람들은 동쪽에서 와서 Shinar 땅에서 평지를 발견하여 살았다. 그들은 서로 시가와 탑을 세워 탑의 꼭대기가 하늘에 닿도록 하자고 말했다. 주께서 내려와서 시가와 탑을 보셨다. 말씀하기를 「그들의 언어를 혼란케 하고, 서로 통하지 않도록 하리라」고. 주는 드디어 그들을 그 곳에서 온땅으로 흩어지게 하셨기에 그들은 시가를 세우기를 중지했다(구약 창세기 11장 1~8절). 참조. 또 몇 줄 위의 「경험의 평지」 대신 프로레고메나 부록 주에는 「경험의 기름진 저지」라고 했다.

령 오성의 순수한 인식)에 제한되어 있지 않고, 일정한 대상에 제한되어 있지도 않기 때문에, 그것은 지식을 다른 학문에서 빌려옴이 없이 가능한 방법들에 대한 명칭과 각종 학문에 있어서의 체계적 부분에 관해 쓰이는 술어만을 논술하는 데에 그친다. 그리고 학도는 우선 술어의 이름을 외우고 그것의 의미와 용법은 나중에 와서야 배우게 된다.

선험적 방법론

제1장 순수이성의 훈련

① 부정적 판단이 그 논리적 형식에서 뿐만이 아니라 내용적으로도 부정적
737 일 경우에는 인간의 지식욕이 그런 판단을 별로 존경하지 않는다[새 지식을 주지 않기 때문이다]. 뿐더러 우리는 그런 판단을 늘 확장을 추구하는 우리의 인식 충동에 대한 가증스런 적이라고 간주한다. 이런 부정적 판단에 대해서는 관용의 태도를 취하는 것만도 변명을 필요로 하거니와, 그것에 대해서 호의와 존중을 표시하는 것은 더구나 변명이 필요하다.

② 사람은 어떠한 명제라도 그것을 논리적으로는 확실히 부정적으로 표시할 수 있다. 그러나 우리의 인식이 어떤 판단에 의해서 확대되느냐, 제한되느냐, 하는 인식의 내용에 관해서는 부정명제는 오류를 막는 것만이 특별한 소관사다. 이에 잘못된 인식을 막아야 할 부정명제는 오류가 있을 수 없을 경우에도 바른 것이기는 하나, 그러나 역시 무의미한 것이요, 다시 말하면 명제의 목적에 맞지 않다. 바로 이 때문에 부정판단은 가끔 우스운 것이 되기도 한다. 가령 「알렉산더」는 그 군대가 없었던들 어느 나라도 정복할 수 없었을 것이라는 교내 변론가의 명제[발언]와 같은 것이다.

③ 그러나 우리의 가능한 인식에 가해지는 제한은 자못 엄하되, 판단의욕만은 성하며, 당면의 가상은 매우 기만적이고, 오류에서 생기는 불리는 현저하다고 할 경우에는, 단지 우리의 오류를 막는 데에 쓰이는 소극적인 것이 우리의 인식을 증대하는 허다한 적극적인 교시보다도 더 중요한 지시를 하는 것이다.

혹종의 규칙들에 위반하려는 부단의 성벽을 제한하고 드디어 아주 없애버리

는 강제를 훈련이라고 한다. 훈련은 소질의 교양과 구별된다. 교양은 기존의 다른 기능을 그 때문에 제거함이 없이 아직 가지지 않은 기능을 습득케 하는 것이다. 재능은 그 자신 벌써 자기 발휘의 충동을 가지는 것이지만, 이런 재능 738
을 함양하기 위해 훈련의 공헌은 소극적이다. 그러나 교양과 교설의 공헌※은 적극적이다.

※ 학교의 용어에서 훈련이라는 이름이, 지도라는 이름과 같은 뜻으로 보통 쓰이는 것을 나는 잘 안다. 그러나 많은 다른 경우에 있어서 훈련은 훈육으로도 쓰이고, 지도는 지식 교시로도 쓰여서 양자를 조심스레 구별하고, 사물의 본성도 이런 구별에 대해서 각각 적절한 표현을 보존할 것을 요구한다. 하기에 훈련이란 말을 소극적 의미 이외로는 쓰지 않을 것을 나는 요망한다.

④ 기질과 재능은 자유분방의 활동을 (구상력과 기지로서) 감행하기를 좋아하는 것이로되, 이런 것들이 여러 가지 점에서 훈련을 필요로 함은 누구나 쉽사리 인정하겠다. 온갖 다른 심적 활동이 훈련을 받도록 함은 이성의 본분이로되, 이런 이성 자신이 또한 훈련을 필요로 한다고 하면, 이런 주장은 확실히 이상하게 여겨지겠고, 이성은 사실상 이때까지 [훈련을 받는] 굴종을 면해 왔다. 왜냐하면 이성은 엄숙함과 철저한 위용을 갖고서 등장하는 처지에서, 개념 대신에 공상을 가지고서 확실한 진상 대신에 껍질의 말만으로써 경솔한 유희를 하리라고, 아무도 [이성을] 의심할 수는 없었기 때문이다.

⑤ 이성의 경험적 사용에서는 이성의 비판은 전혀 필요하지 않다. 이 경우에는 이성의 원칙은 경험이라는 시금석[표준]에 의해서 늘 검토받기 때문이다. 수학에 있어서도 이성의 비판은 마찬가지로 필요하지 않다. 수학에서는 이성 739
의 개념은 곧 구체적으로 순수직관 중에 표시되어야 하고, 이를 통해서 기초를 결한 것·자의적인 모든 것은 당장에 알려지게 된다. 그러나 경험적 직관과 순수 직관이 이성을 명백한 궤도 중에 보존하지 않을 경우에는, 즉 한갓 개념에 의해서 이성을 선험적으로 사용할 경우에는, 가능한 경험이라는 좁은 한계를 넘어서 자기를 확장하고 싶어 하는 성벽을 억제하여, 자기를 방자와 오류에 빠지게 하지 않기 위한 훈련이 이성에게 자못 필요하다. 이 때문에 순수이성의 전 철학도 오로지 이 소극적 효용을 문제로 삼는 바다. 개개의 미망은 검열을

통해서, 오류의 원인은 「비판」을 통해서 제거될 수가 있다. 그러나 순수이성에서처럼 서로 잘 연결되고, 공통원리 아래에 결합된 기만과 환영의 전 체계에 마주치고 있을 경우에는, 전혀 독특하고 참으로 소극적인 입법이 요구될 성싶다. 이 소극적 입법은 훈련의 이름 아래서 이성의 본성에서 또 그것의 순수사용의 대상의 본성에서, 말하자면 「경계와 자기검토」의 체계를 마련한 것이요, 이 체계 앞에서는 어떠한 궤변적 가상도 존립할 수 없고, 아무리 근거들을 쌓아서 변해를 하더라도 정체를 폭로하지 않을 수 없다.

⑥ 그러나 십분 주의해야 할 것은 선험적 비판의 제2부문[방법론]에서 내가
740 순수이성의 훈련이라고 할 때에 그것은 순수이성에 의한 인식의 내용에 향해 있는 것이 아니라, 그런 인식의 「방법」에 향하여 있다는 것이다. 전자에 관한 논의는 원리론에서 이미 하였다. 그러나 이성의 사용은 그것이 어떠한 대상에 적용되더라도 매우 유사한 점을 갖고 있다. 그러하되 동시에 그것이 선험적이어야 하는 한에서는, 모든 다른 사용과는 본질적으로 다르다. 그러하기에 특히 선험적 사용을 위한 훈련에 고나한 경고적인 소극적 교설이 없다면 오류는 막아질 수가 없다. 이 오류는, 다른 경우에는 이성에 적합하되 이 [선험적 사용의] 경우에는 이성에 부적합한 방법에, 부당하게 따르는 데서 반드시 생기는 것이다.

제1장

제1절 독단적 사용을 할 무렵의 순수이성의 훈련

① 수학은 경험의 힘을 빌림이 없이 자력으로 자기의 확장에 성공하고 있는 순수이성의 가장 빛나는 실례를 보이고 있다. 실례는 전염적이다. [수학의] 경우에 주어진 것과 동일한 행운을 다른 경우[철학]에도 얻어진다고, 저절로 자부하게 되는 이성능력에 대해서 실례는 더구나 전염적이다. 따라서 순수이성은, 만일 수학에서 그다지도 유효했던 것과 같은 방법을, 특히 이성의 선험적
741 사용에 적용한다면, 수학적 사용에서 성공했던 것과 마찬가지로 선험적[철학적] 사용에 있어서도 성공적이요, 근본적인 자기 영역의 확장을 할 수 있다고 기대한다. 이에, 수학에서 수학적이라고 불려져서 절대필연의 확실성에 도달하는 방법이, 철학에서도 역시 확실성을 구하는 방법과 동일하냐, 즉 철학에서 독단

적[주장적]이라고 하는 방법과 동일하냐, 이것의 여부를 아는 것은 우리에게 자못 중요한 일이다.

② 철학적 인식은 개념에 의한 이성의 인식이요, 수학적 인식은 개념의 구성에 의한 이성의 인식이다. 개념을 구성한다는 말은 개념에 대응하는 직관을 선천적으로 그려낸다는 뜻이다. 개념을 구성하자면, 따라서 비경험적 직관을 필요로 한다. 그러므로 이런 직관은 직관으로서는 개별적 객관이지만, 그럼에도 불구하고 개념(보편적표상)의 구성으로서는 이 개념에 포괄되는 모든 가능한 직관에 대한 보편타당성을, 표상에서 표현해야 한다. 가령 삼각형을 구성한다고 하자. 이때 나는 삼각형이라는 개념에 대응하는 대상을 한갓 구상에 의해서 순수직관 중에서 구성하거나, 혹은 그렇게 한 뒤에 종이 위에 경험적 직관으로도 구성하거나 하는 것에 의하거니와, 그 어느 경우에도 그것을 위해서 어떤 경험에서 [삼각형의] 표본을 빌려오는 것이 아니고, 전혀 선천적으로 그려내야 한다. 그려진 개별의 도형은 경험적이나, 그럼에도 불구하고 그것은 개념의 보편성을 훼손함이 없이 개념을 표시하는 것이다. 왜냐하면, 이 경험적 직관에 742
있어서는 크기·갓·모와 같은 많은 규정과는 전혀 무관계한 「개념 구성의 작용」만이 항상 주시되고, 그러므로 삼각형의 개념을 변화시키지 않는 이러한 차이성은 도외시되기 때문이다.

③ 이에 철학적 인식은 특수를 보편에서만 고찰하고, 수학적인 인식은 보편을 특수에서 아니, 개별에서도 고찰한다. 그러나 역시 선천적으로 이성에 의해서 고찰한다. 그러므로 이러한 개별은 「구성」의 어떤 보편적 조건에 의해서 규정되어 있는 동시에, 개별은 단지 도식으로서 개념에 대응해 있기에, 이 개념의 대상도 보편적으로 규정되어 있다고 생각되어야 한다.

④ 하기에 이 두 종류의 이성인식의 본질적 차이는 이러한 형식 중에 있고, 각자의 질료 혹은 대상의 차이에 기인하지 않는다. 철학과 수학을 구별하는 데에 철학은 한갓 질을 대상으로 삼으나, 수학은 단지 양만을 대상으로 삼는다고 함에서 구별했다고 억측하는 사람들은, 결과를 원인으로 생각한 사람들이다. 수학적 인식의 형식이 원인이 되어 수학적 인식은 오로지 「양」에만 상관할 수 있다. 무릇 「양」의 개념만이 구성될 수 있고, 선천적으로 직관 중에 현시될 수 743
있되, 「질」은 경험적 직관에서만 현시될 수 있다. 이 때문에 「질」에 관한 이성

인식은 [구성에 의하지 않고] 개념에 의해서만 가능할 수 있다.

사람은 실재성의 개념에 대응하는 직관을 경험에서만 얻을 수 있다. 누구도 선천적으로 자기 자신에서 직관을 얻을 수 없다. 즉, 경험적 의식에 앞서서 직관에 참여할 수 없다. 경험의 힘을 빌리지 않아도, 원추형의 형태를 개념에 준해서 직관화할 수 있다. 그러나 원추면의 빛깔은 어느 경험에서건 먼저 주어져 있어야 할 것이다. 일반적으로 원인 개념을 직관 중에서 현시하자면 경험이 나에게 주는 실례에 의거해야 한다, 등등.

뿐더러 철학도 수학과 마찬가지로 양을 다룬다. 전체성·무한성과 같은 것이다. 수학도 서로 다른 성질의 공간으로서의 선과 면의 차이와, 공간의 성질로서의 연장의 연속성을 다룬다. 이런 경우에는 철학과 수학이 공통적으로 대상을 [질을] 가지는 것이 된다. 그러나 이성에 의해서 그런 것을 다루는 방식은 철학적 고찰과 수학적 고찰이 역시 다르다. 철학적 고찰이 단지 보편적「개념」에 의뢰함에 대해서 수학적 고찰은 개념만으로써는 아무 일도 할 수 없고, 곧 직관으로 나가서 개념을 직관 중에서 구체적으로 고찰한다. 그러나마 역시 경
744 험적으로 고찰하는 것이 아니고, 수학적 고찰이 선천적으로 현시하는 직관에서, 다시 말하면「구성」한 직관에서 고찰한다. 그리고 이런 직관에 있어서는 구성의 보편적 조건에서 생긴 것은 구성된 개념의 객관에 대해서도 보편적으로 타당하여야 한다.

⑤ 철학자에게 삼각형이라는 개념을 주어서 삼각형의 각의 총화가 직각에 대해서 어떠한 관계를 갖는가를 철학적 방식에서 발견하게 하라. 그가 갖는 것은 세 직선에 싸인 도형이라는 개념과, 이 도형에서와 꼭 같은 수의 세 모라는 개념뿐이다. 그가 이제 이 개념을 아무리 오랫동안 추고한다고 해도 하등의 새 것도 가져오지 않을 것이다. 그는 직선·모 혹은 셋이라는 수의 개념을 분석하여 명백하게 할 수는 있으나 그러나 이런 개념들에 전혀 포함되어 있지 않은 새 성질에 도달할 수는 없다. 하지만, 기하학자가 이 문제를 다룬다고 하자. 이는 곧 하나의 삼각형을 구성하기 시작한다. 두 직각을 합한 것이, 한 직선상의 한 점에서 그어질 수 있는 모든 접각의 합과 같은 것을 알고 있기 때문에, 이는 삼각형의 한 변을 연장하여 서로 보각이 되는 두 접각을 얻는다. 여기에 기하학자는 삼각형의 대변과 평행하는 한 직선을 그어서 이 두 모 중의 외각

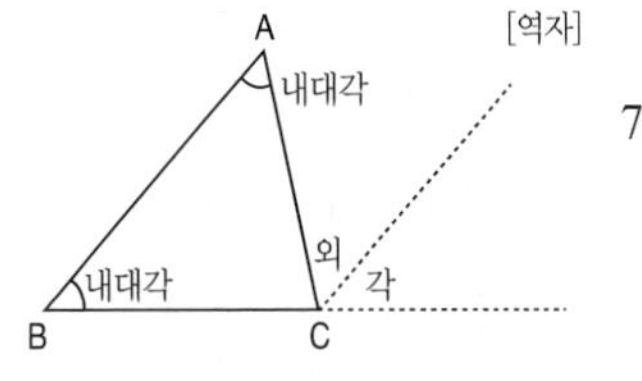

을 분할하여, 내대각과 같은 외접각이 생기는
것을 본다. 이래서 그는 추리의 연쇄에 의해서, 745
그러면서도 항상 직관의 인도를 받아 문제를 아주 명백하게 또 보편적으로 [타당하게] 해결하기에 이른다.

⑥ 허나, 수학은 기하학에서처럼 외연량을 구성할 뿐만이 아니라, 대수학에서처럼 순수한 양[수량]도 구성한다. 후자의 경우에는 수학은 이런 「양」 개념에 좇아서 생각되는 대상의 성질을 모두 도외시한다. 그러한 뒤에 대수학은 순수한 양 일반(수)의 각종 구성—가령 덧셈·뺄셈 등[1]과 개평법—을 표시하는 어떤 기호를 선택한다. 이래서 양의 일반적 개념이 양의 각종 관계에 좇아서 기호화된 뒤에 양을 산출하고, 변화시키는 일체의 조작을 어떤 보편적 규칙에 의해 직관 중에 표시한다. 한 양이 다른 양에 의해서 제해져야 할 때에는, 이런 양편의 「양」을 표시하는 문자들을 나눗셈의 기호 형식으로써 결합한다, 등등. 이에 대수학은 기하학이 (대상 지신을) 명시적으로, 즉 기하학적으로 구성하는 것처럼, 기호를 구성함에 의해서 성공한다. 그러나 한갓 개념에 의하는 [철학의] 논증적 인식은 그와 같은 성공에 도달할 수가 없다.

⑦ 둘이 다 이성기술자이면서, 한쪽[철학자]은 개념에 따르는 길을 취하고 다른 쪽[수학자]은 개념에 합치하여 선천적으로 현시하는 직관에 따르는 길을 취
하거니와, 이런 서로 다른 처지의 원인은 무엇일 것인가? 앞서 논술한 선험적 746
원리론에 의해서 이 원인은 명백하다. 여기서 문제가 된 것은 개념을 그저 분석함에 의해서 생겨질 수 있는 분석적 명제가 아니었다(분석적 명제에 있어서는 철학자는 그의 경쟁자에 대해서 유리함은 의심할 것이 없겠다). 그것은 종합적 명제였고 그러면서도 선천적으로 인식될 종합적 명제였다. 무릇 나는 삼각형이라는 나의 개념 중에서 실지로 생각하는 것을(이것은 한갓 정의 이상의 아무런 것도 아니되) 노릴 것이 아니라, 그 개념을 넘어서서 이 개념 중에는 없지만, 이 개념에 속하는 성질들에 도달해야 한다. 그런데 이처럼 넘어서는 일은 나의 대상을 경험적 직관의 조건에 의해서 규정하거나, 혹은 순수직관의 조건에 의해서 규

1) 제곱근을 셈하는 법을 개평법이라 한다. 보기: $\sqrt{625} = 25$

정하거나, 이 둘 중의 어느 것이 아니라면 불가능하다. 전자의 방식은, (삼각형의 「모」들을 측정함에 의해서) 경험적인 명제만을 주겠고, 이런 명제는 보편성을 포함하지 않으며, 더구나 필연성을 포함하지는 않는다. 따라서 그런 명제는 전혀 문제가 되지 않는다. 후자의 방식은 바로 수학적 구성이요, 자세히 말하면 여기서는 기하학적 구성이다. 이런 「구성」을 매개로 하면, 나는 순수직관에 있어서 마치 경험적 직관에 있어서와 같이 삼각형 일반의 도식에 속하는, 따라서 삼각형의 개념에 속하는, 각종 성질을 보태는 바이다. 이 때문에 물론 보편적인 종합명제가 구성(인식)되지 않을 수 없을 것이다.

⑧ 이에 삼각형을 철학적으로 사고한다는 것, 즉 삼각형을 추리적으로 사고
747 한다는 것은 헛수고가 되겠다. 삼각형에 관한 철학적 사고에서 나는 조금도 정의 이상으로 나아갈 수가 없으나, 정의에서 출발해야 하는 것이 옳겠다. 확실히 단지 개념에 의하는 선험적 종합이 있고, 철학자만이 또한 이런 종합에 성공한다. 그러나 이런 선험적 종합은[개별의 현상에 직접 상관하지 않고] 사물일반에만 관계하고, 이런 선험적 종합의 조건 아래서 사물의 지각이 「가능한 경험」에 속할 수 있는 바이다. 수학의 과제에 있어서는 이런 조건이 문제되지 않는다. 그것은 일반적으로 실재를 문제로 삼지 않는다. 그것은, 대상[1] 자체의 성질이 대상의 개념과 결합해 있는 한에서 대상 자체의 성질을 다루는 것이다.

⑨ 우리는 앞서 든 실례에서 개념에 따른 추리적인 이성사용[철학]과 「개념의 구성」에 의한 직관적인 이성사용[수학] 간에 보이는 커다란 차이를 밝히려고 했다. 그런데 여기서 저절로 문제되는 것은, 이와 같은 이중의 이성사용을 필연적이게 하는 원인이 무엇인가, 그리고 첫째의 철학적 이성사용만이 성립하느냐, 혹은 둘째의 이성사용도 성립하느냐, 하는 것을 인식하게 할 수 있는 조건이 무엇인가 하는 것이다.

⑩ 우리의 전 인식은 결국 가능한 직관에 관계한다. 직관에 의해서만 대상이 주어지기 때문이다. 그런데 선천적인 개념(비경험적 개념)은 원래 이미 순수직관을 포함하거나 혹은 선천적으로는 주어져 있지 않은 「가능한 직관들의 종합」만을 포함하거나 그 어느 것이다. 전자의 경우에 개념은 구성될 수 있다.

1) 이 Gegenstand an sich selbst(대상 자체 그것)는 소위 「물자체」가 아니다.

후자의 경우에는 사람은 개념에 의해서 종합적·선천적으로 판단할 수 있으나, 748
그러나 개념에 의해서 「추리적」으로만 판단할 수 있고, 개념의 구성을 통해서 직관적으로 판단할 수는 없다.

⑪ 그런데 모든 직관 중에서 현상의 형식인 시공만이 선천적으로 주어져 있다. 「양」으로서의 시공 개념(관념)은 두 가지 방식에서 선천적으로 직관 중에 표시된다. 즉, 구성된다. 하나는 현상의 질(현상의 형태)에 의해서 동시에 표시되는 것이요, 또 하나는 현상의 한갓 양(동종적인 다양의 한갓된 종합)이 수에 의해서 표시되는 것이다. 그런데 시공 중의 사물들이 우리에게 주어지도록 하는 「현상의 질료」는 지각 중에서만 있다. 즉, 후천적으로만 표상될 수 있다. 현상의 이 경험적 내용을 선천적으로 표상하는 유일한 개념이 「사물 일반」의 개념이되, 사물 일반의 선천적·종합적 인식은 지각이 후천적으로 줄 수 있는 것을 종합하는 규칙만을 줄 수 있고, 결코 실재하는 대상의 직관을 선천적으로 줄 수는 없다. 실재하는 대상의 직관은 필연적으로 경험적이어야 하기 때문이다.

⑫ 사물 일반의 선천적인 직관은 전혀 주어지지 않지만, 이런 사물 일반에 관계하는 종합적 명제는 선험적이다. 따라서 선험적 명제는 결코 개념의 구성
에 의해서 주어지지 않고 선천적 개념에 의해서만 주어진다. 선험적 명제는 선 749
천적 직관에 표상될 수 없는 것(지각)의 어떤 종합적 통일을 경험적으로 구하기 위한 규칙만을 포함한다. 그러나 선험적 명제는 그 명제가 갖고 있는 한 개념이라도 어느 경우에건 선천적으로 표시할 수 없고, 후천적으로만 표시할 수 있다. 즉, 종합적 원칙에 의해서 비로소 가능하게 되는 경험을 매개로 해서 표시할 수 있다.

⑬ 한 개념에 관해서 종합적으로 판단해야 할 때에는 우리는 이 개념의 바깥으로 나가야 한다. 자세히 말하면 이 개념이 주어져 있는 직관으로 나가야 한다. 대저 개념 안에 포함되어 있는 것에 머물러 있으면 판단은 단지 분석적이요, 개념 중 사실로 포함되어 있는 것에 준해 사상을 설명한 것이다. 그러나 나는 개념을 직관 중에서 구체적으로 고찰하고 개념의 대상에 귀속하는 것을 선천적으로나 후천적으로 인식하기 위해서, 개념에서 그 개념에 대응하는 순수직관 또는 경험적 직관으로 진행할 수 있다. 순수직관으로 진행하여 선천적 인식을 하는 것이 개념의 「구성」을 통해 이성적·수학적 인식이다. 경험적 직

관으로 진행하여 후천적 인식을 하는 것이 한갓 경험적(기계적) 인식이요, 이것은 결코 「필연적이요, 절대확실한」 명제를 줄 수가 없다.

가령, 내가 황금이라는 경험적 개념을 「분석」하더라도 그것에 의해서 내가
이 말에서 현재 「생각」하고 있는 일체를 매거할 수 있을 뿐, 그 이상의 것을
얻음이 없고, 이로 인해 나의 인식은 확실히 [귀납] 논리적으로 수정받기는 하
되, [인식의 내용이] 증가하거나 추가되지는 않는다. 그러나 황금이라는 이름으
로 불리는 물질에 취해서 이것에 관해 많은 지각을 한다면, 이 지각은 나에게
750 각종의 종합적이면서도 경험적인 명제를 줄 것이다. 삼각형이라는 수학적 개
념에 관해서는 내가 그것을 「구성」함으로써, 다시 말하면 선천적인 직관 중에
줌으로써 나는 종합적·이성적인 인식을 얻는다. 그러나 실재성·실체·힘 등의
선험적 개념이 나에게 주어져 있을 때에는 이런 선험적 개념은 경험적 직관을
표시하는 것도 또 순수직관을 표시하는 것도 아니요, 경험적 직관(이것은 따라
서 선천적으로 주어져 있을 수는 없다)들의 종합[결합]을 표시하는 것이다. 하기에
이런 선험적 개념에서 생길 수 있는 것은 한정하는 종합적 명제들이 아니라
가능한 「경험적 직관」들의 종합 원칙※이다. [선험적 개념에 의한] 종합은, [경험
의 힘을 빌리지 않는 한에서] 개념에 대응하는 직관으로, 선천적으로 나아갈 수
없기 때문이다. 이에 선험적 명제는, 한갓 개념에 준한 이성의 종합적인 인식
이요, 따라서 추리적이다. 왜냐하면, 경험적 인식의 종합적 통일은 모두 [이성
의] 선험적 명제에 의해서 비로소 가능하게 되고, 이것에 의해서 직관이 선천
적으로 주어지지는 않기 때문이다.

※ 내가 원인 개념에 의해서 주어진 것(즉, 그 어떤 것의 발생)이라는 경험적 개념의 외부에 사실 나가기는 하되, 내가 도달하는 것은 원인-개념을 구체적으로 표시하는 직관이 아니라, 원인-개념에 적합해서 경험 중에 발견될 수 있는 시간적 조건 일반이다. 그러므로 나는 단지 개념에 따른 방법을 취하고, 개념의 「구성」에 의하는 방법을 취할 수 없다. 원인-개념은 지각을 종합하는 규칙이나, 이 지각은 순수직관이 아니요, 따라서 선천적으로 주어지는 것이 아니기 때문이다.

751 ⑭ 이래서 이성의 이중사용이 있게 된다. 이런 이중의 이성사용은 인식이

보편성을 갖는 것, 선천적으로 산출되는 점은 공통적임에도 불구하고 이성이 쓰이는 과정이 매우 다르다. 그러면서도 이런 까닭은 우리에게 모든 대상을 주는 현상에는 직관의 형식(공간과 시간)과 질료(물적인 것) 혹은 내용이라는 두 가지 요소가 있고, 전자는 전혀 선천적으로 인식될 수 있고 규정될 수 있으나, 후자는 시공 중에 보이는 「그 어떤 것」을 의미하고 따라서 실재를 포함하며 또 감각에 대응하는 것에 의하는 데에 있다. 내용은 경험적으로 주어질 수 있는 이외에는 결코 명확히 주어질 수는 없기 때문에, 이것에 관해서 우리가 선천적으로 가질 수 있는 것은 (가능한 경험에 있어서의) 통각의 통일에 속하는 한의 「가능한 감각들의 종합」이라는 미정 [막연한] 개념뿐이다. [직관의] 형식에 관해서는 우리는 우리의 개념을 직관에서 선천적으로 규정할 수 있다. 왜냐하면 우리는 (개념의) 대상들을 한갓 분량으로 봄으로써, 시공에 있어서 이런 대상들 자체를 동형적인 종합에 의해서 만들어 내기 때문이다.

[하나의] 이성사용은 개념에 준한 이성사용이라고 칭한다. 이런 이성사용에서 우리는 현상을 그것의 실재적 내용에 따라서 개념으로 포섭하는 일만을 할 수 있고, 현상은 이 때문에 경험적으로만, 즉 후천적으로만 (그러나 경험적 종합의 규칙으로서의 개념에 일치해서) 규정될 수 있다. 또 하나의 이성사용은 「개념의 구성」에 의한 이성사용이다. 여기서는 개념은 이미 선천적 직관에 관계하고, 바로 그런 까닭에서 아무런 경험적 여건을 필요로 하지 않으며, 선천적인 순수직관에서 규정되어 주어질 수가 있다. 752

일체의 현존하는 것(공간·시간 중의 사물)에 관해서, [1] 그것이 양이냐 아니냐, 또 어느 정도의 양이냐, [2] 이런 사물이 존재한다고 생각되어야 하느냐 혹은 아무것도 없다고 생각되어야 하느냐, [3] (시공을 채워있는) 그 어떤 것이 어느 정도까지 최초의 기체인가 혹은 이것의 한갓 규정[속성]인가, [4] 그 어떤 것의 실재가 다른 어떤 것에 대해 관계하는 것은 원인으로서인가, 혹은 결과로서인가, [5] 최후로 그것은 실재로서 고립하는 것인가 혹은 다른 것과 상호의존의 관계에 있는가 하는 것 등을 고찰하고 또 현존의 가능성·현실성·필연성 혹은 이런 것들의 반대를 고찰한다—이런 모든 고찰은 개념에 의해서 하는 이성인식에 속하고 철학적 인식이라고 한다. 이와 반대로 공간에 있어서는 선천적 직관을 규정하고(형태), 시간을 분할하며 (긴 혹은 짧은 지속), 혹은 시공 중의 동일한 것[단위]의 종합에 있어서의 한갓 보편적인 것과, 이런 종합에서 생기는 직관일반의 양, 즉 수를 인식하는 것— 이런 일들은 개념의 구성을 통한 이성활동이요, 수학적 인식이라고 한다.

⑮ 이성이 수학에서 거둔 큰 성공은, 수학 자신이 아니나, 수학적 방법만은 양의 분야 이외에서도 성공하겠다는 예기를 저절로 일으킨다. 이성은 [수학적
753 방법에서는] 자신이 선천적으로 줄 수 있는 개념을 직관으로 가져오고 이래서 이를테면 자연의 지배자가 되기 때문이다. 이와 반대로 순수 철학은 선천적으로 「추리된」 개념으로써 자연에 손을 내밀기는 하나, 이런 개념의 실재성을 선천적으로 직관화함에 의해서 그것을 확증할 수는 없다. 수학의 대가들도 이런 확증의 기술에서 자신이 있는 듯이 하고, 사회도 수학자가 이런 [일에] 종사하기만 하면 숙련을 보인다는 기대가 없지 않다. [그러나 실은] 수학자는 수학에 관해서 철학적 사색을 거의 하지 않았기(철학적 사색은 그에게 어려운 일이다) 때문에 이중의 이성사용 간에 있는 특수한 차이에 착상하지 않는다. 이렇게 보면 수학자에게 타당한 것은 [그들의] 공리 대신에 유행된 경험적으로 사용되어 온 규칙이요, 이것은 수학자가 「상식」에서 빌려온 것이다. 수학자가 (유일의 근원적인 「양」으로서) 다루는 시공의 개념[관념]은 어디서 유래할 것인가, 이런 것에 대해서 수학자는 관심이 집중하지 않는다. 마찬가지로 「오성의 순수한 개념」의 근원을 탐구하여 그것의 타당범위를 명백하게 하는 것은 무익한 것으로 여겨지고, 수학자는 오성의 순수한 개념을 사용하기만 하면 그만이다. 모든 사정이 이렇다 해도, 수학자가 자기에게 지정된 한계를 지키기만 하면, 즉 자연이라는 한계를 넘지 않기만 하면 그는 아주 정당하다. 그러나 그는 부지불식간에 감성의 분야로부터 순수하고 선험적이기도 한 개념이라는 「불안
754 정된 땅」으로 들어간다. 이런 땅(발을 디딜 수 없는 땅·헤엄칠 수 없는 홍수)에 수학자가 서는 것도 헤엄치는 것도 허용되지 않아서, 오직 슬금슬금 걷게 될 뿐이되, 시간이 지나감에 따라 이런 걸음의 흔적조차 보존되지 않는다. 그러나 「수학 내에서」의 수학자의 걸음은 훌륭한 대로가 되고 후대 사람들도 신뢰해서 그 대로를 걸을 수 있다.

⑯ 우리는 순수이성의 선험적 사용의 한계를 정밀·확실하게 규정하는 것을 의무로 삼았다. 그러나 순수이성의 노력은 아주 힘차고 절실한 경고에도 불구

하고 여전히 자기의 기대에 끌려서, 경험의 한계를 넘어 지성적인 것이라는 매혹적 영역에 들어가려는 계획을 포기하지 않는 특수성을 지닌다. 그러므로 공상적 기대의, 이를테면 최후의 거점을 제거하여 수학적 방법을 준수함은 [초험적] 종류의 인식에 있어서는—방법 자신의 약점을 더욱더 명백히 폭로한다는 것을 제외하고는—조금도 유익함이 없다는 것을 표시할 필요가 있다. 또 측정술[수학]과 철학은 자연과학에서는 서로 손을 잡지만, 양자는 서로 다른 것이어서 한쪽 방법을 다른 방법이 모방할 수 없다는 것을 표시할 필요가 있다.

⑰ 수학의 철저성은 정의·공리·증명 [등]에 의거한다. 이것들을 그 어느 것이나 수학자가 취하는 의미에서 철학이 수행할 수 없고, 모방할 수도 없다는 것을 말함으로써 나는 만족하겠다. [1] 기하학자가 그의 방법을 좇아서 철학에 755
서 이룩하는 것은 공중누각임에 틀림없고, [2] 철학의 본령이 수학자의 한계를 아는 데에 있다고 하더라도, 철학자가 자기의 방법에 의해서 수학에 개입한다면 단지 잡담을 성하게 할 수 있을 뿐이며, [3] 수학자라도 그의 재능이 날 때부터 벌써 한정되어 있지 않고 자기의 전문에 제한되어 있지 않다면, 철학의 경고를 거부할 수 없으며 무시할 수도 없다. 이런 점을 표시함에서 나는 만족하겠다.1)

1. 정의 정의한다는 것은 이 말 자신이 표시하듯이, 원래 한 사물의 면밀한 개념을 그것의 한계 내에서 근원적으로 명시한다※는 뜻이다.

※ 면밀하다 함은 개념의 표징이 「명석하고 충분하다」는 뜻이다. 한계는, 표징이 면밀한 개념으로 되는 데 필요한 것 이상의 것이 되지 않는 엄밀성을 의미한다. 근원적은 이 한계 규정이 다른 곳에서 나오지 않았다는 것, 따라서 다시 증명할 필요가 없겠다는 것을 의미한다. 다시 증명이 필요하다는 것은 가짜의 설명으로 하여금 대상에 관한 모든 판단의 선두에 설 수 없도록 하는 것을 의미하겠다.

이러한 요구에 따르면, [첫째로] 경험적 개념을 [우리는] 정의할 수가 없고, 그저 해석할 수 있을 뿐이다. 무릇 우리는 경험적 개념에 있어서 감관의 어떤

1) ⑮ ⑯ ⑰은 철학과 수학의 차이를 지적한 대목들이다.

대상의 몇 가지 표징만을 가지므로, 동일한 대상을 표시하는 말에 의해서 우리가 어떤 때는 비교적 많은 표징을, 또 어떤 때는 비교적 적은 표징을 생각함은 확실하다. 가령 어떤 사람은 황금의 개념에서 무게·빛·강인성 외에 녹슬지 않는다는 성질을 생각할지 모르나, 다른 사람은 아마 이런 특징들을 전혀 모를 수도 있다. 어떤 특징들은 그것들을 구별하기에 유용한 한해서만 쓰인다. 이에
756 대해서 새 관찰은 이런 표징을 버리도록 하고 다른 약간의 표징을 보탠다. 이에 그 개념은 일정한 한계 내에 있지 않다. 이런 개념을 정의하는 것은 아무런 소용도 없다. 가령 물과 「물의 성질」이 문제일 때, 사람은 물이라는 말로 생각되는 것에만 머물러 있지 않고, 실험적 관찰로 나아가고, 따라서 물이라는 말은 그것에 속하는 몇 가지 표정으로써 그것의 부호를 표시할 뿐이며, 사물의 「개념」을 표시하지는 않는다. 하기에 자칭 「정의」는 사실은 말의 규정임에 틀림없다.

둘째로, 엄밀히 말해서 우리는 선천적으로 주어진 개념을—실체·원인·권리·정당 같은 개념을— 정의할 수가 없다. (아직 불명하게) 주어진 개념에 관한 명석한 표상의 면밀한 전개 여부는, 이 표상이 대상과 십분 합치함을 아는 때가 아니고서는 나에게 확실하지 않기 때문이다. 그러나 대상의 개념이 주어져 있는 그대로는 그것은 많은 불명한 표상을 포함할 수 있고, 이런 표상을 우리가 개념을 적용할 때에 항상 사용하되, 개념을 분석함에 있어서는 간과한다. 이 때
757 문에 개념의 분석이 「면밀」하냐 하는 것은 항상 의심스럽고, 따라서 면밀성은 이따금 적합한 실례에 의해서 억측적으로만 확실하고, 절대필연적으로 확실하지는 않다. 나는 정의란 말 대신에 해명이라는 말을 쓰겠다. 해명이란 말은 좀 신중한 것이고, 이 말에 있어서 「비판철학도」는 어느 정도까지 [개념의] 분석을 승인하되, 그것의 「면밀성」에 관해서는 아직도 위구를 가질 수 있다. 이에, 경험적으로 주어진 개념도 선천적으로 주어진 개념도 다 정의할 수가 없다.

그러므로 남은 것은 임의로 생각된 개념뿐이다. 이런 개념에 대해서는 정의의 기술을 시험할 수 있고, 이 경우의 나는 개념을 언제나 정의할 수 있다. 나는 자기가 생각하려고 한 것을 알고 있기 때문이다. 왜냐하면 그런 [임의의] 개념 자신은 내가 고의로 만들어 낸 것이요, 오성의 본성에 의해서도 경험에 의해서도 주어진 것이 아니기 때문이다. 그러나 그로 인해서 내가 진정한 대상을

정의했다고 말할 수는 없다. 무릇 개념이 가령 배의 크로노메터[경도 측정에 쓰이는 시계]처럼 경험적 조건에 기본 한다면, 대상과 그 가능성은 이런 임의의 개념에 의해서 주어질 수가 없다. 나는 이 때문에 그 개념이 도대체 대상을 가지는가조차도 모르고, 나의 「설명」은 대상의 「정의」라기보다도 (내 계획의) 표명이라고 하는 것이 더 좋은 것이 될 것이다.

이에 정의에 쓰이는 개념으로는 선천적으로 「구성」될 수 있는 「임의의 종합」을 포함하는 개념만이 남아 있다. 따라서 수학만이 정의를 가질 수 있다. 수학은 그것이 생각하는 대상을 선천적으로도 직관에 표시하되, 대상에 포함되는 것은 개념보다도 많지도 적지도 않다. 왜냐하면 대상의 개념이 설명에 의해서 근원적으로 주어졌고, 설명을 다른 곳에서 인도함이 없기 때문이다. 758

해명·석명·표명·정의 등의 각종 말에 대해서 독일어는 「설명」(Erklärung)이라는 한 말만을 갖는다. 그러므로 우리가 철학에서의 「설명」에 대해서 「정의」라는 존칭을 거부하기는 했으나, 이러한 요구의 엄밀성을 완화해야 하겠다. 그리고 우리는 [이때까지의] 전 주의를 다음의 점으로 제한하고자 한다.

즉, 철학상의 정의는 단지 주어진 개념의 「해명」이되, 수학상의 정의는 「근원적으로」 우리가 만든 개념의 「구성」이다. 전자는 분석을 (그것의 완전성은 절대 필연적으로 확실하지는 않되) 통해서 분석적으로만 성립하나, 후자는 종합적으로 성립하고, 따라서 개념을 자신이 만든다. 이것과 반대로 전자는 개념을 설명할 뿐이다. 이래서 다음의 말이 생긴다.

(a) 철학에서는 수학을 모방해서 정의에서 출발해서는 안 된다. 그러나 단지 시험적으로 정의를 세워보는 것은 별문제다. [시험적으로 정의를 내려보면] 철학은 주어진 개념들의 분석이기 때문에, 이런 개념들은 혼란된 것이기는 하되 정의에 선행하고 있다. 즉, 불완전한 해명이 완전한 해명에 선행하여 있는 셈이다. 그 결과로 우리는 완전한 해명으로, 즉 정의에 도달하기에 앞서, 아직 759
미완의 분석으로부터 나온 약간의 표징에서 미리 많은 것을 추리할 수 있다. 한마디로 말하면, 철학에서 정의※란 완전히 측정된 「명석성」으로서, 일에 착수하는 것이기보다도 일에 끝맺어야 하는 것이다. 이것과 반대로 수학에서는 우리는 정의에 앞서서 어떠한 개념도 가지지 않는다. 개념의 정의에 의해서 비로소 주어지고, 따라서 수학은 정의에서 출발해야 하고 또 출발할 수 있다.

759 ※ 철학에는 부정확한 정의가 들끓고 있다. 그리고 이런 정의는 정의의 요소들을 사실 포함하고는 있으나, 완전히 포함하고 있지는 않다. 우리가 개념을 「정의」하기 이전까지 개념을 사용할 수가 없다면, 모든 철학적 사색은 불리한 사정 중에 있겠다. 그러나 (분석된) 요소가 도달할 수 있는 한에서는, 항상 그런 요소를 적당히 또 안전히 사용할 수 있기 때문에, 불안전한 정의라도, 즉 진정으로는 아직 정의가 아니지만, 진실이라서 정의에 가까운」 명제라도, 매우 유용하게 쓰일 수 있다. 정의는 수학에서는 존재를 위해서 필요하고(따라서 필연적이고), 철학에서는 [현재] 보다 나은 존재를 위하여 필요하다(따라서 정의는 늘 희망적이다). 정의에 도달하는 일은 아름다우나, 가끔 매우 어렵기도 하다. 법학자는 지금도 법 개념의 정의를 구하고 있다.

(b) 수학적 정의는 오류가 있을 수 없다. 그것의 개념은 정의에 의해서 비로소 주어지기 때문에, 개념은 정의가 개념에 의해서 생각했던 것만을 포함한다. 개념의 내용상으로 아무런 부정이 있을 수 없다 하더라도 형식(언어상의 표현)에 있어서, 즉 엄밀성에 관해서 이따금 그러나 매우 드물게만 오류가 있을 수 있다. 가령 「원둘레 [개념]는 그것의 모든 점이 어떤 한 점(중심)에서 같은
760 거리에 있는 곡선이다」라고 하는 원둘레에 관한 보통의 설명은 쓸데없이 곡이라는 규정이 들어 있는 점에서 오류가 있다. 왜냐하면 이 정의에서 추리되고 쉽게 증명되는 정리, 즉 「모든 점이 어떤 한 점에서 같은 거리에 있는 선은 어느 것이나 곡선이다(그 어떤 부분도 직선이 아니다)라는 특수 정리가 있어야 하기 때문이다. 이에 반해서 분석적[철학적] 정의는 각종의 오류를 범할 수 있다. 즉, 그것이 개념 중에 사실로 없는 표징을 받아들임에 의해서 혹은 정의의 본질이 되는 면밀성을 결함에 의해서 오류에 빠질 수 있다. 왜냐하면 분석의 완전성을 우리가 확실할 수 없기 때문이다. 이 때문에 정의에 관한 수학적 방법을 철학이 모방할 수가 없다.

2. 공리 직접으로 확실한 한의 선천적인 종합 원칙이 공리다. 한 개념은 다른 개념과 「종합적이면서도 직접적으로」 결합할 수 없다. 왜냐하면 우리가 그 개념의 밖에 나갈 수 있자면, 제3의 매개적 인식이 필요하기 때문이다.
그런데 철학은 한갓 개념에 의한 이성인식이에, 철학에서는 공리라고 말할

만한 원칙은 발견될 수 없다. 이것과 반대로 수학은 공리를 가질 수 있다. 수학은 「개념의 구성」에 의해 대상을 직관해서 대상의 술어들을 「선천적으로 또 직접적으로」 서로 결합시킬 수 있기 때문이다. 한 예를 들면 세 개의 점은 언 761
제나 한 평면 위에 있다[는 공리와 같다]. 그러나 종합적 원칙은 개념에 의해서만 직접으로 확실한 것일 수 없다. 「생기는 것은 모두 그 원인을 갖는다」는 명제와 같다. [이 명제에서] 나는 제3자를, 즉 시간규정의 조건을 「경험 중에서」 구해야 하고, 그러므로 이런 원칙[명제]을 개념에서만 직접 인식할 수가 없다. 이에 [철학의] 추리적 원칙은 직관적 원칙, 즉 공리와는 전혀 다르다. 전자는 항상 연역을 필요로 하되, 후자는 연역을 결해도 좋다.

이런 까닭에서 직관적 원칙은 자명적임에 대해서, 철학적[추리적] 원칙은 그것이 아무리 확실하다 해도 자명적이라고 과칭할 수 없다. 그러므로 선험적 이성의 종합적 원칙은 2+2=4라는 명제처럼 명백함이 없다(명백하다고 대담히 주장하는 사람이 흔히 있기는 하지만). 나는 앞의 선험적 분석론에서 순수오성의 원칙의 표에서 「직관의 공리」 같은 것을 확실히 생각했던 일이 있다. 그러나 거기서 진술한 [직관의 공리]라는 원칙은 공리 그 자체가 아니고, 공리 일반을 가능케 하는 원리를 지적하는 것이었다. 즉, 그 자신 단지 개념에 기본한 원칙일 뿐이었다. 수학이 가능하다는 것을 선험적 철학도 지적해야 했기 때문이다. 이에, 철학은 공리를 갖지 않는 것이요, 자기의 원칙을 선천적으로 또 단적으로 명령해서도 안 되며, 선천적 원칙에 관한 자기의 권한을 근본적인 연역에 의해 762
서 정당화함으로써 만족해야 한다.

3. **명시적 증명** 절대필연의 증명이 직관적인 한에서 그것은 명시적 증명이라 할 수 있다. 경험은 확실히 우리에게 존재하는 것이 무엇인가를 가르쳐 준다. 그러나 그것은 존재하는 것이 그것 이외의 것일 수 없다는 것을 가르쳐 주지는 않는다. 그러므로 경험적인 논거는 절대 필연적 증명을 제공할 수 없다. 그러나 (추리적 인식에서의) 선천적인 개념으로부터—다른 점에서는 판단이 아무리 절대필연적으로 확실하더라도—직관적 확실성, 즉 자명성이 발생할 수는 없다. 이에 오직 수학만이 명시적 증명을 포함한다. 수학은 개념에서가 아니라 「개념의 구성」에서, 즉 개념에 대응하여 선천적으로 주어질 수 있는

직관에서 인식을 도출하기 때문이다. 대수학이 방정식에서 약분[분수를 간단하게 하는 것]을 통해서 「진리와 그것의 증명」을 산출하는 방식도 기하학적인 「구성」은 아니지만 역시 특이한 구성이요, 개념을 특히 양관계의 개념을 기호를 통해서 직관에 표시한다. 그리고, 일단 발견적 방법을 돌보지 않기로 한다면 그 모든 추리는 오류에 빠질 위험을 면하고 있다. 추리는 모두 눈 앞[직관]에 표시되기 때문이다. 이것과는 반대로 철학적 인식은 이런 이점을 결하지 않을 수 없다. 왜냐하면 철학적 인식이 보편자를 항상 개념에 의해서 추상적으로 고찰해야 하는 데 대해서, 수학은 보편자를 (개개의 직관에 있어서) 구체적으로 그러면서도 선천적인 순수표상에 의해서 고찰할 수 있고, 이 무렵에 모든 과오는 명백해지기 때문이다. 그러므로 나는 철학적 증명을 명시적 증명이기보다도
763 강술적(추리적)증명이라고 하고 싶다. 왜냐하면 이것은 순전히 언어(사고에서의 대상)에 의해서만 행해지기 때문이다. 이것과는 반대로, 명시적 증명은 이 명칭이 이미 지적하듯이 대상의 직관 중에서 행하여진다.

⑱ 상술한 것에서 다음의 것이 결과한다. 즉, 독단적인 행진을 자만스럽게 하여 수학의 칭호와 끄나풀로써 장식함은 철학의 본성에 맞지 않고, 순수이성의 분야에서는 더구나 그렇다는 것이다. 철학이 수학과 자매관계를 맺으려는 기대는 충분한 원인이 있기는 하나, 철학은 수학의 결사에 속하지는 않는다. 수학과 철학의 결합은 성공할 수 없는 헛된 월권이요, 오히려 철학의 의도를 좌절시키는 것이다. 철학의 의도는 자기 본래의 한계를 오인하는 이성의 환영을 폭로하고, 우리의 개념들을 십분 해명하여 사변의 헛된 자부로 하여금 겸허하고도 근본적인 자기 인식으로 돌려보내는 일이다. 이에 이성은 그것의 선험적인 기도에서 그것이 걸어 온 길이 직선적으로 과녁에 통하는 것처럼 안심하고 전도를 전망할 수가 없다. 그리고 때를 따라서는 뒤를 돌아보아서 원리에서 간과된 오류, 혹은 원리를 더 세밀히 규정하거나 변경하는 것을 강제하는 오류
764 가, 추리의 진행 중에서 드러나지 않은지를 주의함이 불필요할 만큼 대담하게, 근거에 두어진 전제를 이성이 신뢰할 수는 없을 것이다.

⑲ 나는 모든 절대필연적 명제를(그것이 증명될 수 있는 것이건, 혹은 직접 확실한 것이건 간에) 정설과 정리로 분류한다. 개념에 의한 직접적인 종합적 명제가 정설[철학적 명제]이다. 반대로 개념의 「구성」에 의한 직접적인 종합적 명제가

정리[수학적 명제]다. 분석판단은 대상에 관해서 우리가 갖는 개념이 이미 포함하고 있는 것 이상의 것을 대상에 관해서 가르쳐주지 않는다. 분석판단은 주어개념을 넘어서 인식을 확대하지 않고, 단지 개념을 해명할 뿐이다. 그러므로 분석명제를 정설이라고 칭하는 것은 부적당하다(정설이란 말은 아마 격언이라고 옮길 수 있겠다). 그러나 위에서 말한 두 개의 선천적인 종합명제 중에서 보통의 용어법에 따르면 철학적 인식에 속하는 것만이 「정설」의 이름을 가질 수 있고, 산술과 기하학의 명제는 「정설」이라고 하기가 어렵다. 우리는 [순전히] 개념에 의하는 판단만을 정설적[주장적]이라고 말할 수 있고, 개념의 「구성」에 의한 명제를 정설적이라 할 수 없다[즉, 정리]고 말했으되, 이런 설명을 우리의 용어법을 확증하는 것이다.

⑳ 전 순수이성은 그것이 단지 사변적으로 사용될 무렵에는 「개념에 의한 직접 종합적 판단」을 하나라도 포함하지 않는다. 이미 말한 순수이성은 객관적 타당성을 가진 종합적 판단을 이념에 의해서 얻을 수 없기 때문이다. 순수이성은 오성의 개념들을 통해 확실한 원칙을 세우기는 하나, 그러나, 원칙을 765
개념에 의해서 직접 세우지 않고, 개념이 우연한 것에 의해서, 즉 가능한 경험에 대하는 관계에 의해서 항상 간접으로 원칙을 세운다. 경험(가능한 경험의 대상으로서의 어떤 것)이 전제될 적에는, 순수이성의 원칙은 참으로 절대필연적으로 확실하나, 그러나 자체상으로(즉, 직접) 선천적으로 인식될 수는 없다. 가령 「모든 발생하는 것은 원인을 갖는다」고 하는 명제를 거기에 주어진 개념들만으로써 누구라도 명확히 통찰할 수는 없다. 하기에 이 명제는 그것이 비록 다른 관점, 즉 그것의 사용이 가능한 유일한 분야, 다시 말하면 경험에서 아주 충분히 또 절대필연적으로 증명될 수 있다 하더라도, 결코 「정설」은 아니다. 그러나 이 명제는 그것이 증명되어야 하기는 하되 원칙이라고 하고 정리라고 하지는 않는다. 왜냐하면, 그것은 자기의 논거인 경험을 자신이 비로소 가능하게 하고 또 이런 경험에 있어서 항상 전제되어야 한다는 특수 성질을 가지기 때문이다.

㉑ 그런데, 순수이성의 사변적 사용에 있어서 내용상으로도 「정설」이 전혀 없다고 한다면, [개념에만 의거하는] 모든 독단적 방법은 그것이 수학에서 얻어진 것이건 혹은 [철학]특유의 방식인 것이건 간에 자신 부적절한 것이다. 무릇

독단적 방법은 결점과 오류를 감추고 철학을 사기하는 것이다. 그러나 철학 본래의 의도는 이성의 모든 진행을 이성 자신의 가장 명백한 조명에서 보고자 하는 것이다. 그럼에도 불구하고 독단적 방법은 체계적일 수도 있다. 우리의
766 이성은 (주관적으로는) 그 자신이 체계적이기 때문이다. 한갓 개념만을 매개로 하는 「이성의 순수한 사용」에 있어서는 우리의 이성은 통일의 원칙들에 따르는 연구의 체계일 뿐이요, 이것에 질료를 줄 수 있는 것은 경험뿐이다. 그러나 선험적 철학의 특유한 방법에 관해서 여기서 아무런 말도 할 수 없다. 왜냐하면 우리의 문제는 우리의 능력 상태를 비판하여, 우리가 도대체 우리가 가지는 재료로써(선천적인 순수개념으로써) 건축을 할 수 있느냐, 있다면 얼마만한 높이의 건물을 지을 수 있느냐, 하는 것이기 때문이다.

제1장

제2절 논쟁적[이율배반적] 사용에 관한 순수이성의 훈련

① 이성의 모든 기도는 비판받아야 하고 어떤 금령에 의해서도 이성은 비판의 자유를 침해할 수 없다. 만일 침해를 한다면 이성은 손해를 입고 불리한 의혹을 초래하게 된다. 효용의 점에서 아무리 중대하더라도 또 아무리 신성하더라도 그것들은 이성이 검토하고 음미하는 탐색을 모면할 만한 것은 아니다. 이 [비판적] 탐색은 개인의 권위를 인정하지 않는 것이다. 이성의 존재조차도 이런 자유에 기본해 있는 것이다. 이성은 전제군주의 권위를 가지지 않고, 그것의 발언은 언제나 자유시민이 찬동하는 것임에 틀림없다. 자유시민은 각자의 의
767 혹을, 아니 각자의 거부권까지도 기탄없이 표현할 수 있어야 한다.

② 이성이 비판을 배척할 수 없다 하더라도, 그렇다고 해서 이성이 항상 비판을 두려워할 까닭은 없다. 그런데 순수이성은 그것의 독단적(수학적이 아닌) 사용에서는 이성의 최상법칙을 아주 엄밀히 지킬 충분한 자각이 없다. 이 때문에, 순수이성은 수줍어함이 없이 모든 월권적 권세를 포기하고, 보다 더 높은 심판적 이성의 비판적 안목 앞에 나서야 할 것이다.

③ 이성이 판관의 판결이 아니고, 동료 시민의 요구를 문제 삼고, 이것에 대해서 이성이 자기를 방어해야 할 적에는, 사정은 전혀 다르다. 동료 시민의

요구도 이성과 마찬가지로 독단적 [주장]이려고 하지만, 양자가 다른 점은 이성의 [독단적] 주장[1]이 긍정적임에 대해서 동료시민의 [독단적] 요구는 부정적인 데에 있다. 이런 형편이기 때문에, 여기에 인간의 표준에 따른 변명이 성립한다. 이런 변명은 이성을 모든 침해에 대해서 안전하게 하는 것이요, 외래의 월권을 겁낼 필요가 전혀 없는 확인을 받은 소유를 이성에게 주는 것이나, 그러나 이런 소유도 진리의 표준에 따른다고 하면 충분한 증명이 될 수 없다.

④ 내가 순수이성의 논쟁적 사용이란, 이성의 명제들이 독단적으로 부정됨에 반대해서, 이것을 변호한다는 것을 의미한다. 이 경우에 중대한 것은, 순수이성의 주장이 아마 잘못된 것이나 아닌가 하는 것이 아니라, 그것과 모순된 주장을 누구라도 절대필연적 확실성을 가지고서(아니 보다 더한 확실성을 가지고 768
도) 할 수 없다는 것뿐이다. 무릇, 비록 우리가 완전한 점유권이 아니더라도 한 점유권을 지금 갖고 있고, 아무도 그런 점유의 불법성을 증명할 수 없음이 확실한 그런 경우에는, 우리는 구걸해서 점유하고 있는 것은 아니다.

⑤ 일반적으로 순수이성의 이율배반이 있다는 것, 즉 일체의 싸움에 대한 최상법정을 의미할 것[이성]이 자기 자신과 싸우게 된다는 것, 이것은 우리에게 슬픈 일이요, 낙망할 일이다. 우리는 위에서 참으로 이성의 이러한 사이비의 모순을 다루었으나, 그러나 그것이 오해에 기인하는 것임이 드러났다. 즉, 우리는 보통의 선입견에 의하여, 현상을 「물자체 그것」으로 해석하고, 현상들을 종합해 가는 절대적 완전성을 양자[정립과 반정립]의 각자 방식에서 요구했지만(어느 편도 다 같이 종합의 절대적 완전성은 불가능했다), 그런 일은 현상으로부터는 기대할 수가 없는 것이었다. 이에, 당시에 「그 자체상 주어진 현상 계열은 절대적 시초를 갖는다」는 명제와 「이 계열에 단적[절대적]으로, 즉 그 자체에 있어서 아무런 시초도 갖지 않는다」는 명제에서 이성의 진정한 자기모순은 없었던 터이다. 두 명제는 넉넉히 공존하기 때문이다. 왜냐하면, 현상들은 그 현존에서 보아(즉, 현상들로서), [물]자체적으로는 「없는 것」이요, 다시 말해 「모순된 것」이다. 하기에, 현상들을 [물 자체로] 전제함은 당연히 자기모순을 초래하지 않을 수 없었다.

---

1) 이성의 주장은 이율배반 중의 정립을, 동료시민의 주장은 반정립을 지시한다.

769 ⑥ 그러나 이런 오해를 구실로 하여, 다음과 같을 경우에도 이성의 싸움[논쟁]이 제거될 수 있는 것은 아니다. 즉, 최고존재는 있다는 유신론의 주장과 최고존재는 없다는 무신론의 주장이 싸울 경우이고, 혹은 심리학에 있어서 「모든 생각하는 것[영혼]은 절대적으로 지속적 통일[단일]이요, 그러므로 모든 소멸적인 물질적 통일과 다르다」는 주장과, 이것에 대립하는 「마음은 비물질적 통일이 아니요, 소멸적 성질에서 제외될 수 없다」는 주장이 싸울 경우이다. 이런 논쟁에서 문제의 대상은, 그 대상의 본성에 모순되는, 이질적인 것이 전혀 없고, [순수] 오성은 물자체만을 다루고 현상을 다루고 있지는 않기 때문이다. 하기에 이 경우에 만일, 순수이성이 부정하는[반정립] 측에 서면서 주장[정립] 측의 근거에 접근하는 그런 것을 말하기만 한다면, 물론 참으로 모순이 있는 것이 되겠다. 독단적인 긍정[정립]의 논거에 관한 비판을 우리는 충분히 인정할 수 있으나, 그러나 그런 긍정명제도 우리는 단념할 수가 없다. 이런 명제를 적어도 「이성의 관심」 자신이 지지하는 것이나, 반대[반정립] 측은 이성의 관심에 의거할 수가 없기 때문이다.

⑦ 하나님이 있고, 저승이 있다고 하는 우리 순수이성의 두 중요한 명제에 관해서 종래 증명의 약점을 느끼는 탁월하고도 사려 깊은 사람들은 (가령 「슐
770 처」[1]도 이 중 한 사람이지만) 후일에 명백한 증명들이 생길 것을 기대할 수 있다는 의견을 표시하였다. 그러나 나는 그런 의견을 가지지 않고, 오히려 후일에도 그런 증명들이 생기지 않을 것을 확신한다.

무릇, 이성은 경험의 대상들에게도, 대상들의 내적[필연적] 가능에도 상관하지 않는, 종합적 주장[정립 측의 주장]들에 관한 근거를 어디서 얻어오려고 하는가? 그러나 최소의 그럴듯한 외관을 가진, 반대 주장[반정립]을 할 수 있는 사람이 나타나지 않는 것, 하물며 이런 주장을 독단적으로 할 수 있는 사람이 나타나지 않을 것도, 절대필연적으로 확실하다. 그는 반대 주장을 순수이성에 의해서만 증시할 수 있기 때문에, 이런 사람은 최고존재와 내심에 있는 순수예지로서의 「생각하는 주관이 불가능하다는 것을 증명하기를 기도하지 않을 수 없다. 그러나 일체의 가능한 경험을 초월한 사물[이 없음]에 관해서 종합적인

1) J. G. Sulzer(1720–1779)는 Wolf 학파의 미학자(인명 색인 참조).

판단을 할 권리를 줄 만한 지식을, 그는 어디서 구하려고 하는가? 이에, 우리는 반대주장을 증명함이 후일에 등장할 것에 관해서 개의하지 않아도 좋다. 그러므로 우리는 그것에 관해서 학술적인[엄밀한] 증명을 고안할 필요가 없다. 이래서 필경 우리는 [한 쪽에서] 우리 이성이 경험적으로 쓰일 무렵의 사변적 관심과 잘 조화하고, 그 외에 [다른 쪽에서] 사변적 관심을 실천적 관심과 결합하는 유일한 수단인 명제들을 승인할 수가 있을 것이다. 반대 주장을 하는 자에 대해서 (이 자가 여기서 비판자라고 보아져서는 안 되지만) 우리는 판결 연기[의 조치]를 이미 취하고 있으니, 이런 일은 논지의 마음을 반드시 산란하게 할 것이다. 그러나 우리는 그가 우리에게 하는 보복을 배척하지 않는다. 왜냐하면, 우리는 늘 이성의 주관적 준칙에 항상 지지되어 있으나, 이런 준칙을 반대자[반 771
대 논자]는 가지지 않고 있으며, 이 준칙의 비호 아래서 우리는 반대자의 모든 헛된 공격을 유유히 또 냉정히 볼 수 있기 때문이다.

⑧ 이래서 순수이성의 자기 모순이란 원래는 없는 것이다. 이런 모순의 유일한 싸움터는 순수신학과 순수심리학의 분야에서 구해지기 때문이다. 이 지역에서는 완전한 무장을 하고, 두려워 할 만한 무기를 휴대한 전사가 없다. 이 전사는 단지 [상대를] 조롱하거나 스스로 장담하면서 나타날 수 있으나, 그러나 이런 태도는 어린이의 장난 같아서 사람의 웃음거리가 될 수 있다. 이런 사태를 [나는] 이성에게 용기를 다시 주는 위자적인 말과도 같[이 본]다. 그렇지 않고, 만일 모든 오류를 제거할 사명을 갖는 유일한 이성이, 평화와 안전한 소유를 기대할 수 없이, 그 자신 산란한 상태에 있다고 한다면, 이성은 도대체 무엇을 신뢰하려고 할 것인가 말이다. [비판적으로 신뢰하는 일이 없을 것이다]

⑨ 자연 자신이 배치한 일체는, 그 어떠한 의도에 적합하고 있다. 독조차도 우리 혈액 중에 발생하는 다른 독을 제압하는 데에 쓰인다. 그러므로 약품들을 완전히 모으는 경우(즉, 약국)에는 독도 있어야 한다. 한갓 사변적인 이성의 사견과 자부에 대한 이의 자신이, 사변적 이상의 본성에 의해서 생긴 것이기에, 그 이의는 무시해서는 안 되는 충분한 사명과 의도를 갖는 것이다. 우리의 최고 관심에 연결하고 있는 대상이 많지만, 「섭리」는 그런 대상들을 너무나 고원한 곳에 두었으므로, 이런 대상들을 우리 자신도 의심스러운 모호한 지각에 772
서 발견하는 일만이 우리에게 허락되어 있다고 하겠고, 이러함을 통해서 우리

의 탐색적인 눈은 만족하기보다도 자극받는 셈이다. 이런 형편의 섭리는 무슨 이유에서 있는 것인가? 이런 [불확실한] 전망에 관해서 감히 대담한 결정을 내리는 것이 과연 유익한 것인지, 의심스럽다고 하겠다. 아니, 유익하다기보다도 아마 해롭다고 하겠다. 그러나 필경 탐색하고 검토하는 이성에게 자유를 주어서, 아무런 지장 없이 자신의 관심에서 처리하게 하는 것은 의심할 것 없이 유익하다. 이성의 이런 관심은, 이성의 통찰을 제한함을 통해서건 확대함을 통해서건 마찬가지로 촉진된다. 그리고, 만약 타자가 간섭하여, 이성의 자연스런 행진에 역행하고 강요된 의도에 따라 이성을 잘못 지도한다면, 이성의 관심은 언제나 고난을 받을 것이다.

⑩ 그러므로 여러분은 여러분의 논적으로 하여금 이성만을 표시하도록 하고, 또 이성의 무기만으로써 논적과 싸우기로 하여라. 뿐더러 (실천적 관심이라는) 착한 일에 관해서는 헛된 걱정을 하지 말 것이다. 실천적 관심사는 한갓 사변적인 논쟁에는 휩쓸리지 않기 때문이다. 만일 휩쓸릴 때에는, 논쟁은 전혀 이성의 이율배반만을 발견하는 바이다. 이것은 이성의 본성에 기인하는 것이기 때문에, 그것을 반드시 청취하고 검토해야 한다. 양측[정립과 반정립]에서의 이성의 대상[무제약자]을 고찰함에 의해서, 논쟁은 이성을 교양하며, [무제약자에 관한] 이성의 판단을 제한함으로써 이성의 판단을 시정한다. 이 무렵의 논쟁점은 실은 사리가 아니라 [독단만 강조하는] 어조였다. 하기에, 여러분이 결국 앎[확실한 인식]에 관한 발언을 포기해야 했지만, 가장 엄격한 이성이 봐서도
773 시인할 만한 확고한 [도덕적] 믿음을 주장할 여지는 충분히 남아있다.

⑪ 데이비드 흄은 냉정하고, 공정한 판단을 하는 천성이었거니와, 이런 「흄」에게 질문을 한다고 하자. 즉, 「인간이성의 통찰이 최고존재[의 실재]를 주장하고, 이런 존재의 개념을 얻기에 족하다는 것은 인간에게 커다란 위안을 주며, 유익한 확신이거늘, 왜 세인은 애써서 의심을 자아내어 이런 확신을 전복시키려고 하는가?」라고, 이에 대해서 그는 「그것은 이성의 자기인식[자각]을 진보시키려는 의도와 동시에 이성에 가해지는 강제에 관한 일종의 불쾌 때문임이 틀림없다. 사람은 자기의 이성을 자부하면서도, 동시에 그 약점의 솔직한 고백을 방해하기 때문이다. 이 약점은 이성의 자기검토에서 드러나는 것이다」라고 답할 것이다.

프리스틀리는 이성의 경험적 사용의 원칙만을 신봉하고, 모든 초험적 사변을 싫어했거니와, 이런[1] 프리스틀리에게 여러분은 반대로 다음과 같이 질문한다고 하자. 즉, 「우리 마음의 자유와 불멸(저승을 기대함은 그에게는 재생의 기적을 기대하는 것이었을 뿐이다)이라는 두 근본 기둥을 뒤엎어버리려고 한 그대의 동기는 무엇인가?」라고. 자기 자신이 경건하고도 열성적인 종교의 교사였던 그는 틀림없이 다음과 같이 답할 것이다. 즉, 「그것은 이성의 관심 때문이다. 그 어떠한 대상을 물질적 자연의 법칙에서, 즉 우리가 정밀히 알 수 있고 규정할 수 있는 유일한 법칙에서 배제하려고 함으로써 이성은 해를 입는다」고. 이 역설적인 주장과 종교적 의도를 교묘히 결합할 줄 안 사람이라고 하여, 프리스틀 774
리를 악평하고 이 인자를 괴롭히는 것은 부당한 일로 여겨진다. 왜냐하면, 그가 [경험적] 자연과학의 분야를 떠나자마자, 그는 바른 길을 찾아내지 못한 사람이었기 때문이다. 그러나 이런 호감의 표시는 프리스틀리에게 못지않게 심정이 착했고, 도덕적 품성에 흠잡을 것이 없었던 흄에게도 마찬가지로 허여해야 한다. 왜냐하면, 흄이 추상적 사변을 버릴 수 없었던 것은, 당연하게도 그는 사변의 대상이 자연과학의 한계 외부인 순수이념의 분야에 있다고 생각했기 때문이다.

⑫ 이런 처지에서 사람은 무엇을 해야 하는가? 특히 공공의 최선[즉, 인심의 선도]을 위협하는 듯한 위험에 처해서 해야 할 것이 무엇인가? 여러분이 [당면의 사태에 관해서] 할 일을 위해서 하는 「결의」보다도 더 자연스럽고 더 적절한 것은 없다. [여러분은] 이 사람들[흄과 프리스틀리]을 그대로 버려두[는 결의를 하]라. 만일 그들이 재능을 표시한다면, 즉 깊고도 새로운 탐구를 표시한다면, 한마디로 말해서 그들이 이성을 표시한다면, 이성은 항상 수확이 있는 것이다. 만일 여러분이 자유로운 이성의 수단 외의 수단을 취한다면, 만일 여러분이 반대 소리를 높여서, 매우 세밀한 논의를 이해하지 않는 범인들을 이를테면 불을 끄기 위해서 소집한자면, 여러분은 세인의 웃음거리 밖에 되지 않는다. 문제는 무엇이 공공의 최선에 손익이 되느냐가 아니다. 이성이 그것의 모든 관심을 무 775

1) J. Priestly(1733 – 1804)는 영국의 화학자(산소의 발견자)요, 연상심리학자다. 그는 유물론자이며, 결정론에 입각했으나, 이것과 유신론을 조화시켰다(인명 색인 참조).

시한 사변에 있어서 어느 정도의 성취를 하느냐, 또 사람이 이런 사변에 일반적으로 무엇을 기대해야 하느냐 혹은 오히려 실천적인 것을 위해서 사변을 포기해야 하느냐, 하는 것이 문제이다. 하기에, 칼을 들어 논적을 베는 일이 없이, 「비판」이라는 안전한 자리에서 침착하게 싸움을 방관함이 좋다. 싸움은 투쟁자에게는 수고로운 일이지만, 여러분께는 재미있는 것이며, 유혈의 결과가 되지 않는 바에야 여러분의 통찰에 대해서 반드시 유익한 결과로 낙착한다. 이성으로부터 계몽을 기대하면서, 미리 이성에게 명령하여, 영혼이 불멸이냐, 아니냐, 중의 어느 것에 귀착해야 한다는 배리다. 뿐더러 이성은 벌써 그 자신 이성에 의해서 십분 구속받고 제한되기 때문에, 여러분은 주권이 위태롭게 되었다고 생각되는 편에다, [새삼스레] 시민의 항거를 대립시키고자 순찰대를 모집할 필요가 없다. [순수이성의] 변증론에 있어서는 여러분이 관심을 가져야 할 원인인 승리란 없는 법이다.

⑬ 뿐더러, 이성은 [변증적인]논쟁을 매우 필요로 한다. 그리고 그런 논쟁이 좀 더 일찍이 또 제한 없는 공론으로 되었더라면 좋았을 것이다. 그랬더라면, 보다 더 일찍이 성숙한 비판이 성립했을 것이요, 이런 비판의 출현에서 이런 논쟁적 다툼은 저절로 없어졌을 것이다. 왜냐하면, 논쟁자들은, 그들을 서로 불화하게 했던 기만과 편견을 간파하는 것을 배우기 때문이다.

⑭ 인간성에는 일종의 불순한 것이 있다. 그것은 필경 자연에서 유래하는 일체가 그렇듯이, 좋은 목적에 대한 소질을 포함하되, 역시 불순이 있다. 즉, 불
776 순한 것이란, 인간의 참된 심정을 감추고, 세간인이 좋고 칭찬할 만하다고 생각하는, 일종의 가장된 심정을 전시하려는 경향이다. 인간이 자기의 참 심정을 감출 뿐만 아니라 그에게 유리한 외모를 위장하는 성벽에 의해서, 인간은 소위 문명화하여 왔을 뿐더러, 점차로 어느 정도까지 도덕화했던 것도 확실하다. 왜냐하면, 아무도 예양·정직·겸손 등의 분식을 돌파할 수 없었고, 이에 그의 주위에서 보인 선의 실례를 진정한 실례로 오인함에서, 자기 자신을 개선하는 학교를 발견했기 때문이다. 그러나 자기를 실지보다도 더 착하게 보이게 하려는 소질, 자기가 가지지 않고 있는 심정을 표시하려는 소질이라도, 인간을 조야한 상태에서 탈각하게 하고, 그가 알았던 선한 것의 적어도 예법이라도 그로 하여금 비로소 채용케 하는 데에, 이를테면 일시적으로 쓰이는 것이다. 무릇, 나중

에 와서 진정한[도덕적] 원칙이 발전하고, 그것이 사람의 사고방식[심정] 속에 옮겨지게 되는 때에는 저 전지적인 허위는 차츰차츰 센 공격을 받지 않을 수 없다. 왜냐하면, 그러하지 않으면 허위는 사람의 마음을 부패케 하고, 아름다운 가상이라는 잡초 아래서 선량한 심정을 자나라지 않게 하기 때문이다.[1]

⑮ 유감스럽게도, 이것과 같은 불순·허식·위선이 사변적 사고방식의 표현
에 있어서도 [나는] 지각한다. 그러나 사변적 사고방식에 있어서는 인간이 그
의 사상을 당연하게도 「감춤이 없이, 솔직하게」 고백하는 데 대한 장애는 훨 777
씬 적고, [불순·허식·위선 등도] 별 소득이 없는 바다. 사상조차 서로 위장해서
전하고, 우리가 우리 자신의 주장에 대해서 느끼는 불확실을 감추며 혹은 우리
자신을 만족시키지 않는 논거에 명백한 듯한 외관만을 주려고 하는 수작보다
도 더 참 식견에 불리한 것이 있을 수 없다. 그럼에도, 개인의 순 허영심이 비
밀의 음모를 일삼는 한에서(이것은, 특수한[실천적] 관심이 없고, 또 쉽사리 절대필
연성을 가질 수 없는 사변적 판단에 있어서 흔히 생기는 일이지만) 여론의 승인을 받
고 있는 측 사람의 허영심이 대항한다. 그래서 사태는 가상 순수한 심정과 공
명이었다면, 훨씬 더 일찍이 수습되었을 그런 경지에 드디어는 귀착한다. 천착
한다는 사변가들은 공공 복지의 근저[도덕적 신앙]를 흔들리게 하는 일에 종사
한다[반정립]고 일반사람이 생각할 때에, 우리는 주장의 어조를 완화해서 한갓
실천적 확신에 이르도록 어조를 자제해서, 사변적·절대필연적 확실성이 없음
을 부득이 자백[함에서 결국], 이익만을 가상된 적에게 주기보다는, 사이비의
논거에 의해서라도 [정립의] 좋은 일을 옹호함이 현명한 것이 될 뿐더러, 용인
되고 칭찬을 받을 것으로도 여겨진다. 그러나 좋은 일을 주장하려는 의도와 조 778
화하지 않는 것으로서, 간계·위선·기만만큼 나쁜 것은 세상에 없다고 나는 생
각한다. 한갓된 사변에 있어서의 이성의 근거를 고려할 무렵에 만사를 성실하
게 생각해 가야 한다는 것은, 요구될 수 있는 최소한의 일이다. 만일 이 최소
한이라도 우리가 확실하게 돌볼 수만 있다면, 하나님·(마음의) 불멸·자유와 같
은 중요문제에 관한 사변적 이성의 논쟁은 오래전에 결정을 보았거나 혹은 얼
마 안 가서 종결을 보게 될 것이다. 이래서 심정의 순수성[주관성]이 사물 자신

1) 이런 대목에 루소의 영향을 받은 흔적이 뚜렷이 나타나 있다.

의 [객관적] 진실성과 역관계에 서는 일이 가끔 있다. 그래서 정직과 성실은 사물을 변호하는 이 편보다도, 이것을 공격하는 저 편에 아마 더 많이 발견될지 모른다.

⑯ 이에 나는 정당한 일을 부정으로써 변호하기를 원치 않는 독자를 전제한다. 우리의 「비판」원칙에 의하면, 순수이성의 논쟁이—우리의 지향이 「생기는 것」에 관계하지 않고 정당하게도 「생겨야 할 것」에 관계하는 한에서— 본래는 존재하지 않는다는 것은 저런 독자에게는 결정적이다. 도대체 실재성이 양측의 어느 것에 의해서도 현실적 경험에서, 아니 가능한 경험에서도 제시될 수 없는 사물에 관해서 두 사람[양측]이 어떻게 논쟁을 할 수 있는가? 이런 사물의 이념으로부터 이념 이상의 것을, 즉 대상 자신의 현실성을 도출하려고 해서, 사물의 이념만을 [소위] 논쟁은 골똘히 생각한다. 양측 논자는 다 문제를 직접 이해시키지 않고, 확실하게도 하지 않으며, 오직 서로 적이 다루는 문제를 공격하고 반박할 수 있을 뿐인데도, 어떠한 수단에 의해서 양측 논자는 논
779 쟁에서 벗어나려고 하는가? 무릇, 순수이성의 모든 주장은, 온갖 가능한 경험의 제약을 넘어서고, 이 제약의 외부에서는 아무데서도 진리의 증명서는 발견되지 않는다. 그럼에도 순수이성의 모든 주장은 경험적 사용을 하도록 결정되어 있는 오성의 법칙들을 이용해야 하고, 이 오성의 법칙들이 없으면 종합적 사고에 있어서 한걸음도 전진할 수 없다. 그러므로 순수이성의 모든 주장은 항상 적에게 약점을 폭로하고, 따라서 서로 상대편의 약점을 이용할 수 있다. 이상이 순수이성의 모든 주장의 운명이다.

⑰ 순수이성비판은 순수이성의 모든 분쟁에 대한 참 법정이라고 볼 수 있다. 비판은 직접 객관에 상관하는 분쟁에는 휩쓸려들지 않는다. 그것의 본지는, 이성 일반의 권리를 이성 자신이 먼저 제정한 원칙에 의해서 규정하고 비판하는 데에 있다.

⑱ 비판이 없으면, 이성은 이를테면 자연상태 중에 있고, 그것의 주장과 요구는 전쟁에 의하는 이외에는 대두케 할 수 없고 확실하게 할 수가 없다. 이와 반대로, 「비판」은 모든 결정을 이성 자신이 제정한 기본규칙에서 도출하고, 그
780 것의 권위를 아무도 의심할 수 없으며, 우리에게 [싸움 없는] 안온한 법적 상태를 마련해 준다. 이런 상태에 있어서는 우리는 분쟁을 소송에 의하는 이외의

길로 인도해서는 안 된다.

첫째 상태[자연 상태]에 있어서는 분쟁을 해결하는 것은 승리요, 양측이 모두 승리를 과시하되, 결과하는 것은 대개는 중재에 개입하는 관헌이 마련하는 불확실한 평화에 불과하다. 둘째 상태[법정 상태]에 있어서 분쟁을 해결하는 것은 판결이요, 판결은 이 경우에 분쟁 자신의 원천에 관계하기 때문에, 항구평화를 주지 않을 수 없다. 그 뿐더러, 한갓 독단적인 이성의 끝없는 분쟁은, 드디어 이성자신을 비판함에 의해서 또 비판이 의거하는 입법에 의해서 평화를 추구할 것을 강요한다. 홉스의 주장처럼, 자연상태는 불법과 폭행이 지배하는 상태요, 사람은 그런 상태를 떠나서 법적 강제에 복종해야 한다. 이 강제만이 우리의 자유를 억제하여, 그것을 모든 타인의 자유와 공존할 수 있도록 하고, 바로 그것으로 인해서 공공의 최선과 조화할 수 있도록 한다.

⑲ 자기의 사상을, 스스로 해결할 수 없는 「자기의 회의」를 대중의 비평에 맡기고, 그 때문에 불온하고 위험한 시민이라는 악평을 받지 않는 자유도 상술한 자유에 속한다. 이 자유는 이미 인간이성의 근원적 권리 중에 있고, 인간이성은 그 자신 다시 보편적 인간이성으로서의 「재판관」만을 인정한다. 그리고 보편적 인간이성에 있어서 각인은 자기의 투표권을 행사한다. 우리[인간] 상태의 개선은 모두 보편적 인간이성에서 유래해야 하기 때문에, 이성의 권리는 신성불가침이다. 뿐더러, 혹종의 주장이 대담하다고 해서 혹은 벌써 일반 사람 중의 최대·최선의 계층이 찬동하는 자기편의 주장을 공격함이 불손하다고 해서, 이 공격을 위험하다고 외치는 것은 자못 현명하지 않은 일이다. 왜냐하면, 781
공격의 회피는 상대편의 주장이 실은 가질 리 없는 중요성을 도리어 상대편에 인정하는 것이 되기 때문이다.

만일 비범한 사람이 인간 의지의 자유, 저승 생활의 희망, 하나님의 존재 등을 「부정적」으로 논증했다는 것을 듣는다면 나는 그의 책을 읽기를 갈망한다. 그의 재능이 나의 식견을 진보시킬 것을 나는 기대하기 때문이다. 하지만, 그가 이런 문제에 관해서 아무것도 성취하지 않았음을 아는 아예 충분히 확지한다. 왜냐하면, 내가 이런 중요 명제들에 관한 패할 수 없는 증명을 이미 소유하고 있다고 믿기 때문이 아니라, 나의 순수이성의 전 저장품을 밝혀 준 선험적 비판이 다음의 것을 확신하도록 했기 때문이다. 즉, 「순수이성은 이 분야에

있어서 부정적 주장을 하기에 힘이 부족하지만, 그와 마찬가지로 이런 문제들
에 관해서 부정적 주장을 할 수 있는 힘도 없다. 아니 이런 힘은 한층 더 없다」
는 것이다.

자유사상가라고 지칭하는 사람은, 가령 최고존재는 없다고 하는 「앎」을 어
디서 얻어 오려고 하는가? 이 명제는 가능한 경험의 분야 밖에 있고, 따라서
인간의 모든 통찰의 한계 밖에 있기도 하다. 나는 이런 논적에 대해서는 그가
「좋은 일」을 독단적으로 변호하는 그의 책을 읽지도 않겠다. 이 사람은 자기
의 사이비의 근거에 찬동을 얻기 위해서만 타인의 사이비의 근거를 공격할 것
을 나는 애초부터 알고 있기 때문이다. 게다가, [같은] 속된 허구는 교묘하게
고안된 비범한 허구와 같은 새로운 견해에 대한 재료도 주지는 않기 때문이다.
이것과는 반대로, 자기 나름으로 역시 독단적[주장적]인 반종교가는 비판 원칙
의 몇 가지 시정을 위해 바람직한 「일과 기연」을 나의 「비판」에 주기도 하겠
782 으나, 그러나 나는 반종교가[의 논증]에 관해서 조금도 겁낼 것이 없겠다.

⑳ 대학교육을 받도록 위탁된 청년은, 그들의 판단력이 성숙해서 혹은 오히
려 그들 안에 기초를 주려고 하는 학설이 뿌리를 확실하게 박아서 어디서 오
는 설득이건 간에 반대 방향으로 설득하려는 모든 시도에 대해서 굳센 반항을
하기 전까지는, 적어도 이[반종교적] 방면의 책에 대해 충고받고 너무 일찍부터
이 위험한 명제[주장]들을 알지 못하도록 고려되어야 한다고 하거니와, 과연
그래야 할 것인가?

㉑ 순수이성의 문제들에 있어서 독단론적 방법에 머물러 있어야 한다면, 또
적을 논박하는 일이 참으로 논쟁적이어야 한다면, 즉 사람이 전투에 가입하여
반대 주장의 논거로써 무장해야 한다면, 청년의 이성을 어느 기간 동안 후견인
아래에 두고, 그동안 적어도 유혹을 방지하는 것은 당분간은 물론 지극히 적절
하겠으나, 동시에 긴 안목으로는 지극히 공허하고 무익하겠다. 그러나 나중에
와서, 호기심이나 또는 시대의 유행이 이런 [반종교적] 저술을 그의 손 안에 들
783 어가게 하는 때에, 그때에도 청년시대의 설득이 유지될 것인가? 적의 공격에
대항하기 위한 독단적 무기 외의 아무런 것도 가지지 않고, 또 적의 가슴 안에
숨어 있듯이 자신의 가슴 안에도 숨어 있는 변증성[궤변성]을 전개할 줄도 모
르는 사람은, 신기를 장점으로 하는 사이비의 근거가[무신론이], 이런 장점을

가지지 않고 오히려 청년의 경신성을 악용했던 의혹을 자아내는, 사이비의 근거[자기의 유신론]에 대항해 등장하는 것을 본다. 그런 사람[청년]은 호의적인 충고[유신론]를 내어던지는 일 이상으로, 그가 어린이의 훈육[시기]를 벗어나 성장한 것을 더 잘 표시할 수 있는 길이 있다고 믿지 않는다. 즉, 그는 독단론적 훈련에만 젖어왔기 때문에, 그의 원칙을 독단적으로 파멸시키는 독물[즉, 무신론]을 한꺼번에 마시게 된다.

㉒ 대학의 강의에 있어서는 여기서 권고한 것과는 정반대의 일이 이어야 한다. 물론 순수이성의 비판에 의한 근본적 수업을 전제하고 하는 말이다. 무릇, 비판의 원리들을 되도록 빨리 실행하게 하고, 가장 커다란 변증적 가상에 있어서도 그것들이 충분히 유용함을 표시하기 위해서는 독단론자에 대해서 자못 무서운 공격을, 그[대학생]의 아직도 약하기는 하나 비판에 의해서 계몽된 이성으로 돌리고, 그로 하여금 적[독단론자]의 근거 없는 주장들을 하나하나 비판의 원칙에 대조해서 검토하는 시험을 하는 것이 단연 필요하다. 적의 근거 없는 주장을 흩어지게 함이 그에게 어려운 일일 수 없다. 아래서 해로운 환영이 그에게는 결국 온 가상을 상실해야 하는 것이 되고, 그는 이런 환영에서 자기를 보전하는 자력을 일찍부터 느낀다. 그런데 「적」의 건물을 파괴하는 그 동일한
타격이 자신의 사변적 건물도, 그가 만일 이런 건물을 세우려고 생각했다면 마 784
찬가지로 파괴하는 것이다. 그러나 그는 이 점을 조금도 근심할 것이 없다. 왜냐하면, 그는 이러한 건물에 살 필요가 없고, 오히려 그는 실천적[도덕적] 분야에 대한 전망을 눈앞에 갖고 있으며, 자기의 이성적이면서도 건전한 체계를 세우기 위한, 보다 더 확고한 지반을 실천적 분야에서 당연히 기대할 수 있기 때문이다.

㉓ 따라서 순수이성의 분야에서는 진정한 논쟁은 없는 것이다. 양측이 모두 그림자와 격투하는 엉터리 격검가다. 그들은 자연을 넘어서지만, 이 넘어선 곳에서는 그들의 독단론적 파악을 위하여 「잡혀지는 것, 지지를 주는 것」이 없다. 그들은 잘 싸웠다. 그러나 그들이 벤 그림자들은 마치[1] 천당의 용사들처럼 어느 순간에 또다시 모여서 구태로 돌아가고, 유혈이 없는 싸움에서 새로운

1) 원어 Walhalla는 독일신화에 나오는 전몰 영웅의 집합소.

향락을 할 수 있다.

㉔ 그러나 순수이성이 용인할 수 있는 회의론적 사용도 없다. 그것은 순수이성의 모든 분쟁에 있어서의 중립의 원칙이라고 할 수 있겠다. 이성을 사주해서 자기 자신에게 적대케 하고, 양측에 무기를 준 다음에 양측의 격전을 냉정하게 조소적으로 방관함은, 독단론적 견지에서 보더라도 좋게 보이지 않고, 남들의 괴로움을 즐거워하는 악의에 찬 성정인 외관을 자체상 보인다. 그러나 어떠한 비판에 의해서도 절제되지 않는 사변가[궤변가]의 억제할 수 없는 환상과
785 오만을 볼 때에, 역시 사실은 한편의 장담에 대해서 같은 권리 위에 서는 다른 편의 장담을 대립시키고, 그것으로 인해서 이성이 적의 항거에 의해서 적어도 낭패를 보게만 되고, 자신의 참월에 약간의 의심을 가져서, 「비판」을 경청하는 이외에, 다른 양책이 없는 것이다.

그러나 이런 의심 상태에 전혀 방관되어 그대로 있는 일, [즉] 자기의 무지의 「확신과 고백」을 한갓 독단적인 자부에 대한 대증약으로서 뿐만이 아니라, 동시에 이성의 자기 당착을 종결짓는 방식으로서도 추천하려고 함을 전혀 헛된 기도요, 이성에 안전상태를 주는 데에 유용할 수 없고, 기껏해야 이성으로 하여금 그것의 달콤한 독단의 꿈에서 깨어, 그것의 상태를 재래보다도 더 세심하게 검토하게 하는 수단이 될 뿐이다. 그럼에도 불구하고, 이성의 혐오를 받을 만한 분쟁을 벗어나기 위한 이 회의풍은 지속적인 철학적 평정에 도달하기 위한 이를테면 가까운 길이라고 여겨진다. 그것은 적어도 이런 종류의 모든 탐구를 조소적으로 멸시하는 중에서 철학적 권위를 얻는 듯이 생각하는 사람들이 즐겨서 택하는 대로인 것이라고 여겨진다. 하기에, 나는 이 사고방식의 독자적인 노선을 표시하는 것이 필요하다고 본다.

786 **모순에 빠진 순수이성을 회의론에 의해서 만족시킬 수 없음**[흄에 대한 비판]

① 무지의 의식은, (무지가 동시에 (절대) 필연적인 무지가 아닌 것으로 인식되는 한에서) 나의 연구를 종결짓지 않고, 도리어 이것을 환기하는 진정한 원인이다.

무릇, 무지는 [개별]사건들에 대한 무지이거나, 내 인식의 특성과 한계에 대한 무지이다. 무지가 단지 우연적일 때, 그런 무지는 나를 자극해서 첫째 경우에는 독단론적으로 사건(즉, 대상)들을 탐구하게 하고, 둘째 경우에는 비판적으

로 나의 가능한 경험의 한계를 탐구하게 한다. 그러나 나의 무지가 절대 필연이라서 내가 탐구를 더 전진시킬 수 없게 되는 것은, 경험적으로, 즉 관찰에 의해서 결정되지 않고, 우리의 근원적인 의식원천을 구명함에서만 결정된다. 이에, 우리 이성의 한계를 결정함은 선천적인 근거에 의거해서만 가능하다. 우리 이성의 [경험적] 제한이란, 완전하게는 제거될 수 없는 무지를—이것의 내용을 규정할 수는 없지만—인식하는 것이다. 그러나 이성의 체한은 후천적으로도 [즉] 우리가 온갖 지식을 가지는 데도 여전히 장차 알아야 할 것으로 남는 것에 의해서도 인식될 수 있다.

[무제약자에 관한] 무지의 인식은 이성 자신의 비판에 의해서만 가능하거니 787
와, 이런 무지의 인식이 학이다. [그러나 완전하게는 제거될 수 없는] 무지의 인식은 바로 지각임에 틀림없다. 지각에 기본한 추리가 어디까지 도달하겠는가 하는 것을 사람은 말할 수가 없다. 내가 지구의 표면을 (그것이 감관에게 보이는 것에 좇아서) 하나의 접시하고 생각한다면, 나는 이 표면을 어디까지 확대할지 알 수가 없다. 그러나 경험의 가르침에 의하면, 내가 어디로 가더라도 내 주위에서 항상 공간을 보고, 나는 이런 공간적 진행을 더욱더 할 수 있겠다. 따라서 나는 지구에 관해서 그때그때 실지로 하는 것에는 제한이 있음을 인식하되, 지구에 관한 가능한 모든 기술—[즉, 지리학]—의 한계는 모른다. 그러하되, 지구가 공과 같고 그것의 표면은 구면임을 내가 알게 되면, 나는 구면의 작은 한 부분에서 가령 도의 크기에서 지구의 직경을 알고, 이 지경에서 지구의 완전한 한계, 즉 지구의 표면을 선천적 원리에 의해서 인식할 수 있다. 내가 지구의 표면이 포함할 수 있는 뭇 대상들에 관해서 무지라고 하더라도, 그런 대상들을 포함하는 범위·지구의 크기·한계에 관해서는 무지가 아니다.

② 우리의 인식에 대한 모든 가능한 대상들의 총괄은 외견상으로 지평선을 갖는 듯한, 하나의 평면인 것으로 여겨진다. 이 지평선은 평면의 전범위를 포괄하고, 무제약적 전체성의 이성개념이라고 이전에 말했으나, 이런 이성의 개념에 경험적으로 도달할 수는 없다. 또 그 어떠한 선천적 원리에 의해서 이성의 개념을 규정하려는 모든 시도도 헛된 일이었다. 그럼에도 불구하고, 우리의 순수이성의 모든 문제는, 이 지평선의 외부에 있겠는 것 혹은 필경 지평성의 788
한계선 안에 있겠는 것에 관계하고 있다.

③ 유명한 「데이비드 흄」은 인간이성의 이러한 지리학자 중 한 사람이었다. 그는 순수이성의 전문제들을 이성의 지평선의 밖에 추방함에 의해서, 그것을 완전히 해결했다고 잘못 믿었다. 그러나 그는 이 지평선 자신을 규정할 수는 없었다. 그는 특히 인과성의 원칙을 상론하고, 이것에 관해서 다음과 같이 진술했으나, 이것이 정당하지는 않았다[원어 수정]. 즉, 「인과성-원칙의 진리는 (뿐더러 작용하는 원인 일반이라는 개념의 객관적 타당성조차도) 통찰에 의존하지 않는다. 다시 말하면, 선천적 인식에 의존하지 않는다. 그러므로 인과성-법칙의 모든 권위를 형성하는 것은, 단연 그것의 필연성이 아니요, 경험 과정에 있어서의 그것의 보편적 유용성일 뿐이며, 또 유용성에서 생기는 주관적 필연성이다」라고. 주관적 필연성을 그는 습관이라고 불렀다. 이래서 우리의 이성은 모든 경험을 넘어서 인과성-원칙을 사용할 수 없는 것이요, 이 때문에 경험적인 것을 넘어서려고 하는 이성 일반의 월권은 모두 무효라고 추론하였다.

④ 이성의 사실들을 음미하고, 사정을 따라서는 이 사실들을 견책하는 종류
의 방법을 우리는 이성의 검열이라고 해도 좋다. 이런 검열이 불가피하게 원칙
789 의 모든 초험적 사용을 의심하게 되는 것은 확실하다. 그러나 의심함은 두 번
째 단계일 뿐이요, 이것으로써 일이 끝나는 것은 아니다.

순수이성의 문제에 관한 첫째 단계는 순수이성의 유년기로 특징지어지고, 독단적이다. 이미 말한 두 번째 단계는 회의적이요, 경험에 의해서 현명하게 된 판단력의 신중성을 증시한다. 그러나 셋째 단계가 필요하다. 이것은 성숙한 장년의 판단력에만 귀속하고, 그 일반성에 관해서 확증된 견고한 준칙을 근저에 가지는 것이다. 이런 준칙은 이성의 사실들을 평가하지 않고, 이성 자신을 그것의 전능력과 선천적 순수인식에 대한 적격여부에 관해서 평가한다. 이런 일은 이성의 검열이 아니라 이성의 비판이다. 비판이 증명하는 것은, 이성의 제한이 아니라 이성의 명확한 한계요,[1] 그저 어느 부분에 관한 무지가 아니라, 혹종의 모든 가능한 문제에 관한 무지다. 그러면서도 이 무지는, 추측된 것이 아니라 원리들에 의해서 증명되는 것이다.

1) 한계는 그것의 차안과 피안이 접하는 접선에서 성립한다. 제한은 그것에 의해 구획된 차안만을 갖는다(340면 역주 1 참조).

이에, 회의론은 인간이성의 휴식처다. 이 휴식처에서 이성은 이때까지의 그
독단적인 편력을 성찰하고, 금후의 행로를 보다 더 확실하게 택할 수 있기 위
해 현재 있는 지역의 약도를 만든다. 그러나 그곳이 영주할 만한 거처는 아니
다. 이런 거처는, 그것이 대상 자신의 인식의 확실성이건, 대상에 관한 우리의
인식을 내부에서 싸고 있는 한계의 확실성이건 간에, 완전한 확실성에서만 발 790
견될 수 있기 때문이다.

⑤ 우리의 이성은, 이를테면 그것[평면]의 제한이 그저 일반적으로만 인식되는, 규정할 수 없을 만큼 넓게 퍼진 평면이 아니라, 하나의 구체에 비교되어야 한다. 이 구체의 반경은 그것의 표면상의 호의 곡선에서 (선천적 종합명제의 성질에서) 발견되고, 그러면서도 호의 곡선에서 표면 안의 내용과 표면의 한계를 확시하는 것이다. 구체(경험 분야)의 외부에서는 이성의 객관이 될 수 있는 것은 없다. 뿐만이 아니라, 이런 억측적 대상에 관한 문제조차도 구체 안에서 오성개념들 간에 나타날 수 있는 관계를 완전히 규정하는 주관적 원리[준칙]에만 관계할 뿐이다.

⑥ 우리는 현실로 선천적 종합인식을 갖고 있다. 이 점을 경험을 예료하는 오성의 원칙들이 증시한다. 만약 어떤 사람이 이런 원칙의 가능성을 전혀 이해할 수 없다면, 그는 처음에 이런 원칙들이 「선천적으로」 사실상 있다는 것을 확실히 의심하겠다. 허나, 그렇다고 해서 그가 단지 오성의 힘에만 의하면 오성의 원칙들이 불가능하다고는 말할 수 없고, 또 이성이 오성원칙의 규준에 따라서 취하는 모든 행진이 무의미하다고 말할 수도 없다. 그는 「우리가 오성 원칙들의 근원과 순정을 통찰할 수 있다면, 우리는 우리 이성의 범위와 한계를 규정할 수 있겠으나, 이런 일 이전에는 이성의 모든 주장은 맹목적인 모험이라」고 말할 수 있을 따름이다.

이래서 철저한 회의는, 이성 자신의 비판 없이 진행하는 독단적 철학에 대
해서 확실한 근거를 갖는 것이다. 하지만, 그렇다고 해서 이성의 이러한 진전 791
이 보다 더 확실한 정초에 의해서 준비되고 확보되었을 경우에도, 우리가 이성
의 그러한 진전을 거부할 수는 없을 것이다. 무릇 순수이성이 모든 개념과 아
니 모든 문제를 우리에게 제시하는 것이요, 그런 개념과 문제는 결코 경험 중
에 있지 않고, 자신 또다시 이성 중에 있으며, 따라서 해결되어야 하며, 그것

들의 타당성이나 무효성이 이해되어야 한다. 그 해결이 마치 사실상 사물의 본성 중에 있는 듯한 과제들을, 우리는 우리의 무능력을 구실 삼아 배척할 권리가 없으며, 보다 더 깊은 탐구를 거부할 권리가 없다. 왜냐하면, 오로지 이성 자신의 품속이 이러한 이념들을 산출하였고, 따라서 이성이 이념들의 타당성에 대해서 혹은 변증적인 가상에 대해서 변명할 책임이 있기 때문이다.

⑦ 모든 회의적 논쟁은 원래는 독단론자에만 향하고 있다. 독단론자는, 자기의 근원적인 객관적 원리란 것을 불신함이 없이, 즉 비판함이 없이 당당히 확보하는 자인데, 회의적 논쟁은 이런 독단론자의 생각을 혼란케 하려 하고, 독단론자의 자기인식을 촉진시키려고 한다. 회의적인 논쟁[회의론]은, 우리가 알 수 있는 것과 반대로 알 수 없는 것에 관해서 그 자신 아무런 결정도 하지 않는다. 이성의 모든 실패한 독단론적인 기도의 사실들을 [B. 788 참조] 검열에
792 부치는 것은 항상 유익하기는 하다. 그러나 이런 일이, 보다 더 좋은 성과를 미래의 노력에 걸고 이것을 요구하는 이성의 기대에 관해서는 아무런 결정적인 것도 표시할 수 없다. 하기에 한갓된 검열은 인간이성의 권리에 관한 분쟁을 종결시킬 수 없다.

⑧ 「흄」은 모든 회의론자 중에서 아마 가장 총명한 사람이겠고, 회의적 방법이 이성의 근본적 검토를 야기하는 데에 미친 영향이 이의할 것 없이 압도적이었던 사람이다. 그러한 까닭으로, 그의 추리 절차와 그처럼 명민하고 존중할 만한 사람도 빠지게 되었던 오류를 나의 의도에 적합한 한에서 서술하는 것은 헛수고가 아닐 것이다.——그의 오류는 실로 진리 탐구의 도상에서 생기기 시작했지만.

⑨ 혹종의 판단에 있어서는 우리가 대상에 관해서는 갖는 개념의 외부로 넘어가는 일을 「흄」도 의식했던 것 같다. 그러나 그는 이런 의식을 완전히 전개하지는 않았[못했]다. 그 혹종의 판단을 나는 종합적 판단이라고 말했다. 내가 이때까지 가졌던 개념의 외부에 경험을 매개로 해서 나갈 수 있음은 의심할 여지가 없다. 경험 자신은 지각들의 종합[결합]이다. 이런 종합은 지각을 매개로 해서 내가 갖는 개념을, 부가하는 다른 지각들을 통해서 증가하는 것을 의미한다. 그러나 우리는 우리의 개념을 넘어가서 우리의 인식을 확대함을 선천
793 적으로도 할 수 있다고 믿는다. 이런 일을 우리는 순수한 오성에 의하거나 순

수한 이성에 의해서 시도한다. 적어도 경험의 객체가 될 수 있는 것에 관해서는 전자에 의하고, 경험에 결코 나타날 수 없는 사물의 성질이거나 그런 사물의 실재에 관해서는 후자에 의한다. 우리의 회의론자는 그가 당연히 했어야 함에도 불구하고, 이 두 종류의 판단을 구별하지 않았다. 그리고 개념들의 자기 자신에 의한 이러한 증가를 불가능하다고 생각했다. 즉, 이를테면 경험에 의해서 수태되는 것이 아니고, 오성(및 이성)이 하는 단독적인 출산이 불가능하다고 생각했다. 따라서 잘못되게 선천적 원리라고 일컬어지는 것은 모두 공상이요, 그것은 경험과 그것의 법칙에서 생긴 「습관」임에 틀림없다고 했다. 이래서 그는 세칭의 선천적 원리는 실은 한갓 경험적인 규칙, 즉 그 자신 우연적인 규칙이요, 이런 규칙에 우리가 잘못된 생각에서 필연성과 보편성을 부여한 것임을 발견하였다.

이에, 그는 이런 이채적 명제를 주장하기 위해서 인과관계의 원칙이라는 공인된 원칙을 인증으로 꺼냈다. 무릇, 오성능력은 한 사물의 개념에서, 이 개념이 보편적·필연적으로 주어져 있는 다른 사물의 실재로 나아갈 수 없기 때문에, 이것에서 나올 수 있는 결론은 다음과 같다고 믿었다. 즉, 「경험이 없으면 개념[지식]이 늘도록 할 수 있는 것을 우리는 가지지 않고, 선천적으로 확장되는 [종합적] 판단들을 내리는 권리를 줄 수 있는 것도 가지지 않는다. 밀에 햇
빛이 쪼이면, 그와 동시에 밀은 녹지만, 찰흙에 햇빛이 쪼이면 이것은 굳어진 794
다. 그러나 오성은 이런 일들에 관해 우리가 미리 가진 개념에서 추측을 할 수 없고, 더구나 법칙적인 추리를 할 수 없으며 경험만이 오성에 법칙을 줄 수 있다」고.

이것과 반대로, 우리가 선험적 논리학에서 이미 알았던 것은, 우리는 우리에게 주어진 개념내용의 외부에 직접 나갈 수 없으나 그러나 전혀 선천적으로, 그러면서도 제3자, 즉 가능한 경험을 매개로 해서 역시 선천적으로 타물과의 연결 법칙을 인식할 수 있다는 것이었다. 이에, 이전에 굳었던 밀이 녹을 경우에, 이런 사실이 항구 법칙에 의해서 계기하기 이전에, 그 어떤 것(가령 태양의 열)이 있었을 것임을 나는 선천적으로 인식할 수 있다. 물론 경험이 없으면, 결과에서 원인을 또 원인에서 결과를 선천적으로, 즉 경험의 가르침 없이 명확히 나는 인식할 수는 없을 것이다. 그러므로 「흄」은 법칙에 따른 규정의 우연

성에서 잘못되게 법칙 자신의 우연성을 추리하였고, 또 사물의 개념에서 가능
한 경험으로 넘어감을(이것은 선천적으로 생기고 또 개념의 객관적 타당성을 확정하
는 것이지만), 현실적인 경험 대상들의 종합[결합]과 혼동하였다. 이런 종합은
물론 항상 경험적 종합을 지지하는 친화성-원리를 변경하여, 연상 규칙을 만
795 들었다. 그러나 이 연상 규칙은 모사적 구상력 중에서 발견되고, 그것이 표시
할 수 있는 것은 우연적 결합이요, 객관적인 결합은 아니다.

⑩ 다른 점에서 극히 예민했던 이 사람[흄]의 회의적 오류의 원천은 특히,
그가 모든 독단론자와 공유했던 결함에 있었다. 즉, 그가 오성의 선천적 종합
의 모든 종류를 체계적으로 개관하지 않았다는 결함이다. 만일 그가 이런 개관
을 했더라면, 다른 원칙은 고사하고, 가령 지속성-원칙을 인과성-원칙과 마
찬가지로 경험을 예료하는 원칙이라고 생각했을 것이다. 이것을 통해서 그는
선천적으로 자기를 확대하는 오성과 순수이성 간의 명확한 한계를 현시할 수
도 있었겠다. 그런데 그는 우리의 오성을 제한하기는 했어도, [비판적] 한계를
짓지는 않았고, 보편적 불신을 야기하였지만, 불가피한 무지에 관한 명확한 지
식을 성립시키지는 않았다. 왜냐하면, 그는 오성의 약간의 원칙을 검열하기는
했으나, 오성의 전능력에 관해서 비판이라는 음미적 천평에 걸지는 않았기 때
문이다. 그리고 그는 오성이 참으로 할 수 있는 일도 거부했고, 또 더 전진해
서 오성이 선천적으로 자기를 확장하는 능력 전체를 부정하였다. 그는 실은 오
성의 능력 전체를 평가하지는 않았다. 이리하여 그도 회의론이 항상 받는 타격
을 받았다. 여기서 타격이란 바로 그 자신의 소론이 의심받았다는 것이다. 왜
냐하면, 그의 항의는 우연적인 사실에 기인할 것이요, 독단론적 주장의 권리에
796 대한 필연적인 단념을 초래할 수 있는 원리에 기인하지는 않았기 때문이다.

⑪ 그는 오성의 근거 있는 요구[이런 요구는 인과성-명제와 실체-명제 등의 선천적 원칙 중에 현존한다]와 이성의 변증적 월권[하나님과 불멸의 영혼의 존재를 주장하는 것]을 구별할 줄 몰랐다.――그의 공격은 주로 후자에 향하였지만. 이 때문에 이성 특유의 초월적 확장이 조금도 저지되지 않았고, 단지 방해받았을 뿐이다. 그래서 이성은 그것을 확장할 장소가 닫혔다고 느끼지 않고, 비록 다소간에 훼방을 받기는 하나 이성의 확장기도가 전적으로 없어질 수는 없었다. 누구라도 공격을 받으면, 적대할 무장을 하고, 더욱더 완강한 결의를 고집하여, 자

기의 요구를 관철시키려고 하는 법이다. 그러나 자기의 전재산을 완전히 평가하여, 이것에서 작게나마 확실한 소유를 확신하게 되면, 보다 더 높은 요구에 대한 허용심이 있기는 하되, 결국 모든 논쟁은 해소한다. 그리고 사람은 한정되어 있기는 하나 서로 다툴 것은 없는 소유로써 평온하게 만족하기에 이른다.

⑫ 무비판 독단론자는 그의 오성의 영역을 측정하지 않고, 따라서 그의 가능한 인식의 한계를 원리[원칙]에 준해 정하지 않았다. 따라서 그는 자기가 얼마만한 일을 할 수 있는가를 미리 모르고, 오직 [그때그때]의 시도를 통해서만 할 수 있는 일을 발견하려고 생각한다. 이러한 무비판적 독단론자에 대한 회의론의 공격은 위험한 것일 뿐더러 [독단론자를] 파멸시키는 것이다. 왜냐하면,
만일 독단론자가 그의 한 가지 주장이라도 공격을 받아, 자기 주장을 변명할 797
수 없고, 그 가상을 원리에 의해서 전개할 수 없다면, [회의론자의] 의심은 [독단론자의 나머지의] 모든 주장에도 미치는 터이다. 나머지의 모든 주장이 아무리 곧이 들을 만하다 하더라도, 역시 그렇다.

⑬ 그러므로 회의론자는 독단적인 궤변론자를 오성과 이성 자신의 건전한 비판으로 인도하는 엄격한 교사이다. 만일 독단론자가 비판[적 입장]에 도달했다면, 그는 벌써 그 이상의 아무런 논박도 두려워할 필요가 없었을 것이다. 이때 그는, 그의 소유물과 자기의 소유가 아닌 것을 구별하고, 자기의 소유가 아닌 것을 주장하지도 않고 이런 것에 관해서 분쟁에 휩쓸릴 수도 없다. 이래서 회의적 태도는 그 자신 물론 이성 문제에 대해서 만족을 주는 것은 아니나, 그러나 이성의 신중성을 환기하고 이성에게 합법적인 소유를 확보시킬 수 있는 근본책을 지시하기 위하여 예습적인 성질의 것이 된다.

제1장

제3절 [통제적] 가설에 관한 순수이성의 훈련

① 이성의 비판에 의해서 우리는, 경험을 빌리지 않고 이성을 「순수히 또 798
사변적으로」 사용해서는 참으로 아무런 것도 인식할 수 없었다는 것만을 알았다. 그러면 「비판」은 가설에 대해서 더욱더 넓은 분야를 개방하는 것이 아닐까? 왜냐하면, 비록 이런 분야를 주장할 수는 없더라도, 그것을 상상하고 억측

함은 적어도 허용되어 있기 때문이다.

② 구상력이 몽상에 사로잡히지 않고, 이성의 엄중한 감시 아래서 상상해야 할 경우에는, 항상 미리 십분 확실한 것이 있어야 하고, 그것이 가공된 것이거나 단지 억측이어서는 안 된다. 즉, 그것은 대상 자신이 가능할 수 있다는 것이다. 우선 이런 일이 인정되고 나서, 대상의 현실에 관해 억측에 비호를 구함은 십분 허용된다. 그러나 이 억측이 무근거한 것이 아니기 위해서는 현실로 주어져 있는 것을 따라서 확실한 것을 설명근거로 해서, 이것과 결합시켜야 한다. 이때 억측은 가설이라고 한다.

③ 그런데 우리는 선천적인 역학적 결합의 가능에 관해서 이해할 수 있는 것이 없다. 순수오성의 범주는 이런 결합을 생각해 내는 데에 쓰이지 않고, 그런 결합이 경험 중에 발견되는 경우에 그것을 이해하는 데에 쓰일 뿐이다. 그러므로 우리는 이런 범주에 의해서 경험적으로 표시될 수 없는 새 성질의 대상을 하나만이라도 근본적으로 생각해 낼 수 없고, 이것을 허용된 가설의 근거에 둘 수도 없다. 그런 짓은 사물에 관한 개념 대신에, 이성에게 헛된 공상물을 안겨주는 것이 되기 때문이다. 하기에 신기한 근원적 힘 같은 것을 고안함은 허용되지 않는다. 가령 감관 없이 대상을 직관할 수 있는 오성, 접촉이 필
799 요 없는 당기는 힘, 불가침성 없이 공간 중에 있는 새 종류의 실체, 따라서 경험이 제시하는 모든 상호작용과는 다른, 실체들의 상호작용, 공간 중에 있지 않는 [실체의] 존재, 시간 중에 있지 않은 실체의 지속——이런 모든 것을 생각해 낼 수는 없다. 한 마디로 말하면, 우리의 이성에 대해서 가능한 경험의 조건을, 사물을 가능케 하는 조건으로서 쓸 수 있을 따름이다. 그러나 가능한 경험의 조건을 떠나서, 사물을 가능케 하는 조건을 이를테면 창작하는 일을 할 수는 없다. 왜냐하면, 그런 개념은, 비록 모순을 포함하지는 않더라도, 대상을 가질 수 없기 때문이다.

④ 앞서 말했듯이 이성의 개념은 한갓 이념이요, 그것의 대상은 확실히 경험 중에는 없다. 그러나 그렇다고 해서 그것이 공상이면서도 동시에 가능하다고 간주되는 대상을 표시하는 것이 아니다. 이성의 개념은 경험 분야에서의 오성의 체계적 사용에 대한 통제적 원리를 (발견적인 가구로서의) 이성 개념에 관련시켜서, 설정하기 위하여 고안된 한갓 개연적인 개념이다. 그러므로 경험을 떠

나서는 그것은 관념물이요, 이런 것의 가능성은 증명될 수 없고, 하기에 이런 관념물은 현실적 현상을 설명하는 근저에, 가설을 통해서 두어질 수도 없다.

그러나 마음[영혼]을 단순하다고 생각함은 충분하게 허용된다. 이것은, 이 이념에 따라 심성의 힘 전체의 완전하고도 필연적인 통일을—이 통일을 구체적으로 통찰할 수는 없되—마음의 내적 현상들을 판정하는 원리이도록 하기 위한 것이다. 하지만, 마음을 단순한 실체라고 가정함 (초험적 개념)은 단지 증 800
명할 수 없을 뿐만이 아니라(자연적 가설 중에 증명할 수 없는 것이 많지만), 임의로 맹목적으로 만들어낸 명제이기도 하겠다. 왜냐하면, 단순한 것은 그 어떠한 경험에도 도저히 나타날 수 없고, 또 이 경우에 실체가 감성적 직관의 지속적 객관임을 의미한다면, 단순한 현상이란 것은 통찰될 수 없기 때문이다. 한갓 가상적 존재나 혹은 감성계 사물의 한갓 가상적 성질은, 이성의 근거 있는 권한에서 억측이라고 상정될 수가 없다. 그렇다고 해서 [인간이성의] 사이비의 좋은 통찰에 의해서 독단적으로 거부될 수도 없다(왜냐하면, 우리는 그런 것의 가능·불가능을 전혀 이해하지 않기 때문이다).

⑤ 주어진 현상을 설명하자면, 사물과 설명 근거를 이미 알려진 현상의 법칙에 의해 주어진 현상들과 결합시키는 이외의 다른 사물과 설명근거를 우리는 들 수 없다. 그러므로 이성의 이념을 자연 사물의 설명에 사용하는 선험적 가설은 설명이 되지 않는다. 왜냐하면, 이미 알려진 경험적 원리에 의해서는 충분히 이해될 수 없는 것을, 전혀 이해되지 않는 그 어떤 것에 의해서 우리가 설명하는 것이 되겠기 때문이다. 뿐더러, 이런 [선험적] 가설의 원리는 원래 이성을 만족시키는 데에만 쓰이고, 대상에 관한 오성 사용의 촉진에는 원래 쓰이 801
지 않는 것이다. 자연에 있어서의 질서와 합목적성은 또다시 자연적 근거에 기본하고 또 자연법칙에 좇아서 설명되어야 하며, 이 경우에 가장 조잡한 가설도 차도 그것이 자연에 대한 것이기만 하면, 초자연적 가설보다 낫다. 다시 말하면, 이런 목적을 위해서 전제된 신적 창조자에 의거하는 것보다도 낫다. 초자연적 가설은, 더욱더 경험을 계속함에 의해서 그것[원인]의 객관적 실재성을 적어도 가능성에서 보아 알려질 수 있는 원인을 갑자기 간과하여 버리고, 이성에 대해서 자못 편리한 한갓된 이념에서 휴식하려고 하는, 태만한 이성의 원리이다. 그러나 원인 계열에 있어서의 설명근거의 절대적 전체성에 관해서 말한

다면, 그것은 「세계 안 객관들」에 관해서는 아무런 장애도 될 수 없다. 왜냐하면, 세계 안의 객관들은 현상임에 틀림없기 때문에, 여기서는 제약 계열의 종합에 있어서의 완성을 기대할 수 없기 때문이다.

⑥ 이성의 사변적 사용의 선험적 가설과, 자연적 설명근거의 결함을 보충하고자 부득이 초자연적 설명근거를 사용하는 자유는, 허용될 수 없다. 왜냐하면, 한편에서는 이성은 이런 공작을 통해서 성취하는 것이 없고, 이성[의 경험적] 사용의 진행 전체를 단절하기 때문이요, 다른 편에서는 그런 허용이 이성으로부터 「그것 특유의 지반을, 즉 경험을」 처리함에서 오는 성과를 탈취하지 않을 수 없기 때문이다. 무릇, 자연설명이 여기저기서 곤란하게 될 때에, 우리는 항상 초험적 설명 근거를 가까이 갖고 있는 터이다. 그러나 이런 설명근거
802 는 우리로 하여금 자연 탐구를 포기하게 하고, 우리의 자연 탐구를 통찰로써 끝맺게 하지 않으며, 하나의 불가해한 원리로써 끝맺게 한다. 여기서 불가해한 원리란, 절대적 시초자의 개념을 포함하도록 미리 고안된 것이다[이상이 가설의 첫째 요건이다].

⑦ 가설의 상정을 유가치하게 하는 둘째 요점은, 주어져 있는 결과가 선천적으로 규정되는 데에, 가설이 충분히 유효하다는 것이다. 이런 목적을 도울 만한 가설을 제시하는 것이 강요되는 때에, 제시된 가설에 관해서, 그것이 단지 공상이 아닌가의 의심이 생긴다. 왜냐하면, 어느 가설도 그 자신 그것의 근저에 두어진 사상이 필요로 했던 것과 마찬가지의 변명을 필요로 하고, 따라서 유력한 증인이 될 수 없기 때문이다. 제한 없이 완전한 원인[하나님]이라는 전제 아래서, 세계에서 발견되는 모든 합목적성·질서·장대 등의 설명근거에 있어서 확실히 결함은 없다. 그러나 적어도 우리의 개념[사상]에 의하면 [질서가 없는] 이례와 [합목적적이 아닌] 해악이 [완전한 세계 원인에 대한] 항의로서 나타나게 되면, [처음의] 가설을 구제하기 위해서 다시 새로운 가설이 필요하다. 인간 마음의 현상들의 근저에 두어진, 마음의 단일적인 자립성[이라는 사상]이, 물질의 변화(증가와 감소)에 흡사한 현상 등을 마음도 갖고 있다는 난점에 의해서 공격받을 때에, 이때에도 새로운 가설에 구조를 구해야 한다. 그러나, 이 새 가설은 가설의 외관을 가지기는 하나, 중요 근거라고 생각된 사견[즉, 최초의 가설]이 주는 증명력 이외의 증명력을 가지지 않는 것이다. 그리고 사실은

이 사견을 변호함은 새로운 가설이 해야 할 일이 된다. 803

⑧ 앞서 실례로서 들었던 이성의 주장(마음의 비물체적 단일성과 최고존재의 현존)이 가설이 아니라, 선천적으로 증명된 정설이라고 인정되어야 한다면, 이때에 가설로서의 주장은 벌써 문제가 되지 않는다. 이런 경우에는 그 증명이, 명시적 증명이 지니는 절대필연적인 확실성을 가짐이 배려되어 있다. 이러한 이념의 현존을 개연적이도록 하려는 것은 불합리한 기도요, 이런 기도는 기하학의 명제를 개연적으로 증명하려고 생각하는 것이 불합리한 기도인 것과 마찬가지다. 일체의 경험을 이탈한 이성은 만사를 「선천적인 것으로, 즉 필연적인 것으로」 인식할 수 있거나, 혹은 인식할 수 없다. 그러므로 이런 이성의 판단은 사견이 아니고, 모든 판단의 중지이거나, 혹은 절대필연성이다. 사물에 귀속하는 것에 관한 사견과 개연적 판단과는 오직 현실적으로 주어져 있는 것의 설명근거로서만 나타나거나, 혹은 현실적인 것으로 근저에 있는 것에서 경험적 법칙에 좇아서 생긴 결과로서 나타나거나, 따라서 경험대상의 계열에서만 나타나거나 하는 것이다. 경험의 분야 밖에서 사견을 세운다는 것은 사고를 농락하는 것을 의미할 뿐이다. 그러나 불확실한 판단이더라도 그것에 의해 진리를 발견할지도 모르겠다고 보아, 그러한 불확실한 판단에 의해 사견을 가지는 [세우는] 것은 별문제다.

⑨ 순수이성의 한갓 사변적 문제에 관한 명제에 그 기초를 주는 가설은, 성립하지 않는다. 그러나 필요에 따라 명제를 단지 변호하기 위해서 가설이 충분하게 허용된다. 즉, 독단적 사용에서는 허용되지 않으나 논쟁적 사용에 있어서는 허용된다. 나는 변호란 말에서 판단이 하는 주장의 논거의 증가를 의미하지 않고, 우리가 주장한 명제를 분쇄하는, 적의 사이비 견해를 좌절시키는 것을 의미한다. 그런데 순수이성에 기인한 모든 종합판단은, 혹종의 이념의 실재성을 주장하는 사람이, 자기의 [정립]명제를 확실하게 할 만큼 그것을 알지 않더라도, 다른 편에서 적의 편도 마찬가지로 그의 반대론을 주장할 수 있을 만큼 아는 바가 없다는 특성을 갖고 있는 것이다. 인간이성의 운명의 이 동등성은, 사변적 인식에 있어서는 확실히 양편에 다 호의를 보내지 않는다. 여기에 실로 조정될 수 없는 투쟁의 참 싸움터가 있다. 그러나 나중에 드러나겠듯이, 이성이 한갓 사변의 분야에서는, 충분한 논거를 가지지 않기에, 도저히 전제할 권 804

한이 없는 그런 것을, 실천적[도덕적] 사용에 관해서는 가정할 권리를 갖는다. 왜냐하면, 사변 분야의 모든 전제는 사변의 완전성을 분쇄하는 것이지만[이성의] 실천적 관심은 그러한 완전한 전제에 구애받지 않기 때문이다. 이래서, 이성은 그것의 합법성을 증명할 필요가 없는 것, 사실로 아마 그것을 증명할 수도 없겠는 것을, 사변적 사용에서 갖고 있는 셈이다. 하기에, [실천적 사용에 대
805 한] 반대자는 [그 주장을] 증명해야 할 것이다. 그러나 이 반대자가 의심받는 대상의 비존재를 증시하고자 그런 대상에 관해서 아는 바가 없음은, 그런 대상의 실재를 주장하는 편이 아는 바 없음과 마찬가지다. 그러므로 이런 경우에는 그 어떤 것을 실천적으로 필연한 전제라고 주장하는 그런 자의 편이 유리하다(소유하는 자의 편이 유리하다). 소유하는 자의 편이, 자기의 좋은 일을 이를테면 정당방위하기 위해서 적이 좋은 일에 반대해서 사용하는 것과 동일한 수단, 즉 가설을 사용하는 것은 그의 자유인 것이다. 이 가설은 문제의 증명을 강화하기 위해서 쓰일 것이 아니라, 오히려 적이 그의 사변적 통찰의 우월을 이 쪽의 통찰에 대해서 자부할 수 있을 만큼 논쟁의 대상을 이해하고 있지 않다는 것을 표시하기 위해서만 쓰이는 것이다.

⑩ 이에, 가설은 순수이성의 분야에서는 무기로서만 허용되어 있다. 이 무기는 권리를 그것에 의거시키기 위한 것이 아니고, 권리를 단지 방위하기 위한 것이다. 그러나 이 경우에 우리는 항상 적을 자신 안에서 찾아야 한다. 무릇, 사변적 이성의 선험적[초험적] 사용은 그 자신 변증적이다. 두려워해야 할 항의[반대]는 내 자신 안에 있다. 오래 되었지만 시효에 걸리지는 않는 요구를 찾아내듯이, 우리는 항의를 찾아내어 이것을 근절함에 의해서 항구평화를 확립해야 한다. 외면적인 평온은 겉보기의 평온일 뿐이다. 인간이성의 본성 중에
806 있는 갈등의 싹이 근절되어야 한다. 그러나 만일 우리가 이 싹에 자유를 주고, 양분까지도 주어서 먼저 잡초를 생기게 하며, 그로 인해서 그것의 존재를 발각하고, 이렇게 한 뒤에 그것을 송두리째 전멸케 하지 않는다면, 우리가 어떻게 그 싹을 근절할 수 있을 것인가?

그러므로 어떠한 적도 스스로 깨닫지 않았던 항의를 여러분은 스스로 생각해 내라. 그뿐만이 아니라, 적에게 무기를 빌려주거나 혹은 적어도 적이 바랄 수 있는 한의, 유리한 지위를 적에게 주라. 이 경우에 조금도 두려워할 것이

없다. 여러분은 도리어 모든 미래에 걸쳐서 앞으로는 공격받을 수 없는 소유를 얻을 것을 십분 기대할 수 있다.

⑪ 그런데 여러분의 완전한 무장에는 순수이성의 가설도 필요하다. 그것은
(경험법칙에 의해서 단련되어 있지 않기 때문에) 아주 둔중한 무기이기는 하나, 그
럼에도 어떠한 적이건 여러분에게 사용하겠는 무기 정도의 구실만은 할 수 있다.
하기에, 만일 여러분이 (사변적이 아닌 다른 관점에서) 마음의 비질적인 본성·신체
적 변화의 영향을 입지 않는다고 가정된 본성에 대해서, 경험은 우리 정신력의
부침을 단지 우리의 [생리적] 기관의 각종 변양이라고 증명하는 성싶다는, 곤란
[반대론]이 나타났다고 한다면, 여러분은 다음과 같은 상정으로써 이 반대 증명
을 약화하게 할 수 있겠다. 즉, 우리의 신체는 기본적인 현상임에 틀림없고,
현재의 상태(생존)에서 감성의 능력 전체와, 따라서 모든 사고와는, 조건으로서
이 기본 현상에 관계한다는 상정이다. [마음의] 신체에서의 분리는, 여러분의
인식력의 이와 같은 감성적 사용의 종말인 동시에, 그 지정적 사용의 시초이
다. 그러므로 신체는 사고의 원인이 아니라, 사고를 제한하는 조건이겠다. 하 807
기에, 신체는 감성적·동물적 생활을 촉진하는 것으로 보아지지만, 그 만큼 또
순수한 정신적 생활의 장애로 보아져야 하겠다. 또 사고가 신체적 성질에 의존
하는 일이, 생활 전체가 우리의 [신체적] 기관의 상태에 의존한다는 것을 증명
하는 것이 되지는 않는다. 그러면 여러분은 더욱더 전진하여, 아마 전혀 새로
운 의문, 즉 아직 제출되지 않았거나 혹은 이때까지 충분히 따져지지 않았던
의문을 발견할 수 있을 것이다.

⑫ 인간에 있어서나 이성이 없는 동물에 있어서나 출생은 우연한 기회에 의존한다. 게다가, 출생은 때로는 생계의 생태·[한 나라의] 정부·정부의 [통제적] 자의와 일시적 착상에 의존하고, 심지어는 가끔 죄악에도 의존한다. 출생의 이런 우연성은, 우리의 자유에 철저하게 맡겨진, 그다지 중요하지 않은 사정 아래서 살기 시작한 생물이 영원에 걸쳐서 존속한다[영혼이 불멸이다]는 사견에 대해서, 커다란 난점[반대론]을 형성하는 것이다. (이 땅 위의) 종족 전체의 존속에 관해서는 출생이 우연이라는 난점은 중대하지 않다. 왜냐하면, 개체에서의 우연은 우연이라고 하더라도, 전체적으로는 규칙[방법]에 종속하고 있기 때문이다. 그러나 각 개체에 관해서 그다지도 중대한 결과를 그다지도 보잘것 없는

원인에서 기대한다는 것은, 물론 의심스럽게 여겨진다.

이런 견해에 대해서 여러분은 다음과 같은 선험적 가설을 제시할 수가 있겠
808 다. 즉, 「일체 생명은 원래는 전혀 가상적이요, 결코 시간적 변화를 입지 않는다. 출생에 비롯한 것도 아니요, 죽음에서 끝나지도 않는다. 또 현세의 삶은 한갓 현상임에 틀림없다. 즉, 순수한 정신 생활의 감성적 표상이다. 그리고 감성계 전체는 우리가 현재에 인식하는 방식에 비치는 한갓 상이겠고, 그 자신 실재성이 없는 꿈과 같은 것이다. 또 우리가 사물과 우리 자신을 있는 그대로 [물자체로서] 직관해야 한다고 하면, 우리는 정신적 성질의 세계에서 우리를 보게 될 것이요, 이[가상] 세계와의 우리의 유일한 참 상호관계는 출생에 의해서 비로소 출발했던 것이 아니고, (한갓 현상으로서의) 죽음에 의해서 종식하지도 않는다」 등등이다.

⑬ 그런데, 우리는 공격에 대항하고자 가설적으로 핑계 삼는 일체를 조금도 모르는 것이요, 또 진지하게 주장하지도 않는다. 그것 전부가 「이성의 이념」조차도 아니요, 단지 방위 목적을 위해서 고안된 개념이다. 그러나 이 경우에 우리가 취한 방식은 역시 전혀 합리적이다. 왜냐하면, 경험적 조건이 없다고 함이, 우리가 믿는 것의 전적인 불가능성을 증명하는 것이라고 적이 잘못 말함에 의해서 적은 자신이 모든 가능성[수단]을 다 썼다고 생각하지만, 우리가 이러한 적에게 「그가 가능한 물자체의 전분야를 한갓된 경험적 법칙에 의해서 포괄할 수 없는 것은, 우리가 경험의 외부에서 우리의 이성에 대하여 아무런 것도 확실하게 획득할 수 없는 것과 마찬가지임」을 우리는 지적할 뿐이기 때문이다.

무모한 부정을 하는 적의 월권에 대항하는 가설의 수단을 강구하려는 사람
809 은, 그가 이런 수단을, 자기의 참 의견으로서 소유하려는 듯이 적으로 하여금 생각하도록 해서는 안 된다. 그는 적의 독단적인 자부를 쳐부수기만 하면, 곧 자기의 대항 수단도 포기하고 만다. 무릇, 어떤 사람이 타인의 주장을 단지 배척하고 부정하는 태도를 취하는 한에서, 매우 겸손하고 온건하게 보이지만, 그가 이런 항의를 반대 이론을 증명하는 것이라고 주장하려고 하자마자, 이번에는 그의 이런 요구가, 긍정하는 편과 긍정하는 편의 주장이 고집했던 주장에 못지않게, 오만하고 자부적이기 때문이다.

⑭ 상술한 것에서 가설이 이성의 사변적 사용에 있어서 사견 자체로서 타당성을 가지는 것이 아니고, 오직 초험적인 반대편의 월권에 상관해서만, 타당성을 갖는 것이 알려진다. 무릇, 가능한 경험을 위한 원리를 사물 일반[물자체]의 가능성에까지 확대하는 것이 초험적임은, 그 대상이 모든 가능한 경험의 「한계」 외에서가 아니면 발견될 수 없는 그런 개념의 객관적 실재성을 주장하는 것이 초험적인 것과 마찬가지다. 순수이성이 실연적으로 판단하는 바의 것은, (이성이 인식하는 일체와 마찬가지로) 필연적이어야 한다. 그렇지 않으면, 그것은 아주 무의미하다. 그러므로 순수이성은 사실은 아무런 사견도 포함하지 않는다. 그러나 앞서 말한 가설은 단지 개연적 판단일 뿐이다. 이런 판단은 물론 그 무엇에 의해서 증명될 수 없기는 하나, 적어도 반박될 수는 없는 것이다.
그러므로 그런 가설은 「개인적 사견」은 아니나, (안심입명을 위해서도) 대두하는 810
의혹에 대항하는 데 당연히 불가결한 것이다. 우리는 가설에 이만 정도의 설질을 유지하는 데에 그쳐야 한다. 아니, 그것이 자체상 확증된 것으로 등장하고 어떤 절대타당성을 갖는 것으로 등장하며, 이래서 이성이 공상과 환상 중에 빠지는 것을 주의해서 막아야 한다.

제1장

제4절 이성의 증명에 관한 순수이성의 훈련

① [이성의] 선험적·종합적 명제들의 증명은 선천적 종합인식의 모든 증명들 중에서 특이한 것을 자체상 갖고 있다. 즉, 선험적·종합적 명제들에서는 [이론적] 이성은 그것의 개념을 매개로 해서 직접 대상에 향해 가서는 안 되고, 먼저 개념[이념]들의 객관적 타당성과 그것들이 선천적으로 종합될 수 있음을 증시해야 한다는 것이다. 이런 일은 신중을 위해서 필요한 규칙일 뿐만 아니라, 증명 자신의 본질과 가능성 여부에도 관한 것이다. 내가 대상의 개념을 넘어서 선천적으로 그것의 외부에 나가야 한다면 이런 일은 이 개념의 외부에
있는 특수한 길잡이 없이는 불가능하다. 수학에서 나의 종합을 인도하는 것은 811
선천적 직관이요, 거기서는 모든 추리는 직접 순수직관의 인도를 받을 수 있다. 선험적 인식에서는, 그것이 단지 오성의 개념들만을 다루는 한에서는[인식

의] 규준은 가능한 경험이다. 즉, 여기서 증명은 주어진 개념(가령 발생하는 것이라는 개념)이 직접 다른 개념(원인이라는 개념)에 도달하는 것을 표시하지 않는다. 직접적 이행은 변명될 수 없는 비약이기 때문이다. 오히려 이 증명은 경험 자신이, 따라서 경험의 객관이, 오성의 개념들이 하는 결합[이 참가함이] 없이는 불가능하다는 것을 표시한다. 그렇게 보면 증명은 동시에, 사물에 관해서 그것의 [분석적] 개념 중에는 포함되어 있지 않았던 혹종의 인식에 종합적·선천적으로 도달할 수 있는 가능성을 지시해야 하겠다.

이런 주의가 없으면, 증명은 낭떠러지를 돌파한 물처럼 종횡으로 흘러가서, 이때까지 숨어 있던, 단지 [주관적] 연상의 성벽이 증명을 제멋대로 하는 지경에 이른다. 연상이라는 주관적 원인에 의존하면서도, 연상의 자연의 친화성[1]을 통찰한 것이라고 생각되는 외견상의 확신은, 이런 대담한 행진에 대해서 당연히 생길 의심을 막을 도리가 없다. 이런 까닭에서 충족이유율을 증명하려는 모든 시도조차도, 식자가 일반적으로 승인하듯이 모두 실패로 돌아갔다. 그러나 [일반 논리학의] 충족이유율을 포기할 수도 없기 때문에, 선험적 비판이 나타나기까지는, 사람은 새로운 독단적 증명을 시험하려고 하기보다도 자랑스럽게 상식에 의
812 뢰하였다(상식은 언제나 이성의 문제가 절망적임을 증명하는 피난처와 같다).

② 그러나 증명되어야 할 명제가 만약에 순수이성의 주장이요, 또 내가 단지 이념에 의해서 나의 「경험개념」의 외부에 나가려고 한다면, 증명은 더욱 자기 능력의 필연적 조건으로서 종합이라는 이러한 조치에 대한(이런 조치가 가능하다고 하면) 변명을 포함해야 할 것이다.

그러므로 생각하는 실체[마음]의 단순성을 통각의 통일성에서 증명하는 사이비의 증명이 아무리 그럴듯하게 여겨지더라도, 이런 증명에 대해서 역시 다음의 의심이 생기는 것은 불가피하다. 절대적 단순성은 직접 지각에 관계 맺을 수 있는 개념이 아니라, 이념으로서 단지 추리되어야 하기 때문에, 일체의 사고 안에 포함되어 있는, 혹은 적어도 포함될 수 있는, 한갓된 의식은 물론 그런 한에서 「단순한 표상」이기는 하나, 그러나 그런 순의식이 어떻게 자기 속에 사고작용만이 포함되어 있을 수 있는 한 사물[영혼]을 의식하고 또 아는 것

1) 연상의 객관적 근거를 의미한다. A. 122(이 책 84면) 참조.

에 나를 인도하나 하는 것은 전혀 이해될 수 없다는 의심이다. 내가 운동에 있어서 「신체의 힘」을 표상한다면, 신체는 그런 한에서 나에게 절대적 통일이요, 신체라는 나의 표상은 단순하다. 따라서 나는 이 표상을 한 점의 운동에 의해서 표현할 수 있다. 왜냐하면, 이 경우에 신체의 용적은 전혀 관계가 없고, 나는 힘을 줄이지 않고 용적을 마음대로 줄이며, 그러므로 이 힘을 한 점 안에 포함되어 있는 것이라고 생각할 수 있기 때문이다. 그러나 이러한 사정에는 나 813
는, 신체의 운동력만이 나에게 주어져 있을 때에, 신체의 표상이 공간적 내용의 모든 양을 무시하고 따라서 단순하다는 까닭에서 신체는 단순한 실체로 생각될 수 있다고 추리하지는 않을 것이다.

그런데 추상에서 단순과 객관 중의 단순과는 전혀 다르다. 즉, 전자의 의미에서 다양을 자기 안에 포함하지 않는 내가, 후자의 의미에서는 [객관적] 마음 자신이요, 이런 나는 매우 복잡한 개념일 수 있다. 즉, 매우 많은 것은 자기 아래에 포괄하고 또 표시하는 개념이다. 이상과 같은 사정에서 나는 하나의 오류추리를 발견한다. 그러나 이 오류추리를 미리 추측해 알기 위해서는(먼저 이런 잠정적 예측이 없으면, 증명을 의심함이 없었을 것이기에) 경험이 줄 수 있는 것보다도 이상의 것을 증명할 종합 명제를 가능케 하는 불변의 표준이 반드시 있어야 한다. 그리고 이런 표준이 존립하는 곳은, 직접 요구된 술어를 증명하지 않고, 주어진 개념을 선천적으로 이념에까지 확대하고 이념을 실재화할 수 있도록 하는 원리를 매개로 해서 증명하는 데에 있다. 항상 이러한 신중성을 취한다면, 즉 증명하려고 하기 전에 먼저 다음의 것을 현명하게도 고려한다면, 즉 「어떻게 또 어떤 근거에 의해서, 우리는 순수이성에 의한 이러한 확장을 기대할 수 있느냐, 이런 경우에 우리는 개념에서 전개될 수 없고, 가능한 경험을 예료할 수도 없는 통찰을 어디서 얻어 오려고 하느냐」를 고려한다면, 우리는 814
매우 수고를 하면서도 효과는 없는 노력을 안 할 수 있다. 왜냐하면, 사람은 이성에게 자기의 능력을 명백히 넘어있는 일을 요망하지 않고, 사변적 확장욕이 제멋대로 대두할 무렵에 제한받고 싶어 하지 않는 이성을 절제라는 훈련에 복종시키기 때문이다.

③ 이에 첫째 규칙은 다음과 같다: 마음먹고 선험적 증명을 의거시키려고 하는 원칙을 어디서 구하려고 하는가, 또 어떤 권리에서 이 원칙에서 추리의

훌륭한 성과를 기대할 수 있는가를 미리 고려하여, 정당함을 자인함이 없이는 선험적 증명을 시도하지 않는다는 규칙이다. 만일 원칙이 오성의 원칙(가령 인과성-원칙)이라면, 이런 원칙에서 순수이성의 「이념」에 도달할 수는 없다. 오성의 원칙은 가능한 경험의 대상에 관해서만 타당하기 때문이다. 원칙이 순수이성에서 생긴 원칙이라면 모든 노고가 헛된 것이 된다. 이성은 물론 원칙을 가지나, 그러나 이 원칙이라면 개관적인 원칙으로서는 죄다 변증적이요, 단지 경험에서의 체계적 사용의 통제적 원리로서만 타당하다. 그러나 이런 사이비 증명이 이미 있다고 하면, 여러분의 성숙한 판단력이 내리는 판결 연기[증거 불충분]를 기만적 확신에 대립시켜라. 여러분이 확신의 기만을 비록 간파하지 못하더라도, 여러분은 그런 확신에서 사용된 원칙의 「연역」을 요구할 충분한 권
815 리가 있다. 만일 그 원칙이 단지 이성에 유래했다면, 여러분에게 연역이 제공될 수는 없다. 이래서 여러분은 근거가 없는 모든 가상을 발전시키거나 반박하는 데 상관할 필요가 없고, 무진장의 간계를 갖는 모든 변증성을, 법칙을 요구하는 비판적 이성이라는 재판소에서 일망타진할 수가 있다.

④ 선험적 증명의 둘째 특징은, 어느 선험적 명제에 대해서도 단지 하나의 증명만이 발견될 수 있다는 것이다. 내가 개념에서가 아니라 개념에 대하는 직관에서 추리한다고 하면, 이 직관이 수학에서처럼 순수한 것이건 자연과학에서처럼 경험적이건 간에, 근저에 두어진 직관은 종합명제에 대한 다양한 소재를 나에게 준다. 이 소재를 나는 여러 가지 방식에서 결합할 수 있다. 또 나는 한 관점 이상의 여러 관점[범주 형식]에서 출발해도 좋기 때문에, 나는 여러 다른 길을 통해서 종합 명제에 도달할 수 있다.

⑤ 그런데 선험적 명제는 그 어느 것이나 하나의 개념에서만 출발하고, 이 개념에 좇아서 대상을 가능케 하는 종합적 조건을 설정한다. 그러므로 논거[증명 근거]는 하나가 있을 뿐이다. 왜냐하면, 하나의 개념 외에는 대상을 규정할 수
816 있는 것이 없기 때문이다. 하기에, 이 증명은 역시 하나인 개념에 좇아서 대상 일반을 규정한다는 것 밖에 포함할 수 없다. 우리는 선험적 분석론에서 「발생하는 일체는 원인을 갖는다」는 원칙을 「일반적으로 발생하는 것」이라는 개념을 객관적으로 가능하게 하는 유일한 조건에서 끌어내었다. 이 유일한 조건은, 「사건의 시간에서의 규정이, 따라 경험에 속하는 것으로서의 이것(즉, 사건)이 이 역학

적[인과적] 규칙에 종속하지 않고서는 불가능하다」는 것이다. 이것이 실로 유일의 가능한 논거이다. 인과성－법칙에 매개되어 개념에 대상[오히려 대상성]이 규정되기 때문에 표상된 사건이 객관적 타당성을 가지며, 진리를 가지기 때문이다.

우리는 이 원칙에 관해서 다른 증명, 가령 우연성에 의한 증명도 시험하여 보았다. 그러나 이 증명을 잘 관찰하면, 우연성의 특징이 발생하는 것임에 틀림없음을 발견한다. 즉, 그것은 대상의 비존재 다음에 오는 현존인 것이다. 그러므로 우리는 언제나 다시 동일한 논거로 돌아가는 바이다.

「모든 생각하는 것은 단순하다」는 명제가 증명되어야 할 때에, 사람은 생각내용의 다양을 상대로 하지 않고, 「나」라는 개념, 즉 단순하고, 모든 사고가 관계 맺어지는 자아의 개념만을 고집하고 있다. 하나님 존재의 선험적 증명에 관해서도 마찬가지다. 이 증명은 가장 실재적 존재와 필연적 존재라는 두 개념의 동가성에만 기본하고 있고, 이것 외에서 구해질 수는 없는 것이다. 817

⑥ 이러한 경고적 주의를 해 두면, 이성의 주장에 대한 비판이 매우 간이하게 된다. 이성이 단재 개념에 의해서만 활동한다면, 어차피 무슨 증명이 가능하다고 해도 오직 하나의 증명만이 가능하다. 그러므로 독단론자가 열 가지의 증명을 가지고 나타나는 것을 보더라도 우리는 그가 하나의 증명도 가지지 않음을 확실하게 믿을 수 있다. 만일 그가 (순수이성의 문제들에서 그러해야 하듯이) 절대 필연적으로 확실한 한 증명을 가진다면, 그가 무엇 때문에 다른 증명들을 필요로 할 것인가? 독단론자의 의도는 고등재판소의 변호사의 의도와 같을 뿐이다. 이는 한쪽의 논법을 저 판관에 대해 쓰고, 다른 쪽의 논법을 저 판관에 대해 쓴다. 즉, 판관의 약점만을 이용하려고 하는 것이다. 여기서 판관들이란, 사건에 깊이 들어가지 않고, 신속히 그의 업무를 해치우기 위해서 그때그때에 착상된 최상의 것을 잡음으로써 판결을 내리는 자들이다.

⑦ 순수이성이 선험적 증명에 관해서 훈련에 복종할 경우에, 순수이성 특유의 셋째 규칙은, 「그 선험적 증명이 결코 간접적[1]이어서는 안 되고, 항상 명시적[직접적]이어야 한다」는 것이다. 직접적·명시적 증명은 모든 종류의 인식

---

1) 결론을 일반 거짓으로 가정함에서 생기는 모순 때문에, 드디어 결론이 정당하다는 증명 방식을 말한다. 간접증명에 반대하고 직접증명이 확실하다는 이 셋째 규칙이 제4절 전체에서 가장 중요한 것이다.

에서 진리의 확신과 진리 원천[근거]의 통찰을 동시에 결합시키는 증명이다. 이와 반대로 간접적 증명은 물론 명제의 진리를 확실하게 할 수는 있으나, 그러나 진리를 가능하게 하는 근거들과의 연관에 관해서 진리를 이해하게 할 수
818 는 없는 것이다. 그러므로 간접적 증명은 이성의 모든 의도에 만족을 주는 방법이기보다도 오히려 긴급대책이다. 그럼에도 간접증명은 직접증명보다 우월한 명증성의 장점을 갖고 있는데, 이것은 [간접증명이 지적하는] 모순은 최상의 연결[이 지니는 명석] 이상으로 「표상」에서의 명석을 언제나 수반하고, 이를 통해서 명시적 증명의 직관성에 더 접근하는 점이다.

⑧ 간접증명이 각종 학문에서 사용되는 본래의 원인은 확실히 여기에 있겠다. 그런데 근거에서 인식을 도출하게 하는, 그 근거가 너무 다종다양하거나 혹은 너무 깊이 감추어져 있을 때에, 인식이 귀결에서 근거를 추리하는 데서 얻어지는 것이 아닌가를 우리는 시험한다.

인식의 귀결이 진리로부터 그 인식의 진리를 추리하려는 긍정식[주장적 방법]은 그것에서 생기는 모든 가능한 귀결이 참일 대에만 허용되겠다. 이때는 [모든 귀결이 참일 때는] 귀결에 대하여 오직 하나의 근거가, 따라서 또한 참인 근거가 가능하기 때문이다. 그러나 어떤 상정된 명제에 관한 모든 가능한 귀결들을 통찰하는 것은 우리의 힘이 미치지 않기 때문에 이 [주장적] 방법은 쓰이기가 어렵다. [후건 긍정의 오류이기에] 그럼에도, 이런 종류의 추리는 어떤 것을 단지 가설로서 증명하려는 때에—물론 다소 관대한 눈으로 보아야 하지만—쓰인다. 왜냐하면, 한 번 찾아 본 만큼의 귀결이, 가정된 근거와 잘 일치할 때에
819 는 다른 일체의 가능한 귀결도 근거와 일치하겠다는 추리는 유추에 의해서 허용되기 때문이다. 그러나 그렇다고 해서 이런 [유추의] 길을 통해서 가설이 논증된 진리로 변할 수는 없다.

귀결에서 근거를 추리하는 이성추리에서[1]의 부정식 [즉, 파괴적 방법]의 증명은 엄밀할 뿐만이 아니라 매우 용이하다. 한 명제에서 도출된 귀결이 그 하나만이라도 거짓이면, 그런 명제는 오류이기 때문이다. 명시적 증명에서 근거

1) 바람이 불면 꽃이 떨어진다. 그런데 꽃이 떨어지지 않는다. 그러므로 바람이 불지 않는다. 이런 추리가 부정식이요, 여기서는 후건을 부정하면 전건도 정당히 부정된다. 논리학원론 103면 이하 참조.

들의 전 계열을—이것은 인식의 가능성을 완전히 통찰함에 의해서 그 인식의 진리성에 도달할 수 있거니와— 검토하는 것 대신에, 우리는 이런 인식에 대한 반대에서 생기는 귀결들 중에서 거짓인 하나만을 발견하면 좋다. 그러면, 이 반대 주장도 거짓인 것이 되고, 따라서 증명하려고 했던 인식이 참인 것이 된다.

⑨ 그러나 우리 표상의 주관적인 것[주관적 표상]은 「객관적인 것, 즉 대상 중에 있는 것의 인식」과 뒤바꿀 수 없는 그런 학문들에서만 간접적 증명방법식이 허용될 수 있다. 이 뒤바꿈이 지배하는 데[변증론]에 있어서는, 다음의 [두] 경우가 가끔 발생한다. 즉, [1] 어떤 명제의 반대명제가 사고의 단지 주관적 조건에는 모순되지만, 대상[가령 통제적 존재의 설정]에는 모순되지 않는[1] 경우이거나, 혹은 [2] 두 명제가 다 잘못되게도 객관적이라고 보아진 주관적 조건 아래서만 서로 모순되는 경우이다. 그러나 이 [주관적] 조건이 거짓인 것이기 때문에, 한쪽의 「거짓」에서 다른 쪽 의 「참」으로 추리될 수 없고, 양쪽이
모두 거짓일 수 있다. 820

⑩ 수학에서는 저런 뒤바꿈은 불가능하다. 하기에, 간접적 증명들의 본래 장소는 실로 수학에 있다. 자연과학에서는 일체가 경험적 직관에 의거하기 때문에, 여기서는 뒤바꿈은 많은 비교적 관찰에 의해서 대개는 방지된다. 그러나 간접적 증명방식은 자연과학에 있어서 많은 경우에 중요한 것이 못된다. 이와는 반대로, 순수이성의 선험적 시도는 모두가 변증적 가상이라는 특이한 매개자 중에서만 행하여진다. 즉, 변증적 가상은 원리 주관적인 것[주관적 표상]인 것이나, 이성 [추리]의 전제[대전제, 소전제]에서는 객관적인 것으로서 제기되고 혹은 심지어 강제되기도 한다. 그런데 이 경우의 종합명제에 관해서 말한다면, 그것은 반대를 논박함에 의해서 자기 편 주장을 정당화함은 당연 허용될 수 없다. 왜냐하면, 이 논박은 우리 이성이 이해할 수 있다는 주관적 조건과의 반대의 의견의 모순이라는 한갓 표상임에 틀림없거나, 혹은 주장하는 편과 부정하는 편이 다 선험적 가상에 속아서 대상이 불가능한 개념[이념]을 근저에 두

1) 영혼과 하나님의 존재에 관한 경우요, 다음 [2]는 이율배반에서 정립과 반정립이 다 거짓인 경우를 말한다.

고 있는 것이다. [a] 전자의 경우에는 논박은 문제 자신을 배척하는 이유가 되지 않는다(가령, 한 존재의 현존에서의 무제약적 필연은 도저히 우리가 이해할 수 없는 것이요, 그러므로 주관적으로 필연적 최상존재에 관한 일체 사변적 증명에 반대하는 것은 옳다. 허나, 이 「근원 존재」 자체의 가능성에 반대하는 것은 그르다). [b] 후자의 경우에는 존재하지 않음은 아무런 성질도 가지지 않는다는 규칙이 타당하다.
821 즉, 대상[가상]에 관한 긍정적 주장도 부정적 주장도 다 부장하다는 규칙이다. 우리가 적의 주장을 간접적[증명]으로 논박함으로써 진리를 인식하게 되는 것은 아니다. 가령 감성계가 전체적으로 자체상 주어져 있다고 전제된다면, 감성계가 공간적으로 무한이어야 하거나 혹은 유한하고 한계지어야 한다고 하는 말은 거짓이다. 이[유한과 무한의] 두 가정이 모두 오류이기 때문이다. 대저 (단지 표상인) 현상이 자체상(객관으로도) 주어져 있는 그런 현상은 [모순이고] 불가능한 것이다. 이처럼 「공상된 전체의 무한성」은 물론 무제약적이기는 하겠으나, 그러나 (현상 중의 일체는 제약되어 있기 때문에)[무한성의] 개념에 전제되는바, 무제약적인 양 규정과 모순되겠다.

⑪ [선험적 가상에 관한] 간접적 증명방식은, 우리의 독단적 사변가의 철저성을 감탄하는 사람들이 늘 걸려들었던 진짜 사기다. 그것은, 이를테면 자기 편의 명예와 「반박을 불허하는 권리」를, 적어도 이것을 의심하려는 자와는 경쟁을 도맡아 나섬으로써 증명하려 하는 선수와도 같다. 물론 이런 장담이 의미를 가지는 것은 [변증적] 사물 자신에 관한 것이 아니고 적에게 상관하는 [이쪽의] 강력성에 관한 것이요, 또 공세를 취하는 쪽[이쪽]에만 의미가 있다. 방관자는 양쪽이 자기의 순번에 좇아, 혹은 승리자가 되고 혹은 패배자가 됨을 봄으로
822 써, 논쟁의 대상 자신을 의심하는 기연을 가지는 일이 흔하다. 그러나 방관자는 의심을 일으킬 이유가 없고, 양쪽에 대해 시간이 이러한 변호자를 필요로 하지 않는다[시간이 그들의 변호를 무효케 한다]고 소리치면 족하다.

각인[양쪽]이 그의 사물을 논거의 선험적 연역에서 정당한 증명을 함에 의해서, 즉 직접적[증명]에 의해서 처리해야 한다. 이것은, 각인이 이성의 요구가 자체적으로 무엇을 논거로 할 수 있는가를 알 수 있기 위해서이다. 자기의 적이 주관적 근거에 의거한다면, 이것을 논파하기는 물론 쉽다. 그러나 보통은 자기도 마찬가지로 판단의 주관적 원인에 집착하여, 마찬가지로 적에 의해서

궁지에 빠지는 독단론자는 [적을 논파했더라도] 이익이 없다. [자기도 반박 받는다] 원고와 피고가 다 직접적 증명의 방법을 취한다면, 그들은 그들 주장의 권한을 발견하는 것의 곤란성, 아니 불가능을 스스로 깨닫게 되고, 드디어는 시효만을 의뢰하기에 이를 것이다. 그렇지 않으면, 「비판」이 독단적 가상을 쉽게 발견하고, 순수이성이 그것의 사변적 사용에서 너무나 높은 곳으로 올라가는 월권을 포기하고, 실천[도덕]원칙이라는 특유 지반의 한계 안으로 물러가도록 순수이성에게 강요할 것이다.

선험적 방법론

제2장 순수이성의 규준

① 이성의 순수한 사용에서 아무런 성과도 없고, 오히려 이성을 훈련하여 823
그 분방을 구속하며 분방에서 오는 환상을 막아야 한다는 것은, 인간이성의 의기를 꺾는 짓이다. 그러나 타면에서 보면, [1] 이성이 외래의 감독을 허용함이 없이 스스로 훈련할 수 있고 또 해야 한다는 것과 [2] 이와 동시에 이성의 사변적 사용이 마련하지 않을 수 없는 한계가 모든 적의 궤변적 월권을 제한하고, 따라서 고래의 과장된 요구들 중에서 지금도 남겨서 좋은 것만을 일체의 공격에서 확보할 수 있다는 것과, 이 두 가지는 이성을 다시 고무하고 이성 자신을 신뢰하게 하는 것이다. 이에, 순수이성의 모든 철학의 최대하고도 아마 유일한 효용은, 단지 소극적일 뿐이겠다. 왜냐하면, 순수이성의 철학은, 기관으로서 이성능력의 확장에 쓰이지 않고 훈련으로서 이성능력의 한계 규정에 쓰이기 때문이요, 진리를 발견하는 대신에, 오류를 막는다는 조용한 공적만을 가지기 때문이다.

② 그럼에도 불구하고, 순수이성의 영역에 속하는 적극적 인식의 원천이 어디에서건 있어야 한다. 이 적극적 인식은 오해에 의해서 오류를 범하는 기연을
주기는 하나, 사실은 이성의 열렬한 노력 목표인 것이다. 그렇지 않다면, 경험 824
의 한계를 넘어선 곳에서 확호한 입각지를 구하려 하는 [이성의] 솟아오르는 욕구를, 어떠한 원인에 귀속시켜야 할 것인가? 이성은 자신에게 커다란 관심을

수반하는 대상들을 예감한다. 이성은 이것에 접근하고자 사변의 길을 걷는다. 그러나 대상들은 이성에서 더 멀리 피한다. [이렇게 보면] 이성을 실천적으로 사용하는 유일한 길에서, 이성은 보다 더한 행운을 기대할 수 있을 것이다.

③ 규준이란 말에서 나는 혹종의 인식능력 일반을 바르게 사용하기 위한 선
천적 원칙들의 총괄을 의미한다. 가령 일반논리학의 분석적 부문은 「오성과
이성 일반」에 대한 규준이기는 하되, 형식상으로만 규준이다. 일반논리학은 모
든 내용을 무시하기 때문이다. 선험적 분석론은 순수오성의 규준이었다. 순수
오성만이 진정한 선천적인 종합 인식들을 가능하게 하는 것이기 때문이다. 그
러나 인식력의 바른 사용이 불가능한 곳에서는 규준이 없다. 그런데 사변적 사
용에서의 순수이성의 모든 종합적 인식은 이때까지 했던 모든 증명에 의하면
전혀 불가능하다. 따라서 순수이성의 사변적 사용의 규준이란 도무지 없다(사
변적 사용은 시종일관해서 변증적이기에 말이다). 모든 선험적 논리학은 이런 견지
825 에서는 훈련임에 틀림없다. 따라서 만일 아무래도 순수이성의 바른 사용이 있
을 경우에는, 순수이성의 규준도 있어야 하고, 그렇게 보면 이 규준은 이성의
사변적 사용에 관한 것이 아니라 이성의 실천적 사용에 관한 것이겠다. 하기
에, 우리는 이제야 [아래서] 이런 실천적 사용을 연구하고자 한다.

순수이성의 규준

제1절 우리 이성의 순수한 사용의 최후목적

① 이성은, 자신의 자연적 성벽에 쫓겨서, 경험적 사용을 넘어 가서, 그것의 순수 사용과 한갓 이념에 의해 모든 인식의 최후 한계의 외부로 나가려고 모험한다. 그래서 자기의 활동권을 완성하는 데에서만 비로소 안식하려고 한다. 즉 자체로 존립하는 체계적 전체에서만 안식하려고 한다. 그런데 이런 노력은 그것의 유래가 이성의 사변적 관심에 있는 것인가 혹은 오로지 이성의 실천적 관심에만 있는 것인가?

② 나는 순수이성이 사변적 의도에서 거두는 성공을 지금은 도외시 한다. 이성이 자기의 최후목적에 도달하건 안 하건 간에 나는 그것[과제]의 해결이 순수이성의 최후목적이 되는 그런 과제만을 문제로 삼는다. 이 최후목적에 대

해서 그 외의 다른 모든 목적들은 단지 수단의 가치만을 갖는다. 이 최고 목적들은 이성의 본성에 따라 서로 결합해서, 인류의 보다 더 고차의 관심에 종속함이 없는 [실천적]관심을 촉진시키기 위해서, 또다시 통일되어야 하겠다. 826

③ 이성의 사변이 선험적 사용에서 귀착하는 최후의도는 세 대상에 상관하는 일이다. 의지의 자유·마음[영혼]의 불멸·하나님의 존재가 즉 그것이다. 사변적 관심에서 보면, 선험적 탐구라는 수고스럽고도 부단의 장애와 싸워야 하는 일은 그것을 맡기가 아마 힘들 것이다. 왜냐하면, 선험적 탐구에서 있을지 모르는 온갖 발견은 구체적인 유용성, 즉 자연연구에서의 유용성을 증명하겠금 사용될 수 없기에 말이다.

[첫째로] 의지가 자유라고 하더라도, 이것은 우리의 의욕이 가상적 원인에만 관계한다. 우리의 의욕을 발표하는 현상, 즉 행위에 관해서 말한다면 우리는 행위를, 이성을 경험적으로 사용할 수 있게 하는, 불가침의 근본 준칙에 의해서 설명해야 한다. 다시 말하면, 자연의 불변적 법칙에 의해서 행위를 자연 현상과 다름이 없는 것으로 설명해야 한다. 둘째로, 마음의 정신성(따라서 마음의 불멸성)이 비록 통찰될 수 있다고 하더라도, 그것에서 우리는 현세의 생명 현상에 관한 설명근거를 구할 수 없고, 혹은 내세 상태의 특수성에 관한 설명근 827
거를 구할 수도 없다. 왜냐하면, 비물질적 자연[정신성]이라는 개념은[비물질적의 말이 표시하듯] 그저 부정적이요, 따라서 우리의 인식을 조금도 확대하지 않으며, [이런 개념에서 하는] 추리에 쓰일 재료를 도무지 제공하지 않기 때문이다. 여기서의 소위 추리는 단지 공상으로서는 타당할 수 있으나, 이런 추리는 철학이 용인하지 않는다. 셋째로 최고 예지의 현존이 증명되겠다고 하더라도, 우리는 그것에 의해서 일반적으로 세계 구조와 질서의 합목적성을 이해하겠으되, 그 어떤 특수 조직과 질서를 최고 예지로부터 도출할 자격이 없으며, 이 특수한 조직과 질서가 지각되지 않을 적에는 최고 예지를 대담히 추리할 자격이 전혀 없다. 왜냐하면, 우리가 아는 것을, 우리의 모든 지식을 초월한 것[최고예지]에서 도출하기 위해서, 자연원인을 간과하지도 않고, 경험에 의해서 알 수 있는 것을 포기하지도 않음이, 이성을 사변적[이론적]으로 사용할 무렵의 필수적 규칙이기 때문이다.

한마디로 말하면, 사변적 이성에 대해서는 이상의 세 명제는 항상 초험적이다. 세 명제는 내재적인 사용이 없다. 즉 경험의 대상에 대해서 허용되는 사용, 따라서 어떤 방식에서건 우리에게 유용한 사용이 없다. 세 명제는, 자체로 본다면 이성의 무용한 그러면서도 지극히 수고로운 노력이다.

④ 따라서 만일 이 세기본명제가 우리의 앎에 대해서는 전혀 불필요하고,
828 그럼에도 불구하고 우리의 이성이 절실하게 추천하는 것이라면, 그것들의 중요성은 원래 오직 실천적인 것에 관계하는 것이다.

⑤ 자유에 의해 가능한 것은 모두가 실천적이다.[1] 우리의 자유 결의를 행사하게 하는 조건이 경험적[심리적]일 때에, 이성은 통제적 사용만을 갖는다. 즉 경험적 법칙에 단지 통일을 주는 데 쓰인다. 가령 영리의 교설[처세훈]에 있어서 우리의 애착에 의해서 과해져 있는 모든 목적들을 하나의 목적, 즉 행복으로 결합하며, 이런 목적[행복]들을 달성하기 위한 수단을 그 목적과 조화시키는 것이, 이성의 전 소업이 되는 것과 같다. 이 때문에 이성은 [이런 면에서] 자유 행동에 대한 실용적 법칙만을 줄 수 있다. 실용 법칙은 감관이 우리에게 권고하는 목적을 달성하기 위한 것이요, 따라서 순수한 법칙[도덕법]을 완전히 선천적으로 규정하는 것은 아니다. 실용법칙과는 달리 순수한 실천법칙은 그것의 목적이 이성을 통해서 전혀 선천적으로 주어져 있고, 경험적 제약이 없으며 단적으로 명령한다. 이런 실천법칙은 순수이성의 산물이다. 도덕법이 바로 이런 법칙이요, 그러므로 도덕법만이 순수이성의 실천적[결의적] 사용에 속하며 규준이 됨을 용인한다.

⑥ 순수철학이라고 말할 수 있는 [분야의] 노력에서 하는 이성의 전 장비는, 사실은 상술한 세 과제를 지향하고 있다. 그러나 이 세 과제는 그 자신 다시 더 심원한 의도를 갖는다. 즉 만일 의지가 자유요, 하나님과 내세가 있다면 사람이 무엇을 해야 하는가 하는 것이다. 이것은 원래 최고목적에 대한 우리의
829 태도에 관한 것이다. 그러므로 우리에 대해서 현명하게 배려하는 자연의 최후 의도는 우리의 이성조직에서는 본래 도덕적인 것을 지향하고 있다.

⑦ 그러나 우리가 선험철학의 범위 외※에 있는 대상을 목표로 하는 경우에

1) 「실천적」을 제2비판에서는 「도덕적」에만 국한했으나, 여기서는 도덕적으로만 볼 것이 아니라 문화가치의 실현까지도 내포함이 드러나 있다. 하이데거도 자유가 이론이성의 가능성에 속하는 한에서는 그것은 이론적인 것으로서 실천적(칸트와 형이상학의 문제, 143면)이라고 했다.

는, 일면에서는 기로로 들어가서 체계의 통일을 파괴하지 않기 위해서, 타면에 있어서는 체계가 지니는 이 재료에 대해 언급이 너무나 적기 때문에 판명성이 없다거니 납득이 가지 않는다거니 하는 일이 없기 위해서 신중함이 필요하다. 이 두 가지를 실행하기 위해서, 되도록 선험적인 것에 가까이 접근하여, 심리적으로, 즉 경험적으로 존재할 수 있는 것을 도외시해야 할 줄로 나는 생각한다.

※ 실천적 개념은 모두 적의·부적의의 대상에, 즉 쾌·불쾌의 대상에 따라서 적어도 간접적으로 감정의 대상에 관계한다. 그런데 감정은 사물의 표상력이 아니고 인식력 전체의 외부에 있기 때문에, 우리의 판단이 쾌·불쾌에 관한 것인 한, 이런 판단의 요소에 따라서 실천적 판단의 요소는, 전혀 선천적인 순수인식만을 다루는바, 선험철학의 범위에는 속하지 않는다.

⑧ 우선 주의해 두어야 할 것은 내가 자유개념을 실천적 의미에서만 사용하고, 선험적 의미의 자유-개념은 현상의 설명근거로서 경험적으로는 전제할 830
수 없다는 것이요, 그 자신 이성에 대한 과제라는 것이다. 이런 자유 개념을 이미 위에서 진술하였고, 나는 여기서 재론하지 않는다[B. 561].

감성적 충동에 의해서만, 즉 감성적으로만 규정될 수 있는 결의는 한갓 동물적(동물적 결의)이다. 그런데 감성적 충동에서 독립하고, 따라서 오직 이성이 지시하는 동인에 의해서 규정될 수 있는 결의가 자유 결의이다. 그리고 이런 결의—그것이 근거로서건 결과로서건간에—와 「관련」하고 있는 일체를 실천적이라고 말한다. 경험이 이런 실천적 자유를 증명할 수 있다. 무릇 우리를 자극하는 것만이, 즉 감관을 직접 촉발하는 것만이 인간의 결의를 규정하는 것이 아니라, 간접적으로 손익인 것의 표상을 통해서 우리의 감성적인 욕망능력에 미치는 인상을 극복하는 능력을, 우리는 가지기도 한다.

그러나 우리 [심신]상태 전체에 관해서 무엇이 욕망될 만한 값어치가 있는가, 즉 무엇이 선이며 유익한 것이냐에 관한 배려는 이성에 의존하고 있다. 그러므로 이성은 법칙도 준다. 이 법칙은 명령이요, 다시 말하면 자유의 객관적 법칙이다. 그것은 무엇이 생겨야 할 것이냐 하는 것을 비록 아마 생기지 않겠더라도, 입언[명령]한다. 이 점에 있어서 무엇이 현실로 발생하고 있는 것만을 다루는 자연법칙과 다르다. 이 때문에 이성이 주는 법칙은 실천법칙이라고도 한다.

831 ⑨ 이성이 행위를 통해서 법칙을 지정하거니와, 이런 행위에서 이성은 그 자신이 다시 외래 영향에 의해서 규정되어 있지 않은가, 즉 감성적인 충동에 관계해서 자유라고 하는 것이 이전의 보다 더 소급한 작용적 원인에 상관해서 역시 자연적(인과필연적)일 수 있지 않은가, 이런 문제는 우리가 말하는 실천적인 것 [도덕적인 것]과 관계가 없다. 우리가 이성에게 맨 먼저 묻는 것은 태도의 대한 지침뿐이기 때문이다. 저런 문제는 단지 사변적 문제요, 우리의 의도가 행위 태도의 유무에 향하고 있는 한에서 우리는 사변 문제를 논외로 할 수가 있다. 이에, 우리는 경험을 통한 실천적 자유를 자연원인에서의 자유라고 인식하고, 의지 규정에 있어서의 「이성의 원인성」이라고 인식한다.

그런데 우리는 「선험적 자유가 이성 자신이 (현상 계열을 스스로 시작하는 이성의 원인성에 관해서) 감성계를 규정하는 모든 원인에 의존하지 않음을 요구한다」는 것을 인식한다. 이런 한에서 선험적 자유는 자연법칙에 어긋나고, 따라서 모든 가능한 경험에 어긋나는 듯이 여겨진다. 이 때문에 선험적 자유는 하나의 문제로서 남아 있다.

그러나 이런 과제는 실천적[결의적]으로 사용되는 이성 앞에 제시될 것이 아니다. 하기에 우리가 순수이성의 규준에 있어서 다루어야 할 것은 단지 두 가
832 지 문제뿐이다. 그것은 순수이성의 실천적 관심에 상관하는 것이요, 이런 [순수]이성에 관해서는 이성사용의 규준이 가능하지 않을 수 없다. 즉 두 가지 문제란, 하나님이 있느냐 내세가 있느냐 하는 문제이다. 선험적 자유에 관한 문제는 한갓 사변적인 「앎」에 관한 것이기 때문에, 우리가 실천적인 것을 다룰 적에는, 우리는 선험적 자유를 냉담하게 도외시할 수 있다. 그리고 이 문제는 순수이성의 이율배반론에서 이미 충분히 설명을 했다.

순수이성의 규준

제2절 순수이성의 최후목적의 규정근거인 최고선의 이상

① 이성의 사변적[이론적] 사용은 우리를 인도해서 경험 분야를 통과했다. 그리고 경험 분야에서 이성은 십분 만족을 발견하지 못했기 때문에, 이성은 그 분야에서 사변적[즉 선험적] 이념들로 우리를 인도했다. 그러나 이 이념들은[가

상이었기에] 결국 우리를 다시 경험으로 돌려 보냈고, 따라서 이성의 의도는 확실히 유익하기는 했지만, 우리의 기대에는 맞지 않은 방식에서 수행되었다. 그런데 우리에게 아직도 하나의 시도가 남아 있다. 이것은 순수이성의 실천적 사용이 발견될 수 있지나 않나, 이 실천적 사용이 바로 이전에 말한 순수이성의 최고목적에 도달하는 이념에 통하지나 않나, 하는 것이다. 따라서 이성의 사변적 관심이 우리에게 철저히 거부한 것을, 그것의 실천적 관심이라는 견지에서는 승인하지 않나, 하는 것이다. 833

② 내 이성의 모든 관심은 (사변적 관심도 실천적 관심도) 다음의 세 물음으로 집약된다.

1. 내가 무엇을 알 수 있느냐?
2. 내가 무엇을 해야 할 것인가?
3. 내가 무엇을 바라서 좋은가?

③ 첫째 물음은 전혀 사변적이다. (나의 자부에 의하면) 우리는 이 물음에 대한 모든 가능한 답을 빠짐 없이 캔 다음에, 드디어 이성이 만족하지 않을 수 없는 답을 발견했고, 또 만일 실천적인 것[분야]에 주목하지 않는다면 이성이 당연히 그렇게 만족했어야 할 까닭이 있는 답을 발견하였다. 그러나 순수이성의 이러한 전 노력이 원래 겨냥했던 두 개의 커다란 목적[하나님과 내세의 문제]에서는 우리는 여전히 매우 멀어져 있다. 이 점은, 안이를 바라서, 우리가 이런 일[신과 내세]을 최초부터 거부했다고 하더라도 마찬가지겠다. 이에, 「앎」이 문제일 적에 그것이 두 [큰] 과제[목적]에 관여할 수 없다는 것은 매우 확실하고 결정적이다[B. 832 참고].

④ 둘째 물음은 전혀 실천적이다. 그것은 실천적 문제로서 순수이성에 속할 수는 있지마는, 이때에 선험적이 아니라 도덕적이요, 따라서 우리 「비판」 자신이 다룰 문제일 수 없다.

⑤ 셋째 물음, 즉 내가 해야 할 것을 내가 할 때에, 내가 무엇을 대망해서 좋은가 하는 물음은 실천적인 동시에 이론적이다. 그 결과로, 실천적인 것은 이론문제의 해답에 대한 길잡이로 될 뿐인 것이요, 이론문제가 더욱더 고양되면, 사변문제에 대한 답도 되는 것이다. 무릇, 모든 대망은 행복을 노린다. 그리고 대망이 실천적인 것과 도덕법에 대하는 관계는, 앎과 자연법칙이 사물의

이론적 인식에 대하는 관계와 같다. 전자는 드디어 그 무엇이 생겨야 하기 때문에 그 무엇(가능적인 최후목적을 규정하는 것)이 있다고 하는 추리에 귀착한다.
834 후자는, 그 무엇이[지금] 생기고 있기 때문에 그 무엇(최상 원인으로서 작용하고 있는 것)이 있다는 추리에 귀착한다.

⑥ 행복이란 우리의 모든 애착을 만족시키는 것이다(애착이 다종 다양한 면에서 보면 외연적으로, 애착의 도에서 보면 내포적으로 또 애착의 지속에서 보면 지속적으로 만족시키는 일이다). 행복의 동인에서 생기는 실천법칙을 나는 실용적(영리의 규칙)이라고 말한다. 이것과 반대로 행복할 만한 값어치 이외의 아무것도 동인으로 삼지 않는 한의, 실천법칙을 도덕적(도덕법칙)이라고 말한다. 전자는 우리가 행복에 참여하려고 할 때에, 무슨 행동을 할 것인가를 가르쳐 주고, 후자는 행복할 만한 값어치만이 있고자 하면, 우리가 어떻게 처신해야 할 것인가를 명령한다. 영리의 규칙[처세훈]은 경험적 원리에 의거한다. 경험에 의하지 않고서는, 만족을 구하는 그 어떤 애착이 있는가는 나는 알 도리가 없고, 애착의 만족을 일으킬 수 있는 자연원인이 어떠한 것인가를 알 도리도 없다. 도덕법은 애착과 이것을 만족시키는 자연적 수단을 도외시하고, 이성적 존재 일반의 자유와, 자유가 행복의 부여와 원리적으로 조화하는 필연적 조건과, 이 둘만을 고찰한다. 그러므로 도덕법은 적어도 순수이성의 한갓 이념에 의거하고, 따라서 선천적으로 인식될 수 있다.

835 ⑦ 완전히 선천적으로(경험적인 동인, 즉 행복을 돌보지 않고), 이성적 존재 일반의 행위 태도를 즉 「자유의 사용」을 규정하는바, 순수한 도덕법이 현실로 있다는 것, 또 이런 도덕법이 단적으로(외래의 경험적 목적의 전제 아래서 단지 가언적이 아니고) 명령하며, 따라서 어느 모로 보나 필연적이라는 것——이런 것들을 나는 상정한다. 이런 명제를 내가 전제하는 것은 정당하다. 왜냐하면, 나는 가장 계몽된 도덕론자의 증명에 의거할 뿐만이 아니라, 이런 법칙을 명백히 생각해 보려고 하는 모든 사람의 도덕적 판단에 의거해 있기 때문이다.

⑧ 이에, 순수이성은, 그것의 사변적 사용에서는 아니지만 그것의 어떤 실천적 사용, 즉 도덕적 사용에서, 경험을 가능케 하는 원리를, 다시 말하면 도덕적 지침에 합치해서 인간의 역사에 나타날 수 있는 행위를 가능케 하는 원리를 포함하고 있다. 이성이 이런 행위가 생겨야 할 것을 명령하기 때문에, 이

런 행위는 또한 「생길 수」 있어야 한다. 그러므로 특수한 체계적 통일이, 즉 도덕적 통일이 가능해야 한다. 그런데, 이성의 사변적 원리에 따른 체계적 자연통일은 증명될 수가 없었다. 왜냐하면, 이성은 확실히 자유 일반에 관해서는 원인성을 가지지만, 자연 전체에 관해서는 원인성을 가지지 않고, 도덕적 이성 836
원리는 확실히 자유 행위를 생기게 할 수는 있지만, 자연법칙을 생기게 할 수는 없기 때문이다. 따라서 순수이성의 원리는, 그것의 실천적인 그러나 특히 도덕적인 사용에 있어서 객관적 실재성[타당성]을 가진다.

⑨ 세계가 모든 도덕법에 합치해 있다고 가정하는 한에서(세계는 실로 이성적 존재의 자유에 의하면 그럴 수 있고, 또 도덕성의 필연적 법칙에 의해서 그러해야 하지만), 나는 이런 세계를 **도덕적 세계**라고 한다. 도덕적 세계는 그런 한에 있어서 가상적 세계라고 생각된다. 왜냐하면, 여기서는 그 세계에서의 도덕의 모든 조건(목적)뿐만이 아니라, 모든 장애(인간성의 박약성과 불순성)까지도 도외시하기 때문이다. 따라서 그런 한에서 도덕적 세계란 한갓 이념이요, 그러면서도 실천적 이념이며, 감성계를 되도록 이 이념에 합치시키기 위해서 이 이념은 실제로 그것의 영향을 감성계에 미칠 수 있으며 또 미쳐야 한다. 하기에, 도덕적 세계라는 이념은 객관적 실재성[타당성]을 갖는다. 그러나 이 이념은 지성적 직관의 대상에 관계하는 듯이 생각되어서는 안 되고(우리는 그러한 것을 전혀 생각할 수가 없다) 감성계에 관계하되, 자세히 말하면 실천적으로 사용되는 경우의 순수이성의 대상으로서의 감성계에 관계한다. 그리고 이성적 존재의 자유 결의가 도덕법 아래서 자기 자신 및 그 외의 일체의 이성적 존재의 자유 결의와 완전히 체계적 통일을 이루는 한에서 도덕적 세계라는 이념은 감성계에 있어서의 이성적 존재들의 신비적 단체이다.

⑩ 실천적 관심에 관계한 순수이성의 두 물음 중에서 첫째 물음에 대한 답 837
은, 네가 행복할 만한 값어치가 있도록 행위하라는 것이다. 둘째 물음은 내가 행복할 만한 값어치가 있도록 처신했다면, 나는 행복에 참여할 수 있음을 바라도 좋은가? 라는 것이다. 이것에 답할 무렵에는, 선천적으로 [도덕]법칙을 지시하는 순수이성의 원리들[가령 하나님이나, 저승]이 이러한 대망도 필연적으로 도덕법과 결합시키느냐 하는 것이 중요한 점이다.

⑪ 하기에, 도덕 원리가 이성의 실천적 사용에 의해서 필연적인 것은, 이성

의 이론적 사용에 의해서 다음과 같이 상정하는 것이 필연적인 것과 같다. 즉 「각인이 행위 태도에 있어서 행복에 참여할 만한 값어치가 있도록 처신했던 그 정도에 비례해서, 행복을 대망할 까닭을 가지며, 따라서 도덕의 체계는 행복의 체계와 불가분적으로 결합해 있으나, 그러나 순수이성의 이념에 있어서만 결합해 있다」고 나는 말한다.

⑫ 그런데, 가상적 세계, 즉 도덕적 세계라는 개념에서 우리는 도덕성에 대한 모든 장애(애착)를 도외시 하거니와, 이런 세계에 있어서는 도덕성과 결합하여 그것에 비례한 행복의 체계도 또한 필연적이라고 생각된다. 왜냐하면, [의지의] 자유는 한편에서 도덕법을 동인으로 하지마는 또 한편에서는 도덕법의 제어를 받는 것이요, 이런 자유 자신이 보편적 행복의 원인이 되고, 이성적 존재는 [도덕법의] 원리를 길잡이로 해서 자타의 복지를 지속케 하는 처음의 창시자가 되기 때문이다.

그러나 이처럼 행복을 누리는 도덕성의 체계는 하나의 이념일 뿐이요, 이것
838 이 실행되자면 각인이 해야 할 일을 한다는 것을 조건으로 한다. 즉 「이성적 존재의 모든 행위가, 마치 모든 개인적 결의를 자기 속에 혹은 가지 아래에 통괄하는 최상의지[하나님]에서 발생하는 듯이 행위한다」는 것을 조건으로 한다. 허나 각인이 각각 자기 [의지의] 자유를 사용할 무렵에, 비록 타인이 도덕법에 적합하게 행동하지 않더라도 각인이 도덕법의 구속을 언제나 받아야 한다. 이 때문에 도덕성[에 기본한 행위]의 결과와 행복과의 [비례]관계는, 현세에서의 사물의 성질에 의해서도 결정되지 않거니와, 행위 자신의 원인성에 의해서 또 행위와 도덕성과의 관계에 의해서도 결정되지 않는다. 즉, 이성은 행복한 것에 대한 대망과 행복할 만한 값어치를 치려는 부단한 노력과 이 두 가지의 이미 말한 필연적 결합을, 그 근저에 그저 자연만을 두는 때에는 인식할 수도 없다. 도덕법에 의해서 명령하는 최고이성이 동시에 자연의 원인으로서도 근저에 두어지는 때에만, 이성은 그런 필연적 결합을 기대할 수 있다.

⑬ 예지의 이념[하나님]에 있어서는, 도덕적으로 가장 완전한 의지가, 최고의 정복과 결합하고 있고, 현세에서의 일체 행복의 원인이 되어 있다. 나는 이런 이념[하나님]을, 그것이 도덕성(행복할 만한 값어치)과 엄밀히 비례[일치]해 있는 한에서, 최고선의 이상이라고 한다. 이에 순수이성의 근원적 최고선이라는

이상에 있어서만, 파생적 최고선, 즉 가상적·도덕적 세계의 두 요소[도덕성과 행복함]를 실천적으로 반드시 결합하는 근거를 발견할 수 있다. 감관은 현상계 839
만을 우리에게 제시하되, 우리는 우리를 이제야 이성에 의해서 필연적으로 도덕계에 속하는 것으로 표상한다. 하기에 우리는 감성계에 있는 우리 행동의 결과로서의 도덕계를, 우리에게 대하는 내세라고 상정하지 않을 수 없다. 감성계는 [도덕과 내세와의] 결합을 제시하지 않기에 말이다. 따라서, 하나님과 저승은, 순수이성이 우리에게 과하는 책임과—동일한 순수이성의 원리에 준해서—밀접해 있는 두 전제이다.

⑭ 도덕성은 그 자신으로서 하나의 체계를 형성한다. 그러나 행복은 체계를 형성하지 않는다. 행복이 도덕성에 엄밀하게 적합하여 배분되어 있는 한에서는 별문제다[즉 체계를 형성한다]. [도덕성과 행복과의] 합치는 하나의 전지한 창조자·통치자 아래에 있는 가상적 세계에서만 가능하다. 이성은 이러한 통치자를 우리가 내세라고 간주해야 하는 세계에서의 생활과 함께 상정하지 않을 수 없고, 그렇지 않으면 도덕법은 헛된 환상으로 보아짐을 안다. 왜냐하면, 동일한 이성이 도덕법과 결합시키는, 이 도덕법의 필연적 결과가, 저러한 전제[통치자]가 없다면, 전혀 없어지겠기 때문이다. 이 때문에 누구라도 도덕법을 명령이라고 간주한다. 만약 도덕법이 선천적으로, [도덕성에] 적합한 결과[행복]와 자기의 [도덕적] 규칙을 결합시키지 않는다면, 따라서 약속과 위하를 수반하지 않는다면, 도덕법은 명령일 수 없을 것이다. 그러나, 도덕법이 이러한 합목적적 통일을 가능하게 하는 최고선으로서의 필연적 존재[하나님] 중에 없다고 하면 도덕법은 이런 약속과 위하를 할 수도 없을 것이다.

⑮ 라이프니쯔는 세계에 있어서 최고선의 통치 아래 있는 이성적 존재와 이 840
성적 존재들이 도덕법에 좇아 서로 교제하고 있는 것을 착안하는 한에서, 이런 세계를 은총의 나라라고 불러서 자연의 나라와 구별하였다. 이성적 존재는 자연의 나라에서도 도덕법에 따르지만, 그들 행동의 결과를 우리 감성계의 자연적 경과에 좇아서만 기대한다. 따라서 은총의 나라에서는 우리가 행복할 만한 값어치가 없음에 의해서 우리의 행복 참여를 자신이 제한하지 않는 한에서, 모든 행복이 우리를 기다리고 있고, 이런 은총이 나라에 있다고 자신을 보는 일은, 이성이 실천적으로 반드시 갖는 이념이다.

⑯ 실천법칙은, 그것이 동시에 행위의 주관적 원칙이 되는 한에서, 준칙이라고 한다. 도덕성의 순수성과 결과는 이념에 따라서 평가되고, 도덕법은 준칙에 따라서 지켜진다.

⑰ 우리의 행실 전체를 도덕적 준칙에 종속시키는 것이 필요하다. 그러나 동시에 이렇게 될 수 있고자 하면, 우리의 최고목적에 엄밀히 합치하는 결과를, 이승에서건 저승에서건, 도덕법에 따른 처신에 대해 규정하는 작용적 원인[하나님]과 이념인 도덕법을 이성이 서로 결합해야 한다. 따라서 하나님과, 우
841 리가 지금은 보지 않으나 희망된 세계를 결하고 보면, 도덕성의 숭고한 이념들은 확실히 동의와 감탄의 대상이 될지언정, 기획과 역행의 동기로 되지는 않는다. 왜냐하면, 그것들은 모든 이성적 존재에게 자연적인 목적, 또 동일한 순수 이성에 의해서 선천적으로 규정되어 있는 목적, 따라서 필연적인 목적을 완전하게 충족시켜 주지는 않기 때문이다.

⑱ 우리의 이성이 볼 때에, 행복만이 도저히 완전한 선은 아니다(애착이 아무리 행복을 바라더라도). 행복이 행복할 만한 값어치, 즉 도덕적 선행과 결합에 있지 않은 한에서, 이성은 행복을 시인하지 않는다. 그러나 오로지 도덕성, 이것과 함께 행복할 만한 값어치가 있음은 아직 「완전한 선」은 아니다. 선을 완전하게 하려면, 행복을 받을 값어치의 행동을 행한 사람이 사실상의 행복 참여를 바랄 수 있어야 한다. 일체의 개인적 의도를 가지지 않은 이성조차도, 그것이 자기 자신의 이해를 고려함이 없이, 일체의 행복을 타인에게 배여해야 하는, 한 존재[하나님]의 입장에 선다면, 그렇게 판단하지 않을 수 없다. 실천적 이념[완전한 선]에서는 두 요소가 본질적으로 결합하고 있기 때문이다. 그러나 조건으로서의 도덕적 심정이 행복에 참여함을 가능하게 하는 것이요, 반대로 행복에 대한 기대가 도덕적인 심정을 비로소 가능하게 하는 것이 아니다. 후자의 경우에는 심정이 도덕적이 되지 않겠고, 따라서 완전한 행복일 값어치가 없
842 을 것이다. 완전한 행복은, 이성 앞에서 우리 자신의 부도덕에서 유래하는 제한 외의 어떠한 제한도 인정하지 않는 행복이다.

⑲ 이에 행복할 만한 값어치가 있는 이성적 존재의 도덕성과 엄밀히 비례하고 있는 행복만이, 우리가 순수하고도 실천적인 이성의 지침에 의해서 들어가야 할 세계의 최고선을 형성한다. 이 세계는 물론 단지 가상계이다. 감성계는

그것의 자연적 성질로 보아서 우리에게 저러한 목적의 체계적 통일을 약속하지 않기 때문이다. 가상계의 실재성[타당성]은, 최고의 근원선이라는 전제 외의 아무런 것에도 기인할 수가 없다. 일체를 충족시키는 최상원인을 갖추고 있는 자존적 이성은, 그것의 완전무결한 합목적성에 의해서, 감성계의 우리에게는 아주 감추어져 있지마는 「사물의 보편적인 질서」를 확립·유지·성취하는 것이다.

⑳ 그런데, 이 도덕신학이 불가피하게 유일의 가장 완전하고도 이성적인 근원존재라는 개념에 도달한다고 하는 것은 사변신학 이상의 독특한 장점이다. 사변신학은 결코 객관적 근거로부터 이런 근원존재를 우리에게 시사하지 않는다. 더구나 근원존재를 확신시킬 수는 없었다. 선험적 신학에서도 「소질적」 신학(B. 71 참조)에서도, 그것들에서 이성이 우리를 얼마만큼 심원한 곳으로 인도 843
하더라도, 다음과 같은 유일한 존재[하나님]를 상정할 만한 아무런 유력한 근거도 우리는 발견하지 않는다. 즉 이 유일한 존재란, 우리가 모든 자연 원인보다도 이전에 둘 터의 것이요, 동시에 우리는 자연원인들을 모든 점에서 그런 유일한 존재에 의존시킬 충분한 원인을 가질 터의 것이다.

이와는 반대로 만일 우리가 하나의 필연적 세계법칙으로서의 도덕적 통일의 입장에서, 그것[원인]만이 이 세계법칙이 적합하는 작용을 할 수 있고, 따라서 우리에게 구속력을 줄 수 있는, 원인을 고찰한다면, 그것은 이러한 모든 법칙을 자기 안에 포괄하는 유일의 최상 의지가 아닐 수 없다. [그렇지 않다면] 우리가 어떻게 상이한 [개별적] 의지들 간에서 「목적의 완전한 통일」을 발견하려고 할 것인가? 자연 전체와, 그것의 세계에서의 도덕성에 대한 관계가 이런 최상의지에 종속하는 것이기 위해서는, 그런 의지는 전능이어야 한다. 이런 의지가 심정의 내면성과 도덕적 가치를 인식하기 위해서는, 그 의지는 전지여야 한다. 이런 의지가 세계의 최고 복지를 요구하는 일체의 수요에 직접 응하기 위해서는, 그 의지는 편재해야 한다. 자연과 자유와의 이러한 일치가 어느 때나 결함이 없기 위해서는 그 의지는 영원이어야 한다[1] 등등.

㉑ [이상과 같은] 「예지자들의 세계」는 한갓 자연으로서는 감성계라고 할 수 있지만, 자유의 체계로서는 가상계, 즉 도덕계(은총의 나라)라고 할 수 있다. 이

1) 유일한 하나님의 전능·전지·편재·영원이라는 네 활동이 지적되었다.

예지자들의 세계에서의 「목적들의 체계적 통일」은, 그런 큰 전체를 이루는 만물의 합목적적 통일에 도달하지 않을 수 없다. 그러면서도 이 합목적적인 통일이 보편적인 자연법칙에 따른다는 것은, 목적들의 체계적인 통일이 보편적·필연적인 도덕법에 따르는 것과 마찬가지다. 이래서 목적들의 체계적 통일은 실천이성과 사변이성을 결합한다. 만일 세계가 이성의 도덕적 사용과 합치해야
844 한다면, 세계는 하나의 이념[하나님]에서 발생한 것이라고 생각되지 않을 수 없다. 이런 이성사용이 없다면, 우리 자신에 이성의 값어치가 있다고 생각되지 않을 것이다. 이성의 도덕적 사용은 철저히 최고선의 이념에 의존하는 것이다. 이것에 의해서 모든 자연연구는 목적들의 체계라는 형식으로 향하는 방향을 얻고, 이런 연구가 최고로 개발되면, 자연신학[B. 648 참조]으로 된다. 그러나 자연신학은 도덕적 질서에서 출발하였다. 즉 자유의 본질에 기본한 통일에서 외래의 명령에 의해서 우연적으로 성립한 것이 아닌 통일에서 출발하였다. 그러므로 자연신학은 자연의 합목적성을 선천적으로 사물의 내적 가능성과 불가분적으로 결합해 있어야 하는 근거 위에 확립하는 것이다. 자연신학은 이런 일을 통해서 선험적 신학에 도달한다. 그리고 선험적 신학은 최고의 존재론적 완전성이라는 이상을 체계적 통일의 원리로 삼는 것이나, 이 원리는 만물을 보편적·필연적인 자연법칙에 의해 연결한다. 왜냐하면, 만물은 모두 유일한 근원존재의 절대필연성에서 유래하기 때문이다.

㉒ 만일 우리가 목적들을 미리 세우지 않는다면, 경험에 관해서조차 우리는 어떤 종류의 오성을 사용할 수 있을 것인가? 그런데, 최고의 목적들은 도덕의 목적들이다. 그리고 이것을 우리로 하여금 인식하게 하는 것은 순수이성뿐이
845 다. 이 최고목적을 구비하고 그것의 지도에 의한다 하더라도 만일 자연 자신이 합목적적 통일을 자기 안에 설정하지 않았다면, 우리는 자연의 지식조차도 인식에 관해서 합목적적으로 사용할 수가 없다. 무릇, 이러한 합목적적 통일이 없으면, 우리는 이성까지도 없는 것이 될 것이다. 왜냐하면, 우리는 이성을 단련하는 도장도 없을 것이요, 이런 개념[목적 또는 합목적적 통일]들에 소재를 주는 대상들에 의해서, 이성을 개발함도 없을 것이기 때문이다. 그러나 [도덕적] 합목적적 통일은 필연적이요, [개인들의] 결의 자신의 본질 중에 근거를 갖는 것이다. 따라서 이 합목적적 통일을 구체적으로 적용하는 조건을 포함하는 자

연의 합목적적 통일도 마찬가지로 필연이 아닐 수 없다. 이래서 우리의 이성인식의 선험적 확장은, 순수이성이 우리에게 과하는바, 실천적 합목적성의 원인인 것이 아니라, 오히려 그것의 결과인 것이다.

㉓ 그러므로 도덕적 개념이 충분히 세련되고 규정되며, 그것에 준해서 목적의 체계적 통일이—그러면서도 필연적 원리로부터—통찰되지 않았을 적에는 자연에 관한 지식도 그 외의 많은 학문에 있어서의 이성의 현저한 개발도, 하나님에 관해서 조잡하고 불확실한 개념을 산출할 수 있었거나 혹은 이런 문제에 관해서 일반적으로 놀랄 만한 냉담을 나타냈던 것을, 우리는 인간이성의 역사에서 발견한다. 도덕적 이념은 종교[기독교]의 지순한 도덕법에 의해서 필연적으로 고도의 연성을 보았는데, 이런 일은 우리의 이성을 대상에 관해서 예민하게 했고, [그러면서도] 이성의 대상에 대해서 가지지 않을 수 없었던 관심을 통해서 예민하게 하였다.

자연에 대한 광범한 인식에 힘입음도 없고, 정당하고 확실한 선험적 통찰(이 846
것은 어느 시대에도 없었던 터이지만)에 힘입음도 없는, 도덕적 이념이 우리가 오늘날 정당하다고 생각하는, 신적 존재의 개념을 성립시켰다. 이것은 사변적 이성이 신적 존재의 개념의 정당성을 확신하도록 하기 때문이 아니라, 신적 존재의 개념이 도덕적인 이성원리와 완전히 일치하기 때문이다. 따라서 순수이성의 실천적[도덕적] 사용만이 다음과 같은 공적을 지니는 것이다. 즉 사변이 공상만 하고 주장할 수는 없는 인식을 우리의 최고 관심과 결합시켜, 이런 인식을 확실히 논증된 교외로 삼는 것은 아니나, 그러나 이성의 본질적 목적에 있어서 단적인 필연적 전제이도록 하는 공적이다.

㉔ 그러나 실천이성이 이 고지에, 즉 최고선이라는 유일한 근원존재의 개념에 도달했더라도, 마치 실천이성이 그 개념[최고선]을 적용할 무렵에 모든 경험적 조건을 초월하고, 새 대상을 직접 아는 것으로 비약한 듯이 생각해서 이 [최고선의] 개념에서 출발하고, 도덕법 자신을 이 개념에서 도출하려고 모험해서는 안 된다. 무릇, 도덕법이야 말로, 그것이 효용적이 되고자, 그것의 내적 실천 필연성이 자존적 원인, 즉 하나의 현명한 세계통치자를 전제하도록, 우리를 인도했던 것이다. 이런 이상, 우리는 도덕법을 우연적인 것·[세계 통치자의] 한갓 의지에서 도출된 것으로 볼 수는 없다. 더군다나, 만일 우리가 그런 의지

를 도덕법에 의해서 형성하지 않았을 때에, 그런 의지를 우리는 전혀 이해하지
847 도 않을 것이다. 실천이성이 우리를 인도할 권리를 갖는 한에서, 우리가 행위를 해야 한다는 책임을 생각하는 것은, 행위가 하나님의 명령이기 때문이 아니다. 우리가 행위를 해야 한다고 내심에서 책임을 느끼기 때문에 행위를 하나님의 계명이라고 보는 것이다[재판의 수정].

우리는 [의지의] 자유를 이성의 원리에 따르는 합목적적 통일 아래서 연구하겠다. 그리고 이성이 행위 자신의 본성에서 우리에게 가르치는 도덕법을 신성하다고 생각하는 한에서만, 우리가 하나님의 의지에 합치하고 있다고 믿는다. 또 우리가 자타 세계의 최선의 복지를 촉진함에 의해서만, 하나님의 의지에 봉사한다고 믿는다. 이에, 도덕신학은 내재적으로만 쓰인다. 즉 우리가 목적 전체의 체계로 적합함에 의해서 우리의 [도덕적] 사명을 현세에서 달성하기 위해서 쓰인다. 우리는 선행에 있어서 도덕적인 입법을 하는 이성의 지도를 포기하여 열광적이 되거나 아마 모독적이 되어서도 안 되며, 그래서 도덕적 지도를 직접 최고존재의 이념에 결합시켜도 안 된다. 최고존재의 이념에 행위의 지도를 직접 결합시키는 일은, [도덕신학의] 초험적 사용이 되겠고, 그것은 한갓 사변의 초험적 사용과 마찬가지로, 이성의 최후목적을 뒤엎고 헛되게 하는 것이
848 아닐 수 없다.

순수이성의 규준

제3절 억견·앎·신앙

① 의견은 우리의 오성 중에 있는 사건이거니와, 이런 사건이 객관적 근거에 기인한다 하더라도, 그것은 판단자의 심성에서의 주관적인 원인을 필요로 한다. 의견이 이성을 가진 한의 만인에게 타당할 적에, 그런 의견의 근거는 객관적으로 충분하다. 이때의 의견을 정견[확신]이라 한다. 의견이 단지 주관의 특수 성질 중에서 그 근거를 가진다면 이런 의견을 아견이라 한다.

② 아견은 한갓 가상이다. 주관 중에만 있는 판단 근거가 객관적이라고 간주되기 때문이다. 그러므로 이런 판단은 단지 사적 타당성만을 갖고, 그런 의견[아견]은 타인에게 전달될 수 없다. 진리는 객관에 일치함에 의존하고, 따라

서 이런 객관에 관계해서 각자 오성의 판단이 일치하지 않을 수 없다(제3자[객관]와 일치하는 자들은 「서로」도 일치한다). 그러므로 의견이 정견이냐 아견이냐를 결정하는 시금석[표준]은, 외면적으로는 그것을 타인에게 전할 수 있느냐, 의견이 누구의 이성에게도 타당하는 것이라고 인정될 수 있느냐 하는 가능성이다. 왜냐하면 전해질 수 있고 인정될 수 있을 적에 「주관들이 서로 다를지언정, 모 849
든 판단들이 합치하는 근거가 공통의 근거, 즉 객관에 있고, 그러므로 모든 판단이 이 객관에 일치하며, 그로 인해서 판단의 진리가 증명된다는 것」이 예상되기에 말이다.

③ 하기에, 주관이 의견을 자기 심성의 순 현상이라고 보고, 이런 「의견」에 주목한다면, 주관적으로는 아견과 정견을 구별할 수 없다. 그러나 의견이 우리에게 타당하는 그 근거에 관해서, 그것이 우리의 이성에 대해서와 마찬가지로 타인의 이성에 대해서도 영향을 미치느냐 하는 것을, 타인의 오성에서 알아보려고 한다면[1] 이런 기도는 정견을 가져오는 수단은 아니더라도, 판단의 순 사적인 타당성, 다시 말하면 그저 「아견」인 것을 판단에서 드러내는 수단이 된다.—이런 수단이 비록 주관적인 것이기는 하되.

④ 게다가, 만일 우리가 판단의 객관적 근거라고 잘못 생각하는, 판단의 주관적 원인을 천명하고, 따라서 「기만적」 의견을 우리 심성 중의 한 사건이라고 설명하며, 이런 설명이 객관의 성질[을 끌어댈 것]을 필요로 하지 않을 수 있다면, 우리는 가상을 폭로한 것이 되고, 그로 인해 앞으로 또 사기를 당하는 일은 없다. 가상의 주관적 원인이 우리의 천성에 속해 있을 적에는, 여전히 어느 정도까지 [사기의] 유혹을 받기는 하지만.

⑤ 「정견」을 낳는 것만을 나는 주장할 수 있다. 즉 각인에게 필연적으로 타 850
당하는 판단이라고 언명할 수 있다. 만일 내가 자기의 「아견」에 만족한다면,

1) 아견과 정견은 다 자기 개인의 체험 중에 있는 것이요, 그런 한에서 구별되지 않는 것이다. 그러나 내 「의견」의 근거들이 타인에게 「정견」을 초래하지 않을 적에는, 나는 한갓 「아견」만을 중시했다고 추측하게 될 것이다. 아니, 나의 아견이 어떠한 주관적 원인에 기본했던가를 내가 발견할 때에, 아견의 주관성이 더욱더 확실하게 될 것이다. 「타인의 오성에서 알아보려고 하는 기도」라는 말은, 타인에게 정견을 가져오나의 여부를 테스트하는 과정을 말한 것이다(Messer, 주석서, 252면 참조).

나는 그것을 보존할 수 있으나, 그러나 아견을 자기 외로 향하여 주장할 수도 없고, 또 해서는 안 된다.

⑥ 의견, 즉 판단의 주관적 타당성은 (동시에 객관적으로 타당하는바) 정견과 관계해서 세 단계를 갖는다. 즉 억견·신앙·앎이 그것이다. 억견이란 주관적으로도 객관적으로도 불충분함을 의식하고 있는 의견이다. 의견이 주관적으로는 충분하되 객관적으로는 불충분할 때에, 그런 의견을 신앙이라고 한다. 최후로 주관적으로도 객관적으로도 충분한 의견이 앎이다. 또 주관적으로 충분한 것은 (나 자신에게는) 정견이요, 객관적으로도 충분한 것은 (각인에게는) 확실성이다. 이런 개념들은 어느 것이나 매우 쉽게 이해할 수 있기에, 나는 그것들을 설명하는 데에 얽매어 있지 않겠다.

⑦ 「그 자체가 단지 개연적인 판단」을 진리와 결합하도록 하는 그런 것을—이런 결합은 완전한 것은 아니더라도 임의의 가구 이상의 것이지만—적어도 앎이 없이, 억견을 내세우는 일을 내가 해서는 안 된다. 이런 결합 법칙은 확실해야 한다. 만일 이런 법칙에 관한 억견만을 갖는다면, 일체가 공상의 유희가 되고 진리와 무관계한 것이 된다. 순수이성의 판단에 있어서 억견은 전혀
851 허용되지 않는다. 이런 종류의 판단은 경험이라는 근거에 지지되지 않고, 일체가 전혀 선천적으로 인식되어야 하고, 이런 [선천적] 인식에 있어서는 일체가 필연적이기 때문에, 결합의 원리는 보편성과 필연성을, 따라서 완전한 확실성을 필요로 하고, 이런 성질이 없으면, 진리에 인도됨이 없다. 그러므로 순수 수학에서 억견을 세운다는 것은 불합리하다. [수학에서] 반드시 「앎」이 있거나 그렇지 않으면 판단을 일체 중지해야 한다. 도덕의 원칙도 마찬가지의 사정 중에 있다. 도덕에서 우리는 그 무엇이 허용되어 있다는 억견에만 기본해서 행위를 모험해서는 안되고, 그 무엇이 허용되어 있음을 「알아야」 한다.

⑧ 이것과 반대로, 이성을 선험적으로 사용할 무렵에 「억견」은 확실히 미급한 것이나, 그러나 「안다고 함」도 지나친 것이다. 이런 경우에 우리는 한갓 사변적 의도에 의해서 판단할 수 없다. 왜냐하면, 의견의 주관적 근거가 신앙을 결과할 수 있기는 하되, 사변문제에서 찬성을 받을 만한 값어치는 없기 때문이다. 즉 주관적 근거는 모든 경험의 도움을 받고서만 유지되는 것이고, 유지와 같을 정도로 타인에게 전해질 수도 있다.

⑨ 그러나 일반적으로 실천적 관계에서는, 이론적으로 불충분한 의견을 「신앙」이라고 할 수 있다. 그런데 이 실천적 의도는 숙련의 의도이거나 도덕의 의도이거나 그 어느 것이다. 전자의 임의의·우연적인 목적에 대한 것[관계]이요, 후자는 단적으로 필연인 목적에 대한 것[관계]이다.

⑩ 일단 목적이 설정되어 있을 적에, 이것에 도달하기 위한 조건은 「가언적」으로 필연이다. 이 필연은 주관적이기는 하나, 내가 그런 목적에 도달할 수 있는 그외의 다른 조건을 전혀 모를 적에는 「상대적」으로만 충분하다. 그러나
설정된 목적에 도달하는 다른 조건을 누구라도 모른다는 것을 내가 확실히 852
「안」다면, 이 필연은 단적으로 충분하고 또 만인에게 충분하다. 첫째 경우에는 나의 전제, 혹종의 조건에 관한 나의 의견은 단지 우연적 신앙이다. 그러나 둘째 경우에는 나의 의견은 필연적 신앙이다. 의사는 위급한 환자에게 어떤 조치를 해야 하지만, 그는 병[의 내용]을 모른다. 그는 겉으로 보인 증세에서 [가령] 폐병이라고 진단한다. 이것은 이것보다 나은 조치를 모르기 때문이다. 그의 신앙은 그 자신의 판단에 있어서도 우연적일 뿐이요, 다른 의사라면 아마 보다 더 적절한 조치를 했을지 모른다. 이처럼 우연적이기는 하나 어떤 행위를 위한 수단을 실지로 사용하는 근거를 주는 신앙을 나는 실용적 신앙이라고 일컫는다.

⑪ 어떤 사람의 주장이 한갓 아견인지, 혹은 적어도 주관적 정견, 즉 그의 확고한 신앙인지를 검토하는 보통의 시금석에 내기란 것이 있다. 누구라도 가끔 자기의 주장을, 마치 자기가 오류일지도 모른다는 「온갖 불안」을 아주 없애 버리거나 한 듯이, 자신만만하고 굽히기 어려운 대담성에서 선언한다. 그러나 「내기」는 이런 사람을 낭패보게 한다. 이따금 그는 한 두카텐[옛 금화의 이름]의 값어치라고 하기에는 충분하나 열「두카텐」의 값어치는 없다는 아견을 표시한다. 그는 한 두카텐이라면 내기를 감행하지만, 열 두카텐에 내기를 할 무렵에는 이때까지는 몰랐던 것이 비로소 알려진다. 즉 자기가 오류였을지 모
르는 일이 충분히 가능함이 비로소 알려진다. 전생애의 행운을 「내기」에 걸어 853
야 할 것을 생각할 때에, 우리의 의기양양한 판단은 위축되고, 우리는 극도로 비겁하게 되며, 이래서 우리의 「신앙이」 그다지 충분한 것이 아닌 것을 발견한다. 이에, 실용적 신앙은 「내기」에 작용하고 있는 이해의 차이에 좇아서 크게도 되고 적게도 되는바, 도를 가질 뿐이다.

⑫ 비록 우리가 어떤 객관에 관해서 아무런 기도도 할 수 없더라도, 따라서 객관에 관한 우리의 의견이 한갓 이론적이라도, 우리는 역시 많은 경우에 하나의 기도를 두뇌 중에서 품어볼 수 있고 혹은 상상해 볼 수가 있다. 그리고 문제[의 진상]를 확실하게 하는 수단이 있다면, 그런 기도에 대한 충분한 근거를 가진다고 추측한다. 그러므로 한갓 이론적인 판단 중에도, 실천적 판단과 유사한 것이 있고, 이런 실천적 판단이 가지는 의견에 대해서 신앙이라는 말이 적합하며, 이러한 신앙을 우리는 교의적 신앙이라고 말할 수 있다. 우리가 보는 유성들 중의 적어도 어느 하나에 사람이 산다는 것을 경험에 의해서 결정할 수 있다고 하면, 이 명제[의 참인 것]에 대해서 나는 내가 가지는 모든 것으로써 「내기」를 하고 싶어 한다[교의적 신앙에 속한다]. 하기에 내가 하는 말은, 다른 세계에도 거주자가 있다는 것은 「그저 억견이 아니라 굳센 신앙이라」는 것이다(이런 신앙의 정당성을 위해서 이미 나는 내 일생의 많은 이익을 걸어좋겠다).

854 ⑬ 그런데 하나님의 현존을 주장하는 설이 「교의적 신앙」에 속한다는 것을 고백하지 않을 수 없다. 비록 이론적 세계인식에 관해서는, 나는 세계 현상을 설명하기 위한 조건으로서, 이런 사상을 필연적으로 전제하는 「것」을 써서는 안 되고, 일체가 마치 자연임에 그치는 듯이 써야 하기는 하지만, 합목적적 통일은 역시 이성을 자연에 적용하기 위한 중요한 조건이다. 게다가 경험은 나에게 합목적적 통일의 실례를 풍부히 제공한다. 그러므로 나는 합목적적 통일을 간과할 수가 없다.

그러나 이런 합목적적 통일에 대한 조건, 즉 나에 대해서 자연연구의 길잡이가 되도록 하는 「조건」으로서는, 최고지예[하나님]가 일체를 가장 총명한 목적에 의해서 그와 같이 질서지었다고 내가 전제하는 이외에, 다른 「조건」을 나는 아는 바 없다. 따라서 하나의 총명한 세계창조자를 전제한다는 것은, 우연적 의도이기는 하되, 중요한 의도를 위한 조건이다. 즉 자연 탐구에서 길잡이를 얻기 위한 조건이다.

나의 시험 결과도 매우 자주 이런 전제의 유용함을 확증한다. 그리고 [1] 만약 내가 이런 나의 의견을 한갓 억견이라고 한다면, 그것은 지나치게 겸손한 말이요, [2] 이론적 관계에 있어서조차 내가 하나님을 굳게 믿는다고 하는 말에 결정적 반박이 나올 수 없다. 그러나 이렇게 보면 이런 신앙은 엄밀한 의미에서 실천적이 아니고, 그러므로 하나의 교의적 신앙이라고 말해야 한다. 이런 신앙을 산출하는 것은 필연적으로 항상 자연에 대한 신학(즉 자연신학)이다. 인 855
간성에 주어진 탁월한 천자와 그것의 실현에는 너무나 적합하지 않는 인생의 짧음을 돌볼 무렵에 하나님의 지혜 중에는 인간의 마음[영혼]이 내세에서도 있다는 교의적 신앙에 대해서도 마찬가지로 충분한 근거가 발견될 수 있다.

⑭ 이런 경우의 신앙이라는 말은 객관적 관점에서는 겸손을 의미하되, 주관적 관점에서는 동시에 확고한 자신을 의미한다. 만일 내가 단지 이론적 의견을, 내가 가정할 권리가 있는바 가설이라고 부르고자 한다면, 그것에서 벌써 나는 세계원인의 성질과 이 세계와는 다른 세계의 성질에 관해서 내가 현실적으로 제시할 수 있는 이상의 [완전한] 개념을 갖는 책임을 지게 될 것이다. 무릇 내가 어떤 가설을 가정한다면, 나는 적어도 그것의 성질에 관해서, [단지]개념이 아니라 그것의 현존을 상상할 줄만을 알아야 한다. 그런데 신앙이라는 말은, 이념이 나에게 주는 지도와 그것이 나의 이성활동을 촉진시키는 주관적 영향만을 노린다. 비록 나는 사변적 견지에서는 이념을 변명할 수 없지만, 이런 촉진[과 지도] 때문에 나는 이념을 고수한다.

⑮ 그러나 그의 교의적인 신앙은 어떤 불안정한 것을 지니고 있다. 사람은 가끔 사변에서 마주치는 난점에 의해서 [교의적] 신앙을 상실한다. 비록 불가피하게 [교의적] 신앙에 항상 복귀하기는 하지만. 856

⑯ 도덕적 신앙에 관해서는 사정이 전혀 다르다. 여기서는 그 무엇이 생겨야 한다는 것, 즉 내가 모든 점에서 도덕법에 순종해야 한다는 것은, 단적으로 필연이다. 여기서는 [순종의] 목적은 절대적으로 확립되어 있다. 그리고 나의 모든 통찰[인식]에 의하면, 이 목적은 유일의 조건 아래서만 그 외의 전목적과 연관하고, 그로 인해서 실천적 타당성을 갖는 것이다. 이 유일의 조건이란, 즉 「하나님과 내세가 있다」는 조건이다. 도덕법 아래서 목적들이 통일되는 외의 다른 조건을 아무도 모른다는 것을 나는 확지한다. 즉 도덕적 지침은 동시에 나의 준칙이기 때문에 (그래야 한다는 것은 실로 이성의 명령이다) 나는 하나님의 현존과 저승 생활을 믿지 않을 수 없다. 그리고 아무런 것도 이런 신앙을 흔들리게 할 수 없음이 나에게는 확실하다. 왜냐하면, 신앙이 동요함에 의해서 나의 도덕적 원칙 자신이 무너지기는 하겠으되, 내 자신의 눈에 혐오할 만한 것

으로 비치는 일이 없이, 나는 도덕법을 체념할 수는 없기 때문이다.

⑰ 이래서 모든 경험의 한계를 넘어서서 헤매려고 하는 이성의 모든 허영적 의도가 실패한 뒤에도 우리에게 충분히 남는 것은, 우리가 실천적 의도에 관해서 만족할 수 있는 원인을 갖는다는 것이다. 물론 누구라도 자기가 하나님과 저승의 존재를 안다고 자랑할 수는 없을 것이다. 만일 그가 안다고 하면, 그는
857 정말 내가 오랫동안 찾았던 사람이다. 사람은 모든 지식을(그것이 단지 이성의 대상에 관한 것일 적에는) 남한테 전할 수가 있고, 하기에 그의 가르침에 의해서 나의 지식을 놀랄 만큼 확장함을 기대할 수 있겠다. 아니, 그렇지 않다. 이 정견은 논리적 확실성이 아니라 도덕적 확실성이다. 그리고 도덕적 확실성은 (도덕적 심정이라는) 주관적 근거에 기본하고 있기 때문에, 나는 하나님의 존재 등등이 도덕적으로 확실하다고 말해서는 안 된다. 내가 하나님의 존재 등등을 도덕적으로 확신한다고 말해야 한다. 다시 말하면, 하나님과 저승의 존재에 대한 신앙은 나의 도덕적 심정과 야무지게 짜여 있는 것이므로 나는 도덕적 심정을 상실하는 모험을 하지 않는 것과 마찬가지로, [하나님과 저승의] 신앙이 없어질 것을 걱정하지도 않는다.

⑱ 이즈음에 나타나는 유일의 걱정스러운 점은, 이 이성신앙이 도덕적 심정을 전제해서 성립한다는 점이다. 만약 우리가 이 전제를 무시하고 도덕법에 전혀 무관심한 사람을 생각한다고 하면, 이성이 제기하는 문제는 단지 사변적 과제가 되고, 그럴 때에는 유추에 기본한 굳센 근거의 지지를 받을 수 있으나, 아무리 완강한 회의벽도 굴복하지 않을 수 없는 근거[도덕적 신앙]의 지지를 받을 수는 없다.※

※ 인간의 심성은 도덕에 대해서 저절로 관심을 갖는다(그것은 나의 소신에 의하면 모든 이성적 존재에 반드시 생긴다). 물론 이런 관심이 시종일관되지 않기도 하고 실천적으로 우세하지 않은 일도 있다. 이런 관심을 확실하게 하고 증대하라. 그렇게 하면, 여러분은 이성에게 매우 쉽게 배워지고, 개발되기도 하여, 사변적 관심도 실천적 관심과 결합하기에 이를 것이다. 하지만 여러분이 최초부터 혹은 적어도 중도부터 선량한 인간이 되기에 마음을 쓰지 않는다면, 여러분은 참으로 신앙을 갖는 사람을 될 수는 없다.

그러나 이런 문제들에 접해 전혀 무관심한 사람은 없다. 비록 그가 선량한 858
심정을 결해 있음으로 해서, 도덕적 관심과는 인연이 없다 할지 모르나, 이런 경우에도 그로 하여금 하나님과 저승을 겁내게 하는 일이 역시 충분히 남아 있기에 말이다. 무릇 그렇기 위해 그가 하나님 같은 것, 저승 생활 같은 것이 존재하지 않는다고 적어도 확실하게는 핑계할 수 없다는 것만은 요구된다. 이런 일 [하나님과 저승이 없음]이 확실하기 위해서는 순수이성만이, 따라서 절대 필연적으로, 그런 일을 증명해야 하겠기에, 그는 하나님과 저승의 불가능성을 증시해야 하겠다. 하지만, 이런 증시는 이성적 인간이 맡을 수가 없는 것이다. [하나님과 저승을 겁내도록 하는] 믿음은 소극적[없어야 할]인 신앙이겠다. 그것이 도덕과 착한 심정을 생기게 할 수 없을지 모르나, 그러나 도덕과 착한 심정에 유사한 것을 생기게 할 수는 있겠다. 즉, 나쁜 심정의 돌발을 강력하게 억제할 수는 있겠다.

⑲ 혹자는 말할 것이다. 즉 「순수이성이 경험의 한계를 넘어서서 전망을 열어 보이는 데서 거두는 성과가 이상으로써 전부인 것인가? 신앙의 두 가지 [하나님과 저승] 조항 이상으로 나아가는 일은 없는 것인가? 사실 이러하다면, 철학
자의 조언을 구하지 않더라도 상식이 그 정도의 말을 할 수 있었던 것이다!」고 859

⑳ 철학이 인간이성의 「비판」이라는 수고스러운 노력에 의해서 얻은 공적을, 나는 여기서 자랑하려고 하지는 않는다. 그러나, 비판의 노력이 단지 소극적인 것이 되고 말았다고 할 것이다. 이 점에 관해서는 다음 장에서 약간 언급하겠기에 말이다. 그런데 도대체 여러분은 만인에게 관계하는 인식이 상식 이상의 것이어야 하고, 철학자에 의해서만 발견되어야 한다고 요구하는 것인가? [아니] 여러분이 비난하는 일이야 말로, [우리가] 이때까지 했던 주장들의 정당성을 가장 잘 확증하는 것이다. 왜냐하면, 그것은 처음에 사람이 예견하지 못했던 다음의 것을 발견하기 때문이다. 즉 자연은 만인에게 평등하게 부여한 것에 있어서, 이 부여를 편파적으로 분배했다는 책망을 들은 일은 없다는 것이요, 또 인간성의 본질적 목적[도덕]에 관해서는, 최고의 철학도 자연이 「상식」에도 주었던 이상의 인도를 성취할 수 없다는 것이다.

선험적 방법론

제3장 순수이성의 건축술

860 ① 내가 건축술이란 것은 [학적] 체계를 구성하는 기술을 말한다. 체계적 통일은 보통의 인식을 학이도록 하는 것, 즉 인식의 한갓 집합에서 하나의 체계를 만들어 내는 것이다. 그러므로 건축술은 우리의 인식에서의 학적인 것 일반의 이설이요, 따라서 그것은 필연적으로 방법론에 속한다.

② 이성의 지배 아래서는, 우리의 인식들은 일반적으로 단편적 집합일 수 없고, 그것들은 체계를 이루어야 한다. 우리의 인식들이 체계를 이루어야 비로소 이성 본래의 목적을 지지하고 촉진시킬 수 있다. 그러나 내가 체계란 것은, 하나의 이념 아래에서의 「다양한 인식들의 통일」을 의미한다. 이념이란, 한 전체의 형식에 관한 이성의 개념이되, 이런 개념에 의해서 다양한 것의 범위와 「부분들 서로의 위치」가 선천적으로 규정된다. 하기에, 이 학적 체계의 「이성의 개념」은 목적과 「이 목적에 합치하는 전체의 형식」을 포함한다. 모든 부분들이 목적의 통일에 관계맺고 있는 것이요, 목적의 이념 중에서 모든 부분들이 서로 관련을 맺고 있다. 이런 목적의 통일에 의해서 다른 부분이 알려지면, 그
861 외의 부분도 간과될 수 없고 선천적으로 명확한 한계를 가지지 않는 우연한 부가도 없어지거니와, [체계적] 완전성의 정도가 불확실한 일도 없다. 하기에 전체는 유기적으로 분절되고 부분들은 그저 무더기를 이룬 것이 아니다. 전체는 내적으로(안으로 섭취함에 의해서) 증대하는 것이지, 외적으로(그저 보탬에 의해서) 증대하는 것은 아니다. 그것은 동물의 신체와도 같다. 동물의 신체의 성장은 부분을 외부에서 보태지 않고 균형을 잃음이 없이, 각 부분의 목적을 더욱더 강하게 하고 더욱더 유능하게 하는 것이다.

③ [체계적] 이념을 실현하자면, 이념은 도식[약도]을 필요로 한다. 즉 목적 원리에서 선천적으로 규정된, 부분들의 본질적 다양과 질서가 필요하다. [두 가지 도식 중] 하나의 도식은 이념에 따른 것이 아니고, 이성의 주목적에 의한 것이 아니며, 그때 그때에 나타난 의도들에 의해서 (이런 의도의 수를 미리 알 리

없지만) 경험적으로 마련된 것이다. 이런 도식은 기술적 통일을 주는 것이다. 또 하나의 도식은 이념에 따라 발생하는 것이요(여기서는 이성이 목적을 선천적으로 과하고 목적을 경험에서 구하지 않지만), 이런 도식이 건축술적 통일을 확립한다. 우리가 학이라고 일컫는 것은 기술적으로 생길 수 없다. 즉 다양의 유사에 의해서나 여러 임의의 외적 목적에 대한 구체적 인식을 우연적으로 사용함에 의해서, 생길 수가 없다. 「학」은 건축술적으로 생길 수 있다. 이래서 부분간에 친화성이 있고[B. 686] 또 전체를 가능하게 하는 유일·최고의 「내적 목적」의
인도가 있다. 이러한 학의 도식은 약도—[윤곽]—를 포함하고 또 전체를 「이념 862
에 좇아서, 즉 선천적으로」 부분으로 구분함을 포함한다. 하기에 이런 「학」과 그렇지 못한 다른 학문을 확실하게 또 원리적으로 구별해야 한다.

④ 누구라도 이념을 근거에 두지 않고 학을 수립하려고 하지는 않을 것이다. 그러나 학이 완성된 터에는 그것의 도식이, 아니 그가 처음에 「학」에 주었던 정의도 그의 이념에 일치함이 매우 드물다. 무릇, 이념은 맹아처럼 이성 중에 있고, 모든 부분들은 맹아 중에서는 아직 발전하지 않은 채로, 또 현미경으로 관찰해도 거의 알려지지 않도록 감추어져 있다.

어린 「학」들은 모두 결국 모두 어떤 보편적 관심의 입장에서 고안되는 것이요, 이렇게 때문에, 「학」의 창시자가 그것에 준 기술에 준해서가 아니라, 사람이 개괄한 부분들의 자연적 통일에 의거해서 이성 자신 중에서 확립했다고 보아지는 이념에 준해서, 우리는 학을 설명·규명해야 한다. 이렇게 할 때에, 학의 창시자와 이따금 오늘날의 그 후계자들조차 이념의 주위를 배회할 뿐, 그들이 이념을 명백하게 자각하지 않고, 이 까닭에 학의 독특한 내용·구조(체계적 통일)·한계 등을 규정하지 못하고 있는 것을 [우리는] 발견할 것이다.

⑤ 우리가 심내의 이념의 지시에 따라, 이념과 관련한 많은 인식[지식]을 건축재료로서 단편적으로 오랫동안 수집했을 뿐더러, 이러한 인식을 오랜 기간
을 통해서 기술적으로 종합한 뒤에, 우리가 비로소 이념의 밝은 빛을 볼 수 있 863
게 되고, 전체를 이성의 목적들에 의해서 건축술적으로 설계할 수가 있게 된 것은 유감스러운 일이다.

체계는, 벌레 종류처럼, 「자연발생」에 의해서 수집된 개념들을 합하는 일로부터, 처음에는 기형적으로, 때와 더불어 완전하게 형성된 것처럼 여겨진다. 그

러나 체계들은 실은 모두 자기를 전개하는 이성 중에서, 체계의 도식을 근원적 맹아로서 갖고 있었던 것이다. 이 때문에 각 체계는 각각 독립적으로 이념에 의해서 분절하고 있을 뿐만이 아니라, 인간의 인식 체계 중에서 모든 체계들이 다시 전체의 분지로서 합목적적으로 결합하며, 이래서 모든 인간 지식의 건축술을 허용하는 것이다. 이런 건축술은, 현재에는 그것의 소재가 많이 모였기 때문에, 혹은 무너진 옛 건물의 폐허에서 얻어 올 수도 있기 때문에, 단지 가능할 뿐만이 아니라 그다지 어렵지도 않겠다. 여기서는 우리는 오로지 순수이성에 기본하는 모든 인식의 건축을 기획하는 우리 일의 완성으로써 만족하고, 우리 인식력의 일반적 뿌리가 두 개의 줄기[감성과 오성]로 갈라지는 점에서 출발한다. 두 개 줄기의 하나가 이성이다. 내가 여기서 「이성」이란 상위에 속하는 전 인식 능력을 의미하고, 따라서 아는 이성적인 것을 경험적인 것과 대립시킨다.

864 ⑥ 객관적으로 고찰하는 인식[지식] 내용들을 일체 도외시 할 때에, 주관적 인식은 역사적이거나, 혹은 이성적이다. 역사적 인식은 주어진 것에서의 인식이요, 이성적 인식은 원리에 기본한 인식이다. 인식이 원래 어디에서 주어졌던 간에, 즉 인식이 직접 경험된 것이건 이야기를 통한 것이건, (보편적 지식의) 교시에 의하였건 간에, 외부에 주어진 정도로 또 외부에서 주어진 분량만큼 알려지는 경우에는, 이런 인식은 인식 소유자에게는 역사적이다. 그러므로 철학체계, 가령 본래 볼프의 체계를 학습한 사람이, 모든 원칙·설명·증명을 그 전학설의 구분과 함께 암송하고 이것들을 모두 쉽게 열거할 수 있다 하더라도, 그는 볼프 철학의 완전한 역사적인 인식[지식]만을 가지고 있을 뿐이다. 그에게 주어져 있었던 것만을 그는 알고 판단함에 불과하다. 어떤 정의가 그에게 반대된다면, 다른 정의를 어디서 얻어와야 할지는 그는 아는 바 없다. 그는 타인의 이성을 모사한 것이다. 그러나 모사적 능력은 산출적 능력이 아니다. 즉 인식은 그에게는 이성에서 생긴 것이 아니다. 그의 인식은 객관적으로는 참으로 이성의 인식이었을지 모르되, 주관적으로는 역시 역사적 [지식]일 뿐이다. 그는 잘 파악했고 기억하였다. 즉 잘 학습하였다. 그러나 그는 산 인간의 석고모형과 같다.

865 객관적인 (즉 처음에 인간 고유의 이성에서만 나올 수 있는) 「이성의 인식」은, 배운 것의 비판만이 아니라 거부조차도 할 수 있는 이성의 보편적 원천에서 길러내졌을 때에만, 다시 말하면 원리에서 길러내졌을 때에만, 주관적으로도 「이

성의 인식」이라는 이름을 가질 수 있다.

⑥ 이성의 모든 인식은 개념에 의한 인식이거나 혹은 개념의 구성에 의한 인식이다. 전자를 「철학적」이라 하고, 후자를 「수학적」이라고 한다. 양자의 내적 구별에 관해서 나는 이미 [방법론] 제1장에서 다루었다. 따라서 인식은 객관적으로는 철학적일 수 있으나, 주관적으로는 역시 역사적이다. 가령 학습하는 대개의 생도에 그러하고, 또 학파를 넘어서 일생동안 학습적 학도로 남는 사람에게도 그러하다. 그럼에도 기묘한 일은, 수학적 인식은, 사람이 그것을 배웠던 그대로 주관적으로도 이성인식이라고 인정할 수 있고, 철학적 이성인식에서 했던 바와 같은 구별이 성립하지 않는다는 것이다. 이런 원인은, [수학의] 교사가 그의 인식[지식]을 길러 올 수 있는 유일한 원천이, 이성의 본질적이고도 진정한 원리 이외의 아무데도 있지 않고, 또 동시에 학도도 이성의 원리 외의 아무런 인식원천을 얻을 수 없으며, 이런 인식원천을 부인당할 수도 없는 데에 있다. 그리고 이런 일은 수학적 인식에서는 이성의 사용이 구체적으로 그러면서도 선천적으로만 생기기 때문이다. 즉 순수하고, 그렇기에 오류가 없는 「직관」에 즉해서 생기고, 모든 기만과 오류가 제거되기 때문이다. 이에, 사람은 (선천적인) 모든 이성과학 중에서 수학만을 배울 수 있다. 그러나 철학을 (그것이 역사적인 의미가 아닌 한에서) 배울 수는 없고, 이성에 관해서 기껏해야 철학적 사색만을 배울 수 있다.

⑦ 그런데 모든 철학적 인식의 체계가 철학적이다. 만일 우리가 철학에 의 866
해서 「철학적 사색」의 시도를 평가하는 원형을 의미한다면, 구조가 가끔 너무나 다양하고 변화하는, 각 주관적 철학을 평가하는 데에 쓰이는 원형을 의미한다면, 그것은 철학의 객관적 의미가 아닐 수 없다. 이런 의미의 철학은 가능한 학문의 이념이요, 결코 구체적으로 주어져 있지 않다. 그러나 사람이, 감성[의 잡초]에 덮혀져 있는 유일의 진정한 「작은 길」을 발견하고 종래에 [몇번이고] 실패했던 모형을, 인간에게 허락되어 있는 한에서, 원형과 같도록 하는 데에 성공하기까지는, 그는 여러 길을 취하면서 [객관적 의미의] 철학에 접근하려고 하는 자이다. 그렇게 되기까지는 우리는 「철학」을 배울 수 없다. 왜냐하면, 철학이 어디에 있는지, 누가 철학을 소유하는지, 무엇에 의해서 철학임이 인식되는지, 우리는 알 수 없기 때문이다. 배울 수 있는 것은 오직 「철학적 사색」뿐

이다. 즉 보편적 원리들을 준수하는 이성의 재능을, 지금 하고 있는 [철학적인] 어떤 시도에 의해서 연마할 수 있을 뿐이다. 이 경우에도 보편적 원리 자신을 그것의 원천에서 탐구·확증·거부하는 이성의 권리는 항상 보류되어 있다.

⑧「이렇게 되기까지」는 철학의 개념은 전문학술적 개념일 따름이다. 즉「학」
으로서만 구하고 다름 아닌 철학적「앎」의 체계적 통일을 목적으로 삼는, 따
라서 인식의 논리적 완전성을 목적으로 삼는,「인식 체계」의 개념일 뿐이다.
그러나 철학이라는 이름의 근저에 항상 두어왔던, 세간적 개념이 또한 있어 왔
867 다. 특히 사람이 이 개념을 이를테면 인격화하여 철학자라는 이상에서 원형이
라고 생각했을 때에, 그 세간적 개념이 있어 왔다. 이런 의미에서 보면, 철학
은 모든 인식의 인간이성의 본질적[학술적 또 도덕적] 목적들에 대한 관계의 학
문이다. 그리고 철학자는「이성의 기술자」가 아니라, 인간이성에 [보편적] 법칙
을 주는 것이다. 이런 의미에서는 사람이 자신을 철학자라고 칭하고, 이념 중
에서만 있는 원형과 동등하다고 참칭하는 것은 지나친 자부다.

⑨ 수학자·자연과학자·논리학자는,「이성의 기술자」일 뿐이다――앞의 둘
은 일반적으로 이성의 인식에 대해서 후자는 특히 철학적 인식에 대해 훌륭한
진보를 가져왔지만, 이외의 이런 3자의 인식을 사정하고, 인간이성의 본질적
목적을 촉진하기 위해서 저 3자의 인식을 도구로서 이용하는, 이상의 교사가
있다. 그리고 이「이상의 교사」만을 우리는 철학자라고 할 수 있다. 이러한 철
학자 자신은 어디에도 없으나, 그의 입법[보편적 법칙 수립]의 이념은 널리 각
인간이성에서 발견되기 때문에, 우리는 오로지 이념을 고수하여 세간적 개념※
에 따른 철학이 체계적 통일을 위하여 목적이 견지에서 무엇을 지정하는가를
868 자세히 규정하고자 한다[Smith, 주석서 pp. 580－581 참조].

※ 여기서 세간적 개념이란, 누구라도 필연적으로 관심을 갖는 일에 관한 개념을 의미한다. 따라서 만일 학문이 한갓 어느 임의의 목적에 대한 숙련들의 하나로 보아질 적에는, 나는 그런 학문의 전문 학술적 개념에 의해서 규정한다.

⑩ 본질적인 목적들은 그것들만으로써 아직 최고목적들인 것은 아니다. (이성을 완전히 체계적으로 통일할 무렵에) 단지 하나만이 최고목적일 수 있다. 그러므로 목적들은 하나의 절대목적과 이것의 수단으로 되지 않을 수 없는 종속적

목적들로 구분되어야 한다. 절대목적이 인간의 전 사명[운명]임에 틀림없고, 이것에 관한 철학을 도덕이라고 한다. 도덕철학이 그 외의 다른 이성활동에 대해서 이처럼 우월한 것이기 때문에, 고대인들에 있어서는 철학이라는 이름 아래서 「항상 동시에 또 특히」 도덕가를 의미하였다. 그리고 이성에 의해서 자제하는 겉모습만 보이면 그가 누구건 오늘날도 제한된 지식뿐이건만, 일종의 유추에 의해서 철학자라고 말하고 있다.

⑪ 그런데 인간이성의 입법(철학)은 자연과 자유라는 두 대상을 갖고 있다. 하기에, 자연법칙뿐만 아니라 도덕법도 포함한다. 인간이성의 입법은 처음에는 두 가지의 특수 체계이지만 드디어는 단지 하나의 철학적 체계로 되어 있다. 자연철학은 있는 것 일체에 상관하고 도덕철학은 있어야 할 것에만 상관한다.

⑫ 그러나 「온갖 철학」은 순수이성에 의한 인식이거나 혹은 경험적 원리에 기본한 인식이다. 전자를 순수한 철학이라고 하고, 후자를 경험적 철학이라고 한다.

⑬ 순수이성의 철학은 [첫째로] 모든 선천적인 순수인식에 관한 이성 「능력」 869
을 연구하는 예비학(예습)이요, 비판이라고 부르는 것이거나 혹은 둘째로 순수이성의 체계(즉 학)요, 다시 말하면 체계적 연관을 이룬 순수이성에서의 (참된 것과 사이비한 것의) 전 철학적 인식이다. 이런 전 철학적 인식을 형이상학이라고 한다. 그러나 형이상학이란 명칭은, 「비판」까지 총괄해서 전순수 철학에 대해서도 줄 수가 있다. 이런 일은, 적어도 선천적으로 인식될 수 있는 일체의 것에 대한 연구와, 이런 종류의 순수철학적 인식들이 체계를 이루어서, 모든 경험적·수학적인 이성사용에서 구별되는 것의 서술과—이 두 가지를 포괄하기 위해서이다.

⑭ 형이상학은 순수이성의 사변적 사용의 형이상학과 실천적 사용의 형이상학으로 나눈다. 즉 자연의 형이상학과 도덕의 형이상학으로 나눈다. 전자는 만물의 이론적 인식에 관한 이성의 모든 순수한 원리·한갓 개념에 기본한(따라서 수학을 제외한) 이성의 모든 순수한 원리를 포함한다. 후자는 행동 태도를 선천적으로 규정하고 필연화하는 원리를 포함한다. 그런데 도덕성이란 전혀 선천적으로 원리에서 도출시킬 수 있는, 행위의 유일한 합법칙성이다. 그러므로 도덕의 870
형이상학은 원래는 순수 도덕학이요, 그것의 근저에는 인간학(즉 경험적 조건)이 없는 것이다. 물론 사변적 이성의 형이상학은 협의의 형이상학이라고 하는 것이

보통이다. 그러나 순수도덕학은 순수이성에 기본한 인간적이면서도 철학적인 인식의 특수 부문에 속하는 한에서 우리는 그것에 여전히 도덕의 형이상학이라는 명칭을 보존하고자 한다.——그러나 순수 도덕학은, 지금의 우리[인식 비판]의 목적에 속하지는 않기에, 여기서는 고려하지 않기도 한다.

⑮ 종류와 기원으로 보아, 다른 인식에서 구별되는 그런 인식을 고립시켜 이것을 보통은 연결해서 사용하는 다른 종류의 인식과 혼동하지 않도록 마음 쓰는 일은 매우 중요하다. 화학자가 물질의 분석에서 또 수학자가 순수수학에서 행하는 일은, 철학자는 훨씬 더 높은 정도로 행할 의무가 있다. 이것은, 특수한 종류의 인식이 오성의 무조리한 사용에서 가지는 몫을, [따라서] 그런 인식 고유의 가치와 영향을 철학자가 확실히 규정할 수 있기 위해서이다. 이런 일이 없었기 때문에, 인간의 이성이 사고하기 시작한 이래로, 아니 추고하기 시작한 이래로, 형이상학을 결한 일이 없었으나, 인간이성은 모든 이종의 인식에서 충분히 정화된 형이상학을 제출할 수가 없었다. 이런 학문[형이상학]의 이념은 사변적 인간이성과 같을 정도로 오래전부터 있었다. 그리고 학적이건 통속적이건 간에, 사변적이 아닌 이성이란 것이 있는 것일까? [없을 것이다.] 그럼에도 불구하고, 우리 인식의 두 종류의 구별이, 즉 우리가 전혀 선천적으로 지배하는 「한 종류」와 후천적으로 경험에서 얻어질 수 있는 「또 하나의 종류」의
871 구별이, 철학의 전문가에서조차 매우 불명확했던 것을 고백하지 않을 수 없다. 그러했기에 특종 인식의 한계 규정이 성립할 수 없었고, 따라서 그다지도 오랫동안 또 그다지도 절실하게 인간이성이 종사해 왔던 학문[형이상학]의 진정한 이념이 성립할 수 없었다.

「형이상학은 인간 인식의 첫째 원리에 관한 학문」이라고[바움가르텐이] 말할 적에, 그것에서 인정한 것은 전혀 특수한 종류가 아니라, 보편성에 관한 단계[정도]였을 뿐이요, 그러므로 형이상학이 경험적인 것에서 명백히 구별될 수 없었다. 왜냐하면, 경험적 원리들 중에서도 어떤 것은 다른 것보다도 더 보편적이요, 또 고차적[상위 원리]이기 때문이다. 그리고(전혀 선천적으로 인식되는 것과 후천적으로만 인식되는 것을 구별하지 않기 때문에), 이러한 [상위와 하위라는] 종속의 계열에서, 사람은 어디서 [하위]의 최초 부분과 [상위의] 최후 부분을 구별하며, 또 상위의 항들과 하위의 항들을 구별하는 절단선을 그어야 할 것인가?

[알지 못했다] 연대기가 세계의 각 시기를 표시할 수 있기 위해서, 단지 최초의 수세기와 그것에 연속하는 수세기라고만 구분한다면, 사람은 그것에 대해서 무어라고 말하겠는가? 그러면 제5세기나 제4세기 등등도, 최초의 수세기에 속하는 것인가라는 물음이 나오겠다. 마찬가지로 나는 「연장」이라는 개념은 형이상학에 속하느냐고 묻는다. 여러분은 그렇다고 답한다. 그러나 그렇다면 물체의 개념도 형이상학에 속하느냐? 그렇다. 그러면, 액체라는 개념은? 여기서 여러분은 당황한다. 이런 식으로 더욱더 전진하면 무엇이든지 다 형이상학에
속하겠기에 말이다. 872

이상에서 학문의 한계를 규정할 수 있는 것은, 종속관계의 (특수를 보편에 종속시키는) 한갓 정도인 것이 아니라, 우리의 경우에서는 종류가 서로 다르다는 것과 기원의 차이에 있다는 것이 알려진다.

그러나 그 외에도 형이상학의 근본 이념을 분명하게 한 것이 있었다. 그것은, 형이상학이 선천적 인식이라고 해서, 그것을 수학과 같은 종류의 것이라고 표시하는 일이었다. 선천적인 기원에 관해서는 양자는 확실히 유사하다. 그러나 「개념에 의하는」 형이상학의 인식방식을 「한갓 선천적인 개념의 구성」에 의해서 판단하는 수학의 인식방법과 비교한다면, 따라서 철학적 인식과 수학적 인식의 차이에 관해서 말한다면, 매우 결정적인 이종성이 드러난다. 이런 이종성을 사람은 이를테면 느끼기는 하였으나, 그러나 이것을 명백한 판단 기준에서 표시하기에 이르지는 못했다. 이로 인해서, 이제야 철학자들 자신이 그들 학문[형이상학]의 이념의 발달에서 오류를 범했기 때문에, 이 학문의 처리에 아무런 목적도 아무런 확실한 규준도 가질 수 없었던 사태가 발생하였다. 그들은 전혀 임의로 세워진 계획에 즈음해서, 취했어야 할 길을 모르고, 각자 자신의 길에 의해서 만들었다고 주장한 발견들에 대해서 항상 서로 싸우면서, 그들의 학문[형이상학]을 처음에는 타인들이 멸시하도록 하였고, 나중에는 그들[철학자] 자신들 간에서 멸시받도록 하였다.

⑯ 하기에, 선천적인 모든 순수인식은, 이 인식이 거기[인식능력]서만 자기의 873
자리[근거]를 가질 수 있는, 특수한 인식능력에 의해서 특수한 통일을 형성한다. 그리고 형이상학이란 것은, 선천적인 순수인식을 이런 특수한 체계적 통일에 있어서 표시해야 할 철학을 말한다. 형이상학의 사변적 부문은 특히 형이상

학의 이름을 차지하여 왔고, 이런 형이상학을 우리는 자연의 형이상학이라고 부르거니와, 존재하는(존재해야 할 것이 아니라) 한의 모든 것을 선천적인 개념에서 고찰하는 부문은 이제야 다음과 같이 분류된다.

⑰ 협의의 소위 형이상학은 선험적 철학과 순수이성의 자연학[형이상학]으로 되어 있다. 선험적 철학은 주어질지도 모르는 [특수한] 객관을 가정함이 없이, 대상 일반에 관계하는 「모든 개념과 원칙의 체계」에 있어서, 오성과 이성 자신만을 고찰한다(존재론). 순수이성의 자연학은, 자연을, 즉 주어진 대상들의 총괄을 (대상들이 감관에 주어져 있건, 이를테면 별종의 직관에 주어져 있건 간에) 고찰하는 것이요, 그러므로 자연학[자연의 로고스를 묻는 형이상학](단지 이성적인 자연학이지만)이다. 그런데 이런 이성적 자연고찰에서의 「이성사용」은 자연적이거나 초자연적이다. [아니] 내재적이거나 혹은 초험적이라고 하는 말이 더 좋다. 전자는, 이성의 인식이 경험 중에서(즉 구체적으로) 적용될 수 있는 한의 자연에 상관하고, 후자는 경험 대상들의 결합을 모든 경험을 넘어서서까지 구하
874 는 것에 상관한다. 그러므로 초험적 자연학은 내적 결합을 대상으로 삼거나 혹은 외적 결합을 대상으로 삼지만, 양자가 가능한 경험을 넘어서 있는 것이다. 내적 결합은 전자연의 자연학, 즉 세계에 관한 선험적 인식[이성적 우주론]이요, 외적 결합은 자연 전체와 초자연적 존재와의 관련에 관한 학, 즉 하나님에 관한 선험적 인식[이성적 신학]이다.

⑱ 이것과 반대로, 내재적인 자연학은 자연을 감관의 모든 대상의 총괄로서 고찰한다. 따라서 우리에게 주어져 있는 그대로의 자연을 고찰하고 그러면서도 대상이 일반적으로 우리에게 주어질 수 있는 「선천적 제약」에 의해서만 고찰한다.

그러나 내재적 자연학의 대상은 두 종류만이 있다. (1) 외감의 대상이요, 따라서 그런 대상들의 총괄, 즉 물체적 자연이다. (2) 내감의 대상, 즉 마음이다. 그리고 마음의 근본적 개념일반에 따라서 본다면, 이것은 생각하는 자연이다. 물체적 자연의 형이상학은 물리학이라고 일컫는다. 그러나 이 물리학은 그것의 선천적 인식의 원리들만을 포함한 것이기 때문에 이성적 물리학이다. 사고하는 자연의 형이상학은 심리학이라고 일컫는다. 그리고 방금 물리학에 관해서 지적한 것과 동일한 원인에서, 이 심리학은 생각하는 자연의 이성적 인식

[즉 이성적 심리학]만을 의미한다.[1)]

⑲ 하기에 형이상학의 전 체계는 네 가지 주요 부문으로 성립하고 있다. (1) 존재론 (2) 이성적 자연학 (3) 이성적 우주론 (4) 이성적 신학. 둘째 부문, 즉 순수이성의 [이성적] 자연학은 두 분과—이성적 물리학※과 이성적 심리학—를 포함한다. 875

※ 내가 여기서 의미하는 이성적 물리학은, 보통 「일반 물리학」이라고 말하는 것이라고 생각해서는 안 된다. 일반 물리학은 자연의 철학이기보다는 수학이다. 무릇 자연의 형이상학은 수학과는 전혀 구별된다. 또 도저히 수학만큼 확장하는 통찰을 줄 수도 없는 것이다. 그러나 자연에 적용되는 「순수한 오성인식 일반」의 비판에 관해서 매우 중요하다. 이런 비판이 없었기 때문에, 수학자가 「통속적인 그러나 실지는 형이상학적인 개념」을 고집함에 의해서, 그도 부지중에 자연학에 가설을 집어 넣어서 자연학을 괴롭혔다. 이런 가설은 형이상학적 원리를 비판함에 의해서 소멸하기는 하되, 그 때문에 자연학 분야에서 수학을 사용(이것은 불가결한 것이다)하는 데에 조금도 파탄을 가져오지 않는다.

1) B. 869에서 이 대목까지의 「인식」을 분류하면:

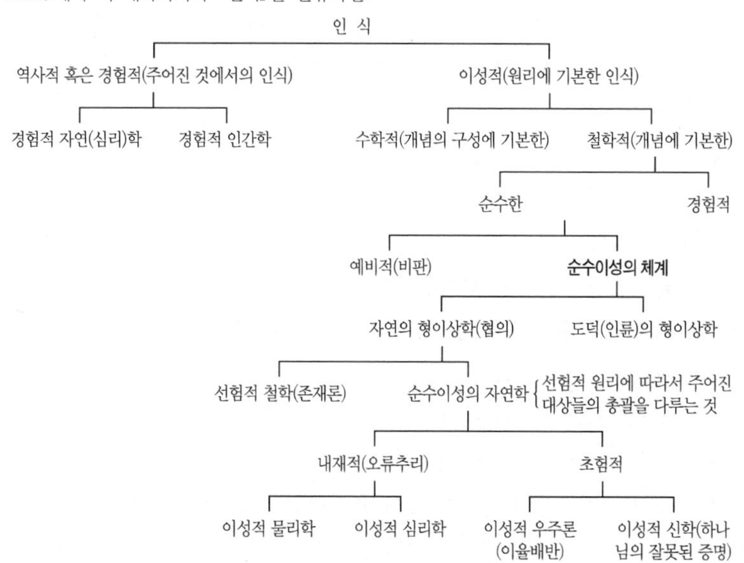

⑳ 순수이성의 철학의 근본이념이 이상의 분류 자신을 지정한다. 따라서 그런 분류는 이성의 본질적 목적에 적합해서 건축술적이요, 그저 우연적으로 지각된 유사성에 따른 기교적인 것이 아니며, 이를테면 요행에 의뢰해서 설정된 것이 아니다. 바로 이 까닭에, 이런 분류는 불변적이요, 입법적이다. 그러나 이즈음에 의심을 생기게 하고 그것의 합법칙성의 믿음을 약화할 수 있는 몇 가지 [의문]점이 있다.

㉑ 첫째, 대상이 우리의 감관에 주어져 있는 한에서, 따라서 후천적으로 주어져 있는 한에서, 어떻게 내가 그런 대상에 관해서 선천적인 인식을 기대할 수 있느냐? 즉 형이상학을 기대할 수 있느냐? 하는 것이다. 그리고 「사물의 성질」을 선천적 원리에 의해서 인식하고, 이성적 자연학에 도달하는 일이 어떻게
876 가능한가? 하는 것이다. 이것에 대한 답은 「우리는 외감과 내감의 객관을 자기에게 주기 위해서 필요한 것 이상의 아무런 것도 경험에서 얻어 오지 않는다」는 것이다. 전자[외감의 대상]는 물질(생명의 없는, 불가침입적 연장)의 한갓된 개념에 의해서 생기고, 후자[내감의 대상]는 생각하는 존재의(내가 생각한다는 내적인 경험적 표상에서 주어지는) 개념에 의해서 생긴다. 그 외에, 우리는 이런 대상들의 형이상학 전체에서는, 대상에 관해서 개념에서 그 어떤 판단을 내리기 위해서, 개념 그 어떠한 경험을 보태는 경험적 원리를 피해야 한다.

㉒ 둘째, 경험적 심리학은 이전부터 형이상학에서의 지위를 주장하여 왔고, 어떤 유용한 성과를 선천적으로 거둔다는 희망이 좌절된 이후의 당대에는, 형이상학을 계몽할 중요한 일을 우리가 이 경험적 심리학에 기대했거니와, 이런 경험적 심리학이 차지하는 지위는 어디에 남아있는 것인가?[하는 의문이다] 이것에 대해서 나는 「경험적 심리학은 본래의(즉 경험적인) 자연학이 두어져야 할 장소로 들어간다. 즉 응용철학의 편에 들어간다. 순수철학은, 응용철학의 선천적인 원리를 포함하고, 따라서 확실히 이것과 결합되어야 하나, 그러나 이것과 뒤섞어져서는 안 된다」고 대답한다.

하기에, 경험적 심리학은 형이상학[의 분야]에서 전적으로 추방되어야 한다. 또 사실 형이상학의 이념에 의해서 이미 이 학문에서 완전히 배제되어 있다. 그러나 우리는 학습상의 관례에 좇아서 경험적 심리학에 아직도 여전히 형이상
877 학에서의 작은 지위(삽입적 부문)이지만 역시 허용해야 하겠다. 그러나 이런 허

용은 경제적[절제적] 동기에서이다. 왜냐하면, 경험적 심리학은 그 자체만으로 한 학과로 될 만큼 풍부한 것이 아니나, 그렇다고 해서 이 학문을 완전히 배제하거나, 형이상학보다도 더욱더 인연이 먼 학문에 부속시키기에는 너무나 중요하기 때문이다. 이에, 경험적 심리학은 오랫동안 손님으로 받아들여진 외국인과도 같다. 이 외국인은(경험적 자연학의 부속물인) 상세한 인간학 중의 자신의 숙소에 이사할 수 있기까지는 아직도 잠깐 동안 체재가 허용되어야 한다.

㉓ 이상이 바로 형이상학의 보편적 이념이다. 사람은 처음에 형이상학에 대해서 정당히 요구할 수 있는 이상의 것을 기대했고, 어느 기간 동안 유쾌한 기대로써 형이상학을 즐겼으나, 그의 기대가 실망을 준 것을 알자, 드디어는 일반의 멸시를 받게 되었다. 우리의 「비판」의 전과정에서 충분히 믿어졌을 일은, [1] 형이상학이 종교의 기초일 수는 없으나, 그러나 형이상학은 항상 종교를 방호하는 것으로 존속해야 한다는 것이요, [2] 또 인간이성은 그 본성의 경향에 의해서 변증적이기 때문에, 이 학문[형이상학]을 결할 수 없다는 것이다. 형이상학은 인간의 이성을 제어하고, 「학적이고도 십분 명백한 자기인식」에 의해서, 형이상학이 없을 경우에 무법칙의 사변이성이 도덕과 종교에 있어서 반
드시 일으키는 황폐를 막는 것이다. 이에, 하나의 학[형이상학]을 학 자신의 본 878
성에 의해서가 아니라, 그것의 우연적인 성과에 기본해서 평가하는 사람들이 아무리 형이상학에 가혹하게 또 경멸적으로 대해더라도, 마치 헤어졌던 애인에게 다시 돌아가는 것처럼, 사람이 형이상학으로 다시 돌아갈 것은 확실하다. 왜냐하면, 형이상학에서는 본질적 목적[B. 867 참조]이 문제이기 때문에, 이성은 근본적인 통찰을 구하거나 그렇지 않으면 이미 있는 통찰의 파괴로 향해서 부단히 노력해야 하기 때문이다.

㉔ 이에, 자연의 형이상학·도덕의 형이상학 또 이것들에 예습적(예비적)으로 선행하는 비판, 즉 자기 자신의 날개로 날기를 모험하는 [사변적] 이성의 비판만이, 우리가 진정한 의미에서 철학이라고 말할 수 있는 것을 형성한다. 진정한 철학은 일체를 지혜에 관계시키되, 학문의 길을 통해서 관계시킨다. 학문의 길은 일단 개통하기만 하면, 잡초에 덮히거나 오류를 생기게 함이 없는 유일한 길이다. 수학·자연과학 심지어 인간의 경험적 지식 등은 [처음에는] 대개는 우연적 목적에 대한 수단이지만, 결국은 필연적인·본질적[도덕적]인 목적에

대한 수단으로서 높은 가치를 가질 것이다. 그러나 이때에 있어서도 「순수한 개념에 의한」 이성 인식의 매개를 통해야만 하는 것이다. 그리고 이런 이성인식이야말로, 이름을 무엇이라고 하든 간에, 진정한 형이상학임에 틀림이 없다.

㉕ 바로 이런 까닭에서, 형이상학은 인간이성의 일체 개발을 완성하는 것이
879 다. 비록 형이상학이 학으로서, 일정한 목적에 대해서 가지는 영향을 도외시하
더라도, 형이상학은 없을 수 없는 것이다. 형이상학은 이성의 여러 요소와 최
상위의 준칙에 의해서 이성을 고찰하는 것이기에 말이다. 이성의 여러 요소와
준칙이란, 약간의 「학」을 가능하게 하는 데에 대해서, 또 모든 학의 사용에 대
해서 그 근저에 두어지지 않을 수 없는 것이다. 형이상학이 한갓 사변으로서
인식을 확장시키기보다도 오류를 막는 데에 쓰인다는 것은, 형이상학의 가치
를 훼손하는 것이 아니라, 오히려 검열관이라는 직에 의해서 품위와 명망을 주
는 것이다. 검열관의 직은, 학계(das wissenschaftliche gemeine Wesen)의 일반
적인 질서·일치·아니 번영을 확보하고, 학계의 진취적이고 풍부한 노력을 그
주요목적인 일반[인류]복지에서 유리하지 않도록 하는 것이다.

880 선험적 방법론

제4장 순수이성의 역사

① 이 제목을 여기에 건 것은, [순수이성의] 체계 중에서 언급되지 않아서 장래에 메꾸어야 할 부문을 표시하기 위해서다. 나는 오로지 선험적 관점에서 즉 순수이성의 본성에서, 이성이 이때까지 하여온 노력 전체를 별견함으로써 만족한다. 이런 별견은 내 눈에 물론 여러 건축을 보이기는 했으나, 그러나 이 건축들은 지금 폐허상태에 있는 것이다.

② 저절로 그렇게 되지 않을 수 없었던 일이지만, 인간이 철학의 유년시대에는 우선 하나님의 인식·저승의 대망·게다가 저승의 성질 등의 연구에서 출발했으나, 이런 연구를 오늘날의 우리는 도리어 끝맺으려고 하고 있다. 이런 사태는 십분 주목할 만하다. 민족들의 야만 상태의 잔재였던 고대의 관습이 아무리 조잡한 종교개념을 도입했다 하더라고, 이런 사정이 보다 더 계몽된 사람들이

[종교적] 대상을 자유롭게 탐구하는 것을 방해하지는 않았고 그래서 세계를 통치하는, 볼 수 없는 위력의 마음에 들어서 적어도 저승에서 행복하게 되려고 하면, [현세에서의] 착한 행실보다도 더 근본적이고 더 믿을 만한 방식이 없음이 쉽게 알려졌다. 그러므로 신학과 도덕이, 이제야 사람이 항상 헌신했던 「이성의 모든 추상적 연구」에 대한 두 가지 동기로 되었다. 아니, 두 상관점이었다고 하는 말이 더 적절하다. 그러나 순 사변적 이성으로 하여금 뒤에 와서 점차로 형이상학의 이름 아래서 유명하게 된 일을 하도록 한 것은 원래는 신학이었다.

③ 나는 여기서 형이상학의 추이를 낱낱이 시대별로 구별하려고 하지 않고, 881
주요한 혁명을 일으켰던 각종 이념[사상]만을 간단히 소묘하고자 한다. 이 무렵에 나는 [형이상학의] 싸움 터에서 가장 뚜렷한 변화를 일으켰던 세 가지 의도를 발견한다.

1. 우리의 이성이 하는 모든 인식의 대상에 관해서 몇몇 사람이 단지 감각론의 철학자였고, 그 외의 사람들은 단지 지성론의 철학자였다. 에피쿠로스는 가장 중요한 감각론자요, 플라톤은 가장 중요한 지성론자라고 말할 수 있다. 학파의 이러한 구별은 매우 미묘한 것이기는 하되, 이미 고대에서 시작되었고 오랫동안 계속해서 유지되었다. 감각론자들은 감관의 대상에서만 현실은 존재하는 것이고, 그 외의 것은 모두 공상이라고 주장하였다. 이것과는 반대로 지성론자
들은 「감관 중에는 가상만이 존재하고, 오성만이 진리를 인식한다」고 말했다. 882
그렇다고 해서, 감각론자들이 반드시 오성개념의 실재성을 부인한 것은 아니다. 오성개념의 실재성은 단지 논리적이었을 뿐이다. 그러나 이런 일은 지성론자들에게는 신비적이었다. 전자들은 지성적 개념을 일단 허용했으나, 사실은 감각의 대상만을 승인했다. 지성론자들은 진정한 대상은 단지 가상적인 것 뿐임을 요구했고, 감관을 수반하지 않는 순수오성의 직관을 주장했고, 그들의 억견에 의하면 감관에 의해서 혼탁해 지기만 하는 순수오성의 직관을 주장했다.

2. 이성의 순수인식의 근원에 관해서는, 이성의 인식이 경험에서 유래하였는가 혹은 경험에 의존하지 않고 이성에 근원을 갖는가[라는 문제가 생겼다]. 아리스토텔레스는 경험론자의 두목이라고 볼 수 있고, 플라톤은 지성론자[정신론자]의 두목이라고 볼 수 있다. 근세에 와서는 로크가 전자에 따랐고, 라이프니쯔가 (플라톤의 신비적 체계에서 매우 멀었던 것이기는 하나) 후자에 따랐다. 그러

나 이런 논쟁에서 아직도 아무런 판결을 가져올 수 없었다. 적어도 에피크로스는 그의 감각론의 체계에 있어서 아리스토텔레스와 로크(특히 후자)보다도 더 철저하였다. (에피쿠로스는 그의 추리를 결코 경험의 한계 밖으로 진행시키지 않았기에 말이다). 그런데 로크는 모든 개념과 원칙을 경험에서 도출한 뒤에, 그것의 사용에 이르러서는, 인간이 하나님의 현존과 마음[영혼]의 불멸을 (이 양자가 다
883 가능한 경험의 한계 외부에 있음에도), 마치 수학의 어떤 정리와도 마찬가지로, 명백히 증명할 수 있다고 주장했다.

3. 방법에 관해서 만일 그 무엇을 방법이라고 말해야 한다면, 그것은 원칙에 따른 절차가 아닐 수 없다. 그런데, 자연탐구의 부문에서 사용된 방법은 자연론적 방법과 학적 방법으로 분류될 수 있다. 순수이성의 자연론자가 원칙으로 삼는 것은, 형이상학의 과제가 되는 가장 숭고한 문제들에 관해서 「학」을 결한 상식에(그는[1] 이것을 건전한 이성이라고 하였거니와) 의해서 사변에 의하기보다도 더 많은 해결을 본다는 것이다. 이에 그는 달의 크기와 넓이는, 수학에 의하는 우원한 계산에 의하기보다도 「눈대중」에 의해서 한층 더 확실한 결정을 볼 수 있다고 주장한다. 이런 수작은 학문 멸시를 원리화한 것이요, 모든 기술적[측량적] 수단을 무시함을 자기의 인식을 확장하는 독특한 방법이라고 장담하는바, 극심한 배리가 아닐 수 없다. 원래 그 [장담] 이상의 식견이 없는 자연론자들에 관해서 말한다면 이런 자연론자들을 비난할 이유가 없는 바다. 그들은 상식에만 따르고 있고 자신의 무지를 방법으로서, 자부하고 있지는 않다. 즉 그들의 무지를 데모크리토스의 깊은 우물[사상]로부터 진리를 퍼내는 비결을 지닐 것 같은 방법으로서 자부하고 있지는 않다. 따라서 「내가 아는 것으로 족하다. 아르케실라스[2]처럼 또 근심 많은 솔론처럼 지자가 되기를 원치
884 않는다」고 말한 페르시우스의 말이 자연론자들의 표어다. 그들은 이러한 표어
A856 에 만족해서, 학을 위해서 괴로워함도 없고 학문의 소관사를 혼란시키는 일도

1) J.Beatti(1735~1803) 같은 사람이 건전한 이성(상식)파의 대표자다. Smith, 주석서, 582면.

2) Arcesilas(B.C. 315~241)는 희랍의 회의론자. Solon(B.C. 638ca~558ca) 아테네의 입법가요, 희랍의 일곱 현인 중의 한 사람이다. Solomon과 혼동하지 말아야 한다. 인용된 페르시우스에 관해서는 그의 풍자시 iii 78~79 참조. 또 여기서 데모크리토스만은 식견이 있는 자연론자로 다룬 인상을 주고 있다.

없이, 말하자면 칭찬받을 만한 생애를 보낼 수 있었다.

④ 그런데 학적 방법을 준수한 사람들에 관해서 말한다면, 그들은 독단적이거나 회의적이거나 이 둘 중의 어느 것을 선택했다. 그러나 그 어느 것이나, 체계적인 태도를 취할 책임이 있다. 내가 여기서 독단론자에 관해서 유명한 볼프를, 회의론자로서는 데이비드 흄을 든다고 하면, 나는 현재의 의도에 의해서는 그 외의 사람들을 들 필요가 없다. 그렇다고 보면 남는 것은 비판적 방법뿐이다. 만일 독자가 이 비판의 길을 나와 함께 편력하는 호의와 인내를 가졌다면, 그리고 이 좁은 길을 대로로 만들고자 기여할 것을 아끼지 않는다면, 독자는 많은 세기가 걸렸어도 성취되지 못했던 일이, 현 세기가 지나가기 전에 달성되지나 않나 하는 판단을 할 수 있을 것이다. 즉 인간의 이성이 그 지식욕에 항상 사로잡혔었으나 이때까지는 헛수고였던 일이 이제야 완전한 만족을 얻음이 달성되지나 않나 하는 것을 판단할 수 있을 것이다.

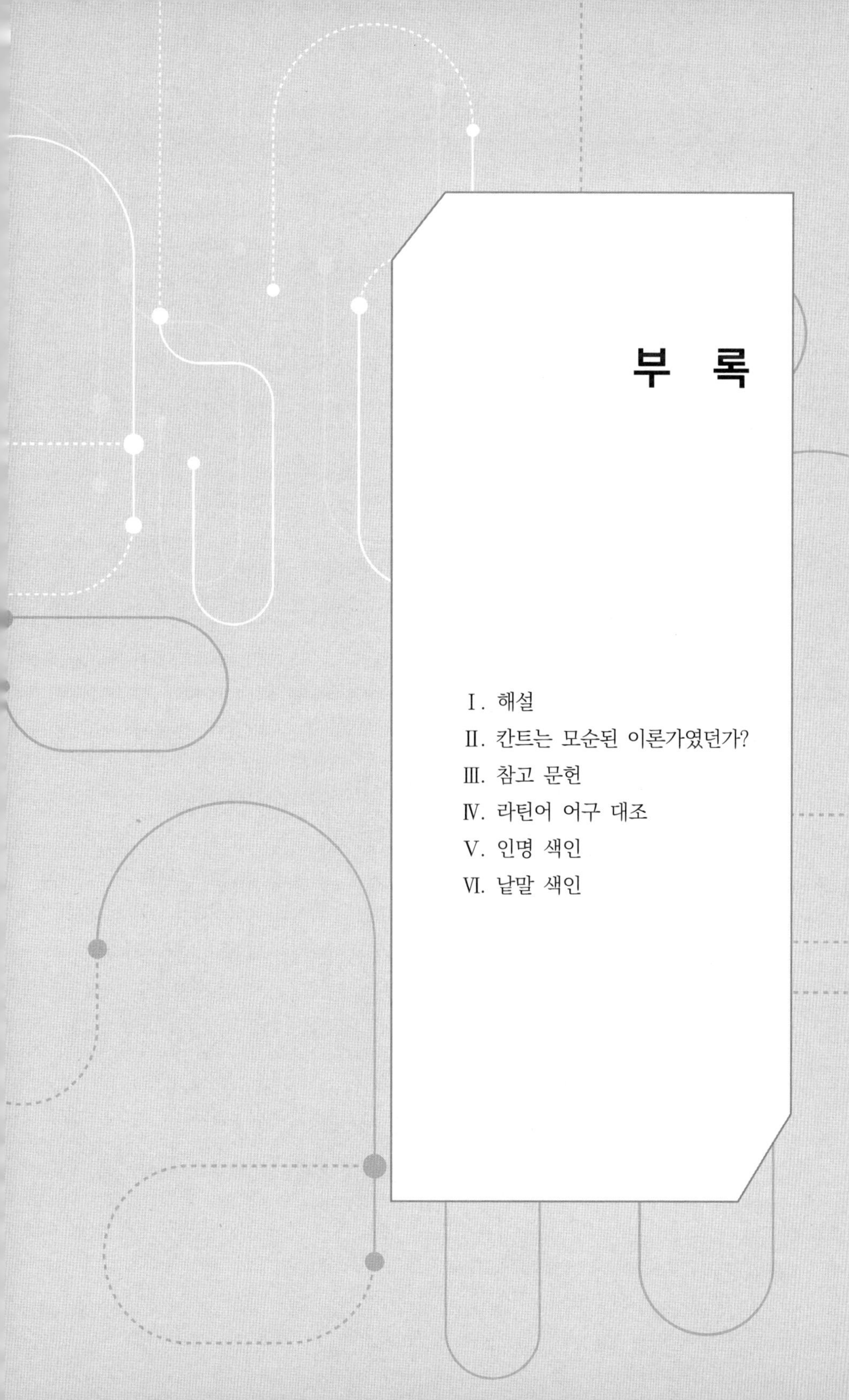

부 록

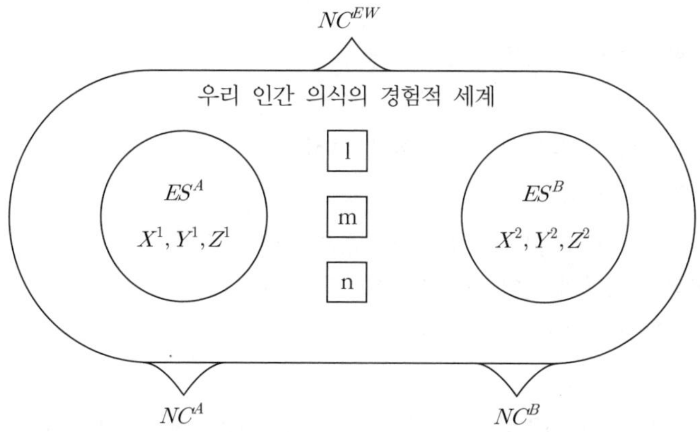

ES^A = 의식적 존재의 경험적 자아(empirical self) A
ES^B = 의식적 존재의 경험적 자아(empirical self) B
NC^A = 의식적 존재의 가상적 조건들(noumenal conditions) A
NC^B = 의식적 존재의 가상적 조건들(noumenal conditions) B
l, m, n = 공간 중의 대상들
X^1, Y^1, Z^1 = 대상의 감각들, 이것들은 경험적 자아 A의 감관-기관들에 작용한다.
X^2, Y^2, Z^2 = 대상의 감각들, 이것들은 경험적 자아 B의 감관-기관들에 작용한다.
NC^{EW} = 경험적 세계(empirical world)의 가상적 조건들[1)]
[가상적 조건들 = 물자체들]

1) Smith 주석서 281면 참조.

Ⅰ. 해 설

「순수이성비판」의 구조 도시

1. 양대 구분 { **원리론** / **방법론** }

2. 원리론의 두 부 { 제1부 감성론 { 1. 공간 / 2. 시간 } / 제2부 논리학 }

3. 논리학의 두 문 { 제1문 분석론 두 편 / 제2문 변증론 두 편 }

4. 분석론의 두 편 { 제1편 개념의 분석[오성의 개념=범주] / 제2편 원칙의 분석 **(판단력)** { 1. 도식성 / 2. 원칙들의 체계 } }

5. 변증론의 두 편 { 제1편 이성의 개념=이념 / 제2편 변증적 추리 { 1. 오류추리 / 2. 이율배반 / 3. 이상 } }

1. 원전의 유래와 집합적 성격

순수이성비판이 철학도 일반에 대한 관계는 성서 중의 한 복음서가 기독교도에 대한 관계에 비유될 수 있다.

인간 정신의 산물로서의 순수이성비판(1781 초판, 1787 재판)은 참으로 탁월하고 신중히 숙고된 명작임에 틀림이 없다. 그러나 이 책만큼 그때 그때에 써 둔 재료를 서둘러서 한데 엮은 책도 드물다. 통속 철학자 멘델스존(Mendelssohn)에게 보낸 서신(1783.8.16.) 중에 칸트는 이 책의 유래에 대해 다음과 같이 썼다.

> 이 비판은 적어도 12년[1769－1781]간의 성찰의 결과임에도 그것의 편성은 겨우 4~5[1780년 후반기]개월이라는 짧은 기간에 조급히 이루어졌습니다. 따라서 그 내용면은 면밀한 주의가 기울여졌으나, 그 서술 방식과 독자의 납득면에 관해서는 거의 관심을 쓸 수 없었습니다. 이런 단행을 나는 후회하지는 않습니다. 왜냐하면 만일 그렇게 서둘지 않고 그것을 좀 더 평이한 형태로 만들고자 지연했었다면, 아마도 그 저작은 완성을 보지 못했을 것이기 때문입니다. 이제 그것이 거칠게나마 빛을 보게 된 이상, 평이하지 못한 결점들은 앞으로 서서히 제거될 수 있을 것입니다.

또 가르베(Garve) 교수에게 보낸 서신(1783.8.7.)에서도 거의 같은 내용을 말한 점으로 보아 위의 진술은 더욱 확실한 사실로 여겨진다:

> 물론 나의 저작이 곧 호평을 얻으리라고는 기대하지 않습니다. 12년에 걸쳐 신중히 숙고한 내용을 서술함에 있어서 그 방식이 일반인의 이해력에 적합하도록 되지는 못하였습니다. 이 방식의 완전성을 기대했다면 아마도 몇해가 더 걸렸을 것입니다. 그럼에도 완성시켜야 했던 것을 더 이상 지연한다면 그렇게 오래 끌어온 작업이 마침내 지루하고 싫증이 날 우려가 있고, 60세라는 늙은 내 나이가 아마도 나를 무력하게 할런지도 모르는 반면, 나의 전체계를 아는 사람은 오직 나 혼자이겠기 때문입니다.

「비판」은 비단 서술의 명백성이나 평이성에서만 결점이 있는 것이 아니다. 저자 자신이 거침없이 각장에서 서로 모순된 말을 하고 있으며,

매우 다양하고 서로 반대되는 뜻을 지닌 낱말을 분간없이 사용하기도 했다. 이러한 모순들이 너무나 명백히 드러나므로 모든 주석가들은 그것들에 대해 적절한 설명을 하지 않을 수 없었다.

캐아드(Caird)는 이 사실을 칸트가 일상적인 의식을 갖고 저술을 시작했으면서도 결국은 항상 고심했던 창의적 「비판철학」의 입장을 천명하려 했을 때에, 그 방도는 오직 진술된 것을 끊임없이 변형해 가는 길뿐이었으리라고 변명했다. 그러나 이런 변명은 「비판」 속의 모순들이 생기는 독특한 방식과 그 모순 자체의 성격을 만족스럽게 천명하는 것이 될 수 없다. 모순들은 각 장의 처음 부분에서만 나타나는 것이 아니요, 서술방식에 기인한 것만도 아니다. 그의 수기와 유고를 연구해서 우리는 「비판」이 단일한 저작이 아니었음을 안다. 즉 그것은 이미 쓰여졌던 각 내용의 원고들을 다소간 기계적으로 한데 모아 엮은 것이었다.

「비판」은 크게 보아 감성론·분석론·변증론·방법론의 네 가지 부문으로 되었다. 그런데 숙고를 거쳐 이미 논증한 부문에 대해서 이것을 희생시키기를 칸트는 꺼려한 듯하다. 「비판」의 출판을 몇 개월 내로 매듭짓고자 했을 때, 적어도 감성론, 변증론 및 방법론에 관한 전반적인 개요가 그가 1780년 이전에 작성했다고 볼 수 있다. 그러나, 이러한 개요는 특히 분석론의 여러 문제에 대한 통찰의 결과에 비추어서 변경되고 수정되었다. 바로 이 때문에 그 출판이 지연된 반면에, 책 내용이 심오하게 되었으며, 지금 우리 앞에 보인 형태의 책으로 되었다.

「비판」의 이러한 집합적 성격은 그 많은 부분들을 세밀하고 주도하게 정리함으로써 은폐되어 있다. 자신의 논리적 원리에 입각해서 칸트는 전반적인 계획에 건축술적이라는 이름을 붙였고, 이것을 철저히 수행하고자 하여, 어떠한 다른 고려도 (때로는 이것이 지당한 것일지라도) 돌보지 않았다. 이따금 취미벽에서 나온 듯한 부당한 애착심을 가지고 그는 자신의 체계를 고수하였다. 세부적인 데에 이르기까지 섬세한 노고를 아끼지 않음으로써 극도로 복잡한 체제를 조직하는 중에 그는 다분히 서로 상반된 내용들조차 그럴 듯하게 나열했다. 서술방식의 균일성과 엄밀성을 노렸기 때문에 사실은 어떠한 질서도 없었음에도 「비판」은 아주 체계적인 질서가 있는 듯한 외양을 보인다.

「비판」 내용의 모순된 성격의 주된 원인을 좀 더 알아볼 필요가 있다.

이것은 특히 그 「초판」에서 보여지는 철학자로서의 칸트의 탁월한 장점으로 생각되는 것과 뗄 수 없는 관련을 가지고 있다. 그는 문제들의 복잡성과 제시될 수 있었던 여러 해결방도에 있어서의 난점들을 솔직히 시인하고 있다. 그의 탐구방법은, 가능한 여러 해결책을 살펴서 이것들이 지닌 장점을 다 갖춘 어떤 중도적 입장을 탐색하는 것이라 하겠다. 이런 중도적인 해결책을 찾지 못할 경우에는, 그는 남의 견해들과 자기의 견해를 나란히 전시하고 있다. 이 점을 제자며 친구였던 헤르쯔(M. Herz)에게 보낸 서한들이 입증하고 있다:

> 당신이 아는 바와 같이 나는 정당한 이의들을 단지 반박할 의도에서가 아니라, 오히려 이 이의들을 숙고함으로써 나 자신의 사상 속에 항상 함께 엮어 넣고자 하는 의도에서 반대자들에게 나 자신의 견해를 논박할 기회를 주고 있습니다. 내 견해를 타자의 입장에서 공평히 검토함에서 나는 이전의 통찰을 개성할 수 있는 제3의 견해를 얻고자 희망합니다. 오랜 경험이 가르쳐 준 바에 의하면, 내 주제에 대한 통찰은 어설픈 노고로써 성급히 얻어진 것이 아니라 상당히 긴 세월을 요구한 것입니다. 이런 세월에 걸쳐서 나는 동일한 개념들을 되풀이하여 성찰하고, 모든 관점에서 또 가능한 한 최대한의 [상호 관련성]에서 개념들을 고찰합니다. 이러는 동안에도 때때로 회의적 정신의 각성은 내 결론들이 과연 탐구적인 비판에 견디어 낼 수 있는가 어떤가를 심문하곤 하였습니다(1777.6.7. 서신).
>
> 섬세한 용의를 필요로 하는 정신적 노력에 있어서 가장 방해가 되는 것은 다른 방면의 일에 마음을 쓰는 것입니다. 마음은, 평정한 때이건 혹은 뜻대로 되는 때이건 나타날지 모르는 우연적 시사에 대해서 비록 긴장해 있지는 않아도 항상 개방되어 있어야 합니다. 또 정신을 고무하거나 정신에 휴양을 주어서 그것의 여러 힘을 자유롭게 하고 활동적이게 해야 합니다. 이래야만 우리는 대상을 신선하게 각 방면에서 볼 수 있게 되고, 시야를 현미경적 관찰에서 일반적 전망으로 확장할 수 있게 되며, 따라서 한 입장을 다른 입장의 각도에서 검증하고, 생각

할 수 있는 모든 입장에 순차로 설 수 있게 됩니다(1772.2.21. 서신).

이상의 말들은 단지 훌륭한 입지에서 나온 표현이 아니라, 오히려 칸트의 참된 탐구방법을 설명하고 있음을, 비판의 내용이 충분히 알려 준다. 그는 대립된 견해들을 번갈아 논구하면서도 그 어느 하나에도 분명하게 언질을 주지 않는다. 그는 제기될 수 있는 모든 반대를 제거하고자 노력하는 가운데서 자신의 원리들을 끊임없이 수정하여 갔다.

「비판」은 상술했듯이 단일한 체계가 아니라 다방면의 문제를 계통적으로 공식화하고 해결하고자 한 칸트의 다양한 시도의 기록이다. 그의 최후의 견해를 표현하는 대목에서조차 시종 일관성을 위해서 자신이 이미 얻은 통찰을 희생시키기를 꺼려한 듯하다. 그가 어떤 특별한 변해를 한 것에 대한 책임을 져야 한다면 그것은, 이미 언급했듯이, 부당한 애착심을 불러 일으킨 「건축술·체계성」에 대한 관심에 기인하였고, 결코 그의 「중심 원리들」 자체에 있는 것은 아니다. 난제들을 숨기거나 마음에 드는 어떤 고려에 부당히 물고 늘어지기는커녕, 그는 자기의 결론에 대해 제기될 출중한 반론들을 항상 강조하였다. 그의 가르침은 A점에서 볼 때 매우 명백하다 하더라도 그것은 A점에 지지 않게 중요한 B점에서 볼 때에는 다분히 가정적인 것이었다. 「비판」의 가치를 높여주는 것은 바로 이러한 탐구방식에 있다. 그 책의 분위기에 깊이 몰입해 본 사람은, 비록 그 많은 이론들에 만족하지는 않을지라도, 참된 형이상학이 충족시켜야 할 주요 조건들에 정통하게 되었거나, 적어도 형이상학의 문제들이 얼마나 복잡한가를 알게 되었을 것이다.

원전의 집합적 성격을 인정했을 때 우리는 다음의 두 가지 점을 알아챌 수 있다.

1. 어떤 단일한 문장도 그 자체로는 결정적인 의미를 지니지 못하며, 관련된 모든 문구들이 대조되어야 하고 또 이 각 문구는 「칸트」 사상 발전의 여러 단계에 대한 역사적 이해라는 관점에 비추어서 해석되어야 한다. 따라서 어떤 중요한 논제에 대해서는 칸트 자신이 대립된 여러 입론들 사이에서 방황하면서 끝내 결정적인 견해에 대한 아무런 언질도 주고 있지 않지마는, 이것에 우리는 당황할 필요가 없다.

2. 만일 「비판」이 명백하고 미리 고안된 계획에 따라 조직된 단일한 저작이었다면, 칸트의 가장 원숙한 가르침은 의당 「비판」의 결론적인 부분에서 나타날 것이라는 예상 아래서, 우리가 그 책을 읽어갈 수는 없다. 변증론의 대부분, 그 중에서도 특히 현상계의 성질을 논하고 또 이것과 인식주관과의 관계를 논하는 대목은 전혀 반비판적이다. 「들어가는 말」도 역시 반비판적이다. 「비판」에 대한 열쇠는 분석론의 중심 부분인 「범주의 연역론」 중에 있다. 「비판」의 그 외의 다른 부문들은 비판적 이론이 전비판기의 가설들을 엉킨 영향력에서 서서히 벗어나는 과정을 표시하고 있다.

2. 흄과 라이프니쯔에 대한 관계

a. 칸트가 자기의 기본문제를 「공식화」하는 방법은 선천적 종합판단이 어떻게 가능한가? 하는 문제였다. 이런 [설문 방법]은 오늘날의 독자에게는 부당하게 형식적이고 너무나 합리적인 탐구 방법처럼 보이겠다. 그가 이런 방법을 택하게 된 이유는 흄의 후기 저작 An Enquiry Concerning Human Understanding, 1748(약칭 Enquiry) 중의 인과율에 관한 논의였다고 생각되어 왔다. 칸트는 흄의 초기 저작인 A Treatise of Human Nature, 1739－1740(약칭 Treatise)을 잘 이해할 수 없었으며 따라서 흄에 대한 그의 관계는 오직 저 후기 저작에 국한된 것이라고 생각되어 왔다.

칸트의 자서전적인 진술로 인한 이러한 오해는 바이힌거(Vaihinger)에 의해 상당히 제거되었다. 칸트 자신은 Enquiry에 대해 직접 언급을 하지 않았고 「비판」과 Prolegomena 중에서 보인 흄에 관련된 귀절들은 폭넓게 Treatise를 논의한 성 싶은데, 이런 사실은 적잖은 중요성을 가진다. 왜냐하면, 「바이힌거」의 견해는 칸트가 어떻게 하여 **선천적 종합**의 문제를 이론철학의 분야에서 가장 핵심적인 문제로서 다루게 되었는가 하는 데 관해 적절한 시사점을 주는 것이기 때문이다. 「비판」의 문제들에 대한 관계에서 볼 때, Enquiry와 Treatise의 본질적 차이는 후자가 보다 더 폭이 넓고 근본적인 성격을 지니는 것이다. Enquiry에서 다룬 「인과율」 문제는 단지 특수한 인과적 판단의 경우, 즉 개별의 결과가 어떻게 하여 개별의 원인에 기인한다고 주장될 수 있느냐 하는 것이었으나, Treatise에서는 보편적 인과율의 타당성을 다루었다.

흄은 이 문제를 다음과 같은 분명한 근거에서 제기했다: 인간의 정신이 원인과 결과라는 두 개념의 여하한 결합[종합]도 찾아낼 수 없는데도 불구하고, 인과원리는 이 양자의 결합을 항상 필연적인 것으로 요구하고 있다. 다시 말하면 인과원리는 자명한 것이 아니라 주관이 두 개념을 결합하는 것에 기인하다. 원인개념과 결과개념은 전혀 분리된 별개의 관념이다. 사건은 그것이 의존하는 선행사건을 생각하지 않더라도 지각될 수 있다. 인과원리는 논증될 수가 없다. 무에서 생기는 사건이란 불가능하다고 주장함으로써 인과원리를 주장한다 하더라도, 이런 논의는 인과원리를 단지 전제한 것일 뿐이다. 사건의 원인을 필요로 하지 않은 경우라면, 그것의 발생 원천을 무에서 찾거나 다른 어떤 것에서 찾는다는 것은 불필요한 일이다. 이와 마찬가지로 시간과 공간의 모든 부분이 균일하다는 이유에서 다른 어떤 시공에서가 아니라 바로 이곳 이때 일어난 사건을 결정짓는 어떤 원인이 있어야 한다고 논한다면 이런 논의 속에도 역시 인과원리가 미리 전제되고 있다. 그의 결론에 의하면 인과원리란 비합리적인 것이나, 그것은 경험을 형성하는 데 유용한 도구며, 바로 이런 이유에서 우리는 저절로 인과원리를 형성하였고 받아들이게 되었다. 정확히 말해 그것은 단지 본능적인 믿음일 뿐이며, 우리의 실천적 요구의 수행을 위해서 필요하게 된 자연적 성향이다. 「자연은 우리가 호흡하고 느끼는 것처럼 우리로 하여금 인과원리를 판단하도록 하였다.」

자연주의 입장에서 흄은 경험사실의 귀납을 통해 일반원리를 수립하려는 경험철학을 맹렬히 공격했다. 경험의 기초에 전제된 인과원리가 비합리적 성질의 것이라면, 우리의 경험적 판단도 역시 불합리한 것이다. 경험적 판단들이 일련의 감각들에 있었던 제일성을 정확히 기술할 수 있고, 미래의 제일성도 기대할 수 있겠으나, 이런 제일성이 추리의 근거로서의 역할을 할 수는 없다. 선천적 원리를 제거하고 오직 감관

–경험에만 호소할 때에, 순경험론자는 귀납추리와 관습에서 나온 기대를 구할 근거가 없어진다. 보편적 개념 혹은 추상적 개념의 가능성이 전혀 부정되는 이상, 연역추리도 정신의 추리에 있어서 가능한 도구라고 인정될 수 없다. 소위 추리란 우리의 신념의 원천인 것이 아니라, 외부 영향에 반응하는 인간 성질의 조직에 의해 규정된 인간의 기초적 자연신념이다.

이상이 칸트의 「선천적 종합」문제에 끼친 흄의 영향이다. 칸트는 인과원리가 자명하지도 못하며 논리적으로 증명될 수도 없다는 흄의 논점과 시종일관해서 일치했다. 그는 인과원리의 불가증명적 성격이 과학이나 철학의 기본이 되는 모든 다른 원리들에 대해서도 타당함을 깨달았다. 더욱이 그는 경험의 여건에서 하는 귀납추리란 독자적으로 수립한 이성적 원리를 먼저 받아들여서만 가능하고, 따라서 이성적 원리들의 타당성을 증명하는 것으로 경험을 찾을 수 없다는 흄의 주장에 찬동하였다.

그러나 「선천적인 것」의 성질인 자명성을 부인하고, 단지 **후천적 종합**만을 받아들이는 데에서 그는 저절로 딜레마에 빠지게 되었다. 즉 흄의 회의적 결론을 승인하든가, 그렇지 않으면 이성론자의 결점과 경험적·실증적 증명방식의 결점에서 벗어날 수 있는 기준(따라서 일반원리들의 타당성 여부를 결정해 줄 수 있는 기준)을 세울 수 있어야 하였다. 이래서 "선천적 종합판단이 어떻게 하여 가능한가"하는 설문이 나타났다.

자기의 중심문제에 대한 칸트의 각성은 흄에 반대한 비이티(Beattie)의 미흡하고 힐난조의 비평 속에서 소개된 Treatise의 논의를 간접적으로 알게 된 데서 생겼을 것이라는 견해도 있다. 어차피 1783년에 칸트 자신이 고백했듯이, 흄의 경고가 칸트의 「독단론적 졸음」을 깨운 것이었다.

b. 흄에 대한 관계는 이상과 같거니와, 다음에 라이프니쯔에 대한 관계를 살펴보기로 한다.

경험은 자신만으로는 귀납추리도 정당화할 수 없다는 흄의 주장은 라이프니쯔의 입장으로 넘어가는 다리를 형성했다. 흄과 라이프니쯔는 전래 경험론의 비약을 공격함에 있어서 공통된 지반을 발견했다. 양자는 경험론의 비약을 모순된 원리들의 잡종물로 보는 점에서 의견을 같이 했다.

이성론이 그 자신의 원리를 유지할 수 없다면, 대용책은 개별의 경험에서 견고한 발판을 찾는 것이 아니라 오히려 회의론이 줄 수 있었던 위안을 찾는 것뿐이다. 이성론의 포기는 모든 형태의 형이상학의 파괴를 의미한다. 수학과 자연과학들조차도 이론적 요구를 만족시키는 것이 아니라 실제적 목적에 응하는 것이라고 보아질 것이다. 라이프니쯔의 전래 경험론 비판의 주된 의도가 흄의 그것과 일치하기는 하나, 결론에 있어서는 다르다. 흄은 귀납을 단지 본능적인 예기라는 비합리적인 과정으로 간주하였다. 그러나 라이프니쯔는 순수 사고의 자기입법성을 주장하였다. 즉 감각-경험은 그것이 사고 자신의 고유한 성질에서 나온 원리를 연구하는 그만큼 실재를 나타낸다고 했다. 이에, 경험은 선천적 원리에 일치하며, 따라서 과학적 귀납에 대한 적절한 기반을 제공하는 것이었다.

흄의 Enquiry 속의 한 귀절은 인간 사고의 본성과 작용에 대한 라이프니쯔 해석의 사변적인 성격을 담대히 대변해 주고 있다:

> 인간의 사고만큼 무제한인 것은 없다. 사고는 인간적인 전능력과 권위를 벗어날 뿐만 아니라 자연과 현실의 한계 내에 억류되지도 않는다. 육신은 고난에 찬 하나의 유성(지구)에 감금되어 있지만, 사고는 가장 먼 우주에도 우리를 날아가게 한다 … 보지도 듣지도 못한 것이 사고될 뿐만 아니라 절대적 [논리적] 모순을 제외하고서는 사고의 힘보다도 더한 것이 없다.

인간이 비록 육신에 의존하고 또한 유성[지구]에 매어 있더라도, 그는 태양과 별들을 인간정신의 유희물로 가지며, 죽음을 면치 못해 비록 유한하다 해도 그는 정신능력에서는 성스러운 무한한 존재이다.

이 때문에 라이프니쯔는 이성의 기능에 대한 회의를 단호히 거부했다. 그는 사고를 감각재료의 개념화 작용에 제한하지 않고, 사고의 창조력을 주장했다. 이 창조력은 그 자신의 원천에서 구조를 발견할 뿐만 아니라, 가능한 실체들의 광범한 영역도 발견한다. 그의 주장에 의하면, 실재적인 것은 사고가 진리의 세계에서 발견할 「많은 지역 중의 하나」임에 불과하다. 진리란 사물의 한갓 보편적인 면을 추출하는 작용도 아니요, 실재의 모사도 아니다. 진리는 실재보다 더 넓은 것이요, 논리적으로 실재에 선행한다. 그것은 현실적인 것에 의존하는 것이 아니라 이것에 법칙을 부여해 주는 것이다. 이처럼 라이프니쯔는 순수사고가 발견한 가능적인 것에서 시작하여 실재의 본성을 선천적 방식에서 규정하였다.

사고에 대한 라이프니쯔의 견해가 얼른 보기에는 단지 데카르트(Descartes)나 말브랑스(Malebranche)의 낭만적 내기 합리적 이상의 재현인 것 같으나 사실은 그렇지 않다. 뉴톤과 함께 미분학을 발견한 수학자로서의 라이프니쯔는 말브랑스와 다르며, 방법론의 순수 논리적인 측면에 깊은 관심을 가졌던 점에서 데카르트와도 구별된다. 그는 참된 과학적 방법에 있어서 학의 의의 및 수학적 훈련의 가치를 결정하는 데 필요한 예비적 지식을 충분히 갖추고 있었다.

상술한 흄과 라이프니쯔는 당시의 그들 외의 모든 학도들을 압도하면서 칸트에게 결정적 영향을 끼친 두 주역이었다. 양자는 경쟁하는 가능성들에 대해서 최후 결단을 내리는 근본적인 중요 문제를 깨달았다. 양자는 각기 자기의 철학이 가진 방식에서 사고에 관한 단지 두 가지 기능적 견해 중의 하나를 유지하였다. 즉, ① 사고는 인간 경험을 편리하게 해석하기 위한 도구일 뿐이다. 그것은 객관적 혹은 형이상학적 타당성을 가지지 않는다. ② 사고는 보편적으로 입법한다. 그것은 영구히 넓은 가능성의 세계를 밝혀주고, 모든 경험에 선행하며, 경험이 따라야 할 기본적 조건들을 규정한다.

이 양 견해를 논리적 용어로 개설해 보면: ① 경험의 기본적 원리들은 주어와 술어간에 아무런 관계도 발견할 수 없는 **종합적** 판단들이며, 따라서 이런 원리들은 선천적으로도 또 경험에 의해서도 정당화될 수 없다. ② 모든 원리들은 **분석적**이며 따라서 「순수사고」에 의해 정당화될 수 있다. 칸트의 「비판」은 이처럼 대립된 두 견해를 음미·평가하는 데에 성공했다.

3. 선험적 관념성과 경험적 실재성

쇼펜하우어는 「선험적 감성론」을 절찬해서 「그것은 탁월하게 공적있는 작품이기에 그것만으로써 칸트의 이름을 불후케 하기에 족하다」고 했거니와, 이런 감성론의 귀결적 사상은 시공이 선험적으로는 관념(주관적)이면서 경험적으로는 실재한다는 것이다. 물론 현상으로서 실재하고, 물자체로서 실재하지 않는다는 말이다. 이런 귀결적 사상의 내용을 해설해 두기로 한다.

a. 공간은 물자체들의 성질 또는 관계가 아니다. 만약 그렇다면, 우리는 단지 경험을 통해서만 후천적으로 공간을 알 것이요, 경험에서 독립해서 선천적으로 타당하는 순수수학의 공간직관을 가질 수는 없을 것이다.

여기서 「우리는 자체로 존재하는 공간적인 것에 준거하지 않고, 공간적인 것으로 제시되는 일체가 공간화하는 우리 심성의 힘에 준거한다」는 코페르니쿠스적 혁명이 드러난다. 공간을 인상을 수용하는 보편적 합법칙성인 형식으로서 우리 자신에 속해 있다.

개별 사물의 여러 형태 혹은 원근의 공간적 관계가 경험적임은 사실이다. 따라서 경험적인 것을 넘어서 물자체로 돌려보내질 것을 우리는 선천적으로 알 수는 없다. 그러나 각종의 공간적 객체가 공간성이라는 동일한 법칙에 종속한다는 것, 기하학의 명제가 공간적 객체에 타당한다는 것, 이런 것들은 공간표상의 선천적 성격에 의해서만 설명될 수가 있다. 경험적인 공간이 선천적인 공간표상에서 도출될 수는 없으나, 그러나 그것은 이 선천적인 공간표상에 합치하는 것이다. 아프리오리가 경험적인 것의 최상법칙인 것이다.

공간 자체는 없고 공간 표상만이 있다. 그러나 그렇다고 해서 공간은 불가해한 것이 아니요, 경험적 실재성을 가지는 것이다. 즉 공간은 외적으로 경험되는 만물에 대해 객관적 타당성을 가지는 것이다. 외적 경험은 주관의 의식에 속하고 따라서 전 공간이 우리의 의식에 귀속한다.

공간이 물자체가 아니라는 것, 그것이 우리의 의식에서 해방되어 있지는 않다는 것, 절대적(자체적)으로 존재하는 것이 아니라는 것, 그런 한에서 그것은 관념적이요, 단지 의식내용이라는 것——이런 사상이 공간에 관한 칸트의 인식론적 고찰의 성과이다. 이에 공간은 경험적으로는 실재하는 것이로되 선험적으로는 관념성인 것이다.

공간적인 것은 원래는 우리의 의식에 속하지만, 그것은 어떤 대상적인 것에 관계하는 것이요, 대상적인 색·소리·맛 같은 감성적 특질에도 타당한다. 그러나 이 감성적 특질은 경험에서 주어진 감각일 뿐이요, 선천적 직관은 아니다. 하기에, 감성적 특질들은 선천적 종합판단이 어떻게 가능하냐 하는 비판문제의 해결에 기여함이 없고 그 대신에 공간표상의 선천성의 통찰이 중대한 기여를 한다.

b. 공간이 외감의 형식임에 반해, 시간은 내감의 형식이다. 즉 우리 심성의 모든 체험은 계기, 즉 전후의 방식에서 내관될 적에 우리에게 현상한다. 그런데 외물의 지각 역시 필경은 체험이기 때문에 시간은 전 현상(내감과 외감)의 형식이다.

시간도 공간처럼 물자체가 아니다. 그것은 우리의 직관조건으로서 주관적이나, 그러나 동시에 「객관」에 타당한다. 우리가 직관하는 모든 객체는 시간 중에서 제시되기 때문이다.

시간은 주관에서 유래하고 물자체에서 오는 것이 아니다. 그럼에도 주관이 객체를 직관·구성·규정하기 위한 정신적 도구이기 때문에 시간은 객관적으로도 타당하게 된다.

칸트는 주관주의에 빠져서 객관적 타당성을 무시했다는 비난이 흔히 되풀이 된다. 그러나 실은 칸트야말로 인식의 객관적 타당성을 명백하게 하려고 한 사람이다. 「주관적」은 그에 있어서 자의나 개인적 차이를 의미하지 않고 합법칙적임을 의미한다. 그의 주관적인 것은 객관적인 것에 대립하는 한갓 주관인 것이 아니라, 객관적인 것을 동시에 「포괄」해 있는 것이다. 시공의 선험적 관념성(주관성)이 그것의 경험적 실재성(객관적 타당성)을 배제하는 것이 아니고 동시에 그것을 내포(혹은 가능하게) 한다고 강조한 것도, 이런 의미에서였다.

그가 주장하는 시간의 주관성은 감각의 뒤바꿈(기만)과 동일시할 것이 아니다. 감각의 뒤바꿈은 각종 색 따위가 객관적인 것으로, 즉 객관적 실재로서 현상한다고 전제하는 데에 존립한다. 무릇 감각의 주관성은 선천적인 인식을 불가능하게 하고, 따라서 그것은 인식론적·선험적 고찰에 대해서는 무의미한 것이다.

c. 질료적[1] 관념론은 칸트의 「공간의 관념성」에 대해서보다도 그의 「시간의 관념성」에 대해서 심한 비난을 할 수 있다. 왜냐하면, 질료적 관념론에 의하면, 외부대상의 실재성에 관한 엄밀한 증명을 할 수 없으나, 내감의 대상이 절대로 실재함은 의식에 의해서 직접적으로 명백하기 때문이다(B. 55 참조).

칸트는 질료적 관념론을 단연히 거부하였고, 자기의 선험적 관념론을 질료적 관념론과 혼동하지 않도록 경고하였다.

칸트의 선험적 관념론에 의하면, 물체와 심적 체험은 마찬가지로 현상으로서 실재하는 것이고 외계와 내계는 결코 가상이 아니다. 양자는 물론 물자체는 아닌 현상인 것이나, 현상은 가상을 의미하지는 않는다. 시공의 (선험적) 관념성은 도리어 경험－인식의 확실성을 불가침이게 하는 것이다. 혹자의 주장처럼 시공이 물자체에 부착해 있다고 하건 혹은 사물에 대한 우리의 직관형식에 부착해 있다고 하건 이런 것의 시비는 잠간 도외시하고, 그것이 경험－인식에 참여해 있는 것만은 인간에게 확실한 일이다. 인간이 인간적인 직관방식의 외부에 나갈 수 없음은 인간이 그 자신의 살갗 외부에 나갈 수 없음과 마찬가지다.

그러나 시공의 절대적 실재성을 상정할 적에는, 이런 일은 경험자신을 무시하는 모순에 빠질 것이다. 시공의 절대적 실재성을 상정하는 사람 중에는 시공을 절대자존의 불가해한 것으로 생각한 뉴톤 같은 수학적 자연과학자도 있었고, 시공을 물자체들에 부착하는 성질 또는 관계로 생각한 라이프니쯔 같은 자연철학자도 있었지만, 이런 학도들은 모두가 시공의 경험적 실재성을 인식하지 못했던 사람이다.

1. 인간의 감성적 지각력의 성질이 없어진다고 생각한다면, 시공도 존재하지 않을 것이다. 시공의 우리에서 독립하여 절대적으로 실재하는 것이 아니기에 말이다. 칸트의 이런 결론은 시공의 소박실재론에 대립하고, 여기에 「사고방식의 혁명」이 드러나 있는 것이다. 그러나 이런 이

1) 질료적 관념론은 「데카르트」의 개연적 관념론과 「버클리」의 독단적 관념론으로 세분된다.

론은 시공이 우리의 두뇌 안에만 있다는 뜻이 아니다. 우리는 두뇌와 신체를 우리가 표상한 공간 안에 두어야 하고, 시간 중의 지속도 이런 공간에 귀속시켜야 한다. 시공이 우리의 의식에만 귀속하고 그런 한 주관에 귀속하는 것이라 하더라도, 우리가 시공을 어떤 객관적인 것, 주관(자아)에서 구별된 것으로 체험하는 것에 칸트는 반대하지 않았다.

개똥벌레는 자신이 앎이 없이 빛을 발산한다. 하기에 개똥벌레에는 모든 대상이 조명되어 보이겠고, 이런 밝음은 그의 조력 없이 객관적 소여로 나타나겠다. 이것과도 흡사히, 시공적 사물은 인간에 있어서 무의식적으로 있고 만인에 있어서 동일한 합법칙성에 좇아 있는 것이다. 따라서 공간·시간·시공적 관계와 특질 등은 어떤 객관적인 것으로 우리에게 정시된다. 일상생활과 개별과학도 이와 같은 파악을 하고 있다. 단지 인식론적 반성만이 시공이 자존적인 것이 아니라 우리의 정신에 귀속하는 것이라 한다. 이러하여서만 수학의 선천적 종합판단의 가능성이 설명될 수 있기 때문이다.

인간이 시공의 두 가지 형식을 가진다는 것은 귀납된 사실이 아니다. 그러나 그것은 반대로 사고상 필연적·분석적인 것도 아니다. 감성이 없는 혹은 인간과는 다른 성질의 감성을 가지는, 인식적 존재도 생각될 수 있기에 말이다.

2. 시공의 선험적 관념성(주관성)을 지지하고자 칸트는, 공간표상이 병재의 관계만을, 시간표상이 계기의 관계만을 포함하고, 한갓 이런 「관계」를 통해서는 물자체는 인식되지 않는다고 했다.

외감과 내감도 물자체를 인식할 수 없다. 내감에 있어서 자립적 자아[자아자체]는 드러나지 않고 자아의 현상만이 드러나기에 말이다. 외감이 물자체—이것으로 인해 현상이 우리에게 주어져 있겠으되—에 의해서 촉발(자극)되듯이, 내감은 우리에게 미지인 자아 자체의 활동에 의해서 촉발되는 것이요, 심정의 다양한 체험을 내관할 무렵에 우리의 자각 내용으로써 채워져 있는 것이다. 활동적 자아, 즉 통각의 직접적 앎은 자아라는 단순한 표상이요, 이런 표상은 자아 자체의 인식을 주지 않는 것이다.

3. 시공적인 존재는 자체상의 절대적 존재가 아니라 주어진 대상의 「주관의 직관방식」에 대한 관계 중에

서만 존립한다. 직관방식은 모든 주관에 있어서 동일한 것이요, 물자체에 촉발되는 감관—인상의 공간화·시간화는 엄밀히 법칙적으로 수행되는 것이다. 이 때문에 현상계를 허망한 환상계와 동일하게 보아서는 안 된다. 쇼펜하우어는 칸트의 본의에 어긋나게 현상계를 「마야」의 면사라고 했다. 시공적 만상의 「선험적 관념성」이론은 그것의 경험적 실재성을 해소하는 것이 아니다. 칸트는 만상이 물자체가 아님을 확립하려 한 것이다. 그것이 물자체라면, 그것에 관한 「선천적 종합판단」은 불가능한 것이다.

시공표상에 객관적 실재성을 부여하여 시공을 물자체로 본다면, 이것은 배리가 된다. 시공은 실체로나 혹은 실체의 속성으로 생각될 수 없기 때문이다. 그럼에도 만약 「물체계와 우리 자신」과의 존재가 시공이라는 불가해인 것의 가존적 실재에서 표상되어야 한다면, 시공의 본질을 모르는 우리의 무능에 직면해서 그런 시공 중에 포함되어 있는 것을 버클리처럼 한갓 가상이라고 설명하게도 될 것이다.

4. 하나님이 시공 중에 있는 것이 아니라고 생각한다면, 이것은 시공이 하나님까지 포함한 모든 실재의 제약이 아님을 사실상 승인한 것이다. 따라서 물자체로서의 실재는 시공의 형식이 없이 존재하고, 시공의 형식은 인간의 직관방식이 지니는 주관적인 것이라고 적어도 생각될 수 있다. 그러나 인간의 직관방식을 감성적이라고 하는 말은, 이러한 직관방식이 물자체의 존재에 의존한다(촉발된다)는 것을 의미할 뿐이다.

인간의 감성적 직관방식은 보편타당하다(아니 인간 외의 존재도 인간과 마찬가지의 직관방식을 지닐지 모른다). 그러나 인간의 직관방식은 그것이 바로 감성적인 까닭에서 파생적 직관이요, 이것은 근원적 직관, 즉 지성적 직관의 이념에 대립한다. 근원적 직관은 감성적[수용적]이 아니라 직관되는 객관 자신을 산출하는 것이다. 이런 창조적인 직관은 하나님에게만 귀속할 수 있는 것이다(B. 59—72). 선험적 관념성이 경험적 실재성이라는 사상은 오류 추리론(A. 369—A. 371)과 이율배반론(B. 519)에까지 관류하고 있다.

4. 선험적 논리학

「비판」의 출판 이후 오늘날까지 발생한 술어 및 사조의 급격한 변화로 인해 생길 듯한 칸트에 대한 오해를 방지하기에 필요한 점만을, 우리는 여기서 설명하고자 한다. 그러나 이런 설명의 타당성 여부는 칸트 자신의 진술을 상세히 검토함에 의해서 판정될 것이다.

a. Apriori의 본성 칸트가 입각하고 있는 기본 전제는 「보편성과 필연성은 여하한 경험적 방식에 의해서도 얻어질 수 없다」는 것이다. 이런 가정하에서 그가 도달한 결론은 보편성과 필연성을 뚜렷한 특징으로 하는 「아프리오리」는 결코 감관에 주어지는 것이 아니라 심성에 의해 부여된다는 것이다. 즉, 「아프리오리」는 경험의 질료 부분이 아니라 경험의 형식이 되어 있다는 말이다. 경험의 질료는 감각과 동의다. 이 감각 자신은 「관계적」인 것이 아니다. 그는 「아프리오리」라는 가정 자체를 음미하거나 증명하지는 않았다. 이러한 「아프리오리」는 논의의 여지를 인정치 않는 예상이 얻고자 했던 권위 내지 공리적인 것이다.

경험의 보편적·필연적 원리들이 경험의 형식이 되어 있다는 명제를 칸트는 다음과 같은 확고한 방식으로 진술했다: 「형식은 모든 경험에 대해 고정적·항구적이다. 경험이 단순하거나 복잡하거나 간에, 모든 경험에 대해서 그 형식은 동일하다.」 그것은 사물을 객관화하는 의식 혹은 자아의식에서 발견되고, 또 지속의식에서 발견된다. 지속의식은 주관적 계기와 객관적 계기를 구별하는 능력을 포함하는 동시에, 반드시 자아의식을 지니는[1] 인식을 포함한다. 다시 말하면, 인간 경험은 시간적 진행이긴 하나, 항상 **의미**의 의식이다. 경험의 상태들은 시간상 계기하는 것, 즉 외적인 나열임에 불과하나, 그것들이 형성하는 의식은 모든 순간에 있어 단일한 일원적 의미를 깨닫는 것이다. 의미에 준하여서만 계기적 경험의 내용이 유기적으로 정돈된다.

1) 이 말은 과거사를 과거사로 인정할 뿐 아니라 대상을 대상인 것으로 인식한다는 광의로 쓰였다.

칸트에 의하면, 경험은 그것의 모든 구체적인 순간적 상태에 있어서 무한히 다양한 질료와 이것에 관계하는 요소와의 양편으로 분석될 수 있다. 인식에 있어서 서로 관계하는 인자 혹은 요소들의 어느 하나라도 없을 경우에 나머지 인자들은 곧 무효화하기 때문에 그것들은 합쳐져서, 인식적인 성격의 모든 정신과정의 조직을 규정하는 것으로 보아진다.

깨닫는 것으로서의 알아차림이란 **판단 작용**과 동일하고 그러므로 그것은 관념들의 한갓 「연합」과는 구별되는 판단자신의 가능성을 위해 요구되는 일체를 포함한다.

비판철학에 의하면 우리 인식의 근저에 놓인 원리들은 종합적이다. 이런 까닭에 그런 원리들은 본질적인 필연성을 지니지 않으며, 이성론자들이 부여한 절대적 권위를 소유할 수 없는 것이다. 인간이성은 원리들을 가지기는 하나 이른바 원리들은 본래부터 이성적이라고 말할 수 없다. 그것들은 거치른 제약으로서만 수립될 수 있으며, 이런 제약은 현실적 경험 중에서 입증될 수 있어야 한다. 따라서 원리들은 오직 현상의 인식에만 관계하고 감관경험에 대한 조건들이며 현상 인식의 수단인 것이요, 궁극적 실재(물자체)를 판독하는 데에 사용될 수는 없다. 즉 그것들은 경험의 영역 내에서만 유효하며 물자체에 관한 형이상학적 이론을 형성하는 데는 무용한 것이다.

칸트는 새롭고 독특한 이성론자였다. 그는 아프리오리를 믿었고, 이것의 중요성을 강조했다. 그의 「비판」은 오직 아프리오리만을 다룰 권리를 지녔던 것이다. 그러나 이 아프리오리는 관계적인 것 이상의 것이 아니었다. 이러한 아프리오리에 의해서 우리는 인식 대상을 관계적인 것으로 다루며, 절대자는 단지 관념적인 사고 속에서만 가능한 것이었다. 선천적 증명은 귀납적 의미의 경험인 것은 물론 아니나, 그렇다고 해서 사고의 필연성을 연역했다는 의미에서 논리적인 것도 아니다. 아프리오리한 선험적인 증명은 오직 현실적인 경험이 전제되고 있는 한에서만 수행될 수 있는 것이다. 아프리오리한 원리들은 어디까지든지 순전히 관계적이다. 그것들은 초감성적인 것에 대한 관계의 실마리를 줄 수 있는 내용을 가지지 않는다. 그것들의 유일한 기능은 외부에서 주어진 내용을 해석하는 데에 있다. 아프리오리는 고유의 내용이 없이 단지 관계적이며 종합적이다. 그러므로 그것은 자립적인 증명이 불가능하다. 그것은 오직 현상일 수 있는 경험에만 관계한다. 그것은 그것이 제약하는 경험처럼 사실적인 것이다.

도덕의 분야에 있어서도 칸트는 이런 신념을 고수했다. 인식과 마찬가지로 도덕도 원리들을 전제한다. 그러나 아프리오리한 도덕 원리들은 직관되는 것이 아니다. 그것들은 부정될 수 없는 사실인 도덕의식에 관계하는 한에서만 그 권위를 획득할 수 있다.

아프리오리의 이러한 성격은 명백히 이해되어야 한다. 이렇지 못할 경우에 우리는 비판 철학의 전체 논의가 비현실적이라는 편견에 좌우되기 쉽다. 아프리오리를 형식적 혹은 관계적이라고 대치해도 좋지만, 그것은 의미를 구성할 수 있게 하는 인식 원리를 지시함을 명념해야 한다.

b. 선험적 방법 칸트의 선험적 논리학은 흄의 회의론을 혁신하는 데서 생기는 귀결에 대한 증명에 기원한다. 원칙이 선천적으로 자명한 것이 경험의 귀납에 의한 것이 아니라면, 그것은 어떠한 방법에 의해 수립될 수 있는가? 이 문제를 해결하는 중에서, 칸트는 오늘날의 소위 정합[1)]의 진리설을 확립하였다. 그것은 라이프니쯔의 이성론을 수정한 것이요, 이런 수정을 흄의 인과공리의 종합적 성격이 요구했던 것이다.

일반적 원칙들은 전제이거나 요청이다. 일반적 원칙들이 모든 의식적 앎에 있어서 아프리오리하게 가정된 것이라면, 이런 가정은 그것이 가능하게 하는 경험 내에서 「사실적」 타당성을 갖는 것이다. 그러나 원칙이 보다 더 특수한 성질의 것이라면, 그것은 특수 문제를 해결하는 과정에 있어서 우리가 의뢰하는 요청이다. 따라서 원칙들은 시행착오의 방법에 의해서 발견된다. 그것들은 그것들이 우리로 하여금 현상들과 조화할 수 있도록 하는 정도에 비례해서 타당하다. 사실의 증명은 그 일반적 성격이 유사하다. 즉 사실이라는 명사는 단지 기술적일 뿐만이 아니라 찬동을 요구하는 것이다. 우리가 개별 현상들의 조건을 규정할 수

1) 「정합」 대신에 일관이라 해도 좋다.「진리는 본래는 일단의 모순 없는 명제들에 적용될 수 있는 성질을 가진 것이요, 따라서 모순 없는 체계 속의 그 어느 한 명제에도 적용될 수 있는 성질을 가진 것이라는 인식론의 입장이다」(Dictionary of Philosophical Library, 1960 참조).

있는 한에서만 사실이란 말은 이 개별 현상들에 적용될 수 있다.

이와 같이 사실은 원칙에서 떨어져서 확립될 수 없고, 반대로 원칙도 사실과 떨어져서 확립될 수 없다. 원칙의 증명은 그것이 관련할 수 있는 모든 현상들을 얼마나 합당하게 해결할 수 있느냐에 달려 있으며, 반대로 주어진 현상에 대한 기술의 검증은 그것이 우리의 통찰을 가능케 했던 원칙에 어느 정도로 일치되느냐에 달려 있다.

「비판」에서 사용된 「선천적 방법」은 자연과학의 가설적 방법과 동일한 성격을 띤다. 이 방법은 여건을 설명하고 해석하기 위해서 요구되어야 하는 조건을 탐구하는 데서 출발한다. 여건에서 출발하여, 선험적 방법은 자신의 결론을 여건에 의해 확증하려 한다. 그것은 그 어떠한 형상학적 의미도 내지는 초월적인 의미도 가지지 않는다.

「정합의 진리설」의 기본적 주장은 판단에 관한 칸트의 이론에서 뚜렷이 나타났다. 알아차림은 판단의 작용과 일치하고, 판단은 사실 요소와 해석 요소의 합성체이다. 우리의 모든 인식에는, (언뜻 보아서 전혀 분석적 인식 같거나 혹은 감각-인식인 것 같은 것 중에도) 종합적·관계적 요소가 들어 있다. 인간 사고의 대상이 될 수 있는 것은 그저 내용인 것이 아니라, 인간 사고의 특별한 장치에 의해서 해석된 내용이다. 추상작용에 의해 특수와 보편이 정신상으로 분리되어 주장되더라도, 특수와 보편은 역시 판단을 통해서 파악되고, 그러므로 양자를 다 포함하는 정신과정을 통해서 파악된다. 양자는 한 사실상의 체계 내부에서 서로를 내포하고 있는 관계에 있다.

이런 까닭에서 「비판」에 나타난 근대 논리학에 있어서는 판단론이 추리론보다도 더 주목을 받게 되었다. 판단론이 성립된 후의 추리론은 그 대부분이 전자의 계로서 도출된다. 인식은 감관-여건이나 일반원칙에서 출발하는 것이 아니라, 인간 종족이 그 자아의식의 서광 중에서 발견한 복잡한 상황에서 출발한다. 이런 상황은 우리의 정신적 장비로써 조직되고 이러한 의미있는 기초적 장비가 인식론적 진행을 실행하도록 하는 것이다. 한 체계[장비]를 최초부터 창조하는 일은 불가능하되, 그렇다고 해서 출발점만으로써 우리의 결론들이 규정되는 것은 아니다. 정신의 창조적 활동에 좇아서 통제적 원칙이 전의식 속에 작용하고 있다. 통제적 질서의 인도하에서 본능적 욕구를 만족시키는 데에 매우 유용한 경험적 질서가, 이념 목표의 규제를 받는 포괄적인 질서로 변해진다.

선험적 논리학은 이런 변화를 가져오게 하는 과정에 대한 학문이다. 진정한 형이상학은 철학적 가르침의 전체 더미에서 분리될 수 없다. 그것은 형식적이 아니라 선험적이다. 칸트는 자신의 새로운 논리학을 선험적이라고 부르면서도 그것이 전통적 논리학을 대신하는 것이 아니라, 이것을 보충하는 것이라고 했다.

5. 의식은 의미의 알아차림이다.

a. **데카르트와의 비교** 칸트는 근대에 최초로 알아차림의 본성과 이것의 가능 조건을 다룬 사람이었다.

데카르트에 있어서는 의식은 단지 물질과의 대립을 통해서만 주어진 것이다. 물체가 비물질적인 정신에 의해서 어떻게 알려지나 하는 문제를 탐구할 때에 데카르트의 연구방식은 의식의 본성에 있지 않고, 의식이 알려주는 「존재」의 성격에 있었다. 물리학과 생리학의 가정적 가르침과 표상적 지각설에 의한 그의 답은 물체들은 그것들의 감각기관과 뇌수에 대한 작용을 통해서 자신의 상 혹은 복사를 산출한다는 것이다. 외부 공간에 있지 않고 오직 의식 속에 있는 이런 상은 정신적 성질을 띠며, 정신적인 것이기에 그것은 직접적, 필연적으로 정신에 의해 파악된다고 하였다. 따라서 그는 의식과정을 분석한 것이 아니라 오직 인식의 대상인 객관의 본성을 주관의 의식에서 해석하였다.

데카르트와 그 후계자들은, 의식이 알아차림의 최후 형태이며, 따라서 철학자가 요구할 수 있는 일은 어떤 객관들이 의식에 현실적으로 주어지는가를 설명하는 일이었다. 대상들은 데카르트에 의하면 선행하는 물리적·생리학적 과정에 의해 규정되고 버클리에 의하면 하나님의 창조적 활동에 기인하며, 흄은 그 어떤 것도 대상의 근원적 원인을 규정할 수 없다는 회의적 견해를 표명했다. 이 세 사람은 대상들이 정신적 성질의 것이라는 사실을 인정하면서도 더 나아가 인식론의 기본적 문제, 즉 그것이 어떻게 의식적으로 파악되는가의 문제에는 생각이 미치지 못하였다.

인식과정의 본성에 관해서 데카르트와 그 후계자들의 저서에서 약간은 나타나긴 했으나, 그것은 검토되지 않은 가설에 그쳤기 때문에 인식과정의 본성은 명확한 것이 못되었다. 그 전형적인 세 견해만을 다음에 고찰해 두기로 한다.

1. 모든 정신상태의 배후에는 그것을 관찰하고 이해하는 자아가 있다. 이런 사상은 데카르트에는 가끔 보이고 로크의 An Essay Concerning Human Understanding에도 명시되어 있다. 의식은 자아가 자기 자신과 이것의 관념내용을 숙시하는 능력이다. 그러나 이런 가정은 인식론의 문제점을 전혀 모르고 있는 것이다. 만일 우리가 관찰자를 가정하다면, 우리는 관찰의 과정을 사실상으로 요청하지만, 우리는 이런 과정을 아직 설명한 것은 아니다.

2. 데카르트는 의식을 빛에 비유되는 투명한 매개체로 보았다. 빛이 그 대상들을 밝혀 주듯이 의식은 우리의 내적 상태를 밝혀 주는 것으로 생각된다. 이런 견해는 우리가 마땅히 설명해야 할 사실에 대해 전혀 부적합하다. 그것은 빛의 대응설이 준수될 수 없듯이, 준수될 수 없는 것이다.

3. 흄에 의하면, 감각·상상·감정은 의식의 상태들이요, 대개의 의식은 이러한 파편들을 말하고 있다. 즉 그것들은 그것들 자신의 의식을 수반하는 것으로 생각된다. 가령 붉음은 한 감각이요, 따라서 그것은 감각되는 그 어떤 것인 동시에 의식편의 감각작용으로도 간주된다. 이러한 견해는 비판을 받지 않을 수 없다. 책상이 그 자신의 의식이 있다고 말할 근거가 없듯이, 붉은 색이 자신의 의식을 수반한다는 주장은 할 수 없다. 책상은 그것에 대한 의식이 없을 때에도 나타나 있지만, 붉음은 의식과 떨어져서는 그 존재여부가 증명될 수 없다는 사실로써, 흄은 자기 주장의 부당성을 감추려고 할 것이다. 사실 감출 수 있을지 모르고 감출 수 없을지도 모른다. 아무튼, 영국 연상주의의 전통을 이어받은 현대의 많은 사상가들도 이러한 전칸트적 견해를 고수하고 있다.

칸트는 이상의 모든 견해에 반대하였다. 그의 견해를 현대의 용어로써 표현한다면, 의식은 어떤 경우일지라도 의미의 알아차림이라는 말이 된다. 아무리 초보적이고 원초적인 알아차림이라도 의미를 각지하지 않는 것은 없다. 알아차림은 상관적 술어요, 따라서 상호간의 관련에서만 탐구되는 것이다. 의미가 극히 복잡한 파악 대상인 한에서 알아차림도 궁극적인 것으로 간주될 수는 없다. 알아차림은 복잡한 발생조건들에 의존해 있으며, 다양한 인자들을 포함하는 것이다.

칸트와 특히 데카르트 아래서 대조적으로 비교해 보기로 한다.

1. 의식은 투명한 매개체라는 견해는 의식이 궁극적이며 의식의 본성에 대한 탐구가 더 이상 필요치 않다는 잘못된 가정에 의거해 있다. 칸트는 의식을 구성하는 많은 [의미적] 요소들을 성공적으로 서로 구별하였고, 이런 구별이 행해진 후에야 비로소 감관-지각의 문제거나 혹은 판단 및 추리의 논리적 문제에 관한 철학적인 논의의 기반이 제시될 수 있다고 하였다. 거울에 비유되는 표상 방식을 가지는 의식설은 연상된 내용들의 병립성 정도를 인정할 수 있겠으나, 연상된 내용들이 어떻게 파악하게 되느냐의 과정에 대해서는 아무런 설명도 주지 못한다.

2. 데카르트의 의식설은 의미와 존재의 근본적인 차이를 무시한다. 한갓 존재는 이를테면 그 자신의 독립된 기저에 의존하고, 외부 영향에 반응할 때에도 항상 자기 중심적이다. 그러나 의미는 소여에 의의를 부여하는 폭넓은 고려에 비춰서 소여에 대한 해석을 포함하는 것이다. 의미를 깨닫자마자 우리는 소여를 초월하게 되고, 이러한 초월은 의식 과정을 설명하려고 하는 기도에 있어서 기본적으로 중요하다. 알아차림은 그것이 아무리 초보적이고 단순할지라도 하나의 판단 작용이요, 그러므로 관계적 범주[1]를 포함한다고 칸트가 주장했을 때에 그는 바로 이러한 초월을 지시하고 있다. 수동적인 관망이 아니라 능동적 판단, 형식적인 개념화가 아니라 종합적인 해석, 이것이 바로 우리의 의식이 존재하게 되는 기본적 형식이요, 유일한 형식이다. 이런 이유에서 직접적 혹은 무반성적인 인식 양상이란 있을 수 없는 것이다. 모든 인식에는 직접적인 요소가 있긴 하나, 이

1) 범주, 즉 오성의 순수한 개념은 「현상을 문자로 철해서 경험으로 읽을 수 있게[의미를 알아채게] 하기 위해 쓰인다」고 한 말(Prolegomena 30절)을 생각해 보자.

것에 대한 우리의 의식은 항상 「해석적」 과정에 의해 제약되고, 이러한 과정이 없을 경우에는 어떤 형태의 「알아차림」도 있을 수 없다.

존재와 의미의 구별에서 칸트는 현상과 실재(물자체), 실재와 이상(이념), 그리고 판단되는 것과 판단 기준 등등을 서로 구별하는 인간 경험으로 전진한다. 모든 알아차림은 의미를 알아차리는 것인 까닭에, 인간 경험은 이상적 표준에 따라서 지도되는 합목적적 활동인 것이 알려진다.

3. 칸트의 의식과 데카르트의 의식간의 대조는 또 다른 논점에서도 명백히 규정될 수 있다. 후자의 의식설은 관계의 본성을 해석해서: 「관계가 의식을 수동적·수용적인 것으로 간주하는 한에서, 관계는 의식에 비쳐진 내용과 비슷한 방식에서만 알려질 수 있다」고 말한다. 물론 이러한 해석이 전적으로 부당하다는 말은 아니다.

그런데 칸트는 데카르트와는 반대 방향을 취해서, 어떤 타입의 관계에 (예를 들어 인과관계 및 실체 속성의 관계에) 대해 타당하는 것으로 표시된 것은 여타의 모든 관계들에 대해서도 타당하고, 심지어는 공간과 시간을 구성하는 관계들에 대해서도 타당한다고 주장했다. 제임스(W. James)도 지적했듯이 공간관계들이 어느 정도까지 혹은 그 어떤 방식에서 표상적임은 부정될 수 없다.

허나 이런 일이 모든 관계가 직접 경험된다는 제임스의 결론을 정당화하지는 못한다. 우리가 비록 제임스의 주장을 최대한으로 인정할 경우에도 비판철학의 중요한 문제는 다음과 같은 것이 된다. 즉 현시된 내용을 알아차리건 현시된 관계를 알아차리든 간에, 알아차림이 무엇 중에 존립하는 또는 그것이 어떻게 가능한가 하는 문제였다. 이 문제에 대한 칸트의 대답은 의식을 활동으로 보아야 한다는 것이요, 그 자신을 가능하게 하는 확실한 조건들을 [스스로] 산출하는 것으로 보아야 한다는 것이다. 다시 말하면, 의식은 통일적·관계적인 인자들로 되어 있고, 이런 인자들의 존재는 알아차림의 모든 작용에서 찾아질 수 있다는 것이다.

4. 의식에 관한 칸트의 견해가 데카르트와 크게 구별되는 또 하나의 중요한 논점은 칸트는 의식이 그 자신을 밝혀줄 수는 없고, 단지 그 대상만을 밝혀준다고 말한 것이다. 환언하면, 알아차림을 알아채는 일은

없다는 것이다. 만약 우리의 정신 상태와 정신 과정이 완전히 알려질 수 있다면, 그런 상태와 과정은 공간 속의 존재들을 우리가 파악하는 것과 똑같은 객관적인 방식에서 알려질 것이다. 이런 사태에서 다음과 같은 결론이 생긴다: 즉 만일 알아차림을 알아채는 일이 없고, 객관적인 의미들을 알아채는 일만이 있다면, 주관적 측면의 의식을 구성하는 바 생산적·종합적 과정의 의식은 있을 수 없다는 것이다. 하기에 의미를 이해하도록 하는 알아차림의 작용으로서의 의식은, 이중적 성질을 지니는 것이요, 그 어느 한 시간에서 우리가 착안하는 측면에 따라 상이하게 기술되지 않을 수 없다. 우리가 의식을 그것의 객관적인 측면에서 의미를 알아차리는 것이라고 본다면, 의미를 필연적으로 구성하게 된 인자들에 우리는 주목하고 있는 터이다. 따라서 우리의 분석은 본질적으로 논리적이다. 또 한편 의식을 알아차림의 작용이라고 본다면 이제야 우리의 문제는 변증론적·심리론적 성격을 띠고 있는 것이다.

논리적 측면과 심리론적 측면 사이에는 매우 중요한 차이가 있다. 의미를 구성하게 되는 논리적 인자들은 그것들이 의식이 드러내는 의미들 중의 요소들인 까닭에, 전적으로 알려질 수 있다. 이에 대해서 생산적·종합적 과정들은 이 의미들을 구성하는 인자들에 비추어서 요청되어 있고, 또 이런 의미들을 설명하기 위해 요청되어 있다. 의식의 종합적 과정들을 요청함은 우리의 인식에 있어서의 한 갭을 표시하며, 인식이 우리의 무지를 폭로하는 그 정도만큼 요청은 우리의 통찰을 확장하는 것이다. 의식은 종합적 과정들에 의존하기 때문에 의식은 우리의 감관-경험이 제한되어 있는 대상적 세계에 의해서 설명될 수 없다. 정신은 의식의 햇빛 속에서 그것의 내용들을 펼 수 있다. 정신의 뿌리들은 빛이 들어가지 못하는 흙 속 깊숙이 뻗어 있기 때문이다. 칸트는 요청된 종합적 과정들을 아프리오리한 요소들의 원천으로 보았고, 또 모든 의식에 필수적인 종합적 연결을 하게 하는 작인으로 보았다.

칸트에 의하면, 의식은 우리가 비록 그것을 해석할 수 있기는 하나 완전히 파악될 수 있는 것은 아니다. 필경 남겨질 말은, 의식은 존재에 대한 사실상의 형식이라는 말뿐이요, 자신을 관계적 존재로서 제시한다고 보아져야 한다는 말뿐이다. 그것은 실로 판단과 추리의 논리적 과정들을 가능케 하는 것이요, 감관－경험의 분야 내에서 과학적 타당성을 만족스럽게 증시할 수 있게 하는 것이며, 인과성 원리를 증시할 수 있게 하는 것이요, 이념－기준의 통제적 영향을 파악케 하는 것이기도 하다. 그러나 이러한 「종류와 형식」의 의식이 어떻게 가능한가 하는 문제, 즉 의식의 형이상학적 의의 내지 그것의 생산적 조건들의 문제에 대해서는 결정적인 대답을 줄 수 있는 충분한 재료가 인간에게는 없는 것이었다.

「비판」 고유의 입장이 고려된다면, 의식의 변증론적, 창조적 혹은 동적인 측면은 항상 정신의 내부에 있지 않을 수 없다. 물론 비판의 중심 부분의 목적을 위해서는 논리적 분석[範疇의 객관적 연역]이 한층 더 중요하고, 그것만을 세밀하고도 철저하게 전개할 수가 있었다.

이래서, 범주의 연역론의 결론은 「대상은 범주 중에 있고, 범주는 종합의 통일이다. 자기 의식은 범주에 의해서 객관으로 된다. 자기 의식은 직관의 다양을 종합해서 통일하는 작용 중에 존립한다[1]」라고 개괄될 수 있다.

b. **현상론**(주관주의와 유물론의 지양) 칸트의 현상론을 데카르트 내지는 버클리의 주관주의에서 구별해야 한다. 칸트의 현상과 실재(물자체)의 구별에 대해서는 특별한 명념이 필요하다. 그것은 데카르트의 정신과 물질의 구별 문제, 특히 우리의 주관적 경험의 해석에 대한 문제에 관하여 중요한 의의를 가진다. 데카르트에 있어서의 객관은 자립적인 실재이며, 주관적인 것은 객관과는 성질을 전혀 달리하는 의식 분야의 존재이다.

칸트에 의하면 인식문제에 관한 한, 주관적인 설명 방식은―이것에 데카르트, 로크, 버클리, 흄, 라이프니쯔 등이 해당되지만―전혀 불합리하고 「선결 문제의 오류」를 범했다. 우리의 주관적 상태들은 (이것들이 감각이든 감정 혹은 욕구이든 간에) 의

1) 가령 종을 직관했을 경우에 눈에는 노란 색으로, 손에는 단단한 것으로, 귀에는 울리는 것으로 감각되나, 그것이 하나의 동일한 물체라는 것은 「실체성과 속성」의 범주가 확립하는 것이요, 이것이 정신 측에 먼저 있어서 작용했기 때문에 종에 관한 모든 감각들에 공통된 원인으로서의 하나의 물체를 인식하게 되는 것이다.

식의 대상이 된다는 점에서 객관적인 것이다. 물론 우리의 정신상태들은 자연적 존재의 체계와 평행하는 것이 아니며 또 후자에 첨가된 것도 아니다. 그것들은 자연에 관한 우리의 의식이 아니요, 의식이 현시하는 「자연적 질서」의 한 부분이다. 그것들은 객관적 존재인 경험적 자아를 형성하며, 경험적 자아는 실질적인 환경에 전적으로 연결하고 있으며 이런 연결하에서만 정신상태가 이해될 수 있다. 소위 주관적인 상태들은 그 성질상 객관적인 것과 대립해 있는 것이 아니라, 후자 내부의 아종이다. 그러나 심적인 것은 인식된 현상의 한 종류로 보아지고, 물적인 것과 함께 단일한 자연체계를 이루는 것인 반면에, 단일한 자연체계의 전질서는 그 기저에 있는 가상적 존재계에 의해 제약되어 있는 것이다. 이러한 포괄적인 자연체계에 대한 「인식작용, 즉 경험」의 가능성을 문제삼을 적에, 이런 가능성의 근저에 우리는 「가상적 존재계」를 암암리에 두고 있다. 그리고 경험된 것은 그것이 감각이든 감정이든 하나의 사상이요, 이것의 경험은 알아차림의 작용이며, 따라서 가상적 존재계와는 다른 것이다.

이래서 비판적인 인식문제는 어떻게 주관이 그것에서 독립한 실재(가상적 존재계)의 인식에 나아갈 수 있느냐 하는 것이 아니라, 만약 인식된 것이 모두 포괄적 자연 체제의 요소로 되는 것일 때에 의식과 그것의 「복잡한 인자들」이 어떻게 해석되어야 할 것인가에 귀착한다. 이 문제에 관해서 칸트는 주관주의[유심론]와 유물론을 다 거부했지만, 그렇다고 해서 따로 무슨 언질을 주는 태도를 취하지도 않았다. 이론적 분야 내에 머물러 있는 한에서 「주관주의와 유물론」의 대산물이 많기는 하나, 어느 것도 취택하기에 충분한 것이 못된다. 주관주의를 거절함이 바로 개별적 자아의 환상성을 주장함이 아니요, 유물론의 배제가 무의식적인 것이 의식적인 것을 낳지 않는다는 것을 주장함도 아니다. 다시 말하면, 주관주의와 유물론은 가정된 형이상학적인 귀결에서 나왔다는 이면의 추리 때문이 아니라, 인식 사정의 명백한 오석에 기인했기 때문에 거부되고 있다.

6. 자아의식

a. 인간의 지성과 동물의 지성

비판적 입장의 참 뜻은 동물의 지성에 관한 칸트의 견해를 고찰해 볼 때 한층 더 명백해진다.

오늘날은 인간의식의 진화를 설명하기 위해 심리학적으로 의식의 능력을 실험하는 것이 상례로 되어 있다. 물론 칸트는 동물의 동작에 관해 특별한 연구를 하지 않았고, 따라서 동물적 동작의 조건에 대해 권위를 가지고 논할 만한 자격은 없다. 이 문제에 대한 그의 언급은 인간에 관한 통찰에서 추정될 뿐이다. 인간과 동물의 유사성보다는 그 차이성을 보는 데서 인간의식의 독특한 점을 문제 삼는다면, 그의 「진화론자 이전」의 입장이 오히려 진화론의 일반적 편견을 보상하는 이점을 지닐 것이다. 즉 그는 심리학의 분야에서 끊임없이 영향력을 주고 있는 동물과 인간 간의 지성의 기본적 동일성을 어떻게든 주장하려는 모든 경향을 벗어날 수 있었다. 현재의 「인간 인식」 상황에서 볼 때에 양자 사이의 완전한 연속성을 주장함을 불가능하다.

인간 의식에 관한 칸트의 분석의 가치는 인간 의식의 본래의 복잡성을 솔직히 인정한 점에 있다. 그의 비판적 탐구의 지배적 동기는 상관적 인자들을 더 이상 환언할 수 없는 최소한의 근저로 단순화하는 것이 아니고, 특종화하는 데에 있었다. 인간 의식은 항상 의미를 깨닫는 것이며, 따라서 인식의 혹은 자아의식의 인자를 (다른 인자와 함께) 포함하는 판단에서만 표현될 수 있다.

바로 이 점이 동물과 인간을 구별짓는 특징이다. 동물은 자아의식의 능력을 가지지 못하므로 의미를 깨닫는 일이 없다. 동물의 표상들의 연상작용이 아무리 복잡할지라도 그것은 논리적 판단의 높은 차원에는 이르지 못한다. 동물의 표상이 비록 공식적이요, 그 동작과 관련해서 「일반개념」과 같은 작용을 한다 할지라도 결코 논리적 의미에서 일반적 개념이 될 수 없다. 동물은 각지는 있으나 통각작용을 가지지 못하기에, 자신의 표상들을 보편[개념]화할 수가 없다. 칸트의 평소의 이런 사상을 부연한다면, 동물은 어느 정도 내에서만 (연상의 암시 내에서만) 훈련될 수 있다고 그는 말했을 것이다. 오늘날의 실험 결과에서도 동물은 한 표지를 표지 그 자체로서는 이해할 수 없음이 밝혀졌다. 동물은 연상적 관념의 영향에 의해서 표지를 아는 듯 하되, 연상적 암시와 반성적 인식을 예리하게 구별하는 한계선을 넘지는 못하는 듯하다.

칸트는 이상에 말한 정도의 주장 이상으로 나아갔다. 만일 동물에게 의미를 깨달음이 결여되었다면, 우리가 의식이라는 말에서 표시하는 것에 유사한 그 어떠한 것도 동물에는 없을 것이다. 동물은 정신적인 것에 돌려질 사건들이라도 그것들을 따로따로 경험할 뿐이요, 「알아차림의 작용」과 같은 경험이 있을 수 없다. 의식 없는 야수적 각지라는 말이 칸트의 동물심리관이다. 모든 자연적 존재와 같이 동물의 심리상태는 시간 내의 사건이요, 그것을 제약하는 육체적인 과정과 동일한 자연적 방식에서 설명될 수 있다. 그러나 인간의 의식은 동물의 심리 상태와는 다른 것이요, 동물의 심적 상태를 다시 반성하여 이것의 시간적 발생의 제약을 규정할 수 있는 것이다.

양자의 구별은 다시 말해서 사건과 「사건의 의식」과의 구별이다. 사건이 감각 및 감정으로 성립하는 심적인 것일지라도, 자연적 사건의 일련의 인과계열과 이 계열을 파악하도록 하는 의식 간에는 근본적 차이가 여전히 남아 있다. 칸트의 의도는 헤르쯔에게 보낸 서한(1789.5.26.)에 잘 드러나 있다.

> 인간의 「오성과 감성」의 조건이 없으면 감관에 「주어진 것」을 가지고 있음을 나는 알 수가 없고, 따라서 그 주어진 것은 인식하는 존재로서의 나에게는 전혀 없는 것입니다. 그것은 (내가 만일 나 자신을 동물이라고 생각한다면) 연상의 경험적 법칙에 좇아 연결된 표상으로서, 그러므로 [심리적] 규칙에서 부침하는 표상으로서 내 속에 있기는 하되, 이로부터 나는 아무런 것도 인식할 수 없으며, 더구나 내 자신의 상태를 인식할 수 없습니다.

b. 관계적인 자아의식 의식을 제약하는 것으로서의 종합적 과정을 요청할 즈음에 칸트는 이러한 종합적 활동을 하는 것으로서의 가상적 자아를 요청하고 있고, 따라서 인간 경험에 있어서 종합적으로 선천적인 인자들의 형이상학적 설명을 제시하고 있다.

그의 용어는 때때로 모호한 점이 있다. 비판기 이전에 받아들였던 라이프니쯔의 유심론이 그의 용어법에 계속 영향을 끼쳤고, 하기에 「비판」의 원칙들은 일관성 있는 표현이 되지는 못하였다. 실제로 그는 인식의 문제가 그렇게 용이하게 해결될 수 없음을 깨닫고 있었다. 인간 경험 중의 선천적 요소의 현존을 한갓 현존 그것을 위해서 가정된 자아에 의해서 설명할 것을 고백한다는 것은, 비판적 원리뿐만 아니라 과학적 추리의 기본 준칙까지도 심히 훼손함이 되겠다.

가정된 자아의 활동들에 관한 설명이란 알려지지 않은 능력들에 의한 설명이 되겠다. 하기에 칸트에 있어서 자아의식이야말로 참으로 사실이라고 허용되어야 했고, 이러한 사실로부터 그는 경험을 가능케 하는 조건들에 관해서 중요한 결론들을 이끌어 내었다. 그러나 이렇게 함에 있어서 그는 이 조건들의 일부로서 혹은 이 조건들의 제약으로서의 가상적 자아를 요청함을 정당화하려는 의향은 없었다. 경험을 가능케 하는 조건들은 그것들이 어떠한 것이든 간에 동시에 자아의식을 가능케 하는 조건들이다. 자아는 오직 「현상」으로서만 알려지는 것이기에, 소위 자아가 현상을 좌우하는 근거라고 주장될 수는 없다.

칸트의 이러한 주장은 범주의 연역론과 오류추리들의 장에서 암시되고 있다. 우리가 존재한다고 아는 유일한 자아는 의식하는 자아이다. 그런데 자아는 그것이 대상을 의식하는 한에서만 자신조차 의식될 수 있을 뿐이다. 따라서 우리는 자아가 생기는 원인으로서의 이런 의식에 자아가 선행할 수 있다고 가정할 권리가 없다. (선행한다는 견해는 자아가 그 자신의 조건들에 앞서서 있다고 보는 것이 된다. 이런 자아는 어두움 속에서 빛의 원천으로서의 자기 자신을 창조하는 활동을 하는 것이다). [615면 도시 참조].

인식문제에 관한 칸트의 비판적 해결이 유심론이라는 명사로써 서술되어서는 안 된다. 자아의식이란 그 성격에 있어서 관계적이다. 그것은 인간 경험에 있어서 근본적인 인자이다. 허나, 이것은 자아가 관계들이 의존하는 「작인」이라고 표시될 수 있기 때문에가 아니라, 자아 자체가 인식의 한 경우라고 표시될 수 있기 때문이다. 자아의식은 동시에 인식의 필수적 조건이며 인식은 의미의 모든 의식 중에 반드시 예상되어 있다. 의미를 알아차리는 것은 기본적인 신비이며, 자아의식이 그것의 본질적인 구성 지반임이 밝혀졌을 때에도 여전히 매우 신비적인 성격의 것이다. 자아의식은 의미의 가능성을 설명함이 없다. 뿐만 아니라, 그것은 그 자체가 이미 말했듯이 인식의 단지 한 경우이다. 그것은 비록 우리가 의미라는 명사로써 뜻하고자 하는 것 중에서 실로 지고의 가장 중요한 경우이긴 하지만, 역시 단지 인식의 한 경우일 뿐이다. 모든 알아차림은 (인식하는 자아의 알아차림도 포함해서) 가상적 조건들에 의거한다. 그리고 이 알아차림이 가상적 조건들의 특수 성질을 들어내는 것은 아니다. 자아가 영원한 산 인격성이며 그것의 의식적·인격적 형식에 있어서 「가상적 실재」의 질서에 속하고 있음은 오직 도덕적 근거 위에서만—이 근거는 인식적 경험의 순 이론적 분석을 통해서 알려진 것은 아니지만—증시될 수 있을 따름이다.

c. 이성의 개념 감성의 형식으로서의 공간과 시간은 구체적인 것이요, 사고방식은 아니지만 선천적인 것이다. 감성과 대조되는 것이 오성과 이성이다. 오성에서 순수개념, 즉 범주가 발생한다. 범주들 중에서 가장 중요한 것이 「관계의 범주들」(즉 실제성·인과성·상호성)이다. 범주는 감성의 형식과 직관의 다양성을 결합하여 보편적 법칙에 좇아서 해석될 수 있는 경험적 질서를 주는 것이다.

칸트는 이념을 이성의 능력에 귀속시켰다. 이념은 시공과 다르며 또 구성적이 아니라 통제적이라는 점에서 범주와 다르다. 이념은 한정적인 경험에서는 찾아질 수 없는 무제약성과 설명의 완결성을 요구한다. 그것의 기능은 삼중적이다. ① 그것에 의해 정신은 일상적 경험의 우연적인 집합에 만족치 않으며 과학적 탐구의 [궁극적] 목표를 규정한다. ② 그것은 진리와 거짓을 식별하는 기준을 결정해 준다.(B. 679 참조). ③ 이렇게 함으로써 그것은 또한 현상과 실재[물자체]의 구별을 가능케 하며 과학의 궁극 목표와 인간의 [시공적] 제약 간의 화해될 수 없는 알력을 밝혀 준다.

「비판」은 우리가 의미를 알아차린다는 것의 분석을 시종일관된 문제로 삼았고 상술한 세 요소들은 서로 내적으로 연관하고 있다. 그리고 칸트는 「비판」문제들의 일부를 선험적 감성론에 돌렸고 또 다른 일부를 선험적 변증론에 돌린 뒤에, 나머지의 부분만을 세 구분 중에서 가장 중요한 선험적 분석론에서 다루었다. 그러나 부분들이 연관적인 것이요, 불가분의 것이기 때문에, 그가 자신의 연구 방식에 따라 세운 삼자의 구별은 그것들의 한계선을 스스로 파괴하지 않을 수 없었으며, 그러므로 이 세 부분의 논의를 각기 분리해서 고찰할 경우에는 불완전한 논의가 된다. 감성론은 분석론과 변증론에서 했던 「보다 더 타당한 시공의 분석」에 대한 근거를 준비한 것임에 불과하다. 분석론의 문제는, 변증론의 보다 더 포괄적 논구가 고려된 후에 비로소 그 자체가 완전히 설명되었다. 오성의 「종합과 개념」은 변증론에서 이성의 이념을 그것에 관련시키기 위해서 더욱더 깊이 파악된다. 이와 유사하게 분석론의 결론 장에서 현상과 실재를 구별하는 근거를 논의하는 가운데 그는 변증론에서 비로소 고찰되는 중요한 몇몇 고안들에 대해 일체 언급하지 않았다. 그래서 독자는 분석론의 논의가 완전하게 궁극적이라는 인상을 받는다.

한편은 이러한 결과에서 또 한편에서는 초기 사고방식을 칸트가 부당하게 보존했기 때문에, 현상과 실재의 구별성에 대한 상반된 두 견해가 「비판 전체」를 통해서 추지된다. 즉 일방에서 현상과 실재의 구별은 오성의 범주, 특히 인과성의 범주에 매개된 것이나, 타방에서 그것은 이성의 이념에 기본해 있기도 하다. 전자에 있어서 현상과 실재는 그저 대립되어 있기만 했으나, 후자에 있어서 이 양자의 구별은 사실은 실재들 간에 있는 것으로 되었다.

이와 유산한 결점이 내재적 형이상학을 초월적 형이상학에서 분리시키는 데에서도 생겼다. 전자는 분석론에서만 후자는 변증론에서만 각기 다루어졌다. 칸트에 의하면, 전자는 감성의 형식과 오성의 범주에 의하여 가능하였고, 후자는 이성의 이념들을 부당하게 사용한 데에 있었다. 이러한 진술방식 자체가 이미 내재적과 초월적 간의 예리한 구별이 불가능함을 나타낸다. 이상 혹은 이념이 인간정신의 지식을 촉진하는 동시에, 인간인식이 그것에 영구히 종속되어야 할 제한을 밝혀 주는 것이면서, 과학에 그것이 제약되어 있다면, 다시 말해서 일체의 인식된 것은 정확히 알려질 때에 보다 「포괄적 실재」, 즉 무제약자에 종속하는 현상으로 파악되어야 한다면, 내재적과 초월적의 차이는 인간의 전경험 영역 내에서만 가능할 뿐이다. 판단에서 우리의 인식이 밝혀주는 의미란 본질적으로 형이상학적인 것이다. 그것은 경험된 것 자신이 밝혀 낼 수 있는 것 이상의 그 무엇에 관한 사상을—이것이 비록 인식은 아니라 하더라도—포함한다. 형이상학적인 것은 우리 인식에 대해 내재적이요, 바로 이 내재적인 요소를 격리하여 독립된 것으로 잘못 취급할 때에 이것에 대한 명칭이 「초월적」이라는 것이다. 칸트에 의하면, 변증론의 임무는 단지 초월적 형이상학의 허세를 논박할 뿐만 아니라 분석론의 적극적 결론들을 확증하기 위한 것이었다. 「방법론」은 원리론 중에서도 특히 변증론에 관한 반성을 서술한 것이라고 할 수 있는 내용이다.

아무튼 감성에 범주가 적용됨으로써 오성의 학적 경험과 이것의 원칙들이 발생했듯이, 추리에 관계의 범주가 다시 적용됨으로써 이성의 이념들이 발생한다.

관계의 세 범주에 기본해서 추리의 대전제에 세 종류가 있다. 이래서 전언적 추리가 영혼－이념을 달걀을 까듯이 까고, 가언적 추리가 세계－이념을 까며, 선언적 추리가 하나님－이념을 각각 깐다. 그리고 중간의 세계－이념에서 또 한번 더 범주표가 사용되어, 이 표의 네 항목에서 네 개의 정립이 생기고, 이 네 개의 정립은 그것의 대폭으로서 네 개의 반정립을 갖는다. 정립 측은 합리론·독단론·유심론을, 반정립 측은 경험론·회의론·유물론을 각각 표시한다.

7. 비판 철학 체계에 있어서의 「순수이성비판」의 위치

순수이성비판의 적극적 의미는 실천이성비판과 판단력비판마저 넓은 안목으로 조망함에 의해서 온전히 평가될 수 있다. 순수이성비판에서 이론적 신념과 도덕적 신념이 이미 구별되었지만, 이 구별은 다소간 우연적인 것이었다. 그의 참 의도는 과학적 지식만이 인간 통찰의 전체일 수는 없다는 검이다. 그러나 그는 인식과 믿음을 대조시켰고 과학적 논증과 실천적 믿음을 대조시키는 잘못된 용어를 사용했다.

「제일 비판」에서 인식이란 말은 일상 용어법보다 훨씬 좁은 의미를 지닌다. 그것은 오직 감관—경험과 또 수학적—물리적 방법에 의해서 얻는 추론들에 국한된다. 미적·도덕적 및 종교적 체험 등은(혹은 유기적인 현상들조차도) 가능한 「인식」의 범위에서 제외되고 있다. 이런 입장을 고수한 것은 칸트 또한 시대의 아들이었기 때문이다. 그래서 「뉴톤」 물리학의 절대적 충분성이 인식론에 관한 그의 모든 발언의 전제로 되고 있다. 그가 보기에는 뉴톤이 과학적 탐구의 원리·방법 및 한계를 궁극적으로 규정했다. 칸트는 과학적 인식을 좁혀서 오직 현상에만 국한시켰고, 이런 공작은 뉴톤의 자연 철학을 약화시키는 것이 아니라 모든 반대에서 방위하는 것이었다. 「인식」이라는 말에 좁은 내포를 준 대신에, 그는 반대로 신앙, 도덕적 신념, 해석의 주관적인 원리 등등의 말에는 넓은 의미를 부여해야 했다. 이러한 사정을 주의하지 않는다면 독자는 칸트 철학의 성격과 경향을 오해할 것이 확실하다.

칸트 이후 과학의 발전은 인식분야에 대한 그의 제한이 부당한 것임을 밝혔으나, 철학적 통찰의 원천을 규정한 그의 방법은 지금도 타당하는 것이다. 전체적으로 볼 때 그는 존재 문제와 가치 문제를 구별하여, 전자를 과학에, 후자를 철학에 종속시켰다. 「순수이성비판」에서의 이론철학은 참과 거짓을 구별하는 논리적 가치를 그 본분으로 삼았으며, 이 본분을 정함으로써 이론적 통찰의 본성과 한계도 결정했다. 본분적인 기준은 오직 경험계 내에서만 참과 거짓을 구별할 수 있었다. 그것은 현상과 실재(물자체)를 구별해 주기는 하였으나, 그것 이상으로 그 어떠한 형이상학의 영역에도 적용될 수 없는 것이었다.

실천이성비판은 이와는 매우 다른 종류의 가치를 다룬다. 이상적 표준에 의해 인간의식을 합목적적으로 활동케 하는 이성 능력은 도덕적 제재의 원천이기도 하다. 이론 분야에서 이성은 우리의 심성을 경험의 훈련에 복종시켰고 우리의 지적 야망을 경험적 질서 내에 국한시킨 반면, 도덕 분야에서 그것은 모든 자연적 충동과 세속적 실리를 희생시켰고 절대적 가치를 지니는 목적을 촉진시켰다. 즉 의무를 부여함에서 이성은 편의를 따지는 「실용적」 수준에서 「무상 명령」의 보다 더 높은 지평으로 우리의 삶을 끌어 올렸다.

결국 우주를 해석하는 데 도덕적 목적을 사용함으로써 칸트는 인간적 제한성에서 신성을 묘사하는 것이 아니라, 절대적인 것으로서 알려진 가치의 한 형태—즉 의무—에 비추어 저 제한성을 삭감하였다.

> 의무여! 너의 존엄은 어디에 기원하며 너의 고귀한 혈통의 근원은 어디에 있는가? 인간만이 자신에게 줄 수 있는 그런 가치의 필수적인 조건은 어떤 근원에서 유래하는가?(실천이성비판)

초기의 칸트는 그 당시에 유행된 라이프니쯔의 견해를 받아들였다. 즉 인간의 탁월성은 지적 계발에 있었고, 따라서 여가의 특권을 가진 엘리트, 여가를 향유하는 데 필요한 재능이 부여된 엘리트를 중요시하였다. 이러한 무미건조한 주지주의로부터의 구출은 루소의 영향에 의한 것이었다.

> 루소에 의해서 나는 인간을 존경하기를 배웠다. 만일 나의 철학이 모든 인류에게 공통된 인간성의 권리를 확보해 주지 못한다면, 나 자신은 보통의 노무자보다도 나을 것이 하나도 없다고 하지 않을 수 없다.

칸트가 휴머니티의 권리를 표명한 방법은 매우 개인주의적이었다. 역사적 의식의 결핍, 승려나 정치인에 대한 불신과 더불어 저러한 개인주의는 역시 시대의 산물이었다. 영혼의 교육과 교화에 있어서 그는 종교적 전통과 사회적 세도를 인위적으로 제약된 것으로 보았다. 그는 인간의 권리란 시공에 따라 변경되는 것이 아니라고 믿었다. 인권을 향유하기 위해서는 본성 그 자체가 부여한 것 이외에 어떤 제도나 장비도 필요치 않았다. 이러한 관점에서 칸트는 우리 위의 별이 총총한 하늘과 우리 내심의 도덕법[무상명령]을 말했다.

그러나 근본적인 점에서는 그는 루소의 가르침을 따르지 않았다. 그는 인간성의 무한한 완전성과 자연적인 선량을 의심하였다.

칸트에 있어 무제약적으로 선한 것은 오직 「선의지」뿐이었으나, 이것조차 완전히 성취될 수는 없었다. 의무의 실행은 잘못을 끊임없이 자각함으로써 계속된 경계심을 요하는 것이었다.

인간의 자연적 충동의 선량과 자족성을 주장한 루소는 당대 이후의 사회이론·정치이론을 지배하여 왔던 철학의 대변자였다. 그러나 칸트가 보기에 이 루소의 철학은 결국에 가서는 재앙을 우리에게 줄 뿐이었다. 인간성과 도덕적 사명에 관한 해석으로서의 루소의 철학은 인간 행위의 동기를 쾌락에서 찾는 에피크로스사상과 다를 바가 없었기 때문이다. 칸트는 인간본성 중의 근본악을 의식하고 있다.

제일 비판서와 제이 비판서는 그 전개와 논의 방식에 있어서, 전반적인 결과에 있어서, 그리고 후세에 끼친 전체적 영향에 있어서 매우 상이하다. 「순수이성비판」은 논의의 각 부분의 타당성을 검토하는 데 지나치게 세심하다. 논의는 항상 반복되고, 중요한 몇몇 문제들에 대해 확고한 결정을 추리하는 성싶다. 회의가 항상 일어나서 의문은 언제나 꼬리를 잇는다. 이와 반대로, 「실천이성비판」은 논의가 매우 간략하며 좌우를 돌볼 여지 없이 몇몇 단순한 원리에서 곧장 궁극적 귀결로 진행한다. 제일 비판의 적극적 인상은 논의의 복잡성과 다양한 관점에서 다루어진 사색의 철저성에 있었으나, 제이 비판은 그 기초를 이루는 근본적인 신념에서 영향력을 발휘하고 있다.

칸트가 순수이성비판을 인간주의 철학의 확립에 기여한 것으로 생각한 방식은 대체로 이상과 같다. 그것은 순수한 실천이성의 토대를 밝혀주었고, 이론적 연역의 자율적인 통제 가운데서 순수한 실천이성을 확보했다. 지성과 과학에 확실한 권리를 보장해 준 반면에, 칸트는 자기 사상체계의 전면에 도덕적 가치를 내세웠다.

어떤 관점에서는 「판단력 비판」이 다른 모든 것 중에서 가장 흥미있는 책이다. 여기에서 그의 구체적 관심은 한층 더 명료하게 드러나는 동시에, 앞 두 비판의 행운스러운 결합을 보게 된다. 「순수이성비판의 문제들」 특히 목적론과 관련된 문제들은 판단력 비판에서는 적극적으로 다시 진술되었고, 자연미와 예술의 문제에 관련해서 다루어졌다. 이래서 인식이란 말은 일상 언어에서 쓰이는 넓은 의미를 이제야 획득하였다. 아무튼 3대 비판서를 통해 사람은 칸트가 열어보인 넓고 깊으며 치밀한 사색의 시야에 접할 수 있을 것이다.

8. 초판과 재판의 비교

「비판」이 1781년에 출판되었을 당시에 그의 나이는 57세였고, 따라서 순수 이론적인 문제들을 계속해서 더 논구하고자 지연한다면, 칸트는 그 윤곽이 이미 그려졌던 실천철학을 전개하고 논술할 시간적 여유가 없게 될 것을 몹시 걱정했던 것 같다. 하기에 1787년에 재판을 낼 때에 그는 시간과 노고를 절약하고자, 초판의 설명방식의 불완전함과 오해 받을 우려가 뚜렷한 귀절들을 수정하거나 새로 첨가했을 뿐이다. 초판과 재판의 다른 점을 알아두는 것은 학술 검토상 매우 중요하다.

1. 베이컨에서 인용한 모토와 본문 중의 표제를 새로 넣었고, 당시의 문상에게 드리는 말을 단축했다.
2. 재판에서, 초판의 머리말을 없애고 그것을 새로 지었다.
3. 들어가는 말의 분량을 굉장히 늘렸다.
4. 「감성론」에서 공간의 선험적 구명, 시간의 선험적 구명을 신작했고 또 「일반적 주석」을 초판의 배로 늘렸다.
5. 「오성의 순수개념」, 즉 「범주」론에서 11(B. 109), 12(B. 113)를 신작했고, 14 중에서 세 토막을 더 보탰다.
6. 「범주의 선험적 연역론」 초판의 제2절과 제3절을 재판에서 전혀 개작하였고, 이것을 15에서 27까지의 절로 나누었다.
7. 「종합적 원칙의 체계적 표시」에서
   a. 긴 주석(B. 201)을 보탰고,
   b. 직관의 공리·지각의 예료 중에서 각각 한 토막, 경험의 세 유추에 있어서 전부 네 토막을 더 보탰다.
   c. 「경험적 사고일반의 요청」에 「관념론 반박」과 「원칙의 체계에 대한 일반적 주석」을 추가했다.
8. 「현상체와 가상체의 구별론」에서, 우선 두 토막을 삭제, 다음에 초판의 일곱 토막 대신 네 토막을 개작하였다.
9. 선험적 변증론 중의
   a. 「이념들의 체계」에서 길다란 「주석」을 보탰다.

b. 「오류추리」론에 있어 초판의 30여 면을 14면으로 단축 신작했고, 그 속에 「멘델스존」 반박도 포함시켰다.

c. 「이율배반」론 제6절(B. 519)에 짧은 「주석」을 보탰다.

10. 이상에서 든 것 외에 칸트는 낱말의 정정을 흔하게 하였고, 초판의 목차를 삭제했으며, 1794년의 제4판에서 이 번역과 같은 목차를 붙였다(칸트의 생전에 제5판까지 나왔다).

그러나 재판의 첨삭이 개선이 아니라 개악이요, 파손이며 불구화라고 혹평한 사람이 있는 반면에 재판을 초판보다 훨씬 더 중시하는 사람도 있다. 이런 상황을 봐서도 우리는 순수이성비판의 독해가 단순할 수 없고 그것의 해석이 구구할 수 있음이 짐작된다. 아무튼 적어도 철학도는 이 책을 최소한 **10회 이상**을 읽어야 한다는 통설만은 기억해 둘 만하다.

쇼펜하우어는 칸트의 문체가 탁월한 정신력, 순정하고도 확고한 독특성, 비범한 사고력 등을 보이되, 건조한 감을 준다는 의미에서 그의 문체를 광휘있는 건조라고 평했다. 시인 하이네(Heine)는, 순수이성비판 외의 칸트 저작은 훌륭하기는 하나 없어도 좋은 것이요, 이 주저만 있으면 충분하나, 그것은 건조한 또 음침한 표장지와 같은 문체로 쓰여진 것이라 했다.

원전에는 일어다의(一語多義)도—가령 오성과 물자체 같은 말—많거니와, 이어일상(二語一想)이 적지 않고, und가 「또」가 아닌 「즉」을 의미해서 그것으로써 이어일상뿐만 아니라 이문일상(二文一想)을 표시한 예도 많다.

「순수이성비판」이란 명칭은 순수(즉 선천적)이성과 그것에서 산출된 개념들이 객관적 타당성을 추구하는 일의 권리 유무에 관한 판결이라는 뜻이다. Kritik der reinen Vernunft 중의 der(of)는 순수이성**을**이라는 뜻도 되고, 순수이성**이**의 뜻도 된다. 을과 이를 다 가지기에, 순수이성이 순수이성을 비판하는 것으로 된다. 독어 Kritik은 희랍어 krino(구분하다, 판결하다)에서 유래한 말이다. 이 책에 나오는 중요 낱말 중의 하나로서의 überhaupt는 「개별을 무시한 보편」으로서의 일반을 지시하기도 하고, 「개별을 부정하지 않는 전체」로서의 일반을 지시하기도 한다. 또 현상에 대한 물자체의 해석 여하에 따라 칸트 이후의 관념론, 실재론, 신실재론, 또는 실존철학의 여러 입장이 생길 만큼 이 단어는 중요한 것이나, 영·미 학도는 그것을 thing in itself라고 읊기는 외에 appearance에 대해 **reality**라는 말로 해당시키기도 한다.

「사실에 의거하지 않고 인식을 그것의 근원적 맹아에서 전개하려고 한」 견지에서 순수이성비판이 종합적 방법을 취했고, 수학과 자연과학의 「사실에 의거하고, 이것에서 안심하고 출발하여 아직 미지의 근원으로 올라가려고 한」 견지에서 프로레고메나는 분석적 방법을 취했다고 했을 적에(Prolegomena 4절 참조), 여기서는 종합적과 분석적이 순수이성비판에서의 용어법과는 다르다는 것도 부언해 둔다.

이상의 해설은 N. K. Smith의 순수이성비판 주석서 「들어가는 말」에 나온 40여 면의 글을 요약 내지 첨삭하고, 그것에 2절과 8절을 보태서 된 것이다. 이전에 동아출판사에서 한번 나왔던 졸역을 이번에 박영사에서 개판해서 내게 될 무렵에 전면적인 수정을 가해서 구역의 불비를 시정하는 동시에 완벽을 기하기는 했으나, 아직도 있을 결함에 관해서 독자의 질정을 간망한다.

Ⅱ. 칸트는 모순된 이론가였던가?

칸트의 「순수이성비판」(이하 간단히 「비판」으로 약칭함)의 이론 내용이 참으로 동화되기만 하면, 그런 일은 가장 높은 산의 꼭대기에 도달한 것과 같다.——이처럼 야스퍼스가 말하기를 서슴지 않았다.

그러나, 「비판」의 이론 자신이 그 초판과 재판에서 서로 모순된 내용을 보여 있다는 것이 「비판」 연구가들 사이의 논란이다.

칸트는, 초판에서는 현상계에 지속적인 것이 있어야 하되, 이것은 필경 선험적 주관의 표상 방식에 귀착한다고 했다. 그러나, 재판에서는 지속적인 물질의 지각은 내·외부의 물에 의해서만 비로소 가능하다고 했다. 여기에 초판과 재판의 이런 서술은 서로 모순된다는 설이 등장했던 것이다.

우리는 서로 모순된다는 대목을 한번 예시해 보고, 그런 대목에 대한 가능한 한 해석을 시도함으로써, 실은 칸트가 모순된 이론가가 아니었음을 천명하고자 한다.

『비판』의 초판을 옹호하여 쇼펜하우어는 재판을 개악이라고 했다. 하이데거는 초판을 중시하는 입장을 취했을 뿐더러, 한 걸음 더 나아가서 주관적인 시간성을 강조함으로써, 독자적인 실존철학까지 전개했다. 이와 반대로, 초판 이후 6년 동안에 칸트의 사상이 보다 더 발전해서 재판에서의 개정된 이론이 출현했다고 보아, E. 아디케스(Adickes), Th.발렌티너(Valentiner) 등은 재판을 중시하였다. 그러나 원전의 정당한 이해가 선행하는 것이 무엇보다도 긴요한 일이겠다.

> 우리는 현상들을 한갓 표상들로 보고 물자체들로 보지 않는다. 따라서, 시공은 우리 직관의 감정적 형식일 뿐 물자체로서의 객관에게 자립적으로 주어진 규정이나 조건이 아니다——이런 교설이 내가 모든 현상들의 선험적 관념론 아래서 의미하는 것이다(A. 369).

외적 관계의 관념성에 관한 「이성적 심리학의 넷째 오류 추리의 비평」에서 보인, 위의 따온 글은 「비판」의 초판에 나와 있는 글이다.

여기의 표상은 초개인적 주관에, 즉 의식 일반에 제약되어 있는 표상이다. 그러므로 개인의 심리적, 상대적 표상이 아닌 것이다. 그리고 칸트의 선험적 관념론은 선험적 실재론에 대립해서 물자체로서의 객관은 있을지 모르나, 인식될 수는 없다고 말한 것이다.

> 모든 시간 규정은 지각에서의 어떤 지속체를 전제한다. 그러나 이 지속체는 내 안에 있는 그 어떤 것일 수 없다. 시간에서의 내 존재는 이 지속체에 의해 비로소 규정될 수 있기 때문이다. 따라서 지속체의 지각은 내·외부의 물에 의해서만 가능하고, 내·외부 물의 한갓 표상에 의해서 가능하지 않다(B. 275).

칸트가 데카르트와 버클리의 질료적 관념론을 반박한 이상의 따온 글은 『비판』의 재판에서 나와 있는 글이다.

위 글에서 내라는 말이 네 번 쓰여 있으나, 모두 개인의 심리적·상대적인 주관을 지시한 것이다. 여기의 물은 물자체인 것이 아니라, 현상적 실재를 지적한 것이요, 표상은 개인의 심리적·상대적 표상을 의미한 것이다. 내·외부의 물이 개인적 나의 표상에서 독립인 것을 주장한 것은, 경험적 관념론이 아닌 경험적 실재론, 즉 현상적 실재론을 외친 것을 의미한다.

칸트는 선험적 관념론=경험적 실재론의 인식론적 입장을 초판과 재판을 관통해서 모순 없이 고수한 이론가였다.

그러나, 이상과 같은 해석이 서로 대립하는 「비판」 연구가에 의해 과연 받아들여질지 일말의 의심이 없지 않다. 재판 중시론자는 내·외부의 물이 반드시 현상적 실재라고만 해석될 수 없고, 물자체로 보아야 한다고 주장할지 모른다. 「비판」을 완전히 독파한 사람은 모닥불을 피우고 축제를 연다는 말이 있거니와, 과연 완전한 독파를 자신할 경지에 도달했는가가 문제요, 이런 경지에 도달한 사람은 칸트를 넘어서려는 시도도 해볼 만하다고 하겠다.

Ⅲ. 참고 문헌

Ⅰ. 주석서

1. Cohen H., Kurzer Handkommentar zur K.d.r.V., 1925, (ph. Bibl., 113 Bd.) Neiner, Leipzig.
2. Heimsoeth H., Transzendentale Dialektik: Ein Kommentar zu Kants K.d.r.V., 1969, 3 Bd., Walter de Gruyter, Berlin.
3. Messer A., Kommentar zu Kants K.d.r.V., 1922, Streck und Schröder.
4. Ewing A.C., A Short Commentary on Kant's Critique of Pure Reason, 1967, Chicago.
5. Paton H.J., Kant's Mataphysic of Experience: A Commentary on the first half of the K.d.r.V., 1951, 2 vol., Macmillan, New York.
6. Smith N.K., A Commentary to Kant's Critique of Pure Reason, 1962, Humanities Press, New York.
7. Vaihinger H., Kommentar zu Kants K.d.r.V., 1921, 2 Bd., R. Schmidt 重刊
8. Kant, Prolegomena zu einer jeden künftigen Metaphysik, die als Wissenschaft wird auftreten können, 1783.

Ⅱ. 번역서

1. Müller M., Kant's Critique of Pure Reason, 1922, Macmillan.
2. Meiklejohn, J.M.O., Critique of Pure Reason, Everyman Lib.
3. Smith N.K., Immanuel Kant's Critique of Pure Reason, 1958, Macmillan.
4. 天野 貞祐, 純粹理性批判, 1928, 岩波文庫
5. 篠田, 英雄, 純粹理性批判, 1961, 岩波文庫
6. 高峯 一愚, カント 純粹理性批判, 1970, 河出書房新社.

Ⅲ. 기타 참고자료

1. Heidegger M., Kant und das Problem der Metaphysik, 1965, Klostermann.
2. Jaspers K., Kant in “Drei Grüder des Philosophierens”, 1957, Piper.
3. Schopenhauer A., Kritik der Kantischen Philosophie in “die Welt als Wille und Vorstellung Bd. I, Anhang.”
4. 高坂 正顯, カント, 1940, 弘文堂
5. 高坂 正顯, カント, 解釋の 問題, 1936, 弘文堂
6. 岩崎 武雄, カント,「純粹理性批判」の 研究, 1967, 勁草書房
7. 崔載喜, 칸트의 生涯와 哲學, 1979, 太陽文化史
8. 崔載喜, 칸트의 純粹理性批判硏究, 1978, 博英社
9. Ratke H., Systematische Handlexikon zu Kants K.d.r.V., 1929, Meiner
10. 金子武藏, カントの 純粹理性批判, 1974, 以文社

Ⅳ. 라틴어 어구 대조(大潮)

(숫자는 원서의 면을 표시함)

〈ㄱ〉

가능적으로만 potentialiter 〈446〉

가상계 mundi intelligibilis. 〈312〉

가상적 실체 substantia noumenon. 〈332〉

가상적 실재 realitas noumenon, realitates noumena(복수). 〈320, 339주〉

가상체 intelligibilia. 〈A. 249〉

가정에 의해 per hypothesin. 〈661〉

가장 실재적인 존재 ens realissimum. 〈636〉

각 존재는 하나요, 참이며 선[완전]하다 quodlibet ens est unum, verum, bonum. 〈113〉

감각 sensatio 〈337〉

감각된 것과 생각된 것 aistheta kai noeta. (원래 희랍어) 〈36주〉

감성계 mundus sensibilis 〈312〉

개체적으로 individuo. 〈596〉

결론 conclusio. 〈361〉

결합 conjunctio 〈129, 202〉

계시적 신학 theologia revelata. 〈659〉

공간적인 상호관계 communio spatii 〈260〉

공허한 관념물 ens[복수, entia] rationis ratiocinantis. 〈698〉

관념물(관념적 존재) ens rationis. 〈348, 394〉

구명 expositio. 〈38〉

구성요소 essentialia. 〈322〉

구체적으로 in concreto. 〈595〉

권리 문제 quid juris. 〈116〉

궤변적 개념 conceptus ratiocinantes. 〈368〉

근본적 [기본]미망 proton pseudos. (원래 희랍어) 〈A. 391〉

근원적 직관 intuitus originarius. 〈72〉

근원적 존재 ens originarium. 〈606, 659〉

긍정식 modus ponens. 〈818〉

기체 substratum. 〈645〉

〈ㄴ〉

나는 최근까지도 만인 중에서 제일가는 권력자였고, 매우 많은 아들과 사위에 떠받친 지배자였건만 이제는 나라에서 추방되어 의탁할 곳 없이 버려졌다. modo, maxima rerum, tot generis natusque potens-nunc trahor exul, inops. 〈A. Ⅸ〉

나와 마찬가지로 모르는 일을 그만이 아는 것처럼 보이고 싶어 한다. quod mecum nescit, solus vult scire videri. 〈XXXIV〉

내가 생각하니 내가 있다. cogito ergo sum. 〈405〉

내가 아는 것으로 족하다. 아르케실라스처럼 또 근심 많은 솔론처럼 지자가 되기를 원치 않는다. quod sapio, satis est mihi; non ego curo, esse quod Arcesilas

aerumnosique Solones. 〈883〉
내려가는 방향 a parte posteriori. 〈389〉
질료적으로 보아진 자연 natura materialiter spectata. 〈163〉
내적으로 interne. 〈381〉
너 자신의 집안에 머물러 있어라. 그러면 너는 너의 소유물이 여하히 자족한가 하는 것을 인식할 것이다. tecum habita et noris, quam sit tibi curta supellex. 〈A. XX〉
논점 부적중의 오류 ignoratio elenchi. 〈637〉
논증될 수 없음 indemonstrabilia. 〈204〉
논증의 핵심 nervus probandi. 〈636, A. 352〉

〈ㄷ〉

단칭 판단 judicium singulare. 〈96〉
대당 관계 per disparata. 〈531〉
대상을 결(缺)한, 없음 nihil privativum. 〈347〉
다른 종류로, 허용될 수 없는 이행 metabasis eis allo genos(본래는 희랍어). 〈486〉
대전제 major. 〈360〉
동물적 결의(의지) arbitrium brutum. 〈830, 562〉

〈ㅁ〉

매개념 다의의 오류 sophisma figurae dictionis. 〈528〉
매개념 다의의 오류에 의해서 per sophisma figurae dictionis. 〈411〉
운명이란 것은 없다 non datur fatum. 〈280〉
맹목적 결의 arbitrium brutum 〈562〉
모형(ectypon) (단수) 〈606〉
모형(ectypa) (복수) 〈606〉
무더기를 이룸 coacervatio. 〈861〉
무차별 동일성의 원리 principium identitatis indiscernibilium. 〈320〉
무한적 전진 progressus in infinitum. 〈539〉
무한적 in infinitum. 〈539〉 [부정적과 대조]
물리적 연관 nexus effectivus. 〈716〉
물체는 향기롭거나 향기롭지 않거나다 vel suaveolens vel non suaveolens. 〈531〉
목적론적 연관 nexus finalis. 〈715〉
미규정의 원리 principium vacum. 〈708〉

〈ㅂ〉

반성 reflexio. 〈318〉
배진 regressus 〈440〉
발을 디딜 수 없는 땅 instabilis tellus. 〈754〉
보다 더 나은 존재를 위해 ad melius esse. 〈759주〉
보탬에 의해 per appositionem. 〈861〉
보편성 universalitas. 〈379, 601주〉
복합 삼단논법 ratiocinatio polysyllogistica. 〈387〉
부정적 in indefinitum. 〈539〉
부정식(간접적 추리법) modus tollens. 〈819〉
있을 수 없는 없음 nihil negativum. 〈348〉
부정적 전진 progressus in indefinitum. 〈539〉

분절 articulatio. 〈861〉

분량 quantorum, quantis. 〈182, 204, 745, 748〉

불가결의 조건, [소극적 조건] conditio sine qua non. 〈84, 191, 639〉

불연속량 분리량 quantum discretum. 〈554, 689〉

비교 comparatio. 〈318〉

비교개념 coneptus comparationis. 〈318〉

〈ㅅ〉

사실 문제 quid (questio) facti. 〈116, 119〉

상대적 상정 suppositio relativa. 〈704〉

상상된 존재 ens imaginarium. 〈348〉

상호관계 communio. 〈260, 261〉

상호작용 commercium. 〈260, 302, 403〉

생기다 fit. 〈483주〉 [개시하다(infit)와 대조]

선험적 신학 theologia transzendentalis. 〈392〉

선험적 원형 prototypon transzendentale. 〈599〉

세간적 [우주적] 개념 conceptus cosmicus. 〈866〉

세계에 우연은 없다 im mundo non datum casus. 〈280〉

세계에는 비약이 없다 im mundo non datus saltus. 〈281〉

세계의 우연성에 의한 a contingentia mundi. 〈632〉

세계에는 간격이 없다 im mundo non datur hiatus. 〈281, 282〉

소유하는 자의 편이 유리하다 melior est conditio possidentis. 〈805〉

소전제 minor. 〈361〉

소질적 형이상학 metaphysica naturalis. 〈21〉

수는 현상의 분량이고, 감각은 현상의 실재성이며, 사물의 항존성과 지속성은 현상의 실체성이고, 사물의 영원성은 현상의 필연성 등등이다. Numerus est quantitas phaenomenon, sensatio realitas phaenomenon, constans et perdurabile rerum substantia phaenomenon aeternitas necessitas phaenomenon etc. 〈186〉

수적으로 동일 numerica identitas. 〈319〉 numera eadem. 〈337〉

수적으로 다름 numero diversa. 〈338〉

순수 자연과학 physicam puram. 〈21주〉

시간은 이러한 변호자를 필요로 하지 않는다. non defensoribus istis tempus eget. 〈822〉

시원을 필요없이 다수로 해서는 안 된다. entia praeter necessitatem non esse multiplicanda. 〈680〉

신비적 단체 corpus mysticum. 〈836〉

실재의 전체 omnitudo. 〈656〉

실재적 합성체 compositum reale. 〈262〉

실체적 통각 apperceptio substantia. 〈A. 402〉

〈ㅇ〉

아직도 해야 할 무슨 일이 남아있다면 아무런 것도 했다고 생각되지 않는다. nil actum reputans, si quid superesset

〈ㅈ〉

정당하게 추리된 개념 conceptus ratiocinati. 〈368〉

정립과 반정립 thesis cum antithesis. 〈448〉

제3자와 일치하는 자는 서로도 일치한다 consentientio uni tertio consentiunt interse. 〈848〉

제한 환위 conversio per accidens. 〈636〉

존재를 위해 ad esse. 〈759주〉

존재론 ontologia. 〈873〉

존재하지 않음은 아무런 성질도 가지지 않는다. non entis nulla sunt praedicata. 〈821〉

존재하는 것의 다양은 이유없이 감해져서는 안 된다. entium varietates non temere esse minuendas. 〈684〉

알려진 법칙의 사례 casus data legis. 〈172〉

주어진 것에서의 인식 congnitio ex datis. 〈864〉

주어진 것(소여, 여건, 자료) datum. 〈A. 107, 504, XXII〉

주어질 수 있는(복수 탈격) dabilis. 〈438〉

주어질 수 있는(단수 탈격) dabile. 〈540〉

주장에 의해 per thesin. 〈661〉

지성적 종합 synthesis intellectualis. 〈151〉

줄어짐 remissio. 〈414〉

지각 perceptio. 〈376〉

지성적 직관 앞에 coram intuitu intellectuali. 〈A. 249〉

지속적 protensiv 〈834〉

직관이거나 개념이거나 intuitus vel conceptus. 〈377〉

직접추리 consequentia immediata. 〈141주, 355, 360〉

진리의 표준에 따른 kat aletheian. (원래 희랍어) 〈767〉

〈ㅊ〉

초(超) 세계적 실재 ens extramundanum. 〈589〉

최고 실재 entis realissimi. 〈604〉

최고 존재 ens summum. 〈606〉

최고 예지 summa intelligentia. 〈661〉

〈ㅌ〉

태만한 이성 ignava ratio. 〈717, 801〉

토착 문제 quaestiones domesticae. 〈508〉

〈ㅍ〉

파생적 직관 intuitus derivativus. 〈72〉

판결 연기[증거 불충분] non liquet. 〈770, 814〉

판단력의 오류 lapsus judicii. 〈174〉

페트루스의 제2부 secunda Petri. 〈173〉

편유편무율 dictum de Omni et Nullo. 〈337〉

표상일반 repraesentatio. 〈376〉

필요조건 requisitum. 〈635〉

〈ㅎ〉

합성 compositio. 〈201〉

행운의 공적 merito fortunae. 〈579〉

헛초점 focus imaginarius. 〈672〉

헤엄칠 수 없는 홍수 innabilis unda. 〈754〉

현상계 mundus phaenomena. 〈328〉

현상적 실재 realitas phaenomenon. 〈209,

Ⅴ. 인명 색인

(숫자는 원서의 면을 표시함)

[E]

[G]

[H]

과 같이 진술한 것은 옳지 않았다. 즉 인과성 원칙의 진리는 선천적 인식에 의존하지 않는다. 그러므로 인과성 법칙의 권위를 형성하는 것은 그것의 보편적 유용성이요, 이 유용성에 생가는 주관적 필연성[습관]이다. 788.

9. 흄은 모든 회의론자 중에서도 가장 총명한 사람이다. 그의 회의적 방법이 이성의 근본적 검토를 야기하는 데에 미친 영향이 압도적이었던 사람이다. 792.
10. 그는 세칭(世稱)의 선천적 원리는 실은 한갓 경험적·우연적인 규칙이라고 생각했다. 793.
11. 그는 법칙에 따른 규정의 우연성에서 잘못되게도 법칙 자신의 우연성을 추리했다. 794.
12. 흄은 친화성 원리를 변경하여 연상규칙을 만들었다. 연상규칙은 모사적 구상력 중에서 발견된다. 795.
13. 그의 항의는 우연적인 사실에 기인하고 독단론적 주장의 권리에 대한 단념을 초래할 수 있는 원리에 기인하지 않았다. 796.
14. 그는 오성의 근거있는 요구와 이성의 변증적 월권을 구별할 줄 몰랐다. 796.
15. 회의론자로서 그 외의 사람을 들 필요는 없다. 884.

[K]

Kopernikus(1473－1543) 그는 관찰자를 (천체의 주위를) 돌도록 하고 별들을 정지시켰을 적에 설명이 더 잘 성공할 것이라는 기도를 하였다. XVII. 그는 처음에 [천체운동의 중심 법칙을] 가설로서 생각했던 것에 확실성이 있음을 알렸다. X주. 또 313 참조.

[L]

Lambert J.H.(1728－777) 독일의 철학자·물리학자·수학자, 원주에 대한 직경의 관계. 508.

Leibniz(1646－1716)

1. 그는 오성만이 생각할 수 있는 세계 실체들간에 상호성을 부여할 적에 동시에 신성(神性)을 필요로 했다. 한갓 실체들의 존재에서 실체간의 상호성을 이해할 수 없을 성싶었기 때문이다. 293.
2. 그는 현상을 물자체로 생각했다. 320.
3. 그는 실체를 가상체라고 생각했기 때문에, 모든 실체를 아니 물체의 구성부분까지도 표상력을 갖춘 단일한 주체(즉 單子)라고 하였다. 이 경우에 외적 관계를 의미하는 일체를 실체에서 제외했다. 322.
4. 형식이 사물 자신에 선행하고 사물의 가능성을 규정할 것이라는 견해를 그는 허용할 수 없었다. 323.
5. 라이프니쯔는 세계의 지성적 체계를 창설했다. 아니 그는 모든 대상을 단지 오성과 비교함에 의해서 또 오성이 하는 사고의 추상적 형식적 개념과 비교함에 의해서 사물의 내적 성질을 인식한다고 믿었다. 326.

[M]

1767에서 단순한 존재[영혼]는 존속하기를 중지할 수 없다는 증명을 적극적으로 행했다. 413.

[N]

Newton(1642－727) 그의 만유인력은 우주의 불가견의 결합력이다. XXII주. 뉴톤의 만유인력에 좇아 설명하는 관상적 천문학은 가상계를 예시한다. 313. 우주구조에 관한 뉴톤학설에 있어서도 오성을 경험적으로 사용되어 있다. 313.

[O]

Ovid(B.C. 43－A.D. 17) 로마의 시인, Metamorphosen(轉身譜)의 저자. A.IX.

[P]

Persius(34－62) 로마의 시인. 너 자신의 집안에 머물러 있어라. A.XX 끝. 페르시우스의 말이 자연론자들의 표어다. 883.

Platon(B.C.427－347)

1. 이념(이데아)의 날개에 의탁해서 감성계를 떠난 피안에, 즉 순수오성의 진공중에 뛰어들어 갔다. A. 5, 9.
2. 그는 이념이란 말을 썼으나 이 말은 감관에서 빌려온 것이 아닐 뿐더러 아리스토텔레스가 다룬 오성의 개념조차 넘어섰다. 370.
3. 그는 이념을 실천적인 것 중에서 즉 자유에 기인하는 것 중에서 발견했다. 371. 또 371주.
4. 그의 국가(Republik)는 한가로운 사색인의 두뇌 안에만 있는 공상으로 잘못 생각되었다. 372.
5. 입법과 행정의 완전한 시설에 있어서는 그의 주장처럼 형벌은 무용하게 된다. 373.
6. 그는 자연의 근원이 이념에서 유래했음을 명백히 증명했다. 374.
7. 이념에 좇아서 세계질서의 건축술적 결합으로 올라간다. 375.
8. 그는 제논을 교활한 궤변가라고 비난했다. 530.
9. 우리에게 이상이 되는 것이 플라톤에게는 신적 오성(神的悟性)의 이념이었다. 596 끝.
10. 이상은 플라톤의 그것처럼 창조력을 가지지는 않지만 실천력(통제적 원리)을 가진다. 597. 또 881, 882 참조

Petrus Ramus(1515－72) 그의 논리학 제2편은 판단의 기술을 다루고 있기 때문에 거기서 설명된 능력은 판단력을 지시한 것이라고 보아졌으며, 한걸음 더 나아가서 「petrus 제2부」가 판단력의 대명사로 되었다. 그는 프랑스 문예 부흥기의 수사학자였다. 173주.

Priestly(1733－1804) 이성의 경험적 사용의 원칙만을 신봉하고 초월적 사변을 싫어한 프리스틀리에게 질문할 때에, 그는 종교의 근본 기둥은 이성의 관심이라고 답한다. 773. 그가 역설적 주장과 종교적 의도를 결합할 줄 알았다고 해서 그를 악평함은 부당하다. 774. History of the corruption of christianity의 저서가 있다.

[S]

[T]

[W]

[Z]

그 외의 인적 사항

고대 철학도들은 (에피쿠로스파를 제외하고) 세계의 운동을 증명하기 위해서 기동자(起動者)를 상정하였다. 479끝. 고대 철학도들은 자연의 형식을 모두 우연적인 것으로 보았고 질료[물질]를 근원적인 것, 필연적인 것으로 보았다. 645.

고대의 변증가는 오류추리를 「태만한 이성」이라고 했다. 717주.

스토아 학도의 현인(賢人)은 하나의 이상이다. 즉 현인은 단지 사고중에만 실재하되, 지혜라는 이념과 완전히 합치한다. 597.

스콜라 학도간에는 각 존재는 하나요, 참이며 선[완전]하다는 명제가 유명하다. 113.

근대인들의 저작에서 감성계와 가상계라는 말을 따로 사용하는 것을 보지마는 고대인이 쓴 의미와는 다르다. 312.

회의론자는 정착적인 개간을 싫어하는 유목민과도 같다. A. Ⅸ.

Ⅵ. 낱말 색인

(숫자는 원서의 면을 표시함)

〈ㄱ〉

〈ㄴ〉

〈ㄷ〉

〈ㅁ〉

〈ㅂ〉

〈ㅅ〉

〈ㅈ〉

〈ㅊ〉

〈ㅌ〉

〈ㅍ〉

〈ㅎ〉

역자 약력

최재희(崔載喜, 號: 曙宇, 1914-1984)

1914년 경북 청도 출생, 철학박사(서울대)
경성제대 법문학부 철학과 졸업
고려대학교 교수(1947)
서울대학교 인문대학 철학과 교수(1952)
한국휴머니스트회 회장(1960)
한국철학회 회장(1968)
서울대학교 중앙도서관장(1968)
국민훈장 동백장 수훈(1970)
대한민국 학술원상 수상(1973)
서울대학교 명예교수(1980)
대한민국 학술원 정회원(1981)
최재희 전집 전6권 발간(1985)
서우철학상 제정(1989)

저서
윤리학원론, 논리학원론, 철학원론
지성인의 철학, 사회철학
헤겔의 철학사상, 휴머니스트의 인간상
서양윤리사상사, 국민윤리, 역사철학
서양철학사상, 칸트의 순수이성비판연구
칸트의 생애와 철학, 헤겔의 생애와 철학
칸트의 형이상학, 인간주의 윤리학
하나의 세계 · 하나의 철학 등

역서
칸트「실천이성비판」
홉하우스「자유주의」
하이데거「휴머니즘론」
쉘러「인간의 지위」
칸트「비판철학서론」 등

보정판
순수이성비판

초판발행 1972년 8월 15일
보정판발행 2019년 3월 30일
중판발행 2023년 1월 30일

지은이 Immanuel Kant
옮긴이 최재희
펴낸이 안종만 · 안상준

편 집 전채린
기획/마케팅 임재무
표지디자인 박현정
제 작 고철민 · 조영환

펴낸곳 (주) 박영사
서울특별시 금천구 가산디지털2로 53, 210호(가산동, 한라시그마밸리)
등록 1959. 3. 11. 제300-1959-1호(倫)
전 화 02)733-6771
f a x 02)736-4818
e-mail pys@pybook.co.kr
homepage www.pybook.co.kr
ISBN 979-11-303-0728-2 93190

정 가 35,000원